미하일 숄로호프(1905~1984)

〈모스크바, 잃어버린 영광〉 작가 미상. 1920.

돈 강 기슭에서 숄로호프   세르게에비치

▲오늘날 돈 강의 정경

◀돈 강가에 설치된 소설 《고요한 돈강》의 기념상

▼〈그리고리와 악시냐〉 N. V. 모차예프. 러시아, 뵤셴스카야. 돈 강가에 있는 《고요한 돈강》 기념상 가운데 가장 잘 알려진 것으로, 많은 예술가들에게 영감을 준 소설의 한 장면을 바탕으로 하고 있다.

안개속의 카자흐 기병   뵤셴스카야 돈 강가에 있는 《고요한 돈강》 기념상

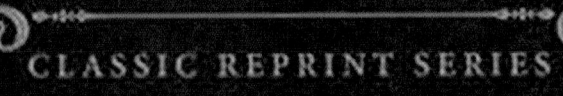

And Quiet Flows the Don

A Novel

Vol. 1 of 4

by
Mikhail Aleksandrovich Sholokhov

《고요한 돈강》 표지

〈그리고리와 카자흐들〉《고요한 돈강》삽화. 유리 레브로프. 1965.

▲《고요한 돈강》 삽화 유리 레브로프. 1965.

◀〈돈 강의 정물〉 이고르 레브로프. 1997.

▼《고요한 돈강》 제1권 초판본 1928.

〈형제들이여! 우리 카자흐가 물어 뜯기고 있다!〉《고요한 돈강》삽화. 리디야 샤바르시나. 1949.

영화 〈고요한 돈강〉 포스터   게라시모프 감독. 표트르 글레보프·엘리나 베스트리츠카야·지나이다 키리옌코. 1957.

▲세르게이 게라시모프(1906~1985) 영화 〈고요한 돈강〉의 감독. 1917년에 세워진 세계 최초의 국립영화학교에 입학해 영화배우가 되었다. 그 뒤 1936년에 영화 〈7인의 용사〉를 내놓으며 감독으로 데뷔했다.

▶세르게이 게라시모프 탄생 100주년 기념주화 2006. 러시아. 스탈린 상을 세 번이나 받은 감독인 게라시모프는 러시아 영화 역사 가운데 가장 위대한 감독으로 여겨진다.

▼〈고요한 돈강〉을 촬영하고 있는 게라시모프 소비에트 시네마 세트. 모두 3부작으로, 전체 상영시간은 530분이다.

〈고요한 돈강〉 배우들과 게라시모프 감독

〈고요한 돈강〉 촬영지

▲카자흐 마을의 아름다운 부인 악시냐
엘리나 베스트리츠카야 분

▶카자흐 기병으로 제1차 세계대전에 참전
하는 그리고리   표트르 글레보프 분

▼남편에 대한 실망감으로 목숨을 끊은 나
탈리아   지나이다 키리엔코 분

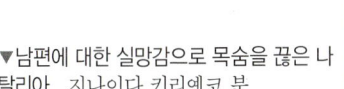

드라마 〈고요한 돈강〉 포스터　세르게이 우르슬리아크 감독. 2015.

그리고리와 악시냐

그리고리와 나탈리아의 결혼식

드라마 〈고요한 돈강〉 우르슬리아크 감독은 원작 소설의 깊이 있는 내용을 현대적인 영상미로 그려냈다.

카자흐 기병대로 제1차 세계대전에 참전하는 그리고리

Mikhail Aleksandrovich Sholokhov
TIKHY DON
고요한 돈강 Ⅱ
숄로호프/맹은빈 옮김

동서문화사

디자인 : 동서랑 미술팀/표지 : Ilya Repin

고요한 돈강
총목차

고요한 돈강 I
제1부 … 11
제2부 … 134
제3부 … 281
제4부 … 479
제5부 … 687

고요한 돈강 II
제6부 … 917
제7부 … 1377
제8부 … 1713
숄로호프 생애와 문학 … 1942
연보 … 1959

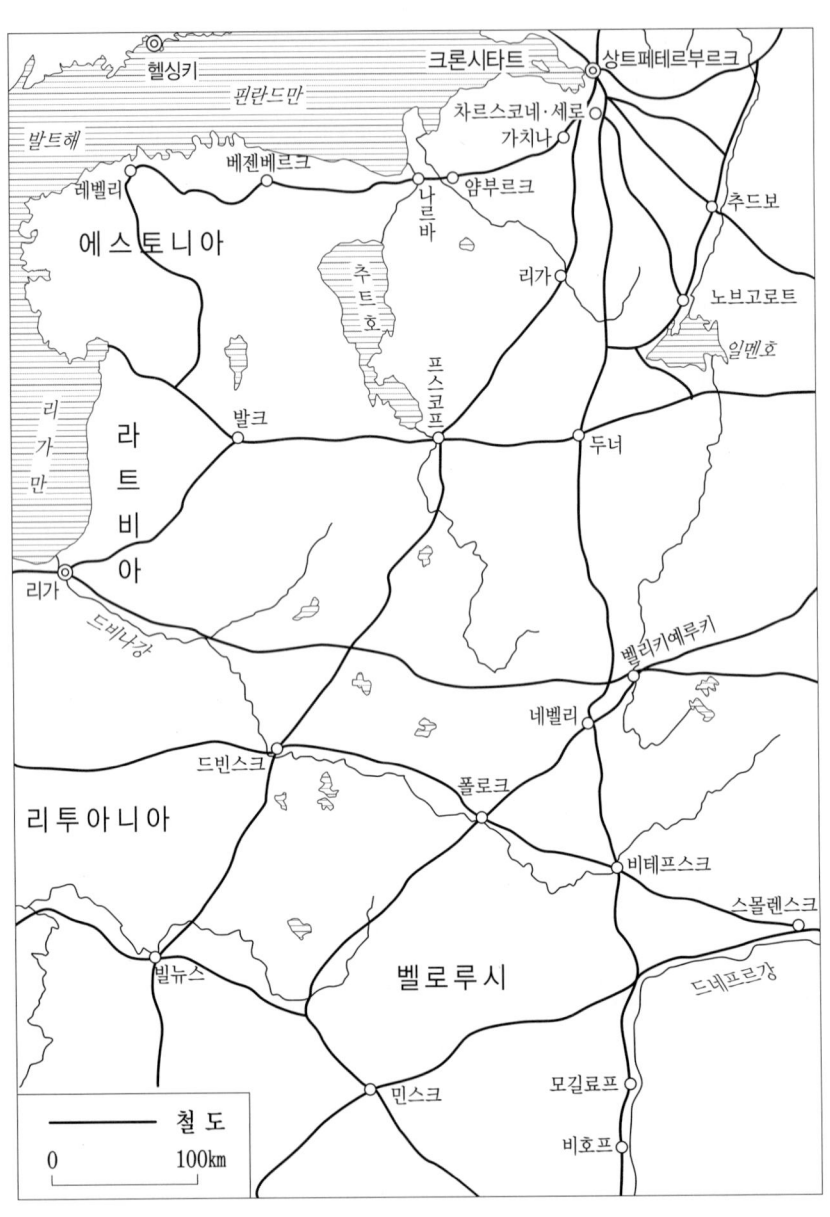

주요인물

멜레호프 집안—전형적인 카자흐 중농.

판테레이 프로코피에비치 가장. 전 근위 카자흐 하사관.

일리니치나 그의 아내.

페트로(표트르) 그의 장남. 하사관에서 승진하여 카자흐 장교가 되었다가 뒷날 백위군(白衛軍)에 가담하여 전사한다.

다리야 페트로의 아내.

그리고리 판테레에비치(그리샤) 차남, 이 소설의 주인공. 카자흐 장교. 혁명 뒤 처음엔 적위군(赤衛軍)에 가담했다가 뒤에 백위군의 유력한 지휘관이 된다.

두냐시카 장녀. 뒤에 미시카 코셰보이의 아내가 된다.

코르슈노프 집안—부락의 부농.

그리샤카 할아버지.

미론 그리고리에비치 가장. 카자흐의 부농.

루키니치나 그의 아내.

미치카 장남. 카자흐 병사, 그리고리의 친구.

나탈리야(나타샤, 나타시카) 장녀. 그리고리 멜레호프의 아내가 된다.

스테판 아스타호프 멜레호프 집안의 이웃 사람, 페트로와 동년배인 카자흐. 그 아내를 둘러싸고 그리고리와의 사이에 다툼이 일어난다.

아크시냐(아크슈트카, 크슈샤) 그의 아내, 이 소설의 여주인공. 그리고리의 정부가 된다.

에브게니 리스트니츠키 돈 지방의 유수한 지주, 귀족, 퇴역 장군의 아들. 재정과 카자흐 장교.

세르게이 플라토노비치 모호프 부락에 증기 제분소를 가지고 있는 부유한 상인.

엘리자베타(리자) 그의 딸. 타락한 부르주아 아가씨. 미치카 코노슈노프에게 능욕을 당한다.

슈토크만 요시프 다비드비치 철공. 볼셰비키, 부락에서 당 세포를 조직한다.

슈토크만의 제자들—

미시카 코셰보이 가난한 카자흐. 뒤에 그리고리의 친구가 되고 두냐시카의 남편이 된다.

이반 알렉세에비치 모호프 제분소 기관사.

발레트 제분소 노동자.

프리스토냐 가난한 카자흐.

제6부

1

 1918년 4월, 돈에는 대분열이 일어났다. 북부의 여러 관구—즉 호표르, 우스치 메도베지차, 그리고 상류 돈 관구 1부 전선의 카자흐들은 퇴각 중에 적위군 여러 부대와 행동을 같이했다. 한편 하류 여러 관구 카자흐들은 그를 쫓아 주경(州境)으로 밀고 갔다.
 호표르의 카자흐들은 거의 한 명도 남김없이, 또한 우스치 메도베지차 사람들은 그 반수가, 그리고 상류 돈 사람들은—극소수이긴 했지만 적위군과 함께 떠났다.
 1918년에 이르러 역사는 비로소 상류지방 사람들과 하류지방 사람들을 결정적으로 갈라놓았다. 그러나 분열의 징조는 이미 100년 전부터 있었다. 당시 아조프해 연안 지방의 비옥한 토지와 포도원, 그리고 풍성한 수렵장과 어장을 갖고 있지 않았던 북부 여러 관구의 가난한 카자흐들은 때때로 노보체르카스크에서 이탈하여 대러시아의 영토를 마음대로 습격하고 라진에서 세카티에 이르는 모든 반역 도배들의 성채 역할을 도맡았었다.
 훨씬 뒤늦은 시대에 이르러 돈군이 통치의 태장에 짓눌려 날카로운 불만의 신음소리만이 나올 때조차도 상류의 카자흐들은 공공연히 봉기하고 아타만들에게 이끌려 싸르의 토내를 들쑤셨다. 그들은 정부군과 싸우고 돈깅가에서 대상을 약탈하여 볼가로 옮아가 패배한 자포로제에게 폭동을 충동질했다.
 4월 말경에는 돈 지방의 3분의 2가 적위군에게 방치되었다. 주정권 수립의 필요가 뚜렷하게 문제시되자 남부에서 싸우던 백위군 카자흐 여러 부대의 지휘관에 의해 카자흐 회의 소집이 제안되었다. 임시 논 정정과 각 카자흐 마을의 대표, 각 부대 대표자들과의 회합 날짜는 4월 28일, 노보체르카스크로 결정되었다.
 타타르스키 부락에서도 4월 22일에 뵤센스카야 마을에서 돈 카자흐 대표자회의로 보내는 대표자들을 선출하기 위한 마을 집회가 열린다는 소식을 전달하는 뵤센스카야 마을 아타만으로부터의 문서가 접수되었다.

미론 그리고리에비치 코르슈노프가 집회에서 그 문서를 낭독했다. 부락은 그와 보가투일료프 노인 그리고 판테레이 프로코피에비치를 뵤센스카야에 파견하기로 했다.

마을 집회에서도 판테레이 프로코피에비치가 다른 대표자들과 함께 카자흐 회의 참가 대표로 선출되었다. 그는 그날 중에 뵤센스카야에서 돌아왔지만 이튿날에는 노보체르카스크의 회의에 늦지 않기 위해 며느리의 친정아버지와 함께 밀레로보에 가기로 작정했다. 미론 그리고리에비치는 밀레로보에서 등유, 비누, 그 밖의 가정용품을 사야 했다. 겸해서 그는 모호프의 제분소에서 사용하는 체와 바비트를 사서 지갑을 두둑이 채우려는 속셈이었던 것이다.

이른 새벽에 그들은 길을 떠났다. 미론 그리고리에비치의 검은 말들이 힘들이지 않고 사륜마차를 끌고 갔다. 두 사람은 색무늬가 찍힌 좌석에 나란히 앉았다. 언덕을 넘은 뒤에야 그들은 비로소 입을 열었다. 밀레로보에는 독일군이 주둔하고 있었다. 그 때문에 미론 그리고리에비치는 걱정스러운 기색으로 물었다.

"그런데 괜찮을지 모르겠군? 독일 놈들한테 혼찌검이 나는 건 아닐지? 워낙 질이 좋지 않은 놈들이거든. 참말이지, 주둥이에다 재갈이라도 물리면 후련하겠는데."

"설마 그럴 리는 없겠지."

판테레이 프로코피에비치가 타이르는 듯한 어조로 말했다.

"마트베이 카슈린이 요전에 그쪽으로 가보니까 독일 놈들이 겁을 먹고 있더라더군…… 카자흐한테 섣불리 손을 대선 안 된다는 걸 아는 모양이야."

"글쎄, 어떨지!"

미론 그리고리에비치는 여우같이 생긴 붉은 수염 안에서 쓴웃음을 짓고 벚나무 가지로 만든 채찍 손잡이를 만지작거렸다. 그는 눈에 띄게 안도하는 표정을 지으며 화제를 바꾸었다.

"어떻게 생각하시오? 어느 정권이 세워져야 하는 걸까?"

"아타만을 앉혀야. 우리 카자흐의 아타만 말이야."

"그렇게 되면 좋겠군요. 선출을 잘 해야 할 텐데! 집시가 말을 쓰다듬듯이 장군들을 자세히 음미해 볼 필요가 있지요. 틀림이 없도록 말입니다."

"선출을 잘 하느냐 못하느냐에 달렸어요. 돈은 아직 지혜 있는 사람이 모자라는 형편은 아니니까."

"그렇고말고요…… 어리석은 자와 지혜 있는 자는 씨를 뿌리지 않아도 돈 아니니까."

미론 그리고리에비치는 눈을 가늘게 뜨고 있었지만 주근깨투성이의 그 얼굴에는 슬픔의 그림자가 내려와 있었다.

"나는 말이야, 우리 미치카를 한 사람 몫의 인간으로 만들어 내고 싶었어. 사관이 되도록 공부를 시키고 싶었는데, 그 녀석은 교구의 학교를 졸업하기도 전에 달아나버렸으니……"

볼셰비키를 쫓아서 어디론가 사라진 아들들을 생각하고 두 사람은 잠시 입을 다물었다. 울퉁불퉁한 길을 가던 마차는 열병에 걸린 것처럼 부들부들 떨었다. 아직 닳지 않은 발굽으로 투덕투덕 내디디면서 오른쪽 검은 말이 다리를 뒤틀었다. 좌석이 흔들리자 찰싹 붙어 앉아 있던 두 사내는 마치 산란기의 물고기처럼 옆구리를 비비적거렸다.

"부락의 카자흐들은 대체 어디로 가버렸을까?"

판테레이 프로코피에비치가 한숨을 내쉬었다.

"호표르 강가를 따라서 가던데요. 카르므이크인 페도트가 쿠므일젠스카야에서 돌아왔는데…… 그 녀석은 말을 버려놨다구요. 돌아와서 하는 말이 모두 치샨스카야 마을 방면으로 가더라는 거였어요."

두 사람은 다시 잠자코 있었다. 산들바람이 잔등을 서늘하게 식혀주었다. 뒤쪽 돈깅 니미에는 숲과 초지와 호수와 들판이 아침놀의 장밋빛 횃불 속에서 말없는 가운데 엄숙하게 불타고 있었다. 모래언덕은 황색 밀방(密房)의 껍질처럼 누워 있고, 거품이 이는 물결은 낙타의 혹처럼 흐린 청동색으로 반사되었다.

봄은 부숭부숭한 표정으로 돌아왔다. 에머랄드 같은 숲의 연녹색은 이미 짙은 초록색의 새 날개를 펼쳤고, 초원은 꽃을 피우고, 범람한 물은 목초지에 반짝거리는 무수한 웅덩이를 남기고 물러갔다. 그러나 험준한 벼랑 언저리에는 해빙기의 날씨에 좀 먹힌 눈이 아직도 모래가 섞인 점토에 몸을 밀착시키고 도전하듯 선명한 백색을 드러냈다.

이틀째 밤에 밀레로보에 닿은 그들은 곡물 창고 옆에 살고 있는 친지인 우크라이나인 집에서 묵었다. 이튿날 아침식사를 마친 뒤 미론 그리고리에비치는 마차에 말을 매고 상점가로 나갔다. 철도 건널목을 무사히 넘어간 바로 그곳에서 그는 난생 처음으로 독일병을 발견했다. 국민군 병사 세 사람이 그를 가로막듯이 하면서 걸어왔다. 그중에 밤색 수염으로 온 얼굴이 덮인 한 군인이 아는 체를 하는 듯이 한쪽 손을 치켜들었다.

미론 그리고리에비치는 걱정스레 입술을 깨물며 고삐를 늦췄다. 독일병은 곁으로 다가왔다. 상반신이 크고 뚱뚱한 그 프러시아인은 새하얀 이를 드러내 보이고 말을 걸었다.

"이봐, 잘 봐둬. 이거야말로 진짜 카자흐야! 이것 좀 봐, 카자흐 제복까지 입고 있군! 이놈의 아들들이 우리를 못살게 굴었어. 사로잡아 이놈을 베를린으로 보내면 어떻겠나. 아주 근사한 구경거리가 될 걸!"

"우리한테 필요한 건 이놈의 말이야. 놈이야 어디로 가든 맘대로 하라고 해!"

밤색 수염의 사내가 무표정하게 대꾸했다.

그는 조심조심 말 둘레를 돌고 나서 말 옆으로 접근해 왔다.

"할아범, 내려. 우리는 네가 타고 있는 말이 필요해. 저쪽 제분소에서 역까지 밀가루를 실어 날라야 하거든. 내리라고 하잖았어! 말을 찾고 싶으면 위술사령부로 오라구."

독일병은 눈으로 제분소를 가리키고, 자기가 한 말을 거역하면 가만 두지 않겠다는 태도로 미론 그리고리에비치에게 말에서 내리라고 명령했다.

그 둘은 몇 번이나 뒤를 돌아보고 웃으면서 제분소 쪽으로 걸어갔다. 미론 그리고리에비치의 얼굴은 단번에 새빨개지더니 곧 잿빛이 섞인 노란빛으로 변해버렸다. 그는 좌석 뒤에 고삐를 뭉쳐서 놓고 마차 밖으로 뛰어내려 말을 향해 다가갔다.

'하필이면 이런 때 혼자라니!'

그는 문득 그런 생각을 하다가 소스라쳐 놀랐다.

'말을 뺏기게 됐어. 제기랄! 일이 곤란하게 됐군. 어떡하지!'

독일병은 굳게 입을 다문 채 미론 그리고리에비치의 소매를 붙잡고 손가락으로 제분소를 가리켰다.

"물러서지 못할까!"

미론 그리고리에비치는 성큼 앞으로 나왔다.

"자, 가까이 오기만 해봐! 말은 줄 수 없어!"

그의 말투를 독일병은 대뜸 알아들었다. 푸른색이 감도는 깨끗한 이를 드러낸 그의 입이 갑자기 짐승처럼 벌어졌다. 눈동자가 무시무시한 빛으로 반짝이고 목청은 힘찬 쇳소리를 냈다. 독일병은 어깨에 맨 소총의 가죽끈을 움켜쥐었다. 그 순간 미론 그리고리에비치에게 젊음이 되살아났다. 그는 손을 별로 높게 치켜들지 않고도 군인과 같은 일격으로 독일병의 볼따구니를 갈겼다. 맞은 상대방의 머리가 덜컥 아래로 처지고 턱에 걸렸던 가죽끈이 툭 끊어졌다. 독일병은 쓰러졌다. 이어서 곧 일어나려고 했으나 검붉은 핏덩어리를 토해 냈다. 미론 그리고리에비치는 재빨리 주위를 돌아보면서 몸을 굽혀 소총을 집어 들었다. 그 순간 그의 머리는 무섭도록 빠르고 정확하게 움직였다. 말머리를 돌렸을 땐 이미 독일병이 등 뒤에서 사격을 가하지 못하리란 것을 그는 알 수 있었다. 철도 울타리 뒤나 선로 위에 보초가 서 있지 않을까 하는 걱정을 했을 뿐이었다.

검은 말들은 경마를 할 때도 이렇게 격심한 채찍질로 달려 본 적이 없으리라. 마차의 바퀴 역시 혼례 때조차도 이런 지경을 만난 적이 없으리라.

'주여, 무사히 빠져 나가게 해주십시오! 주여, 도와주소서! 주의 이름으로! ······'

미론 그리고리에비치는 말 잔등에 채찍을 가하면서 마음속으로 부르짖었다. 그런데 타고난 탐욕으로 그는 자칫 잘못했더라면 멸망했을지 몰랐다. 잊고 온 무릎 덮개를 찾으려고 숙소에 되돌아가려고 했던 것이다. 하지만 분별력이 그를 간신히 억제시켰다—그는 옆길로 비켜갔다. 그리고 그 자신이 나중에 얘기한 대로 오레호바야 마을까지 20킬로미터 거리를 이륜차에 탄 예언자 엘리야보다 더 빠르게 내달았다. 오레호바야에 사는 친지 우크라이나인의 집에 닿았을 때는 기의 빈사 상태였다. 그러나 주인에게 사실 그대로를 설명하고 말과 함께 자기 몸을 숨겨 달라고 간청했다. 우크라이나인은 숨겨 주기는 했으나, 단서를 붙였다.

"만약 나중에 이 일이 발각될 경우엔 난 실토를 할 수밖에 없네. 그럴 수밖에 어쩔 수가 없어요! 집은 불태울 거고 잡혀 들어갈지도 모르는 일이니까."

"제발 숨겨만 달라구! 자네가 원하는 대로 사례는 듬뿍하겠어! 그저 살려만 주게. 어디든 상관없네. 숨겨만 주게. 양떼를 몽땅 끌고 올 테니!"

미론 그리고리에비치는 헛간으로 마차를 끌어넣으면서 그렇게 다짐했다.

죽음보다도 잡히게 될까 봐 그는 겁을 먹었다. 우크라이나인의 집에서 저녁까지 숨어 있다가 날이 저물자 그곳을 떠났다. 오레호바야 길을 정신없이 몰았다. 말 몸뚱이에선 땀이 비처럼 흘러내리고, 마차는 차바퀴가 보이지 않을 정도의 속도를 냈다. 그는 니지네 야브로프스키 부락 옆까지 와서야 비로소 제정신이 들었다. 부락에 닿기 전에 탈취했던 소총을 의자 밑에서 꺼내 들어 안쪽에 색연필로 丌적 거려 놓은 흔적을 들여다보며 그때야 비로소 안도의 한숨을 내쉬었다.

"어때, 내 솜씨가! 개새끼들! 네놈들은 피라미들이야!"

그는 우크라이나인에게 양을 보내지 않았다. 가을이 되어 지나가는 길에 들렀을 때, 주인의 기대에 찬 눈초리를 보면서 그는 이렇게 말했다.

"암양새끼들이 죽어버렸어. 양은 잘 안 돼…… 신세진 사례로 우리 집 밭에서 추수한 배를 가져왔네!"

오는 도중에 상처투성이가 된 두 말 가량의 배를 마차에서 내리면서 사기꾼 같은 눈을 돌리고 말했다.

"우리 집 배는 아주 맛있어…… 잘 가꿨거든……"

그것으로 끝이었다.

미론 그리고리에비치가 밀레뢰보에서 마차를 몰고 있을 때, 한쪽 사돈은 역에 나가 있었다. 젊은 독일군 장교가 통행허가증을 써 주었다. 그리고 통역을 통하여 판테레이 프로코피에비치에게 몇 마디 묻고 나서 싸구려 잎담배를 피우며 봐주는 듯한 말투로 물었다.

"다녀오도록 하시오. 다만 당신들에게는 분별 있는 정권이 필요하다는 걸 머릿속에 담아 가지고 오도록. 대통령이든 황제든 좋을 대로 뽑으시오. 그러나 한 가지 조건이 있소. 즉 그 인물이 통치자로서의 분별을 잃지 않고 우리 국가에 대해 충성스런 정책을 펼 수 있는 인물인가 하는 점이오."

판테레이 프로코피에비치는 이 독일군 장교를 서먹서먹한 눈으로 바라보앉다. 얘기할 마음이 없어 그는 통행허가증을 받자마자 곧 바로 차표를 사러 갔다.

노보체르카스크에서 그를 놀라게 한 것은 수많은 청년 사관들이었다. 그들은 떼를 지어 한길을 걸어 다니고 레스토랑에 앉아 있었으며 아가씨를 데리고 돌아다니는 등 아타만의 저택과 회의가 열릴 예정인 재판소 건물 언저리를 어슬렁거리고 있었다.

대표자들의 숙소에서 판테레이 프로코피에비치는 2, 3명의 한마을 사람과 에란스카야 마을에서 와 있던 한 친지와 마주쳤다. 대표자 가운데에는 일반 카자흐 수가 압도적이었고 장교들은 소수였다. 기껏해야 수십 명 정도인데 그것도 카자흐 마을의 인텔리가 대표자들이었다. 주 정권의 선출에 대해서는 어느 쪽을 믿어야 할지 분간이 서지를 않았다. 갖가지 소문이 나돌았다. 확실하게 결정된 건 아타만을 선출해야 한다는 한 가지 사실뿐이었다. 인기 있는 카자흐 장군들의 이름이 들춰지고 후보자들이 물색되었다.

도착한 날 저녁 차를 마신 뒤, 판테레이 프로코피에비치는 자기 방 식탁에 앉아 있었다. 집에서 가져온 마른 도미 토막을 차려놓고 빵을 잘랐다. 그의 옆에는 미그린스카야 마을 출신 사람 둘이 앉아 있었다. 조금 있자 두세 사람이 더 몰려왔다. 얘기는 전선 상황으로부터 시작되어 차츰 주 정권 선출에 대한 것으로 옮아갔다.

"작고하신 카레진……그분께 천국이 있을지어다…… 그분보다 더 훌륭한 지도자는 여태 못 보았어요."

볼수염이 하얀 슈미린스카야 마을 사람이 한숨을 내쉬었다.

"맞아요."

에란스카야 마을의 카자흐가 맞장구를 쳤다.

그때 베셀게네프스카야 마을 대표의 하나인 카자흐 이등대위가 성급하게 말문을 열었다.

"적당한 인물이 없다고요? 무슨 말씀이오. 여러분, 크라스노프 장군은 어떻습니까?"

"어느 크라스노프 말이오?"

"크라스노프가 몇 있다는 말이오? 그런 질문을 하다니 어이가 없습니다. 유명한 장군이며 제3기병군사령관이오, 지혜 있는 분으로 게오르그 훈장을 받은, 널리 알려진 사령관이지요."

이등대위는 으스대면서 지껄였다. 그 말투로 전선부대 대표자인 한 사람의 울화가 터졌다.

"사실을 얘기하자면 그 장군의 재능이란 게 별 것 아님을 난 알고 있소. 별도리 없는 사람이지요. 대독전에서 공로가 있긴 하지만, 그걸로 끝장난 사람이오. 혁명이 일어나지 않았더라면 기껏해야 여단장에서 끝이 났을 거요!"

"당신은 그 장군에 대해 자세히 알지도 못하면서 어떻게 그런 말을 하시오? 모든 사람들의 존경을 받고 있는 장군을 어쩌면 그렇게 비평할 수 있소? 당신은 아마도 자기가 일반 카자흐라는 걸 잊고 있는 것 같군?"

이등대위는 끈질기게 반대 의견을 주장했다. 상대방 카자흐는 멍청이 앉아 맥없이 중얼거렸다.

"사관님, 나는 그분의 부하로서 복무했던 때의 얘길 했을 뿐입니다…… 그분은 오스트리아 전선에서 우리 연대를 철조망에 걸리게 했거든요! 그래서 우린 그분을 별 수 없는 사람이라고 말한 적이 있지요…… 하지만 어떤 사람인지에 대해선 아무도 모르지요. 전혀 그 반대인지도 모를 일이니까……"

"그럼, 어떻게 게오르그 훈장이 수여됐겠소? 바보 같은 소리!"

판테레이 프로코피에비치는 도미 가시에 걸려 캑 기침을 토하고 나서 출정병에게 대들었다.

"당신은 어리석은 생각을 하고 있군그래. 아무한테나 악평을 일삼다니, 그러니까 모든 것이 당신 마음에 들지 않는다, 이 말이군…… 묘한 유행병에 걸렸군! 조금은 말조심을 했더라면 말다툼도 일어나지 않았을 텐데. 그래야 지혜도 생기고, 허풍도 덜 떨게 될 텐데!"

체르카스크 일대와 하류 카자흐들은 모두가 크라스노프를 지지했다. 게오르그 훈장 소지자라는 게 노인들의 마음을 움직인 것이었다. 러일전쟁 때 함께 근무했던 사람들도 적지 않았다. 근위병, 상류사회 출신, 교양이 높은 인물, 궁정에서 황제 측근 중 한 사람이었던 크라스노프의 과거가 장교들의 매력을 사고 있었다. 크라스노프 장군이 일개 무관이 아니고 지난날 '니와'지의 부록에 장교 생활을 그린 단편 소설이 실렸고, 또 그것으로 호평을 받았던 작가라는 사실이 자유주의적인 인테리에게 만족감을 주고 있었다. 작가라면 문화인임에 틀림없을 터였다.
 숙소에선 크라스노프를 치켜세우기 위한 선동이 벌어졌다. 그의 이름 앞에서 다른 장교들의 이름은 퇴색해 버렸다. 크라스노프 장군을 업고 있는 장교들은 아프리칸 보가에프스키에 대해 은밀히 다음 같은 소문을 퍼뜨려 놓았다. 보가에프스키와 데니킨은 한 구멍의 오소리다. 따라서 만약 보가에프스키를 아타만으로 선출하게 되면 볼셰비키를 쫓아내고 모스크바에 침입한 그 순간에 카자흐의 특권과 자치는 끝장이라고.
 크라스노프에게도 적은 있었다. 교사인 한 대표가 장군의 이름을 깎아내리려고 기를 썼다. 그 교사는 대표들의 방을 찾아다니면서 카자흐들의 귀에 대고 바늘 같은 말과 모기소리 같은 어조로 소곤댔다.
 "크라스노프라고? 옴 붙은 삼류 문사! 궁정의 잔심부름꾼! 말하자면 민족자본을 손에 쥐고 민주주의적 동정을 지키려 버티는 인물이오. 두고 보슈. 그는 누구든 첫 번째로 나서는 장사꾼한테 넘겨버릴 것이오! 소인배라구요. 정치가로선 제로지요! 아게에프를 선출해야 해요! 그는 그런 인간과는 전혀 다릅니다!"
 그럼에도 불구하고 교사는 성공을 거두지 못했다. 그리고 회의가 3일째 되는 5월 1일에는 다음과 같은 소리가 울려 퍼졌다.
 "크라스노프 장군을 초청해라!"
 "부탁이오……"
 "소원이오……"
 "우리의 간청이오……"
 "이 자리에 모셔다가 여러 가지 말씀을 들려주기 바라오. 어떻소!"
 대회의장은 열기로 가득했다.
 장교들이 열렬한 박수를 쳤다. 그러자 카자흐들도 그들 쪽을 쳐다보고 별로 크게 울리지도 않는 박수를 서툴게 쳐댔다. 노동으로 못이 박힌 그들의 검은 손바닥에서 나온 소리는 바싹 메마르고 과장되었으며 불쾌하기까지 했다. 양단자와 복도를 메운 영애와 마님들, 장교며 대회 참가자들의 깨끗하고 고운 손바닥에서 나는 부드러운 박수소리와는 참으로 대조적이었다.
 훈장과 기념장을 가슴에 주렁주렁 달고 견장과 그 밖의 계급장을 단 정복을 입은, 나이에 어울리지 않게 균형 잡힌 키 큰 미남 장군이 활기찬 몸짓으로 무대를 향해 걸음을 옮겼을 때 회장은 박수의 물결과 아우성소리로 뒤덮였다. 감동과 흥분이 엇갈린 얼굴로 그림 같은 포즈를 하고 선 이 장군에게서 많은 사람들은 지난날의 제국의 흔적을 보았다.

판테레이 프로코피에비치는 눈물을 흘리고 한동안 모자 안에서 꺼낸 빨간색 손수건으로 코를 풀었다.

'이분이야말로 장군이다! 한눈에 큰 인물임을 알 수 있다! 황제와 같아. 아니, 겉만 봐도 황제에 걸 맞는 인물이다. 작고하신 알렉산드로 폐하와 똑 닮았어!'

그는 램프 옆에 서 있는 크라스노프를 감동에 찬 얼굴로 바라보며 그런 생각에 빠져 있었다. '돈 구제대회'라 불리운 그 카자흐 회의는 천천히 회의를 계속했다. 회의의장인 카자흐 일등대위 야노프의 제안으로 군대 내의 신분을 나타내는 견장과 모든 기장을 달아야 한다는 안이 채택되었다. 크라스노프가 명배우 같은 연설을 했다. 그는 '볼셰비키에게 모욕당한 러시아'에 대해, 그 '지난날의 위력'에 대해, 돈의 운명에 대해 적절한 연설을 했다. 현재의 상황을 설명하고, 간략하게 독일군에 의한 점령에 대해 언급하고, 마지막으로 볼셰비키 패배 뒤의 돈의 자립적 존재를 감동적으로 얘기했을 때는 요란한 함성을 불러일으켰다.

"이 위력 있는 카자흐 회의야말로 돈 주(州)를 지배할 거요! 혁명에 의해 해방된 카자흐는 카자흐 전래의 훌륭한 제도를 부활시킬 겁니다. 그리고 우리는 그 옛날 우리의 선조가 외친 것같이 낭랑한 목청으로 소리칠 것이오. '오른쪽 성채, 모스크바에 계시는 백제(百帝)여, 만세! 그리고 고요한 돈에 사는 우리들 카자흐 만세!'라고."

5월 3일 밤 회의에서 반대 13표, 기권 10표를 제외한 107표로써 크라스노프 장군이 카자흐군 아타만으로 선출되었다. 크라스노프는 자기가 제안한 기본법을 확인해줄 것과 자기에게 두목으로서의 무제한의 권력을 부여해 달라는 조건을 내걸면서 일등대위의 손으로부터 아타만의 권표 받는 것을 지연시키고 있었다.

"우리나라는 멸망 전야에 처해 있소. 아타만에 대한 전폭적인 신뢰라는 조건으로서만 나는 아타만의 권표를 받을 것이오. 돈 의지의 최고 표현자인 이 카자흐 회의가 신임한다는 걸 알아야만 볼셰비키의 방자함과 무질서에 대항하여 확고한 법적 기준이 세워질 것이며, 따라서 확신을 가지고 맡은 바 사명을 기꺼이 수행하고 맹활약할 것을 현 사태는 요구하고 있기 때문입니다."

크라스노프가 제안한 법률은 교묘하게 뒤집어 고친 구 제국의 법률에 불과했다. 그렇지만 그 회의가 어떻게 그것을 채택하지 않을 수가 있겠는가? 군말 없이 채택된 것이었다. 도리어 개막된 깃발―청과 적과 황의 줄무늬(카자흐, 타국인, 카르므이크인을 나타냄) 좌도―지난날을 그리워하게 만들었다. 한두 개 정부의 문장(紋章)만이 민족정신에 의거하여 근본적인 변경이 덧붙여졌다. 두 날개를 펴고 발톱을 세우고 있는 용맹스러운 쌍두 독수리를 대신하여 모피 모자를 쓰고 군도, 소총 장비를 갖추고 나무통에 걸터앉은 진짜 카자흐가 그려져 있었다.

수다스럽고 약간 얼빠진 대표 하나가 비굴한 질문을 했다.

"각하께옵서는 기본법으로서 채택된 여러 법률에 대해 아무런 변경 개변할 의사가 없으신지요?"

크라스노프는 거만한 미소를 띠고 농담을 꺼내려고 했다. 그는 미묘한 표정으로 회의 참가자들을 둘러본 뒤, 모두에게서 떠받들린 인물다운 목소리로 대답했다.

"여러분이 더 제안을 해도 좋습니다. 그럼 제48조, 49조, 50조의 깃발, 문장, 송가에 대해서 말하겠소. 제군은 적기 이외의 모든 기, 유대의 다섯 개의 별, 또는 프리메이슨 기장 이외의 모든 문장, 그리고 인터내셔널 이외의 온갖 송가를 나에게 제안해도 좋다, 이 말입니다."

웃는 가운데 회의는 여러 가지 법률을 확인했다. 그리고 얼마동안 아타만의 농담은 입에서 입으로 퍼져나갔다.

5월 5일에 회의는 해산되었다. 마지막 몇 가지 연설이 울려 퍼지고 끝났다. 크라스노프의 오른 팔, 남부 집단군 사령관 데니소프 대령은 가까운 시일에 볼셰비키 일당을 짓밟아 놓겠다는 다짐을 주었다. 회의 참가자들은 순조롭게 끝난 아타민 선기와 진신 중립보고에 안심과 기쁨을 안고 흩어져갔다.

깊은 감동에 싸여 가슴이 터질 것 같은 기쁨에 넘친 판테레이 프로코피에비치는 돈 수도를 물러갔다. 그는 아타만의 권표가 신뢰 받아 마땅한 인물에게 돌아간 것으로 믿고, 얼마 안 있어 볼셰비키는 괴멸하겠지, 그리고 자식들도 집으로 돌아오겠지, 하며 좋아했다. 노인은 차창 옆에 앉아 작은 탁자에 팔꿈치를 괴었다. 그의 귀에서는 아직도 작별을 고하는 돈의 송가가 울리고 있었고 갖가지 부활의 말이 의식 깊숙이까지 스며드는 것이었다. 그에게는 실제로 '영광스러운 고요한 돈이 흔들리고 물결쳤다'고 여겨졌던 것이었다.

그러나 노보체르카스크에서 수십 킬로미터 밖에 떨어지지 않은 곳에서 판테레이 프로코피에비치는 차창 밖으로 바하리아 기병의 초소를 보았다. 독일 기병 한 무리가 철도 선로 한쪽을 따라 열차 쪽으로 말을 타고 달려왔다. 기병들은 침착하게 안장 위에서 등을 굽히고 있고, 잘 먹여서 통통하게 살이 찐 말들이 짧은 꼬리를 흔들며 화창한 태양 아래 반짝반짝 윤났다. 몸을 굽히고 순교자처럼 눈썹을 찌푸린 판테레이 프로코피에비치는 독일군의 말발굽이 힘차게 달려오면서 승리자처럼 카자흐의 토지를 짓밟는 걸 바라보고 있었다. 그는 한참 동안 기운 없이 목을 늘여 뜨린 채 앉아 있었다. 그러다가 후유하고 콧김을 뿜고는 창과 반대되는 쪽으로 재빨리 고개를 돌려버렸다.

2

차량을 이은 빨간색 열차가 돈에서 우크라이나를 가로질러 밀가루와 버터, 달걀과 소 등을 독일로 운반하고 있었다. 차양 없는 모자와 청회색 상의를 입은 독일병들이 총을 착검하고 다리에 서 있었다.

발꿈치에 징을 박아 상하지 않도록 한 질 좋은 독일제 황갈색 장화가 돈 가도를 걷고 있었다. 바바리아 기병이 돈강에서 말들에게 물을 먹이고 있었다…… 한편 우크라이나의 국경에서는 갖가지 깃발 아래 소집된 페르시아노프카에서 훈련을 막 끝내고 온 카자흐의 청년들의 베토류라군(베트류라 시몬에게 인솔된 시민적 우크라이나 반혁명군)과 싸우고 있었다. 또한 새로이 모집된 제12 카자흐 연대의 태반이 스타로베리스크 부근에 머무르면서 우크라이나령(領)의 나머지 한쪽 땅에 손을 뻗치고 있었다.

북부에서는 우스치 메도베지츠카야 마을이 하나의 손에서 다른 손으로 넘어가고 있었다. 그라즈노프스카야, 노보알렉산드로프스카야, 그라즈노프스카야, 스크리센스카야, 기타 마을의 각 부락에서 모집된 인원으로 이루어진 적위군부대가 그곳을 점령했으나 한 시간 뒤에 사관 알렉세에프가 인솔한 백색 빨치산 부대가 그것을 두들겨 부수고 거리에는 부대의 간부를 맡고 있는 중학생, 실과중학생, 신학생들의 외투가 나돌았다.
 북을 향하여 마을에서 마을로, 상류 돈의 카자흐들은 곤두박질을 치듯 이동해 나아갔다. 적위부대는 사라토프현경(縣境)으로 퇴각하고 있었다. 호표르 전관구가 볼셰비키에 의해 포위당했다. 여름이 끝날 무렵에는 카자흐 가운데서 연령을 불문하고 무기를 들 수 있는 모든 병력을 긁어모은 돈군이 국경에 출몰하기 시작했다. 도중에 재편성되고, 거기다 노보체르카스크에서 도착한 장교들을 보충시킨 병력은 본격적인 군대다운 모습을 취하고 나타났다. 각 마을에서 편성된, 독일과의 전쟁에서 살아남은 구 군인들을 모아 지난날의 정규군이 부활될 기미가 보였다. 각 연대는 사단별로 편성되고 본부에서는 고참대령패들이 카자흐 소위를 대신하여 취임하고 또한 지휘관도 서서히 교체되어 갔다
 여름이 끝날 무렵에는 미그린스카야, 메시코프스카야, 카잔스카야, 슈미린스카야 마을 카자흐 부대로 편성된 전투부대가 아르표로프 소장의 명령으로 돈 경제를 넘어 국경에 있는 보로네지현과 붙은 도네츠크의 마을을 점령하고 군(郡)의 중심지 보그챠르를 포위했다.

 이미 4주일에 걸쳐 페트로 멜레호프가 이끄는 타타르스키 부락의 카자흐 중대는 부락과 마을을 넘어 우스치 메도베지츠키 관구의 북부를 향해 진격하고 있었다. 그 우측 어딘가를 적위군이 응전하지 않은 채 철도 선로를 따라 다급하게 퇴각했다. 타타르스키 부대는 더 이상 적을 추격하지 않았다. 부대의 이동은 소이동이었다. 페트로도, 카자흐들도 죽음을 향해 서두를 필요는 없다는 생각을 하기에 이르렀다. 따라서 그들은 겨우 30킬로미터 정도 이동했을 뿐이었다.
 5일째에 쿠므일젠스카야 마을로 들어갔다. 둔드코프 부락에서도 호표르강을 건넜다. 초원에는 마치 모슬린 장막처럼 모기떼가 날고 있었다. 모기떼의 앵앵거리는 소리는 그치기는커녕 더욱 높아가기만 했다. 엄청난 모기떼가 기병과 말의 귀와 눈에 걸리적거렸다. 말이 새재기를 하고 구역질을 하기도 했다. 카자흐들은 휘휘 손을 흔들었고 줄담배를 피워댔다.
 "귀찮아서 이거 살겠나!"
 눈물이 핑 돈 눈을 옷소매로 닦으면서 프리스토냐가 신음했다.

"눈 속으로 뛰어들었어?"

그리고리가 미소를 머금었다.

"눈알이 아파. 제기랄, 이거 독이 있는 거 아냐?"

프리스토냐는 빨갛게 부은 눈꺼풀을 뒤집고 손가락 끝을 눈동자로 가져갔다. 그러고는 입술을 내밀고 말을 몰았다.

둘은 나란히 말을 몰고 갔다. 두 사람은 출발 이후 이날가지 줄곧 함께 있었다. 요즘 부쩍 살이 올라 뚱뚱해진 탓으로 더욱더 여자 같은 아니쿠시카가 두 사람 곁으로 다가왔다.

부대의 인원수는 중대에도 미치지 못했다. 페트로의 보좌관은 타타르스키 부락에 데릴 사위로 들어온 조장 라투이세프였다. 그리고리는 소대를 지휘했다. 그의 부하인 카자흐는 거의가 부락 아래쪽 출신들이었다. 프리스토냐, 아니쿠시카, 페도트 보드프스코프, 마르친 샤밀리, 이반 토밀린, 키 큰 보르시쵸프, 곰처럼 게으른 자하르 코롤로프, 프로호르 즈이코프, 집시 피를 이은 멜레호프, 에피판 막사에프, 에고르 시니린 등이 그랬고 그 이외에 15명과 신병들이 있었다.

제2소대는 니콜라이 코셰보이가, 제3소대는 야코프 코로베이진이 지휘를 했고, 제4소대는 포드쵸르코프가 처형된 뒤, 아르표로프 장군에 의해서 즉각 조장에 임명된 미치카 코르슈노프가 지휘를 맡았다.

중대는 스텝풍의 구보로 가고 있어 말이 마구 땀을 흘렸다. 물에 잠긴 늪 지대를 돌아가기도 하고 사초와 버드나무가 돋아 있는 움푹 파인 땅을 지났는가 하면 초지 위를 우회하기도 했다. 뒤쪽에서 야코프 포드코바가 낮게 웃음을 터뜨렸다. 그러자 포드쵸르코프의 전우들을 살해한 공으로 군조 견장을 받았던 안드류시카 카슈린이 잇따라 소리 높여 웃었다.

페트로 멜레호프는 라투이세프와 나란히 열 가장자리를 따라갔다. 두 사람은 뭔가 낮은 소리로 얘기했다. 라투이세프는 새 군도(軍刀)의 끈을 만지작거리고, 페트로는 왼손으로 말을 쓰다듬고 양쪽 구 사이를 긁어 주었다. 라투이세프의 얼굴에 미소가 떠오르자, 담뱃진으로 누레진 이빨이 듬성한 입수염 틈새로 거뭇하게 드러나 보였다.

카자흐들에게 '안치프 프레포비치' 라고 불리는 프레프의 아들 안치프 아우디비치는 다리를 저는 암말을 타고 천천히 후위를 맡고 있었다.

카자흐 중에 누군가가 얘기를 꺼낼 양이면 어떤 사람은 열 밖으로 빠져나와 어느새 열이 5명이 되기도 했다. 나머지 카자흐들은 미지의 토지에 대해 얘기를 하면서 초원과 잔물결이 찰랑거리는 호수와 포플라와 버드나무의 파란 잡목림 등을 바라보았다. 카자흐들이 긴 여행을 계속하고 있음은 그들의 장비에서도 나타나 있었다. 안장에 매단 자루는 속에 든 알맹이로 부풀대로 부풀어 있고, 안장 띠에는 조심성 있게 외투가 묶여 있었다. 그리고 마구를 보더라도 알 수 있었다. 가죽끈은 모조리 촛물 묻은 실로 꿰매져 있었고, 그밖에 모든 것이 수리되어 있었다. 한 달 전만 해도 전쟁은 일어나지 않을 거라고 믿었었는데, 이젠 병사들은 유혈을 피할 수 없다는 우울한 심정으로 참을성 있게 말을 몰고 있었다. '오늘은 인간의 가죽을 쓰고 있다. 하지만 내일이면 스텝에서 까마귀 떼의 먹이가 되겠지.'

모두가 그런 생각으로 차 있었다.

크레프츠이 부락을 통과했다. 갈대 이엉지붕이 오른쪽에 드문드문 눈에 띄었다. 아니쿠시카는 바지주머니에서 흰 빵을 꺼내 절반으로 쪼개어 앞니를 드러내고 탐욕스럽게 턱을 움직이면서 토끼처럼 빠르게 그것을 씹었다.

"배고파?"

프리스토냐가 그에게 곁눈질했다.

"이건 말이야…… 마누라가 구운 거라구."

"식충이! 네놈의 배때기는 돼지하고 똑같아."

그는 그리고리를 돌아보고 울화가 치민다는 얼굴을 하고 덧붙였다.

"귀신같은 놈, 배때기가 터지도록 처먹기만 하고! 그놈의 빵은 어디다가 그렇게 많이 처담고 왔지? 요새 줄 창 봐왔는데도 내겐 한 조각도 주지 않잖아. 처먹기는 혼자 다 처먹고! 꼭 밑 빠진 항아리 같군."

"내 걸 내가 먹고 기운을 내리는데 웬 참견이야. 어젯밤에도 양고기를 먹었지. 그랬는데 그 이튿날 아침엔 벌써 허기가 지더라구. 닥치는 대로 먹을 수 있어. 입으로 넣을 수 있는 거라면 뭐든지 달게 먹겠어."

아니쿠시카는 하하하! 웃고 침을 퉤 뱉는 프리스토냐를 돌아보며 그리고리에게 눈짓을 해보였다.

"페트로 판테레이, 숙소는 어디로 할 건가? 말이 너무 지쳤어!"

토밀린이 고함을 치자, 메크로프가 맞장구를 쳤다.

"잠잘 시간이야. 해가 저물어가잖아."

페트로는 채찍을 크게 휘둘렀다.

"크류치에서 묵기로 하세. 아니면 쿠므일가까지 가든가."

검은 수염 안에서 메크로프가 싱긋 웃으며 토밀린에게 소곤거렸다.

"아르표로프의 비위를 맞추려는 거야. 제기랄! 서둘러야 해……"

한 사내가 멜크로프의 수염을 깎아 주겠다고 나선 것까지는 좋았는데, 그만 너무 짧게 깎아버렸다. 풍성한 수염을 빈약하게 만든 것이었다. 그는 뒤틀린 쐐기 같은 몰골이 되었다. 따라서 멜크로프는 우스꽝스러운 얼굴이 되고 말았다. 그것이 계속 농담거리가 되고 있었다. 토밀린은 견디다 못해 쏘아붙였다.

"그렇담 넌 비위를 맞춘 적이 없다 그 말이야?"

"무슨 소리야?"

"장군처럼 수염을 깎지 않았냐 말이야. 장군수염을 달고 있으면 사단이라도 떠맡게 될 줄 알았어? 꼴좋다!"

"이 새끼, 진지하게 들어 줬더니 남을 놀려……"

웃음소리가 이어지는 가운데 크류치 부락으로 들어갔다. 선발대로 와 있던 설영계(設營係) 안드류시카 카슈린이 맨 첫 번째 집 앞에서 중대를 맞이했다.

"내 소대는 나를 따라와! 제1중대는 세 번째 집 처마 밑이다. 제2중대는 좌측, 제3중대는 저쪽 샘이 있는 데야. 저 집 네 번째 처마."

"무슨 소문 못 들었나?"

페트로가 그에게 와서 말했다.

"여긴 놈들의 냄새도 건너오지 않았어. 그건 그렇고 이곳은 꿀이 많아. 할멈이 하나 있는데 벌통을 300개나 치고 있어. 밤에 한 개만 부숴 놓을까부다!"

"장난하지 마. 장난질하면 내가 널 부숴 놓고 말 테니!"

페트로는 얼굴을 일그러뜨리고 말에다 채찍을 가했다.

각자가 숙소로 들어갔다. 말은 마구간에 집어넣었다. 집 주인들이 카자흐에게 저녁식사를 주었다. 마당 안에 있는 버드나무 위에 부대의 카자흐와 부락의 카자흐가 자유롭게 와서 걸터앉았다. 잡담을 하다가 잠을 자기 위해 그곳을 물러갔다.

이튿날 아침, 부락을 출발했다. 쿠므일젠스카야 마을 옆까지 왔을 때, 기마전령이 중대를 쫓아왔다. 페트로는 안장에 흔들리면서 봉투를 열고 마치 무거운 물건이라도 잡듯이 힘들어 손을 뻗쳐 종잇장을 들고 한참 동안 그것을 읽어 내려갔다. 그리고리가 그에게로 다가가 물었다.

"명령이야?"

"그래!"

"뭐라고 써 있어?"

"야단났어…… 중대를 인도하라는 명령이야. 내 부하 중에 신병 전원을 소집해 오라는군. 카잔스키에서 제28연대를 편성한다는 거야. 포병도 기관총도 포함해서."

"나머지는 어디로 가라는 건가?"

"여기에는 이렇게 적혀 있어. '알제노프스카야 마을에서 제28연대의 휘하로 들어갈 것. 즉시 출발하라.' 빌어먹을, '즉시'라니!"

라투이세프가 다가와 페트로의 손에서 명령서를 낚아챘다. 그는 눈썹을 치켜세우고 두꺼운 입술을 움직이면서 읽어 갔다.

"앞으로 갓!"

페트로가 외쳤다.

중대는 일제히 움직여 앞으로 나아갔다. 카자흐들은 고개를 돌려 페트로를 지켜보며 그의 입에서 무슨 말이든 떨어지기를 기다렸다. 쿠므일젠스카야 마을로 들어가서야 페트로는 모두에게 명령을 알렸다. 나이가 많은 카자흐들은 귀환준비를 서둘렀다. 마을에서 1박하고 이튿날 아침 새벽녘에 각자 가야 할 곳으로 출발할 예정을 세웠다. 종일 이유와 얘기를 나눌 기회를 찾던 페트로가 그의 숙소로 왔다.

"광장으로 나가자."

그리고리는 잠자코 따라나섰다. 미치카 코르슈노프가 그들의 뒤를 쫓아왔다. 그러자 페트로가 쌀쌀하게 그에게 말했다.

"저리 가 있어. 잠시 아우하고 할 얘기가 있으니까."

"알겠어."

미치카는 미소를 머금고 걸음을 멈췄다.

곁눈질로 페트로를 살피던 그리고리는 상대방이 뭔가 중대한 것을 말하고자 함을 깨달았다. 그는 짐짓 명랑하게 말문을 열었다.

"어쨌든 이상한 일이야. 집에서 100킬로미터쯤 떨어져 있는데, 벌써 인간이 달라진 것 같애. 말하는 것도 우리와는 다르고 건물 모양도 구교도의 집 같고, 보라구, 이 문에는 교회 같은 얇은 판자지붕이 얹혀 있어. 우리는 이런 건 쓰지 않잖아. 그리고 또 저것 좀 봐."

그는 가까이 있는 농가를 가리켰다.

"흙 담에도 판자가 끼여 있잖아. 재목이 썩지 않도록 하기 위해선가?"

"이제 그만."

페트로는 얼굴을 찌푸렸다.

"그런 얘긴 그만해…… 저쪽 울타리 쪽으로 가볼까? 사람들이 우릴 보고 있어."

광장 쪽에서 오던 여자와 카자흐가 신기하다는 듯이 그들을 바라보았다. 허리띠를 맨 청색 루바시카를 입고 가장자리가 분홍빛으로 될 정도로 낡은 모자를 쓴 노인이 걸음을 멈추었다.

"자고 갈 거요?"

"예."

"말먹이는 있소?"

"조금은 있지요."

페트로가 대꾸했다.

"그럼, 내 집으로 오슈. 두 말 가량 나눠 줄 테니까."

"고맙소, 할아버지!"

"뭐, 괜찮아요. 들러 보슈. 저 집이 바로 내 집이오. 저 푸른 함석지붕 말이오."

"하고 싶은 얘기가 뭐지?"

참다못해 그리고리가 얼굴을 일그러뜨리고 물었다.

"한두 가지가 아니지만."

페트로가 뭔가 미안한 듯 괴로운 미소를 띠고 입 끝으로 갈색 수염을 씹었다.

"그리샤토카, 다시 만날지 어떨지 모르는 세상이니……"

그리고리를 괴롭혀 온 형에 대한 무의식적 적의가 페트로의 불안한 미소와 어린 시절에 불렀던 '그리샤토카'라는 애칭으로 인해 금방 지워져버렸다. 페트로는 줄곧 묘한 미소를 띠고 애정어린 눈으로 아우를 보더니 갑자기 입술을 움직여 미소를 지우고 딱딱한 얼굴로 말했다.

"봐라, 모두들 갈라놓고 말았어. 개새끼들! 마치 쟁기 뒤를 따라온 것만 같다. 쟁기질하는 자의 솜씨에 따라 한 사람은 이쪽으로 다른 사람은 저쪽으로 갈라진 거야. 지옥이지. 무시무시한 세상이다! 상대방의 마음속을 짐작조차 할 수가 없으니. 너로 말하면."

그는 갑자기 말머리를 돌렸다.

"너로 말하면 내겐 피로 맺어진 형제이지만, 너 역시 알지 못하겠어. 이건 사실이야! 난 네가 나에게서 떨어져가는 것을 알고 있을 뿐이야…… 그렇지?" 그는 스스로 대답했다.

"그렇지, 넌 분명치가 않아…… 빨간 쪽으로 돌아 누울까봐 걱정이 돼서 견딜 수가 없어…… 넌 말이야, 그리샤토카, 아직 넌 자신을 찾지 못하고 있거든."

"그럼, 형은 찾았단 말이야?"

그리고리가 물었다. 그곳에서는 보이지 않는 호표르강 저 너머 백악의 산 너머에 태양이 넘어가는 중이어서 저녁놀이 불타고 있고 거기에서 검게 그을린 솜조각을 닮은 구름이 치솟아 오르고 있었다.

"그래, 난 나 자신의 밭두렁과 맞닥뜨렸어. 아무도 거기서 나를 떼밀어내지 못해! 그리샤, 난 너처럼 흔들거리진 않아."

"그래?"

그리고리는 노기에 찬 미소를 쥐어짰다.

"흔들리지 않고말고!"

페트로는 화가 난 듯 손을 입수염으로 갖다 대고 눈이 부신 듯 눈을 깜박였다.

"난 빨간 투멍에 끌려가진 않을 거다. 카자흐는 놈들에게 반대하고 있어. 따라서 나도 반대야. 말발굽을 돌리지는 않는다. 그렇게 하고 싶진 않아! 뭐라고 할까……놈들한테 갈 만한 일도 없고 길동무가 되고 싶지도 않고!"

"그 애긴 그만해."

맥이 풀린 듯 그리고리가 부탁했다.

그는 가까스로 발을 옮겨 축 처진 어깨를 힘없이 흔들면서 숙소 쪽으로 앞장서 갔다.

한 걸음 늦게 온 페트로가 문 옆에서 물었다.

"말해 다오. 난 알고 싶어…… 어서 말해. 그리시카, 넌 놈들한테로 돌아눕진 않겠지?"

"그런 일은 없겠지만…… 그건 알 수 없는 일이잖아."

그리고리는 마지못해 대답을 했다. 페트로는 후유 한숨을 내쉬고는 더 이상 묻지 않았다. 부쩍 야윈 그는 흥분한 몸짓으로 걸어가 버렸다. 그에게, 그리고 그리고리에게 지난날 그들을 맺어 준, 그들이 거쳐 온 오솔길이 세월의 먼지로 막혀버려서 지금은 서로의 마음에 다가갈 아무런 길이 없다는 것을 뼈저리게 느꼈다. 산 위 경사면에 산양 발자국이 난 미끈미끈한 길이 꾸불꾸불 이어져 있었다―그 앞으로는 길이 없고 스텝의 브리얀초가 널려 있어 막다른 골목이 되어 막혀 있었다.

……이튿날 페트로는 중대의 반수를 뵤센스카야로 데리고 왔다. 뒤에 남은 신병들은 그리고리의 지휘 하에 알제노프스카야를 향해 나아갔다.

아침부터 태양이 사정없이 내리쬐었다. 광야는 갈색 아지랑이 속에서 들끓었다. 뒤에는 호표르강 연변에 있는 산맥의 보랏빛 지맥(支脈)이 푸르스름하게 보이고 모래땅이 황갈색 몸뚱이가 되어 누워 있었다. 기마병의 엉덩이를 받치고 땀에 젖은 말이 흔들흔들 걸어갔다. 카자흐들의 얼굴은 밤색으로 그을렸다. 안장 방석, 등자, 마륵(馬勒)등이 만질 수 없을 정도로 삭아 있었다. 숲속에는―거기에도 서늘한 공기는 없었으나―축축한 열기가 차고 강렬한 비가 냄새를 풍겼다.

짙은 애수가 그리고리를 사로잡았다. 그는 종일 앞길에 대해 두서없이 생각하며 안장위에서 흔들렸다. 머릿속으로 페트로의 말을 유리구슬로 된 염주살처럼 매만졌다. 심정이 착잡했다. 쑥향기가 풍기는 맥주 같은 씁쓸한 뒷맛이 입술을 태웠다. 길은 열기로 뿌옇게 흐렸다. 금빛이 반짝이는 갈색 광야가 태양 아래 똑바로 누워 있었다. 메마른 바람이 광야의 표면을 더듬듯이 불어 흐트러진 풀을 부비고 모래와 먼지를 말아 올렸다.

저녁이 다가오자, 투명한 아지랑이가 태양을 뒤덮었다. 하늘은 빛이 바래어 잿빛으로 변했다. 서쪽에서 우람한 구름이 나타났다. 구름은 분간하기 어려운 가느다란 실오라기 같은 지평선에 늘어진 한쪽 끝을 갖다 대고 움직이지 않는 채 서 있었다. 그러면서 갈색 꼬리를 화가 난 것처럼 끌어당기고 희고 둥근 꼭대기를 빛내면서 바람에 쫓겨 위엄 있는 모습으로 떠돌기 시작했다.

무리는 다시금 쿠므일가강을 가로질러 포플러 숲의 둥근 지붕 밑으로 들어갔다. 나뭇잎은 바람을 맞아 푸른색이 섞인 젖빛의 잎 뒷면을 물결처럼 반짝이며 일제히 사각사각 소리를 질렀다. 호표르강 너머 강가 어느 곳에선 새하얀 구름자락으로부터 싸락눈이 섞인 비를 사선으로 뿌려 대지를 두들겼다. 비는 눈이 환해지는 무지개띠를 두르고 있었다.

작고 퇴락한 부락에서 숙영을 했다. 그리고리는 말 시중을 마치고 양봉장으로 나갔다. 주인은 나이가 많은 늙은이로 고수머리의 카자흐였는데 수염에 걸리적 거리는 벌을 털어내면서 불안한 어조로 얘기했다.

"이 벌통은 요즘에 사들인 건데, 이리로 가져오자마자 무슨 까닭인지 새끼벌이 다 죽어 버렸다오. 보구료, 어미벌이 꺼내고 있지요."

그는 벌통 곁에 서서 꿀벌 출입구를 가리켰다. 숱한 벌이 줄기차게 새끼벌의 시체를 꺼내어 둔한 날갯소리를 내면서 그것을 물고 뛰쳐나갔다. 주인은 갈색 눈동자를 좁히며 혀를 찼다. 그는 부자연스럽게 손을 흔들어대며 팔딱팔딱 걸어 다녔다. 야단스럽고 조급한 동작을 하지만 무척 재빠르고 거친 데가 있는 그는 뭔가 사람의 마음을 가라앉지 못하게 하고 꿀벌의 대집단이 균형과 조화 속에서 완만한 중노동을 계속하고 있는 양봉장에 어울리지 않는 느낌을 주었다. 그리고리는 심드렁한 기분으로 노인을 지켜보았다. 움직임이 거칠고 어깨 폭이 넓은 카자흐 노인은 삐걱거리는 것 같은 목소리로 빠르게 지껄여 왜지 모르게 혐오감을 일으켰다.

"금년은 형편이 나은 편이라오. 사향초의 꽃이 엄청나게 많이 피어 그 꿀을 싣고 오거든. 틀 속에 있는 놈이 집에 있는 놈보다 성적이 좋지. 이런 식으로 말이오……"

그리고리는 풀처럼 끈끈하고 진한 꿀을 섞은 차를 마셨다. 꿀은 사향초와 들풀의 달콤한 향기를 풍겼다. 키 크고 예쁘며 남편이 군대에 나갔다는 주인의 딸이 차를 따라주었다. 그녀의 남편은 적위군과 함께 집을 나가고 없었다. 그 때문에 주인의 태도는 고분고분하니 부드러웠던 것이다. 주인은 딸이 가무스름하고 얇은 입술을 오므리면서 눈썹 밑으로 그리고리를 바라보는 걸 눈치 채지 못한 것 같았다. 그 여자가 사기 주전자를 들려고 손을 뻗칠 때마다 그리고리는 곱슬거리는 새까만 겨드랑털을 보았다. 그는 몇 번이나 호소하는 듯한 시선과 부딪쳤다. 다시 눈길이 마주쳤을 때, 이 젊은 카자흐 여인이 볼을 붉히고 입술 끝으로 남몰래 웃어 보이는 듯이 그에게는 생각되었다.
"응접실에 잠자리를 마련하겠어요."
차를 마신 뒤, 베개와 무릎덮개를 가지고 옆을 지날 때 그녀는 굶주린 자의 노골적인 시선으로 그를 불태웠다. 그녀는 베개를 들 때 분명하지 않은 투로 빠르게 말했다.
"난 헛간에서 자겠어요…… 집 안은 후덥지근하고 벼룩이 물거든요……"
그리고리는 주인의 코고는 소리를 듣기가 바쁘게 장화를 벗고 헛간에 있는 여자에게로 갔다. 앞부분을 벗겨놓은 짐마차 위에서 여자는 양피외투를 덮고 그리고리의 몸에 두 다리를 갖다 붙인 채 꼼짝도 하지 않았다. 그녀의 입술은 말라 있었고 딱딱했지만 싱싱한 냄새를 풍겼다. 그리고리는 그녀의 햇볕에 그을린 가느다란 팔 속에서 새벽까지 시간을 보냈다. 밤새 그녀는 힘을 다해 그를 껴안고 싫증도 내는 일 없이 애무를 했다. 킥킥 웃기도 하고 장난삼아 그의 입술을 피가 나도록 물기도 했다. 목에, 가슴에, 두 어깨에 보랏빛 키스자국과 잇자국을 냈다. 닭 우는 소리가 나자 그리고리는 객실로 옮기려고 했다. 여자가 그를 놓지 않았다.
"이걸 놔. 착한 애지, 이걸 놔! 제발!"
빠져 나가려고 그리고리는 늘어진 검은 수염에 미소를 띠고 간청했다.
"조금만 더 누웠다가 가요…… 누우라니까!"
"들키겠어! 저것 봐, 벌써 날이 밝았잖아!"
"상관없어요."
"아버지는?"
"아버지는 알고 계세요."
"알고 있어?"
그리고리는 깜짝 놀라 어깨를 떨었다.
"그래요……"
"아니, 어떻게 안다는 거지?"

"아버지는…… 어제 그러셨어요. 장교가 오거든 동침을 하라구요. 그렇게 대접하지 않으면 게라시카의 배신행위를 탈잡아 발이라도 끌고 갈지 모른다구요…… 내 남편 게라심은 적위군을 따라갔거든요……"
"놀랍군!"
그리고리는 쓴웃음을 지었다. 마음속이 평온치 않았다.
그렇지만 여자가 이 불쾌한 기분을 가시게 만들었다. 그리고리의 팔 근육을 쓰다듬으면서 그녀는 바르르 몸을 떨었다.
"내 남편은 당신 같지가 않아요……"
"어땠는데?"
뿌옇게 밝아오는 하늘을 쳐다보던 그리고리는 그 말에 끌려 물었다.
"소용이 없는걸요…… 허약해……"
그녀는 떠맡기듯 그리고리에게 찰싹 엉겨 붙었다. 그녀의 목소리에 눈물이 없는 울음소리 같은 게 스며 있었다. "그이와는 한 번도 좋은 일이 없었어요…… 그인 여자하곤 거리가 멀어요……"
이슬을 먹고 꽃이 피듯, 어린애 같은 소박한 마음이 아무런 가식 없이 자연스럽게 그리고리 앞에 열려 있었다. 이 점이 가벼운 연민을 불러 일으켰고, 그로 하여금 도취경에 빠지게 했다. 그리고리는 하룻밤 풋사랑의 여인의 흐트러진 머리카락을 쓰다듬어주며 지친 눈을 감았다.
갈대 지붕의 처마를 통하여 사라져가는 달빛이 새어 들어왔다. 잿빛 하늘에 식어가는 빛 자국을 남기고 유성이 일직선으로 지평선에 떨어졌다. 못에서 암오리가 울자 수오리가 애정을 담은 쉰 목소리로 화답했다.
달콤한 피로에 젖은 몸을 가볍게 놀리면서 그리고리는 객실로 되돌아왔다. 그는 여자의 짭짤한 입술 냄새를 느낀 채 곤한 잠에 빠졌다. 강렬한 애무를 원하는 카자흐 여인의 육체와 그 살냄새―사향초의 꿀과 땀과 온기가 뒤섞인 복잡한 냄새를 기억 속에 소중하게 간직한 채로.
두 시간 뒤, 그는 카자흐들에 의해 잠에서 깼다. 프로호르 즈이코프가 그의 말에 안장을 잎고 문 밖으로 데리고 나갔다. 그리고리는 주인의 적의에 찬 시선을 참고 견디면서 작별을 고하고 몸채 쪽으로 걸어가는 주인 딸에게 고개를 끄덕였다. 그녀는 빛깔이 좋지 않은 입술 끝에 미소와 뭔가 말할 수 없는 애수를 담고 머리를 숙였다.

그리고리는 몇 번이나 뒤를 돌아보며 좁은 길을 따라 걸어갔다. 길은 그가 묵은 주택을 절반쯤 원을 그리며 우회하고 있었다. 그리고 그는 그의 체온으로 덥혀 준 카자흐 여자가 햇볕에 그을린 얇은 손바닥을 눈 위에 갖다 대고 머리를 돌려 사이든 울타리 너머에서 배웅하고 있음을 보았다. 그리고리는 갑자기 밀어닥친 애수로 뒤를 돌아보고 그녀의 표정과 그 모든 것을 기억해 내려고 애썼다. 하지만 되어지지 않았다. 그는 흰 프라토크에 싸인 카자흐 여인의 머리가 그를 쫓아왔다가 조용하게 돌아가는 것을 보았을 뿐이었다. 느리게 나아가는 태양의 회전을 바라보고 있는 해바라기처럼 그것이 조용하게 돌아가는 것을……

호송 죄수로서 미하일 코셰보이는 뵤센스카야에서 전선으로 끌려가고 있었다. 그는 페도세프스카야 마을에 도착했다. 그런데 마을의 아타만은 하루 동안 억류시킨 뒤에 호송을 붙여서 뵤센스카야로 되돌려 보냈다.
"왜 되돌려 보내는 거지?"
미하일이 마을 서기에게 물었다.
"뵤센스카야에서 지령이 내렸거든."
상대방은 통명스럽게 대꾸했다.
미시카의 어머니가 부락집회 때 무릎을 꿇고 기어 다니면서 노인들을 설복시켜 노인들이 연명으로 미하일 코셰보이는 집 안에서 오직 한 사람밖에 없는 일꾼이므로 목부로 있게 해달라는 탄원의 결의문을 작성 제출했음을 알게 되었다. 미론 그리고리에비치가 직접 그 결의문을 들고 뵤센스카야 마을의 아타만에게로 가서 그 아타만을 설득하기에 이른 것이었다.
마을회관 사무실에서 아타만은 자기 앞에 부동자세로 서 있는 미시카를 호되게 나무랐다. 그런 뒤에 소리를 낮춰 성난 어조로 말끝을 맺었다.
"우리는 말이다, 볼셰비키에게 돈의 방위를 맡기지는 않았어! 목장으로 가서 목부 노릇이나 해. 거기에 가보면 알게 되겠지. 알겠냐, 이 멍충아! 네 어미가 불쌍해서 하는 수 없이 석방하는 거야…… 자, 가거라!"
미시카는 이번엔 호송병이 딸리지 않은 몸으로 뜨거운 길바닥을 터벅터벅 걸었다. 외투가 어깨를 짓눌렀다. 150킬로미터를 걸은 탓으로 발뒤꿈치가 벗겨진 발이 말을 듣지 않았다. 밤이 되어서야 그는 부락에 닿았다. 이튿날 날이 밝자 그는 어머니의 주름진 얼굴과 한 움큼의 백발을 기억에 담고 어머니의 울음과 애무를 받은 뒤 목장을 향해 길을 떠났다.

카르긴스카야 마을의 남방, 세로 28킬로미터, 가로 6킬로미터 사이에 예부터 쟁기라곤 들어간 적이 없는 출입금지의 광야가 펼쳐져 있었다. 몇 천 제샤찌나의 토지가 마을 종마의 방목을 위해 할당되어 있었다. 따라서 할당 목장의 이름이 붙었다. 해마다 에고르날(4월 13일)에 목부들이 뵤센스카야의 겨울철 마구간에서 종마를 끌어내어 그것을 할당 목장으로 끌고 갔다. 그 가운데에는 종마 18마리분의 여름철 무개 축사와 목부, 감독, 수의의 숙소가 딸린 마구간이 마을의 비용으로 세워져 있었다. 뵤센스카야 마을 일대의 카자흐들이 암말을 쫓아왔다. 수의와 감독은 종마가 도착하는 즉시 키가 1미터 40센티미터 넘는지, 마령 4살 이상인지를 조사했다. 튼튼한 말은 40마리씩 나누어 분리시켰다. 1마리의 종마가 각각 말떼를 초원으로 인솔해놓고는 질투의 눈초리로 암말을 지켜보았다.

미시카는 그의 집에 오직 한 마리밖에 없는 암말을 타고 갔다. 어머니는 배웅을 나와 계속 앞치마로 눈물을 닦으면서 말을 이었다.

"이 암말, 발정을 할지 모르니까…… 조심해서 가거라. 이 말을 또 못쓰게 만들면 큰일이니 주의해야 한다!"

정오경에 움푹 팬 땅 위를 흐르던 아지랑이 저편으로 미시카는 숙소의 함석지붕과 울타리와 비로 잿빛이 된 마구간의 판자지붕을 보았다. 그는 서둘러 말을 몰고 갔다. 언덕 꼭대기에 서 있으려니까 건물과 그 끝에 이어진 젖빛 풀이 넘실대는 게 환히 내려다보였다. 동쪽 아득히 먼 곳에 못을 향해 달려가는 말떼가 밤새 반점처럼 비쳤다. 그 옆에서 말을 탄 목부가 구보로 달리고 있었다. 장난감 망아지에 달라붙은 완구 인형 같았다.

마당에 들어가자 미시카는 말에서 내려 현관에다 고삐를 잡아맨 다음에 집 안으로 들어갔다. 널따란 복도에서 그는 한 목부와 마주쳤다. 키는 크지 않고, 주근깨가 있는 카자흐였다.

"누굴 만나러 왔지?"

그는 미시카를 발끝에서 머리 꼭대기까지 훑어보며 무뚝뚝하게 물었다.

"감독님을 만나야겠는데……"

"스톨코프 말인가? 나가고 없어. 사조노프라는 대리가 있지. 왼쪽으로 두 번째 입구로 가봐…… 그런데 무슨 일로 왔나? 어디서 왔어?"

"여기에서 목부가 되려고."

"무턱대고 보내기만 하면 어느 놈이든 괜찮을 거라고 생각하나보군……"

투덜대며 그는 출구 쪽으로 걸어갔다. 어깨에 걸친 밧줄이 그의 뒤에서 바닥 위로 질질 끌려갔다. 문을 열어 미시카에게 채찍을 들어 보인 목부는 채찍을 한 번 후려치고서 이번엔 부드러운 말투로 얘기했다.

"여기서 하는 일은 젊은 사람에겐 좀 벅찰지도 모르지. 때로는 이틀 낮, 이틀 밤을 말 잔등 아래로 내려올 수 없을 정도야."

미시카는 그의 굽은 잔등과 안짱다리를 바라보았다. 희미한 눈 속에 카자흐의 어설픈 자태의 선이 하나하나 날카롭게 떠올라 있었다. 바퀴처럼 구부러진 목부의 다리가 미시카의 흥미를 끌었다. '이 녀석은 통 위에서 40년 동안 줄창 앉아 지낸 사람 같군.' 그런 생각을 하고 그는 문의 손잡이를 눈으로 찾으면서 마음속으로 웃었다.

사조노프는 새로 온 목부를 거만하고 냉담하게 대했다. 이윽고 건장한 카자흐의 감독, 아타만 연대 소속 조장인 아파나시 스톨코프가 돌아왔다. 그는 코세보이를 급여부에 등록시키라고 이르고 하얀 열기에 찌들려 있는 현관으로 그를 데리고 걸어 나갔다.

"조련되지 않은 놈을 훈련시킬 수 있나? 말을 길들여 본 적 있나?"

"그럴 만한 기회가 없었습니다."

미시카는 정직하게 실토했다. 그러자 곧바로 더위로 황갈색이 된 감독의 얼굴에 그에 대한 불만의 기색이 스치는 것을 볼 수 있었다.

튼튼한 팔꿈치를 굽혀 땀이 흐르는 잔등을 긁으면서 감독은 미시카의 멍청한 눈을 바라보았다.

"밧줄 던지는 법은 알고 있나?"

"예, 할 수 있습니다."

"말을 좋아하나?"

"좋아합니다."

"말은 사람과 같지. 지껄이지 못하는 것뿐이야, 알겠어? 귀여워해 줘."

그는 명령하듯 말했다. 그리고 까닭 없이 화를 내고 야단을 쳤다.

"귀여워하지 않으면 매를 때리겠다!"

그의 얼굴은 잠시 사려 깊고 생생한 표정이 되었다. 하지만 그 생생한 표정은 이내 사라지고 무표정한 냉담함이 하나하나의 윤곽을 딱딱한 나무껍질처럼 덮어버렸다.

"마누라는 있나?"

"아직 없습니다."

"바보같이! 마누라를 갖는 편이 나을 텐데."

감독은 기쁜 얼굴로 그렇게 대답했다.

대답을 기다렸는지는 모르지만 입을 다물고 툭 터진 스텝의 복판을 바라보더니, 그는 이윽고 하품을 하고 집 안으로 들어가 버렸다. 그 뒤 한 달 동안의 목부 생활 중에 미시카는 그에게서 한 마디의 말도 듣지 못했다.

목장에는 50마리의 종마가 있었다.

목부 한 사람한테 두 무리, 혹은 세 무리의 말떼가 배당되었다. 코셰보이는 건강한 종마인 바하리가 이끄는 큰 무리와 그보다 숫자가 적은 20마리의 암말과 바나리누이라고 불리는 종마로 이루어진 무리를 배당받았다. 감독은 민첩하고 대담한 목부인 일리야 솔다토프를 불러 말했다.

"타타르스키 부락에서 온 새 목부 미하일 코셰보이다. 바나리누이와 바하리 무리를 일러 주고 밧줄을 갖다 줘. 너희들의 움막으로 들어갈 거다. 여러 가지를 가르쳐 주도록. 그럼, 가봐."

솔다토프는 잠자코 담배에 불을 붙이고 미시카에게 고개를 끄덕여 보였다.

"가자구."

현관 앞에서 햇볕이 따가운 탓으로 멍청하게 서 있는 미시카의 암말을 가리키고 말했다.

"네 말이지?"

"응."

"새끼를 밴 거냐?"

"아니."

"그럼 바하리하고 붙여봐. 지긴 제실(帝室) 사육장에서 온 놈인데, 엉곡산과 반 잡종이지. 몹시 난폭한 놈이라구...... 타지 그래."

그들은 나란히 몰고 갔다. 말은 무릎까지 풀에 파묻혀 천천히 걸어 나갔다. 숙소와 마구간은 등 뒤에서 꽤 많이 멀어져 있었다. 전방은 부드러운 하늘색 아지랑이로 싸인 광야가 무거운 고요 속에 잠겨 있었다. 하늘 복판은 오팔색 구름무더기 그늘 속에서 태양이 꿈틀거렸다. 뜨겁게 달아오른 풀에서 짙은 냄새가 솟아올랐다. 오른쪽으로 윤곽이 흐릿한 지로프못의 줄무늬가 희끄무레하게 미소 짓는 것처럼 하얗게 비쳤다. 주위는 시선이 미칠 수 있는 한 끝없는 녹색 벌판과 흔들거리는 아지랑이의 흐름과 정오의 염열에 고통 받고 있는 예나 다름없는 광야가 있을 뿐이었다. 지평선에서 가슴을 편 남빛 둔덕이 사연을 숨긴 채 만지기 어려운 모습으로 서 있었다.

풀은 뿌리째 짙은 암록색으로 변해 있었고 잎 끝은 햇빛을 받아 투명한 녹청색을 띠고 있었다. 어린 날파리가 여기저기 흩어져 날아다니다가 선모(旋毛)가 있는 들꽃 사이를 누비고 다녔다.

두 사람의 카자흐는 말없이 말을 몰고 갔다. 미시카는 오랫동안 맛보지 못했던 오붓하고 평온한 기분을 느꼈다. 광야는 고요함과 커다란 지혜의 힘으로 그를 압도했다. 그의 길동무는 말갈기 쪽에 몸을 굽히고 성찬을 받을 때처럼 주근깨가 있는 손을 안장틀에다 얹은 채 잠에 곯아떨어졌다.

밑에서는 들기러기가 튀어 올라 하얀 날개를 햇빛에 반사시키면서 산골짜기 위로 날아갔다. 아침나절에 아조프해(海)에 잔물결을 일으키게 했을지도 모르는 미풍이 풀을 흩트려 놓으면서 남쪽에서 건너왔다.

반시간 가량 뒤에 그들은 오시나 호수 언저리에서 방황하고 있는 말떼와 마주쳤다. 솔다토프는 잠이 깨자 안장 위에서 기지개를 켜고는 나른한 목소리로 입을 열었다.

"로마킨 판테류시카 담당의 말떼군. 그런데 놈은 보이지 않는군 그래."
"저 종마는 뭐라고 부르지?"
몸이 길고 밝은 갈색의 돈산 말에게 흥미를 느낀 미시카가 물었다.
"프라죠르(수다쟁이)라고 하지. 성깔이 비뚤어진 못된 놈이야! 저걸 봐. 눈깔이 튀어나올 것 같잖아! 뒤를 돌아보는군!"

종마는 옆구리 쪽으로 달려갔다. 암말들이 떼를 지어 그 뒤를 따라갔다.

미시카는 자기에게 배당된 말떼를 넘겨받고 각종 도구를 움막에 내려놓았다. 그가 오기까지 움막에는 솔다토프, 로마킨, 그리고 고용목부인 나이가 많은 카자흐 투로베로프—그는 말수가 적은 사람이었다—등 세 명이 들어 있었다. 솔다토프가 그들 사이에서는 고참이었다. 그는 자진해서 미시카에게 담당자로서의 할 일을 가르쳐 주고 이튿날에는 종마의 기질과 버릇을 애기해 주었다. 그리고 희미하게 웃으며 지혜를 일러 주었다.

"사실은 자기 말을 타고 근무를 해야 되겠지만, 그렇다고 날마다 타다가는 견뎌내질 못한다구. 자기 말을 무리 속에다 놔두고 다른 놈에게 안장을 얹어봐. 그리고 자주 바꿔 타도록 하라구."

미시카가 보는 앞에서 그는 말떼 가운데에 있는 한 마리의 암말에게 쫓아가 익숙한 솜씨로 밧줄을 던졌다. 그 말에다 코셰보이의 안장을 얹자 떨면서 뒷다리로 버티는 것을 그대로 끌고 갔다.

"타봐. 이놈은 아직 익숙해 있지 않은 것 같군. 제기랄! 자, 타라니까!"

오른손으로 힘껏 고삐를 당기고 왼손으로 부풀어 오른 암말의 콧잔등을 움켜쥐며 그는 화난 목소리로 외쳤다.

"말을 거칠게 다뤄선 안 돼. 마구간에서 종마한테 '다가왓!' 외치면 그 놈은 축사 한쪽에 몸을 붙이고 움츠린다구. 그럴 때 장난을 해선 안 돼. 다치기 쉬우니까."

그는 등자를 쥐고, 발을 번갈아 들었다 놓고 있는 암말의 팽팽하고 검은 유방을 황홀한 듯 움켜쥐고는 그렇게 말했다.

3

온종일을 안장 위에서 보낸 미시카는 1주일 동안 휴식을 취했다. 스텝은 그를 압도하고 원시적인 생활을 보내도록 강요했다. 말떼는 그 언저리를 걸어 다녔다. 미시카는 안장에 앉은 채 졸거나 풀 위에 누워 할 일없이 서리가 둘레를 감고 있는 것 같은 새하얀 구름 떼가 바람에 쫓겨 해매는 모양을 바라보았다. 처음 얼마 동안은 혼자 있는 것과 다름없는 상태가 그를 호뭇하게 했다. 사람들로부터 떨어진 목장에서의 생활이 마음에 들었다. 그러나 새로운 상태에 익숙해질 안장을 얻은 한 주일이 끝나갈 즈음엔 막연한 공포가 그의 잠을 깨뜨려놓고 말았다.

'서쪽에선 사람들이 자기와 타인의 운명을 결정지으려고 기를 쓰고 있는데 나는 여기에서 말을 쫓고 있다니…… 이걸로 되는 걸까? 이곳을 떠나지 않으면 안 되겠다. 여기서 오래 있다간 넋이 빠져버릴 거다.'

정신을 차린 그는 그런 생각이 들었다. 그러나 또 한 가지의 게으른 속삭임도 의식 속에 스며오는 것이었다.
 '마음대로 싸우게 내버려 두라지. 거기엔 죽음이 있다. 하지만 여기는 마음 편한 생활과 풀과 하늘이 있다. 거기엔 적의가 있고 여긴 평화가 있다. 그 밖의 것이 너에게 무슨 필요 있다는 거야? ……'
 갖가지 생각이 미시카의 평온한 안정을 시기하듯이 흔들어 놓았다. 이 일은 그로 하여금 사람들 쪽으로 밀어붙였다. 자기 담당의 말떼를 끌고 도우다레프 호수 근처를 돌아다니고 있는 솔다토프를 만나고 싶은 마음이 날이 갈수록 한층 더 간절해졌다. 그는 솔다토프에게 접근하려고 애썼다.
 솔다토프는 분명히 고독의 괴로움을 느끼고 있지 않았다. 그는 움막엔 가끔씩 밖에 들르지 않았고 거의 말떼와 같이 있거나 아니면 못 옆에 있었다. 그는 동물 같은 생활을 하고 있었다. 제 손으로 먹을 것을 구했고 마치 평생토록 그 일만을 해온 듯이 매우 능숙하게 일을 해치웠다. 어느날 미시카는 그가 말 털로 낚싯줄을 꼬는 것을 보고 흥미를 느끼며 물어보았다.
 "실을 꼬아서 무엇에 쓰려는 거지?"
 "고기 낚는 데 쓰려고."
 "고기가 어디에 있는데."
 "못에 있어. 붕어 말이야."
 "지렁이로 낚는 거야?"
 "빵하고 지렁이면 돼."
 "끓여서 먹나?"
 "말려 먹지. 이것 보라구."
 그는 주머니 안에서 말린 붕어를 꺼내어 그에게 권했다.
 언젠가 말떼를 따라가다가 미시카는 올가미에 걸린 들기러기를 본 적이 있었다. 한쪽 옆에 교묘하게 만들어진 들기러기의 박제가 놓여 있고 올가미를 막대기에 묶어 풀 속에다 감춰 두고 있었다. 솔다토프는 그날 저녁 빨갛게 피어오른 숯불을 먼저 흙 위에다 널어놓은 다음 들기러기를 그 흙속에 묻어 찜구이를 했다. 그는 저녁식사에 미시카를 불렀다. 그리고 구수한 살코기를 권하더니 부탁의 말을 했다.
 "이제부턴 올가미를 떼 내지 마. 내 작업을 망가뜨리면 되겠어?"
 "그런데 넌 어째서 이런 데로 오게 됐지?"

미시카가 물었다.
"난 살림을 꾸려가야 하거든."
솔다토프는 잠시 입을 다물고 있다가 불쑥 물었다.
"이봐, 모두가 널 빨갱이라고 하는데 정말이야?"
그 같은 물음을 예기치 못했던 코셰보이는 당황할 수밖에 없었다.
"글쎄…… 뭐라고 할까…… 그렇지, 난 그들 틈에 끼어서 가긴 갔지만…… 붙잡혔어."
"뭣하러 갔나? 뭘 찾으러?"
험악한 눈초리로 솔다토프는 물으면서 천천히 씹기 시작했다.
그들은 물이 없는 산골짜기 꼭대기의 모닥불 옆에 앉아 있었다. 말똥이 꺼지면서 잿더미 속에 작은 불씨가 얼굴을 내밀었다. 뒤쪽에서는 밤이 메마른 온기와 시든 약쑥냄새를 그들의 등에다 실어 나르고 있었다. 유성이 캄캄한 하늘에다 줄무늬를 그어댔다. 하나가 흘러가면 그 뒤에 자국이 오래도록 남아 반짝거렸다. 그것은 마치 채찍을 맞은 말 엉덩이 같았다.
미시카는 불빛의 반사로 도금이 된 것 같은 솔다토프의 얼굴을 조심스럽게 바라보았다.
"권리를 얻고 싶어서였어."
"누구를 위해?"
솔다토프가 몸을 뒤척이면서 활기를 띠었다.
"인민을 위해서."
"어떠한 권리지? 말해 봐."
솔다토프의 음성은 공허하면서도 진지했다. 미시카는 순간적으로 동요를 느꼈다. 그는 솔다토프가 얼굴 표정을 감추기 위해 짐짓 새 말똥을 불에 집어넣는다고 생각되었다. 하지만 각오를 새로이 하고 말문을 열었다.
"모든 사람의 평등, 이런 거지 뭐! 양반도 노예도 있어선 안 돼. 알겠어? 그런 것에 종지부를 짓고 싶다 이거야."
"카데트(백위군)가 승리하지는 않을 거라고 생각하는군?"
"그렇지, 그런 일은 있을 수 없어."
"네가 바라는 게 바로 그런 거군……"
솔다토프는 숨을 몰아쉬더니 벌떡 일어섰다. "말도 안 되는 소리하지 마.

카자흐를 노예로 만들고 싶단 말 아냐?"

그는 버럭 역정을 냈다.

"너…… 이빨을 부러뜨리고 말 테다. 네 패거리들은 우릴 거름으로 만들려고 해. 그렇지? 천만에! 광야에다 빨갱이놈들의 공장을 세우려고? 우리를 토지에서 떼어놓겠단 말이지?"

놀란 미시카는 천천히 몸을 일으켰다. 솔다토프가 주먹질을 해올 것처럼 여겨졌다. 그는 한 걸음 뒤로 물러섰다. 상대방은 미시카가 놀라서 뒷걸음질 치는 걸 보고 주먹을 치켜들었다. 미시카는 그의 손을 도중에서 막아 손목을 힘껏 움켜쥐고서 알겠어, 한 방 먹여 줄까, 하듯이 말했다.

"이봐, 그만두라구. 그만두지 않으면 얻어터질 줄 알아! 너 뭣 때문에 떠들어, 떠들긴?"

그들은 어둠 속에서 서로 노려보았다. 발에 밟힌 불은 이미 꺼져버렸다. 튕겨 나온 말똥이 한쪽 끝으로 비어져 나와 빨갛게 타고 있을 뿐이었다. 솔다토프는 왼손으로 미시카의 멱살을 쥐어 들어 올리려고 하면서 오른손을 뿌리치려고 안간힘을 썼다.

"멱살을 잡다니!"

미시카는 힘센 목을 흔들며 쉰 목소리로 말했다.

"이거 놓지 못하겠어! 배때기를 걷어찰 테다, 알겠어? ……"

"놓지 않겠어…… 좋아, 때려 죽일까부다. 잠깐만 기다려!"

솔다토프는 거칠게 숨을 쉬었다.

미시카는 힘껏 그를 떠다밀었다. 두들겨 패 집어 던지거나 두 손으로 주물러버리고 싶다는 충동을 느끼면서 떨리는 손을 들어 셔츠를 매만졌다.

솔다토프는 덤벼들지 않았다. 이를 갈고 욕설을 퍼부었다.

"좋아, 당장 감독한테 가서 일러바칠 테다! 내쫓아버리겠다! 독충 같으니! 볼셰비키 놈, 포드쵸르코프 같은 꼴로 만들어 줄 테다! 화형을 당해야 마땅해! 교수형을 받을 놈!"

'틀림없이 고자질을 할 거다…… 엉터리 수작을 늘어놓겠지…… 그렇게 되면 감옥행이야…… 전선으로 갈 수 없게 되겠지. 이젠 끝장이야!'

미시카는 그런 생각을 하고 있었다. 봄 홍수가 물러간 개울에서 빠져 나온 물고기가 물웅덩이 속에서 엎치락뒤치락하듯이 그의 생각은 출구를 찾아 필사적으로 몸부림쳤다.

'놈을 해치워버릴까? 지금 당장 목을 졸라 죽이는 게 낫지 않을까······ 다른 방법이 없으니······'

갑작스레 일어난 결심으로 핑계거리를 찾았다.

'먼저 나를 치려고 덤벼들었다고 말해야지······ 그래서 내가 놈의 멱살을 잡고······나도 모르게······ 흥분해서······ 그렇게 말해야지.'

미시카는 솔다토프를 향해 떨며 걸음을 내디뎠다. 그때 상대방이 달아났더라면 그들에게는 죽음과 피가 흥건했을 것이었다. 그런데 솔다토프는 욕설을 퍼부었을 뿐이었다. 미시카는 침착을 되찾았다. 다만 두 다리가 가늘게 떨리면서 잔등에 땀이 배었다.

"잠깐······ 알겠어? 솔다토프, 그치라구. 욕은 그만해! 애초에 싸움을 건 쪽은 너였어······"

미시카는 한풀 꺾인 태도로 부탁하기 시작했다. 그의 목이 떨리고 눈은 갈팡질팡했다.

"친구끼리는 입씨름이 없을 수 없지······ 난 너를 때린 적 없어······ 네 쪽에서 멱살을 잡고······ 내가 뭐라고 했는데? 그걸 고자질하겠다는 거야? ······기분 나쁜 말을 했다면 용서해. 정말이야! 어때?"

솔다토프의 목청은 차츰 낮아지더니 이내 입을 다물었다. 잠시 뒤, 그는 고개를 돌린 채 한쪽 손을 코셰보이의 축축하고 싸늘한 손바닥 안에서 떼어내면서 말했다.

"뱀처럼 꽁지를 말아 올리는군! 이제 그만 하자. 일러바치지는 않겠어. 멍청이 같은 네 놈이 불쌍해서······ 너, 앞으로는 내 눈에 띄지 않도록 해. 다신 널 보고 싶지 않으니까! 한심한 놈이야, 넌! 빨갱이에게 몸을 팔다니. 난 말이다, 돈을 받고 몸을 파는 짓은 못 봐."

미시카는 어둠 속에서 떨떠름하고 비참한 미소를 지었다. 그러나 솔다토프는 미시카가 주먹을 움켜 쥔 것도 그것이 충혈 되어 부풀어 오른 것도 보지 못했다. 그의 얼굴소자노 보지 않았다.

그들은 그 이상 입을 열지 않고 헤어졌다. 코셰보이는 화난 김에 채찍을 내리치면서 자신의 말떼를 몰고 갔다. 동쪽에서 번개가 치고 뇌성이 울렸다.

그날 밤 목장 위로 뇌우가 쏟아졌다. 밤이 이슥해지자 지친 듯한 바람이 콧바람을 내뿜다가는 휙! 소리를 내며 지나가고, 뒤이어 축축한 공기와 매캐한 먼지가 밀려왔다.

하늘이 더욱 흐려졌다. 번갯불이 흑토처럼 시꺼먼 먹구름에 빗금을 그으며 내리쳤다. 이윽고 정적이 깔리더니 어딘가 먼 곳에서 우르릉꽝 하고 뇌성이 울렸다. 굵은 빗방울이 풀을 두들겼다. 원을 그리는 번갯불로 인해 코셰보이는 두 번 가량 가장자리가 시꺼먼 갈색 먹구름이 반공에 걸려 있는 것을 보았다. 그 구름 아래 널린 대지 위로 한 무더기의 콩알 같은 말떼가 그의 눈에 들어왔다. 엄청난 힘으로 우레가 울리고 번갯불이 격렬한 기세로 지상을 향해 치달았다. 잇따라 울린 우레를 받아 먹구름주머니 속에서 폭우가 쏟아져 내리자 스텝은 와글와글 떠들어대기 시작했다. 회오리바람이 코셰보이의 머리에서 흠뻑 젖은 모자를 낚아채고 난폭하게 그의 몸을 안장틀에 밀어붙였다. 얼마 동안은 시꺼먼 고요 속에 빗방울 튀는 소리만 들려왔다. 한 치 앞도 보이지 않는 어둠을 더욱더 짙게 하면서 번갯불이 스쳐갔다. 그 뒤의 뇌성은 코셰보이가 잔뜩 웅크린 몸을 우뚝 일으켰을 정도로 격심했다. 힘을 다해 고삐를 당기며 말에게 기운을 내게 하려고 코셰보이는 큰 소리로 외쳤다.

"멈춰! ……어서……"

잇따라 구름 꼭대기를 미끄러져 가는 설탕처럼 흰 번갯불 빛으로 인해 말떼가 그를 향해 달려오는 것이 보였다. 말들은 구보로 질주했다. 몸뚱이의 반짝거리는 콧잔등을 땅바닥에 닿을 듯이 뻗고 있었다. 넓어질 대로 넓어진 콧구멍은 소리를 내어 공기를 마시고 쇠징을 박지 않은 발굽은 둔한 소리로 울었다. 선두에는 전속력으로 바하리가 달려오고 있었다. 코셰보이는 말머리를 힘껏 돌려 간신히 충돌을 피할 수가 있었다. 말들은 질주하다가 별로 멀지 않은 곳에서 멈춰 섰다. 우렛소리에 흥분한 말떼가 그의 고함소리를 듣고 달려온 줄도 모르고 코셰보이는 또 한 번 고함쳤다.

"멈춰! 멈춰!"

그러자 또다시—이번에는 어둠속에서—말발굽 소리가 엄청난 속도로 그를 향해 다가왔다. 공포에 사로잡힌 코셰보이는 채찍으로 말의 눈과 눈 사이를 내리쳤다. 흥분한 한 마리가 그가 타고 있는 말의 엉덩이에 가슴팍을 부딪쳤다. 코셰보이는 투석기에 튕긴 것처럼 안장 위에서 내던져졌다. 기적적으로 그는 죽지 않았다. 말떼의 대부분이 그의 오른쪽을 달려 나간 덕분에 그는 짓밟히지 않고 살아날 수 있었다. 다만 암말 한 마리가 발굽으로 그의 오른손을 진구렁 속에 밟아 놓았을 뿐이었다. 미시카는 일어서서 되도록 조용히 있으려고 살짝 옆으로 비켜섰다. 그는 가까운 곳에서 말떼가 격렬한 구보로 다시 인간을 향해 질주하려고 명령을 기다리고 있는 것을 볼 수 있었다. 그리고 바하리의 특징 있는 콧소리도 귀에 들려 왔다.

코셰보이는 새벽 전에 가까스로 움막에 도착했다.

4

5월 15일, 대 돈군 아타만 크라스노프는 부장회의 의장 겸 외교부장 아프리칸 보가에프스키 소장, 돈군 병참부장 키스로프 대령 및 쿠반의 아타만 필리모노프를 인솔하고 기선으로 마누이치스카야 역에 도착했다.

돈과 쿠반 지방의 '지배자들'은 기선이 부두에 닿자, 오락가락 바쁘게 움직이는 수부들의 모습과 잔교 언저리에서 이는 갈색 물결을 갑판 위에서 내려다보았다. 이윽고 선창에 군중의 수많은 눈동자가 집중하는 가운데 그들은 상륙했다.

하늘, 지평선, 햇빛, 잔물결처럼 출렁거리는 아지랑이—모든 것이 파랗기만 했다. 돈도 눈처럼 새하얀 구름 봉오리를 오목렌즈처럼 비쳐 주면서 여느 때와 달리 새파란 색을 띠었다.

바람은 태양과 소금기와 재작년의 썩은 풀냄새로 가득 차 있었다. 군중이 수군수군 지껄였다. 지방관리들의 영접을 받으며 장군들은 광장을 향해 길을 떠났다.

한 시간 뒤, 마을 아타만의 집에서 돈 정청과 의용군 대표자들의 회의가 열렸다. 의용군 측에서는 군 참모장 로마노프스키 장군과 리야스난스키, 에발드 두 대령을 인솔한 데니킨 알렉세에프 장군이 모습이 나타냈다.

회견은 냉랭한 분위기 속에서 진행되었다. 크라스노프는 위엄을 갖추려고 고심하고 있었다. 알렉세에프는 참석자들과 인사를 나눈 다음 테이블 앞에 앉아 메마른 흰 손바닥으로 처진 두 볼을 받치고는 흥미 없다는 얼굴로 눈을 감고 있었다. 자동차에 멀미가 난 것이다. 그는 노령과 동요를 이겨내느라고 바싹 마른 듯했다. 메마른 입술 끝은 비극적으로 처졌고 정맥이 드러나 보이는 눈꺼풀은 무겁고 부숭숭했다. 무수한 잔주름이 부채살처럼 관자놀이에 퍼져 있었다. 쇠퇴한 볼을 세게 누른 손가락 끝은 노인답게 짧게 깎은 노란 머리카락 속에 파묻혀 있었다. 리야스냔스키 대령이 테이블 위에 지도를 펴 놓자 키스로프가 그것을 도왔다. 로마노프스키는 한쪽에 서서 지도 귀퉁이를 새끼손가락 끝으로 눌렀다. 보가에프스키는 별로 높지 않은 창 옆에 기대서서 알렉세에프의 지쳐빠진 얼굴을 바라보았다. 그는 석고 가면처럼 희었다.

'워낙 나이를 먹었거든! 굉장히 늙었어.'

보가에프스키는 젖은 편도형 눈으로 알렉세에프를 지켜보며 마음속으로 중얼댔다. 참석자들이 미처 자리에 앉기도 전에 데니킨은 크라스노프를 향해 흥분한 어조로 말문을 열었다.

"회의를 시작하기에 앞서 장군께 분명히 말해 둘 것이 있습니다. 그것은 바타이스크 점령을 위한 전투명령 가운데 당신은, 우리의 우방(右方) 종렬에 섞여 있던 독일군 대대와 포병중대와 행동을 함께 하라고 지시했는데 그런 일은 우리에게 매우 의외의 느낌을 준 바 있습니다. 그 같은 명령은 내게 있어서 기괴하기 이를 데 없는 노릇이었다는 것을 솔직하게 말하지 않을 수 없습니다…… 죄송하지만 조국의 적, 불성실한 적과 교섭을 갖고 그 원조를 받은 데에 대해 당신은 무슨 생각으로 그렇게 했는지 이 점을 알려 주시기 바랍니다. 당신은 물론 연합국이 우리를 원조해 줄 용의가 있다는 걸 잘 알고 있을 줄 압니다…… 그런데 의용군은 독일과의 동맹을 러시아 부흥에 대한 배신으로 보는 것입니다. 돈 정청의 행동은 연합제국 측에 있어서도 그 같은 평가를 널리 불러일으키고 있는 실정입니다. 설명을 바랍니다."

데니킨이 눈썹을 찌푸리고 답을 기다렸다.

오로지 참을성과 그리고 고유한 사교상의 예의로써 크라스노프는 표면으로는 평정을 유지하고 있었으나 분노로 불타고 있었다. 신경질적인 경련이 반백이 된 수염 밑에서 그의 입을 일그러지게 했다. 극히 온건하고 극히 정중하게 크라스노프가 대답했다.

"모든 사태의 운명이 걸려 있는 경우, 전에 적이었던 나라로부터 원조를 받는다고 이러쿵저러쿵 비평할 수 없을 겁니다. 또한 앞으로의 돈 정청은, 그 누구의 비호도 받지 않을 오백만 독립 민족의 정청은 우리가 지켜야할 카자흐의 이해에 따라서 독자적 행동을 취할 권리가 있는 겁니다."

그 말을 들은 알렉세에프는 눈을 들고 신중히 귀를 기울이려는 긴장감을 나타냈다. 크라스노프는 시계바늘처럼 구부러진 입수염을 신경질적으로 비틀고 있는 보가에프스키에게 흘끗 눈길을 돌리면서 말을 이었다.

"각하, 각하의 고찰에는 말하자면 윤리적 질서의 동기가 지나치게 들어 있습니다. 당신은 우리가 러시아의 사업에 대해서 배신했다는 것과 그리고 연합국에 대해서도 배신했다는 것에 대하여 매우 중대한 말씀을 많이 하셨습니다. 그렇지만 의용군도 독일군이 우리에게 판 탄약을 받은 사실이 있습니다. 이것은 당신께서도 이미 알고 계실 줄 압니다만……"

"별도로 다루어신 것에는 엄중하게 선을 그을 것을 부탁하는 바입니다! 어떠한 경로로 당신이 독일 측으로부터 탄약을 입수하고 있는가에 대해선 난 문제 삼지 않겠습니다. 하지만…… 독일군의 지원을 받는다는 건!"

데니킨이 화를 내며 어깨를 위로 치켜들었다.

크라스노프는 말을 마쳤을 때 신중하긴 했으나, 그러나 딱 잘라 당신은 내가 오스트리아 전선에서 본 것과 같은 여단장은 이미 아니라는 걸 알아듣게 하려고 애썼다.

크라스노프의 말로 어색해진 침묵을 깨뜨림으로써 데니킨은 자신의 두뇌가 명석하다는 걸 보임과 더불어 돈군과 의용군과의 합류 및 지휘 통일을 해야 한다는 문제로 화제를 바꾼 것이었다. 그러나 이에 앞선 충돌이야말로 그 뒤 둘 사이에서 끊임없이 일어난 험악한 관계—마침내는 크라스노프가 정권을 포기할 때 완전히 끊어져 버린 그 관계의 단서가 되었다.

크라스노프는 그것에 대한 직접적인 대답을 회피하고 그 대신 츠아리친으로의 동시 진격작전을 내놓았다. 즉 첫째로 이 진격작전은 강력한 전략적 중심을 억제시키고, 둘째로는 이곳을 눌러 둠으로써 우랄의 카자흐와 결합시키기 위함이었다.

짧은 대화가 오갔다.

"……우리에게 있어 츠아리친이 갖고 있는 커다란 의의에 대해선 더 말할 나위가 없을 것이오."

"그렇습니다. 하지만 츠아리친의 점령은 보다 더 기본적인 임무요. 돈 정청은 각하께 그것을 부탁하라는 위임을 제게 맡겼습니다."

"되풀이해서 말씀드립니다만 나는 쿠반 주민을 모른 척할 수가 없다 그 말입니다."

"단일 지휘계통을 세우는 것은 츠아리친 공격을 조건으로 해야만 문제로서 상정이 될 것이오."

알렉세에프는 찬의를 표하기 어렵다는 듯이 입술을 깨물었다.

"안 될 말이오! 쿠반병은 볼셰비키가 완전히 소탕되어 있지 않은 주 경계에서 밖으로 나갈 수가 없을 것이오. 또한 의용군에게 2500명의 병력이 있다 해도, 그 3분의 1은 대열 밖에 있습니다. 즉 부상병으로."

간단한 점심을 먹는 동안에도 의미 없는 의견만이 끝없이 오갔다. 결말이 나지 않는다는 게 확실해졌다. 리야스냔스키 대령은 마르코프 장군 사단에서 있었던 어떤 대담무쌍한 병사의 수훈담을 얘기했다. 긴장된 공기는 회식과 그 유쾌한 화제로 차츰 열어져갔다. 그러나 점심식사가 끝나고 담배를 피운 뒤에 각자의 방으로 들어가게 되었을 때 데니킨은 로마노프스키의 어깨에 손을 얹고 날카로운 눈을 가늘게 뜨면서 크라스노프 쪽을 가리키며 소곤거렸다.

"지방 규모의 나폴레옹이라고나 할까……"

"별로 영리한 남자는 아니로군, 이봐……"

로마노프스키는 재빨리 대꾸했다.

"대공(大公)으로서 지방을 다스리려고 하노라, 이거 아닌가…… 여단장 주제에 제왕의 권력에 취한 몰골이 아닌가. 글쎄 유머 정신을 잃고 있다고나 할까……"

적의와 반목에 넘친 채 그들은 회의를 끝냈다. 그날 이래, 의용군과 돈 정청과의 관계는 날카롭게 악화되어 갔다. 이 험악한 공기는 의용군 사령부가 독일의 빌헬름 황제에게 보낸 크라스노프의 서신 내용을 알게 된 6월말에 가서 극도에 다다랐다. 노보체르카스크에서 치료를 받던 의용군의 부상병들은 크라스노프의 자치에 대한 갈망과 그 카자흐 제도 부흥의 약점을 비웃으며 동료들 사이에서 그를 가리켜 '후아인(醜人)'이라고 비난하고 대 돈군을 '돈 얼간이 군대'라고 불렀다. 이에 대응해 돈 독립파는 그들에게 '뜨내기 굿장이' '영지 없는 영주들'이라는 존칭을 붙였다. 의용군의 '거물' 하나가 돈 정청에 대해 '독일제 침대에서 돈을 버는 창부'라는 신랄한 비평을 하자 이에 대한 데니킨 장군의 다음과 같은 대꾸가 꼬리를 물고 잇따랐다.

"돈 정청이 창부라고 한다면 의용군은 그 창부에게 사육당하고 있는 고양이다."

그 대꾸는 독일군에게서 받은 장비를 나누어 가진 의용군의, 돈군에 대한 의존관계를 들춰낸 말이었다.

의용군 후방 로스토프와 노보체르카스크에는 장교들이 우글우글했다. 그들의 대부분은 투기를 하거나, 무수히 많은 후방기관에 근무하거나, 친척이나 자신의 집을 숙소로 삼고 지내거나, 가짜 부상증명서를 들고 병원에서 뒹굴고 있었다...... 용감한 사람들은 모조리 전투로 쓰러지고 티푸스나 부상으로 죽어갔다. 게다가 수치심도 양심도 잃어버린 그 밖의 사람들은 들개처럼 후방에 숨어 지내면서 이 무거운 시대의 표면을 더러운 때처럼, 똥처럼 떠돌고 있었던 것이다. 징벌자 체르네초프가 지난날 러시아 방위를 외쳤을 때, 비방하고 폭로하고 창피를 주었던 장교들이야말로 틀림없는 그 패거리들이었다. 그들의 대부분은 군복을 걸친 소위 '사상을 가진 인텔리' 중 가장 불결한 이질 분자였다. 소비에트로부터 도망쳐 나와 겨우 입에 풀칠이나 하고 러시아의 운명을 논하며 어린애의 우유 값을 벌어들이면서 오로지 전쟁의 종결을 고대하고 있는 패들이었다.

그들에게 있어서는 누가 나라를 지배하든 마찬가지였다. 크라스노프든 독일인이든 볼셰비키든 상관 않겠다. 오로지 결말만 나면된다는 배짱이었다.

그럼에도 불구하고 사건은 날이 갈수록 굉음을 지르며 멈출 줄을 모르고 치달았다. 시베리아에서는 체코슬로바키아군의 반란이 일어나고 우크라이나에는 마프노와 독일군이 주둔해 있었다. 카프카즈, 무르만스크, 아르한겔스크...... 러시아 전체가 포화에 휩쓸리고...... 러시아 전체가 대변혁의 고뇌의 와중에 있었다......

6월에 접어들자 볼가 강변에 독일군을 공격하기 위한 동부전선을 형성하기 위해 체코슬로바키아군이 사라토프, 츠아리친, 아스트라한을 점령하고 있다는 소문이 동풍처럼 돈일대에 밀려왔다. 우크라이나의 독일군은 러시아에서 의용군의 휘하로 들어가려고 잠입해 오는 장교의 통과를 기뻐하지 않았다.

동부전선 형성이라는 소문에 놀라고 당황한 독일군 사령부는 돈으로 급히 대표를 파견했다. 6월 27일, 독일군의 대대장들, 폰 코헨하우젠, 폰 스테판, 폰 슈라이네츠가 노보체르카스크에 도착했다.

그날, 아타만 크라스노프에 의해 관저에서 회견을 갖게 되었는데 그 자리에는 보가에프스키 장군도 참석했다.

코헨하우젠 소령은 독일군 사령부가 무력간섭까지 하고 얼마만큼 전력을 다하여 볼셰비키와의 전투와 국경회복에 있어 대 돈군을 지원해 왔는가 얘기하고, 체코슬로바키아 군이 독일군에 대한 군사 행동을 개시하면 돈 정청은 대체 어떤 방법으로 이에 대처할 작정이냐고 질문했다. 크라스노프는 카자흐는 엄중하게 중립을 지키며 돈을 전장화하는 행동은 결코 용납할 수 없다고 그에게 맹서했다. 폰 스테판 소령은 아타만의 회답이 문서로써 보증될 것을 희망한다고 말했다.

회견은 그것으로 끝났다. 그리고 크라스노프는 그 이튿날 다음과 같이 독일 황제 앞으로 보낼 서간문을 작성했다.

황제 폐하! 이 서간의 봉정인(俸모人), 즉 귀 황실로 파견되는 대 돈군 휘하 자모바야 마을의 아타만 및 그 보좌관 등은 돈 아타만인 소인과 함께 독일의 존엄한 군주이신 폐하께 배례를 올림과 동시에 이하의 항목에 대해 전권을 맡고 있음을 말씀드리는 바입니다.

앞서 독일 민족과 혈연이 있는 보어인들이 영국에 대해서 싸운 것과 똑같은 용감성을 가지고 조국의 자유를 지키고자 하는 카자흐의 2개월에 걸친 용맹스런 전투는 우리나라의 모든 전선에서 완전한 승리를 이루었고, 현재 대 돈군 관하에 있는 토지의 9할을 야만적인 적색 공비들로부터 해방을 시킨 바 있사옵니다. 국내에서의 국가 질서는 강화되고 완전한 합법적인 상태로 건설되고 있사옵니다. 폐하의 우의 깊은 군사 지원에 의해 군구 남부에서는 평화를 되찾았사옵니다. 또한 국내의 질서를 유지하고 외적의 위협에 저항하기 위하여 소인은 카자흐군단을 편성하였사옵니다. 하오나 돈군을 더욱 신성한 국가 기구로 만들기 위해서 단독으로 존립하기는 아직 시기상조가 아닌가 싶사옵니다. 따라서 돈군은 아스트라한군, 쿠반군의 수뇌이신 공작 툰두토프 대령, 필리모노프 대령과 긴밀한 동맹을 서로 맺은 바 있사옵니다. 그것이 목적한 바는 아스트라한군구 및 쿠반주의 지역으로부터 볼셰비키를 소탕한 연후에 연방의 원칙에 따라 대 돈군, 스타우로포리현의 카르므이크인을 포함한 아스트라한군, 쿠반군, 그리고 북 카프카즈의 제 민족에 의해

굳건한 국가를 형성하기 위함인 것이옵니다. 이들 강국은 모두가 일치하여 보조를 맞추고 있사옵니다. 그러나 새로이 형설될 국가는 대 돈군과 완전히 동조하고 이 영역이 유혈의 전장으로 화하는 사태를 좌시할 수가 없다는 결의를 갖기에 이르렀사옵고, 또한 완전한 중립을 유지할 것을 서약했습니다. 이에 귀황실로 파견하는 우리 측의 지모바야 마을 아타만은 다음 항목에 관하여 소인에 의해 전권을 위임받은 자이옵니다.

대 돈 군정청의 자립적 존속권, 그리고 쿠반, 아스트라한, 테레크군 및 북 카프카즈 해방에 있어서의 돈 카프카즈 연방을 명칭으로 한 전연방의 자립적 존속권에 대해 폐하의 승인을 앙망할 것.

구 범위에 있어서의 대 돈군의 지리상·민족상의 경계를 승인하고 타간로그 및 동관구를 에워싼 우크라이나, 돈군간의 분쟁을 돈군에게 유리하게 해결하기 위한 조력을 폐하께 앙망할 것. 돈군은 500년에 걸쳐 타간로그 관구를 영유해 왔사옵고, 또한 타간로그 관구는 돈군에게 있어 돈군이 발생된 춤타라칸의 일부이기 때문이옵니다.

사라토프현의 카므이신시(市), 츠아리친시, 보로네지시 및 리스키, 보노리노의 두 역을 전략적인 견지에서 돈 군구로 병합하고 돈 군구의 경계를 지모바야 마을에 보관중인 지도에 나타나 있는 것과 같이 설정할 건에 대해 폐하의 협력을 받들어 모시고자 하옵니다.

모스크바의 소비에트 정권에 대해 압박을 가하여 그들 스스로가 명령을 내림으로써 적색 강도군 제 부대를 돈 군구 및 돈 카프카즈 연방에 들어올 제국의 경계로부터 물리치고, 그럼으로써 모스크바와 돈군구 간의 정상적, 평화적 관계의 회복 가능성을 보여 주도록 폐하께 앙망하옵니다. 볼셰비키의 침입에 의해 발생되는 군 지배하의 주민 및 상공업이 입는 손해는 소비에트 러시아가 배상해 줄 것을 요청하는 바이옵니다.

젊은 우리 국가에 대해 포, 총, 탄약, 기술, 자재 등의 원조를 해 주시고 또한 적당하다고 인정할 경우, 돈군 지역 내에 총·포공장 및 탄약 공장을 설치해 주실 것을 폐하께 앙망하나이다.

돈군 및 돈 카프카즈 연방 소속의 나머지 국가는 독일 국민의 우호적 원조를 잊지 않을 것이옵니다. 앞서 30년 전쟁이 있었을 때 돈 연대는 발렌슈타인의 대열 중에 끼여 있었사옵고, 카자흐는 독일군과 손을 맞잡고 싸운 적이 있었사옵니다. 그리고 1807년부터 1813년까지 돈 카자흐는 아타만인 프라토프 백작과 함께 독일의 자유를 위해 싸운 바 있사옵니다. 프러시아, 가리치아, 브코비나, 폴란드의 들녘에 있어서의 유혈전으로부터 3년 성상이 지난 오늘날, 카자흐 및 독일군은 서로가 우군의 용맹함을 존경하고 있사옵고 두 사람의 고매한 병사와 같이 서로가 손을 내밀고 고향의 땅, 돈의 자유를 위하여 싸우고 있사옵니다.

대 돈군은 폐하의 은총에 대해 제 국민의 세계적 투쟁의 때에 임해 완전 중립을 지킬 것을 약속하오며 자국 영토 내에 독일 국민에게 적대하는 무력을 들여놓지 않을 것을 선서하옵고, 아스트라한군의 아타만 토운도우토프공 및 쿠반 정청도 이에 동의한 바 있사옵니다. 더구나 합병 뒤에는 돈 카프카즈 연방의 다른 부분도 이에 준할 것이옵니다.

대 돈군은 독일 제국이 농업기계, 화학제품, 유피용액, 조폐국 시설 및 동 예비자재, 나사, 면포, 피혁, 설탕, 기타 제 공장용 장비, 전기기계를 제공하는 댓가로서 현지의 수요를 충족시키고 남은 잉여 곡물—알곡 및 곡분, 피혁제품 및 원료 동물 털, 어류, 동식물성 지방 및 그 종류 제품, 가축, 마필, 포도주 및 기타 농원예용 산물을 독일제국에 제공할 것이옵니다.

그 이외에 대 돈군 정청은 돈의 상공업에 대한 자본 투하, 특히 새로운 수로, 그 밖의 교통로 개발, 조업에 대한 자본 투하에 대하여 독일 공업에게 특별 면세를 허가할 것이옵니다. 모든 긴밀한 조약은 서로의 이익을 약속하는 것이옵고, 또한 독일과 카자흐의 용감한 민족이 공통의 전장에서 흘리는 피로써 맺어진 우정은 모든 우리들 적과의 투쟁에 있어서 가공할 힘이 될 것이옵니다.

이 서간을 폐하게 올리는 자는 외교관이 아니오며 노련한 국제법의 권위자도 아니옵고 명예스러운 전투에서 또한 독일의 무력을 존경하옵는 일개 무인이옵니다. 원컨대 책모(策謀)를 모르는 소인의 솔직한 어조를 용서하시옵고 그 감정의 진지함을 믿어 주시기 바라옵니다.

돈수백배 돈 아타만
표트르 크라스노프 소장

7월 2일, 이 서간은 부장회의에서 심의되었다. 이에 대한 모두의 태도는 소극적이었고 특히 보가에프스키와 그 밖에 두셋의 정청원이 취한 태도는 분명히 부정적이었음에도 불구하고 크라스노프는 즉각 그것을 베를린 주재 지모바야 마을의 아타만인 리히텐부르그공에게 전달했다. 서간을 받은 공은 키에프로 출발, 이어서 체랴츄킨 장군과 함께 그곳에서 독일로 향했다.

보가에프스키의 양해 하에 서간은 발송되기 직전에 외교부에서 복사되고 그 사본에다 주석을 붙여서 각 카자흐 마을과 각 부대에 널리 배포되었다. 크라스노프가 독일에게 몸을 팔았다는 소문은 더욱 널리 번졌다. 전선에서는 동요가 일어났다.

한편 그때, 성공에 용기백배한 독일 측은 러시아군의 체랴츄킨 장군을 파리 근교로 파견했다. 거기서 그는 독일 참모본부원들과 함께 크루프 공장에 중포의 강력한 성능과 영불군의 혼란상을 시찰했다.

5

빙판 진군—백군 장수는 코르니로프의 로스토프에서 쿠반으로의 퇴각을 그렇게 말했다—기간에, 에브게니 리스트니츠키는 두 차례 부상을 입었다. 처음은 우스치 라빈스카야 마을 점령을 위한 전투 때였고, 두 번째는 에카테리노다르 습격 때였다. 두 차례의 부상이 그리 대단하지는 않아 그는 또다시 전열로 복귀했다. 하지만 5월 들어 의용군이 단기간 휴식을 하기 위해 노보체르카스크에 머물렀을 때, 리스트니츠키는 건강이 좋지 않음을 깨닫고 2주간 휴가를 요청했다. 집에 돌아가고 싶은 마음이야 간절했지만 오고가는 시간을 뺏기지 않으려고 노보체르카스크에 머물러 있을 작정이었다.

소대의 전우 골챠코프 대위가 그와 함께 휴가 받았다. 골챠코프는 자기네 집으로 오지 않겠느냐고 권했다.

"우리 집엔 아직 애가 없어. 집사람도 자네를 반가워할 걸세. 내가 편지로 자네에 대한 얘길 많이 해서 집사람은 자넬 잘 알고 있거든."

여름답게 햇볕이 쨍쨍한 대낮, 여전 거리에 있는 자그마한 주택에 그들은 도착했다.

"이게 내 집이라네."

바쁘게 걸음을 옮기면서 새까만 입수염에 다리가 긴 골챠코프는 리스트니츠키를 돌아보고 말했다.
 그의 튀어나온 검푸른 눈은 행복의 물결로 젖어 있고 입은 미소로 벙글 벌어져 있었다. 그는 낡은 카키색 기병 바지가 스치는 소리를 내며 잰걸음으로 집 안에 들어가 군인 냄새를 온 집 안에 퍼뜨려놓았다.
 "료라는 어디 있어? 올가 니콜라에브나는 어딨지?"
 미소를 띠고 주방에서 튀어나온 하녀를 향해 그는 고함을 질렀다.
 "정원에 있다구? 그럼, 그쪽으로 가볼까?"
 정원 사과밭 아래에는 호랑이무늬 그림자가 드리워져 있고 꿀벌통과 불탄 대지의 냄새가 풍겼다. 리스트니츠키의 코안경에는 굴절한 태양 광선이 산탄처럼 미세하게 부서져서 흩어졌다. 어딘가 선로 위에서 기관총이 음산한 신음 소리로 짖어댔다. 그 단조로운 신음 소리를 깨뜨리듯이 골차코프는 큰 소리로 불렀다.
 "료라, 료라, 어딨어?"
 옆에 난 작은 가로수 길의 들장미 무더기 그늘에서 크림빛 옷을 입은 키 큰 여인이 나타났다.
 순간 그녀는 걸음을 멈칫했다. 놀라움을 표시하는 아름다운 몸짓으로 손바닥을 가슴에 가져가더니 이내 소리를 지르면서 양손을 내밀고 두 사람 쪽으로 뛰어왔다. 그녀가 달리자 리스트니츠키는 스커트 밑으로 움직이는 둥글게 튀어나온 정강이와 구부러진 단화 뒤축 그리고 뒤로 젖혀진 꽃가루 같은 금발을 바라보았다.
 뒤꿈치를 들어 남편의 어깨에 햇볕에 탄 장밋빛 팔을 감고 그녀는 먼지투성이가 된 볼과 코와 눈과 입술에, 그리고 태양에 그을려 검게 탄 목에 키스를 퍼부었다. 성급하게 입맞춤을 하는 소리가 기관총 사격처럼 쏟아졌다.
 리스트니츠키는 코안경을 닦아내며 웃었다. 스스로도 그것을 너무나 멍청하고 딱딱한 미소라고 의식하면서.
 희열의 폭발이 잠시 동안 멈춰졌을 때, 골차코프는 슬며시 그러나 미련을 버리고 그의 목을 감은 아내의 손을 풀고 어깨를 안아 가볍게 옆으로 돌려세웠다.
 "료라…… 내 친구 리스트니츠키야."
 "아, 리스트니츠키! 어서 오세요. 남편이 당신에 대해 얘기를……"

그녀는 헐떡이며 웃음을 머금고 행복으로 먼 눈을 성급하게 그에게로 돌렸다.

  그들은 나란히 걸어갔다. 때가 긴 손톱에 털북숭이 골챠코프의 손이 아내의 처녀 같은 허리를 감았다. 리스트니츠키는 걸어가는 중에 그 손을 흘낏 내려다보고 꽃냄새와 햇빛으로 뜨거워진 여체의 냄새를 들이마시며 유치하게도 자신이 무척 불행한 사람, 외면당하고 있는 사람이라는 생각을 했다. 그는 황갈색 금발에 덮인 작은 복숭아 빛 귓불과 그에게서 반 미터 가량의 거리에 있는 매끈한 볼을 눈여겨보았다. 그의 눈은 도마뱀처럼 드러난 앞가슴으로 미끄러져 들어갔다. 순간 그는 낮은 언덕 같은 유황색 유방을 볼 수 있었다. 어쩌다 한 번씩 골챠코프 부인은 그에게 밝고 푸른 눈길을 던졌다. 그 눈길은 상냥하고 부드러웠다. 그러나 그 눈이 남편 골챠코프의 검은 얼굴을 들여다볼 때와는 전혀 다른 빛깔임을 느끼며, 그럴 때마다 가벼운 안타까움이 리스트니츠키를 괴롭히는 것이었다.

  식탁에 앉고서야 리스트니츠키는 비로소 부부를 정면으로 바라보았다. 그녀의 균형 잡힌 몸매와 얼굴에는 엷은 조각달 같은 아름다움이 깃들여 있었고 그 아름다움이 서른을 넘긴 여인의 흐릿한 빛 속에서 반짝였다. 그러나 어딘가 냉소적인 눈짓과 동작에는 아직까지 싱싱했던 지난날에 대한 미련을 잃지 않고 있었다. 부드러운 윤곽, 매력적인 얼굴은 평범하다고도 할 수 있었다. 그러나 한 가지 너무나 뛰어나게 비쳐오는 것이 있었다. 그것은 남방의 가무잡잡한 여자들에게서 흔히 볼 수 있는 주름살 많은 검붉은 입술, 그 정열적인 입술과 장밋빛으로 투명한 볼의 피부와 연한 눈썹이었다. 그녀는 웃음이 많았다. 그러나 가지런한 이를 드러내고 웃는 그 미소에는 어딘지 모르게 기교적인 구석이 엿보였다. 그녀의 낮은 음성은 공허하고 음영이 부족했다. 하지만 요 몇 달 동안 못생긴 간호사들 이외에 여자라곤 본 적이 없는 리스트니츠키에겐 그녀가 뛰어난 미인으로 여겨졌다. 그는 올가 니콜라에브나의 새침한 맵시로 빗어 넘긴 머리에 눈길을 가져가며 엉뚱한 대꾸를 거듭했으나, 삼시 뒤에는 피곤하나는 구실로 따로 준비가 된 방으로 물러갔다.

  ……이렇듯 황홀하면서도 안타까운 나날이 이어졌다. 훗날에 가서 리스트니츠키는 지난날을 경건한 마음으로 기억 속에 떠올려 보았다. 그러나 그는 어린애처럼 분별없고 이를 데 없이 어리석었다는 기분을 맛보았다. 골챠코

프네의 비둘기 한 쌍은 늘 자기들만 함께 있으려 했다. 그들의 침실 바로 옆에 있는 방에서 이내 그는 수리를 구실삼아 모퉁이 방으로 옮겨졌다. 골챠코프는 면도를 한 탓으로 더욱 젊어진 얼굴에 미소를 띠기는 했지만 진지하게 그 말을 꺼냈던 것이다. 리스트니츠키는 친구에게 폐가 되고 있음을 깨달았지만 왠지 다른 곳으로 거처를 옮길 생각은 들지 않았다. 온종일 그는 사과나무숲의 오렌지색 해그늘에 드러누워 조잡한 포장지에 서둘러 인쇄한 신문을 읽기도 하고 답답하고 개운치 않은 수면을 취하기도 했다. 흰 반점이 박힌 초콜릿 빛깔의 아름다운 포인터가 견딜 수 없는 무료함을 그와 함께 나누고 있었다. 개는 짖거나 낑낑거리지 않았다. 아내에게 넋을 빼앗긴 주인을 질투하면서 리스트니츠키에게로 와서는 계속 한숨을 쉬며 나란히 엎드려 누워 있었다. 그러면 그는 개를 쓰다듬어 주었고 뜻있는 목소리로 읊조리는 것이었다.

꿈을 꿔야지, 꿈을 꿔야지……
그대가 금빛으로 빛나고
눈에 들어오는 모든 것
부질없어라, 비좁고 희미하여……

기억 속에 살아 있는 사향초의 꿀 같은 향기 그윽하고 농밀한 부닌의 한 구절을 그는 애정을 담아 읊었다. 그러고는 잠 속으로 빠지곤 했던 것이다……

올가 니콜라에브나는 여성 특유의 감각으로 그의 괴로운 심정을 꿰뚫어보았다. 전부터 조심성 있게 대해 오던 그녀는 더욱더 조심스러워했다. 어느 날 밤, 시내 공원에서 돌아오는 길에 그들은 단둘만 남게 되었다—골챠코프는 입구에서 마르코프 장군 연대에 있는 장교와 마주쳤다. 그들은 잘 아는 사이였다—리스트니츠키는 올가 니콜라에브나의 손을 잡고 있었는데 그가 그녀의 팔꿈치를 힘껏 끌어당기자 그녀는 불안해했다.
"아니, 왜 그런 눈초리로 나를 바라보시는 거죠?"
그녀는 미소를 띠고 물었다.
그녀의 낮은 목소리 속에 장난스럽고 유혹하는 듯한 기미가 있음을 알아차린 리스트니츠키는 적이 당황함을 느꼈다. 하지만 그 정도로 끝난 때문일까, 그는 오히려 우울한 시구를 읊어 보고 싶었다.

기이한 정에 끌려
어두운 베일 그늘을 넘겨보네—
나는 보았네, 매혹의 강가를
그리고 또한 매혹의 피안을

그녀는 살며시 자신의 손을 빼내더니 들뜬 목소리로 말했다.
"에브게니 니콜라에비치, 난 어느 정도는…… 당신이 내게 포로가 되어 있음을 모르는 바가 아녜요…… 당신, 부끄럽다는 생각 안 드나요? 잠깐만 기다려요, 잠깐만! 난 당신을…… 좀 더 다른 분이라고 상상했었어요…… 우리, 이 일에 대해 더 이상 말하지 않으면 해요. 안 그랬다가는 서로 난처하게 될 거예요. 이런 경험엔 서툴러요, 난. 조금 마음을 끌어보고 싶었겠지요? 이봐요 친구로서의 사귐을 깨뜨리지는 않겠지요. 농담은 하지 않는 게 좋을 거예요. 난 '아름다운 미지의 처녀'는 아니니까요. 아시겠죠? 그럼, 자 손을 주세요!"
리스트니츠키는 품위 있게 토라진 척해 보였으나 그 역할에 참지 못하고 그녀를 따라 웃음을 터뜨리고 말았다. 골챠코프가 두 사람 옆으로 왔을 때 올가 니콜라에브나는 아까보다도 더 쾌활하게 굴었다. 그러나 리스트니츠키는 입을 다물고 집에 도착할 때까지 마음속으로 스스로에게 몹시 화를 내었다.
올가 니콜라에브나는 머리가 좋은 여자였음에도 불구하고 이러한 고백이 있은 뒤에도 두 사람이 친구가 될 수 있다는 것을 진심으로 믿었다. 리스트니츠키는 겉으로는 그녀의 그 믿음을 지지하고 있었으나 마음속으로는 그녀에게 거의 증오의 감정을 품었다. 그러던 며칠 뒤, 올가의 성격과 용모 가운데에서 뭔가 약점을 찾으려고 기를 쓰는 자신을 발견했을 때, 그는 자신이 정말로 심각한 감정의 갈림길에 서 있음을 깨달았다.
의식 밑바닥에 미처 발효되지 않은 찌꺼기를 담은 채 휴가의 하루하루는 흘러갔다. 휴식을 취한 의용군은 타격 태세를 갖추었다. 원심력에 기울어지듯 의용군은 쿠반으로 이끌렸다. 이윽고 골챠코프와 리스트니츠키는 노보체르카스를 출발했다.

올가가 전송을 나왔다. 검은 비단옷이 그녀의 아름다움을 돋보이게 했다. 그녀는 울어서 부어오른 눈에 미소를 머금고 있었다. 묘하게 부푼 입술이 그녀의 얼굴에서 사람의 마음을 흔들리게 하고 매혹적인 천진스러움을 느끼게 했다. 그러한 그녀의 모습이 리스트니츠키의 기억 속에 아로새겨졌다. 그는 피와 먼지의 나날 속에서도 사라지지 않는 빛나는 그녀의 영상에 후광을 그려놓고 추억 속에 그것을 소중히 간직했다.

6월에 이미 의용군은 전투에 돌입했다. 첫 전투에서 골챠코프 대위는 3인치 포탄의 파편으로 내장에 치명상을 입었다. 그는 산병선에서 떠나게 되었다. 한 시간 뒤, 그는 군용마차 위에 누워 피를 철철 흘리면서 리스트니츠키에게 말했다.

"난 죽지 않을 거라고 생각해…… 지금 곧 수술을 한다는데 클로로포름이 없다는군…… 죽진 않겠지만, 자넨 어찌 생각하나? ……만약의 경우……정신이 말짱할 때, 저……에브게니, 료라를 보살펴 주게. 내게도 그녀에게도 친척이라곤 없으니까. 자넨 양심적이고 훌륭하니까…… 그녀와 부부가 되어주지 않겠나…… 싫은가?"

그는 애원과 증오가 뒤섞인 눈으로 에브게니를 지켜보았다. 면도를 하지 못한 수염이 푸르게 보일 만큼 떨렸다. 장밋빛 핏방울을 입술로 핥으면서 그는 피와 진흙으로 더럽혀진 손바닥을 구멍이 뚫린 복부에 가만히 갖다 댄 채 말을 하고 있었다.

"약속해 주겠지? 그녀를 모른 척하지 않는다고…… 하긴 쓰레기 같은 러시아 군대가…… 자네마저도 이렇게 피투성이로 만들지 않을 경우의 얘기지만, 약속하지? ……대답해 줄 수 없나? 그녀는 좋은 여자야……"

그는 얼굴을 일그러뜨렸다.

"투르게네프 취향의 여자야…… 요즘 세상에 그런 여잔 드물어…… 왜 말을 않지?"

"약속하지."

"좋아, 그럼, 여기서 떠나! ……잘 있게!"

그가 떨리는 손으로 리스트니츠키의 손을 붙잡고 필사적인 동작으로 그 손을 자기 쪽으로 끌어당기려 하자 그의 얼굴은 더욱더 창백해졌다. 그는 축축해진 머리를 들어 리스트니츠키의 손에 메마른 입술을 댔다. 그런 뒤에 당황히 외투자락으로 얼굴을 감추고 고개를 돌려 버렸다. 마음이 흔들린 리스트니츠키는 그의 입술 위에 싸늘한 경련과 볼에 흘러내리는 한 줄기 물기를 보았다.

이틀 뒤에 골챠코프는 죽었다. 그 다음날에 리스트니츠키도 왼손과 허벅지에 중상을 입고 치호레츠카야로 후송되었다.

코레노프스카야 부근에서는 장기간에 걸친 집요한 전투가 벌여지고 있었다. 리스트니츠키는 연대와 함께 두 차례, 공격과 반격에 참가했다. 세 번째, 그의 대대의 산병선이 일어났을 때였다.

"엎드리지 마! 자, 진격이다!" 그러한 중대장의 호령에 떠밀려 왼손에 든 참호용 삽을 방패삼아 머리 위로 치켜들고 오른손으로는 소총을 움켜쥐면서 수확전의 밀밭을 정신없이 뛰어갔다. 소총탄이 한 차례 피용 하고 울면서 삽의 복판을 스치고 지나갔다. 리스트니츠키는 손잡이를 고쳐 쥐고 '비껴갔군!' 생각했다. 그런데 그 순간 격심한 타격이 그의 손을 내리쳤다. 그는 삽을 떨어뜨리고 흥분으로 머리를 드러낸 채 20미터 가량을 뛰어갔다. 어떻게든 소총을 겨눠보려고 했지만 손을 들 수가 없었다. 주형 안에 흘려보낸 납덩이처럼 통증이 마디마디에 스며들었다. 몇 번이나 밭두렁 위에 엎어져 비명을 질렀다. 또다시 날아온 총알이 쓰러진 그의 허벅지를 물어뜯었다. 그는 미련을 떨쳐버리지 못하는 것처럼 서서히 의식과 작별하고 있었다.

치호레츠카야에서 그는 부러진 팔을 절단하고, 대퇴부에서 뼈의 파편을 빼내었다. 절망과 고통과 적막에 시달리면서 2주일을 누워 지냈다. 그런 다음 노부체르카스크로 이송되었다. 병원에서의 고통스럽던 날이 다시 30일을 더 끌었다. 붕대를 갈아 끼우는 간호사와 의사의 째뿌드드한 얼굴, 코를 찌르는 요드와 석탄산 냄새…… 가끔 올가 니콜라에브나가 방문해 왔다. 그녀의 볼의 윤기가 노르스름하게 변해 갔다. 상복을 입은 그 공허한 눈은 아직 충분히 울지 못한 슬픔을 한층 더 깊숙이 간직하고 있었다. 리스트니츠키는 그녀의 빛바랜 눈을 잠시 들여다보면서 잠자코 있었다. 그리고 텅 빈 한쪽 소매를 부끄러운 듯 살며시 담요 밑으로 밀어 넣었다. 그녀는 내키지 않는 말투로 남편의 임종 때 모습을 이것저것 물어보았으나 안정을 잃고 침대 위를 바라보며 방심을 가장한 채 그 말을 듣고 있었다. 퇴원한 즉시 리스트니츠키는 그녀를 찾아갔다. 그녀가 현관으로 나와 맞이했다. 그리고 그가 짧게 깎은 고수머리를 기울여 그녀의 손에다 키스를 하자 얼핏 얼굴을 돌려버렸다.

그는 정성들여 면도를 하고 있었다. 카키색의 멋진 군복도 지난날과 다름없이 그의 몸을 맵시 있게 감싸고 있었다. 그렇지만 텅 빈 한쪽 소매가 쓸쓸한 기분을 충동질하는 것이었다—붕대에 감긴 가엾은 그루터기와 같은 팔이 붕대 안에서 잡아당긴 것처럼 흔들렸다. 집 안으로 두 사람은 함께 들어갔다. 리스트니츠키는 자리에 앉기 전에 말문을 열었다.

"죽기 전 보리스에게서 부탁을 받았어요…… 당신을 모른 척하지 않겠다는 약속을 하라고 그가 졸랐습니다."

"알고 있어요."

"어떻게?"

"그이에게서 온 마지막 편지로……"

"우리가 함께 사는 것이 그의 간청이었는데…… 물론 당신이 승낙할 경우에 한해서지만…… 불구자라도 상관없겠다면 말입니다…… 믿어 주십시오…… 이런 때, 이런 복잡한 심정을 얘기한다는 건 이상하게 들릴지 모르지만…… 난 진심으로 당신의 행복을 원하고 있습니다."

리스트니츠키의 당혹해하는 태도와 가라앉지 않은 흥분 상태가 그녀의 마음을 움직였다.

"그 일이라면 나도 줄곧 생각해 본 걸요…… 좋아요."

"아버지의 소유지로 가고 싶은데요."

"괜찮겠지요."

"다른 일은 나중에 결정하기로 하면 어떻겠소?"

"좋아요."

그는 정중하게 그녀의 도자기 같은 힘없는 손에 키스를 했다. 눈을 치켜들었을 때, 그는 그녀의 입술에 미소가 스치는 것을 보았다.

애정과 고통스러운 육욕이 리스트니츠키를 올가에게로 다가가게 만든 것이었다. 그는 날마다 그녀를 찾아갔다. 전투에 전력이 난 마음은 어린 시절의 옛이야기를 찾고 있었다…… 그는 고전소설의 주인공 같은 생각을 가슴에 품고 여태껏 한 번도, 그 누구에게도 내보인 적이 없는 고매한 감정을 참을성 있게 자신 속에서 발견하려고 애썼다. 어쩌면 단순한 성적 욕망의 노골적인 모습을 그것으로 덮어 두고 미화하려 했는지도 몰랐다. 그렇지만 꿈은 한쪽 날개만으로도 현실에 닿아 있었다. 단순한 애착만이 아니라 눈에 보이지 않는 어떤 끄나풀이 때때로 생활 앞에 가로놓이게 된 이 여자에게 그를 묶어 두려 했다. 자신이 겪어 온 체험의 의미를 그는 막연히 음미하고 있었지만, 다만 한 가지 너무나 뚜렷하게 느낀 그것은 불구가 되어 대열로부터 떠나온 그에게 이제부터 '난 무슨 짓을 하든 간에 용서받는다'라는 방사하고 자기 본위인 본능이 지배하고 있다는 점이었다. 올가가 아직 괴로운 상실의 슬픔을 태아처럼 스스로의 내부에 끌어안고 있는 상중임에도 죽은 골챠코프에 대한 질투에 불타올라 그는 줄곧 그녀를 원했다. 백치라도 된 듯이 마냥 요구했다…… 그날그날은 격렬한 소용돌이처럼 끓어올랐다. 사건으로 눈이 멀고 귀머거리가 된 사람들은 그저 외곬으로 그날만을 위해 살고 있는 것이었다. 리스트니츠키가 자신과 올가와의 생활을 단단하게 묶어 두려고 초조해한 것은 어쩌면 자신이 목숨을 걸었던 일이 파멸을 피할 수 없게 되었다는 것을 막연하게 느꼈기 때문이 아니었을까.

그는 편지로 자세하게, 결혼했다는 것과 얼마 뒤에 아내와 함께 야고드노에로 돌아갈 것이란 소식을 아버지에게 알렸다.

"……저는 제가 해야 할 일을 끝마치고 돌아왔습니다. 저는 한쪽 팔만 가지고도 반동들을, 즉 러시아의 인텔리가 몇 십 년 동안 그 운명으로 웃고 울던 저 돼먹지 못한 '인민놈들'을 때려 부술 수 있을지 모르지만, 솔직히 말하자면 그 일이 내게는 야만적이고 무의미하다는 생각이 드는 겁니다…… 크리스노프와 데니킨과는 의견이 맞지 않습니다. 양진영의 내부에는 서로 상대방을 함정에 빠뜨리려고 하는 태도와 음모, 추악하고 비열한 공기가 감돌고 있습니다. 가끔 저는 싫증이 날 때가 있습니다. 앞으로 어떻게 될 것인지. 지금은 다만 하나밖에 남지 않은 손으로 아버지를 안고 싸움질을 구경하면서 아버지와 함께 살기 위해 십으로 돌아갈 작정입니다. 저는 이젠 군인이 아닙니다. 육체적으로나 정신적으로나 불구의 몸입니다. 저는 지쳐있습니다. 끝장이 난 상태입니다. 어쩌면 저의 결혼과 '조용한 부두'를 찾고 싶은 갈망은 그것으로 해서 부름을 받게 되었는지도 모릅니다."

이 같은 냉소적인 슬픔을 그는 편지에 적었다.

노보체르카스크에서의 출발은 1주일 뒤로 결정되었다. 출발하기 대엿새 전에 리스트니츠키는 골챠코프 부인의 집으로 이사를 왔다. 두 사람을 가깝게 만든 그 밤 뒤로 올가는 왠지 모르게 야위고 윤기를 잃고 있었다. 그녀는 두 사람이 빠진 상태를 가슴 아프게 여기는 한편 분노를 느끼고 있었다. 그녀가 두 사람을 결합시키고 있는 애정은 각기 다른 척도로 계산하고 있고, 증오 쪽은 같은 척도로 재고 있었다는 것을 리스트니츠키는 알지 못했다. 아니, 알려 하지 않았던 것이다.

출발에 앞서 에브게니는 아크시냐에 대한 생각을 떠올렸다. 손을 이마에 대고 햇빛을 막듯이 그는 그 여자에 대한 생각을 가로막고 있었다. 그러나 그의 의지와는 달리, 이 추억은 빛줄기처럼 더욱더 집요하게 파고들어 그를 불안하게 만들었다. 그는 '한때 그녀와의 관계를 끊지 말자. 그녀도 그걸 이해하게 되겠지' 생각한 적이 있었다. 하지만 질서를 존중하는 감정이 승리를 했다. 그는 집으로 돌아간 뒤, 의논해서 가능하다면 헤어지려고 결심을 했다.

4일째 저녁때, 야고드노에에 도착했다. 늙은 아버지가 소유지에서 1킬로미터까지 나와 신혼부부를 맞아 주었다. 에브게니는 아버지가 경주용 마차 좌석에서 한쪽 다리를 힘들여 옮기고 모자를 집어 드는 것을 멀찍이서 바라보았다.

"소중한 손님이니까 마중을 나왔다. 좀 보여 다오……"

낮은 목소리로 그가 말하고 어설프게 신부를 포옹하자 담배로 그을려 풀빛이 어리는 흰 입수염 다발이 그녀의 볼을 찔렀다.

"이리 앉으세요, 아버지! 자, 마부, 떠나요! 야, 사시카 할아범, 오랜만이군! 잘 있었나? 이리로 앉으세요, 아버지, 제가 마부와 앉을 테니까요."

노인은 올가와 나란히 앉아 손수건으로 입수염을 닦고 조심스럽게, 그리고 겉으로는 쾌활하게 가장하며 아들을 바라보았다.

"어찌 된 일이냐?"

"건강하신 걸 뵈니 기쁩니다!"

"불구자가 됐단 말이지?"

"어쩔 수 없는 일 아닙니까. 불구가 되고 말았어요."

아버지는 짐짓 아무렇지도 않다는 듯이 대했으나 위엄 있는 태도 뒤에는 동정의 표정이 나타나 있었고, 또한 가죽혁대에 밀어 넣은 빈 군복 소매를 보지 않으려고 했다.

"아무렇지도 않아요. 익숙해졌으니까요."

에브게니가 어깨를 추석거렸다.

"그야 익숙하겠지."

노인은 재빠르게 말했다.

"머리가 남아 있는 걸로 충분해. 방패를 들고 있었느냐? 방패와 함께 돌아오다, 라는 말이 있지. 게다가 예쁜 포로까지 생포해 왔으니……"

약간 고풍스럽긴 해도 아버지의 세련된 유머에 매혹당한 에브게니는 '우리 아버지 어때?' 하고 올가에게 눈으로 물어보았다. 그리고 말은 없었으나 그녀의 싱싱한 미소와 따스한 눈빛만으로도 아버지가 그녀 마음에 들었음을 알 수 있었다.

잿빛 말들은 반 속보로 완만한 언덕 기슭을 향해 마차를 끌고 갔다. 언덕 위로 여러 종류의 건물, 녹색의 말갈기같이 널려져 있는 과수원, 흰 벽의 집, 창을 가로막고 선 단풍나무 등이 보였다.

"근사하군요! 정말 근사해요!"

올가는 들뜬 얼굴이었다.

집 안에서부터 펄쩍펄쩍 뛰어오르며 검은 보르조이 개가 달려왔다. 개들은 마차를 에워쌌다. 뒤쪽에서 사시카 할아범이 마차로 뛰어오른 개에게 호된 채찍을 가하고 나서 화난 소리로 고함을 질렀다.

"바퀴에 깔려 죽고 싶어! 비켜!"

에브게니는 말에게서 등을 돌리고 앉아 있었다. 말들은 가끔 콧소리를 냈다. 그럴 때마다 바람이 물방울을 날려 얼굴에 뿜어댔다.

아버지와 올가를, 밀밭 길을, 그리고 완만한 능선의 먼 산봉우리와 지평선을 바라보고 그는 미소를 머금고 있었다.

"정말 시골은 시골이군요! 어쩜 이렇게 조용할 수가……"

울음소리도 내지 않고 날아가는 희부리까마귀와 뒤로 밀려가는 쑥밭과 숲을 올가는 웃음 띤 얼굴로 바라보았다.

"마중 나왔군."

노인이 눈을 가늘게 뜨고 말했다.
"누가요?"
"집안사람들이."
에브게니는 시선을 그쪽으로 보내다 말고 소스라쳐 놀랐다. 여자들 속에 아크시냐가 서 있었다. 그는 아크시냐의 얼굴이 흥분되어 있을 거라고 생각했다. 마차가 요란한 소리를 내며 문 앞으로 다가갔을 때 그는 두근거리는 가슴으로 아크시냐의 모습을 눈여겨보았다. 얌전하게 밝은 웃음을 띤 그녀의 얼굴이 그를 놀라게 만들었다. 그는 어깨의 짐을 내려놓은 것처럼 마음을 놓고 고개를 끄덕였다.
"대단한 미인이군요! 저 여잔 누구죠? 대단한 미모예요, 안 그래요?"
올가는 감동적인 눈초리로 아크시냐를 가리켰다.
어느새 에브게니는 용기를 되찾아 침착하고 싸늘하게 맞장구를 쳤다.
"맞아, 미인이지. 우리 집 하녀야."

올가의 존재는 집 안의 모든 것을 바꾸어 놓았다. 전에는 종일 잠옷과 따뜻하게 짠 바지만 입고 집 안을 돌아다녔던 아버지가 궤짝 안에서 나프탈렌 냄새가 나는 프록코트와 장교용 바지를 꺼내오게 했다. 전에는 몸에 걸치고 있는 모든 것이 칠칠치 못했으나 옷에 약간의 주름만 가 있어도 다림질이 잘못되었다고 아크시냐를 야단쳤고, 아침에 어쩌다 닦지 않은 장화를 꺼내놓기라도 하면 눈을 부릅뜨고 노려보기 일쑤였다. 그는 언제나 말쑥하게 면도를 했으며, 에브게니에게도 유쾌한 놀라움을 안겨 주려고 늘 생기에 차 있었다.
아크시냐는 좋지 않은 일이 일어날 것을 예감했던지 할아버지의 비위를 맞추려고 애썼다. 루케리야 또한 식사를 맛있게 조리하려고 열심이었고, 전에 없던 솜씨를 발휘하여 만들어 냈다. 많이 노쇠한 사시카 할아범마저도 야고드노에에 일어난 이 같은 변화에 영향을 받았다. 어느 날 주인영감과 현관 앞에서 마주쳤을 때 전에 없이 머리끝에서 발끝까지 사시카를 훑어본 끝에 영감은 기분 나쁜 얼굴로 손가락을 들어 그를 불러 세웠다.
"너, 그 꼴이 뭐냐? 이 멍충아!"
주인은 눈을 부릅뜨고 말했다.

"그 바지 꼴이 뭐냐 말이다, 엉?"
"무슨 말씀이신지?"

사시카 할아범은 퉁명스레 대꾸하긴 했으나 여느 때와는 다른 주인의 말투에 겁을 먹었다.

"집에는 젊은 숙녀가 있다, 이 말이야. 네 놈은 나를 묘지로 쫓아내고 싶어서 그래, 이 천한 놈아? 왜 단추를 잠그지 않고 그런 꼴로 있어, 얼간이같으니!"

사시카 노인은 또 한 번 말대꾸를 하고 싶었으나 상대방이 청년처럼 앞이 구부러진 구식 장화의 밑바닥이 보일 정도로 한쪽 발을 치켜들고 덜컥 땅을 밟는 바람에 찍소리도 못 하고 말았다.

"마구간으로 갓! 루케리야에게 끓는 물을 퍼부으라고 하기 전에 냉큼 꺼져! 그걸로 깨끗이 때나 벗기라구! 제기랄!"

에브게니는 한숨을 돌리고 있는 참이었다. 소총을 들고 물이 없는 기슭을 돌아다니고, 수확이 끝난 수수밭 부근에서 자고새를 쏘기도 했다. 아크시냐와의 문제만이 그의 짐으로 남아 있었다. 그러던 어느 저녁나절, 아버지가 에브게니를 자신의 거처로 불러들여 조심스럽게 문 쪽을 바라보고 나서 되도록 눈이 마주치지 않으려 하면서 말문을 열었다.

"난 말이다, 알겠느냐…… 네 개인의 문제에 대해 간섭을 하려는데 말이다. 글쎄, 나는 네가 아크시냐를 어떻게 대하고 싶어하는지 궁금하다."

당황히 담배를 피워 문 그 태도로 해서 에브게니는 스스로의 정체를 드러낸 셈이었다. 그는 도착했던 날처럼 얼굴부터 붉혔다. 그리고 일단 얼굴이 붉어진 것을 깨닫게 되자 더욱 붉어져버렸다.

"모르겠습니다…… 정말 모르겠어요……"

그는 정직하게 고백했다.

노인은 위엄을 드러내고 말했다.

"그렇지만 난 안다. 지금 바로 그 애하고 매듭을 짓고 오도록 해라. 위자료를 주고 오란 말이다."

그와 동시에 그는 수염 끝으로 살짝 웃었다.

"내보내도록 해. 일손은 또 구하면 되니까."

에브게니는 즉시 하녀의 작업실을 찾아갔다.

아크시냐는 방문을 등지고 앉아 밀가루를 반죽하고 있었다. 걷어 올린 가무잡잡하고 통통한 팔의 근육이 꿈틀거렸다. 에브게니는 부드러운 머리칼 속에 숨겨진 그녀의 볼을 흘낏 바라보았다.

"아크시냐, 잠깐 나 좀 볼 수 없겠어?"

그녀는 단번에 환해진 자신의 얼굴에 순종과 무관심의 표정을 나타내려 애쓰면서 생기 띤 얼굴로 뒤돌아보았다. 에브게니는 소매를 내리고 있는 그녀의 손끝이 떨리는 것을 보았다.

"곧 갈께요."

그녀는 요리담당 하녀에게 겁먹은 시선을 던지고 기쁨을 억누르지 못하는 듯, 그러나 호소하는 듯한 미소를 띠고 에브게니에게로 다가왔다.

입구에서 그는 그녀에게 말했다.

"정원으로 나가자구. 잠시 의논할 일이 있으니."

"가시지요."

그녀는 이것이 지난날에 맺었던 관계의 시작이라 생각하고 울렁거리는 가슴을 안고 얌전히 따라나섰다.

도중에 에브게니는 낮은 소리로 물었다.

"왜 널 불렀는지 알겠어?"

그녀는 어둠 속에서 미소를 띠고 그의 손을 붙들었다. 그러자 그는 그 손을 거칠게 뿌리쳤다. 눈치를 챈 아크시냐는 모든 걸 알아차린 듯 걸음을 세웠다.

"어떻게 하고 싶으신가요, 에브게니 니콜라에비치? 전 더 이상 가지 않겠어요."

"좋아, 여기에서 얘기해도 상관없겠군. 아무도 듣는 사람 없을 테니까……"

에브게니는 성급해진 탓으로 눈에 보이지 않는 언어의 그물에 걸려 있었다.

"너도 이해해 줬으면 싶어. 난 너하고 전처럼 그렇게 지낼 수는 없어…… 알겠지? 아내도 있고 착실한 인간으로서 그런 비열한 짓은 할 수가 없을 것 같애…… 양심의 의무가 용서해 주지 않아서 말이야……"

이렇게 말하면서 그는 자신의 오만한 말투를 부끄러워했다.

밤이 어두컴컴한 동쪽으로 다가온 지도 얼마 되지 않은 시간이었다.

서쪽에는 저녁놀에 하늘 한 모퉁이가 아직도 검붉게 타고 있었다. 탈곡장에서는 등불을 켜고 날씨가 좋은 동안에 일을 끝내려고 탈곡작업이 한창이었다. 거기에서는 기계의 맥박이 높게 뛰고, 격렬하게 움직이고 있는 일꾼들이 시끄럽게 떠들고 있었다.

아크시냐는 말이 없었다.

"왜 그래? 왜 아무 말도 않는 거야, 아크시냐?"

"무슨 말을 하겠어요."

"돈을 줄게. 여기서 나가 주었으면 해. 알고 있겠지만…… 네 얼굴을 마주 보기가 괴로워서……"

"1주일만 지나면 이 달이 끝나니까, 그때까지는 있어도 괜찮겠지요?"

"물론, 좋고말고!"

아크시냐는 잠시 잠자코 있었다. 그러더니 얻어맞은 것처럼 기운 빠진 몸짓으로 느릿느릿 에브게니를 향해 다가왔다.

"하는 수 없죠, 뭐. 나가야죠…… 하지만 이제 헤어지게 됐는데도 불쌍하다는 생각도 안 드나요? 가난이 나를 이런 몰골로 만들었지만…… 오직 나 혼자 괴로운 세월을 보내고 있었군요. 당신, 날 나무라지 마세요, 제니야."

그녀의 음성은 높았지만 몹시 메말랐다. 에브게니는 그녀가 진심으로 하는 소리인지 농담으로 하는 소리인지를 분간하려고 했다.

"어떻게 하라는 거야?"

그는 답답하다는 듯이 헛기침을 했다. 그러자 그때 갑자기 그녀가 그의 손을 더듬고 있는 기미를 느꼈다.

5분이 지난 뒤, 그는 냄새가 강하고 습기가 많은 낙엽 저목의 숲속에서 풀즙으로 두 무릎이 파랗게 물든 바지를 손수건으로 오래도록 문지르고 있었다.

현관을 올라가면서 뒤를 돌아보았다.

그녀의 방 창문 노란 불빛 속에 아크시냐의 맵시 있는 모습이 비쳤다—아크시냐는 손을 들어 머리를 고치면서 등불을 바라보며 미소 짓고 있었다……

6

 가을이었다. 스텝은 몇 십 킬로미터에 걸쳐 흔들리는 은빛 풀로 뒤덮였다. 바람이 헤엄을 치듯이 불어오다가 그것을 주무르고 비둘기 색을 띤 오팔 색깔의 물건을 뒤흔들고, 물결치게 하고, 혹은 남으로 혹은 서쪽으로 쫓아다녔다. 흘러서 감돌던 기류가 재빨리 갈라지는 언저리에는 은빛 풀들이 기도하듯 고개를 숙였다. 그러면 그 은빛 잔등 위에 잠시 동안 작은 길이 생겨나곤 했다.
 갖가지 빛깔의 풀들이 퇴색되어버렸다. 산꼭대기에는 기쁨도 미처 맛보지 못한 채 불타버린 약쑥이 축 처져 있었다. 짧은 밤은 빠른 속도로 떠나갔다. 밤마다 숯처럼 새까만 하늘에 헤아릴 수 없이 많은 별들이 반짝거렸다. 카자흐의 태양인 달이 조각난 원을 어두컴컴하게 드러내 보이면서 뿌연 광선을 내뿜었다. 끝없이 넓은 은하가 다른 별무리의 길속에 헝클어져 있었다. 대기는 진하고 바람은 메마르며 약쑥냄새를 풍겨댔다. 모든 것을 정복하지 않고는 버려두지 않을 것 같은 그 약쑥의 씁쓸한 냄새를 들이마시고 있는 대지는 맑은 공기를 갈망하고 있었다. 말발굽에도 사람의 발길에도 짓밟힌 적이 없는 별무리의 길이 자랑스레 흔들렸다. 흩어져 있는 별이 싹을 틔우지도 않고 자라는 기쁨도 모른 채 새까만 하늘 속에서 죽어 있었다. 초원은 바싹 마른 소금밭 같았다. 광야는 메마를 대로 메말랐다. 죽어 쓰러진 풀들, 그리고 그 속에서 은방울 같은 메추리의 시끄러운 싸움.
 한낮의 대지엔 혹서와 훈김이 안개처럼 피어오르는 아지랑이. 구름 한 점 없이 퇴색한 창공에는 무자비한 태양과 벌어진 매의 날개가 갈색 철사처럼 반원을 그리고 있었다. 광야에는 눈을 뜰 수 없을 정도로 빛나는 갈색풀이 타오를 듯이 펼쳐졌다. 매가 비스듬히 창공을 헤엄쳐 날자—그 아래 펼쳐진 초원 위로 커다란 매 그림자가 소리도 없이 미끄러졌다.
 들다람쥐가 지친 듯 쉰 목소리로 울어댔다. 자신의 굴속에서 낸 두 뭉치의 노르스름한 흙더미 위에서 들다람쥐들은 졸고 있었다. 광야는 열기로 떠 있었지만 죽은 것과 다름이 없었다. 주위의 모든 것은 투명한 채로 꼼짝도 하지 않았다. 저 멀리의 둔덕마저도 동화 속에 사는 것처럼 꿈속같이 흐릿하게 푸르스름한 빛을 던지고 있었다……

고향의 광야여! 말떼 가운데에 있는 암말. 암말의 말갈기에 얽히는 쓸쓸한 바람이여. 메마른 말 콧등에 바람이 소금기를 싣고 불어왔다. 그러자 말은 쓸쓸한 듯 그 소금기를 빨아들이고 비단 같은 입술을 오물오물 움직거려서 바람과 태양의 향기를 분간하고는 소리를 지르는 것이었다. 낮은 돈 하늘 아래 널려 있는 고향의 광야여! 산골짜기와 물 없는 계곡과 황토 벼랑의 연연히 이어진 선. 풀이 돋아나고 둥우리 같은 모양이 되어 버린 말발굽 자국이 박힌 끝없는 들판. 매장된 지 오래인 카자흐의 영예를 지키려고 영리하게 침묵하고 있는 둔덕…… 녹슬지 않은 피가 뿌려진 돈의 광야여, 그는 지금 깊숙이 머리를 숙여 너의 비옥한 대지에 아들로서의 키스를 보낸다!

그것은 작고 메마른 뱀 같은 머리를 하고 있었다. 귀는 작고 꿈틀꿈틀 거렸다. 가슴의 근육은 극도로 발달되어 있었다. 다리는 가늘고 탄탄하고 발목도 마찬가지로 탄탄했다. 말발굽은 강가에 있는 옥돌처럼 닦여 있었다. 엉덩이는 약간 처져 있고 꽁지는 섬유 같았다. 그것은—돈산의 말이었다. 그뿐만이 아니었다. 그것은 매우 뛰어난 핏줄로 이어져 그 혈관에는 한 방울도 다른 피가 섞이지 않았다. 혈통은 지체의 모든 부분에서 나타났다. 그 말의 이름은—마라불크라고 했다.

물을 먹이는 곳에서 그 말은 자신의 암컷을 지키기 위해 보다 강한, 그러나 나이 많은 말과 싸움을 벌였다. 목장의 말들은 항상 쇠밑창을 떼어내고 지내는데, 그때 그 나이 많은 말이 그 말의 왼쪽 앞다리를 몹시 다치게 했다. 두 마리의 말은 뒷다리로 꼿꼿이 서서 물어뜯고 앞다리로 걷어차서 살갗을 상하게 했다……

목부는 근처에 없었다—목부는 광야에서 먼지투성이가 된 장화를 신고 똑바로 뻗은 다리와 잔등을 햇볕에 드러내놓고 잠들어 있었다. 상대방의 말은 마리불크를 땅바닥에 쓰러뜨려 말떼로부터 먼 곳으로 쫓아낸 다음, 피투성이가 된 그 말을 버려 둔 채 두 무리의 말을 자기 것으로 만들어 토프카야 산골짜기 너머로 데리고 말았다.

상처 입은 그 말은 마구간으로 보내졌다. 간호담당이 상처 난 다리를 치료해 주었다. 그로부터 6일째 되는 날, 감독에게 보고를 하러 간 미시카 코셰보이는 마리불크가 종족으로부터 물려받은 막강한 본능으로 가죽끈을 물어

뜯고 축사를 뛰쳐나가 다리를 묶어 둔 영사(營舍) 옆의 목부용, 감독용, 간호담당용의 암말들을 충동질하여 그들을 광야로 내쫓고는, 미처 떠나지 못하고 있는 말들을 물어뜯어 재촉하고 있는 광경을 눈앞에서 보았다. 목부들과 감독은 영사를 뛰쳐나간 암컷들을 묶어 두었던 밧줄이 툭 끊어지는 소리만을 귀담아 들었을 뿐이었다.

"못된 놈 같으니, 우리말을 데리고 가버리다니!"

감독은 투덜거렸으나 멀어져 가는 말들을 바라보는 그의 태도에서 남몰래 그것을 좋아하는 것 같은 기색이 엿보였다.

정오경에 마리불크는 암컷들을 이끌고 물 먹이는 곳으로 왔다. 도보로 온 목부들이 그 암컷을 떼어놓았다. 미시카는 마리불크를 광야로 데리고 가서 그 전 말떼 속에 섞이게 하고 돌아왔다.

목부로서 두 달을 근무하는 동안에 코셰보이는 말의 생활을 주의 깊게 관찰했다. 관찰한 결과, 말들이 갖고 있는 지혜와 인간에게서는 볼 수 없는 품위에 대해 깊은 경의를 느끼게 되었다. 그의 눈앞에서 암말들이 씨를 받을 때였다. 원시적인 방법으로 행하는 그 방법은 자연의 법칙에 순응하는 것이었다. 추악하지도 않고, 게다가 아무런 가식도 없는 그것이 인간은 도저히 따를 수 없다는 생각을 코셰보이에게 갖도록 해준 것이었다. 하지만 말의 경우에도 인간적인 데가 많이 있었다. 예를 들면 종마 바하리는 손을 댈 수 없을 정도로 암말에 대한 태도가 거칠고 나이가 많았는데, 이마에 큼직한 별이 박히고 눈이 아름다운 네 살짜리 밤색 암말에게 만은 전혀 다른 태도로 대하고 있음을 코셰보이는 알게 되었다. 바하리는 언제나 그 암말의 주변에서 맴돌며 경계를 철저히 하고 불안한 듯이 허둥대었다. 또한 정열적인 그 특유의 콧바람으로 언제나 얌전하게 그 암말의 냄새를 맡고 돌아다니는 것이었다. 축사에서의 그 말은 즐겨 사랑하는 암말의 엉덩이위에 자신의 심술궂은 얼굴을 얹고 오래도록 꾸벅꾸벅 졸았다. 미시카는 그 모습을 보고 그 말의 얇은 피부 밑에서 힘줄이 생기없이 움직이는 것을 눈여겨보았다. 그는 바하리가 이 암말을 노인과 같은 순정으로 슬픔을 안은 채 사랑하고 있음을 알 것 같았다.

코셰보이는 성실하게 근무했다. 그가 열심이라는 소문은 마을 아타만의 귀에까지 들어갔다. 8월 초순에 감독은 코셰보이가 읍사무소의 감독으로 채

용됐으니 곧 보내 달라는 명령을 받았다.
　코셰보이는 즉시 준비를 마치고 관품을 반납한 다음, 그날 저녁으로 귀로에 올랐다. 그는 암말을 재촉했다. 해가 질 무렵에는 벌써 카르긴 옆에 당도했고 그 꼭대기에서 뵤센스카야 방향으로 달려가는 마차를 만났다.
　우크라이나인 마부가 땀을 흘리는 살찐 말들을 몰고 있었다. 용수철이 달린 마차 뒷자리에 도회풍의 양복을 입고 회색 펠트 모자를 비스듬하게 쓴, 어깨가 넓고 풍채가 좋은 남자가 반쯤 드러누운 모습으로 앉아 있었다. 얼마 동안 미시카는 모자를 쓴 남자의 진동으로 흔들리는 처진 어깨와 옷깃 위에 뿌옇게 얹힌 흰 먼지의 줄무늬를 바라보면서 뒤를 따라갔다. 승객의 다리 옆에는 노란색 여행가방과 개켜놓은 망토에 덮인 자루가 놓여 있었다. 피워 본 적이 없는 잎담배 냄새가 코셰보이의 후각을 강하게 간지럽혔다. 말과 마차를 나란히 하면서 미시카는 '관리가 마을에 가는 모양이군' 생각했다. 그는 모자 차양 밑으로 비스듬히 드러난 옆얼굴을 보았다. 순간 공포와 놀라움으로 등골이 오싹해지고 그의 입이 절로 헤벌어졌다. 잎담배 끝을 질경질경 씹으면서 거만하게 번뜩이는 눈을 가늘게 뜬 채 마차 위에 드러누워 있는 사람은 스테판 아스타호프였다. 미시카는 자신의 눈을 의심하고 다시 한 번 자기 부락 출신의, 몰라보게 변한 얼굴을 찬찬히 들여다보았다. 그러자 흔들리고 있는 그 모습이 분명히 스테판임을 확인할 수 있었다. 동시에 흥분으로 땀이 쫙 흘렀으나 헛기침을 하고 물었다.
　"실례지만 당신은 아스타호프 씨가 아니십니까?"
　마차 안의 인물은 고개를 끄덕이느라고 이마 위로 모자를 미끄러뜨리면서 미시카를 쳐다보았다.
　"그렇소이다, 아스타호프요. 그런데 당신은…… 잠깐, 아니 자넨 코셰보이가 아닌가?"
　그는 몸을 일으켜 눈에 띠게 늙은 얼굴에 근접하기 어려운 험악함을 드러내 보이고 가지런히 깎은 갈색 수염 속의 입술만을 움직여 웃어 보이며 난처한 듯, 그리고 반갑다는 듯이 손을 내밀었다.
　"코셰보이군! 미하일이지? 이런 데서 만날 줄이야! ……무척 반갑구먼……."
　"대체 어떻게 된 거지?"

미시카는 고삐를 늦춰 잡고 이해가 되지 않는다는 듯 두 손을 벌려 보였다.

"당신이 살해당했다는 얘길 들었는데…… 틀림없는 아스타호프가 아니냐구."

미시카는 온 얼굴로 웃으며 안장 위에서 몸을 꼼지락거렸다. 그러나 스테판의 말투와 그의 외양이 그를 당황하게 했다. 그는 태도를 달리했다. 둘 사이를 가로막는 눈에 보이지 않는 장벽이 막연하게 느껴져 그 다음부터는 얘기를 할 때마다 '당신'이라고 고쳐 불렀다.

두 사람 사이에 여러 가지 얘기가 오고갔다. 말은 보통 속도로 걷고 있었다. 서쪽에서는 놀이 화려하게 물들어 있고, 하늘엔 오렌지빛 구름들이 밤으로의 여행을 서두르고 있었다. 길 옆 수수밭에서는 메추리가 요란하게 울어댔다. 저녁이 되니까 낮 동안의 소란을 마친 광야 위로 매캐한 먼지 냄새가 섞인 정적이 내려왔다. 추카린스카야와 쿨지린스카야 가도의 갈림길에서 보랏빛 하늘을 배경으로 한 교회의 실루엣을 볼 수 있었다. 한 덩어리가 된 벽돌색과 갈색의 구름 봉우리가 그 위에 똑바로 걸쳐 있었다.

"어디서 오시나요, 스테판 안드레이치?"

기쁜 얼굴로 미시카가 물었다.

"독일에서 오는 길이오. 이제야 고향에 돌아오게 된 셈이지요."

"마을 카자흐들은 뭣 때문에 자기네들이 보는 앞에서 살해당했다고 했는지 모르겠군요?"

스테판은 여러 가지 질문을 받기가 난처하다는 표정으로 억양 없는 대꾸를 했다.

"두 군데나 부상을 당했다오. 그런데 마을 카자흐 놈들이…… 그따위 것들이 무슨 카자흐라고! 날 혼자 내버려 두고 달아나버린 놈들…… 포로가 되고 말았다오…… 독일병이 상처를 치료해 주고, 그 뒤로 노동판에 끌려다녔지요……"

"당신에게는 아무런 소식이 없다는 말을 들었는데……"

"소식을 보낼 만한 상대가 있어야 말이지."

스테판은 꽁초를 버리고 잇따라 새 잎담배에 불을 붙였다.

"부인한테 보낼 걸 그랬군요. 부인은 건강하게 잘 지내고 계십니다."

"내가 그 여자하고 살지 않고 있었다는 건 다 아는 줄 알았는데."

스테판의 음성은 메말라 온기가 스며들 틈새라곤 없었다. 마누라에 대한 얘기를 들려주었는데도 그는 전혀 흥분하지 않았다.

"타국에서 외롭지 않으셨는지?"

코셰보이는 파고들 듯이 물었다.

"처음 얼마 동안은 외롭더군요. 나중에는 익숙해져서 괜찮았어요. 내겐 그렇게 나쁜 생활도 아니었소."

잠시 말을 끊은 다음 그는 다시 말을 이었다.

"계속 독일 땅에 머물러 지내며 국적을 옮길까도 생각해 봤는데, 아무래도 고국이 그리워지더군요. 그래서 모든 걸 팽개치고 돌아왔지 뭡니까."

스테판은 비로소 눈꼬리를 내리고 미소를 지었다.

"그렇지만 여기선 싸움이 그칠 새가 없었어요. 동족끼리 싸움질을 하고 있으니……"

"나도 들었소."

"어느 길을 거쳐서 오셨나요?"

"프랑스 마르세이유에서 기선을 타고 왔지요. 큰 도회지였소. 노보로시스크에 도착했지요."

"당신도 동원될지 모르겠군요."

"틀림없이 그렇게 되겠지요…… 그런데 부락의 다른 소식은?"

"한 마디로 얘기할 수는 없지만 모든 게 변했답니다."

"내 집은 남아 있는지?"

"바람에 덜컹덜컹 흔들릴 지경이라오."

"이웃집 사람들은? 멜레호프의 아들들은 살아 있소?"

"그럼요."

"내 전처 소식은 들은 적이 있습니까?"

"야고드노에에 살고 있어요."

"아직도 그리고리와 그 여자가 함께 시내고 있나요?"

"아니지요. 그 녀석은 본처하고 살아요. 당신의 아크시냐하고는 헤어졌어요……"

"아, 그래요, 몰랐는데."

두 사람은 잠시 말이 없었다. 코셰보이는 찬찬히 스테판을 지켜보았다. 그리고 맞장구치는 듯한 말투로 얘기를 꺼냈다.
"정말이지, 나쁜 생활은 아니었나 보군요, 스테판 안드레이치. 당신 옷이 근사하군요. 지위가 높은 사람이 입는 것 같아요."
"그 나라에선 모두 몸단장을 잘 하고 지내요."
스테판은 마부의 어깨를 쳤다.
"좀 더 속력을 내."
마부가 화난 얼굴로 채찍을 치켜 올렸다. 지쳐빠진 말들도 화가 났는지 목을 곧추세우고 가죽 끈을 잡아당겼다. 마차는 부드럽게 바퀴를 굴리면서 울퉁불퉁한 길을 달려갔다. 스테판은 이야기 끝을 맺으려고 미시카에게 등을 돌리고 물었다.
"부락으로 가는 길이오?"
"아니, 읍내로요."
갈림길에서 미시카는 오른쪽으로 꺾은 뒤 등자 위에 올라서서 말했다.
"그럼, 또 만납시다. 스테판 안드레이치!"
상대방은 먼저 쌓인 모자 차양을 손바닥으로 구겨 쥐고, 러시아인답지 않게 한 음절 한 음절을 분명하게 끊어 쌀쌀한 어조로 대꾸했다.
"잘 가시오!"

7

전선은 필로노보와 보보리노선에 일직선으로 뻗어 있었다. 적위군은 병력을 집결하여 타격력을 보강하고 있었다. 탄약이 부족했던 카자흐군은 주경 밖으로는 나가지 않고 줄기차게 공격했다. 필로노보 전선의 작전은 일진 일퇴였다. 8월에는 상대적인 정전 상태로 휴가를 얻어 귀향한 카자흐들이 휴전은 가을까지 기다려야 될 것이라는 말을 해댔다.
마침 그 무렵은 후방의 마을과 부락에서 수확이 한창인 때라 일손이 모자랐다. 노인과 여자들만으로는 일이 진척되지 않았다. 게다가 전선으로 탄약과 식량을 실어 나르는 역마 봉사가 추수일을 더욱 느려지게 했다.
타타르스키 부락은 거의 매일 명령에 따라 뵤센스카야에 5, 6대의 마차를 내보냈고 뵤센스카야에서 포탄과 소총탄 상자를 싣고 그것을 다시 안드로포프스키 부락의 중계점까지 운반했다. 때로는 말이 부족해서 더 먼 호표르강가의 부락까지 가야 할 때도 있었다.

부락의 생활은 바쁘고 공허했다. 모두가 먼 전선에 마음을 쓰고 불안과 고통을 안은 채, 카자흐들에 대해 불길한 소식이나 날아오지 않을까 염려했다. 스테판 아스타호프의 귀환은 온 부락을 흥분시키기에 충분했다. 어느 집에서나 어느 탈곡장에서나 화제가 되었다. 이미 오래 전에 장례식을 마쳤기 때문에 노파들의 머릿속에, 그것도 '명복을 빌어 주기 위해서'만이 기억에 담아 온 것 이외에는 잊어버린 지가 오래인 카자흐가 돌아온 것이었다. 이것이야말로 기적이 아니고 무엇이겠는가?

스테판은 아니쿠시카네 집에 숙소를 정하고 집 안으로 자기의 소지품을 갖다 날랐다. 그러고는 주부가 그를 위해서 저녁식사 준비를 하는 동안 자기 집을 들여다보았다. 주인다운 무게있는 걸음걸이로 흰 달빛을 받고선 가옥 안을 이리저리 거닐며 반쯤 부서진 헛간의 처마 밑으로 가보기도 하면서 집 안을 둘러보고 울타리의 기둥을 흔들어 보았다……아니쿠사카네 집 식탁에는 진작부터 차려놓은 오믈렛이 식어가는데도 스테판은 아직까지 손가락 마디를 분지르면서 잡초가 무성한 마당을 돌아다니며 무어라 중얼거리고 있었다.

그날 밤, 카자흐들은 그의 얼굴도 볼 겸 포로생활의 형편을 들어 보려고 그를 찾아왔다. 아니쿠시카의 응접실은 여자와 애들로 꽉 들어찼다. 그들은 두꺼운 벽처럼 우뚝 선채 시꺼먼 입을 헤벌리고 스테판의 얘기에 귀를 기울였다. 스테판은 별로 내키지 않는 듯한 모습으로 얘기를 이어갔다. 그의 노화된 얼굴은 한 번도 미소로 활기를 띠지 않았다. 그의 생활이 험악했고, 뿌리째 뒤틀려버렸고, 돌변했으며, 새로이 만들어졌음을 안 수가 있었다.

이튿날 아침, 스테판이 아직 응접실에서 잠들어 있는데 판테레이 프로코피에비치가 찾아왔다. 그는 낮은 기침을 주먹으로 막으며 이 귀환병이 잠에서 깨어나기를 기다렸다. 응접실에서는 흙바닥의 냉기와 숨막힐 듯한 강한 담배냄새와 여행사의 살갗 속에 스민 년 여로의 냄새가 풍겨왔다.

스테판이 잠에서 깨어나 성냥을 그어 담배를 피우는 기척이 들렸다.

"들어가도 괜찮겠소?"

판테레이 프로코피에비치는 그렇게 묻고, 마치 상관 앞에 나선듯이 일리니치나가 손수 입혀 주었던 새 웃옷의 구김을 재빨리 폈다.
"들어오십시오."
스테판은 잎담배를 피우며 졸리는 눈을 찌푸린 채 옷을 갈아입고 있었다. 판테레이 프로코피에비치는 황송한 태도로 문턱을 건너갔다. 동시에 완전히 변해버린 스테판의 얼굴과 비단 멜빵의 금속고리에 소스라치게 놀라 고깃배를 밀어내듯이 시꺼먼 손바닥을 불쑥 내밀었다.
"안녕하신가요! 무사히 돌아오셔서……"
"여전하시니 반갑습니다!"
스테판은 처지긴 했지만 힘찬 어깨에 멜빵을 매고 양어깨를 가볍게 흔들었다. 그리고 위엄을 갖추어 노인의 꺼끌꺼끌한 손을 쥐었다. 서로가 상대방을 재빨리 훑어보았다. 스테판의 눈에는 적의의 불꽃이 파랗게 타올랐고, 멜레호프의 튀어나온 눈알 속에는 감탄과 비웃음이 섞인 가벼운 놀라움이 담겨 있었다.
"많이 늙으셨군요, 스쵸파……"
"말씀대로 저도 늙었습니다."
"우리 그리시카와 함께 당신의 제사를 드린 적이 있었구먼요."
내뱉고 나서야 쓸데없는 소리를 했음을 깨달은 그는 변명을 하고자 재빨리 말을 이었다.
"건강한 몸으로 돌아오셔서 너무나 반갑습니다……고마운 일이오! 그리시카도 제사를 드렸더니 나자로처럼 살아서 돌아왔지 뭡니까. 벌써 두 아이의 애비가 됐습니다만. 그의 아내 나탈리야도 덕택으로 건강하고요. 착한 마누라를 두었지요……그런데 댁에선 어떻게……?"
"괜찮습니다."
"이웃사촌이라고, 오며가며 들러주실 수는 없는지? 인사도 할 겸 와주셨으면 합니다. 여러 가지로 할 얘기도 있으니까요."
스테판은 거절했으나 판테레이 프로코피에비치가 되풀이해서 간청을 하고 급기야는 화를 내는 바람에 하는 수 없이 꺾이고 말았다. 세수를 한 다음 짧게 깎은 머리에 빗질을 한 그는, "앞머리는 어디다 두고 오셨소? 아니면 나이가 들어 빠졌나요?" 농담을 거는 노인의 물음에 미소를 지어 보이고 자신 있다는 듯 모자를 눌러쓰고는 앞장서 갔다.

판테레이 프로코피에비치는 무척이나 다정했다. 스테판이 '전에 원한을 산 일로 신경쓰고 있군……' 생각했을 정도였다.

일리니치나는 남편이 눈으로 가리키는 무언의 지시에 따라 주방을 돌아다 니면서 나탈리야와 두냐시카에게 일을 맡겨 두고 자신은 식탁준비를 서둘렀 다. 여자들은 신기한 눈길로 그의 양복과 칼라와 시계줄과 머리모양등을 바 라보면서 놀라움과 미소를 담은 얼굴로 마주 보았다. 다리야는 정원에서부 터 붉어진 얼굴로 들어와서는 얼떨떨한 미소를 띤 얇은 입가를 앞치마자락 으로 닦아내면서 눈을 가늘게 뜬 채 말했다.

"어쩜 이럴 수가……몰라볼 뻔했지 뭐예요. 카자흐로는 보이지 않는데 요."

판테레이 프로코피에비치는 때를 놓치지 않고, 집에서 만든 탁주를 식탁 위에 올려놓고 병마개를 소리나게 따서는 냄새를 맡고 자랑을 늘어놓았다.

"한번 마셔 보시지요. 직접 만든 술인데 성냥을 그어대면 파란 불꽃이 일 어난다오, 정말이오!"

두서없는 얘기가 계속되었다. 스테판은 내키지 않는 얼굴로 마시고 있었 는데, 나중에 가서는 연거푸 들이켜 취했는지 조금은 부드러워졌다.

"이젠 당신도 색시를 맞아들여야 될 텐데……"

"무슨 말씀을! 헌 남자를 어디다 치우려고요?"

"헌 남자라니요……상관없어요. 헌 여편네야, 뭐……여편네란 마치 암말 같이 이빨이 있는 동안만 타고 다닐 수가 있다구요. 젊은 여자를 구해 드릴 까?"

"어려운 세상이에요. 색시 얻는 일은 급할 게 없습니다. 게다가 한 열흘 쉬고는 다시 읍사무소로 출두해서 전선에 나가봐야 될 것 같습니다."

스테판은 취한 김에 조금은 외국인 같은 말투를 썼다.

얼마뒤 그는 다리야의 경탄의 눈길로 배웅을 받으면서, 등 뒤로는 험담과 욕설을 남겨둔 채 돌아갔다.

"세기랄! 쇄나 도도해졌군! 들었지, 그 말투 말이야! 세무장이나 높은 양반같이……내가 방에 들어갔을 때 잠자리에서 막 일어난 참이었는데 바지 에다가 금속고리가 달린 멜빵을 매고 있더라니깐. 정말이라구! 말처럼 잔등 과 가슴에다 띠를 걸고 말이야. 뭣 땜에 그렇게 하는지, 그걸 꼭 매고 다녀야해? 그놈, 학자나 된 듯이 으스대는 꼴이라니"

스테판이 거리감없이 그를 맞아 주었고 지난날의 원한을 털어버리고 집에까지 와준 것에 대해 흐뭇해진 판테레이 프로코피에비치는 사뭇 신이 나서 지껄였다.

스테판의 얘기로는 근무 기간이 끝나는 즉시 부락으로 돌아와서 집안을 그전처럼 일으켜 놓겠다는 것이었다. 그는 돈을 갖고 있다는 말도 슬쩍 비쳤는데, 그 일은 판테레이 프로코피에비치를 깊은 생각 속으로 몰아넣게 했고 본의가 아니나마 존경심을 품지 않을 수 없도록 만들었다.

"그녀석, 돈푼깨나 쥔 모양이야"

그가 돌아간 뒤에 프로코피에비치는 말했다.

"제기랄, 큰돈을 갖고 있는 것 같애. 포로로 잡혔다가 돌아온 카자흐들은 모조리 거지꼴이었는데, 놈은 비단으로 휘감고 왔으니……살인을 했는지, 돈을 훔쳤는지 알 수가 있나."

처음 한동안 스테판은 아니쿠시카네 집에서 빈둥거리고 있을 뿐, 밖에는 거의 나타나지 않았다. 이웃 사람들은 잠시도 그에게서 눈을 떼지 않았다. 그의 일거일동을 지켜보며 스테판이 대체 무슨 일을 꾸미고 있는지 아니쿠시카로부터 알아내려고 여러 가지로 시도하기도 했다. 그러나 아니쿠시카는 입을 꾹 다물고 모른다는 말 한 마디로 피해버렸다.

아니쿠시카의 아내가 멜레호프네 집에서 말을 빌려 타고 토요일 이른 아침에 어디론가 나간 뒤, 부락에서는 갖가지 소문이 요란하게 나돌았다. 판테레이 프로코피에비치만은 어렴풋이 짐작하고 있었다. '아크시냐에게 갔을 거야.'—타란타스(반무개차)에다 발을 저는 말을 매면서 그는 일리니치나에게 눈짓을 해보였다. 그의 짐작은 적중했다. '지난 일은 잊어버리고 남편에게 돌아올 마음이 없느냐고 아크시냐에게 물어보고 오라'는 스테판의 부탁을 받고 그 여자는 야고드노에를 향해 말을 몬 것이었다.

그날 스테판은 인내와 냉정을 깡그리 잃고 저녁이 다 되도록 온 동네를 돌아다녔는데, 모호프네 집 현관 앞에서 세르게이 플라토노비치와 차차 앉아 독일에 대해, 그곳에서의 생활에 대해, 프랑스를 거쳐 돌아오는 도중에 있었던 일과 바다에 관한 것 등을 지껄여댔다. 모호프의 푸념을 들으면서 얘기를 하고 있는 동안에도 그는 줄곧 시계만 들여다보았다.

어두워져서 안주인은 야고드노에로부터 돌아왔다. 여름철에만 쓰는 주방에서 저녁식사를 준비하는 중에 그녀는 아크시냐가 뜻밖의 소식에 깜짝 놀라 여러 가지 것을 묻긴 했지만 돌아올 생각은 조금도 없는 것 같더라고 말했다.

"하긴 굳이 돌아올 필요가 없을 거야. 마님처럼 살고 있던데, 뭘. 얼굴이 반들반들 윤이 나고 하얗더라구. 고된 일은 하지 않나봐. 옷도 잘 차려입고 있었어. 당신 같은 사람은 상상도 못할 정도였어. 평상시에도 눈처럼 하얀 스커트를 입다니. 손도 아주 깨끗하다라니까……"

부러운 듯이 한숨을 쉬고 안주인은 그렇게 말했다.

스테판의 볼에 붉은 기운이 돌고, 아래를 내려다보는 밝은 두 눈 속에 미움과 근심이 불타올랐으나 그것은 이내 꺼져버렸다. 그는 손의 떨림을 애써 억누르면서 수저를 들고 찻잔에서 산유를 떠먹었다. 애써 침착한 체 하며 그는 띄엄띄엄 물었다.

"그러니까 아크시냐는 현재의 생활을 자랑스레 여기고 있더라는 말이군?"

"맞아! 누구든 그렇게 사는 것을 싫어할 사람은 없을걸."

"나에 대해서 물어보던가?"

"그럼, 묻지 않고! 당신이 돌아왔다니까 새파래지던걸."

저녁식사를 마친 스테판은 잡초가 무성한 집을 향해 하숙집을 나왔다.

8월의 짧은 황혼은 뜀박질로 왔다가 이내 사라져버렸다. 축축한 방의 냉기 속에서 들리는 탈곡기의 바퀴소리와 날카로운 사람의 목소리가 귀에 거슬렸다. 노란 곰보 얼굴의 달 아래에서 사람들은 여느때와 다름없이 떼를 지어 소란을 떨고 있었다. 낮에 탈곡한 알곡더미를 삼태기에 담아 헛간으로 옮겨놓고 있었다. 광장 언저리로부터 증기 탈곡기 소리와 개짖는 소리가 들려왔다. 부락은 막 탈곡된 밀과 밀겨의 새콤달콤한 냄새에 싸여 있었다. 멀리 떨어져 있는 탈곡장에서 목청을 뽑아 부르는 노랫소리가 들려 왔다. 돈강으로부터 눅눅한 습기가 스며들었다.

스테판은 울다리에 기대 선 채 흰길 너울의 돈강 급류를, 비스듬히 달빛을 받아 굽이쳐 반짝거리는 흐름을 바라보았다. 흐름에 따라서 잘디잔 물결이 떨리는 것을 볼 수 있었다. 돈 너머의 강가에는 포플라가 졸고 있었다. 비애가 조용하게, 그러나 강렬하게 스테판을 휘 감쌌다.

새벽녘에 비가 내렸다. 하지만 해가 떠오르자 구름이 흩어졌다. 두 시간쯤 지나자 바퀴자국 위에 엉켜서 말라가는 진흙 덩어리만이 비가 내렸던 흔적을 남겨 두었다.

아침 나절에 스테판은 야고드노에를 찾아갔다. 흥분한 얼굴로 문 옆에 말을 매어 두고 몸을 요란스레 흔들면서 하인들의 거처로 들어갔다.

퇴색한 풀이 돋은 넓다란 집 안에는 인기척이라곤 없었다. 마구간 옆에 쌓인 퇴비를 암탉들이 헤집고 있었다. 쓰러져 있는 울타리 위를 까마귀처럼 검은 수탉이 오락가락하고 있었다. 암탉을 불러 모으다가 울타리를 기어다니고 있는 빨간 벌레를 찍어먹는 시늉을 했다. 살찐 보르조이 개가 마구간 옆 그늘에서 졸고 있었다. 검은 반점을 가진, 꽁지가 짧은 강아지 여섯 마리가 초산(初産)인 젊은 어미개를 밀치며 작은 다리로 버티고 서서 어미개의 잿빛 유방을 잡아당기는 것같이 빨아댔다. 몸채 지붕의 그늘진 곳에서는 아직껏 이슬이 반짝이고 있었다.

스테판은 조심스레 주변을 돌아보고 하인방으로 들어가 뚱뚱한 찬모를 향해 물었다.

"아크시냐를 만날 수 있겠소?"

"누구세요, 당신은?"

땀이 배인 곰보 얼굴을 앞치마로 닦고 나서 상대방은 흥미를 나타냈다.

"그런 건 당신이 알 바 아니오. 아크시냐는 어디 있지요?"

"영감마님한테 가 있는데 잠깐만 기다리슈."

스테판은 무척 피곤한 모습으로 자리에 앉아 무릎 위에다 모자를 얹어놓았다. 찬모는 아궁이 속에 쇠남비를 밀어넣고 손님을 외면한 채 부젓가락을 철커덕거리고 있었다. 주방에는 엉킨 우유와 새콤달콤한 홉 냄새가 가득 차 있었다. 파리가 페치카와 벽과 가루가 흩어져 있는 탁자 위를 기어다녔다. 스테판은 긴장하여 귀를 쫑긋 세우고 앉아 있었다. 귀에 익은 아크시냐의 발소리는 그로 하여금 거의 의자 위에서 떠밀린 것처럼 일어서게 만들었다. 그는 무릎에서 모자를 미끄러뜨린 채 일어서 있었다.

아크시냐가 한아름이나 되는 접시를 안고 들어왔다. 그녀의 얼굴은 시체처럼 창백해지고 도톰한 입술 끝이 떨고 있었다. 그녀는 접시를 가슴에 안고 휘둥그래진 눈을 들어 스테판을 지켜보면서 걸음을 멈췄다. 그러더니 갑자기 뜀박질을 하듯 다급한 걸음으로 테이블 앞까지 걸어와 두 손에 들고 있는 것을 내려놓았다.

"오랜 만이오!"

스테판은 잠을 자고 있을 때처럼 깊은 숨을 내뿜고 있었다. 긴장된 미소가 그의 입술을 열게 만들었다. 그는 잠자코 머리를 숙여 아크시냐에게 손을 내밀었다.

"내 방으로……"

아크시냐는 몸짓으로 불렀다.

스테판은 마치 무거운 것을 들어올리듯이 모자를 집어 들었다. 머리로 피가 몰려와 눈앞이 캄캄했다. 아크시냐의 방으로 들어가 탁자를 마주하고 앉자, 아크시냐는 메마른 입술을 핥으면서 신음하는 것 같은 소리로 물었다.

"어디서 오시는 길이에요?"

스테판은 어설프고 거북살스러운 명랑함을 가장하고 술에 취한 것같이 손을 치켜들었다. 그러나 그의 입술에서는 아직도 기쁨과 고통이 섞여 있는 그 미소가 사라지지 않고 있었다.

"포로 생활을 마치고……당신에게 돌아왔소. 아크시냐……"

그는 안절부절 못하다가 갑자기 일어서더니 호주머니에서 작은 꾸러미를 꺼내놓았다. 그리고 정신없이 그 꾸러미를 풀어 팔찌가 달린 여자용 은시계와 싸구려 청옥이 박힌 반지를 꺼내 축축한 손바닥 위에 올려놓고 그녀에게 내밀었으나, 아크시냐는 계면쩍은 미소로 뒤틀려 있는 그 어색한 얼굴로부터 눈을 떼려 하지 않았다.

"받아둬, 당신을 위해서 소중하게 간직해온 거야……전에 우린 부부였으니까……"

"무엇 때문에 이런 걸 주는 거죠? 잠깐만 기다리세요……"

생기없는 아크시냐의 입술이 중얼거렸다.

"받으라니까……화내지 말고. 이제부턴 서로가 쓸데없는 짓은 않기로 하자구……"

아크시냐는 일어서서 아궁이 위쪽에 있는 침대 가까이로 물러섰다.

"당신, 돌아가셨다는 소문이 나돌았었는데."

"기뻐하지는 않았나?"

그녀는 대꾸를 하지 않았다. 이미 침착을 되찾은 그녀는 전남편의 머리 꼭대기서부터 발끝까지 훑어보고 말쑥하게 다려서 입은 치마 주름을 할일없이 만지작거리고 있었다. 손을 잔등으로 가져가면서 물었다.

"아니쿠시카 아줌마, 당신이 보냈지요? ……돌아와 달라고 당신이 말했다던데……"

"돌아와 줄 거야?"

스테판이 가로막았다.

"거절하겠어요."

아크시냐의 목소리는 냉랭했다.

"싫다니까요, 돌아가지 않겠어요."

"어째서?"

"그럴 마음이 없는 걸 어떻게 해요. 게다가 이미 늦었어요……늦었다구요."

"집안일을 돌보고 싶소. 독일에서 돌아오는 길에 줄곧 생각한 일이오. 아니, 그곳에 있을 때도 그 일을 잊어본 적이 없었어. 아크시냐 당신, 앞으로 어떻게 할 거야? 그리고리한테 버림을 받았다던데……혹시 또 딴 사람이라도 붙잡았다는 거야 뭐야? 젊은 서방님하고 무슨 일이 있었다는 얘기를 들은 것 같은데……정말이오?"

아크시냐의 볼에 불태울 듯이 피가 몰렸다. 수치심으로 인해 내리깐 눈 밑에 눈물이 맺혀 있었다.

"맞아요, 그분하고, 정말예요."

"비난하려는 건 아니야."

스테판은 열등감을 느끼면서 말했다.

"난 당신이 아직 안정을 못 찾고 있는 것 같아서, 그래서 해본 소리요. 젊은 서방님한테 언제까지나 당신이 필요하진 않을 거 아니오. 일시적인 위안일 따름이라구……저것 봐, 벌써 눈 밑에 주름이 생겼지 않소……버림받을 게 틀림없어. 싫증이 나면 그 길로 버릴 텐데 뭘. 그렇게 되면 어디에 몸을 의지할 거야? 하녀 생활도 진력이 안 나나? 잘 생각해 보라구……난 돈을 좀 벌어가지고 왔어. 전쟁만 끝나면 편안히 살 수 있을 거야. 다시 합쳐질 줄 알았는데……지난 상처는 잊어버릴 수 있을 거야……"

"그럼, 전에 어떤 생각을 했었다는 거예요, 스테판?"
 밝은 눈물을 담고 아크시냐는 말하더니 뚜벅뚜벅 탁자 옆으로 다가왔다.
 "전에 어떤 생각을 했었느냐 말예요. 내 젊음을 송두리째 망가뜨려놓고? 그리시카한테 날 쫓아보낸 건 바로 당신이었어요. 당신이 나한테 얼마나 못되게 굴었었나 잊어버렸나봐?"
 "이봐요, 내가 결말을 지으려고 찾아온 건 아니잖소……당신은 모르지? 내가 그 일 때문에 얼마나 괴로워했는지 모를 거야. 난 그 일만 떠올리다가 사람이 변한 것같이 돼버렸어"
 스테판은 한참 동안 탁자 위에 올려놓았던 자신의 손을 지켜보면서 한 마디 한 마디를 입 안에서 끌어내듯 천천히 말을 이어갔다.
 "당신 생각만 줄곧 해왔어……가슴에 피가 맺혀 있는 것 같았지……밤이나 낮이나 머리에서 떠나질 않더군……그쪽에 있었을 땐 독일인 과부와 살았어……어느 것 한 가지도 불편한 게 없었지만, 하지만 그런 걸 모두 버리고 온 거야……집 생각 때문에"
 "그럼, 안정하고 싶다는 말인가요?"
 분노로 인해 콧구멍을 벌름거리면서 아크시냐가 물었다.
 "집을 갖고 싶단 말이죠?"
 그러더니 어두운 웃음을 머금었다.
 "그건 안 돼요! 난 할망구니까. 주름살까지 드러나 보이게 된 걸……어린애 낳는 것도 잊어버렸어요. 남의 정부니까, 정부한텐 애는 금물이거든요……그런 여잔데도 필요해요?"
 "꽤 영리해졌군 그래……"
 "보시는 바와 같아요."
 "그래서 싫다, 그 말이오?"
 "그래요, 싫어요. 돌아가진 않겠어요."
 "그렇담 잘 있어."
 스테판은 일어서서 부질없이 손으로 손목시계를 빙글빙글 돌리고 있었는데, 이윽고 그것을 탁자 위에 올려놓았다.
 "그러지 말고 더 깊이 생각해봐. 그러고 나서 알려줘."
 아크시냐는 그를 문간까지 배웅했다. 차바퀴 밑으로 일어난 먼지가 스테판의 넓은 어깨를 감싸는 것을 잠시 동안 바라보고 있었다.
 분노의 눈물이 그녀를 때려눕혔다. 그녀는 흐느껴 울면서 모든 것이 어긋나고 만 그 일에 대해 생각을 해보았다. 바람이 부는 대로 또다시 내던져진 자신의 신세를 한탄하면서, 자기는 이미 에브게니에게는 불필요한 여자가 되었다고 생각했다. 남편이 돌아왔다는 말을 들었을 때 그녀는 아직껏 한 번도 느껴 본 적이 없는 행복의, 그 파편을 다시 긁어모아 남편 곁으로 돌아가리라 마음먹었다. 그런 결심을 하고 사실은 스테판을 기다리고 있었던 것이다. 그랬는데 비굴해지고 순해진 그를 대하자 어두운 자존심이—버림을 받은 이상 야고드노에 더 머물러 있지 않겠다는, 그녀에게 허용되지 않았던 그 자존심이 강하게 머리를 치켜들었다. 스스로도 어쩔 수 없는 비뚤어진 의지가 그녀의 말과 행동을 지배했다. 지난날의 갖가지 원한을 떠올리게 하고 이 남자의 그 큰 손바닥으로부터 받았던 모든 것을 돌이켜 생각하게 했다. 결렬을 원하지 않은, 그러면서도 남몰래 자신의 거동을 두려워했던 그녀는 '싫어요, 돌아가진 않겠어요' 하는 칼날 같은 언어 속에서 숨이 차 있었다.
 또 한 번 멀어져가는 타란타스로 눈길을 던졌다. 스테판은 채찍을 흔들고 길가에 돋아난 키작은 약쑥의 보랏빛 그늘로 숨어버렸다.

 이튿날, 아크시냐는 계산을 마치고 세간을 얽어맸다. 에브게니에게 작별을 나눌 때, 자신도 모르게 울음을 터뜨리고 말았다.
 "나쁘게 생각지 말아요, 에브게니 니콜라에비치"
 "무슨 말을 그렇게 해! 오히려 감사하고 있는데."
 동요를 담은 그의 음성에는 억지로 만든 활기가 담겨 있었다.
 그런 뒤에 그녀는 떠났다. 저녁 나절에는 타타르스키 부락으로 돌아와 있었다.
 스테판이 문간 앞에서 아크시냐를 맞아들였다.
 "돌아왔군?"
 그는 미소를 짓고 물었다.
 "다신 집을 나가지 않지? 안 나간다고 생각해도 되는 거지?"
 "나가지 않겠어요."
 가슴을 옥죄는 것 같은 심정을 안은 채 절반쯤 부서진 몸채와 새까만 브리얀초가 무성한 집 안을 바라보면서 아크시냐는 짤막하게 대꾸했다.

8

두르노프스카야 마을에서 그다지 멀지 않은 곳에서 뵤센스키 연대는 처음으로 퇴각중인 적위군 부대와의 전투에 말려들었다.
정오경에 그리고리 멜레호프가 지휘하는 중대는 잡목림을 등 뒤로 거느린 작고 후미진 부락을 점령했다. 부락 복판을 뚫고 낮은 벼랑을 씻어내고 있는 개울 옆 버드나무의 축축한 그늘 밑에서 그리고리는 카자흐들을 말에서 내리게 했다. 어디선가 가까운 곳에서 부글부글 소리를 내면서 부드러운 흑토 밑으로부터 샘물이 솟아오르고 있었다. 물은 얼음처럼 차가웠다. 카자흐들은 그것을 모자에 담아 게걸스레 들이마셨다. 그런 뒤에 흐뭇한 신음소리를 지르고 땀에 젖은 머리에다 그 모자를 깊숙이 눌러썼다. 열기로 인해 뿌옇게 흐려 있는 부락 상공에 태양이 걸려 있었다. 대지는 한낮의 아지랑이에 사로잡혀 뜨겁게 달아올라 있었다. 불길 같은 햇빛을 받고 서 있는 나뭇잎들이 생기를 잃고 고개를 숙이고 있었으나, 버드나무 그늘에는 썰렁한 냉기가 가득 차 있어서 산우엉과 습지대에서 자라는 연한 풀들이 아름다운 연두색을 띠고 있었다. 작은 웅덩이에는 부초가 귀여운 처녀의 미소처럼 빛나고 있었다. 개울물이 꼬부라져 있는 저 너머에는 오리가 울면서 물장구를 치고 있었다. 말은 콧소리를 내뿜고 부드러운 진흙 속을 첨벙거리며 물속으로 걸어가 고삐를 뿌리치고 물을 흐려놓고, 자꾸만 더 신선한 물을 찾아 개울 복판으로 나가고 있었다. 뜨거운 바람을 받고 고개를 숙인 말 주둥이에서 큼직한 다이아몬드 같은 물방울이 뚝뚝 떨어졌다. 짓이겨진 진흙과 개울 밑바닥의 끈적거리는 흙냄새, 물에 젖어 썩고 있는 버드나무 뿌리의 강한 냄새가 피어오르고 있었다……
카자흐들이 산우엉의 풀숲 속에 누워 얘기를 하며 담배를 피우기 시작했을 때 마침 척후병이 돌아왔다. '적위병놈들'이라는 한 마디는 모두를 동시에 일어서게 만들있다. 모두들 밑에게 복대를 채우고 다시 물기로 기서 물통을 채우고 또 한 번 마셨다. 모두가 '어린아이 눈물처럼 맑은 이런 물을 다시 마실 수 있을까……' 생각하는 것 같았다.
도중에 작은 시냇물을 건넜는데 그곳에서 걸음을 멈추었다.

부락으로부터 1킬로미터 가량 떨어진 곳, 약쑥이 돋아 있는 잿빛 모래땅 언덕에 적의 척후 한 무리가 우글거리고 있었다. 기마병 8명이 조심스레 부락 쪽으로 내려가는 참이었다.

"사로잡는 게 어때?"

미치카 코르슈노프가 그리고리에게 제의했다.

그는 소대를 절반 인솔하여 길을 돌아 부락의 배후로 나갔다. 그러자 척후들이 카자흐를 발견하고 되돌아가버렸다.

약 한 시간 뒤 연대의 다른 기병 2개 중대가 도착했다. 즉시 전진을 시작했다. 1천여명의 보병이 그들을 향해 오고 있다는 정보가 척후로부터 전달되었다. 보센스키 연대의 병사들은 우측을 진군하고 있는 제33 에란스코 브카노프스키 연대와의 연락이 끊겼음에도 불구하고 교전을 결행하기로 했다. 언덕을 내려간 곳에서 말을 내리게 했다. 말 담당들이 부락 밑 널따란 기슭으로 말을 끌고 갔다. 척후들은 오른쪽 어딘가에서 보이지 않게 되었다. 경기관총이 성급하게 소리를 지르기 시작했다.

이윽고 적위군 부락의 산병선이 나타났다. 그리고리는 휘하의 중대를 협곡 꼭대기에 늘어놓았다. 카자흐들은 말갈기같이 작은 풀숲 꼭대기에 엎드렸다. 낮은 야생 능금나무 그늘에서 그리고리는 쌍안경으로 멀리 있는 적의 산병선을 살펴보고 있었다. 최초의 2선이 나아가자 그 배후에 있는, 미처 추수를 끝내지 못한 갈색 밀밭의 물결 틈새로 행군 종대가 산개하는 광경이 뚜렷이 보였다.

제1열 전방에 분명히 지휘관인 듯한 사람의 그림자가 백마를 타고 선 모습이 그리고리와 카자흐들을 놀라게 만들었다. 제2열 앞에서도 간격을 두고 두 사람의 그림자가 움직이고 있었다. 제3열에도 지휘관이 인솔하고 있고 그와 나란히 깃발이 흔들리고 있었다. 수확후의 지저분한 전답을 배경으로 펄럭이는 깃발의 천은 작은 핏방울처럼 빨갛게 비쳤다.

"저놈들 쪽엔 코밋살(군사위원)이 선두에 나와 있군!"

카자흐 하나가 소리쳤다.

"맞아! 정말 대단하군!"

미치카 코르슈노프가 탄성을 지르듯 말하고는 웃음을 터뜨렸다.

"저것 좀 봐! 저놈들이 바로 빨갱이라구!"

중대 전원이 소리를 지르면서 일어섰다. 모두가 햇빛을 가리기 위해 눈 위로 손을 가져갔다. 말소리가 멎었다. 그러자 죽음 앞의 엄숙한 고요가 마치 구름의 그림자처럼 스텝과 기슭 위에 감돌았다.

그리고리는 뒤를 돌아보았다. 잿빛이 섞인 남색의 울창한 버드나무숲 너머에 있는 부락 한쪽에 모래먼지가 뭉게뭉게 피어올랐다. 제2중대가 뜀박질로 적의 측면을 향해 진격하고 있었다. 산협이 아직은 중대의 이동을 감춰주고 있었다. 그러나 그것은 4킬로미터 정도여서 두 갈래가 되어 언덕으로 기어 올라갔다. 그리고리는 중대가 적의 측면과 나란히 설 수 있는 거리와 시간을 머리 속으로 재고 있었다.

"엎드렷!" 갑자기 뒤를 돌아보고 쌍안경을 케이스 안에 집어넣으면서 그리고리가 명령했다.

그는 자기의 산병선으로 되돌아갔다. 더위와 먼지로 검붉어진데다가 개기름이 떠 있는 카자흐들의 얼굴이 그를 돌아보았다. 카자흐들은 얼굴을 마주보고 엎드렸다. "전투 준비!" 호령소리가 나자 일제히 장전을 하기 시작했다. 그리고리가 위에서 내려다보니까 똑바로 뻗은 다리, 군모의 상부, 먼지투성이가 된 작업복, 게다가 땀에 젖은 잔등과 팔꿈치만이 보였다. 카자흐들은 엄호물을 찾아 조금이라도 나은 장소를 고르려고 기어다니고 있었다. 어떤 병사는 총검으로 딱딱한 흙을 파기도 했다.

그때 적위군 쪽에서 미풍이, 확실히 알아들을 수 없는 노랫소리를 싣고 그들 쪽으로 불어왔다……

열은 흐트러진 채 느릿느릿 흔들리고 있었다. 그곳에서 사람의 음성이 열기로 떠 있는 들판을 거쳐 차츰 사라져갔다.

그리고리는 심장이 터질 것처럼 격렬하게 떠는 것을 느꼈다……그는 마음을 억누르고 전에 들은 적이 있는 그 선율에 귀를 기울였다. 굴보스카야에서 적위군 수병들이 기도하듯 모자를 벗고 흥분으로 눈을 빛내면서 이 노래를 부르는 것을 들은 적이 있었다. 갑자기 마음속에 공포에 가까운 힘을 지닌 불안이 머리를 치켜들었다.

"뭘 저렇게 짖어대는 거야?"

불안한 얼굴을 돌리고 나이많은 카자흐 하나가 머리를 들어올렸다.

"일종의 기도 같은 거지."

오른쪽에 엎드려 있던 또 한 사람의 카자흐가 그의 말에 대꾸를 했다.
"놈들의 기도는 악마의 기도야!"
안드레이 카슈린이 싱긋 웃고 그의 곁에 서 있는 그리고리를 흘낏 쳐다보았다.
"그리고리는 저놈들하고 지낸 적이 있으니까 무슨 노래인지 알지? 틀림없이 함께 불렀을 텐데?"
……'토지를 얻으리라!' 뚜렷하게 들리지 않는 가사가 환호처럼 회오리를 일으키는가 싶었는데 다시 물을 끼얹은 것같이 조용해졌다. 카자흐들은 술렁거리기 시작했다. 누군가가 산병전 중간쯤에서 소리를 내어 웃음을 터뜨렸다. 미치카 코르슈노프는 몸을 들썩거리고 있었다.
"알겠어? 토지가 필요하다고 하잖아?"
마구 욕설을 퍼부었다.
"그리고리! 말을 타고 있는 저놈을 내가 거꾸러뜨려 놓고 말겠어! 쏴도 돼?"
허락도 받지 않고 발사를 했다. 총탄은 기마병을 위협했다. 그는 말에서 내려 말을 건네주고 칼을 뽑아들고 맨 선두로 나섰다.
카자흐들이 사격을 시작했다. 적위병들은 엎드렸다. 그리고리는 기관총병에게 사격개시를 명령했다. 기관총이 두 번 사격을 했을 때 제1선이 돌격을 감행하려고 일어섰다. 20미터 가량 나가다가 다시 엎드렸다. 쌍안경을 통해 그리고리는 적위병이 삽을 들고 참호를 파고 있는 것을 보았다. 그들 위에 비둘기색 모래먼지가 춤을 추었고, 산병선 앞에는 들다람쥐의 굴 옆에 쌓여 있는 것 같은 흙무더기가 수북했다. 그쪽에서 완만한 사격이 불을 뿜기 시작했다. 피아간에 사격전이 벌어졌다. 전투는 길어질 우려가 있었다. 약 한 시간 지나자 카자흐 측에 손해가 발생했다. 제1소대 중 한사람에게 소총탄이 치명상을 입힌 것이다. 3명의 부상병이 움푹 팬 땅에 머물러 있는 말담당에게 기어갔다. 제2기병 중대가 측면에서 나타나 돌격을 했다. 공격은 기관총에 의해 격퇴당했다. 카자흐들이 뭉쳤다가 부채살형으로 흩어지기도 하면서 허둥지둥 되돌아오는 것이 보였다. 후퇴했다가 다시 열을 지은 다음에 일제히 소리도 지르지 않고 묵묵히 진격해갔다. 그러자 또다시 질풍 같은 사격이 나뭇잎을 날려보내듯이 그것을 쫓아버리는 것이었다.

그리고리는 사격을 중지시키지 않은 채 중대를 일어서게 했다. 카자흐들은 엎드리지 않고 나아갔다. 애초에 그들을 사로잡고 있었던 망설임과 주춤거림은 자취를 감추고 없어진 것 같았다. 황급히 진지로 달려온 포병 중대가 그들의 사기를 북돋워 주었다. 사격 위치로 진출한 제1소대가 포화를 열었다. 그리고리는 말 담당에게 말을 끌고 오라는 명령을 내렸다. 그는 공격에 대비한 것이다. 전투가 시작되었을 때, 그가 적위병을 감시하고 있었던 능금나무 숲 한 귀퉁이에서 제3포가 포차로부터 떨어져 나왔다. 키가 큰 장교가 또 옆으로 뛰어가 장화의 몸통을 채찍으로 두들기면서 행동이 느린 말 담당 병사를 호되게 나무라고 있었다.

"끌어내! 이봐! 여우에 홀렸나, 왜 이래? ……"

중대로부터 반 킬로미터 떨어진 곳에서 고참장교와 관측병이 말에서 내리더니 작은 둔덕 위로 퇴각하는 적의 산병선을 쌍안경으로 내려다보고 있었다. 통신병이 뜀박질로 전화선을 끌어당겨 중대와 관측소를 연결하고 있었다. 중대장인 일등대위의 큼직한 손가락에는 고급스러운 약혼반지가 반짝이고 있었다. 그는 제1포문 옆에 서서 날아오는 소총탄을 피하려고 머리를 흔들면서 발을 동동 구르고 있었다. 그가 몸을 세게 흔들 때마다 옆구리에 차고 있는 낡은 야전배낭이 대롱거렸다.

약하게 튀는 것 같은 신음소리가 들려와 그리고리는 시사탄(試射彈) 낙하점을 눈으로 좇은 다음에 뒤를 돌아보았다. 포수들이 씨근덕거리며 열심히 포차를 밀고 있었다. 첫번째 유산탄이 추수가 끝나지 않고 있는 밀밭을 뒤덮었다. 창공을 배경으로 바람에 불려 찢어진 솜 같은 연기가 흩어지지 않고 얼마 동안 그대로 떠 있었다.

4문의 포가 교대로 포탄을 날려 보냈다. 그러나 포화는 그리고리의 예측과 달리 적위병의 산병선에 눈에 띨 만큼의 혼란을 초래하지는 못했다. 그들은 허둥대지 않고 질서있게 물러갔다. 기병중대는 이미 산골짜기에서 내려가 시계로부터 사라졌다. 공격을 해야 소용이 없음을 깨달은 그리고리는 일단 포병 중대장과 얘기를 나눠 봐야겠다는 생각이 들었다. 중대장은 몸을 흔들며 다가왔다. 햇볕에 그을려 더럽혀진 입수염을 손으로 더듬으며 친근한 미소를 지어 보였다.

"공격으로 바꾸려던 참이었는데요."

"공격이라고!"

일등대위는 고집스레 머리를 흔들고 손등으로 흘러내리는 땀을 닦았다.

"놈들이 후퇴하는 모습을 봤나? 끄떡도 않잖았어! 놀라운 일이야. 저 부대 지휘관들은 기간 장교인 것 같애. 내 전우 가운데 카자흐 대장인 세로프란 자가 저쪽에 있지……"

"어떻게 압니까"

그리고리는 의아하다는 듯 눈을 가늘게 했다.

"탈주병이 그러더군……사격 중지!"

일등 대위는 그렇게 명령하고 변명하듯 말했다.

"헛수고야, 포탄이 얼마 안 남았어……자네가 멜레호프인가? 잘 지내자구. 폴타프체프야."

그는 그리고리의 손에 땀에 젖은 큼직한 손을 가져갔으나 악수할 때까지 기다리지 않고 재빨리 야전배낭 속으로 손을 밀어넣더니 담배를 꺼내들었다.

"한 모금 피지 그래!"

둔한 소리와 함께 움푹 팬 땅에서 기마병들이 올라왔다. 포병 중대는 앞차에 포를 연결시켰다. 그리고리는 휘하의 중대에게 말을 타게 한 뒤 언덕 너머로 물러가고 있는 적위병을 추격하게 했다.

그들은 다음 부락을 점령했다. 그것도 저항을 받지 않은 상태로 차지했다. 뵤센스키 연대의 3개 중대와 포병 중대가 그 부락에서 야영을 했다. 겁을 먹은 주민들은 집 밖으로 나올 기미조차 보이지 않았다 카자흐들은 먹을 것을 찾아 이 집 저 집을 돌아다녔다. 그리고리는 마을 끝에 있는 어느 주택 옆에서 말을 내리고 집안으로 말을 끌고 가서 입구 옆에 세워놓았다. 주인은 잠자리에 누워 꾀죄죄한 베개를 베고 있었는데 유별나게 작은 머리를 흔들며 신음하고 있었다.

"어디 몸이 아픈가?"

인사를 하고는 그리고리가 웃는 얼굴로 물었다.

"병에 걸렸다오……"

주인은 꾀병을 앓고 있었던 것이다. 불안하게 눈알을 굴리는 것으로 보아 스스로도 자기 말을 곧이듣지 않고 있다는 것을 아는 듯했다.

"카자흐들에게 먹을 것을 좀 줄 수 없겠나?"
엄하게 그리고리가 물었다.
"몇 명이나 됩니까요?"
주부가 난로 옆을 떠나 가까이 와 있었다.
"다섯 명."
"그럼, 어서 들어오시잖고. 우선 집에 있는 거라도 드리지요."
카자흐들과 함께 식사를 마친 그리고리는 한길로 나갔다.
  우물 옆에는 완전한 전투준비 태세로 포병 중대가 정지해 있었다. 장비를 갖춘 말이 먹이주머니를 흔들면서 사료를 먹고 있었다. 말 담당 병사와 포병들은 탄약상자 그늘에서 햇볕을 피하여 드러눕거나 앉아 있었다. 포병 하나가 다리를 걸쳐놓고 엎드린 채 어깨를 꿈틀거리고 있었다. 그는 처음엔 서늘한 곳에 누웠을 테지만 태양이 그늘을 옮기는 바람에 건초 부스러기가 붙어 있는 고수머리가 햇빛에 타고 있었다.
  울타리에 매어 둔 장교와 포병용 기마는 생기없이 다리를 오므리고 서 있었다. 폭넓은 마구 가죽끈 밑으로 땀에 젖은 털이 노란 거품을 담고 있었다. 땀과 진흙으로 범벅이 된 카자흐들도 묵묵히 휴식을 취하고 있었다. 장교들과 중대장은 땅바닥 위에 앉아 우물 담에 등을 기댄 채 담배를 피우고 있었다.
  태양은 머리가 멍해질 정도로 뜨거웠다. 부락에서 언덕을 향해 사람의 그림자가 전혀 보이지 않는 한길이 뻗어 있었다. 창고 밑, 헛간, 처마 밑, 울타리 옆, 산우엉의 노란잎 그림자 밑에서 카자흐들은 잠잤다. 울타리 옆에는 안장을 얹은 말이 빽빽이 서 있는데 모두 더위와 졸음에 지쳐 있었다. 카자흐가 힘없이 채찍을 돌이올리면서 그 옆을 지나갔다. 그뒤, 거리는 다시금 잊혀진 광야마냥 되었다. 한길에 놔둔 녹색 페인트를 칠한 대포도, 행군과 태양으로 지쳐버린 사람들도 뭔가 불필요한 것, 우연한 것으로 생각나게 했다……
  그리고리는 지루함을 이기지 못하여 집을 향해 설어갔다. 그때 한길에 나른 중대의 기마 카자흐 세 사람이 나타났다. 그들은 한 무리의 적위군 포로를 끌고 가고 있었다. 포병들은 허둥지둥 바지와 웃도리에 묻은 먼지를 털고 일어섰다. 장교들도 일어섰다. 옆집에서 누군가 들뜬 목소리로 소리쳤다.

"포로가 끌려간다! 뭐, 거짓말이라구? 거짓말을 왜 하겠어!"
집 안에서 졸린 눈을 부비며 카자흐들이 뛰어나왔다.
땀냄새를 물씬 풍기며 먼지투성이가 된 8명의 젊은이였다. 그들은 이내 사람의 울타리 안에 에워싸이고 말았다.
"어디서 붙잡았지?"
호기심이 가득찬 눈초리로 포로들을 돌아보던 중대장이 물었다.
호송병 하나가 조금은 자랑스럽게 대꾸했다.
"부락 옆에 있는 해바라기밭 속에서 붙잡았지요. 매를 피한 새새끼처럼 숨어 있지 뭡니까? 말을 타고 가다가 발견했어요. 한놈은 때려 죽였고요."
적위병들은 겁을 먹고 한덩어리로 엉켜 있었다. 그들은 제재를 무서워하는 것 같았다. 눈이 오들오들 떨고 있었다. 다만 한 사람, 첫눈에도 연장자로 보이는 기름때 묻은 웃옷에 낡아빠진 각반을 맨, 광대뼈가 툭 불거지고 암갈색으로 그을린 한 사람만이 비웃듯이 카자흐들을 지켜보면서 피가 날 정도로 얻어 맞은 입술을 굳게 다물고 있었다. 그는 우람하고 어깨가 넓었다. 어쩌면 대독전 시대의 것인지 모를 군모가 말꼬리처럼 검고 곱슬곱슬한 머리칼 위에 초록색 프린(과자 이름)처럼 납작하게 얹혀 있었다. 그는 자연스러운 자세로 서 있었고 핏방울이 말라붙은 손끝으로 앞자락이 벌어진 옷깃과 시꺼먼 털 속에서 튀어나와 있는 결후를 만지고 있었다. 그는 침착해 보였다. 그러나 양말 대신으로 감은 각반 탓인지 부자연스럽게 큰 다리를 무릎관절까지 그냥 벌리고 서 있었는데, 오한이 난 것처럼 가늘게 떨고 있었다. 다른 사람들은 한결같이 창백한 얼굴이었고 별다른 기색은 눈에 띄지 않았으나, 오직 그만이 완강한 어깨와 타타르인다운 정력적인 생김새여서 유달리 돋보였다. 아마 그 때문이었을 것이다. 중대장이 맨 먼저 그를 쳐다보고 질문을 했다.
"넌 뭐야?"
무연탄처럼 시꺼먼 적위병의 작은 눈이 생기를 띠었다. 그는 뭐라 눈치채이지 않도록, 그러나 태연스럽게 굴려고 했다.
"적위병이오. 러시아인 입니다."
"어디 태생인가?"
"펜자."

"지원해서 들어간 거지? 이 개새끼!"
"아닙니다. 구 군대의 고참 하사관입니다. 17년(1917년)부터 지금까지 계속 복무해 왔습니다……"
호송병 하나가 끼어들었다.
"이녀석이 우리한테 사격을 했습니다!"
"사격했다고?"
일등대위는 쓴웃음을 짓고 그 앞에 서 있는 그리고리에게 시선을 돌리더니 다시 그 눈으로 포로를 가리켰다.
"뻔뻔한 자식! 사격을 하다니! 네놈은 붙잡힐 거라는 생각은 안 했겠지? 그런 식으로 총알을 써서 어쩌자는 거야?"
"방위를 위해선 어쩔 수가 없었습니다."
그의 입술이 미안하다는 듯이 오므라들었다.
"변명하지 마! 그럼, 왜 끝까지 쏘지 않았나?"
"탄약이 떨어졌기 때문입니다."
"흥……"
일등대위는 싸늘한 눈초리를 해보였으나 이내 흐뭇한 표정으로 병대를 바라보았다.
"그런데 너희들은 어디서 왔나?"
들뜬 눈길로 다른 병사들을 돌아보며 아까와 전혀 다른 말투로 그가 물었다.
"동원병입니다, 사관님! 사라토프와 바라쇼프 쪽 놈들이라구요……"
목이 긴 키큰 청년이 붉은 머리칼을 우악살스럽게 긁으면서 우는 듯한 목소리로 말했다.
그리고리는 강한 호기심으로 카키색 복장을 한 젊은이들을, 그들의 평범한 농부다운 얼굴을, 그리고 초라해 보이는 보병차림을 둘러보았다. 광대뼈가 불거진 병사만이 그에게 적의를 품게 했다. 그는 그 병사에게 비웃는 투로 말을 했나.
"뭣 때문에 그런 말을 하지? 넌 저쪽에서 중대를 지휘했지? 대장이냐? 공산당원이냐? 탄약이 떨어졌다고 했겠다? 그렇다면 이 군도로 단칼에 베어 줄까! ……어때?"

적위병은 총부리로 얻어맞은 콧구멍을 벌름거리며 뜻밖에 대담한 말투로 입을 열었다.

"마지못해서 실토한 건 아니오. 어떻게 도망칠 생각을 하겠소? 이제 그만 괴롭히고 차라리 사형에 처해 주시오."

그리고 그 사나이는 다시 히죽 웃었다.

"너희들에게서 좋은 대우 받으리라곤 생각하지 않아. 너희 카자흐들은 그런 인간들이 아닌가?"

포로들은 모두 옳다는 듯이 히죽 웃었다. 그리고리는 그 병사들의 분별 있는 목소리에 압도당한 느낌을 지닌 채 그곳을 벗어났다. 그는 포로들이 물을 마시러 우물가로 가는 것을 보았다. 옆길에서 카자흐 보병 중대가 소대 종대로 나오고 있었다.

9

연대가 휴식 없는 전투에 들어가고 이어졌다 끊기는 꼬불꼬불한 전선이 나타나게 되고서부터, 그리고리는 적과 부딪치거나 직접 얼굴을 맞대기도 하면서 무엇 때문이든 그가 싸워야 했던 볼셰비키와 이들 러시아병들에 대해 언제나 싫증나지 않는 호기심을 기울였다. 4년간에 걸친 전쟁 초기에 레시뉴프 근처 언덕 위에서 비로소 오스트리아, 헝가리 군의 어마어마한 장비의 부산한 움직임을 보았을 때 일어난 소박한 어린애스런 감정이 그의 속에 영원히 도사린 것 같았다. '인간이란 대체 뭘까? 인간이란 어떤 걸까?' 그의 생활에는 굴보스카야 부근에서 체르네초프의 부대와 싸웠던 시기마저도 존재하지 않는 것 같았다. 그러나 당시 그는 누가 자신의 적인지 분명하게 알고 있었다. 그 대부분은 돈 장교와 카자흐들이었다. 여기서는 러시아병과 전혀 다른 무리들과 대결해야 했다. 그들은 대군을 이루어 소비에트의 토지를 짓밟고 그가 생각했던 대로 카자흐의 소유지와 부속지를 횡령하려고 밀려왔던 것이다.

어떤 전투중에 또다시 그는 좁은 분기점에서 불쑥 튀어나온 적위병들과 정면으로 부딪쳤다. 정찰하기 위해 그는 소대를 이끌고 기슭을 따라 갈림길로 나가려던 참이었다. 거기서 갑작스레 경자음(硬子音) '게' 경우에 '오'를 사용하는 러시아어와 욕설과 절벅거리는 발소리를 들었다. 몇몇 적위병이─

그중 하나는 중국인이었으나—꼭대기로 튀어나왔다. 그들은 카자흐를 보자 깜짝 놀라 우뚝 멈춰섰다.
"카자흐다!"
엎드리면서 한 사람이 신음하는 듯한 소리로 외쳤다.
중국인이 발사를 했다. 그러자 엎드렸던 잿빛 머리칼의 병사가 빠르고 날카로운 소리를 질렀다.
"타바리시치! 막심총을 갈겨라! 카자흐다!"
"사격! 카자흐다!"
미치카 코르슈노프가 대뜸 앞으로 내달아 총으로 중국인을 쓰러뜨리고 나서 곧장 말머리를 돌려 그리고리의 말을 밀어붙이며 맨 선두로 질주해 갔다. 고삐를 당기고 늦추면서 꾸불꾸불한 길을 따라 아슬아슬하게 말을 몰았다. 다른 병사들도 말머리를 홱 돌려 빠져 나갈 기회를 노리면서 그의 뒤를 따라 말을 몰고 갔다. 그들의 등뒤에선 기관총이 따따따 울리며 언덕배기 구석에 돋은 풀잎을 두드리고 움푹 팬 땅바닥의 돌멩이를 튀어오르게 했다……

다시 몇 차례 적위병들과 맞부딪쳤고 카자흐의 탄환이 그들이 밟은 땅의 흙을 파헤치는 것을, 그들이 비옥한 이 타국 땅에서 목숨을 버리는 것을 보았다.

……이러는 중에 그리고리는 차츰 볼셰비키에 대한 증오에 사로잡혔다. 그들은 우리의 생활 속에 적으로서 침입하여 그의 토지로부터 우리를 떼어놓은 것이다! 다른 카자흐들도 똑같은 감정을 품고 있음을 그는 알았다. 이 주(州)에 쳐들어온 볼셰비키 때문에, 오직 그들 때문에 이런 전쟁이 터진 것이라고 여겨졌다. 모든 사람이 잘 가꾸어 놓은 밀밭의 물결, 말발굽에 밟힌 추수 전의 곡물, 인기척 없는 탈곡장 등을 볼 때마다 여자들의 힘겨운 노역으로 버티고 있는 자기의 토지가 생각나서 거칠고 포악한 기분이 드는 것이었다. 전투중 때때로 그리고리는 탐보프, 랴잔, 사라토프의 농사꾼인 그의 적 또한 토지에 대해서 마찬가지의 격렬한 기분에 사로잡혀서 움직이고 있는 게 아닐까 하는 생각이 들었다. '반한 여자를 놓고 서로 싸우는 것처럼 토지를 놓고 싸우고 있는 것이다.'—그리고리는 자꾸만 그런 생각이 들었다. 포로의 숫자가 차츰 줄었다. 포로들을 처형하는 장소가 붐볐다. 약탈이 해일처럼 전선으로 퍼졌다. 적위병의 가족들로부터 강탈을 하고, 볼셰비키에게

동조한 혐의가 있는 자는 물론 포로마저도 발가벗겼다……
 말과 사륜마차를 비롯해서 별 필요도 없는 물건까지 모조리 거둬들였다. 카자흐도 장교들도 강탈에 참가했다. 제2종 고리는 약탈물로 부풀어올랐다. 짐마차 위에는 없는 것이 없었다! 의복이, 사모바르가, 재봉틀이, 마구가 있었다—그것들은 어찌 됐든 귀중품이라 할 만했다. 노획품은 짐마차에 실려 집으로 운송되었다. 일가붙이들이 찾아와 누가 시키지 않아도 탄약과 식량을 부대로 싣고 오고 노획품을 싣고 돌아갔다. 기병 부대—그들이 대부분이었다—는 특히 더 심했다. 보병은 탄약상자밖에는 밀어넣을 데가 없었으나 기병은 안장에 단 자루에 담아 안장대에 매달았다. 따라서 말은 군마라기보다도 짐말에 가까웠다. 모두가 완전히 빗나가 있었다. 전투에서의 약탈, 그것은 언제나 카자흐에게는 중요한 추진력이 되었다. 그리고리는 노인들의 옛날 전쟁 얘기나 자신의 경험에 의해서 이것을 알고 있었다. 전에 연대가 프러시아의 후방을 헤매고 다니던 대독전 당시, 무훈을 세운 장군이었던 여단장이 12개 중대를 정렬시키고 언덕 밑에 있는 작은 시내를 채찍으로 가리키면서 한 말이 있었다.
 "약탈해도 좋다. 2시간 동안만 시내를 너희들에게 맡긴다. 그러나 2시간이 지난 뒤에 약탈 현장을 들키는 날엔 처형하겠다!"
 그러나 그리고리는 그 일이 왠지 모르게 이해가 되지 않았다. 그는 남의 물건에 손을 댄다는 게 막연히 두려웠고 약탈을 혐오하여 먹을 것과 말먹이밖에 빼앗지 않았다. 그는 같은 카자흐의 물건을 훔친다는 게 특히 더 싫었다. 그는 중대를 엄중하게 다루었다. 그의 휘하 카자흐들은 훔치는 것도 드물게, 게다가 남의 눈에 띄지 않게 했다. 그는 포로를 죽이거나 발가벗기도록 하지 않았다. 지나치게 마음이 약하다—카자흐나 부대 간부들 사이에선 그러한 불평이 나돌았다. 그는 그일로 사단 사령부로 호출을 당하기도 했다. 한 사관이 거칠고 큰 목소리로 그를 공박했다.
 "소위, 뭣 때문에 중대를 나약하게 만드나? 왜 자유주의자 흉내를 내느냐 말이야? 만일의 경우를 생각해서 적당주의로 나가는 거냐? ……양다리를 걸칠 셈이군? ……그렇게 한다고 후환이 없을 줄 알아? ……군기라는 걸 알고 있나? 더이상 말을 주고 받을 것도 없다! 뭐? —교대라고? 교대시켜 주지! 오늘중에 중대를 인도하도록 명령한다! 그 일로 불평하진 마라!"

그달 말에 연대는 나란히 진군하고 있던 제33 에란스키 연대의 부대와 함께 그레미야치 로그 부락을 점령했다.

아래쪽 움푹 팬 땅에는 버드나무와 포플라가 우거지고, 경사면을 따라 30호 가량의 낮은 자연석 담을 두른 흰 벽의 가옥들이 흩어져 있었다. 사방에서 바람이 불어제끼는 부락 위의 언덕에는 밝은 풍차 움막이 서 있었다. 구릉 그늘에서 밀려오는 흰 구름을 배경으로 생기없이 매달린 풍차 움막의 날개가 비스듬하게 기울어진 십자가처럼 거무스름하게 비쳤다. 그날은 눈이 오고 흐린 날씨였다. 산골짜기에서는 노르스름한 눈이 흩날리고 나뭇잎이 후두둑 땅 위로 떨어졌다. 화려한 버드나무는 새빨간 핏빛을 띠었다. 모든 탈곡장엔 짚더미가 산처럼 수북이 쌓여 있었다. 겨울이 오기 전의 엷은 안개가 희뿌옇게 대지를 뒤덮었다.

그리고리는 부하 소대와 함께 설영계가 배당해 준 집에 들어가 쉬고 있었다. 주인은 적위군을 따라간 모양이었다. 나이가 들어 뚱뚱하게 살이 찐 주부가 아직 나어린 딸과 함께 아첨하듯이 소대의 시중을 들었다. 그리고리는 주방에서 객실로 들어가 주위의 동태를 살폈다. 그들은 유복한 생활을 하고 있는 것처럼 보였다. 비엔나풍의 의자와 거울이 걸려 있었고, 벽에는 흔히 볼 수 있는 군인의 사진이라든가 표창장 등이 걸려 있었다. 젖은 비옷을 페치카 있는 데에 걸쳐 두고 그리고리는 담배를 피워 물었다.

프로호르 즈이코프가 들어와 침대에 총을 걸쳐 놓고 무심한 얼굴로 보고를 했다.

"짐차가 도착했어. 당신 아버지도 함께 오셨더군, 그리고리 판레레에비치."

"뭐라구? 헛소리하지 마!"

"거짓말이 아니라니까. 당신 아버지 말고도 부락 사람들과 짐마차가 여섯 대나 와 있어. 나가 보라구."

그리고리는 외투를 걸치고 밖으로 나갔다.

판테레이 프로코피에비치가 문고리를 붙잡고 문 안으로 말을 끌어들이고 있었다. 마차에는 수직 외투를 입은 다리야가 앉아 고삐를 쥐고 있었다. 그녀는 그리고리를 향해 미소를 지어 보였다.

"대체 무슨 바람이 불었습니까?"

아버지를 향해 미소를 지으면서 그리고리는 큰 소리로 말했다.
 "오, 무사하구나? 별다른 용건이 있어서가 아니고 잠시 들러 본 것뿐이다."
 그리고리는 걸어가면서 아버지의 폭넓은 어깨를 안고 부목(副木)의 밧줄을 풀었다.
 "뜻밖이지, 그리고리?"
 "뜻밖이고말고요."
 "역마에 탄약을 싣고 왔다. 잘해 봐라."
 말의 멍에를 벗기면서 그들은 두서없는 얘기를 주고받았다. 다리야는 마차에서 먹을 것과 말먹이를 꺼내놓았다.
 "그런데 당신은 뭣하러 왔지?"
 그리고리가 다리야에게 물었다.
 "아버지의 길동무죠. 아버지 건강이 좋지 않아요. 스파스(8월 1일부터 시작되는 축제) 때부터 계속 그랬어요. 어머니가 만일의 경우를 생각해서 저에게 따라가라잖아요? 낯선 외지를 혼자 가시다가 무슨 일이 생기면 어쩌느냐고요."
 말들에게 밝은 풀빛 풀잎을 던져 준 다음 판테레이 프로코피에비치는 그리고리에게 다가와 핏발이 선 눈을 불안하게 치뜨고 쉰 목소리로 물었다.
 "어떠냐?"
 "별다른 일은 없습니다."
 "카자흐들이 주경(州境)에서 더이상 나갈 수 없다고 버티고 있다는 소문이던데……사실이냐?"
 "말뿐이에요……"
 피하듯이 그리고리는 대답했다.
 "대체 너희는 어떻게 할 참이냐?"
 뭔가 심란스럽다는 얼굴로 노인은 말을 했다.
 "그래도 되는 거야? 노인들은 모두 기대를 하고 있는데……너희들 말고 고향 돈을 지켜줄 자는 없으니까, 너희들이 제대로 싸워 주지 않는다면……그런 일이 있어도 되는 거냐? 수송병이 말하던데……소동을 일으켰다고, 못된 것들!"
 집 안으로 들어갔다. 카자흐들이 모여들었다. 화제는 부락의 소문에 관해서 빙글빙글 돌고 있었다. 다리야는 주부와 소곤거리며 음식이 들어 있는 꾸러미를 풀고 저녁식사 준비를 시작했다.
"네가 중대장에서 면직됐다는 소문이던데?"
판테레이 프로코피에비치가 엉긴 턱수염을 짐승뼈로 만든 빗으로 빗어내리면서 물었다.
"지금은 소대장입니다."
그리고리의 태연스러운 대답이 노인의 비위를 건드렸다. 판테레이 프로코피에비치는 이마에 주름을 잡고 다리를 절면서 탁자로 다가가 서둘러 기도를 마친 다음, 농부용 외투자락에 숟가락을 문지르고 무뚝뚝하게 물었다.
"왜 그렇게 됐니? 상관의 비위를 건드린거냐?"
그리고리는 카자흐들이 있는 자리에서 그런 얘기를 꺼내기가 싫어 어깨를 들썩하고 마지못해 대답했다.
"새 사람이 파견되어 왔기 때문이지요……교육을 받은 사람이 말입니다."
"교육을 어느 정도 받은 사람이냐. 금방 바닥이 드러날걸! 난 정식으로 독일의 학문을 배웠으니까 안경을 낀 놈들보다는 아는 게 많다."
노인은 울화가 치밀어 오르는 모양이었다. 그리고리는 떨떠름한 얼굴로 카자흐들이 웃고 있지는 않나 힐끗 돌아보았다.
계급이 낮아진 것으로 그는 마음 상해하지 않았다. 오히려 부락 사람들의 생명에 대한 책임에서 벗어났음을 생각하고 기꺼이 중대를 넘겨주었다. 그러나 역시 그의 자부심이 상처를 입은 것은 사실이었다. 그런데 아버지가 그 얘기를 꺼냈기 때문에 새삼스레 불쾌한 기분이 들었다.
주부가 주방으로 들어가자 판테레이 프로코피에비치는 막 들어온 같은 부락 출신인 보가투일료프를 발견하고 말문을 열었다.
"그러니까 본심을 말하자면 주경 밖으로 더 나가지는 않을 작정이란 말이지?"
프로호르 즈이코프는 암소처럼 순한 눈을 껌벅이며 말없이 웃고만 있었다. 미치카 코르슈노프가 페치카 옆에 쭈그리고 앉아 손가락을 태울 듯이 값싼 담배를 피우고 있었다. 다른 세 사람의 카자흐들은 의자 위에 눕거나 앉아 있었다. 질문에 대해서 아무도 대꾸하는 사람이 없었다. 보가투일료프가 귀찮다는 듯 손을 흔들었다.

"사람들은 그 일로는 별로 비관하지 않고 있지요."

그는 굵은 목소리로 말을 이었다.

"나중에야 죽이 되든 밥이 되든 알게 뭐야……"

"그렇지만 왜 더 나아가는 거야?" 몸이 약하고 성격이 유순한 카자흐 일리인이 물었다.

"뭣 때문에 그렇지? 우리 집에선 마누라가 죽고 없어. 애들만 남아 있다구. 게다가 나마저 개죽음을 한대서야……"

"카자흐의 토지에서 쫓겨난 뒤에 집으로 돌아가도록 해!"

다른 한 사람이 분명한 어조로 그를 지지했다.

미치카 코르슈노프는 풀빛 눈으로 싱긋 웃으며 가늘고 부드러운 콧수염을 비틀어 올렸다.

"난 말이야, 앞으로 5년간 싸운다 해도 상관없어. 오히려 재미있는걸!"

"나왓! 안장을 올려라!"

밖에서 고함소리가 들렸다.

"저 봐!"

실망한 일리인이 외쳤다.

"보라구, 저렇다니까! 입술의 침이 마르기도 전에 벌써부터 '나왓!' 하잖소! 또 진지행이야. 그런데도 당신은 주경을 넘어 앞으로 나아가라잖소! 주경이고 뭐고 난 집으로 가야할 몸이오! 더이상 터무니없는 소린 하지마쇼……"

경보는 잘못된 것이었다. 화가 난 그리고리는 말을 집 안으로 다시 밀어넣고 나서 까닭없이 말의 옆구리를 걷어찼다. 그리고 거칠게 소리 쳤다.

"이새끼, 똑바로 걷지 못하겠어!"

판테레이 프로코피에비치는 입구 쪽에서 담배를 피우다가, 들어오는 카자흐들에게 길을 비켜 주면서 물었다.

"무슨 일이 일어났나?"

"소떼를 빨갱이 뗀 줄 잘못 알고 경보를 울렸대요."

그리고리는 외투를 벗고 탁자 앞에 앉았다. 다른 병사들도 한숨을 쉬고 옷을 벗거나 의자에 군도와 소총과 탄띠를 던졌다.

모두들 잠자리에 들었을 때, 판테레이 프로코피에비치가 그리고리를 밖으로 불러냈다. 그들은 현관 계단에 걸터앉았다.
"잠시 할 얘기가 있다."
노인은 그리고리의 무릎에 손을 얹고 낮은 목소리로 말했다.
"1주일 전에 페트로에게 갔었다. 그애가 있는 제28연대는 카라치 가까이에 있더구나. 거기서 난 융숭한 대접을 받았지. 페트로 녀석은 꽤 쓸 만한 애야. 우리 집을 위해서도 도움이 되는 녀석이란 말이다! 그애는 나한테 의복 한 뭉치하고 설탕을 주더구나. 말도 훌륭한 걸로 얻어왔다."
"잠깐만요?"
불에 데인 듯이 깜짝 놀라며 그리고리는 아버지의 말을 가로막았다.
"아버지, 그 때문에 여기에 오신 건 아니겠지요?"
"그 일 말고 무엇 때문에 왔겠니?"
"그게 무슨 뜻이지요?"
"그렇지 않냐, 모두들 약탈하고 있지 않니. 그렇지, 그리시카?……"
"모두들 약탈을 하다니요!"
언뜻 거기에 걸맞은 말이 떠오르지 않아 그리고리는 격한 목소리로 되물었다.
"아버진 지금 가진 것만으로 부족하다는 말인가요? 뭐예요, 거지예요? 그런 짓을 하면 독일 전선에서는 총살을 당하지 않았느냐구요!……"
"그렇게 잔소리만 늘어놓지 마라!"
아버지는 쌀쌀하게 그의 말을 가로막았다.
"너에겐 부탁하지 않겠다. 난 아무것도 필요없어. 지금은 내가 살아 있지만 내일 당장 어찌될지 모른다……넌 너 혼자만을 생각하고 있다. 말해 봐. 대체 내가 얼마큼 재산을 모았다고 그러냐? 우리 집엔 사륜마차 한 대밖에 남아 있지 않다. 그런데도 빨갱이 놈들의 물건을 약탈하지 말라니, 말이 안 돼! 집에선 나무껍질도 필요한 판인데……"
"이제 그런 얘긴 그만해요! 그만두지 않으려면 여기서 나가주세요! 카자흐들이 그런 짓을 할 땐 가만두지 않았어요. 그런데 아버지가 남의 것을 훔치러 오다니!"
그리고리는 몸을 떨며 가쁜 숨을 몰아쉬었다.
"그 모양이니까 중대장 자리를 놓쳤지!"

아버지는 악담을 퍼부었다.
"그런 자리는 사양하려던 참이었어요! 소대도 맡고 싶지 않았구요."
"그렇겠지! 넌 영리하니까……"
두 사람은 잠시 입을 다물었다. 그리고리는 담배에 불을 붙이며 성냥불로 아버지의 난처해하는 얼굴을 엿볼 수 있었다. 이제야말로 아버지가 찾아온 이유를 알 것 같았다. '그래서 다리야까지 끌고 왔군. 악당 같으니라구! 약탈물을 감시하게 할 셈으로!' 선뜻 그런 생각이 스쳤다.
"스테판 아스타호프가 나타났어. 들었니?"
판테레이 프로코피에비치는 시치미를 뚝 떼고 말했다.
"뭐라구요?"
그리고리는 손에 든 궐련을 떨어뜨렸을 정도로 놀랐다.
"별다른 얘기는 아니다. 포로로 잡혀 전사를 면한 셈이지. 훌륭하게 되어서 돌아왔더구나. 의복이나 물건 등을 잔뜩 가지고 말이다! 짐마차도 두 대나 끌고 왔어!"
스테판이 자기의 친척이나 되는 것처럼 노인은 자랑과 허풍을 늘어놓았다.
"아크시냐하고 다시 합쳤는데, 지금은 군대에 가 있다. 거기에서도 좋은 역할을 맡았나 보더라. 무슨 병참 사령이라던가, 카잔스카야 근처에서 근무하고 있다더라."
"밀 수확은 어땠나요?"
그리고리가 화제를 돌렸다.
"수확은 그런 대로 괜찮은 편이었다."
"아이들은 어떻게 지냅니까?"
"손자들 말이냐? 건강하게 잘 있다. 뭔가 선물을 갖다 줘야 할 텐데."
"싸움터에서 선물이라니요!"
걱정스럽게 한숨을 쉬면서도 그리고리는 아크시냐와 스테판을 생각하고 있었다.
"소총을 구할 수 없겠냐? 여분이 있으면 좋겠다만."
"무엇하시게요?"
"집에 놔두려고. 짐승이나 악당을 쫓는 데 필요해. 만일의 경우에 대비하려는 거다. 탄약은 한 상자 얻어왔다. 모두들 얻어가는데 나라고 가만히 있을 순 없지 않나."

"짐마차에 잔뜩 쌓여 있으니까 거기서 얻으세요."

그리고리는 쓸쓸하게 웃었다.

"이제 그만 주무세요! 정찰을 나가야 하니까요."

이튿날 아침, 연대 일부는 부락을 떠났다. 그리고리는 아버지를 반성하게 했다고 믿었다. 틀림없이 아무것도 신고 가지 않을 거라는 확신을 갖고 출발했다. 그런데 판테레이 프로코피에비치는 카자흐들이 나가자, 마치 주인처럼 헛간으로 들어가 선반에서 말목걸이와 안장을 내려다가 자기 마차로 들고 갔다. 그의 뒤에서 눈물로 흠뻑 젖은 주부가 쫓아와 어깨에 매달려 울부짖었다.

"할아버지, 제발! 너무하잖아요! 의지가지없는 인간을 괴롭히지 말아 주세요! 말목걸이를 돌려 주세요! 제발 돌려달라구요!"

"안 돼, 시끄럽게 떠들 거 없어!"

다리를 절룩거리면서 멜레호프는 떠밀듯 말하고 주부를 쳐다보았다.

"네 서방놈도 우리한테 이럴 텐데 뭘 그래. 네 서방은 별다르냐? ……이거 봐! '네 것은 내 것' 그리고 그건 '하나님의 것'이란 말이 있어. 입 다물고 단념하라구."

그런 다음에 그는 궤짝의 자물통을 두들겨 부수고 짐마차 안 사람들이 흥미있게 바라보는 가운데 새 군복과 바지를 골라 들고 밝은 데서 비쳐 보고 짧은 것은 손가락 끝으로 문질러 보기도 하며 꾸러미 속에 개켜넣었다……

그는 점심 전에 출발했다. 가득히 짐을 실은 사륜마차에는 얇은 입술을 꼭 다물고 다리야가 꾸러미 위에 앉아 있었다. 뒤쪽 맨 위에는 목욕솥이 얹혀 있었다. 판테레이 프로코피에비치가 목욕탕 아궁이에서 빼어 가지고 가까스로 마차까지 끌고 온 것이었다. 그리고 다리야가 "아버지, 웬만큼 하지 그래요!" 하는 비난에 대해 화를 내며 이렇게 말했다.

"잠자코 있어, 이 멍청이야! 솥을 남겨 두라고? 이제 보니 너도 그리시카하고 똑같은 바보로군! 솥이 얼마나 요긴하게 쓰이는데 그래. 자, 가자! 왜 그렇게 아가리를 딱 벌리고 있냐!"

부어오른 눈을 하고 밖으로 나가는 그의 뒤에서 문을 닫는 주부를 향해 부드럽게 말했다.

"그럼, 잘 있소. 아줌마! 화내지 말고. 당신네들도 얼마 안 있으면 횡재할 기회를 만날 거요."

10

1월 1일, 연쇄…… 한 개의 고리는 똑같이 생긴 다음 고리에 연결되어 있다. 이동, 전투, 휴식, 더위, 비, 말이 흘리는 땀과 뜨끈뜨끈한 안장 냄새가 뒤섞인 역한 냄새. 끊임없는 긴장으로 혈관 속을 흐르는 것은 피가 아니라 데워진 수은 같은 느낌. 3인치 포탄보다 더 무거운 수면 부족의 머리. 그리고리는 잠시만이라도 쉬고 싶었다. 모자라는 잠을 보충하고 싶었다. 그리고 부풀어 오른 경작지 밭두렁을 괭이를 메고 소를 몰고 걸어다니면서 학 울음소리에 귀를 기울이고, 볼에 닿는 은빛 거미줄을 살며시 걷어내고, 막 파헤친 가을 흙의 포도주 같은 향기를 단숨에 들이마시고 싶었다.

그러나 그것들 대신 거기에 있는 것은 도로의 칼날로 무참하게 잘려진 밭이었다. 길 양켠에는 모래먼지로 검붉게 변한 발가벗은 포로의 무리가 서 있었다. 기병 중대가 나갔다. 그러면 길은 말발굽에 닿게 되고, 말발굽은 곡물을 짓밟았다. 부락으로 들어가면 빨갱이를 따라 떠나버린 남자의 가족을 수색하러 돌아다니고 배신자의 아내나 어머니들을 채찍으로 내리치는 것이었다……

권태로 거세당할 나날이 계속되었다. 그러한 나날은 기억으로부터 엷어져가고 큰 사건까지도 자신이 지나간 자리에 자국을 남기지 않았다. 전투의 일상은 앞서 체험한 탓인지 지나간 전투보다 훨씬 더 지루하게 느껴졌다. 지난번 전쟁에 참가했던 병사들은 전쟁 그 자체조차도 시들하게 여겼다. 규모와 병력과 피해도 독일과의 전쟁에 비교하면 마치 장난질 같았다. 다만 불길한 죽음만이 프러시아 전장에서처럼 벌떡 일어나게 하여 겁을 주고 야수처럼 몸을 방어하는 행동을 하도록 했다.

이것을 과연 전쟁이라 할 수 있을까? 단지 전쟁 흉내를 내고 있음에 지나지 않잖은가. 독일과의 전쟁에서는 몇 개 연대를 쓰러뜨릴 정도로 독일군이 포탄을 퍼부었었다. 그런데 지금은 중대에 두 명 가량의 부상자만 나와도 피해를 입었다고 하지 않는가! 전방 병사들은 그런 식으로 판단했다.

그럼에도 불구하고 이 놀이 같은 전쟁 역시 사람을 초조하게 하는 데에는 다름이 없었다. 불만과 피로와 증오가 괴어 있었다. 중대에서는 끈질기게 말이 나돌았다.

"―돈 땅에서 빨갱이 놈들만 쫓아버린다면―그것으로 끝장이 나는 거야! 주경에서 앞으로 진군해 가지는 않을걸. 러시아는 러시아, 우린 우리야. 그쪽의 질서까지 받아들일 필요는 없어."

피로노프스카야 마을 부근에서는 가을 내내 전투가 드문드문 계속되었다. 주요 전략 중심인 즈아리친에는 백위군도 적위군도 우수한 병력을 투입했다. 북부 전선에는 대치하고 있는 어느 쪽에도 우열이 없었다. 서로가 결정적 공격을 위해서 병력을 축적했던 것이다. 카자흐에는 기병이 보다 많았다. 그 같은 우세를 이용하여 종합작전을 폄으로써 날개를 누르고 후방으로 돌아 파고들어갔다. 카자흐 측이 우세했던 것은 그들과 대치하고 있는 상대가 주로 전선지대 연변으로부터 새로이 동원된 부대였지만 이미 사기가 흔들린 적위부대였기 때문이었다. 사라토프, 탐보프 출신자는 몇천 명의 집단을 이루어 항복해 왔다. 그러나 사령부가 노동자 연대나 수병대나 미로노프 휘하의 기병을 투입하면 전황은 균형을 되찾아 주도권은 또다시 오락가락하여 지역적 의의밖엔 가져다주지 않는 승리만이 서로에게 있을 뿐이었다.

그리고리는 전쟁에 참가하면시 그 추이를 냉정하게 관망했다. 그는 겨울까지는 전선이 없어질 것이라는 확신이 있었다. 카자흐들의 기분이 타협적이어서 장기전 따위는 문제가 되지 않는다는 걸 그는 알고 있었다. 연대에 이따금 신문이 도착했다. 그리고리는 포장지에 인쇄된 노란 빛깔의 '상류 돈 지방' 신문을 짜증스럽게 집어들어, 전황을 훑어보고는 이를 악물었다. 그가 소리를 내어 요란한 격려의 문구를 읽자 카자흐들은 악의없이 큰 소리로 웃음을 터뜨렸다.

9월 27일, 피로노프스카야 방면에서 일진일퇴의 전투 계속중. 26일에 걸쳐 묘셴스기 연대는 아긴에 포드고르누이 부락에서 적을 격퇴하여 이를 추격, 루키야노프스키 부락으로 돌입했다. 전리품과 다수의 포로를 얻었다. 적색부대는 퇴각중. 카자흐의 사기는 높이 올라 있다. 돈군은 새로운 승리를 향하여 진격하고 있다!

"우리 측이 포로를 얼마나 잡았다고? 다수? 하하하, 똥이나 처먹으라고 해! 32명이잖아! 그까짓 걸 가지고, 하하하!"

흰 이를 드러내고 커다란 손으로 옆구리를 누르면서 미치카 코르슈노프가 웃어제꼈다.

시베리아와 쿠반 지방에서의 카데트(사관 후보생) 부대의 전과에 대해서도 카자흐는 신용하지 않았다. '상류 돈 지방' 신문은 매우 대담무쌍하게 거짓 보도를 했다. 손이 크고 키가 큰 카자흐 오프바트킨은 체코슬로바키아의 반란에 관한 보도를 읽고 그리고리 앞에서 거침없이 말했다.

"체코 군대를 때려눕히고 그 다음엔 전군이 우리를 쥐어짜려는 수작이군. 그렇게 하면 우리에게서 국물이 나올 거란 말이지. 말하자면 오로샤식이라구!"

그리고는 위협하는 듯한 말투로 그가 덧붙였다.

"웃어넘길 일이 아냐, 안 그래?"

"겁주지 마! 쓸데없는 소리하면 배꼽이 울어."

프로호르 즈이코프가 손을 내저었다.

그리고리는 담배를 말면서 마음속으로 '그말이 맞아!' 하고 중얼거렸다.

그날 밤, 그는 햇볕에 그을린 카키색 견장이 붙은 윗옷의 앞가슴을 헤친 채로 오래도록 탁자 앞에 웅크리고 앉아 있었다. 살이 쪄서 날카로운 광대뼈가 납작하게 되어버린 그의 갈색 얼굴은 사뭇 험악했다. 그는 검고 늠름한 목을 자꾸만 돌리고 햇볕으로 퇴색한 콧수염 끝을 손가락으로 비틀면서 요즘 들어 한층 더 싸늘해진 눈동자를 한 군데에 집중 시키고 있었다. 익숙하지 않은 긴장된 사색을 계속한 끝에 자리에 누워서야 비로소 모두가 품은 의문에 답하듯이 말했다.

"어느 쪽에도 붙을 수가 없어!"

뜬눈으로 그는 밤을 새웠다. 몇 차례나 말을 살피러 나갔다. 그때마다 비단이 스치는 듯한 시커먼 정적에 싸인 현관 앞에 우두커니 서 있었다.

그리고리가 그 아래에 태어난 작은 별, 그것은 지금도 여전히 조용하게 빛나고 떨면서 불타고 있었다. 떨어지지 않는 싸늘한 불꽃으로 아직은 하늘을 불사르고 허공에서 떠나와 날아갈 만한 시기까지는 성숙하지 않은 것 같았다. 가을 동안에 그리고리의 말은 3마리나 죽었고, 외투는 다섯 군데나 구멍이 뚫렸다. 죽음은 검은 날개를 흔들며 이 카자흐를 희롱하는 듯했다. 한 번은 소총탄이 군도의 옆구리 손잡이를 관통했다. 군도 끈이 이빨로 물어끊긴 것처럼 말다리 아래로 떨어졌다.

"누군가가 자넬 위해서 정성들여 기도를 해주고 있군, 그리고리."

미치카 코르슈노프가 그에게 말을 걸다가 그리고리의 어두운 미소를 보고는 움찔했다.

전선은 철도 신로 맞은편 쪽으로 이동했다. 날이 거듭됨에 따라 가시 철선의 묶음이 연달아 실려 왔다.

연합국군은 뒤를 이어 도착할 예정, 엄호부대 도착시까지 주경 방비를 강화하여 어떤 희생을 치르더라도 적위군의 습격을 저지해야 할 필요가 있다.

동원된 주민들은 언 땅바닥을 쇠망치로 두들겨 참호를 파고 거기에 철조망을 둘렀다. 밤마다 카자흐들이 참호 밖으로 나와 인가 쪽으로 불을 쬐러 가면, 정찰 적병은 참호로 다가와 방주를 쓰러뜨리고 녹슨 철사줄에 카자흐에게 읽힐 거리를 매달아 두고 갔다. 카자흐들은 그것을 가족에게서 온 소식인 양 반가와 하면서 단숨에 읽었다. 그 같은 조건하에서 전쟁의 계속을 생각한다는 건 분명 생각할 수 없는 노릇이었다. 해빙과 빈번한 강설에 이어 혹한이 닥쳐왔다. 참호는 눈으로 뒤덮였다. 참호 안에서는 한 시간도 엎드려 있을 수가 없었다. 카자흐들은 손발에 동상이 생겼다. 보병부대, 전초 보병부대 병사의 태반은 장화가 없었다. 어느 누구도 연합군을 믿지 않았다. "놈들은 투구벌레(전차)를 타고 다니니까!" 하고 안드류시카 카슈린이 슬픈 어조로 말한 적이 있었다. 적위군 정찰병과 부딪칠 때면 카자흐들은 상대방이 이렇게 소리치는 걸 듣곤 했다. "아이고, 오셨구료! 일간이 기독교 신자님들! 네놈들이 전차를 타고 오면 우린 썰매를 타고 너희들에게로 갈 테다! 뒤꿈치에 기름이리도 발라 뒤! ―조금만 기다려라. 그쪽으로 길데니까!"

11월 중순부터 적위군은 공격해왔다. 그들은 집요하게 카자흐 부대를 철도 선로 쪽으로 압박해 왔다. 그러나 전국의 정점에 다다른 것은 훨씬 뒤의 일이었다. 12월 16일, 적위 기병부대는 장기간에 걸친 전투 끝에 제33연대를 분쇄했으나 코로데쟌스키 부락 부근에 전개해 있던 뵤센스키 연대의 배치지구에서는 필사적인 저항에 부딪쳤다. 탈곡장 울타리에 쌓인 눈 그늘에서 뵤센스키 연대의 기관총병들이 도보대형으로 공격해 오는 적에게 집중사격을 가했다. 카르긴스카야 마을의 카자흐 안치포프의 숙련된 손에 쥐어진 우익의 기관총이 깊숙이 적을 추격하여 달아나는 산병선을 무너뜨렸다. 중대는 총탄의 연기에 뒤덮였다. 그리고 우익에서는 이미 2개 중대의 기병이 우회하고 있는 중이었다.

거의 저녁이 되어서야 전선에 닿은 해병부대가 힘없이 공격을 계속하고 있던 적위부대와 교대를 했다. 그들은 엎드리지도, 고함도 지르지 않은 채 똑바로 기관총을 향해 진격해 왔다.

그리고리는 사격을 계속했다. 개머리판에서 연기가 나기 시작했다. 총신이 달아올라 손가락이 뜨거웠다. 소총을 냉각시키고 나서 다시 탄환을 넣고 가늘게 뜬 눈으로 조준을 하면서 그리고리는 검고 먼 사람의 그림자를 겨누었다.

수병들이 그들을 격퇴시켰다. 중대는 말을 붙잡고 부락을 지나 언덕 쪽으로 물러갔다. 그리고리는 주위를 둘러보고 무의식적으로 고삐를 놓았다. 언덕 위로 눈에 덮인 들녘과 그 위에서 눈에 싸여 있는 잡초의 가지와 산골짜기의 경사면에 비친 보랏빛 저녁 놀이 내려다보였다. 들녘 1킬로미터에 걸쳐 기관 총화로 목숨을 잃은 수병의 시체가 곳곳에 나동그라져 있었다. 수병복 또는 가죽상의를 입은 그들은 흰부리까마귀 떼처럼 눈 위에 검은 모습을 드러내놓고 있었다.

저녁 무렵에, 공격을 받고 뿔뿔이 헤어진 각 중대는 에란스키 연대와 우측에 있던 우스치 메도베지츠키 관구 정규 연대와의 연락이 끊겨 브즈르카강의 지류인 작은 개울가의 2개 부락에서 야영을 하게 되었다.

어두워지고 나서 그리고리는 중대장의 명령으로 첨병을 배치하고 돌아오는 도중에 좁은 길에서 연대장과 연대 부관을 만났다.

"제3중대는 어디야?"

고삐를 잡아당기면서 연대장이 물었다.

그리고리의 대꾸를 들은 기병들은 말을 몰고 갔다.

"중대의 피해는 어느 정도야?"

부관이 물었다. 대답이 들리지 않았는지 그가 되물었다.
"뭐라구?"
그러나 그리고리는 더이상 대답하지 않은 채 돌아서서 걸어갔다.
밤새 짐마차 같은 것이 부락을 지나갔다. 그리고리와 카자흐들이 숙영하는 가옥 옆에 한동안 포병 중대가 머물러 있었다. 한 군데 밖에 없는 들창문을 통해서 말 담당 병사들의 욕설, 고함소리, 웅성거리는 소리가 들려 왔다 포병들과 왠지 이 부락에 모습을 나타낸 연대 본부의 전령들이 추위를 피해 집 안으로 들어왔다. 한밤중에 주인과 카자흐들 앞에 3명의 포병이 나타났다. 그들은 얼마 멀지 않은 개울에 포를 떨어뜨려 아침에 소를 이용해 가져오기 위해 여기서 묵으려고 작정한 것이었다. 잠을 깬 그리고리는 포병들이 한숨을 쉬면서 장화에 얼어붙어 있는 진흙을 털어내고, 옷을 벗고, 젖은 각반을 난로의 철관에 걸치는 모습을 바라보았다. 그 다음으로 귀까지 흙투성이가 된 포병장교가 들어왔다. 그는 숙영을 부탁하고는 외투를 개켜 두고 군복 소매로 진흙이 묻은 얼굴을 훔쳤다.
"포 1문을 잃었어."
그는 지친 말처럼 순한 눈으로 그리고리를 보면서 입을 열었다. "오늘은 마체하 부근 전투와 똑같은 싸움이 있었지. 두 차례 가량 예비 사격을 한 뒤에야 우리가 있는 곳을 알아차린 기야……정신없이 쏴대디군. 포는 탈곡장에 세워뒀지만 도무지 숨겨 둘 데가 있어야 말이지."
아마 버릇이 되었는지 한 마디 한 바디에 욕을 덧붙여서 말했다.
"자넨 뵤센스키 연대지! 차 안 마시겠나? 아주머니, 사모바르 좀 가져다 주지 않겠소?"
그는 상대방을 진절머리가 나게 만드는 수다장이였다. 30분 가량 지나자 그리고리는 그가 프라토프스카야 마을 출신으로 실업학교를 졸업하고 독일과의 전쟁에 참가했으며 결혼에 두 차례 실패했다는 것을 알았다.
"이번에는 돈군도 끝장이야!"
구부리진 뻘긴 혓바닥으로 코밑의 땀을 훑으면서 그는 밀헸다.
"전쟁도 끝장이 날 모양이야. 내일 쯤 전선이 깨지고 2주일 뒤면 우린 이미 노보체르카스크에 가 있을 거야, 맨몸뚱이 하나로 카자흐들을 거느리고 러시아를 습격하려 들다니! 머저리 아냐, 놈들은? 게다가 간부 장교들이라니—모두가 무용지물이라구! 당신은 카자흐지? 그렇지? 놈들은 당신들의 손으로 불더미 속에 파묻힌 알밤을 꺼내려 하고 있다구. 그런 치들이 경리부에서 보리며 계수나무잎이나 달고 있으니!"

그는 퇴색한 눈동자를 껌벅거리면서 퉁퉁한 몸뚱이를 탁자 위에 올려놓을 것처럼 옴직거렸다. 그러면 축 늘어진 입매가 무의식중에 처졌으나, 얼굴에는 학대받은 순한 말 같은 그 특유의 표정이 그대로 남아 있었다.

"나폴레옹 시대라면 전쟁을 하는 것도 나쁘지는 않지. 곳곳에서 군대가 요란하게 맞부딪친 다음엔 이내 깨끗이 헤어지지. 전선도 없고 참호 안에 갇혀 있을 필요도 없어. 그런데 지금은 작전을 판단하지 않으면 안 돼. 도무지 분간을 할 수가 없다구. 옛날의 역사가는 큼직한 보자기를 펴놓으면 됐지만 이번 전쟁을 기록하려면 무척 성가실 거야, 색채라곤 없고 지저분한 것뿐이니까! 별다른 의미도 없고……인민은 누가 지배하든 관심 없어. 어떻게 생각하나, 소위님?"

그리고리는 말없이 멍청하게 상대방의 두둑한 어깨와 둔한 손놀림과 입 사이로 드러나는 빨간 혓바닥을 바라보았다. 그는 졸려서 견딜 수가 없었다. 그런데도 이 집요한 포병은 사람을 귀찮게 할 뿐 아니라, 그의 땀에 젖은 발에서는 노린내 같은 악취가 구역질을 불러일으킬 정도로 풍겼다……

아침에 그리고리는 뭔가 꺼림칙한 기분을 느끼면서 눈을 떴다. 가을 이래, 그가 예견했던 파국은 그 당돌함으로 그를 놀라게 했다. 처음에는 작은 흐름 같은 속삭임으로 중대와 연대 사이를 흐르던 전쟁에서 온 불만의 소리를 미처 깨닫지 못하고 있었는데, 어느새 그것이 커다란 흐름 속으로 합류하는 것을 그리고리는 보았다. 그리고 지금은 격렬하고 탐욕스럽게 전선을 씻어내려가는 이 흐름만이 눈에 띄는 것이었다.

기마병 하나가 태양을 머리 꼭대기에 받으면서 지나간다. 태양이 내리쬐고 있다. 시야에 비치는 것은 온통 보랏빛 눈. 그렇지만 그 밑에서는 눈에 보이지 않는 옛부터 내려온 아름다운 행동이 펼쳐져 있다. 그것은 대지의 해방이다. 태양은 눈을 좀먹고, 그것을 집어삼키고, 그 밑으로 습기를 스며들게 하는 것이다. 수증기와 안개의 밤. 그러자—그 이튿날에는 벌써 얼음층이 엷게 요란한 소리로 무너져 내리고 길과 바퀴 사이에선 넘쳐흐르는 녹색물이 거품을 일으키고 말발굽 아래에선 녹은 눈덩이가 여기저기 튀어 오른다. 따뜻해진다. 모래언덕의 눈이 녹으면서 서서히 알몸을 드러낸다. 점토질의 토양과 썩은 풀이 원시적인 냄새를 풍긴다. 한밤중에 기슴이 힘찬 소리로 길어대고 눈사태에 파묻힌 단애가 신음하고 빌로도처럼 검은 모습을 드러낸 전답이 흐릿하게 비쳐온다. 저녁나절에 초원의 시냇물이 앓는 소리를 내면서 얼음을 깨뜨렸는가 싶으면 어머니의 유방같이 팽팽하게 충만된 물이 그것을 싣고 간다. 갑자기 겨울의 종말에 놀란 사람은 모래질의 강가에 서서 얕은 데를 둘러보고 땀을 흘리며 자꾸만 귀를 움직거리고 있는 말에게 채찍을 가한다. 그럼에도 불구하고 주위에는 티없는 백설이 수줍은 듯이 푸른 기를 띠고, 졸린 것 같은 하얀 겨울이 질펀히 누워 있는 것이다……

하루 종일 연대는 퇴각을 계속했다. 어느 길에서나 앞길을 재촉하는 장비마차의 행렬이 보였다. 오른쪽 어디선가 지평선을 뒤덮은 잿빛구름 너머에서 눈사태와 같은 소리를 내면서 포성이 울려 왔다. 말똥투성이의 길바닥을 중대는 철벅거리며 걸어갔다. 도로 끝에는 전령병들이 말을 타고 달리고 있었다. 푸르스름한 솜털이 나 있고 꽁지가 짧은 흰부리까마귀가 도보로 바꾼 기병처럼 묵묵히 서투르게 그리고 거만하게 어기죽거리는 걸음걸이로 길가에서 비켜서서 열병식처럼 퇴각중인 카자흐 보병 전초부대와 짐마차의 행렬을 지켜보고 있었다.

갑자스런 이 퇴각은 이제 그 어떤 힘으로도 저지하지 못할 것이라고 그리고리는 생각했다. 밤중이 되어서야 기쁨의 결의에 넘쳐 그는 자진하여 연대를 버렸다.

"너 어디로 갈 참이야, 그리고리 판테레에프?"

그리고리가 외투 위에 비옷을 걸치고 군도와 나강 권총을 차는 것을 싸늘한 미소로 바라보던 미치카 코르슈노프가 물었다.

"네가 알 바 아니잖아?"

"걱정이 돼서 그래."

그리고리는 광대뼈를 붉혔지만 대꾸만은 기운차게 했다.

"어디든 들판으로 나가봐야겠어. 이제 됐나?"

그런 다음에 그는 나와 버렸다.

그의 말은 안장을 얹은 채로 서 있었다.

새벽까지 그는 밤이 얼어붙어 있는 가도를 질주해 갔다. '얼마 동안은 집에서 지내야지. 그러다가 우리 부대가 이 근처를 통과한다는 소식이 오면 그 때 다시 연대로 달려가기로 하자.' 이제껏 함께 싸워 온 전우들에 대한 생각을 털어버리듯 그는 그런 생각을 하고 있었다.

이튿날 저녁 무렵까지 이틀 동안 이미 200킬로미터를 달린 그는 지칠 대로 지쳐빠진 말을 아버지의 집 안으로 끌어들이고 있었다.

11

11월 말경에 노보체르카스크에는 연합국의 군사 사절단이 도착한다는 소문이 파다하게 퍼졌다. 강력한 영국 함대가 이미 노보로시스크만에 닻을 내리고, 살로니카로에서 이동된 대규모 연합국 육전대가 상륙중이었다. 화려한 프랑스 저격병부대가 상륙하여 가까운 날에 의용군과 함께 공격을 시작할 거라는 소문이 온 시내에 끈질기게 나돌았다. 소문은 눈사람을 굴리듯이 불어만 갔다.

크라스노프가 아타만 연대 친위대의 의장병을 파견하라는 명령을 내렸다. 2개 중대의 젊은 아타만병들이 황급히 장화와 흰 가죽혁대의 의장을 갖추고 나팔 중대와 함께 타간로그에 급파되었다.

러시아 남부의 영국, 프랑스 군사 사절단 대표들은 독자적 입장에서 정치적 정찰을 행할 목적으로 몇 명의 장교를 노보체르카스크에 보내기로 했던 것이다. 돈의 사태와 앞으로 있을 볼셰비키와의 싸움 전망을 알아보는 것이 그들 임무 가운데 한 가지였다. 본드, 블룸펠드, 먼로 세 대위가 영국 대표였다. 프랑스 대표는 오샹 대위와 뒤프레, 폴두 중위였다. 우연한 기회에 '사절'이 된 이들 하급의 연합국 군사 사절단원의 도착은 아타만 관저에 놀라움을 불러일으켰다.

'사절'들은 매우 정중하게 노보체르카스크로 파견되었다. 지나친 비굴과 아첨으로 장교들은 머리가 어지러울 지경이었다. 장교들은 '정말'로 자기들이 훌륭하다고 여기게 되었고 따라서 유명한 카자흐 장군과 거짓 대공화국 고관들을 비호자의 태도로 내려다보기 시작했다. 젊은 프랑스군의 중위들과 카자흐 장군들과의 대화에는 표면적인 의례와 달콤한 프랑스류의 상냥함을 통하여 겸손과 오만이 뒤섞인 싸늘한 말투가 드러났다.

밤에 관저에서는 100명분의 식사가 준비되었다. 부대 합창단이 쫓아와서 부르는 테너로 아름답고 풍성하게 수놓여진 카자흐 가요의 비단 양탄자를 온 홀 안에 깔았다 싶었을 때, 관현악의 오케스트라가 장중하게 연합국의 국가를 연주했고 '사절'들은 이 같은 장면에 걸맞도록 조용하게 그리고 위엄있게 입을 움직거렸다. 순간적이나마 역사적 의의를 느끼면서 아타만의 빈객들은 그들을 남몰래 훔쳐보았다.

크라스노프의 연설이 시작되었다.

"제군, 제군은 지금 역사적인 대회의장에 앉아 계십니다. 그리고 이 회의장 벽 사이에서는 또 하나의 국민전쟁, 즉 1812년 전쟁의 영웅들이 말없는 눈길로 제군을 지켜보고 있는 것입니다. 프라토프, 이로바이스키, 데니소프들은 파리를 해방시킨 돈 카자흐들을 파리의 주민들이 축복해 주었던 저 신성한 시대를, 알렉산드르 1세 황제가 기왓장과 폐허 속에서 아름다운 프랑스를 부흥시켰던 시대를 우리로 하여금 기억하게 해주고 있는 것입니다……"

츠이무랸스코에(돈산 샴페인)로 하여 '아름다운 프랑스' 대표들의 취기가 오른 눈은 이미 멍청해졌지만 크라스노프의 연설에 끝까지 주의를 기울이고 있었다. '야만적인 볼셰비키에게 압박당한 러시아 국민'의 파멸적인 불행을 일일이 열거한 뒤에야 크라스노프는 다음과 같은 말로 연설을 끝맺었다.

"……훌륭한 러시아 국민의 대표자들이 볼셰비키놈들의 고문실에서 쓰러져가고 있습니다. 그들의 눈동자는 지금도 당신들에게 구원을 청하고 있습니다. 당신들은 돈뿐만 아니라 그들에게도 인간적인 의미에서 구원을 베풀어야 할 것입니다. 우리는 말할 수 있습니다. 우리는 자유라고! 하지만 우리의 모든 계획, 투쟁의 모든 목적은—위대한 러시아 동맹 제국에 충실하며, 동맹 제국 이익을 지키고, 동맹 제국의 원조를 강력하게 요구하고 있는 것입니다. 104년 전 2월, 프랑스 국민은 알렉산드르 1세 황제와 러시아의 근위병을 축복했습니다. 그날 이래 프랑스의 생활에는 새로운 시대가 열린 겁니다. 104년 전 우리의 아타만 프라토프 백작은 런던의 귀빈이 된 바 있었습니다. 그런데 우리는 지금 당신들을 모스크바에서 기다리고 있는 겁니다! 장중한 행진곡과 우리의 국가가 연주되는 가운데 손을 붙잡고 크레믈린 궁으로 들어가 상호간의 평화와 자유의 감미로움을 맛보기 위해 우리는 당신들을 기다리고 있을 것입니다! 위대한 러시아! 이 말 속에 우리의 모든 꿈과 희망이 들어 있는 것입니다!"

크라스노프의 연설이 끝난 뒤, 본드 대위가 일어섰다. 연설이 영어로 시작되자 연회에 참석한 사람들 사이에 죽음과 같은 정적이 깔렸다. 통역이 열심히 입을 놀려댔다.

"본드 대위는 자신의 이름과 오샹 대위의 이름을 걸고, 두 사람이 돈의 실정을 알아보기 위해 연합국 측으로부터 공식으로 파견된 사람임을 돈의 아타만께 표명하는 권한을 갖고 있습니다. 본드 대위는 연합국이 볼셰비키와의 용감한 전투에 부대를 포함하여 모든 힘과 자재로써 돈과 의용군을 원조할 것을 약속하는 바입니다."

통역이 마지막 구절을 미처 끝맺기도 전에 '만세'의 외침이 세 차례나 되풀이되었다. 그 우렁찬 소리에 회의장의 벽이 다 떨렸다. 오케스트라의 화려한 연주 속에서 술잔을 부딪치는 소리가 울리기 시작했다. '아름다운 프랑스'와 '강대한 영국'의 번영을 위하여 건배하고 '볼셰비키에 대한 승리의 선물'로서 또 한 번 건배를 했다…… 술잔 속에서는 돈의 술이 거품 소리를 내고, 오랜 세월 동안 간직되어 온 질좋은 술이 반짝이고 역시 오래된 '란파드 노에(灯明酒)'가 그윽한 향기를 풍겨냈다.

모두가 연합국 사절단 대표의 다음 말을 기다렸다. 본드 대위도 시간을 오래 끌지는 않았다.

"본관은 위대한 러시아를 위하여 건배하는 바입니다. 그런데 이 자리에서 귀국의 아름다운 옛날 국가를 듣고 싶습니다…… 본관은 그 가사에는 관심을 갖고 싶지 않습니다. 다만 그 음악을 듣고 싶을 뿐입니다……"

통역의 목소리를 들은 크라스노프는 흥분으로 창백해진 얼굴을 손님들에게 향한 채 터질 듯한 목소리로 외쳤다.

"위대하고 유일한 러시아를 위해서 만세!"

오케스트라는 힘차고 능숙하게 《신이여, 짜르를 지키소서》를 연주하기 시작했다. 모두가 일어서서 건배를 했다. 백발의 대주교 게르모겐의 얼굴은 눈물로 얼룩졌다. "정말 좋다!" 취기가 돈 본드 대위는 흥분해 있었다. 빈객 가운데 한 사람이 짓눌린 이크라(연어알 절임)가 달라붙은 냅킨에 볼수염을 파묻으면서 가슴이 미어져 엉엉 소리내어 울었다……

그날 밤, 시내 위로 아조프해 연안의 바람이 불어댔다. 첫번째 눈보라에 휘말린 교회의 원형 지붕이 죽음의 빛깔을 담은 채 빛나고 있었다.

그날 밤, 시외의 쓰레기 하치장인 점토질의 벼랑이 있는 곳에서 야전 군법 회의의 판결에 의해 볼셰비키인 샤프투이의 철도 종업원들이 총살되었다. 뒤로 손이 묶인 그들은 두 명씩 경사면에 세워진 다음 나강 권총과 소총으로 미간을 사격 당했다. 하지만 얼어붙은 바람이 담뱃불처럼 그 사격음을 지워 버렸다……

아타만의 관저 입구에서는 혹한과 찌를 듯한 11월의 바람을 맞으며 아타만 연대 친위대의 카자흐 의장병들이 얼어 죽을 것 같은 상태에 놓여 있었다. 칼자루를 쥐고 있는 카자흐들의 손은 거무칙칙하고 습기가 달라붙어 있고 두 눈엔 눈물이 괴어 있으며 양다리는 나무토막이 되어 있었다…… 관저에서는 새벽녘까지도 술에 취한 소리가 들려오고 오케스트라의 녹슨 금속음이 터져나왔으며, 부대 합창단의 테너의 울음 소리 같은 음률이 흘러 나왔다……

1주일이 지나자 전선의 붕괴라는 가장 무서운 사태가 일어나고 말았다. 페트로 멜레호프가 근무하고 있던 카라치 방면의 제28연대가 최초로 점령했던 지점에서 물러났다.

카자흐들은 제15인자 사단과 은밀히 교섭을 가진 뒤, 전선을 철퇴할 것과 적위부대의 상류 돈 관구 통과를 방해하지 않기로 결정했다. 판단력과 머리 회전이 둔한 카자흐인 야코프 포민이 반란을 일으킨 연대의 지휘를 맡는데, 애초에 포민은 간판에 불과했고 볼셰비키인 기분을 가진 한 무리의 카자흐들이 그의 배후에서 모든 것을 조정하여 그를 지휘했다.

그 자리에서 등뒤에 한 발 얻어맞게 될 것을 두려워한 장교들은 폭풍처럼 재빨리 집회를 마친 뒤 별다른 열기도 없는 말투로 전투의 필요성을 늘어놓고 있었던 카자흐들이 일제히 전쟁의 필요 없음, 적위군과 협조할 것이라는 귀에 못이 박혀 버린 그 같은 말을 끈질기게 의미도 없이 외쳐댔다—연대는 이동을 개시했다. 처음 이동이 있은 뒤, 소콘카 마을 부근에서 언내장 필립포 중령은 장교의 대부분을 이끌고 야음을 틈타 연대에서 이탈하여 새벽녘에 전투에 패하고 퇴각중인 모리에르 백작의 여단으로 합류한 것이었다.

제28연대에 이어서 제36연대가 진지를 포기했다. 제36연대는 장교와 함께 전원이 카잔스카야 마을에 도착했다. 카자흐들에게 시종일관 아첨을 해대던 키가 작고 도적 같은 눈의 한 연대장이 기마병들에게 에워싸인 채 병참 사령이 든 집으로 들이닥쳤다. 그는 채찍을 들고 싸울 듯이 들어갔다.

"사령관이 누구지?"

"제가 사령 보좌입니다만."

일어서면서 스테판 아스타흐프가 대답했다.

"사관님, 문을 닫고 들어와 주십시오."

"나는 제36연대장 나우모프 중령이다…… 내 말 잘 듣도록. 연대에 의복과 구두를 지급해야 하는데 지금 내 부대는 입을 옷과 신을 구두도 없는 형편이다, 알겠나?"

"사령관이 안 계십니다. 사령관 부재중에는 구두 한 켤레도 제멋대로 창고에서 꺼낼 수가 없습니다."

"뭐라고?"

"말씀드린 것과 같습니다."

"너! 너 지금 누구에게 대꾸를 하고 있는지 알아? 체포할 테다! 이런 고얀 놈이 있나. 이봐, 이놈을 지하실로 끌고 가! 창고 열쇠는 어딨나? 후방의 쥐새끼 같은 놈! 뭐라고?"

나우모프는 채찍으로 탁자를 내리치고 서슬이 퍼렇게 성이 나 낡아빠진 만주모를 뒤로 미끄러뜨렸다.

"열쇠를 이리내! —뭘 꾸물대나!"

30분쯤 뒤에 창고 문 밖으로 누런 먼지를 잔뜩 뒤집어쓰고 눈 위에 떼지어 모여서 있던 카자흐에게 안감이 든 반외투 다발과 펠트구두, 장화 등의 묶음이 날아왔다. 설탕자루도 손에서 손으로 건너갔다. 소란스럽고 위세 좋은 애깃소리가 잠시 동안 광장을 가득 메웠다.

같은 무렵, 제28연대는 새 지도자 포민 조장과 함께 보센스카야로 들어갔다. 그 뒤로 30킬로미터 지점을 인자 사단의 제 부대가 진격하고 있었다. 적위군 측의 정찰대가 그날 이미 두블로프카 부락에 모습을 나타냈다.

북부 전선 사령관 이바노프 소장은 이보다 4일 전, 참모장 잔브르지츠키 장군과 함께 카르긴스카야 마을로 철회하고 있었다. 그들의 자동차가 눈 위에서 미끄러져 잔브르지츠키 부인은 피가 나도록 입술을 깨물어야 했고 애들은 울어댔다……

보센스카야에서는 며칠 동안 혼란 상태가 계속되었다. 소문에 의하면 제28연대에 병력을 투입하기 위해 카르긴스카야에 부대가 집결중이라는 것이었다. 그러난 12월 22일, 카르긴스카야에서 보센스카야로 이바노프 부관이 찾아와 사령관의 숙소에서 그의 분실물들—새 여름 군모, 두발용 빗, 속옷, 그 밖에 자질구레한 물건—을 받아갔다.

북부 전선에 뚫린 100킬로미터의 돌파구를 향해 적위군 제8군단의 제 부대가 밀려 왔다. 사바테에프 장군은 교전 없이 돈강 방면으로 후퇴했다. 피츠하라우로프 장군 휘하의 연대는 서둘러 타르이와 보고챠르로 퇴각했다. 북부는 1주일 내내 이상하도록 조용했다. 포성도 들리지 않고 기관총도 침묵하고 있었다. 북부 전선에서 싸우던 하류 카자흐들은 상류 돈 부대의 배신으로 사기가 떨어져 교전 없이 후퇴해 갔다. 적위군부대는 정찰대를 내보내어 전방 부락을 면밀하게 탐색하면서 신중하게 서서히 이동해 갔다.

돈 정청에서의 북부 전선 패전을 대신한 환희가 찾아왔다. 12월 26일, 노보체르카스크에 연합국 사절단이 도착한 것이었다. 카프카즈 파견 영국군 사령관 풀 장군과 참모장 키스 대령, 프랑스 대표 프랑세 데스펠레르 장군과 프케 대위 등이었다.

크라스노프는 연합국 대표를 전선으로 데리고 갔다. 추운 12월 아침, 치르역의 플랫폼에는 의장대가 정렬해 있었다. 입수염이 늘어지고 술꾼으로 보이는 마몬토프 장군은 그날 면도를 깨끗이 한 얼굴로 장교들의 호위를 받으면서 플랫폼을 걸어다녔다. 열차를 기다리는 것이었다. 역 옆에는 군악대원들이 파랗게 변한 손가락에 입김을 불어대며 발을 동동거렸다. 의장대에서는 하류 마을 출신 카자흐들이 색색가지 다른 옷을 입은 모습으로 떨고 있었다. 흰 수염의 노인과 함께 수염나지 않은 젊은이가 나란히 서 있고, 앞머리를 늘어뜨린 전선병이 그 틈바구니에 끼여 있었다. 노인들의 외투에는 훈장과 로프차프레브나 전투의 종군 기장이 금은 빛으로 반짝였고 그보다도 약간 젊은 카사흐들은 세오그, 테에, 산네프의 맹꽁격과, 독일 선선의 셀렘 이슈리, 바르샤바, 리보프 공격의 공로로 얻은 훈장을 가득히 달고 있었다. 젊은 병사들은 단 것은 아무것도 없었지만 직립자세로 고참병들을 흉내내려 애썼다.

뿌연 증기에 에워싸인 열차가 굉음을 지르며 다가왔다. 풀만사 제품 차실(미국 풀만 회사 제품의 호화스러운 침대차) 문이 미처 열리기도 전에 악장은 두 손을 번쩍 치켜올렸다. 오케스트라가 우렁차게 영국 국가를 연주하기 시작했다. 마몬토프가 군도를 누르면서 차량을 향해 걸어갔다. 크라스노프는 친절한 주인처럼 얼어붙은 카자흐 대열 옆을 지나 귀빈들을 역 사무실로 인도해 갔다.

"야만인의 적위군으로부터 조국을 지키기 위해 카자흐는 모두 일어난 것입니다. 여러분은 3시대의 대표자를 보고 계십니다. 여기에 있는 병사들은 발칸, 일본, 오스트리아, 헝가리, 러시아 등지에서 싸웠던 자들로 지금은 조국의 자유를 위해서 싸우고 있습니다."

그는 조용하게 미소를 짓고 짜르처럼 머리를 흔들거나 눈을 똑바로 뜨고는 숨을 죽인 채 조는 몸짓으로 서 있는 카자흐 노인들을 가리키면서 유창한 프랑스어로 그렇게 말했다.

상부의 명령으로 마몬토프가 의장병 선발에 애쓴 흔적이 역력히 드러나 보였다. 즉 겉치레로 장식했을 뿐이었다.

연합국 대표자들은 전선 시찰을 나갔다가는 흐뭇한 얼굴로 노보체르카스크에 돌아왔다.

"귀군의 늠름한 모습과 군기와 사기에 본관은 매우 만족하고 있습니다." 출발을 앞두고 풀 장군은 크라스노프에게 말했다.

"살로니카에서 이쪽으로 아군 첫 부대를 파견하도록 즉시 명령을 내리겠습니다. 각하, 모피외투와 따뜻한 장화 3천 명분을 준비해 주십시오. 우리의 원조에 의해 귀관이 볼셰비즘을 철저하게 박멸시키기를 기대하겠습니다."

……서둘러 안감이 든 반외투가 만들어지고 바렌키(방한화)가 준비되었다. 하지만 무슨 까닭인지 연합국 상륙 부대는 노보로시스크에 상륙하지 않았다. 풀은 런던으로 귀환하고 대신 냉담하고 오만한 프릭스가 왔다. 그는 런던에서 새로운 지령을 갖고 와서는 장군다운 강직함으로 분명하게 잘라 말했다.

"폐하의 정부는 돈 의용군에게 광범위하게 물질적 원조는 하겠지만 병력만은 단 한 명도 지원할 수가 없습니다."

이 성명에 대한 코멘트는 불필요한 것이 되고 말았다……

12

　이미 제국주의 전쟁의 와중에서 눈에 보이지 않는 금이 되어 장교와 카자흐들을 갈라놓았던 적의는 1918년 가을이 되자 이제껏 없었던 큰 규모를 드러내기에 이르렀다. 카자흐 제 부대가 서서히 돈을 향해 집결하고 있던 1917년 말경에는 장교를 죽이거나 법인으로서 인도하는 경우는 드문 일이었다. 그러나 1년이 지나자 그런 사건들은 흔한 현상이 되고 말았다. 공격시에는 적위군 지휘관의 예에 따라서 장교들을 산병선 맨앞으로 내보내고 갑자기 그 잔등을 겨누어 쏴죽이기도 했다. 게오르그 훈장을 받았던 군도로프스키 연대와 같은 부대만이 굳은 단결을 유지하고 있었고 돈군 가운데에서 그런 부대는 둘도 찾아보기 어려웠다.
　빈틈이 없어 기회를 엿보는 데에 민감한 페트로 멜레호프는 카자흐와의 싸움이 죽음을 부르게 될 것임을 진작부터 알고 있었다. 그래서 처음부터 장교로서의 자신과 병졸들과의 사이에 가로놓인 장애를 없애려고 무척 애를 썼다. 그는 병사들과 마찬가지로 적당한 기회에 전쟁의 무의미함을 입에 담았다. 본심에서가 아니고 의도적으로 그런 말을 입에 담았을 뿐이지만, 그것이 본심이 아님을 눈치챈 자는 아무도 없었다. 연대가 포민을 업은 것을 알고 난 다음부터는 볼셰비키를 가장하고 그에게 아첨을 해댔다 페트로 역시 약탈하고 사관을 매도하고 포로를 동정하는 데에는 동료들과 다름이 없었다. 그와 동시에 그의 심중에는 격렬하게 증오가 물결쳤고, 실컷 패주고 죽이고 싶은 충동으로 손이 떨릴 때가 있었다……근무에 임해서 그는 얌전하고 소박하며 소위로서가 아니라 —병사들의 말을 잘 들어 주었다. 기왕에 카자흐들의 신용을 얻은 이상엔 그들의 눈앞에서 자신의 가면을 벗을 수는 없는 노릇이었다.
　소론카 마을 옆에서 나우모프가 장교들을 이끌고 도주할 때도 페트로는 뒤에 남았다. 얌전하고 조용하여 언제나 그늘에만 있던 그는 무슨 일에나 온건했다. 그는 연대와 함께 보센스카야에 와 있었다. 그런데 보센스카야에서 이틀을 보내고는 더이상 견딜 수기 없이 그는 본부와 포민에게 출두하지 않고 집으로 달아나버렸다.
　그날 보센스카야 광장의 낡은 교회 근처에서는 아침부터 집회가 열렸다. 연대는 인자사단 대표자들의 도착을 기다렸다. 광장 안을 떼지어 모피외투를 고쳐 만든 반외투, 가죽상의, 솜이 든 외투 등을 입은 카자흐들이 어슬렁거렸다. 갖가지 옷차림을 한 이 많은 군중이 전열부대의 제28카자흐 연대라고는 믿어지지 않을 정도였다. 페트로는 이 무리에서 저 무리로 걸어다니며 마치 처음 보는 듯한 눈초리로 카자흐들을 둘러보았다. 이전에 전선에 있었을 때는 하나의 무리로서 연대를 본 적이 없었다. 그런데 지금은 허여스름한 입수염을 초조하게 씹으면서 고드름이 매달린 얼굴과 체르케스모자, 마라하이모자, 쿠반모자, 군모 등을 쓴 머리를 보는 것이었다. 눈을 내리떠도 마찬가지로 색색가지 광경이 눈에 들어왔다. 낡아빠진 펠트 모자, 장화, 적위병들에게서 빼앗은 군화 위의 각반.

"부랑자! 가난뱅이 농부! 병신!"

힘없는 증오로 페트로는 혼잣말을 중얼거렸다.

판자 담벼락에 포민의 명령이 하얗게 붙어 있었다. 한길에는 주민이 한 사람도 없었다. 마을 사람은 모두 그때를 기다렸다가 몸을 숨긴 것이었다. 골목 틈 사이로 눈에 파묻힌 돈의 하얀 가슴팍이 보였다. 돈 저 너머에는 먹으로 그린 듯한 숲이 거무스름하게 서 있었다. 잿빛 석조의 낡은 교회 언저리에는 남편을 찾아온 여러 부락의 여자들이 양 무리처럼 떼를 이루고 있었다.

가슴에 커다란 호주머니가 붙은 반외투를 입고 카라쿠리(곱슬털의 양피)의 장교용 방한모를 쓴 페트로는 그에게 쏠리는 곁눈질과 싸늘한 시선을 느꼈다. 그 시선들은 틈새바람처럼 뚫고 들어와 그렇잖아도 불안하고 어정쩡한 그의 심정을 더욱더 부채질했다. 고급 모피외투를 걸치고 새 방한모의 차양을 눌러쓴 적위병 한 사람이 광장 한복판에 딩구는 나무통 밑창을 딛고 벌떡 일어서는 것을 그는 멍청히 바라보았다. 솜이 든 장갑을 낀 손으로 적위병은 목 둘레에 감은 회색 토끼털 목도리를 고쳐 맨 다음 주위를 둘러보았다.

"카자흐의 타바리시치(동지 제군)!"

감기든 낮은 목소리가 페트로의 귓전을 때렸다.

뒤를 돌아본 페트로는 귀에 익지 않은 말에 카자흐들이 얼굴을 마주 보며 흥분한 상태로 의미있는 눈짓을 보내는 것을 보았다. 적위병은 간단하게 소비에트 정권, 적위군, 카자흐와의 상호 관계 등을 이야기했다. 그 적위병이 끊임없이 다음과 같은 고함소리로 방해를 받는 것이 페트로에게는 강하게 인상에 남았다.
"타바리시치, 코뮤니야란 뭐야?"
"그 속에 우리도 끼워줄 수 있나?"
"공산당이 뭔데?"
적위병은 가슴에 손을 얹고 좌우를 번갈아 보면서 참을성 있게 설명을 해 나갔다.
"타바리시치! 공산당이란 자기 의지에 의해서 행동하는 것을 말하오. 노동자와 농민을 자본가나 지주의 압박에서 해방시킬 커다란 사업을 위해서 싸우고자 하는 젊은이들이 스스로의 희망으로 입당하는 곳이오."
얼마 뒤 다른 구석에서 고함소리가 터져나왔다.
"공산당원과 코밋살에 대해 설명해 주시오!"
대답이 있은 지 몇 분도 채 지나지 않았을 때 다시 누군가의 낮은 성난 목소리가 외쳐댔다.
"코뮤니야(공산당)에 대한 의미를 알아들을 수가 없소. 좀더 자세하고 알기 쉽게 말하시오. 우리는 학문을 배우지 못한 사람들이니까."
이어서 포민이 지루하도록 오래 지껄인 뒤 어쨌든 '철병한다'는 말을 내뱉었다. 포민의 주변에서 학생모를 쓰고 멋지게 외투를 걸친 한 청년이 자꾸만 비위를 맞추려는 태도를 보였다. 페트로는 포민의 두서없는 연설을 들으면서 1917년 2월 다리야가 그가 있는 곳으로 왔던 날, 페트로그라드로 향하는 도중 역에서 처음으로 포민을 봤을 때를 돌이켰다. 하사관의 견장 위에 낡아빠진 '52'라는 대호(隊號)가 붙은 외투를 입은 아타만 연대 탈주병의 번뜩이는 눈동자와 곰 같은 걸음걸이가 그의 눈앞에 생생하게 떠올랐다.
"이젠 더이상 참을 수 없어, 이봐!"
분명치 않은 말이 페트로의 귀에 울려 왔다. '프리스토냐와 같은 멍청이 탈주병이 지금은 연대의 지휘자가 되었다. 그런데 난 뭐냐. 빛을 못보고 있잖나.' 번들거리는 눈을 하고 페트로는 생각에 잠겼다.
기관총의 띤띠를 얼십지로 걸미멘 가자흐가 포민을 대신했다.
"모두 들으시오. 난 포드쵸르코프의 부대에 있었소. 동지들과 함께 이번에도 카데트놈을 쳐부수러 가겠소!"
페트로는 숙사 쪽으로 재빨리 걸음을 옮겼다. 말에 안장을 얹으면서 그는 카자흐들이 낡은 습관에 따라서 근무병의 귀환을 부락에 알리기 위해 시내에서 떠나는 길에 발포하는 소리를 들었다.

13

기분나쁠 정도로 조용한, 해가 짧은 계절의 일몰 무렵은 수확기 같은 때에는 고달프고 지루하게 느껴졌다. 부락들은 호젓한 처녀지 같은 광야 위에 누워 있었다. 돈 강가는 죽은 듯이 되어서 마치 페스트가 부락들을 휩쓸고 간 것 같았다. 두꺼운 구름이 시커먼 날개로 돈 강가 일대의 땅을 뒤덮어 말없는 가운데 무시무시한 모습으로 퍼져가는가 하면 이윽고 질풍을 동반하여 포플라를 대지에 짓누르고, 메마르고 튀는 것 같은 우뢰소리를 울리면서 돈 강 건너편의 숲을 마구 압박하고 백악의 산맥으로부터 자연석을 떨어뜨리고, 뇌우로 하여금 필사적인 소리를 지르게 하는 광경과 다를 바 없었다……

아침부터 줄곧 타타르스키 부락은 안개에 덮여 있었다. 산은 한기로 신음하고 있었다. 정오가 가까워진 뒤에 태양이 안개 속에서 얼굴을 내밀긴 했지만 그다지 밝아지지는 않았다. 안개는 돈 강가 일대의 산꼭대기를 방황하고 단애와 산맥으로 내려와 이끼낀 백악의 바위나 눈을 뒤집어쓴 봉우리에 축축한 먼지가 되어 가라앉아서는 그 길로 사라져갔다.

밤마다 발가벗은 숲 그늘로부터 밤은 빨갛게 탄 커다란 달 방패를 들어올렸다. 달은 조용하게 잠든 부락 위를 전쟁과 불의 혈색을 반사해 흐릿한 조명을 비추었다. 그러자 그 무자비한 깜박이지 않는 광채에 사람들은 까닭모를 불안에 휩싸이고 가축들마저도 마음이 술렁이는 것이었다. 말과 소들은 새벽녘까지 잠을 이루지 못하고 집 안을 어슬렁거렸다. 개들은 시끄럽게 울부짖고, 수탉들은 한밤중까지 각기 다른 목소리로 울어댔다. 젖은 나뭇가지들은 새벽까지 얼음 멍에를 지고 있었다. 미풍이 그 가지들을 서로 부딪치게 하면 그것들은 쇳소리를 냈다. 마치 눈에 보이지 않는 기마부대가 무기와 등자를 덜커덩거리면서 쪽빛 어둠 속으로 돈 좌측 강가의 어두운 숲을 지나가는 형상과 같았다.

북부 전선에 나가 있던 타타르스키 부락 출신의 카자흐들은 거의가 도네츠강을 따라 느릿하게 이동중인 제 부대를 버리고 제멋대로 부락에 돌아와 있었다. 날마다 뒤늦게 누군가가 모습을 드러냈다. 어떤 사람은 짚더미나 헛간 처마에 군장을 처박아놓고 군마의 안장을 모조리 벗긴 다음, 적위병의 도착을 기다릴 작정으로 돌아와 있었다. 그리고 또 다른 사람은 눈에 파묻힌 샛문을 열고 마당으로 말을 끌어들인 다음, 모아둔 건빵으로 요기를 하고 마누라와 겨우 하룻밤을 보내고는 이른 아침에 벌써 한길에 나와 언덕 위에서 영영 못 보게 될지도 모를 돈의 새하얀 죽음과 같이 널려 있는 고향땅을 마지막으로 한 번 더 바라보는 것이었다.

그 누가 먼저 죽게 될 것인가? 그 누가 인생의 나그네 길 마지막 수수께끼를 풀 수 있을지? ……부락을 나가는 말의 걸음걸이는 무거웠다. 카자흐들은 응어리진 그 가슴으로부터 가족에게 끌리는 마음을 가까스로 떼어냈다. 그런데도 다시 그 길을, 말똥이 뒹굴고 바람이 휩쓰는 길을 거쳐 숱한 사람들이 생각에 잠긴 채 집으로 돌아온 것이었다. 그 길 위에서 얼마나 많은 고통스런 생각이 이어졌던가…… 얼마나 많은 피눈물이 안장 가장자리를 흘러 얼어붙은 등자와 말발굽에 짓눌린 길바닥 위에 흘러내렸던가. 이곳은 봄이 되어도 노란 별리의 꽃, 야생 튤립마저도 싹을 틔우지 못하는 것일까?

페트로가 뵤셴스카야에서 돌아온 날 밤에 멜레호프가의 응접실에서는 가족회의가 열렸다.

"대체 어떻게 된 기냐?"

페트로가 집 문턱을 미처 넘어서기도 전에 판테레이 프로코피에비치가 물었다.

"실컷 싸우고 왔겠지? 견장은 왜 달지 않았느냐? 어서 들어오너라. 아우에게 아는 체를 해줘라. 어머니도 기쁘게 해드리고. 어쨌든 잘 왔다, 페트로. 이봐, 그리고리! 그리고리 판테레에비치, 너 왜 그러고 있냐? 들쥐처럼 페치카 옆에 드러누워서? 어서 내려와!"

그리고리는 카키색 바지 밑으로 드러난 맨발을 딛고 서서 미소를 짓고 가슴팍을 긁으면서 페트로가 몸을 굽히고 검띠를 벗기고 추위로 마비된 손가락 끝으로 빙힌모의 끈을 다듬는 것을 보고 있었다. 다리야는 밑없이 미소를 머금은 채 남편의 눈을 바라보면서 반외투의 단추를 벗기고 권총 케이스와 나란히 묶인 수류탄이 번쩍이는 바른쪽 옆구리를 겁을 집어먹은 얼굴로 지나갔다.

두냐시카는 다가가서 고드름이 달린 오빠의 입수염에 살짝 키스하고 말을 치우려고 뛰어갔다. 일리니치나는 앞치마로 입술을 닦고 나서 장남에게 키스하기 위해 기다리고 있었다. 나탈리야는 페치카 언저리에 초조하게 서 있었고, 어린아이들은 그 스커트 자락을 붙잡고 쭈뼛거렸다. 모두 페트로의 말을 고대하고 있었다. 하지만 그는 문턱을 넘으면서 "모두 잘 있었어?" 쉰 목소리로 말했을 뿐 외투를 벗느라 애를 쓰고 있었다. 그런 다음에는 수숫대 빗자루로 장화를 털어내고 구부렸던 등을 똑바로 펴더니, 갑자기 입술을 떨었다. 그러고는 멍한 얼굴로 한쪽 침대등에 몸을 기댔다. 순간 뜻밖에도 모두는 동상으로 새까매진 그의 볼 위에서 눈물을 보았다.

"군인의 몸으로 대체 어떻게 된 거냐?"

농담 속에서도 떨리는 불안을 감추면서 노인은 물었다.

"이젠 끝장이에요. 우리도 마찬가지라구요, 아버지!"

페트로는 입을 비틀고 흰 눈썹을 꿈틀거리며 얼굴을 돌리듯이 때묻은 손수건으로 코를 풀었다.

그리고리는 달라붙는 고양이를 성가시다는 듯이 뿌리치고 한숨을 길게 쉰 다음 페치카에서 뛰어내렸다. 어머니는 이가 득실거리는 페트로의 머리에 키스하고는 울음을 터뜨렸으나 이내 이렇게 속삭였다.

"애야, 이 가여운 것 같으니! 산유라도 좀 마시는 게 어떻겠니? 자, 이리로 와서 스튜를 먹어라, 배고프지?"

테이블 앞에 앉아 어린 것들을 무릎 위에 앉히고 어르는 동안 페트로는 기운을 되찾았다. 흥분을 누르고 제28연대의 전선 이탈에 대한 사건과 장교들의 도망과 포민에 대해서, 그리고 뵤센스카야에서의 마지막 집회 등을 얘기했다.

"그런데 형은 어떻게 생각해?"

딸의 머리에 손을 얹고 있던 그리고리가 물었다.

"어떻게고말고가 어디 있어. 내일 밤엔 다시 떠나야 해. 어머니, 뭐든 먹을 걸 부탁해요."

그는 어머니에게 말했다.

"그러니까 퇴각이다, 이 말이냐?"

판테레이 프로코피에비치는 손가락을 담뱃갑 속에다 집어넣고 대답을 기다렸다.

페트로가 일어서서 아마추어가 그린 낡은 성상에 대고 성호를 긋고는 험악한 눈초리로 그것을 뚫어지게 바라보았다.

"덕택에 배불리 먹었어요! ……퇴각이라구요? 네, 그렇지 않고 다른 도리가 있겠어요? 빨갱이 놈들한테 목이 잘리도록 남아 있으란 말인가요? 모두 남아 있을 모양이지만…… 난 나갈 테예요! 놈들은 장교만 보면 절대로 가만 두지 않으니까."

"그렇다면 집은 어떻게 하고? 내버릴 참이냐?"

페트로는 노인의 물음에 어깨를 들썩했을 뿐이었다. 그러자 다리야가 곧바로 끼어들었다.

"당신은 나가고 우리만 남아 있으란 말예요? 하기야 그런 말도 괜찮군요! 그러니까 우린 당신의 재산을 지키고 있어야 한다는 말이군요! 그 덕택으로 목숨을 잃게 될지도 모르는데! 그 따위 얘기가 어딨어요! 나도 남아 있지 않겠어요!"

나탈리야까지도 들고 나서는 바람에 다리야의 높은 목소리가 지워져버렸다.

"온 부락 사람들이 다 떠나버린다면, 우리도 남아 있을 수 없잖아요! 걸어서라도 난 나가겠어요!"

"머저리들 같으니! 계집년이 알긴 뭘 안다고!"

판테레이 프로코피에비치가 눈알을 굴리며 소나무 지팡이를 찾으려고 몸을 움직였다.

"할 수 없는 것들이군! 남자가 하는 일에 간섭을 하다니……이것저것 다 팽개쳐버리고 어디로든 가든가 해야지 안 되겠다? 그렇지만 가축은 어디다 숨길 거냐? 품 안에라도 집어넣을 셈이냐? 그리고 이 집은?……"

"너희들은 젊으니까 자신의 머리를 믿고 행동하겠지!"

화가 난 일리니치나가 그의 역성을 들었다.

"재산 긁어모으려고 힘들인 적이 없으니까 버리는 것도 쉽겠지. 하지만 아버지와 난 밤낮으로 쉬지 않고 일해 왔다. 그렇게 쉽게 버릴 순 없어!"

그녀는 입술을 오므리고 한숨을 내쉬었다.

"갈 테면 가거라. 하지만 난 움직이지 않겠다. 문턱에서 죽임을 당한대도 상관없다. 남의 집 울타리 밑에서 숨을 거두는 것보다 나을 게 아니냐!"

판테레이 프로코피에비치는 콧소리와 한숨을 한꺼번에 내뿜으면서 등잔의 심지를 줄였다. 잠시 동안 모두 잠자코 있었다. 양말 뒤꿈치를 뜨던 두냐시카가 뜨개바늘 위로 얼굴을 치켜들고 낮은 소리로 말했다.

"가축은 데리고 갈 수 있어요······가축 때문에 남아 있을 순 없잖아요."

그러나 다시 노인의 역정이 폭발했다. 그는 늙은 말처럼 발을 구르다가 그만 난로 옆에 잠들어 있던 새끼양에게 부딪쳐 넘어질 뻔했으나, 두냐시카 앞으로 급히 다가가 고함을 질러댔다.

"데리고 가다니! 늙은 암소가 새끼를 뺐는데, 그걸 어떻게 데리고 가냐? 그놈을 어디로 끌고 가느냔 말이다? 멍청이 같으니! 그렇게 애써서 모은 재산을 버려야 하다니! ······ 양은 어쩔 셈이냐? 새끼양은 어떻게 하고? 에잇, 제기랄! 입다물고 가만히 좀 있어라!"

그리고리는 곁눈질로 흘낏 페트로를 쳐다 보았다. 그러자 전과 조금도 다름없는 그 갈색 눈동자에 사람을 멸시하는 듯한, 그러나 순하디순한 미소와 눈에 익은 밤색 입수염의 떨림이 눈에 들어왔다. 페트로가 눈을 깜박거리고 웃음을 참느라 몸을 흔들고 있는 것을 본 그리고리는 갑자기 높은 소리로 웃어 제꼈다.

"겨우 끝이 났군! ······덕택에 실컷 지껄였어!"

노인은 노여움이 섞인 시선을 그에게 돌리고 나서 서리가 내려앉아 허연 수염을 창 쪽으로 돌리고 자리에 앉았다.

밤이 깊었을 때 남자들은 떠나고 여자들은 남아 집을 지켜야 한다는 결론에 도달했다.

동트기 전부터 일어난 일리니치나는 아궁이에 불을 지폈다. 아침까지는 빵굽는 일을 끝낼 수 있었다. 두 자루의 건빵을 만들어 놓았다. 노인은 등불 아래서 식사를 하고 가축들을 불러모은 뒤 썰매를 꺼내려고 나가 있었다. 그는 질좋은 밀알이 가득 담긴 궤짝에 손을 집어넣고 굵은 알곡을 손가락 사이로 흘리면서 헛간 안에 잠시 서 있었다. 모자를 벗고 뒤에 있는 노란색 문을 닫은 다음 그는 마치 유해 옆을 지나가듯이 그곳을 나왔다.

암소를 물먹이는 곳으로 물고 가는 아니쿠시카가 모습을 나타냈을 때 그는 썰매에 실은 광주리를 갖다놓고 그때까지도 헛간 처마밑에서 머뭇거렸다. 두 사람은 인사를 주고 받다.
"달아날 준비는 됐나, 아니케이?"
"준비라니, 난 맨몸뚱이에다 허리띠만 감으면 되는걸. 내 것이라곤—내 몸에 붙은 것뿐이니까 남의 것이 이제부터 내 몸에 붙게 될지도 모르겠어!"
"다른 일은 없겠지?"
"일이야 많지."
"뭐라고?"
판테레이 프로코피에비치는 깜짝 놀라 썰매의 팔에다 도끼를 내리쳤다.
"빨갱이 놈들이 곧 올 것 같애. 듣자니까 뵤시키 근처까지 와 있다는군. 볼쇼이 글로모크에서 보고 왔다는 사람이 있는데 못된 짓을 하면서 오고 있대요. 놈들 가운데에 유대인과 중국인이 섞여 있다는군. 그놈들을 깡그리 때려죽였으면 좋을 텐데!"
"때려죽이다니?"
"그렇다니까. 그렇게 해야만 다시는 코를 내두르고 다니지 않을 게 아닌가? 게다가 그 치가 놈들(돈 상류 지방의 카자흐들에 대한 욕)이라니!"
아니쿠시카는 욕설을 내뿜으면서 울타리 옆을 걸어갔다.
"돈 너머의 강가 여자들은 탁주를 만들어 놓고 못된 짓을 하지 못하도록 실컷 마시게 한다는구먼. 그러자 놈들은 취하도록 마신 다음엔 다른 부락으로 쳐들어가서 소란을 일으킨다는군."
노인은 광주리를 신고 나서 그의 손으로 둘러친 울타리와 헛간 등을 돌아보았다. 그리고 큼직한 보자기에 마른풀을 싸려고 다리를 절면서 움막 안으로 들어갔다. 그는 창고에서 갈쿠리를 꺼내어 잡초가 섞인 마른풀을 긁어모으기 시작했디(그는 언제나 좋은 마른풀을 봄철에 대비해 남게 두었다). 몇 시간뒤 집과 부락을 버리고 어디론가 남쪽을 향해 떠나가면 두번 다시 돌아오지 못할 것이라는 사실이 도무지 실감이 나지 않았다. 마른풀을 다 긁어내자 전처럼 이삭을 주우려고 갈쿠리에도 손을 뻗쳤으나 뜨거운 것에 닿은 듯이 손이 움즈려섰다. 그는 귀넢개가 있는 모사 밑으로 땀에 짖은 이마를 연방 닦아내면서 중얼거렸다.
"이렇게 된 이상 뭐가 소중하단 말인가? 말 발바닥에 문드러지든가 불에 타버릴 게 뻔한데."

갈쿠리를 무릎에 대어 두 토막 내버린 뒤 그는 이를 갈면서 마른풀이 담긴 자루를 끌고 나왔다.
그는 집 안으로 들어가지 않고 문을 열고 말했다.
"준비해라! 지금 곧 말을 끌어낼 테니까. 조금이라도 늦지 않도록 해야 해."
마른풀과 담요를 마차 뒷부분에 이미 실어 놓았는데도 아들들이 좀처럼 나오지 않자, 의아하게 여긴 그는 다시 헛간 쪽으로 되돌아갔다. 집 안에서는 기묘한 장면이 벌어지고 있었다. 페트로가 꾸러미를 거칠게 풀어 놓고 바지와 군복과 여자들의 나들이옷 등을 마룻바닥 위에다 내팽개치고 있었다.
"대체 어쩌자는 거냐?"
판테레이 프로코피에비치는 놀란 나머지 방한모를 벗어던졌다.
"일이 이 지경에 이르렀지 뭡니까!"
페트로가 어깨 너머로 여자들을 가리키면서 말했다. '울부짖는 걸 어쩝니까. 남자들만 떠나는 건 그만둬야했어요! 가려거든 모두 함께 갑시다. 빨갱이 놈들이 여자를 강간할지도 모르는데, 재산만 건지려고 집을 나갈 순 없잖아요? 죽임을 당할 양이면 그놈들 눈앞에서 죽는 수밖에요!"
"외투를 벗으세요, 아버지!"
그리고리가 미소띤 얼굴로 모피외투와 군도를 벗었다. 울상이 된 나탈리야가 등뒤에서 그것을 받고는 그의 손에 키스를 했다. 얼굴이 달아오른 두냐시카는 기쁜 듯이 손뼉을 쳤다.
노인은 방한모를 썼었으나 이내 벗어버리고 방 안으로 다가가 크게 성호를 그었다. 그는 세 번 절을 하고 모두를 돌아보았다.
"그런 이유에서라면 남아 있기로 하자꾸나. 성모 마리아, 우리를 지켜 주시고 막아 주시옵소서! 난 나가서 말을 들여놓고 오겠다."
아니쿠시카가 뛰어들었다. 모두가 명랑한 얼굴로 웃고 있어 멜레호프가에 들어선 그를 놀라게 했다.
"어떻게 된 거야?"
"우리 집 남정네들은 가지 않기로 결정했어요!"
다리야가 모두를 대신하여 말했다.
"그래? 생각을 고쳤단 말이지?"

"맞아요!"
그리고리가 불만스럽게 각설탕을 문 듯한 새하얀 이를 드러내고 말했다.
"일부러 사신(死神)을 찾아나설 필요는 없지 않소. 여기 남아 있다가 사신을 붙잡는 편이 나을 거 같아요."
"너희들 같은 사관들이 떠나지 않는 건 하느님의 뜻이겠지!"
아니쿠시카는 그렇게 말하고 요란하게 발소리를 내면서 입구로 나가 창 옆을 지나갔다.

14

뵤셴스카야 가옥의 담벼락에는 포민의 지령이 적힌 종이가 펄럭이며 시시각각으로 다가오는 적위군부대의 도착을 알려 주었다. 그 뵤셴스카야에서 35킬로미터 지점에 있는 카르긴스카야 마을에는 백위군 북부 전선 사령부가 놓여 있었다. 1월 4일 전날 밤 체첸인 부대가 들어왔고 그 뒤를 이어 행군대형으로 우스치 베로카리트벤스카야 마을에서 포민 반란부대를 향해 로만 라자레프 중령의 징벌대가 이동해 왔다.
체첸인 부대는 5일에 뵤셴스카야 공격을 개시하기로 되어 있었다. 그 정찰대는 이미 베로고르카에 잠입해 있었다. 그러나 공격은 좌절되었다. 포민 부대에서 도망쳐 나온 카자흐병 하나가 고로호프에 적위군 대부대가 야영하고 있으며 5일에는 뵤셴스카야에 쳐들어올 예정임을 폭로했기 때문이다.
노보체르카스크에 와 있던 연합국측 대표들의 일로 골몰해 있던 크라스노프는 직통전화로 포민에게 호통을 쳤다. 끈질기게 '뵤셴스카야—포민'을 두들긴 전선이 마침내 짧은 대화를 연결시켰다.
'뵤셴스카야—포민. 포민 하사관, 방황을 멈추고 연대를 이끌고 진지에 안정할 것. 징벌대 파견. 반항하면 사형에 처함. 크라스노프.'
석유 등불 밑에서 반외투의 단추를 끄르던 포민은 갈색의 금속조각 같은 점이 찍힌 가느다란 종이 테이프가 꿈틀거리면서 전련병의 손가락 사이를 미끄러져가는 것을 들여다 보고 있는데 병사의 뒤통수에 싸늘한 숨과 탁주냄새를 내뿜으면서 말했다.
"흥, 무슨 소리를 하고 있어? 방황에서 깨어나라고? 그걸로 끝이야? 그럼, 답을 보내야지……뭐라고? 왜 안된다는 거야? 명령이다. 명령을 따르지 않으면 밥주머니와 창자를 한꺼번에 끌어내놓고 말 테다!"

전신계 병사는 타전하기 시작했다.

'노보체르카스프, 아타만, 크라스노프 앞…… 똥이나 처먹어라. 포민.'

크라스노프가 직접 나서서 포민을 견책하는 데는 그만한 이유가 있었다. 이후의 반란을 막기 위해서이기도 했지만, 보다 더 중요한 것은 카자흐의 사기를 위해서였다. 그는 사기를 높이기 위해 카르긴스카야로 가야겠다는 결심을 했다. 북부 전선의 상태는 그만큼 혼란의 극을 치닫고 있었다. 그는 그같은 목적으로 연합국 대표를 전선 시찰에 초대했던 것이다.

브투르리노프카 이민촌에서 게오르그 훈장을 받을 군도로프 연대의 사열식이 행해졌다. 크라스노프는 사열 뒤 연대의 옆에 서 있었다. 몸을 우측으로 돌린 그는 잘 울리는 음성으로 소리쳤다.

"본관이 지휘했던 제10연대에 근무한 사병들은 한 걸음 앞으로 나오라!"

군도로프 연대 출신병의 반수 가량이 대열 앞으로 나왔다. 크라스노프는 모피모자를 벗고 그의 곁에 서 있는, 나이는 많으나 무척 젊어 보이는 조장에게 십자의 키스를 했다. 조장은 짧게 깎은 입수염을 외투 소매로 닦고 나서는 거의 정신을 잃었다. 크라스노프는 같은 연대 출신 전원에게 키스를 했다. 연합국측 대표들은 놀라 여우에 홀린 듯한 얼굴로 귓속말을 나누었다. 하지만 크라스노프가 그들에게 다가가 다음과 같이 설명했을 때, 미소와 조심스런 동감이 그 놀라움을 대신했다.

"내가 네즈비스카 부근에서 독일군을, 베르제츠와 코마로보 부근에서 오스트리아군을 분쇄했을 때, 우리에게 승리를 갖게 해준 용사들이 바로 이들입니다."

…… 태양 양측에는 금고지기처럼 하얀 허리띠를 맨 무지개빛 기둥이 힘없이 서 있었다. 싸늘한 동북풍이 피리를 부는 것 같은 소리를 숲속에서 내고 라바대형(카자흐의 전법 가운데 한 가지)으로 전개하여 잡초를 흔들며 스텝을 지나갔다. 1월 6일 저녁 무렵, 치르강 위에는 어두컴컴한 장막이 내려와 있었다. 크라스노프는 영국군 장교 에드워드 올코트, 프랑스군 장교 바르텔로 대위, 에르리히 중위를 동반하여 카르긴스카야에 도착했다. 모피구두와 폭신한 토끼털모자를 쓴 연합국 장교들이 웃으면서 몸을 웅크리고 여송연과 오드콜로뉴 향내가 풍기는 자동차 안에서 걸어나왔다. 사업가인 료보치킨의

저택에서 차를 마신 장교들은 크라스노프와 북부전선 사령관 이바노프 소장과 함께 집회가 열리기로 된 학교로 갔다.

크라스노프는 열심히 귀를 기울이고 있는 카자흐의 무리 앞에서 오랫동안 연설을 했다. 모두가 그의 말을 귀담아 들었다. 그러나 크라스노프가 적위군에게 점령된 여러 마을에서 자행되고 있는 '볼셰비키의 만행'을 생생하게 묘사하자, 대뜸 뒷열의 푸르스름한 담배연기 속에서 누군가가 큰 소리로 고함을 질렀다.

"거짓말이야!"

모두의 감명은 잦아들고 말았다.

이튿날 아침, 크라스노프는 연합국 장교와 함께 서둘러 밀레로보로 떠나갔다.

북부 전선 사령관도 부랴부랴 철회를 서둘렀다. 마을에서는 밤까지 체첸인들이 뛰어다니면서 철회하려 들지 않는 카자흐들을 붙잡아갔다. 밤에는 탄약고에 불을 질렀다. 한밤중까지 소총탄이 튀어오르고 포탄이 눈사태처럼 굉음을 지르며 폭발했다. 이튿날 퇴각전의 기도가 광장에서 행해지고 있을 때 카르긴의 언덕에서 기관총이 잇따라 사격음을 터뜨렸다. 탄환이 교회 지붕을 봄의 우박처럼 두들기자 모두가 광야를 향해 앞을 다투어 뛰어갔다. 배하의 부대를 인솔한 라자레프와 소수의 카자흐 부대가 퇴각하는 부대를 지지하려 했다. 풍차 뒤편에 보병이 산병선을 깔고 있었고, 카르진스카야 마을 출신 일등대위 표도르 포포프가 지휘하는 제36 카르긴스카야 포병중대가 진격해 오는 적위군부대에 일제사격을 가했으나 잠시 뒤에는 포의 전차(戰車)에 매달려 있었다. 하지만 적위군 기병은 라투이세프 부락 쪽에서 길을 돌아 보병부대를 벼랑으로 몰아 카르긴스카야 출신 고참병 20명 가량을 참살해버렸다.

15

도망치지 않겠다는 결정은 또다시 판테레이 프로코피에비치의 눈동자 속에 힘과 물욕을 불러 일으켰다.

저녁이 되자 그는 가축을 사료장으로 몰고 갔다. 그는 더이상 망설이지 않고 질 나쁜 마른풀부터 긁어냈다. 어두운 가축우리 안을 한참 돌아다니면서 흐뭇한 생각에 사로잡혀 있었다.
'새끼를 배서 그런지 살이 많이 쪘군. 쌍둥이를 밴 게 아닐까?'
모든 것이 새롭고 친근하게 느껴졌다. 이미 단념했던 모든 것이 전과 다름없는 의의와 무게를 회복하고 있었다. 해질 무렵, 그는 두냐시카에게 가축우리 옆에 밀겨를 놔둔 일과, 통 속의 얼음을 깨뜨려 놓지 않은 것을 야단쳤다. 그리고 스테판 아스타호프네의 거세 돼지가 뚫은 구멍을 고치는 재주까지 부렸다. 때마침 덧문을 달으려고 나온 아크시냐에게 스테판이 달아날 작정이냐고 물었다. 프라토크에 싸인 아크시냐는 노래하는 듯한 목소리로 말했다.

"말도 안 되는 소리 마세요. 열병에 걸린 것처럼 줄창 누워 있어요……이마가 불같이 뜨겁고 온몸이 쑤신대요. 병에 걸렸으니 어쩔 수가 없잖아요……"

"우리 가족도 마찬가지야. 그래서 우린 모두 여기에 남아 있기로 했어. 이래도 좋은지 알 수는 없지만서두……"

날이 어두컴컴해졌다. 돈 너머의 잿빛 숲 멀리에 풀빛 가운데 북극성이 번뜩였다. 동쪽 하늘은 새빨간 테를 두르고 있었다. 검정 랑드나무의 펼쳐진 가지 위에 낫모양의 달이 떠올랐다. 흐릿한 그림자가 눈 위에 떨어져 있었다. 너무 조용해서 판테레이 프로코피에비치의 귀에는 돈의 얼음 구멍을 누군가가—아마 아니쿠시카겠지만—쇠망치로 두들겨 부수는 소리가 들렸을 정도였다. 얼음 덩어리가 튀어올라 부딪히면서 유리처럼 소리를 냈다. 한편 마당 한쪽에서는 소들이 마른풀을 먹고 있었다.

부엌에 등불이 켜졌다. 창문의 빛 속으로 나탈리야의 그림자가 미끄러지듯 지나갔다. 판테레이 프로코피에비치는 따뜻한 곳으로는 가고 싶지 않았다. 그는 집안 사람들이 모여 있는 곳으로 들어갔다. 두냐시카가 프리스토냐네에서 막 돌아온 참이었다. 그녀는 빵 종류가 든 주발을 비우다가 혹시 얻어맞지 않을까 겁을 내면서 빠른 소리로 조금 전에 들었던 얘기를 지껄였다.

응접실에서는 그리고리가 소총과 나강총과 군도에 기름을 칠하고 있었다. 쌍안경을 수건에 싸고는 페트로를 불렀다.

"형 총은 잘 간수해 뒀지? 가져와봐, 숨겨둘 필요가 있어."

"방어해야 할 경우엔 어쩌려고?"

"가만히 있는 편이 좋을걸!"

그리고리는 쓴웃음을 지었다.

"조심해. 조심하지 않으면 들켜. 그땐 문 앞에 거꾸로 매달리게 될 거야."

두 사람은 밖으로 나갔다. 까닭없이 그들은 따로따로 무기를 감춰 두었다. 그러나 그리고리는 나강 권총만은 응접실 베개 밑에 숨겨 두었다.

저녁식사를 마치고 중얼중얼 얘기를 주고 받으면서 잠자리에 들 준비를 하고 있는데, 마당 한쪽에 매여 있던 암캐가 목걸이에 목이 졸린 것 같은 소리로 짖어댔다. 노인이 나간 지 얼마 안 되어 눈썹까지 방한두건을 눌러쓴 한 남자를 데리고 되돌아왔다. 흰 가죽혁대를 단단히 매고 완전무장을 한 그 남자는 들어오자마자 성호를 그었다. 하얀 (o)자같이 된 고드름에 싸인 입으로 흰 입김을 내뿜었다.

"내가 누군지 모르겠어?"

"마카르 아저씨 아녜요."

다리야가 소리쳤다.

그제야 비로소 페트로와 그의 가족들도 관구 안에서 노래 솜씨와, 그리고 술꾼으로 이름높은 싱긴 부락의 카자흐이며 먼 친척인 마카르 노가이체프임을 알아차렸다.

"무슨 바람이 불어 예까지?"

페트로는 웃음을 띠었지만 자리에서 일어서지는 않았다.

노가이체프는 수염에 붙은 고드름을 뜯어 문턱으로 내던지고 큼직한 펠트 구둣발을 몇번 구른 다음 천천히 외투를 벗었다.

"혼자서 도망가기가 내키지 않아서 예까지 왔다네. 친척집에 잠시 들렀다 가려고. 둘 다 집에 있다는 수문을 들었거든. 마누라에게도 멜레호프 집에 가봐야겠다고 말했지."

그는 소총을 페치카 옆에 있는 부젓가락과 나란히 세워 두어 여자들의 미소와 흥미를 자아내게 했다. 탄약통은 난로의 구멍 안에 밀어넣었으나 검과 채찍은 엄숙히 침대 위에 올려놓았다. 미기르에게선 여전히 탁주냄새가 강하게 풍겼다. 튀어나온 큼직한 눈은 취기로 흐리고, 젖어서 굳어진 볼수염 속에 돈의 조가비처럼 푸르스름하고 가지런한 이가 반짝였다.

"싱긴 쪽 카자흐들은 달아나지를 않았나?"

유리구슬이 박힌 담뱃갑을 내밀며 그리고리가 물었다.

손님은 담뱃갑을 밀쳤다.

"담배는 안 피워……카자흐들 말인가? 달아난 놈도 있고 어디에 숨을까 하고 들쥐 굴 같은 곳을 찾아다니는 놈도 있지. 그런데 자네들은 그대로 남아 있을 거야?"

"우리 식구들은 남아 있기로 결정했으니까 우리를 유혹하지 말아요!"

일리니치나가 겁을 먹은 듯이 말했다.

"남아 있겠다구? 믿을 수가 없는걸? 그리고리, 그게 정말인가? 모두가 목숨을 걸었군 그래!"

"될 대로 되라지……"

페트로가 한숨을 내쉬었다. 그리고 불꽃처럼 빨개진 얼굴로 물었다.

"그리고리! 생각을 고쳐먹는 게 어때? 달아나야 한다구."

"안 돼!"

담배연기가 그리고리를 둘러쌌다. 그것은 천천히 곱슬곱슬한 앞머리 위로 올랐다.

"자네 말은 우리 아버지가 치워 두었나?"

페트로가 불쑥 물었다.

잠시 모두들 잠자코 있었으나 두냐시카의 발밑에서 물레가 졸음을 불러일으킬 듯이 산벌처럼 윙윙 신음소리를 내었다.

노가이체프는 도네츠강 너머로 떠나가자고 형제를 충동질하며 새벽녘까지 눌러 있었다. 밤 사이에 페트로는 두 차례나 모자를 쓰지 않은 채 말에 안장을 얹으려 밖으로 나갔지만 그때마다 다리야의 험악한 눈총을 받아 다시 안장을 떼어놓았다.

동이 트자 손님은 채비를 서둘렀다. 외투를 입고 문 손잡이를 잡은 그는 뜻있는 헛기침을 하고 위협조로 말했다.

"남아 있는 것도 좋겠지만 나중에 후회하게 될걸. 저쪽에서 돌아왔을 때만 해도 우리중의 누가 빨갱이 놈들한테 돈의 문을 열어 줬는지, 놈들의 시중을 들어 줬는지 지금도 잊지 않고 있으니까……"

아침부터 줄기차게 눈이 내렸다. 그리고리는 밖으로 나갔다. 돈의 맞은편 쪽에서 거뭇거뭇한 사람의 무리가 둑을 걸어 내려오고 있었다. 여덟 마리의 말이 무엇인가를 끌고 왔다. 사람의 목소리와 말을 재촉하는 소리와 욕설이 들려 왔다. 사람과 말의 모습이 눈보라 속에서 안개처럼 흐릿하게 보였다. 그리고리는 4마리씩 한 조가 되어 있음을 보고 이렇게 짐작했다. '포병이군 ……적위병은 아닐까?' 그러자 가슴의 고동이 격렬해졌다. 그러나 곧 생각을 다른 데로 돌리고 자신을 억눌렀다.

사람의 무리는 부락을 향한 검은 포문처럼 얼음구멍 언저리를 멀리 돌아 부락으로 다가왔다. 그런데 육지로 올라오는 지점에서 얼음이 부서지는 바람에 맨앞 포차의 한쪽 바퀴가 빠지고 말았다. 마부의 고함소리, 얼음 깨지는 소리, 말발굽이 미끄러지면서 바꿔 딛는 성급한 소리 등이 바람에 실려왔다. 그리고리는 가축우리 앞으로 나와 살며시 내다보았다. 기마병의 외투에 눈을 뒤집어쓴 견장을 발견한 그는 외모로 봐서 카자흐일 거라고 짐작했다.

약 5분이 지나자 말을 탄 키큰 조장이 대문 안으로 들어왔다. 그는 현관 계단이 있는 곳에서 말을 내리고 가죽끈을 난간 손잡이에 묶은 다음 곧장 집 안으로 들어왔다.

"이 집 주인이 뉘시오?"

그는 인사를 한 다음에 물었다.

"나요."

판테레이 프로코피에비치는 대꾸를 했으나 마음속으로는 "어째서 당신네 집 남자들은 집에 있지?" 물을까봐 잔뜩 겁을 먹었다.

그러나 조장은 눈을 맞아 멜빵처럼 꼬인 입수염을 주먹으로 문지르면서 간청했다.

"미안하지만 포차를 일으켜 세우는 일을 좀 도와 줘야겠소! 강가에 처박혀 있어요……밧줄은 있겠지요? 무슨 부락이 이 모양인지, 원. 우린 길을 잃었소. 에란스카야 마을로 나가려고 하는데 눈에 가려 한 치 앞도 볼 수가 없소. 이런 판국에 빨갱이 놈들은 우리의 꼬리를 붙잡으려 노리고 있다오."

"곤란하겠는데……"

노인이 더듬는 어조로 말했다.

"곤란하다는 말이 어디 있소! 이 집엔 남자들이 있지 않소……사람의 손이 필요해요, 도와 주시오."

"병들었는데 어떡하겠소."

판테레이 프로코피에비치는 거짓말을 했다.

"모두들, 어쩌자는 거요!"

조장은 마치 이리같이 목을 꼿꼿이 세우고 주위를 둘러보았다 그의 목소리는 갑자기 젊고 또렷또렷 해졌다.

"당신들은 카자흐 아니오? 부대의 장비가 못 쓰게 되는 걸 가만히 보고만 있겠다는 거요? 난 중대장 대리요. 장교는 모두 달아나버렸소. 1주일 동안이나 말에서 내려오지 못해 동상에 걸려 발가락이 떨어져나간 형편이요. 난 목숨을 걸고 중대를 지키고 있소! 그런데도 당신들이……응하지 않으면 당장 카자흐들을 부르겠소. 그리고 너희들을……"

조장은 눈물을 흘리면서 고함을 질렀다.

"기어이 돕도록 만들 테요, 빌어먹을! 볼셰비키놈! 혼찌검을 내줘야지! 노인장, 어떻소? 원한다면 당신을 말 대신에 묶어둘까! 모두 불러와, 안 그랬다가는 끝장이다. 네놈들의 부락을 짓이겨놓고 말겠다."

그의 말에는 확신이 느껴지지 않았다. 그리고리는 그가 가엾게 느껴졌다. 그는 군도를 움켜쥐고 돌아다니는 조장을 무시하고 거칠게 말했다.

"고함 지를 거 없소! 도와 줄 테니! 일이 끝나면 아무 데고 떠나도록 하슈."

그물을 깔아 포를 끌어올렸다. 모여든 인원은 적은 수가 아니었다. 아니쿠시카, 프리스토냐, 이반 토밀린, 델레호프 일가, 그 밖에 열 명 가량의 여자가 포병의 힘을 빌어, 포와 탄약상자를 운반하고 말이 경사면을 오르도록 힘을 합쳤다. 얼어붙은 차량이 눈 위에서 미끄러졌다. 지칠 대로 지쳐빠진 말은 나지막한 언덕을 힘겹게 올라갔다. 포병들은—그 반수는 달아났는데—도 보였다. 조장은 모자를 벗고 인사를 한 다음 안장 위로 몸을 돌리고 호령을 했다.

"중대, 따라왓!"

그리고리는 그의 뒷모습을 감동과 존경심으로 바라보았다. 페트로가 곁에 서서 입수염을 씹으며 그리고리의 생각을 읽듯이 말했다.

"모두 다 저 사람 같다면 얼마나 좋겠어! 고요한 돈을 지키려면 저래야만 한다구!"

"저 조장 말야?"

온 얼굴에 진흙을 바른 프리스토냐가 곁으로 다가와 물었다.
"이젠 대포를 끌고 갈 수 있게 됐어. 제기랄, 나에게 채찍을 들고 덤벼들 잖아! 사람이란 자포자기가 되면 아무한테나 손찌검을 하게 되나봐. 난 도와 주고 싶지 않았지만 솔직히 겁이 나더군. 그래서 방한화도 없이 나왔지 뭔가. 저 머저리들에게 대포가 무슨 필요가 있겠어? 돼지에게 목걸이를 끼워 둔 거나 같지……"
카자흐들은 웃으면서 헤어졌다.

16

돈 너머의 먼 곳에서—시간은 이미 정오가 지났는데—기관총의 둔한 음향이 들려 왔으나 이내 그 소리는 잦아들었다.
30분쯤 지났을 때 응접실 창가에 달라붙어있던 그리고리가 광대뼈 언저리까지 파랗게 질려서 뒷걸음질을 쳤다.
"쳐들어온다!"
일리니치나가 깜짝 놀라 창가로 뛰어 왔다. 한길에 8명의 기마병이 말을 몰아오고 있었다. 그들은 속보로 멜레호프의 집까지 와서 잠시 멈추어 돈의 건널목과 돈과 언덕 사이에 끼인 눈이 녹아 검게 보이는 사잇길을 바라보고는 곧 되돌아갔다. 한편 그들의 말은 짧게 잘린 꼬리를 바쁘게 흔들어 눈을 걷어차면서 멀어져 갔다. 한 시간쯤 지났을 때, 타타르스키 부락은 마차 바퀴의 삐걱이는 소리와 'O'를 확실하게 발음하는 외부 사람의 말소리와 개짖는 소리 등으로 와자지껄 했다. 보병 연대가 썰매에 실은 기관총과 장비차와 주방차 등을 끌고 돈을 넘어 부락 안으로 밀려 왔다.
적위군 침입의 치음 순간은 분명 놀라운 일임에도 불구하고 웃음 헤픈 두냐시카는 그때조차도 웃음을 억누를 수 없었다. 정찰병이 되뜨가자 그녀는 앞치마로 가리고 킥 웃음을 터뜨리면서 주방으로 뛰어갔다. 나탈리야가 놀란 눈으로 그녀를 바라보았다.
"아니, 왜 그래?"
"나타셴카……저놈들 하는 짓이 어찌나 우스꽝스럽든지! 안장 위에서 몸을 이리저리 흔들고……팔꿈치를 까닥거리는 꼴이라니. 그놈들은 뭐든지 덜렁덜렁 매다는 게 유행인가 봐!"

그녀는 적위군 병사들이 안장 위에서 앞뒤로 몸을 흔드는 모양을 그대로 흉내냈다. 그러자 나탈리야까지도 웃음을 참지 못하고 침대 쪽으로 달려가 시아버지의 노여움을 사지 않으려고 베개 위에 얼굴을 파묻었다.

판테레이 프로코피에비치는 가늘게 떨면서 연장 궤짝 같은 것을 의자 위로 할일없이 이리저리 옮겨놓고 쫓기는 짐승같이 눈을 가늘게 뜬 채 끊임없이 창 밖을 내다보았다.

여자들은 부엌에서 재난을 예측하는 듯 마냥 불안하게 오락가락했다. 이슬을 머금은 꽈리처럼 눈을 번뜩이고 얼굴이 새빨개진 두냐시카가 다리야에게 말을 탄 적위병들의 몸짓을 흉내내 보였는데 그 리드미칼한 동작에는 음란한 암시가 들어 있었다. 다리야의 동그란 눈썹이 신경질적으로 무너져 내렸다. 터져나온 웃음으로 목소리가 잠긴 그녀는 간신히 말을 했다.

"그러다가는 바지가 구멍투성이가 될걸! ……그런 식으로 말을 타다니……안장틀이 휘어질 거야!"

여자들의 웃음소리는 응접실에서 막 나온 페트로까지 순간적이지만 밝은 분위기에 휩싸이게 했다.

"놈들이 말을 타는 꼴이 우스꽝스럽단 말이지? 놈들은 그것도 몰라. 말잔등이 망가지면 곧장 다른 말을 끌어오지. 농사꾼이거든!"

그리고 그는 끝없는 모멸을 담아 손을 내저었다.

"놈들은 말을 타보는 것도 처음일걸. '어쨌든 타보자, 어디로든 갈 수 있겠지.' 이런 식이야. 놈들의 아비는 차 소리만 듣고도 눈깔이 휘둥그래질걸! 헤헤……"

그는 손가락 마디를 부러뜨리면서 응접실 문 뒤로 걸어나왔다.

적위병들은 떼를 저어 한길로 밀려들어 가옥 안으로 침입해 들어왔다.

다섯 명이―그 가운데 하나는 기마병이었는데―아스타호프네 집 옆에 멈춰 서자 나머지 5명은 울타리를 따라 아크시냐의 대문 안으로 미끄러져 들어왔다. 맨앞에 서 있는 사람은 코가 납작하고 콧구멍이 옆으로 벌어진 키가 작고 말끔하게 면도를 한 늙은 적위병사였다. 단정한 복장으로 보아 고참 전선병인 듯했다. 그 병사가 맨 먼저 멜레호프네 집 안으로 들어왔다. 그리고 문 앞에 잠시 멈춰 서서 목을 갸웃거리며 짖어대는 암캐를 내려다보더니 이윽고 소총을 어깨에서 벗어들었다. 사격으로 지붕 위에서 흰 서리기둥이 솟아올랐다. 그리고리는 그의 목을 조이고 있는 상의의 깃을 매만지며 눈 위에서 임종의 고통에 몸부림치는 개의 옆구리에 난 구멍을 창문 너머로 바라보았다. 뒤돌아보았을 때, 그리고리의 눈앞에는 여자들의 창백해진 얼굴과 넋이 달아나버린 어머니의 눈동자가 다가와 있었다. 그는 모자도 쓰지 않고 현관 밖으로 나갔다.

"얘, 관둬라!"

여느 때와는 다른 목소리로 아버지가 등뒤에서 소리쳤다.

그리고리는 탕 하고 문을 열었다. 뒤늦게 걸어온 적위병들이 샛문으로 들어왔다.

"무엇 때문에 개를 죽였소? 방해를 한 것도 아니지 않소?"

문턱에 서서 그리고리가 물었다.

적위병의 벌어진 콧구멍이 공기를 들이마셨다. 새파란 면도자국이 난 입가장자리는 축 처졌다. 힐긋 보고 그는 총을 들었다.

"그게 어쨌다는 거야? 가엾다는 거야? 난 네놈을 위해 총알을 쓰는 것도 아깝지 않아. 한번 당하고 싶어?"

"이봐, 이봐, 관둬! 알렉산드르!"

키가 크고 눈썹이 붉은 적위병이 곁으로 다가와 웃으면서 말했다.

"안녕하슈, 주인장. 석위병사들을 본 적이 있습니까? 숙소를 제공해 주셨으면 해요. 이 사람이 당신네 개를 죽였나요? 공연한 짓을 했군! ……타바리시치, 들어오라구."

그리고리가 맨 나중에 안으로 들어갔다. 적위병들은 명랑하게 인사를 하고 배낭과 일본제 탄띠를 벗어놓은 뒤 침대 위에 외투와 솜으로 누빈 윗옷, 모자 등을 수북히 쌓아 놓았다. 그러자 온 방 안이 알콜처럼 코를 찌르는 군인들의 냄새, 땀냄새, 담배, 값싼 비누, 소총 기름이 섞인 냄새와 먼 여정의 냄새로 가득 찼다.

알렉산드르라고 불리운 병사는 탁자 앞에 앉아 담배를 피우면서 그리고리와 대화를 계속하려고 입을 떼었다.

"당신은 백위군에 있었소?"

"그렇소……"

"그럴 테지……나는 모양을 보고 부엉이를 알아볼 수 있듯이, 콧물을 보고 당신에 대한 걸 알 수가 있다구. 백이라! 사관이오? 금줄 견장이겠지?"
 그는 콧구멍에서 연기기둥을 내뿜고 옆 기둥 옆에 서 있는 그리고리를 싸늘한 웃음을 띤 눈초리로 뚫어지게 보더니 담뱃진이 밴 손톱으로 계속 담배를 털었다.
 "사관이지? 고백하지 그래! 난 동작을 보고 알 수 있다구. 독일군을 쳐부순 패거리일걸."
 "사관이었소."
 그리고리는 애써 태연한 미소를 짓고 나탈리야의 놀라움과 간청이 담긴 시선과 부딪치자 얼굴을 일그러뜨리고 눈썹을 떨었다. 그는 자신의 미소에 울화가 치밀었다.
 "안됐군! 개를 죽일 필요는 없었는데……"
 적위병은 꽁초를 그리고리의 발밑에 던지고 다른 동료에게 눈짓을 해보였다.
 그러자 그리고리는 다시금 자신의 의지와는 달리 미안하다는 듯, 애원하는 듯한 미소가 적위병의 입술을 비틀어놓고 있음을 느끼고 자신의 본의아닌 무의식적 허약함을 부끄러워했다. '주인 앞에 나온 길들여진 개처럼……' ─그는 수치심으로 얼굴이 달아올랐다. 그 순간 그의 눈에는 죽임을 당한 가슴이 하얀 암캐가 시꺼먼 주둥이를 내밀어 보이던 모습이 생생하게 떠올랐다. 그리고리가, 목숨을 쥔 주인이 다가갈 때면 개는 언제나 발랑 드러누워 싱싱한 앞니를 드러내고 탐스럽고 붉은 꼬리를 흔들곤 했던 것이다.
 판테레이 프로코피에비치는 아까처럼 그리고리에게는 귀에 선 음성으로 손님들에게 저녁식사는 어떻게 하겠습니까, 주부에게 일러두겠다……라고 물었다.
 일리니치나는 손님들의 대답이 떨어지기 전에 난로 옆으로 급히 걸어갔다 손에 든 부젓가락이 부들부들 떨렸다. 스튜가 든 무쇠 남비가 도무지 잡히지 않았다. 눈을 내리 깐 채 다리야가 식탁을 준비하고 있었다. 적위병들은 성호를 긋지 않고 자리에 앉았다. 노인은 공포와 혐오를 품고 그들을 관찰했는데, 더이상 참지 못하고 물었다.
 "기도는 올리지 않습니까?"
 그때 비로소 미소 같은 것이 알렉산드르의 입술을 스쳤다. 나머지 병사들이 한꺼번에 웃음을 터뜨리는 가운데 그가 대꾸했다.

"주인영감, 권하지 않는 게 좋겠소! 우린 하느님을 내쫓은지 오래되었소. 멍충이들이나 믿는 그런 걸 뭣하러 믿는단 말이오."

"그 말이 맞아요……학문을 한 사람들은 잘 알겠지만."

판테레이 프로코피에비치는 잔뜩 겁먹은 말투로 동의했다.

적위병들 앞에 다리야가 숟가락을 한 개씩 갖다놓았다. 그러자 알렉산드르는 자기 앞의 것을 밀쳐내며 물었다.

"나무 숟가락 말고 다른 건 없나? 전염병에 걸릴지도 모르잖아! 이게 숟가락이야? 씹다 준 쓰레기 같군!"

다리야는 화가 났다.

"남의 것을 쓰지 않으면 제 것을 가져오면 되잖아요."

"아줌마, 잠자코 있어요! 다른 숟가락은 없소? 그렇다면 깨끗한 냅킨을 갖다 주슈. 이걸 닦아야겠소."

일리니치나가 접시에 스튜를 부었다. 그러자 이번에는 그녀에게 부탁했다.

"먼저 간을 봐주슈, 주인 아주머니."

"꼭 내가 간을 봐야 하나요? 너무 매울 것 같아서요?"

노파가 물었다.

"그렇소. 혹시 가루 같은 걸 뿌리진 않았겠지?"

"시킨 대로 해! 어서."

판테레이 프로코피에비치가 입술을 깨물면서 외쳤다. 그런 다음에 그는 옆방에서 구두통을 들고와 병에 든 기름을 섞고 낡은 장화를 끌어안고는 더 이상 얘기에 끼어들지 않았다.

페트로는 응접실에 박혀 있었다. 나탈리야도 애들과 함께 거기에 앉아 있었다. 두냐시카는 난로 옆에 찰싹 붙어앉아 양말을 뜨고 있었는데 한 적위병이 '아가씨'라고 부르며 식사를 함께 하자고 권하자 그녀는 곧바로 나가버렸다. 한동안 얘기가 끊어졌다. 식사를 마친 적위병들은 담배를 피우기 시작했다.

"여기서 담배를 피워도 괜찮겠소?"

붉은 눈썹의 병사가 물었다.

"우리 집 남자들 담배연기만으로도 충분하다우."

불쾌한 듯이 일리니치나가 말했다.

그리고리에게 담배를 권했지만 그는 사양했다. 그는 그때까지도 몸을 떨고 있었고, 개를 쏴죽인 적위병을 보자 가슴을 욱죄는 것 같은 파동이 심장으로 흘러들었다. 그 병사는 그에게 도발적이고 거친 태도를 취했다. 마치 곧 덤벼들 것 같은 자세였다. 계속해서 그리고리를 모욕하고 그를 애기 속으로 끌어들일 기회를 찾았다.

"사관님은 몇 연대에 근무했었소?"

"여러 부대에 있었소."

"우리 병사를 몇 명이나 쏴죽였는지?"

"전쟁중에 어떻게 숫자를 센단 말이오? 타바리시치, 당신은 내가 본래부터 사관이었다고 생각하슈? 난 독일 전선에서 사관이 되어서 귀환했었소. 전공이 있어 사관 계급장을 받았다 그 말이오……"

"난 사관의 타바리시치는 아냐. 너 같은 놈들은 우리에겐 총살감이라구. 나 역시 죄를 많이 지었지. 내가 죽인 자가 한둘이 아니었으니까."

"당신에게 말해두겠는데, 타바리시치……당신의 태도는 좋지 않아요. 마치 전투중에 부락을 점령한 것처럼 굴고 있지 않소. 우린 스스로 전선을 버리고 당신들에게 길을 내주고 있지 않소. 그런데 당신은 마치 점령지에 온 것 같은 태도로 나오니……개를 쏴죽이는 것쯤은 누구나 할 수 있어요. 무기를 갖지 않은 사람을 죽이거나 혼찌검을 내는 것쯤 어려운 일은 아니라고 생각해요……"

"설교는 닥치라구! 우린 너희들이 어떤 놈들인지 잘 알고 있으니까! '전선을 버렸다고?' 전선을 괜히 버렸나? 고생이 싫어서 빠져 나온 게 아냐. 네가 어떤 말을 하든지 난 상대해 줄 수가 있어."

"이봐, 그만해, 알렉산드르! 웬만큼 해둬!"

붉은 눈썹이 간청했다.

그러나 그 병사는 벌써 그리고리에게 다가가 콧구멍을 씰룩거리면서 숨을 헐떡이고 있었다.

"사관, 내 부아를 돋구지 않는 게 좋아. 그렇지 않으면 일이 묘하게 될 테니까!"

"난 당신들의 부아를 돋군 일 없소."

"아냐, 계속 내 부아를 돋궜어!"

나탈리야가 문을 열고 더듬거리며 그리고리를 불렀다. 그는 그의 앞에 버티고 있는 적위병을 피해서 술취한 사람처럼 문 쪽으로 비틀비틀 걸어갔다. 페트로가 신음처럼 낮은 소리로 그를 맞이했다.

"너, 뭐하는 짓이냐? …… 저놈이 도깨비로 보이더냐? 뭣 땜에 놈하고 입씨름을 하느냐구? 네 자신과 우리 모두를 망쳐놓을 작정이냐? 그만 앉지 못하겠어! ……"

그는 힘껏 그리고리를 궤짝 쪽으로 밀어붙이고 그 자리를 떴다.

그리고리는 입을 크게 열고 빨아먹을 듯이 공기를 들이마셨다. 햇볕으로 그을린 그의 볼에서 검붉은 기운이 돌고 눈동자는 약하고 흐린 빛으로 빛나기 시작했다.

"그리샤! 그리센카! 당신, 그만둬요!"

곧 울음을 터뜨리려는 아이들의 입을 틀어막고 떨면서 나탈리야가 졸라댔다.

"뭣 때문에 내가 떠나지 않았을까?"

그리고리는 묻는 것처럼 말하고 근심스런 얼굴로 나탈리야를 바라보았다.

"입씨름은 안할 테니 잠자코 있어! 귀찮게 굴지 말고."

그런 다음 다시 3명의 적위병이 들어왔다. 검고 높은 모피모자를 쓴 사관인 듯한 사람이 물었다.

"숙영하는 인원은 몇인가?"

"7명입니다."

리벤카(도미나 지방의 악기)의 노래 같은 말투루 붉은 눈썹의 사내가 대답했다.

"기관총을 여기다 두겠다. 비좁겠지만 참도록 해."

그들이 나가자 곧바로 삐걱거리는 문소리가 들리고 집 안으로 두 대의 짐 썰매가 들어왔다. 한 대의 기관총이 입구로 끌어올려졌다. 누군가가 어둠 속에서 성냥을 긋고 욕설을 퍼부었다. 헛간 아래에서는 담배를 피우고 탈곡장에서 마른풀을 끌어다가 불을 피웠다. 그런데도 아무도 집 안에서 나오지 않았다.

"가서 말을 살피고 오시지 그래요."

노인 옆을 지나가면서 일리니치나가 소곤거렸다.
그러나 노인은 어깨를 떨 뿐 나가려 하지 않았다. 밤새도록 문이 덜컹덜컹 소리를 냈다. 천장 아래는 흰 증기가 가득 차고 벽에는 이슬이 맺혔다. 적위병들은 응접실 마룻바닥에 잠자리를 폈다. 그리고리는 그들을 위해 무릎덮개를 가져다가 펴주고 자신의 반외투로 베개를 삼게 했다.
"나도 군대에 있어 알고 있소."
화해하듯이 그는 자기에게 적의를 품었던 병사에게 미소를 지어 보였다. 그러나 납작한 콧구멍을 벌름거릴 뿐 적위병의 시선은 타협을 허락치 않고 그리고리의 얼굴 위를 미끄러져 갔다……
그리고리와 나탈리야는 같은 방 침대에 누웠다. 적위병들은 소총을 머리맡에 쌓아두고 무릎덮개 위에서 아무렇게나 뒹굴었다. 나탈리야가 등불을 끄려고 하자 위협적인 목소리가 들려 왔다.
"누가 불을 끄라고 했나? 심지만 낮추라구. 등불은 밤새도록 켜놔야 해."
나탈리야는 아이들을 발치에 눕히고 옷을 입은 채 벽 쪽으로 몸을 붙이고 누웠다. 그리고리는 팔을 내던진 채 말없이 자리에 누워 있었다.
'집을 나갔더라면 어찌 될 뻔했지.' 이를 악물고 베개에 가슴을 대고 그리고리는 생각했다. '나갔더라면 폴란드에서 프라냐를 모두들이 때려눕혔던 것처럼, 지금쯤 이 침대 위에서 나탈리야를 짓누르고 장난감을 삼았을지도 몰라……'
적위병 하나가 얘기하기 시작했다. 그러나 귀에 익은 음성이 그 목소리를 가로막았다. 흐릿한 어둠 속에서 대답을 기다리듯 더듬더듬 소리가 들려 왔다.
"계집이 없으니까 외로워서 못 견디겠어! …… 이빨로 물어뜯어도 시원치 않겠다…… 하지만 주인은 사관 아닌가…… 침을 흘려봐야 졸병한테 여편네를 빌려 주진 않겠지…… 듣고 있나, 이봐, 주인장?"
어떤 병사는 코를 골고 있었고 어떤 병사는 웃어댔다. 붉은 눈썹의 사내가 나무라는 목소리가 들려 왔다.
"알렉산드르, 난 너에게 더이상 말하고 싶지 않다. 네가 가는 곳마다 말썽을 부리고 못된 짓을 해 적위병의 이름이 손상되었어. 이러지 마! 당장 코밋살이나 중대장한테 일러바치겠어. 알았지? 너하고 결말을 보겠다, 이 말이야."

그러자 얼어붙은 듯이 조용해졌다. 붉은 눈썹이 숨을 씨근덕거리면서 장화를 신는 소리만이 들렸다. 잠시 뒤, 그는 탕 하고 문을 닫고 나가버렸다.

나탈리야는 참지 못하고 흐느껴 울었다. 그리고리는 떨리는 손으로 그녀의 머리와 땀에 젖은 이마와 축축한 얼굴을 쓰다듬었다. 오른손으로는 자신의 가슴을 더듬어 기계적으로 속옷 단추를 만지작거렸다.

"잠자코 있어! 잠자코 있으라구!"

그는 들릴 듯 말 듯한 소리로 나탈리야에게 소곤거렸다. 그러면서 그 순간 자신과 가족들의 목숨을 보존하려면 어떤 시련도 그 어떤 비굴한 짓이라도 서슴지 않아야 한다고 다짐했다.

성냥불이 막 일어난 알렉산드르의 얼굴과 납작한 코와 담배에 찌든 입을 비추고 있었다. 그가 옷을 갈아입는 기척이 들려 왔다. 마음속으로 붉은 눈썹에게 깊은 감사를 바치면서 견딜 수 없는 심경으로 귀를 기울이던 그리고리는 창 밑에서 발소리가 들리자 기쁨이 솟구쳐 몸이 다 떨렸다.

"놈은 시비만 걸고…… 손을 쓸 수가 없습니다…… 정말이지, 안 되겠습니다…… 코밋살 동지……"

현관 앞에서 발소리가 멈췄다. 삐걱거리는 소리와 함께 문이 열렸다. 젊은 지휘관인 듯한 음성이 명령을 내렸다.

"알렉산드르 체르니코프, 옷을 갈아입고 즉시 여기에서 나갈 것. 내 숙소에서 자도록 해. 내일 아침에 적위병에 걸맞지 않은 행위를 한 죄목으로 너를 재판에 회부하겠다."

그리고리는 붉은 눈썹과 나란히 문 옆에 서 있는 검은 가죽상의를 입은 사나이의 날카로우면서도 호의가 담긴 시선을 붙들었다.

첫눈에 그가 젊다는 것을 알 수 있었다. 그리고 청년답고 엄격했다. 젊은이다운 솜털에 싸인 입술이 야무지고 단단해 보였다.

"소란을 피워서 미안하오, 타바리시치."

그는 희미한 미소를 띠고 그리고리를 향해 말했다.

"저 사내는 내일이면 벌을 받게 됩니다. 편히 쉬십시오. 가자, 체르니코프!"

그들이 나간 뒤, 그리고리는 겨우 안도의 한숨을 내쉬었다. 이튿날 아침,

숙박료와 식사 대금을 지불하면서 붉은 눈썹의 사내는 일부러 시간을 끌며 말했다.

"여러분, 우리를 너무 나무라지 마십시오. 저 알렉산드르란 자는 머리가 좀 어떻게 된 녀석이라오. 재작년에 루강스크에서—녀석은 루강스크 출신인데—어머니와 누이동생이 녀석의 눈앞에서 사관들에게 총살을 당했어요. 저 녀석이 그렇게 된 건 그 탓입니다……그럼, 실례하겠소. 감사합니다. 아참, 이걸 아기들한테 주려고 했는데 깜빡 잊었군!"

그는 배낭에서 먼지로 잿빛이 되어버린 사탕을 꺼내 한 개씩 기뻐 뛰는 아이들의 손에 쥐어 주었다.

판테레이 프로코피에비치는 감동한 얼굴로 손자들을 바라보았다.

"그거 참, 좋은 선물이로군! 사탕은 1년 동안 구경도 못해 봤소. 고맙소, 타바리시치! ……아저씨께 인사드려라! 폴류시카, 감사합니다라고! 그렇게 우두커니 서 있으면 못써요!"

붉은 눈썹은 그 자리를 떴다. 그러자 노인은 화가 난 듯이 나탈리야에게 말했다.

"멍청한 것 같으니라구! 프이시카(도넛 같은)라도 갖다주지 않고. 착한 사람에게는 은혜를 갚아야 한다, 안 그러냐?"

"어서 뛰어가봐!"

그리고리가 일렀다.

나탈리야는 프라토크를 뒤집어쓰고 붉은 눈썹의 뒤를 쫓아갔다. 그녀는 얼굴이 빨개져서 스텝 가운데에 있는 우물보다 깊은 그의 외투 호주머니 안에 프이시카를 집어넣었다.

17

정오경 두세 카자흐에게서 군마를 징발한 제6무젠스키 적기(赤旗) 연대가 강행군으로 부락을 지나갔다. 멀리 언덕 너머에서 총성이 울렸다.

"치르 근처에서 전투가 벌어졌어."

판테레이 프로코피에비치가 자르듯 말했다.

저녁 무렵, 페트로와 그리고리도 몇 번이나 마당으로 나가 보았다. 돈 강가 어디선가, 우스치 호표르스카야보다 더 먼 곳에서 둔중한 대포 소리가 울리고 희미하게 기관총을 쓰는 소리도 들렸다.
"작전을 잘 짰군! 그세리시치코프 장군이 군도로프 연대를 이끌고 싸우는 중이야."
무릎과 모피모자에서 눈을 털어내면서 페트로가 말했다. 그러더니 방금 전의 얘기와는 전혀 딴 소리를 덧붙였다.
"우리 말도 징발되겠지. 그리고리, 네 말은 눈에 띄기 쉬워 틀림없이 징발 당할걸!"
그러나 그 일은 노인 쪽이 두 사람보다 더 빨리 눈치를 채고 있었다. 그리고리는 잠자기 전에 두 마리의 군마에게 물을 마시게 하려고 입구에서 끌어낼 때, 말들이 다리를 저는 것을 보았다. 자기의 말과 페트로의 말이 다리를 절고 있었다. 그래서 형을 불렀다.
"곤란하게 됐어. 말 다리가 못쓰게 됐다구! 형의 말은 오른쪽, 내 말은 왼쪽 다리야. 암에 걸린 걸까? 아니면 무릎이 깨졌나?"
초저녁의 어스름 속에서 보랏빛 눈 위에 말들은 고개를 숙인 채 가만히 서서 다리를 들어올리려 하지 않았다. 페트로가 등불에 불을 켜려고 할 때 탈곡장에서 온 아버지가 그를 말렸다.
"왜 불을 켜려는 거냐?"
"말이 다리를 절어요. 다리를 다친 게 아닐까요?"
"다리를 다쳤다구? 농사꾼이 끌고 가버리는 편이 낫다는 말이냐?"
"그럼, 걱정할 필요가 없겠군요?"
"그리샤한테 일러 줘. 내가 망치로 연골에다 못을 한 개씩 박아 놨다고. 전선이 없어지지 않는 한 계속 다리를 절 게다."
페트루는 머리를 흔들고는 입수염을 씹으며 그리고리가 있는 곳으로 걸어갔다.
"사료통 쪽으로 데리고 가! 아버지가 일부러 다리를 절게 했다는군."
노인의 책략은 성공을 거두었다. 밤중에 부락에는 다시 소란이 일어났다. 기미병들이 힌길을 뛰어왔다. 포차가 덜기덩기리며 딜려가다가 광징에 집결했다. 제13 기병 연대가 부락에서 숙영을 하게 된 것이었다. 멜레호프네에서는 마침 그때 프리스토냐가 와서 쭈그리고 앉아 담뱃불을 붙이고 있는 참이었다.

"자네 집엔 도깨비들이 오지 않았나?"

"아직은요. 하지만 전에 온 패들이 어찌나 집 안에 농사꾼 냄새를 풍겨 놓았던지."

일리니치나가 불평을 터뜨렸다.

"우리 집에도 왔었소."

프리스토냐는 목소리를 낮추었다. 그러면서 큼지막한 손바닥으로 물기가 있는 눈두덩을 훔쳤다. 스텝에서 불을 피워 사용하는 무쇠솥처럼 큰 머리통을 마구 흔들며 프리스토냐는 한숨을 내쉬었다. 이내 그는 자신의 눈물을 창피하게 여기는 듯한 표정을 지었다.

"아니, 왜 그래, 프리스토냐?"

프리스토냐의 눈물을 처음으로 본 페트로가 웃으며 물었다. 그 눈물은 그들을 명랑하게 했다.

"내 말을 놈들이 끌고 가버렸어…… 그놈과 함께 독일전쟁을 치뤘는데. 고생을 나눈 녀석이라구…… 사람하고 다를 바 없어. 아니, 사람보다 더 영리하지. 제 놈이 알아서 안장을 올린다니까. '안장을 얹어 줘! 잘 안되잖아.' 그렇게 말하곤 했지. '이봐, 평생토록 날더러 안장을 얹어달랠 거야? 네가 한번 해봐.' 내가 그렇게 말하면 제가 안장을 맨다니까. 마치 사람 같다니까 …… 장난꾸러기 이긴 했지만!"

프리스토냐는 울먹이는 소리로 지껄이더니 갑자기 벌떡 일어섰다.

"마구간을 보는 것도 싫어졌어! 빈 집 같아……"

"우리 말은 무사하니 다행이야. 난 여태껏 세 마리나 부려먹었어. 이번 것이 네째 말인데 그녀석만은 조심해서 다뤄야겠어……"

그리고리는 가만히 귀를 기울였다. 창 밖에서 눈을 밟는 소리와 군도가 철커덕 거리는 소리가 들렸다.

"우리 집에도 오고 있군! 물고기가 숨을 쉬려고 떠오르는 것같이. 에이, 빌어먹을! 누가 밀고를 했는지도 모르겠군……"

판테레이 프로코피에비치는 안절부절못했다. 몸둘 바를 모르고 허둥댔다.

"주인장, 잠깐만 나와 보슈!"

페트로가 농부 외투를 걸치고 나갔다.

"말은 어딨나? 끌고 와!"

"싫다고는 않겠소, 하지만 타바리시치, 다리에 병이 들었어요."
"다리가 아프다구? 상관없으니까 끌고 와! 걱정할 거 없어. 아무 말이나 끌어가진 않을 테니까. 우리 것을 대신 놔두고 가겠어."
한 마리씩 마구간에서 끌어냈다.
"또 한 마리 있잖아. 왜 끌고 오지 않지?"
등불을 비추면서 적위병 하나가 소리쳤다.
"저건 암컷인데 새끼를 뱄어요. 나이를 많이 먹은 늙은 말이오."
"이봐, 안장을 가져와! 잠깐, 정말로 다리를 저는군…… 이봐, 병신 말을 어디로 끌고 갈 참이야! 제자리에다 처넣고 와!" 등불을 든 적위병이 거칠게 숨을 내뿜었다.
페트로는 고삐를 잡고 고개를 돌려 버렸다.
"안장은 어디 있나?"
"타바리시치가 오늘 아침에 갖고가 버렸소."
"이 카자흐놈이 거짓말을 지껄일 참이야! 누가 가져갔다구?"
"정말입니다! 거짓말이 아니오! 무젠스키 연대가 들렀을 때 가져갔다구요."
욕설을 퍼붓고 3명의 기마병은 떠나갔다. 페트로는 말의 땀과 오줌냄새를 풍기면서 집안으로 들어갔다. 단단한 입술을 곧게 다물고, 그러나 조금은 자랑스럽다는 듯이 프리스토냐의 어깨를 탁 쳤다.
"이렇게 감쪽같이 해놔야 한다구! 안 그래?"
일리니치나는 램프를 끄고 작은 방으로 조심조심 걸어나갔다.
"어둡게 해야지, 안 그랬다가는 또 어떤 놈들이 방을 빌려 달라고 들이닥칠지 모르니까."

그날 밤, 아니쿠시카의 집에서 잔치가 벌어졌다. 적위군이 이웃에 살고 있는 카자흐들을 불러오라고 하여 아니쿠시카가 멜레호프네 사람들을 부르러 왔다.
"적위병들? 적위병이 어쨌다는 거야? 놈들은 세례를 받지 않았단 말이지? 하지만 우리와 똑같은 러시아인이야. 정말이라구! 믿든 안 믿든 그건 자네들 맘대로지만 놈들이 안됐어……그게 어쨌다는 거야? 유대인도 있지만 같은 인간 아니겠어? 우리가 폴란드에서 유대인들을 혼내 주긴 했지만……하지만 지금 와 있는 유대인은 나에게 탁주까지 따라주던걸. 난 유대인을 좋아해! 자, 가자구, 그리고리! 페챠! 날 그렇게 보지마……"

그리고리는 가기를 거절했으나, 판테레이 프로코피에비치가 권했다.

"갔다오너라. 안 갔다가는 무시했다고 트집을 잡을 거다. 눈 찔끔 감고 다녀오도록 해."

그들은 밖으로 나갔다. 따뜻한 밤이 맑은 날씨를 약속하고 있었다. 말똥 타는 냄새가 풍겼다. 카자흐들은 잠시 묵묵히 서 있었다. 그런 다음에야 걸음을 옮겨 디뎠다. 다리야가 샛문으로 그들을 쫓아왔.

얼굴 위에서 활짝 벌어진 그녀의 물들인 눈썹이 구름들 사이로 흘러나온 달빛을 받아 빌로도처럼 검게 반짝거렸다.

"내 마누라를 술에 취하게 하려고 야단들이었어……놈들의 계략에 넘어갈 줄 알고. 이봐, 나도 눈을 갖고 있다 이 말이야……"

아니쿠시카는 그렇게 중얼거렸지만 탁주의 취기는 그의 몸뚱이를 울타리 쪽으로 내던져 길바닥의 눈덩어리 위에 뒹굴게 했다.

발밑에서 가루 같은 푸르스름한 눈이 설탕처럼 사그락사그락 소리를 냈다. 잿빛 하늘에서 눈보라가 쏴아 하고 불어왔다.

바람은 담뱃불을 날리고 눈보라를 일으켰다. 별무리 아래에서 바람은 흰 날개를 가진 구름에 사나운 짐승처럼 덤벼들고는 다시 얌전해진 대지를 습격하는 것이었다. 하얀 솜털 같은 눈조각이 물결치면서 내려와 부락을, 열십자로 어긋난 가도를, 스텝을, 사람과 동물의 발자국을 뒤덮고 가는 것이었다……

아니쿠시카의 집에는 숨돌릴 만한 공간도 없을 지경이었다. 검게 구부러진 그을음의 혀가 램프로부터 하늘하늘 올라가고 있었다. 담배 연기로 모두가 눈이 침침해져 있었다. 아코디언 켜는 적위병이 긴 다리로 버티고 선 채 아코디언 허리를 한꺼번에 벌리면서 '사라토프 춤'을 연주했다. 의자에는 적위병과 이웃집 아낙네들이 나란히 앉아 있었다. 카키색 솜바지를 입고 마치 박물관에서 가져온 것 같은 큼직한 박차를 묵직하게 매단 장화를 신은 남자가 아니쿠시카의 비위를 맞추었다. 회색털이 붙은 그의 군모는 곱슬거리는 머리카락의 뒤통수에 내려와 있고, 갈색 얼굴에는 땀이 배어 있었다. 축축한 손이 아니쿠시카의 등을 뜨겁게 달구어 놓고 있었다.
 아니쿠시카의 아내도 이미 몽롱해진 지 오래였다. 입술은 침으로 흠뻑 젖었고 몸을 빼려 해도 이미 그럴 만한 힘을 잃고 있었다. 그녀의 눈에는 남편의 모습과 여자들의 미소 띤 시선이 들어왔지만 잔등에 달라붙은 억센 손을 떼어놓을 수가 없었다. 취하여 힘이 빠진 그녀는 그저 웃고만 있었다.
 탁자 위에는 항아리의 입이 열린 채로 버려져 있고 알콜냄새가 가득 차 있었다. 테이블 덮개는—축축히 젖어 있었다. 집 한가운데에 있는 토방에는 제13기병 연대의 소대장이 풀빛 도깨비처럼 몸을 꿈틀거리며 춤추고 있었는데 그는 가죽장화에 장교용 바지를 입고 있었다. 그리고리는 문지방 앞에서 장화와 바지를 보고 '장교에게서 빼앗은 거로군……' 생각했다. 그리고 그는 시선을 옮겼다. 거무튀튀한 얼굴은 검은 말의 엉덩이같이 땀으로 번뜩였다. 둥근 귓불이 앞으로 나오고 입술은 두껍게 처져 있었다. '유대인 같은데 꽤 날렵하군!'—그리고리는 은근히 그런 느낌을 받았다. 페트로와 그에게 탁주 잔이 주어졌다. 그리고리는 조심해서 마셨으나 페트로는 금방 취해버렸다. 한 시간 뒤에는 토방에서 '카자흐 춤'을 추고 뒤꿈치로 먼지를 일으키며 아코디언 주자에게 "더 빨리, 더 빨리!" 목쉰 소리로 외쳐댔다. 그리고리는 탁자 한쪽에 앉아 호박씨를 깨물고 있었다. 그의 옆에는—키가 큰 시베리아 태생의 기관총수가 앉아 있었다. 그는 천진해 보이는 둥근 얼굴에 주름을 지으면서 사투리를 썼는데 발음이 무척 부드러웠다.
 "우린 카자흐를 해치우고 왔어, 너희들의 크라스노프도 모조리 소탕하고 말 거야—그걸로 끝장나는 거야! 그렇게 되면 땅을 갈아야 되겠지. 토지는 모두 대목장이 된다. 그걸 받아서 키우는 거야! 토지라는 건 여자와 같애. 스스로 와주진 않는다구. 잡아채야 하는 거야. 가로막는 자는 때려죽여야 해. 우리에겐 너희들의 토지는 필요없어. 모두가 평등해지면 그걸로 되는 거야……"
 그리고리는 적위병의 말을 듣고 있었지만 내심 불쾌하게 그들을 둘러보고 있었다. 특별히 걱정할 필요는 없을 것 같았다. 모두들 기분좋게 미소를 띠고 페트로를 바라보면서 그의 유연한 동작을 구경했다. 취하지 않은 어떤 목소리가 감탄의 소리를 터뜨렸다. "잘한다!" 그 순간 그리고리는 고수머리 조장의 주의깊은 시선과 마주쳐 더이상 술잔을 들 마음이 일지 않았다.

아코디언이 폴카를 켜기 시작했다. 여자들은 손을 맞잡고 앞으로 나왔다. 잔등에 허연것을 묻힌 적위병 하나가 비틀거리며 프리스토냐의 이웃에 사는 젊은 여자를 손짓했다. 하지만 여자는 거절하고 주름진 치맛자락을 한쪽 손에 거머잡고 그리고리에게 달려왔다.

"춤 춰요."

"추고 싶지 않소."

"추자니까, 그리샤! 내 튤립 씨!"

"장난하지 마! 안 출 거야."

그녀가 억지로 그의 소매를 잡아끌었다. 그는 씁쓸한 얼굴로 고집스레 버텼는데 여자가 다시 눈짓을 해 어쩔 수 없이 일어섰다. 두 바퀴 추었다. 아코디언 주자는 저음부로 손가락을 가져갔다. 그러자 그녀는 그리고리의 어깨에다 머리를 기대고 거의 들릴락말락한 소리로 낮게 소곤거렸다.

"당신을 해치우자는 의논을 하고 있어요…… 누군가가 사관이라고 일러바쳤나봐요…… 달아나세요."

그러더니 큰 소리로 말했다.

"아, 현기증이 나요!"

그리고리는 유쾌해졌다. 탁자 옆으로 가서 술잔을 단숨에 들이키고 다리야에게 물었다.

"페트로가 몹시 취했지?"

"이미 제정신을 잃었는걸요."

"집으로 데려가도록 해."

다리야는 힘껏 밀쳐대는 것을 가까스로 말리면서 페트로를 데리고 갔다. 그리고리도 그들의 뒤를 따라갔다.

"왜 가려구? 너, 어디로 달아나느냐 말야? 안 돼? 손에 키스해 줄께!"

술에 취한 아니쿠시카가 그리고리에게 달라붙었다. 그리고리는 아니쿠시카가 두 팔을 벌리고 한쪽으로 휘청했을 정도로 무섭게 노려보았다.

"그럼, 여러분, 재미있게 노십시오!"

그리고리는 문지방 너머에서 모자를 흔들었다.

고수머리 적위병이 허리띠를 고쳐매고 그의 뒤를 쫓아왔다. 입구 계단 쪽에서 그리고리의 얼굴에다 거친 숨을 내뿜으며 번뜩이는 눈초리로 쏘아보면서 물었다.
"어디 가는 거야?"
그는 그리고리의 외투소매를 잡아끌었다.
"집에 돌아가는 길이오."
 멈춰 서지 않은 채 그리고리는 대답했다. 묘한 흥분과 기쁨을 느끼면서 그는 결심을 굳혔다. '안될걸, 네놈들이 나를 산 채로 사로잡지는 못할 거다!'
 고수머리 적위병은 왼손으로 그리고리의 팔꿈치를 붙잡고 거칠게 숨을 토하면서 나란히 걸어왔다. 샛문 앞에서 두 사람은 걸음을 멈추었다. 그리고리는 문이 삐걱거리는 소리를 들었다. 그때 적위병이 오른손으로 허리를 붙잡는 체하면서 손톱으로 단총 케이스를 걸었다. 순간 그리고리는 칼날 같은 상대방의 시선이 똑바로 자신을 쏘아보는 것을 느끼며 재빨리 케이스의 단추를 벗긴 상대방의 손목을 움켜잡았다. 손목을 비틀어 신음소리를 내는 상대를 힘껏 자신의 오른쪽 어깨로 끌어당겨 허리의 힘을 늦추고, 익숙한 솜씨로 업어치기를 먹여 상대방 팔꿈치의 관절이 삐걱거리는 소리를 들으면서 그 손을 아래로 잡아당겼다. 새끼양처럼 곱슬거리는 갈색머리가 눈을 헤치며 눈더미 속에 처박혔다.
 그리고리는 울타리 아래로 내려가 좁은 길을 따라 돈 쪽으로 달려갔다. 두 다리는 용수철을 단 듯이 그의 몸을 가볍게 언덕 위로 실어날랐다……'첨병이 없어야 할 텐데……' 순간 그는 걸음을 가볍게 멈추었다. 뒤쪽으로 아니 쿠시카의 집이 한눈에 내려다보였다. 사격 소리가 들렸다. 탄환이 획획 연달아 스치고 지나갔다. 언덕 밑으로 내려가 얕은 개울을 건너서―돈 맞은편 강가로 뛰었다. 돈 한복판쯤까지 왔을 때, 총탄 한 발이 그리고리 옆의 둥글고 깨끗한 거품 같은 얼음에 파고들었다. 얼음의 파편이 그리고리의 목덜미로 튀어올랐다. 그는 돈을 통과한 뒤에야 뒤를 돌아보았다. 사격은 그때까지도 목부의 채찍마냥 신음하고 있었다. 그리고리는 탈출에 성공한 기쁨이 느껴지지 않는 것에 스스로도 놀랐다. '짐승을 겨누듯 마구잡이로 쏘다니!'―다시 걸음을 멈추면서 기계적으로 그런 생각이 떠올랐다 '이젠 더 이상 쫓아오지 않겠지! 숲속으로 들어오기를 꺼릴 테니까……저놈의 손목은 꽤 상했을 거야. 비겁한 놈. 맨손의 카자흐를 때려잡으려 하다니!'
 겨울의 짚더미 쪽을 향해서 서둘러 나아갔다. 그러나 그는 위험을 피하는 꾀 많은 토끼처럼 사람의 눈을 속이는 발자국을 남겨 두었다. 버려진 부들더미 속에서 하룻밤 새울 작정을 했다. 윗부분을 헤쳐보니 발밑에 짐승의 굴이 뚫려 있었다. 점토 냄새가 나는 부들 속에다 머리를 파묻고 몸을 떨었다. 아무 생각도 떠오르지 않았다. 하지만 머리 한 구석에서는 어쩔 수 없이 이런 생각이 들었다. '날이 밝자마자 말에 안장을 얹고 전선을 넘어 아군 측으로 달려가야 할 것인가?'—대답을 찾지 못한 채 그는 생각하기를 중단해 버렸다.

아침이 다가오자 추위가 스며들었다. 밖을 내다보았다. 아침 안개가 짙게 깔려 있었다. 돈의 얕은 물가처럼 검푸른 하늘의 가장 깊이 파인 곳에서 하늘의 밑바닥이 보일 것만 같았다. 하늘 한가운데는 동트기 전의 흐릿한 청공으로 뒤덮였고 하늘 끝의 별무리는 사라져가고 있었다.

18

전선은 앞으로 이동되어 갔다. 전투 때의 소란도 가라앉았다. 맨 마지막 날, 제13기병 연대의 기관총병들은 등이 넓은 다브리다 썰매에 모호프가의 축음기를 장치하고 한동안 부락 안의 한길을 달렸다. 축음기는 쉰 소리를 내다가 가래를 캑캑거리는 것 같은 소리를 내기도 하며 제멋대로였다(말발굽에서 튀어오르는 눈보라가 넓은 나팔관 속으로 뛰어들곤 했다). 귀덮개가 달린 시베리아 모자를 쓴 기관총병이 한가롭게 나팔관의 물방울을 털어내면서 축음기의 손잡이를 쥐고 포병처럼 조종했다. 썰매 뒤에는 어린이들이 잿빛 참새처럼 떼를 지어 따라다니고 마부의 의자를 붙잡고 서서 와글와글 떠들어댔다.

"아저씨, 그거 돌려 봐요. 삐삐하는 거 말예요, 아저씨. 돌아가게 해보라니까요!"

행운을 잡은 두 아이가 기관총병의 무릎 위에 올라탔다. 병사는 손잡이를 돌리지 않을 때는 손가락 없는 장갑으로 어린이의 콧잔등을 문질러 주었다.

그로부터 얼마 뒤, 우스치 매체트카 근처에서 전투가 벌어졌다는 소문이 들려 왔다. 남부 전선의 제8, 제9군에 식량과 탄약을 보급하는 마차 행렬이 간간히 타타르스키 부락을 지나갔다.

3일째 되는 날엔 전령들이 와서 카자흐들에게 집회에 참석하라고 알렸다.

"크라스노프를 아타만으로 선출하도록 하지!"
멜레호프네 집에서 나가는 길에 안치프 프레호비치가 말했다.
"우리 손으로 뽑는 거야, 아니면 강림하는 거야?"
판테레이 프로코피에비치가 흥미있다는 듯이 물었다.
"글쎄, 그 자리에서 어떻게 되겠지……"
그리고리와 페트로는 집회에 나갔다. 젊은 카자흐들은 거의 모였으나 노인들은 나타나지 않았다. 아브데이치 브레프만이 입이 험한 패거리를 모아놓고, 직위군 코밋살이 그의 집에 묵었을 때 자신에게 지휘관이 되어보라고 했다면서 허풍을 떨었다.
"'당신이 구 군대의 조장이었다는 걸 몰랐구려. 사양치 말고 직책을 맡도록 하시오.' 이러잖아."
"무슨 직책인데? 사관?……어디로 보내려고?"
코세보이가 놀려댔다.
모두가 그의 말에 고개를 끄덕였다.
"군사위원의 말 감독이겠지. 말 엉덩이를 닦는 일 말이야."
"좀더 높은 자리를 달라고 하지 그래, 아브데이치!"
"하하하!……"
"아브데이치! 내 말 좀 들어봐? 놈은 너한데 소금에 절인 물고기나 다루게 하려는 속셈 일걸."
"너희들은 아직 내용을 모르는군……코밋살이 수작을 거는 동안에 코밋살의 당번병이 마누라에게 가서 재미를 보고 있었다는 거야. 그런데 아브데이치는 그것도 모르고 침을 질질 흘리고 콧물까지 떨어뜨리면서 듣고 있었다는 거야……"
아브데이치는 모두를 돌아보고 마른침을 삼키고 물었다.
"방금 맨 나중에 얘기한 놈이 대체 누구야?"
"나다!"
뒤쪽에서 누군가가 큰 소리로 외쳤다.
"개새끼, 세상에 저런 인간이 있다니!"
아브데이치는 동정을 구하는 듯 뒤를 돌아보았다. 동정은 한데로 모였다.
"전에도 내가 말한 적이 있어. 못된 놈이라고."

"저놈들의 핏줄은 다 그렇다구."
"내가 조금만 더 젊다면!"
아브데이치의 얼굴이 붉게 달아올랐다.
"내가 좀더 젊다면 네놈을 그냥 놔두진 않을 텐데! 네놈의 악담은 소러시아투야! 타간로그의 똥자루 같으니라구! 소러시아의 기저귀 끄나풀 같으니라구……"
"아브데이치, 그런 변을 당하고도 왜 그놈을 가만두나?"
그러자 아브데이치는 곧 덤벼들 기세를 취했다.
소란을 피해서 아브데이치는 그 자리를 떠났다. 회의장에는 카자흐들이 군데군데 떼지어 서 있었다. 그리고리는 오랫동안 미하일 코셰보이를 만나지 못했기 때문에 곧장 그에게로 다가갔다.
"잘 지냈나!"
"그럭저럭."
"어디에 가 있었지? 어느 부대에서 근무했나?"
그리고리는 미하일의 손목을 잡고 그 푸른 눈을 지켜보았다.
"그게 말이야! 목장에도 가 있고 카라치 전선의 징벌대에 가 있기도 했다네! 집에 돌아온 지 얼마 안 됐어. 빨갱이 전선으로 달아날까 했지만 마치 처녀애를 지키는 어미처럼 나를 꼼짝도 못하게 지켜보고 있잖아. 그런데 요전에 이반 알렉세에비치가 왔었어. 소매 없는 외투를 입고 행군 나갈 차비를 하고 있더군. 그래서 내가 물었지. '퇴각할 참이야?' 그러자 놈이 어깨를 들썩하고 '명령을 받았어. 아타만놈이 명령을 내렸다니까. 난 제분소에 근무했기 때문에 그쪽 명부에 이름이 실려 있거든' 하더군. 그리고 나서 헤어졌는데 난 그녀석이 철퇴할 줄로만 알고 있었지. 그런데 그 이튿날 무젠스크 연대가 지나갈 때 보니까 놈이 그 속에 끼어있지 않아……마침 놈이 오고 있군! 이반 알렉세에비치!"
이반 알렉세에비치와 함께 압착계의 다비드카가 곁으로 다가왔다. 다비드카는 새하얀 이를 드러내놓고 돈이라도 주운 것처럼 싱글벙글 웃고 있었다……한편 이반 알렉세에비치는 기계기름 냄새가 풍기는 껄껄한 손으로 그리고리의 손을 힘껏 쥐고 지껄이기 시작했다.
"그리시카, 너, 떠나지 않았구나?"

"넌 왜?"

"나 말이야? ······난 다르잖아?"

"내가 사관이라는 소리야? 난 남아 있기로 했어······자칫 잘못했더라면 살아남지 못할 뻔했어······쫓아오더라니까. 처치해버렸지······그땐 진작에 달아났더라면, 하고 후회했지만 지금은 그렇지도 않아."

"무슨 일로 시비가 붙었나? 제13 연대 패거리들이야?"

"그래, 아니쿠시카네 집에서 한바탕 벌렸는데 어떤 놈이 내가 사관이라고 고자질한 거야. 돈 맞은편 강가까지 달아났어. 고수머리의 손모가지를 약간 비틀었더니 놈이 우리 집에 찾아와서는 내 소지품을 깡그리 빼앗아 가버렸어. 글쎄, 옷가지라곤 지금 내가 입은 것뿐이라구."

"그때, 그러니까 포드쵸르코프의 사건이 일어나기 전에 함께 빨갱이 쪽으로 달아나버리는 건데······그렇게 했더라면 지금 와서 눈알을 굴릴 필요는 없을 거 아냐."

이반 알렉세에비치는 쓴웃음을 짓고 담배를 피워 물었다.

계속 사람들이 몰려왔다. 뵤센스카야 마을에서 온 포민의 전우인 준위 라프첸코프가 집회의 개회를 선언했다.

"마을 타바리시치! 소비에트 정권은 우리 관구에서 이미 견고한 것이 되었습니다. 본부를 설치하고 집행위원회, 의장, 의장 대리를 선출하지 않으면 안 됩니다. 이것이 첫번째 문제입니다. 나는 관구 소비에트의 명령을 받고 왔습니다. 그것은 간단합니다. 총과 칼 종류를 인도하라는 명령이오."

"반가운 명령이구먼!"

누군가가 뒤에서 비꼬았다.

"타바리시치, 그렇게 큰 소리로 고함치면 안 돼요!"

라프첸코프는 몸을 꼿꼿이하고 모피모자를 탁자 위에 얹어놓았다.

"알겠습니까, 무기를 인도해야 합니다. 집 안에다 놔둘 필요가 없는 물건이라는 건 다들 알겠지요. 그러나 소비에트 방위를 위해 출전하는 사람에게는 무기가 주어질 것입니다. 사흘 내에 소총을 인도해 주십시오. 다음에는 선거로 들어가겠습니다. 나는 의장에게 다음과 같은 임무를 맡기고 싶습니다. 즉 명령을 철저하게 지킬 것, 아타만에게서 인장과 부락의 소유금을 모조리 몰수할 것."

"우리에게 무기를 준 것은 아타만에게 반대하게 하려는 수작인가부지?"
자하르 코롤료프가 말했다.
"그럼, 뭣 때문이겠나?"
단도직입적으로 프리스토냐가 물었다.
"난 무기는 필요 없어. 하지만 우리 손의 무기를 빼앗기 위해 적위군에게 우리 관구를 통과시켜 주겠다는 약속 같은 건 한 적이 없어."
"그 말이 맞아!"
"포민 집회에서 말했어!"
"군도는 내 돈으로 산 거야!"
"난 독일전쟁 때 내 소총을 갖고 왔어. 그걸 내놓으란 건 억지야!"
"카자흐를 약화시키려는 계산이야! 무기 없이 무슨 힘이 있겠어? 미끄럼틀뿐인 썰매를 타고 가라는 거야? 우리보고 무기 없이 옷자락을 찢긴 계집처럼 알몸이 되라구?"
"무기는 건네 줄 수 없다!"
미하일 코셰보이가 발언을 마무리지었다.
"타바리시치? 여러분의 말은 이해하기가 어렵소. 지금은 전시상태가 아닙니까?"
"전시상태고 나발이고 듣기 싫어!"
"전시상태라고 해서 그렇게 수다를 떨 시간이 어디 있어. 갖고와, 하면 그뿐 아냐? 소러시아의 이민촌을 점령했을 때, 우린 이런 식으로 하지 않았다구, 안 그런가?"
라프첸코프는 모피모자를 만지작거리면서 도장이라도 찍는 것처럼 말을 맺었다.
"앞으로 3일 내에 무기를 인도하지 않는 자는 적대분자로 간주하여 혁명재판에 회부하고 총살에 처하게 될 것이오."
잠시 침묵이 흐른 뒤, 토밀린이 헛기침을 하고 쉰 목소리로 입을 열었다.
"부락 정권의 선거를 부탁하겠습니다."
후보자가 거론되었다. 10명 가량의 이름이 불렸다. 어떤 카자흐가 장난어린 목소리로 외쳤다.
"아브데이치!"

그러나 그 농담은 성공하지 못했다. 이반 알렉세에비치가 맨처음으로 거론되었고 전원 일치로 통과되었다.
"더이상 투표할 필요는 없겠지?"
페트로 멜레호프가 제안했다.
집회는 동의했다. 의장 대리에는 투표 없이 미하일 코셰보이가 선출되었다.
멜레호프 형제와 프리스토냐는 집으로 돌아가는 길에 아니쿠시카와 마주쳤다. 그는 아내의 앞치마로 싼 소총과 탄약을 옆구리에 끼고 있었다. 가까이 오는 카자흐들의 모습을 보더니 피하듯이 좁은 길쪽으로 돌아서 가버렸다. 페트로는 그리고리를 쳐다보고 그리고리는 프리스토냐를 바라보았다. 모두가 약속이나 한 듯이 쓴웃음을 지었다.

19

고향 스텝엔 동풍이 휘몰아쳤다. 산골짜기는 눈에 파묻히고 말았다. 기슭과 벼랑은 하나가 되어버렸고 도로도 오솔길도 없어졌다. 온통 새하얗게 발가벗은 평야만이 질펀히 널려 있을 뿐이었다. 광야는 마치 죽은 듯했다. 가끔 까마귀 한 마리가 상공을 날아갔다. 스텝과 마찬가지로 늙고, 호화스러운 바다사자 가죽 같은 쑥색 눈모자를 쓴 여름 도로 위에 봉긋이 솟아 있는 고분 같은 까마귀는 휭 하고 바람을 작게 가르고 신음하는 것 같은 목소리를 내면서 날아가고 있었다. 바람이 그 외침 소리를 멀리 실어날랐다. 그러자 그 목소리는 잠시 동안 구슬프게 광야 위를 떠돌아다녔다. 밤의 정적 속에 불현듯 만져진 저음의 현(絃)처럼.
하지만 광야는 눈 밑에서 여전히 살아 숨쉬고 있었다. 은빛으로 뒤덮인 밭이 얼어붙은 물결처럼 출렁이고 있는 곳, 가을부터 내내 곡괭이로 파헤쳐 놓았던 대지가 잔잔한 잔물결처럼 누워 있는 곳, 가을 추수의 알곡이 한기에 시달리면서도 그 탐욕스러운 정기로 대지에 달라붙어 있는 곳, 광야는 여전히 그렇게 살아 숨쉬고 있었다. 얼이붙은 서리의 눈물에 싸인 녹색 비단 같은 곡물이 힘차게 흑토에 붙어 있었다. 그 새까만 생명의 피를 들이마시며, 5월이 오면 마치 거미줄처럼 갈라질 얼음을 깨뜨리고 불쑥 일어나 파랗게 성장하려고 봄과 태양을 고대하고 있었다. 그것은 계절을 기다리고 있다가 틀림없이 일어날 것이다! 그리고 그 속에서 메추리가 팔딱거리고 또 상공엔 4월의 종달새가 방울을 흔들 것이었다. 태양은 그 곡물을 위해서 반짝이고 바람 또한 그것을 위하여 자장가를 부를 것이다. 탐스러운 호밀의 물결은 소나기와 강한 바람에 시달리는 가운데 자라나 입수염 같은 머리를 숙이는 일은 하지 않을 테고 탈곡장에서 주물같이 무거운 알곡을 떨어뜨릴 때도 주인의 낫을 기다리며 유순하게 마냥 누워 있지는 않을 것이다.

돈 강가 일대의 토지는 숨막히는 듯한 생활을 보내고 있었다. 날이면 날마다 맑은 빛을 볼 수 없었다. 불길한 소문이 돈 상류로부터 치르강, 츠츠칸강, 호표르강, 에린카강, 그 밖에 카자흐의 각 부락을 흐르는 크고 작은 강을 따라서 흘러왔다. 두려운 것은 파도처럼 밀려와서 도네츠 강가에 전개한 전선이 아니라 비상위원회와 혁명재판이라는 것이었다. 각 마을에 그것이 열릴 날이 하루하루 다가왔다. 미그린스카야 마을이며 카잔스카야 마을에는 이미 그들이 와 있었고, 백위군에 근무했던 카자흐들을 간단하게 법없는 재판에 회부하고 있다는 말도 전해졌다. 상류 돈 사람들이 전선을 포기한 것 따위는 구실이 되지 않았다. 재판은 매우 간단하여 구형, 한두 마디의 심문, 판결, 그리고 기관총 사격, 이런 식이라는 소문이었다. 카잔스카야 마을과 슈미린스카야 마을에서는 벌써 카자흐의 머리가 찾아가는 사람도 없이 숲속에 나뒹굴고 있으며, 또 그것이 하나 둘이 아니라는 말도 들려 왔다. 하지만 전선병들은 일소에 붙였다.

"헛소문이야! 사관놈들이 만들어 낸 얘기라구! 백위군 패거리들은 그 전부터 적위군의 행동을 들추어 우리를 협박했으니까!"

소문을 믿는 사람도, 믿지 않는 사람도 없었다. 그때까지는 여러 가지 소문이 각 부락으로 흘러들어왔다. 겁이 많은 주민들은 떠나고 싶은 충동을 느꼈다. 전선이 지나가면 밤마다 잠을 이루지 못했다. 베개는 뜨겁고 잠자리는 딱딱하고 마누라를 외면하는 남자들도 적지 않았다.

어떤 사람은 도네츠강 너머로 떠나지 않은 것을 후회했다. 그러나 그것은 이미 엎지러진 물을 다시 담을 수 없는 것과 마찬가지 이치였다.

타타르스키 부락에서는 밤이 되면 카자흐들이 작은 길에 모여 정보를 나누고 그런 다음엔 집집으로 탁주를 마시며 돌아다녔다. 부락의 나날은 조용하고 침울했다. 육식기(강탄제에서 대제식까지)가 시작되었다는데 혼례의 방울소리는 겨우 한 차례밖에 울리지 않았다. 그것조차도 빈정거림을 받아야 했다.
"이런 시절에 혼례라니! 그렇게 참을 수가 없었나부지!"
 선거가 행해진 이튿날, 부락에서는 한 집도 빠짐없이 무기를 압수당했다. 혁명위원회가 설치된 모호프의 집에는 따스한 현관과 복도에 무기가 산더미처럼 쌓여 있었다. 페트로 멜레호프도 자신의 소총과 그리고리의 소총, 나강 권총 2자루, 군도 한 자루를 갖고 나갔다. 형제는 둘 다 사관용 나강 권총 한 쌍을 남겨 놓고 독일전선 때부터 갖고 있던 것만을 가져간 것이었다.
 겨우 한숨을 돌리며 페트로는 집으로 돌아왔다. 응접실에서 그리고리가 팔을 걷어붙이고 두 개의 소총을 분해하여 석유를 바르고 있었다. 총신은 아궁이 위의 침상 옆에 놓여 있었다.
"그걸 어디서 가져왔지?"
 놀라움으로 페트로의 입수염이 축 처질 정도였다.
"내가 피로노보에 있었을 때 아버지가 가져오신 거야."
 그리고리의 눈동자가 떨고 있었다. 그는 석유가 묻은 손을 옆구리에 대고 소리를 내어 웃었다. 그러더니 이리처럼 이를 갈면서 웃음을 그쳤다.
"소총쯤이야 괜찮겠지, 아버지가……"
 집 안에는 아무도 없었지만 그는 소리를 낮추었다. "오늘 나에게 실토하셨는데." 그리고리는 다시 웃음을 억눌렀다.
"아버지는 기관총을 갖고 있다셔."
"엉터리 같은 소리 집어치워! 대체 어디서 그런 걸?"
"'장비계 카자흐들에게 산유 몇 병을 주고 얻었다고 하시지만 난 안 믿어. 아버지가 훔쳐 온 게 틀림없다구. 아버지는 말똥구리와 똑같애. 아무거나 닥치는 대로 끌어 오거든. 나에게 이러는 거야. '난 기관총을 갖고 있다. 곡식 창고 속에 숨겨 놨지. 낚시바늘로 안성마춤인 용수철이 달려 있던걸. 그래서 간수해 둔 거다. 그 훌륭한 용수철은 무엇엔가 쓸모가 있을지도 몰라. 쇠로 된 값비싼 물건이니까……'"
 페트로는 화가 나서 주빙에 있는 아버지에게 쫓기기 띠지러고 했다. 하지만 그리고리가 그를 말렸다.
"관둬! 뭣 때문에 아버지한테 대들려고 해? 내가 하는 일이나 도와 줘."
 총신을 닦으면서 잠시 페트로는 씩씩거렸으나, 이윽고 생각을 많이 했다는 투로 말문을 열었다.
"그게 정말일지도 모르겠군……쓸모가 있겠지. 그냥 두지, 뭘."
그날, 이반 토밀린이 카잔스카야에서 총살이 행해지고 있다는 소문을 듣고 왔다. 페치카 옆에서 담배를 피우면서 얘기하는 중에도 자꾸만 생각에 잠겨들곤 했다. 익숙한 노릇이 아니라 판단에 무리가 느껴져 이마에 진땀이 다 났다. 토밀린이 돌아간 뒤 그는 말했다.
"즉시 루베진의 야코프 포민한테 가보자. 놈이 집에 있다잖니. 관구의 혁명위원회를 휘두르고 있는 자가 그놈이라는 소문을 들었어. 어쨌든 작은 언덕 정도는 되는 놈일 거다. 어려운 일이 생길 때 도움이 되어 달라는 부탁을 해둬야지."
판테레이 프로코피에비치는 짐을 많이 실을 수 있는 썰매에 암말을 묶었다. 다리야는 새 모피외투를 입고 잠시 동안 일리니치나와 귓속말을 나누었다. 두 사람은 함께 창고 속으로 들어가 꾸러미를 들고 나왔다.
"그건 뭐냐?"
노인이 물었다.
페트로는 잠자코 있었다. 일리니치나가 빠른 말로 대꾸했다.
"버터를 모아온 거예요. 만일의 경우에 쓰려고. 하지만 지금은 버터가 문제가 아니라구요. 페트로가 포민에게 선물을 갖고 가는 게 좋겠다고 해서요."
그러고는 울음을 터뜨렸다.
"입 닥쳐, 수다스럽긴!"
판테레이 프로코피에비치는 화가 나서 들고 있던 채찍을 마른풀 위에다 홱 내던지고 페트로의 곁으로 다가왔다.
"그놈에게 밀을 주겠다고 해."
"그놈에겐 밀 같은 건 필요하지 않아요."
페트로는 흥분하여 소리쳤다.
"아버지는 아니쿠시카에게 가서 탁주나 사가지고 오세요. 밀이라니!"
판테레이 프로코피에비치는 옷자락에 숨겨 가지고 온 탁주병을 보며 술맛을 칭찬했다.
"좋은 술이야, 제기랄! 니콜라이주 같군."

"벌써 당신 취했수. 정말 주책이라니까!"

일리니치나가 욕설을 퍼부었다.

그러나 노인의 귀엔 전혀 들어오지 않는 것 같았다. 거나해지자 고양이처럼 눈을 가늘게 뜨고 탁주로 적셔진 입술을 소매로 문지르면서 절룩거리는 다리를 끌고 집 안으로 걸어 들어갔다.

페트로는 집을 나올 때, 마치 손님이 왔다 간 것처럼 문을 열어놓은 채 나와버렸다.

그는 현재 상당한 세력을 갖고 있는 옛전우에게 탁주 이외에도 전전의 양모직물, 장화, 꽃이 든 상품 차를 싣고 가는 길이었다. 이것들은 제28연대가 리스키역을 점령했을 때 차량과 창고로 몰려가서 가져온 물건이었다. 그때 약탈을 한 열차 안에서 그는 여자 옷가지가 든 광주리도 빼앗았다. 그것들을 나중에 아버지가 전선으로 찾아갔을 때 가져가게 했다. 그 때문에 다리야는 나탈리야와 두냐시카를 무척 샘나게 했다. 옷은 매우 화사한 외국제 천으로 눈빛보다 더 희고 모두가 비단인데다가 문장과 머리글자가 수놓여 있었다. 팬티의 레이스는 돈의 물거품보다도 아름다웠다. 남편이 돌아온 첫날밤, 다리야는 그 팬티를 입고 잠자리에 들었다.

페트로는 등불을 끄기 전에 웃으면서 말했다.

"남자 팬티를 입었어?"

"이걸 입으면 따뜻하고 예뻐요."

다리야는 꿈꾸는 듯한 얼굴로 대답했다. "아무것도 모르면서…… 이게 어째서 남자 거라는 거예요. 레이스가 달리고 이렇게 짧은데……"

"신분이 높은 인간들은 남자도 레이스가 달린 것을 입는다구. 어쨌든 좋아."

졸린 듯이 머리를 긁으면서 페트로가 말했다.

그는 그것을 별다르게 생각하지 않았다. 그런데 그날 밤 이래, 아내와 잠자리를 함께 할 때마다 자신도 모르게 외경과 불안한 생각으로 그 레이스를 들여다보게 되었으며 괜히 섬찟히니 익숙해지지지 않았다. 조금이라도 그것이 몸에 와닿으면 불안했고 다리야에게 조차도 서먹서먹해지는 것이었다. 사흘째 밤에 그는 분명한 말로 요구했다.

"그런 팬티는 벗어버리도록 해. 보통 여인네가 입는 게 아니라구. 보통 여자의 것이 아니야. 마님 같은 모습으로 누워 있는 걸 보면 꼭 다른 사람 같아서 싫으니까."

아침에 그는 다리야보다 일찍 일어났다. 헛기침을 하고 얼굴을 찌푸리면서 팬티가 제 몸에 맞는지 어떤지 입어 보았다. 끈과 레이스와 무릎 밑까지 드러난 털북숭이 다리를 잠시 동안 이리저리 들여다보았다. 문득 뒤 돌아보니 뒤쪽 경대에 화려한 팬티를 입은 자신의 모습이 비쳤다. 그는 침을 퉤 뱉고 욕을 하면서 헐거운 팬티를 마치 곰처럼 느릿느릿 벗었다. 엄지발가락이 레이스에 걸려서 자칫 잘못했더라면 넘어질 뻔했다. 그 순간 그는 정말로 화가 나서 끈을 끊어버렸다. 그제야 비로소 자유로움을 느낄 수 있었다. 다리야가 졸리는 소리로 물었다.

"당신 왜 그래요?"

페트로는 콧김을 내뿜고 퉤, 퉤 침을 뱉고 화가 나서 대꾸도 하지 않았다. 다리야는 그날 남자 것인지 여자 것인지 알 수 없는 팬티를 한숨을 들이쉬고 내쉬면서 궤짝 속에다 집어넣었다(그 속에는 여자용이 아닌 물건이 가득 들어 있었다). 그렇게 분간을 할 수 없는 숱한 물건은 나중에 여자용 조끼로 재단해야 했다. 스커트는 다리야가 사용했다. 그것들은 왠지 모르지만 무척 짧았는데 그녀는 솜씨있게 재단하여 레이스를 조금씩만 보이도록 만들어 입었다. 다리야는 멋이 들어서 네덜란드 레이스로 토방을 휩쓸듯이하며 걸어다녔다.

그날 남편과 함께 남의 집을 방문하게 되자 그녀는 사람의 눈을 끌 만하게 차려입고 싶었다. 돈풍의 모피외투 아래로 속옷 레이스가 살짝 나와 있었다. 그리고 털상의도 고급스런 신품으로 '하찮은 신분으로 벼락고관이 된 포민'의 마누라에게 자기는 보통 카자흐 여자가 아니고 어엿한 장교의 부인임을 알리고 싶었다.

페트로는 채찍을 흔들며 계속 휘파람을 불었다. 잔등의 털이 벗겨진 새끼 밴 암말이 익숙한 한길을 돈 강가를 따라 구보로 달려갔다. 낮시간에 루베진에 닿았다. 포민은 집에 있었다. 그는 상냥하게 페트로를 맞이하여 탁자 앞으로 안내했다. 그리고 서리에 뒤덮인 페트로의 썰매에서 그의 아버지가 마른풀 덤불이 붙은 항아리를 들고 오자 붉은 수염안에서 싱그레 웃었다.

"아니, 어쩐 일이야. 요즘 한동안 볼 수가 없더니."

포민은 기분 좋은 베이스로 그렇게 말하고 다리야에게 오색적인 눈길을 보내면서 위엄을 나타내려는 듯이 입수염을 비틀었다.

"야코프 에피미치, 전투부대가 한창 들이닥쳐 얼마나 애쓰십니까?"

"고맙군. 이봐, 마누라! 오이나 양배추나 말린 생선 같은 거 있거든 좀 내오지그래."

더위가 느껴질 정도로 집 안이 따뜻했다. 아궁이 위에서는 아이들이—아버지를 닮아 유별나게 푸른 눈인 사내아이와 여자아이가 뒹굴고 있었다. 취기가 돌 즈음에 페트로는 찾아온 용건을 꺼냈다.

"부락 쪽에서는 체카(반혁명 단속위원)들이 쳐들어와서 카자흐에게 보복을 하고 있다는 소문이던데요."

"제15 인자 사단의 군법회의가 뵤센스카야에 와 있지만 그게 어떻다는 건가? 그게 자네한테 어쨌다는 거지?"

"야코프 에피미치, 알다시피 나는 사관이오. 내가 사관이라는 건 한눈으로 알아 볼 수가 있다는 말이오!"

"음, 그래서?"

그는 자신이 이 자리의 주역임을 느끼고 있음이 분명했다. 거나한 취기가 그를 거만하게, 자신감에 넘치게 해주었다. 포민은 점점 더 으스댔고 입수염을 쓰다듬기도 하고 위압적으로 내려다보기도 했다.

그의 속셈을 읽은 페트로는 일부러 풀죽은 표정을 지었고 아첨하는 미소를 띠어 보였다. 그렇지만 눈치채이지 않도록 '당신'을 '자네'로 옮기고 있었다.

"우린 같은 부대에 근무하고 있었잖나. 자넨 나에 대해 나쁘게 말하지는 못할 거야. 그리고 나도 뭐 자네한테 단 한 번이라두 섭섭하게 대한 적은 없었어. 난 언제나 카자흐와 같은 패였으니까."

"알고 있네, 페트로 판테레에비치. 자네를 의심하진 않아. 우린 죄다 기억하고 있지. 자네에게 별일은 없을 걸세. 하지만 두세 명은 지목받고 있어. 못된 놈이 꽤 많이 있으니까. 놈들은 남이 있기는 해도 지기 뱃속은 숨기고 있다구. 병기를 숨겨 두고 있다구……그런데 자네 병기는 인도했겠지? 그렇지?"

포민이 느린 어조에서 갑자기 성급한 공격투로 옮겼기 때문에 페트로는 순간적으로 당황하여 얼굴에 피가 몰렸다.
 "자넨 틀림없이 인도했을 거야. 그렇지?"
 탁자 너머로 몸을 꺾듯이 하고 포민은 다그쳐 물었다.
 "인도했고말고. 자네 그런 걱정은 안 해도 돼……난 거짓말은 안하니까."
 "거짓말은 않는다고? 자네들에 대해서 우리는 너무나 잘 알고 있네. 나도 이쪽 편이니까."
 그는 취한 얼굴로 눈짓을 해보이고 고른 이를 드러내며 말했다.
 "한 손에는 부자 카자흐의 손을 잡고 다른 한 손에는 비수를 쥐고 있어. 개새끼들! 툭 터놓고 지내는 놈은 한 놈도 못 봤어! 난 갖가지 인간을 봐왔네. 배신자뿐이야! 하지만 자넨 걱정하지 마. 자네한테는 해코지하진 않을 테니까. 남자의 한 마디는 틀림없으니 안심해!"
 다리야는 차가운 수프에 입술만 댔을 뿐이고 예절바르게 빵은 거의 먹지 않았다. 안주인이 극진하게 대접했다.
 안심하라는 말에 생기가 난 페트로가 작별을 고한 것은 저녁 무렵이었다.
 페트로를 보내고 나서 판테레이 프로코피에비치는 며느리의 친정 아버지인 코르슈노프네를 방문했다. 그는 적위병들이 오기 전에도 코르슈노프를 찾아갔다. 그때는 루키니치나가 미치카를 전송하고 있어서 집 안이 어수선했다. 판테레이 프로코피에비치는 불청객이 된 기분이 들어 곧바로 되돌아오고 말았다. 하지만 이번에는 만사가 제대로 진행되고 있는지 알아볼겸 또 내심 최근에 있었던 여러 가지 일을 하소연해야겠다는 생각도 없지 않았다.
 부락 맞은편 끝까지 그는 서두르지 않고 다리를 절며 걸어갔다. 나이가 들어 이가 여러 개 빠진 그리샤카 노인이 마당에 있다가 그를 맞아 주었다. 일요일이었으므로 노인은 밤예배를 올리기 위해 막 교회로 가려던 참이었다. 노인을 한 번 보고 판테레이 프로코피에비치는 놀라움을 금치 못했다. 앞자락이 벌어진 외투 속에 여러 가지 훈장과 터키 전쟁의 무공 훈장이 모조리 달려 있었다. 고풍인 군복의 높은 깃에도 빨간 휘장이 반짝였으며 코케드(꽃모양의 묘표)가 달린 군모를 귀밑까지 깊숙이 눌러 쓰고 있었다.
 "어떻게 된 일입니까, 노인장! 혹시 머리가 돈 게 아닌가요? 이런 때에 훈장은 뭐고 모자는 또 웬 겁니까?"

"뭐라구?"

그리샤카 노인은 귀에다 손을 댔다.

"난 말일세, 마음속 깊이 백제님(이민족이 러시아 황제에게 붙인 존칭)을 섬겨 왔네. 현재의 정권은 하느님이 내려주신 것이 아니야. 난 놈들을 상전으로 생각지 않아. 알렉산드로 폐하께는 충성을 맹세했지만 농사꾼들 한테는 맹세한 적이 없어."

그리샤카 노인은 빛바랜 입술을 깨물고 풀빛 나는 입수염을 닦고 지팡이로 집 쪽을 가리켰다.

"사네, 미톤에서 왔나? 집에 있네. 비치카는 집을 떠났다네. 성모님, 부디 그녀석을 지켜주소서. 자네 아들들은 남아 있나? 엉? 도대체가 어찌 되려고 이러는지……카자흐 여자가 안 됐어. 나타시카는 잘 있나?"

"잘 있고말고요……노인장. 당장 집 안으로 들어가서 훈장을 떼놓고 나오시지요. 요새 같은 세상에 그런 걸 달고 다니시면 안 돼요. 노인장, 정신 차리세요."

"냉큼 꺼져! 젊은 놈이 나한테 설교할 참이야?"

그리샤카 노인은 그를 향해 똑바로 걸어왔다. 그러자 판테레이는 주위를 둘러보고 머리를 흔들면서 길을 비켜 주었다.

"우리 집 노인, 만났나? 안됐어! 노망이 드셨거든."

부쩍 야윈 미론 그리고리에비치가 사돈을 맞이하면서 말했다.

"막무가내니 어쩌겠나. 아무리 말려도 소용없어. 어린애하고 똑같아. 판단력을 잃고 있다구."

"하고 싶은 대로 하도록 내버려둘 수밖에. 그런데 사돈은 어떤가? 듣자니까 그리샤가 반(反)그리스도 놈들에게 봉변을 당했다던데?"

루키니치나가 근심에 싸인 얼굴로 다가와 앉았다.

"우리 집은 피해가 이만저만이 아니라네……말을 네 마리나 빼앗겼어. 그 대신 암말과 한 살짜리 말은 놔두고 갔어."

미론 그리고리에비치는 울분을 터뜨릴 듯이 말을 이었다.

"왜 또 이 모양으로 뒤집어졌을까? 대체 무슨 까닭이지? 그 질난 데도 없는 정권 덕택 아닌가! 분명히 그놈들 탓이라구. 모두들 평등하게 해주겠다는 그 말이 믿을 수 있는 소리냐구? 욕지기가 치밀 지경이야. 평생 애써서 땀흘려 일해 왔는데 이제와서 손가락 한 개 움직인 적 없는 놈들을 먹여

주고 살도록 만들어 줘야 하다니, 될 법이나 한 소리야? 뭣 때문에 힘써 벌었지? 누구를 위해서 일하라는 거야? 오늘 땀흘려 벌어 봤자 내일이면 고스란히 빼앗길 걸가지고……그리고 요전만 해도 그렇지, 무르힌 부락에서 내 옛 전우가 찾아와 여러 가지 얘기를 했는데……전선은 도네츠강 옆에 있다는 거야. 그것도 얼마나 견뎌낼지 알 수 없는 노릇이 아닌가? 난 의지할 만한 사람들에게 이렇게 말했어. 우리가 도네츠강 너머에 살고 있는 사람들을 도와 줘야 한다고……"

"어떻게 도와준다는 건가?"

불안한 목소리로 판테레이 프로코피에비치가 물었다.

"현재의 정권을 때려부숴야 한다 그 말이야! 내가 다시 한번 탐보프현 쪽으로 가서 때려부수고 오겠다구. 농사꾼들하고 평등하게 지내 보라구. 놈들을 쳐죽일 수만 있다면 내 재산을 모조리 내놔도 좋다구. 그렇다구, 설득시킬 필요가 있다니까! 지금이 바로 그 시기야! 그렇지 않았다간 엎질러진 물이 될걸…… 옛 전우가 그러더군. 놈들 쪽에서도 카자흐들이 들고 일어나고 있다고. 단결해야 만 해!"

그렇게 말하고는 갑자기 속삭이듯 소리를 낮추었다.

"부대가 통과한 뒤에 남아있을 인원이 얼마나 되겠나? 뻔한 노릇이야! 부락마다 의장들이 들어앉겠지 놈들의 목을 치는 것쯤 문제 없어. 그런데 뵤시키에선 어떻게 하고 있을까…… 무리지어 가서는 확 쓸어버려야 할 텐데! 이쪽에서 손해볼건 없다구. 모두 힘을 합치면……틀림없어!"

판테레이 프로코피에비치는 일어섰다. 한 마디 한 마디를 신중하게, 그리고 근심스럽게 충고했다.

"그건 안 돼! 실패하기 딱 알맞아! 카자흐들이 흔들리고 있는 건 사실이야. 어느 쪽으로 기울어질지 놈들이 하는 짓을 알 수가 있어야지. 지금으로선 할 만한 얘기가 아니야. 젊은 것들의 생각을 짐작할 수가 있어야지. 마치 눈에다 보자기를 쓰고 사는 것 같아. 어려운 세상이 되어버렸어! 캄캄한 어둠 속에서 살고 있으니……"

"뭘 그렇게 어렵게 생각하나!"

미론 그리고리에비치는 뒤늦게 미소를 지었다.

"인간이란 양과 같아. 암양이 가는 쪽으로 따라가니까. 놈들한테 길을 가르쳐줘야 해! 이 정권을 눈을 똑바로 뜨고 봐야 해. 난 카자흐들에게 분명하게 말했네. 일어나야만 한다고! 놈들은 카자흐를 뿌리째 없애라는 명령을 내렸다는 걸세. 대체 이 얘기를 어떻게 받아들여야 하나?”

미론 그리고리에비치의 거무튀튀한 얼굴에 붉은 기가 감돌았다.

“이러다가 어떻게 되겠나, 프로코피에비치? 총살이 시작되었다는 소문이던데? 묘한 세상이 되어버렸어. 요 몇 년 간 모든 것이 거꾸로 되어버렸다니까. 석유도 성냥도 없고, 요즘 모호프네 가게에 나와 있는 물건이라고는 과자부스러기뿐이야. 그리고 씨뿌리는 일만 해도 그래. 이전과는 달리 씨뿌린 땅이 얼마 안 돼. 그것도 말이 함부로 짓밟아…… 우리 집 것도 빼앗겼지만 다른 집에서도 마찬가지야. 내가 젊었을 때만 해도 이 집엔 말이 86마리나 있었지! 준마였어. 카르므이크인도 못 쫓아올 만큼 날쌘 말이었어! 그 무렵에 우리 집에도 별이 박힌 밤색 말이 있었지, 난 언제나 그 말을 타고 토끼의 뒤를 밟곤 했지.”

미론 그리고리에비치의 얼굴에 흥분의 미소가 스쳐갔다.

“그 말을 타고 물방앗간 쪽으로 간 적이 있었는데 토끼 한 마리가 나를 향해 오고 있지 않겠나. 내가 마주 서자 그놈이 길을 바꿔서 산기슭으로 내려가 돈강을 건너가더군! 마침 사육제 때였어. 돈강의 눈이 바람에 날려 한참 미끈거리는 참이었네, 그 토끼를 쫓아가다가 말이 미끄러져 쓰러진 걸세. 난 즉시 안장을 벗겨 집으로 뛰어왔지. ‘아버지, 내 말이 토끼를 쫓다가 다쳤어요.’ ‘그래, 토끼는 잡았느냐?’ ‘아니오.’ 그러자 ‘이 머저리야! 냉큼 가서 잡아 갖고와!’ 이런 식이었다구! 카자흐 여자들만 해도 모두가 상냥했어. 말이 죽어도 상관없으니까 토끼를 쫓으라는 거야. 토끼는 10코페이카 정도밖에 안 되고 말값은 100루블이였는데 말이야…… 정말이지, 지금 같아선 어이 없는 얘기가 아니냐구.”

판테레이 프로코피에비치는 불안과 고뇌를 벗어버리기는 커녕 오히려 더 심한 충격을 받고 그 집을 물러나왔다. 그는 벌써부터 사신에게 적내직인 갖가지 원리가 생활을 지배하기에 이른 것을 분명하게 느끼고 있었다. 이제까지 그는 잘 조련된 말을 장애물 경주에 끌고 가 조정하듯이 집안일을 처리해 왔고 일상 생활을 이끌어왔는데, 이젠 생활이 거칠게 날뛰는 말처럼 그를 몰아 붙이는 것이었다. 그는 이미 생활을 이끌어 가는 게 아니라 심하게 흔들리는 그 잔등 위에서 바싹 긴장한 채로 매달려 떨어지지 않으려고 가련한 노력을 계속하고 있는 것에 불과했다.

앞길에는 안개가 끼어 있었다. 미론 그리고리에비치가 이 근처에서 부유한 가장이었던 것은 바로 엊그제의 일이 아니었던가? 하지만 최근 3년 세월은 그의 힘을 모조리 꺾어놓고 만 것이었다. 고용인들도 모두 떠나고 없었다. 밭농사는 9분의 1로 줄었고 말이나 소도 나날이 하락하는 화폐와 바꾸기 위해 팔아버리고 없었다. 장식이 있는 발코니와 조각을 한 기둥만이 지난날의 호화저택의 흔적을 나타내고 있을 뿐이었다. 아직 그럴만한 나이가 아닌데도 백발은 코르슈노프의 붉은 수염을 번쩍거리게 해놓더니만 얼마 안가서 소금빛으로 바꿔놓고 말았다. 미론 그리고리에비치 마음에서는 두 가지 원리가 격렬한 싸움을 벌이고 있었다. 하나는 피가 용솟음치면서 일터로 나가 씨를 뿌리고 곳간을 짓고 농구를 수선하여 재산을 모으라고 강요했다. 그러나 다른 한편으로는 '모아서 어쩌자는 거냐. 결국은 다 새어나갈 것을!' 하는 자포자기적인 생각이 자꾸만 일어 모든 것을 무관심의 생기없는 허연 빛깔로 바꿔놓는 것이었다. 보기 흉한 그 손목은 이전처럼 망치나 톱을 들려 하지 않고, 노동으로 기괴하게 변형이 된 손가락을 희미하게 꼼지락거리면서 멍청히 무릎 위에다 올려놓고 있을 뿐이었다. 불행이 늙음을 재촉한 것이었다. 게다가 토지조차도 지금은 싫증을 느끼게 했다. 봄이 되면 습관과 의무감으로 별로 사랑스럽지도 않은 마누라에게 가듯이 토지를 보러 갔다. 기쁨 없이 수확을 하고, 또한 빼앗겼다고 해서 전처럼 슬퍼하지도 않았다…… 빨갱이놈들이 말을 빼앗은 것이었다. 하지만 그는 얼굴빛 하나 바꾸지 않았다. 2년 전에는 소가 짚더미를 짓눌렀다고 갈쿠리로 아내를 내리치려고 했던 그였는데……

"코르슈노프는 욕심꾸러기야. 너무 많이 처먹었으니 이번엔 토해낼 차례군."

이웃 사람들은 그렇게 쑥덕거렸다.

판테레이 프로코피에비치는 집에 닿자 긴 의자에 몸을 눕혔다. 명치가 욱신거리고 구역질이 치밀어올랐다 저녁식사를 한 뒤, 그는 늙은 아내에게 소금에 절인 수박을 갖다 달라고 했다. 한 조각을 먹고는 경련이 일어 가까스로 페치카 옆에 가서 누웠다. 그러나 이튿날 그는 제정신을 잃고 말았다. 티푸스 열에 시달려 의식을 잃은 것이었다. 피가 달라붙은 입술이 갈라지고 얼굴은 노랗게 되고 흰자위는 푸른 에나멜빛으로 변해버렸다. 도로즈지하 할멈이 방혈을 시켰다. 손의 정맥에서 타르처럼 검은 피를 두 접시 가량 뽑아냈다. 그러나 의식은 돌아오지 않았다. 얼굴은 창백하고 더러운 이빨을 드러낸 입은 딱 벌어진 채 소리를 내어 공기를 들이마시고 있을 뿐이었다.

20

1월 말에 이반 알렉세에비치는 관구 혁명위원회 의장의 부름을 받고 뵤센스카야로 갔다. 저녁때까지는 돌아올 예정이었다. 텅 빈 모호프네 집의, 전에 주인 방 안에 있었던 더블베드만큼 넓은 책상 앞에 코세보이가 앉아 그가 오기를 기다리고 있었다. 뵤센스카야로부터 파견되어 와 있던 민경 오리샤노프가 창틀에 기대 있었다(방 안에는 의자가 한 개 밖에 없었던 것이다). 그는 말없이 담배만 피우고 있었다. 창 밖은 환한 달밤으로 몹시 차가운 정적이 감돌았다. 미하일은 이따금 창너머로 설탕을 뿌려 놓은 것 같은 단풍나무잎을 바라보며 스테판 아스타호프의 집을 수색하는 조서에 서명을 하고 있었다.

현관 계단을 벨트 구두의 부드러운 소리를 내면서 누군가 지나갔다.
"돌아왔군."
미시카는 일어났다. 그러나 밖에서 들려온 것은 다른 사람의 헛기침과 발소리였다. 외투 단추를 모두 잠그고 추위로 얼굴 빛깔이 검붉어지고 눈썹과 입수염에 서리꽃을 단 그리고리 멜레호프가 들어왔다.
"불이 켜졌길레 들어와 봤지. 잘 있었나?"
"이리 와서 하소연이라도 하고 가게나."
"하소연할 것도 없네. 그렇지만 잠시 얘기 좀 하고 가야겠군. 역마가 징발되지 않았으면 해서 들렀네. 우리 집 말은 각기병에 걸렸거든."
"소는 어떤가?"
미시카는 조심스레 물었다.
"소를 타고 갈 수는 없잖은가? 미끄러질거야."
누군가가 현관 계단 언저리를 잰걸음으로 걸어왔다. 소매 없는 외투를 입고 여자처럼 맨 방한두건을 쓴 이반 알렉세에비치가 다급하게 방 안으로 들어왔다. 싸늘하고 신선한 공기와 마른풀과 담배 냄새가 그의 몸에서 뒤섞여 풍겨 왔다.

"무척 춥군, 추워! …… 그리고리, 왜 그래? 밤마다 무슨 일로 싸돌아다니나? ……이 소매 없는 외투, 형편없는 물건이야. 체처럼 바람이 드나들어!"

그는 외투를 미처 못에 걸기도 전에 말문부터 열었다.

"의장을 만나 보고 오는 길이야."

이반 알렉세에비치는 생생하게 눈을 빛내면서 탁자 옆으로 다가왔다. 애기가 하고 싶어 견딜 수가 없었던 것이다.

"의장의 방에 들어갔더니 내 손을 잡고 '어서 앉게, 타바리시치.' 이러잖아. 관구 의장이 말이야! 옛날 같았으면 소장 각하 아닌가! 그런데 우리의 권리가 어떻게 된 줄 아나? 모두가 평등하다, 그 말이야!"

그 생기있고 행복해 보이는 얼굴, 탁자 옆에서 떠드는 모습이며 기쁨에 넘친 말 등이 그리고리에겐 도무지 이해가 되지 않았다. 그래서 그는 물었다.

"무엇 때문에 그렇게 기뻐하나?"

"무엇 때문이냐구?"

이반 알렉세에비치의 턱주가리가 떨렸다.

"나 같은 사람에게 제대로 사람대접을 해주더라 그 말일세. 기분좋지 않을 리가 있겠어? 나를 동료로 대하고 악수를 청하더라니까……"

"요즘엔 장군들이 자루로 만든 푸바시카를 입고 걸어다니 던걸."

그리고리는 손바닥으로 입수염을 문지르면서 눈살을 찌푸렸다.

"난 말이야, 색연필로 쓴 것 같은 견장을 단 사람을 보았어. 카자흐한테 손을 내밀더군……"

"그런 장군들은 일부러 꾸민 거지만 이쪽은 아주 자연스러워. 틀리다구……"

"틀릴 것도 없어!"

그리고리는 머리를 흔들었다.

"네 생각에는 권력도 마찬가지라는 말인가? 그럼, 뭣 때문에 그때 전쟁에 뛰어들었나? 뭣 때문에 싸웠느냐구? 장군들을 위해서야? 아니면 '마찬가지'

라는 말이야?"

"나 자신을 위해서 싸웠어. 장군을 위해 싸운 게 아냐. 사실을 말하자면 내겐 어느 쪽도 마음에 안 들어."

"그렇다면 누가 좋다는 거야?"

"아무도 없어!"

오리샤노프는 방바닥에 침을 내뱉고, 그 말에 공명하여 웃음을 터뜨렸다.

"자네, 전에는 그렇게 생각하지 않았잖아."

미시카는 그리고리에게 귀에 거슬리는 소리를 했다. 하지만 그리고리는 이 말에 자극 받은 내색은 보이지 않았다.

"나도 그렇고 자네도 그래. 저 마다 생각을 달리하고 있었으니까……"

이반 알렉세에비치는 그리고리가 나간 다음 미시카에게 자기가 의장을 방문했을 때의 자초지종을 좀더 자세히 전해 주려고 생각했었는데, 당면 문제에 대한 대화가 그를 흥분시켰다. 관구에서 보고들은 모든 것에서 신선한 인상을 받았기 때문에 자신도 모르는 사이에 딱딱하게 입씨름으로 몰고 간 것이었다.

"너, 우리를 속이려는 건 아니지? 그리고리! 넌 네 자신이 바라는 것을 너 스스로도 모르고 있는지 몰라."

"모르겠어."

순순히 그리고리가 대꾸했다.

"현재의 권력을 넌 무엇 때문에 비난하지?"

"그럼, 넌 무엇 때문에 그쪽에 충성하려는 거지? 네가 언제부터 빨개졌느냐구?"

"그 문제는 피차 거론하지 말기로 해. 권력에 대한 얘기는 그만두자. 어쨌든 난 의장이니까. 너하고 입씨름을 하기가 거북해서그래."

"그럼, 관두기로 하지. 시간도 없고 역마일로 잠깐 들른 것뿐이야. 하지만 네 쪽의 권력은 누가 뭐래도 신통치가 않아. 너, 분명히 말해봐. 그걸로 매듭을 짓자구. 지금의 권력이 우리 카자흐에게 무엇을 갖다준다는 거냐?"

"어느 카자흐를 말하지? 카자흐에도 여러 종류가 있잖아."

"카자흐 전체를 말하는 거야."

"자유와 권력, 잠깐, 잠깐 기다려, 넌 뭔가를……"

"17년에도 그런 말을 했어. 그러니까 기필코 이번엔 새로운 것을 만들어 내야만 할 거야."

그리고리가 가로막았다.

"토지는 얼마든지 있어. 내버릴 만큼. 자유만 해도 이 이상 더 필요하진 않잖은가. 이보다 더 있으면 길바닥에서 칼싸움이 벌어질걸. 제 손으로 아타만을 뽑아 놓고 이제 와선 도로 처박아버렸잖나. 대체 누가 아타만을 선출했지? 현재의 정권이 카자흐에게 파별 말고 뭘 한 가지라도 줄 수 있다고 생각해? 순 농사꾼의 정권이니까 농사꾼들한테는 필요할지 모르지만, 우리에게 장군들 따위는 필요 없어. 공산당원이든 장군이든 귀찮은 짐일 뿐이라구."

"그거야 부자 카자흐에겐 필요치 않겠지만 다른 사람들은 안 그래! 부락에 부자는 두 세 명밖에 없어. 나머지는 모두 빈민들이야. 노동자들은 어떻게 할 거야? 아니지. 너하고 토론을 벌여 봐야 해결은 나지 않아. 어쨌든 부자 카자흐가 먹고 있는 입 속에서 한 조각만 꺼내다가 빈민들에게 나눠 주면 되는 거야. 고기조각을 찢어발겨서 나눠 주겠다, 이거라구! 주인어른 티는 이젠 그만 내도록 해! 토지를 약탈한 주제에……"

"약탈한 적 없어. 정식으로 입수했다는 걸 모르는 사람이 어딨어. 우리 조상이 피땀을 흘렸기 때문에 흑토를 이루어 놓은 거야."

"결국 그 소리가 그 소리 아냐. 어쨌든 어려운 사람들에게 나눠 줄 필요가 있어. 그런데 너만 혼자서 떨어져 있어. 바람이 부는 대로 넌 흔들리고 있다구. 너 같은 인간이 세상을 흐려 놓는단 말이야!"

"악담은 그만 지껄여! 널 믿고 가슴에 담긴 말을 한 것뿐이야. 가슴 속에 괴어 있는 응어리를 털어놓고 싶었어. 넌 평등하게 만든다지만……볼셰비키는 겉만 번지르르한 소리를 예사로 지껄인다구. 마치 사람들은 낚시밥을 따라가는 물고기처럼 달라붙어 있어! 그런데 그 평등이란 것이 어디로 갔지? 부락을 지나간 적군을 보라구. 소대장은 크롬가죽 장화를 신고 있어. 그런데 병사들은 각반을 매고 있지 않나. 코밋살을 보았지만 온통 가죽으로 둘러쌌더군. 병사들은 가죽구두를 못 신은 이들이 많았어. 정권을 잡은 지도 1년이 지났어. 그것들이 완전히 자리를 굳힌다고 하자. 평등 따위가 어디에서 이루어지겠어?…… 전선에선 '모두가 평등하게 된다. 사관과 병사의 급여가 똑같아진다'라고 떠들지만…… 아냐! 낚시밥일 뿐이야! 지주를 나쁜 놈이라고 하지만 머슴에서 일약 벼락부자가 된 놈이 백 배나 더 나빠! 사관들 중에도 치사한 놈이 있지만 졸병에서 벼락치기로 사관이 된 자야말로 치사하더란 말이야. 놈들에게서 나쁜 인간을 골라내기란 어려워. 놈들의 교육 정도는 카자흐와 별다른 차이가 없어. 그런 놈들이 하루 아침에 권력을 잡아 거기에 취하게 되면 그 자리에 오래 눌러앉기 위해서 태연히 남의 생가죽을 벗길걸.”

"자네가 한 말은 반혁명이야!”

이반 알렉세에비치는 싸늘하게 말하면서도 그리고리쪽으로 눈을 돌리지 않았다.

"나를 밭두렁 속으로 끌어들이려 해도 소용 없어. 난 네 생각을 짓누르고 싶진 않아. 오랫동안 못 만난사이에 완전히 딴 사람이 되어버렸군. 넌 소비에트 정권의 적이야.”

"너에게서 그런 말을 듣게 될 줄은 몰랐어…… 그러니까 내가 반혁명분자란 말인가? 카데트와 똑같다는 말이야?”

이반 알렉세에비치는 오리샤노프의 담배갑을 집어들고 아까와는 달리 부드러운 어조로 말하기 시작했다.

"어떻게 하면 너를 설득할 수 있을까? 자신의 머리로 잘 생각하면 금방 판단이 될텐데…… 난 배운 게 없어서 조리있게 말할 줄도 몰라. 그렇지만 여러 가지 것을 익히는 중이야.”

"그만해!”

미시카가 화가 나서 소리쳤다.

모두 함께 집행위원회에서 나왔다. 그리고리는 잠자코 있었다. 그와 다른 세계에 살고 있고 세상을 다른 둔덕에서 보아 온 이반 알렉세에비치는 남의 고민을 인정하려 들지 않고 다만 침묵의 압박감을 받고 있다가는 마지막에 이런 말을 하고 헤어졌다.

"그런 생각은 네 가슴 속에만 묻어 둬. 나하고는 오래 전부터 친하게 지낸 사이고, 네 형 페트로는 내 대부니까 무슨 방도를 생각해 보겠네! 카자흐들을 선동하진 마. 선동하지 않아도 놈들은 흔들리고 있다구. 너, 우리에게 방해놓지 마! 가만두지 않을 테니까! ……그럼, 잘 가!”

문지방을 넘었을 때야 문득 잊었던 기억이 나는 듯한 느낌을 받으면서 그리고리는 발길을 옮겼다. 아까는 울컥 치밀어오른 김에 평소 마음에 품어온 것들을 얘기하고 하소연했던 것뿐이었다. 그는 두 가지 원리의 문지방에서 그 어느 쪽도 모두 부정해 온 것이었다. 그 때문에 지워지지 않는 공허한 초조가 솟구쳐올랐다.

미시카와 이반 알렉세에비치는 나란히 걸어갔다. 이반 알렉세에비치는 다시 관구의 의장과 만났던 얘기를 늘어놓았지만 입 밖으로 내놓으니까 색채도 무게도 빛이 바래진 듯이 느껴졌다. 그는 기분을 돌이켜보려고 애썼지만 뜻대로 되지 않았다. 무엇인가가 앞을 가로막아 명랑한 기분을 되찾고 신선한 공기를 들이마시려는 마음을 방해했다. 그 장애물은 그리고리였고, 그와 나눈 대화였다. 그는 그것이 생각나자 증오를 느꼈다.

"그리시카놈, 씨름판에서 짓눌려 있다가 나중에 팔딱거릴 놈이야! 치사한 자식! 얼음구멍의 쇠똥처럼 언제까지 둥둥 떠 있으려는 거야. 다시 내 눈앞에 나타났던 봐라. 모가지를 비틀어놓고 말 테니, 주둥이를 놀렸다간 방판에 집어넣고 말 테다…… 그건 그렇고 미샤토카, 네가 하는 일은 잘 돼가나?"

미시카는 혼자만의 생각에 잠겨 있어 욕설로 대답했다.

주택가를 지난 다음에야 미시카는 이반 알렉세에비치를 돌아보았다. 여자처럼 도톰한 그의 입술에 당혹스러운 미소가 떠올라 있었다.

"알렉세에비치, 정치란 건 정말 지긋지긋해! 지껄이고 싶거든 얼마든지 지껄여. 하지만 피를 더럽히는 짓이랑은 하지 않는 게 좋아. 그리시카 멜레호프와 분쟁이 시작되겠지. 하지만 녀석과 난 친구야. 학교도 같이 나왔고 계집애 꽁무니도 함께 따라다녔어. 놈은 내게 형제나 마찬가지야…… 그런데 녀석이 쓸데없는 소릴 지껄인 거야. 난 화가 나서 견딜 수가 없었어. 수박조각이 목에 걸린 것처럼 가슴이 답답하고 겁이 났어! 녀석이 하잘것없는 것까지도 내게서 모조리 뺏아간 것같이 느껴졌어. 나한테서 싹 쓸어간 것 같은 느낌이 들어! 얘기가 엇갈리면 칼싸움이 일어날 수도 있다구. 이번 전쟁에선 부모도 형제도 없어. 자, 이제 결말이 났어. 그러니 가자!"

미시카의 목소리는 분노로 떨렸다.

"놈에게 계집을 빼앗겼다 해도 아까처럼 화를 내진 않았을 거야. 참을 수 없을 만큼 화가 났었어."

21

눈이 내렸지만 떨어지는 도중에 녹아들었다. 정오가 되자 벼랑 쪽에서 둔한 소리를 내며 눈덩어리가 미끄러져내렸다. 돈 건너편에서는 숲이 쏴쏴 소리를 질렀다. 떡갈나무 기둥의 얼음이 녹아 검은 살갗을 드러냈다. 가지에서 떨어지는 물방울은 눈을 뚫고 낙엽이 수북히 쌓인 대지까지 스며들었다. 과수원에서는 벚나무숲이 향기를 풍겼다. 취할듯한 봄. 해빙기의 향기가 사람의 마음을 충돌질했다. 돈강의 얼음에 구멍이 뚫렸다. 강가 언저리에서는 얼음이 떠올라 흘러가고, 얼음 구멍은 풀빛의 밝고 맑은 물에 잠겨버렸다.

돈 쪽으로 탄약을 싣고 가는 짐마차는 타타르스키 부락에서 교체를 해야 했다. 썰매를 끌고 온 적위병사는 난폭한 자들이었다. 고참병이 이반 알렉세에비치를 감시하기 위해 남아 있었다. 그는 이반에게 "자네와 함께 잠시 여기에 남아 있겠어. 혹시 자네가 달아날 염려가 있으니까!" 하고 다른 병사들을 모두 내보냈다. 말 두 마리가 끄는 썰매를 47대 가량 입수할 필요가 있었다. 멜레호프 집에는 에메리얀이 찾아왔다.

"말을 내주게. 보고프스카야까지 탄약을 싣고 가야 하니까."

페트로는 눈썹 하나 까딱하지 않고 중얼거리듯이 말했다.

"말 다리에 병이 든데다 어제는 뵤센스카야까지 암말을 끌고 가서 부상병을 실어날랐다네."

에메리얀은 말없이 마구간으로 들어갔다. 페트로는 모자도 쓰지 않은 채 그의 뒤를 쫓아가면서 소리쳤다.

"이봐, 잠깐, 끌어가는 건 아니겠지?"

"쓸데없는 소리하지 마."

에메리얀이 심각한 표정으로 페트로를 바라보고 덧붙였다.

"말의 각기병이 어느 정도인가 보고 싶어서 그래. 망치로 일부러 망가뜨려 놓지는 않았겠지? 너, 속이려 해도 안 될걸! 난 말이야. 네가 말똥을 본 것만큼이나 많이 말들을 봐 왔어! 자, 끌어낼 준비나 해! 말이든 소든 상관없으니까."

그리고리는 썰매를 끌고 갈 작정이었다. 떠나기 전에 그는 부엌으로 뛰어가서 아이들에게 키스를 하면서 빠르게 말했다.

"선물 사갖고 올 테니 장난하지 말고 기다려. 엄마 말 잘 듣고."

그런 다음 페트로를 보며 말했다.

"내 걱정은 안 해도 돼. 멀리는 안 갈거야. 보고프스카야에서 더 가려고 하면 소를 팽개쳐 놓고라도 돌아올 거야. 하지만 부락에 돌아오진 않겠어. 싱긴의 큰어머니에게 가서 때를 기다릴 참이야. 페트로, 가끔 찾아와 줘…… 여기서 꼼짝 않고 기다리긴 아무래도 불안해." 그러고는 쓴웃음을 지었다.

"그럼, 잘 있어! 나타시카, 걱정할거 없어!"

그는 식량 창고가 되어버린 모호프의 점포 근처에서 탄약 상자를 싣고 떠나갔다.

'좀더 나은 생활을 하기 위해서 그들은 싸우고 있다. 우리도 우리 자신의 보다 나은 생활을 위해 싸워 왔다.' 그리고리는 썰매에 등을 기대고 덧옷을 머리끝까지 뒤집어쓴 채, 소의 느린 걸음걸이에 흔들리면서 줄곧 한가지만을 생각했다. '세상에는 진실만이 존재하는 건 아니다. 한쪽이 다른 한쪽을 해치우고 그 해치운 쪽이 상대방을 집어삼킨다…… 그런데 난 나쁜 진실을 찾아 걷고 있었다. 영혼이 병들어 이쪽으로 넘어지다가는 저쪽으로 뒹굴었다…… 옛날에 타타르인이 돈으로 쳐들어와서 토지를 뺏고 노예로 만들었다는데, 지금은 러시아가 그런 짓을 저지르고 있다. 난 결코 화해하지 않을 거다! 놈들은 내게도 카자흐에게도 타인이다. 카자흐는 이제 제정신을 되찾으려 하고 있다. 전선은 버려졌다. 하지만 지금은 그들도 나처럼 아! —이미 늦었다.'

길은 끝없이 뻗어 있어 권태를 강요하고 졸음을 불러 일으켰다.

그리고리는 나른해진 목소리로 소에게 고함을 지르다가는 깜빡 잠이 들어 그만 상자 언저리에 머리를 부딪쳤다. 담배 한 대를 피운 다음 6월의 달콤한 냄새가 풍기는 마른풀에다 얼굴을 파묻고 또다시 꾸벅꾸벅 졸았다. 꿈속에서 그는 키가 훨씬 크게 자라 있었고 바람에 흔들리는 밀밭 사이를 아크시냐와 함께 걷고 있었다. 아크시냐는 갓난아기를 소중하게 안고 경계하는 눈빛으로 그리고리를 바라보고 있었다. 그리고리는 가슴의 고동과 노래하는 것 같은 밀이삭 스치는 소리를 들으면서 밭두렁 위의 옛이야기에 나오는것 같은 작은 풀과, 눈에 스며드는 쪽빛 하늘을 바라보고 있었다. 그의 정감이 꽃을 피우고 그를 방황하게 만들었다. 그는 미칠 것 같은 애정으로 아크시냐를 사랑하고 있었다. 그는 그것을 온몸과 가슴의 고동으로 느꼈고 동시에 이것은 생시가 아니라는 것, 그의 눈앞에 입을 벌리고 있는 게 생명이 없다는 것, 끝이라는 것을 알고 있었다. 하지만 그 꿈은 즐거웠다. 그래서 그는 그것을 생시로 받아들였다. 아크시냐는 5년 전과 똑같았다. 하지만 냉정하고 조심스러웠다. 그리고리는 현실에서는 한 번도 본 적이 없었을 만큼 생생하게, 볼에 흘러내린 그녀의 탐스러운 머리카락과 하얀 옷깃 등을 보았다⋯⋯ 바퀴의 흔들거림으로 잠에서 깨어 사람의 음성을 듣고 제정신으로 돌아왔다.

맞은편 쪽에서 오는 수많은 썰매의 대열을 볼 수 있었다.
"이봐, 그 짐은 뭐야?"
그리고리 앞으로 가까이 지나가고 있던 보드프스코프가 쉰 목소리로 외쳤다.

썰매의 나무대가 삐걱거리고 가위처럼 갈라진 쇠발굽이 눈을 짓밟아 사각거리는 소리를 냈다. 마주친 짐썰매 쪽에서는 잠시 아무런 대꾸가 없었다. 나중에 어떤 사람이 대답을 했다.
"시체야! 티푸스로 죽은 사람들이라구⋯⋯"
그리고리는 머리를 치켜올렸다. 지나쳐가는 썰매 위에는 천막에 덮인 회색 외투를 입은 시체가 흔들리고 있었다. 경사진 언덕배기에서 그리고리가 탄 썰매의 가로막대가 맞은편 쪽 썰매에서 튀어나와 있는 손에 부딪쳤다. 그러자 그것은 둔한 주물 같은 소리를 냈다⋯⋯ 그리고리는 모른 척 고개를 돌렸다.

달콤한 풀냄새가 끌어당기는 것처럼 졸음을 불러일으켜서 거의 잊었다고 생각했던 지난 일이 칼날이 되어 기억을 건드린 것이었다. 그리고리는 다시 썰매 위에 벌렁 드러누웠으나 나뭇가지가 볼을 스치자 채찍에 맞은 것 같은, 그러나 달콤한 아픔을 느꼈다. 추억에 들뜬 가슴은 두근두근 파도를 치고 오래도록 잠을 이루지 못하게 했다.

22

부락 혁명위원회를 둘러싸고 대여섯 명씩 동료가 모여 있었다. 압착계인 다비드카, 치모페이, 모호프가의 전 마부 에메리얀, 그리고 곰보인 필리카,

이반 알렉세에비치는 자신의 일상 활동을 그들에게 의존해서 움직였으나 자신과 부락을 갈라놓고 있는 눈에 보이지 않는 벽이 날이 갈수록 크게 느껴졌다. 카자흐들은 집회에 나타나지 않았다. 나타난다 하더라도 그것은 다비드카와 그 이외의 사람들이 대여섯 번 가량 집을 찾아가야만 겨우 얼굴을 내밀었다. 그리고 얼굴은 내민다 해도 아무런 발언도 하지 않는 채 뭐든지 찬성했다. 눈에 띄게 청년들의 숫자가 불어났다. 그러나 그들 중에 동조자는 없었다. 회의를 주최하면서 이반 알렉세에비치는 돌 같은 얼굴, 쌀쌀한 불신의 눈, 이마 너머로 훔쳐보는 눈을 볼 수 있었다. 그는 심장 밑이 싸늘해짐을 느꼈다. 눈동자는 근심을 띠고, 목소리는 생기를 잃고 힘이 들어 있지 않았다. 곰보 필리카가 그 기미를 느끼고 이렇게 말했다.

"우린 부락하고 동떨어진 신세가 돼버렸어, 코트랴로프 동지! 모두가 고집스럽고 쌀쌀해졌어. 어제만 해도, 적위군 부상병을 뵤시키로 실어나르려고 썰매를 빌리러 갔는데 한 사람도 따라나서는 자가 없더라니까. 한 집안이 따로 떨어져 산다는 건 재미 없는 일이야……"

"그렇지만 잘들 마시고 있잖아!"

담뱃대에 온통 침을 바르면서 에메리얀이 끼어들었다.

"어느 집이고 탁주 안 만들어 놓은 집은 없으니까."

미시카 코세보이도 얼굴이 흐려 있었지만 자신의 마음속을 다른 동료들에게 털어놓지는 않았다. 그러나 그 역시 참을 수가 없었다. 저녁에 집으로 돌아가게 되었을 때, 그는 이반 알렉세에비치에게 부탁했다.

"내게 소총을 주게!"

"어디다 쓰려고?"

"맨손으로 걸어다니니까 겁이 나서 그래. 그럼, 너는 아무 눈치도 못 챘다는 거야? 그리고리 멜레호프, 보가투일료프 노인, 마트베이 카슈린, 미론 코르슈노프들을 체포해야 해. 놈들이 카자흐들에게 귀뜸을 한 거야……도네츠 너머에서 자기네 패들이 올 때까지 기다리자고 말이야."

이반 알렉세에비치는 몸을 뒤로 젖히고 재미없다는 얼굴을 하면서 손을 내저었다.

"체포를 하고 싶어도 숫자가 너무 많아. 모두가 흔들거리고 있는걸…… 우리 측에 공명하고 있는 자도 두세 명 되지만 그놈들도 미론 코르슈노프의 눈치를 살피고 있어. 그 영감네 미치카가 도네츠에서 돌아오면 혼줄이 나지 않을까 걱정하고 있다니까."

생활은 모퉁이에서 급하게 꺾였다. 그 이튿날, 뵤센스카야로부터 기마병이 부자들에게 과세를 하라는 명령을 갖고 왔다. 부락에 4만 루블리 정도가 매겨졌기 때문에 곧 할당이 시행되었다. 하루가 지나자 18000루블리 정도의 금액이 모아졌다. 이반 알렉세에비치가 관구로 조회를 했더니 관구에서는 3명의 민경을 파견하여 '부과금을 지불하지 않는 자는 체포하여 뵤센스카야로 호송할 것'이라는 명령을 내렸다. 네 명의 부자들이 본래 모호프가의 사과 저장소였던 지하실에 감금되었다.

부락은 벌집을 쑤셔놓은 것 같은 소동이 벌어졌다. 코르슈노프는 떠맡겨진 돈을 아까워하여 납부를 딱 거절했다. 그 역시 안락한 생활과 이별해야 할 때가 찾아오고 만 것이었다. 제28연대에 근무한 적이 있는 뵤센스카야 마을 출신의 젊은 카자흐인 지방예심판사와 가죽상의 위에 모피 외투를 입은 또 한사람이 관구로부터 파견되었다. 그들은 혁명재판소의 신임장을 제시하고 그길로 이반 알렉세에비치와 사무실에 박혀 지냈다. 판사와 같이 온 대머리 사내가 사무적으로 말문을 열었다.

"이 관구 전체에 동요의 기미를 볼 수 있다. 남아 있는 백위군 분자가 머리를 쳐들고 근로 카자흐들을 충동질하고 있기 때문이다. 우리에게 적대적인 대상은 깡그리 제거할 필요가 있다. 사관, 신부, 아타만, 헌병, 자산가 등 우리에 대해 극적인 투쟁을 해 온 자들의 명단을 제출할 것. 판사를 도와주게. 판사가 알고 있는 자는 두세 명밖에 안 되니까."

이반 알렉세에비치는 면도기로 박박 민 대머리에 여자 같은 얼굴을 한 사내를 바라보았다. 이름을 들출 때 페트로 멜레호프의 이름이 떠올랐다. 그러나 판사는 고개를 흔들고 말했다.

"그 사람은 우리 쪽이야. 포민에게서 그 사람에게 손을 대지 말라는 부탁을 받았어. 볼셰비키에 호의적이더군. 난, 그 사람하고 28연대에서 함께 근무한 적이 있다구."

탁자 위에는 코셰보이의 필적으로 대학노트 조각에 적힌 계지 한 장이 있었다.

그러자 몇 시간 뒤에는 벌써 모호프가의 넓다란 마당에 체포된 카자흐들이 민경의 감시 아래 판자 위에 앉아 있었다. 그들은 음식물을 갖고 있는 집 사람들과 자질구레한 세간살이를 실은 썰매가 오기를 기다렸다. 죽음을 각오한 듯이 가죽 반외투, 단화, 깨끗한 양말 등 진솔로 잘 차려입은 미론 그리고리에비치가 보가투일료프 노인과 마트베이 카슈린과 더불어 가장자리에 앉아 있었다. 아브데이치 브레프는 조급히 마당을 걸어다니며 우물 속을 들여다보기도 하고 뭔가 나무조각 같은 것을 줍기도 하고 사과처럼 붉고 땀에 젖은 얼굴을 옷소매로 닦으면서 현관 입구 쪽에서 샛문 쪽으로 걸어갔다.

다른 패들은 말없이 앉아 있기만 했다. 고개를 숙이고 지팡이로 눈 위에다 뭔가 그리기도 했다. 여자들이 숨차게 마당 안으로 뛰어와서 체포된 가족들에게 꾸러미며 자루 등을 내밀고 수군수군 낮게 소곤댔다. 눈이 부은 루키니치나는 남편의 반외투 단추를 잠가주고 목에다 여자용 흰색 프라토크를 감아주고 잿빛으로 변한 남편의 얼굴을 들여다보며 말했다.

"그리고리치, 한탄할 거 없어요! 별다른 일 없이 끝날지도 모르잖아요. 당신, 너무 상심하지 마요, 네? 오, 오! ……"

그녀의 얼굴은 일그러져 거의 울상이 되었다. 하지만 그녀는 열심히 입술을 달싹거리며 계속 소곤거렸다. "찾아갈께요…… 그리프카를 데리고 찾아가겠어요. 그앤 당신의 귀염둥이니까……"

문 쪽에서 사람들이 고함을 질렀다.

"썰매가 왔다! 짐을 싣고 출발! 여자들은 모두 비켜. 이곳을 울음바다로 만들 건 없잖아!"

루키니치나는 처음으로 미론 그리고리에비치의 붉은 털이 난 손에 키스를 하고 옆으로 비켜섰다.

소를 매단 썰매는 광장을 지나쳐 돈 방면으로 천천히 미끄러졌다.

체포된 7명과 2명의 민경이 그 뒤를 따랐다. 아브데이치는 순간 걸음을 멈추고 구두끈을 고쳐매고는 젊은이다운 힘찬 동작으로 뛰어갔다. 마트베이 카슈린은 아들과 나란히 걸었다. 마이단니코프와 코롤료프는 끊임없이 담배를 피워댔다. 미론 그리고리에비치는 썰매 받침을 붙잡고 걸어갔다. 그리고 맨 뒤에서 당당하고 무게 있는 걸음걸이로 보가투일료프 노인이 걷고 있었다. 바람이 정면에서 불어 그의 하얀 장로 수염의 끝을 뒤로 넘기고 어깨에 걸친 목도리의 수술을 이별의 신호마냥 펄럭거리게 했다.

그런데 몹시 흐린 2월 그 날에 진기한 일이 벌어졌다.
부락에서는 요즘엔 이미 관구의 근무자들이 오는 것에 익숙해져 있었다. 따라서 마부와 함께 나란히 앉아, 추위에 몸을 웅크린 손님을 태운 썰매가 광장에 나타났는데도 아무도 흥미를 나타내지 않았다. 두 필의 말이 끄는 그 썰매는 모호프네 앞에서 멎었다. 손님이 썰매에서 내려섰다. 나이가 지긋하고 의젓한 모습의 남자였다. 그는 긴 기병외투 위에 졸라맨 군대용 혁대를 고쳐매고, 붉은 색 카자흐 방한모의 귀덮개를 끌어올리고 나무로 된 모젤총의 케이스를 누르면서 서서히 현관 계단을 올라갔다.
혁명위원회에는 이반 알렉세에비치와 민경 두 명이 있었다. 그 남자는 노크도 하지 않고 방 안으로 들어가 문턱 앞에서 백발이 섞인 짧은 수염을 쓰다듬으며 낮은 소리로 말했다.
"의장을 만나고 싶소."
이반 알렉세에비치는 새처럼 눈을 동그랗게 뜨고 일어서려고 했다. 그러나 엉덩이가 들어지지 않았다. 그는 그저 물고기처럼 입을 뻐끔대며 닳아빠진 의자 팔걸이를 손가락으로 긁고 있을 뿐이었다. 카자흐 방한모의 붉은 테두리 뒤에서 늙은 슈토크만이 그를 지켜보고 있었다. 처음에는 알아보지 못했는데 어느 순간 그의 눈빛이 반짝 빛을 뿜었다. 그는 그때까지도 자리에서 일어나지 못하고 있는 이반 알렉세에비치에게로 다가가 힘껏 그를 끌어안고 키스를 했다. 젖은 볼수염이 그의 얼굴에 가닿았다.
"알고 있었어! 만약 살아남았다면 자넨 틀림없이 타타르스키 부락의 의장이 되어 있을 거라고 생각했지!"
"오시프 다비드비치, 저를 때려 주시오! 이 개새끼야, 하고! 그만 눈이 흐려서 미처 알아뵙질 못했습니다."
이반 알렉세에비치는 울먹거리면서 말했다.
민경이 얼굴을 돌렸을 정도로 그의 그을린 사내다운 얼굴 위로 눈물이 줄줄 흘러내렸다.
"이 의자에 앉으십시오! 대체 어디에서 오시는 길입니까?"
"난 군 정치부와 함께 왔네…… 자네는 진짜가 아닌 줄로 여기는 모양이군! 자네 많이 변했구먼!"
슈토크만은 싱글벙글 웃는 얼굴로 이반 알렉세에비치의 무릎을 두들기면서 조급한 말투로 입을 열었다.

"모든 것은 알고 보면 매우 간단한 일이야. 여기서 끌려간 뒤 판결을 받았는데 유배지에서 혁명이 일어났어. 동지들과 함께 적위군을 조직해 도우토프와 코르차크에 가서 싸웠지. 거기선 유쾌한 일이 많았어! 자네도 알겠지만 놈들을 우랄에서 완전히 추방했으니까. 그런데 이번엔 내가 자네들의 전선에 나타났다, 이 말일세. 내가 옛날에 여기서 살았기 때문에 그 연고로 제8군 사령부가 나를 자네들의 관구에서 활동하도록 파견한 걸세. 그 때문에 난 뵤센스카야로 급히 떠나왔고 혁명위원회에서 잠시 얘기를 하고는 맨 첫번째로 타타르스키에 오기로 한 걸세. 여기서 얼마쯤 조직일을 도와 준 뒤에 떠날 참이네. 옛날의 우정을 잊지 않았겠지? 그건 나중에 차차 얘기하기로 하세. 그보다도 자네에 대한 것과 이쪽 상황을 듣고 싶네. 자세히 일러주게. 부락에는 누가 있지? 살아남은 자는 누구누구야? 동지…… 미안하지만 잠시 의장과 단둘이만 있게 해주겠나? 옛날도 좋았지만 요즘은 정말 좋은 시절이야……자, 어서 얘기하게!"

세 시간 정도 이야기를 한 뒤에, 미시카 코셰보이와 이반 알렉세에비치는 지난날의 하숙집인 사팔뜨기 루케시카네 집으로 슈토크만을 데리고 갔다. 갈색 언덕길을 따라 걸어갔다. 미시카는 슈토크만이 행여 자기 곁에서 멀어질까봐 몇 번이나 그의 외투자락을 고쳐잡았다.

루케시카는 옛날 하숙인에게 스튜를 대접하고 궤짝 깊숙이에서 오래되어 구멍이 뚫린 설탕조각까지 꺼내 그에게 권했다.

벗나무 잎차를 마신 다음, 슈토크만은 페치카 위에 잠자리를 펴고 누웠다. 그는 두 사람의 말을 들으면서 여러 가지 질문을 하며 틈틈이 담배를 피웠다. 새벽녘에야 플란넬 상의 위에 담배를 떨어뜨린 채 깜박 잠이 들었다. 이반 알렉세에비치는 뒤에도 10분 가량 얘기를 늘어놓았는데 슈토크만이 질문을 받고도 코를 골자 그제야 조심스럽게 발소리를 죽이면서 그 방을 나갔다.

체포된 사람들을 인솔해 뵤시키에 갔던 오리샤노프는 이쪽으로 되돌아오는 썰매를 타고 한밤중에야 돌아왔다. 그는 이반 알렉세에비치가 잠든 방의 창문을 두들겨 그를 깨웠다.

"대체 어찌된 일이야?"

이반 알렉세에비치는 졸음이 가시지 않은 얼굴을 내밀었다.
"뭣 때문에 돌아왔어? 가져갈 짐이라도 있었나?"
오리샤노프는 채찍을 가볍게 흔들면서 말했다.
"데리고 간 카자흐들은 총살되었어."
"거짓말 마, 빌어먹을!"
"거기 닿자마자 즉각 심문을 하더니, 미처 어두워지기도 전에 솔밭으로 끌고 가더군……이 눈으로 봤다니까!"
펠트장화에 제대로 발도 넣지 못할 만큼 당황한 이반 알렉세에비치는 옷을 걸쳐 입기가 바쁘게 슈토크만에게로 뛰어갔다.
"오늘 끌려간 사람들이 뵤시키에서 총살을 당했답니다. 난 기껏해야 감옥에 집어넣을 줄 알았는데, 이게 무슨 짓이람……그런 식으로 나간다면 우린 아무 일도 할 수 없지 않소. 모두가 우리에게 고개를 돌릴 겁니다. 오시프 다비드비치! ……그런데 좀 이상하잖아요. 굳이 죽여야 할 필요는 없을 텐데 말입니다. 대체 앞으로 어떻게 돌아갈 건지 알 수가 있나!"
그는 슈토크만도 자기와 마찬가지로 당황해 할 것이고 또한 사건의 결말을 우려할 줄로 알았는데 상대방은 천천히 셔츠를 걸치면서 말했다.
"이봐, 그렇게 큰 소리로 떠들 거 없어. 안주인이 잠을 깨면 어쩌려구……"
옷을 입고 담배에 불을 붙인 그는 7명을 총살한 데 대한 경위를 한 번만 더 설명해 달라고 부탁했다. 그런 다음에 약간 냉랭한 말투로 얘기를 시작했다.
"자네는 다음과 같은 것을 알아야 하네. 단단히 명심해 두게! 전선은 지금 우리가 있는 곳에서 150킬로미터 떨어진 지점에 놓여있네. 게다가 카자흐 대다수가 우리에 대해 적대적인 감정을 갖고 있지. 왜 그런가 하면 부자인 카자흐, 즉 아타만이라든가 그 밖의 상층부 사람들이 근로 카자흐들에게 큰 세력을 휘두르고 있기 때문이야. 왜? 그 이유는 이미 자네도 잘 알고 있었어야 했네. 기지흐란 특수한 신분을 갖고 있는데다 군인 이닌가. 직위와 '아버지인 대장'에 대한 애착이 짜리즘에 의해 접목된 걸세……군가에는 그것이 이런 식으로 불리고 있지 않나? '아버지 대장의 명령이라면—어디든지 달려가서 쳐부수리라.' 이런 식이야. 이 아버지 대장이란 놈들이 노동자의 스트라이크를 중지하도록 명령을 내린걸세. 300년에 걸쳐 카자흐의 머리를 멍청하게 해왔어. 그뿐만 아니고 이런 것도 있지! 가령 리야잔현의 부농과 돈 카자흐 사이엔 커다란 차이가 있네. 리야잔의 부농은 억압하면 소비에트 정권에 대해 불평을 할 뿐이야. 무력해서 별다른 일은 일으키지 않아. 그렇지만 돈 카자흐는 어떤가? 이쪽은 무장한 부농이야. 이놈은 위험한 독사라구! 이쪽은 강력하거든. 이건 자네가 말했던 코르슈노프와 그 밖의 패거리들처럼 수군댄다거나 이쪽의 신용을 떨어뜨리는 소문을 퍼뜨린다거나 중상하는 정도가 아니야. 노골적으로 우리에게 도전을 하려들지. 그건 확실해. 놈들은 총을 들고 우릴 쏴죽이려고 할걸. 자네라고 당하지 않으란 법은 없지. 그들은 다른 카자흐, 즉 중농이나 빈농 카자흐들을 자기 패거리로 끌어들이려 하고 있어. 그놈들의 손으로 우리를 쳐부수려고 기회를 엿보고 있네! 그렇다면 무엇이 문제인가? 우리에게 반대하는 행동을 취하고 있다는 건 틀림없는 사실 아닌가? 그걸로 충분해! 얘기는 간단해! ─총살하는 건 당연한 일이야! 이런 경우 누구든 아까운 인물이라고 애석해하거나 동정을 할 필요는 없는걸세……"

"나 역시 당신과 마찬가지로 동정하고 있진 않습니다!"

이반 알렉세에비치는 손을 내저었다.

"난 말입니다. 다른 패들이 내게서 떨어져나가는 게 아닐까, 하는 걱정뿐이오."

그때까지 평정을 가장하고 손바닥으로 가슴을 문지르던 슈토크만은 그때 울컥 역정을 내면서 힘껏 이반 알렉세에비치의 멱살을 움켜쥐고 끌어당겼다. 가까스로 기침을 억누른 그의 음성이 갈라져 나왔다.

"그들에게 가급적 진실을 제대로 불어넣어 주면 떨어져나갈 리가 없어, 근로자 카자흐들은 부농하고는 안 돼. 우리와 함께가 아니면 탈출할 길이 없어. 한심한 인간이군! ……부농들은 근로 카자흐의 노동으로 생활하고 있잖아! 기름이 끼어 있다구! 자넨 틀렸어! 나사가 아주 풀어졌어! ……내가 대신해서 자네 몫을 일해 줄까? 노동청년인 자네가 인텔리의 할일없는 생각을 갖고 있다니…… SL(사회혁명당) 같지 않아! 내 앞에선 조심하게, 이반!"

그는 멱살을 놓았다. 희미한 미소를 띠고 머리를 흔들고는 담뱃불을 붙여 깊숙이 들이마신 뒤에야 그는 평정을 되찾고 얘기를 끝맺었다.

"전 관구에 걸쳐서 가장 활발하게 움직이고 있는 적들을 처단하지 않으면 반란이 일어나지. 하루라도 빨리 놈들을 격리한다면 반란은 일어나지 않을 걸세. 그렇게 하는 데에 굳이 전원을 총살할 필요는 없겠지. 우두머리를 해치우면 되는 걸세. 나머지 패거리는 러시아의 오지에 처박아 두면 돼! 하지만 적을 정중하게 다루면 안 돼! '장갑을 끼고 혁명을 했던 건 아니니까' 레닌도 그런 말을 했어. 이번 경우, 굳이 그 패거리를 총살할 필요가 있었을까? 있었다고 난 생각하네. 전원이 다 그런지는 모르지만, 가령 코르슈노프 같은 자는 교정의 여지가 없어! 그건 분명한 사실이야! 그리고 멜레호프에 대한 건데, 그놈은 일시적이나마 잘 피했어. 그런 놈이야말로 문제삼아야 되는 건데! 그놈은 남아 있는 패들을 모두 합친 것보다 더 위험한 존재야. 자네 그 일에 대해서 좀더 깊이 생각할 필요가 있네. 그 사내가 자네하고 집행위원회에서 주고받은 대화, 그건 장차의 적만이 할 수 있는 말이네. 한 마디로, 지금 참고 있어선 안 된다 그 말일세. 전선에선 노동자 계급의 우수한 아들들이 죽어가고 있네. 수천 명의 동지들이 목숨을 버렸어! 그들이야말로 우리의 애도를 받을 대상이 아니겠나. 우리의 동지를 등뒤에서 쏘는 놈들을 동정한대서야 말이 되나. 말도 안 돼! 놈들이 우리를 죽이느냐 우리가 놈들을 죽이느냐. 이판사판이야. 다른 길은 있을 수가 없어, 알렉세에비치!"

23

페트로는 막 가축에게 사료를 먹이고 집 안으로 들어가 장갑에 묻은 마른 풀 부스러기를 털어내고 있는 참이었다. 그때 현관에서 인기척이 났다.
검은 프라토크를 눌러쓴 루키니치나가 문지방을 넘어섰다. 인사도 하지 않고 그녀는 부엌의 의자 옆에 서 있던 나탈리야를 향해 걸어가서는 그녀 앞에 털썩 주저앉았다.
"어머니! 무슨 일이에요?"
어머니의 무거워진 몸을 일으켜세우려다가 나탈리야는 큰 소리로 부르짖었다.
대답 대신 루키니치나는 토방에 머리를 처박고 애간장이 끊어질 것 같은 공허한 소리로 죽은 남편에 대한 넋두리를 늘어놓았다.
"여보, 영감! 어쩌자고 우리만 남겨 두고……혼자만 떠나셨수……"

여자들은 일제히 소리를 내어 울음을 터뜨렸고 어린애들까지 시끄럽게 울어댔다. 견디다 못한 페트로는 페치카의 구멍에서 담뱃갑을 집어들고 현관쪽으로 곧장 뛰어나갔다. 그는 이미 무슨 일이 벌어졌음을 짐작하고 있었다. 입구 계단 쪽에서 잠시 담배를 피우고 서 있었다. 울부짖는 소리가 그치자 페트로는 잔등에 불길한 오한을 느꼈다. 그는 곧장 부엌으로 들어갔다. 루키니치나가 흠뻑 젖은 손수건을 얼굴에 대고 울면서 말했다.

"미론 그리고리에비치가 총살을 당했다우! 그인 이제 이 세상 사람이 아니라오! 우린 가장을 잃었어요!"

그 여자는 이리가 짖어대는 것 같은 소리로 악을 썼다.

"내 남편은 눈을 감아버렸다우! 그인 사바세계를 볼 수가 없게 됐다구요......"

다리야는 정신을 잃은 나탈리야에게 물을 먹이고 일리니치나는 앞치마로 입술을 닦아 주었다. 병석에 누워 있던 판테레이 프로코피에비치의 방에서는 기침과 이가는 소리가 들려 왔다.

"제발 뵤시키에 가서 그이의 시체라도 찾아 줘요!"

루키니치나는 페트로의 손을 붙잡아 미친 듯이 자기 앞가슴에 갖다댔다.

"날 데려다 줘요...... 오, 세상에 이런 날벼락이 어딨담? 오, 난 그이를 파묻지도 못하고 썩게 놔둘 순 없어!"

"무슨 그런 말을 하세요."

페트로는 페스트 환자를 피하듯이 그녀에게서 몸을 떼어냈다.

"데려가 달라니, 그런 말은 입 밖에도 내지 마슈. 내 목숨은 어떡하구요? 그도 그렇지만 거기 가봤자 그분을 찾아낼 수도 없을 겁니다!"

"거절하지 말아 줘요, 페츄시카! 제발 부탁이오, 제발......"

페트로는 입수염을 씹다가 마침내 승낙하고 말았다. 뵤센스카야에 살고 있는 친지를 찾아가서 그의 손을 빌려 미론 그리고리에비치의 시체를 실어올 구상을 했다. 그는 밤중에 출발했다. 온 부락의 등불이 켜지고 '카자흐들이 총살당했다!' 라는 뉴스가 벌써 집집마다 소란을 일으키고 있었다.

페트로는 새로 세운 교회 옆에 살고 있는 아버지의 전우였던 사람을 찾아가서 계수의 아버지 시체를 끌어내는 데에 협력해 달라고 부탁했다.

"해봅시다. 장소는 내가 알고 있어요. 게다가 얕게 묻혀 있으니까. 하지만 어떻게 그분의 시체를 찾아내지요? 그분 혼자만이 아니실 않소……어제는 12명이 총살됐어요. 그놈들은 카데트가 정권을 쥐었을 때, 우리 편을 쏴죽인 패들이라오. 일을 마치면 탁주나 두 말 보내 주슈."

깊은 밤중에 삽과 건분을 실어나르는 데에 사용되는 들것을 갖고 그들은 마을 끝 묘지를 지나 솔밭을 향해 걸어갔다. 형은 그 언저리에서 집행되었다. 눈이 걸리적거렸다. 가장자리에 서리를 단 버드나무가 발밑에서 삐걱거렸다. 페트로는 귀를 기울이고 걸어 가면서 루키니치나와 계수의 죽은 아버지를 원망했다. 어린 소나무숲 첫번째 구획이 있는 지점의 모래산처럼 솟아오른 장소에 이르렀을 때 카자흐가 걸음을 멈추었다.

"이 근처였는데……"

거기서 다시 백여 걸음 걸었다. 마을의 개떼가 짖어대면서 가까이 다가왔다. 페트로는 들것을 팽개치고 쉰 목소리로 중얼거렸다.

"그만 되돌아가요! 어디에 묻혀 있는지 알게 뭐야! 빌어먹을, 악마한테 홀린 격 아냐!"

"겁이 나는 모양이군? 자, 갑시다!"

카자흐가 비웃었다.

그들은 가까스로 찾아냈다. 여기저기에 뿌리를 뻗고 있는 버드나무 언저리에 눈이 딱딱하게 밟혔고 모래가 섞여 있었다. 거기에서 방사선 형태로 사람 발자국과 레이스 모양의 개 발자국이 뻗어 있었다……

……페트로는 붉은 수염을 표적삼아 미론 그리고리에비치를 찾아냈다. 가죽혁대를 붙잡아 끌어낸 시체를 들것 위에 실었다. 카자흐는 기침을 하면서 구덩이를 메운 다음에 들것의 손잡이를 들어올리더니 불평부터 터뜨렸다.

"솔 숲까지 썰매로 왔더라면 좋았을걸. 바보 같은 짓을 했군! 이 수퇘지는 80킬로그램은 되겠군. 게다가 눈은 깊고……고생이 이만저만 아니군그래."

페트로는 시체의 발을 밀어넣고는 손잡이를 붙잡았다.

새벽까지 그는 키지흐의 집에서 술을 마셨다. 커튼을 씌워 둔 미론 그리고리에비치는 썰매 위에서 기다리고 있었다. 페트로는 취해서 썰매에 말을 매둔 채 버려두었다. 말은 고삐에 목을 꼿꼿이 세우고 계속 콧소리를 내면서 귀를 쫑긋거렸다. 시체를 알아차리고 마른풀도 입을 대려 하지 않았던 것이다.

 동녘 하늘이 뿌옇게 밝아올 때 페트로는 벌써 부락 안에 모습을 드러냈다. 그는 초원의 길을 따라 단숨에 말을 몰고 갔다. 뒤에는 미론 그리고리에비치의 머리가 판자에 부딪혀 덜컹덜컹 소리를 내었다 페트로는 두 번 가량 힘주어 줄기가 많은 초원의 마른풀로 머리 밑을 받쳐 주었다. 그는 사돈네 집으로 곧장 갔다. 귀여움을 받았던 처녀 그리파시카가 죽은 주인을 위해서 문을 열어 주고 눈더미 옆으로 살짝 길을 비켜 섰다. 가루가 든 가마니를 지고 가듯 페트로는 사돈을 널따란 거실로 메고 가서 미리 준비가 된 탁자 위에 조심스럽게 내려놓았다. 비탄에 잠긴 루키니치나가 새하얀 양말을 단정하게 신은 동반자의 발밑으로 미끄러지듯 다가갔다.
 "여보, 이게 웬일이오. 들것에 실려오다니요."
 그녀의 흐느낌 소리가 희미하게 들려 왔다. 그것은 기묘하게도 웃음 소리와 비슷했다.
 작은 방에서 그리샤카 노인이 들어왔다. 노인은 마룻바닥이 꿈틀거리고 있는 늪지대인 양 비틀비틀 걸어왔다. 그러나 탁자 앞까지는 흔들림 없는 걸음걸이로 다가와 배갯머리 앞에서 우뚝 발을 멈췄다.
 "미론, 잘 돌아왔다! 이런 모습으로 얼굴을 대할 줄이야……"
 성호를 긋고 노란 진흙이 묻은 얼음 같은 이마에 키스를 했다.
 "미로누시카야, 얼마 안 있으면 나도 따라가겠다……"
 그의 음성은 신음소리와 같았다. 자칫 입에 담아서는 안 될 소리를 지껄일까봐 걱정하듯이 그리샤카 노인은 노인답지 않은 재빠른 동작으로 손을 입으로 가져갔으나, 이내 그 자리에 주저앉고 말았다.
 경련이 이리의 발톱이 되어 페트로의 목을 옥죄었다. 그는 살며시 그 자리를 떠나 문 밖에 매어 둔 말을 향해 걸음을 옮겼다.

24

 깊게 괸 곳의 물은 흘러 모래톱으로 내려간다. 흐름은 거기서 홱 구부러진다. 그러자 돈은 유연한 흐름이 되어 천천히 흘러가는 것이다. 모래질이 단단한 밑바닥 언저리에는 체르노프스(배 쪽이 검은 물고기)가 떼지어 살고 있다. 밤이 되면 용철갑상어가 먹이를 찾으러 모래톱으로 나온다. 강가의 푸른 진흙집에서 도미가 훌쩍 몸을 뒤챈다. 황어가 백어를 추격하고, 메기는 모래에 몸을 파묻고 있다가 때때로 풀빛 파문을 일으키면서 교교한 달빛을 받아 모습을 드러낸다.

그러나 하상(河床)이 좁아진 곳에서는, 돈은 포로가 되어 물결을 물어뜯고 옥죄인 듯한 소리와 거품의 장식을 붙인 흰 갈기와 같은 파도를 빠른 속력으로 쫓아간다. 고원의 곳을 지나서 움푹 파인 곳으로 오면 소용돌이가 된다. 여기서 물은 사람의 마음을 붙잡아 떼어놓지 않으려는듯이 무시무시한 원을 그리면서 흘러간다. 그것은 아무리 바라보아도 싫증나는 법이 없다.

요즈음의 생활은 고요한 일상의 모래톱에서 깊은 물 속으로 들어가버린 것과 같았다. 상류 돈 관구는 들끓었다. 두 개의 흐름이 부딪친 바람에 카자흐들은 뿔뿔이 흩어져 떠나갔다. 그리고 소용돌이는 아직도 빙글빙글 돌고 있었다. 젊은 사람들과 가난한 사람들은 조심스레 입을 다물고 있었지만 여전히 소비에트 정권에다 평화를 기대하고 있었다. 그러나 나이든 층들은 공격적이며, 이미 내놓고 빨갱이가 카자흐를 몰살할 거라는 얘기를 서슴지 않았다.

타타르스키 부락에서는 2월 9일에 이반 알렉세에비치가 집회를 소집했다. 뜻밖에 많이 보였다. 이렇게 된 데에는 슈토크만이 총회 석상에서 혁명위원회에 대해 백색분자와 도망한 부자들의 재산을 빈민에게 나누어 주면 어떻겠느냐는 제안을 했기 때문인 듯했다. 그런데 회의가 개회되기 전에 한 사람의 관구 근무자에 대해 소란스러운 해명이 행해졌다. 그것은 몰수한 의류품을 징집하는 권리를 쥔 뵤센스카야로부터 와 있는 남자였다. 슈토크만은 그에게 부상당한 적위병의 수송대에 어제 30여 벌의 방한복을 인도한 뒤여서 혁명위원회는 지금 당장은 의류품을 내줄 수 없다고 해명했다. 파견되어 온 그 젊은 남자는 슈토크만에게 대들며 큰 소리로 비난을 퍼부었다.

"대체 누가 자네에게 몰수한 의류품을 인도하라는 허가를 해줬나?"

"우린 여태껏 그 누구에게도 허가 같은 건 받은 적이 없소."

"그렇지만 자네가 무슨 권리로 인민의 재산을 약탈하는 거야?"

"그 따위 소리가 어딨소. 누가 뭘 약탈했다는 거요. 모피외투는 수령증을 끊어 수송계 사람들에게 인도했어요. 그것도 수송계 사람들이 병참지까지 적위병을 수송한 뒤 의류를 갖고 온다는 조건을 붙였었소. 그 적위병들은 거의 벌거벗은 상태로 넝마나 다름없는 외투뿐이어서 그대로 보낸다는 건 죽으라고 떠다미는 것과 같은 노릇이었소. 그런 형편인데 끝까지 인도하지 않고 버틸 수가 있을 것 같소? 게다가 의류품은 창고 안에서 잠을 자고 있었단 말이오."

그는 치밀어오르는 울화를 억누르고 이야기했다. 시비는 그 정도에서 끝냈어야 했다. 그런데 젊은 사내가 단호한 어조로 끼어들었다.

"당신은 대체 누구요? 혁명위원회 의장이오? 난 당신을 체포하겠소! 대리인에게 사무를 인계하시오! 지금 당장 당신을 뵤센스카야로 압송해야 되겠어. 당신은 재산의 절반을 도용했으니까……"

"자네 공산당원인가?"

곁눈으로 흘겨보면서 시체처럼 파랗게 질린 슈토크만이 물었다.

"그것까지 알 거 없잖아! 이봐, 민경! 이자를 체포해. 즉시 뵤센스카야로 보내라구! 인도장과 함께 관구 민경본부로 인도해."

젊은 사내는 슈토크만을 흘겨보았다.

"자네하곤 나중에 그리로 가서 매듭을 짓도록 하세. 쩔쩔매지나 말게. 누구에게 함부로 개수작이야?"

"타바리시치, 미쳤어? 이봐……"

"닥쳐!"

입씨름의 틈바구니에서 한 마디도 끼어들만한 여지를 발견하지 못하고 있던 이반 알렉세에비치는 슈토크만이 벽에 걸린 모젤총 쪽으로 손을 뻗는 것을 보았다. 공포의 불꽃이 젊은 사내의 눈 속에서 번쩍 빛났다. 순간, 번개보다 더 빠른 속도로 문을 엉덩이로 열어젖혔다 싶더니 벌렁 나자빠지면서 현관 계단을 하나하나 잔등으로 세듯이 밀고 내려가 썰매 안으로 뛰어들었다. 광장을 지나칠 때까지 그는 연방 뒤를 돌아보면서 마부의 등을 마구 찌르고 있었다.

혁명위원회 건물에서는 폭소가 창문을 뒤흔들었다. 웃음이 헤픈 다비드카는 몸을 떨면서 탁자 위를 뒹굴었다. 그러나 슈토크만의 눈두덩에는 경련이 일었고 눈끝이 치켜올라가 있었다.

"비열한 자식! 비겁자!"

떨리는 손가락으로 궐련을 말면서 그는 몇 번이나 되풀이해서 중얼거렸다.
 그는 코세보이와 이반 알렉세에비치와 함께 집회에 나갔다. 회장은 몸을 움직일 수 없을 정도로 인산인해를 이루었다. '놈들이 모여든 것은 뭔가 까닭이 있을 게다……부락민이 총동원됐군.' 이반 알렉세에비치의 가슴은 불쾌한 생각으로 가득 차 올랐다. 그러나 모자를 벗고 군중 속으로 들어가자 그 걱정은 금방 사라져버렸다. 카자흐들이 자진해서 길을 비켜 준 때문이었다. 사람들의 얼굴은 소박했고, 어떤 사람에겐 즐거운 기색이 나타나 있을 정도였다. 슈토크만은 카자흐들을 둘러보았다. 그는 분위기를 부드럽게 하여 카자흐들을 얘기 속으로 끌어들이려고 했다. 슈토크만은 이반 알렉세에비치의 본을 따서 붉은 모피모자를 벗고 큰 소리로 말했다.
 "카자흐 제군! 이 고장에 소비에트 정권이 세워진 지도 한 달이 지났습니다. 그러나 우리 혁명위원회는 지금까지도 여러분이 우리를 신용하지 않고 있을 뿐 아니라 적의마저 품고 있음을 알고 있습니다. 여러분은 집회에 참석해 주지 않았습니다. 그리고 여러분을 몰살할 것이며, 소비에트 정권이 압정을 가할 것이라는 소문을 퍼뜨리고 있습니다. 우리는 이 시점에서 마음문을 활짝 열고 대화를 나누어 서로가 친해지도록 노력해야겠습니다. 여러분 자신의 손으로 혁명위원회를 선출했기 때문이오. 코트랴로프와 코세보이는 여러분 부락에 사는 카자흐이므로 여러분과의 사이에 못할 말이란 없을 거라고 믿습니다. 우선 맨처음에 해명하고 싶은 것은 우리의 적이 퍼뜨리고 있는 카자흐들의 대대적인 총살에 대한 소문이 한낱 중상임을 밝혀 두고 싶습니다. 이 같은 모략을 하고 다니는 자의 목적은 분명합니다. 카자흐와 소비에트 정권을 교란시키고 당신들을 다시 백위군 쪽으로 밀어붙이려는 게 그들이 목적인 것입니다."
 "총살을 하지 않았다구? 그럼, 우리 부락의 일곱 사람은 지금 어디에 가 있지?"
 뒤쪽에서 고함을 지르는 소리가 들려 왔다.
 "여러분, 나는 총살을 전혀 하지 않았다고는 하지 않았습니다. 우리는 소비에트 정권의 적과 우리에게 지주의 정권을 강요하는 자들을 모조리 총살했고, 앞으로도 그럴 것이오. 우리가 짜르를 퇴위시키고 독일과의 전쟁에 종결을 지었고, 인민을 해방시킨 건 지주의 정권을 위해서가 아닙니다. 독일과의 전쟁은 여러분에게 무엇을 가져다 줬습니까? 수천 명의 전사한 카자흐, 고아, 미망인, 파괴가 아니었습니까?"

"그렇소."

"네 말이 옳다!"

"우리는 전쟁이 없어지기를 바라고 있습니다."

슈토크만은 말을 계속했다. "우리는 각 민족이 형제처럼 사이좋게 지내기를 원하고 있습니다! 짜르 정권하에서는 지주와 자본가를 위해서, 지주와 공장주들을 살찌게 해주기 위해 여러분의 손을 빌어 영토의 획득이 행해졌던 것입니다. 여러분의 이웃에 리스트니츠키라는 지주가 있었습니다. 그자의 조부는 1812년의 전쟁에 참가한 공으로 4천 제샤찌나의 토지를 하사받았습니다. 그런데 여러분의 조부들은 무엇을 받았지요? 그들은 독일 땅에서 목숨을 잃은 것입니다! 그들은 독일 땅에 피를 뿌린 것입니다!"

회장은 웅성거렸다. 웅성거리는 소리는 가라앉을 듯하다가는 이내 다시 술렁거렸다.

"옳소! ……"

슈토크만은 벗겨진 이마의 땀을 방한모로 닦고 나서 목청을 쥐어짰다.

"노동자, 농민의 정권에 대해 무장한 손을 휘두르는 자는 모조리 쳐죽일 것이오! 혁명재판에 의해 총살되었던 이 부락의 카자흐들은 우리들의 적이었던 것입니다. 그것은 여러분도 알고 계실 것이오. 그러나 근로자인 여러분과 우리에게 동의하는 사람들과는 경작할 때의 소처럼 우리는 어깨를 나란히하고 걸어갈 것입니다. 새로운 생활을 위하여 함께 땅을 갈고 그 밭에서 우리의 적인 낡은 잡초를 깡그리 뽑아버리기 위해서 괭이로 파헤쳐야 할 것입니다. 놈들이 두번 다시 뿌리를 박지 못하도록! 놈들이 새로운 생활의 성장을 망쳐 놓기 전에!"

청중은 소리를 내지 않으려고 조심스럽게 굴었다. 모든 얼굴이 생생한 표정을 띠고 있는 것을 본 슈토크만은 연설이 카자흐들의 가슴을 뒤흔들어 놓았음을 알 수 있었다. 그의 생각은 틀림없었다. 흉금을 털어놓은 대화가 시작되었다.

"오시프 다비드비치! 우린 당신을 잘 알고 있어요. 전에 여기서 살았기 때문에 우리의 친구나 다름없어요. 그러니 우리에게 겁먹지 말고 당신들의 정권이 우리에게 무엇을 원하고 있는가 말해 주시오. 우리는 여태껏 놈들의 편을 들었소. 자식들도 전선을 버리고 집에 와 있소. 하지만 우리 자신은 아는게 하나도 없어요. 소비에트 정권에 대해서 이해가 안 가요……"

그리야즈노프 노인이 분명치 많은 투로 한참 주위를 돌아다니면서 꼬투리를 잡히지 않으려는 듯 여우의 덫 같은 말을 씨부렁거렸다.

"얘기해도 괜찮겠소?"

"하시오!"

흥분한 이반 알렉세에비치가 발언을 허락했다.

"타바리시치 슈토크만, 미리 약속해 주시오. 솔직하게 얘기해도 괜찮겠습니까?"

"괜찮아요."

"체포하지는 않겠지?"

슈토크만은 미소를 띠고 말없이 손을 내저었다.

"그렇다면 화내지 마슈! 우린 우리 식으로 지껄일 테니까."

동생 마르친이 뒤에서 알료시카의 빈 외투소매를 잡아당기면서 소곤거렸다.

"관둬! 함부로 지껄였다가 주목받으면 어떡하려구."

그러나 외팔이 알료시카는 그의 손을 뿌리치고 군중을 둘러보고 말문을 열었다.

"카자흐 여러분, 지금부터 내가 얘기를 할참인데, 내 얘기가 옳은지 아니면 잘못됐는지, 그걸 자네들이 판단해 주게."

그는 군대식으로 뒤꿈치를 홱 돌리더니 한껏 눈을 좁히고 슈토크만을 뒤돌아보았다.

"난 이렇게 생각하오. 심각하게 얘기할 때는 마음껏 심각해져야 한다고. 남에게 칼질을 할 땐 어깨를 단칼에 내리쳐야 하는 거요. 그래서 난 우리들 카자흐가 지금 무슨 생각을 하고 있는지, 어째서 공산당원들에게 화를 내고 있는지, 그걸 지금 말하려는 것이오……타바시리시치, 농사꾼 카자흐에겐 반대하지 않는다, 농사꾼은 당신들의 적이 아니다, 라고 당신은 말했소. 당신들은 부자에게는 반대하고 가난뱅이들의 편에 서 있다라고 말하고 있소. 그렇다면 부락 사람들을 총살한 것은 잘못된 일인가 아닌가를 말해 주시오.

난 코르슈노프를 역성들고자 하는 소리가 아니오. 그 사람은 아타만이었고, 평생을 남의 잔등에 업혀서 살아온 남자였소. 하지만 아브데이치 브레프는 무슨 이유로 죽임을 당했지요? 마트베이 카슈린은? 보가투일료프는? 마이단니코프는? 코롤료프는? 그 사람들은 우리와 마찬가지로 배우지도 못하고 세상 물정이라고는 모르는 인간들이었소. 그 사람들이 배운 것이라고는 괭이자루를 쥐는 법뿐이오. 책을 들여다본 적이 없었다 그 말이오. 그들 중에는 읽고 쓰기를 제대로 할 줄 아는 사람이 드물었소. 그들이 알고 있는 글자라고는 기껏해야 한두 개 정도요. 그런 사람들이 좀 이상한 소리를 했기로서니 총살을 했어야 했단 말이오?"

알료시카는 숨을 몰아 쉬며 앞으로 나아갔다. 그의 가슴 위에서는 외투의 빈 소매가 흔들렸고, 입은 비틀려있었다.

"당신들은 그들이 쓸데없는 소리를 지껄였다고 해서 그들을 체포했소. 그런데 상인들에게는 손을 대지 않고 있지 않소! 상인들은 돈으로 당신들에게서 목숨을 샀을게 틀림없소! 하지만 우린 평생토록 흙구덩이만 만져 본 사람들이라 큰 돈을 구경조차 해본 적이 없소. 총살된 사람들도 목숨만 남겨줬더라면 마지막 남은 소 한 마리라도 바쳤을 게 틀림없소. 당신들은 덮어놓고 잡아다가 모가지를 비틀어 버렸잖소. 우린 뵤시키에서 무슨 일이 벌어졌는지 다 알고 있소. 거기선 상인들도 신부들도 안전하다고 들었소. 그리고 카르긴스카야 마을에도 그런 놈들이 안전하게 지내고 있다는 말을 들었소. 우린 이 언저리에서 일어난 일은 다 알고 있다구요. 좋은 일은 몰라도 나쁜 일은 천 리 밖까지 들린다지 않소."

"옳소!"

뒤에서 누군가 소리를 질렀다.

와글거리는 소리가 알료시카의 말을 지워버렸다. 그러나 그는 잠시 기다렸다가 치켜든 슈토크만의 손은 거들떠보지도 않고 소리쳐 말했다.

"그래서 모두 알게 된 것이오. 소비에트 정권은 물론 좋은 게 틀림없소. 그러나 책임자로 있는 공산당원들은 물 속 깊이 우리를 처박으려고 노리고 있소! 공산당원은 우리에게 1905년의 보복을 하고 있는 것이오. 빨갱이 군인들이 그렇게 말하는 것을 들었소. 우리들은 모두 이런 생각을 하고 있어요. 공산당원들은 우리를 쳐부수려 하고 있다고. 돈 일대에 한 사람의 카자흐도 남기지 않기 위해서! 이게 내가 당신들한테 하고 싶은 말이오! 난 술주정뱅이라 머리에 떠오른 것은 그 자리에서 뱉어내야 직성이 풀리는 성미오.”

알료시카는 군중 속으로 들어가버렸다. 집회장에는 잠시 당혹스러운 정적이 뒤덮였다. 슈토크만이 입을 열었지만 뒤쪽의 고함소리가 그의 목소리를 깔아뭉갰다.

“옳소! 카자흐는 분노하고 있다! 각 부락에서 무슨 노래가 불리고 있는지 들어볼 테냐. 아무도 소리를 내어 말하지는 않지만 노래를 부르는 건 사실이야. 말보다는 노래 쪽이 쉬우니까. '사과'라는 노래지.”

사모바르가 끓는다. 생선은 탄다
카데트가 오면 하소연하세.

“그러니까 뭔가 하소연할 게 있다는 소리가 아닌가!”
누군가가 주착없이 웃음을 터뜨렸다. 군중은 술렁거렸다. 쑥덕거리는 소리, 애깃소리가 들려 왔다……
슈토크만은 분노한 몸짓으로 방한모를 깊숙이 눌러쓰고는 어느새 호주머니에서 코셰보이가 적어 준 명단을 꺼내들고 소리쳤다.
“그렇지 않아요. 그건 거짓말이오! 혁명을 지지하는 자가 그럴 리가 없소! 당신들의 부락민이 총살된 것은 다음과 같은 이유 때문이오, 들어 보시오!”
그는 알아듣기 쉽게 사이를 두며 읽어나갔다.

제15 인자 사단 혁명재판소 부속 예심부에 연행된 소비에트 정권 반역자 명단.

1. 코르슈노프 미론 그리고리에비치―전 아타만, 타인의 노동으로 재산을 모은 자산가.
2. 시닐린 이반 아브데치―소비에트 정권 타도 목적으로 선전을 행했음.

3. 마트데이 카슈린 이바노비치—위와 같음.
4. 마이단니코프 세몬 가브릴로프—견장을 달고 노상에서 정권 반대를 외침.
5. 멜레호프 판테레이 프로코피에비치—돈 군대원.
6. 멜레호프 그리고리 판테레에비치—카자흐 이등대위, 반정권적 위험 인물.
7. 카슈린 안드레이 마트베에프—포드쵸르코프 배하의 적색 카자흐 총살에 참가.
8. 보드프스코프 페도트 니키포로프—위와 같음.
9. 보가투일료프 아르히프 마트베에프—교회 장로, 반정권 연설을 행함. 민심을 교란함으로서 반혁명을 선동했음.
10. 코롤료프 자하르 레온체프—무기인도를 거부, 불온분자.

슈토크만이 읽지 않았던 비고란에는 멜레호프 부자와 보드프스코프에 대해 다음과 같이 적혀 있었다.

이들 소비에트 정권의 적은 연행되지 않았음.
그중 2명은 역마에 동원되어 보코프스카야 마을까지 탄약을 수송하고 있어 부재중이었음. 그리고 판테레이 멜레호프는 티푸스로 와병중. 앞의 2명은 귀환과 동시에 즉시 체포하여 관구로 호송될 예정이며 나머지 1명은 회복과 동시에 체포할 예정임.

집회는 잠시 가라앉아 있었는데 이내 고함소리가 터져나왔다.
"아니야! 아니라구."
"쓸데없는 소리 지껄이지 마! 놈들은 정권에 반대했어!"
"그건 당연한 일 아냐!"
"말처럼 이빨을 들여다보는 게 어때?"
"모략이다!"
슈토크만은 다시 입을 열었다. 모두가 주의깊게 그의 말을 듣고 있는 듯했다. 때로는 동감을 표시하는 사람도 있었다. 그러나 마지막으로 그가 백위군과 함께 도망친 사람들의 재산 분배 문제를 들고 나오자 다시 침묵했다.
"입 속에 물이라도 물고 있나?"
역정이 난 이반 알렉세에비치가 물었다.
군중은 산탄을 쏜 듯이 입구로 밀려갔다. 츄군(무쇠남비 라는 뜻)이라는 별명의 빈농중의 빈농인 쇼므카만이 마지못해 앞으로 걸어나오려는 몸짓을 했으나 생각을 고쳐먹었는지 장갑을 흔들면서 말했다.
"지주영감이 돌아오면 또 눈깔이 휘둥그래지겠군……"
슈토크만은 사람들이 흩어져 가는 것을 막으려 했다. 코셰보이가 밀가루처럼 창백해진 얼굴로 이반 알렉세에비치에게 소곤거렸다.
"내가 말한 대로 카자흐들은 받아들이지 않을 거야. 그렇다면 재산은 놈들한테 나눠주는 것보다 태워버리는 편이 낫겠군!"

25

코셰보이는 머리를 숙이고 생각에 잠긴 채 장화를 채찍으로 두들기면서 천천히 모호프집의 현관 계단을 올라갔다. 복도 문 언저리 바닥 위에 안장이 수북하게 쌓여 있었다. 조금 전에 누군가 다녀간 모양이었다. 등자 하나에는 기수의 구두바닥에 밟힌 말똥으로 노랗게 변한 눈덩어리가 아직 녹지 않고 있었다. 그 밑에는 물웅덩이가 둔하게 빛나고 있었다. 진흙투성이가 된 테라스를 걸어가면서 코셰보이는 그 모든 것을 눈여겨보았다. 그의 눈길은 가장자리가 떨어져나간 하늘색 창살과 안쪽이 흐려진 유리창을 훑어보고 있었다. 그러나 그의 눈에 들어온 것은 모두가 의식에 박히지 않았고 꿈결처럼 불투명하게 스쳐갔다. 그리고리 멜레호프에 대한 연민과 증오가 미하일의 소박한 마음에 엉켜 있었던 것이다.
혁명위원회 대기실에는 담배, 마구, 눈냄새 등이 지독하게 풍겼다. 모호프 일가가 도네츠 너머로 도주한 뒤에도 이 집에 남아 있던 하녀가 네덜란드 화로에 불을 피우고 있었다. 옆방에선 민경이 큰 소리로 웃고 있었다. '이상한 작자들이라니까? 뭐가 좋다고 웃고 있지?' 옆을 지나가면서 코셰보이는 불쾌한 기분을 억제하지 못하고 다시 장화를 두들겼다. 그리고 노크도 없이 방 안으로 들어 갔다.
앞가슴을 풀어헤친 이반 알렉세에비치가 사무용 책상 앞에 앉아 있었다.

검은 모피모자가 위세좋게 얹혀 있었지만 땀에 젖은 그의 얼굴에는 피곤한 기색이 역력히 나타나 있었다. 그와 함께 기다란 기병외투를 입은 슈토크만이 나란히 앉아 있었다.

그는 미소로 코셰보이를 맞이하고 몸짓으로 자리에 앉기를 권했다.

"웬일인가, 미하일? 어쨌든 앉게나."

코셰보이가 앉았을 때, 슈토크만의 지적이고 침착한 음성이 그에게 제정신을 차리게 해주었다.

"확실한 남자로부터 얘길 들었어요……어젯밤에 그리고리 멜레호프가 돌아왔다는 군요. 하지만 들르지는 않았어요."

"자넨 그 일을 어찌 생각하나?"

슈토크만은 궐련을 말고 있었는데 가끔 이반 알렉세에비치를 곁눈질로 훔쳐보며 대답을 기다렸다.

"놈을 지하실에 가둬버리면 어떨까요?"

눈을 깜박거리면서 이반 알렉세에비치가 분명치 않은 말투로 물었다.

"자넨 이곳 혁명위원회의 의장이야……정신 차리라구."

슈토크만은 미소를 띠고 어깨를 으쓱해 보였다. 그는 자신의 그 같은 미소가 가죽채찍 보다 더 아프게 상대에게 가닿을 것이라는 것을 익히 알고 있었다. 이반 알렉세에비치의 턱에 땀이 배었다. 그는 이를 악물고 격한 어조로 말했다.

"난 의장으로서 두 형제놈을 체포해서 뵤시키에 보낼 것이오!"

"그리고리 멜레호프의 형을 체포하는 건 생각해 볼 문제가 아닐까? 그자한테는 포민이라는 방패가 붙어 있거든. 포민이 그자를 나쁘게 말하지 않는다는 건 자네도 알고 있지……그리고리만 오늘중으로 체포하도록 하게! 내일은 그놈을 뵤센스카야로 압송하자구. 그자에 대한 자료는 오늘중에 혁명위원회 의장 명의로 기마 민경을 시켜 제출하게."

"그럼, 밤에 그리고리를 체포하지요. 괜찮겠지요, 오시프 다비드비치?"

슈토크만은 기침을 몹시 했다. 발작이 끝나자 수염을 닦고 그가 물었다.

"하필이면 왜 밤에?"

"소문나지 않도록 하기 위해서지요……"

"자네들……무슨 바보 같은 소리인가!"

"그럼 미시카, 두 사람 가량 데리고 가서 그리시카를 체포하도록 하게. 그리고 그놈을 처넣고 오라구. 알겠어?"

코셰보이는 민경들에게로 걸어갔다. 슈토크만은 낡은 회색 펠트 구두를 끌고 방 안을 서성거리다 물었다.

"징수한 무기 중에서 마지막 한 조까지 보냈겠지?"

"아니오."

"어째서?"

"어젠 그럴 만한 틈이 없었지요. 오늘중으로 보내도록 하겠습니다."

슈토크만은 얼굴빛이 흐려졌으나 이내 눈썹을 치켜올리고 빠르게 물었다.

"멜레호프가에 선 어떤 물건을 내놓았나?"

이반 알렉세에비치는 눈을 가늘게 뜨고 미소를 띤 채 대답했다.

"소총 두 자루와 나강 권총 두 자루를 내놓더군요. 그렇지만 그게 전부는 아닐걸요."

"그렇다면?"

"나보다 머리 회전이 느리지는 않으실 텐데……"

"내 생각도 그래."

슈토크만이 입술을 깨물었다.

"내가 자네 입장이라면 체포한 다음에 놈의 집을 신중하게 수색할 걸세. 위병 사령한테 귀띔해 두는 게 좋을 거야. 자넨 생각은 많이 하는 편이지만, 행동이 따르지 않는 생각은 아무 소용이 없다는 걸 알아 두라구."

코셰보이는 30분쯤 지나 돌아왔다. 잰걸음으로 테라스를 지나 곧장 달려왔다. 그는 거칠게 문을 열고 문턱에서 고함을 질렀다.

"헛수고야!"

"뭐라구?"

슈토크만이 재빨리 그에게로 다가가 눈알을 돌리면서 물었다.

코셰보이는 그의 나직한 목소리 탓인지 아니면 다른 이유에선지 잔뜩 격앙된 얼굴로 외쳐댔다.

"그렇게 눈깔을 돌리지 마슈! …… 그리고리는 싱긴스키 부락의 백모집에 가고 없었소. 하지만 내 탓은 아니지 않소. 당신들은 대체 어디서 뭘하고 있었소? 이봐요! 그리시카를 놓쳤다 그 말이오! 나를 몰아세워봤자 헛일이라구! 대체 당신들은 무슨 생각을 하고 있었소?"

똑바로 그를 향해 다가온 슈토크만을 피하듯이 뒷걸음질을 치면서 그는 타일로 된 페치카에 등을 대고는 웃음을 터뜨렸다.

"그렇게 다가오지 마슈, 오시프 다비드비치! 그렇게 다가오지 말라지 않았소. 한 대 후려칠 테니!"

슈토크만은 잠시 그의 앞에 서 있다가는 손가락의 마디를 꺾으며 미시카의 새하얀 이와 미소를 머금은 그의 유순한 눈초리를 지켜보더니 중얼거리듯이 말했다.

"싱긴으로 가는 길을 알고 있나?"

"그럼요."

"그렇다면 왜 그냥 되돌아왔나? 그러고도 독일병과 싸웠다고 할 수 있나 ······무능한 자식 같으니!"

그는 짐짓 경멸에 찬 표정을 해 보였다.

스텝은 푸르스름한 연무(煙霧)에 싸여 널려 있었다. 돈 강가 언덕의 그늘에서 새빨간 달이 떠올랐다. 달빛은 짙었으나 별빛을 지우지는 않았다.

싱긴으로 가는 길을 6명의 기마병들이 구보로 달려가고 있었다. 코셰보이와 나란히 용기병의 안장을 탄 슈토크만이 말 위에서 흔들리고 있었다. 그가 탄 말은 키가 큰 밤빛깔의 돈산인데, 줄창 뛰어오르면서 기수의 무릎을 물어뜯으려고 했다. 슈토크만은 개의치 않고 우스꽝스러운 얘기를 계속해댔다. 코셰보이는 어린애처럼 소리를 지르며 방한두건의 그늘로 보이는 슈토크만의 엄격한 시선을 마주 보려고 애를 썼다.

그러나 싱긴에서의 신중한 탐색은 아무런 성과도 거두지 못했다.

26

그리고리는 보코프스카야에서 체르누이셰프스카야로 건너갔던 것이다. 열흘이 지난 뒤에 그는 돌아왔다. 그가 도착하기 이틀 전, 그의 아버지가 체포되었다. 판테레이 프로코피에비치는 티푸스를 앓고 나서 겨우 움직일 무렵이었다. 병석에 드러눕기 전보다 흰 머리가 훨씬 늘었고 말뼈다귀처럼 깡말랐다. 은빛 카라쿠리(질좋은 양모) 같은 모발이 군데군데 빠지고 볼수염도 축 늘어지고 또 가장자리는 새하얗게 세어 있었다.

민경은 떠날 채비를 갖추도록 10분 가량의 여유를 주고 나서 그를 연행해 갔다. 뵤셴스카야로 압송되기 전에 프로코피에비치는 모호프가의 지하실에 감금되었다. 퀴퀴한 냄새가 역겹게 풍기는 음침한 지하실에는 그 이외에도 10명의 노인과 한 사람의 명예 판사가 갇혀 있었다.

페트로가 새로운 사실을 그리고리에게 알렸다. 그는 동생이 문지방을 채 넘기도 전에 입을 열었다.

"지금 당장 떠나도록 해……네가 언제 돌아오느냐고 묻더구나. 어쨌든 잠시 몸이나 녹였다가 가거라. 애들도 만나 보고. 그런 다음에 내가 루이브누이 부락으로 데려다 줄 테니까. 거기서 숨어 있다가 시기를 기다리는 수밖에……너에 대해서 물어 오면 싱긴에 사는 백모댁에 가 있다고 하겠다. 우리 부락에서 7명이나 총살되었다는 얘기는 들었지? 아버지에게만은 그런 변이 없어야 할 텐데……"

그리고리는 부엌에서 30분 가량 앉아 있다가 밤이 되자 루이브누이를 향해 말을 몰았다. 멜레호프 집안 먼 친척인 친절한 카자흐가 키작크(건분)움막에 그리고리를 숨겨 주었다. 밤에만 은신처에서 기어나왔다. 그는 이틀 동안을 거기에서 지냈다.

27

싱긴에서 돌아온 다음날, 코셰보이는 당의 세포회의가 열리는 날을 알아보기 위해 뵤셴스카야로 떠났다. 코셰보이와 이반 알렉세에비치, 에메리얀, 다비드카는 당의 소속을 분명히하고 싶었던 것이다.

미시카는 카자흐들로부터 징발한 무기의 마지막 한 조와 학교 교정에서 발견된 기관총, 그리고 관구 혁명위원회 앞으로 보내는 슈토크만의 편지를 휴대했다. 뵤셴스카야로 가는 도중에 있는 목초지에서 들토끼들을 쫓기도 했다. 전쟁중에 들토끼는 숱하게 번식하여 걸음을 옮겨 디딜 때마다 부딪칠 정도였다. 토끼 둥지가 갈대처럼 흔하게 널려 있었다. 썰매가 삐걱거리는 소리에 하얀 배의 회색 토끼가 튀어나오곤 했다. 그리고 검은 털이 섞인 꽁지를 흔들면서 처녀설을 헤치며 뛰어가는 것이었다. 말을 몰고 가던 에메리얀이 고삐를 놓고 소리쳤다.

"쏴라! 쏴!"

미시카가 썰매에서 뛰어내려 회색 뭉치를 향해 총알을 날렸다. 그러나 총알은 둘레의 새하얀 눈 위를 스쳤을 뿐 토끼는 속력을 더하여 더욱 날쌔게 줄달음질을 쳤다.

……혁명위원회는 까닭모르게 어수선했다. 사람들은 불안한 표정으로 뛰어다녔다. 거리에는 좀처럼 사람 그림자가 눈에 띄지 않았다. 불안에 가득 차 있는 이유를 알 수가 없었던 미시카는 묘한 기분이 들었다. 슈토크만의 편지를 의장 대리가 건성으로 호주머니 안에다 밀어넣는 것을 보고는 답장을 주지 않느냐고 물어봤으나 그 대답 또한 건성이었다.

"귀찮게 굴지 마. 자네들한테 매여 있을 짬이 어딨나!"

적군의 징벌부대가 광장을 바쁘게 걸어다니고 있었다. 연기를 뿜어대면서 야전 주방차가 지나갔다. 광장에는 소와 계엽 냄새가 꽉 차 있었다. 코셰보이는 혁명재판소에 근무하고 있는 친지에게 담배를 피우러 들렸다가 물어보았다.

"왜 이리 어수선하지?"

지방판사인 그로모프가 씁쓸한 얼굴로 대답했다.

"카잔스카야 근처가 조용하지 못해. 백군이 나타났다고도 하고 카자흐가 일어났다고도 하고, 그쪽에서 전투가 벌어진 모양인데 전화 연락이 끊겨서 알 수가 있어야지."

"정찰을 보내지 않고."

"보냈는데 돌아오지 않고 있어. 오늘 에란스카야 중대가 출동했지만 그들도 심상치 않은 것 같아."

두 사람은 창 옆에 앉아 담배를 피웠다. 혁명재판소로 정해진 상인의 저택 창 밖에는 조용히 눈이 내리고 있었다.

마을 끝 솔숲 언저리에 있는 쵸르나야강 방면에서 둔한 사격음이 들려 왔다. 미시카는 놀란 나머지 담배를 떨어뜨렸다. 집 안에 있던 사람들은 모두 문 밖으로 뛰어나갔다. 사격음은 더욱 강렬하고 위압적으로 울렸다. 포성이 점점 크게 울려 오고 총탄이 더욱 빈번히 날아와서 창고의 문과 가장자리를 물어 뜯었다. 문 밖으로 뛰어나간 한 적위병이 부상을 당했다. 서류를 챙겨 호주머니에 쑤셔 넣으면서 그로모프는 광장으로 뛰어나갔다. 혁명재판소 주변에는 징벌 중대의 잔류병들이 정렬하고 있었다. 지휘관은 짧은 가죽상의를 입고 적병들 사이를 누비며 오락가락했다. 그는 돈강의 하강구로 중대를 몰고 갔다. 눈을 돌릴 수 없을 정도의 소동이 벌어졌다. 사람들은 광장을 뚫고 뛰어갔다. 기수를 잃은 말 한 마리가 안장을 떼어놓은 채 질주하고 있었다.

코셰보이는 자신이 어떻게 광장으로 나오게 됐는지 스스로도 알 수가 없었다. 그는 포민이 밤색 말을 타고 교회 그늘에서 뛰어나온 것을 보았다. 키가 큰 그의 말 엉덩이에는 기관총이 실려 있었다. 차바퀴가 돌아가지 않고 있어 기관총은 기우뚱 기울어진 채로 끌려갔다. 엎친 데 덮친 격으로 질주하고 있던 말이 그것을 뒤집고 말았다. 안장틀에 달라붙어 있던 포민은 은빛 눈기둥을 뒤에다 남기고 언덕 기슭으로 치달아 갔다. 그의 모습은 이내 보이지 않았다.

'말이 있는 곳으로!'—그것이 미시카의 머리에 떠오른 첫번째 생각이었다. 그는 몸을 굽혀 네거리를 뚫고 가는 동안 한 번도 제대로 숨을 쉴 수가 없었다. 숙소에 도착했을 땐 심장이 거의 마비된 상태였다. 에메리얀이 말을 내놓다 말고 놀란 얼굴로 미시카를 쳐다보았다.

"무슨 일인가, 미시카? 대체 왜 그러느냐구?"

이를 덜덜 떨면서 그는 넋을 잃고 있었다. 말에 마구를 얹다 말고 고삐를 찾아 헤맸다.

그들이 숙소로 정한 집은 들판에 접해 있었다. 미시카는 솔숲 쪽을 몇 번 바라보았으나 거기서는 보병의 열도 기병들의 모습도 보이지 않았다. 어딘지 알 수 없는 곳에서 총소리가 들려 왔다. 거기에도 사람의 그림자는 볼 수 없었다. 모든 게 평상시와 같았다. 그렇지만 그 가운데에서 가공할 사태가 일어나고 있었다. 반란이 그 힘을 휘두르기 시작했던 것이다.

에메리얀이 말에 붙어 있는 동안 미시카는 광야에서 눈을 떼지 않았다. 그는 12월에 불탄 무전국 옆에 있는 작은 예배당 그늘에서 검은 외투를 입은 한 남자가 뛰어오는 것을 보았다. 그 남자는 몸을 앞으로 굽힌 채 가슴에 손을 대고 힘껏 뛰어가고 있었다. 입고 있는 외투를 보고 코셰보이는 그 남자가 판사인 그로모프임을 알았다. 그리고 사이 뜬 울타리 그늘에서 말을 탄 모습이 스치고 지나는 것도 볼 수 있었다. 그가 누구인지 미시카는 알고 있었다. 그 남자는 뵤센스카야 마을의 카자흐인 체르니치킨으로 이름 높은 백위군 병사였다. 체르니치킨으로부터 200미터 가량 떨어져 있던 그로모프는 달려가면서 두 세 차례 뒤를 돌아보다가는 호주머니에서 권총을 꺼내들었다. 한 발의 사격음이 울렸다. 다시 한 발. 그로모프는 언덕 꼭대기로 올라가 권총을 쏘았다. 체르니치킨은 달려가는 말에서 뛰어내렸다. 고삐를 누르고 총을 꺼낸 다음 눈더미 그늘에 몸을 숨겼다. 첫 번째 총알로 그로모프는 왼손으로 관목가지를 붙잡은 채 쓰러졌다. 언덕에서 데굴데굴 굴러 떨어지다가 눈 속에다 얼굴을 처박고 꼼짝도 하지 않았다. '죽었군!'—미시카는 소름이 끼쳤다. 체르니치킨은 솜씨 좋은 사수로서 독일 전선에서 갖고 온 오스트리아제 기총으로 아무리 먼 거리일지라도 목표물을 적중시키는 남자였다. 썰매를 타려고 문 밖으로 뛰어간 미시카는 체르니치킨이 언덕으로 올라가 눈 위에 엇비슷이 서 있는 검은 외투를 향해 군도를 휘두르는 것을 보았다.

돈을 넘어 바즈키로 말을 몰고가는 것은 위험한 일이었다. 백색의 드넓은 돈강 위에서는 말이나 승마의 모습이 절호의 목표가 될 것이 틀림없었다.

거기에는 이미 총탄을 맞은 징벌 중대 적병 두 사람이 쓰러져 있었다. 에메리얀은 호수를 넘어 숲 쪽으로 썰매를 돌렸다. 얼음 위에는 물기를 머금은 눈이 쌓여 있었다. 말발굽 밑에서 철벅철벅 소리가 났고 물방울과 눈덩어리가 튀어올랐다. 미끄럼틀이 깊은 자국을 남기고 있었다. 그러나 강나루 입구까지 왔을 때 에메리얀은 고삐를 늦추고 바람을 맞아 거칠어진 얼굴을 코셰보이에게로 향했다.

"어떻게 할까? 우리 부락에도 소동이 일어났을지 모르는데?"

미시카는 근심에 찬 눈으로 부락을 바라보았다. 돈에서 가장 가까운 한길 위를 말을 탄 모습이 뛰어오고 있었다. 두 사람이었다. 코셰보이는 민경이라고 짐작했다.

"부락으로 가는 수밖에. 숨을 데도 없잖아!" 그는 분명하게 잘라 말했다.

에메리얀은 내키지 않는 얼굴로 말을 몰았다. 돈강을 건너갔다. 맞은편에서 안치프 프레호비치와 두 노인이 달려왔다.

"안 되겠어, 미시카!"

에데리얀은 안치프 손에 쥐어져 있는 총을 보고 일단 말을 세우더니 이내 홱 돌아섰다.

"멈추어라!"

총알이 날아왔다. 에메리얀은 고삐를 잡은 채 그 자리에 쓰러졌다. 말은 튀어올랐으나 사이 뜬 울타리로 곧장 처박혀버렸다. 코셰보이는 썰매에서 뛰어내렸다. 그에게 달려가려다 단화를 미끄러뜨린 안치프는 벌떡 일어서서 잽싸게 어깨에 총을 갖다댔다. 사이 뜬 울타리로 쓰러지며 미시카는 한 노인 손에 들린 세 갈래로 갈라진 곡괭이의 흰 이빨을 보았다.

"이놈을 죽여야 해!"

어깨가 불에 닿은 것같이 아팠으나 코셰보이는 찍소리도 지르지 못하고 쓰러지고 말았다. 상대는 씩씩거리면서 그의 몸을 타고 앉아 곡괭이로 그를 내리쳤다.

"일어나, 개새끼야!"

그 뒤의 일은 모두 코셰보이에게는 꿈속 같았다. 안치프가 울부짖으면서 그에게 덤벼들어 멱살을 움켜쥐었다.

"야, 이 손 놓지 못하겠어! 원수를 갚고 말 테다!"

사람들이 몰려와 그를 떼어놓았다. 누군가가 낮은 감기 소리로 타일렀다.

"말려야 해! 뭐야, 너희들은 십자훈장을 받은 몸 아니냐! 안치프, 그만 해! 이미 죽은 사람을 가지고 뭘 그래, 또 다른 사람의 목숨을 끊어놓을 작정이냐! ……자, 모두 가자구! 창고에서 설탕을 나눠 줄 테니까……"

저녁 무렵 미시카는 사이 뜬 울타리 밑에서 정신을 되찾았다. 곡괭이에 맞은 옆구리가 불에 닿은 듯이 아팠다. 반외투와 상의가 찢겼을 뿐, 곡괭이의 이빨이 살 속 깊이 파고 들지는 않았다. 그러나 상처가 몹시 아팠고, 상처 위에는 피가 달라붙어 있었다. 미시카는 몸을 일으켜 귀를 기울였다. 반란군의 척후들이 부락을 돌아다니고 있는 것 같았다. 이따금 총성이 둔하게 울려 왔다. 개짖는 소리가 들렸다. 멀리서 들리던 아기 울음소리가 차츰 가까이 다가왔다. 미시카는 가축이 다니는 작은 길을 지나 돈 강가를 향해 걸어갔다. 강가에 닿자 사이 뜬 울타리 밑으로 들어가 눈 위를 더듬으면서 기어갔다. 지형을 분간할 수 없어 무턱대고 기어갔다. 추위가 밀려와 손을 꽁꽁 얼렸다. 그 추위가 미시카에 어떤 집의 문앞으로 기어가게 했다. 미시카는 섶나무 가지로 엮은 샛문을 밀치고 뒤뜰로 들어갔다. 왼쪽에 창고가 보였다. 그때, 그는 발소리와 기침 소리를 들었다.

누군가 펠트구두를 삐걱거리면서 움막쪽으로 걸어 왔다.

'들키면 맞아죽을 거야.' 코셰보이는 남의 일처럼 태연히 그런 생각을 하고 있었다. 사람 그림자는 어두운 입구 쪽에서 걸음을 멈추었다.
"누구야, 거기 누구지?"
겁을 먹은 듯한 가는 목소리였다.
미시카는 담벼락 그늘에 몸을 숨기려고 했다.
"누구야?"
이번에는 더욱 불안스럽게 물었다.
스테판 아스타호프의 집임을 알게 된 미시카는 비로소 밖으로 기어나왔다.
"스테판, 나야, 코셰보이. 부탁이니 제발 도와 주게! 아무에게도 말하지 않겠지? 살려 줘!"
"누군가 했더니……"
티푸스를 앓다 일어난 지 얼마 안되는 스테판은 힘없는 목소리로 말했다. 그는 야위어서 가늘어진 입을 크게 벌리고 맥없는 웃음을 띠었다.
"알겠네. 여기에서 쉬게나. 그 대신 날이 밝으면 딴 데로 옮기도록 해, 그런데 자네 어떻게 여기까지 왔나?"
미시카는 대답하지 않았다. 다만 그의 손을 더듬어 잡고 나서 밀겨더미 속으로 파고 들었다. 이튿날 밤, 어두워지기가 바쁘게 나중에야 어찌 되는 알 게 뭐냐는 배짱으로 집으로 들어갔다. 문을 열어 준 어머니는 그를 보자 울음부터 터뜨렸다. 어머니의 손이 아들을 더듬다가 목을 끌어안았다. 어머니의 머리가 그의 가슴 위를 헤매고 있었다.
"달아나거라! 제발 달아나! 미센카! 오늘 아침에 카자흐들이 찾아왔다. 집 안을 샅샅이 뒤지고 갔단다. 안치프카 브레프에게 채찍으로 얻어맞았다. '자식놈을 숨겨 줬지, 당장 끌어오지 못하겠나, 이걸 그냥 때려죽이는 건데!' 이러지 않겠니."
어디에 자기 편이 있는지 미시카는 짐작조차 가지 않았다. 부락에서 무슨 일이 일어났는지도 알 수 없었다. 어머니의 몇 마디 안 되는 말로 돈강 일대의 모든 부락이 폭동을 일으켰다는 것과 슈토크만, 이반 알렉세에비치, 다비드카와 민경들은 달아났지만, 필리카와 치모페이는 이미 어제 낮에 광장에서 죽임을 당했다는 것을 알았다.

"어서 달아나! 여기 있다가는 들켜……"

어머니는 흐느껴 울었다. 그러나 그녀의 목소리는 근심에 싸인 가운데서도 힘을 잃지 않고 있었다. 미시카는 오랜만에 어린애처럼 소리를 내어 울었다. 그런 다음 목부시절에 타고 다녔던 새끼 있는 암말에 고삐를 매어 탈곡장으로 끌고 갔다. 망아지와 함께 어머니가 뒤따라왔다. 어머니는 미시카가 말에 오르는 것을 도와 주고 성호를 그었다. 암말은 마지못해 걸어가며 새끼를 못 잊어 두어 번 울음소리를 냈다. 그때마다 미시카의 가슴은 찢어질 것 같고 심장이 떨어지는 것 같았다. 하지만 무사히 언덕 위로 올라 거기에서부터 게트만스키 가도를 따라서 우스치 메도베지차 방향으로 말을 몰았다. 밤은 탈주자의 길을 도와 몹시 캄캄했다. 암말은 새끼를 잃을까 겁이 나 계속 울어댔다.

코셰보이는 이를 악물고 채찍으로 말의 귀를 때리며 몇 번이나 일어서서 주위를 살피고 귀를 기울였다. 혹시 어디선가 말발굽 소리가 들려오지 않을까, 말 울음소리가 남의 주의를 끌게 된 것은 아닐까 걱정했다. 그러나 주위는 믿을 수 없을 정도로 조용했다. 코셰보이는 멈춰서 있는 동안 망아지가 어미의 검은 유방에 매달려 젖을 빠는 소리를 듣고 있었다.

28

키작크(건분, 연료용) 움막에는 건조한 비료와 썩은 짚과 먹다 남은 마른 풀 냄새가 뒤섞여 풍겼다. 낮에는 삿자리를 덮은 지붕 틈 사이로 회색 광선이 쏟아져 내렸다. 가늘고 마른 나뭇가지로 엮은 문 틈새로 마치 키 밑을 뚫고 지나가듯이 때때로 태양이 빠끔히 들여다보았다. 밤은—깜깜한 어둠, 쥐 울음 소리. 징직.

하루에 한 번씩 저녁 무렵에 아낙네가 발소리를 죽이고 그리고리에게 음식을 가져다 주었다. 그의 곁에는 물이 든 1베드로(12.3리터 정도)들이 병이 키작크 속에 파묻혀 보관되어 있었다. 다른 것은 참을 만했지만 담배를 피우고 싶은 것만은 견딜 수가 없었다. 그리고리는 첫날은 종일토록 안절부절 못했다. 이튿날 아침엔 더이상 견디지 못하고 토방을 기어다니면서 한 줌의 말똥을 끌어모아 그것을 손바닥으로 잘게 부숴가지고 피웠다. 저녁 나절, 주인이 빵과 함께 자기네 마당에서 가꾼 쥬페크 뿌리 한 줌과 성냥알이 든 성냥

갑과 복음서를 찢어 낸 곰팡이 냄새가 풍기는 종이 두 장을 들여보냈다. 그리고리는 기뻐 구토증이 치밀도록 실컷 피운 다음 울퉁불퉁한 키작크 위에서 새가 날개 밑으로 머리를 밀어붙이듯이 옷자락에 머리를 파묻고 깊은 잠에 빠져들었다.

아침이 되자 주인이 그리고리를 깨웠다. 그는 키작크 움막으로 뛰어와서 목청을 높여 소리를 질렀다.

"아직도 자나. 일어나게! 돈강이 봇물을 터뜨렸어! ……"

그는 큰 소리로 웃었다.

그리고리는 건분자루 위에서 뛰어내렸다. 그의 뒤에 산처럼 쌓인 네모진 건분자루가 눈사태처럼 소리를 내면서 무너져내렸다.

"무슨 일인데?"

"에란스카야하고 뵤센스카야 패들이 들고 일어났대. 포민과 소비에트 정권은 모조리 뵤시키에서 토킨으로 도망갔다는군. 카잔스카야, 슈미린스카야, 미그린스카야에서도 일어난 모양이야. 엄청난 소동이래!"

그리고리의 이마와 목에 정맥이 부풀어오르고 동공에선 풀빛을 띤 불꽃이 튀었다. 그는 기쁨을 감출 길이 없었다. 목소리가 떨리고 검은 손가락은 자신도 모르게 외투의 단추를 더듬고 있었다.

"그럼, 이 근처는? 이 부락은 어때? 무슨 일이 일어났나?"

"아직 아무 소리도 못 들었네. 의장을 만났는데 웃으면서 이러잖아. '하느님께 빌어야겠다'고. 어쨌든 그 보금자리에서 빨리 나오게."

두 사람은 집을 향해서 걸어갔다. 그리고리는 잰걸음으로 다급하게 발길을 옮겼다. 주인도 걸음을 재촉하면서 계속 지껄였다.

"에란스카야에선 맨 먼저 크라스노야르스키 부락이 일어났대. 그저께 에란스카야의 쿄뮨(공산당) 20명이 카자흐를 잡으려고 크리프스코이 부락과 프레샤코프스키 부락으로 쳐들어가자 크라스노야르스키 사람들이 그 말을 듣고 이렇게 결정했다는군. '끝까지 우리를 쥐어짤 기세인데 더이상 참고 있을 수는 없지 않소? 지금은 우리들의 아버지가 붙잡혀 가지만 앞으로는 우리에게로 손을 뻗칠 거다. 말에 안장을 채우고 어서 일어나자. 체포된 사람들을 구해야 한다'라고. 모인 인원은 열 댓 명밖에 안 되지만 모두가 호전적이고 대담한 카자흐라는군. 아트라노프란 자가 지휘를 맡았대. 소총은 겨우 두 자루뿐이고 한 사람은 칼, 또 한 사람은 창, 그리고 곤봉 이런 정도였다는군. 돈을 넘어 프레샤코프로 달려갔는데, 공산당놈들이 메리니코프 근처의 집 마당에서 때마침 쉬고 있더래. 크라스노야르스키 패는 거기로 들어갔대. 그런데 그 집 마당이 돌담이라 퇴각을 할 수밖에, 공산당 놈이 그중의 한 카자흐를 죽인거야. 아멘. 뒤에서 쏜 한 발을 맞고는 굴러 떨어져 울타리에 걸린 거야. 그놈을 프레샤코프의 카자흐들이 마을 마구간까지 운반해 갔는데, 그 녀석의 손에 얼어붙은 것처럼 채찍이 쥐어져 있더래…… 그 즉시 그 채찍을 뽑았다는 거야. 그러니 소비에트 정권이여 아멘, 안할 수가 있느냐구! ……"

집 안에서 그리고리는 아침밥 남은 것을 꾸역꾸역 먹어치웠다. 그런 뒤에 주인과 함께 거리로 나갔다.

골목 모퉁이마다 마치 축제날처럼 카자흐들이 떼를 지어 서 있었다. 그리고리는 한 무리 앞으로 다가갔다. 카자흐들은 모자 끝에 손을 대어 인사를 대신했으나 호기심과 기대를 안고 낯선 그리고리의 얼굴을 바라보면서 신중하게 말을 주고받았다.

"이 사람은 우리 편이야. 타타르스키의 멜레호프 집안 얘기 들어본 적 있나? 이 사람은 판테레이의 아들인 그리고리야. 총살형을 피해서 내 집에 와 있었다구."

주인은 으스댔다.

잡담이 시작되자 한 카자흐가 포민을 뵤센스카야로 내쫓아 버린 것은 레세트프스키와 두브로프스키와 체르노프스키 부락 사람들이라고 말했다. 그런데 그때, 이마가 벗겨진 하얀 산의 경사면으로 통한 도로 끝 위에 기마병 둘이 모습을 나타냈다. 두 사람은 한길을 뛰어가면서 일일이 카자흐의 무리 근처에 멈춰 서서 뭐라고 큰소리로 외치며 손을 흔들어 보이기도 했다. 그리고리는 두 사람이 다가오는 것을 초조하게 지켜보았다.

"저건 우리 마을 사람이 아니다. 루이브누이 사람이 아니라니까……잘은 모르지만 전령이 틀림없어."

카자흐는 그렇게 말하고 뵤센스카야 점령에 대한 얘기는 접어버렸다.

두 사람은 가까이 다가왔다. 단추도 잠그지 않은 윗옷을 걸치고 땀투성이가 된 얼굴에 모자도 쓰지 않아 백발을 휘날리고 있는 노인이 맨 앞에 있었는데,

교묘하게 말을 세웠다. 한껏 뒤로 몸을 젖힌 그는 오른손을 앞으로 내밀었다.

"카자흐들아, 뭣 때문에 너희들은 계집아이들처럼 골목 밖에 모여 있는 게냐?"

울부짖는 소리로 그는 외쳤다. 눈물이 그의 음성을 끊어놓고 흥분으로 얼굴이 시뻘개져 경련을 일으켰다.

무쇠처럼 단단한 다리에 탄탄한 꼬리를 가진, 붉은 털의 코가 흰 아름다운 암말이 그의 몸 밑에서 움직였다. 말은 콧소리를 내고 재갈을 씹으면서 몸을 굽혔다가 뛰어오르며 고삐를 잡아당겼다. 말의 얇은 피부 밑에서 힘줄과 혈관이 꿈틀거리다가 튀어오르곤 했다. 목덜미에는 혹같이 근육이 줄무늬를 이루고 장미빛의 투명한 콧잔등은 계속 벌름거렸다. 높게 튀어나온 루비빛 두 눈이 무언가를 찾듯이, 그리고 증오하듯이 비스듬히 치뜨고 주인을 바라보았다.

"너희들, 왜 그렇게 서 있는 거야? 고요한 돈 주민들아!"

그리고리에게서 다른 무리에게로 시선을 옮기며 노인은 다시 한 번 외쳤다.

"너희들의 아버지, 할아버지가 총살을 당하고 너희들의 재산은 몰수당하고 너희들의 신앙은 웃음거리가 되고 있단 말이다. 그런데도 너희들은 해바라기 씨나 씹으며 놀러나 다니고, 대체 뭣들 하는 게냐? 모가지에 밧줄이 걸리기를 기다리고 있는 게냐? 대체 언제까지 계집에게 매달려 있을 셈이냐? 뵤센스카야에선 벌써 빨갱이들을 내쫓아버렸다……그런데 너희들은 아무렇게나 살아가도 괜찮다는 게냐? 아니면 너희들 혈관에는 카자흐의 피 대신 천한 농사꾼의 크바스(산유)라도 흐르고 있다는 말이냐? 일어서라! 무기를 잡아야 한다! 모든 부락을 불러모으기 위해서 크리프스코이 부락이 우리를 여기에 보낸 거다. 고삐를 잡아라 카자흐들아, 아직 늦지 않았다!"

그 광기어린 두 눈이 낯익은 노인 한 사람과 마주치자 그는 벽력 같은 소리로 고함을 질렀다.

"자네조차도 멍청하게 서 있을 참인가! 세묜 프리스토포로비치! 자네 아들은 피로노보 근처에서 빨갱이에게 뜯어먹혔는데도 자낸 따뜻한 방 안에서 쭉 뻗고 있나!"

그리고리는 끝까지 듣지 않고 마당 쪽으로 뛰어갔다. 그는 오랫동안 쉰 자신의 말을 밀쳐 창고에서 끌어냈다. 피가 나오도록 손톱을 세워 건분 속에서 안장을 꺼낸 다음 미친 것처럼 밖으로 뛰쳐나왔다.

"자, 난 가네! 정말 고마웠어!"

그는 문 옆으로 달려온 주인에게 겨우 그 한 마디를 외쳤다. 그리고 안장 위에 몸을 엎드려 온몸을 말목에 기울이고 양쪽 옆구리를 채찍으로 치면서 전속력으로 질주했다. 그의 등 뒤에선 눈기둥이 점차 사그라지고 발밑에서는 등자가 흔들리고 꽁꽁 언 두 발은 안장 가장자리에 부딪혀 껍질이 벗겨졌다. 등자 밑에서는 말발굽이 엄청난 속도로 달리고 있었다. 그는 자신의 목소리가 어느새 목구멍을 뚫고 거칠게 터져나올 정도로 큰 기쁨을 느끼며 힘과 결단이 솟구쳐오름을 깨달았다. 그의 심중에 억눌리고 숨겨져 있던 감정이 해방을 맞은 것이다. 앞으로의 행로는 달빛이 비치는 길처럼 밝을 거라는 생각이 막연히 떠올랐다.

모든 것은 그가 짐승처럼 키작크 구덩이 속에 몸을 숨기고 외부의 사소한 소리와 인기척에 마음 졸였던 며칠 동안에 결정났고 또한 검토되었다고 할 수 있었다. 그의 가슴에는 진실의 탐구와 동요와 변천과 고통스러운 내면과의 투쟁이 전혀 없었던 것처럼 그 흔적 또한 남아 있지 않았다.

몇 날이 비구름의 그늘에 덮인 것처럼 지나가 버렸다. 그러나 지금 생각하니 이제까지의 모색이 무의미하고 공허한 것으로 여겨졌다. 무엇을 그리도 생각할 것이 있었단 말인가. 어째서 몰이꾼들에게 쫓기는 이리같이 출구를 찾아 헤매고 모순의 해결을 찾아 우왕좌왕했던 것일까? 어차피 인생이란 그 날개 밑에서 편안히 쉴 수만은 없다는 진리는 애초부터 알지 않았던가. 지금은 자꾸만 그런 생각이 드는 것이었다. 누구나 혼자만의 진리를 갖고 있는 것 같다. 자기만의 길이 있다고 여겨졌다. 한 조각의 빵을 위해, 몇 뼘도 안 되는 땅을 위해, 살아갈 권리를 위해서 인간은 싸워 왔다. 그리고 태양이 인간을 비추고, 혈관 속에 따뜻한 피가 흐르고 있는 동안 싸움은 계속될 것이다.

생활을, 생활의 권리를 빼앗으려 하는 자와는 싸워야만 한다. 완상하게 물러서지 않고 끝까지 목숨을 걸고 싸워야만 한다. 그리고 또한 작열하는 증오와 불굴의 혼은 싸움이 주는 선물인 것이다. 다만 한 가지 필요한 것은 감정의 고삐를 당기지 않고 미치광이처럼 방치해야 한다는 것이다.

카자흐의 길이 토지를 갖지 않은 러시아 농부와, 공장 노동자의 길에 충돌을 일으킨 것이다. 놈들하고의 싸움은 필연이다! 놈들의 발밑에서 피를 흘린 카자흐의, 비옥한 돈의 토지를 죽음을 걸고 빼앗아야 한다. 놈들을 타타르처럼 이 영토에서 추방해야 한다! 모스크바를 혼내 줌으로써 굴욕적인 강화를 얻어내야 한다! 좁은 길에서는 부딪치지 않고서 지나갈 수가 없다. 어느 한쪽이 다른 한쪽을—그렇다면 이쪽에서 밀쳐내야만 한다. 힘 겨루기는 끝났다. 빨갱이 부대를 카자흐 땅에 끌어들여 싫도록 힘을 겨뤄 봤으니 이제 그만 끝내야 한다. 자, 이번엔 내버려 둘 수가 없게 된 것이다!

흰 갈기처럼 얼어붙은 돈강 위를 달려가면서 그리고리는 두서없이 치밀어오르는 증오에 시달리며 이런 것을 생각하고 있었다. 순간 그의 심중에 또 다른 생각이 번뜩였다. '부자와 가난뱅이가 싸우는 것은 좋다. 하지만 카자흐와 러시아여선 안 된다……미시카 코셰보이나 코트랴로프는 분명 카자흐지만 뼛속까지 빨갱이다! ……' 그러나 그는 애써 이런 생각을 떨쳐버렸다.

타타르스키가 멀리 바라보였다. 그리고리가 고삐를 늦추자 땀투성이가 된 말이 가벼운 구보로 걸음을 바꾸었다. 강의 내리막 입구에서 다시 속도를 낸 그는 말 가슴으로 샛문을 밀치고 마당 안으로 재빨리 들어갔다.

29

동트기 전, 지칠 대로 지친 코셰보이는 우스치 호표르스카야 마을의 볼쇼이 부락으로 말을 몰고 갔다. 제4 자 아무르 연대의 보초가 그를 불러세웠다. 두 사람의 적위병이 그를 본부로 데리고 갔다. 본부원 한 사람이 의심스럽다는 얼굴로 여러 가지를 물었다. 그를 궁지로 몰아넣으려는 것이었다.
"그럼, 자네 부락에선 누가 혁명위원회 의장직을 맡고 있었나? 증명서는 왜 갖고 있지 않지?"

만사가 이런 식이었다. 미시카는 어처구니가 없어 대꾸할 마음이 일지 않았다.

"날 의심해선 안 돼요, 타바리시치! 카자흐는 이러지 않습니다. 이래서야 무슨 일을 할 수 있겠소."

그는 셔츠를 걷어올리고 곡괭이로 찍힌 옆구리와 아랫배를 보여 주었다. 마음 같아서는 욕설을 퍼붓고 싶었다. 그러자 그때 슈토크만이 들어왔다.

"어디 있다가 이제야 오나!"
그의 저음이 터져나왔다.
"동지, 무슨 일로 이 사람을 심문하오? 이 사람은 틀림없는 우리 패요! 그런데 자넨 왜 이런 서툰 짓을 저질렀나? 혼자 몸으로 이런 곳을 찾아오다니……나나 코트랴로프를 마중나오게 했더라면 이따위 심문은 받지 않았을 게 아닌가……가자구, 미시카! 그건 그렇고, 자네 어떻게 무사할 수 있었지? 빨리 얘기하게. 우린 자네를 생존자 명부에서 지워버렸는데……훌륭한 최후를 마쳤을 거라고 생각했었네."
미시카는 자기가 포로로 잡힌 얘기와 그동안에 겪은 자초지종을 죄다 털어놓고 새삼 그때의 일이 생각나서 눈물이 날 만큼 가슴이 아팠다. 그리고 부끄러웠다.

30

타타르스키에서는 그리고리가 돌아온 날, 200명 가량의 카자흐 한 조가 조직되었다. 17세부터 70세까지 무기를 지닐 수 있는 사람이면 누구나 동원한다는 원칙이 집회에서 결의 되었다. 대다수 사람들이 상황이 좋지 않음을 느끼고 있었다. 북에는 볼셰비키 밑에서 움직이고 있는 보로네지현과 적화된 호표르스키 관구가 있었다. 그리고 남으로는 반란군을 분쇄할 수 있을 정도의 전투 부대가 주둔해 있었다. 신중한 카자흐 몇은 무기를 들려 하지 않았다. 그렇지만 그런 사람들조차도 강제로 끌어냈다. 스테판 아스타호프 또한 완강하게 전투 참가를 거부했다.
"난 안 가. 말이나 가져가라구. 어떻든 자네들이 하고 싶은 대로 하게. 하지만 내게 무기를 들라는 말은 하지 말게!"
아침에 그리고리와 프리스토냐와 아니쿠시카가 그의 집을 찾아갔을 때 스테판은 이렇게 잘라 말했다.
"대체 왜 그러는 거야?"
씨씨거리면서 그리고리가 물었다.
"어쨌든 싫어, 그뿐이야!"
"그럼, 만약 빨갱이가 부락을 점령하면 어디로 갈 텐가? 우리하고 함께 갈 건가, 아니면 남아 있을 작정인가?"

스테판은 긴장한 눈초리로 그리고리와 아니쿠시카를 번갈아 보더니 대꾸했다.
"그때 가서 결정하겠네……"
"그렇다면 당장 밖으로 나와! 이놈을 체포해라, 프리스탄! 총살을 시켜야 해."
그리고리는 스테판의 군복 소매를 잡아끌었다.
"가자, 이 집에 더이상 눌러 있을 필요도 없어."
"그리고리, 이러지 마……왜 이러는 거야!"
파랗게 질린 스테판은 힘없이 저항했다. 얼굴을 일그러뜨리고 있던 프리스토냐가 그의 몸을 뒤에서 깍지낀 채 말했다.
"네가 그렇다면 별도리 없지."
"이봐, 친구들!"
"우린 네놈 친구가 아냐! 어서 가자."
"이것 놔! 참가할 테니까. 난 티푸스로 몸이 쇠약해 있어서……"
그리고리는 쓸쓸하게 웃으면서 스테판의 소매를 놓고 말했다.
"가서 소총을 받아가지고 와. 진작에 그럴 것이지!"
외투 앞자락을 여미고서 그는 인사도 하지 않고 나가버렸다. 프리스토냐는 이런 일이 있은 뒤에도 허물없이 스테판에게 담배를 얻어 피웠다. 그리고 둘 사이에 아무 일도 없었던 것처럼 잡담을 나누면서 한참 한자리에 눌러 있었다.

저녁때까지 뵤센스카야로부터 두 대의 짐마차로 무기가 운반되어 왔다. 소총 84자루, 군도 백여 자루. 숨겨 두었던 자신의 무기를 꺼내들고 온 사람도 많았다. 부락에서 211명의 병사가 모였다. 기병 150명, 나머지는 보병이었다.

반란군에게는 아직 일관된 조직이 없었다. 부락마다 뿔뿔이 흩어진 채로 행동하고 있었다. 부락들은 독자적으로 부대를 편성하여 계급보다는 전공을 고려해서 가장 용감한 카자흐를 지휘관으로 선출하고, 공세를 취하지 않은 상태에서 이웃 부락과 합류하여 정찰대를 만들어 부근을 탐색하고 있는 정도였다.

타타르스키의 기병대장에는 그리고리가 돌아오기 전에 페트로 멜레호프가 선출되었다. 보병대의 지휘는 라투이세프가 맡았다. 이반 도밀린을 대장으로 한 포병대는 바즈키를 향해 길을 떠났다. 거기에는 거의 파괴되어 조준기도 없고 한쪽 바퀴마저 부서진 대포가 적위군에 의해 버려져 있었다. 그것을 수리하기 위해서 포병대가 출동한 것이었다.

211명이 지닐 소총 108자루, 군도 140자루, 엽총 14자루가 뵤센스카야로부터 운반되고 부락 안에서 거둬지기도 했다. 판테레이 프로코피에비치는 다른 노인들과 함께 모호프네 지하실에서 구출되자 먼저 기관총부터 파냈다. 그러나 탄띠가 없어 부대는 기관총을 무기에 포함시키지 않기로 했다.

이튿날 저녁때, 다음과 같은 사실이 명백해졌다―반란군 진압을 위해 300명의 리하쵸프 지휘하의 적위군 토벌대가 7문의 포와 12대의 기관총을 가지고 카르긴스카야로부터 진군중에 있다는 것이었다. 페트로는 토킨 부락 방면으로 강력한 정찰대를 보내기로 결정함과 동시에 뵤센스카야로 정보를 전달했다.

정찰대는 석양 무렵에 출발했다. 그리고리 멜레호프가 타타르스키 부락민 32명을 지휘하고 있었다. 구보로 부락을 출발한 그들은 토킨 앞까지 계속 달렸다. 거기서 약 2킬로미터 가량 떨어진 벼랑 언저리에 다다르자, 그리고리는 말을 내리라고 명령하고 벼랑 경사면으로 산개시켰다. 말 담당병들은 말을 기슭으로 끌고 갔다. 거기에는 눈이 깊이 쌓여 있었다. 말은 아래로 내려가면서 눈 속으로 푹푹 빠져들곤 했다. 암말 하나가 길길이 날뛰고 뒷발질을 해서 그 말에게는 말 담당을 한 사람 특별히 따로 붙여놓았다.

그리고리는 세 카자흐―아니쿠시카, 마르친 샤밀리, 프로호르 즈이코프―를 부락 쪽으로 내보냈다. 멀리 보이는 경사면 아래에 폭넓은 지그재그를 그리면서 동남으로 뻗은 토킨의 잡목림이 보였다. 밤이 다가왔다. 광야 위에 낮게 구름이 떠 있었다. 카자흐들은 벼랑 근처에 묵묵히 앉아 있었다. 그리고리는 말을 타고 가는 세 사람의 모습이 산을 내려가면서 검은 배경처럼 보이는 외줄기 길과 한덩어리가 되어 멀어져가는 모습을 바라보았다. 순식간에 말은 보이지 않고, 다만 기수의 머리가 흐릿하게 보일 뿐이었다. 이윽고 그 방향에서 기관총이 소리를 뿜기 시작했다. 그러자 바로 뒤에서 높게 또다른 기관총이 따따따! 짖어댔다. 경기관총인듯싶었다. 총알을 다 날려보낸 경기관총은 침묵을 지켰다. 그러나 처음 기관총이 한숨 돌린 뒤에 또 하나의 탄띠를 잇따라 쏘아댔다. 탄환은 뿔뿔이 흩어져 벼랑 위의 어둠컴컴한 상공을 지나쳐갔다. 그 생생한 음향이 생기를 일으키게 했다. 그 소리는 쾌적하며 드높았다. 3명의 기마병이 전속력으로 말을 몰고 왔다.

"전초병과 충돌했다!"

멀리서 프로호르 즈이호프가 외쳤으나 그 소리는 달려오는 말발굽소리로 지워지고 말았다.

"말 담당, 준비!"

그리고리는 명령을 내렸다.

그는 다급하게 벼랑 꼭대기로 뛰어올라갔다. 그리고 소리를 내면서 눈 속에서 허우적거리며 걸어오는 카자흐를 향해 외쳤다.

"아무것도 보이지 않더냐?"

"소리로 봐서 숫자가 꽤 많은 것 같았어."

숨찬 소리로 아니쿠시카가 말했다.

그는 말에서 뛰어내렸다. 장화 가장자리가 등자에 걸렸다. 아니쿠시카는 한쪽 다리로는 뛰고 다른 한쪽 발을 손으로 벗겨내면서 투덜거렸다.

그리고리가 그에게 이것저것 질문을 하는 사이에 8명의 카자흐가 벼랑에서 기슭으로 내려왔다. 말을 떼어놓고 그들은 달아나버렸다.

"내일의 총살감이군."

멀어져가는 탈주병의 발소리를 들으면서 그리고리가 낮은 소리로 말했다.

벼랑의 경사면에선 남아 있던 카자흐들이 그로부터 약 한 시간 동안 주의 깊게 침묵을 지키고 있다가 무언가에 귀를 기울였다. 마침내 말발굽소리가 들려 왔다.

"토킨 방면에서 오고 있다……"

"정찰병들이겠지!"

"그럴 리가 없어!"

수군거리면서 머리를 내밀었다. 그리고 보이지 않는 밤의 어둠 속에서 무엇인가를 분간해 내려고 헛된 노력을 기울였다. 페도트 보드프스코프의 카르므이크인 같은 눈초리에 맨 먼저 잡혔다.

"나타났어."

소총을 벗겨내고 그는 자신있는 투로 잘라 말했다.

그는 소총을 기묘한 몸짓으로 늘고 있었다―가죽끈을 마치 십자가의 끈처럼 목에 걸어 소총이 가슴 위에서 비스듬하게 흔들렸다. 그는 언제나 여자가 두레박의 손잡이를 움켜쥐듯이 양쪽 손으로 총신과 개머리판을 누른 채 걷거나 말에 탔다.

10명 가량의 기마병이 우르르 도로로 달려왔다.

몇 발짝 앞서 있는, 두둑이 차려입은 당당한 모습의 남자가 유달리 드러나 보였다. 허리가 길고 고리가 짧은 말은 자신과 자랑에 넘쳐 전진해 왔다. 그리고리는 회색 하늘을 배경으로 한 아래쪽으로 말과 기수의 윤곽을 볼 수 있었다. 그는 선두의 사나이가 쓴 모피모자의 납작한 꼭대기까지도 보았다. 기마병들은 벼랑으로부터 약 20미터밖에 안 되는 거리에 있었다. 그들과 카자흐들과의 거리가 매우 가까웠기 때문에 카자흐들은 자신들의 숨소리와 심장의 고동소리가 들리지 않을까 생각될 정도였다.

그리고리는 자기의 지시 없이는 절대 발사하지 말도록 미리 주의를 했다. 그는 사냥감을 노릴 때처럼 빈틈없이 기회를 엿보았다. 그는 이미 하나의 결심을 굳혔다.

'놈들을 불러세워야 한다. 놈들이 당황해서 한덩어리가 될 때, 발사 명령을 내리는 거다.'

길에서는 한가하게 눈밟는 소리가 들려 왔다. 말발굽 아래에서 반딧불같이 노란 불꽃이 튀었다. 아마 말발굽이 솟아나온 돌 위로 미끄러진 모양이었다.

"거기 가는 자는 누구냐?"

그리고리는 고양이가 벼랑 위에서 튀어나온 것처럼 몸을 똑바로 세웠다. 그의 뒤를 이어 카자흐들이 일제히 모습을 드러냈다.

그리고리가 전혀 예기치 못했던 일이 일어났다.

"무슨 일인가?"

공포나 놀라움의 흔적도 보이지 않고 맨 앞에 선 사내가 굵은 베이스로 물었다. 그는 말머리를 돌려 그리고리 쪽으로 다가왔다.

"누구냐?"

그리고리가 날카롭게 외쳤다. 선 채로 움직이지 않고 눈치채지 못하도록 권총의 총구를 들어올렸다.

아까와 같은 저음이 노기를 띠고 울려 왔다.
"누구냐, 고함지른 자가? 난 토벌 부대의 지휘자다! 반란 진압을 위해 제8적위군 사령부로부터 전권을 위임받은 사람이다! 그쪽 지휘자는 대체 누구냐? 지휘자는 앞으로 나오라!"
"내가 지휘자다."
"네가? 하, 하, 하……"
그리고리는 번쩍 치켜올린 적의 손 안에서 검은 물건을 보았다. 순간 몸을 뉘었다. 엎드리면서 소리 쳤다.
"쏴라!"
끝머리가 둥근 브로우닝 총알이 그리고리의 머리 위를 날아갔다. 양쪽 모두의 귀청을 찢을 것 같은 발사음이 튀어올랐다. 보드프스코프가 대담무쌍한 지휘관의 말고삐에 매달렸다. 보드프스코프의 뒤쪽에서 몸을 뻗어 한쪽 손을 움켜쥔 그리고리는 군도를 휘둘러 쿠반모자에 일격을 가해 육중한 몸을 안장으로부터 끌어내렸다. 싸움질은 2분 정도에서 끝이 났다. 3명의 적위병은 도주하고, 두 명은 죽고, 나머지는 무기를 압수당했다.
그리고리는 부상당한 상대방의 입에 권총을 들이대면서 포로가 된 쿠반모자를 쓴 지휘관을 가차없이 심문했다.
"이새끼, 이름이 뭐냐?"
"리하쵸프."
"9명의 호위까지 거느리고, 대체 무슨 목적으로 어슬렁거렸지? 네놈은 카자흐가 항복할 줄 알았더냐? 용서를 구할 줄 알았느냐?"
"죽여 다오!"
"서둘 것 없어."
그리고리는 상대방을 회유하려 했다.
"서류는 어디 있나?"
"서류 배낭 안에 있다. 나쁜 새끼! ……악당! ……"
그리고리는 욕설에는 귀를 기울이지 않고 직접 리하쵸프의 몸을 뒤져 그의 반외투 주머니 안에서 브로우닝을 또 한 자루 찾아냈고 모젤과 서류 주머니를 압수했다. 옆 호주머니 안에 든 반점 박힌 짐승가죽의 서류 배낭 속에는 서류와 담뱃갑이 있었다.

리하쵸프는 줄창 욕설을 퍼부었다. 그는 오른쪽 어깨에 부상을 입고 그리고리의 군도를 맞아 머리에 심한 상처를 입고 있었다. 그는 그리고리보다 키가 크고 육중하니 힘도 더 셀 것 같았다. 말끔하게 면도를 한 거무스름한 얼굴에는 짧고 폭이 넓은, 그리고 새까만 눈썹이 엄격한 인상을 풍겼고, 큰 입과 네모난 턱을 하고 있었다. 리하쵸프는 주름잡힌 반외투를 입고 있었다. 사벨의 일격으로 갈라진 쿠반모자가 머리를 덮고 있었다. 반외투 밑으로는 카키색 군복과 헐렁한 승마바지를 입고 있었으나, 발은 작고 품위가 있었으며 에나멜을 칠한 멋진 가죽장화를 신고 있었다.

"외투를 벗어라, 코밋살!"

그리고리가 명령했다.

"네놈은 번들번들 윤기가 도는군, 카자흐의 빵으로 살이 쪘으니까 얼어죽진 않을 게야!"

포로의 두 손을 밧줄로 묶어 자신들의 말에 태웠다.

"내 뒤를 따르라!"

그리고리는 명령하고 자기의 어깨에 맨 리하쵸프의 모젤 위치를 고쳤다.

그들은 바즈키에서 밤을 지냈다. 짚더미를 깐 모닥불 옆에서 리하쵸프는 신음소리를 내고 이를 갈며 줄곧 엎치락뒤치락했다. 그리고리가 등불 밑에서 부상당한 그의 어깨를 닦아 주고 붕대를 감아 주었다. 그러나 심문은 더 이상 하지 않았다. 리하쵸프의 전권 위임장과 도망친 혁명재판소로부터 리하쵸프의 손에 건너온 반혁명적 카자흐의 명부와 수첩과 편지와 지도에 기입된 표시 등을 들여다보면서 오랫동안 탁자 앞에 앉아 있었다. 때때로 리하쵸프를 흘깃 바라보고 그의 시선에 자신의 시선을 칼날처럼 부딪혀 보기도 했다. 움막에 야영하고 있던 카자흐들은 밤새껏 말을 살피러 나가거나 현관으로 담배를 피우러 가거나 잡담을 주고받았다.

그리고리는 새벽녘에 가서 잠시 졸기는 했지만, 이내 잠을 깨어 탁자 위에서 무거운 머리를 들어올렸다. 리하쵸프는 이빨로 붕대를 풀고 물어뜯기도 하면서 짚더미 위에 앉아있었다. 그는 충혈된 험악한 눈초리로 그리고리를 노려보았다. 그의 입은 단말마의 몸부림처럼 흰 이를 드러내고 있었다. 눈동자 속에 너무나 격심한 죽음의 고통이 번득이는 것을 본 그리고리는 단번에 잠이 달아나고 말았다.

"왜 그래?"

그리고리가 물었다.

"죽고 싶을 뿐이다!"

리하쵸프는 창백한 얼굴을 짚더미 위로 갖다대면서 신음소리를 토했다.

하룻밤 사이에 그는 6리터 가량의 물을 마셨다. 새벽녘까지 꼬박 뜬눈으로 지샌 것이었다.

아침 나절에 그리고리는 짧은 보고서와 압수한 서류를 붙여 타챤카(이륜 운반차)에 태워서 리하쵸프를 뵤센스카야로 압송했다.

31

뵤센스카야 집행위원회의 붉은 벽돌 건물에 타챤카가 두 명의 카자흐의 호위를 받으면서 위세 좋게 달려왔다. 타챤카 뒤쪽에서 리하쵸프는 몸을 기대고 있었다. 그는 피투성이가 된 붕대를 감은 손을 짚고 부시시 일어섰다. 말에서 내린 카자흐들이 그를 부축해 건물 안으로 들어갔다.

임시로 반란군 전체를 지휘하고 있던 스야로프의 방에는 50명 가량의 카자흐가 빽빽이 들어차 있었다. 리하쵸프의 팔을 잡고 테이블 쪽으로 뚫고 나갔다. 좀처럼 볼 수 없을 정도로 교활하고 가느다란 황색 눈, 그것 이외에는 어느 것 한 가지도 눈에 띄는 데가 없는 왜소한 체구의 스야로프가 탁자 앞에 앉아 있었다. 그는 매우 온건하게 리하쵸프를 흘깃 쳐다보면서 물었다.

"드디어 잡혔군. 자네가 리하쵸프인가?"

"그렇다. 이게 내 서류다."

리하쵸프는 서류를 탁자 위에 올려놓고 매서운 눈초리로 스야로프를 노려보았다.

"분하다. 내 임무를 다하지 못했으니. 네놈을 지렁이처럼 짓밟아 죽여야 하는 건데! 하지만 소비에트 러시아는 네놈들에게 받은 것은 하나도 남김없이 갚아 줄 거다. 자, 이제 그만 총살을 해라!"

"리하쵸프! 우리는 총살을 반대하고 일어선 것이다. 우리는 자네들과 달라. 총살형 같은 건 하지 않는다. 우리는 자네의 상처를 치료해 줄 걸세. 그렇게 하면 자네는 틀림없이 우리에게 이익을 가져다 줄 테지."

부드럽게, 그러나 빛나는 눈으로 스야로프가 말했다.

"볼일이 없는 자는 나가도록. 이봐, 서두르게!"

레세토프스카야, 체르노프스카야, 우샤코프스카야, 두브로프스카야, 뵤센스카야 중대의 대장들은 뒤에 남았다. 그들은 탁자 옆자리에 앉았다. 한 사람이 발로 리하쵸프에게 걸상을 밀어줬으나 그는 앉지 않았다. 벽에 기대서서 사람들의 머리 너머로 창 밖을 바라보고 있을 뿐이었다.

"그런데 리하쵸프."

스야로프는 대장들과 얼굴을 마주보고 나서 이렇게 물었다.

"자네 부대의 인원은 얼마나 되나?"

"말할 수 없다."

"말할 수 없다고? 하긴 그럴 필요도 없겠어. 이 서류를 보면 짐작할 수 있을 테니까. 자네의 호위병들을 심문하는 게 낫겠군. 그리고 또 한 가지 부탁할 것이 있는데—스야로프는 이 말에 힘을 주었다—자네 부대에 몇자 적어주게. 뵤센스카야로 오라고. 우리가 자네들하고 꼭 전쟁을 해야 할 필요는 없지 않나. 우린 소비에트 정권에 반대를 하는 건 아니네, 코뮨과 코밋살에만 반대할 뿐이야. 우린 자네 부대를 무장해제한 뒤 각자 집으로 돌아갈 작정이야. 자네도 석방할 참이네. 요컨대 우리도 똑같은 노동자라는 것, 우리를 무서워하지 않아도 된다는 것, 우리가 소비에트를 반대하지 않다는 것을 적어달라, 그 말일세……"

리하쵸프의 가래침이 쐐기모양을 한 스야로프의 턱수염에 날라들었다. 스야로프는 소매로 턱수염을 훔쳤다. 볼이 빨갛게 달아올랐다. 대장들 중에서 두세 명이 히죽 웃었지만 사령관의 명예를 위해서 누구도 자리를 뜨는 사람은 없었다.

"우리를 모욕할 셈이군, 리하쵸프!"

스야로프는 보다 더 덤덤한 말투였다.

"아타만과 장교들이 우리를 멸시하는 표시로 흔히 침을 뱉곤 했지. 공산주의자인 자네도 침을 뱉는군. 그러고도 자기들은 인민의 동지라고 하니……이봐, 누구 없나? 이 코밋살을 데리고 가. 내일 자네는 가진스카야로 보내진다."

"좀더 생각해 보면 어떨까?"

중대장 한 사람이 끼어들었다.

리하쵸프는 옷매무새를 재빨리 고치고 나서 문 옆에 서 있는 호송병을 향해 걸어갔다.
그는 총살을 당하지 않았다. 반란군은 '총살과 약탈'에 대항하여 싸워온 때문이었다. 이튿날 그는 카잔스카야로 압송되었다. 기마병의 호송을 받으면서 그는 가볍게 눈을 밟고 걸어갔다. 그의 짧은 눈썹은 내내 흐려 있었다. 숲속에서 순백색의 자작나무 옆을 지날 때 그는 싱싱한 미소를 띠고 걸음을 멈추더니 손을 뻗어 나뭇가지 하나를 꺾어들었다. 그 가지에는 3월의 감미로운 수액이 가득 차 있었고 갈색 봉오리가 부풀어 있었다. 희미하게 느껴지는 향긋한 냄새는 난만한 봄꽃의—태양의 주기에 따라 되풀이되는 생명을 약속하고 있었다…… 리하쵸프는 봉오리를 입 안에 털어 자근자근 씹으면서 서리를 씻어버린 반짝거리는 나무들을 흐린 눈으로 쳐다보고는 입가에 미소를 지었다.
검은 꽃봉오리를 입에 문 채, 그는 죽었다. 뵤센스카야에서 7킬로미터 지점, 음울한 경치 속 모래언덕 안에서 호송병들에게 무참한 죽임을 당한 것이었다. 산 채로 눈알을 빼내고 양쪽 귀와 코를 잘라내고 얼굴에는 낭자한 칼자국을 남겨놓았다. 바지를 벗겨 호인답게 우람한 체구를 흉측한 몰골로 바꿔놓았다. 반듯하게 누워 있는 몸뚱이를—경련을 일으키고 있는 가슴과 다리에 걸쳐 단칼에 머리통을 잘라내었다.

32

돈의 맞은편 강가에서, 상류지역에서, 모든 지방에서 광대한 반란의 홍수를 알리는 소식이 흘러들어왔다. 봉기한 곳은 벌써 두개 부락뿐만이 아니었다. 슈미린스카야, 카잔스카야, 미그린스카야, 메시코프스카야, 뵤센스카야, 에란스카야, 우스치 호표르스카야 마을은 서둘러 부대를 편성하고 일어섰다. 카르긴스카야, 보코프스카야, 크라스노쿠츠카야도 분명히 반란군 측으로 기울어져 있었다. 반란은 인근 부락인 우스치 메도베지츠키 관구와 호표르스키 관구까지 퍼질 우려가 있었다. 이미 브카노프스카야, 스라시쵸프스카야, 페드세에프스카야에서도 동요의 기미를 보이고 있었다.
알렉세에프스카야 마을의, 뵤센스카야 가까이 접해 있는 각 부락도 동요하고 있었다. 뵤센스카야는—관구 부처의 소재지로서—반란의 중심이 되었다. 오랜 논쟁과 의논 끝에 종전과 같은 행정기구를 남겨 두기로 결정되었다. 관구 집행위원회 위원에는 주로 젊은 층에서 존경받는 젊은이가 선출되었다. 의장으로 포병 감부 소속 무관 다니로프가 뽑혔다. 마을과 부락에는 소비에트가 조직되었다. 그리고 묘한 것은 지난날 욕으로 사용했던 '동지'라는 말이 일상용어가 된 것이었다. 민중 선동의 슬로건—소비에트정권 찬성, 코뮨, 총살, 약탈 반대—이 활기를 띠었다. 따라서 반란군의 모자에는 백색을 대신해서 적과 백을 십자로 엮은 표시가 나타났다.

스야로프에 이어 반란군 총지휘관 자리에 앉게 된 사람은 젊은—28세의 카자흐 소위 쿠지노프 파베르였다. 1급에서 4급까지 모든 게오르그 훈장을 받은 용사로서 말주변이 좋고 두뇌가 명석한 사나이였다. 성격이 유순한 게 흠이어서 이 같은 혼란기에 반란한 관구를 지배하는 데에는 부적격자라고 할 수 있었다. 그러나 카자흐들은 시원시원한 기질과 소탈한 점에 반해 있었다. 하지만 중요한 것은 쿠지노프가 카자흐의 혈통 속에 깊숙이 뿌리를 박은 순수한 카자흐라는 것, 고관에는 으레 붙어다니는 거만한 구석을 갖고 있지 않다는 점이었다. 그는 언제나 검소한 복장을 했고, 머리카락도 앞뒤 그리고 양옆을 같은 길이로 자르고 등이 구부정한 데다가 말씨가 빨랐다. 야윈 몸에 코가 긴 얼굴이 농사꾼 같았고 별다른 특징은 없었다.

참모장에는 카자흐 이등대위 사포노프 일리야가 선출되었다. 그가 뽑힌 것은 겁이 많긴 하지만 문장가라는 이유에서였다. 집회석장에서 그는 이렇게 추대되었다.

"사포노프를 참모장 자리에 앉혀야 해. 놈은 부대엔 어울리지 않아요. 겁이 많아서 카자흐를 방위할 만한 담력은 없는 놈이야. 놈을 군인으로 삼는다는 건 집시를 신부로 삼는 거나 같아."

키가 작고 둥근 쇠망치같이 생긴 사포노프는 이런 의견을 듣고서 노란 입수염에 회심의 미소를 지었으나, 참모를 맡는 데에 있어서는 매우 적극적인 자세로 승낙을 표시했다.

그러나 쿠지노프와 사포노프는 자수석으로 수행하고 있는 가 부대에 형시적인 영향력밖에는 없는 입장에 있었다. 집결된 부대를 지휘하는 점에서 두 사람 모두 어느 정도 솜씨를 보이기는 했지만 솔직히 거대한 덩어리를 지배한다거나 사태의 급격한 변화에 뒤지지 않고 따라간다는 것은 그들의 힘에

벅찬 노릇이었다.

우스치 호표르스카야 및 에란스카야의 전체 마을, 그리고 뵤센스카야 마을의 일부인 볼셰비키와 합류한 제4자 아무르 기병 연대는 전투를 벌이면서 숱한 부락을 지나갔고 에란스카야의 마을 경계를 넘어 스텝을 통과하고 돈 강가의 서쪽으로 진격해 갔다.

3월 5일, 카자흐 하나가 보고를 갖고 타타르스키로 말을 몰고 왔다. 에란스카야 부대가 원군을 요청해 온 때문이었다. 그들은 거의 무저항 상태에서 퇴각하고 있었다. 탄약도 소총도 없었다. 그들의 초라한 총성에 답해 아무르 연대는 기관총탄의 폭풍우를 퍼붓고 포병 2개 중대가 포화를 내뱉었다. 그 같은 정황에서 관구로부터의 명령을 기다리고 있을 틈이 없었다. 따라서 페트로 멜레호프는 휘하의 2개 중대를 이끌고 공격할 결심을 굳혔다.

그는 또한 인근 부락 4개 중대의 지휘도 떠맡았다. 이른 아침에 카자흐들을 언덕 위로 인솔해 갔다. 처음 얼마 동안은 전례에 따라 기마 척후가 말발굽을 울렸고, 전투는 그로부터 잠시 뒤에 시작되었다.

타타르스키에서 8킬로미터 떨어진 크라스누이 로크 옆까지 왔다. 그곳은 언젠가 그리고리가 아내와 함께 밭을 갈고 갑작스런 겨울 추위에 오들오들 떨면서 처음으로 나탈리아에게 그녀를 사랑하고 있지 않다는 것을 고백한 장소였다. 잔뜩 흐린 겨울날, 깊은 벼랑의 눈 위에서 기병 중대는 산병선을 전개했다. 말 담당은 몸을 숨기면서 말을 끌고 왔다. 아래쪽에 있는 넓다란 분지에서는 3개의 산병선을 편 적위병이 걸어오고 있었다. 분지의 하얀 공간을 인간의 검은 반점이 종횡으로 가로질러 갔다. 기병이 바쁘게 움직였다. 카자흐는 적측에서 2킬로미터 거리에 떨어져 유유히 응전 준비를 하고 있었다.

땀에 젖은 애마에 올라탄 페트로가 이미 산개를 마친 에란스카야 부대가 있는 방향에서 그리고리가 있는 곳으로 달려왔다. 그는 신이 나서 외쳤다.

"모두들 탄약을 아껴 써! 호령을 들은 뒤에 사격을 하도록……그리고리, 너의 반개 중대를 300미터 가량 왼쪽으로 당겨. 그럼, 시작! 말 담당을 한 덩어리로 놔두도록!"

그는 다시 몇 가지 지시를 내리고는 쌍안경을 꺼냈다. "아무래도 마트메이 둔덕에 포병중대를 배치하고 있는 것 같군. 난 진작에 눈치를 챘어. 육안으로도 보이는걸."

그리고리는 그의 손에서 쌍안경을 넘겨받았다. 들여다보니까 바람이 몰아치는 언덕 꼭대기 그늘에 짐마차의 열이 검게 보이고 콩알 같은 사람의 무리가 꼬무락거리고 있었다.

타타르스키의 보병대 기병들이 놀릴 적에 쓰는 말로 '전초보병'은 밀집하지 말라는 엄격한 명령에도 불구하고 이쪽저쪽에 뭉쳐 탄약을 나누기도 하고 담배를 피우고 농담을 지껄이고 있었다. 체구가 작은 카자흐보다 머리 하나가 더 있는 프리스토냐의 모피모자가 흔들리고 있었다—그는 말을 잃었기 때문에 보병대로 들어간 것이다—. 판테레이 프로코피에비치의 세모꼴 모자도 빨갛게 보였다. 노인들과 나이 어린 패들 대부분이 보병대에서 어슬렁거렸던 것이다. 오른쪽에는 아직 추수를 않은 해바라기밭에서 약 1킬로미터 반에 걸쳐 에란스카야 부대가 진을 치고 있었다. 그 4개 중대의 인원은 600명이었고, 그중 200명은 말 담당이었다. 전군의 3분의 1이 말과 함께 완만한 벼랑의 기슭 속에 숨어 있었다.

"페트로 판테레에비치!"

보병 대열에서 외치는 소리가 들렸다.

"전투 도중에 우리들 보병을 버리지 말라구!"

"안심해! 내팽개치진 않을 테니까."

페트로는 싱긋 웃었다. 그리고 천천히 언덕으로 다가오고 있는 적위군의 산병선을 지켜보면서 신경질적으로 채찍을 만지작거렸다.

"페트로, 잠깐 이리 와봐."

그리고리가 산병선 옆으로 비켜 서서 말했다.

페트로가 말을 접근시켰다. 그리고리는 얼굴을 찌푸리고 분명하게 불만의 기색을 드러냈다.

"진형이 아무래도 마음에 안 들어. 이 벼랑은 피해야 될 것 같아. 그러지 않으면 측면에서 우회를 당하는 성가신 일이 생길 거야. 안 그럴까?"

"천만에!"

화를 내며 페트로는 반대했다.

"우회를 당할 리 없어! 예비로 1개 중대를 남겨 두었어. 그리고 일이 잘 안 될 경우에는 벼랑이 도움을 될 거야. 벼랑은 방해가 되지 않아."

"어쨌든 조심하는 게 좋아!"

그리고리는 한 번 더 확인하기 위해서 재빨리 근처의 지형을 살피고 경고하듯이 말했다.

그는 자신의 산병선으로 가서 카자흐들을 둘러보았다. 아직도 장갑을 끼지 않은 사람이 많았다. 흥분해서 벗어던진 것이었다. 두 세 사람은 안절부절 못하고 칼의 위치를 고치는가 하면 밴드의 고리쇠를 단단하게 잡아 채우고 있었다.

"우리 대장이 말에서 내렸다."

페도트 보드프스코프가 멸시하듯 코웃음을 치면서 산병선 쪽으로 바쁘게 걸어가는 페트로를 향해 턱을 치켜들고 말했다.

"야, 프라토프 장군아!"

군도를 한 자루도 갖고 있지 않은 외팔이 알료시카 샤밀리가 고함을 질렀다.

"돈 용사에게 보드카나 한잔씩 내놓으라고 전해라!"

"닥쳐! 주정뱅이! 빨갱이에게 남아 있는 팔까지 잘릴 땐 어떻게 마실 참이냐? 술통에다 입을 대고 마실 수밖에."

"하하하!"

"더구나 술값 낼 생각도 안 할걸."

스테판 아스타호프는 한숨을 쉬고 군도의 손잡이를 놓고는 노란 입수염을 꼬아 올렸다.

산병선에서는 이런 상황에 걸맞지 않은 대화가 오갔다. 그러나 마트베이 둔덕 그늘에서 낮은 저음으로 대포가 울리기 시작하자 사람들의 목소리는 일시에 가라앉았다.

굵고 육중한 음향이 덩어리가 되어 포에서 튀어나온 순간, 짧고 날카로운 파열음이 하나가 되어 흰 연기의 막처럼 천천히 스텝의 상공으로 흩어져갔다. 포탄은 이쪽까지 닿지 않았고 카자흐의 산병선에서 반 킬로미터 떨어진 앞에서 파열했다. 검은 연기가 하얗게 눈부신 구름의 날개를 펼치고 서서히 밭 위로 춤추며 올라가 흩어지다가 잡초에 걸리적 거리면서 땅 위로 무너져 내렸다. 틈을 두지 않고 적위병의 산병선에서 기관총이 활동을 시작해 잇따라 터지는 기관총탄은 야경꾼의 딱따기처럼 딱딱하고 울려 퍼졌다.

카자흐들은 눈 속에서, 잡초 속에서, 머리 없는 해바라기 속에서 엎드려 기다렸다.
"굉장히 검은 연기로군! 독일의 포탄 연기 같잖아!"
그리고리를 뒤돌아보면서 프로호르 즈이코프가 외쳤다.
이웃인 에란스카야 중대가 술렁거렸다. 바람을 타고 누군가가 소리쳤다.
"미트로판이 쓰러졌다!"
포탄 연기 사이로 붉은 수염의 루레진스카야 중대장 이바노프가 페트로에게 뛰어왔다. 그는 모피모자 밑으로 흘러내리는 땀을 닦으면서 숨을 헐떡거렸다.
"눈이 굉장하구면! 이놈의 눈 등쌀에 발을 뺄 수가 있어야지!"
"왜 그래?"
페트로가 물었다.
"좋은 생각이 떠올랐어, 멜레호프 동지! 중대를 돈 방향으로 내보내자구. 산병선을 풀고 기슭을 따라 부락까지 내려가서 거기에서 적의 배후를 치자구. 놈들은 장비 마차를 내팽개치고 왔을 게 틀림없어…… 저놈들을 막을 도리가 있겠나? 분명히 또 큰 혼란이 일어날걸세."
이 '생각'은 페트로의 마음을 움직였다. 그는 자신의 반개 중대에게 사격을 명령하고 라투이세프에게 한쪽 손을 흔들어 알리고 나서 그리고리에게 다가갔다. 내용을 설명하고 이렇게 명령했다.
"반개 중대를 데리고 가거라. 꼬리를 밟아주자!"
그리고리는 카자흐들을 집합시켜 움푹 팬 땅에서 말에 올라 위세좋게 부락 쪽으로 눈 먼지를 일으키면서 질주해 갔다.
카자흐는 두 탄창씩 사격을 마치고 잠시 침묵했다. 적위금의 산병선이 몸을 엎드렸다. 참새떼처럼 기관총이 목젖을 흔들었다. 유탄을 맞은 마르친 샤밀리의 말이 말 담당의 손을 마구 뿌리치며 미친 듯이 뚫고 지나갔다. 흰 다리의 말은 적위군이 있는 산기슭을 향해 전속력으로 달리다가는 갑자기 뒷다리로 튀어오르면서 눈 속에 고꾸라지고 말았다.
"기총 사수를 쏴!"
산병선으로 페트로의 명령이 떨어졌다.
일제사격을 가했다. 노련한 패들이 명중을 시켰다. 풍채가 신통치 않은 베르프네 크리프스코이 부락의 카자흐가 잇따라 3명의 기관 사수를 쓰러뜨리고 냉각기의 물을 끓게 만든 막심은 침묵을 지키기에 이르렀다. 그러나 사살당한 사수를 대신하여 새로운 사수가 교체됐다. 기관총은 죽음의 씨앗을 흩뿌리면서 또다시 울리기 시작했다. 일제사격이 계속됐다. 카자흐들은 벌써 싫증을 느끼고 차츰 눈 속으로 기어 들어갔다. 아니쿠시카는 여전히 허튼 소리를 씨부렁거리면서 바닥이 드러날 때까지 땅을 파헤쳤다. 탄약이 이미 동이 나버려 그는 때때로 눈 속에서 머리를 내밀고 들쥐가 놀랄 때 지르는 가느다란 목소리와 똑같은 소리를 입술로 흉내내고 있었다.

"아히잇!"

장난기 어린 눈으로 산병선을 돌아보며 아니쿠시카는 들쥐 소리를 흉내냈다.

그의 오른쪽에서 스테판 아스타호프가 눈물을 질금거리며 웃어댔고, 왼쪽에서는 안치프카 브레프가 욕설을 퍼부었다.

"그만두지 못하겠어? 장난질할 때가 따로있지!"

"아히잇!"

일부러 깜짝 놀랐다는 듯이 눈을 휘둥그렇게 뜨고 아니쿠시카가 그에게로 고개를 돌렸다.

적위군의 포병대에서는 포탄이 떨어질 것은 고려하지 않은 것 같았다. 30발 가량 발사하고 나서야 조용해졌다. 페트로는 초조하게 언덕 꼭대기를 돌아보았다.

부락의 모든 어른들은 곡괭이, 곤봉, 낫 등으로 무장을 하고 언덕 위로 나오라는 명령을 두 사람의 전령편에 내렸던 것이다. 페트로로서는 적위군을 위협하기 위해 이쪽에서도 3열의 산병선을 깔아보고 싶었다.

"저것 좀 봐. 까마귀떼만큼이나 몰려왔다!"

"부락 전체가 몰려왔나봐."

"아니, 여자도 있는 것 같아!"

카자흐들은 와글와글 떠들며 싱글벙글했다. 총성은 완전히 끊겼다. 적위군 측에서는 겨우 2대의 기관총이 활동하며 때때로 일제 사격음을 울리게 할 뿐이었다.

"놈들의 포병이 왜 잠자코 있지? 여자 부대에 한 방 쏘면 온통 야단이 날 게 아닌가! 아랫도리를 흠뻑 적셔서 부락으로 달아나는 꼴을 봤으면 좋겠구먼!" 외팔이 알료시카가 신바람이 나서 지껄였다. 군중은 정렬을 하고 산개하기 시작했다. 이윽고 그는 널따란 두 개의 산병전을 전개하고 정지 명령을 내려 카자흐들에게 근접하지 못하게 했다. 그런데 그들이 모습을 보인 것만으로도 적위군측에서는 눈에 띄게 반응이 일어났다. 적위군의 산병선이 옴폭 파인 땅 밑으로 후퇴하기 시작했다. 중대장들과 몇 마디 의논하고 난 페트로는 에란스카야 부락의 2개 산병선을 전열에서 철퇴시켜 우익을 적에게 드러나 보이게 하고 돈을 향해 북진을 하다가 그 방면에서 그리고리의 기습대를 지원하도록 명령했다. 부대는 적위군에게 모습을 드러내보이고 타라스누이 야르 맞은편에서 대열을 짜 저지대를 향하여 돈 방향으로 나아갔다.

총성이 후퇴하는 적위군의 산병선을 향해 울리기 시작했다.

그때 여자, 노인, 미성년자로 이루어진 '예비군' 가운데에서 5, 6명의 왈가닥 여자들과 장난꾸러기 한 무리가 제1선으로 기어들어왔다 그 여자들과 함께 다리야 멜레호프도 모습을 드러냈다.

"페챠, 나도 빨갱이에게 한 발 쏘게 해줘요! 나라고 총 쓰지 말라는 법은 없잖우."

그녀는 정말로 페트로의 기병총을 빼앗아들고 남자처럼 땅바닥에 엎드려 자신감 넘치는 몸짓으로 두 번 발사했다.

그러나 대개의 '예비군'은 잔뜩 얼어 발을 동동 구르고 뛰어오르는가 하면 코를 훌쩍 거렸다. 산병선은 두 개 모두가 바람을 맞은 것같이 흔들렸다. 여자들의 볼과 입술은 새파래졌다. 폭넓은 스커트자락 속으로 혹독한 추위가 제멋대로 맹위를 떨쳤다.

나이 많은 노인들 중에는 손에 끌려 경사가 급한 산길을 올라온 사람도 많았다(그리샤카 노인도 그 가운데 한 사람이었다). 그러나 바람이 휩쓸고 지나가는 상공의 언덕 위로 오르자 먼 발사음과 싸늘한 공기 덕택으로 노인들은 얼마간 생기를 되찾았다. 산병선의 노인들 사이에는 언제 끝이 날지 알 수 없는 얘기가 이어지고 있었다. 지난 날의 전쟁에 관한 회고담, 현재의 지루힌 전쟁에 대한 것, 형과 아우가 시로 싸우고 아비와 자식이 원수가 되고 대포가 육안으로 볼 수 없을 정도의 거리에서 사격을 가한다는 등의 얘기를 그들은 주고받고 있었다……

33

 그리고리는 반개 중대를 인솔하고자 아무르 연대의 제1종 고리를 습격했다. 8명의 적위군이 칼에 찔려 죽임을 당했다. 탄약을 적재한 짐마차 4대와 승마를 2마리 약탈했다. 그의 반개 중대는 말 한 필이 죽고 카자흐 한 사람이 가슴에 찰과상을 당한 정도의 피해를 입었다.
 그러나 그리고리가 빼앗은 짐썰매를 끌고 아무런 추격도 받지 않은 채 돈 강가를 따라 신이 나서 철수하고 있을 무렵—언덕 위에서는 대규모의 전투가 다가오고 있었다. 자 아무르 연대의 기병 중대가 멀리 우회를 해서 전투가 시작되기 바로 전에 이미 적을 포위하여 직경 10킬로미터 가량의 원을 만들고 불시에 언덕 그늘에서 뛰어나와 말 담당에게 공격을 가한 것이었다. 큰 혼란이 일어났다. 말 담당은 크라스누이 로크의 기슭에서 말과 함께 달려와 가까스로 몇 사람의 카자흐에게 말을 건네 주기는 했지만 다른 카자흐의 머리 위에는 이미 자 아무르병의 칼날이 번뜩이고 있었다. 무기를 갖고 있지 않은 말 담당은 대부분 말을 풀어놓고 사방팔방으로 흩어져 달아나버렸다. 자기 편이 다칠 염려가 있기 때문에 발사를 할 수 없게 된 보병대는 자루에서 쏟아지는 완두콩처럼 기슭 안으로 우르르 내려가 맞은편 벼랑에 닿자 뿔뿔이 흩어져 도주해버렸다. 기병—이것이 대부분이지만—중에서 제대로 말을 붙잡을 수 있었던 사람은 누구 말이 잘 달리는가를 경쟁하듯이 앞을 다투어 부락으로 몰고 갔다.
 처음 순간, 고함소리가 나는 쪽으로 머리를 돌렸을 때 말 담당을 향해 덤벼드는 기병의 라바 대형을 본 페트로는 즉시 명령을 내렸다.
 "승마! 보병! 라투이세프! 벼랑을 넘어라!"
 그러나 그는 자신의 말 담당이 있는 곳까지 가닿을 틈이 없었다. 그의 말을 맡고 있는 사람은 젊은 안드류시카 베스프레브노프였다. 그는 전속력으로 페트로를 향해 달려왔다. 페트로와 페도트 보드프스코프의 말 두 마리가 왼쪽을 나란히 달리고 있었다. 그러나 노란 가죽 반외투를 걸친 적위병 하나가 안드류시카를 노리고 있다가 옆구리 쪽에서 덤벼들었다.
 "에잇, 이놈의 자식!"
 다행하게도 안드류시카의 잔등에는 소총이 매달려 흔들리고 있었다. 적위병의 칼날이 흰 목도리를 두른 안드류시카의 목을 내리치는 대신 총신에 부덮치는 바람에 칼은 허공으로 튀어올랐다. 안드류시카가 탄 말은 일단 옆으로 살짝 물러섰다가 곧장 발굽소리를 내기 시작했다. 페트로와 보도프스코프의 말은 그의 뒤를 따라 질주해 갔다.

페트로는 깜짝 놀라 그 자리에 멈춰 섰다. 그의 얼굴은 파랗게 질리고 땀이 한꺼번에 솟아올라 얼굴에서 흘러내렸다. 페트로가 뒤를 돌아보았을 때 그를 향해 열 명 가량의 카자흐가 뛰어오고 있었다.

"끝장이야!"

보드프스코프가 외쳤다. 공포로 얼굴이 일그러져 있었다.

"모두 벼랑에서 내려와! 내려오라구!"

페트로는 정신을 차리고 맨 먼저 벼랑 밑으로 달려가 60미터 절벽에서 미끄러져 내려갔다. 반외투의 앞가슴 자락이 걸려서 찢어졌으나 재빨리 일어나 개처럼 부르르 몸을 떨면서 먼지를 털었다. 위에서는 카자흐들이 마구 몸를 굴리거나 미끄러지는 등 법석을 떨면서 내려오고 있었다.

눈 깜짝할 사이에 11명이 내려와 한덩어리가 되었다 페트로는 12명째였다. 벼랑을 사이에 둔 저 너머에서는 아직까지도 총성이 울리며 고함소리와 말발굽소리가 들려 왔다. 벼랑 위에서 내려온 카자흐들은 정신나간 얼굴로 모자와 옷에 묻은 눈과 모래를 털어내었다. 찰과상을 입은 곳을 문지르는 사람도 있었다. 마르친 샤밀리는 눈덩어리가 박힌 총신에 입김을 불어넣었다. 죽은 부락 아타만의 아들 마누이츠코프라는 애송이의 눈물자국이 얼룩진 볼은 더할 수 없는 공포로 부들부들 떨고 있었다.

"어떻게 하면 좋지, 페트로, 데려다 달라구요! 죽는 건 싫어……어디로 달아나야해? 아, 우린 모조리 죽을지도 몰라!"

페도트는 이를 덜덜 맞부딪치면서 기슭을 따라 돈강 쪽으로 내려가기 시작했다.

그 뒤에서 다른 사람들도 양떼처럼 졸졸 따라갔다. 페트로는 가까스로 그들을 만류했다.

"삼깐! 나같이 의논해서 결정하자……달아나지 마! 총알에 맞아 죽고 싶어?"

모두를 벼랑 밑으로 데리고 간 페트로는 침착을 되찾으려고 안간힘을 쓰면서 입을 떼었다.

"아래로 내려갈 수는 없게 되었다. 놈들은 멀리까지 우리를 뒤쫓아올 게 틀림없어……도리어 여기가 나아……곳곳으로 흩어져 숨어 있다가 쏘는 거야……여기라면 포위를 당해도 끄떡 없어."

"이젠 글렀어! 제발 나를 도망치게 해줘! 죽긴 싫단 말이야……죽고 싶지 않다구!"

울상이던 마누이츠코프가 갑자기 울음을 터뜨렸다.

페도트는 카르므이크인 같은 눈알을 번뜩이고 마누이츠코프의 얼굴을 주먹으로 갈겼다.

젊은이의 코에서 피가 쏟아져 나왔다. 잔등을 벼랑의 진흙벽에 붙이고 간신히 몸을 지탱했다. 어쨌든 엉엉 우는 소리만은 멈춘 셈이었다.

페트로의 손을 잡고 샤밀리가 물었다.

"어떻게 막는다는 거야? 탄약은 얼마나 남았어? 없잖아!"

"수류탄 한 방만 맞으면 그걸로 끝장이야!"

"그렇다고 해서 가만히 구경만 하고 있을순 없잖아!"

페트로의 얼굴이 갑자기 창백해졌다. 입수염에 덮인 입술에서 거품이 배어나왔다.

"모두 엎드려! 대장이 나라는 걸 잊었어? 명령을 따르지 않으면 죽여버릴 테다!"

그는 카자흐의 머리 위에서 정말로 권총을 휘둘렀다.

그의 사나운 목소리가 카자흐들에게 얼마쯤의 용기를 북돋워 준 것 같았다. 보드프스코프와 샤밀리와 나머지 2명의 카자흐는 벼랑 맞은편 쪽으로 달려가 움푹 파인 곳에 엎드렸다. 그밖의 카자흐들도 페트로와 같이 은신할 장소를 찾아 흩어져 갔다.

봄이 되면 기슭의 붉은 강물은 자연석을 굴리고 기슭 밑바닥을 씻어내리고 황토층을 무너뜨리면서 벼랑의 허리에 깊은 동굴을 만들곤 했다. 카자흐들은 바로 그런 장소에 몸을 숨겼다.

페트로 옆에서 언제든 사격할 수 있도록 몸을 굽히고 있던 안치프 프레호비치가 헛소리마냥 중얼거렸다.

"스테판 아스타호프는 말꼬리를 붙잡고 달아나버렸어. 난 그렇게는 못해……보병놈들은 우릴 내팽개쳤어. 모두들 정말 끝장이야!"

위쪽에서 눈을 밟는 발소리가 들려왔다. 눈과 진흙덩어리가 기슭 밑으로 떨어져 내렸다.
"놈들이야!"
안치프의 소매를 붙들고 페트로가 낮은 소리로 말했다. 상대는 정신없이 손을 뿌리치고 방아쇠에 손가락을 건 채 위를 쳐다보았다.
벼랑 끝엔 아무도 나타나지 않았다.
곧 사람의 목소리와 말을 야단치는 고함소리가 들려 왔다. '의논을 하고 있는 중이다.' 페트로는 그렇게 생각했다. 그러자 온몸의 털구멍에서 땀이 쏟아져 나왔다.
"야, 모두들 나와! 어차피 죽을 목숨들인데 뭣들 하는 거냐?"
위에서 고함소리가 들렸다.
눈덩어리가 더욱 세차게 새하얀 우유의 흐름처럼 기슭 밑으로 떨어져 내렸다. 누군가가 벼랑 끄트머리까지 다가와 있는 게 틀림없었다. 다른 목소리가 같은 장소에서 들려왔다.
"놈들은 여기서 뛰어내렸군. 여기 좀 봐. 발자국이 나 있잖아. 내 눈으로 직접 봤다니까!"
"페트로 멜레호프! 나와!"
순간, 영문모를 기쁨이 불길처럼 페드로를 에워왔다. '적위군 가운데 나를 아는 사람이 있을 리 없다! 저들은 틀림없는 우리 패다! 격퇴를 시킨 걸 거다!' 하지만 아까와 똑같은 음성이 그로 하여금 소스라칠 정도로 놀라게 했다.
"난 미시카 코셰보이다. 순순히 항복할 것을 권고한다. 어차피 도망칠 구멍은 없잖나!"
페트로는 끈끈하게 밴 이마의 땀을 훔쳤다. 손바닥에는 빨간 피가 섞인 땀이 무늬를 이루었다.
뭔가 기묘한, 몰아의 경지와 같은 냉정함이 그에게 찾아들었다. 그리고 또 보드프스코프의 고함소리도 기묘하게 느껴졌다.
"우릴 살려 준다고 약속하면 나가겠다. 그렇지 않으면 사격이야. 약속해!"
"살려 주마······"

짧은 침묵 뒤에 대답이 돌아왔다.

페트로는 엄청난 노력으로 꿈을 꾸고 있는 것 같은 허탈감을 털어냈다. 그는 '살려 준다'라는 말 속에 보이지 않는 비웃음이 담긴 느낌을 받았다. 그는 공허하게 한 마디 소리쳤다.

"돌아와!"

그러나 이미 그 누구도 그의 명령을 듣지 않았다.

카자흐들은—안치프를 제외한 그들은 모두—바위를 붙잡고 올라가기 시작했다.

페트로는 맨 마지막으로 기어나왔다. 그의 몸속에는 여자의 태내에 있는 태아처럼 힘찬 생명이 꿈틀거리고 있었다. 자기보존의 본능에 이끌려 연발총의 탄환을 쏘려는 생각을 하면서 가파른 벼랑을 오르기 시작했다. 그의 눈은 희미하게 흐려지고, 심장은 가슴을 온통 짓누르고 있었다. 어렸을 때 꿈속에서 가위에 눌렸을 때처럼 숨이 답답했다. 그는 군복 단추를 잡아뜯고, 먼지투성이가 된 내의 옷깃을 찢었다. 눈은 땀으로 뒤덮이고 두 손은 싸늘한 바위 모서리를 만지고 있었다. 그는 헐떡거리면서 벼랑 옆 납작한 장소에 다다르자 발 밑에다 소총을 내던지고 두 손을 치켜들었다. 그보다 앞서 올라와 있던 카자흐들은 한데 뭉쳐 있었다. 커다란 무리를 이루고 있는 자 아무르 연대의 보병과 기병 옆을 지나 코셰보이가 그에게로 걸어 왔다. 적위군 기병이 다가왔다……

코셰보이는 곧장 페트로에게로 다가왔다. 그는 내리뜬 눈을 치켜뜨지 않은 채 조용히 물었다.

"전쟁은 이제 지긋지긋하겠지?"

잠시 대답을 기다린 뒤 여전히 페트로의 발밑을 내려다보면서 물었다.

"자네가 지휘를 맡고 있었나?"

페트로의 입술이 떨리기 시작했다. 지친 몸짓으로 한쪽 손을 젖은 이마에 갖다 댔다. 활처럼 굽은 미시카의 긴 속눈썹이 깜박거리고, 열로 갈라진 두꺼운 윗입술이 말려올라갔다. 뭐라 말할 수 없는 전율이 미시카의 몸을 휘감쌌다. 두 다리로 버티고 서 있을 수 없는 지경이었다. 그러나 그는 갑작스레 페트로에게 시선을 던지고 똑바로 그 눈동자를 지켜 보면서 묘하게 쌀쌀한 눈초리로 빠르게 중얼거렸다.

"옷을 벗어!"

페트로는 재빨리 반외투를 벗어 꼼꼼하게 개켜서 눈 위에 올려놓고 모피 모자, 벨트, 카키색 셔츠를 벗었다. 그리고 더욱더 창백해지면서 장화로 손을 옮겼다.

이반 알렉세에비치가 말에서 내려 그의 옆으로 걸어왔다. 페트로를 지켜보면서 울음을 참으려고 이를 악물었다.

"내의는 벗지 않아도 돼."

코셰보이가 낮은 소리로 말했다. 그러고는 몸을 부르르 떨더니, 갑작스레 귀청이 터질 듯이 소리쳤다.

"빨리 해, 이 자식아!"

페트로는 당황했다. 벗어놓았던 양말을 장화 속에 밀어넣고 부동자세를 취한 뒤 맨발로 눈 위에 올라섰다. 눈 속에 선 두 발이 사프란처럼 샛노랬다.

"아저씨!"

희미하게 입을 들썩거리며 그는 이반 알렉세에비치를 불렀다. 상대방은 말없이 페트로의 발밑에서 녹는 눈을 지켜보았다.

"이반 아저씨, 당신은 우리 아이의 이름을 지어 준 분이오……날 살려 줘요!"

페트로는 간청했다. 그러면서 코셰보이가 가슴 높이까지 권총을 치켜든 모습을 확인하듯이 눈을 크게 뜨고 재빨리 일 손가락을 모아쥐고 뛰어내리는 순간처럼 어깨에다 목을 파묻었다.

그는 발사음을 귀담아들을 겨를도 없이 강렬한 힘에 떠밀려 나자빠졌다.

코셰보이의 손이 그의 심장을 억누르고 그 속에서 한꺼번에 피를 짜냈다. 생애의 마지막 힘을 쥐어짠 페트로는 가까스로 내의 옷깃을 벌려 왼쪽 가슴에 난 탄환자국을 드러내 보였다. 거기에는 선혈이 가득 괴어 있었으며 출구가 생겨나자 타르 같은 검은 흐름이 되어 콸콸 쏟아져 나오기 시작했다.

34

크라스누이 로크 방면에 나섰던 정찰대가 석양 무렵에 돌아왔다. 그들은 에란스카야의 마을 경계에 적위병의 모습이 보이지 않는다는 것과 페트로 멜레호프가 10명의 카자흐와 더불어 크라스누이 로크 벼랑 위에 시체가 되어 쓰러져 있음을 보고했다.

그리고리는 시체를 수송하기 위해 짐썰매를 파견하라는 지시를 하고 프리스토냐의 집으로 들어갔다. 죽은 사람을 슬퍼하는 여자들의 통곡과 다리야의 울부짖는 소리 때문에 그리고리는 집에 있을 수가 없었다. 새벽까지 그는 프리스토냐의 집 페치카 옆에 앉아 있었다. 담배 한 개비를 들어 빨아마실 듯이 피운 그는 마치 페트로의 죽음을 가슴아파할까봐 겁을 내듯, 서둘러 담배갑에서 다른 개비를 뽑아 그 강한 냄새를 싫도록 빨아마시면서 꾸벅꾸벅 조는 프리스토냐와 이런저런 잡담을 나누었다.

날이 밝아왔다. 눈을 녹이는 따뜻한 햇빛이 아침과 더불어 찾아왔다. 10시가 될까말까할 때에 말똥이 뒹구는 길바닥에는 물 웅덩이가 패였다. 지붕에서 물방울이 떨어져내렸다. 수탉이 봄날씨를 맞아 홰를 치고, 한여름 나절처럼 암탉이 단조로운 울음소리를 내고 있었다.

집집마다 암말이 양지바른 울타리에 몸을 문지르고 있었다. 바람이 봄철이면 그 갈색 잔등에서 빠지는 털을 날려보냈다. 녹은 눈이 엷은 향기를 피워 냈다. 프리스토냐네 집문 옆 능금나무의 발가벗은 가지 위에서 가슴이 노란 박새 한 마리가 지저귀고 있었다.

그리고리는 문 옆에 서서 짐썰매가 언덕 그늘에 나타나기를 기다리면서 어린 시절에 즐겨 읊었던 말을 읊조렸다.

"토치 프르그! 토치 프르그! (가래를 갈아라! 가래를 갈아라!)"

이같이 포근한 날에는 박새가 이렇게 지저귀지만, 엄동이 다가오면 그 소리는 변하고, 박새는 빠른 소리로 인간의 말씨를 본따서 충고를 하는 것이다.

"아브바이 치리키! 아브바이 치리키! (신을 신어라! 신을 신어라!)"

그리고리는 시선을 길에서 박새에게로 돌렸다.

"토치 프르그! 토치 프르그!"

박새는 퉁기는 듯한 울음소리를 냈다. 그리고리는 문득 어렸을 때 페트로와 함께 들판에서 칠면조새끼를 살려 준 일이 되살아났다. 그 무렵 희끄무레한 머리카락에 1년 내내 수수경단 같은 코끝을 한 페트로는 칠면조의 울음소리를 그대로 흉내낼 뿐 아니라 그것을 우스꽝스런 어린이의 말로 풀이했다. 그는 성난 칠면조의 울음소리를 그럴 듯하게 흉내냈다.

"후세프 사포시카프아야네트! 후세프 사포시카프아야네트! (모두 장화를 신고 있는데 나만 맨발이구나!)”

그러면서 눈알을 디루룩 굴리고 두 손의 팔꿈치를 굽혀 칠면조의 어미새처럼 어기적거리는 걸음을 걸었다. 그럴 때면 으례 이렇게 중얼거리곤 했다.

“그르 그르 그르! 쿠핌 나 바자레 사르반츠 사포시키! (시장에서 심술쟁이에게 장화를 사 신겨야지!)”

그때의 그리고리는 마냥 깔깔거리며 칠면조 흉내를 한 번 더 내보라고 조르기도 하고, 둥지에서 양철조각이며 천조각 등 뭔가 색다른 것을 발견하고 걱정스레 서로 소곤대는 흉내를 내보라고 연방 졸라댔었다.

한길가에 짐썰매가 나타났다. 그 옆을 카자흐 한 사람이 따라 걸어왔다. 한 대 이어 두 대, 세 대가 모습을 드러냈다. 그리고리는 지난 시절의 추억으로 얼룩진 미소를 뿌리치면서 당황히 자기 집을 향해 걸음을 옮기더였다. 충격을 받은 어머니에게 페트로의 시체가 실린 짐썰매를 보지 못하게 하려고 생각했던 것이다. 선두의 짐썰매 옆을 모자를 벗은 알료시카 샤밀리가 걷고 있었다. 그는 나무등걸 같은 한쪽 손으로 가슴에다 모피모자를 대고, 오른손으로는 고삐를 쥐고 있었다. 그리고리는 샤밀리의 얼굴을 보자 참을 수가 없어 썰매로 눈길을 돌려버렸다. 짚깔개 위에 마르친 샤밀리가 얼굴을 위로 향하고 누워 있었다. 얼굴에도, 풀빛 군복 앞가슴과 푹 꺼진 배에도 선혈이 잔뜩 얼어붙어 있었다. 두 번째 짐썰매에는 마누이츠코프가 실려 있었다. 칼자국이 난 얼굴을 짚깔개 속에 처박고 있었다. 그 얼굴이 추위를 못이긴 듯 어깨와 어깨 사이에 끼여 있었다. 후두부에도 대단한 솜씨로 단칼에 잘린 자국이 나 있었다. 그리고리는 세 번째 썰매를 바라보았다. 그 시체가 누구의 것인지 분간이 가지 않았지만 담배진으로 노랗게 된 한쪽 손가락 끝에 시선을 멈추었다. 그것은 썰매 밖으로 비어져나와 눈 위로 줄을 긋고 있었다. 시체는 장화를 신고 외투를 걸치고 있었다. 가슴 위에는 모자까지 얹혀 있었다. 네 번째의 말 재갈을 붙잡아 그리고리는 그것을 문 안으로 끌어들였다. 그 뒤를 따라 이웃사람과 어린애들과 여자들이 뛰어왔다. 사람들은 현관 층계 언저리로 몰려왔다.

“저것 좀 봐, 페트로 판데레에비치야! 저세상으로 가버렸군!”

누군가 낮은 소리로 말했다.

스테판 아스타호프가 문 안으로 들어 왔다. 어디서 나타났는지 그리샤카 노인과 그 밖에 두세 명의 노인도 모습을 드러냈다. 그리고리는 멍청하게 뒤를 돌아보았다.

"자, 집 안으로 들여놓자."

마부가 페트로의 다리에 손을 대려고 했다. 그러자 모여든 사람들이 좌우로 갈라서서 현관으로 뛰어온 일리니치나를 위해 길을 열어 주었다.

그녀는 썰매 위로 눈길을 돌렸다. 죽음 같은 푸른 기가 한줄기 물이 되어 이마로 흘러내려 볼과 코를 덮고 턱 위로 번져갔다. 부들부들 떨고 있던 판테레이 프로코피에비치가 그녀의 두 손을 붙들었다. 맨 먼저 두냐시카가 울음을 터뜨렸다. 온 부락 안에 울음소리가 울려 퍼졌다. 머리를 산발하고 눈물범벅이 된 다리야가 요란한 소리를 내며 문을 열어젖히고 현관 계단을 뛰어내려 썰매에다 몸을 던졌다.

"페츄시카! 페츄시카! 여보! 일어나요! 일어나라니까!"

그리고리의 눈에 어두운 그늘이 감돌았다.

"비켜, 다시카!"

자신도 모르는 사이에 그는 거칠게 소리를 지르고 다리야의 가슴팍을 힘껏 떠밀었다.

그녀는 눈 위로 쓰러졌다. 그리고리는 재빨리 페트로의 겨드랑을 잡아올리고 마부는 페트로의 복숭아뼈를 붙잡았다. 다리야는 두 사람의 뒤를 따라 바닥을 기어갔다. 꽁꽁 얼어 붙은 남편의 두 손에 키스를 해대며 매달리는 것이었다. 그리고리가 발로 그녀를 밀쳐내고 두냐시카는 억지로 다리야의 손을 떼내 실신한 그녀 머리를 가슴에 끌어안았다.

부엌에는 죽음의 정적이 가라앉아 있었다. 이상하게 작은데다 너무나 마른 페트로가 침상 위에 누워 있었다. 코는 구부려졌고 갈색 입수염이 거무죽죽하게 되어버렸지만 얼굴 전체에 슬픈빛이 어려 무척 아름답게 보였다. 아랫부분을 잡아맨 바지 밑으로 털북숭이 맨발이 비죽이 나와 있었다. 몸의 얼음이 차츰 녹기 시작하자, 몸뚱이 밑에 장밋빛 물 웅덩이가 생겼다. 하룻밤 사이에 얼어붙은 몸이 서서히 녹아감에 따라 점점 심하게 짭짤한 피냄새와 역한 시체냄새가 풍겨왔다.

판테레이 프로코피에비치는 헛간 처마 밑에서 관을 짰다. 여자들은 거실에서 아직 정신을 차리지 못하고 있는 다리야 옆에 붙어 앉아 시중을 들었다. 때때로 거기서 누군가의 히스테릭한 흐느낌소리가 들려왔다. 이윽고 슬픔을 '나눠 가지기' 위해서 달려온 중신애비인 바실리사의 음성이 개울물 소리처럼 울려 왔다. 그리고리는 시체 맞은편에 있는 걸상에 앉아 담배를 말면서 페트로의 노랗게 변해가는 얼굴과 보랏빛 손톱을 지켜보았다. 엄청난, 그리고 다가가기 어려운 싸늘함이 형과 그의 사이를 떼어놓고 있었다. 페트로는 이제 형이 아니라 잠시 머물다 간 손님에 불과하고, 그 손님과 이미 헤어질 때가 되었음을 알 수 있었다. 손님은 지금 낯선 얼굴로 토방에 볼을 갖다 붙인 채 무엇인가를 기다리는 것같이 신비스럽고 표현하기 어려운 미소를 띠고 누워 있었다. 하지만 내일이 되면 마지막 출발을 위하여 그의 아내와 어머니가 채비를 갖춰 줄 것이었다.

새벽녘부터 어머니는 그를 위해서 주전자에 물을 끓이고 아내는 깨끗한 내의와 가장 고급스러운 군복과 바지를 준비했다. 그리고리와 아버지는 이제 그 사람의 것이 아닌, 그리고 자신의 나체를 부끄럽게 여기지 않게 된 몸뚱이를 씻어 주고, 성장을 한 몸을 탁자 위에 눕혔다. 그런 다음에 다리야가 다가와 여태껏 그녀를 안아 주었던 큼지막한 얼음 같은 손에 양초를, 두 사람이 계단 주위를 걷고 있을 때 그 모습을 비쳐 주었던 그 양초를 손에 쥐어 주었다. 그렇게 카자흐 페트로 멜레호프는 또다시 휴가를 얻어 고향집에 되돌아올 수 없게 된 장소로 길을 떠날 준비를 끝내었다.

'프러시아 어딘가에서 숨진 편이 나을 텐데……어머니 앞에서 죽기보다는!' 비난을 담아 그리고리는 마음속으로 형에게 그렇게 말했지만 시체를 흘낏 바라본 그는 갑자기 낯빛을 바꾸었다. 페트로의 볼에서 늘어진 입수염 쪽으로 한 줄기 눈물이 흘러내린 것이었다. 그리고리는 너무나 놀라 펄쩍 뛰었을 정도였다. 그러나 자세히 들여다보고는 겨우 안도의 숨을 몰아쉬었다—그것은 사자의 눈물이 아니었다. 곱슬거리는 그의 앞 머리카락에서 페트로의 볼에 떨어진 물방울이 천천히 볼을 타고 흘러내린 것이었다.

35

돈 상류지구 반란군 총사령관의 명령으로 그리고리 멜레호프는 보센스키 연대의 지휘관으로 임명되었다. 그리고리는 카자흐 10개 중대를 이끌고 카르킨스카야 마을로 떠났다. 사령부는 그에게 무슨 일이 있더라도 리하쵸프군을 분쇄하여 그들을 관구의 영역 밖으로 몰아냄과 동시에 카르긴스카야 마을, 보코프스카야 마을의 치르강에 접한 각 부락을 봉기케 하라고 명령했다.

3월 7일, 그리고리는 카자흐를 이끌고 길을 나섰다. 눈이 녹아 군데군데 검은 밑바닥을 드러낸 언덕 위에서 그는 10개 중대로 하여금 자기 옆을 지나가게 했다. 그는 길가 한쪽켠에서 한쪽 손을 허리에 받치고 안장위에 몸을 내밀고 고삐를 힘있게 끌어당겨 흥분한 말을 억누르고 있었다. 그 옆을 행군종대로 돈 언저리 부락의—바즈키, 베로고르카, 오리샨스카, 메르쿨로프, 그롬코프스키, 세묘노프스키, 루이브느이, 보쟌스키, 레비야지, 엘리크의 각 부대가 진군하고 있었다.

그리고리는 장갑 낀 손으로 검은 입수염을 쓰다듬고 매부리코를 벌름거리면서 날개를 편 듯한 눈썹 아래의 엄격하고 침착한 눈을 들고 각 부대를 하나씩 전송했다. 진흙이 묻은 숱한 말발굽이 잿빛 눈덩어리를 짓뭉갰다. 낯익은 카자흐들이 옆을 지날 때면 그리고리에게 미소를 던졌다. 모피모자 위를 담배연기가 떠돌았다. 말들에게서는 김이 솟아 올랐다.

그리고리는 맨 마지막 중대를 따라갔다. 3킬로미터 가량 지났을 때 정찰대와 마주쳤다. 정찰대를 지휘하던 하사관이 그리고리쪽으로 말을 몰고 왔다.

"적위군은 가도를 따라 츄카린으로 퇴각중입니다!"

리하쵸프군은 응전하지 않았다. 그러나 그리고리가 3개 중대를 우회시키고 나머지 부대를 인솔하여 격렬하게 추격하자, 적위군은 츄카린 부락 언저리에서 장비마차와 탄약상자를 내버리기 시작했다. 츄카린 부락 출구의 초라한 교회 언저리에서 리하쵸프군의 포병대는 개울 속에 처박히고 말았다. 말 담당 병사들은 끄는 줄을 끊고 숲을 지나 카르긴스카야로 달아나버렸다.

츄카린에서 카르긴스카야까지의 15킬로미터를 카자흐들은 한 번의 싸움도 없이 통과했다. 다만 야세노프카 너머로 적의 정찰대가 뵤센스카야대의 척후를 저격했다. 그것으로 일은 끝이 났다. 카자흐들은 벌써부터 농담을 주고받기 시작했다. '놈들은 노보체르카스크까지 달아날 셈인가.' 그는 비웃듯이 그런 생각을 했다. 각 부대에서 즉시 포수들이 호출되었다. 짐을 끄는 말을 갑절로 데려다가 대포를 끌어냈다. 즉 6쌍의 말로 대포 1문을 끌어낸 것이다. 반개 중대가 엄호하며 포병대를 따라갔다.

땅거미를 틈타 급습하여 카르긴스카야를 점령했다. 리하쵸프군의 포 3문, 기관총 9대와 함께 포로를 잡았다. 나머지는 카르긴스카야 혁명위원회와 함께 부락을 지나 보코프스카야 마을을 향해 달아나버렸다.

밤새껏 비가 내렸다. 동트기 전에 벌써 기슭과 산골짜기가 졸졸거리는 소리를 냈다. 길은 지나갈 수가 없을 정도였다. 움푹 들어간 땅은 모조리 구덩이처럼 파였다. 물을 빨아들인 눈은 땅바닥이 보일 만큼 무너져내렸다. 말은 다리를 잡히고 사람은 피로로 쓰러졌다.

바즈키 부락의 에르마코프 하르람피 카자흐 소위가 지휘하는 2개 중대는 퇴각하는 적을 추격하도록 그리고리가 파견해 두었는데—인접한 2개 부락—라투이세프스키부락과 비스로그조프스키 부락에서 미처 도주하지 못한 30명 가량의 적위병을 사로잡았다. 날이 밝자 그들 포로를 카르긴스카야로 이송했다.

그리고리는 카르긴 지방 부자의 호화로운 저택에서 숙영을 하고 있었다. 에르마코프가 그리고리의 방으로 들어와서 인사를 했다.

"적 27명을 사로잡았습니다. 지금 당번병이 지휘관님의 말을 끌고 와 대기중인데 곧 출발하실 건가요?"

그리고리는 외투의 벨트를 비끄러메고 모피모자 밑에 엉켜 있는 머리카락을 거울 앞에서 빗은 다음 비로소 에르마코프 쪽을 돌아다보았다.

"가자. 즉시 출발. 광장에서 집회를 열고, 그 다음엔 진군이다."

에르마코프가 어깨를 움츠리며 히죽 웃었다.

"집회가 필요한가요? 저들은 집회 같은건 열지 않고도 모두가 말을 타고 가는데요. 저쪽을 보십시오! 이리로 오고 있는 것은 뵤셴스키 연대가 아닙니다."

그리고리는 창 밖을 내다보았다. 4열 종대로 정연하게 2개 중대가 말을 몰고왔다. 카자흐들은 선거에 임할 때처럼, 말들은 관병식으로 가는 것처럼.

"어디서 온 폐들이냐? 대체 어디서 왔지?"

그리고리는 칼을 움켜쥐고 달려가면서 들뜬 목소리로 중얼거렸다. 에르마코프가 급히 그의 뒤를 쫓았다.

샛문 쪽으로 이미 선두 중대의 중대장이 다가왔다. 그는 정중하게 거수경례를 했다.
"당신이 멜레호프 동지입니까?"
"그렇소만, 당신은 어느 부대 소속이오?"
"당신 부대에 끼워 주십시오. 당신 부대와 합류하려고 왔습니다. 우리 부대는 어젯밤에 편성된 리흐비도프 부락의 중대로 그라쵸프부락과 아르히포프카 및 바실레프카 두 부락 주민들이 모여 있습니다."
"카자흐들을 광장으로 데리고 와주게. 거기에서 집회를 열기로 했으니까."
당번병—그리고리는 프로호르 즈이코프를 당번병으로 삼고 있었다—이 그에게로 말을 끌고 와 등자까지 끼워 주었다. 에르마코프는 독특한 몸짓으로 안장이나 말갈기에 손을 대지 않은 채 무쇠처럼 탄탄한 몸을 훌쩍 안장 위에 올려놓고 예를 갖춰 안장 위에서 외투 앞자락을 단정하게 여미고 말을 그 앞으로 접근시킨 다음 질문했다.
"포로는 어떻게 하실 겁니까?"
그리고리는 상대방의 외투 단추를 움켜쥐고 안장 위에서 덤벼들 것처럼 몸을 앞으로 내밀었다. 그의 눈에서는 빨간 불꽃이 튀었으나 입수염 속의 아랫입술은 다소 야수적인 웃음을 띠고 있었다.
"보센스카야로 압송하겠다. 알겠나? 저쪽에 보이는 둔덕을 넘어가지 못하게 할 것!"
마을이 내려다보이는 모래땅 둔덕 쪽을 향해 그는 말을 몰고 갔다. '이것이 페트로를 죽인 놈들에 대한 첫번째 보복이다.' 구보로 달리면서 그는 그렇게 생각했다. 그리고 별다른 까닭없이 말엉덩이에 두둑이 솟아오른 상처자국에 힘껏 채찍을 내리쳤다.

36

그리고리는 3500명에 달하는 병력을 이끌고 카르긴스카야에서 보코프스카야로 향했다. 그의 뒤를 쫓아서 사령부와 관구 집행위원회는 명령과 지령을 급사(給仕) 편에 보냈다. 사령부 소속의 한 사나이가 미사여구를 늘어놓은 봉서를 그리고리에게 전달했다.

친애하는 그리고리 판테레에비치! 귀관께서 적위군 포로에 대해 잔혹한 제재를 가한다는 악의에 찬 풍문을 소관 등은 익히 들어왔소이다. 보코프스카야 인근에서 하르람피 에르마코프가 사로잡은 적위병 포로 30명이 귀관의 명령으로 살해당했다는 소문을 들은 바 있습니다. 그 포로 가운데에는 적의 병력을 탐지하는 데 크게 도움이 될 수 있는 코밋살 한 명이 포함되어 있다고 합니다. 친애하는 동지여, 청컨대 포로를 수용하지 말라는 명령을 철회해 주십시오. 그러한 명령은 우리 쪽에도 매우 유익할 것입니다. 그리고 카자흐들은 그와 같은 잔혹한 처지에 불평하고 있으며 적위군 쪽에서도 마찬가지로 포로를 학살하고 우리 부락을 파괴한다면 어떻게 하겠습니까? 지휘관들 역시 생명에 위해를 끼치는 일 없이 호송해 주기를 부탁하는 바입니다. 그들에 대해서는 소관등이 뵤시키 또는 카잔스카야에서 내밀하게 처리를 할 것입니다. 귀관은 작가 푸시킨의 역사소설에 나오는 타라스 부리바 (타라스 부리바는 푸시킨의 작품이 아니고 고골리 작품의 주인공) 와 같이, 그 부하를 인솔하고 진격함으로써 그들에게 포화와 칼의 소나기를 맞게 하여 카자흐의 사기를 드높여 주는 것만으로 충분하다고 생각합니다. 부디 냉정한 마음으로 포로에 대해 죽음을 내리지 말고 소관들에게 호송하도록 만전의 조치를 강구해 주길 청하는 바입니다. 끝으로 귀관의 건강을 빌고 진심으로 경의를 표하면서 성공에 기대를 거는 바입니다.

 그 편지를 그리고리는 끝까지 읽지 않고 갈기갈기 찢어 말다리 밑으로 내던졌다. '즉시 남방, 쿠르첸키—아스타호보—그레코보 지구를 향하여 공격을 전개할 것. 사령부는 카데트군의 전선의 합류가 긴요하다고 사료됨. 그렇지 않을 경우, 아군은 포위당하거나 격멸당할 것이오' 라는 쿠지노프의 명령서에 따른 답장을 그는 말 위에 앉아서 이렇게 써보냈다. '보코프스카야를 향하여 진군하여 목하 퇴각중에 있는 적을 추격하고 있소. 쿠르첸키로는 가지 않을 예정이오. 귀관의 명령엔 따를 수 없소. 대체 어떤 목적으로 아스타호보를 공격한다는 말이오? 그곳에는 소러시아인 말고는 아무도 없지 않소.'
 그로써 그와 반란군 사령부와의 공식 문서교환은 종지부가 찍혔다. 2연대로 길라진 긱 중대는 보고프스키야 접경인 코니코프 부라으로 접근해 갔다. 그로부터 3일 동안 무운은 아직 그리고리를 버리지 않았다. 소규모의 전투로 보코프스카야를 점령한 그는 위험을 무릅쓰고 크라스노쿠츠카야로 향했다. 진로를 가로막으려는 한 줌에 불과한 부대를 분쇄하긴 했으나 포로는 죽이지 말라는 명령을 내려 후방으로 압송했다.

3월 9일, 그는 이미 2개 연대를 이끌고 치스챠코보 대촌으로 다가갔다. 그 무렵, 적위군 사령부는 배후로부터의 위험을 느끼고 수개 연대와 포병 중대가 반란군을 향하여 공세를 취해 왔다. 새로이 도착한 적위군 연대와 그리고리의 연대가 치스챠코보 부근에서 맞부딪쳤다. 전투는 약 3시간 계속되었다. '독 안에 든 쥐'가 될 것을 염려한 그리고리는 부대를 크라스노쿠츠카야로 후퇴시켰다. 그러나 3월 10일 아침 전투에서 뵤센스키 연대는 적위군인 호표르스키 카자흐에 의해 막대한 피해를 입고 말았다. 두 군의 돈 카자흐는 공격과 반격을 되풀이하며 교전을 계속했다. 그리고리도 이 전투에서 말을 잃고 볼에 상처를 입은 채 연대를 철수시켜 보코프스카야까지 퇴각했다.

밤에 그는 호표르스키 카자흐 하나를 심문했다. 그의 앞으로 끌려 나온 사람은 나이가 꽤 든 체피킨스카야 마을의 카자흐였는데 머리는 희뿌옇고 가슴팍은 얇은데다 외투에 빨간 수술을 달고 있었다. 그는 질문에 자진해서 대답했다. 그러나 뭔가 어색하고 일그러진 미소를 띠고 있었다.

"어제 있었던 전투시에 어느 연대에 있었나?"

"스텐카 라진 명칭 제3 카자흐 연대요. 그중에 호표르스키 관구의 카자흐 거의 전원이 들어 있습지요. 그리고 제5 자 아무르, 제12기병, 제6무젠스키요."

"총지휘관은 누구냐? 키크비제가 지휘했다는 얘기를 들었는데?"

"아닙니다. 도므니치 동지가 혼성군을 지휘하고 있었습지요."

"탄약은 많이 확보하고 있느냐?"

"많지는 않습니다!"

"대포는?"

"8문 가량이오."

"너희 연대는 어디서 이동해 왔나?"

"카멘스카야의 각 부락을 거쳐왔습지요."

"어디로 가는지 알고 있나?"

카자흐는 잠시 망설였으나 이내 실토했다. 그리고리는 호표르스키 카자흐의 사기에 대해 알고 싶었다.

"카자흐들은 서로 무슨 얘기를 하고 있더냐?"

"싸우러 나가긴 싫다고 하더군요."
 "연대에선 왜 우리가 반란을 일으켰는지 알고 있더냐?"
 "그걸 어떻게 알겠습니까요."
 "그렇다면 어째서 싸우러 나가기 싫다는 거냐?"
 "당신은 카자흐가 아닙니까요? 오랜 세월 전쟁만을 일삼아 왔으니 싫증이 날밖에요. 정말이지 미로노프와 함께 출정한 이래 줄곧 싸움터만 따라다녔다구요."
 "어때, 우리에게로 올 마음은 없나?"
 카자흐는 허약한 어깨를 움츠렸다.
 "당신이 그렇게 하라고 하시면 별도리가 없겠지요. 하지만 그다지 내키지 않는구먼요."
 "알았다. 가거라. 마누라한테 돌아가게 해주마…… 외로웠겠군?"
 그리고리는 멀어져 가는 카자흐의 뒷모습을 바라보다가 프로호르를 불러들였다. 그는 한동안 담배를 피우면서 말없이 앉아 있었다. 이윽고 창가로 걸어가 프로호르에게 등을 돌린 채 조용하게 명령했다.
 "병사들에게 가서 일러라. 지금 내가 심문했던 그녀석을 슬쩍 과수원 쪽으로 끌고 가라고. 카자흐 출신으로 빨갱이에게 가담한 자식을 포로로 둘 순 없어!"
 그리고리는 닳아빠진 구두 뒤꿈치로 홱 몸을 돌렸다.
 "곧장 쫓아가서 놈을 해치우고 와!"
 프로호르는 서둘러 나갔다. 그리고리는 잠시 창가에 있는 제라늄의 연한 가지를 꺾으면서 서 있다가 이윽고 뚜벅뚜벅 현관 계단으로 걸어나갔다. 프로호르는 창고 옆 양지바른 쪽에 앉아 있던 카자흐들과 낮은 소리로 소곤대고 있었다.
 "저 포로를 놔줘라. 저 녀석한테 통행허가서를 써 주라구."
 카자흐들 쪽은 거들떠보지 않은 채 그리고리는 그렇게 말하고 방으로 돌아와 낡은 거울 앞에서 낭흑스러운 듯 두 손을 벌렸나.
 어째서 포로를 석방하라고 명령했는지 스스로도 이해할 수가 없었다. 비웃음을 얼굴에 띠고 독백처럼 "마누라에게 돌아가게 해주마…… 가거라!" 해놓고서 즉각 프로호르를 불러들여 그 호표르스키 출신의 카자흐를 과수원에서 해치우라고 명령한 것을 스스로도 알면서 그는 확실히 뭔가 흐뭇한 감정을 깨닫고 있었던 것은 아닐까. 그는 연민의 정에 대해 얼마간 짜증을 느꼈다. 그러나—적을 석방시키기에 이른 것은 무의식적이든 의식적이든 다름 아닌 그 연민의 정 때문이 아니었을까? 더욱이 그는 가슴의 응어리를 풀어 버린 듯이 후련하고 기뻤다. 왜 이런 일이 일어났을까? 그는 스스로에게 이해가 가지 않았다. 그리고리는 바로 어저께 그 자신이 카자흐들에게 했던 말을 돌이켜 생각하고 더욱 불가사의해졌다.

"농사꾼들은 적이다. 하지만 적군과 함께 행동한 카자흐는 그야말로 적 2명에 해당된다! 그따위 카자흐는 스파이하고 똑같이 즉각 천국행이다!"

그처럼 지끈지끈 골 쑤시는 해결하기 어려운 모순과 자기가 한 일이 틀려먹었다는 생각을 안고 그리고리는 숙사를 나왔다. 그때 치르의 연대장—기억 속에서 이내 엷어질 것 같은, 그리고 별로 눈에 띄지 않는 빈약한 생김새의 근위사관이 중대장 두 사람과 함께 찾아왔다.

싱글벙글 웃으며 연대장이 보고를 했다.

"또 원군이 왔습니다! 보병 2개 중대 이외에 기병 3천, 나포로프, 야브로네바야강, 구스잉카 방면에서요. 당신은 이들을 어디에 배치할 작정인가요, 판테레에비치?"

그리고리는 리하쵸프에게서 빼앗은 모젤과 멋진 서류 배낭을 어깨에 메고 마당으로 나갔다. 해는 따뜻한 빛을 던지고 있었다. 하늘은 한여름처럼 높고 푸르렀고 또한 뭉게구름 같은 흰 구름이 남쪽으로 흘러가고 있었다. 그리고리는 작전을 짜기 위해 지휘관들을 모두 골목으로 모이도록 했다. 30명 가량이 모여들었다. 그들은 각각 쓰러진 울타리 위에 걸터앉았다. 누군가의 담배갑이 손에서 손으로 건너갔다.

"어떤 작전 계획을 세울 것인가? 치스챠코프카에서 우리를 압박한 그 부대를 어떤 방법으로 한꺼번에 쳐부수며, 그리고 어느 방향으로 진군을 하면 좋을까?"

그리고리는 이렇게 질문을 하고는 쿠지노프의 명령을 요약해서 설명했다.

"그런데 적의 병력은 어느 정도요? 포로에게서 나온 말은 없소?"

잠시 뒤 중대장 한 사람이 말했다.

그리고리가 자기들과 적대중인 적의 연대와 병력을 산출해 보이자, 카자흐들은 잠시 숙연해졌다. 회의석상에서 깊은 생각 없이 함부로 발언을 해서는 안 된다는 중압감 때문이었다. 그때 그라쵸프대의 중대장이 말했다.
"멜레호프! 조금만 더 생각할 시간을 주시오. 이건 단칼에 해치울 수 있는 일과는 다르오. 실패하지 않도록 신중을 기해야 하오."
맨처음 발언한 사람도 이 남자였다.
그리고리는 모두의 의견을 끝까지 주의깊게 들었다. 대다수의 의견은 가령 성공한다 해도 깊숙한 추격은 삼가고 방어태세를 갖춰야 한다는 점으로 일치되었다. 그러나 치르 카자흐 하나는 반란군 사령부의 명령을 침을 튀기며 지지했다.
"굳이 여기서 돌아설 건 없지 않소. 멜레호프에게 우리를 도네츠까지 끌고 가게 한다면 그걸로 성공을 거둘 수 있어요. 그런데 왜들 이러시오? 머리가 이상해진 게 아니오? 어떻게든 공격해야 해요! 탄약이 모자라면 빼앗기라도 해야 한다구요. 우회 공격을 취하지 않으면 안 되오! 아주 결정을 지읍시다!"
"군인 이외의 사람은 어떻게 하고? 여자와 노인들과 어린애들은?"
"뒤에 남겨두는 수밖에!"
"너희들은 영리한 줄 알았는데 어느새 돌대가리가 돼버렸군!"
그때까지 울타리 끝에 걸터앉아 나오는 봄철의 밭갈이에 대한 것과 만약 돌파작전이 행해지면 집안 일은 어떻게 되느냐고 수군대던 지휘관들은 치르 카자흐의 말을 듣자 일제히 떠들어댔다. 순식간에 회의는 어느 부락의 모임 같은 뒤죽박죽의 양상을 빚어냈다. 나포로프 출신의 늙은 카자흐가 가장 크게 떠들었다.
"자기네 올디리 밖으로 니기는 짓일랑은 집어치워야 한다구! 난 맨 먼저 내 중대를 이끌고 부락으로 되돌아갈 테다! 내 집 가까이에서라면 마땅히 싸워야 되겠지만 남의 목숨까지 살려낼 수는 없잖나!"
"그런 악지는 집어쳐! 모두 조용조용 얘기하고 있는데 당신 혼자 악을 쓸 건 없지 않아! 잔소리 따윈 듣기도 싫어!"
"쿠지노프에게 가서 도네츠로 데려다 달라고 하면 될 게 아냐!"
그리고리는 가라앉기를 기다리고 있다가, 논쟁의 저울대 위에 결정적인 말을 얹어놓았다.

"여기서 전선을 지탱하도록 하자! 크라스노쿠츠카야 부대도 우리와 함께 머물러 있을 테니까! 그들을 엄호할 수도 있을 거고! 어디에도 가지 않겠다. 회의는 여기에서 끝내기로 하고 각자 부서로 돌아가도록! 즉시 진지로!"

30분 뒤, 기병대가 밀집한 라바대형으로 연연히 흘러가기 시작하자 그리고리는 강렬하게 솟구쳐오르는 기쁨을 느꼈다. 그는 지금껏 이같이 많은 인원을 지휘해 본 적은 한 번도 없었다. 그러나 우월감에 찬 기쁨의 한 구석엔 불안이, 씁쓸한 비애가 고통스럽게 꿈틀거렸다. '큰 실수 없이 내 임무를 다 할 수 있을까? 나에게 과연 수천 명의 카자흐를 통솔할 만한 능력이 있을까? 나의 지휘 하에는 일개 중대가 아니라 일개 사단이 있는 것이다. 그리고 배운 것이라곤 아무것도 없는 무식한 카자흐에 불과한 내가 수천 명의 생명을 손아귀에 쥐고 그들에 대해 책임을 짊어질 수가 있을 것인가? 그러나 중요한 것은 누구에게 반대하여 행동하느냐에 있다. 인민에 반대하여……그렇다면 대체 누가 옳다는 말인가?'

그리고리는 밀집대형을 이루어 지나가는 부대를 이를 악물고 바라보았다. 마음을 들뜨게 만드는 권력의 힘은 그의 눈앞에서 퇴색하고 있었다. 불안이, 괴로운 고통만이 느껴졌다. 그리고 그것은 견딜 수 없는 무게로 짓눌러 양쪽 어깨를 굽히게 하는 것이었다.

37

봄은 개울의 혈관을 뚫고 있었다. 들녘은 하루가 다르게 싱싱해지고 강물의 풀빛 흐름도 차츰 소리를 높이고 있었다. 태양의 붉은 기운이 강해져 가냘픈 황색 그림자를 물러서게 했다. 햇살은 날로 푸근해져 이제 완전히 따스함을 베풀었다. 한낮이 되면 발가벗은 논밭은 증기로 뿌옇게 흐려지고 군데군데 구멍이 뚫려 생선 비늘처럼 보이는 설원은 눈이 부실 정도로 반짝거렸다. 연한 습기를 품은 대기가 진하고 좋은 향기를 풍겼다.

태양이 그리고리의 잔등을 덥혀 주고 연대 전원을 덥혀 주었다. 바람은 때때로 눈덮인 언덕으로부터 냉기를 싣고 왔다. 그러나 따스함이 그 냉기를 이겨내었다. 말은 기운찬 몸짓으로 뛰어다니고, 그 몸에서 겨울털이 빠지고 땀 냄새가 더욱더 강하게 콧구멍을 찔렀다.

카자흐들은 벌써부터 섬유 같은 말꼬리를 엮어올리고 있었다. 낙타털로 된 방한두건은 이젠 불필요한 것이 되어 카자흐들의 잔등에 매달려 있고 모피모자를 눌러쓴 이마에 축축한 땀이 배어나왔다. 또 반외투나 푹신한 방한복을 입고 있으면 후덥지근해지는 것이었다.

그리고리는 여름이 한창인 길을 따라 연대를 인솔해 갔다.

아득히 먼 곳, 십자가모양을 한 풍차 너머에서 적군 기병 중대가 라바대형으로 전개해가고 있었다. 스비리도프 부락 근처에서 전투가 시작된 것이다.

그리고리는 아직도 자기가 과연 전투를 지휘해 낼 수 있을 것인가 염려하고 있었다. 그는 자진해서 뵤센스키 부대를 이끌고 전장으로 뛰어듦으로써 가장 위험한 위치에 부대를 올려놓은 것이었다. 따라서 전투는 지휘의 통일이 결여된 채 진군을 계속하고 있었다. 모든 연대가 미리 한 약속을 깨뜨리고 그 자리에서 임시방편 행동을 취하고 있었다.

전선이라고 할 수조차 없다. 그러나 광범한 기동작전을 펼칠 수 있는 가능성을 던져주고는 있었다.

기병이 많은 것은—그리고리의 부대는 기병이 압도적이었다—무엇보다도 유리했다. 이와 같은 우세를 이용해서 그리고리는 '카자흐 식' 전법으로 싸움을 진전시키려고 했다. 즉 양쪽 날개를 포위함과 동시에 후방을 치고 장비 마차를 쳐부수고 야습으로 적군을 동요케 하여 사기를 떨어뜨리는 것이었다.

그러나 스비리도프 부근에서 그는 전법을 바꾸었다. 즉 부대를 전속력으로 진지에 진격시킴과 동시에 그중 1개 중대는 부락에 머물러 있게 하고 말 담당은 미리 부락 깊숙이 민가로 향하게 한 것이다. 한편 자신은 나머지 2개 중대를 데리고 풍차 움막에서 반 킬로미터 떨어진 언덕 위로 달려가 천천히 교전을 하고 있었다.

그리고리가 상대한 적군 기병대는 2개 중대를 웃돌았다. 그리고리가 쌍안경으로 들여다본 것은 돈산이 아닌 꼬리를 짧게 자른 말이었으므로 호표르 카자흐 부대가 아님을 알 수 있었다. 카자흐는 결코 밑꼬리를 지른다거나 말의 아름다움을 손상시키는 짓은 하지 않았다. 그렇다면 공세를 취하고 있는 것은 제13기병 연대든가 아니면 새로이 증원된 부대임에 틀림없었다.

그리고리는 쌍안경으로 주위 지형을 관찰하고 있었다. 안장 위에 있는 편이 대지를 훨씬 넓은 것으로 생각하게 했고 장화 끝이 등자에 걸려 있을 때가 한층 더 그에게 자신감을 갖게 해주었다.
 치르강 너머의 강가를 3500명의 카자흐들이 갈색 열을 지어 진군하고 있는 모습을 그는 바라보고 있었다. 그 열은 꿈틀거리면서 언덕길을 올라가 에란스키와 우스치 호표르스키 부락과의 경계를 향해 북쪽으로 사라져갔다—우스치 메도베지차에서 공격해 오는 적을 거기서 응전하고 싸움에 지친 에란스카야 카자흐 부대까지도 지원하기 위해서였다.
 공격 태세를 취하고 있는 적군 기병대의 대열과 그리고리와의 거리는 1킬로미터 반 정도였다. 그리고리는 오래된 전법을 따라 자신의 부대를 산개시켰다. 창은 카자흐 전원에게 모두 주어지지 않았지만 갖고 있는 사람은 20미터 가량 떨어진 선두에서 말을 몰고 갔다. 그리고리는 선두열로 튀어나와 군도를 뽑아들었다.
 "조용하게 갤럽(속보)!"
 다리를 내딛는 순간 그의 말이 눈에 덮인 다람쥐 구멍에 빠져 무릎을 꺾었다. 그리고리는 안장 위에서 몸을 똑바로 세우면서 칼을 눕혀 말을 후려쳤다. 그 말은 뵤셴스카야의 한 카자흐에게서 입수한 준족의 군마였는데 그리고리는 그 말에 대해 남몰래 불신을 품고 있었다. 그는 그 말이 이틀 동안에 자기한테 익숙해지지 않았다는 것과 자기도 말의 성질과 버릇을 이해하지 못하고 있음을 알고, 남에게서 빼앗은 말은 치스챠코프 근처에서 전사한 자기 말과 달라서 짧은 명령과 사소한 고삐의 조종만으로는 주인의 기분을 이해해 주지 않을 것이라는 두려움을 갖고 있었다. 칼등에 맞은 말이 제멋대로 속력을 냈을 때, 그리고리는 내심 섬뜩함을 느끼고 당황하기까지 했다. '이놈이 날 골탕먹일 작정이군!'—바늘에 찔린 듯한 느낌이 들었다. 그러나 말이 폭넓은 구보로 바꾸어 차츰 정상적인 걸음으로 달려감에 따라, 그리고 고삐의 조종에 순종해감에 따라 그리고리는 자신감을 되찾아 침착해졌다. 뿔뿔이 산재하여 이쪽을 향해 밀려오는 적에게서 잠깐 시선을 옮긴 그는 말 모가지를 내려다보았다. 붉은 털의 말 귀는 얄밉도록 찰싹붙고 목은 단두대에 걸린 듯이 내밀어져 리드미컬하게 떨고 있었다. 그리고리는 안장 뒤에서 가슴을 뒤로 젖히고 빨아들일 듯이 공기를 들이마고 나서 뒤돌아보았다. 땅울림을 일으키고 있는 사람과 말의 사태를 수없이 보아 온 그였지만 그때마다 뭐라 설명할 수 없는 거친 동물적인 흥분을 느끼며 공포로 심장이 옥죄는 것만 같았다. 그가 말을 몰아 적에게로 돌입해가는 동안 순간적으로 일어나는 심적 변화가 있었다. 이성, 냉정, 신중함―그 모든 것은 이 엄청난 순간에 그리고리를 내팽개치고 오직 야수와 같은 본능만이 힘차게 그의 의지를 지배했다. 만약 공격시에 누구든지 바로 옆에서 그리고리를 바라보았다면 그 사람은 틀림없이 냉정하고 침착한 두뇌가 그리고리의 행동을 지배하고 있다고 생각할 것이었다. 그만큼 그의 행동은 얼핏 보기엔 확신에 차 있고 면밀하고 용의주도하게 계산된 것처럼 여겨졌다.

피아간의 거리는 급속도로 좁혀지고 있었다. 기수와 말의 모습이 눈 깜짝할 사이에 확대되었다. 적의 기병대 중에서 그리고리는 한 기수에게 눈길을 멈추었다. 그 기수가 탄 밤빛깔의 키가 큰 말은 이리와 같은 약보(躍步)로 달려오고 있었다. 기수는 장교용 사벨로 허공을 가르고 있었다. 은빛 칼집은 햇빛을 받아 번뜩이면서 등자와 맞부딪쳤다. 그리고리는 그 사람이 누구인가를 금방 알아보았다. 카르긴스카야에 있는 공산당원 표트르 세미그라조프였다. 17년 당시 24살 청년이었던 그는 그 무렵에는 좀처럼 보기 어려운 각반을 매고 맨 먼저 독일전선에서 돌아와 있었다. 볼셰비키로서의 신념과 전선병사로서의 뚝심을 지녔고 볼셰비키로서 일관했다. 적군에 근무했으며 발란이 일어나기 전 마을에 소비에트 정권을 세우러 부대로부터 돌아와 있었다. 그 세미그라조프가 자신있게 말을 조종하며 가택수색 때 빼앗은, 관병식에서나 사용하는 사벨을 맵시 있게 흔들며 그리고리를 향해 달려오고 있었다.

그리고리는 공격 때면 사용하는 독특한 전법을 갖고 있었다. 눈과 직감으로 적이 강하다고 여겨지거나 틀림없이 치명적인 일격을 가하거나 또는 무슨 일이 있더라도 단칼에 해치우리라 할 때엔 언제나 이 전법에 의지했다. 어렸을 때부터 그리고리는 왼손잡이였다. 그는 왼손으로 숟가락을 사용했고 성호도 왼손으로 그었다. 그 덕택으로 그는 내내 아버지에게서 호된 매를 맞았을 뿐만 아니라 동네 아이들이 '왼손잡이 그리샤'라는 별명까지 붙였다. 얻어맞고 놀림을 당한 일이 나이 어린 그리고리에게 강한 충격이 된 것만은 틀림없었다. 10살 때 '왼손잡이'라는 별명은 오른손 대신에 왼손을 사용하던 버릇과 함께 없어졌다. 그러나 죽을 때까지 그는 오른손으로 하는 것은 무엇이나 왼손으로 훌륭하게 해치울 수가 있었다. 더욱이 왼손이 더 셌다. 공격시에 그리고리는 번번이 그 특징을 이용해왔다. 그는 흔히 하듯이 왼쪽에서 우회하여 목표한 적에게로 말을 몰고 갔다. 그리고리와 칼싸움을 벌여야 하는 운명이 주어진 상대방으로부터 20미터 가량의 거리로 다가갈 때 벌써부터 칼을 휘두르는 적이 비스듬하게 몸을 내민 그 순간을 노리고 있다가—그리고리는 칼을 왼손으로 바꿔쥐고 갑자기, 그리고 부드럽게 말을 급회전시켜 우측에서 다가서는 것이었다. 깜짝 놀란 적이 몸의 위치를 바꾸려고 하는 말의 머리 너머로 우측에서 왼쪽을 내리치기에는 불리한 위치일 수밖에 없었다. 그 순간 상대방은 자신을 잃었다. 죽음이 그의 얼굴에 숨을 내뿜고 그리고리는 살짝 뒤로 물러설 듯이 하고는 엄청난 힘이 담긴 일격을 가하는 것이었다.

츄바토이가 그리고리에게 '바크라노프식'의 검술을 가르쳐준 이래, 오랜 세월이 흘렀다. 두 차례의 전쟁 동안에 그리고리는 솜씨를 연마했다. 칼을 제대로 쓸 줄 안다는 것은 가래를 미는 것과는 뜻이 달랐다. 그는 사람을 찌르는 기술로 많은 것을 깨우친 것이었다.

번개처럼 빠른 순간에 손에서 손으로 칼을 용이하게 바꿔잡기 위해서 그는 한 번도 칼집에 달린 끈 부분에 손목을 갖다댄 적이 없었다. 힘껏 찌를 때, 만약 칼의 겨냥이 제대로 되어 있지 않으면 칼이 손에서 미끄러지든가 손목이 삔다는 것을 알았다. 눈 깜짝할 사이에 상대방의 무기를 내리친다거나 약간의 접촉으로 상대방의 팔을 마비시키는 비결을 그는 터득했다. 칼이나 창을 사용해서 사람을 찌르는 훈련으로 그는 많은 것을 배웠다.

버드나무 가지를 자를 때에 그 같은 일격을 가하면 나무기둥은 꼼짝도 하지 않고 엇비슷하게 잘린 잔가지만이 춤추듯이 모래 위로 떨어지고, 그것이 채 땅에 닿기도 전에 카자흐의 칼이 가지를 막 잘라낸 나무기둥과 나란히 서게 되었다. 마치 그와 같이 카르므이크인을 닮은 미남 세미그라조프는 곧추선 말다리 밑으로 굴러떨어졌다. 그는 엇비슷이 잘리운 가슴을 두 손으로 움켜쥐면서 안장에서 미끄러져 떨어졌다. 죽음의 싸늘함이 그의 몸을 휘감았다.

그리고리는 안장 위에서 재빨리 몸을 바로 세우고 등자를 힘껏 밟았다. 그를 향해서 두번째 적이 질주해 왔다. 고삐가 치켜진 말의 콧등 그늘 때문에 그리고리에게는 미처 기수의 모습이 눈에 들어오지 않았지만 군도의 칼날이, 그 거무튀튀한 배가 언뜻 시선을 끌었다. 그리고리는 힘껏 고삐를 죄었다. 쳐들어오는 것을 받아 밀어붙이고—오른쪽 고삐를 붙잡고는 비스듬히 기울어져 있는 적의 목에 일격을 가했다.

그는 어지러운 인마의 무리 속에서 맨 먼저 튀어나왔다. 눈 속으로 한 무리의 기병이 움직이고 있었다. 손바닥이 긁힌 것같이 가려웠다. 칼을 칼집에 넣고 잡아채듯이 모젤을 움켜쥔 그는 전속력으로 말을 퇴각시켰다. 부대는 뿔뿔이 흩어져 달렸다. 여기저기에 모피모자와 흰 끈이 달린 모피두건이 말 모가지에 엎어져 있었다. 그리고리 옆에는 여우가죽 방한모를 쓰고 카키색 반외투를 입은 하사관이 말을 몰고 있었다. 그는 귀가 떨어져 나가고 턱 언저리까지 칼자국이 나 있었다. 가슴 위는 잘 익은 버찌 무더기가 으깨진 것같이 새빨갰다. 드러난 이는 붉게 물들어 있었다.

혼란 속에 반쯤 퇴각하기 시작했던 적병들이 말머리를 돌렸다. 카자흐의 퇴각이 그들에게 추격 의욕을 불러일으킨 것이다. 미처 달아나지 못하고 있던 카자흐 하나가 바람에 떠밀린 것처럼 말 위에서 굴러떨어져 말발굽 밑에서 눈 속으로 짓밟히고 말았다. 얼마 멀지 않은 거리에 거뭇거뭇한 과수원과, 부락과 언덕 위의 작은 예배당, 넓고 좁은 한길이 보였다. 중대가 잠복해 있는 목장의 울타리까지는 400미터도 남아 있지 않았다. 말잔등에서 땀과 피가 흘러내렸다. 말을 몰면서 미치광이처럼 모젤의 방아쇠를 당기고 있던 그리고리는 소용이 없게 된 그 무기를 케이스에 밀어넣고(탄약을 모조리 써버린 것이다) 목청을 돋우어 외쳤다.

"산개!!!"

카자흐의 흐름은 절벽에 부딪힌 격류처럼 한꺼번에 좌우로 갈라졌다. 적 위군을 가로막는 것은 아무것도 없었다. 그들을 향하여 울타리 그늘에서 잠복하고 있던 중대가 일제사격을 퍼부었다. 한 번, 두 번, 세 번……고함소리! 적병을 태운 말 한 마리가 털썩 쓰러졌다. 또 한 마리의 말은 두 무릎을 꺾고 머리를 눈구덩이 속에다 처박았다. 탄환은 그 뒤에도 3, 4명의 적병을 쓰러뜨렸다. 나머지 적병들이 한덩어리가 되어 말의 방향을 바꾸는 그 사이에 탄환의 소나기가 퍼부어졌다. 이윽고 잠잠해졌을 때, 그리고리가 목쉰 소리로 "중대……" 외치자 말발굽이 급각도로 방향을 바꾸어 추격해 갔다.

그러나 카자흐들은 마지못해서 움직였다. 말이 지칠대로 지친 것이었다. 1킬로미터 가량 추격한 끝에 되돌아왔다. 전사한 적병의 옷을 벗기고 죽은 말의 안장을 떼어냈다. 부상자 3명의 숨통을 알료시카 샤밀리가 끊었다. 그는 그 세 사람을 울타리 앞으로 향하게 한 다음, 차례로 찔러 죽였다. 그리고 오래도록 카자흐들은 찔러 죽인 세 사람의 시체 옆에서 담배를 피우기도 하고 들여다보기도 했다. 셋 모두가 같은 특징을 갖고 있었다. 어깨에서 허리께까지 몸통이 두 토막 나 있었다.

"셋을 여섯으로 나눠놓았군……"

알료시카가 한쪽 눈을 깜박거리면서 자랑을 했다.

주변에 있던 카자흐들은 그에게 아첨하듯이 담배를 권하며 별로 크지 않은 주먹과 웃옷이 미어터질 듯이 두둑한 가슴팍에 존경의 눈길을 보내었다.

울타리 옆에서는 땀에 흠뻑 젖은 말이 외투를 걸친 채 떨고 있었다. 카자흐들은 말의 복띠를 고쳐 주었다. 골목 우물가에는 물을 푸려고 열을 짓고 있었다. 대다수가 지친 끝에 다리를 질질 끄는 말의 고삐를 끌고 와 있었다.

그리고리는 프로호르와 5명의 카자흐를 데리고 앞으로 오고 있었다. 마치 그의 눈 속에 있던 들보를 떼어낸 것 같았다. 그는 공격전과 마찬가지로 다시금 이 세상을 비치고 있는 태양과 짚더미 옆에 녹고 있는 눈을 보고, 봄철의 지저귐을 듣고 발밑으로 스며드는 봄날의 은은한 향기를 느꼈다. 인생은 방금 전에 흘렸던 피로 퇴색하지도, 젊음을 잃지도 않았을 뿐 아니라 인색하고 기만적인 기쁨으로 더욱더 충동질하면서 그의 곁으로 돌아온 것이다. 눈이 녹아버린 검은 대지를 배경으로 한 줌의 구름이 한층 더 돋보이고 한결 더 매혹적으로 그 흰 빛을 떠올렸다.

38

반란은 봄철의 홍수처럼 들끓고 범람하여 돈강 연변 토지의 모든 것을 그리고 주위 400킬로미터에 걸친 돈 너머의 스텝 지대를 말아먹었다. 2만 5천의 카자흐가 말고삐를 잡았다. 상류 돈 관구의 각 부락은 1만의 보병을 내보냈다.

전투는 일찍이 볼 수 없었던 양상을 취했다. 도네츠강 근처에는 돈 백위군이 전선을 유지하고 노보체르카스크를 방위 하면서 결전 태세를 갖추고 있었다. 그들과 대치해 있던 제8, 제9 적위군의 배후에서는 반란이 일어나, 그렇지 않아도 어려운 돈 제압의 과제를 끝없이 복잡하게 하고 있었다.

4월에 접어들자 반란군과 백위군 전선과의 합류의 위험이 공화국 혁명군 사회의에 의해 더욱 분명해졌다. 반란군이 배후에서 적위군의 전선지대로 파고들어 돈군과 합류하기 전에 무슨 일이 있더라도 그것을 쳐부숴야 했다. 압박을 가하기 위해 정예 병력이 투입되었다. 그중에 발틱 함대와 흑해 함대의 해병대, 가장 믿음직스런 몇몇 연대, 장갑열차 부대, 특출나게 용감한 기병 제부대 등이 있었다. 포병 몇몇 부대와 500대의 기관총과 병력을 가진 전투적인 보그챠르 사단 5개 연대가 고스란히 전선에서 제외되었다. 이미 4월중에 반란군 전선의 카잔스키 지구에서 리야잔과 탐보프의 간부후보생 부대가 헌신적인 용기를 기울여 전투에 참가했고 그보다 좀 늦게 전 러시아 중앙집행위원회의 학생부대가 가담했다. 슈미린스카야 부근에서는 라트이시 저격대가 반란군에 대항하는 전투를 벌이고 있었다.

카자흐는 군수품 부족으로 허덕였다. 처음 얼마 동안은 소총의 숫자가 모자라고 탄약보급도 중단되곤 했다. 그것들은 피의 댓가로가 아니면 손에 넣을 수 없었기 때문에 공격을 가하고 야습을 감행하여 탈취해야만 했다. 그들은 모두 그렇게 탈취했다. 4월이 되자 반란군의 수중에는 이미 충분한 숫자의 소총과 포 6문, 기관총 150대가 확보되었다.

반란이 일어났을 때, 뵤센스카야의 창고에는 5백만 발의 공포가 남아 있었다. 관구 소비에트는 솜씨 좋은 대장장이, 열쇠기술자, 총기공을 동원했다. 뵤센스카야에 탄환공장은 세워졌으나 납이 없었다. 탄환을 만들 재료가 없었던 것이다. 따라서 관구는 모든 부락의 납과 동을 회수하기 시작했다. 증기 제분소에서 납과 바비크 금의 부품이 남김없이 뽑혔다. 각 부락으로 기마전령이 짧은 격문을 뿌리고 다녔다.

여러분의 남편과 아들과 형제들에게는 쏴야 할 총알이 없습니다.
  그들은 저주받아 마땅한 적으로부터 빼앗은 탄환을 가지고 싸우고 있는 형편입니다. 여러분의 가재도구 중에서 총알의 주조에 도움이 될 수 있는 것은 모두 내놓으시오! 키에서 납을 떼내시오.

1주일 뒤에는 전 관구에 걸쳐 채가 달린 키는 한 개도 구경할 수 없게 되었다.

'여러 분의 남편과 아들과 형제들에게는 쏴야 할 총알이 없습니다.' 여자들은 도움이 되는 것이나 안 되는 것이나 모조리 꺼내들고 소비에트 관주로 가져왔다. 전투가 벌어지고 있는 부락의 어린이들은 담벼락 속에서 산탄을 파내고 땅바닥을 파헤쳐 파편을 찾았다. 그렇지만 이와 같은 일에 있어서도 굳은 단결이 있었던 것은 아니었다. 두세 명의 여자는 그 알량한 물건들을 아까워하고 내놓기를 주저하여 '빨갱이와 왕래'가 있었다는 혐의를 받고 체포되어 관구 사무실로 연행되었다. 타타르스키 부락에서는 부대에서 휴가를 얻어 돌아온 세몬 츄군이 부자 노인들에게 피가 나올 만큼 얻어맞았다. "부자들도 키를 못 쓰게 해야 한다구" 이 한 마디를 입에 올렸다가 그런 변을 당한 것이었다.

납조각들은 뵤센스카야의 공장에서 녹여졌다. 발사를 하면 이 수제품 탄환은 뭉클거리는 납덩이가 되어 총구 밖으로 튀어나가 획 하는 요란한 소리를 지르면서 날아갔다. 하지만 그것은 200미터 정도밖에 나가지 않았다. 그대신 이런 탄환에 맞은 상처는 매우 컸다. 적위군은 내용을 알고 나서 카자흐의 척후와 마주치면 큰 소리로 떠들어댔다.

"투구벌레를 쏘다니……항복해, 어차피 죽을 목숨 아닌가!"

3만 5천의 반란군은 5개 사단과, 여섯 번째에 해당되는 독립된 여단으로 나뉘어졌다. 메시코프스카야, 세트라코프, 뵤쟈 지구에서는 에고로프 지휘하의 제3사단이 싸우고 있었다. 카잔스카야, 도네츠코에, 슈미린스카야 지구에는 제4사단이 진을 치고 있었다. 지휘자는 무척 음울한 얼굴의 카자흐 준위로 전장에서는 도깨비라 불리우는 콘드라트 메드베제프였다.

스라시초프스카야─브카노프스카야 전선에서 싸우고 있는 제5사단은 우샤코프가 지휘하고 있었다. 에란스카야의 각 부락─우스치 호표르스카야, 골바도프 방면에서는 기병 조장 메르쿨로프가 제2사단을 이끌고 있었다. 같은 지구에 제6 독립 여단이 굳게 단결해 아무런 손해도 입지 않고 있었다. 그것은 이 여단의 지휘자, 막사에프의 카자흐로 카자흐 준위인 보가투일료프가 용의주도한 사나이여서 위험을 무릅쓰고 헛되이 병력을 손상시키는 짓은 절대로 하지 않았기 때문이었다.

치르 강가를 따라서 그리고리 멜레호프가 제1사단의 병력을 전개하고 있었다. 그가 맡고 있는 지구는 최전선으로서 남방에서 그 지구로 적군이 밀려왔으나 그는 적의 공격을 격퇴시켰을 뿐 아니라 제2사단에게 보병 부대와 기병 부대를 지원해 줄 정도의 여유를 보였다.

반란은 호표르스키 관구, 우스치 메도베지차 관구의 각 마을까지는 확대되지 않았다. 그 지구에도 동요가 일었고 카자흐를 붕괴시키기 위해 브즈르크와 호표르 상류에 병력을 보내 달라는 요청을 받았지만 반란군 사령부는 돈 관구를 넘는다는 결심을 굳히지 못하고 있었다. 호표르 마을의 대다수가 소비에트 정권을 지지하고, 무기를 잡을 것 같지 않다는 것을 알고 있었기 때문이었다. 게다가 전령들도 다음과 같은 얘기를 하며 그것은 성공하기 어렵다고 믿었다. 각 부락에서 적위군에게 불만을 품고 있는 자들은 별로 많지 않다. 호표르스키 판구의 벽지에 남아 있는 장교들은 몸을 숨겨 반란에 동조하는 자를 유력한 세력으로 규합시킬 만한 행동을 하지 않을 것이고, 또한 전선 병사 중 어떤 사람은 집으로 돌아가 있거나 적군과 행동을 함께 한 자도 있는가 하면, 노인들은 송아지가 외양간으로 쫓겨가듯이 칩거당해 있어 이전과 같은 힘을 낼 수 없다는 것이었다.

우크라이나인이 살고 있는 부의 각 마을에서는 적군이 청년들을 동원했다. 청년들은 보고챠르의 전투적인 사단의 각 연대에 들어가 자진해서 반란군과 맞부딪쳤다. 반란은 좁은 돈 상류 관구까지로 한정되었다. 또한 반란군 사령부를 비롯해서 그 누구의 눈에도 장기간 고향 마을을 방위할 수는 없으리라는 것과, 조만간 적위군이 도네츠에서 쳐들어와 단숨에 깔아뭉개고 말 것이라는 사실이 점차 뚜렷해졌다.

3월 18일 쿠지노프는 작전을 짜기 위해 그리고리를 불러들였다. 사단의 지휘를 보좌 리야프치코프에게 맡기고 그리고리는 아침 일찍 전령병과 함께 관구로 떠났다.

그가 사령부에 출두했을 때, 쿠지노프는 마침 사포노프와 함께 알렉세에프스카야 마을 진령과 얘기중이었다. 쿠지노프는 탁자 앞에 등을 굽힌 채 앉아 거무칙칙하고 꺼끌꺼끌한 손가락으로 카프카즈제 가죽끈을 비틀고 있었다. 그는 수면부족으로 핏발선 부숭숭한 눈을 내리깔고 상대방 카자흐에게 질문을 하고 있었다. 카자흐는 쿠지노프의 맞은편에 앉아 있었다.

"그런데 자네들은 어때? 어떻게 생각하고 있냐구?"
"그 뭐냐 하면 우리도……아무래도 형편이 좋지 않아서, 하긴 남의 뱃속을 들여다볼 수는 없는 노릇이지만, 뭐 대중이란 게 어떻다는 건 당신들도 알고 계시겠지요? 잔뜩 겁을 내고 있는 건 확실합니다. 난처해하고요."
"'겁을 내고 있다!' 그리고 '난처해한다'라고!"
쿠지노프는 증오로 창백해져서는 크게 외쳤다.
"자네들은 너나 할 것 없이 모조리 숫처녀군! 마음도 끌리고 정열도 있지만 부모님이 허락하지 않는다는 격이로군. 그래, 당장 알렉세에프스카야로 돌아가 마을의 늙은이들한테 일러. 당신들 스스로가 나서지 않는 한 당신네 부락에는 1개 소대도 보내 줄 수 없노라고. 자네 같은 것들은 빨갱이들에게 일찌감치 모가지를 졸리우는 편이 낫겠어!"
카자흐의 뻘건 손이 여우털 방한모를 뒷덜미로 미끄러뜨렸다. 땀이 이마의 주름살을 타고 봄물이 개울을 흘러가듯이 쏟아져내렸다. 희뿌옇고 짧은 눈썹을 줄곧 깜박거리며 미소하듯이 그리고 쑥스러운 듯이 바라보았다.
"그야 물론 그들에게 우리 편으로 와달라고 하는 게 무리인 줄은 알고 있어. 하지만 잘 되느냐 안 되느냐는 시작해 봐야 알 게 아닌가. 그 실마리라는 게 무엇보다 더 중요하니까……"
두 사람의 이야기를 주의깊게 듣고 있던 그리고리는 옆으로 조금 다가갔다. 가죽 반외투를 입고 검은 수염을 기른 왜소한 체구의 사나이가 노크도 없이 복도에서 방으로 발을 들여놓은 것이었다. 그는 쿠지노프와 인사를 나누고 탁자 옆에 앉아 흰 손바닥으로 턱을 받쳤다. 사령부 사람들을 한 사람도 빠짐없이 알고 있는 그리고리도 이 사나이는 처음 보는 듯해 말없이 지켜보았다. 말끔한 윤곽의 거무스름하나 햇빛에 그을리지 않은 얼굴, 토실토실하고 하얀 팔, 인텔리 같은 태도—그 모든 것은 그가 지방 사람이 아님을 말해 주고 있었다.
쿠지노프는 낯선 남자의 얼굴을 눈으로 가리키면서 그리고리에게 말했다.
"소개하지, 멜레호프. 이쪽은 게오르기제 동지. 이 사람은……"
그러고는 멈칫하더니 벨트에 달린 은빛 장식을 만지작거리며 일어서서 알렉세에프스카야 마을 전령에게 말했다.
"어서 돌아가. 할일이 태산이니까. 마을로 가서 내가 한 말을 전하도록."

카자흐는 의자에서 일어섰다. 짧고 검은 털이 섞인 새빨간 여우가죽 방한모가 거의 천장에 닿을 정도로 키가 컸다. 그리고 카자흐의 넓은 어깨가 광선을 막아 방 안이 갑자기 작고 좁아진 것처럼 답답하게 느껴졌다.
"지원군을 요청하러 오셨습니까?"
악수를 하는 카프카즈인 손바닥이 적의에 차 있음을 느끼면서 그리고리는 말했다.
"맞습니다! 지원군을 부탁하러 왔는데 보시다시피……"
카카흐는 눈으로 지지를 구하며 반갑게 그리고리를 바라보았다. 모자 빛깔과 어울리는 새빨간 카자흐의 얼굴은 땀으로 흠뻑 젖었고 턱수염과 축 늘어진 입수염이 피로에 지쳐 보였다.
"당신들은 소비에트 정권이 마음에 들지 않는단 말인가요?"
쿠지노프의 짜증스러운 몸짓을 모른 체하고 그리고리는 질문을 계속했다.
"그런 게 아닙니다."
매우 신중하게 카자흐는 말했다.
"지금보다 더 악화되지 않을까 염려하고 있을 뿐입니다."
"총살은 있었나요?"
"아니오, 그런 일은 없었습니다. 그런 소문은 듣지 못했지만, 그러나 말과 곡물 등을 빼앗기고 반항한 자들은 잡혀가기도 했습니다."
"그렇다면 만약 뵤센스카야의 군대가 당신네 마을로 출동한다면 봉기할 겁니까? 모두 일어서느냐, 이 말이오?"
햇빛을 받아 금색으로 빛나는 카자흐의 작은 눈이 교활하게 좁혀지면서 그리고리에게서 고개를 돌렸다. 순간, 주름살과 근심에 찬 이마 위로 방한모가 미끄러져내렸다.
"모두가 일어날지 장담할 수는 없지만…… 어쨌든 잘사는 카자흐들은 틀림없이 일어날 테지요."
"그럼, 빈민층은? 못 사는 사람들 말입니다."
그때까지 상내방의 시선을 붙잡으려고 계속 헛된 노력을 하고 있던 그리고리는 어린애처럼 놀란, 그리고 열띤 시선과 맞부딪쳤다.
"글쎄! ……건달들이 과연 움직여 줄지. 놈들에겐 이 정권과 보조를 맞춘다는 것에 아무런 의미도 느껴지지 않을 테니까."

"그렇다면 자넨 뭣 때문에 찾아왔나? 알 수 없는 사람이군. 자네 말이야."

이젠 드러나게 적의를 나타내면서 쿠지노프가 고함을 질렀다.

"대체 무슨 속셈으로 우릴 충돌질하러 왔나? 그렇다면 자네 마을 사람은 모두 부자라는 거야? 부락에서 두세 사람이 일어난다고 해서 그걸 반란이라고 할 수 있는가 말이야? 당장 나가! 난로 곁에서 폭신한 이불을 덮고 두 다리 쭉 뻗고 지내라구. 두고 봐. 얼마 안 있으면 정신이 번쩍 날 일이 생길 테니까—그때는 우리 도움을 빌릴 것 없이 싸울 수 있겠군! 제기랄! 남의 잔등 뒤에 숨어서 잘 처먹고 살아온 게 버릇이 된 놈이라 할 수 없군! 자기들은 편안히 앉아 놀고먹고 재촉은 불같이 하고…… 썩 사라져! 꺼지라구! 네놈 같은 사기꾼을 보고 있으려면 구역질이 난다, 구역질이!"

그리고리는 눈썹을 찌푸리고 옆을 돌아보았다. 쿠지노프의 얼굴이 붉으락푸르락 열을 뿜었다. 게오르기제는 입수염을 비틀면서 매부리코 언저리를 씰룩거렸다.

"정 그러시다면 이만 실례하겠소. 하지만 사령관님, 당신은 좀 지나치시군요. 그렇게 큰 소리로 협박을 할 게 아니라 좀더 온건하게 얘기할 수도 있지 않소. 우리 마을 노인들의 부탁을 전해 주고 또한 당신들의 대답을 듣고 돌아갈 작정으로 온 사람한테 너무 심하지 않습니까? 빨갱이놈들이 악을 쓰고 흰 놈들이 악을 쓰더니 이젠 당신까지 악을 쓰고 있으니……이놈이나 저놈이나 자기의 권력이나 자랑하고 남이 싫어하는 것만 골라서 하려 든단 말이야. 정말 농사꾼이란 더러운 개가 핥은 것처럼 비참하다니까!"

치를 떨면서 카자흐는 방한모를 깊이 눌러 쓰고 조용히 문을 여닫았다. 그러나 복도로 나가자 분을 참지 못하고 바깥 문을 부서져라 쾅! 닫았다.

"냉큼 꺼져, 거지 같은 자식!"

쿠지노프는 벨트를 만지작거리면서 어느새 기분이 좋아져 웃음을 띠고 있었다.

"17년의 봄이었지. 한 카자흐 마을에 갔는데, 마침 부활제 무렵이라 밭을 갈고 있더구면. 밭갈이를 하던 사람은 자유민 카자흐였는데 그 자유 때문에 놈들은 머리가 돌아버린 거야. 길바닥까지 모조리 갈았잖겠소. 토지가 적으니까 그런다는 거야! 토킨 부락에서 길바닥을 갈고 있는 한 사람을 불러세우자 마차 옆으로 다가오더군. '너, 뭣하는 놈이야. 왜 길바닥을 파헤치는 거냐?' 그러자 놈이 벌벌 떨면서 '다시는 안 그러겠습니다요. 본래대로 고쳐 놓을까요?' 이러잖아. 이런 식으로 두세 명을 혼냈지. 그라쵸프 부락 경계에서도 도로가 파헤쳐져 있잖아. 한 넋나간 자식이 그 길바닥에서 가래질을 하고 있는 거야. '이봐, 잠깐 나 좀 보지' 소리쳤더니 옆으로 다가오더군. '네 놈이 도로를 경작지로 만들 권리라도 갖고 있냐?' 그러자 놈이 나를 무섭게 흘겨보는 거야. 힘깨나 쓰는 놈 같았어. 눈도 부리부리하고. 내 얼굴을 보더니 잠자코 등을 돌려—소 쪽으로 달려가더군. 그리고 멍에에서 물림쇠를 뽑아들고 다시 내 쪽으로 달려왔지. 마차의 흙받이를 붙잡고 발판에 기어올라 날보고 이러는 거야. '넌 대체 어떤 놈이냐. 언제까지 우리의 피를 빨아먹을 작정이야? 대갈통이 두 조각 나봐야 알겠어?' 정말로 물림쇠를 내리칠 기세였지. 내가 '왜 이래, 이반, 농담했을 뿐인데' 했더니 '난 이제 이반이 아냐. 이반 오시푸이치라구. 버릇없이 군 죄로 네놈 콧등을 때려줄까부다!' 이런 식이었어. 거짓말 같은 얘기지만, 가까스로 도망쳐 왔다구. 방금 찾아온 그 놈도 그런 자들과 똑같아. 자기네 세상이 돌아온 줄 알고 날뛰는 꼴이라니……"

쿠지노프는 벽을 두들기며 소리쳐 불렀다.
"사포노프!"
그리고 그리고리를 돌아보았다.
"자네도 여기 함께 있어 줘. 서로 의논할 일이 있네. 다행히 동지 게오르기제가 보첸스카야에 남아 있으니 우릴 보좌해 줄 걸세. 중령으로 육군대학을 졸업한 어른이야."
"어째서 당신은 보첸스카야에 남아 있나요?"
그리고리는 가슴이 섬뜩해졌으나 조심스럽게 물었다.
"티푸스 때문입니다. 북부 전전에서 철퇴 할 때 난 두드레프스키 부락에 남겨졌지요."
"어느 부대였나요?"
"나 말인가요? 난 부대 소속의 장교가 아닙니다. 독립 부대의 참모부 소속이었지요."
"그러면 혹시 시트니코프 장군의?"

"아니오……"

그리고리는 더 묻고 싶었으나 갑자기 굳어버린 게오르기제 중령의 표정에서 자신의 질문이 몹시 무례했음을 읽을 수 있었다. 그리고리는 더이상 묻지 않았다.

이윽고 참모장 사포노프와 제4사단장 콘도라트 메드베제프와 얼굴이 붉고 이가 하얀 보가투일료프 소위—제6 독립 여단장—가 들어왔다. 회의가 시작되었다. 루지노프는 각 방면에서 온 보고에 따라 전선의 상황을 요약해서 설명했다. 첫번째로 중령이 발언을 요청했다. 탁자 위에 천천히 지도를 펼치고 사투리를 조금 섞은 말로 자신있게 입을 열었다.

"나는 무엇보다도 제3사단 및 제4사단 예비대 1부를 멜레호프 사단과 보가투일료프여단이 점거한 지구로 파송하는 것이 절대로 필요하다고 생각합니다. 특무기관에서 온 정보와 포로 심문에서 얻은 자료에 의하면 적군사령부는 의심할 여지없이 카멘카—카르긴스카야—보코프스카야 세 지구에 있어서 일대 공격을 준비하고 있음이 분명합니다. 탈주병 및 포로의 말을 듣자니까, 제9적위군 사령부는 제12사단 소속 기병 2개 연대와 포병 3개 중대 및 약간의 기관총대를 포함한 견제 부대 5개를 오브리비 및 모로조프스카야에서 출발시킨 게 확실합니다—그러면 이로 인하여 적은 5500의 병력이 증가된 셈이오. 따라서 양적 우위는 적측에 있다고 봐야 합니다. 그리고 장비에 있어서도 적이 우월함은 말할 나위조차 없겠지요."

창틀에서 십자로 끊어진 해바라기꽃처럼 노란 태양이 남쪽에서 방안을 들여다보고 있었다. 담배의 푸른 연기가 꼼짝도 않고 천장 밑에 잠겨 있었다. 축축한 장화의 코를 찌르는 악취와 씁쓸한 담배냄새가 뒤섞여 있었다. 천장 어딘가에서 담배연기에 시달림을 받은 파리가 몸부림치며 신음소리를 질러댔다. 그리고리는 꾸벅꾸벅 졸다가 가끔 창 밖으로 눈을 돌렸다—그는 이틀 밤을 꼬박 새웠다. 납덩이 같은 눈꺼풀이 부어오르고 방 안의 후덥지근한 열기가 졸음을 불러 몸 속으로 파고들었다. 술에 취한 것 같은 피로가 의지와 지각을 둔화시켰다. 창 밖에서는 땅바닥을 기어다니고 있던 봄바람이 갑자기 치솟아올라 춤을 추면서 날아갔다. 바즈키 언덕 꼭대기에는 잔설이 장미빛으로 반짝였다. 돈 너머의 포플라 가로수 나뭇가지가 바람에 몹시 흔들렸는데, 그리고리에게는 그 소리가 바로 옆에서 들리는 것 같았다.

또렷하고 압도하는 듯한 중령의 목소리가 그리고리의 주의를 잡아끌었다. 그리고리는 긴장하며 귀를 기울였다. 그러자 어느새 졸음은 깨끗이 사라져 버렸다.

"……제1사단의 정면에 있는 적의 공세가 약화되었다는 것, 적이 메시코프스카야—미그린스카야의 선을 공격하려고 집요하게 시도하고 있다는 것, 이 사실은 우리에게 경각심을 불러일으키고 있소. 나는 이렇게 생각합니다……"

중령은 '타바리시치(동지 제군)' 라는 말을 되풀이하더니 이번에는 여자처럼 하얗고 투명한 손으로 분개하는 몸짓을 하면서 소리를 높였다.

"즉 쿠지노프 사령관은 사포노프의 지지를 받는 데에 있어 너무나 큰 실책을 저지르고 있습니다. 적군의 책략을 액면 그대로 받아들이고 멜레호프 군의 점거지구를 약체화하고 있다는 것이 바로 그 점입니다. 말도 안 되는 소리요. 제군! 이런 일은 전술상의 기초가 아닙니까? 공격을 가하기 위해 적의 병력을 옆구리로 끌어들인다……이겁니다."

"그렇지만 멜레호프에게 예비 연대는 필요하지 않을 것이오."

쿠지노프가 가로막았다.

"오히려 그 반대요! 우리가 돌파당할 경우, 그것을 막을 수 있도록 제3사단 예비군 일부를 옆에 두어야만 합니다."

"쿠치노프는 내가 예비대를 인도할지 어떨지를 듣고 싶지 않은 것 같군요. 하지만 난 내줄 수 없소. 1개 중대라도 내주지 않을 것이오!"

흥분한 그리고리가 입을 열었다.

"자네 그러면 못써……"

사포노프가 노란 입수염을 쓰다듬으면서 길게 늘인 소리로 말했다.

"자네고 나발이고 듣기 싫어! 내주지 않아! 얘기는 그걸로 끝내!"

"작전 관계로……"

"나에게 작전 관계를 강의할 생각은 하지 마, 내 지구와 내 부하에 대해서는 내가 책임질 테니까."

느닷없이 발생한 입씨름을 게오르기제 중령이 매듭지었다. 그의 손에 쥐어진 붉은 연필이 위험에 처해 있는 지구를 점선으로 표시했다. 그러자 회의에 참석한 사람들의 머리는 지도 위로 모아졌다. 그때 모두는 적군 사령부가 우려한 공세가 실제로 일어날 수 있는 지점은 도네츠이고 연락을 취함에 있어서도 유리한 지점이 남부지구임을 분명히 알게 되었다.

 회의는 한 시간 뒤에 끝났다. 음흉한 얼굴을 한, 보기에도 이리 같은 인상을 주는 콘드라트 메드베제프는 겨우 읽고 쓰기를 할 정도였는데, 회의중 내내 침묵을 지키고 있다가 마지막에 가서 눈을 치뜨고 모두를 돌아보면서 말했다.

 "멜레호프를 돕는 건 좋아요. 인원이 남아 있으니까. 다만 이 점을 생각해야 한다 이 말이오. 우리가 만약 사방에서 목이 졸릴 땐 어떻게 할 참이오? 어디다 몸을 숨겨야 하느냐 이 말이오. 난 독 안에 든 쥐가 되고 싶지는 않소. 마치 범이 황량한 섬 같은 데에서 홍수를 만난 격이 아니고 뭐요."

 "뱀이라면 헤엄이라도 쳐 가지만 우리 헤엄쳐 간다 해도 자리잡을 곳이 있어야 할 게 아닌가!"

 보가투일료프가 큰 소리로 웃었다.

 그러자 쿠지노프가 말했다.

 "우리도 그 점을 생각해 봤소. 어쩔 수 없지 않나. 막다른 골목으로 들어간다면 무기를 들지 못하는 자는 모두 팽개치는 수밖에 없소. 가족도 팽개쳐야 해. 그런 다음에 도네츠로 혈로를 열어야 해요. 우리의 병력은 자그마치 3만이나 되지 않소."

 "그렇게 했다가 카데트들이 받아 주지 않는다면? 놈들은 상류의 돈 카자흐에게 적의를 갖고 있어요."

 "암탉은 아직 둥지에 앉아 있는데 벌써부터 병아리 얘기요······뭣 때문에 왈가불가 하고 있소!"

 그리고리는 모자를 쓰고 복도로 나갔다. 지도를 말면서 답변하고 있는 게 오르기제의 음성이 문 너머로 들려 왔다.

 "뵤센스카야의 카자흐들과 반란군들이 더욱더 용감하게 볼셰비키와 싸운다면 그것으로 돈과 러시아에 대한 속죄가 될 것이오······"

 '저런 말을 천연스레 떠들고 있지만 속으로는 코웃음을 치고 있을 거야, 똥이나 처먹어라!' 목소리의 울림을 귀담아들으면서 그리고리는 생각했다. 그리고 다시, 돌연히 뵤센스카야에 나타난 이 장교에게 처음 만났을 때와 같은 뭔지 모르게 불안한 적의 같은 게 느껴지는 것이었다.

사령부 옆에서 쿠지노프가 그를 불러세웠다. 잠시 동안 두 사람은 말없이 걸었다. 군데군데 말똥이 떨어져 있는 광장에는 바람이 물 웅덩이를 휘젓고 잔물결을 일으켰다. 황혼이 다가왔다. 둥글게 부풀어오른 여름철 구름 같은 새하얀 뭉게구름이 천천히 백조처럼 남쪽 하늘에서 떠밀려왔다. 얼음이 녹은 대지의 축축한 향기가 싱싱하고 강한 냄새를 풍기고 있었다. 생울타리 위에는 구름으로부터 해방된 풀이 푸르스름한 빛을 머금고 있었다. 그리고 이제 정말로 돈 너머의 강바람은 마음을 울렁거리게 하는 포플라 잎새의 술렁거리는 소리를 실어나르고 있었다.

"얼마 안 있으면 돈강에 물이 넘치겠군."

가끔 기침을 하면서 쿠지노프가 말했다.

"그렇겠지요."

"어떻게 될지……담배도 피울 수 없게 될 모양이야. 싸구려 담배 한 갑이 케렌스키 지폐로 40루블리나 하니."

"한 가지만 알려 줄 수 없겠소?"

그리고리가 얼굴을 들고 날카롭게 물었다.

"그 체르케스인 장교 말이오. 그 자는 무슨 일을 맡고 있나요?"

"게오르기제 말인가? 작전 부장인데 머리가 좋아. 대단한 놈이라구! 그 남자가 계획을 세우고 있지. 전술에 대해선 단연 뛰어난 사람이야."

"그자는 언제나 뵤셴스카야에 있습니까?"

"아니……임시로 체르노프스키 연대나 장비대 지휘도 시키고 있지."

"근무 성적은 어떻소?"

"그게 말이야, 그는 늘상 먼 곳으로만 나다니지. 거의 매일같이."

"왜 뵤셴스카야에 눌러 있지 않지요?"

의문을 풀기 위해 그리고리는 다시 물었다.

쿠지노프는 기침을 잇따라 하고 손바닥으로 입을 막으면서 대답했다.

"카자흐들의 코앞에서는 일이 잘 안 된다는 거야. 놈들의 근성은 자네도 알지 않나? '저봐, 장교놈들은 편안히 앉아서 잔소리나 늘어놓으며 우리에게만 싸움터로 나가라고 하니……' 이런 식이니 말일세."

"그자하고 비슷한 놈이 다른 부대에도 있습니까?"

"카잔스카야에 두셋쯤……이봐, 그리샤, 신경쓸 거 없어. 자네가 뭘 노리고 있는지 난 알아. 우린 카데트 이외에는 몸둘 데가 없어. 그렇잖아? 혹시 자넨 마을에다가 공화국을 만들 생각은 아니겠지? 이렇게 되면 어쩔 수가 없어……손을 잡는 거야. '잘못했습니다' 머리를 숙이고 크라스노프한테 가는 수밖에 없어. '나무라지 마십시오, 페트르 미콜라이치. 우린 잠깐 길을 잘못 밟은 것뿐입니다, 전선을 버렸으니' 하는 걸세."
"길을 잘못 밟았다고?"
그리고리는 되물었다.
"그럴 수밖에 없잖은가?"
이상하다는 얼굴로 쿠디노프는 주의깊게 웅덩이를 피해서 걸어갔다.
"내 생각으로는……"
애써 미소를 띠었지만 그리고리의 얼굴은 어두웠다. "오히려 반란을 일으켰을 때, 우리는 길을 잘못 밟았다는 생각이 들었소. 호표르에서 온 전령의 말, 못 들었소?"
쿠지노프는 살피듯이 그리고리를 들여다보고는 입을 다물었다.
광장 너머 네거리에서 두 사람은 헤어졌다. 쿠지노프는 학교 옆을 지나 숙소 쪽으로 걸어갔다. 그리고리는 사령부로 되돌아가서 말 당번을 맡고 있는 전령을 눈짓으로 불러 냈다. 안장 위에 오른 그는 천천히 고삐를 조정하면서 본부에서 만났던 그 중령에 대해 까닭모를 적의와 경계심을 품었던 일을 되새기고 그때의 심정을 스스로에게 이해시키려고 애썼다. 그러다가 갑자기 깜짝 놀란 듯이 한 생각이 떠올랐다. '만약 카데트가 우리를 적위군의 배후에서 일어서게 하려고, 그들 특유의 학자식으로 우리를 지휘하기 위해 일부러 우리에게 그자와 같은 인텔리를 은밀히 남겨 뒀다면?' 그러자 의식은 남의 불행을 기뻐하는 쪽으로 심술궂은 논거와 추측을 몰고 갔다. '어느 부대라는 것을 말하지 않았고, 난처해했어……참모 장교라고 했지만 참모부 따위는 이 지구를 통과한 적이 없었어…… 대체 무슨 일로 그자가 두드레프스키 같은 변방에 떨어졌을까? 아무래도 무슨 꿍꿍이속이 있는 것만 같다! 우리는 스스로의 일을 망쳐놓고 만 거다……' 그 같은 추측을 하면서 현실의 모습을 들춰내보이고, 쫓기듯이 슬픈 결론을 내렸다. '학자패들이 우리를 혼란시킨 거야……어르신네들이 우리를 어지럽혀 놓은 거야! 우리를 꼼짝 못하게 해놓고 우리를 앞잡이삼아 자기네들의 사업을 성취시키려 하고 있어.

아무도 믿을 놈이 없으니……'

돈강을 건넌 뒤부터는 구보로 바꾸었다. 등뒤로 전령병인 사람 좋은 병사, 오리샨스키 부락 출신의 용감한 카자흐가 따라오고 있었다. 그리고리는 자기의 명령이라면 '물불을 가리지 않는' 사람을 골라내어 대독전부터 훈련을 시켜온 그런 패들을 주변에 두었다. 전에 정찰병을 했던 전령병은 도중에 한마디도 말이 없었다. 토킨 부락 쪽으로 내려갈 때 비로소 그는 그리고리에게 말을 걸었다.

"서둘러야 할 필요는 없으니까 묵어 갑시다. 말이 너무 지쳤어요."

츄카린에서 하룻밤을 보냈다. 마구간과 헛간이 몸채에 한 동으로 연결된 초라한 농가였지만, 바람이 휘몰아치는 바깥에 비하면 따뜻하고 아늑하여 내 집에 있듯이 편안했다. 토방에는 송아지와 산양의 오줌냄새가 풍겨 왔고 페치카에서는 마치 캐비지 잎에 말아서 구운 듯한 딱딱한 빵냄새가 풍겼다. 그리고리는 반란군으로 세 아들과 남편을 내보낸 안주인의 질문에 대해 건성으로 대답했다. 그 여자는 보호자 같은 얼굴로 자기의 나이를 자랑삼아 강조하면서 수다를 떨었다. 그리고 처음부터 무례하게 그리고리에게 이렇게 말했다.

"당신은 머저리 같은 카자흐들에겐 우두머리이고 대장인지 모르지만 이 늙은이를 억누를 만한 힘은 없을걸. 내 아들과 마찬가지니까. 그러니 내가 묻는 말에 제대로 대꾸를 해주구료. 부탁이야. 하지만 당신은 하품이나 하고 이 할망구를 위로해 줄 생각은 눈꼽만치도 않는군그래. 그러지 말고 위로를 해달란 말이야. 지긋지긋한 전쟁통에 아들 셋에다 남편까지 내보낸 처지가 아니냐구. 당신은 지휘를 맡고 있다지만, 나는 그 아들을 낳아 주고 젖을 먹여서 키우고 그애들을 업고 다니면서 오이밭과 채소밭을 가꾸고 살아왔어. 자식들 때문에 얼마나 고생한 줄 아나. 그런 일이 그렇게 쉬운 일이 아니라구! 그러니 당신, 건성으로 대꾸하거나 잘난 듯이 뽐내지 마. 나한테 꼬박꼬박 대답을 해달라 이 말이야. 어때? 화해하겠나?"

"이제 그만 주무시도록 하슈!"

"저렇다니까? 그만 자라니? 당신이 나한테 자라마라 할 것까지는 없잖아. 난 이 집의 주인이야. 난 지금 가축우리로 가서 양과 산양새끼를 데리고 와야 해. 밤에는 가축우리에서 집 안으로 옮겨놔야 하거든. 아직 너무 어려서 말이야. 부활제까지는 화해할 참이야?"

"빨갱이를 내쫓으면 화해하지요."

"제발 말해 주구료." 노파는 앙상한 무릎위에 노동과 류머티스로 구부러진 두 손을 올려놓고 벚나무 껍질처럼 메마른 갈색 입술을 오물오물했다. "뭣 때문에 당신들은 그놈들과 어울려 다니나? 그리고 또 뭣 때문에 서로 싸움질을 하느냐구? 모두가 미치광이들 같다니까. 당신네들은 총을 쓰고 말을 몰고 으스대기를 좋아하는 모양인데, 나 같은 에미는 어쩌라는 게야? 이 늙은이의 자식들이 죽임을 당해도 괜찮다는 게야? 전쟁이니 뭐니 하면서 못된 짓만 일삼고 있으니……"

"그럼 우리는 사람의 자식이 아니고 개자식이란 말이오?"

노파의 수다에 잔뜩 화가 난 그리고리의 전령이 쉰 목소리로 대들었다.

"죽음과 늘 함께 지내고 있는 우리에게 '말을 타고 으스댄다'라니! 죽임을 당한 장본인보다 할머니가 더 못 견디겠다는 말투로군? 할머니는 하느님 덕택으로 흰 머리가 나도록 오래 살면서 무슨 그런 뚱딴지 같은 소리를 해댄단 말이오……남 잠도 못 자게 떠들기나 하고……"

"졸리거든 실컷 자면 될 거 아닌가! 이 못된 것! 뭣 때문에 그렇게 눈깔을 부릅뜨고 대들어, 대들긴! 이리처럼 잠자코 있는가 했더니 느닷없이 성질을 부리고 생난리를 치네!"

"이 할망구, 좀처럼 잠들지 않겠는데요, 그리고리 판테레에비치!"

수저를 던지듯 전령병은 한숨을 내쉬고, 담배에 부싯돌을 부딪치다가 너무 세게 쳐서인지 불꽃이 확 번졌다. 매케한 담배연기를 내뿜고 있는 동안에 전령병은 독설을 내뿜어 수다장이 안주인과의 입씨름에 못을 박았다.

"할머니는 마치 입부터 먼저 태어난 사람 같군! 만약 할아버지가 전장에서 죽음을 맞이했다면 그 경황에도 기쁨을 못 이겨 '이제야 속 시원하게 됐다. 할망구의 손아귀에서 벗어났으니……할망구야 잘 있어'라고 할 걸."

"천벌받을 소리 작작해!"

"제발 부탁이니 잠 좀 자게 내버려둬요. 우린 사흘 동안 한숨 못잤다우. 그만 주무슈. 죽을 때 성찬도 못 얻어먹을 테니!"

그리고리는 가까스로 두 사람을 떼어놓았다. 꾸벅꾸벅 잠 속으로 빠져들면서 그는 자기의 몸을 감싼 양피외투의 새콤달콤한 맛을 기분좋게 음미하고 있는데, 꿈결처럼 문소리가 들리고 냉기와 습기가 두 다리로 밀려옴을 느꼈다. 이윽고 귓전에서 새끼양이 소리를 빽 질렀다. 새끼양의 작은 발굽이 방바닥을 가늘게 흔들었다. 그리고 짚과 양유와 서리와 가축우리 냄새가 신선하게 파고들었다.

한밤중에 잠이 깼다. 한동안 그리고리는 눈을 뜬 채 누워 있었다. 덮개를 덮은 아궁이 속에서 오팔색으로 숯불이 타고 있었다. 새끼양들은 가장 따뜻한 곳에 몰려들었는데, 그것들이 이를 갈고 재치기를 하고 콧소리를 내는 바람에 밤의 정적이 깨지곤 했다. 멀리에서 둥근 달이 창을 들여다보았다. 토방에서는 노란 정방형의 광선 속에서 검은 새끼양이 뛰어오르기도 하고 뒷발질을 하기도 했다. 빛을 받고 진주처럼 반짝이는 먼지가 비스듬히 춤추고 있었다. 방 안을 햇빛 같은 노르스름한 푸른 빛이 비추었다. 페치카 위에서는 거울조각이 불꽃을 흩뿌렸다. 다만 상좌에 해당되는 한쪽 구석만이 어두컴컴하고 성상의 은빛 장식이 흐릿한 빛을 반사하고 있었다……다시금 그리고리의 마음속에는 뵤센스카야에서 있었던 회의와 호표르에서 온 전령에 대한 것이 되살아났다. 그리고 또한 그 중령의, 낯선 인텔리풍의 모습과 태도가 떠오르자 불쾌한 흥분에 휩싸였다. 양새끼 한 마리가 그리고리의 배 위로 올라와서 천진한 눈으로 들여다보며 귀를 꼼지락거렸다. 그러더니 대담하게 두세 차례 뛰어오르고 놀다가 딜이 난 다리를 좌우로 벌렸다. 가느다란 흐름이 소리를 내면서 양새끼의 몸에서 떨어져 나와 그리고리와 나란히 잠들어 있는 전령병의 내던져진 손바닥으로 흘러갔다. 전령병은 뭐라고 중얼중얼하며 바지에다 손을 문지르고 나서는 씁쓸한 얼굴로 머리를 흔들었다.

"오줌 아냐, 이거……빌어먹을!"

그러면서도 흐뭇한 듯이 양의 이마를 손톱으로 퉁겼다.

새끼양은 찢어질 듯한 비명을 지르며 모피외투 밑으로 뛰어내렸다. 이윽고 옆으로 다가와 오래도록 그리고리의 손을 꺼끌꺼끌하고 따뜻한 작은 혓바닥으로 핥아댔다.

39

타타르스키에서 퇴각한 뒤 슈토크만, 코셰보이, 이반 알렉세에비치, 그 밖에 민병으로서 군무에 임하고 있던 대여섯 명의 카자흐들은 제14 자 아무르 연대로 합류했다. 이 연대는 18년 초에 독일전선에서 돌아왔을 때 모든 연대가 적위군과 합류했는데, 1년 반 동안의 국내전에서도 주력을 그대로 유지했다. 자 아무르 연대의 병력은 장비도 갖추고 말을 잘 먹여 살을 찌우고 훈련 또한 게을리 하지 않았다. 이 연대는 전투 능력과 사기가 왕성하여 한층 더 돋보였다.

 반란 초기에 자 아무르 연대는 제1 모스크바 보병 연대의 엄호를 받고 우스치 메도베지차에의 혈로를 뚫으려했던 반란군 압력을 거의 한 손으로 지탱하고 있었다. 이윽고 지원군이 도착했다. 따라서 연대는 힘을 분산하지 않고도 크리바야강 철안의 우스치 호표르스카야 일부를 완전히 점령했다.

 3월 말경, 반란군은 우스치 호표르스카야의 일부 부락을 점령하고 에란스카야 마을의 유목민 부락에서 적위군을 몰아냈다. 일종의 힘의 균형이 생기자 거의 두 달 동안 전선은 고착 상태에 빠졌다. 우스치 호표르스카야를 사방으로 엄호하여 모스크바 연대 소속의 1대대는 포병의 응원을 받고 돈 근처의 쿨트프스키 부락을 점령했다. 쿨트프스키에서 남쪽에 접해 가로누워 있는 산맥 기슭의 탈곡장에서 적군 포병대가 위장을 하여 밤낮으로 우측 구릉에 밀집해 있는 반란군을 사격함으로써 모스크바 연대의 산병선을 엄호했다. 그런 다음에는 급회전하여 돈의 대안까지 뻗쳐 있는 에란스카야 부락에 포화를 퍼부었다. 불타오르는 산탄의 작은 구름이 빽빽이 들어차 있는 가옥 위로 높고 또는 낮게 피어 오르는가 싶으면 이내 사라져갔다. 유탄은 때때로 부락 안에 떨어져 가축이 놀라 울타리를 부수고 골목으로 튀어나갔고, 사람은 등을 구부리고 우왕좌왕했다. 그리고 때로는 구교도의 묘지를 넘어 물방앗간 근처 인적 없는 사구 위에서 불타올라 아직 완전히 녹지 않은 갈색 땅바닥에 먼지를 일으켰다.

 3월 15일, 슈토크만, 미시카 코셰보이, 이반 알렉세에비치는 츄보타료프 부락에서 우스치 호표르스카야로 향해 출발했다. 반란지구에서 탈출해 온 공산당원과 소비에트 근무자들이 의용군을 조직하려 한다는 정보를 들은 때문이었다. 그들을 마차로 실어다 준 구교도인 카자흐는 마치 어린애처럼 천진스런 장미빛 얼굴이어서 슈토크만조차도 그 남자를 바라보면서 미소를 머금었을 정도였다. 그 카자흐는 젊은 나이인데도 턱수염이 엄청나게 무성했고 그 속의 성성한 장미빛 입술은 수박 속처럼 붉었다. 눈가에는 복숭아털이 금빛으로 반짝거렸다. 곱실거리는 턱수염 때문인지 아니면 혈색 좋은 볼 때문인지 두 눈이 유별나게 투명한 푸른 빛으로 빛나 보였다.
　미시카는 도중 내내 콧노래를 불렀다. 이반 알렉세에비치는 마차 뒤쪽에서 소총을 무릎 위에 올려놓고 앉아 얼굴을 잔뜩 찌푸리고 있었다. 슈토크만은 마부와 세상 돌아가는 얘기를 주고받았다.
　"몸은 괜찮나, 동지?"
　슈토크만이 물었다.
　힘과 젊음으로 터질 듯한 구교도는 양피 반코트의 앞자락을 펼치면서 씩 웃었다.
　"덕택으로 무척 건강합니다요. 하기야 병이 날 까닭이 없지만서도……오래 전에 담배를 끊었고 보드카는 적당량만 마시고 어릴 때부터 밀가루빵만 먹어온 걸입쇼. 이러니 병이 날 틈새가 있겠습니까?"
　"그렇겠군. 그럼, 군대에 나간 적은?"
　"잠시 군인 노릇을 한 셈입지요. 카데트한테 붙잡히는 바람에……"
　"어째서 백위군과 함께 도네츠 쪽으로 가지 않았나?"
　"동지께선 별 말씀을 다 하시는군요!"
　말 털 고삐를 내던지며 그는 화를 내듯이 장갑을 벗고 입을 닦았다.
　"내가 뭣 때문에 그런 곳에 간단 말이오? 새 노래를 배우려고요? 만약 놈들이 억지로 나를 끌고 가지 않았다면 난 카데트 편을 들지 않았다구요. 당신들의 정부는 공평해요. 다만 잘못을 조금 저지르긴 했지만……"
　"그게 무슨 뜻인가?"
　슈토크만은 담배를 말아서 불을 붙이고 한참 대답을 기다렸다.
　가자흐는 뒤돌아보고 말했다.
　"뭣 때문에 담배를 피우시오? 보시라구요. 사방에 봄 공기가 가득 차 있는데 당신은 매캐한 연기로 가슴을 더럽힐 셈이오…… 그럼, 무슨 잘못을 저질렀는지를 얘기하겠소. 당신들은 카자흐를 억누르기만 했어요. 그런 짓만 하지 않았더라도 당신들의 정부는 쓰러지지 않았을 거요. 당신들 중에는 머저리들이 많다구요. 반란이 일어난 것도 그 때문이라구요."
　"무슨 얘기지? 그러니까 우리가 멍청한 짓을 많이 했다. 이거냐? 그렇지?"

"총살을 했지 않소? 오늘은 이놈, 내일은 저놈, 이런 식으로 말이오. 누가 편안히 앉아 자기 차례를 기다린단 말이오? 소가 도살장으로 끌려가면 짐승일지라도 목을 흔든다구요. 저길 보슈. 저 브카노프스카야 마을 말이오 …… 저 마을의 교회, 보이지요? …… 거기에 부대와 함께 마르킨이라는 코밋살이 있다는데, 그놈이 제대로 인민을 공평하게 다루고 있는 줄 아슈? 그 얘기를 해드릴까요? 각 부락에서 몽땅 끌어 모아다가 숲속으로 끌고 가서 총살을 하고 입은 옷까지 벗겨 갈 뿐 아니라 시체마저도 부모 형제의 손에다 맡기지 않는대요. 게다가 더 기가 막힌 건 놈들이 명예 판사로 뽑혔다는 사실이오. 도대체 어떻게 그놈들이 판사님이 될 수가 있느냐 말이오. 간신히 제 이름자나 쓸 줄 아는 놈들은 그래도 양반이오. 글자라곤 한 자도 모르는 놈이 수두룩하지요. 그따위 것들을 판사라고 할 수 있겠소? 그만 놈들의 주둥아리에서 어떤 심문이 튀어 나오겠소. 게다가 마르킨이란 자는 하느님처럼 남의 목숨을 제멋대로 굴린다 그 말이오. 언젠가 리뇨크라는 늙은이가 탈곡장에서 말을 데려오려고 재갈을 들고 광장을 지나갔습죠. 그런데 어린애들이 장난을 하느라고 '마르킨이 할아버지를 부르고 있어요' 해서 리뇨크는 모자부터 벗어들고 마르킨을 찾아가 '부르셨습니까요' 말하자 마르킨은 두 손을 옆구리에 대고 이랬다는군요. '불 속에 뛰어든 여름벌레라더니 바로 네놈을 두고 한 말이로군. 어쨌든 좋다. 이봐, 이자를 체포해라! 제3종으로 해치워.' 이래서 노인은 붙잡혀 숲속으로 끌려갔대요. 집에서 할머니가 아무리 기다려도 와야 말이지. 그러니까 노인은 재갈을 선물로 들고 천국으로 가버렸다 이 말이라구요. 그리고 또 한 사람은 안드레야노프스키 부락의 미트로판이라는 늙은인데 마르킨이 한길에서 그 노인을 불러세워서는 '넌 어디서 온 놈이냐?' 고함부터 지르고 '이 자식이 여우꼬리처럼 수염을 길렀군 그래. 마치 니콜라이 성인하고 똑 닮았는데, 우린 너같은 돼지를 삶아 비누를 만들지! 이자를 제3종으로 해치워라!' 이 할아버지는 공교롭게 빗자루 같은 수염을 갖고 있었다구요. 재수없게 하필 마르킨을 만나 총살을 당할 게 뭡니까? 이게 인민을 멍청이로 취급한 게 아니고 뭐겠소?"

코셰보이는 어느새 콧노래를 멈추었는데 끝내 화를 참지 못하고 소리를 버럭 질렀다.

"서툰 거짓말 집어치워!"

"서툰 거짓말이라고? 제대로 알기나 하고 그따위 소릴 지껄이슈."
"그럼, 네 눈깔로 보았단 말이냐?"
"모두가 그랬다구요."
"모두라니? 모두가 팥으로 메주를 쑨다면 곧이들을 참이냐? 어디서 엉터리 같은 애기를 듣고 와서 계집애처럼 수다를 떨어, 떨긴!"
"그 노인들은 얌전한 사람들이었다구요……"
"닥쳐! 얌전하다구!"
코셰보이는 화내며 상대방의 말을 되물었다.
"얌전한 늙은이들이 반란을 일으킬 준비를 하고 있었는지 누가 알아? 집에다 기관총을 숨겨 뒀을지도 모르고……그런데 네 애기를 듣자니까 수염 때문에, 농담 때문에 총살을 당했다고 하는데……그렇담 넌 어째서 수염이 있는데 총살을 당하지 않았지? 네놈의 수염도 늙은 산양처럼 넓이가 보통은 아닌데!"
"내가 알 게 뭐요!"
당황한 구교도는 입속으로 중얼거렸다.
그는 썰매에서 뛰어내려 눈이 녹아 질벅거리는 도로 한쪽으로 걸어나갔다.
스텝 위에는 태양이 부드럽게 비추었다. 파랗게 갠 하늘은 사방으로 언덕과 고개를 포근히 품고 있었다. 미풍의 숨결 속에서 봄이 가까운 향내가 풍겨 왔다. 동쪽으로 지그재그로 높낮이가 있는 돈 주변의 산너머에 보랏빛 아지랑이에 쌓인 우스치 메도베지차의 산봉우리가 한층 더 높게 보였다. 저 먼 곳, 지평선에 접해 있는 새하얀 뭉게구름이 물결모양의 지붕처럼 대지를 덮으면서 흘러가고 있었다.
마부는 썰매에 올라앉아 험악한 표정을 띤 얼굴을 돌리고 다시 지껄였다.
"내 할아버지는 108세나 된 노인으로 아직 정정하신데 나에게 이런 말을 하신 적이 있지요. 내 할아버지도 그의 할아버지들에게 들었지만, 표트르 대제가 파견힌 힌 공작이 이 돈 상류에 왔었다는 겁니다. 도린노르코프라든가 도르고르코프라든가, 아무튼 그 공작이란 자가 보로네지에서 군대를 이끌고 왔는데 카자흐들이 공작의 명령을 듣지 않고 황제에 반대한다고 해서 카자흐 마을을 닥치는 대로 때려부쉈답니다. 카자흐들은 붙잡혀갔고, 코를 잘리기도 하고, 또 통나무에 실려 돈강으로 떠내려갔대요."
"무슨 속셈으로 그따위 소리를 지껄이지?"
카자흐를 경계하는 눈초리로 코셰보이가 물었다.
"그거야…… 황제일지라도 그자한테 그런 권리는 주지 않았을 거 아니오. 브카노프스카야의 코밋살도 마찬가지라구요. 그자가 이런 말을 지껄이던걸요. '우린 네놈들 같은 짐승들이 평생 잊을 수 없을 만큼 혼찌검을 내줄 테다.' 마을 전체가 모인 브카노프스카야 광장 집회에서도 그렇게 소리를 질렀다구요. 그렇지만 소비에트 정부가 그자에게 그런 권리를 준 건 아니지 않소? 말도 안 되는 소리라구! 모두가 똑같이 머리를 짧게 깎으라는 명령은 안 될 소리요. 카자흐도 모두 개성이 있으니까……"
슈토크만의 안면 근육이 바짝 죄어들었다.
"난 네가 한 소리를 다 들었어. 그러니 이번엔 네가 내 말을 들어야겠어."
"그러믄요. 혹시 내가 깊이 생각도 안 해보고 잘못된 얘기를 했는지 모르지만, 그렇다면 용서하슈."
"괜찮아, 괜찮다니까…… 그런데 말이야, 자네가 말한 코밋살에 관한 얘기 말일세, 아무래도 믿어지지 않아. 난 그걸 확인할 참이야. 만약 그게 어김없는 사실이라면 그자를 가만두지 않을 테다!"
"글쎄, 곧이들리지 않는걸!"
"틀림없네! 자네 부락에 전선을 깔았을 때 일인데, 한 카자흐 여자 물건을 약탈했다고 해서 적위병이 적위군한테 총살당한 적은 없었나? 난 그런 얘기를 자네 부락 사람에게서 들은 적이 있어."
"맞아요. 페르피리에브나네 집 궤짝 속을 휘저었지요. 그런 일이 있긴 있었어요! ……엄격하던걸. 정말이지, 당신이 말한 그대로였소. 탈곡장 뒤에서 죽임을 당했지. 우린 그때 그 시체를 묻을 장소를 의논했었소. 한편에서는 묘지에다 묻으라고 하고 다른 한편에서는 소중한 장소를 더럽힌다고 했지. 결국 그자는 가엾게도 탈곡장 근처에 묻혔지만……"
"분명히 그런 사건이 있었다고 했겠다?"
슈토크만은 성급하게 담배를 말았다.
"있었고말고요. 그건 틀림없소."
카자흐는 신이 나서 동의했다.

"그럼, 어째서 우리가 코밋살의 죄를 확인하고도 벌주지 못할 거라고 생각하나?"

"글쎄 그건! 당신들 중에 그놈보다 높은 사람은 없지 않소. 이쪽은 아랫사람이고 그쪽은 코밋살이니까."

"그렇기 때문에 더더욱 엄격하게 책임 추궁을 받아야 한다, 이 말이야! 알겠나? 소비에트 정부는 다만 적을 물리칠 뿐이야. 근로 인민을 부단하게 모욕하는 자가 소비에트 정권의 대표자라고 한다면 우리는 용서 없이 처벌한다."

미끄럼틀이 삐걱거리는 소리와 첨벙거리는 말발굽소리 외에는 어느것 한 가지도 흐트려 놓는 것이 없는 3월 대낮의 정적을 깨뜨리는 포성이 사태난 굉음처럼 울리기 시작했다. 첫번째 포성에 이어서 똑같은 간격을 두고 3발이 이어졌다. 포병대가 쿨트프스키에서 다시 왼쪽 강가를 포격하기 시작한 것이었다.

썰매 위에서의 대화는 자연 끊기었다. 포성은 힘찬, 귀에 선 소리로 다가와 이른 봄의 노곤한 졸음 속에 빠져 있던 광야의 매혹스러움을 부숴놓았다. 말마저도 한결 걸음의 폭을 넓히고 규칙적인 구보를 내딛으면서 가끔 귀를 쫑긋거렸다.

게트만스키 길가로 나갔다. 그러자 군데군데에 눈이 녹은 노란 모래땅과 광대한 돈의 평야가 썰매를 탄 사람들의 눈앞에 펼쳐졌다.

우스치 호표르스카야에서 마부는 모스크바 연대 본부와 인접해 있는 혁명 위원회 건물 앞에 썰매를 정지시켰다.

슈토크만은 주머니를 휘저어 속에서 40루블리의 케렌스키 지폐를 꺼내어 카자흐에게 주었다. 상대방은 젖은 입수염 아래로 노란 이를 드러내고 가득 웃음을 띠면서 받기를 꺼려했다.

"뭘요, 동지, 미안해서 어쩌죠? 돈 같은 거 받지 않으려고 했는데……"

"그러지 말고 받아 둬. 자네 품삯이니. 하지만 자네, 정부를 의심해선 안 돼. 잘 기억해 둬. 우린 노동자와 농민의 정부를 목표 삼아 싸우고 있네. 또 한 가지 자네들에게 반란을 충동질하는 자는 자네들의 적이야. 부농이나 아타만, 그리고 사관들이라구. 놈들이 반란의 근원이야. 따라서 만약 우리 가운데 누군가가 우리와 똑같은 신념을 갖고 혁명을 지지하고 있는 근로자 카자흐를 부당하게 모욕했다면, 그에 대해 마땅한 심판을 내린다는 걸 알고 있어야 하네."

"이런 속담, 당신도 알고 있겠지요, 타바리시치. 하느님은 너무 높이 있고 황제는 너무 멀리 있다라는. 당신네 황제만 해도 먼 데 있지 않소. 강한 자하고는 싸우지 말라, 부자하고는 재판을 걸지 말라고. 하지만 당신네는 힘도 세고 돈도 있지 않소."

그러고는 이를 드러내고 말을 이었다.

"조금 전만 해도 그래요. 당신은 40루블리를 가볍게 던져 줬지만 이 정도 노력의 댓가라면 기껏해야 5루블리면 충분해요. 어쨌든 미안하게 됐소!"

"그건 자네가 얘기를 들려 준 값이야."

바지를 치켜올리고 썰매 밖으로 뛰어내린 코셰보이가 싱글거리면서 말했다.

"그리고 또 자네의 그 잘난 턱수염을 구경한 댓가이기도 하지. 이봐, 이 엉터리 같은 자식아, 네놈이 누구를 태우고 왔는지 알기나 해? 적위군의 장군님이야."

"그래요?"

"'그래요'라니! 어쩔 수 없는 놈인 것만은 틀림없군. 썩 사라져!"

참모부의 마당에서 털이 긴 시베리아 말을 탄 적위병 기병 척후가 뛰어나왔다.

"어디서 온 썰매요?"

그는 고삐를 죄고 말을 끌고 가면서 소리쳤다.

"자네야말로 어떻게 된 거야?"

슈토크만이 물었다.

"쿨트프스키까지 탄약을 싣고 가야 해."

"동지, 이 썰매는 지금 되돌려 보내려던 참이야."

"자넨 대체 누구야?"

젊은 미남인 적위병은 곧바로 말을 몰아 다가왔다.

"우린 자 아무르 연대에서 왔는데, 이 썰매는 돌려보내야 한다니까."

"아……그래, 알았어. 돌려보내도록 하겠네."

40

조사한 결과 우스치 호포르스카야에서는 의용군 같은 것이 전혀 조직되어 있지 않음이 분명해졌다. 하나 조직된 것이 있는데 그것도 우스치 호포르스카야에서가 아니고 브카노프스카야에서였다. 그 의용대를 조직한 것은 제9 적위군이 호표르 마을의 하류 지대로 파견한 코밋살 마르킨, 즉 오는 도중 내내 구교도 카자흐가 얘기했던 그 장본인이었다. 에란스카야, 브카노프스카야, 스라시쵸프스카야, 쿠므일젠스카야의 공산당원 및 소비에트 근무자들은 적위군의 보충을 받아 상당히 유력한 부대로 구성해 놓았다. 그 수는 보병 200여, 거기에 수십 명의 기병 척후가 합쳐졌다. 의용군은 곧장 브카노프카야에 진을 치고, 모스크바 연대 소속의 1중대와 협력하여 반란군을 막았다. 반란군은 에란카강과 지모브나야강의 상류 지역에서 공격을 시도하고 있었다.

전에 간부장교였던 까다롭고 신경질적인 참모장과 모스크바의 미헤리손 공장의 노동자였던 코밋살과 의논 끝에 슈토크만은 이 연대의 제2대대로 들어가 우스치 호포르스카야에 남아 있기로 결정했다. 각반 다발과 전선 뭉치와 그 밖의 군수품이 산더미처럼 쌓인 자그마한 방에서 슈토크만은 오래도록 코밋살과 얘기를 나누었다.

"실은,"

급성맹장염의 발작에 시달려 얼굴이 노랗고 등이 우람한 코밋살이 느린 어조로 말했다.

"여기는 기구가 복잡해. 우리 병사들은 모스크바와 리야잔 출신이 대부분이고 니제고로드 출신자 몇 사람이 믿음직해. 또 노동자가 많아, 그런데 제14사단 소속의 기병대가 있었는데, 그녀석이 행동이 느려 일을 더디게 했다구. 그녀석을 이번에 우스치 메도베지차로 송환하지 않으면 안되었어……자넨 여기에 남아 있게. 일은 많으니까. 주민들한테 공작도 펴야 하고 또 알아듣게끔 설명도 해줘야 해. 물론 자넨 알고 있겠지만……여기 카자흐는……여기선 각별히 경계하지 않으면 안 되네."

"이미 자네보다 더 잘 알고 있네."

코밋살의 공치사 같은 말투에 쓴웃음을 지으면서 슈토크만이 말했다.

"한 가지 자네한테 물어 볼 게 있는데, 브카노프스카야의 코밋살은 대체 어떤 작자야!"

코밋살은 짧게 깎은 회색 솔 같은 입수염을 쓰다듬고 푸른 기가 도는 눈두덩을 가끔씩 들어올리면서 힘없이 대답했다.

"그 사람은 한때 저쪽에서 약효가 지나쳤지, 사람은 좋으나 특별히 정세를 잘 알고 있는 편은 아닐세. 하지만 나무를 자르면 나뭇잎이 튄다는 속담도 있으니까……지금 그 사내는 마을 사람들을 러시아의 오지로 끌어가고 있다네……자네, 경리부장한테 가보게. 자네들에게도 급여를 줄 걸세."

코밋살은 고통스레 얼굴을 찌푸리고 기름으로 더럽혀진 바지를 손바닥으로 문지르면서 말했다.

이튿날 아침 제2대대는 비상 소집으로 '무장을 갖추고' 집합했다. 점호를 마치고 나서 대대는 행군대형으로 쿨트프스키 부락을 향해 출발했다.

4열 종대의 같은 열에 슈토크만, 코셰보이, 이반 알렉세에비치가 나란히 나아갔다.

쿨트프스키에서 돈의 대안 쪽으로 기마 척후가 파견되었다. 그 뒤에서 중대로 돈을 건너갔다. 말똥이 뒹구는 도로에는 여기저기에 물웅덩이가 생겨 있었다. 돈의 얼음은 거품을 머금은 부드러운 청색으로 투명했다. 때로 넘친 물줄기가 군데군데 널린 채소밭 울타리를 넘어 밀려가고 있었다. 후방에서는 산 위에서 포병대가 에란스키 부락 너머에 보이는 포플라 가로수를 향해서 잇따라 포화를 퍼붓고 있었다. 대위는 카자흐가 내팽개친 에란스키 부락을 통과해서 에란스카야 방향으로 나아갔고 다시 브카노프스카야에서 전진을 계속하고 있던 제1대의 1개 소대와 합류해 안트노프 부락을 점령해야 했다. 작전 명령에 의하면 대대장은 베즈보로도프 부락 방면으로 부대를 인솔해 가기로 되어 있었다. 기마 척후는 얼마 뒤에 돌아와, 베즈보로도프에는 적의 그림자가 보이지 않지만 부락 우측 약 4킬로미터 지점에서 심한 소총사격이 계속되고 있다고 보고했다.

적위군들의 머리 너머 어딘가 먼 곳에서 포탄이 날아가는 소리가 들려왔다. 가까이서 유탄이 대지를 흔들고 파열했다. 뒤쪽에서 돈의 얼음이 요란한 소리를 내며 갈라졌다. 이반 알렉세에비치가 뒤를 돌아보았다.

"수위가 높군."

"이런 때에 돈을 건너가야 하다니……조심하지 않으면 얼음이 깨질 거야."

보병식으로 단정하게 보조를 취하여 걷는 데 익숙하지 않은 미시카가 짜증스럽게 중얼거렸다.

슈토크만은 앞에서 걸어가는 병사들의 가죽띠를 맨 잔등과 흐릿한 남빛의 점이 규칙적으로 흔들리는 것을 바라보았다. 뒤를 돌아본 그는 진지하고 냉정한 적위병들의 얼굴—그야말로 각인각색이긴 하지만 서로가 너무나 비슷한 그 얼굴들을 바라보았다. 붉은 별 휘장을 단 회색모자와 회색외투가—낡아서 노르스름하게 퇴색한 것과 아직 새것으로 밝은 빛깔의 것이—흔들리는 것을 바라보았다. 다수의 인간, 무거운 행군 발소리와 낮은 얘기소리와 기침소리와 물통이 덜커덩거리는 소리가 들렸다. 습기찬 장화와 싸구려 담배와 가죽 장비의 코를 찌르는 냄새가 풍겼다. 거의 눈을 감다시피 하고 그는 발을 맞추려고 애썼다. 그리고 어제까지만 해도 그에게는 미지의 타인이었던 병사들에게 마음 밑바닥으로부터 말할 수 없는 친밀감이 솟구쳐 오름을 느끼며 생각했다. '아, 아, 참으로 기묘한 일이다. 어떻게 해서 이 사람들이 나에게 이토록 사랑스럽고 소중하게 여겨지는 것일까? 서로를 얽고 있는 이 끄나풀은 대체 무엇일까? 그렇다, 공통의 사상이다……아니야, 이건 어쩌면 사상만이 아니고 공동의 일이 있기 때문일 것이다. 그 밖에도 또 무엇이 있을까? 위험이다. 죽음이 다가와 있기 때문인지도 모른다. 그렇다고는 하지만 뭔가 보다 특별한 친밀감이 느껴지는데……' 그리고 그는 눈으로만 웃었다. '나도 나이를 먹은 탓일까?'

슈토크만은 자신의 앞을 걷고 있는 병사의 넓다란 잔등과 모자와 깃 사이의 싱싱하고 둥근 깨끗한 목이 살짝 드러난 것을 바라보기도 하다가, 눈길을 옆에 있는 병사에게로 옮겼다. 혈색 좋은 피부에 붉은 광대뼈가 솟아 있고 입은 품위가 있고 남자답고, 키가 큰 체구는 균형이 잡혀 있다. 빈 한쪽 손을 거의 흔들지 않고 걸었는데 병적으로 얼굴을 찌푸리고 있었다. 슈토크만은 갑자기 말을 걸고 싶었다.

"그 전부터 군대에 있었나?"

병사의 갈색 눈이 탐색하듯이 싸늘하게 비스듬한 각도에서 슈토크만의 얼굴을 살폈다.

"18년부터요."

이빨 사이로 밀어내는 듯한 말투였다.
 그처럼 쌀쌀한 대꾸도 슈토크만의 열을 식게 하지는 않았다.
 "어느 지방 태생인가?"
 "고향 사람을 찾소?"
 "고향 사람이라면 반갑겠구먼."
 "난 모스크바 사람이오."
 "노동자야?"
 "그렇소."
 슈토크만은 흘낏 그 병사의 손을 보았다. 쇠를 다룬 일을 한 흔적이 세월의 흐름으로도 씻기지 않고 아직껏 남아 있었다.
 "금속공인가?"
 거기서 또 한 번 갈색눈이 슈토크만의 얼굴을, 드문드문 흰 머리가 섞인 그의 턱수염을 바라보았다.
 "금속 선반공이었소. 당신도 그런가보지?"
 그러고는 갈색 눈에 따스함을 담았다.
 "난 열쇠공이었어……동지, 대체 자넨 왜 얼굴을 찌푸리고 있나?"
 "구두에 긁혀서 그래. 밤에 잠복 척후에 나갔다가 발을 적셨거든."
 "무서워서 그런 게 아니고?"
 슈토크만은 심술궂은 웃음을 띠었다.
 "뭐가?"
 "뭐긴……전쟁에 참가는 일 말이야……"
 "난 공산당원이라구."
 "그럼, 공산당원은 죽는 게 무섭지 않다는 거야? 모두 똑같은 인간 아닌가?"
 코셰보이가 두 사람의 얘기 틈에 끼어들었다.
 슈토크만의 옆에 있던 병사는 익숙하게 소총을 치켜올리고 잠시 생각하다가 말했다.
 "자넨 아직 애송이군. 난 겁내선 안 된다고 내 자신한테 늘 타일러 왔어—알겠어? 그러니까 쓸데없는 소리 하지 마. 내 정신을 혼란시키는 말따윈 하지 말라구……난 무엇 때문에 그리고 누구하고 싸워야 하는가 정도는 알고 있어. 그리고 우리가 승리를 할 것이란 것도 말이야. 이게 중요한 거야. 나머지 것은 다 쓸데없는 거지."

그러더니 무슨 생각을 떠올렸는지 씩 웃고는, 슈토크만의 옆 얼굴을 들여다보면서 말을 이었다.

"재작년에 난 크라사프체프군에 끼어서 우크라이나에 갔었지. 전투가 벌어졌는데 우리 측이 계속 밀리는 거야. 손해를 많이 입었어. 부상자를 내팽개치기까지 했지만 기어이 지메린카 근처에서 포위를 당하고 말았지. 장갑열차가 지나가지 못하도록 놈들의 후방에 있는 철도 선로를 폭파해야 했거든. 이쪽이 철도 선로를 가로질러가서 혈로를 뚫어야 했다구. 지원자를 모집하려 했지만 누가 지원을 하겠나. 그래서 우리들 공산당원이―그 숫자는 아주 적었지만―말한 거야. '제비뽑기를 하자'고. 우린 잠시 생각해보다가 자원을 했어. 다이너마이트와 새끼줄과 성냥을 갖고, 동지들에게 작별을 고하고 출발했지. 캄캄한데다 안개까지 껴 있었어. 200미터 가량은 걷고 그 뒤로는 포복해 갔지. 아직 추수가 안 되어 있는 밀밭 틈새를 지나 기슭으로 기어가는데 느닷없이 코앞에서 푸드득 하고 새가 튀어나오잖아. 한 10미터 가량 떨어진 거리에 적의 전초가 있었어. 그 옆을 지나 겨우 다리에 닿았지. 기관총을 든 초병대가 다리를 지키고 있더군. 두 시간쯤 잠복해 있다가 가까스로 기회를 잡은 거야. 다이너마이트를 놓고 옷자락 안에서 성냥을 그었지만 습기가 많아 불이 붙어야 말이지. 엎드려서 기는 바람에 이슬에 젖은 거야. 곧 동은 트려고 하지, 손은 마냥 떨리고 있지, 땀은 비오듯이 눈속으로 흘러들지, 정말이지 난감하더구먼. 만약 폭파를 못할 경우에는 총으로 자살을 해야겠다는 결심까지 했었다구. 어쨌든 간신히 불을 붙이고 나서 곧장 둑 뒤에 있는 수문 그늘로 가서 숨어 있는데, 마침내 놈들의 고함소리가 들려온 거야. 큰 소동이 벌어졌어. 두 대의 기관총이 울리기 시작하고, 기병 몇 사람이 우리 옆을 지나갔지만 어두운데 알게 뭐야. 수문 그늘에서 기어나가 밀밭 속으로 뛰어들었지. 그땐 손발이 움쭉달싹도 하지 않더구먼―감각이 없어서나니까. 마냥 답답하기만 했어……간신히 아군 진지까지 오긴 왔는데."

이렇게 말하는 그의 갈색 눈에 따스한 생기가 감돌았다.

아득히 먼 들녘의 섬처럼 보이는 포플라숲에서 바람에 쫓긴 까마귀 두 마리가 화살처럼 빠른 속도로 드높이 날아갔다. 바람이 세게 그 까마귀들을 날려보냈다. 쿨트프스카야의 산 위에서 한 시간 가량 멈췄던 포성이 다시 울리기 시작하고 시사탄이 휭! 소리를 내며 가까이에 떨어지자 까마귀는 대열에서 200미터 가량 떨어진 곳으로 날아들었다. 포탄 소리가 극도의 위기에 다다랐나 싶었을 때, 약간 위를 날고 있던 까마귀 한 마리가 갑자기 회오리바람에 휘말린 휴지조각처럼 무서운 속도로 뱅글뱅글 날면서 비스듬한 각도로 날개를 펼치고 나선형을 그리며 그 상황에서 벗어나려고 버둥거리다가 시꺼먼 큰 나뭇잎같이 떨어져 내렸다.

"굉장하군그래!"

슈토크만 뒤에서 걷고 있던 병사가 신이 나서 지껄였다.

대열 선두 쪽에서 키가 큰 밤색 암말을 타고 녹아 질퍽거리는 눈을 튀기면서 중대장이 뛰어 왔다.

"산개!"

묵묵히 걷고 있는 이반 알렉세에비치에게 물방울을 튕기며 기관총을 실은 썰매 세 대가 질주해 갔다. 기관총병 한 사람이 언덕길에서 뒤쪽 썰매와 부딪쳐 땅바닥으로 굴러 떨어졌다. 그러자 병사들의 유쾌한 웃음소리와 마부의 욕설이 굴러떨어진 기관총병이 썰매 위로 뛰어오를 때까지 계속되었다.

41

카르긴스카야 마을이 반란군 제1사단의 거점이 되었다. 그리고리 멜레호프는 카르긴스카야 부근의 지형이 전략적으로 뛰어나다는 것을 분명하게 파악하고는 무슨 일이 있더라도 이곳을 양보하지 않으리라는 결심을 굳혔다.

치르강 좌측 강가의 산은 카자흐에게 더할 나위 없는 방위력을 베풀어 주고 있는 요충이었다. 하류 쪽에서는 치르강 대안까지 카르긴스카야 마을이 펼쳐 있었다. 그 맞은편에는 군데군데 기슭과 움푹 팬 땅으로 끊어진 스텝이 몇 킬로미터에 걸쳐 부드러운 광목처럼 남쪽으로 뻗어 있었다. 산 위에서 그리고리 자신이 장소를 선정하여 3문의 포를 배치시켰다. 적당히 가까운 곳에 관측점을 만들었다—그것은 사방이 내려다보이는 둔덕으로 숲과 울퉁불퉁한 산자락의 그늘에 가려 있었다.

카르긴스카야 부근에서는 날마다 전투가 벌어졌다. 적군은 대체로 두 방향에—하나는 남방 측 우크라이나인이 사는 아스타호보 자유촌 방면에서 광야를 따라, 한쪽은 동방 측 보코프스카야 마을에서 치르를 거슬러 올라가 밀집한 부락을 따라서 공격해 왔다. 카자흐의 산병선은 카르긴스카야에서 약 200미터 지점에 위치해 있었고 그들은 이따금 사격을 가해 왔다. 적위군의 맹렬한 포화는 그들을 번번이 마을까지, 혹은 좁은 골짜기를 따라 산이 있는 곳까지 퇴각시켰다. 적위군에게는 그 이상의 압박을 가할 만한 힘이 없었다. 공격 작전의 성공에 강한 의혹의 그림자를 던지고 있는 것은 기병이 필요한 숫자에 미치지 못한다는 점이었다. 기병이라면 양쪽 날개에서 우회해 카자흐를 더욱더 깊숙이 밀어붙일 수가 있고 현재 마을 입구에서 머무적거리고 있는 보병을 자유롭게 움직이도록 해줄 수도 있을 터였다. 그같은 작전에 보병을 이용하기는 불가능했다. 그들은 움직임이 둔하고 민활한 기동력이 없는데다가 카자흐 측은 주로 기병이었다. 따라서 행군중의 보병을 마음내킬 때 공격할 수 있고 그렇게 함으로써 상대방의 주요 임무를 박살낼 수가 있었다.

  반란군의 강점은 그 이외에 다음과 같은 점에도 있었다. 즉 지형에 익숙했기 때문에 때를 놓치지 않고 남몰래 기슭 안으로 기병대를 적의 배후나 측면으로 이동시킴으로써 끊임없이 적을 위협하고 그 이상 적이 전진하지 못하게 했다.

  그때까지 그리고리의 머리에는 적위군 격파 계획이 세워져 있었다. 퇴각을 하는 것처럼 꾸며 적을 카르긴스카야로 유도하고 그와 동시에 리야프치코프가 인솔하는 기병 연대를 한편은 서쪽으로부터 구스인스카야 계곡을 따라서, 또 다른 한편은 동쪽으로부터 그라치를 따라 측면으로 우회를 시킴으로써 적을 포위하여 결정적인 타격을 가해야 한다고 그는 생각하고 있었다. 계획은 세밀하게 짜여졌다. 저녁때 회의석상에서 각 부대의 지휘관에게 엄밀한 지시와 명령을 내렸다. 그리고리의 생각은 되도록 교묘하게 적의 눈을 속이기 위해 포위 작전을 날이 밝은녘에 시작하는 것이었다. 모든 것은 장기를 두는 것같이 간단한 이치였다. 또한 그리고리는 우발적인 사태가 벌어질지 모르는 여러 가지 것을 검토하고 심사숙고한 끝에 탁주 두 잔을 들이키고는 옷도 벗지 않은 채 잠자리에 벌렁 드러누웠다. 이윽고 그는 축축한 외투자락으로 머리를 싸고 죽은 듯이 잠에 빠져 들었다.

다음날 오전 4시경에는 이미 적군의 전선이 카르긴스카야를 점령하고 있었다. 카자흐 보병 한 무리가 적의 눈을 속이기 위해 마을을 넘어 산 쪽으로 달아났다. 카르긴스카야의 입구에서 정지한 그 두 대의 기관총이 카자흐 보병대를 향해 따따!! 쏘아댔다. 적위군은 저마다 한길로 파고들어갔다.

그리고리는 포병대 근처에 있는 둔덕 그늘에 진을 치고 있었다. 그는 적위군 보병이 카르긴스카야를 점령하고 치르강 근처로 잇따라 모여드는 것을 바라보았다. 산 그늘의 과수원에 숨어 있는 카자흐 2대 중대는 첫번째 포성을 신호로 공격에 임했고 우회한 부대가 그와 동시에 협공을 할 작전이 세워져 있었다. 약 3킬로미터 반 떨어진 니지네 라투이세프스키 부락의 다리 위에 대포가 모습을 드러냈다―적위군은 보코프스카야 방면에서도 동시에 공격해 온 것이다.

"구포(臼砲)로 한번 놀라게 해줘."

그리고리는 쌍안경을 눈에 댄 채 말했다.

조준수는 포병 대장 역할을 하고 있는 조장과 두세 마디 얘기를 나누고서 재빨리 조준을 했다. 포수가 준비를 갖추었다. 4인치 반의 구포는 둘레에 파헤쳐진 흙을 무너뜨리면서 카자흐들이 예측했던 대로 꽝! 소리를 질렀다. 첫번째 한 발이 다리 기슭에 명중했다. 적위군의 두 번째 포차가 때마침 다리로 들어가려던 참이었다. 포탄은 6마리의 말을 날려보냈다―나중에 알게 된 일이지만―한 마리만은 무사했으나 대신 그 말을 타고 있던 병사는 파편으로 깨끗이 머리가 잘렸다. 그리고리는 뚫어지게 지켜보았다. 대포 앞에 잿빛과 노란색이 섞인 연기 기둥이 오르고 둔중한 소리를 내면서 터졌다. 말은 연기에 말려 뒷발로 꼿꼿하게 섯다가 무너져내리듯이 덜컥 엎어지고 만다. 사람은 걸음아 나 살려라 하고 달아났다. 유탄이 떨어졌을 때 앞차 가까이에 있던 적위군 기병이 말과 다리 난간과 함께 튀어올라 얼음 위로 내동댕이쳐졌다.

그처럼 근사하게 적중하리라고는 포병들조차도 예기치 못했었다. 둔덕 그늘의 대포 근처는 이제 바스락소리도 일지 않았다. 다만 바로 가까이에 있던 감시병만이 한쪽 무릎을 꿇은 채 뭐라고 크게 소리를 지르면서 두 손을 마구 휘두르고 있었다.

그와 동시에 아래쪽 벚나무 목장에서 적의에 찬 '우라―' 하는 고함 소리와 잔물결 같은 소총소리가 들려왔다. 조심성을 잃고 그리고리는 둔덕 위로 뛰어올랐다. 여기저기서 적위군이 퇴각을 하고 있었다. 고함소리와 호령소리와 맹렬한 사격소리는 바로 거기서 난 것이었다. 기관총차 한 대가 언덕 위로 올라가는가 싶더니 금새 묘지 근처에서 방향을 틀었다. 그리고 퇴각하는 도중에 쓰러져가는 적위군의 머리 너머로 기관총이 과수원에서 튀어나오는 카자흐를 마구 쓰러뜨렸다.

그리고리는 지평선 위로 카자흐 기마병의 라바대형을 찾아내려고 애를 썼으나 헛수고로 그치고 말았다. 리야프치코프에게 인솔되어 우회했던 기마부대는 여전히 모습을 드러내지 않았다. 우익의 적위군은 자브룬누이 골짜기에 걸쳐 있는—카르긴스카야 마을과 이웃에 있는 아르히포프스키 부락을 잇는—다리 언저리에 닿기 바로 직전이었다. 한편 우익은 그때까지도 마을을 종대로 뚫으면서 퇴각중이었다. 그리고 치르강에 가까운 두 개의 도로에 진을 치고 기다리던 카자흐의 총알을 맞고 쓰러져갔다.

마침내 언덕 그늘에서 리야프치코프 연대의 첫번째 중대가—그리고 연이어 제2, 제3, 제4중대가 모습을 나타내고—공격 대형을 전개 한 기병대는 왼쪽으로 꺾여 적위군의 앞길을 가로막았다. 적위군은 무리를 지어 산허리를 따라서 크리모프스카야 쪽으로 퇴각할 참이었다. 그리고리는 두 손에 장갑을 움켜쥐고 전투 상황을 지켜보았다. 그는 쌍안경을 내리고, 기병대가 크리모프스카야 가도로 질주해 가는 광경을, 당황한 적위군이 발길을 돌려 여기저기 흩어져 아르히포프스키 부락 쪽으로 퇴각하는 광경을, 그리고 또 그 방면에서도 치르를 거슬러 올라가 계속 추적하고 있는 카자흐 보병의 포화를 받고 다시금 가도를 향해 우르르 밀려드는 광경을 육안으로 지켜보았다. 크리모프스카야로 현로를 연 적위병은 손가락으로 헤아릴 정도에 불과했다.

언덕 위에서는 그야말로 조용한 백병전이 시작되었다. 리야프치코프 연대는 전위대가되어 카르긴스카야로 되돌아가서 바람이 나뭇잎을 휩쓸어 올리듯이 적위군을 몰아붙였다. 자르분누이 골짜기에 걸려 있는 다리 언저리에시 30명 가량의 적위병이 퇴로를 차단당하여 도피구를 잃은 것을 알고는 저항하기 시작했다. 그들은 중기관총 한 자루와 상당량의 탄약을 갖고 있었다. 과수원에서 반란군의 보병이 나타난 순간 미친 듯이 빠른 속도로 기관총이 활동했다. 카자흐는 몸을 엎드리고 가축우리의 돌담과 헛간 그늘에 숨어 포복을 해나갔다. 카르긴스카야 마을 안을 몇 사람의 카자흐가 기관총을 끌고 가는 것이 언덕 위에서 내려다보였다. 아르히포프카와의 경계에 접해 있는 한 가옥 언저리에서 그들은 머뭇거리다가 곧장 그 마당으로 뛰어들었다. 얼마 뒤, 그 집 헛간 지붕에서 덜커덕거리는 소리가 날카롭게 들려 왔다. 그리고리는 쌍안경 속으로 기관총병의 모습을 붙잡았다. 흰 양말 밑으로 헐거운 바지를 밀어 넣고 두 다리를 벌리고 방패 그늘에다 몸을 웅크린 한 카자흐가 지붕 위에 엎드려 있었다. 또 한 사람은 탄띠를 몸에 두르고 사닥다리를 올라가고 있었다. 포병은 보병의 응원을 서둘고 있었다. 저항을 시도하고 있는 적위군 무리는 한 군데 밀집해 있었는데 그곳으로 유산탄이 잇따라 날아갔다. 마지막 산탄은 멀리 마을 밖에서 터졌다.

15분쯤 지나, 자르분누이 끝에서 적위군의 기관총이 갑자기 소리를 멈추고 침묵했다. 그와 동시에 갑자기 짧은 '우라!'가 울려 퍼졌다. 발가벗은 버드나무 기둥 틈새로 카자흐 기병의 모습이 어른거렸다.

모든 게 끝난 것이었다.

그리고리는 명령에 따라서 카르긴스카야 마을과 아르히포프스키 마을 사람들로 하여금 곡괭이와 삽으로 전사한 147명의 적위병을 자르분누이 언저리에 있는 구덩이 안으로 끌어다 놓고 흙을 덮도록 했다. 리야프치코프는 말과 탄약과 함께 탄약차 6대를 노획하고 타발기가 떨어져나간 기관총이 실린 차 한 대를 빼앗았다. 크리모프스카야에서는 군수품을 실은 42대의 장비차를 입수했다. 카자흐 측에서는 전사자 4명, 부상자가 15명으로 보고되었다.

그로부터 1주일 동안 카르긴스카야엔 평온한 날이 계속되었다. 적은 반란군 제2사단 쪽으로 방향을 돌려 그곳을 압박하면서 미그린스카야 마을 여러 부락—알렉세에프스키, 체르네츠카야 자유촌 등을 점령하고 베르네 치르스키 부락 쪽으로 다가갔다.

그 방면에서 매일 새벽녘에 대포소리가 들려 왔다. 그러나 전황 보고가 훨씬 뒤늦게야 도착하여 제2사단의 전선이 어떤 상태에 있는지 확실하게 알 수는 없었다.

그 무렵 그리고리는 어두운 상념을 털어내면서, 혹은 의식을 마비시키고 자신의 어깨에 짊어진 중대한 임무를 생각하지 않으려고 애쓰면서 술에 젖어 있었다. 반란군이 방대한 밀을 저축하고 있으면서도 밀가루의 결핍으로 몸달아 있었다 할지라도—제분소가 군대일로 가동이 안 되어 카자흐들은 줄곧 밀을 삶아서 먹고 있었다—술만은 늘 남아돌 정도였다. 돈 맞은편 강가에서는 두드레프스키 카자흐의 기병대가 이따금 취한 김에 진지로 쳐들어오곤 했다. 그리고리에게도 탁주가 날라져왔다. 더욱이 즈이코프는 술을 손에 넣는 데 명수였다. 카르긴스카야의 전투가 끝나자 그리고리 부탁으로 1베도르들이 병을 3병이나 가져오고 노래꾼들을 불러왔다. 그러자 그리고리는 쾌적한 해방감을 맛보면서 현실을 떠나 모든 것을 잊고 카자흐들과 함께 아침까지 술을 마셔댔다. 이튿날 아침이 되면 해장술을 마시다가 도가 넘쳐 저녁도 되기 전에 다시 노래꾼을 부르고 즐거운 술렁거림과 애깃소리와 노래—즉 참된 열락의 환영을 만들어 냄으로써 냉혹하고 엄격한 현실을 덮어 주는 모든 것—가 필요하게 되는 것이었다.

그러다가 술에 대한 욕구가 순식간에 습성이 되고 말았다. 아침에 식탁 앞에 앉으면 그리고리는 한 잔 들이켜고 싶은 충동을 억누를 수가 없었다. 그는 많이 마시기는 했지만 도를 넘는 일은 없었다. 다리는 언제나 꼿꼿했다. 새벽녘, 다른 사람이 너절하게 잡동사니를 늘어놓고 외투나 말옷을 뒤집어 쓰고 테이블 밑이나 아무 데에 누워 자고 있을 때도 그는 언제나 멀쩡한 얼굴이다. 다만 창백해지고 눈알이 번뜩이고 곱슬거리는 앞머리를 늘어뜨린 얼굴을 때때로 손바닥으로 문지를 뿐이었다.

줄기차게 이어진 주연이 나흘이나 계속되는 동안에 그는 눈에 띄게 피부가 늘어지고 등이 굽었다. 눈밑에는 주머니처럼 푸르죽죽한 주름이 자리잡고 날이 거듭됨에 따라 눈초리에 이성을 잃은 잔혹함이 빛을 더해갔다.

5일째 되는 날 프로호르 즈이코프가 뜻있는 미소를 띠면서 얘기를 비쳤다.

"리호비도프에 예쁜 여자가 있는데 어떻소? 뭐요, 안 가겠다고요? 그렇지만 그리고리 판테레에비치, 멍청히 입을 벌리고 있다가 기회를 놓쳐서는 안 돼요! 수박처럼 맛이 희한한 여자니까! 맛을 보지는 않았지만 흰눈에 알 수가 있다구요. 그런데 말괄량이라 버르장머리가 좀 없지요. 그 여자를 단번에 녹이려들지는 마십쇼. 좀처럼 상냥하게 대해 주지 않는 계집이라서요. 하지만 보드카를 만드는 데엔 그 계집을 따를 자가 없다구요. 치르에선 첫째가는 보드카 제조자래요. 남편이 도네츠 너머로 피난을 갔다나."

자연스런 어조로 그는 이렇게 말을 맺었다.

저녁이 되자 그리고리는 리호비도프로 나갔다. 리야프치코프, 하르람피 에르마코프, 손없는 알료시카 샤밀리, 그리고 자신의 지구에서 온 제4사단장 콘드라트 메드베제프와 동행했다.

프로호르 즈이코프가 앞장서 가고 있었다. 부락에 들어가자 그는 말의 속도를 줄이고 한 골목 안에 있는 탈곡장 문을 열었다. 그리고리는 그 뒤에서 말을 몰았다. 말이 문 옆에서 거의 녹아가는 커다란 눈 둔덕을 뛰어넘다가 눈 속에 앞다리를 처박았다. 콧바람을 불며 몸을 일으키더니 이번에는 문과 울타리 꼭대기까지 쌓인 눈 둔덕을 뛰어올랐다. 리야프치코프가 재갈을 끌고 갔다. 5분 동안에 그리고리는 프로호르와 함께 산더미처럼 쌓인 마른풀 더미를 지나서 유리처럼 쨍그렁거리는 소리를 내는, 이파리 하나 없는 벚나무 숲을 걸어갔다. 하늘에는 푸른 기를 띤 금 술잔 같은 초승달이 비스듬히 걸려 있었다. 별이 깜박이며 밤하늘을 장식하고 유혹할 듯한 정적이 가라앉아 있었다. 먼 곳에서 개가 짖는 소리도 얼음을 밟고 가는 말발굽소리도 그 정적을 깨뜨리지 않을 뿐만 아니라 한층 더 그것을 북돋아 주고 있었다. 벚나무 숲과 사방에 널린 능금나무 가지를 통해서 등불이 노랗게 빛났다. 별 하늘을 배경으로 커다란 갈대지붕을 이은 농가의 실루엣이 뚜렷하게 떠올랐다. 프로호르는 안장 위로 몸을 굽히고 그리고리를 위해서 샛문을 열어 주었다. 입구 가장자리에 얼어붙어 있는 물 웅덩이 속에서 달 그림자가 희미하게 흔들리고 있었다. 그리고리의 말이 얼음 가장자리를 깨뜨려 그는 잠깐 멈춰서 있었다. 천천히 그리고리는 안장에서 뛰어내려 고삐를 계단 난간에 매두고 어두운 현관으로 들어갔다. 뒤에서는 말에서 따라 내려 낮게 콧노래를 부르며 리야프치코프와 카자흐들이 와글와글 술렁거렸다.

어둠 속에서 문 손잡이를 더듬어 그리고리는 이윽고 널따란 부엌으로 나아갔다. 키는 작으나 자고새처럼 맵시 있는 젊은 카자흐 여인이 조리대에 등을 돌리고 앉아 양말을 뜨고 있었다. 가무잡잡한 얼굴의 검은 눈썹이 유별나게 아름다웠다. 페치카 위에는 여덟 살 가량의 소녀가 두 팔을 뻗고 잠들어 있었다.

그리고리는 외투도 벗지 않은 채 테이블 옆에 앉았다.

"보드카 있소?"

"인사도 없는 법이 있나요?"

안주인은 그리고리에게 눈길도 주지 않은 채 뜨개바늘을 놀리면서 물었다.

"원한다면 말하지, 안녕하슈! 보드카는?"

그녀는 눈썹을 치켜들고 현관의 인기척과 발소리에 귀를 기울이면서 쌍꺼풀진 갈색 눈으로 그리고리를 향해 웃어 보였다.

"보드카는 있어요. 밖에도 손님들이 많이 와 계신 모양이죠?"

"많지, 사단이 총출동했어……"

리야프치코프가 칼을 끌고 모자로 장화를 두들기면서 문턱을 넘어섰다. 입구 쪽에는 카자흐들이 모여 있었다. 그중 한 사람이 나무주걱으로 놀라울 만큼 빠르고 멋들어지게 춤의 박자를 맞췄.

침대 위로 외투를 산더미처럼 쌓고 무기는 의자 밑으로 내려놓았다. 프로호르는 안주인을 도와 부지런히 식탁을 차렸다. 손이 없는 알료시카 샤밀리는 구덩이에 있는 양배추 소금절임을 가지러 갔다가 사닥다리에서 굴러떨어져 옷자락에 깨어진 접시 조각과 짓뭉개진 양배추 더미를 싸들고 들어왔다.

밤이 이슥할 때까지 25리터 가량의 탁주를 마시고 헤아릴 수도 없을 만큼 양배추를 먹고 나서 이번엔 양을 잡자며 술렁였다. 프로호르가 우리 안에서 새끼를 못낳게 된 암양을 붙잡아 오고 하르람피 에르마코프가—이 사람도 대단한 검객인데—헛간 옆에서 칼로 머리를 잘라내고 가죽을 벗겼다. 안주인은 부뚜막에 불을 지피고 양고기를 큰 솥에 넣어 삶았다. 그때 리야프치코프가 일어서서 다리를 게처럼 벌리고 장화를 난폭하게 손바닥으로 내리치면서 박자에 맞춰 노래를 부르기 시작했다. 쇳소리가 섞였으나 듣기좋은 테너였다.

마셔라 마셔
가축몰이를 쉬는 동안……

"웬만큼 해!"

에르마코프가 고함을 질렀다. 그는 창틀이 얼마나 견고한가를 칼로 시험해 볼 기회를 줄곧 엿보고 있었다.

뛰어난 용기와 카자흐다운 담력을 사랑하는 에르마코프에게 그리고리는 동제 술잔으로 테이블을 내리치면서 호통을 쳤다.

"하르람피, 쓸데없는 짓 하지 마!"

하르람피는 순순히 칼집에다 칼을 집어넣고 탁주 잔을 들어올렸다.

"이봐, 이런 기분으로 떠들어대면 죽음도 무섭지 않게 돼."

알료시카 샤밀리가 그리고리 옆에 앉으면서 말했다.

"그리고리 판테레예비치, 자넨 우리의 등불이야! 우린 이 세상에서 자네 하나만을 의지하고 있다네! 자, 한 잔 더 마시지 않겠나? ……프로호르, 술이야 술!"

짚더미 옆에 안장을 얹은 채로 말이 서 있었다. 왠지 살펴보려고 한 사람씩 모두 밖으로 나가 보았다.

새벽녘에야 로소 그리고리는 자신이 취했음을 깨달았다. 그는 남의 말소리가 마치 먼 곳에서 들리는 듯함을 느끼면서 충혈된 흰자위를 고통스럽게 굴리고 의지의 힘을 쥐어짜 정신을 가다듬었다.

"번쩍거리는 견장을 단 자식들이 우리를 턱으로 부려먹고 있다구! 권력을 손아귀에 쥐고 있다, 이 말이야!"

그리고리를 안고 에르마코프가 고함을 질렀다.

"견장이 어쨌다는 거야?"

그리고리는 에르마코프의 팔을 툭 치면서 물었다.

"뵤시키에 있잖아. 뭐야, 자넨 그것도 몰라? 카프카즈 공작님이 앉아 계시잖아! 대령 말이야! …… 멜레호프! 내 목숨을 자네 발밑으로 던지겠네. 우릴 헛되게 이용하지 마! 카자흐들은 불안해하고 있네. 우릴 뵤시키로 이끌어 줘. 닥치는 대로 찔러죽이고 말 테다! 일류시카 쿠지노프도, 대령도— 한 사람도 남김없이 몰살이야! 자기들 멋대로 우릴 부려먹었잖아! 빨갱이하고도 카데트하고도 싸우자 이 말이야, 이게 내 희망이라구!"

"대령을 해치우자. 놈은 일부러 남을 거야. 하르람피! 소비에트 정부에 무릎 꿇고 빌자. 우리가 잘못했습니다라고."

순간 그리고리는 제정신을 되찾고 일그러진 미소를 띠었다.

"농담일 테지, 하르람피. 자, 술이나 마셔."

"농담이라니, 멜레호프. 농담 따윈 하지 마. 이건 심각한 얘기야."

메드베제프가 정색을 하고 말했다.
"우리가 사령부를 뒤집어엎자 이거야. 그놈들을 없애버리고 네가 그 자리에 앉아야 해. 카자흐들과 얘기해 봤는데, 그들은 찬성이야. 쿠지노프와 놈들의 졸개들에게 점잖게 제의하겠어. '사령부를 내놓으쇼. 당신들은 우리에게 아무 쓸모가 없소.' 내놓는다면 용서해 주겠지만 내놓지 않겠다고 할 땐 뵤시키로 1개 연대를 몰고 가서 놈들을 뿌리째 뽑아버리는 거야!"
"그 얘긴 그만 둬!"
그리고리는 거칠게 외쳤다.
메드베제프는 어깨를 들썩하고 테이블 옆에서 일어나더니 술잔을 들지 않았다. 구석진 자리에서는 흙투성이인 마룻바닥을 손으로 문지르면서 리야프치코프가 머리를 산발하고 구슬픈 가락으로 노래를 읊조리고 있었다.

　귀여운 아가야, 귀여운 아가야
　네 머리를 기대어라
　네 머리를 기대어라
　아니 아니, 오른쪽으로
　오른쪽으로 기대어라, 이번에는 왼쪽으로
　그리고 내 가슴에, 하얗고 하얀 가슴 위에

그리고 여자처럼 절절하게 애조를 띤 그의 테너에 어우러지게 알료시카 샤밀리의 굵은 베이스가 뒤쫓아가듯이 노래를 하였다.

　품에 안겨 누웠네
　한숨 한 번 들이쉬고
　한숨 한 번 내쉬고
　그러더니 마지막 하는 말이
　'미워하지만 짝벌이야
　너 따윈 이제 필요 없어!'

안주인이 그리고리를 방으로 데려갔을 때는 창 밖에 새벽 빛이 연보랏빛으로 빛나고 있었다.
"이분에게 술 좀 작작 먹여요! 귀찮게 굴지 말라니까! 멍청이! 이분은 제정신을 잃고 있다구요. 그것도 몰라요?"
그녀는 힘겹게 그리고리를 안아올리고 탁주 잔을 들고 쫓아오는 에르마코프를 한쪽 손으로 밀쳐내면서 말했다.
"그래서 주무시게 하겠다, 이 말씀인가?"
에르마코프는 비틀비틀 술을 흘리면서 눈짓을 해보였다.
"그래요, 나도 자야겠수다."
"너, 이놈하고 자면 안돼……"
"네 따위가 뭐야! 시애비도 아닌 주제에!"
"아무튼 잘 해봐!"
웃음소리를 터뜨리고 야단스레 몸을 흔들면서 에르마코프가 소리쳤다.
그녀는 그리고리를 방 안으로 데리고 가 침대 위에 눕히고 나서 시체처럼 창백한 그의 얼굴을 혐오와 연민으로 들여다보았다.
"국물 좀 마시겠수?"
"응, 좋아."
그녀는 버찌를 끓인 냉국을 컵에 따라 왔다. 그리고 침대에 걸터앉아 그리고리가 잠들 때까지 머리카락을 긁어 주었다. 딸 옆에 나란히 잠자리를 했으나 샤밀리가 그녀의 잠을 방해했다. 그는 팔베개를 하고 누워 겁이난 말처럼 콧김을 불다가는 갑자기 벌떡 일어나서 눈을 뜨고 목쉰 소리로 떠들어댔다.

……제대를 하고 돌아올 때에는!
가슴에 훈장, 가슴에 후운자앙
팔 위에 머리를 얹어 눈을 부릅뜨고 주위를 노려보고는 다시 목청을 돋우었다.

제대를 하고 돌아올 때는! ……

42

이튿날 잠에서 깨자 그리고리는 에르마코프와 메드베제프와 얘기했던 것을 떠올렸다. 취하기는 했지만 별다른 노력 없이도 정권 전복에 대한 얘기를 기억할 수 있었다. 리흐비도프에서의 주연은 처음부터 목적이 있는—그러니까 그에게 쿠데타를 충동질하려고 미리 짰음을 그는 분명히 깨달았다. 도네츠 방면으로 나가 돈군과 합류하고 싶다는 의사를 공공연히 표명했던 쿠지노프에 대해 좌익적 성향을 가진 카자흐들이 돈에서 완전히 독립하여 자기들이 있는 곳에다 공산주의자가 없는 소비에트 정부 같은 것을 조직하려고 남모르게 음모를 꾀하고 있었던 것이다. 도네츠 부근에 있는 적군의 전선이 카자흐를 언제라도 '집안 싸움'과 함께 손쉽게 소탕해 버릴 수도 있는 현재로서는 반란군 내부의 반목이 얼마나 파멸적인가를 모르고 그리고리를 한패로 끌어들이려고 했던 것이다. '어리석은 장난이야.'—그리고리는 마음속으로 그렇게 말하고 가볍게 침대에서 뛰어내렸다. 옷을 입고 그는 에르마코프와 메드베제프를 깨워 방 안으로 불러들인 뒤 자물쇠를 걸었다.

"이봐, 어젯밤에 자네들이 한 얘기는 없던 걸로 해. 안 그랬다가는 일이 곤란해져! 문제는 지휘관이 누구냐 하는 게 아니야. 쿠지노프에게 문제가 있는 것도 아니고, 우린 독안에 든 쥐 상황에 처해 있다는 점이야. 우리가 테에 졸리운 통이 돼 있다, 이 말이야. 그리고 오늘 내일 사이에 이 테가 우리의 숨통을 쥘지도 몰라. 그러니까 연대를 보내야 할 곳은 뵤시키가 아니라 미그린이나 크라스노 쿠즈카야라는 말이야."

그리고리는 퉁명스런 메드베제프의 무표정한 얼굴을 지켜보면서 강조하듯이 말을 이었다.

"콘드라트, 이런 지경에 소동을 일으켜선 안 돼! 자네들도 좀 대가리를 굴려 봐—위에 불만을 품고 이렇다 저렇다 떠들기 시작하면 우린 근본을 잃게 돼. 백(白)이냐 적(赤)이냐, 둘 중에 하나야. 어중간하게 있다가는 큰코 다쳐—깔려죽게 된다구."

"그 얘긴 그만하세. 이젠 더이상 꺼내지 마!"

고개를 돌리며 에르마코프가 말했다.

"좋아, 나만 알고 있기로 하지. 하지만 자네들이 카자흐를 충동질하지 않는다는 조건부야. 도대체 쿠지노프와 그 주변 인물이 어쨌다는 거야? 그놈들이 전권을 쥔 것도 아닌데. 나만 하더라도 내 사단을 지휘해 왔잖나. 그야 놈들은 나쁘지. 그건 우리 모두가 다 알고 있는 사실이야. 더욱이 우리를 또 카데트로 끌어들이려고 한다는 것도 환히 알고 있어. 그렇지만 우리가 어디로 가겠나? 우리의 길은 숨통이 모두 막혀버리고 없는걸."
"듣고 보니 그렇군……"
메드베제프는 마지못한 표정으로 동의했다. 그리고 얘기하는 동안 내내 내리깔고 있던 눈을 그제야 치켜뜨고 증오에 찌들린 곰 같은 눈초리로 그리고리를 쳐다보았다.

그날부터 그리고리는 이틀 동안을 부어라 마셔라 하면서 카르긴스카야 부근의 마을을 휩쓸고 다녔다. 그의 말안장에까지도 술냄새가 배었다. 잠시 동안 사랑을 함께 나누면서 유부녀와 처녀의 자랑을 잃은 아가씨들이 그리고리의 팔에 안겼다. 그러나 밤새껏 불타는 것 같은 애무를 실컷 맛보고 난 뒤 새벽녘에 가서는 마치 남의 일처럼 냉정하게 생각되었다. '이 세상을 살아오면서 별의별 일을 다 경험했다. 남의 아내와 처녀들을 귀여워해 주고 근사한 말도 타봤다……아! ……스텝의 땅도 밟아 보았다. 아버지로서의 기쁨도 맛보았다. 사람도 죽이고, 또 나 자신도 수없이 죽을 고비를 넘겼다. 푸른 하늘을 향해 이것 보라는 듯이 살아온 셈이다. 앞으로의 인생이 나에게 과연 무엇을 보여줄 것인가? 새로운 것? 그런게 어디 있어! 이젠 죽어도 상관없어. 무섭지 않다. 아무런 불안 없이 전쟁을 할 수가 있다. 부자가 돈을 쓰듯이, 죽는다 해봤자 무엇이 그리 대수겠는가!'

유년시절이 밝고 갠 날로서 두서없이 머릿속을 지나갔다—돌받침대 위에서 뜨거운 먼지에 싸인 그리샤의 다리, 거울처럼 풀빛 숲을 물에 비추면서 유유히 흘러가는 돈강, 친구들의 어린 시절 얼굴, 젊고 날씬했던 어머니……그리고리는 손바닥으로 눈을 쓸었다. 그러자 낯설지 않은 얼굴과 사건이—때로는 사소한 것인데도 무슨 까닭인지 기억속에 깊숙이 박힌 것이—마음을 꿰뚫고 지나갔다. 지금은 가고 없는, 잊었던 목소리와 주고받은 말의 한 토막과 특징 있는 웃음소리가 아득하게 울려 왔다. 언젠가 본, 까마득히 잊어버린 광경이 기억의 빛으로 비쳐져 갑작스레 눈이 부시게 눈앞에 모습을 드러냈다—드넓은 광야, 여름 길, 사륜마차, 마부석에 앉은 아버지, 암소, 무르익은 황금빛 밀밭, 거뭇거뭇하게 길 위에 날아와 앉는 흰부리까마귀떼…… 그리고리는 머릿속으로 그물처럼 얽힌 지나간 모든 것을 휘젓다가는, 다시는 돌아오지 못할 그 생활 속에서 문득 아크시냐와 부딪쳤다. '잊을 수 없는 귀여운 여인!'—그런 생각이 들자, 옆에 잠들어 있는 여자에게서 구역이 날 것 같은 심정이 되었다. 몸을 떼어내고 한숨을 쉬며 짜증스럽게 아침을 기다렸다. 그리고 태양이 새빨간 자수와 금빛 놀로 동녘 하늘을 물들이기 시작하면 벌떡 일어나 얼굴을 씻고 말이 있는 곳으로 서둘러 걸음을 옮겼다.

43

모든 것을 깡그리 태워버리는 불길처럼 반란이 들끓었다. 반란을 일으킨 마을 둘레에는 적의 적선이 쇠로 된 테를 만들어 놓았다. 피할 수 없는 운명의 어두운 그림자가 낙인같이 사람들을 짓누르고 있었다. 카자흐들은 점차 생명을 건 위험한 곳으로 발을 들여놓는 일을 꺼려했다. 젊은이들은 미친 듯이 여색에 빠졌고 나이든 사람들은—정신을 잃도록 술을 마시고 돈과 탄약을 걸고—탄약은 그 어떤 값진 것보다 소중한 것인데도—도박을 했다. 또 이제는 지긋지긋하게 느껴지는 소총을 잠시 동안이나마 담벼락에 세워놓고 도끼나 대패를 손에 들기 위해, 그리고 향기 좋은 버드나무로 울타리를 만들고 봄철에 대비해서 마른풀과 짐마차를 손질하면서 휴식을 취하려고 휴가를 얻어 집으로 돌아갔다. 그리고 대부분의 사람들은 평화로운 생활을 맛본 뒤, 취해 부대로 돌아와 술이 깨면 '무의미한 생활'에 대한 증오를 토하며 보병대로 끼이들어가서 기관총을 들이대고 공격을 하든가 분노로 몸을 떨면서 맹렬한 기세로 야습해 가서는 포로를 잡아다가 잔혹하고 원시적인 방법으로 고문하고 탄약을 아끼듯 칼을 내리치는 것이었다.

그러나 그 해의 봄은 그 어느 봄보다도 아름다웠다. 4월에 접어들자 유리창처럼 맑은 날씨가 계속되었다. 끝없이 높은 감청색 하늘 바다를 수놓는 기러기떼와 학떼가 앞을 다투어 북쪽으로 사라져갔다. 연못 가장자리에는, 스텝의 연록색 덮개 위에는 진주를 뿌린 듯이 백조가 반짝거렸다. 봄물에 잠긴 돈 강가에서는 새들의 지저귐이 신음처럼 들려왔다. 물에 젖은 초원에는 곧 날아갈 듯한 몸짓으로 거위가 꽥꽥 소리를 질러댔으며, 버드나무숲에서는 사랑의 황홀경에 사로잡힌 수기위가 쉴새없이 목울대를 울렸다. 버드나무 가지에는 새싹이 풀빛을 띠고, 포플라는 끈끈한 봉오리를 부풀리고 있었다. 광야는 말할 수 없을 정도로 매혹적이었다. 연록색으로 펼쳐지고 녹은 흑토의 묵은 향기와 싱싱한 어린 풀의 향기를 언제나 가득히 품고 있었다.

반란의 전투중에서도 즐거운 일은 모든 병사가 바로 가까이에 자기 집이 있다는 점이었다. 보초나 잠복 척후로 나가기를 꺼려하고, 정찰을 위해 산이나 언덕을 걸어다니는 것에도 싫증을 냈다. 카자흐들은 대장에게 승낙을 얻고 집으로 돌아가서는 자기 대신 꼬부라진 노인이나 성년이 안 된 자식을 군마에 태워 보냈다. 부대는 항상 규정된 병력을 유지하고 있었으나 그 병사의 수는 늘 변동이 있었다. 하지만 두세 사람은 매우 요령있게 처신했다—해가 가라앉을 무렵에 부대 숙영지를 빠져나와 말을 몰고 삼사십 킬로미터를 단숨에 뚫고 가서 저녁놀이 사라질 때에는 벌써 집에 닿아 있었다. 아내나 연인과 하룻밤을 지내고 두 번째 닭울음소리를 듣고는 말을 타고 정신없이 부대로 돌아왔다.

마음이 태평한 자들은 자기 집 바로 가까이에서 전쟁을 즐기며 싫증을 내는 일도 없이 지냈다.

"이제 죽으면 큰일난다구."

틈만 있으면 아내를 찾아가 카자흐들은 가끔 그런 농담을 하기도 했다.

사령부는 농번기를 맞아 탈주자가 나올까봐 두려워했다. 쿠지노프는 특별히 각 부대를 순시하고 그에게 어울리지 않는 강한 어조로 명령을 내렸다.

"우리의 전답은 바람 앞에 그대로 내버려두는 편이 낫고, 한 알갱이의 씨앗도 뿌리지 않는 편이 낫다. 그리고 카자흐에게 휴가를 줘선 안 된다, 명령이다! 허가 없이 대열을 떠난 자는 태형을 가한 뒤에 총살하겠다!"

44

크리모프스카야 부근에서 그리고리는 다시 전투에 참가했다. 오전에 마을 경계에 있는 집 근처에서 사격전이 일었다. 잠시 뒤 적병의 산병선이 크리모프카에 나타났다. 왼편에 검은 수병복을 입은 수병들이 정연하게 전진하고 있었다—그것은 발틱 함대에 속한 한 군함의 승무원들이었다. 그들은 대담한 공격으로 반란군인 카르긴스키 연대를 부락에서 산자락을 따라 바실료프스키 부락 방면으로 몰아갔다.

모든 적위군 부대가 우세를 띠기 시작했을 때, 언덕 위에서 전황을 지켜보던 그리고리는 말을 거느리고 탄약고 옆에 서 있는 프로호르 즈이코프를 향해 장갑을 흔들어 보이며 안장 위로 뛰어올랐다. 기슭을 빙 돌아 구스잉카로 통하는 언덕길 쪽으로 달려갔다. 그곳에는 그늘에 숨은 제2연대의 기병 예비대가 대기하고 있었다. 과수원을 달리고 생울타리를 넘은 그는 기병대가 대기한 장소로 가서, 말에서 내리는 카자흐들과 말들을 멀리에서 보고는 군도를 빼들고 소리쳤다.

"말을 타라!"

기병 200명은 매어 둔 말을 빠르게 풀었다. 중대장이 그리고리의 맞은편에서 말을 몰고 왔다.

"출전입니까?"

"벌써 그랬어야 했어! 뭘 꾸물대고 있나!"

그리고리는 눈을 부릅떴다.

그는 고삐를 죄어 말에서 내렸다. 그리고 면박을 주듯이 중얼대면서 말의 복띠를 고쳐맸다—흠뻑 젖은 말은 짜증을 부리고 복띠를 매려들지 않았다. 그리고 부어오른 얼굴로 목울대를 울리며 이를 드러내고 그리고리를 걷어차려고 했다. 됐다 싶게 단단히 안장을 얹은 그리고리는 등자에 발을 얹었다. 당황해 있는 중대장들에게 눈길도 주지 않고 차츰 격렬해지는 총성에 귀를 기울이면서 그는 한 마디 던졌다.

"중대는 내가 지휘한다. 소대대형으로 부락 출구까지 걸어가!"

부락을 벗어나자 그리고리는 중대를 라바대형으로 산개시켰다. 군도가 칼집에서 쉽게 빠지는지를 확인했다. 중대에서 60미터 가량 앞서서 크리모프카로 말을 몰았다. 남쪽 경사면이 크리모프카로 통한 언덕 꼭대기인데 그는 잠시 말을 멈추고 그쪽을 살폈다. 퇴각해 가는 적위군의 기병과 보병이 부락 안을 이리저리 뛰어가고, 제1종 고리를 실은 이륜마차와 사륜마차가 속력을 내면서 이동하고 있었다. 그리고리는 중대 쪽으로 몸을 돌렸다.

"모두 칼을 뽑아라! 공격 개시! 내 뒤를 따르라!"

그러고는 온몸에 싸늘함과 가뿐함을 느끼면서 고삐를 힘껏 늦추었다. 왼손 손가락 안에서 활처럼 팽팽한 고삐가 떨렸다. 머리 위로 휘두른 군도는 신음소리를 내면서 정면으로 휘몰아치는 바람의 흐름을 두 조각으로 갈랐다.

봄바람 속에 소용돌이를 이룬 커다란 흰구름이 눈 깜짝할 사이에 태양을 뒤덮었다. 그리고리를 앞질러 느리게 언덕 위로 미끄러져 가는 잿빛 그림자가 있었다. 그리고리는 눈앞으로 다가오는 크리모프카의 집에서 눈길을 거두고 채 마르지 않은 갈색 대지를 미끄러져 가는 눈의 그림자를 지켜보며, 어딘가 먼 곳으로 사라져가는 것 같은 밝은 노랑색 빛 무늬를 바라보았다. 뭐라 설명할 수 없는 기분이었으나, 불현듯 대지를 달리는 빛을 쫓아가고 싶은 충동이 일었다. 그리고리는 말을 재촉하여 전속력으로 질주해 빛과 그림자를 갈라 놓은 흔들리는 경계선을 향해 다가갔다. 몇 초 동안 있는 힘을 다해 질주해갔다. 그러자 말의 모가지가 반짝거리는 햇빛을 받고, 털이 갑자기 눈부시도록 선명하게 불타올랐다. 그리고리가 구름의 그림자를 뛰어넘으려 한 그 순간, 옆구리 쪽 한길에서 긴장된 총소리가 울리기 시작했다. 바람이 그 울림의 뭉침을 똑바로 날려보냈다. 눈 깜짝할 사이에 그리고리의 귀에는 자신의 말발굽 소리를 통해서 들려 오던 아군의 고함 소리가 들려오지 않았다. 그것은 마치 채 마르지 않은 미개간지를 뒤흔드는 답답하고 짜증스러운 말발굽들의 소리가 그의 청각에서 빠져나가버린 것과 같았다. 그것은 멀어지고 사라져가는 것 같았다. 그 순간 적의 응사가 마른 나뭇가지를 태우는 모닥불처럼 불꽃을 내뿜기 시작했다. 총탄의 무더기가 신음했다. 낭패와 공포에 사로잡힌 그리고리는 뒤를 돌아보았다. 놀라움과 분노로 그의 얼굴은 잡아당겨지고 일그러졌다. 중대는 말머리를 돌리고 그리고리를 내버린 채 퇴각하고 있었다. 그리 떨어지지 않은 곳에서 중대장이 안장 위에서 돌아보고 의미도 없이 칼을 휘두르며 목쉰 소리로 외쳐댔다. 두 명의 카자흐만이 그리고리에게로 오려고 했다. 프로호르 즈이코프는 고삐를 당기고 말을 돌려서 중대장 쪽으로 달려가고 있었다. 나머지 카자흐들은 군도를 칼집에 넣고 채찍을 흔들면서 뿔뿔이 흩어져 퇴각해갔다.

 순간, 그리고리는 말의 속도를 늦추었다. 대체 무슨 일이 일어났는지, 그리고 부대가 아무런 손해도 입지 않았는데 왜 갑작스레 퇴각을 하기 시작했는지 알아보려고 한 것이다. 그러자 그 짧은 순간에도 의식은 그를 몰아붙였다. '되돌아가선 안 된다. 달아나선 안 된다. 나아가야 한다!' 그는 200미터 가량 떨어진 좁은 길의 울타리 그늘에서 적병 7, 8명이 기관소총을 에워싸고 바쁘게 움직이는 것을 보았다. 그들은 총차를 돌리고, 기관총구를 공격해 오는 카자흐 쪽으로 돌리려고 했는데, 좁은 길에서 그것이 마음대로 안 되었다. 기관총은 침묵하고 있었다. 게다가 소총 소리도 차츰 줄어들어 총알이 스쳐가는 소리가 그리고리의 귀를 울리는 것도 점점 적어졌다. 말을 바로세우고 그리고리는 목장의 울타리 잔해를 넘어 그 좁은 길을 향해 뛰어들었다. 울타리에서 시선을 돌렸을 때, 그는 마치 쌍안경으로 확대한 것처럼 뚜렷하게 말을 풀고 있는 수병들을 보았다. 진흙에 더럽혀진 시커먼 수병복과 묘하게도 얼굴을 둥글게 보이게 하는 수병모자가 바로 가까이에서 보였다. 두 사람은 말의 밧줄을 끊어냈다. 세 번째 병사는 목을 어깨 사이로 움츠리고 기관총 총신 옆에서 머뭇거렸다. 다른 사람들은 선 채로, 또는 무릎을 꿇고 그리고리를 겨누어 소총을 쏘기 시작했다. 그들 옆으로 질주해 가는 동안에 그는 사격해 오는 요란한 총소리를 들었다. 총소리는 잇따라 울렸으나 너무 급하게 쏘려 하여 땀투성이가 된 그리고리에게 기쁨의 확신을 안겨 주었다. '맞을까보냐!'

울타리는 말발굽 밑에서 우지끈하는 소리를 내고 주저앉았다. 그리고리는 눈을 가늘게 뜨고 맨 앞 수병을 겨누면서 군도를 휘둘렀다. 다시 한 번 공포의 불꽃이 번개처럼 번뜩였다. '정면에서 쏘고 있다……말이 곤두선다……굴러 떨어져……죽임을 당한다! ……' 바로 정면에서 이미 총소리가 두 발이나 울렸고, 마치 먼 데서 들려 오는 것 같은 고함소리가 울렸다. '생포해라!' 선두의 수병은 이마가 벗겨진 사내다운 얼굴에 이를 드러냈다. 바람에 휘날리는 수병모자의 리본, 그 모자에 새겨진 금글씨…… 등자를 힘껏 밟고 번개처럼 내리쳤다. 그리고리는 칼이 부드럽고 탄력 있는 수병의 몸 속에 푹 파묻히는 것을 느꼈다. 멧돼지 모가지의 두 번째 수병이 그리고리의 왼쪽 어깨를 쏘았으나 순간 프로호르 즈이코프의 군도 칼날을 받고 비스듬한 각도로 머리를 잘렸다. 그리고리는 뒤를 돌아보았다. 기관총 그늘에서 소총의 검은 눈이 그의 얼굴을 겨누고 있었다. 안장을 뒤흔들고 말이 미친 듯 날뛰면서 쉰 소리로 울음을 터뜨리며 비틀거릴 정도로 힘껏 왼쪽으로 몸을 붙인 채, 머리 위를 획하고 지나가는 죽음을 피했다. 그리고 말이 기관총을 뛰어넘은 그 순간에 상대방 수병을 쓰러뜨렸다. 수병은 두 발째의 방아쇠를 당길 만한 겨를이 없있던 것이다.

눈 깜짝할 사이에—뒤에 그리고리의 의식 속에서는 그것이 굉장히 긴 시간처럼 여겨졌다—그는 수병 네 명을 쓰러뜨렸고, 그리고 다시 프로호르 즈이코프의 고함소리를 귀담아듣지 않은 채 골목 모퉁이에 숨은 5명째 적을 추격하려고 했다. 그런데 때마침 그 앞으로 말을 몰고 온 중대장이 그리고리의 말재갈을 붙잡아 당겼다.
"아니, 어쩌려고?! 위험해요! …… 저쪽 헛간 그늘에 기관총이 또 한 대 있소!"
카자흐 둘과 프로호르 즈이코프가 말에서 내려 그리고리에게로 뛰어와서 강제로 그의 몸을 말 밑으로 끌어내렸다. 그는 세 사람의 팔 안에서 몸부림치고 악을 썼다.
"놔! 이새끼들! ……수병놈들! ……모조리 해치우고 말 테다!"
"그리고리 판테레에비치! 멜레호프 동지! 정신 차려요!"
프로호르 즈이코프가 그를 흔들었다.
"이거 놔, 동지!"
완전히 달라진 침통한 소리로 그리고리는 간청했다.
세 사람은 물러섰다. 중대장이 낮은 소리로 프로호르에게 소곤거렸다.
"구스잉카로 태워 보내도록 해. 아무래도 뭔가 병에 걸린 것 같아."
그리고리는 말 쪽을 향해 걸음을 옮기면서 중대에 호령을 했다.
"말을 타라!"
그리고리는 모자를 눈 위에다 내던지고 위태하게 서 있었다. 갑자기 그는 이를 갈고 무시무시하게 신음하며 얼굴을 일그러뜨리고는 입은 외투의 단추를 잡아뜯기 시작했다. 중대장이 그를 향해 한 발 내딛기도 전에 그리고리는 털썩 눈 위로 엎어졌다. 소리를 내어 통곡하고, 몸을 떨면서 울타리 밑에 있는 눈을 개처럼 핥아먹었다. 이윽고 일어서려 했으나 일어서지 않았다. 그리고 눈물에 젖은 일그러진 얼굴을 그의 둘레에 모여든 카자흐들에게로 돌리고 거칠게 소리쳤다.
"내가 누굴 죽였지! ……"
악을 쓰고 입 속에 괸 거품을 침과 함께 토해내면서 더할 나위 없이 고통스러운 발작으로 몸을 뒤틀기 시작했다.
"이봐, 날 용서해선 안 돼. 제발……부탁이야……날 죽게 내버려두라니까……!"
중대장이 그리고리 곁으로 뛰어가 소대장과 함께 그에게 덤벼들어 군도의 가죽끈과 지도 주머니를 뺏고 입을 틀어막고 다리를 붙잡았다. 그리고 나서도 그는 얼마 동안 활처럼 몸을 비틀며 부들부들 경련하는 발로 땅바닥을 헤집고 신음 소리를 지르면서 비옥한 대지에 머리를 짓찧었다. 그가 삶을 받은 대지, 그리고 비애에 가득 차고, 기쁨은 인색한 인생으로부터 자기를 위해 준비된 모든 것을 그가 남김없이 취해 온 그 대지에.

잡초만이 지금껏 대지 위에서 성장을 이어왔고, 그것은 대지의 물을 받아 자라고 무시무시한 삶의 숨소리 밑에서 몸을 굽힌 채 성장을 이어나간다. 하지만 얼마 뒤에 바람에 씨앗을 날려보내면 메마르고 가느다란 줄기로 죽음의 빛을 내뿜는 가을날의 태양을 받으면서 지금까지처럼 무관심하게 죽어가는 것이다……

45

다음날, 그리고리는 사단 지휘를 연대장 한 사람에게 맡기고 프로호르 즈이코프와 함께 보셴스카야로 향했다.

카르긴스카야 마을을 지나 분지가 되어 있는 로고지킨스키 못에는 기러기가 날개를 쉬며 무리지어 헤엄치고 있었다. 프로호르는 채찍으로 못을 가리키며 싱그레 웃었다.

"이봐, 그리고리 판테레에비치, 저 기러기를 안주삼아 한 잔 할까!"

"좀더 가까이 다가가서 소총으로 시험해보세. 옛날에는 내 총솜씨도 괜찮았는데."

두 사람은 분지로 내려갔다. 프로호르는 튀어나온 언덕 그늘에 말과 함께 남았다. 그리고리는 외투를 벗고 소총 안전장치를 걸고는 재작년생 회색 브리얀초가 무성하게 우거진 얕은 벼랑을 기어가듯이 걸어나갔다. 독일 전선에서 스토호트 강 언저리의 초병을 해치웠을 때처럼, 적의 비밀을 탐색하러 가는 척후가 하듯이 살며시 기어서 갔다. 빛바랜 카키색 군복은 초록빛을 띤 갈색 흙에 묻혀버렸다. 물가에 있는, 봄의 홍수에 씻겨내린 암갈색의 높은 언덕 위에 감시하는 오리가 한쪽 다리로 서 있었는데 벼랑에 가려 그리고리의 모습을 보지 못하고 있었다. 그리고리는 사격 위치까지 다가가 약간만 몸을 일으켜세웠다. 감시하는 오리는 잿빛 머리를 돌리고 주의깊게 주변을 둘러보았다. 그 뒤쪽에는 군데군데 잿빛 무늬가 박힌 검은 헝겊처럼 오리떼가 점점이 물에 떠 있었다. 조용한 울음소리, 큰 울음소리, 물 튀는 소리가 못

쪽에서 들려 왔다. '고정 조준으로 쏠 수 있겠다.' 그리고리는 가슴을 울렁거리면서 감시하는 오리를 조준했다.

한 발 쏘고 나자 그리고리는 오리떼의 날갯소리와 울음 소리로 귀가 멀 지경이었다. 그는 벌떡 일어났다. 그가 겨눈 오리는 당황해서 높이 날아올랐으며, 나머지 오리들도 빽빽이 무리를 지어 못 위로 높이 날아올랐다. 실망한 그리고리는 날아오른 무리를 쫓아가서 다시 조준하여 두 발 연거푸 쏘고 나서 어딘가에 떨어진 게 아닐까 하는 눈초리를 보냈으나 이내 프로호르를 향해 걸음을 옮겨 디뎠다.

"보세요! 저걸 보시라구요! ……"

프로호르는 안장 위로 뛰어올라 목을 늘이고 푸른 하늘 멀리 날아가는 오리떼를 가리키며 소리쳤다.

그리고리는 뒤를 돌아보다가 사냥꾼의 흥분으로 몸을 떨었다. 이제 완전히 열을 갖추고 있는 무리에서 오리 한 마리가 떨어져나와 직각으로 느릿느릿 날개를 파닥거리며 떨어지고 있었다. 손을 눈 위로 올리고 등을 바로 세워 그리고리는 그것을 바라보았다. 불안스러운 울음을 울고 있는 무리에서 떨어진 그 오리는 힘을 잃고 아래로 아래로 내려왔는데, 이윽고 멀리에서 돌멩이처럼 갑자기 뚝 떨어졌다. 흰 날개 안쪽 털이 딱 한 번, 눈부실 만큼 햇빛을 받아 반짝 빛을 뿜었다.

"어서 말을!"

프로호르는 얼굴에 가득 웃음을 띠고 그리고리에게로 다가와 고삐를 건네주었다. 두 사람은 뜀박질로 언덕까지 올라가고 160미터가량을 구보로 달려갔다.

"여기 있다!"

오리는 목을 늘어뜨리고, 이 야속한 대지를 임종 바로 전에야 간신히 품을 수 있게 되었노라고 말하듯이 날개를 쭉 뻗고 누워 있었다. 그리고리는 말에서 내리지 않은 채로 오리를 주워 들었다.

"총알이 어디를 맞췄을까?"

프로호르는 호기심을 느꼈다.

탄환이 아래턱을 관통하여 눈 옆의 뼈를 깎아내렸다. 죽음은 날고 있는 이 오리를 사로잡아 부채살 모양으로 열지어 날아가는 무리에게서 이 오리를 떼어내 지상에다 내팽개친 것이었다.
프로호르가 그 오리를 안장에 매달고 둘은 나란히 말을 몰고 갔다.
말을 바즈키에 남겨두고 거룻배로 돈강을 건넜다.
뵤센스카야에서 그리고리는 친지인 노인의 집으로 들어가 즉시 오리를 구워 달라고 했다. 그러고는 사령부에는 얼굴도 내밀지 않고 프로호르를 시켜 탁주를 사오게 했다. 저녁때까지 술을 마시고 있는데 주인이 불평을 늘어놓기 시작했다.
"그리고리 판테레에비치, 이 뵤시키에선 벌써 관청이 힘깨나 부리고 있다오."
"무슨 관청인데?"
"제멋대로 만들어낸 관청이지 뭐겠소……쿠지노프와 그 한패들 말이오."
"그게 어쩐다는 거요?"
"이 고장 사람한테 너무 턱없이 귀찮게 굴어요. 빨갱이를 따라간 남자가 있다고 그 집 마누라들을 붙잡아 가두고……노인과 처녀를 가두고……우리 중매장이 할멈도 아들 때문에 갇혔다오. 그런 짓을 해봐야 무슨 소용이 있겠소! 가령 당신이 카데트들과 함께 도네츠 너머로 가버렸다고 합시다. 그렇다고 해서 빨갱이놈들이 당신의 아버지 판테레이 프로코피에비치를 감방에 가두었다고 해보오. 그걸 옳다고 할 수 있겠소?"
"그렇고말고!"
"그런데 이곳 윗사람은 처넣는 걸 일삼고 있단 말이오. 빨갱이가 왔을 때보다 이번에 온 놈들이 더 심해요!"
그리고리는 일어섰다. 침대 위에 걸쳐놓은 외투에 손을 뻗쳤을 때 약간 비틀했다.
"프로호르? 군도를 가져와! 모젤도!"
"어디로 가시려는 겁니까, 그리고리 판테레에비치?"
"넌 알 것 없어! 시키는 대로 하기나 해!"
그리고리는 군도들 차고, 모젤을 들고, 외투 단추를 잠그고, 혁대를 매고는 곧장 감옥이 있는 광장 쪽으로 갔다. 입구에 서 있던 비전투원 카자흐 보초가 그의 앞을 가로막았다.
"허가증 있소?"

"비켜! 급해!"

"허가증이 없으면 누구도 들여보낼 수 없소."

그리고리가 군도를 절반도 뽑기 전에 보초는 재빨리 문 안으로 달아나버렸다. 그의 뒤를 쫓아갈까 하다가 칼자루를 붙잡은 채 그리고리는 복도에 들어서서 말했다.

"소장 나와!"

그는 큰 소리로 고함을 쳤다.

얼굴은 창백하고 무시무시하게 험악한 표정으로 한쪽 눈썹을 잔뜩 치켜올렸다……

간수 일을 하던 절름발이 카자흐가 뛰어왔다. 사무실에서 풋내기 서기가 살짝 내다보았다. 이윽고 부시시한 눈을 하고 소장이 볼맨 소리로 외쳤다.

"허가증 없이 들어오면 어떻게 된다는 것쯤은 알고 있겠지?"

그는 소리를 지르다가 그리고리의 얼굴을 알아채고는 놀라 말을 더듬기 시작했다.

"아니, 그리고리 멜레호프 동지 아니십니까? 대체 무슨 일로 이렇게……?"

"감방 열쇠를 내놔!"

"감방 열쇠요?"

"몇 번이나 말을 해야 알아듣겠나? 어서 열쇠를 내놔!"

그리고리가 소장에게로 한 걸음 다가서자 상대방은 뒤로 물러섰다. 그러면서도 말은 분명하게 했다.

"열쇠는 안 됩니다. 당신에게 그런 권한은 없습니다."

"권한이라고?"

그리고리는 이를 갈면서 군도를 뽑았다. 손에 들린 군도는 낮은 천장 아래에서 신음소리를 내며 번쩍이는 원을 그렸다. 서기와 간수들은 놀라 참새처럼 물러섰다. 소장은 벽에 달라붙었고 그 벽보다 더 새하얘져서 중얼거렸다.

"그럼 좋을대로 하십쇼! 이게 열쇠요…… 하지만, 난 보고할 거요."

"네놈들은 후방에서 지내는 일에 이골이 나 있다! ……그러고 보니 제법 용감한 척하는군. 노인과 여자를 가두다니! …… 네놈들을 모조리 휩잡아 놓고야 말 테다! 지금 당장 전선으로 나가! 개새끼, 안 꺼지면 지금 이 자리에서 찔러죽이고 말 테다!"
 그리고리는 군도를 칼집에 넣고 나서 넋이 빠진 소장의 목을 후려쳤다. 무릎과 주먹으로 그의 몸을 출구로 몰아붙이면서 소리쳤다.
 "전선으로 나가! ……냉큼 꺼지지 못해! ……네놈 같은 자식들은……후방에 숨어 있는 쥐벼룩이나 이 같다!"
 소장을 밀어붙이고 나서 감옥의 마당 쪽으로 급히 뛰어갔다. 취사장 입구 근처에 간수 세 사람이 서 있었다. 한 사람은 일본제 소총을 들고 방아쇠를 당길 듯하다가 불에 닿은 듯이 흥분된 소리로 외쳤다.
 "……습격이다! ……격퇴해야 해! 병법엔 어떻게 씌어 있었지?"
 그리고리는 모젤을 낚아챘다. 그러자 간수들은 앞을 다투어 목장 안으로 달아났다.
 "나와! …… 집으로들 돌아가!"
 빽빽이 들어찬 감방 문을 하나씩 열고 열쇠다발을 흔들어 보이면서 그리고리는 우렁찬 음성으로 외쳤다.
 그는 갇힌 사람들을—거의 100명 가까이 갇혀 있었는데—모조리 꺼내 주었다. 뒷일을 두려워하여 머뭇거리며 주저하는 사람은 우격다짐으로 끌어내고 텅 빈 감옥 문에 자물쇠를 걸었다.
 감옥 입구 언저리로 사람들이 몰려왔다. 체포당한 사람들은 감옥 문에서 광장으로 우르르 몰려가 주변을 돌아보고 등을 굽히고는 저마다 서둘러 집으로 돌아갔다. 사령부로부터 위병대 카자흐들이 칼을 들고 감옥으로 달려왔다. 쿠지노프도 뛰어왔다.
 그리고리는 텅 빈 감옥에서 맨 마지막으로 나왔다. 길을 비켜준 군중의 틈바구니를 뚫고 가면서 뭔가 구경거리가 있다 싶으면 우우 하고 떠쳐나와 수다부터 떠는 여자들을 밀치고 천천히 쿠지노프를 향해 걸어나갔다. 달려온 위병대 카자흐들이 그에게 경례를 하자 그는 버럭 고함을 질렀다.
 "모두 부서로 돌아가! 뭐가 어쨌다고 다들 헐떡이며 몰려왔나! 앞으로 갓!"
 "감옥에서 폭동이 일어난 줄 알았습니다, 멜레호프 동지!"
 "서기가 달려와서 '어떤 악당이 들어와서 열쇠를 빼앗아 감옥을 열고 있다'고 해서……"

"뭐야, 시시하게!"

카자흐들은 웃고 떠들며 되돌아갔다. 쿠지노프는 군모 밑으로 비어져나온 머리카락을 쓸어올리고 잰걸음으로 그리고리에게 다가왔다.

"멜레호프, 무슨 일인가?"

"자네 감옥을 쳐부수고 오는 길이야."

"무슨 이유로? 대체 왜 그러지?"

"한 명도 남기지 않고 석방시켜 주었지. 그뿐이야……이봐, 왜 그렇게 눈알을 번뜩이고 그래? 자네들은 도대체 왜 남의 여자나 노인들을 가뒀나? 무슨 이유로 그랬느냐구? 이봐, 쿠지노프, 내 얼굴을 똑바로 보고 말해!"

"자네 멋대로 그런 짓을 하다니 어쩌자는건가?"

"네놈에겐 뭐든 내멋대로 할 거다! 어때, 내 연대를 지금 당장 카르긴스카야에서 데려올까? 그렇게 하면 일은 간단하겠지!"

그리고리는 느닷없이 쿠지노프의 가죽띠를 움켜쥐고 그의 몸을 흔들며 싸늘한 분노에 차 소곤거렸다.

"지금 여기서 한 판 벌이자는 거냐? 네놈의 숨통을 끊어 달라고 재촉하는 거야?"

그리고리는 이를 악물고, 조용히 웃고 있는 쿠지노프를 떼어놓았다.

"웃긴 왜 웃어?"

쿠지노프는 혁대를 고쳐매고 그리고리의 팔을 끼었다.

"자, 가세. 무엇 때문에 그러나? 자네 얼굴이 꼭 악마 같구먼……우린 형제야. 자네가 없으니까 쓸쓸하더군. 감옥 따윈 어찌 돼도 상관없어……부하들에게 좀 점잖게 행동하라고 이르겠네. 그러지 않았다가는 남편을 빨갱이한테 뺏긴 마누라들은 모조리 끌려올테니까……하지만 자넨 내 위신을 떨어뜨리는 짓을 저질렀지 않나? 곤란해, 그리고리! 자넨 정말 제멋대로야! 나한테 미리 와서 '이러저러하니 누구누구는 석방을 시켜주게.' 이렇게 귀띔해 줬더라면 좋았을 게 아닌가. 그런데 자넨 덮어놓고 모두 석방하고 말았어! 강력범은 별도로 수용해 뒀길래 그나마 다행이지, 만약 자네가 그놈들까지 석방했더라면 어떻게 될 뻔했나? 성질이 너무 급해 탈이야, 자넨!"

쿠지노프는 그리고리의 어깨를 탁 치고 웃음을 터뜨렸다.

"아까와 같은 때에 자네를 거슬렸다면 죽임을 당했을 거야. 아니면 카자흐들이 들고 일어나게 했을지도 모를 일이고……"
 그리고리는 쿠지노프의 팔을 풀고 사령부 건물 옆에서 걸음을 멈추었다.
 "우리 잔등 뒤에 숨어 지내더니 꽤 용감해졌군그래. 감옥이 넘치도록 끌어넣고 말이야……그 솜씨를 전쟁터에서 보여주면 어떻겠나!"
 "그리샤, 나 역시 자네한테 지지 않을 만큼 솜씨를 부렸지. 지금만 해도 그래. 자네를 내 의자에 앉혀놓고 내가 자네 사단을 떠맡을 수도 있어……"
 "아냐, 그건 안 돼!"
 "그것 보게!"
 "이제 그만 해. 자네하고 언제까지 입씨름을 하고 싶진 않네. 난 지금부터 집으로 돌아가 1주일 가량 휴식을 취해야겠어. 몸이 안 좋아……게다가 어깨에 부상을 입었거든."
 "무슨 병인데?"
 "가슴이 답답해. 기분이 온통 흐트러진 모양이야……"
 그리고리는 일그러진 미소를 띠었다.
 "농담이 아냐. 대체 무슨 병이야? 내가 있는 곳에 의사가 있네. 전문가라고 할 만한 사람이야. 포로로, 슈미린스카야에서 붙잡혔지. 수병들의 틈바구니에 섞여 있었는데 관록이 있어 보였어. 색안경을 썼지. 이 의사한테 진찰을 받아보는 게 어때?"
 "싫어!"
 "그럼, 돌아가서 푹 쉬게. 그런데 사단은 누구에게 맡겼지?"
 "리야프치코프야."
 "잠시 기다리게. 급히 가야 할 데라도 있나? 자네의 활약이 이만저만이 아니었다면서? 어젯밤 어떤 사람이 나에게 일러 주더군. 크리모프카 부근에서 자넨 이루 헤아릴 수 없을 만큼 수병들을 여럿 찔러 죽였다던데, 정말인가?"
 "그만 가겠어!"
 그리고리는 걸음을 내디뎠다. 그러나 대여섯 걸음 정도 걸어가다가 빌을 멈추고 쿠지노프를 불러 세웠다.
 "이봐! 나중에 다시 처넣었다는 소문이 내 귀에 들리는 날엔……"
 "걱정 말게. 그런 일은 없을 테니! 그럼, 천천히 휴양하고 오게나!"

태양을 뒤따라 그날 하루가 서녘으로 사라지고 있었다. 돈강 너머에서, 다시 넘친 봄 홍수 쪽으로 냉기가 스며왔다. 오리떼가 그리고리의 머리 위를 휙 소리내면서 날아갔다. 그가 문 안으로 발을 디뎠을 때, 돈의 상류에서 하류까지 카잔스키 부락 어딘가에서 일제사격의 낮은 포성이 흘러왔다.

프로호르는 재빨리 말에 안장을 채우고 고삐를 잡으면서 물었다.

"곧장 집으로 가실 겁니까? 아니면 타타르스키로?"

그리고리는 말없이 고개를 끄덕였다.

46

남자들이 없어지자 타타르스키는 텅 비고 재미가 없었다. 타타르스키 보병 부대는 한때 제5사단의 한 연대에 섞여서 돈 왼쪽 강가로 이동해 있었다.

바라쇼프와 보보리노에서 도착한 지원군으로 보강된 적위군 부대는 한때 북동으로 맹렬히 공격해 에란스카야 마을의 각 부락을 잇따라 점령하고, 차츰 마을의 중심으로 접근해가고 있었다. 마을로 통하는 공격로에서의 격렬한 전투로 반란군은 승리를 얻었다. 그 승리는 적위군 모스크바 연대와 기병 3개 중대의 압박을 받고 퇴각하던 에란스키 연대 및 브카노프스키 연대에 강력한 지원군이 투입되었기 때문이었다. 반란군 제1사단의 제4연대와—그 속에 타타르스키 중대도 포함되어 있었다—3문의 포를 가진 보병 중대와 예비 기병 2개 중대가 돈의 좌안을 거쳐 뵤센스카야에서 에란스카야로 다가갔다. 또한 우안에서는 에란스카야 마을에서—돈을 넘고—3킬로미터에서 5킬로미터 지점에 있는 프레샤코프 부락, 마트베에프스키 부락에 꽤 많은 지원군이 모였다. 크리프스코이 언덕에는 포병 1소대가 배치되었다. 조준병으로 백발백중의 평판을 받고 있던 크리프스코이 부락의 한 카자흐는 첫번째 1발로 적위군의 기관총 진지를 분쇄하고 유산탄 몇 발을 버드나무 숲속에 잠복한 적위군의 산병선에다 쏟아부음으로써 적을 혼란에 빠뜨려놓았다. 반란군의 승리였다. 반란군은 퇴각하는 적위군을 마구 몰아붙여, 그들을 에란카강 맞은편 쪽으로 쫓아낸 다음 기병 11개 중대가 추격하게 했다. 그리고 추격대는 자트로프스키 부락에서 가까운 언덕 위에서 적위군의 기병중대와 맞부딪쳐 전멸시켰다.

그 이래 타타르스키 전초병들은 좌안 모래언덕 근처를 이리저리 계속 움직여 다녔다. 카자흐가 휴가를 얻어 부대에서 돌아오는 일은 거의 없었다. 다만 부활제 때만은 약속이나 한 듯이 중대의 거의 반수가 한꺼번에 부락에 모습을 나타냈다. 카자흐들은 하루를 부락에서 보내고 부활제 예배를 마치고 나서는 속옷을 갈아입고 집에 있는 버터와 건빵과 그 밖의 음식물을 끌어모아 챙기고 마치 순례하듯—지팡이 대신 총을 들고—무리를 지어 돈 맞은편 강가로 건너가, 에란스카야 쪽으로 떠나갔다. 타타르스키 언덕 위에서, 돈이 바라뵈는 산 위에서 아내며 어머니, 누이동생이 그들을 배웅했다. 여자들은 소리를 내어 울고, 부어오른 눈을 프라토크나 앞치마 가장자리에 닦아내고 속옷 자락으로 코를 풀었다……그리고 돈의 강가, 봄물에 잠긴 숲 건너편 모래언덕을 따라 카자흐들이—프리스토냐, 아니쿠시카, 판테레이 프로코피에비치, 스테판 아스타호프 등이—걸어가는 것이었다. 총 끝에 달린 칼에는 음식물을 담은 자루가 흔들렸다. 박하 향기처럼 아릿한 스텝의 노래가 바람과 바람의 틈새에 떠돌았다. 카자흐들 사이에서는 맥빠진 대화가 이어졌다. 마음은 즐겁지 않지만 그 대신에 배가 부르고 가뿐한 몸으로 걷고 있었다. 축젯날 전날 밤에 아내며 어머니가 그들을 취해 물을 데워 몸에 붙은 때를 씻어주고, 흡혈귀 같은 전쟁터의 이를 빗으로 긁어 주었다. 집에서 사는 대신, 사랑을 나누는 대신—지금은 죽음을 향해 떠나야만 했고, 그래서 그들은 지금 가고 있는 중이었다. 반란군으로 금방 동원된 십 육칠 명의 싱싱한 젊은이들은 장화나 단화를 벗고 따스한 모래 위를 걸었다. 그들은 까닭없이 기뻐하고 그들 사이에는 명랑한 애깃소리가 오갔으며 막 변성된 목소리로 노래를 부르기도 했다. 그들에게는 전쟁이 어린아이 놀이처럼 여겨져 마냥 신기해 했다. 처음에는 참호를 감추고 있는 언덕의 축축한 흙에 얼굴을 들어올리고 탄환의 신음소리에 귀를 기울였다. '애송이'—역전이 카자흐들은 그들을 이렇게 부르면서 참호를 파는 법, 사격하는 법, 행군중의 군용품 휴대 요령, 싸움터에서 몸을 숨기는 방법, 그리고 모닥불에다 이를 털어내는 요령과 발이 구두 속에서 '산책'을 하지 않고 피로를 느끼지 않도록 모르잔카(빌을 깁는 천)를 마는 요령까지 하나하나 가르쳐 주는 등 물정을 모르는 젊은이들을 교육시켰다. 그리고 적위군의 탄환이 그들을 명중시킬 때까지는 이 '애송이들'은 자신을 에워싼 전쟁의 세계를 참새처럼 깜박이는 눈으로 바라보고 또한 '빨갱이놈들'을 구경하고 싶다는 호기심에 끌린 나머지 참호 밖으로 머리를 내밀고 바깥쪽을 둘러보는 것이었다. 만약—치명상이라도 입게 되면 그 16살의 '군인 아저씨'는 전열에서 운반되고, 마침내 그에게 주어진 16년은 전혀 무익하게 되는 것이었다. 어린티가 보이는 큼직한 손과 오목한 귀를 갖고, 가는 목에 결후를 엿보이는 덩치 큰 어린이가 쓰러졌다. 그는 고향으로 실려가서 할아버지와 증조부가 썩어 흙이 된 묘지에 파묻혔다. 어머니는 놀라 손바닥으로 땅을 치고 그를 맞아들였다. 그리고 언제까지나 죽은 아들 생각에 목을 쥐어짜며 울부짖었다. 이윽고 묘지의 흙이 마를 무렵에는 어머니로서의 끝없는 탄식으로 말미암아 부쩍 나이를 먹고 대지 위로 허리가 꼬부라져 교회를 다니며 '죽임을 당한 내 아들 바뉴시카'나 '쇼므시카'의 명복을 빌게 되는 것이다.

탄환이 죽지 않을 정도로 마뉴시카나 쇼므시카를 물어뜯었을 때—그때 비로소 전쟁의 무자비함을 절실히 느끼는 것이다. 거무스름한 솜털에 덮인 그의 입술은 일그러지고 '군인 아저씨'는 토끼처럼 어린 목소리로 부르짖는다—"어머니!"—그리고 눈물이 줄줄 그의 눈에서 흘러내리는 것이다. 구급차는 길도 아닌 울퉁불퉁한 땅 위로 달려 그의 몸을 흔들어 상처를 더욱 쑤시게 한다. 능숙한 위생병은 탄환이나 파편의 상처를 닦아주고 웃으면서 어린애를 달래듯이 위로한다—"고양이야, 아파라, 까치야, 아파라, 그래서 바뉴시카의 아픔을 낫게 해대오." 하지만 '군인 아저씨'인 바뉴시카는 눈물을 흘리며 집으로 돌려보내달라고 애원하고 어머니를 부르는 것이다. 그러나 만약 상처가 나아서 다시 부대로 돌아오게 되면 그는 그때야말로 철저하게 전쟁을 이해하게 된다. 2주일 가량 전쟁터에서 지내며 크고 작은 전투를 거치다 보면 마음은 싸늘하고 딱딱하게 굳는다. 그리고 놀라운 것은 어느 사이에 적위병 앞에 딱 버티고 서서 땅바닥에다 침을 뱉으며 변성한 베이스로 으스대면서 심문을 하는 것이다.

"이놈의 새끼, 잘 잡혔다. 뭐, 토지를 차지하겠다구? 평등? 네놈은 틀림없이 빨갱이 당원이지? 실토해, 개새끼!"

그리고 '카자흐풍의 담력'을 보여 주려고 총을 들고 적병을—이 세상에서 삶을 받아 소비에트 정권을 위해, 공산주의를 위해, 그리고 앞으로 영원히 지상에 전쟁이 일어나지 않게 하기위해 싸우다가 돈 땅에서 죽어가는 자를 죽이는 것이다.

그리고 그 적위병의 어머니는 모스크바 어느 현 한구석 광대한 소비에트 러시아의 이름도 없는 한 촌에서 아들이 '지주와 자본가의 속박으로부터 근로 대중을 해방시키기 위한 백위군과의 전투에서 전사했음……' 이라는 통보를 받고 통곡을 하며 눈물을 흘리는 것이다. 어머니의 심정은 몸을 불사르는 것 같은 고뇌에 에워싸이고 그 눈은 솟구친 눈물로 흐려진다. 그리고 그녀는 지난날 태내에서 기르고 피와 고통 속에서 길러 낸 그 자식, 생판 모르는 돈의 어느 변방에서 적의 손에 의해 쓰러져간 그 아들의 일을 죽을 때까지 끊임없이 생각하는 것이다……

전선을 버리고 귀향하던 타타르스키의 보병 부대 반 개 중대가 진군을 하고 있었다. 드넓은 모래밭, 빨갛게 이글거리는 버드나무 숲을 걸어갔다. 젊은이들은 밝고 구김살이 없었다. 농담삼아 '촌무사'라는 별명으로 불리우는 노인들은 한숨을 내쉬고 눈물을 감췄다. 밭을 갈고 가래질을 해서 씨앗을 뿌려야 할 시기가 다가오고 있었다. 대지는 그들을 부르고 있었다. 밤낮으로 불러댔다. 하지만 지금은 싸워야만 했다. 낯선 부락에서 강요받은 무위를 위해 공포와 궁핍과 외로움으로 시들어가야 했다. 수염이 무성한 얼굴에 눈물이 밴 것도 그 때문이었다. 그들이 이맛살을 찌푸리고 걷는 것도 그 때문이었다. 누구랄 것도 없이 모두가 버리고 온 농사에 대한 것을, 가축을, 산을 떠올렸다. 무슨 일에나 남자의 손이 필요했다. 한 집안의 주인이 없어서는 아무 일도 되지 않았다. 사실 여자들에게 무슨 책임을 지게 할 수 있다는 말인가? 토지는 메마르고 씨 뿌리는 일도 끝내 못해 내년은 굶주림으로 고통받을 것이었다. '가업에는 젊은 아낙네보다 노인이 더 낫다'—속담에 이런 말이 있는 것도 결코 무의미한 말은 아니다.

노인들은 모래땅을 잠자코 걸었다. 한 젊은이가 토끼를 발견하고 총을 쏘았을 때만은 활기를 띠었다. 탄약을 낭비했다고 해서—탄약을 낭비한다는 것은 반란군 사령관의 명령에 의해 엄중히 금지되어 있었다—노인들은 그 젊은이에게 벌을 주기로 했다. 젊은이에게 분노를 터뜨리고 채찍을 후려쳤다.

"40대 쳐라!"

판테레이 프로코피에비치가 소리 쳤다.

"그건 너무 많아!"

"그렇게 했다가는 주저앉고 말 텐데……"
"16대!"
프리스토냐가 목청을 돋우었다.
 짝수인 16대로 결정됐다. 실수를 한 젊은이는 모래 위에 앉아 바지를 내렸다. 프리스토냐가 흥얼거리며 기다란 나뭇가지를 칼로 내리쳤다. 그리고 아니쿠시카가 매를 때렸다. 다른 사람들은 둘러 앉아 담배를 피웠다. 그 일이 끝나자 다시 걸음을 재촉하기 시작했다. 맨 뒤에서 벌을 받은 젊은이가 눈물을 닦으면서 바지를 끌어올리고 비틀비틀 걸어왔다.
 모래땅을 지나 잿빛 땅에 이르자, 이내 부드럽게 이야기가 오가기 시작했다.
 "이것봐, 이 토지를 보라구. 주인이 오기를 목마르게 애타하고 있잖나. 그런데 주인은 틈이 없으니…… 까닭도 모른 채 언덕으로 끌려다니며 전쟁을 일삼고 있으니."
 한 늙은이가 메마른 밭을 가리키며 한숨을 내쉬었다.
 "지금이 바로 밭을 갈 시기인데……"
 "소를 끌고 왔더라면 좋았을걸."
 "앞으로 사흘 뒤면 이미 씨 뿌릴 시기를 놓치게 되네."
 "우리 부락은 아직 빨라."
 "하기야 돈 옆 벼랑 위에는 아직 눈이 있을 테니까."
 이윽고 점심식사 때가 됐다. 판테레이 프로코피에비치가 채찍을 맞은 젊은이에게 응유(凝乳)를 꺼내주었다—그는 그것을 자루에 담아 소총 끄트머리에 매달고 왔다. 그리고 도중 내내 응유방울이 길바닥에 떨어졌다. 아니쿠시카가 그것을 보고 웃으면서 그에게 말을 걸었다.
 "프로코피에비치, 자네가 걸어간 흔적은 한눈에 보이는군. 자네 뒤에는 암소가 걸어간 흔적처럼 침방울이 흘러 있거든."
 노인은 젊은이에게 응유를 주고 진지하게 말했다.
 "넌 늙은이들의 처사를 원망하면 못쓴다, 알겠냐? 매를 맞았다고 해서 말이야. 그게 뭐 그리 대단한 일이냐."
 "노인께서도 한번 당해 보십시오. 판테레이 할아버지, 당해 본 사람만이 남의 사정을 알 수 있다구요."

"난 너보다 더 심하게 매를 맞은 적도 있다."
"더 심했다구요?"
"그렇잖구. 더 심했지. 거짓말이 아니야. 옛날에는 그 정도가 아니었어."
"그 정도가 아니었다고요!"
"그렇다니까, 우리 아버지에게 몽둥이 찜질을 당한 적이 있었어. 그래도 말짱하게 낫던걸."
"몽둥이라고요!"
"그렇다니까, 이 머저리야! 우유를 마시다가 그렇게 내 입만 쳐다보면 어쩌냐? 우유 숟가락에 손잡이가 없군! 이 돌대가리! 오늘 맞은 것으로는 모자란 모양 아니냐?"

점심을 먹고 나니 술에 취한 듯이 몸이 풀렸다. 그래서 잠시 낮잠을 자기로 했다. 모두가 태양에 등을 돌리고 눕자마자 고른 숨소리를 내며 단잠에 빠졌다. 그리고 나서 다시는 도로를 지나가지 않고 재작년의 밀밭 그루터기를 밟으면서 갈색 광야를 똑바로 뚫고 나아갔다. 코프타 또는 외투를 입은 사람, 직조 상의 또는 가죽으로 된 반외투를 입은 사람, 장화 또는 흰 양말 밑으로 바지 끝을 밀어넣고 단화를 신은 사람, 그리고 아무것도 신지 않은 사람이 걸어갔다. 총검 끄트머리에는 식량 꾸러미가 매달려 흔들렸다.

카자흐들이 집에서 부대로 돌아가고 있는 이 같은 모습에는 용감한 구석이라곤 전혀 없었다. 그래서 그런지 종달새조차도 파란 하늘바다에서 지저귀기를 멈추고 지나가는 그들의 언저리 풀 속으로 내려앉았다.

그리고리 멜레호프는 부락에서 카자흐의 모습을 하나도 볼 수가 없었다. 아침이었다. 그는 이제 제법 자란 미샤토카에게 돈강으로 가서 말에게 물을 먹이고 오라고 일렀다. 한편 자신은 나탈리야와 함께 그리샤카 노인과 장모를 방문하러 집을 나섰다.

"그리셴카, 그리고리에비치가 안 계시니 우린 모든 일이 끝장난 것만 같아! ……우리 집 밭일은 누기 해줄지 모르겠어. 씨앗만 헛간에 잔뜩 쌓여 있지 도대체 사람이 있어야 말이지! 여보게! 우린 외토리가 되고 말았어. 어느 누구도 찾아오는 사람이 없으니 말이야. 모두가 우리를 본 체 만 체하고 생판 모르는 사람 취급을 한다니까! 봐! 우리 집 꼴이 어떻게 되어가고 있는지! ……모든 일에 힘이 닿지 않는 걸 어떻게 할지……"

집안은 확실히 쇠퇴일로를 걷고 있었다. 소가 멋대로 가축우리 울타리를 부숴놓았다. 여기저기에 가래가 내팽개쳐져 있었다. 해빙기의 물에 씻긴 헛간 흙담은 무너진 채였다. 탈곡장 울타리는 망가져 있고 마당은 어수선하게 청소가 되지 않은 채였다. 헛간 처마 밑에는 녹슨 탈곡기가 세워져 있고 그 옆에는 낫이 뒹굴고 있었다……여기저기에서 황폐와 혼란의 자국을 볼 수 있었다. '주인이 없어졌다고 이렇게 갑작스레 흉한 꼴이 되다니……'—그리고리는 코르슈노프네 집을 둘러 보면서 쓸쓸하게 이런 생각을 했다.

그는 집 안으로 돌아왔다.

나탈리야는 낮은 소리로 친정어머니와 얘기를 하다가 그리고리를 보고는 아양을 떠는 듯한 미소를 떠올렸다.

"어머니의 부탁인데, 그리샤……밭에 좀 나가보는 게 어떻겠어요? ……집 일도 해야겠지만 우리 친정집 씨뿌리기를 좀 도와 주세요."

그리고리는 장모에게 물었다.

"꼭 씨를 뿌려야 됩니까? 헛간에 밀이 차득 쌓여 있을 텐데요."

루키니치나가 손뼉을 탁 쳤다.

"그리센카? 그럼, 밭이 무슨 꼴이 되지? 죽은 우리 주인양반은 씨뿌릴 땐 세 차례나 밭갈이를 했는걸."

"땅이 어떻게 된다고 그러세요? 쉬게 내버려 둬도 괜찮아요. 올해도 죽지 않고 살아있으면 씨뿌리기쯤은 얼마든지 할 수 있을 텐데요, 뭘……"

"무슨 말인가. 밭만은 내버려 둘 수가 없잖은가?"

"조금만 기다리세요. 전선이 멀어질 때까지만요. 그때 가서 시작해도 상관없지 않습니까?"

그리고리는 장모를 설득하려 했다.

그러나 루키니치나는 끝까지 자기 생각을 우기며 그리고리에게 화를 내기까지 했다.

"괜찮네, 자넨 잠시도 틈이 없는 모양이니까. 그게 아니면 우리 집 일에 손대고 싶지 않은지도 모르겠고……"

"도와드릴 겁니다! 내일 우리집 씨뿌리는 일만 끝내면 처가댁 밭일을 해 드리겠습니다……그런데 그리샤카 할아버지는 안녕하신가요?"

루키니치나는 얼굴을 빛내며 기뻐했다.
"이런 고마울 데가! 씨앗은 오늘 중으로 꺼내놓으라고 그리파시카한테 일러놓겠네…… 할아버지 말인가? 여전히 건강하시긴 하지만 머리가 멍해진 것 같아. 밤낮으로 꼼짝 않고 앉아서 성서만 읽고 계신다네. 가끔씩 뭔가 이야기를 하시긴 하지만 도무지 알아들을 수가 있어야지. 자네만 괜찮다면 할아버지 거처에 들러 보려나. 지금 방에 계실 걸세."
나탈리야야의 오동통한 볼에 한 줄기 눈물이 흘러내렸다.
"방금 할아버지에게 다녀왔어요. 글쎄 이러시잖아요. '이 왈가닥 아가씨야! 얼마 만이냐. 그동안 얼굴 한번 안 내밀다니, 그럴 수 있느냐? 이 할애비는 얼마 안 있으면 죽는다. 나타류시카……저 세상에 가면 하느님께 내 귀여운 손녀를 잘 부탁드려야겠다. 흙속에 묻히고 싶구나, 나타류시카…… 흙이 나를 부르고 있다. 목숨이 다한 모양이야!'라구요."
그리고리는 방 안으로 들어갔다. 향 냄새와 곰팡이 썩는 냄새, 그리고 늙은이의 불결한 몸냄새가 그리고리의 코를 강하게 자극했다. 그리샤카 노인은 여전히 빨간 단추가 달린 군복을 입고 난로 위에 앉아 있었다. 바지는 깔끔하게 기운 자국이 보였고 털실 양말도 기워져 있었다. 노인의 시중은 다 자란 그리파시카가 맡았다. 그리고 그녀는 지난날의 나탈리야처럼 세심한 마음씨와 애정으로 노인의 시중을 들었다.
그리샤카 노인의 무릎 위에는 성서가 놓여 있었다. 녹청색 테에 끼워진 안경 너머로 그는 그리고리를 쳐다보더니 잇몸을 드러내고 웃음을 띠었다.
"군대에 있다구? 부상은 입지 않았나? 하느님이 지켜 주신 덕택이야. 고맙군. 어서 앉아."
"기력은 여전하십니까, 할아버지?"
"뭐라고?"
"기력은 여전하시냐구요?"
"별말을 다 묻는구먼! 내 나이에 무슨 기력이 있겠나! 나는 백살이 다 된 사람이 아닌가. 오래 살았지. 금빛에 기운이 펄펄 넘치던 시절이 바로 엊그제 같은데. 어느 날 잠을 깨고 보니 요 모양으로 꼬부라졌지 뭔가! …… 한평생은 여름날의 번개처럼 반짝 빛난다 싶으면 그걸로 끝이야……몸은 쇠약해 있고……관은 진작에 헛간에 갖다 놓았는데 아무래도 하느님이 날 깜박 잊으신 것 같네. 난 때로 하느님께 이런 기도를 하지—'당신의 종 그리고리에게 자비를 베풀어 주옵소서! 제 몸은 이 세상에서 짐이오, 이 세상도 제게 짐이 된 지 오래입니다'라고."

"더 오래 사셔야지요, 할아버지. 치아도 튼튼하지 않습니까."

"뭐라고?"

"아직 치아가 남아 있지 않습니까."

"치아라고? 머저리 같으니라고!"

그리샤카 노인은 역정을 냈다.

"혼은 육신을 버리려 하고 있는데 치아가 그 혼을 만류할 수 있는 줄 아나……그런데 자네 군대는 계속 싸움질만 하고 있나?"

"그러믄요."

"우리 미츄시카는 퇴각했다던데 고생이 심하겠지?"

"그럴 테지요."

"그래서 하는 소리라네, 무슨 까닭으로 전쟁을 하나? 하기야 자네들도 모를 거야! 모든 것이 하느님의 지시에 따라 움직이고 있으니까. 우리 미론은 어째서 죽은 줄 아나? 하느님의 명령을 거역했기 때문이야. 임금님께 반항하고 민중에게 폭동을 일으키게 했기 때문이지. 그리고 임금님은 누구나—하느님이 택하신 분이지. 가령 그리스도께 반대한 자라 할지라도 하느님께서 택하신 분임에는 틀림없어. 난 그때 미론에게 말했지—'미론! 카자흐에게 폭동을 선동하지 마라. 임금님께 반항하면 못써, 벌을 받게 돼!' 그랬더니 그녀석이 나한테 이러지 않겠나. '나는 더이상 참을 수가 없어요! 일어서야만 한다구요. 이놈의 정부를 뒤집어엎어야 해요. 놈들은 우리를 거지로 만들려고 하거든요. 이제껏 사람답게 살아왔는데 이제 와서 거지가 될 수는 없잖습니까?' 칼 쓰기를 즐겨하는 자는 칼로 망한다는 말이 옳아. 모두들 야단들이라지? 그리샤, 자넨 장군이 되었다고? 사단을 지휘하고 있다는게 정말인가?"

"그렇습니다."

"지휘를 한다고?"

"그러믄요."

"그럼, 견장은 어디에 됐나?"

"우린, 그런 건 모두 폐지해 버렸어요."

"저런, 폐지했다니? 그럼, 누가 자네를 장군으로 알아보겠나? 옛날의 장군들은—보기만 해도 좋았어. 살이 통통하니 찌고, 배는 튀어나오고, 당당한 모습이었지! 그런데 자넨 뭐야……넝마 같은 외투쪼가리나 걸치고 있을 뿐 수술 달린 견장은 찾아볼 수도 없으니 말이야. 금줄도 없고, 이만 득실거리고 있을 테지."

그리고리는 큰 소리로 웃어젖혔다. 그러나 그리샤카 노인은 흥분하여 계속 말을 이었다.

"웃긴 왜 웃어, 창피한 줄도 모르고! 많은 사람을 죽이고 임금님께는 반역을 저질렀으니 얼마나 큰 죄를 짓고 있는 줄 알아? 그런데도 이를 드러내고 웃을 수 있는가 말이야! 성서에서 말세가 다가왔다고 한 것은 바로 지금을 두고 한 말이야. 들어봐. 내가 예언자 에레미야의 말씀을 들려줄 테니……"

노인은 노란 손가락으로 성서의 빛바랜 페이지를 한 장씩 넘기면서 천천히 읽었다. 그러나 슬라브어를 모르는 그리고리는 한 마디도 알아듣지 못했다.

"그리샤카 할아버지! 러시아어로 고쳐서 읽어 주십시오."

그리고리가 도중에 그렇게 말했는데도 노인은 입술을 우물거리며 계속 읽었다.

한참을 그렇게 읽더니 성서를 덮고 페치카 위에 드러누웠다.

'인간이란 모두 저렇게 되는 것일까.' 그리고리는 노인의 방에서 나오면서 생각했다. '젊어서는 난폭하게 굴고 폭음을 하고 그 밖의 나쁜 짓을 저지른 주제에 앞으로 살 날이 얼마 안 남아 저처럼 신에게 매달리다니. 못된 짓을 많이 저지른 사람일수록 더 그렇다니까. 가령 저 그리샤카 노인만 해도 그렇지 않은가.'

들은 바에 따르면 젊었을 때, 제대를 하고 돌아오기가 바쁘게 부락의 여자란 여자는 모두가 할아버지를 찾아기 올고불고했다는 것이었다. 그녀들은 모두 할아버지의 여자였다고 했다. 그런데 지금은……

'하지만 나는 만약 늙어 꼬부라질 때까지 오래 산다고 해도 성서 따윈 절대로 읽지 않을 거다.'

그리고리는 그리샤카 노인과 나누었던 얘기와 성서의 불가해하고 신비로운 '말씀'을 생각하면서 걸어갔다. 나탈리야도 마찬가지로 말이 없었다. 이번 귀성 때 그녀는 여느 때와 달리 쌀쌀한 태도로 남편을 대했다—그리고리가 카르긴스카야 마을에서 방탕을 일삼고 여러 여자와 관계를 했다는 소문이 그녀의 귀에까지 들려 왔는지도 모를 일이었다. 그가 돌아온 날 밤, 그녀는 남편을 위해서 침대에 잠자리를 펴놓았지만 자신은 외투를 뒤집어쓰고 궤짝 위에서 잠을 잤다. 그러나 비난의 말은 한 마디도 입에 담지 않았고 아무것도 묻지 않았다. 그리고리 역시 여태껏 둘 사이에 한 번도 없던 냉대의 원인을 당장은 그녀에게 묻지 않는 편이 좋겠다고 생각하고 밤새껏 침묵을 지켰다……

두 사람은 간격을 둔 심정으로 말없이 인적 없는 한길을 걷고 있었다. 남쪽에서 따뜻한 바람이 어루만지듯이 불어왔다. 서쪽 하늘에는 봄답게 희고 두터운 구름이 무리지어 떠 있었다. 설탕 같이 새하얀 구름 꼭대기는 소용돌이치면서 모습을 바꾸기도 하고, 부풀어올라 첩첩이 겹치면서 돈 너머의 풀빛 산 가장자리를 뒤덮었다. 때때로 뇌성이 꼬리를 물고 울려 왔다. 그리고 터지기 시작한 나무들의 봉오리와 향기와 눈녹은 대지의 흑토 냄새가 온 부락 안에 생생하고 부드럽게 감돌았다. 해빙기의 물이 넘쳐흐르는 파란 돈강의 흐름 위에서 등이 흰 파도가 춤을 추었다. 남동풍은 생기를 회복시켜 줄 듯이 촉촉한 습기와 눅눅한 나무와 썩은 나뭇잎의 쓸쓸한 냄새를 실어날랐다. 씨앗이 뿌려지기를 기다리는 경작지는 검은 빌로드의 천조각처럼 널려 아지랑이를 피어올렸다. 고요히 흩어져 가는 안개가 돈 언저리의 산 위에 끼었다. 바로 길 위에서 종달새가 귀가 따갑게 지저귀고, 길 위로 뛰어가는 다람쥐가 높은 소리로 울었다. 그리고 헤아릴 수 없을 만큼 비옥하고 풍부한 생명력으로 숨쉬고 있는 이 세계 전체를 자랑에 넘친 높은 태양이 내려다보고 있었다.

부락 중간쯤까지 오자 작은 기슭에 걸린 다리 밑에서—그 밑에서는 어린 아이의 즐거운 옹알이처럼 속삭이는 눈녹은 산수가 줄기차게 돈을 향해 치닫고 있었다—나탈리야는 걸음을 멈추었다. 그러고는 그리고리에게 얼굴을 보이지 않으려고 몸을 굽힌 다음 구두끈 매는 시늉을 했다. 그리고 물었다.

"당신, 왜 말이 없어요?"

"당신하고 꼭 해야 할 말이 있다는 건가?"

"있고말고요…… 카르긴스카야 마을에서 술독에 푹 빠져 있었다는 얘기라든가 여자하고 …… 재미 본 얘기라도 들려주지 않고……"

"그럼, 당신 이미 알고 있었군……"

그리고리는 담배갑을 꺼내 담배를 말았다. 그리고 깊숙이 연기를 들이마시고 나서 거듭 물었다.

"누구에게서 들었소?"

"누구고말고가 어디 있어요. 온 부락이 다 아는 사실인데."

"다 아는 사실을 왜 새삼 얘기하라는 거야?"

그리고리는 잰걸음을 걸었다. 사이가 뜬 그의 발소리와 그 뒤를 급하게 따라가는 나탈리야의 굽 있는 구둣발 소리가 다리 위를 지나 투명한 봄의 정적 속에서 또박또박 울렸다. 다리를 건너서도 나탈리야는 쏟아지는 눈물을 닦아내면서 말없이 걷다가 이윽고는 터져나오려는 눈물을 가까스로 참고서 그에게 물었다.

"다시 옛날로 되돌아갈 생각인가요?"

"그만둬, 나탈리야!"

"당신 너무해요. 끝이 없군요! 왜 또 다시 날 괴롭히려는 거예요?"

"그런 소문엔 되도록 귀막는 편이 좋아."

"당신 입으로 실토했으면서 뭘요!"

"아무래도 실제보다 튀긴 얘길 들은 것 같군. 확실히 당신에게는 미안한 일이지만…… 그것도 이런 생활의 죄라고 할밖에. 나타시카……언제나 죽느냐 사느냐의 막다른 골목만을 걷다 보면 그렇게 되는 거야. 외도를 전혀 안할 수가 없지……"

"애들도 저렇게 컸는데! 그따위 짓이나 하고, 정말이지 양심에 부끄럽지도 않아요!"

"뭐, 양심이라구!"

그리고리는 새하얀 이를 드러내고 소리내어 웃었다.

"그런 건 생각하는 것조차 잊어버렸어. 생활 전체가 벼랑에 선 이 마당에 양심이고 나발이고 있을 게 뭐야……사람이 사람을 서로 죽이는 판국인데……도무지 알 수가 없어. 무엇 때문에 이런 소동이 일어났는지……어떻게 설명해야 당신이 알아들을까? 아마 당신은 모를 거야! 지금 당신 마음속에는 오직 여자로서의 집념만이 불타고 있을 테니까 내 가슴속이 어떻게 병들어 있으며 얼마나 피가 마를 것 같은지 당신은 짐작도 할 수 없을 거야. 그래서 난 술을 퍼마시게 됐어. 요전에도 심한 발작을 일으켰지. 심장이 갑자기 뚝 멎어버리더라니까. 온몸이 쑤시고 말이야……"

그리고리는 어두운 얼굴로 가슴 깊은 곳에서 끌어올리듯이 고통스럽게 말했다.

"난 괴로워. 그래서 나는 틈만 있으면 내 자신을 잊으려고 하는 거야. 술이나 여자나……잠깐! 내 말을 좀더 들어봐. 난 지금 가슴이 아프고 괴로워 못 견디겠어. 내내 피를 토하고 있는 심정이야……모든 게 잘못되어 있어. 그것이 내 자신의 죄 때문인지도 모르지만……지금 당장 빨갱이에게 붙어 카데트에게 대항하는 편이 나을까. 어떻게 하라는 거야? 누가 우리를 소비에트 정부에게 데려다 줄 수 있겠어? 우리 모두가 받은 모욕을 누가 보상을 해준다는 거야? 카자흐의 반수는 도네츠 너머로 달아나버렸지만 여기에 남은 자들은 미치광이처럼 발밑의 흙을 씹고 있어……나타시카……내 머릿속의 모든 것이 뒤죽박죽이 되어버렸어……아까 그리샤카 할아버지가 성서를 읽어 줄 때 말하더군. '우리가 잘못을 저질렀다, 반란을 일으키는 게 아니었다'고. 당신 집안어른에 대해 좋지 않게 말해서 안됐지만."

"할아버진 정말 머리가 멍해진 거예요. 이젠 당신 차례예요."

"그것 봐, 당신은 뭐든 그런 식으로밖에 생각하지 않고 있어……좀더 다른 쪽으로 생각 해 볼 생각은 하지도 않고……"

"그러지 말아요. 실컷 추잡한 짓을 하고 나서 이젠 모든 걸 전쟁 탓으로 돌리는군요. 남자란 모두가 다 그런가요? 정말이지, 당신 덕택으로 내가 얼마나 심한 고통을 받는 줄 알기나 해요? 차라리 목을 따고 죽지 못하게 한 이라구요."

"이 이상 당신하고 입씨름할 건덕지는 없어졌어. 괴롭거든 큰 소리로 울면 될 게 아닌가. 눈물은 언제나 여자의 슬픔을 달래 주니까. 하지만 난 당신을 위로해 줄 수 있는 인간이 못 돼. 난 남의 피를 뒤집어쓴 생활을 하고 있기 때문에 아무에게도 동정을 느끼지 못하게 돼버렸어―아이들조차도 가엾다는 생각은 거의 들지 않는다구. 전쟁이 내 속에서 모든 것을 빼앗아간 거야. 난 나 스스로도 무서운 인간이 되고 말았어. 아……내 마음속을 보여주고 싶어. 텅 빈 우물 속같이 새까맣게 타 있을 거야……"

두 사람이 집 앞에 닿았을 때 빠르게 지나가던 잿빛 구름에서 굵은 빗방울이 떨어지기 시작했다. 그것은 길 위에 태양의 향기가 스민 가벼운 먼지를 때려눕히고 집의 지붕에서 뚝뚝 소리를 내며 상쾌함으로 몸을 떨 것 같은 시원한 공기를 몰아붙였다. 그리고리는 외투 단추를 끄르고 한쪽 옷자락으로 느껴우는 나탈리야를 감싸안았다. 생기에 넘치는 봄비를 고스란히 맞으면서 두 사람은 한 외투 속에서 몸을 꼭 붙이고 집 안으로 들어갔다.

저녁때. 그리고리는 가축우리에서 경복기(耕覆機)를 수리했다. 반란의 날 이래, 타타르스키에서 유일한 대장장이였던 세몬 츄군의 열 다섯 살 난 아들이 그런 대로 멜레호프가의 낡은 가래를 잘 들도록 갈아 주었다. 밭농사 준비는 완전히 갖춰졌다. 암소들은 토실토실 살이 쪄 겨우살이를 한 우리 안에서 나왔다. 마른풀은 판테레이 프로코피에비치가 미리부터 준비를 해두어서 충분했던 것이다.

그리고리는 이튿날 아침, 들에 나갈 차비를 했다. 일리니치나와 두냐시카는 들일을 나갈 그리고리의 도시락을 일찍 만들어 놓으려고 잠들기 전부터 아궁이에 불을 붙였다. 그리고리는 닷새 내내 일을 했다. 자기네 밭과 장모네 밭에다 씨를 뿌리고 오이밭과 해바라기밭을 갈며 나중에라도 씨앗을 뿌리게 하려면 아버지를 부대에서 불러들여야겠다는 생각을 했다.

집안의 굴뚝에서는 보랏빛 연기가 피어올랐다. 완연한 처녀티가 나는 두냐시카가 땔감으로 마른 나뭇가지를 주우려고 이리저리 마당 안을 뛰어다녔다. 그리고리는 그녀의 싱싱한 몸매를 바라보면서 슬픔과 분노를 느꼈다.

'훌륭하게 자랐다! 인생은 준마처럼 빠르구나. 두냐시카가 코흘리게 어린 아이였던 때가 엊그제 같은데. 쥐꼬리같이 귀엽게 딴 머리를 등어리에 대롱거리면서 다녔었는데. 그런 아이가 어느새 시집을 갈 만큼 자랐구나. 한편 내 머리에는 벌써 흰 머리가 생겼다. 모든 것이 내게서 떠나려 하고 있어……그리사가 노인이 일생이 여름날의 번개처럼 순식간에 지나긴다고 한 말은 정말 옳아. 이 세상에서 사람이 사는 세월은 참으로 짧아. 그런데 그 짧은 시간마저도 빼앗기고 있으니……이렇게 살아갈 양이면 차라리 빨리빨리 지나가버리는 게 낫겠어! 죽일 테면 어서어서 죽이는 편이 나을 텐데……'

다리야가 그의 옆으로 다가왔다. 그녀는 페트로가 죽은 뒤, 놀랄 만큼 꿋꿋하게 일어섰다. 처음 얼마 동안은 슬픔으로 얼굴빛이 바래고 갑자기 늙어 버린 것 같았을 정도였다. 그러나 봄의 미풍이 불고 태양이 포근하게 비치기 시작하자—다리야의 탄식도 녹아가는 눈과 함께 사라졌다. 그녀의 갸름한 얼굴에는 분홍빛이 돌고 희미했던 눈동자가 반짝반짝 빛나기 시작했다. 걸음걸이에도 허리를 흔들면서 걷는 지난날의 경쾌함이 나타났다……옛날 버릇이 되살아났다. 가느다란 눈썹 가장자리는 거무스름하게 테를 두르고 볼은 윤기로 빛나기 시작했다. 농담을 하기도 하고 음탕한 얘기를 하여 나탈리야를 어리둥절하게 하는 취미도 되살아났다. 뭔가를 기다리는 마음을 생각나게 하는 미소도 날이 갈수록 더욱 강하게 그녀의 입술에 떠올랐다……살고 싶다는 희망이 승리를 차지한 것이었다.

그녀는 그리고리의 옆으로 다가와 미소를 띠고 걸음을 멈추었다. 그녀의 아름다운 얼굴에서 황홀한 오이 향기의 포마드 냄새가 풍겨 왔다.

"뭔가 도울 일은 없나요, 그리센카?"

"도움받을 일은 없어요."

"어쩜, 과부가 된 나에게 이처럼 쌀쌀하게 굴 수 있어요? 아직껏 한 번도 웃는 얼굴로 대하지 않으니 말예요."

"식사준비나 해주세요. 쓸데없는 소리 작작하고!"

"그럴 필요는 없는걸요!"

"나탈리야의 일손을 도와 주면 되지 않소. 저것 봐요. 미샤토카가 흙투성이가 되어 뛰어다니고 있군."

"성가시게 굴지 말아요! 당신의 그 많은 아이들을 하필이면 내가 떠맡아서 일일이 챙겨줘야 하나요? 딱 질색이라구요! 당신의 나탈리야는 애를 너무 많이 낳았어요. 앞으로도 열 명쯤은 더 낳게 될걸요. 그 애들을 모두 내 손으로 씻겨야 한단 말예요?"

"이제 그만 지껄이고 저쪽으로 가요!"

"그리고리 판테레에비치! 당신은 지금 이 부락의 모든 여자에게 단 하나뿐인 카자흐예요. 그렇게 뻣대지 말고 하다못해 먼 발치에서나마 당신의 근사한 그 검은 수염이라도 우러러보게 해줘요."

그리고리는 웃음을 터뜨리고 땀에 젖은 머리카락을 쓸어올렸다.

"끈질기군! 페트로는 당신 같은 여자하고 용케도 잘 지냈어……당신이 억지로 얽어매어 헤어질 수가 없었겠지만."

"걱정도 팔자라니까!"

다리야는 화를 내는 것 같았으나 이내 가늘게 뜬 눈으로 그리고리를 바라보더니 일부러 놀란 표정을 하고 집 쪽을 돌아보았다.

"어쩐지 나탈리야가 나올 것만 같은데요……동서는 질투가 심하잖아요. 오늘도 점심을 먹을 때, 내가 당신을 흘깃 쳐다봤더니 단박 얼굴빛이 달라지지 뭐겠어요. 그런데 어제 젊은 댁들이 이런 말을 하지 뭐예요. '대체 무슨 권리로 남자들이라곤 없는 이런 때에 당신네 그리시카는 휴가를 받고 집에 와 마누라 옆에서 꼼짝도 않는다며? 대체 우리더러 어떻게 살라는 거야? 가령 그리시카가 상처투성이가 됐든, 전에 비해 절반밖에 안 남았든 우린 감지덕지해서 달라붙을 텐데……그 사람에게 말 좀 해요. 밤에는 동네 안을 걸어다니지 말라고. 안 그랬다간 우리 손에 붙잡혀서 혼구멍이 날 테니까!' 이러잖아요. '걱정 마슈, 우리 집 그리샤는 딴 부락선 무슨 짓을 저지를지 모르지만 일단 집에 돌아오면 나탈리야의 치맛자락에 매달려 떨어질 줄을 모르니까. 요즘엔 마치 성인군자가 된 것 같다구요……' 내가 이렇게 말해 줬어요."

"정말이지 어이가 없군! 당신의 혓바닥은 마치 빗자루 같군."

화를 내지 않고 그리고리는 웃었다.

"하기야 그럴 테죠. 당신의 나타셴카는 그림으로 그린 것처럼 예쁘고 정결하겠죠. 그렇지만 어제 당신에게 대들 때는 어땠죠? 당신 같은 수캐에게는 그래야 한다구요. 당신은 어차피 바람둥이가 될 수는 없겠죠."

"이제 그만 해요……그만 가보슈. 다시카, 남의 일에 끼어들지 말고."

"참견하려고 해서가 아니에요. 나탈리야는 바보라구요. 남편이 돌아왔는데도 그 여잔 싸구려 사탕처럼 퍼져서 궤짝 위에서 잠을 자지 않나……나 같으면 남자를 떠다밀진 않을 텐데! 나에게 와요……난 당신 같은 무시무시한 용사라도 기진초풍하게 힐 수 있다구요."

다리야는 소리를 내어 웃으며 당혹해서 씁쓸한 얼굴로 있는 그리고리를 몇 번이고 뒤돌아보며 집 안으로 걸어갔다.

'페트로 형은 죽길 잘했어!'—그리고리는 이내 기분을 돌리려고 했다. '저

건 다리야가 아니다. 악마야! 어차피 저 여자 때문에 수명대로 살지 못했을 거야!'

47

바품트킨 부락에서는 마지막 등불도 꺼지고 말았다. 얇은 얼음막을 친 추위가 살짝 웅덩이를 덮었다. 부락 끝 어딘가의 목장 언저리 밭 위에 학떼가 하룻밤을 보내기 위해서 날아왔다. 그 지친 울음소리를 북동에서 불어오는 미풍이 부락 쪽으로 실어날랐다. 울음소리는 4월 한밤의 마을을 감싼 정적에 부드러운 음영을 던지며 한층 더 그것을 북돋아 주었다. 과수원에서는 그림자가 더욱더 짙어졌다. 어딘가에서 소 울음소리가 들려 왔다. 이윽고 완전한 고요 속으로 빠져들었다. 반 시간 가량 아무 소리도 들리지 않았다. 때때로 그것을 흐트려놓는 것이라곤 밤 하늘을 가로지르는 도요새의 외로운 울음소리와 숱한 오리의 날갯소리뿐이었다. 오리떼는 봄의 홍수로 넘친 돈의 드넓고 풍성한 관수지(灌水地)를 향하여 재빨리 헤엄쳐갔다. 그러다가 얼마쯤 지나 사람의 음성이 들리고 담뱃불이 빨갛게 보이더니 말의 콧바람과 발굽에 짓밟히는 언 진흙소리가 들려 왔다. 부락에는 제6독립 여단의 카자흐 반란군 2개 중대가 주둔해 있었는데, 그 정찰대가 돌아온 것이었다. 카자흐들은 부락 끝에 있는 한 민가에 숙영하고 있었다. 그들은 잡담을 나누면서 마당 한복판에 팽재쳐 둔 썰매를 말에 묶고 먹이를 갖다주었다. 누군가의 목쉰 저음이 한 마디 한 마디를 신중하게 발음하면서 우울하고 느린 템포로 노래부르기 시작했다.

살짜기 발소리 감추고
살며시 다가가
지난 날의 정을 되새기며
어여쁜 사람을 조르고 있네

그러자 연이어 열띤 테너가 낮게 신음하는 베이스 위에 새처럼 날아와서 떨리는 목소리로 즐겁게 노래했다.

아가씨는 내 말에 귀 기울이지 않고,
내 볼따구니를 철썩!
카자흐인 내 가슴은
불꽃처럼 타오르네……

뒤이어 몇 사람의 저음이 그 노래와 어우러지고 노래는 한층 더 빠르고 생생해졌다. 그리고 테너는 위세좋게 끝소리를 떨면서 도전하듯이, 남의 마음을 유혹하듯이 명랑하게 울려 퍼졌다.

나는 팔을 걷어붙이고
아가씨의 귓불을 쓱쓱 핥았네
아가씨는 걸음을 멈추고
얼굴을 새빨갛게 물들인 채
눈물 대신 내뱉는 말이—
'당신은 무슨 남자가 그렇담,
일곱 명이나 여자를 사귀고
여덟 번째는—과부댁
아홉 번째는—유부녀
열 네 번째가, 아이 분해, 이 내 몸일 줄은!'

풍차집 그늘에 전초로 나가 있던 카자흐들은 황폐한 밭 위의 학 울음소리와 카자흐들의 노랫소리를, 그리고 오리의 날갯짓소리를 캄캄한 밤의 어둠 속에서 듣고 있었다. 혹한으로 시달렸던 대지 위에, 그것도 깊은 밤중에 엎드려 있다는 것은 심란한 노릇이 아닐 수 없었다. 담배를 피우거나 얘기를 하는 것, 그리고 걸어다니거나 불을 쬐는 것조차 허용되지 않았다. 다만 재작년의 해바라기 그루터기 사이에 꼼짝 않고 몸을 엎드려 땅바닥에 귀를 대고 있어야 했다. 그러나 열 발짝쯤 떨어지면 아무것도 보이지 않았다. 게다가 4월의 밤은 바스락거리는 소리로 가득 차 있고 어둠 속에서 여러 가지 수상쩍은 소리가 들려 와 그 어느 것 한 가지에도 불안이 불러일으켜졌다. '적위군 척후가 와 있는 것은 아닐까, 기어오는 건 아닐까?' 하고. 멀리서 잡초가 부러지는 소리와 허덕이는 숨소리가 들려 오는 것만 같다…… 젊은 카자흐 비프랴시킨은 긴장으로 넘쳐흐르는 눈물을 장갑으로 닦으면서 팔꿈치로 옆 병사를 찌른다. 상대방은 가죽 탄약주머니를 베개삼아 몸을 웅크리고 졸고 있다. 일본제 가죽주머니가 그 늑골을 누르고 있는데도 좀더 편히 눕는 것조차 귀찮아하고 있는 것이다. 풀이 바스락거리는 소리와 콧김 소리가 차츰 커지는가 싶었을 때 느닷없이 비프랴시킨의 바로 가까이에서 소리가 났다. 그는 의아한 눈으로 울타리처럼 우거진 잡초 사이를 뚫어지게 쳐다보다가 그제야 큼직한 고슴도치의 모습을 발견한다. 고슴도치는 돼지처럼 작은 콧등을 숙이고 콧소리를 내면서 바늘투성이인 잔등으로 마른 잡초 줄기를 헤치고 쥐 발자국을 찾으면서 바쁘게 걸어오고 있다. 갑자기 그는 대여섯 발가량 떨어진 곳 어딘가에서 적의 존재를 느낀다. 그리고 작은 머리를 치켜들고 자기 쪽을 지켜보는 사람의 모습을 발견한다. 그러자 그 인간은 안도의 한숨을 쉬고 중얼거린다.

"빌어먹을! 놀라게 하다니……"

그러자 고슴도치는 재빨리 머리를 쳐들고 다리를 웅크리고 잠시 동안 바늘투성이인 동그란 덩어리가 되어 꼼짝도 하지 않는다. 이윽고 천천히 몸을 펴고 싸늘한 대지에 발을 내밀어 해바라기의 그루터기를 밟고 대굴대굴 굴러가는 잿빛 덩어리로 뒹굴어 간다. 그뒤로 다시 정적이 찾아든다. 그리고 —마치 옛이야기 같은 밤이 된다.

부락 안 여기저기에서 두 번째 닭 울음소리가 때를 알렸다. 하늘은 군데군데 뚫어져 밝아갔다. 거친 마포 같은 엷은 구름을 뚫고 비로소 별들이 모습을 드러냈다. 이윽고 바람이 구름을 흐트러뜨리자 하늘은 무수한 금빛 눈동자로 지상을 내려다보았다. 마침 그때, 비프랴시킨은 말발굽 소리와 잡초를 밟는 소리와 뭔가 금속성 음향을 들었다. 다른 카자흐들의 귀에도 들려 왔다. 소총 방아쇠에 손가락을 걸었다.

"준비!"

소대장보가 낮게 말했다. 별하늘을 배경으로 말을 탄 모습이 뚜렷이 떠올랐다. 누군가가 부락을 향해 말을 몰고 오는 것이었다.

"멈춰라! 누구냐? 암호는?……"

카자흐들은 사격자세를 취하고 뛰어나갔다. 말을 탄 사나이는 두 손을 올리고 말을 세웠다.
"동지 여러분, 쏘지 마시오!"
"암호?"
"동지 여러분! ……"
"암호는 뭐야? 소대……"
"잠깐, 난 혼자요……항복하겠소! ……"
"모두 기다려! 쏘지 말고! ……사로잡자! ……"
소대장보는 말을 탄 사내 옆으로 뛰어갔다. 비프랴시킨이 말고삐를 잡자 기수가 말에서 뛰어내렸다.
"넌 누구냐? 빨갱이냐? 모두들 이 모자에 붙은 별을 보라구."
사내는 다리를 문지르면서 이내 침착을 되찾아 말했다.
"나를 자네들의 대장에게 데려다주게. 나는 매우 중요한 소식을 전하러 왔어. 난—세르도브스키 연대의 연대장으로, 교섭을 하러 예까지 왔네."
"연대장이라고? …… 이봐, 모두들 이놈을 해치우자! 당장에 이놈을……"
"타바리시치! 날 죽이겠다면 언제라도 가능하지 않은가? 하지만 그러기 전에 자네들의 대장에게 내가 찾아온 용건을 전해 주게. 거듭 말하지만 그게 매우 중요한 일이야. 혹시 내가 달아날까봐 걱정이 되거든 서슴지 말고 내 무기를 빼앗게나."
세르도브스키 연해의 연대장은 군도를 끄르기 시작했다.
"빨리 해! 빨리 하라구!"
한 카자흐가 재촉했다.
그는 권총과 사벨을 소대장보의 손으로 넘겼다.
"세르도브스키 연대 연대장의 신체검사를 해라!"
그는 연대장의 말을 타고서 명령했다.
포로는 신체검사를 받았다. 소대장보와 비프랴시킨이 그를 부락으로 데리고 갔다. 그는 도보로 걸었다. 그와 어깨를 나란히 한 비프랴시킨이 오스트리아제 기병총을 겨눈 채 걸음을 옮겨 디뎠다. 말에 오르자 기분이 우쭐해진 소대장보가 그 뒤를 따라갔다.
10분 가량 모두가 말없이 걸어갔다. 호송되어가는 적병은 몇 번이나 걸음을 멈추고 바람으로 꺼질 것 같은 성냥을 외투자락으로 감싸 담배에 불을 붙였다. 고급스러운 담배냄새를 맡은 비프라시킨은 참을 수가 없었다.

"나 좀 피워 보자."

그는 구걸했다.

"여기 있어!"

비프라시킨은 담배가 가득 든 행군용 가죽케이스를 받아들고 한 개비를 뽑았다. 그러고는 담배 케이스를 그대로 자신의 호주머니 안에다 밀어넣었다. 세르도브스키 연대의 연대장은 아무 말도 하지 않았으나, 부락 안에 들어설 때 비로소 입을 열었다.

"대체 날 어디로 데려가는 거지?"

"가보면 알게 돼."

"그야 그렇지만."

"중대장에게 가는 거야."

"여단장인 보가투일료프에게 데려다 줄 수 없겠나?"

"그런 사람은 여기에 없어."

"뭐라고? 그 사람이 어제 사령부와 함께 바폼트킨에 도착해 지금 여기에 와 있다는 걸 알고 왔는데도?"

"우린 그런 사실 몰라."

"이봐, 동지! 엉터리 수작 말라구. 내가 알고 있는 걸 자네들이 모른대서야……그건 군의 기밀도 아니구. 더구나 자네들의 적이 다 알고 있는 마당에."

"잠자코 걷기나 해!"

"그럼, 보가투일료프에게 데려다 주는 거지?"

"닥쳐! 난 군규에 따라서 너와 얘기할 수가 없어."

"그럼, 담뱃갑을 뺏는 건 군규에 따른 겐가?"

"입 닥치지 못해? ……냉큼 걷기나 해. 더 혓바닥을 놀렸다간 당장에 외투로 짓이겨놓을 테니까. 성질깨나 급한 자식이군!"

중대장은 한참 만에야 잠에서 깨어났다. 그는 한동안 주먹으로 눈을 부비고 하품을 하고 얼굴을 찌푸리느라고 기쁨에 넘쳐 있는 소대장보가 하는 말을 알아듣지 못했다.

"누구라고? 세르도브스키 연대장이라고? 괜한 소리 아니야? 어디 보자, 신분증을 보잔 말이다."

몇 분 뒤, 그는 적위군 대장과 함께 여단장 보가투일료프의 숙소로 향했다. 보가투일료프는 세르도브스키 연대의 대장이 포로가 되어 와 있다는 말을 듣고서 벌떡 일어섰다. 그는 바지 단추를 잠그고 탄탄한 어깨 위에 멜빵을 매고 각등에 불을 붙이고 나서 문 옆에 부동자세로 서 세르도브스키 연대의 대장을 향해 물었다.

"당신이 틀림없는 세르도브스키 연대의 대장이오?"

"그렇습니다. 세르도브스키 연대의 지휘자 보로노프스키 입니다."

"이리로 앉으시오."

"고맙습니다."

"어떻게 해서······아니, 어떤 상황하에서 붙잡혔소?"

"나는 스스로 당신을 찾아왔습니다. 당신과 둘이서만 이야기를 하고 싶습니다. 다른 사람은 물리쳐 줄 수 없겠습니까?"

보가투일료프가 한쪽 손을 치켜들자 연대장을 데리고 온 중대장과 입을 벌리고 서 있던 이 집 주인—붉은 수염의 구교도—이 밖으로 나갔다. 보가투일료프는 수박처럼 둥근 윤기 없는 대머리를 쓰다듬으면서 꾀죄죄한 내의 바람으로 테이블 앞에 앉았다. 불규칙한 수면으로 붉은 힘줄이 튀어나오고 볼이 부은 그의 얼굴은 호기심을 억누르고 있었다.

보로노프스키는 키는 그다지 크지 않지만 우람한 체구의 사나이로서 몸에 꼭 맞는 외투 위에 장교용 혁대를 바싹 졸라매고 있었다. 그는 어깨를 똑바로 세웠다. 깎은 입수염 밑에서 미소가 떠올랐다.

"당신과 가까이 지내게 되기를 바랍니다. 우선 나 자신에 관한 얘기부터 몇 마디 드린 뒤, 내가 갖고 온 사명을 말씀드릴 수 있도록 허락해 주십시오. 나는 본래 귀족 출신으로 제국 군대 이등대위입니다. 대독전 당시에는 제117 류보밀스키 저격 연대에 소속되어 있었지요. 1918년에는 소비에트 정부의 포고에 의해 간부장교로서 동원되었습니다. 현재는 이미 아시는 바와 같이 적위군으로 세르도브스키 연대를 지휘하고 있습니다. 적위군 진영에 몸담고 있으면서 나는 오랫동안 당신 쪽, 즉 볼세비키와 싸우고 있는 쪽으로 전향할 기회를 엿보고 있었습니다."

"그렇다면 이등대위님, 당신은 오랫동안 기회를 노렸다는 말이오?"

"그렇습니다. 나는 러시아에 대한 내 자신의 죄값을 해야겠다는 생각을 갖고 있었지요. 그래서 나 한사람만이 전향하는 것이 아니고 나와 함께 적위군 일부—말할 나위없이 공산주의에 기만당하여 동족상잔의 이 전쟁 속에 휘말린 가장 건전한 사람들과 함께입니다."

전 이등대위 보로노프스키는 바싹 얼굴을 다가붙여 보가투일료프를 흘낏 쳐다보았다. 그리고 믿어지지 않는다는 듯한 그의 미소를 보자 숫처녀처럼 얼굴을 붉히고 말을 더듬었다.

"보가투일료프씨, 당신이 나와 내가 한 말에 대해 어떤 의혹을 품는 것도 무리가 아닐 것입니다……나도 당신의 입장이라면 틀림 없이 그 같은 느낌을 받았겠지요. 제발 이 같은 사실을 증명할 수 있게 해주십시오. 이 움직일 수 없는 사실에 대해서……"

외투자락을 들추고 그는 카키색 바지 호주머니에서 작은 손칼을 꺼내들고는 어깨의 장식 끈이 팽팽하게 늘어질 정도로 몸을 굽혀 외투 가장자리의 꿰맨 자국을 꼼꼼히 잡아뜯기 시작했다. 이윽고 꿰맨 자국이 뜯어지자 그 안에서 노랗게 빛바랜 신분증명서와 작은 사진 한 장을 꺼내놓았다.

보가투일료프는 신분증명서를 자세히 들여다보았다. 하나는 '이 서장을 휴대한 자는 제117 류보밀스키 저격연대 보로노프스키 중위로서, 부상 치료 뒤 2주일간의 휴가를 받아 본적지 스몰렌스크현으로 가고 있음을 증명함'이라고 적혀 있었다. 증명서에는 제14 시베리아 저격 여단의 제8 야전병원장의 서명날인이 되어 있었다. 다른 증명서 한 통에도 마찬가지로 보로노프스키가 틀림없는 장교임이 증명되어 있었다. 그리고 또 한 장의 사진에는 청년 소위 보로노프스키의 밝고 또렷한 두 눈이 보가투일료프를 쳐다보고 있었다. 멋진 카키색 장교 군복에는 게오르그 훈장이 반짝이고 있었다. 그리고 때묻지 않은 순백색 견장은 소위의 가무잡잡한 볼과 짙은 입수염을 더욱 돋보이게 하고 있었다.

"그래서 어쨌다는 겁니까?"

보가투일료프가 물었다.

"내가 찾아온 목적은 나와 보르코프 중위가 함께 있는 적위병들을 선동한 결과, 세르도브스키 연대는 전원—물론 공산주의자는 제외하고서의 얘기입니다만—언제라도 당신네 쪽으로 전향할 준비가 되어 있음을 당신께 말씀드리기 위해서입니다. 적위병들은 거의가 사라토프현과 사마라현의 농민들입니다. 그들은 볼셰비키와 싸우는 데에 찬성입니다. 우리는 지금 당장 당신과 투항조건에 대해 의논하고 매듭을 지어야만 합니다. 연대는 지금 우스치 호표르스카야에 주둔하고 있습니다. 인원은 약 1200명입니다. 공산당 세포는 38명, 그들과 함께 지구 공산당원 1개 소대가 있습니다. 우리는 연대에 부속된 포병 중대도 나포할 작정입니다. 그 경우 어쩌면 포수들을 몰살해야만 할지도 모르겠습니다. 왜냐하면 포수들은 공산당원이 압도적이기 때문입니다. 우리 연대 적위병들 사이에는 농산물 징발에 의해 그들의 아버지가 겪어 온 고통이 원인이 되어 동요가 일고 있습니다. 우리는 이 상태를 이용해서 그들을 카자흐 쪽으로, 즉 당신들 쪽으로 투항하도록 설복시킨 것입니다. 형사들은 연대가 투항할 때 자기들에게 폭력이 가해질까봐 불안해하고 있습니다……즉 이 문제에 대해, 이것은 물론 일부에 국한된 일이지만, 그러나 당신과 미리 타협을 해두어야겠습니다."

"폭력이라면?"

"가령 죽인다든가 약탈을 한다든가……"

"아니오, 그런 것은 절대로 용서하지 않을 것이오!"

"그리고 또 한 가지, 병사들은 세르도브스키 연대를 그 조직 그대로 놔두고, 당신 쪽과 협력은 하지만 독립된 전투 단위로서 볼셰비키와 싸우고 싶다고 주장하고 있습니다."

"그걸 당장 어떻게 말할 수 있겠소."

"알겠습니다! 최고사령부와 의논해서 결과를 우리에게 알려 주십시오."

"그렇수, 뵤시키에 보고해야 하오."

"죄송하지만 제게는 시간이 없습니다. 그리고 내가 너무 늦어지면 연대의 코밋살이 내가 없어진 것을 눈치챌지도 모릅니다. 우리가 투항할 조건에 대해선 결말을 내릴 수 있다고 생각합니다. 지금으로 사령부의 결정을 내게 전해 주십시오. 연대는 도네츠로 이동될지도 모르고 인원이 새로 보충될지도 모릅니다. 그렇게 되면……"

"그래요. 지금 곧 역마전령을 뵤시키로 보내도록 하겠소."

"그리고 또 한 가지, 당신의 부하인 카자흐에게서 무기를 찾아 주십시오.

나는 무기를 해제당했을 뿐만 아니라……"

 보로노프스키는 능숙하게 돌아가던 혀를 멈추고 당혹스런 듯한 미소를 띠었다.

 "게다가 담배 케이스까지…… 빼앗기고 말았습니다. 물론 그건 어찌되든 상관없지만, 그 담배 케이스는 할아버지에게서 물려받은 것이라서 내겐 소중한 물건이랍니다."

 "모두 되돌려드리겠소. 그런데 뵤시키에서 답장을 받으면 어떤 방법으로 당신에게 전달해 드려야 할까요?"

 "이쪽으로, 바쁨트킨으로 이틀 뒤에 우스치 호표르스카야에서 한 여자를 보내겠습니다. 암호는 '단결'이라고 합시다. 그 여자에게 전해 주십시오. 반드시 구두(口頭)로 말입니다."

 30분 뒤, 막사에프스카야 중대 소속의 한 카자흐가 구보로 뵤센스카야를 향해 말을 몰았다.

 다음날 쿠지노프 개인의 전령병이 바쁨트킨에 도착해서 여단장의 숙소를 찾더니 말도 매지 않은 채 집 안으로 들어가 '지급, 극비'라고 겉봉에 적힌 봉투를 한 통 건냈다. 보가투일료프는 일각도 지체할 수 없다는 듯 성급하게 봉함을 뜯었다. 상류 돈 관구 소비에트의 공용 편지지에 쿠지노프의 자필로 적혀있었다.

 건재하다는 소식 반갑게 받았소, 보가투일료프군! 이 뉴스는 참으로 흔쾌하기 이를 데 없는 좋은 소식이오. 세르도브스키 연대와의 교섭과 임의의 보상에 따라서 그들을 투항시키는 전권을 귀하에게 위임하는 바이오. 그들에게 양보하고 연대 전원을 받아들일 것과 무장해제도 하지 않는다는 조건을 내도록 권하는 바요. 연대의 코밋살, 공산당원, 특히 우리 관하의 뵤센스카야, 에란스카야, 우스치 호표르스카야의 공산당원 체포와 인도를 필수 조건으로 할 것. 포병대, 장비대, 군수품을 반드시 나포할 것. 어떤 수단으로든 이 임무를 독려하도록! 연대가 도착할 지점에 되도록 많은 병력을 집중시켜 비밀리에 포위하고 즉각 무장해제로 들어갈 것. 만약 저항을 할 경우에는─전원 몰살시킬 것. 주의깊게, 그리고 결연한 행동을 하도록. 무장해제 뒤 즉각─전 연대를 한꺼번에 뵤센스카야로 보낼 것. 오른편 강가를 통과해 호송할 것. 그쪽이 전선에서 멀고 나무 한 그루 없는 스텝이기 때문에 편리하오 —설령 눈치를 채고 달아나려고 한다해도 달아날 곳이 없지 않소. 돈을 향해 각 부락을 지나서 호송하고 그 호위에는 2개 중대를 붙일 것. 뵤시키에서 우리는 그들을 2명 혹은 3명씩 중대를 분산시켜 놓고 그들이 어떤 방식으로 사격을 하는지 구경할 참이오. 그러나 그 뒤부터는—유감스런 일이나 우리 소관 밖의 일이 될 것이오. 돈 밖에 있는 아군과 합류를 시킨 뒤에 그자들에 대한 심판은 그 사람들 손에 달려 있소. 내 생각으로는 전원 교수형에 처해도 무방하다고 생각하오. 동정을 느낄 필요는 없소.

 귀하의 성공을 빌겠소. 매일 특별전령으로 정보를 전해 주기 바라오.
쿠지노프

 추신으로 다음과 같이 씌어 있었다.

 만약 세르도브스키 연대가 우리 지구의 공산당원을 인도하게 되면 강력한 호위로 아까와 마찬가지로 각 부락을 거쳐 뵤시키로 압송할 것. 그러나 맨처음에 세르도브스키 연대부터 보낼 것. 호위는 되도록 거친 고참으로, 가장 믿을 수 있는 카자흐를 뽑도록. 그들에게 놈들을 끌고 오게 하여 민중으로 하여금 널리 알 수 있도록 하기 위함이오. 놈들을 처치하는 데에 굳이 우리의 손을 더럽힐 필요는 없소. 머리를 굴려서 일을 진행한다면 여자들이 놈들을 몽둥이로 내리칠 것이오. 알겠소? 우리에게는 이 방법이 유리할 것이오. 놈들을 총살하면—적위군에게까지 소문이 퍼져서—포로는 총살당한다는 걸로 인식될 테니까. 이런 식으로 해야만 간단하게 민심을 선동할 수가 있을 것이오. 인간의 분노를 쇠사슬에 묶인 개처럼 풀어 주는 셈이 되오. 사형(私刑)—그것으로 만사가 깨끗하게 끝이 날 것이오. 심문이고 대답이고 그럴 필요까지가 없게 될 것이오!

48

 4월 12일, 제1 모스크바 연대는 예란스카야 마을의 안톤 부락 인지리에서 반란군과의 전투로 혹심한 타격을 입었다.

 적위군의 산병선은 지리를 자세히 모르는 상태에서 부락으로 침입해 갔다. 드문드문 선 카자흐의 주택들은 마치 섬 위에 세워 놓은 것같이 딱딱한 모래질의 토지에 널려 있었고 마른 나뭇가지를 깔아 둔 한길과 좁은 길은 밟기만 해도 깊숙이 빠지는 진흙바닥이었다. 부락 끝에는 물은 적지만 바닥이 끈적거리고 시궁창 같은 에란카강이 흐르고 있었다.

제1 모스크바 연대 저격병들은 산개한 대형으로 부락을 통과하려고 했다. 하지만 첫번째 집을 지나쳐서 숲속으로 들어가자 산개해서는 숲을 지나갈 수 없음이 분명해졌다. 제2대대장은 그는 완고한 라토이시 시민이다—은 이런저런 이유를 들어 반대하는 것을 귀담아듣지 않고 명령부터 내렸다. "전진!" 그리고 앞서서 겁도 없이 푹푹 빠지는 진흙구렁 길을 느릿느릿 나아갔다. 동요의 빛을 띤 적위군 병사들도 그의 뒤를 따라서 기관총을 손에 들고 걸어갔다. 그런데 그때 오른쪽에서 산병선을 따라 목소리가 들려 왔다.

"포위됐다!" "카자흐다."

반란군 카자흐 기병 2개 중대가 정말로 대대를 포위하고 배후로부터 공격해 왔다.

제1, 제2 대대가 숲속에서 병사 3분의 1을 잃고 퇴각했다.

이 전투에서 이반 알렉세에비치는 반란군의 수제(手製) 탄환에 다리를 다쳤다. 미시카 코셰보이는 그를 안아일으켰다. 때마침 둑을 따라 말을 몰고 가는 적위군 병사를 발견하여 병사를 불러세우고 강제로 2륜 탄약차에 부상자를 실었다.

연대는 크게 피해를 입고 에란스키 부락까지 격퇴를 당했다. 이 패배는 돈의 왼쪽 지대를 전진하고 있던 적위군 부대의 공격 결과에 치명적인 영향을 끼쳤다. 브카노프스카야 마을에서 편성된 마르킨 부대는 북으로 20킬로미터 지점인 스라시쵸프스카야 마을로 비껴가야만 했다. 그렇지만 곧바로 용감한 공격을 전개했으나 숫자적으로 몇 배나 우세한 반란군 세력에 짓눌려, 해빙 하루 전에 대여섯 마리의 말을 잃고 호표르강을 건너서 쿠므일젠스카야 마을로 이동해 갔다.

호표르 하구에서 해빙으로 가로막힌 제1모스크바 연대는 돈강을 건너 오른쪽 강가를 향했다. 연대는 증원을 기다리면서 우스치 호표르스카야 마을에서 숙영했다. 이윽고 세르도브스키 연대가 그곳에 닿았다. 이 연대는 제1 모스크바 연대와는 전혀 성질이 달랐다. 모스크바 연대의 전투 중핵을 이루고 있는 것은 모스크바, 츠라, 니제고로드 출신의 노동자들이었는데, 그들은 거듭되는 반란군과의 백병전을 벌이는 동안 날마다 몇십 명씩 사상자를 내고도 용감하고 끈질기게 싸웠다. 안트노프 부락에서 적의 술수에 빠졌을 때만 극소수의 병사가 전열을 이탈했을 뿐이었다. 그러나 퇴각중에도 적의 손안에 한 대의 장비차나 탄약 상자 한 개도 남겨 두지 않았다. 그에 비해 세르도브스키 연대의 중대는 야고젠스키 부락에서 벌어진 첫 전투에서조차도 반란군 기병의 공격을 감당하지 못하고 카자흐 라바대형을 보기가 무섭게 참호를 버리고 달아났다. 만약 질풍사격으로 적의 공격에 대항한 코뮤니스트 기관총병들이 없었더라면 그들은 한 사람도 남김없이 죽임을 당했을지 몰랐다.

세르도브스키 연대는 세르도브스크에서 지급으로 편성되었다. 전원이 사라토프현 출신의 나이든 농민으로 이루어진 적위병이었는데 그들에게 사기의 고양 같은 것은 전혀 바랄 수 없었다. 중대 안에는 글씨를 읽을 줄도 모르는 사람과 농촌의 부유층 사람들이 압도적이었다. 연대 간부장교들의 반수가 지난날의 사관으로 이루어져 있었다. 코밋살은 우유부단하고 의지박약했으며 병사들 사이에서 전혀 권위가 없었다. 한편 연대장, 참모장, 그리고 2명의 중대장 등 배신자들은 연대를 인도하자는 결정이 나기가 바쁘게 반혁명을 책동하기 위해 연대에 파고들어간 부농들을 이용, 적위군 대중의 사기를 떨어뜨릴 범죄행위마저도 서슴지 않았다. 그들은 공산당원에 반대하는 교묘한 선동을 하고 연대 인도 준비를 빈틈없이 갖추고는 불신의 씨앗을 흩뿌렸다.

세르도브스키 연대의 병사 셋과 동숙하던 슈토크만은 불안한 심정으로 적위병들의 동태를 지켜보았는데, 어느 날 세르도브스키 연대의 병사들과 격렬한 충돌을 한 뒤로는 연대 위에 깔린 매우 중대한 위협을 확신하기에 이르렀다.

27일 황혼 무렵, 세르도브스키 연대의 제2중대 병사 둘이 숙소로 찾아왔다. 그중 한 사람인 고리가소프라는 사나이는 제대로 인사도 하지 않은 채 묘한 웃음을 띠고 슈토크만과 침대에 누운 이반 알렉세에비치를 버릇없이 내려다보면서 말했다.

"전쟁은 이제 지긋지긋해! 집에서는 곡식을 빼앗기고, 우린 우리대로 이런 곳에서 까닭도 모르는 싸움질을 벌이고 있으니, 기가 막힐 노릇이 아니고 뭐야……"

"무엇 때문에 싸우고 있는지 자넨 모른단 말인가?"

슈토크만은 날카롭게 물었다.

"그렇소, 난 몰라요! 카자흐도 우리와 똑같은 농사꾼 아니오! 카자흐들이 뭐가 못마땅해서 반란을 일으켰는지 우린 다 알고 있다구! 알고 있고말고……"

"이 얼간이 같으니! 어떤 놈들이 그런 말을 씨부렁거리고 다니는지 알고나 하는 소리야? 그건 백위군의 말버릇이야!"

어지간해선 거친 얼굴을 보이지 않던 슈토크만은 머리끝까지 화가 뻗쳤다.

"얼간이라고! 그 말 다시 입에 담았다간 언어터질 줄 알아! ……다들 들었지?"

"조용해! 조용하라고 했잖아. 우린 네놈 같은 패거리에게 실컷 단물만 빨아먹혔다구!"

밀가루 부대처럼 살이 찌고 체구가 작은 적위병이 거기에 끼어들었다.

"네놈은 만약 공산당원이라면 네놈이 우리에게 뭐든 강요할 수 있다고 생각해? 몸조심해, 안 그랬다가는 좋지 않을 테니까!"

그는 허약해 보이는 고리가소프를 몸으로 막으면서 짧고 단단한 팔로 뒷짐을 지고 눈을 부릅뜨고는 슈토크만을 마구 밀어붙였다.

"너희들 왜 이래? ……몸도 마음도 깡그리 백위군이 돼버렸어?"

숨을 헐떡거리면서 슈토크만이 물었다. 그리고 눈앞에 다가선 적위병을 힘껏 떠다밀었다.

사내는 비틀거리며 슈토크만의 멱살을 붙잡으려 했으나 고리가소프가 그를 말렸다.

"주먹다짐은 하지 말자구!"

"그 말버릇은 반혁명의 말버릇이야! 우린 네놈들을 재판에 부칠 테다. 소비에트 정권의 배반자로서!"

"연대 전원을 재판에 부칠 수는 없을걸!"

슈토크만과 한 숙소에 있는 적위병 하나가 그 말에 대꾸했다.

그의 발언에 모두들 동의했다.

"공산당원에겐 설탕도 담배도 다 있는데 우린 아무것도 없잖나!"
"엉터리 같은 소리 그만 해! 우리도 너희들과 똑같은 걸 받고 있어!"
이반 알렉세에비치가 침대 위로 몸을 일으키고 고함을 질렀다.
슈토크만은 잠자코 옷을 걸치고 나가버렸다. 아무도 그를 만류하지 않았다. 다만 비웃음이 담긴 외침을 그의 등뒤로 퍼부었을 뿐이었다.
슈토크만은 사령부에서 연대 코밋살을 붙잡고 별실로 불러들여 흥분한 어조로 적위군 병사와의 충돌을 전하고 그를 체포하라고 했다. 정치위원은 불같이 붉은 볼수염을 쓰다듬으면서 결심이 서지 않는다는 듯이 검은 테 안경을 만지작거리며 그의 말에 귀를 기울였다.
"내일 세포회의를 열고 정세를 검토해 보자구. 하지만 그들을 체포하기는 현재의 상황으로 어려울 것 같군!"
"왜?"
격한 말투로 슈토크만이 물었다.
"이봐, 슈토크만 동지! 나도 이 연대의 내부가 제대로 돼가고 있지 않음을 알고 있었네. 즉 일종의 반혁명 조직 같은 것이 생겼다는 걸 눈치챘지. 그렇지만 그걸 전혀 찾아내지 못하고 있네. 연대의 대부분이 그 세력 범위 안에 있기 때문이야. 농사꾼놈들이 하는 짓은 어떻게 손을 대야 할지 몰라! 난 적위병들의 마음가짐에 대해 보고를 하고 이 연대를 철수시키고 재편성을 하라고 제의했네."
"뭣 때문에 당신은 지금 당장 백위군 앞잡이들을 체포하고 그들을 사단의 혁명재판으로 보내지 않는단 말이오? 그거야말로 어김없는 배신이 아니오?"
"그럴지도 모르지. 하지만 그것은 바람직하지 못한 혼란을, 아니, 폭동까지도 불러일으키게 될지 몰라."
"그래요? 그렇다면 당신은 그런 낌새를 알고 있었으면서 왜 좀더 일찍 정치부에 보고하지 않았소?"
"내가 아까도 말하지 않았나, 보고했다고. 왠지 모르지만 우스치 메도베지자에서 아직 답장이 오지 않고 있네. 군대기 소환되는 즉시 우리는 군규를 흐트러 놓은 자를 엄중하게 처벌할 작정이라네. 특히 자네가 방금 보고한 것 같은 말을 지껄인 병사를 말일세……"
정치위원은 얼굴을 일그러뜨리고 낮은 소리로 덧붙였다.

"내가 노린 바로는 보로노프스키와…… 참모장 보르코프가 수상해. 내일 세포회의가 끝나는 즉시 난 우스치 메도베지차로 갈걸세. 이 위협을 부분적으로라도 서둘러 막을 셈으로 말일세. 이 얘긴 비밀이야."

"그렇지만 왜 당장 당원 회합을 소집할 수 없다는 겁니까? 촌각을 다투는 일이 아니오, 동지!"

"알고 있어. 하지만 지금은 무리야. 당원의 대부분이 초소나 척후로 나가 있어. 내가 고집을 꺾지 않은 건 이 같은 정세 속에서 비당원을 경솔하게 믿을 수 없기 때문이네. 그리고 포병 중대는 대부분이 공산당원이야. 그리고 오늘 밤에 쿨트프스키에서 오기로 되어 있어. 이 연대 내의 동요 때문에 불러들인 걸세."

슈토크만은 사령부에서 돌아오자 연대 위원과의 대화를 이반 알렉세에비치와 코셰보이에게 알렸다.

"자넨 아직도 못 걷겠나?"

그는 이반 알렉세에비치에게 물었다.

"절룩거리고 걸을 수는 있어. 여지껏은 상처가 덧날까봐 조심을 했지만 어차피 걷지 않을 수 없다면."

그날 밤 슈토크만은 연대의 상태에 관해 상세한 보고를 쓰고 나서 잠든 코셰보이를 깨웠다. 그의 품 안에 봉서를 밀어넣고 말했다.

"지금 곧 우스치 메도베지차를 다녀와. 죽기를 각오하고 이 편지를 제 14 사단 정치부로 갖다줘야 해! 몇 시간 안으로 도착할 수 있겠나? 어디에서 말을 구한다지?"

미시카는 낑낑대면서 바싹 마른 빨간색 장화를 신었다. 그리고 잠시 사이를 두었다가 대답했다.

"말은 훔치면 되고…… 기마 척후에게서. 그리고 우스치 메도베지차까지는 ……넉넉잡고 두 시간이면 될 테지. 어쩌면 한 시간 반 가량 걸릴지도 모르겠고! 목부로 일한 경험이 있으니까…… 전속력으로 모는 데엔 자신이 있다구요."

코셰보이는 외투 호주머니에다 봉서를 간직 했다.

"왜 거기 넣나?"

슈토크만이 물었다.

"세르도브스키에게 붙잡힐 경우, 금방 꺼낼 수 있게 하려고요."
"뭐라고?"
슈토크만은 어리둥절해했다.
"그것도 몰라요! 붙잡히면 꺼내 먹어치우려고요."
"됐어."
슈토크만은 코셰보이 곁으로 다가가 괴로운 예감에 사로잡힌 듯 힘껏 그를 껴안고 입맞추었다.
"그럼, 어서 다녀와."
코셰보이는 기마 척후의 말 가운데 가장 좋아 보이는 말 한 마리를 훔쳐 도보로 초소를 빠져 나가서는 길이 없는 곳을 걸어가다가 한길로 나갔다. 거기서 그는 기병총의 가죽 끈을 고쳐매고 전력을 다해 꼬리가 짧은 사라토프산 말을 몰고 갔다.

49

동틀 무렵, 빗방울이 떨어졌다. 바람이 쏴쏴 소리를 냈다. 슈토크만과 이반 알렉세에비치와 한 숙소에 묵고 있던 세르도브스키 연대 병사들은 날이 밝기가 바쁘게 일어나 밖으로 나갔다. 반 시간 가량 지났을 때, 에란스카야 마을의 공산당원으로서 슈토크만처럼 자기 부하들을 거느리고 세르도브스키 연대에 섞여 있던 토르카쵸프가 뛰어왔다. 문을 연 그는 헐떡이며 부르짖었다.
"슈토크만, 코셰보이, 어서 나와! 어서!"
"무슨 일이야? 아니, 왜 그러느냐구?"
슈토크만은 걸으면서 외투 소매에다 팔을 꿰고 현관으로 나갔다.
"큰 변이 일어났어!"
토르카쵸프는 슈토크만의 뒤를 따라 옆방으로 들어서면서 소곤했다.
"방금 보병이 마을 근처에서 쿨트프스키에서 온 포병 중대를 무장해제시켰나군...... 사격진이 벌어졌어...... 그런데 포병대가 습격을 격퇴하고 대포의 타발기를 벗겨서는 거룻배로 강을 건너갔어."
"뭐라고?"
이반 알렉세에비치가 부상당한 다리를 장화에 밀어넣느라고 낑낑대다 말고 물었다.
 "지금 교회 옆에서—집회를 열고 있네……연대 전원이……"
 "서둘러 준비해!"
 이반 알렉세에비치는 슈토크만에게 이르고 토르카쵸프의 방한복 소매를 붙잡으면서 말했다.
 "코밋살은 어디 있나? 공산당원들은 어디 있어?"
 "몰라…… 두세 명이 달아나는 걸 보기는 했지만, 난 이리로 오느라고 잘 모르겠어. 전신(電信)이 벗겨져 있는데도 그걸 고쳐놓을 생각도 않더군…… 달아나야겠는데, 어쩌지?"
 토르카쵸프는 당혹한 듯 트렁크 위에 털썩 주저앉았다.
 그때 현관 계단 쪽에서 발소리가 울리면서 5,6명의 세르도브스키 연대 적위병 병사가 우르르 집 안으로 몰려왔다. 그들의 얼굴은 흥분과 적대적 결의로 넘쳐 있었다.
 "공산당원들은 집회로 나와! 지금 당장!"
 슈토크만은 입술을 깨물면서 이반 알렉세에비치와 눈짓을 나눈 뒤에 비로소 입을 열었다.
 "가자!"
 "무기는 놔두고 가라구. 전투에 나가는 게 아니니까!"
 세르도브스키 대원 하나가 말했으나 슈토크만은 무시하고 소총을 어깨에 메고 앞장서 갔다.
 광장에서는 1100명의 목이 저마다 다른 소리로 악을 쓰고 있었다. 우스치호표르스카야 마을의 촌민들은 그림자도 보이지 않았다. 그들은 소동을 두려워해 각자 집에 처박힌 것이었다. 사실 그 전날부터, 연대가 반란군으로 합류하여 공산당원들과 곧 전투를 벌이게 될지도 모른다는 소문이 나돌던 터였다. 슈토크만은 와글와글 떠드는 적위병의 무리 옆으로 다가가서 연대 간부장교가 없는가 하고 둘러보았다. 그의 옆으로 연대의 코밋살이 끌려갔다. 두 명의 적위병이 그의 팔을 붙잡았다. 파랗게 질린 얼굴로 한 코밋살은 빽빽이 들어찬 군중 속으로 떠밀리고 팔꿈치로 찍히면서 밀려들어갔다. 슈토크만에게는 잠시 동안 그의 모습이 보이지 않았다. 그러나 이내 군중 한복판에 우뚝 선 그의 얼굴을 발견할 수 있었다. 누구네 집에서 가져 왔는지 모를 카드놀이 탁자 위에 그는 서 있었다. 슈토크만은 뒤를 돌아보았다. 그의 등뒤에는 절름발이가 된 이반 알렉세에비치가 소총에 기대어 서 있었다. 그리고 그의 양옆에 두 사람을 부르러 왔던 적위병들이 서 있었다.

"동지, 적위군 병사 제군!"

코밋살의 목소리는 힘없이 울려 퍼졌다.

"우리들 지척에 적이 있는 이 같은 비상시에 집회를 연다는 것은……동지 제군!"

그의 연설은 계속될 수가 없었다. 탁자 언저리에는 바람에 흔들리듯이 적위병들의 회색 모피모자가 흔들거리고, 총검의 은빛 칼날이 흔들리고, 주먹쥔 손이 탁자 위로 수없이 내밀어지고, 광장에는 살기등등한 고함소리가 총소리처럼 울려왔다.

"동지라고?"

"가죽옷이나 벗고 얘기해!"

"배때기 터지도록 처먹었군!"

"대체 어느 놈하고 싸우라고 우릴 끌어온거야?"

"저놈의 다리몽둥이를 잡아 끌어내!"

"총검으로 해치워 버려!"

"이센 위원도 개뼈다귀도 아냐!"

슈토크만은 덩치가 크지는 않지만 그다지 젊어 보이지 않는 한 적위병이 탁자 위로 올라서서는 위원의 볼수염을 왼손으로 거머쥐는 것을 보았다. 탁자가 흔들리고 적위병은 위원과 함께 탁자를 에워싸고 있는 무리들의 손 위로 한꺼번에 쓰러지고 말았다. 바로 전까지 카드놀이 탁자가 놓였던 그곳에는 회색외투가 구깃구깃 구겨진 채 뒤엉켜 있었다. 와! 하고 숫구치 함성 속으로 위원의 필사적인 비명이 쓸쓸하게 사라져갔다.

슈토크만은 곧장 그 자리로 파고들어갔다. 회색 외투의 등을 거칠게 헤치고 걷어차며 그는 거의 뜀박질을 하듯이 위원이 서 있던 자리로 헤쳐나갔다. 반뮤낭하시는 않았지만 잔등과 머리를 주먹과 총대로 찔리기도 하고 얻어맞았다. 또 어깨에서는 소총을, 머리에서는 꼭대기가 빨간 카자흐 모자를 낚아채갔다.

"어디로 가는 거야, 이새끼! ……"

제6부 1249

슈토크만에게 발을 밟힌 적위병이 화난 목소리로 고함을 질렀다.

거꾸로 뒤집혀진 탁자 옆에서 슈토크만은 우람한 소대장의 손으로 저지를 당했다. 그의 회색 양피모자는 뒤통수로 미끄러졌고 외투는 거의 벗겨진 상태였다. 벽돌같이 붉은 그 얼굴 위로 땀이 흘러내리고 억누를 길 없는 증오로 그의 눈이 번쩍거렸다.

"뭐라고 지껄일 셈이냐?"

"발언! 병사 제군에게 한 마디 해야겠소!"

슈토크만은 가까스로 숨을 쉬면서 쉰목소리로 말하고는 재빨리 탁자를 원상태로 세워놓았다. 그가 탁자 위로 올라가도록 도와 주는 사람도 있었다. 하지만 광장에서는 그때까지도 노기에 찬 고함소리가 들려 왔다. 슈토크만은 힘껏 목청을 돋우고 외쳤다.

"조용히, 조용하시오!"

잠시 뒤에 조용해지자 그는 기침을 참아가며 찢어질 듯한 목소리로 말했다.

"적위군 병사 제군! 부끄럽지도 않습니까? 여러분은 가장 중대한 때에 인민의 주먹을 배반하려 하고 있소! 여러분은 적의 심장을 향해 단단한 주먹을 들고 한 방 먹여줘야 할 이때에 동요를 일으키고 있는 것이오! 여러분은 소비에트의 국토가 적국의 포위를 받고 헐떡이고 있는 때에 집회를 열고 있다 그 말이오! 여러분은 배신자가 될 갈림길에 서 있다는 걸 알아야 하오! 왜냐하면 배신자인 대장들이 여러분을 카자흐 장군놈들에게 팔아버렸기 때문이오! 전에 사관이었던 그 패거리가 소비에트 정권의 신뢰에 힘입어, 그리고 여러분이 아무것도 모르는 약점을 노리고 연대를 카자흐에게 넘기려 하고 있다, 그말이오! 정신을 차리시오! 놈들은 노동자, 농민의 정권을 쳐부수는 일에 여러분의 도움을 얻고자 하고 있어요?"

탁자 언저리에 서 있던 제2중대장, 전 준위 베이스트민스테르가 소총을 들어올리려 하자 슈토크만은 그의 움직임을 저지시키고 호통을 쳤다.

"서둘 것 없어! 죽이는 거라면 언제라도 할 수 있어! 다만 한 마디만 공산당원 병사에게 말하게 해주오. 우리 공산당원은 생명을 던지고……자기의 피를 마지막 한 방울에 이르기까지……"

슈토크만의 음성은 무섭도록 긴장에 넘쳐 울려 퍼졌다. 얼굴은 시체처럼 창백해졌고 일그러져 있었다.

"바쳤던 것이오. 노동자 계급과 압박받은 농민에 대한 봉사의 사업에. 우리는 한 치의 두려움도 없이 죽음과 직면하는데 익숙해져 있소! 여러분이 나를 죽이는 것은 여러분의 자유요."

"거짓말도 유분수지!"

"얘기나 들어 보자!"

"그렇담 입 다물고 조용히 해봐!"

"나를 죽이는 것은 자유요. 그러나 나는 되풀이해서 말하겠소. 정신을 차리시오! 필요한 것은 집회를 여는 게 아니라 백위군을 향해 진격하는 것이오!"

슈토크만은 적위병들 얼굴을 자세히 살폈다. 그리고 가까운 곳에서 연대 지휘관인 보로노프스키를 발견했다. 그는 한 적위병 병사와 싱글거리고 어깨를 부비면서 뭐라고 소곤거리고 있었다.

"여러분의 연대장은……"

슈토크만이 보로노프스키를 가리키자 연대장은 나란히 서 있는 적위병에게 뭔가 불안한 기색을 띠고 귓속말을 했다. 그리고 다시 슈토크만이 그 말을 맺기도 전에 4월의 습기를 머금은 잿빛 대기 속에 총성 한 발이 둔하게 울렸다. 총성은 마치 말 등에다 세차게 채찍을 내리치듯 불안전하고 낮은 소리였다. 그러자 슈토크만은 두 손으로 가슴을 쥐어뜯으면서 흐늘흐늘 무너져내려 모자를 쓰지 않은 백발 섞인 머리를 힘없이 떨어뜨렸다…… 그러나 다음 순간 비틀거리면서 다시 일어섰다.

"오시프 다비드비치!"

일어선 슈토크만을 보고 무심결에 그에게로 뛰어간 이반 알렉세에비치는 신음하듯 말했다. 그러나 그는 팔꿈치를 붙잡히고 말았다.

"아가리 닥쳐! 총 이리 주고, 이새끼!"

이반 알렉세에비치는 무기를 빼앗기고 주머니를 조사당했다. 그러고 나서 광장으로 끌려갔다. 광장에서는 여기저기서 당원들이 잡혀와 무장해제를 당하고 있었다. 골목에 있는 한 상인의 저택 부근에서 총성이 5,6발 요란하게 울렸다. 루이스식 기관총을 인도하기를 거부한 기관총수인 공산당원이 죽임을 당한 것이었다.

그때, 슈토크만은 입술에 피거품을 물고 딸꾹질을 하며 사색을 띠고서도 마지막 의지력을 쥐어짜 외쳐댔다.

"여러분은 기만당했소! …… 배신자들은…… 놈들은 자기들만 사면을 받아 사관자리를 새로 얻으려 하고 있소! …… 동지 여러분! 제발 마음을 돌리시오! ……"

또다시 보로노프스키와 나란히 서 있던 적위병이 어깨로 총을 가져갔다. 두 번째 사격으로 슈토크만은 벌렁 나자빠져 탁자에서 적위병들의 발치께로 굴러떨어졌다. 그러자 입이 크고 곰보인 세르도브스키 연대의 한 병사가 탁자 위로 기운차게 뛰어올라가서 소리쳤다.

"우리는 여태껏 사탕발림한 소리만 수없이 들어왔다. 그건 모조리 다 거짓이고 허풍이었어. 지금 여기에 자빠진 놈은 사람이 아닌 개돼지야! 근로 농민의 적인 공산당원에게는 썩 어울리는 죽음이다! 친애하는 병사 동지들, 내가 하고 싶은 말은 우리의 눈은 지금 제대로 열려 있다는 것이다. 우린 어느 쪽과 싸워야 하는가 정도는 알고 있다는 것이다. 가령 우리 고장 보리스키군을 보더라도 알 수 있다. 평등과 모든 민족의 친목이라고? 이따위 엉터리 같은 소리를 공산당원의 사기꾼들이 써부렁댔잖나! ……그런데 실제로는 어떻게 됐지? 우리 아버지에게 온 편지를 보니까, 대낮에 까놓고 약탈을 하더라는 거야. 우리 집만 해도 곡식 한 톨 구경할 수 없을 정도로 깡그리 빼앗겼다 이거야. 물방앗간까지 빼앗겼다는 거다. 그러고도 포고문에는 근로 농민의 친구라고 하니 이게 어떻게 된 노릇이야? 그 물방앗간은 우리 부모의 피땀이 맺힌 돈으로 사들인 것인데, 그걸 글쎄 공산당원이 약탈해야만 했느냐 이거야. 그놈들을 쳐죽이지 않고는 못견디겠어, 정말!"

병사 역시 도중에서 연설을 중단하지 않을 수 없었다. 서쪽으로부터 우스치 호표르스카야 마을로 반란군 기병 2개 중대가 들어왔기 때문이었다. 그리고 돈 강가의 남쪽 산 경사면에서 카자흐 보병 부대가 내려왔고 또한 반개 중대의 호위를 받으면서 반란군 독립여단장 보가투일료프 소위가 사령부를 거느리고 왔다.

마침 그때, 동쪽에서 다가온 먹구름에서 세찬 빗줄기가 쏟아지기 시작하고 어딘가 호표르강 언저리에서 둔한 우뢰소리가 울려 왔다.

세르도브스키 연대는 황급히 2열로 정렬했다. 그리고 산 저쪽에서 기병 보가투일료프 사령부의 한 무리가 모습을 나타내자마자 전 이등대위 보로노프스키는 여지껏 들어 본 적이 없는, 짐승의 포효와도 같은 우렁찬 호령을 외쳤다.

"연대에! 차려엇……"

50

그리고리 멜레호프는 닷새 동안 타타르스키 부락에서 보내면서 그동안에 자기네 집과 처가의 씨앗 뿌리기를 도왔다. 그때 때마침 판테레이 프로코피에비치가 집으로 돌아왔다. 아버지가 돌아오자마자 그는 치르에 주둔해 있는 자기 부대로 떠날 준비를 서둘러야 했다. 쿠지노프에게서 그에게 밀서가 도착했다. 거기에는 세르도브스키 연대 본부와 교섭이 시작되고 있다는 사실이 적혀 있었고, 또한 즉시 와 달라는 것과, 이어서 사단의 지휘를 맡아 달라는 부탁을 해온 것이었다.

그날 그리고리는 카르긴스카야 마을로 떠나갈 작정이었다. 출발 전에 물을 먹이려고 돈강으로 말을 끌고 갔다. 야채밭 울타리 밑둥까지 올라오는 물가로 내려가는 도중에 아크시냐의 모습이 눈에 띄었다. 그리고리에게만 느껴졌는지, 아니면 그녀 쪽에서 그가 다가오기를 기다리느라고 천천히 물을 길으면서 머뭇거렸는지는 알 수 없었다. 어쨌든 그순간, 그리고리는 문득 발걸음을 서둘렀으나 아크시냐의 옆으로 다가가는 그 짧은 동안에 새록새록한 슬픔의 갖가지 추억이 눈앞을 스치고 지나갔다……

아크시냐는 발소리에 뒤를 돌아보았다. 그 얼굴은 분명히 일부러 놀란 표정을 지어 보였다. 그러나 만남의 기쁨을, 그리고 묵은 상처의 아픔을 그녀는 아무래도 숨길 수 없는 듯했다. 어떻게도 한 수 없는 어색한 미소가 그녀의 얼굴 위에 떠올랐다. 그것은 그녀의 자랑에 넘친 얼굴에는 어울리지 않는 것이었으므로 그리고리의 가슴은 연민과 사랑스러움으로 가늘게 떨렸다. 착잡한 심정을 억누르면서 그는 말고삐를 잡은 채 말했다.

"잘 있있소, 아크시냐!"
"안녕하세요."
"오랜만이군."
"정말 오랜만이에요."

"난 아크시냐의 목소리까지 잊어버렸는걸……"
"벌써요?"
"그렇게 되나?"
아크시냐는 고개를 숙여 물통에 멜대를 끼우려고 했으나 제대로 걸리지 않았다. 그녀는 잠시 동안 우두커니 서 있었다. 두 사람의 머리 위를 마치 화살에라도 맞은 것처럼 날카로운 날갯짓소리를 내면서 오리 한 마리가 날아갔다. 벼랑 옆에서는 푸른 기가 도는 흰 바위를 줄기차게 물어뜯으면서 파도가 밀려왔다. 숲을 적신 봄의 홍수 수면에는 흰 양모같은 물결이 무리져 있었다. 힘찬 분류가 되어 하류로 쏟아져 흘러가는 돈강에서 바람이 잘디잔 물방울과 엷은 냄새를 실어날랐다.

그리고리는 아크시냐의 얼굴에서 돈 너머로 시선을 옮겼다. 물에 잠긴 포플라 가로수의 발가벗은 가지가 흔들렸다. 그리고리는 짜증과 노여움을 띤 목소리로 물었다.

"어떻게 된 거야? ……우리 둘 사이엔 할 얘기가 없는 건가? 아무 할 말이 없나?"

아크시냐는 애써 자신을 억눌렀다. 그녀가 대답을 했을 때는 이미 싸늘해진 얼굴의 근육 하나도 삐끗거리지 않았다.

"서로 해야 할 말은 진작에 다 털어놓지 않았던가요?"
"그래?"
"그래요! 나무도 꽃은 1년에 한 번밖에 피지 않으니까요……"
"우리들의 꽃은 이미 졌단 말인가?"
"그렇지 않다는 건가요?"
"그건 어째 이상한데……"

그리고리는 말을 물가에 풀어주고 아크시냐를 지켜보면서 쓸쓸하게 웃었다.

"아크시냐, 난 말이야, 언제고 당신을 잊을 수가 없었어. 그야 자식들도 자랐고 나 자신만 해도 머리가 반백이 되어버렸지만……하지만 당신이 잊혀지지 않는 걸 어떻게 해. 꿈속에서도 당신을 보았지. 문득 당신 생각을 떠올리면, 리스트니츠키에서 살았을 때의 일 말이야……당신과 좋았던 시절을 생각하면 가끔씩은 이제까지의 내 생애를 돌아보게 되고, 그러다 보면 그게 텅 빈 자루마냥 여겨지곤 해.”

"저도 마찬가지예요……그만 가봐야겠어요……시간이 꽤 됐군요."

아크시냐는 결연히 물통에 멜대를 꿰고 봄볕에 그을린 두 손을 걸치고는 언덕길 쪽으로 걸어가려했다. 그러다가 갑자기 그리고리 쪽으로 몸을 돌렸다. 그녀의 얼굴에는 살짝 홍조가 떠올라 있었다.

"그러고 보니 우리 사이는 선착장 근처에서 비롯되지 않았던가요. 그리고리, 기억하죠? 그날은 야영에 나갈 카자흐들을 배웅하러 나와 있었지요." 그녀는 미소를 머금고 입술을 움직였다. 그녀의 탄력 있는 음성에는 즐거운 울림이 담겨 있었다.

"하나도 잊지 않고 있어!"

그리고리는 말을 마당 안에 끌어다놓고 먹이통을 갖다주었다. 그리고리를 배웅한다는 이유로 아침부터 밭에도 나가지 않고 있던 판테레이 프로코피에비치가 헛간 처마 밑에서 고개를 내밀고 물었다.

"이제 떠나야지. 뭘 꾸물대고 있는 게냐?"

"떠나다니요?"

그리고리는 멍하니 아버지를 쳐다보았다.

"이녀석아, 정신 좀 차려라! 카르긴으로 떠난다더니 뭐가 어쩌고 어째?"

"오늘은 가지 않겠어요."

"어째서?"

"곰곰이 생각해 보니까……아무래도 생각을 달리해야 할 것 같아서……" 그리고리는 몸속에서 일어난 열로 바싹 탄 입술을 핥으면서 하늘을 쳐다보았다.

"머구름이 나와 있군. 틀림없이 비가 올 것 같아. 비를 맞으면서까지 갈 이유는 없잖습니까?"

"그야 그렇지."

노인은 동의했지만 몇 분 전에 선착장에서 아들과 아크시냐가 얘기를 나누던 모습을 밀리시 보았기에 그리고리의 말이 아무래도 의심스러웠다. '또 달라붙었어.' 불안한 느낌으로 노인은 생각했다. '또 나탈리야하고 사이가 틀어지겠군…… 그리시카 녀석, 대체 누굴 닮아 저 모양인지, 원……날 닮은 건 아니겠지' 판테레이 프로코피에비치는 멀어져가는 아들의 구부정한 등을 바라보았다. 그리고 재빨리 기억을 더듬다가 자신이 젊었을 때를 돌이켜 생각하고 나서 판단을 내렸다. '날 닮긴 닮았어. 제기랄! 하지만 저 녀석은 나보다 한 수 위인 것 같아. 아크시냐에게 또다시 열을 올려 가정불화가 생기는 날엔 한번 혼찌검을 내줘야지…… 하지만 어떻게 저녀석을 혼내 준담?'

다른 때 같으면 판테레이 프로코피에비치는 그리고리가 아크시냐와 둘이 남의 눈을 피해 이야기를 나누고 있는 것을 보고서 덮어놓고 언저리의 아무거라도 주워들고 망설이지 않고 힘껏 내리쳤을 터였다. 하지만 그순간 아무 소리도 입에 담지 않았을 뿐만 아니라 그리고리가 갑자기 출발을 미룬 진짜 이유를 이미 알고 있다는 내색조차도 나타내지 않았다. 그렇게 된 것은 그리고리가 이젠 천방지축으로 날뛴 젊은 시절의 '그리시카'가 아니고 사단장이며, 비록 견장은 달고 있지 않다 할지라도 몇천 명의 카자흐를 거느리고 있고, 그들 모두로부터 그리고리 판테레에비치로밖에는 불리고 있지 않은 '장군'이기 때문이었다. 기껏해야 '중사'에 불과한 판테레이 프로코피에비치는 설령 친자식이라 하더라도 그 장군을 때릴 수가 없었다. 절대복종의 정신이 그런 생각을 품는다는 것조차 판테레이 프로코피에비치에겐 용납되지 않았다. 또한 그 때문에 그는 그리고리에게 거리를 느꼈고 왠지 모르게 서먹서먹한 기분이 없지 않았다. 그 모든 것의 원인은 그리고리가 벼락출세를 한 데에 있었다! 그저께도 밭일을 하면서 그리고리가 "왜 그렇게 멍청히 서 있어요! 가래라도 가져오잖고! ……" 하고 거칠게 그에게 소리 친 적이 있었다. 그러나 판테레이 프로코피에비치는 꾹 참고 한 마디도 입 밖에 내지 않았다. 최근 들어 두 사람의 역할이 완전히 바뀐 것만 같았다. 그리고리는 걸핏하면 늙은 아버지에게 호통을 쳤고, 아버지는 아버지대로 그의 호령투의 목쉰소리를 들으면 안절부절 못하고 불편한 다리를 버티고 서 있거나 절름거리며 아들의 비위를 맞추려고 애쓰는 것이었다.

'비를 두려워하다니! 비가 올 게 뭐람. 바람은 동풍이고 하늘 한복판에 구름이 조금 떠 있을 뿐인데 도대체 어디서 비가 온다는 게야! 나탈리야에게 살짝 귀띔을 하면 어떨까?'

생각이 이에 미치자 갑자기 기분 좋아진 판테레이 프로코피에비치는 집 안으로 뛰어가다가 이내 생각을 고쳐먹었다. 뜬소문이 날 것이 두려워 그는 고치다 만 마차바퀴의 수리를 마저 끝내려고 발길을 돌렸다.

한편 아크시냐는 집으로 들어가서 물통을 비우기가 바쁘게 페치카 벽에 걸린 거울 앞으로 다가갔다. 그리고 얼마쯤 나이는 들어 보이나 아직 예쁜 자신의 얼굴을 싫증도 내지 않고 오래도록 들여다보았다. 얼굴에는 아직도 남자의 마음을 어지럽히기에 충분한 아름다움이 있었다. 그러나 인생의 가을은 피부 빛깔을 어딘가 퇴색시키고, 눈두덩이 노르스름한 빛깔을 띠고, 검은 머리에 군데군데 흰 머리칼을 섞고, 눈동자의 반짝임마저 잃게 했다. 눈에는 이미 지친 빛이 깔려있었다.

아크시냐는 잠시 그렇게 서 있다가 이윽고 침대 위에 엎드려 슬프게 흐느껴 울었다. 이미 오래 전에 잊어버렸던 끝없이 달콤한 것을 생각나게 하는 눈물이었다.

겨울이 되면 돈강 언저리, 산의 암벽과 치베리 언덕의 튀어나온 꼭대기에서 살갗을 찌르는 겨울바람이 눈을 휘몰아치면서 들이닥친다. 바람은 군데군데 땅바닥을 드러내고 언덕 위에서 새하얀 눈먼지를 싣고 와서 눈 둔덕 위에 차곡차곡 쌓아둔다. 햇빛을 받으면 설탕처럼 반짝반짝 빛나고, 어둠이 깔릴 무렵에는 하늘색으로 흐려지고, 아침에는 연보랏빛으로 물들고, 해돋이 때 장밋빛으로 불타는 산은 단애 위로 몸을 굽힌다. 무섭도록 말이 없는 그 설산은 해빙기의 날씨가 닥쳐오기까지는 스스로의 몸무게를 이고 참고 견디며 지낼 것이다.

바람이 불어닥친 설산처럼, 오랜 세월에 걸쳐 쌓이고 쌓였던 아크시냐의 감정은 작은 일격으로도 충분했다. 그리고리와의 만남, 그의 정이 넘치는 "잘 있었소, 아크시냐!" 이 인사가 바로 그 일격이었다. 최근 몇 년 동안 날이면 날마다 그녀의 마음속에서 떠나지 않고 있는 것은 그에 대한 사랑이 아니었던가? 무슨 일을 할 때나 무슨 생각을 하고 있을 때나 변함없이 그리고 끊임없이 그녀의 마음은 언제나 그리고리의 주변을 맴돌고 있었다. 마치 눈가림을 당한 말이 살수용 마차의 바퀴를 돌리면서 관수기에 묶인채 빙글빙글 도는 것처럼……

아크시냐는 지녁나절까지 줄곧 침대에 누워 있었다. 그러더니 벌떡 일어나 부어오른 눈으로 세수를 하고 머리를 빗고 마치 선보러 가는 처녀같이, 그리고 열에 뜬 것같이 흥분해 서둘러 옷을 갈아입었다. 예쁜 웃옷에 연지빛 모직 스커트를 입고 숄을 걸친 뒤 거울을 다시 한 번 들여다보고는 밖으로 나갔다.

타타르스키 부락 위에는 어두운 남빛 황혼이 끼어 있었다. 강가 어딘가에서 기러기가 시끄럽게 울어댔다. 힘없는 푸르스름한 달이 돈 강가의 포플라 가로수 그늘에서 떠올랐다. 물 위에는 잔물결에 흔들리는 달빛이 오솔길처럼 뻗어 있었다. 가축들은 어둠이 내려앉기 전에 돌아와 있었다. 이 집 저 집의 가축우리에서 양껏 풀을 먹지 못한 암소들이 허기진 울음을 울어댔다. 아크시냐는 자기 집 암소의 젖도 짜지 않고, 콧잔등이 허연 송아지를 어미소 옆으로 몰아냈다. 송아지는 뒷다리를 뻗치고 서서 꼬리를 흔들며 어미의 유방을 물어뜯을 듯이 덤벼들었다.

다리야 멜레호프는 암소의 젖을 짠 다음에 여과기와 통을 들고 집으로 들어가려다 울타리 그늘에서 자기 이름을 부르는 소리를 듣고 걸음을 멈췄다.

"다리야!"

"누구야?"

"나예요, 아크시냐예요……잠깐만 우리 집에 와줄래요?"

"무슨 일이지?"

"잠깐만요. 가축우리 옆에서 기다리고 있겠어요."

"알았어."

잠시 뒤 다리야가 나왔다. 아크시냐는 자기 집 우물 옆에서 기다렸다. 다리야에게서는 갓 짜낸 우유의 따뜻한 냄새와 가축우리 냄새가 풍겼다. 그녀는 예쁘게 단장한 아크시냐를 보고 눈이 휘둥그래졌다.

"집안 일을 빨리 끝냈군."

"우리 집일은 스테판이 없어도 문제없이 해낼 수 있어요. 내가 하는 일이래야 암소 한 마리를 돌보는 것뿐이죠, 부엌 일은 거의 하지 않거든요."

"그런데 내게 무슨 볼일이지?"

"우리 집에 들를 수 없을까요? 잠깐만요……"

아크시냐의 음성이 약간 떨렸다. 다리야는 대강 짐작이 되어 잠자코 따라갔다.

아크시냐는 등불도 켜지 않고 방으로 들어가기가 바쁘게 궤짝을 열고 뭔가를 찾더니만 이윽고 뜨거운 손으로 다리야의 손을 붙잡고 그녀의 손가락에 반지를 끼워 주었다.

"이게 웬 거야? 아니, 이건 반지 아냐? 이걸 왜 나에게?"
"당신에게 드리는 거예요. 기념으로 말예요."
"순금이네."
다리야는 창가로 다가가 어스름한 달빛으로 자기 손가락에 끼워진 반지를 들여다보고는 퉁명스럽게 물었다.
"네, 가지세요!"
"고맙군! …… 그런데 왜 이런 걸 내게 주는 거지?"
"실은 그리고리를 불러 줬으면 해서……"
"또 시작이군 그래?"
비로소 까닭을 알았다는 표정으로 다리야는 쓸쓸하게 웃었다.
"아니예요, 아니라니까요! 그게 무슨 말예요. 그분께 부탁하면 스테판의 휴가쯤 얻어낼 수 있을 것 같아서……"
"그렇담 왜 우리 집으로 안 왔어? 그런 볼일이 있다면 우리 집에 와서 얘기하면 되잖아."
다리야는 심술궂게 말했다.
"그건 안 돼요…… 나탈리야가 신경을 쓸거 아니겠어요. 그래서……"
"그럼, 좋아. 불러 줄께. 난 그리고리와는 상관없으니까!"
그리고리는 저녁식사를 마쳤다. 숟가락을 놓고 국물 묻은 입수염을 손바닥으로 훔쳤다. 식탁 밑에서 그 발에 남의 발이 와닿는 것을 느끼고 눈을 치켜들자 다리야가 눈짓을 했다.
'만일 나를 죽은 페트로의 대용물로 삼으려는 생각에서라면 한 대 후려쳐 줄 테다! 탈곡장으로 데리고 가서 스커트로 머리를 뒤집어씌우고 암캐처럼 두들겨 패 줘야지!' 형수의 친절을 내내 못마땅하게 여겨온 그리고리는 그런 생각을 했다. 그가 식탁에서 물러 나와 담배를 피워 물고 천천히 문 쪽을 향하자 그 틈을 놓치지 않고 다리야가 따라왔다.
"죄많은 사람! 어서 가보세요……당신을 부르고 있어요."
"누가?"
못마땅한 눈빛으로 그리고리가 물었다.
"그 여자가요."
나탈리야가 애들을 데리고 잠이 든 지 한 시간 가량 지났을 때, 그리고리는 외투 단추를 단단히 채우고 아크시냐와 함께 아스타호프가의 대문 밖으로 나갔다. 두 사람은 어두운 골목 안에 말없이 서 있었다. 그리고 여전히 말이 없는 채, 정적과 어둠과 풀냄새가 깔린 광야를 향해 걸었다. 외투자락을 펼치고 그리고리는 아크시냐를 끌어안았다. 그리고 그녀의 떨림과 또한 그녀의 웃옷 밑으로 그녀의 심장이 간격을 두어 두근거리는 것을 느꼈다.

51

이튿날 출발하기 전에 그리고리는 나탈리야와 이야기를 했다. 그녀가 그를 옆으로 불러 낮은 목소리로 물었다.
"어젯밤에 어딜 갔다 오셨지요? 도대체 어디서 그렇게 늦게 돌아오셨나요?"
"그렇게 늦었던가?"
"늦지 않았단 말씀예요? 첫닭이 울었을 때 눈을 떴는데 당신은 아직 돌아오지 않으셨어요……"
"쿠지노프가 왔었소. 그래서 군사 문제에 관한 일로 그 친구에게 의논하러 갔다가 온 거요. 안에서 알 일이 아니오."
"그런데 어째서 그분이 우리 집으로 자러오지 않았지요?"
"급히 뵤시키로 돌아갔소."
"누구네 집에서 쉬었어요?"
"아보시첸코프네 집에서. 그 친구와 먼친척뻘인가 보더군."
나탈리야는 그 이상 묻지 않았다. 그녀가 일종의 동요를 보이는 것은 확실했다. 그리고 그녀의 눈에서 뭔가 미심쩍은 것이 엿보여, 그리고리는 자기가 말한 것을 그녀가 믿는지 어떤지 잘 알 수 없었다.
그는 서둘러 아침식사를 했다. 판테레이 프로코피에비치는 말에 안장을 얹으러 갔고, 일리니치나는 성호를 긋고 그리고리에게 키스하면서 빠르게 속삭였다.
"얘야, 하느님을……하느님이 보고 계시다는 것을, 아들아, 부디 잊지 마라! 소문을 들으니, 네가 수병(水兵)들을 여럿 죽였다더구나……그게 대체 웬 일이냐! 얘, 그리신카, 정신 좀 차려라! 봐라 좀, 네 자식들이 저렇게 자라고 있고, 너에게 살해된 사람들 역시 자기 자식들을 세상에 남겼을 텐데

"……그래. 어떻게 그런 짓을 저질렀단 말이냐? 정말이지 어릴 때 너는 온순하고 착한 애였다. 그런데 지금은 음침한 얼굴을 하고 있구나. 마음이 아주 이리 같아지고 말았어…… 제발 에미가 말하는 것을 잘 들어 둬라, 그리셴카! 네가 내 말을 그대로 따를 리 없지만, 어쨌든 언제 네 목에 다른 나쁜 녀석의 칼이 닿을는지 모르지 않니……"

그리고리는 쓴웃음을 짓고 바싹 마른 어머니의 손에 키스했다. 그러고는 나탈리야 옆으로 다가갔다. 나탈리야는 쌀쌀맞게 그를 안고 얼굴을 돌렸다. 그리고리가 그녀의 차가운 눈 속에서 본 것은 눈물이 아니었다. 비애와 감춰진 분노였다. 아이들과 작별한 뒤, 그는 밖으로 나갔다……

등자에 한쪽 발을 올려놓고 억센 말 갈기를 쥐면서 느닷없이 이런 생각을 했다. '다시 새롭게 인생의 새출발을 하는구나. 그러나 마음속은 여전히 차갑고 공허해……그래, 아크시냐도 지금의 이 공허함을 메꿔 주지는 못할 것이다!'

문 언저리에 몰려선 집안 사람들을 돌아보지도 않고 그는 느리게 말을 몰아서 거리를 지나갔다. 그리고 아스타호프네 집 옆을 지나갈 때 곁눈질로 창문을 쳐다보았다. 방 맨 끝쪽 창문으로 아크시냐의 모습이 보였다. 그녀는 방긋 미소를 지으며 그를 향해 자수(刺繡)를 하고 있는 손수건을 흔들었다. 그러나 곧 그것을 뭉쳐 입에 대더니, 밤잠을 자지 못해 검은 기미가 생긴 눈가에 가져다댔다.

그리고리는 들판을 달릴 때와 같은 빠른 속도로 말을 몰았다. 언덕을 오르자, 반대편에서 여름철의 뙤약볕 아래 천천히 오고 있는 말탄 사람 둘과 짐수레가 한 대 보였다. 말을 탄 사람은 안치프 프레코비치와, 윗마을 출신으로 젊고 살갗이 거무스름하며 건강한 카자흐인 스트레미얀니코프였다. '전사자(戰死者)를 나르고 있구나.'—그리고리는 황소가 끄는 짐수레를 바라보면서 그렇게 짐작했다. 카자흐들과 미처 마주치기도 전에 그는 물었다.

"누구를 옮기고 있나?"
"알툐시카 샤밀리와 이반 토밀린, 그리고 야코프 포드코바라네."
"죽었나?"
"치명상이야."
"언제?"

"어제 해질 무렵이네."

"포병대는 무사한가?"

"무사해. 포병대 중 우리 마을사람이 어떻게 카리노프 부락에 있다가 빨갱이 놈들 칼에 죽었는지 모르겠어. 게다가 샤밀리녀석 참…… 멍청하게 당하고 말았어!"

그리고리는 모피모자를 벗고 말에서 내렸다. 운반차를 따라오던 치르의 30대 카자흐 여자가 소를 세웠다. 짐수레 위에는 처참하게 죽은 카자흐가 나란히 누워 있었다. 그리고리가 그녀 옆으로 다가가기도 전에 이미 미풍에 실려 고약한 시체 냄새가 풍겨 왔다. 알료시카 샤밀리는 한가운데 누워 있었다. 그의 헌 청색 웃옷의 앞쪽이 헤쳐지고, 텅 빈 소매는 맞아서 깨어진 머리밑에 깔려 있었다. 오래 전에 잘린 팔의 끝부분에는 지저분한 넝마조각이 감겨져, 언제나 아주 잘 움직이다가 이제는 아주 숨을 쉬지 못하게 된 가슴의 부풀어오른 갈비뼈에 늘어붙다시피 닿아 있었다. 죽기 전에 드러낸 흰 이빨 그대로 보이는 알료시카의 입가에는 격렬한 원한이 엉겨붙어 있었다. 하지만 막(膜)이 얇게 굳어진 눈은 평온과 뭔가 슬픈 생각을 떠올리며 푸른 하늘을, 그리고 광야를 흐르는 흰 구름을 바라보고 있었다.

토밀린의 얼굴은 알아볼 수가 없었다. 얼굴 같은 것은 없다고 말해도 좋을 정도였다. 사벨의 일격으로 비스듬히 깎여나간, 뭔가 시뻘겋고 형태 없는 것이 있을 뿐이었다. 그 옆에 눕혀진 야코프 포드코바는 사프란같이 노란 빛이었다. 그는 머리가 거의 두 덩어리로 으스러졌다. 풀어헤쳐진 카키색 군복 안쪽에서는 끊긴 흰 빗장뼈가 쑥 나와 있고, 눈 조금 위쪽 이마에는 검은 방사형을 띤 별모양의 총흔(銃痕)이 피로 물들어 있었다. 적위병 하나가 아마 좀처럼 죽지 않고 있던 이 카자흐를 동정하여 이마를 겨누고 총을 쏘았음에 틀림없었다. 그러므로 화상과, 화약의 발화에 의한 검은 얼룩까지 야코프 포드코바의 얼굴에 남아 있었다.

"어떤가, 모두들 마을 사람들의 공양(供養)으로 명복을 빌고 한잔 하기로 하지."

그리고리는 이렇게 제의하고 옆으로 물러서서 안장에 걸었던 복띠를 풀고 재갈을 벗겼다. 그리고 말의 왼쪽 앞다리에 고삐를 감더니, 비단같이 윤이 나고 가지와 잎을 거침없이 쭉쭉 내뻗은 어린 풀을 먹도록 말을 놓아 주었다.

 안치프와 스트레미얀니코프도 재빨리 말의 다리를 묶고 풀을 먹도록 놓아주었다. 모두가 가로누워 담배를 피워 물었다. 그리고리는 아직도 털갈이를 하지 않아 털이 더부룩한 암소가 키작은 전동싸리 쪽으로 머리를 늘이는 것을 쳐다보면서 물었다.
 "그런데 샤밀리는 어쩌다 죽게 됐나?"
 "그 친구 말야, 판테레에비치, 글쎄 어리석어 죽었다네!"
 "뭐라구?"
 "어째서 그렇게 되었느냐면 말이지."
 스트레미얀니코프가 말하기 시작했다.
 "어제 정오쯤 되었을 때, 우리는 말을 타고 척후를 나섰네……이름이 뭐더라, 안치프, 어제 같이 갔던 그 상사 말이야."
 "그걸 어떻게 아나!"
 "그래, 이름이야 뭐든 상관없지! 아무튼 그 녀석은 알지 못했던 친구로 다른 중대 사람이었어. 그런데 말이지……그런데 우리 카자흐가 14명, 그리고 샤밀리가 함께 가기로 되었지, 그 친구는 어제 하루 종일 쾌활했고, 별로 불길한 예감이 들 만한 일도 없었네. 모두들 아무 일 없었는데, 그 친구는 자기 팔 끝에 너덜너덜 매달린 닝마조각을 빙글빙글 움직이고, 고삐를 안장에 걸더니, '젠장, 그리고리 판테레에비치는 언제 돌아 올 것인가! 그 친구하고 주욱 한잔 하고서 노랫가락깨나 뽑고 싶은데……' 어쩌고 하더군. 그런 투로 라투이세프스키 구릉에 갈 때까지 줄곧 흥얼거렸어. ―

우리는 이 산 저 산으로 돌아다니네,
메뚜기처럼 몸 가볍게.
우리는 모두가 돈 카자흐,
베르덩 총으로 신나게 쏘아댄다!

 대충 그런 상태로 벌써 토프카야 저지대 근처까지 와서, 우리는 골짜기로 내려갔네. 그러자 그 상사 녀석이 '빨갱이놈들이 전혀 보이지 않는걸. 분명 놈들은 아스타코보 마을에서 아직도 나오지 않았을 거야. 놈들은 마을 사람들에게서 어서 일어나란 재촉을 받고, 마지못해 지금쯤에야 겨우 아침식사를 준비한답시고 수탉이나 뭐나 삶든지 굽든지 하고 있을 거야. 그러니 우리도 잠시 쉬기로 하세. 말들도 땀을 줄줄 흘리고 있군' 하더군. 그래서 우리도 '그래 그거 좋지.' 했지. 얼른 말에서 내려 풀밭 위에 누우며, 보초 1명만을 언덕 위에 내보냈네. 누워 있다가 언뜻 쳐다보니까, 알료시카란 녀석은 자기의 말 근처에서 꾸물거리고 있더군. 말의 복띠를 풀어 주려 했던 거야. '이봐! 알렉세이, 복띠는 풀어 주지 않는 게 좋아. 글쎄, 그런 일이 생겨선 곤란하지만 만일 풀어 주었다가 갑자기 떠나려면 자네의 그 외팔로 복띠를 다시 채울 틈이 있을 것 같지 않네' 내가 말했지. 그 친구는 이빨을 드러내고 웃으면서 '자네보다도 더 빨리 준비할 테니까 두고보게! 풋내기 주제에 나에게 뭘 가르치려 하는 건가?' 하더란 말이야. 그 사이에 완전히 복띠를 벗기고 재갈까지도 벗겨내더군. 다른 친구들은 누워서 담배를 피우고, 얘기를 하고, 꾸벅꾸벅 졸기도 하고 있었지. 경비하러 나갔던 녀석도 바로 그때쯤에는 역시 졸고 있었어. 정말 한심한 녀석이지. 그쪽 무덤 옆에 누워서 잠만 잤던 거네. 그러다 보니 멀리서 말이 뛰는 소리 같은 것이 들려 왔어. 일어나기가 귀찮기는 했지만 어쨌든 일어나 골짜기에서 언덕으로 올라갔지. 언뜻 쳐다보니, 우리들이 있던 곳에서 200미터쯤 떨어진 아래 저지대 쪽에서 적병들이 말을 타고 오고 있잖겠나. 대장이 밤색 말을 타고 선두에서 오더군. 그놈이 타고 있던 말이야말로 정말 사자 같더구먼. 놈은 중기관총까지 가지고 있었어. 그래서 나는 굴러내리듯이 골짜기로 달려내려가서 소리쳤지. '빨갱이들이다! 말에 타라!' 빨갱이놈들은 이미 내 모습을 알아보았더군. 건너편에서 구령을 내리는 소리가 바로 들려왔어. 우리는 급히 말에 올랐지. 상사는 기병도(騎兵刀)를 뽑아들고 돌격할 태세를 취했지. 하지만 돌격은 어림도 없었어. 이쪽은 14명인데 저쪽은 중대 병력의 절반 정도나 되고, 게다가 그놈들한테는 기관총까지 있었거든! 우리는 말을 타자마자 쏜살같이 달아났네. 놈들은 기관총으로 냅다 드르륵 갈겨대더군. 그런데 좁은 골짜기가 우리를 살려 줬네. 기관총으로 우리를 다 헤치우지 못한다는 것을 곧 알아챘지. 놈들은 우리의 뒤를 쫓아오기 시작하더군. 그러나 우리쪽 말들이 더 빨라서 일사천리로 멀찍이 달려 말에서 내려 사격을 하려고 했네. 그때 비로소 알료시카 샤밀리의 모습이 보이지 않는다는 것을 깨달았어. 그 친구는 말이야, 좀전에 소동이 일어났을 때 말이 있는 곳으로 홱 달려가서 안장테를 튼튼한 쪽 팔로 얼른 집어들고 등자에 발을 얹어 놓았는데, 바로 그때 안장이 말 허리 밑으로 떨어져버렸던 모양이야. 간신히 말에 다시 올라타기 직전에 빨갱이놈들과 얼굴을 맞대게 되어 샤밀리는 거기에 남겨지게 되고 말았지. 한편 그의 말은 우리 쪽으로 달려왔는데, 콧구멍으로 불길같은 숨을 토하고, 안장은 놈의 허리 밑에서 흔들흔들 흔들리고 있었어. 몹시 겁을 먹어 아무도 옆에 다가서지 못하게 하면서, 심하게 코를 부릉부릉 울리더군. 어쨌든 그렇게 돼서 알료시카는 당하고 만 거야! 말의 복띠를 풀어 놓지만 않았더라면 살 수 있었을 텐데, 그만 그런 짓을 했으니……"

스트레미얀니코프는 거무스름한 콧수염 속으로 벙긋 웃음을 지으며 이야기를 마쳤다.

"그 친구는 요즘 늘 이런 노래를 불렀다네—

마법사 할아버지,
우리의 황소를 내리쳐 주셔요
우리의 목을 잘라 주셔요……

말하자면 그녀석은 목을 싹 잘린 셈이야. 얼굴도 도무지 알아볼 수가 없다네! 얼마뒤 빨갱이놈들을 쫓아버리고 그 저지대에 가봤었다네. 가서 보니까, 녀석이 나뒹굴어 있더군. 현장에는 그녀석의 피가 마치 도살된 소의 피처럼 솟아나와 있었어. 몸 전체가 핏물에 푹 담겨 있었지."

"이젠 슬슬 가지요!"

짐수레를 끄는 여자가 해를 가리려고 얼굴을 싼 프라토크를 입술에서 떼놓고 더 참지 못하겠다는 듯이 물었다.

"서두를께요, 아주머니, 걱정 말아요! 곧 닿을 테니까!"

"서두르지 않으면 어떡해요! 이렇게 죽은 사람들에게서 역한 냄새가 나니 푹 쓰러지고 밀 것 같아요!"

"좋은 냄새가 풍길 리 있어요? 녀석들, 고기도 먹었을 게고 여자들에게 다니기도 했을 테니까요. 그런 짓을 하는 인간들은 채 죽기도 전부터 벌써 고약한 냄새를 풍기게 마련이에요. 성인(聖人)들은 죽으면 김이 난다고 말하지만, 내가 생각하기에는 터무니없는 헛소리예요. 어떤 성인이라도 죽으면 역시 자연의 법칙에 따라서 고약한 냄새를 풍기게 되어 있어요. 성인도 역시 위장을 통해서 음식물을 섭취하고 있고, 그런 사람들의 창자도 하느님이 인간에게 내려 주신 것과 같이 2미터 길이는 될 거란 말입니다……"

깊이 생각하는 투로 안친프가 말했다.

그러자 무슨 까닭인지 버럭 스트레미얀니코프가 성을 내며 소리쳤다.

"어째서 자네는 그런 사람들을 예로 들어 말하는 겐가? 하필이면 성인들을 들추어 지껄이다니! 자, 가자구!"

그리고리는 카자흐들에게 작별인사를 하고, 죽은 마을 사람들에게도 마지막 인사를 하려고 짐수레 옆으로 다가갔다. 그때 비로소 그는 그들 3명이 다같이 맨발이고, 장화 세 켤레가 그들의 발치쪽에 가로로 뉘어져 깔려 있음을 알았다.

"죽은 사람들의 구두를 왜 벗겨냈나?"

"그건 말이야, 그리고리 판데레에비치, 우리 부락의 카자흐들이 저지른 것이라네……죽은 녀석들이 좋은 구두를 신고 있었지. 중대에서 의논을 했다네. 망가진 구두를 신고 있는 사람이 죽은 사람의 것을 갖는 게 어떠냐고. 하긴 죽은 친구들에게도 가족이 있긴 하지만 워낙 신발들이 다 닳아빠져서 말이야. 그래서 아니쿠시카가 이렇게 말했다네. '죽은 자들은 더이상 걷지도 않고 말을 타지도 않을 거다. 알료시카의 장화를 나에게 달라. 그의 구두 밑창은 상당히 튼튼하다. 그걸 얻지 못하면, 나는 빨갱이 놈들에게서 편상화를 빼앗아 신기전에 감기로 죽게 되는지도 모른단 말이야'라고."

그리고리는 말을 몰아 나아갔다. 차츰 멀어지면서 2명의 카자흐가 말다툼하는 것 같은 소리가 들렸다. 스트레미얀니코프가 잘 울려 퍼지는 테너로 소리쳤다.

"거짓말 작작해, 프레코비치! 그런 소리를 하니까 네 아버지도 거짓말장이란 소리를 듣는 거야! 카자흐에게서 태어난 성인이라고는 한 사람도 없었어! 그런 사람들도 죄다 근본을 캐면 돈 백성이야!"

"아냐, 있었어!"

"뻥치지 마!"

"아냐, 있었다마다!"

"그럼, 누구?"

"승리자 예고리가 있잖았어?"

"쳇! 늬 에미 뱃속에 들어갔다 다시 나와라, 이 미친놈아! 그가 카자흐한테서 태어났단 말이야?"

"진짜 돈 카자흐로, 틀림없이 하류쪽 세미카라코르스카야 마을 출신이야."

"정말 형편없는 소리만 하는군! 우선 몸이나 깨끗하게 하고 와! 그가 카자흐라니!"

"카자흐가 아니라구? 그럼, 어째서 그 사람이 창을 든 모습으로 그려져 있지?"

그 뒤의 이야기는 그리고리에게 들리지 않았다. 그는 말을 빨리 달려 좁은 골짜기로 내려갔다. 그리고 게트만스키 가도를 가로지를 때, 산에서 마을 쪽으로 천천히 내려가는 짐수레와 말탄 두 사람의 모습을 보았다.

거의 카르긴스카야 마을까지 그리고리는 계속해서 말을 빨리 몰아댔다. 미풍이 불어와 단 한 번도 땀에 젖지 않게 말갈기를 스쳤다. 몸통이 긴 갈색 들다람쥐들이 도로를 가로질러 달리며 불안해하는 울음소리를 냈다. 경계하느라고 날카롭게 질러대는 그 소리는 광야를 지배하는 깊은 정적과 기묘하게 조화되고 있었다. 구릉 위나 길에 가까운 산의 지붕에서 들기러기 수컷들이 이따금 날아 올랐다. 눈같이 희고 햇볕을 받아 번쩍번쩍 빛나는 들기러기들은 잘름잘름 교묘하게 날개를 흔들며 차차 높은 곳으로 올라갔다가, 그 절정에 이르면 이번에는 결혼 때의 흑색 빌로도 목걸이를 감은 것 같은 목을 화살이 날 듯 쑥 뻗치고, 마치 푸른 하늘을 표류하듯이 쭉쭉 멀어져갔다. 그러나 200미터쯤 날아 가서는 좀더 심하게 날개짓을 하면서, 마치 한 군데 멈추어 있는 것 같은 모습으로 아래로 내려왔다. 지면 가까이에서 갖가지 풀이 아름답게 무늬를 이룬 푸르름을 배경으로, 끓어오르는 듯한 양쪽 날개의 깃털들이 흰 전광(電光)처럼 번쩍 빛났다가 사라졌다. 그러고는 풀에 휩싸여서 들기러기의 모습은 보이지 않았다.

수컷들이 임깃을 부르는, 몸을 대우는 것 같은 애절한 꾸룩꾸룩! 소리가 여기까지도 들려 왔다. 치르강 기슭의 구릉 정상에 있는 길에서 몇 발짝 떨어져 있는 들기러기의 유인(誘引) 소굴을 그리고리는 말에 탄 채로 내려다보았다. 직경 1미터 정도의 평평한 원형 지면은, 암놈 때문에 싸운 수컷들의 발에 의해 단단하게 다져져 있었다. 그 유인 소굴 속에는 잡초 한 포기도 없었다. 다만 십자모양의 발자국 위로 회색 먼지가 내려앉아 켜켜이 쌓여 있었다. 도로 양쪽의 바싹 마른 브리얀초나 향쑥의 줄기 위에는 바람에 팔락거리면서 뒷면이 장미빛이고 반점이 있는 새파란 들기러기의 깃털들이 걸려 있었다. 싸움을 한 들기러기들의 등허리나 꼬리에서 한창 싸울 때에 뽑혀 나온 것들이었다. 아주 가까이에서 회색을 띤 못생긴 들기러기 수컷이 둥지로부터 뛰쳐나왔다. 노파같이 등허리를 구부리고 성급한 걸음걸이로 나온 그 수컷은 말라빠진 지난 해의 전동싸리 무더기 밑 쪽으로 재빨리 달려가더니 날아오를 것인지를 망설이며 그곳에 숨었다.

봄에 의하여 생명이 주어진 힘찬, 그리고 솟구쳐오르는 듯한 약동(躍動)으로 가득 찬 눈에 보이지 않는 생활이 스텝 속에 쫙 펼쳐져 있었다. 맹렬한 기세로 풀은 싹터 오르고, 탐욕스러운 인간의 눈에서 벗어나 작은 새들과 짐승들과 작은 동물 따위가 쌍쌍이 광야속의 비밀스런 은신처에서 흘레를 하고, 휴한지(休閑地)는 이루 다 헤아릴 수 없을 정도로 많은 떨어진 이삭의 날카롭게 잘린 끝부분에서 보풀이 일어나 있었다. 이미 삶을 마친 지난 해의 잡초인 대나물만이 광야에 흩어진 파수꾼들의 흙무더기 경사면 위에서 힘없이 등허리를 구부린 채 구원을 바라듯 어설프게 땅에 엎드려 있었다. 그러나 생기를 불어넣어 주는 상쾌한 바람은 대나물의 메마른 뿌리를 사정없이 상처입히면서 휘익 불고 지나가 햇살을 받고 다시 살아나는 광야의 표면을 이리저리 달려 지나갔다.

그리고리 멜레호프는 해가 지기 전에 카르긴스카야게 닿았다. 치르강의 얕은 여울을 건너, 카자흐 부락 근처의 마구간에서 리야프치코프를 찾았다. 이튿날 아침에 그에게서 각 부락에 분산된 휘하의 제1사단 각 부대 지휘를 인수받았다. 그러고는 사령부에서 보내 온 최근의 종합보고를 훑어보고, 휘하의 참모장 미하일 코프이로프와 협의한 끝에 아스타호보 마을까지 남진(南進)하기로 결정했다.

각 부대가 다같이 심하게 탄약의 부족을 느끼고 있었다. 한 차례 교전하여 그것을 입수할 필요가 있었다. 그리고리가 결정한 공격의 본래 목적도 바로 그런 데 있었다.

저녁때쯤, 기병 3개 연대와 보병 1개 연대가 카르긴스카야에 집결되었다.

사단이 가진 22대 경기관총과 중기관총 가운데에서 6대만 가져가기로 결정되었다. 그 나머지에는 할당 할 탄띠가 없기 때문이었다.

  5월 5일 아침, 사단은 진격을 개시했다. 그리고리는 도중에 본부를 방치해 둔 채 스스로 제3기병 연대의 지휘를 맡았다. 앞서 기마 척후병을 내보내고, 도보대형으로 남쪽의 포노마료프카 마을을 향해 나아갔다. 척후병의 보고에 의하면, 그곳에 적군 제101 및 제103 보병 연대가 집결하여 되려 카르긴스카야로 진격할 준비를 하고 있다는 것이었다.

  마을에서 3킬로미터쯤 진군했을 때 전령이 쫓아와서 그에게 쿠지노프의 편지를 전했다.

  제2 세르도브스키 연대가 우리 편에 투항했다! 병사들은 모두가 무장해제되었다. 소요를 일으키려 한 병사들 20명만은 보가투일료프에게 인도했다. 그가 참살을 명령했기 때문이다. 우리 편에서 대포 4문을 포획했으나 격발장치는 분하게도 포병대 당원이란 자들이 이미 제거해서 없었다. 그리고 포탄 200발 이상과 기관총 9대가 인도되었다. 우리 편은 몹시 기뻐하고 있다 적병들을 각 보병 중대에 분산 배치하여, 그들의 전우들을 공격하게 할 작정이다.

  당신 쪽은 사정이 어떤가? 참, 하마디면 잊어버릴 뻔했는데 당신네 마을의 공산당원들이 붙잡혔다. 코트랴로프, 코셰보이, 그 밖에 다수의 에란스카야 마을 출신들이다. 뵤시키로 호송하고 있는데, 엄중한 감시를 하고 있다. 만일 탄약이 부족하면 이 전령 편에 전하라. 500통 정도 보내겠다.

                                                    쿠지노프

"전령!"

그리고리가 소리쳤다.

프로호르 즈이코프가 곧 달려 왔다. 그러나 심상치 않은 그리고리의 안색을 보고는 깜짝 놀라며 당황해 모자의 차양에 손을 옮겨붙였다.

"무슨 일로 부르셨습니까?"

"리야프치코프를! 리야프치코프는 어딨나?"

"종대(縱隊)의 후미에 있습니다."

"빨리 갔다와! 그를 서둘러 이리 데려와!"

프라톤 리야프치코프는 빠른 걸음으로 도보 종대를 우회하여 그리고리를 바싹 뒤따라왔다. 콧수염이 흰 그의 얼굴 피부는 바람을 너무 쐬어 꺼풀이 벗겨지고, 콧수염과 눈썹은 봄볕에 타서 붉은 기가 도는 갈색빛이 나고 있었다. 그는 싱긋 미소를 짓고, 말을 달리면서 담배 피우고 있었다. 짙은 밤색 말은 올봄에 들어서 두서너 달 동안에도 전혀 쇠약한 기색을 보이지 않고, 터질 듯한 좋은 몸집으로 그의 밑에서 가슴받이를 번쩍번쩍 빛내며 경쾌한 걸음걸이로 나아갔다.

"뵤시키에서 편지가 왔습니까?"

리야프치코프는 그리고리 옆의 전령을 보고 소리쳤다.

"편지가 왔네."

헝클어진 기분을 누르고 그리고리가 대답했다.

"연대와 사단의 지휘를 부탁하네, 나는 좀 갔다올 데가 있으니까."

"좋습니다, 다녀오십시오. 그런데 급한 일이십니까? 뭐라고 씌어져 있었습니까? 누구의 편지입니까? 쿠지노프에게서 왔습니까?"

"세르도브스키 연대가 우스치 호표르에서 투항했다고 한다……"

"뭐라고요? 정말입니까? 그러면 우리들도 당분간은 살겠군요? 곧 가실 겁니까?"

"곧 가겠다."

"아주 기분 좋습니다. 돌아오실 때까지 아스타호보에 들어가 있겠습니다!"

'미시카와 이반 알렉세에비치를 사로잡고 싶다…… 누가 페트로를 죽였는지 알기 위해서…… 또한 이반이나 미시카를 죽음에서 구하기 위해서이다! 구해야 해…… 우리 사이는 피로 이어져 있는걸. 하지만 지금의 우리는 아주 남남이 되어 있지 않은가……' 그리고리는 미친 듯이 말에 채찍질을 하여 구릉에서 날 듯이 달려내려가며 그런 생각을 했다.

52

반란군의 각 중대가 우스치 호표르스카야 마을에 들어가서 때마침 집회를 갖고 있던 세르도브스키 연대의 장병들을 포위하자, 곧바로 제6여단장 보가투일료프는 보로노프스키, 보르코프와 함께 협의하러 그 자리를 떠났다. 협의는 광장 바로 옆, 상점이 있는 집에서 행해졌는데, 오래 걸리지는 않았다. 보가투일료프는 채찍을 놓지도 않고 보로노프스키와 인사를 나누고는 말했다.

"만사가 잘 됐습니다. 이 공적은 당신의 것입니다. 그런데 다른 얘기입니다만, 도대체 무슨 이유로 대포를 그대로 놔두지 않았습니까?"

"혹시나 해서죠, 카자흐 소위님! 포병들은 거의 모두가 공산당원이었습니다. 그들은 무장해제를 명령하자 자포자기 상태에 빠져, 우리에게 저항을 해왔습니다. 적병 2명이 살해되자 격발장치를 떼어내고 도망쳐버렸습니다."

"정말 유감스럽습니다!"

보가투일료프는 아주 최근에 장교 모표(帽標)를 떼어 낸 자취가 선명하게 남은 카키색 모자를 탁자 위에 내던지더니, 새카만 손수건으로 대머리에서 볕에 그을린 암갈색 얼굴로 옮겨 문지르면서 아주 체념하지 못하고 미소를 떠올렸다.

"자, 그것은 그렇다고 해둡시다. 당신은 빨리 가서 당신네 병사들에게 말해 주십시오…… 그들에게 적절히 말해 주십시오, 그들이, 말하자면 그…… 저…… 그들이 무기를 모두 인도하도록……"

카자흐 사관이 부하를 대하듯이 말하자, 화가 치밀어오른 보로노프스키는 몇마디 중얼중얼하더니 되물었다.

"무기를 모두요?"

"그렇습니다, 나는 더이상 되풀이해서 말하지 않겠습니다! 남김없이 모두라고 했으니, 어디까지나 모두입니다."

"그러나 카자흐 소위님, 연대를 무장해제하지 않겠다는 조건은 애초부터 당신과 당신의 사령부가 받아들이지 않았습니까? 그런데 어째서입니까?…… 하기야 두말할 나위도 없이 기관총, 대포, 수류탄 따위는 모두 무조건 인도해야 한다는 것은 알고 있습니다. 그렇지만 적위병 무기까지 인도해야 한다면……"

"적위병이니 뭐니 하는 건 이미 없어졌습니다!"

면도를 한 윗입술을 꽤나 밉살스레 말아올리면서 보가투일료프는 소리를 높여 말하고, 꼬아서 만든 채찍으로 진흙이 묻은 장화를 탁 쳤다.

"이제 적위병 같은 건 없단 말이야. 있는 것이라고는 돈 지대를 방위하는 병사들뿐이야. 알, 겠, 는, 가? 만일 시키는 대로 하지 않으면 그때는 강제로 해제시킬 테다! 조금도 불평할 거 없다! 우리 땅에서 함부로 못된 짓들을 해왔으니, 이젠 조건이고 뭐고가 있을 수 없어! 우리 사이에는 도대체가 아무 조건도 없는 거야! 알, 았, 지?"

세르도브스키 연대의 참모장, 아직 혈기왕성한 보르코프 중위는 화가 머리끝까지 치밀었다. 흥분을 억제하지 못하는 듯 그의 흑색나사 상의의 곤추선 깃에 달린 단추를 만지작거리고, 보기좋게 소용돌이치는 검은 앞머리칼—아스트라칸과도 비슷하게 반들반들 윤나는 고수머리를 쥐어뜯으면서 험악하게 물었다.

"그러면 우리를 포로로 간주한다는 말씀입니까?"

"나는 자네에게 그런 말을 하지 않았어. 그러니 혼자 생각으로 그런 트집을 잡을 수는 없을 것일세!"

카자흐 여단장은 난폭하게 그를 가로막았다. 상대방을 '자네'라고 고쳐 부름으로써 상대가 자기에게 직접으로, 그리고 완전한 종속 상태에 있음을 그는 벌써 거리낌없이 나타내고 있었다.

순간, 방 안이 조용해졌다. 광장에서 왁자지껄 떠들어대는 소리가 간간이 울려 왔다. 보로노프스키는 몇 차례 방 안을 왔다갔다하며 손가락을 딱딱 울리더니, 잠시 뒤에 따뜻해 보이는 카키색 군복의 단추들을 죄다 채우고 신경질적으로 눈을 반짝이면서 보가투일료프 쪽으로 다시 몸을 돌렸다.

"당신의 그러한 말투를 우리는 참을 수가 없고, 또한 러시아군 사관인 당신에게도 어울리지 않는 것으로 생각합니다! 나는 그런 것을 솔직히 말하겠소. 그리고 우리는 다시 한번 생각해 보겠습니다. 당신이 그런 태도로 우리를 대한다면……바꾸어 생각해 보지요, 어떻게 진퇴를 정할지를…… 이봐, 보르코프 중위! 자네에게 명령하네. 광장으로 가서 각 대장들에게 말해 주게, 어떤 처지에 놓이든 간에 카자흐들에게 무기를 인도해서는 안 된다고! 총을 들라고 연대에 명령하게 나는 곧 이…… 보가투일료프 적과의 이야기를 매듭짓고 광장으로 가겠네."

보가투일료프의 얼굴은 분노로 거무칙칙하게 물들었다. 여단장은 뭔가를 말하려 했다. 그제야 자기가 너무도 지나친 말투를 썼다는 것을 깨닫고는 말하려던 것을 억제했다. 그리고 즉시 태도를 싹 바꾸었다. 그는 후딱 모자를 쓰더니, 여전히 거칠게 부처꽃 무늬가 있는 채찍을 들고 장난스레 말을 꺼냈다. 그의 목소리에는 뜻밖에도 부드럽고 정중함이 깃들여 있었다.

"여러분, 여러분은 내 말을 잘 알아듣지 못했던 것 같습니다. 나는 이렇다 할 만한 교육을 받지 못했고, 사관학교 같은 데에서 학문을 닦지도 않았기 때문에 제대로 설명을 잘 할 수가 없었던 겁니다. 그러니까 너무 까다롭게 생각하지 말기를 바랍니다. 우리는 뭐니뭐니해도 같은 편 동지들이잖습니까. 서로간에 딴 생각을 품어서는 안 됩니다. 내가 뭐라 말을 했습니까? 나는 다만 이렇게 말했을 따름입니다. 즉 지금 바로 당신네 쪽 적위병을 무장해제할 필요가 있다, 특히 그들 가운데 일부는 우리에게나 당신에게나 탐탁하지 못한 분자들이기 때문이다라고……내 말은 그것입니다!"

"예, 그런 말씀을 하신 거라면 실례했습니다! 좀더 분명하게 설명해 주셨더라면 좋았을 겁니다, 카자흐 소위님! 다음으로 당신도 인정하실 것으로 생각되는 당신의 그 도발적인 어조라든가, 또는 모든 당신의 태도는……" 보로노프스키는 거기까지 말하고 어깨를 움츠리더니, 이제는 '원만하게'라고 말할 수 있을 만큼 어느 정도 여유를 찾아 말을 이었다.

"아니, 우리들도 생각하고 있었던 겁니다. 동요되어 와글와글하고 있는 자들을 무장해제하여, 당신의 지휘를 받도록 인도해야 한다고 말입니다……"

"맞습니다, 맞아! 바로 그 말입니다!"

"그러니까 나도 우리가 직접 그들을 무장해제하기로 결정했다고 말하려던 참입니다. 하지만 우리 부대의 전투 중핵(中核)에 관한 한, 우리는 어떻게든 그들을 내놓지 않을 작정입니다. 설사 어떤 일이 일어난다고 해도 말입니다! 나에게도, 또 여기에 있는 보르코프 중위에게도, 당신은 아까 그다지 친근한 사이가 아닌데도 '자네'란 말을 쓰셨던 것 같은데……우리는 우리 자신이 지휘를 맡음으로써 각자가 적군의 전열에 끼여 있었다는 치욕을 씻을 영예를 누릴 수가 있을 겁니다. 당신은 우리에게 그러한 가능성을 부여해 주어야만 하겠습니다."

"당신네의 그 중핵이란 도대체 몇 명쯤 됩니까?"

"약 200명 정도입니다."

"뭐, 그런 이유 때문이라면 괜찮겠죠."

보가투일료프는 마음으로 내키지 않으면서도 동의했다. 그는 일어나서 복도로 나가 문을 조금 열고는 높은 소리로 외쳤다.

"부인!"

뒤이어 문 쪽에 나이 많고, 따뜻해 보이는 두건으로 휘감싼 부인이 나타나자 말을 이었다.

"생우유를 주오! 어서요!"

"우유는 없어요. 공교롭게도 떨어졌군요. 죄송합니다."

"빨갱이놈들에게 줄 것이라면 분명히 있었을 텐데, 우리한테 줄 것은 어째서 없는가?"

보가투일료프는 쓴웃음을 지었다.

다시 어색한 정적이 방 안에 깔렸다. 보르코프 중위가 그 정적을 깨뜨렸다.

"가도 좋습니까?"

한숨을 섞어서 보르노프스키가 대답했다.

"좋아. 가서 명령해 주게, 대원 명부 속에 표시가 된 사람들을 무장해제 하도록······ 명부는 고리가소프와 베이스트민스테르가 가지고 있네."

단순히 상처입은 장교로서의 자존심이 "다시 한번 어떻게 진퇴(進退)를 정할까 생각해 보겠다" 말을 한 것이었다. 사실 이등대위 보로노프스키는 자기 역할이 이미 다해 이제 오도가도 할 수 없음을 잘 알고 있었다. 그가 입수한 정보에 의하면 우스치 메도베지차에서는 배반한 세르도브스키 연대의 무장해제를 위해 군 사령부가 급파한 병력이 이미 진군중이었고, 당장이라도 도착할 터였다. 한편 보가투일료프도 보로노프스키가 신뢰할 수 있는 절대 안전한 인간이라는 것, 그가 이제는 뒤로 물러설래야 물러설 수 없는 처지에 있음을 잘 알고 있었다. 여단장은 자신이 책임을 지고, 연대의 신뢰할 수 있는 자들로서 독립된 전투 단위를 구성한다는 데 동의했다. 이로써 협의는 타결되었다.

바로 그때, 광장에서는 반란군 병사들이 협의의 결과를 기다려 보지도 않고 세르도브스키 연대 병사들의 무장해제를 강행하기 시작했다. 연대 치중반(輜重班)의 치중차와 2류 탄약차를 카자흐의 탐욕스러운 눈과 손이 이리저리 더듬었다. 반란군 병사들은 탄약뿐만이 아니라 바닥 가죽이 두툼한 황색의 적군 편상화라든가 게토르(각반) 다발, 방한모, 솜을 넣은 바지, 식료품까지 다투어 빼앗았다. 적위병 20명 가량이 소문으로 듣던 것 이상 가는 카자흐의 횡포를 직접 눈으로 보고는 저항했다. 그 가운데 1명은 자신에 대해 신체검사를 하던 반란군 병사가 태연한 얼굴로 그의 지갑을 자기 주머니에 넣어버리자, 녀석을 총개머리로 후려 갈기고 소리질렀다.

"강도놈! 뭘 슬쩍하는 거야! 내놔! 내놓지 않으면 대검으로 찔러죽일 테다!"

전우들이 그를 응원했다. 분노의 고함이 솟구쳤다.

"야, 모두들 총을 들어라!"

"속임수에 걸려들었다!"

"총을 건네라!"

양편이 맞붙어서 싸움이 시작되었는데, 결국은 저항하던 적위병들이 광장 울타리 끝까지 쫓겨갔다. 그리고 제3기병 중대의 지휘자에게서 부추김을 받은 반란군 기병들이 그 적위병들을 베어 쓰러뜨리기까지 불과 2분도 걸리지 않았다.

광장으로 보르코프 중위가 나온 다음에는 무장해제가 순조로이 진척되었다.

억수같이 쏟아지는 비 속에서 적위병들은 정렬하고 소지품 검사를 받았다. 대열 바로 옆에는 소총, 수류탄, 연대 통신반의 비품, 소총 약포와 기관총탄 탄띠가 담긴 고리짝 같은 것들이 산더미처럼 쌓아올려졌다……

보가투일료프가 말을 타고 광장으로 달려왔다. 그는 세르도브스키 연대의 병사들이 죽 늘어앉은 줄의 앞까지 가서 흥분하여 이리저리 날뛰는 말에 올라탄 채 이쪽저쪽을 쳐다보며 굵게 꼰 채찍을 위협하듯 머리 위로 높이 흔들면서 소리쳤다.

"잘들 들어라! 너희는 오늘부터 저 악당 같은 공산당원들, 그리고 놈들의 군대와 싸우게 되었다. 끝까지 우리와 함께 행동하는 자는 용서받을 테지만, 우리 쪽의 틈을 엿보는 짓거리 따위를 하는 자는 저들과 같은 보복을 당하게 될 것이다!"

이렇게 말한 그는, 벌써 카자흐들에 의해 속옷 한 벌만 남기고는 죄다 벗겨진 채로 아무렇게나 흩어져 흰 덩어리로 뭉쳐 비에 흠뻑 젖어 나뒹굴고 있는 적위 병들을 채찍으로 가리켰다.
 적위병들 대열 사이로 여리게 소곤대는 소리가 잔물결처럼 주욱 퍼져 나갔다. 하지만 누구도 당당한 목소리로 한 마디의 항의 발언을 하지도 않았고, 누구 한 사람 대열을 흐트러뜨리지도 않았다.
 언저리에서는 떼를 이루고, 혹은 뿔뿔이 흩어지기도 한 보병이며 기마대의 카자흐들이 뛰어다녔다. 그들은 물셀 틈도 없는 테두리를 만들어서 광장을 에워쌌다. 조금 높은 곳에 있는 교회 울타리 옆에서는 적위군 대열에 총구를 겨눈 녹색으로 칠해진 세르도브스키 연대의 기관총이 놓여 있고, 그 주위에는 방패에 숨어 흠뻑 젖은 카자흐 기관총수들이 언제든 사격할 자세로 들러붙어 있었다.
 1시간쯤 걸려서야 보로노프스키와 보르코프가 명부에 의해 '신뢰할 수 있는 병사들'을 가려냈다. 그들은 모두 194명이었다. 새로이 편성된 부대는 '제1 독립 반란 부대'라는 부대 이름을 얻고 바로 그날로 페라빈스키 부락의 진지로 떠나갔다. 도네츠에서 옮겨진 제23기병 사단의 몇 연대가 그곳에서 공격을 가해 오고 있었던 것이다. 들리는 말에 의하면, 브이카도로프가 지휘하는 제15연대, 유명한 미하일 브리노프가 이끄는 제32연대 등의 여러 적위군 부대가 오고 있다는 것이었다. 그들은 저항하는 반란군 부대를 닥치는 대로 분쇄하면서 다가왔다. 그중의 하나, 우스치 호표로스카야 마을에 급히 배치되었던 반란군 중대는 산산조각으로 격파되고 말았다. 브리노프에 대해서는 보로노프스키의 대대를 배치하여 우선 격렬한 싸움을 겪어 봄으로써 저쪽이 얼마나 강한가를 확인하기로 결정 했던 것이다……
 800명도 더 되는 세르도브스키 연대의 나머지 병사들은, 앞서 보가투일료프에게 보낸 편지 속에서 반란군 사령관 쿠지노프가 명한대로 도보대형을 취하고 돈강을 따라 뵤센스카야로 진군했다. 그들을 감시하기 위해서 돈강 연안의 구릉을 세르도브스키 연대의 기관총으로 무장한 3개 중대 기병 중대가 나아갔다.
 우스치 호표로스카야 마을에서 출발하기 전에 보가투일료프는 교회에서 기도식을 올렸다. 그는 '신앙이 두터운 카자흐 군'에게 승리를 베풀어 주옵소서라고 비는 사제의 기도가 끝나자 못 견디겠다는 듯이 서둘러 밖으로 나갔다. 말이 끌려왔다. 말에 올라타자 엄호부대로서 우스치 호표르스카야 마을에 남기로 된 중대들 중 제1중대 중대장을 손짓해서 부르고는 안장에서 몸을 쑥 기울이고 그의 귀에 소곤거렸다.

"공산당원을 화약고 이상으로 주의해야 돼! 내일 아침이 되면 신뢰할 수 있는 호송병들을 붙여서 뵤센스카야로 데리고 가게. 그러나 그보다 앞서 각 부대로 전령을 보내어, 어떤 놈들이 이송되고 있는가를 알리도록 하게. 그렇게 하면 민중이 린치를 가해서 놈들을 처벌할 거야!"

이렇게 말하고 그는 떠나갔다.

53

뵤센스카야 마을 싱긴 부락 하늘 위에 4월 20일 정오경 비행기 1대가 모습을 드러냈다. 여린 엔진소리가 들리자 아이들과 여자들, 노인들이 집 안에서 뛰어나왔다. 그들은 머리를 쑥 쳐들고 손을 이마에 대고서, 비행기가 몹시 흐린 하늘 아래로 기울어지면서 소리개처럼 동그라미를 그리며 나는 모습을 한참 동안 바라보았다. 엔진소리는 차츰 거칠고 크게 들렸다. 비행기는 마을 언저리의 평평한 빈터, 곧 방목장을 착륙지점으로 택하여 차츰 고도를 낮추었다.

"이젠 폭탄을 떨어뜨리기 시작할 기다! 주의해라!"

겁먹은 소리로 꽤나 통찰력 있는 할아버지가 외쳤다.

그러자마자 골목에 몰려 서 있던 군중은 뿔뿔이 흩어져버렸다. 여자들은 와 울음을 터뜨렸다. 아이들을 질질 끌다시피해서 잡아 당기는 할아버지들은 목산양과도 같이 익숙한 재주와 민첩한 태세로 울타리를 뛰어 넘어서 집을 에워싼 숲속으로 뛰어들어갔다. 골목에는 노파 한 사람만 남았다. 그녀도 마찬가지로 달아나려 했으나 너무도 무서워 다리를 움직일 수 없게 되었는지, 아니면 흙덩이에 발이 걸려 넘어졌는지 아주 쓰러져서는 옆으로 누운 채 부끄러운 기색도 없이 말라빠진 다리를 내뻗고 제대로 나오지도 않는 목소리를 쥐어짜내 부르짖었다.

"나 좀 거들어 다오, 얘들아! 나 죽겠다!"

노파를 구하러 돌아간 사람은 한 사람도 없었다. 비행기는 요란한 소리를 내며 폭풍같은 울부짖음과 우웅 하는 울림을 일으키고 헛간 지붕을 스쳐 날아갔는데, 그 순간 날개 그림자가 죽음의 공포로 크게 열린 노파의 눈에서 외계(外界)를 크게 가렸다. 그리고 날아서 지나가자 마을 목장에 있는 습기 찬 흙에 바퀴를 탁 대고는 스텝을 활주하기 시작했다. 바로 그 순간 노파는 오줌을 싸버렸다. 그녀는 반쯤 죽어 자빠져 있었다. 자신의 몸 주위에서도, 또는 자기를 둘러싸고 있는 주위에서도 아무것도 들리지 않고 느껴지지 않았다. 그러므로 훨씬 저쪽, 땅에 날아 내린 무시무시한 새에게서 새까만 가죽옷을 입은 두 사람이 나오더니 선뜻 결심이 서지 않는 듯이 잠시 그 자리에서 머뭇거린 다음에 이윽고 좌우를 둘러보며 집 쪽으로 오는 것을 그녀가 볼 수 없었던 것은 당연한 일이었다.

그러나 집을 에워싼 잡목 숲 속 해묵은 검은딸기 덩굴 속에 몸을 숨기고 있던 그녀의 남편은 남성이라는 말이 부끄럽지 않게 훌륭한 노인이었다. 비록 심장은 사로잡힌 참새처럼 몹시 뛰었지만, 그는 눈을 부릅뜨고 내다볼 정도의 용기는 지니고 있었다. 그는 자기 집 쪽으로 발걸음을 옮기는 두 사람 가운데 하나가 자기 전우의 아들인 사관 페트로 보가투일료프라는 것을 알아차렸다. 페트로는 그리고리 보가투일료프—제6 반란군 독립 여단장—의 사촌 아우이기도 한데, 지금은 백군(白軍)과 함께 도네츠강 건너편으로 철수중이었다. 그는 정말 그 사내임에 틀림이 없었다.

노인은 토끼처럼 웅크리고 손을 앞으로 늘어뜨려 1분쯤 살피는 듯한 시선으로 열심히 관찰했다. 그는 천천히 한 걸음 한 걸음 확인하듯 걸어왔다. 전에 본 것과 같이 푸른 눈으로 다만 근래에 잠시 면도칼을 대지 않은 탓인지 뻣뻣하게 뻗친 턱수염을 하고 있지만 틀림없이 페트로 보가투일료프였다. 비로소 노인은 몸을 일으키고 다리가 제대로 몸을 지탱해 주는지 어떤지 확인해 보았다. 무릎 언저리가 조금 떨렸다. 그러나 제대로 지탱할 수는 있었다. 그래서 노인은 빠른 걸음으로 잡목 숲 속에서 종종걸음을 쳐 달려나갔다.

그는 먼지투성이로 쓰러져 있는 노파 쪽으로는 가지 않고 곧장 페트로와 그의 동행을 향해 걸어가며, 아직 멀리 있으면서도 대머리에 쓴 빛바랜 카자흐 모자를 벗었다. 페트로 보가투일료프 쪽에서도 그를 알아보고 손을 흔들며 빙긋 웃고 응답했다. 두 사람이 만났다.

"물어봤야겠는데, 맞지? 페트로 보가투일료프지?"

"접니다. 틀림없습니다, 할아버지!"

"정말이지, 참, 덕분에 이 나이가 돼서야 저 기계라는 걸 구경하게 되었어! 우린 저걸 보고 정말이지 여간 놀라지 않았는걸!"

"빨갱이가 이 근처에 들어오지 않았나요, 할아버지?"

"없어, 없어! 놈들은 거 어디라나, 치르 건너편 쪽으로 쫓겨갔다던걸."

"우리 쪽 카자흐들도 역시 폭동을 일으켰나요?"

"폭동을 일으키기는 했지만 굉장히 많은 사람들이 쓰러졌지."

"왜요?"

"이를테면 막 때려죽인 거야."

"그래요? …… 우리 집 식구들은 어떤가요? 아버지와…… 다들 무고하신가요?"

"다들 무고하시네. 그런데 자네들은 도네츠 건너편에서 왔나? 우리 치혼을 그쪽에서 보지 못했나?"

"도네츠 건너편에서 왔는데요, 치혼에게서도 잘 있다는 소식을 들었습니다. 그럼 부탁 좀 드려야겠는데, 할아버지, 저희 비행기를 지켜주십시오. 아이들이 손대지 않도록 말입니다. 저는 집에 갔다오겠습니다…… 자, 가세!"

페트로 보가투일료프와 그의 동행은 걷기 시작했다. 잡목숲 속에서 또는 헛간 그늘, 움막, 그 밖의 모든 은신처에서 몹시 놀라 몸을 숨기고 있던 사람들이 기어나왔다. 군중은 비행기를 에워쌌다. 비행기는 아직도 뜨거운 엔진의 열기와, 휘발유와 모빌이 푹푹 풍겨내는 탄내를 뿜어올리고 있었다. 아마포가 팽팽하게 덮인 양쪽 날개에는 여기저기 총탄이며 포탄 파편 따위에 의해 구멍이 나 있었다. 처음으로 가까이 보게 된 비행기는 먼 길을 줄곧 달려온 말처럼 더워진 채 무묵히 서 있었다.

할아버지, 즉 페트로 보가투일료프를 처음으로 마중했던 남자는 그의 아내인 노파가 공포에 사로잡혀서 녹초가 되어 쓰러져 있는 골목을 향해 달려갔다. 지난해 12월 관구 정부와 함께 철수한 아들 치혼의 소식을 알려서 노파를 기쁘게 해줘야겠다고 생각했던 것이다.

노파는 골목에 없었다. 그녀는 가까스로 집까지 가서는 헛간에 숨어서 급히 옷을 갈아입고 있었다. 웃옷과 스커트를 막 갈아입는 참이었다.

노인은 꽤나 애쓴 끝에 그녀를 찾아내자 소리를 질렀다.

"페치카 보가투일료프가 날아왔구료! 치혼한테서 그럭저럭 잘 있다는 소식이 있었다 하오!"

여기까지 말하고 나서 노파가 옷을 갈아입고 있는 것을 눈치채고는 불같이 화가나서 성을 냈다.

"어째서 또 이 거지 같은 할망구가 멋을 내려 하는 게야? 에이구, 저 멍청이! 누가 당신 같은 것을 상대해줄 줄 알아? 주름투성이 귀신할망구 같으니라구! 꼭 젊은 것들하구 똑같이 흉내를 내려 한단말이야!"

……그 뒤에 곧 페트로 보가투일료프의 아버지 집으로 노인들이 왔다. 그들은 한 사람 한 사람씩 들어와서 한결같이 현관 문턱에서 모자를 벗고는 성상(聖像)을 향해 십자를 긋고, 지팡이에 의지해서 예의바르게 의자에 앉았다. 이야기가 시작되었다. 페트로 보가투일료프는 차가운 생우유 잔을 들고 조금씩 마시며 자기가 돈 정부의 요청에 의해 비행기로 온 것, 그의 임무는 반란을 일으킨 상류 돈지방 카자흐들과 연락을 취하고 그들이 적군과 싸우는 것을 돕기 위해 비행기로 탄약이며 사관들을 수송하는 일이라는 것 따위를 이야기했다. 또한 멀지 않아 돈군은 전선 전체에서 공세로 옮겨 반란군 세력과 합류할 것이라고도 전했다. 이에 곁들여 보가투일료프는 전선을 방기(放棄)해 자기네 땅에 적위군이 침입하는 것을 허용하고 있는 젊은 카자흐들에게 나쁜 영향을 주는 것은 다름아닌 당신네들이다, 하는 이야기를 하며 그 일로 심하게 노인들을 비난했다. 그는 다음과 같은 말로써 자기 이야기에 매듭을 지었다.

"……그러나 이미 여러분께서 망상에서 깨어나 소비에트 정권을 몰아낸 이상, 돈정부는 여러분을 용서할 것입니다."

"하지만 우리 고장에는 말이지요, 페트로 보가투일료프, 지금도 공산당원들을 없애버린 소비에트 정권이 있고, 우리 것은 깃발도 3색이 아니라 적색과 백색으로 되어 있는 형편이오."

뚜렷하지 않은 말투로 한 노인이 상황을 알렸다.

"평생을 같이 사는 부부 사이에도 이곳 젊은 놈들, 그 망할 놈들은 남이 말하는 건 조금도 듣지 않고 저희끼리 부를 때 '이봐, 동무' 어쩌구 한단 말요!"

다른 노인이 한 마디 했다.

페트로 보가투일료프는 가위질한 붉은 콧수염 속에서 싱긋 웃고 푸른색 동그란 눈을 심술궂게 가늘게 뜨며 말했다.
"여러분의 소비에트 정권 같은 것은 말하자면 봄을 앞둔 얼음 같은 겁니다. 조금만 햇살이 따뜻해지면 곧바로 녹아버립니다. 그러나 카라치 근처에서 전선을 내버리는 짓거리 따위를 저지른 놈들은 우리가 도네츠에서 돌아오는 대로 곧 단단히 혼내줄 겁니다!"
"죄다 덤벼들어서 오줌을 쌀 때까지 마구 패줘야 해!"
몹시 기뻐하는 모습으로 노인들은 소리쳤다.

해질 무렵, 기마 전령의 전달을 받고 말 세 필이 끄는 반개(半蓋)마차를 타고 말들이 땀투성이가 될 정도로 달려서 반란군 사령관 쿠지노프와 참모장 일리야 사포노프가 달려왔다.
보가투일료프가 날아온 일로 해서 엄청난 기쁨에 사로잡힌 그들은 장화와 비옷의 진흙도 미처 닦지 않고 막 달음박질하듯이 보가투일료프의 집에 뛰어들어갔다.

54

세르도브스키 연대로부터 반란군 쪽에 인도된 공산당원 25명은 특별히 선발된 호송대에 딸려 우스치 호표르스카야 마을을 나섰다. 도망 따위는 생각도 못할 일이었다. 이반 알렉세에비치는 포로들 가운데에서 절름거리는 다리를 끌며 애달픈 생각과 동시에 증오를 가슴에 품은 채, 한편으로는 적의로 돌처럼 굳은 표정을 짓고 있는 호송대 카자흐들의 얼굴을 쳐다보고 이렇게 생각했다. '우리는 마지막 선고를 받게 될 것이다! 재판이 없을 것 같으면 그것으로 마지막이다!'
호송병의 태반은 턱수염이 긴 연장자(年長者)들로 채워져 있었다. 그들을 지휘하고 있는 사람도 또한 구교신자인 노인으로, 아타만 연대의 기병 상사였다. 우스치 호표르스카야 마을에서 흰 길을 나서자마자 곧 그는 포로들에 대해 서로 말을 해선 안된다, 담배를 피워선 안된다, 그리고 호송병들에게 무엇에 대해서든 질문하는 것도 안 된다라고 시달했다.
"자, 기도를 올리기라도 해라, 반(反)그리스도인인 이 망할 놈들아! 네놈들은 지금 죽으러 가는 건데, 이젠 끝장이라고 생각해도 별수 없을 게다—퉤, 퉤! 하느님을 잊어버리라는 법이 있더냐! 악마에게 몸을 팔아넘기다니! 적(敵)의 낙인이 찍히다니!"

그러고는 자동식 나강총을 치켜올리는가 하면 목에 건 권총의 끈을 잡아당기기도 했다.

포로들 중에 세르도브스키 연대의 간부 장교였던 공산당원은 단 2명밖에 없었다. 그 나머지는 이반 알렉세에비치를 제외하고는 모두 에란스카야 마을 출신인 타관 사람들이었다. 그들은 이미 성년에 이른 건장한 젊은이들로서 소비에트군이 마을에 오던 때 비로소 입당(入黨)하여 민경(民警) 또는 각 부락 혁명위원회 의장 등을 지낸 한편, 이번의 반란이 일어난 뒤 우스치호표르스카야 마을로 도망쳐 와서 세르도브스키 연대에 들어온 자들이었다.

전에는 그들 거의 모두가 집짓는 목수, 소목장이, 나무통 만드는 목수, 석공, 화로를 만드는 직공, 구두 수선공, 그리고 양복점 직공 등 직인(職人)이었다. 비교적 나이 많은 사람도 겉보기에는 35살을 넘은 것 같지 않았고 가장 나이 적은 사람은 20살 안팎이었다. 튼튼하고 당당한 젊은이들, 격심한 육체 노동이 빚어낸 굵고 억센 팔을 가지고 있는 넓은 어깨와 떡 벌어진 커다란 가슴을 가진 그들은 겉보기에는 등허리가 구부정한 호송대의 연장자들과 참으로 두드러진 차이를 보이고 있었다.

"재판할 건가? 어떻게 생각하나?"

이반 알렉세에비치와 나란히 걷고 있던 에란스카야 마을의 공산당원 한 사람이 낮은 목소리로 물었다.

"글쎄, 어떻게 될지……"

"죽일까?"

"그렇게 하려는 걸 거야."

"하지만 저치들 쪽에서는 총살 같은 건 없다고 말했잖아? 카자흐들이 그렇게 말하던 것이 생각나지 않나?"

이반 알렉세에비치는 입을 다물고 있었다. 하지만 그의 머리 속에는 비록 바람에 춤추는 불꽃가루 같은 것이긴 해도 희미한 희망이 순간적으로 떠올랐다. '그래, 확실히 그렇다! 놈들은 우리를 총살할 수가 없다. 뭐니뭐니해도 놈들은, 저 망할 놈들은 이런 슬로건을 내걸고 있었기 때문이다. '코뮨과 약탈과 총살을 중지하라!' 따위였다. 놈들은 소문에 의하면 오직 징역만을 선고하고 있다고 했다……그러니 태형이나 징역에 처해질 것이다. 그런 정도라면 별로 무서울 것도 없다. 감옥에 겨울까지 들어가 있는 거다. 겨울이 되어 돈강이 얼어붙기 시작하면 즉시 이쪽의 군대에 다시 꼭 들기로 정해져 있으니까! ……'

희망은 한층 더 강하게 타오르다가 꺼져버렸다. 바람에 춤추던 한 움큼 불꽃가루처럼. '아니, 살해될 거야! 놈들은 악마처럼 몹시 흥분해서 날뛸 테니까! 내 인생이여, 안녕! …… 빌어먹을, 이러고 보면 다 틀렸군! 놈들과 싸워왔지만, 그러면서도 나는 놈들을 마음속으로는 가엾게 생각해 주고 있었지……가엾게 여길 필요라곤 없었던 거야. 닥치는 대로 때려눕히고, 마구 베어 죽였어야 마땅한데! ……'

그는 주먹을 꽉 움켜쥐고 무력한 분노에 두 어깨를 떨었는데, 그와 동시에 뒤쪽으로부터 머리에 일격을 받아 앞으로 푹 고꾸라지며 위태롭게 쓰러졌다.

"야, 임마, 어째서 주먹을 들먹거리고 있는 거야. 개자식 같으니! 모르겠나, 어째서 네놈이 주먹을 들먹거리고 있었느냐 말이야?"

그를 향해 말을 가까이 몰아붙이며 상사인 호송대장이 고함을 질렀다.

호송대장은 다시 한번 이반 알렉세에비치에게 채찍질을 가하고, 그의 얼굴을 눈썹 위의 뼈 언저리에서부터 보조개가 있는 높은 광대뼈까지 비스듬히 채찍으로 철썩 갈겼다.

"누구를 때리는 거요? 때릴테면 나를 때려요. 여보! 나를! 그는 부상을 입었는데, 어째서 또 당신은 그를 때리는 거요?"

애원하는 듯이 웃음지으며 떨리는 목소리로 에란스카야 출신 하나가 외쳤다. 그리고 사람들 틈에서 걸어나가더니 이반 알렉세에비치의 앞을 가로막아 서서, 얼핏 보기에도 목수를 연상케 하는 거친 가슴을 내밀었다.

"그러면 네놈에게도 호되게 해줄까! 마을 친구들, 이놈을 얼마든지 때려줘라! 고문놈을 마구 갈겨줘!"

에란스카야 마을 사내의 카키색 옷을 찢은 채찍의 기세가 너무도 격렬했기 때문에 쫙쫙 찢어진 그 헝겊조각들이 불에 구워진 나뭇잎처럼 뱅글뱅글 말려올라갔다. 그리고 그 헝겊조각들을 통해서 상처가 잠깐 사이에 부풀어

오르는 게 보였다. 찢긴 곳에서 거무칙칙한 죽음을 부르는 피가 흘러내렸다……

상사는 적의에 차서 숨을 헐떡이고 포로들을 발로 짓밟으며, 떼를 지어 몰려 서 있는 사람들 사이로 헤집고 들어가 사정없이 채찍을 마구 휘둘렀다……

또 한 차례 일격이 이반 알렉세에비치에게 가해졌다. 눈 속에서 새빨간 번갯불이 번뜩이고 대지가 흔들렸다. 건너편 모래더미가 된 왼쪽 둑의 가장자리를 뒤덮고 있는 푸른 숲이 이쪽으로 기울어지고 있는 것같이 생각되었다. 이반 알렉세에비치는 그의 억센 한쪽 손으로 등자를 홱 움켜쥐더니, 야수처럼 사나워진 상사를 안장에서 끌어내려 떨어뜨리려고 했다. 그러나 카자흐의 칼등이 일격에 그를 땅바닥에 쓰러뜨렸다. 입 안에 숨이 막힐 지경으로 자욱한 모래 먼지가 들어왔다. 코와 입에서는 타는 것 같은 동통(疼痛)과 함께 피가 콸콸 쏟아져나왔다……

호송병들은 그들을 양 떼처럼 한 군데로 몰아서 모으려고 채찍을 휘둘렀다. 그칠 줄 모르고 무자비하게 마구 갈겼다. 길바닥에 쓰러져서 누워 있던 이반 알렉세에비치는 하늘이 떠나갈 듯이 요란하게 사람들이 외치는 소리며, 자기 주위에 땅울림을 일으키고 있는 뒤엉킨 발소리며, 말들이 미친 듯이 콧김을 거세게 토해내는 소리 따위를 꿈결에 듣고 있었다. 말의 뜨뜻미지근한 큰 땀방울이 그의 맨살이 드러난 머리 위로 뚝뚝 떨어졌다. 그와 거의 때를 같이하여 아주 가까이에서 머리 바로 위쪽으로 짧으면서도 엄청나게 큰 사내의 울음소리와 외침소리가 귀청을 찢을 듯이 크게 들려왔다.

"짐승 같은 것들! 남을 맨손이 되게 해놓고 막 갈기다니! 으, 으, 으, 으!"

이반 알렉세에비치의 상처입은 쪽 다리를 말이 짓밟았다. 머리 쪽이 벌어진 편자의 징이 장딴지를 파고들었다. 위쪽에서 크게 울리는 소리를 일으키며 살처럼 빠르게, 그리고 정확하게 간격을 두고 채찍을 내리치는 소리가 높이 울리기 시작했다……1분 남짓 지났다—계속해서 무겁고 축축하게 젖은 몸이 얼굴을 돌리고 싶을 만큼 심한 비지땀과 햇살처럼 달콤새콤한 피냄새를 물씬물씬 풍기면서 이반 알렉세에비치 옆으로 무너져내리듯이 쓰러졌다. 이반 알렉세에비치는 아직 완전히 의식을 잃고 있지는 않았으므로 방금 쓰러진 사내의 목구멍에서 마치 뒤집혀진 병의 주둥이로부터 무엇인가가 흘러나올 때처럼 피가 콸콸 흘러나오는 소리를 들었다.

그뒤 그들은 한 떼를 이루어 돈강 속으로 쫓겨들어가 피를 씻어냈다. 무릎까지 물 속에 잠기며 이반 알렉세에비치는 타는 것같이 열이 나고 있는 상처와 채찍에 맞아서 부푼 등을 물에 식히고, 그 다음에는 자신의 피가 섞여들어가 있는 물을 손바닥으로 밀어내고 그자리에 입을 대더니, 좀처럼 사그라지지 않는 갈증을 어떻게 충족시켜야 할지 알 수 없다고 말하기라도 하듯 강물을 벌컥벌컥 마셨다.

도중에 말탄 카자흐 1명이 그들을 앞질러갔다. 그 카자흐의 짙은 밤색 말은 살찐데다 땀 때문에 번지르르해 봄 기분이 들게 번쩍이는 지체(肢體)를 보이며 현기증이 날 만큼 기세 좋은 빠른 달음질로 모래를 차고 나갔다. 기마병은 부락 안으로 사라졌다. 그뒤 포로들 쪽으로 사람들의 무리가 재빨리 뿔뿔이 달려나온 것은, 포로들이 첫번째 집에까지 미처 다가서기도 전이었다.

그들을 향하여 곧장 달려오는 카자흐와 여자들을 언뜻 보고 이반 알렉세에비치는 이젠 죽는구나 하는 것을 깨달았다. 뒤쪽 사람들도 모두 그것을 깨달았다.

"동지들! 사, 작별을 하자!"

세르도브스키 연대의 공산당원 한 사람이 소리쳤다.

군중은 저마다 손에 쇠스랑, 가래, 말뚝, 수레채에서 뽑아낸 쇠막대 따위를 들고 이쪽으로 다가오고 있었다……

그 다음에는 모두가 다 참을 수 없이 괴로운 악몽 같은 일들만이 잇따랐다. 30킬로미터 거리를 두고 차례로 이어져 있는 부락들을 지나갈 때마다 잔학한 무리의 마중을 받으면서 포로들은 길을 나아갔다. 노인과 아낙네들, 그리고 나이가 차지 않은 어린이들까지도 후려쳐서 퉁퉁 붓기도 하고 피투성이가 되기도 한데다가 흘러내린 검은 피의 흔적이 남아 있기도 한 생포된 공산낭원들의 얼굴에 침을 뱉고, 돌멩이나 나쁜 흙덩어리 따위를 던지고, 및아서 눈물이 괴어 있는 눈에 흙먼지와 재를 뿌렸다. 특히 심하게 군 것이 여자들이었다. 그들은 실로 잔혹하기 이를 데 없는 짓거리들을 이것저것 생각해냈다. 죽음을 짊어진 자 25명은 앞길에서 대기하는 대열의 가운데를 지나서 갔다. 나중에는 아예 알아볼 수가 없을 만큼 사람의 모습이 아닌 다른 모습으로 바뀌어 도저히 이세상 사람으로 여길 수 없도록 달라져 버린 그들의 몸이며 얼굴은 거무스름하게 물들고, 부어오르고, 찌그러지고, 핏물과 뒤엉킨 흙모래로 범벅이 되어 있었다.

처음에는 25명 중의 그 누구나 되도록이면 얻어맞지 않으려고 호송병들로부터 멀어지지 않도록 기를 썼다. 서로가 혼란에 빠진 자기네 대열의 한가운데로 들어서려고 애쓰고 있었다. 그러므로 그들은 굳게 뭉쳐진 것 같은 사람 덩어리가 되어 움직이고 있었다. 하지만 그들은 아무리 애를 써보았자 자신을 매질에서 보호하려는 의욕을 잃어버리게 되어 이제는 흩어져 걸어갔다. 각자의 마음속에는 다만 한가지, 즉 자신을 이겨내야만 한다. 쓰러지면 안된다는 참혹하고 비참한 소원이 있을 따름이었다. 사실이지 한번 쓰러지면 마지막이요, 다시는 일어설 수 없을 것이 틀림없었다. 그들은 이제 될대로 되라는 기분이 되어 있었다. 그래도 처음에는 각자가 눈이며 코 앞에 쇠스랑의 쇠날이 퍼렇게 번쩍이든가 끝이 둥그스름한 막대기 토막의 끝이 침침하게 어른거리면, 얼굴이나 머리를 팔로 대거나 막으려 하지도 않고 눈을 손바닥으로 가리고 있었다. 그리고 때려눕혀진 포로의 떼거리 속에서 용서를 비는 애원이나, 신음이나, 크게 욕을 하는 소리나, 또는 견딜 수 없는 아픔 때문에 자신도 모르게 내지르는 창자를 쥐어짜는 것 같은 동물적인 포효가 들리고 있었다. 정오가 가까워진 때쯤해서는 모두가 다 잠잠하기만 했다. 다만 에란스카야 마을 출신으로 가장 나이가 젊고 익살맞으며 전에 중대에서 인기가 있던 한 사내만은 머리 위로 일격이 날아올 때마다 꽥꽥 소리를 질렀다. 그는 뜨거운 것 위를 걷기라도 하듯이 껑충껑충 뛰면서 온몸을 떨고, 몽둥이에 맞아서 부러진 한쪽 다리를 질질 끌며 걸어갔다……

이반 알렉세에비치는 돈강에서 몸을 씻은 뒤로 기분을 단정하게 고쳐 가졌다. 그들 쪽으로 오는 카자흐나 아낙네들의 모습이 멀리서 보이게 되면 그는 급히 가까이에 있는 동지들과 작별 인사를 하고 말했다.

"어떤가, 형제들. 우리는 싸울 수 있을 것이다. 긍지를 가지고 죽는 일도 할 수 있으면 좋다고 생각한다…… 그리고 한 가지만은 마지막 숨을 쉴 때까진 기억해야 한다. 우리에게는 오직 한 가지 마음의 위안이 남아 있다. 즉 우리가 찔려죽게 되더라도, 소비에트 정권을 찔러죽일 수는 없다고 말할 수 있다는 점이다! 공산당원 여러분! 형제들! 당당히 죽지 않으려나, 적들에게 웃음을 사지 않도록!"

에란스카야 마을의 한 사내가 마침내 소리를 질렀다. 보브로프스키 마을에서 노인들이 교묘한 방식으로 무자비하게 갈겨대기 시작한 때였다. 그는 어울리지도 않게 어린애가 내는 것 같은 소리로 울부짖었는데, 소매가 당겨 찢어지자 목에 걸려 있는 땀과 진흙으로 새까맣게 된 끈의 끝에 있던 조그마한 십자가를 카자흐와 여자들에게 보여 주기 시작했다.

"동지들! 나는 아주 최근에야 당에 들어 갔습니다! …… 가엾게 여겨 주십시오! 나는 하느님을 믿고 있습니다! 내게는 자식이 둘이나 있습니다! …… 딱하게 생각해 주십시오! 여러분도 자식을 가지고 있을 테니까……"

"우리가 너한테 도대체 무슨 '동지'란 말이냐? 쳇, 그런 소리 마!"

"자식 생각을 해달라고? 거짓말장이 같으니라구! 십자가를 꺼내들다니! 이제야 겨우 제정신이 들었나? 하지만 우리의 가족을 총살하거나 처형할 때에는 으례 하느님 같은 것은 머리 속에 없었을 테지?"

매부리코에 귀걸이를 단 노인이 그를 채찍으로 두번 갈기며 쉰 목소리로 물었다. 그리고 대답을 기다리지도 않고 머리를 향해서 다시 한번 팔을 치켜들었다.

눈이나 귀나 의식이 붙들고 있던 자투리, 그것들은 죄다 이반 알렉세에비치의 옆을 통과해서, 그의 주의는 그 어떤 것에도 머물러 있지 않았다. 심장은 마치 돌로 지은 옷이라도 입혀진 것같이 되어 있었지만, 꼭 한 번 움찔하고 떨었다. 바로 정오경, 그들이 츄코브노프스키 부락에 들어가 연도(沿道)의 대열 사이로 저주의 말과 매질을 받으면서 가고 있던 그때였다. 이반 알렉세에비치가 곁눈질로 옆쪽을 쳐다보니, 일곱 살 정도된 사내아이가 어머니의 옷자락에 매달려서 찡그린 양쪽 뺨에 몇 개의 굵은 눈물방울을 매단 채 쨕쨕 하는 소리로 부르짖는 것이 보였다.

"엄마! 저 사람, 때리지마! 제발 때리지마! ……불쌍해! 난 무서워! 저 사람, 피가 나오고 있어!"

에란스카야 마을 출신 하나를 향해서 몽둥이를 홱 치켜들고 있던 그 여자는 잡자기 고함을 지르더니 몽둥이를 내던지고 사내애를 끌어안자마자 곧장 골목 안으로 달려들어갔다. 이반 알렉세에비치는 자기도 모르게 어린애의 울음소리와 그 아이의 가슴에 일렁이고 있는 연민의 정에 심하게 동요되어 눈에 눈물이 가득 찼으며, 그 눈물은 상처를 입고 딱딱하게 굳어져 있는 입술을 매우 짜게 축여 놓았다. 그는 잠시 코를 훌쩍이면서 자기 자식들과 아내를 생각해냈다. 그리고 이렇게 번갯불같이 번쩍이는 생각으로부터 참기 어려운 한 가지 느낌이 끓어올랐다. '아무쪼록 아낙네나 어린애들의 눈 앞에서는 죽고 싶지 않다! 그리고…… 한시라도 빨리……'

포로의 무리는 간신히 다리를 질질 끌면서 피로와 근뎅근뎅하는 관절의 아픔으로 비슬비슬 걸어갔다. 마을을 막 벗어난 곳의 목장에 우물이 보이자, 그들은 물을 마시게 해달라고 호송대장에게 탄원하기 시작했다.

"물 같은 걸 마시고 있을 틈이 어디 있어? 너무 시간이 늦어졌다! 자, 어서 가라, 어서 가!"

상사는 이렇게 고함치려 했다.

그러나 호송병 가운데 노인 하나가 포로의 어깨를 잡고 말했다.

"조금은 인정이란 것을 베풀자, 아킴 사조누치! 이놈들도 역시 인간이 아닌가."

"인간이라니, 도대체 무슨 인간이란 말이야? 공산당원이 인간이란 말인가! 너 말이야, 나한테 너무 설교하는 투로 말하지 마! 이쪽의 대장이 나냐, 아니면 너란 말이냐!"

"너 같은 대장 따위는 얼마든지 흔해 빠졌어! 자, 모두들 가서 마시고 와라!"

노인은 말에서 내리더니 우물물을 통에 가득 길어올렸다. 그의 주위에 포로들이 몰려들어서 스물 다섯 쌍의 손이 한꺼번에 물통 쪽으로 뻗쳤다. 숯처럼 꺼멓게 부어서 부석부석한 그들의 눈이 확 타오르기 시작하고, 쉰 목소리로 토막토막 속삭이는 소리가 끓어 올랐다.

"저한테 줘요, 할아버지!"

"조금이라도 좋아요!"

"한 모금이라도 좋아요! ……"

"동지들! 한꺼번에 모두가 다 마실 수는 없잖아!"

노인은 누구에게 먼저 줄 것인가 생각에 잠겼다. 몇 초 동안 애를 태우며 망설이던 끝에 그는 땅바닥에 묻힌 가축용 급수 구덩이로 물을 옮기고는 옆으로 다가가서 소리쳤다.

"왜들 이래, 너희들, 황소처럼 끼어들다니! 차례로 마셔라!"

물은 가장자리에 이끼가 끼고 곰팡이도 돋아나 있는 급수통 바닥에 부딪치자 흩어져 흐르며 햇살을 받아 미적지근해져서는 축축한 나무 냄새를 풍기고 있는 그 구석으로 가서 부딪쳤다. 포로들은 마지막 힘을 다 짜내어 급수통에 우르르 덤벼들었다. 노인은 계속해서 11차례나 물통으로 물을 길어 올렸다. —연민 때문에 슬픈 표정을 짓고 가끔 포로들을 쳐다보면서 급수통을 가득 채워주었다.

이반 알렉세에비치는 무릎을 꿇고 실컷 마셨다. 그리고 훨씬 상쾌해진 머리를 쳐들고 문득 바라보니, 거기에는 또렷이 눈에 스며들 것 같은 풍경이 있었다. 돈 강기슭의 한줄기 도로는 눈가루처럼 새하얀 석회암질 모래먼지에 덮여 있었다. 먼 곳에는 백악의 바위로 이루어진 산의 지맥이 푸르스름한 환영같이 떠올라 있었다. 또한 그 위쪽 소용돌이치는 돈강이 요동치는 급류의 바로 위쪽 언저리로 끝도 없이 엄숙한 감청색 하늘, 그 하늘의 높은 곳에 한 조각 구름이 떠 있었다. 불꽃을 흩날리듯이 번쩍이며, 돛과도 같이 새하얀 꼭대기를 인 그 구름은 바람에 불려 북쪽으로 쏜살같이 흐르고 있었는데, 훨씬 더 먼 돈강의 만곡부(彎曲部) 언저리에는 오팔 색깔을 띤 그 그림자가 비치고 있다.

55

반란군 총사령부 비밀회의는 돈 정부 및 아타만 보가에프스키에게 원조를 요청하기로 결정 했다.

편지는 쿠지노프가 쓰도록 되었다. 편지에는 1918년 말 상류 돈 지방의 카자흐가 적군과 교섭하여 전선을 내버린 사건에 대해서 회오(悔悟)와 유감의 뜻을 표명하기로 되어 있었다. 쿠지노프는 편지를 썼다. 상류 돈 지방에서 들고 일어났던 전체 카자흐의 이름으로 그는 앞으로 최후의 승리를 거둘 때까지 완강히 볼세비키와 싸울 것을 시약하고, 빈린군에 대한 원조로서 부대를 지휘할 간부장교와 소총탄포를 전선을 넘어 공수해 주기 바란다고 요청했다.

페트로 보가투일료프는 싱긴 부락에 남아 있다가 뵤센스카야로 가기로 되었다. 비행사는 쿠지노프의 편지를 들고 노보체르카스크로 돌아갔다.

 그날부터 돈 정부와 반란군 사령부 사이에는 긴밀한 연락이 취해졌다. 거의 날마다 도네츠강 건너편에서 신식 프랑스제 비행기가 날아오게 되었다. 그들은 사관들과 소총탄포, 그리고 명색뿐인 적은 수의 3인치 포탄을 수송했다. 비행사들은 돈군과 함께 퇴각한 상류 돈 출신 카자흐들의 편지를 가져오고, 뵤센스카야에서는 육친(肉親)의 편지를 도네츠의 카자흐들에게 가져다 주었다.

 돈군의 새로운 지휘관 시드린 장군은 전선의 상황과 자신의 작전 계획에 의거해서 쿠지노프 앞으로 참모부에서 작성한 작전 계획, 지령, 종합 보고, 반란군 전선에 이동해온 적군 부대에 관한 정보 등을 보내었다.

 쿠지노프는 극소수의 선택된 사람들에게만 시드린과 문서를 통하는 사실을 알려 두었다. 그 밖의 사람들에게는 그 모든 것이 극비사항으로 되어 있었다.

56

 포로들이 타타르스키 부락으로 쫓겨들어간 것은 오후 5시 경이었다. 빠르게 닥치는 봄의 황혼이 뒤덮어 해는 벌써 기울며 둥글게 타올라, 서쪽으로 퍼진 어두운 남색의 구름층 끝에 어렴풋이 보였다.

 길에는 커다란 공동 창고의 그늘에 타타르스키 부락의 보병 중대 대원들이 서거나 앉아 있었다. 그들은 적위군 기병대의 공격을 가까스로 견디어 내고 있던 에란스카야 중대를 응원하기 위해서 돈강의 오른쪽 기슭으로 이동하게 되어 있었다. 그러나 진지로 가는 도중에 육친을 찾아보기도 하고 조금이나마 원기를 회복하기 위해 뭔가를 먹고자 마을에 들른 것이었다.

 그들은 그날중으로 출발해야 했으나, 지금 뵤센스카야로 생포된 공산당원들이 끌려오고 있다는 것, 그중에는 코셰보이와 이반 알렉세에비치도 포함되어 있고 또 포로들은 반드시 타타르스키 부락으로 올 것이 틀림없다는 소문을 들었으므로 당분간 기다리기로 했다. 특히 페트로 멜레호프와 함께 첫 전투에서 육친을 잃어버린 카자흐들은 코셰보이며 이반 알렉세에비치와 부딪치기를 끈질기게 고집했다.

 타타르스키 부락에 있던 자들은 창고 벽에 총을 기대 세워놓고는 여유작작하게 이야기를 나누면서 서기도 하고 앉기도 하고, 혹은 담배를 피우기도 하면서 수박 씨를 박박 갉아먹기도 했다. 그들은 아낙네들, 노인들, 그리고 어린아이들에게 에워싸여 있었다. 마을 사람들이 모두 다 길에 나와 있었고, 또한 장난꾸러기들은 집집의 지붕 위로 올라가서 어째서 아직까지 포로들이 끌려오지 않는가하고 싫증도 내지 않으며 망보고 있었다.
 이윽고 어린애들의 목소리가 크게 울려 퍼졌다.
 "온다아! 끌려오구들 있다아!"
 카자흐들은 허둥지둥 일어서고, 사람들은 흥분으로 들끓었다. 이야깃소리는 갑자기 왁자지껄 활기를 띠고, 또한 포로들 쪽으로 달려가는 어린이들의 발소리가 타박타박 울리기 시작했다. 과부가 된 알료시카 샤밀리의 아내는 아직껏 가시지 않은 슬픔을 새삼스럽게 또 느끼고 엉엉 소리내어 울어댔다.
 "웬수놈들이 끌려오고 있다!"
 굵은 목소리로 한 노인이 외쳤다.
 "저 개자식들을 때려 죽여라! 모두들 어째서 멍하니 쳐다보고만 있는 거냐!"
 "놈들을 재판에 걸어라!"
 "우리들의 가족을 죽인 놈들이다!"
 "코세보이와 놈의 짝궁을 묶어다 목을 베어 죽여라!"
 다리야 멜레호프는 아니쿠시카의 아내와 나란히 서 있었다. 그녀는 이반 알렉세에비치가 마구 얻어맞으면서 다가오고 있는 포로의 떼거리 속에 끼여 있는 것을 맨 먼저 알아보았다.
 "당신네 마을 출신을 끌고 왔소! 자, 이런 개 같은 놈에게 여러분의 얼굴을 잘 보게 해 주시오! 잠시 이놈에게 인사들을 하란 말이오!"
 더욱 거칠어져가는 술렁임과 여자들의 외침소리와 울음소리를 제지하고, 호송대장인 상사가 쉰 목소리로 외치며 말 위에서 이반 알렉세에비치를 향해 한쪽 손을 획 뻗쳤다.
 "또 한 놈은 어딨지? 코세보이는 어디 있나?"
 안치프 프레코비치가 걸으면서 총의 멜빵을 어깨에서 벗겨내어 흔들거리는 총끝과 총검의 끝을 사람들에게 부딪치며 군중을 헤치고 나아갔다.
 "여러분의 마을에 살던 자는 하나뿐으로, 더는 없소. 이놈을 때려 죽이면,

또 한 번 벌충하는 셈이 되오……"

　이마 끝에서 줄줄 흘러내리는 땀을 붉은 손수건으로 훔치고, 퍽은 성가신 표정으로 안장틀 너머에 한쪽 다리를 내놓으며 상사가 말했다.
　여자들이 빽빽 질러대는 소리가 차츰 커지고, 마침내 그 긴장이 극에 이르렀다. 다리야는 호송병들을 헤치고 나아가서 몇 발짝 떨어진 곳에 있는, 호송병의 땀에 젖은 말의 엉덩이 너머로 매를 맞아서 주물처럼 꺼멓게 된 이반 알렉세에비치의 얼굴을 보았다. 끔찍할 만큼 부풀어오른 그의 머리를 보니, 머리칼에 마른 피가 들러붙어 있는데, 똑바로 얹힌 물통만한 크기였다. 이마의 피부는 부풀어오르고, 찢어지고, 땅은 자주빛으로 반짝였다. 또한 아교와도 같은 선지피로 덮인 머리 꼭대기에 털장갑이 얹혀 있었다. 그는 모든 상처를 콕콕 찌르는 햇살이며, 파리며 공중에서 꿈틀거리는 파리떼들을 피하려고 털장갑을 머리 위에 얹어 놓은 듯했다. 장갑은 상처에 들러붙은 채로 머리에 놓여 있었다……
　그는 눈을 깜박깜박하며 자기의 아내와 어린 아들을 찾으면서도 막상 보기를 두려워하여 쫓기는 짐승같이 주위를 둘러보고, 만일 아내나 아들이 그곳에 있다면 데려가 달라고 누구에게 당부하려 했다. 그는 이미 자기는 타타르스키 부락에서 더이상 가지 못한다는 것, 그리고 그곳에서 죽으리라는 것을 분명히 알고 있었으며, 육친에게는 자기의 죽음을 보이고 싶지 않았다. 그러나 자신은 죽음 자체를 더욱더 강해져가는, 도저히 더 기다릴 수 없는 기분으로 기다리고 있었다. 등허리를 구부리고 목을 느릿느릿 괴로운 듯이 돌리면서 눈에 익은 마을 사람들 얼굴에 시선을 보냈다. 그러나 그의 시선을 맞이하는 그 어떤 눈길에서도 연민이나 동정의 빛은 보이지 않았다. 카자흐들이며 여자들의 눈길은 이마 너머로 빤히 험악하게 쳐다보았다.
　바랜 카키색 웃옷은 보풀이 일어서 조금만 움직여도 사각사각 소리를 냈다. 웃옷은 흘러내린 피의 거무스름한 얼룩으로 온통 물들어 있었다. 또한 솜을 둔 적군 바지나, 아무것도 신지 않은 발까지 피로 엉겨 있었다.
　다리야는 그를 향해 마주 서 있었다. 목구멍 속에서 치밀어오르는 증오와 연민과 당장에라도 일어날 듯한 어떤 무서운 일을 괴롭게 기다리는 기분으로 숨을 헐떡이면서, 그녀는 그의 얼굴을 뚫어지게 쳐다보았다. 하지만 그가 자기를 쳐다보고 있는 것인지, 자기가 누구인가를 알아봤는지 알 수가 없었다.
 한편 이반 알렉세에비치는 불안과 흥분으로 번쩍번쩍 빛나는 한쪽 눈으로—다른 한쪽 눈은 퉁퉁 부어올라 있었다—군중 속을 더듬고 있었는데, 갑자기 몇 발짝 떨어진 곳에 있는 다리야의 얼굴에 시선을 못박더니 몹시 취한 사람처럼 흔들흔들거리는 걸음걸이로 앞으로 나아갔다. 심한 빈혈로 그는 머리가 어찔어찔하니 거의 의식을 잃고 있었다. 하지만 주위의 모든 것이 꿈같이 생각되고, 심한 마음의 혼란으로 머리가 멍하고, 눈 속이 컴컴해지는 이 일시적인 상태에 고통스러워하면서도 그는 정신을 바싹 차려 간신히 몸을 가누었다.
 다리야를 보고 정신들자, 그는 한 걸음 앞으로 내 밀고 비슬비슬 비틀거렸다. 미소와는 좀 다른 웃는 표정이, 전에는 꼭 다물어져 있었으나 지금은 헤벌려진 그의 입술에 떠올랐다. 그리고 이 미소와 비슷한 일그러진 표정은 다리야의 심장을 두근두근 심하게 일렁이게 했다. 그것은 곧 목구멍 안쪽에서 맥박치는 것같이 그녀에게는 생각되었다.
 그녀는 매우 거칠게 숨을 쉬고 시시각각으로 더더욱 창백해지면서 이반 알렉세에비치의 옆으로 다가갔다.
 "안녕하세요? 오랜 만이에요, 아저씨!"
 겨우 울리는 심하게 떨리는 목소리, 그 속에 담긴 심상치 않은 억양이 군중을 갑자기 조용하게 했다.
 그 찬 물을 뿌린 듯한 정적 속에 나지막하면서도 또렷한 대답 소리가 울려 퍼졌다.
 "오랜만이오, 다리야."
 "그래, 당신이, 당신이 그토록 사이좋던……제 남편을……"
 다리야는 숨이 막혀서 두 손으로 가슴을 움켜쥐었다. 말소리가 나오지 않았던 것이다.
 쥐죽은 듯이 가라앉은 팽팽한 정적이 감돌았다. 그리고 이 불길한, 아무 소리도 없는 정석 덕분에 다리야가 겨우 알아들을 수 있을 정도의 목소리로 질문을 매듭짓는 것이 가장 먼 대열에 있는 사람들에게도 들렸다.
 "제 남편을, 페트로 판테레에비치를 무슨 벌로 어떻게 죽였나요?"
 "아니오, 당신……나는 그를 처벌하는 따위의 짓거리는 하지 않았어요!"

"처벌하는 따위의 짓거리를 하지 않았다고요?"

다리야의 신음하는 듯한 음성은 더욱 높아졌다.

"하지만 카자흐들을 죽인 것은 당신과 미시카 코셰보이 일걸요? 당신네들이잖아요?"

"아니오, 당신…… 우린 그를…… 나는 그를 죽이지 않았어요……"

"그러면 도대체 누가 그이를 저세상으로 가게 했단 말예요? 자, 누구예요? 말 좀 해보세요!"

"자 아무르 연대는 그때……"

"네놈이야! 네가 죽였단 말이야! 네가 언덕 위에 있는 것을 카자흐들이 보았다고 했어! 너는 흰 말을 타고 있었어! 그렇지 않다고 끝내 우겨댈 셈인가. 이 개 같은 놈!"

"글쎄 나도 그 전투에 참가하기는 했지만……"

이반 알렉세에비치의 왼손이 괴로운 듯이 머리 높이까지 쳐들어올려지더니, 상처에 들러붙어 있던 장갑을 바로잡았다. 그가 그렇게 말했을 때 그의 목소리에는 자신을 잃어버린 기색이 뚜렷하게 나타나 있었다.

"그때의 전투에 나도 참가하기는 했지만 당신 남편을 죽인 것은 내가 아니라 미하일 코셰보이였어요. 그가 총으로 쏘아 죽였어요. 나는 페트로를 죽인 책임이 없어요."

"그러면 네가 죽인 이 마을 사람은 누구지? 너는 그러면 도대체 누구의 자식을 이세상의 고아로 만들었지?"

군중 속에서 야코프 포드코바의 미망인이 귀청을 찢을 듯한 목소리로 외쳤다.

그 뒤로 다시, 그렇잖아도 뜨겁게 달아오른 그곳의 공기를 더 한층 가열시키면서 여자들의 신경질적인 오열과, 외침과, 죽은 자들을 생각하고 통곡하는 '귀를 막고 싶을 정도의 탄식하는 소리'가 울려 퍼졌다.

나중에 다리야는 도대체 그때 어떻게 어디에서 기병총이 그녀 손에 잡혔는지, 누가 그것을 건네주었는지 전혀 기억이 없다고 했다. 하지만 여자들이 소리내어 울기 시작했을 때 그녀는 자기 손에 자기 것이 아닌 무엇이 있음을 느꼈고 눈으로 보지도 않은 채 감촉만으로 그것이 총이라는 것을 알았다. 그녀는 우선 이반 알렉세에비치를 그 총끝으로 갈기려고 총신을 움켜쥐었는데, 가늠쇠 같은 것이 손바닥을 심하게 파고들어 총자루를 고쳐 들고 총을 쑥 들어올려서는 이반 알렉세에비치의 오른쪽 가슴을 겨냥했다.

그녀는 이반 알렉세에비치의 등뒤에서 카자흐들이 후딱 옆으로 물러서고 창고의 회색을 띤 둥그스름한 벽이 한 눈에 다들어오는것 같음을 느끼고 "저런, 정신이 나갔나! 마을 사람을 죽일 셈인가! 잠깐 기다려, 쏴선 안 돼!" 겁먹은 사람들이 외치는 소리를 들었다. 군중의 야수적이고 몹시 긴장된 기대, 자기에게 집중된 모든 사람들의 시선, 남편을 죽인 원수를 갚아야 겠다는 기분에 자극이 되고 또한 지금 자기는 다른 여자들과는 완전히 다르다, 남자들조차 놀라움과 공포를 느끼며 자기를 쳐다보고 있고, 또한 일이 어떻게 끝날 것인가를 기다리고들 있다, 그러므로 자기는 모든 사람들이 부르르 떨게 할 정도의 뭔가 이상하고 특별한 행위를 해야만 한다는, 갑작스럽게 치민 허영심에도 다소간 움직여져—그와 동시에 그러한 갖가지 기분에 동요되어 의식의 밑바닥에서 새삼스럽게 결정되었던 것이기는 하지만, 그 순간에 다른 여자들이 생각하려 하지도 않고 또한 생각지도 못한 어떤 행위를 향해서 그녀는 무서울 정도의 대단한 속도로 다가섰다. 그리고 신중하게 방아쇠를 찾으면서 잠시 주저했으나, 스스로도 뜻밖이라고 생각될 만큼 갑자기 힘껏 방아쇠를 당겼다.

반동(反動)으로 그녀는 비틀거리고, 발사음으로 귀가 먹먹했다. 그러나 가늘게 뜬 눈으로 그녀는 보았다. 이반 알렉세에비치의 부르르 떨리는 얼굴이 그 순간 무시무시하게, 그리고 이제는 어찌할 도리가 없게 변모한 것을. 또한 그가 마치 높은 곳에서 물 속을 향하여 뛰어드는 것과도 같이 두 팔을 벌렸다가 다시 모아서는 갑작스럽게 뒤로 벌렁 나자빠지고, 그의 머리가 열에 뜬 듯한 속도로 부르르 떨고, 뻗은 두 손의 손가락 끝이 꿈틀꿈틀 움직여 필사적으로 땅바닥을 긁어 대는 것을……

다리야는 자기가 무슨 일을 저질렀는지 아직 이해하지 못하고 있었다. 그녀는 총을 홱 내던지고 등을 돌려 짐짓 과장된 몸짓으로 프라토크를 바로 잡고 삐셔나온 머리칼을 쓸어넣있다.

"놈이 아직 숨을 쉬고 있어요."

카자흐 하나가 옆으로 지나가는 다리야에게 아주 정중한 어조로 말했다.

그녀는 누구에게 말하는 것인지, 또한 무슨 말을 하는 것인지도 알아차리지 못한 채 쳐다보았다. 그리고 목구멍에서가 아니라 몸속 어딘가의 깊숙한 곳에서 나오는 것 같은, 깊고 단조롭고 느린 단말마의 딸꾹질로 중단된 신음소리를 들었다. 그리고 그때서야 비로소 신음하고 있는 것은 자기의 손에 살해된 이반 알렉세에비치임을 분명히 알았다. 그녀는 쏠리는 눈길을 받으면서 창고 옆을 지나 광장을 향해 가벼운 걸음걸이로 획획 걸어나갔다.

사람들의 주의는 안치프 프레코비치에게 쏠렸다. 그는 마치 교련(敎練) 때와도 같이 양말만 신은 채 쓰러진 이반 알렉세에비치 쪽으로 후다닥 달려갔다. 무슨 까닭인지 등허리에 일본제 소총의 칼을 숨기고 있었다. 그의 동작은 치밀하고 정확했다. 몸을 잔뜩 웅크리더니 뾰족한 칼끝을 이반 알렉세에비치의 가슴에 들이대고 그다지 크지 않은 음성으로 말했다.

"자, 숨을 쉬어라, 코트랴로프!"

이렇게 말하고 잔뜩 힘을 주어 칼자루 위에 몸을 얹었다.

이반 알렉세에비치는 좀처럼 죽지 않아 죽는 데 시간이 걸렸다. 생명은 그의 늑골, 억세고 튼튼한 몸을 떠나기 싫어했던 것이다. 칼로 세 번 콱콱 찌른 뒤에도 그는 여전히 입을 뻐끔뻐끔 벌렸다. 드러난 피투성이 이빨 안쪽에서는 답답하고 목쉰 소리가 들려왔다.

"아, 아, 아—"

"자, 이 자식, 해치워버려!"

프레코비치를 밀어제치고 호송대장이 단총을 집어들어 겨냥하면서 눈을 가늘게 떴다.

마치 신호를 대신한 것 같은 1발의 총성이 울린 뒤에 포로들을 심문하던 카자흐들은 일제히 그들을 베어 죽이려 들었다. 포로들은 뿔뿔이 달아났다. 총성은 외침소리와 뒤섞이면서 파삭파삭 마르고 짤막짤막한 소리를 냈다.

그 뒤로 1시간쯤 지나서 그리고리 멜레호프가 타타르스키 부락으로 말을 달려왔다. 그는 필사적으로 달려왔기 때문에 말은 우스치 호표로스카야를 나온 뒤 두 마을 사이에서 쓰러져 버렸다. 그리고리는 근처 마을까지 안장을 등에 지고 가서, 그곳에서 짐말을 얻었다. 그런 연유로 늦어진 것이었다…

…타타르스키 부락의 보병 중대는 적위군 기병사단의 부락과 전투를 계속하던 우스치 호표로스카야 마을의 경계에 있는 여러 우스치 호표로스키 부락을 향해 구릉을 따라 나가버린 뒤였다. 마을은 죽은 듯이 조용하고 사람의

모습이 전혀 없었다. 주위의 구릉은, 돈강 맞은편 강가 일대는, 웅성거리는 포플라와 물푸레나무 숲은 밤의 거무스름한 옷으로 덮여 있었다.

그리고리는 뜰에 들어서자 안채로 들어갔다. 불이 꺼져 있었다. 짙은 어둠 속에서 모기가 울고, 입구 정면의 윗자리에 놓인 성상은 어슴푸레하게 금빛으로 빛났다. 어릴 적부터 깊이 몸에 밴, 가슴 설레게 하는 자기 집의 냄새를 그리고리는 후욱 빨아들이고서 물었다.

"누구 있어요? 어머니! 두냐시카!"

"그리샤! 오빠잖아요?"

거실에서 두냐시카의 목소리가 났다.

타박타박하는 맨발 소리를 울리더니, 문틈으로 황급히 속옷 끈을 매고 있는 두냐시카의 흰 모습이 보였다.

"웬일로 모두들 이렇게 빨리 잠들었지?"

"저쪽에들 있어요……"

두냐시카는 그 다음 말은 하지 않았으나, 그리고리는 그녀가 흥분해서 숨결이 거칠어져 있음을 알았다.

"어떻게 된 거야? 포로들은 오래 전에 끌려들 갔니?"

"죄다 살해됐어요."

"뭐라구?"

"카자흐들이 죽였어요…… 아, 그리샤! 우리 다시카도 참, 정말로 어쩔 수 없어요……"

두냐시카의 목소리에서 분노의 울음이 울렸다.

"……그녀가 이반 알렉세에비치를 죽였어요……그를 쏴 죽였어요……"

"그게 무슨 소리냐?"

수가 놓인 누이동생의 셔츠에 덮인 머리털을 움켜쥐면서 놀란 그리고리는 큰 소리를 냈다.

두냐시카의 눈 흰자위가 눈물에 젖어 번쩍 빛났다. 그 눈동자에 얼어붙은 공포를 보고 그리고리는 지기가 잘못 들은 것이 아님을 알았다.

"그러면 미시카 코셰보이는? 또 슈토크만은?"

"그이들은 포로들 속에 없었어요."

두냐시카는 포로들에 대한 징벌에 관한 것과 다리야에 관한 것을 간추려

두서없이 말해주었다.
"……어머니도 그녀와 한집에서 자는 것이 무서워서 이웃집으로 가셨어요. 다시카는 어디선지 잔뜩 취해 ……곤드레만드레가 되어 돌아왔어요. 지금 자고 있어요……"
"어디서?"
"헛간에서요."
그리고리는 헛간으로 들어가서 활짝 문을 열어젖혔다. 다리야는 세상모르고 옷자락을 드러내놓은 채 바닥에서 자고 있었다. 그녀의 가냘픈 두 팔은 내던져지고, 오른쪽 뺨은 침에 흠뻑 젖어서 번뜩이고 있었다. 벌어진 입에서는 독한 탁주냄새가 확확 풍겼다. 그녀는 어색하게 얼굴을 비튼 채 왼쪽 뺨을 바닥에 대고 거칠고 갑갑하게 숨을 몰아쉬며 누워 있었다.
그리고리는 사람을 마구 베어 죽이고 싶다는 기분을 지금까지 한 번도 이토록 강하게 느낀 적이 없었다. 잠시 동안 그는 신음소리를 내어 몸을 흔들면서 이빨을 악물고, 다리야를 내려다보며 우뚝 서 있었다. 견디기 어려운 혐오의 기분으로 그 잠든 몸뚱이를 관찰했다. 얼마 뒤 한 발을 내디디어 빼어난 초승달 모양의 눈썹이 꺼멓게 그려져 있는 다리야의 얼굴을 징이 박힌 장화뒤축으로 짓누르고 쉰 목소리로 말했다.
"독사 같은 년!"
다리야는 술에 취해 정신없이 중얼거리며 신음하기 시작했다. 그러자 그리고리는 두 손으로 머리를 감싸쥐고 군도 끝을 문턱에 부딪혀 쩔그렁 소리를 내며 뜰을 향해 뛰쳐나왔다.
그날 밤은 어머니와도 만나지 않은 채 그는 전선으로 떠나갔다.

57

제8 및 제9 적위군은 도네츠강 건너편으로 들어가지 못한 채로, 봄장마가 시작되기 전에 백위 돈군 부대들의 저항을 분쇄하고 여전히 개개(個個)의 지역에서 공세로 옮기려고 시도했다. 그들의 시도는 대부분 성공을 거두지 못했다. 주도권은 계속해서 돈군 사령부 측에 쥐어져 있었다.
5월 중순경까지 남부 전선에는 눈에 띌 정도의 변화는 없었다. 하지만 그것은 얼마 안가서 일어날 기미가 보였다. 전(前) 돈군 사령관 데니소프 장군과 참모장 폴리야코프 장군에 의해서 세워진 계획에 따라 카멘스카야 및 우스치 베로카리트벤스카야 마을 등 두 지구에서 이른바 돌격병단(突擊兵團) 부대들의 집결이 끝났다. 전전의 이 지구에는 훈련받은 간부 장교들로 이루어진 우수한 병력, 즉 군도로프스키, 게오르기에프스키, 그 밖의 역전(歷戰)의 여러 하류 연대가 집결되었다. 대충 계산한 바에 따르면 이들 돌격병단의 병력은 장병 16000명과 포 24문 및 기관총 150정으로 이루어져 있었다.

폴리야코프 장군의 생각은, 피츠하라우로프 장군 휘하의 여러 부대와 공동 작전을 펴서 마케에프카 마을 방면의 제12적위군 사단을 쳐서 이를 무찌르고, 제13 및 우랄사단의 옆구리와 등뒤에서 기동 작전을 행하며 반란군과 합류해서 상류 돈 관구 지대를 돌파하고, 그 뒤에는 볼셰비즘 병에 걸린 카자흐들을 '전과 같이 건전해지도록 하기' 위해서 호표르스키 관구로 나아갈 예정이었다.

도네츠 부근에서는 공격, 즉 돌파 작전을 위한 긴장된 준비가 추진되고 있었다. 돌파병단의 지휘는 세크레테프 장군에게 맡겨졌다. 성공은 분명 돈군 쪽으로 기울기 시작했다. 크라스노프의 비호를 받고 있는 퇴직한 데니소프 장군 대신 새로이 군 사령관에 취임한 시드린 장군은, 재선된 카자흐군 아타만 대리 아프리칸 보가에프스키 장군과 마찬가지로 연합국파였다. 모스크바로 진격하고 온 러시아 땅에서 소비에트 권력과 볼셰비즘을 소탕한다는 광범한 계획을 영국·프랑스군사 사절단 대표들과 공동으로 이미 검토하고 있었다.

흑해 연안의 모든 항구에는 무기를 실은 수송선이 잇따라 도착하고 있었다. 해양기선은 영국·프랑스의 비행기, 탱크, 대포, 기관총, 소총 따위만이 아니라 관련이 있는 짐말(荷馬), 독일과의 강화로 말미암아 가치가 떨어진 식료품과 피복까지 운반해 오고 있었다. 구리 단추에 사자가 일어서 있는 대영제국 표지가 붙은 암록색 영국군 군복과 바지를 담은 궤짝이 노보로시스크의 창고를 가득 메웠다. 창고는 미국에서 건너온 곡식 가루며 설탕, 초콜렛, 각종 술로 터져나갈 지경이었다. 자본주의의 유럽은 볼셰비키의 뿌리 깊은 힘에 몹시 놀라 러시아 남부에 포탄·약포를 줄줄이 보내 주었는데, 이것이야말로 연합국 군대가 독일군과 싸울 때 쓰다가 남겨 둔 포탄·약포에 지나지 않았다. 국세적인 반동 세력은 이미 엄청나게 피를 흘린 소비에트 러시아를 목졸라 죽이려 애쓰고 있었다…… 카자흐 사관들과 데니킨 의용군 사관들에게 탱크 조정법이며 영국제 대포 사격법을 가르쳐 주기 위해서 돈이나 쿠반에 와 있던 영국·프랑스의 기술 장교들은 이미 모스크바 입성(入城) 전야제를 즐기고 있었다.

하지만 그 무렵 도네츠 부근에서는 1919년 적군 측 공세의 성공을 결정지은 여러 가지 사건이 타오르기 시작하고 있었다.

적위군의 공격이 실패한 주요 원인이 상류 돈 카자흐들의 반란이었음은 의심할 나위가 없었다. 3개월 동안에 걸쳐 반란은 마치 전염병과도 같이 적위군 전선 후방을 먹어들어가서 수없이 부대를 이동시키고, 전선에 무기와 탄약 및 식량 보급을 방해하고, 후방으로의 부상병 송환을 곤란하게 했다. 반란의 진압을 위해서는 약 2만의 병력이 제8및 제9적위군에서 투입되는 것으로 그쳤다.

공화국 혁명군사회의는 반란의 정확한 규모에 대해서 충분한 지식을 가지고 있지 못했으므로, 이를 진압하기 위해 적당한 때 충분히 유효한 수단을 강구하지 못했다. 반란에 대해 투입된 것은 처음에는 개개의 부대와 작은 부대였고—예를 들어 전체 러시아 중앙 집행위원회 부속의 훈련소가 할애한 것은 병력 200명의 1개 중대였다—전혀 통일이 안되는 부대들과, 병력이 적은 수비대 따위였다. 컵으로 물을 옮겨서 큰 불을 잡으려고 한 것이나 다름없었다. 통합되지 않은 적위군 부대들은 지름 190킬로미터나 되는 반란군지역을 포위하고 공통의 작전 계획도 없이 행동하고 있었기 때문에, 반란군과 교전하던 병력은 25000에 이르고 있었음에도 불구하고 실효 있는 성과를 거두지 못했다.

반란을 국지적(局地的)인 것으로 만들기 위해 14개 보충 중대와 수십 개의 수비대가 잇따라 투입되었다. 탐보프, 보로네지, 리야잔 등지에서 카데트(간부 후보생) 부대들이 도착했다. 그리고 반란이 확산되고 반란군이 적위군에게서 탈취한 기관총과 대포로 무장을 갖출 때쯤 돼서야 겨우 제8 및 제9 적위군은 그들 구성원 중에서 포병 부대와 기관총 부대를 포함한 출정(出征)사단을 각각 1개씩 결성했다. 반란군은 막대한 피해를 입긴 했으나 그렇다고 무력해지지는 않았다.

상류 돈 관구에서 일어난 화재의 불티는 이웃 호표르스키 관구에까지 날아가 흩어졌다. 그래서 장교들의 지도하에 이루 헤아릴 수 없이 많은 카자흐 그룹의 진격이 여러 차례에 걸쳐서 행해졌다. 우류핀스카야 마을에서는 카자흐 대장 아리모프가 상당한 수에 이르는 카자흐와 몸을 숨기고 있던 장교들을 자기 주위에 모으고 있었다. 그 반란은 5월 1일 전날 밤에 봉화를 올릴 예정이었으나 음모가 사전에 탄로나버렸다. 아리모프 및 공모자의 일부는 프레오브라젠스카야 마을에서 체포되어 혁명재판소의 판결에 따라 총살되었다. 그 결과로 반란은 봉화를 올리려던 지휘자를 잃어 끝내 일어나지 못했다. 그런 이유로 호표르스카야 관구의 반혁명 분자들은 상류 돈 관구의 반란군과 합류하는 데 실패한 것이었다.

5월 초순, 적위군 혼성 연대 몇이 주둔해 있는 체르트코보역에 전체 러시아 중앙집행위원회 부속훈련소의 한 부대가 쏟아져 내렸다. 체르트코보는 반란군 전선과 직접 경계가 닿아 있는 동남 철도 연선의 종착역들 가운데 하나였다. 이 무렵 미그린스카야, 메시코프스카야 및 카잔스카야 마을의 카자흐들은 팽대한 기병 집단이 되어 카잔스카야 마을 영역의 경계에 집결하여, 공세로 전환한 적위군 부대들과 필사의 전투를 계속 벌이고 있었다.

정거장에는 카자흐들이 체르토코보를 포위하고 당장에라도 공격을 개시할 것이 틀림없다는 소문이 퍼져 있었다. 그리고 전선까지 십 오륙 킬로미터 이상 떨어져 있고, 전방에 적위군 부대가 있고, 카자흐들이 돌파해 올 경우에는 알려 주기로 되어 있는데도 정거장에서는 큰 소동이 일었다. 정렬해 있던 적위군 대열이 혼란에 빠졌다. 교회의 뒤쪽인 듯한 곳에서 "들어 총!" 구령이 크게 들렸다. 그러자 이 길 저 길을 사람들이 황급하게 부산을 떨며 뛰어다녔다.

이 대혼란은 마침내 잘못 일으켜진 것임이 밝혀졌다. 마니코보 마을 쪽에서 정거장을 향해 접근해 온 적위군 기병 중대가 카자흐로 오인된 것이다. 카데트 부대와 혼성 2개 연대는 카잔스카야 마을 쪽으로 떠나갔다.

그로부터 이틀 뒤 아침, 바로 그 무렵에 막 도착한 그론슈타트 연대가 카자흐들에 의해서 거의 완전히 분쇄되었다.

크론슈타트 연대와의 첫 전투가 있은 뒤 카자흐들이 갑작스럽게 야습을 해온 것이었다. 연대는 반란군이 내팽개치고 간 마을을 굳이 점령하지 않은 채, 초소를 세우고 잠복 척후를 내보내 놓고는 스텝에서 야영을 하고 있었다. 한밤중이 되자 몇 개의 카자흐 기병 중대가 연대를 포위하고는 누가 생각해 낸 것인지 위협 도구로서 만든 엄청나게 큰 목제의 소리 울리는 틀을 쓰고, 미치광이들 같이 격렬하게 총화(銃火)를 퍼부어댔다. 그 소리 울리는 틀을 반란군은 대일 밤 기관총 대용품으로 쓰고 있었다. 그 울리는 틀이 내는 소리는 언제 들어 보아도 진짜 기관총 사격 소리와 거의 구별할 수가 없었다.

그런데 포위당한 크론슈타트 연대 쪽은 한치 앞도 안 보이는 밤의 어둠 속에서 엄청난 기관총 소리의 울림과, 더욱이 가까이 오는 기병대 라바대형의 대지를 뒤흔드는 말발굽 소리까지 들었으므로 돈강 쪽으로 황급히 달아나고 한편 포위망을 깨뜨리려 했지만 끝내 기병대의 돌격에 의해 박살나고 말았다. 연대 전체의 구성원 중에서 봄장마로 불어난 돈강의 물결을 가로질러 헤엄쳐 건널 수 있었던 몇 명만이 겨우 살아서 달아났을 뿐이었다.

5월이 되자 도네츠에서 새로이 증원 부대가 잇따라 반란군의 전선에 도착하게 되었다. 적위군 제33 쿠반 사단이 도착하고, 그리고리 멜레호프는 처음으로 참된 돌격의 힘을 뼈에 사무치게 느꼈다. 쿠반 사단의 병력은 숨 돌릴 겨를도 없이 그의 사단을 내몰았다. 그리고리는 북쪽 돈 쪽으로 퇴각하면서 차례차례로 마을들을 넘겨주었다. 카르긴스카야 마을 부근 치르강 경계선에서 그는 그럭저럭 하루를 버티었으나, 얼마 안 가서 우세한 적의 병력에게 압박받아 카르킨스카야를 적의 손에 내맡겼을 뿐만 아니라 즉시로 구원을 청하지 않을 수 없는 처지에 몰렸다.

콘드라트 메드베제프는 사단의 기병 8개 중대를 파견해 주었다. 그의 휘하에 있는 카자흐들은 놀라울 정도로 훌륭한 장비를 갖추고 있었다. 모든 병사들이 충분하게 탄약을 가지고 있고, 모두들 훌륭한 옷과 고급 구두를 착용하고 있었다. 물론 그 모든 것은 적군 포로에게서 빼앗은 것들이었다. 대부분의 카잔스카야 마을 카자흐들은 더위도 아랑곳없이 가죽상의를 껴입고는 익살을 떨고, 거의 다 제각기 나강 권총과 쌍안경 등을 지니고 있었다…… 카잔스카야의 카자흐들은 돌파해서 돌진해 오는 제33 쿠반 사단의 공격을 잠시 막아냈다. 그리고리는 쿠지노프가 협의하러 와달라고 끈질기게 요구하고 있어 이 틈을 이용해서 하루 낮과 밤 사이에 뵤셴스카야에 갔다오기로 했다.

58

그는 아침 일찍 뵤센스카야에 닿았다. 얼음이 녹자 넘치던 돈강의 물도 지금은 꽤 줄어 있었다. 갓 피어난 포플라꽃의 달콤하고 끈적끈적한 향기가 온 땅에 가득했다. 돈 강가에는 물이 뚝뚝 떨어질 듯이 짙푸른빛 떡갈나무 잎이 묵직하게 흔들렸다. 그러나 흙에서는 수증기가 솟아오르고, 땅 위에는 바늘처럼 뾰족한 풀이 이미 힘차게 싹트고 있었다. 낮은 땅에는 미처 빠지지 못한 물이 빛나고, 해오라기 몇 마리가 굵고 낮은 목소리로 울어댔다. 또한 진흙과 물풀 냄새가 코를 찌르는 축축한 언저리에는 해가 이미 떠올랐는데도 파리떼가 시꺼멓게 몰려 있었다.

본부는 사람들로 꽉 들어차 있고, 담배 연기로 매케했다. 밝은 타이프라이터가 사람들의 웅성거림 속에서 한결 시끄럽게 소리를 내고 있었다.

그리고리는 쿠지노프의 기묘한 행동을 보았다. 그는 조용히 들어간 그리고리에게 눈길도 주지 않고, 무슨 생각에 잠긴 듯한 진지한 표정으로 에머랄드 색깔의 큰 파리 다리를 하나하나 뜯고 있었다. 다 뜯어서는 커다란 주먹 속에 틀어쥔 뒤 한쪽 귀에 대어 파리가 낮게 높게 우는 소리를 고개 기울여 가만히 듣고 있었다.

그리고리를 보자 새삼 역겹고 화가 나는 듯이 파리를 책상 밑으로 던지고는 양복바지에 손바닥을 비볐다. 그러고 나서는 번들거리는 때묻은 팔걸이 의자 등에 지친 듯이 몸을 기대었다.

"앉게나, 그리고리 판테레에비치."

"잘 있었나, 사령관?"

"잘이야 있었지만 맥이 탁 풀린 꼴이지. 자네 쪽은 어때? 바짝 죄어 오는가?"

"전력으로 죄어 오고 있지!"

"치르상에서 막고 있있나구?"

"조금은 막았지. 카잔스카야 친구들이 해 줬어."

"용건은 뭔고 하니, 멜레호프."

쿠지노프는 카프카즈제 허리띠의 무두질한 가죽을 손가락에 감고, 별 의미도 없이 거무스름해진 은붙이를 바라보며 한숨을 내쉬었다.
"아마 사태는 더욱 나빠질 거야. 도네츠 언저리에서도 그런 형편이지. 정말 아군이 적위군을 밀어붙여서 놈들의 전선을 흩어놓고 있거나 아니면 놈들 쪽이 우리가 진심으로 증오를 품고 있는 줄 알고 우리를 짓눌러버리려고 기회를 노리고 있거나 둘 중의 하나야."
"카데트 쪽에서는 무슨 얘기 없었나? 이리로 온 비행기로 무언가 알려 보내지 않았던가?"
"아무것도 알려 오지 않았어, 그 작자들은 자식 같은 사람에게는 자기들의 전략을 얘기하지 않아. 시드린이라는 녀석은 여간내기가 아냐. 그 사내에게서는 그리 간단하게 끌어 낼 수가 없지. 그들은 적위군의 전선을 돌파해서 우리를 도와주겠다는 계획을 갖고 있지. 즉 원조를 하겠다는 약속을 했었어. 하지만 약속이라는 게 항상 실현된다고는 할 수 없거든. 그리고 전선 돌파는 쉬운 일이 아냐. 원래 우리는 도네츠에 어느 정도의 적위군 병력이 있는지도 몰라. 어쩌면 놈들은 코르차크 쪽에서 몇 개 병단을 뽑아 보냈을지도 모르지. 우리는 어둠 속에서 살고 있는 거나 마찬가지야! 코끝밖엔 보이지 않아!"
"그래 도대체 무슨 얘길 할 작정이었나? 무슨 협의인가."
지리한듯 하품을 해대며 그리고리가 물었다.
그는 반란의 종국에 대해서는 조금도 안타까워하지 않았다. 왠지 그 일로 그의 심정이 혼란스럽지는 않았다. 한때 도리깨를 끌며 타작 마당을 돌아다니는 말처럼 날마다 그의 머릿속에 이 문제만이 빙빙 돌았을 때도 있었지만 결국 깨끗이 체념한 것이었다. '소비에트 정권과 우리가 화해한다는 것은 도저히 불가능한 일이다. 놈들은 우리에게 너무나 많은 피를 흘리게 했고, 우리 또한 저들을 해치웠다. 그리고 카데트 정권도 지금은 부드럽게 어루만지고 있지만 어차피 털을 거꾸로 세울 게 틀림없어. 제기랄, 될 대로 되라지! 일단락 짓고 나면 그때엔 뭔가가 될 테지!'
쿠지노프는 지도를 폈다. 그러나 여전히 그리고리 쪽은 보지 않고 말했다.
"자네 없이 회의를 열어서 결정했지······"
"누구하고 회의를 열었다는 건가, 공작님 하고인가?"
문득 이 방에서 지난 겨울에 열린 회의와 카프카즈인 중령을 떠올리며 그리고리는 상대방 말에 끼어들었다.
쿠지노프는 얼굴을 찡그리고 어두운 표정을 지었다.
"그 사내는 지금 이 세상에 없네."
"그런가?"
그리고리는 표정에 생기를 띠었다.
"자네에게 말하지 않았던가? 게오르기제 동지는 죽었다네."
"흥! 그 친구가 우리에게 무슨 동지인가…… 무두질한 가죽 반코트를 입고 있었던 동안은 동지였지. 그러나 우리가 카데트와 합류하고—사실은 그렇게 되기를 원치 않으나—게다가 그 친구가 아직 살아 있다고 치세. 다음 날부터 콧수염에 포마드 따위를 바르고 으스대며 자네 같은 사람에게는 손도 내밀지 않을 걸세. 또 새끼손가락을 이렇게 싹 구부리고……"
그리고리는 자기의 거무스름하고 지저분한 새끼손가락을 펴고 흰 이빨을 내보이며 소리내어 웃었다.
쿠지노프는 한층 더 얼굴을 찡그렸다. 그의 눈길과 목소리에는 뚜렷한 불만과 분노와 억지로 눌러 참는 증오의 감정이 스며 있었다.
"조금도 웃을 일이 아니네. 남의 죽음에 대해 웃다니. 자네도 바보 이반의 패거리에 끼어도 손색이 없겠네. 사람이 죽었다는데도 자네에게는 마치 '아무리 끌어 봐야 제대로 다 끌리지 않는다'는 그 격인가보네."
조금 불끈 했지만, 그리고리는 쿠지노프에게 그의 비유가 기분에 거슬렸다는 눈치는 조금도 드러내보이지 않았다. 오히려 웃음을 섞어 대꾸했다.
"확실히 그런 놈들은 '아무리 끌어 봐야 제대로 다 끌리지 않는다'는 말 그대로야. 공교롭게도 나는 그렇게 흰 얼굴과 손을 한 자들에게는 동정을 느끼지 않네."
"어쨌든 그 친구는 죽었다네……"
"전투에서 인가?"
"뭐랄까…… 비참한 이야기네. 진상은 파악되지 않았다네. 그는 애당초 내 명령으로 치중대(輜重隊)에 들어가 있었지. 그런데 카자흐들과의 사이가 좋지 못했던 모양이야. 두드레프카 마을 변두리에서 전투가 시작되었을 때, 그가 소속한 치중대는 그 전투지역에서 2킬로미터쯤 떨어진 곳에 있었다네. 게오르기제는 그때 반개 마을의 수레채에 앉아 있었어—카자흐들이 나에게 말한 바로는―그러자 유탄(流彈)이 날아와서 그에게 명중했던 모양이네. 찍소리 할 사이도 없었던 듯하네……카자흐들의 말이야. 그 망할놈들이 해치운 게 틀림없을 것 같네……"

"그 친구들 좋은 일을 해줬군, 해치워버렸으니!"

"이봐, 그만해! 입만 놀리면 그 따위 소리야!"

"허, 그렇게 흥분하지 말게, 농담이야."

"가끔 자네는 어리석은 농담을 잘 하지…… 마치 자네는 풀을 먹고 있는 데가 바로 자기 집인 줄로 착각하는 소와 같네. 그래, 자네가 생각하기에 그 사관은 죽어 마땅하다는 건가? 또 다시 '견장(肩章) 반대'인가? 자네도 슬슬 눈을 떠야 하지 않겠나, 그리고리! 절름거려도 어느 쪽이건 한쪽 다리로라면 괜찮네!"

"내 걱정 말고. 이야기를 계속하게나."

"말해 봤자 소용없는 건데! 나는 카자흐들이 죽였음을 알아채고는 다시 그곳으로 가서 놈들과 터놓고 얘기를 했네. 즉 이렇게 말했지, '옛날의 못된 짓을 되돌이키는 건가? 어쩔 도리가 없는 사람들이군. 또 다시 사관을 쏴죽이기 시작하다니, 너무 이르지 않은가? 가을에도 역시 쏴죽였잖는가. 나중에 사태가 매우 긴박해지면 사관이 필요하게 될게 아닌가? 자네들이 찾아와 무릎을 꿇고 굽실굽실하며 지휘를 맡아 주십시오, 이끌어 주십시오, 어쩌구 저쩌구 해야 할 거란 말이야. 그걸 생각 못하고 어느새 또 옛날로 돌아갔단 말인가?' 이렇게 욕을 퍼부어 얼굴들이 시뻘개지게 했지. 놈들은 고개를 내저으며 말하더군. '그 사람을 죽이지 않았습니다. 거짓이 아닙니다!' 하지만 놈들의 눈을 보니…… 놈들의 소행이란 것이 써 있더군! 도대체 자네는 놈들에게서 뭔가 들으리라고 생각하나? 놈들을 아무리 들쑤셔봐야 소용이 없네."

쿠지노프는 애가끓어 가죽띠를 둘둘 말더니, 갑자기 얼굴이 달아올랐다.

"전문가가 당한 거야. 그 친구는 내 오른팔이나 다름이 없었네. 이제 누가 작전 계획을 세워 주나? 누가 충고를 해주나? 자네와의 말은 두서 없는 지껄임뿐이고, 이야기가 전략 전술에 관한 것에 미치면 둘이 다 같이 어찌할 도리가 없잖은가. 고맙게도 페트로 보가투일료프가 날아와 주어서 그나마 다행이지 그렇지 않았더라면 한 마디도 의논을 할 만한 사람이 없었을 걸세! ……자, 이런 이야기는 그만두지, 할 만큼 했으니까! 그런데 볼일이란 것은 말이네, 만약 도네츠 방면에서 아군이 전선을 돌파해 오지 못한다면 도저히 우리는 이곳에서 버틸 수가 없게 되네, 그래서 전에 들었겠지만 3만 명의 군사를 내세워 돌파를 강행하기로 결정했네. 만약 자네가 뚫릴 것 같으면 돈 강기슭까지 퇴각해도 좋겠네. 우스치 호표르에서 카잔스카야까지 놈들에게 오른쪽 강가를 깨끗이 넘겨 주고, 돈강을 낀 곳에 참호를 파서 방위하기로 했네."

그때 문을 노크하는 세찬 소리가 났다.

"누구야, 들어와!"

쿠지노프가 소리쳤다.

제6여단장 그리고리 보가투일료프가 들어왔다. 단단해 보이는 붉은 색깔의 얼굴이 땀으로 번쩍이고, 빛바랜 아마색 눈썹이 성난듯 치켜올라가 있었다. 그는 땀이 흠뻑 밴 모자를 벗지도 않고 탁자에 다가와 앉았다.

"무슨 일인가?"

엷은 미소를 지으며 보가투일료프를 빤히 쳐다보고 쿠지노프가 물었다.

"탄약을 주십시오."

"먼저 받지 않았나? 도대체 얼마나 필요한가? 내가 탄약 공장이라도 하고 있는 줄 아는가?"

"언제 뭘 받았단 말씀입니까? 1인당 23발씩이나 주었다고 하시는 말씀입니까? 상대가 기관총으로 쏴대고 있는 판에, 이쪽에선 등허리를 구부리고 꼼짝 않고 얌전히 있으란 말씀입니까? 이것이 전쟁입니까? 이것은 단지……통곡할 수밖에 없는 형편입니다! 정말입니다!"

"잠깐만 기다리게나, 보가투일료프. 우리는 방금 중대한 이야기를 하는 중이었네."

그 말을 듣고 보가투일료프가 나가려고 일어서자 그는 급히 덧붙여 말했다.

"여기서 기다리게. 나갈 필요는 없네. 자네에게 숨길 건 없으니까…… 그런데 멜레호프, 이쪽에서도 저지당하기 전에 먼저 돌파를 강행하려고 하네. 군인이 아닌 자들은 죄다 내버리고, 마차에 실은 짐도 전부 버리고, 보병을 마차에 태우고 포병 3개 중대를 딸려 보내 도네츠로 뚫고 나갈 작정이네. 그래서 자네를 사령관으로 앉히기로 모두가 합의를 보았네. 반대는 않을 테지?"

"나는 아무래도 좋아. 하지만 내 가족들은 어떻게 되나? 딸도, 아내도, 노인도 죽고 말거야."

"그야 그럴 테지. 전멸하느니보다는 그들만의 희생이 그래도 낫지."

쿠지노프는 힘을 주어 입술을 꽉 다물고 한동안 잠자코 있더니, 생각난 듯 탁자 안에서 신문을 꺼냈다.

"참, 아직 뉴스가 있네. 저쪽 총사령관이 적위군 부대 지휘를 맡으려고 왔다네. 지금 밀레로보나 칸테미로프카 근처에 있다는 건 그저 소문일 뿐이네. 적위군은 우리 쪽으로도 육박해 올 거거든!"

"정말인가?"

그리고리 멜레호프는 의아해하며 물었다.

"그렇다네, 정말이야! 이걸 읽어 보게. 카잔스카야의 친구가 보내온 것이네. 어제 아침 슈미린스카야 변두리에서 우리 군대의 기마 척후대가 기병 2명과 마주쳤네. 2명 다 적군의 사관 후보생들이었던가 보더군. 그래서 카자흐들이 그 2명을 베어 죽였는데, 그 가운데 1명 —겉으로 별로 젊어 보이지 않고, 틀림없이 무슨 위원인 듯하다는데—그 친구의 작은 가죽가방 속에 글쎄 이 신문, 이 달 20일자의 '싸움의 길에서'라는 게 들어 있었다네, 참으로 근사하게 우리에 관해 쓴 것이라네!" 쿠지노프는 담배를 말아 쓰던 구석 쪽이 찢겨져 있는 신문을 멜레호프 쪽으로 내놓았다.

그리고리는 색연필로 표시된 표제를 먼저 보고는 쭉 읽어 내려갔다.

후방에서의 반란

돈 카자흐 일부의 반란은 이미 수 주일에 걸쳐 계속되고 있다. 이 반란은 데니킨의 앞잡이들—반혁명적 장교들의 주도로 일어나고 있다. 또한 부농(富農) 카자흐를 지주(支柱)로 하고 있다. 부농들은 중농 카자흐의 대부분을 자기편으로 끌어 들이고 있다. 두세 곳의 경우에는 카자흐들이 소비에트 권력의 개개 대표자들에게서 어떤 부정행위를 당하고 있음도 확실히 있을 수 있는 일이다. 데니킨의 앞잡이들은 반란의 불길을 부채질하기 위해 이런 사실을 교묘히 이용했던 것이다. 비열한 백위군의 앞잡이들은 중농 카자흐의 신용을 손쉽게 얻는 수단으로, 반란 지역에서 소비에트 권력의 편인 척하고 있다. 그리하여 반혁명적 궤계(詭計), 부농의 이해 및 카자흐 대중의 무지(無知)가, 남부 전선에 있는 우리 군대의 배후에 있어서의 무의미하고 범죄적인 반란 속에서 한때 모아졌던 것이다. 전사들에게 있어서 후방에서의 반란은 노동자들의 어깨에 종기가 생긴 것과도 같다. 싸우기 위해, 즉 소비에트 국가를 지키고 방위하기 위해서는, 또한 지주적(地主的) 데니킨 일당의 숨통을 끊어버리기 위해서는 강건한 지주가 되는 안정되고 우호적인 노동자·농민의 후방이 이루어짐이 필요하다. 따라서 당분간 가장 중요한 과제는 반란 및 반역 무리들을 돈 땅에서 쓸어버리는 것이다.

　소비에트 중앙 정권은 이 과제를 가장 짧은 시일 내에 해결하라고 명령했다. 비열한 반혁명적 반란을 진압하기 위한 출정부대들을 구원하기 위해 강력한 증원 부대가 도착했고, 또한 계속해서 줄을 잇고 있다. 우수한 조직 활동자들은 절박한 이 과제를 해결하기 위해 이곳에서 그쪽으로 가고 있는 중이다.

　반란을 종식시켜야 한다. 우리 적위군 병사들은 뵤센스카야, 에란스카야, 브카노프스카야 마을의 반역 무리들이 데니킨 및 코르차크 등 백위군 장령(將領)들의 직접적인 협력자라는 것을 분명히 알고 있어야 한다. 반란이 오래가면 오래갈수록 서로의 희생은 많아질 것이다. 유혈(流血)을 줄일 수 있는 방법은 오직 하나이다. 즉 신속하고 가혹하며 괴멸적인 타격을 주는 것뿐이다.

　반란을 종식시켜야만 한다. 어깨의 종기를 째고 뜨거운 쇠로 지져서 뿌리째 뽑아야 한다. 그때야말로 남부 전선의 팔은 적에게 치명적인 타격을 주기 위해서 자유롭게 될 것이다.

　그리고리는 다 읽고 나서 어두운 미소를 띠었다. 그 문장은 그를 분노로 들끓게 했다. '엉터리 수작으로 우리를 간단히 데니킨과 한패거리로 만들고, 그놈의 협력자로 만들어 버리다니……'

　"어때, 걱정 안 되나? 뜨거운 쇠로 지지겠다는데 하지만 좀더 두고 봐야지. 누가누구를 지지게 될는지! 그렇지, 멜레호프?"

　쿠지노프는 대답을 기다리는 표정을 하다가 보가투일료프 쪽으로 고개를 돌렸다.
 "탄약이 필요하단 말이지? 좋아, 주지! 병사 1명에 30발씩, 여단 전체에 주지. 충분한가? ……창고에 가서 받아가게. 지금 명령서는 경리부장이 써줄 테니까 그에게 가보게. 그리고 자넨 말이야, 보가투일료프. 되도록이면 칼과 책략을 쓰도록 해주게, 어떤가!"
 "이용할 수 있는 것은 무엇이든 다 이용할 셈입니다!"
 보가투일료프는 무척 좋아하며 미소를 띤 채 작별 인사를 하고 나갔다.
 예상되었던 돈으로의 퇴각에 관해서 쿠지노프와의 협의를 마치고 그리고리 멜레호프도 그곳을 물러났다. 떠나기 전에 그는 물었다.
 "내가 사단 전체를 이끌고 바즈키로 가게 될 경우에 무엇으로 강을 건너나?"
 "시시한 생각을 다 하는군. 기병대는 모두 돈을 헤엄쳐서 건너는 걸세. 기병대를 건네 주다니, 그런 일도 있었는가!"
 "내 부대에는 돈 연안 출신 병사가 적다는 것도 고려해 주게. 치르 출신 카자흐들은 헤엄칠 줄을 모르네. 태어나서 죽을 때까지 스텝에서만 생활하니, 어떻게 헤엄칠 줄을 알겠나? 대개는 쇠망치라네."
 "말을 타고는 건널 거야. 연습 때 경험이 있고, 또한 대독전쟁 때에도 그런 일을 겪은 적이 있었네."
 "문제는 보병 일세."
 "건네줄 배를 준비하지. 거룻배들을 준비할 걸세. 너무 걱정하지 말게나."
 "일반 주민들도 올 거야."
 "알고 있네."
 "자네는 모두가 강을 건널 것을 확실히 보증하게. 만일에 일이 잘못되면 난 그 자리에서 자네를 해치울 걸세. 나로서는 일반 민중이 남겨진다면 농담으로 끝내지 않을 걸세."
 "좋아, 하고말고. 해보이고말고!"
 "대포는 어떡하나?"
 "구포(舊砲)는 폭파해 버리고, 3인치 야전포는 여기까지 끌고와 주게. 거룻배들을 찾아 모아서 포병대를 건너편 강둑으로 옮기도록 하게."
 그리고리는 아까 읽었던 기사의 깊은 인상을 안은 채 사령부를 나섰다.

'우리를 데니킨의 협력자로 몰았겠다…… 그러면 우리는 도대체 무엇일까? 확실히 상황이 협력자로 말하게 되어 있으니, 성낼 수 없다. 허점을 찔린 셈이다……' 죽은 야코프 포드코바가 떠올랐다. 카르긴스카야에 있을 때인데, 언젠가 밤늦게 숙소로 돌아가는 길에 그는 광장에 있는 한 집에서 숙영하고 있던 포병들에게 들러본 적이 있었다. 그는 현관에서 장화의 진흙을 나뭇가지로 만든 빗자루로 털면서, 야코프 포드코바가 누구와 다투다가 이렇게 말하는 소리를 들었다. "독립한다는 말인가? 어떤 권력의 지배도 받지 않는다는 말인가? 허! 자네의 어깨 위에 올라앉은 것은 머리가 아니라 먹지도 못할 호박이네! 알고 싶다면 말을 해줄까? 우리는 지금 저 집 없는 개와 마찬가지일세. 주인 마음에 들지 않는 짓이나 못된 짓만 골라 하는 개가 있네. 그놈이 집을 나간다면 어디 갈 만한 곳이 있겠나? 이리들 틈에 끼어들 수는 없네―무섭기 때문이지. 이리들은 명수에 속하는 무리임을 어렴풋이 느끼기 때문이라네. 그렇다고 해서 다시 주인에게로 돌아갈 수는 없네―못된 짓을 한 벌로 매를 맞게 되기 때문이지. 우리도 꼭 그런 형편이네. 어떤가. 내가 말한 것을 잘 기억해 두게 우리도 반드시 꼬리를 움츠려서 배 아래로 웅크려 돌돌 말아넣고는 카데트들의 곁으로 바싹 기어가서 '제발 우리를 받아들여 주십시오. 소원입니다!' 하게 될 걸세. 그렇게 되도록 되어 있어!

크리모프카 부근에서 수병(水兵)들을 참살한 전투가 행해진 그날 이후로 그리고리는 자기 자신을 단단히 사로잡은 차갑고 무덤덤한 무관심 상태 속에서 지내고 있었다. 기운없이 고개를 떨어뜨리고 미소짓지도 않고 기뻐하는 적도 없이 날을 보내고 있었던 것이다. 한때는 살해된 이반 알렉세에비치에 대한 아픔과 연민이 심하게 마음을 어지럽혔으나, 얼마 안 가서 그것도 없어지고 말았다. 그의 살아 남아 있는 유일한 것―적어도 그에게는 그런 느낌이 들었다―그것은 새롭게 억제되기 어려운 힘으로 타오르는 아크시냐에 대한 정열이었다. 마치 몸을 얼어붙게 하는 듯한 캄캄한 가을밤, 먼 곳에서 떨리는 스텝의 화톳불이 나그네를 가까이 부르듯이 오직 그녀만이 그를 가까이 부르고 있었던 것이다.

지금도 사령부에서 돌아가는 길에 그는 그녀를 떠올리고 있었다. '우리가 돌파해 나가게 되면 그녀는 대체 어떻게 될 것인가?'

그리고 망설임도 오랜 궁리도 없이 마음을 굳혔다. '나탈리야는 아이들이며 어머니와 함께 남게 될 것이다. 하지만 아크시냐는 데리고 가자. 그녀에게 말을 주어 나의 사령부와 함께 가도록 해야겠다.'
 그는 돈강을 건너 바즈키로 가서 숙소에 들어가 노트를 한 장 찢어 이렇게 썼다.

 크슈냐! 우리는 어쩌면 돈의 왼쪽 강가로 퇴각하게 될 것이오. 그러니 당신은 재산을 모두 정리하여 뵤시키로 오시오. 그곳에서 나와 함께 지내는 게 좋겠소.

 편지를 엷은 담홍색 풀로 봉해서 프로호르 즈이코프에게 주며, 뺨을 붉히고 눈썹을 찡그려 일부러 엄숙한 체하여 자기의 낭패감을 프로호르에게 숨기며 말했다.
 "타타르스키로 가서 이 편지를 아크시냐에게 주고 오게. 명심해야 하네……이를테면 집의 누구에게든, 말하자면 우리 집 식구에게 보이지 않도록 하란 말이네. 알았지? 밤에 가지고 가서 건네주는 게 낫겠어. 대답은 필요 없고. 참, 그 일이 끝나면 자네에게 이틀 휴가를 주겠네. 자, 다녀오게!"
 프로코르는 말이 있는 곳을 향해서 걸어갔다. 그러나 그리고리는 갑자기 깨닫고 그를 도로 불렀다.
 "우리 집에 들러서 어머니나 나탈리야에게 말하게. 기회를 봐서 옷이며 그 밖의 귀중품을 이쪽 기슭으로 보내놓도록 하라고. 곡식류는 땅에 묻고, 또 가축은 돈을 헤엄쳐 건네게 하라고……"

59

 5월 22일 오른쪽 강가 전체에 걸쳐서 반란군의 퇴각이 시작되었다. 각 부대는 전투를 하면서 방어선마다 잠시 머물다가는 후퇴했다. 스텝 지대에 있는 부락의 주민은 모두들 당황하여 부산을 떨며 돈강을 향해 쫙 몰려들었다. 노인이나 아낙네들은 농사에 쓰던 말들을 죄다 수레에 매고 옷상자, 가구 집물, 곡물, 아이들 등등을 짐수레 위에 쌓아 올려 놓았다. 가축떼에서 암소와 숫양이 따로 뽑혀 나와 길을 따라서 끌려갔다. 거창한 짐수레의 행렬은 군대를 앞질러 돈 강가의 각 부락마다 바퀴소리를 울리며 갔다.

사령부 지령에 따라서 보병은 하루 먼저 퇴각을 개시했다. 타타르스키 카자흐 보병과 뵤셴스카야 비(非)카자흐 의용군 부대는 5월 21일 함께 우스치호표르스카야 마을의 체보타료프 부락을 출발하여 40킬로미터 이상의 행군을 단숨에 마치고, 뵤셴스카야 마을의 루이브누이 부락에서 숙영했다.

22일 아침은 동이 틀 무렵부터 푸르스름한 안개가 가로로 길게 뻗쳐서 하늘을 뒤덮었다. 그 두터운 안개 위로 검은 구름 그림자는 한 조각도 없었다. 다만 남쪽 돈 구릉의 고갯마루 위에, 눈부시게 장미빛으로 빛나는 자그마한 구름이 해가 떠오르기 전에 장엄한 모습을 드러냈다. 그곳에서 동쪽으로 이어진 능선 위 하늘은 붉은 기가 도는 자주빛을 하늘에 흘려 마치 선혈을 보는 듯했다. 이슬을 머금어 축축해진 왼쪽 강가 모래언덕의 물결 그늘로 태양이 얼굴을 내밀자, 그 구름도 싹 지워진 듯이 보이지 않았다. 초지(草地)에서 흰눈썹뜸부기가 한층 심하게 울어댔다. 이 뾰족한 날개를 가진 어부(漁夫)들은, 반짝반짝 잔물결을 일으키는 돈의 수면을 향해서 춤추며 다가갔다가는 은빛으로 빛나는 잔 고기를 날카로운 부리에 찍어 높이높이 날아가곤 했다.

정오가 되자 5월치고는 꽤 더워 한동안 푹푹 찌는 것이 마치 비오기 전 같았다. 새벽이 되기도 전부터 돈의 왼쪽 강가에는 피난민의 물결이 꾸불꾸불 뵤셴스카야를 향해 이어지고 있었다. 게트만스키 가도로 끊임없이 수레바퀴를 덜컹털컹 울리며 포장마차가 지나갔다. 말과 소 울음소리, 사람 말소리 따위가 구릉에서 들판까지 들려 왔다.

병력이 약 2천쯤 되는 뵤셴스카야 비(非)카자흐 의용군 부대는 아직도 루이브누이 부락에 있었다. 아침 10시 경 뵤셴스카야로부터 명령이 떨어졌다. 그 명령은 의용군 부대가 볼쇼이 그로모크 부락으로 이동하여 게트만스키 가도와 각 샛길에 초소를 세우고, 뵤셴스카야로 가고 있는 징병 적령기의 카자흐들을 모조리 붙잡으라는 것이었다.

뵤셴스카야로 가고 있는 피난민 짐수레들의 물결이 일시에 그로모크 부락에 밀려왔다. 민지투성이에 햇살에 꺼밓게 그을린 여자들이 가축을 몰고, 길 옆으론 말을 탄 사람들이 가고 있었다. 수레바퀴가 삐걱거리는 소리, 말과 양들의 콧김, 암소 우는 소리, 어린애들 울음소리, 그리고 가족들에게 이끌려서 후퇴하는 티푸스 환자들의 신음소리는 벚꽃 동산에 싸여 숨쉬던 이 마을의 고요하기만 하던 정적을 무너뜨렸다. 갖가지 소리들이 뒤섞여 하나로 엉킨 이 소란이 웬만한 예삿일이 아니라는 걸 알았는지 마을의 개들도 끝내 목이 쉬도록 짖어대다가는 이제 처음처럼 지나가는 사람들에게 일일이 덤벼들지도, 샛길을 짐수레에 앞서 달리지도 않고, 다만 싫증이 나는 듯 상당한 거리를 두고 짐수레의 뒤를 줄줄 따라가기만 했다.

프로호르 즈이코프는 그리고리의 편지를 아크시냐에게 전하고 또한 일리니치나와 나탈리야에게 전할 말을 전해 준 다음 꼬박 이틀을 집에서 보낸 뒤, 22일 보센스카야로 떠났다.

그는 바즈키에서 자기의 중대를 만나리라고 생각했다. 그러나 포성이 치르강 연안인 듯한 곳에서 다시 울려, 돈 일대에 둔하고 희미하게 울려 퍼졌다. 프로호르는 전투가 격렬해진 듯한 곳으로 가기가 마음내키지 않았다. 그래서 그는 어떻게든 바즈키까지 가서, 그리고리가 제1사단을 이끌고 돈강 쪽으로 나오기를 기다리기로 결심했다.

그로모크까지의 도로를 줄곧 프로호르는 피난민들의 짐수레에 쫓기듯이 걸어갔다. 그는 서두르지 않고 처음부터 끝까지 보통 걸음으로 나아갔다. 급하게 가야 할 이유가 없었기 때문이다. 루베진에서부터는 전에 편성된 우스치 호표르스키 연대 사령부를 뒤따라갔다.

사령부 사람들은 용수철이 달리고 수레채로 끄는 4륜마차 한 대와 포장마차 두 대에 나뉘어 타고 있었다. 안장이 놓인 여섯 필의 말들이 사령부 사람들이 탄 마차의 뒤에 매인 채 따라갔다. 포장마차 1대에는 서류와 전화기 따위가 실려 있었고, 다른 1대에는 부상한 카자흐와, 베개로 삼은 안장깔개에서 회색 아스트라칸 장교용 털가죽 모자를 쓴 머리를 치켜들려고 애쓰고 있는 몹시 여윈 매부리코 남자가 실려 있었다. 그는 티푸스에 걸려 있음이 분명했다. 턱까지 외투를 끌어올려서 덮고 누워 있는데, 창백한 메뚜기 이마와 얇고 뾰족한 코 위는 솟아나는 땀으로 먼지가 엉겨붙어 있었다. 그러고서도 그는 줄곧 다리를 따뜻한 것으로 감싸 달라고 졸라대며, 정맥이 솟아오른 앙상한 손으로 이마의 땀을 문지르면서도 큰 소리로 떠들어대고 있었다.

"개자식! 멍청한 놈! 바람이 내 다리로 술술 들어온다. 야! 폴리카르프, 임마! 무릎덮개로 싸달라구! 나는 건강했었는데—쓸모 있는 놈이었는데, 이젠……"

이렇게 말하고는 대개의 중병에 걸린 자들이 그러하듯이 정상이 아닌 험악한 눈길을 주위에 보냈다.
폴리카르프라 불린 사내는 키가 크고 활달한 구교 신자였는데 말을 걸게 해놓은 채로 그 위에서 내려 마차로 다가갔다.
"한결 날씨가 추워졌습니다. 사모이로 이바노비치."
"슬슬 속이는군!"
폴리카르프는 솔직하게 부탁받은 대로 해주고는 떠나갔다.
"저자가 대체 누구인가?"
프로호르는 환자를 눈으로 가리키며 물었다.
"우스치 메도베지차의 사관이야. 저런 자가 우리 사령부에 있었다네."
사령부와 함께 체코브노이, 보브로프스키, 크루토프스코이, 지모브누이, 그 밖의 다른 여러 부락에서 도망쳐 온 우스치 호표르스카야 마을 피난민들이 줄을 잇고 있었다.
"여보세요. 당신네는 대체 어디로 가고 있지요?"
프로호르는 천장까지 가득히 세간살이를 채워넣은 타타르 마차에 앉은 한 피난민 노인에게 물었다.
"뵤시키로 갈 작정이오."
"뵤시키로 가라고 누가 당신네에게 말했습니까?"
"그야 누가 알려 준 건 아니지만, 죽는 것은 달갑지 않거든요. 무서운 일이 발등에 떨어질라치면 누구나 달아나게 마련이오."
"그게 아니라 내가 궁금한 것은 어째서 뵤시키로 너도 나도 몰려가는가 하는 겁니다. 에란스카야에서 건너편 기슭으로 건너면 별로 시간이 걸리지 않습니다."
"뭘로 건너겠소? 거기에는 나룻배가 없다던데."
"그럼, 뵤시키에서는 무얼 탈 겁니까? 세간살이를 건네 줄 배를 내준답디까? 부대를 기슭에 놔두고 당신네 짐수레를 건네 준답디까? 정말로 할아버지, 모두가 다 어수룩하기 싹이 없습니다! 목직지도 모르며, 무엇 때문인지도 모르고, 그냥 가고 있으니까요. 그런데 대체 뭘 그렇게 수레에 실었습니까?"
짐수레와 나란히 가면서 가득 쌓인 보따리들을 채찍으로 가리키며 프로호르는 성난 투로 물었다.
 "여기에 쓸데없는 것이 있겠소? 옷이며, 말 목걸이며, 밀가루, 그 밖에도 모두 다 생활에 필요한 것이오…… 내버리고 올 수가 없었다오. 우리 집은 무엇 한 가지 남은 게 없이 빈집이 되어 있을 거요. 말 한 쌍과 소 세 쌍을 수레에 매고, 실을 것은 죄다 싣고, 여자들을 태우고 나선 거요. 들어 보오, 여보, 모든 게 다 내가 피땀 흘려 번거요. 눈물도 흘리고 땀도 흘리며 벌었던 거란 말이오. 어찌 아까워 버리겠소? 할 수만 있다면 집도 싣고 왔을 거요. 적위군에게 빼앗기느니 말이오. 그놈들, 콜레라에라도 걸리면 좋겠소!"
 "또 한 가지, 저 큰 체는 무엇에 쓸 겁니까? 그리고 저쪽 의자는 무슨 소용이 있어, 그런 것을 다 싣고 갑니까? 그런 건 적위군이 조금도 탐내지 않습니다."
 "그래도 놔두고 올 수가 없었소! 참 별난 사람 다 봤소. 당신은…… 놔둬야 놈들은 부숴버리거나 태워버릴거요. 그렇잖아도 우리의 상처는 덧날 대로 덧나 있소. 놈들 마음도 어지간히 상할 테지만! 그래서 무엇이건 죄다 끌어모아 온 거요!"
 노인은 느긋하게 질질 발걸음을 옮기는 말들에게 세게 채찍질하더니, 뒤를 돌아다보고는 세 번째의 우차(牛車)를 채찍 손잡이로 가리키며 말했다.
 "저기에 프라토크를 쓴 처녀가 보이오? 소를 몰고 있는 그애는 내 딸이오. 딸의 짐수레에는 어미돼지와 새끼돼지들이 실려 있소. 새끼를 밴 돼지였는데, 그놈을 묶어서 짐수레에 태울 때 시달렸는지 저녁때 갑자기 산기(産氣)가 뵈더니 새끼를 낳았소. 짐수레에서 말이오. 새깨돼지들이 꿀꿀대는 소리 들리오? 빨갱이놈들, 우리에게 빼앗아가려고 해도 그렇게 빼앗기기만 할 수야 있소? 꼴 좋게 됐지!"
 "영감님, 나룻배 근처에서 나하고 부딪치지 말도록 합시다!"
 프로호르는 몹시 밉살스러운 듯이 노인의 땀투성이인 넓고 추한 얼굴을 쏘아보며 말했다.
 "부딪치면 어미돼지건 새끼돼지들이건 가재 도구건 모조리 돈 강에 처넣어 버릴 겁니다!"
 "어째서 그런 짓을 하겠다는 말이오?"
 노인은 깜짝 놀라 물었다.

"수많은 사람들이 생명을 잃고 또 모든 걸 잃기도 하는데, 당신 같은 형편 없는 늙은이 주제에 모든 걸 다 가져가려고 욕심을 내고 있잖냔 말이오!"

평소 온순하고 조용한 편이던 프로호르는 큰소리로 외쳐했다.

"난 영감님 같은 욕심장이는 딱 질색이오!"

"가시오, 어서 가시오!"

노인은 얼굴을 돌리고 콧방귀를 뀌며 욕설을 퍼부었다.

"어느 정도인지는 모르지만, 남의 재산을 돈강에 내던질 작정이란 말이지…… 허 참, 이런 녀석을 착실한 인간인 줄로만 생각하다니……상사(上士) 노릇하는 내 아들 녀석도 지금 1개 중대를 이끌고 적위군을 막고 있어…… 자, 어서 가라구! 남의 재산에 눈독을 들여야 소용 없다구! 제 것이나 더 벌라고, 그렇게 탐내야 소용 없어!"

프로호르는 조금 빨리 걸어갔다. 뒤에서 깽깽거리며 새끼돼지들이 울고, 어미돼지도 불안한 듯이 소리쳤다. 새끼돼지들의 새된 소리가 송곳처럼 귀에 파고들었다.

"제기랄! 새끼돼지들이 어디에서 왔지? 폴리카르프!"

마차 위에 누워 있던 장교가 괴로운 듯이 얼굴을 찌푸리고는 당장이라도 울음을 터뜨릴 것 같은 표정으로 소리질렀다.

"말 좀 해줘……가서, 새끼돼지들 임자에게 말해 줘. 새끼돼지들을 쳐죽이란다고……여기 환자가 있다고 말이야…… 가만히 있어도 이렇게 괴로운데, 게다가 저 시끄런 소리까지 들리니 미치겠어. 자, 어서! 말을 달려!"

프로호르가 마차에 다가붙자, 매부리코 사관이 얼굴을 찡그리며 시선을 한 곳에 못박은 채 돼지새끼들의 울음소리에 짜증을 내며 머리에 쓴 곱슬곱슬한 회색 양털모자로 귀를 덮어 가리려고 부질없는 노력을 되풀이하고 있었다.

폴리카르프가 말을 달려 곧 가까이 왔다.

"저 사람은 죽이고 싶지 않답니다, 사모이로 이바노비치. 저 새끼돼지들은 말입니다, 곧 봉에 남겨실 섭니다. 그래도 울음을 그치지 않으면 오늘 안에 다 죽이겠다고 말했습니다."

사관은 갑자기 새파래져서 간신히 몸을 일으키고는, 짐수레 위에 고쳐앉아 다리를 늘어뜨렸다.

"내 브라우닝이 어디에 있지? 말을 세워라! 새끼돼지들 임자가 어디 있나? 당장 혼쭐을 내줘야지…… 어떤 수레에 있나?"

욕심장이 노인은 결국 새끼돼지들을 죽여야만 했다.

프로호르는 빙긋빙긋 생각난 듯이 웃으며 말을 조금 빨리 달려 우스치 호표르스카야 마을의 짐수레 대열을 앞질렀다. 1킬로미터 정도 앞쪽으로 처음 보는 짐수레와 말탄 사람들이 가고 있었다. 짐수레의 수효는 200을 넘었다. 제각기 말을 타고 가는 사람들은 40명 정도였다.

'큰일이군, 나루터에서 엄청난 소통이 벌어지겠어!' 프로호르는 마음 속으로 생각했다.

그는 짐수레들의 대열을 쫓아갔다. 그러자 움직여가는 행렬의 맨 앞 쪽에서 멋진 진한 밤색 말을 탄 여자가 그를 향하여 힘차게 달려왔다. 프로호르와 나란히 서게 되자 그 여자는 고삐를 바싹 잡아당겼다. 그 여자가 탄 말에는 호화로운 안장이 놓이고, 가슴받이 쇠장식과 재갈은 은빛으로 빛났으며, 안장의 날개는 조금도 흠이 없었다. 복대와 안장덮개는 고급 가죽처럼 광택이 반들반들하게 윤이 났다. 그녀는 익숙한 자세로 멋지게 안장에 앉아서 똑바로 갈라진 고삐를 보랏빛 손으로 힘주어 쥐고 있었다. 하지만 몸집 큰 군마(軍馬)는 아무래도 여주인을 잘 받드는 눈치가 아니었다. 충혈된 사과만한 눈을 뒤룩뒤룩 움직이며 목을 쑥 굽히고는 황색의 포석(舖石)만한 이빨을 드러낸 채, 스커트 밑으로 들여다보이는 둥그런 여주인의 무릎을 덥석 물 기회만 노리는 듯했다.

그녀는 갓 세탁한 하늘색 프라토크로 눈 바로 옆까지 얼굴을 감쌌다. 입에서 프라토크를 떼어내고 그녀가 물었다.

"잠깐만요, 부상병을 태운 짐마차를 앞질러 오지 않으셨나요?"

"꽤 많은 짐마차를 앞질렀는데요. 왜 그러십니까?"

"진땀 빼고 있어요."

한 마디 한 마디 길게 늘이듯이 그녀는 이야기했다.

"저의 남편이 보이지를 않아요. 그이는 우스치 호표르에서부터 위생대와 함께 오고 있을 거예요. 다리에 부상을 당했어요. 그런데 요즈음 상처가 악화되었다며 부락 사람들에게 부탁하여 말을 끌고 오라고 전했더군요. 이것이 그이의 말이지요."

여자는 채찍으로 구슬 같은 땀을 뚝뚝 떨어뜨리는 말의 목을 찰싹 갈겼다.
"말에 안장을 얹어 달려갔더니 우스치 호표르에는 야전병원이고 뭐고 벌써 죄다 철수한 뒤였어요. 그 뒤로 얼마 동안 여기저기 다녀보았지만 도저히 만날 수가 없군요."

프로호르는 이 카자흐 여인의 포동포동한 아름다운 얼굴과 둥글둥글하고 낮은 알토 음색에 넋을 잃고 꿀꺽 군침을 삼켰다.

"아, 참! 댁의 남편을 찾지 마십시오. 악마에게나 맡겨 버리라구요! 댁의 남편은 위생대와 함께 가면 돼요. 당신처럼 대단한 미인에 굉장한 말까지 몰고 있으면, 아내로 삼을 사람이 얼마든지 있습니다. 나도 한번 청혼하고픈 대요?"

여자는 기가 막히다는 표정으로 경멸적인 미소를 지었다. 그러고 문득 무릎이 드러나 있는 것을 깨닫고는 포동포동한 몸을 구부려 스커트 자락을 끌어내렸다.

"추잡한 말은 안하는 게 좋아요. 그보다도 정말 위생대를 앞질러 오지 않았어요?"

"저 행렬 속에는 말이죠, 환자들도 있고, 부상자들도 수없이 많아요."

한숨을 섞어서 프로호르는 대답했다.

여자가 한 번 채찍질을 하자 말은 뒷다리만으로 휙 방향을 돌렸다. 넓적다리 사이에 흥건히 괸 땀의 거품이 하얗게 번쩍였다. 보조를 어지르며 속보(速步)로 바꾸더니, 곧 보다 빠르게 달려갔다.

짐수레 대열은 느릿느릿 나아갔다. 소들은 귀찮은 듯이 꼬리를 흔들어서, 붕붕 소리를 내는 등에들을 털어 쫓아댔다. 심한 더위가 닥쳐 해지기 전은 답답하고 가슴이 눌리는 듯했다. 그다지 자라지 못한 어린 해바라기 잎새들도 늘어져 시들시들했다.

프로호르는 다시 짐마차들과 나란히 나아갔다. 모두가 자기네 부대에서 낙오했거나, 아니면 도망쳐 나와 가족에게로 돌아가서 가족과 만나 강을 건너기 위해 가고 있었다. 어떤 사람은 군마를 짐수레에 메고 그 위에 누워서 여자들과 이야기하기도 하고, 아이들을 어르기도 했다. 또 어떤 사람은 총도 칼도 맨채 말을 타고 가고 있었다. '부대를 내팽개치고 도망쳐 온 것들이구나'라고 카자흐들을 보며 프로호르는 확신했다.

말들과 소들의 땀냄새, 4륜마차의 화끈 달아오른 목재 냄새, 가재도구와 수레바퀴의 기름냄새가 풍겼다. 소들은 괴로운 듯이 옆구리를 씰룩거리며 고개를 숙인 채 걸어갔다. 쑥 내민 그 혀끝에서는 도로의 먼지층까지 침이 색실처럼 늘어뜨려져 있었다. 짐수레 대열은 1시간에 4킬로미터나 5킬로미터 정도의 속도로 나아갔다. 말을 맨 수레도 소들을 앞질러 가지 않았다. 하지만 어디선가 먼 남쪽에서 포성이 은은히 울려 퍼지자, 모두가 다 바삐 움직였다. 말을 맨 1두(一頭)마차나 2두마차는 질서를 어지럽히고, 꾸불꾸불한 짐수레 대열에서 빠져나가 앞으로 갔다. 말들은 속보로 나아가고, 채찍들을 날려 "이놈, 어서 가!" "야, 이 망할 녀석아!" "자, 가자!" 말을 재촉하는 갖가지 소리가 들려 왔다. 마른 나뭇가지나 채찍으로 소 등허리를 탁탁 치는 소리도 들렸다. 수레바퀴가 위세 좋은 소리를 냈다. 모든 것이 겁을 먹어 움직임을 서둘렀다. 도로에서는 뜨거운 모래먼지가 피어올라 떠돌다가 날아올라 곡물이며 풀 위에 내리덮었다.

프로호르의 튼튼한 말은 앞으로 가면서 풀 쪽으로 머리를 내밀고 전동싸리 잔가지를 물어뜯기도 하고, 혹은 평지의 황색꽃을 물어 뜯기도 하고, 혹은 여뀌더미를 물어뜯기도 했다. 물어뜯어서는 재빠르게 귀를 움직이며 먹는데, 짤가닥짤가닥 소리를 내는 잇몸에 닿는 재갈을 혀끝으로 밀어제치려 했다. 하지만 1발의 총성이 울린 뒤 프로호르가 구두 뒤꿈치로 콱 눌러 한 차례 내지르자 말도 이제는 배를 채우고 있을 때가 아님을 깨달았는지 덜덜 흔들릴 정도로 스스로 속도를 속보로 바꾸었다.

포성은 점차 더 격렬해졌다. 쿵쿵 울리는 침울한 그 발사음은 한데 어우러졌으나, 우뢰 소리와 비슷한 그 소리의 울음은 갑갑한 대기를 높이, 또는 낮게 진동시켰다.

"주 예수여!"

젊은 여자가 2륜마차 위에서 성호를 긋고 거무스름하고 붉은, 젖으로 번들거리는 젖꼭지를 갓난애의 입에서 떼어내어 팽팽하고 누르스름한 색깔이 도는 장미빛 유방을 셔츠 속으로 밀어넣었다.

"쏘고 있는 게 우리 편이오, 어느 편이오? 이봐요, 군인 아저씨!"

소들과 나란히 걸어가던 한 늙은이가 프로호르에게 물었다.

"적위군 쪽입니다, 할아버지! 우리 쪽에는 포탄이 없거든요."

"허, 거 참 낭패로군!"

늙은이는 손에서 고삐를 놓더니, 낡은 카자흐 모자를 벗었다. 걸으면서 성호를 긋고는 동쪽으로 얼굴을 돌렸다.

늦게 씨를 뿌린 사탕수수의 싹이 불쑥불쑥 돋아나 있는 남쪽 구릉 꼭대기 뒤쪽에서 엷은 검은 구름이 보였다. 구름은 지평선의 절반을 차지하고 얇은 안개처럼 하늘을 덮어 나갔다.

"큰 불이 났다! 저기 좀 봐!"

마차에서 누군가가 외쳤다.

"왜 저렇게 됐을까?"

"불이 난 곳이 어디 근처지?"

덜컹덜컹하는 수레바퀴 소리 속에서 목소리가 울렸다.

"치르 근처로군."

"빨갱이놈들이 치르 근처의 부락을 태우는 게야!"

"날이 가물어 걷잡을 수 없을 텐데!"

"봐라, 시커먼 연기가 저렇게 퍼졌다!"

"아무래도 한 부락만 타고 있는 게 아닌가봐!"

"카르긴스카야에서 치르 근처까지 하류 쪽으로 불길이 오르는 걸 보아 그쪽 어디에서 지금 전투가 벌어졌나봐……"

"어쩌면 쵸르나야강 근처일지도 모르지. 어이, 소를 몰게, 이반!"

"야, 굉장하구나! ……"

검은 연무(煙霧)는 넓게 번져 차츰 큰 덩어리를 이루며 하늘로 퍼져나갔다. 포성의 울림은 더욱더 격렬해졌다. 그리고 30분쯤 지나자 게트만스키 가도로 남쪽에서 불어오는 미풍이 35킬로미터 떨어진 치르 부근 부락에서 미친 듯이 타오르는 불길의 매케하고도 언짢은 재 냄새를 실어왔다.

60

볼쇼이 그로모크 연인 도로는 다듬은 회색 돌로 쌓은 돌담 옆을 지나고, 거기에서 갑자기 돈 쪽으로 꺾여서 물이 마른 낮은 골짜기의 절벽 밑으로 내려갔다. 그곳에는 통나무 다리가 놓여 있었다.

해가 비치면 절벽 아래의 모래는 고운 색깔의 옥석(玉石)이 반짝여 황색으로 빛나지만, 여름철에 소나기가 내린 뒤에는 탁류가 된 빗물이 내달리듯 빠르고 힘차게 구릉에서 절벽으로 달려들어와 탁류와 합쳐져서는 좔좔 낮은 곳으로 흐르며 돌을 굴려 내리고, 이윽고 돈으로 흘러들었다.

그런 날에는 다리가 물에 잠겼다. 하지만 오랫동안은 아니었다. 한두 시간 쯤 지나면 방금 야채밭을 휩쓸고 나무울타리를 말뚝까지 죄다 쓸어갔던 미친 듯한 산골물은 기세가 약해져서, 땅거죽이 드러난 골짜기 밑바닥에서는 물에 씻긴 젖은 옥석이 습기찬 백토 냄새를 풍기며 말갛게 빛나고, 절벽가에 흘러내린 진흙이 육계색(肉桂色) 광택을 내며 빛나곤 했다.

절벽가에는 고리버들과 수양버들이 많이 자라고 있었다. 그 그늘은 여름날 한창 때에도 시원했다.

서늘한 기운에 끌려서, 뵤센스카야 비(非)카자흐 의용군 부대는 다리 옆에 초소를 세워 자리잡았다. 초소에는 모두 11명이 있었다. 부락에 피난민 짐마차들이 나타날 때까지 의용병들은 다리 밑에 누워서 트럼프놀이도 하고, 담배도 피우고, 어떤 병사는 아예 알몸으로 셔츠나 팬티의 이음매에서 끈질기게 들끓는 군대 이(虱)를 잡기도 했다. 그 밖에 2명은 소대장의 허가를 얻어 돈으로 수영을 하러 갔다.

그러나, 휴식은 아주 잠시였다. 곧 짐마차의 대열이 다리를 향해서 연달아 밀려온 것이다. 대열은 물결마냥 한없이 줄지어 왔다. 잠자는 듯했던 그늘의 작은 길은 곧바로 번잡하고 시끌대며 답답하게 되었다. 마치 짐마차 대열과 함께 돈강 연안의 구릉에서 후텁지근한 스텝의 열기가 부락으로 밀려들어온 것만 같았다.

의용군 부대 제3소대장이던 초소의 조장(組長)은—단정하게 다듬은 밤색 턱수염에 어린애 같아 보일 만큼 크고 넓은 귀에 키가 크고 좀 여윈 하사관이었는데—낡아빠진 나강 권총 가죽주머니에 손바닥을 대고 다리 옆에 우뚝 서 있었다. 그는 짐마차를 20대 가량은 별로 불평하지 않고 통과시켜 주었으나, 한 짐마차에 이십 사 오 세의 카자흐 젊은이가 앉아 있는 것을 보고는 즉시 명령했다.

"멈춰!"

카자흐는 고삐를 당기며 얼굴을 일그러뜨렸다.

"어느 부대 소속인가?"

소대장은 짐마차에 바싹 다가서서 딱딱하게 물었다.
"왜 그럽니까?"
"어디 부대냐고 물었잖나!"
"루베진스카야 카자흐 중대 입니다. 그런데 당신은 뭡니까?"
"내려!"
"아니, 도대체 당신이 뭔데……"
"내리라고 했잖아!"
소대장의 둥근 귓불이 붉게 타올랐다. 그는 가죽주머니 단추를 풀고 나강 권총을 뽑아 왼손에 옮겨 쥐었다. 카자흐는 고삐를 아내의 손에 슬쩍 넘기고 짐마차에서 뛰어내렸다.
"어째서 부대에서 나왔지? 어디로 가는거야?"
소대장은 그를 심문했다.
"몸이 나빠져서입니다. 지금 바즈키로 가는 길입니다……가족을 데리고 가려고……"
"진단서를 가지고 있나?"
"도대체 어디서 그런 걸 구한단 말입니까? 중대에는 위생병도 없었는데요……"
"뭐라고, 없었다고? 야, 카르펜코, 이놈을 국민학교로 데려가!"
"그런데 당신은 도대체 뭡니까?"
"우리가 누구인지는 저쪽으로 가서 가르쳐주겠다!"
"나는 내 부대로 가야 합니다! 나를 억류할 권리는 없잖습니까!"
"걱정할 것 없어, 무기는 가지고 있나?"
"소총뿐인데요."
"들어. 시원시원하게 말 들어라. 꾸물꾸물 했다가는 당장에 갈겨 죽일 테니! 아직 젊은데도 말이야, 망할 자식. 그래 마누라 엉덩이 밑으로 도망가 숨는단 말이냐! 너 같은 놈까지 우리가 지켜줘야만 하는 거냐!" 그러고는 뒤따라오며 내뱉 경멸하는 투로 쏘아붙였다.
"얼간이 새끼!"
카자흐는 무릎덮개 밑에서 소총을 꺼내고 아내의 손을 잡았으나, 남들 앞이어서 키스도 하지 못하고 까칠까칠한 아내의 손을 잠깐 쥐어 주기만 하고는 소곤거리더니 부락의 국민학교 쪽으로 의용병을 따라갔다.

길이 막혔던 짐마차 대열은 다시 땅울림을 일으키며 다리로 밀어닥쳤다.

초소는 약 1시간 동안에 약 50명의 탈주병을 억류했다. 그들 중 몇 명은 억류하자 저항했는데, 그중에서도 에란스카야 마을의 니지네 크리프스코이 부락 출신으로 수염을 길게 기르고 매우 힘이 세어 보이는 중년 카자흐의 저항은 대단했다. 초소 조장이 마차에서 내려오라고 하자, 그는 말에 채찍을 퍼부었다. 의용병 2명이 재갈을 붙잡아 다리 건너편에서 간신히 세웠다. 그러자 카자흐는 갑자기 옷저고리 소매 속에서 미국제 연발총을 꺼내서 후딱 어깨에 댔다.

"물러서! 쏴죽일 테다! 이 개자식들!"

"내려와, 내려오란 말이야! 복종하지 않는 놈은 사살하라는 명령이다. 당장 바람 구멍을 내줄까!"

"돈 촌놈아! 바로 어제까지 빨갱이였던 놈들이 오늘은 카자흐 어른에게 명령을 하는거냐? 역겹다, 이 쓸개빠진 놈들! 물러서! 쏠 테다!"

아주 새것인 겨울 게토르를 착용한 한 의용병이 마차 앞바퀴에 기어올라가 한동안 밀치락달치락한 끝에 카자흐의 손에서 연발총을 잡아챘다. 그러나 카자흐는 고양이처럼 등허리를 둥글게 구부리고 두꺼운 천의 옷밑에 손을 대어 사벨을 휙 빼들더니 한쪽 무릎을 세운 채, 매여 있는 색칠한 마차 너머로 손을 뻗쳐서 칼을 내리쳤다. 하마터면 뾰족한 칼 끝이 재빨리 뛰어내린 의용병의 허리에 거의 닿을 뻔했다.

"치모샤, 참아요! 치모뉴시카! 아, 치모샤! 제발 그만둬요! 그러다가 죽어요!"

정신없이 날뛰는 카자흐의 몹시 여위고 못생긴 아내가 울부짖었다.

하지만 그는 마차 위에 장승처럼 우뚝 서서는 여전히 퍼렇게 번쩍이는 긴 칼날을 휘둘러 의용병들을 마차에 다가서지 못하도록 미친 듯이 눈알을 뒤룩뒤룩 굴리며, "물러서! ……닥치는 대로 베버릴 테다!" 쉰 목소리로 욕설을 퍼부었다. 그의 거무스름한 얼굴은 경련을 일으키고, 황색이 도는 긴 콧수염의 그늘에는 침이 거품을 내며 넘쳐흐르고, 푸른 빛을 띤 눈의 흰자는 갈수록 시뻘게졌다.

간신히 그에게서 칼을 빼앗고는 밀어 쓰러뜨려 묶었다. 그 카자흐의 목숨을 건 반항은 아주 단순한 이유에서였음이 밝혀졌다—마차 안을 수색해 보니, 독한 탁주를 담은 1베도르 들이의 마개를 딴 항아리가 나온 것이다……

길은 크게 혼잡했다. 짐마차들이 너무 복잡하게 몰려들고 있어 소나 말을 떼어 사람이 다리까지 마차를 끌고 가야만 했다. 수레채와 곤봉이 뚝뚝 부러지고, 등에가 떼지어 달라붙은 소와 말들은 성이 나서 비명을 올리며 주인의 질타하는 소리도 듣지않고 고통으로 미쳐 날뛰며 나무울타리로 뛰어들었다. 다리께에서는 욕설, 고함, 채찍이 울리는 소리, 아낙네들의 통곡 소리가 꽤 오랫동안 들렸다. 뒤쪽에 있던 한 떼의 짐마차는 오던 길로 되돌아가서—그 부근은 아직 짐마차들이 스쳐 지나다닐 만한 여유가 있었다—바즈키 근처에서 돈으로 내려가려고 다시 부락의 한길로 올라갔다.

채포된 탈주병들은 호송대에게 이끌려 바즈키로 떠났다. 그러나 그들은 모두가 무장하고 있어서 호송대는 그들을 규제할 수가 없었다. 다리를 지나자마자 곧 호송대와 탈주병들 사이에 시비가 붙었다. 얼마 안 가서 의용병들은 되돌아서고 말았다. 하지만 탈주병들은 자기네끼리 질서있게 뵤센스카야로 갔다.

프로호르 즈이코프 역시 그로모크에서 저지되었다. 하지만 그는 그리고리 멜레호프에게서 교부받은 휴가 증명서를 보이고 어렵지 않게 통과했다.

그는 해가 지기 전에 바즈키에 닿았다. 치르강 연변의 여러 부락에서 몰려든 수천 대의 짐마차가 큰 길, 작은 길을 꽉 메웠다. 돈 근처에서는 훨씬 더 복잡한 광경이 벌어졌다. 피난민들은 2킬로미터나 되는 먼 거리에 걸쳐 짐마차로 강 언덕을 완전히 뒤덮었다. 5만이 넘는 민중은 숲속 여기저기에 흩어져 진을 치고는 강을 건너려고 기다렸다.

뵤센스카야를 향해서 포병 중대, 사령부, 그리고 군수품이 나룻배로 수송되고 있었다. 보병은 조그마한 거룻배를 타고 건너고 있었다. 수십 척의 거룻배들이 서너 명씩 태우고는 돈을 바쁘게 오가고 있었다. 나루터 부근의 물가는 수많은 사람들로 들끓었다. 그러나 후위로 뒤에 처졌던 기병부대는 아직껏 나디니지 않았다. 치르강 쪽에서는 여전히 포격의 무딘 울림이 들려 오고, 숨이 막힐 듯한 여진의 냄새가 한층 심하게 몸에 배어드는 듯했다.

강을 건너는 일은 새벽녘까지 계속되었다. 밤중에 12시쯤 해서 기병 부대 선두에 선 몇개 중대가 도착했다. 그들은 날이 밝기를 기다려 강을 건너야

했다.

　프로호르 즈이코프는 제1사단 기병 부대가 아직 도착하지 않은 것을 알고는 바즈키에서 자신의 중대를 기다리기로 했다. 그는 바즈키 병원의 담을 따라 잔뜩 몰려들어 밀치락달치락하고 있는 짐마차들 사이로 말고삐를 잡아끌고 간신히 빠져 나갔다. 거기서 안장을 없어 둔 채 다른 사람의 짐마차 가로대에 말을 매놓고 재갈을 풀어 준 뒤, 자신은 아는 사람을 찾으려고 짐마차들 사이를 누비고 다녔다.

　둑 옆에 아크시냐 아스타호프가 있는 것이 멀리서 보였다. 그녀는 따뜻해 보이는 저고리를 입고 조그만 보퉁이를 꽉 끌어안고 돈쪽을 행해 걸어갔다. 남의 눈을 끌 정도로 뛰어난 그녀의 미모는 강둑에 진치고 있던 보병들의 시선을 모았다. 그들은 그녀에게 뭔가 추잡한 수작을 걸었다. 땀과 먼지로 뒤엉킨 그들의 얼굴이 엷은 웃음을 띠고, 순간적으로 흰 이빨이 반짝이며 야비한 웃음소리를 냈다. 털가죽모자를 뒤로 젖혀 쓰고 지저분한 셔츠의 가죽끈을 풀어놓은 회색 머리칼의 키큰 카자흐가 뒤에서 그녀에게 달려들어 껴안고는 그녀의 거무스름하고 날씬한 목덜미에 입술을 문질러댔다. 프로호르는 아크시냐가 카자흐를 거세게 밀어 쓰러뜨리고는 맹수처럼 이빨을 드러내놓고 낮은 소리로 뭐라고 말하는 것을 보았다. 주위에 와! 웃음소리가 일었다. 하지만 카자흐는 털가죽모자를 벗고 쉰 목소리로 말했다.

　"이봐요, 아주머니! 꼭 한 번만이라도 좋아!"

　아크시냐는 빠른 걸음으로 프로호르의 곁을 지나갔다. 그녀의 오동통한 입술이 바르르 떨렸다. 프로호르는 그녀에게는 소리치지 않고 군중에게로 시선을 돌려 부락 사람을 찾았다. 수레채나 곤봉을 하늘로 향하고 생기없이 뻗쳐 있는 짐마차들 사이를 천천히 누벼 나가자, 몹시 취한 듯 크게 떠드는 소리와 큰 웃음소리가 들려 왔다. 짐마차 옆에 거친 천을 깔고는 노인 세 사람이 앉아 있었다. 그중 한 노인의 두 다리 사이에 탁주가 담긴 통이 놓여 있었다. 어지간히 취한 노인들은 약협(藥莢)으로 만든 구리 잔으로 말린 생선을 안주삼아 술을 마시고 있었다. 탁주의 강한 냄새와 소금에 절여진 생선의 짜고 텁텁한 냄새가 허기진 프로호르를 불러세웠다.

　"군인 양반! 이리 와 행운을 빌며 한잔 하시요!"

　한 노인이 그를 돌아보고 말했다.

스스로 간청할 필요가 없게 된 프로호르는 다가가 앉아 성호를 긋고 얼굴에 웃음을 지으며, 왠지 호감이 가는 그 노인에게서 그럴싸한 냄새를 풍기는 탁주가 담긴 컵을 받았다.

"한창 좋을 때에 쭈욱 마시게. 자, 이 잉어도 술 안주로 들게나. 참, 젊은이, 늙은이를 바보로 여겨선 안 되네! 늙은이란 말이네, 이젠 웬만큼 분별할 수가 있지! 자네 젊은이들은 인간의 일생이 어떤 건지……그리고…… 아무렴, 이 술을 마시는 방법 같은 것을, 아직도 우리에게 배워야 한단 말이네."

코가 짜부라지고 윗입술이 잇몸에 먹혀들어간 다른 노인이 혀가 말린 목소리로 말했다.

프로호르는 코가 못생긴 그 노인을 힐끗 곁눈질로 쳐다보며 술을 쭉 들이켰다. 두 잔을 비우고 세 잔째 마실 때에는 더 참지 못하고 물었다.

"할아버지, 코가 아주 없어지셨습니까?"

"당치도 않아, 자네! 이건 감기 탓이네! 어릴 적부터 늘 감기에 걸려 있었지. 그러더니 끝내는 이렇게 되고 만 거야."

"잘못 생각을 했군요. 저는 그런 줄도 모르고, 병으로 코가 짜부라든 게 아닌가 생각했습니다. 아주 터무니없는 생각은 아니었군요!"

프로호르는 솔직히 자기 잘못을 시인했다.

노인의 말에 안심한 그는 걸신이 들린 듯이 잔을 입술로 옮겨, 이제는 아무 거리낌없이 단숨에 꿀꺽 마셨다.

"이젠 생활 역시 엉망이 된 거야! 마시지 않고 견딜 수 있나?"

탁주의 주인인 정정한 노인이 큰 소리로 말했다.

"나는 말이야, 소맥을 200푸드쯤 가지고 나왔지만, 집에는 1천 푸드나 내동댕이쳐져 있네. 소는 다섯 쌍을 몰고 왔는데, 이것도 모조리 여기서 버려야겠어. 녀석들을 끌고 돈을 건너 갈 수는 없으니까. 내 재산도 이젠 다 날아가 버리게 된 거야! 노래라도 부르자구! 봐, 자네들, 부르자구!"

노인은 얼굴이 시뻘게져서 두 눈에 눈물을 글썽거렸다.

"소리치지 말게, 토로핌 이바누이치. 넋두리는 내지도 말라구. 건강은 하니…… 다시 돈을 벌 날이 있을걸세!"

코가 짜부라진 노인이 친구를 달랬다.

"소리치지 않고 어떻게 견디나!"

눈물로 얼굴이 얼룩진 노인은 더욱 목소리를 높였다.

"보리는 모조리 엉망이 되었지! 소들도 곧 뒈질 판이지! 집도 빨갱이놈들 손에 불타 없어질 테지! 아들놈은 가을에 전사할 테지! 이런 판에 소리라도 치지 않고서 어쩌나! 누구를 위해 피땀 흘려 돈을 벌었단 말인가? 한여름 동안에 셔츠가 10벌이나 땀으로 어깨 언저리가 삭아빠진 적도 있었지. 하지만 이제는 입을 것도, 신을 것도 없게 되었네……자, 마시자구!"

프로호르는 그들의 이야기가 끝날 무렵까지 페치카의 뚜껑만한 넓적한 잉어를 허겁지겁 먹어치우고, 일곱 잔이나 탁주를 들이켜 겨우 일어설 정도로 취해버렸다.

"군인 양반! 우리의 수호신! 뭣하면 당신 말에게 보리라도 줄까? 얼마나 주면 될까?"

"한 자루입니다!"

누가 누구인지 전혀 분별을 못할 지경이 된 프로호르는 혀꼬부라진 소리로 말했다.

노인은 자기 사료 자루에 잘 골라낸 귀리를 담고서, 프로호르가 지고 일어서는 것까지 도와 주었다.

"자루는 도로 가져오게! 잊지 말라구. 부탁하네!"

주정뱅이의 눈물을 흘리며 그는 프로호르를 부둥켜안고 당부했다.

"예, 가져오란 말씀이지요? 가져올 수 있으면 가져오지요……"

까닭없이 프로호르는 빈정댔다.

비틀비틀 그는 짐수레에서 물러섰다. 자루는 그를 이리저리 비틀거리게 하고, 당장이라도 눌러 짜부러뜨릴 것 같았다. 프로호르는 얇은 얼음이 깔린, 미끄러지는 땅 위를 걸어가고 있는 것만 같았다. 그의 발은 편자가 박히지 않은 말이 조심조심 얼음 위를 밟을 때와도 같이 휘청휘청했고 떨렸다. 위태위태한 걸음걸이로 몇 걸음을 나아가다가 멈춰섰다. 모자를 쓰고 있었는지, 쓰고 있지 않았는지 도무지 생각나지 않았다. 반개 마차에 매어진 흰 이마의 밤색 거세마가 귀리 냄새를 맡더니 자루에 목을 늘이고 귀퉁이께를 물어 뜯었다. 뜯겨진 틈으로 귀리 낟알이 술술 흘러 떨어졌다. 프로호르는 자루가 좀 가벼워 지자 다시 걸어갔다.

나머지 귀리는 자신의 말에게까지 가져가려 했으나, 매우 큰 소 옆으로 지나가려고 할때 황소가 갑자기 옆쪽에서 그를 걷어차버렸다. 소는 등에와 파리떼 따위에게 몹시 시달리던 끝에 염열(炎熱)과 고통으로 미치다시피 되어 옆에 사람이 다가서지 못하게 했던 것이다. 황소의 노여움에 그날의 몇 사람째인가 희생자가 된 프로호르는 옆쪽으로 날아가 수레바퀴 굴대에 머리를 세게 부딪치고는 금방 그곳에서 잠들어버렸다.

한밤중이 지나서야 제정신이 들었다. 머리위 어두운 남색 하늘에서는 어두운 남빛 구름이 소용돌이치며 맹렬한 속도로 서쪽으로 흘러가고 있었다. 어슴푸레한 구름 사이로 비스듬히 기운 초승달이 잠깐 엿보이더니, 하늘은 다시 검은 구름 장막으로 휩싸였다. 그리고 어둠 속에 폭폭 쑤시는 듯이 차가운 바람이 차츰 거세게 불어왔다.

프로호르가 쓰러져 있던 짐마차의 반대편 아주 가까이를 기병 부대가 지나갔다. 편자를 댄 수많은 발굽 밑에서 대기는 신음을 하고 한숨을 쉬었다. 말들은 비가내릴 것을 예감하는지 난폭하게 뛰었다. 사벨이 등자에 부딪히는 소리가 덜컹덜컹 울리고 값싼 담배의 붉은 불이 확 타올랐다. 말의 땀냄새, 마구(馬具)의 시큼한 냄새가 지나가는 카자흐 중대에서 풍겼다.

프로호르는—모든 카자흐 병사들과 마찬가지로—전쟁중의 몇 해 동안에 기병부대 특유의 갖가지가 뒤섞인 냄새에 완전히 익숙해져 있다. 카자흐들은 프러시아며 브코비나에서 돈의 스텝에 이르기까지의 모든 길에서 그 냄새를 줄곧 지니고 걸어온 것이다. 그러므로 기병 부대의 그 몰아내기 어려운 냄새는 고향의 자기 집 냄새처럼 그립고 친근한 것이었다. 프로호르는 콧구멍을 실룩거리며 무거운 머리를 쳐들었다.

"어이, 어느 부대야, 거기는?"

"기병 부대일세……"

어둠 속에서 비웃는 듯한 굵다란 목소리가 대답했다.

"누구의 부대냐고 물었어!"

"페드류라군—페드류라가 편성했던 반혁명의 잡군. 잔학함과 악달 행위로 자못 유명함—일세……"

역시 굵다란 목소리로 대답이 돌아왔다.

"별수 없는 치들이군!"

잠시 있다가 다시 물었다.
"동지, 어느 연대인가?"
"보코프스키 일세."
프로호르는 일어나려 했으나 머릿속에서 피가 거꾸로 솟는지 구역질이 목구멍까지 치밀어 올라왔다. 그는 맥없이 쓰러져서 다시 잠들어버렸다. 새벽녘이 다가오자 돈에서 냉랭한 습기가 밀려왔다.
"죽었나?"
프로호르는 꿈결에 위쪽에서 나는 사람 말소리를 들었다.
"그런 건 아니구……몹시 취한 게로군!"
프로호르의 귀 밑에서 누군가가 대답했다.
"어디로 끌어내야지! 길바닥에 쓰러져서 자다니! 옳지, 그 수레채 밑으로 처넣자구!"
말을 탄 사내는 창자루로 아직도 제정신이 들지 않은 프로호르의 옆구리를 매우 세게 질렀다. 누군가의 손이 그의 발을 움켜쥐고 옆으로 질질 끌고 갔다.
"짐마차를 뒤로 밀어! 아주 녹초가 되었군! 시도 때도 없이 쿨쿨 자다니! 빨갱이 놈들이 당장 저기까지 오고 있는데도 제 집에서처럼 자는군! 짐마차를 옆으로 물려, 포병이 곧 올 거야! 빨리 해! ……길을 막으라구……자, 어서!"
위압하는 듯한 목소리가 울려 퍼졌다.
짐마차의 위쪽이나 그늘에서 자고 있던 피난민들은 야단 법석을 떨었다. 프로호르는 후닥닥 뛰어일어났다. 소총도, 사벨도, 그리고 오른발의 장화까지 없어져버렸다. 모두 그가 어저께 술을 마신 뒤 여기저기 떨어뜨린 것이었다. 이상하다고 생각하며 홱 몸을 돌려 짐마차 밑을 더듬으려 했을 때 바로 옆에까지 와 있던 포병 부대의 기병과 포수들이 말에서 뛰어내려 인정사정 없이 쌓인 궤짝과 함께 마차를 뒤집어 순식간에 대포 통로를 열었다.
"전진!"
기마병들은 말에 뛰어올랐다. 꿰매어 이은 폭넓은 가죽끈이 부르르 떨더니 팽팽히 펴졌다. 덮개를 씌운 대포의 커다란 수레바퀴가 바퀴 자국에 끼여 덜컹덜컹 소리를 냈다. 탄약차의 차축(車軸)이 반개 마차의 수레채에 걸려서 부러졌다.

"전선을 버리는 겐가? 비겁한 녀석들. 큰소리 치지들 마!"

반개 마차에서 코가 짜부러진 노인이 소리쳤다. 어젯밤 프로호르와 함께 술을 마신 노인이었다.

포병들은 잠자코 나루터를 향해 서둘러 갔다. 프로호르는 동이 트기 전에 엷은 어둠 속에서 한참 동안 소총과 말을 찾아다녔다. 그러나 끝내 눈에 띄지 않았다. 거룻배 옆에다 나머지 한쪽 장화를 벗어 버렸다. 그리고 견딜 수 없이 쑤셔대는 옥죄인 머리를 오랫동안 물에 담그고 있었다.

기병 부대는 해가 떠오르자마자 강을 건너기 시작했다. 말에서 내린 제1기병 중대 카자흐들은 거의 직각으로 동쪽을 향해 홱 구부러진 곳에서 상류 쪽으로 조금 가서 안장을 푼 약 150필의 말을 돈강으로 몰아넣었다. 뻣뻣한 붉은 수염을 눈밑까지 기르고 매부리코에다 퍽 잔인해 보이는 중대장은 꼭 멧돼지 같았다. 그의 왼손은 몹시 지저분한 피투성이 붕대에 싸여 있었지만, 오른손은 줄기차게 채찍을 휘두르고 있었다.

"말에게 물을 먹이는 건가! 몰아야지! 몰란 말이야! 어떻게 된 거야……저런, 저런, 저런……물이 무서운가, 엉? 들어가란 말이야! 말은 설탕과 달라, 녹지 않는단 말이다!"

그는 붉은 수염 속에 커다란 송곳니가 있는 이빨들을 드러내고 물로 말을 몰아넣는 카자흐들에게 마구 소리를 질러댔다.

말들은 한덩어리로 뭉쳐 마지못해 차가운 물 속으로 들어갔다. 카자흐들은 시끄럽게 떠들며 말에게 채찍을 가했다. 이마에 넓은 장미빛 반점이 있는 콧구멍이 흰 푸른 털빛의 말이 맨 먼저 헤엄쳐 나아갔다. 그 말은 처음 헤엄쳐 보는 게 아닌 듯했다. 느즈러진 엉덩이가 물결에 씻기우고 더부룩한 꼬리는 물결에 쓸려 한옆으로 처져 있었지만, 머리와 등허리는 수면 위에 나와 있었다. 그뒤를 이어 다른 말들도 거칠게 일렁이는 물에 떴다 가라앉았다 하면서 콧김을 내쉬며 급류를 가로질러 나아갔다. 카자흐들은 6척의 거룻배에 타고 뒤를 따랐다. 뱃머리의 한 사람이 거룻배의 이물에 서서 만일의 경우에 대비하여 올가미를 들고 있었다.

"곧바로 나아가지 마! 물결을 거슬러서 비스듬히 나아가란 말이야! 떠내려가지 않도록 해!"

중대장이 든 채찍이 활발하게 움직여 원을 그리며 윙하고 울리더니, 석회 범벅인 더러워진 가죽 장화에 떨어졌다.

급류는 말떼를 밀어 떠내려보냈다. 검정 말은 다른 말들을 2필 길이 가량이나 떼어놓고는 맨앞에서 유유히 헤엄쳐 갔다. 검정 말이 맨 먼저 왼쪽 기슭의 모래밭에 가 닿았다. 그 순간 수양버들이 얽힌 나뭇가지들 사이로 태양이 반짝 엿보이고, 장미빛의 광명(光明)이 검정말을 비쳤다. 흠뻑 젖어서 반들반들하게 빛나던 그 말의 고운 털은 순간 시커먼 영겹의 불꽃이 되어 타올랐다.

"무르이힘의 암말을 주의해! 도와 줘라! ……재갈을 물리지 마! 어서 저어! 저으란 말이야! ……"

멧돼지 비슷한 중대장의 쉰목소리가 외쳐댔다.

말떼는 무사히 헤엄쳐 갔다. 건너편 기슭에서는 카자흐들이 대기하고 있었다. 그들은 제각기 말을 찾아내어 재갈을 물렸다. 이쪽 기슭에서는 안장을 수송해 갔다.

"어제 불타던 곳은 어디인가?"

프로호르는 거룻배에 안장을 싣고 온 한 카자흐에게 물었다.

"치르 근처일세!"

"포격으로 탔나?"

"글쎄, 그런 곳이 포격을 당했을라구?"

카자흐는 거칠게 대답했다.

"적위군이 불을 질렀을 걸세……"

"깡그리 싹 태웠나?"

프로호르는 깜짝 놀라 물었다.

"아냐……이를테면 함석이 덮여 번쩍이는 부잣집이나 아니면 아무개아무개 어르신네의 별장 같은 집들만을 태운 거네."

"타버린 건 어느 부락이지?"

"비스로그조프에서 그라쵸프까지야."

"그건 그렇고, 혹시 제1사단 사령부가 지금 어디에 있는지 아나?"

"츄카린스키에 있네."

프로호르는 피난민들의 짐마차 쪽으로 되돌아갔다. 끝없이 이어진 야영지

위에는 마른 가지들과 쓰러진 나무울타리, 그리고 마른 쇠똥을 태우는 화톳불의 숨막힐 듯한 연기가 곳곳에서 피어오르다가 미풍에 얽혀서 길게 뻗쳐 있었다. 아낙네들이 아침식사를 짓고 있었다.

밤 사이에 다시 수천 명의 피난민이 강 오른쪽 스텝 지대에서 덜커덩거리며 도착했다.

화톳불 주위나 짐마차 위에서는 떠들며 이야기하는 소리들이 벌들의 웅웅거림처럼 소용돌이 쳤다.

"언제쯤이나 우리들이 건널 차례가 오려나? 아, 더 못 기다리겠다!"

"아깝지만 빨갱이놈들한테 빼앗기지 않으려고 보리를 돈 강 속에 내버렸네!"

"거룻배 주위는 말 그대로 인산인해(人山人海)로군!"

"아니, 가난뱅이인 우리가 어쩌자구 가구들을 강기슭에 내동댕이쳐 버렸나?"

"열심히 벌었지만………전혀 어찌 할 도리가 없어!"

"자기네 부락에서 건너게 했더라면 좋았을텐데……"

"어째서 뵤시키 근처까지 일부러 왔단 말인가, 제기랄!"

"카리노프 우고르는 깡그리 탔다더군."

"나룻배를 척척 구할 수 있으면 얼마나 좋을까……"

"쳇, 구하지 못해도 어떻게 될 것 아닌가!"

"놈들 쪽에선 말이야, 6살부터 쓰러져가는 노인네들까지 카자흐만 보이면 죄다 죽여 없애라는 명령이 떨어졌대."

"이쪽 기슭에 그냥 내버려지면……우리는 대체 어떻게 되나?"

"그렇게 되면 만사 끝장이지! ……"

화려하게 꾸민 크리미아풍(風) 반개 마차 옆에서 눈썹이 희고 풍채가 좋은 노인이 연설을 하고 있었다. 그의 위엄 있는 동작으로 보아—부락 아타만, 그것도 구리 장식이 달린 아타만 지팡이를 1년쯤이나 들고 다닌 아타만이 분명했다.

"……그래서 나는 물었습니다. 즉 '모두가 이편 기슭에서 죽어야 합니까? 도대체 우리는 언제쯤 각자의 짐을 들고 저편 기슭으로 건넌단 말입니까? 적위군이 우리를 모두 죽이게 되지 않겠습니까?' 그러자 그분이 나에게 말해 주더군요. '걱정하지 않으셔도 좋습니다, 노인! 사람들이 모두 강을 건널 때까지는 진지를 지키겠습니다. 비록 이 몸이 죽더라도 아낙네들이나 노인들을 죽이는 따위의 짓거리는 결단코 막겠습니다!' 라고요."

그 눈썹이 흰 아타만은 노인들과 여자들에 에워싸여 있었다. 그들은 매우 열심히 그의 연설에 귀를 기울였는데, 얼마 뒤 이윽고 왁자지껄 떠들어대는 소리가 끓어올랐다.

"어째서 포병은 달아나버렸지?"

"사람들을 깔아죽일 듯한 기세로 나루터로 달려가서 달아나버렸잖나! ……"

"기병 부대도 봤었다구요……"

"그리고리 멜레호프란 녀석, 전선을 내팽개쳤다고 하잖아?"

"이것이 무슨 놈의 질서야? 토박이들을 밀어내고 자기네가 먼저라니? ……"

"군대가 먼저 달아났으니 어쩌나! ……"

"누가 우리를 지켜 줄 텐가?"

"기병 부대는 얼른 헤엄쳐 달아났잖나!"

"누구나 다 자기 생명은 아까운 거야……"

"그렇다마다!"

"죄다 우리들을 배신했어!"

"죽음을 기다릴 따름이다, 억울하게도!"

"늙은이들에게 보리와 소금을 들려 적위군에게 보내 보면 어떨까? 어쩌면 가엾게 여겨서 살려 줄지도 몰라."

벽돌로 지은 커다란 병원 옆으로 난 골목 입구에 한 기병이 나타났다. 안장 앞테에 소총이 걸려 있고, 옆구리에선 녹색으로 칠한 창자루가 건들건들 흔들렸다.

"저런, 우리 미키시카 아냐?"

프라토크도 쓰지 않은 한 노파가 덩실덩실 춤을 출 듯이 기뻐하며 소리쳤다.

그녀는 수레 차를 뛰어넘어서 짐수레와 말사이를 빠져 나가 기병 쪽으로 달려갔다. 말탄 사내를 사람들이 등자를 잡아 멈춰 세웠다. 그는 봉인(封

印)된 회색 봉투를 머리 위로 쳐들고 소리쳤다.

"보고서를 들고 총사령부로 가는 길입니다! 가게 해주십시오!"

"미키시카! 내 아들아!"

노파는 몹시 흥분해서 소리쳤다. 그녀의 흐트러진 희끗희끗한 머리칼이 기쁨으로 빛나는 얼굴에 떨어졌다. 그녀는 경련 같은 미소를 얼굴에 가득 띤 채 등자로 다가가서 땀에 젖은 말의 옆구리에 찰싹 붙어서 물었다.

"우리 부락에 들러 보았냐?"

"예, 들렀어요. 하지만 지금은 적위군이 들어왔어요……"

"우리 집은?"

"그대로 남아 있어요. 하지만 페도토의 집은 타버렸어요. 우리 집 헛간도 타고 있었는데, 놈들이 껐어요. 페테스카가 도망쳐 와서 말하는 걸 들어 보니 적위군 대장은 '가난한 농민의 오막살이는 그대로 두고 부자들의 집은 태워버려라!' 말했다나 봐요."

"그놈 덕분에 살았구나! 고마운 일이다!"

노파는 성호를 그었다.

위엄 있어 보이는 한 노인이 분명히 말했다.

"무슨 소리요, 여보! 이웃집들이 타버렸는데도 무엇이 '고마운' 일이란 말이오?"

"그이들이야 염려 없어요."

노파는 낯빛을 바꾸며 대들었다.

"그이들은 얼마든지 다시 세워요. 하지만 우리 집이야 죽을 고생을 해야 다시 짓잖아요? 페도토네 집은 금화가 가득 든 항아리가 묻혀 있지만, 우리네는 평생을 가난에 쫓기며 산단 말예요!"

"놔줘요, 어머니! 서둘러 가서 편지를 전해야 해요."

기병은 안장 위에서 몸을 구부리고 애걸했다.

어머니는 말과 나란히 걸어가며 아들의 볕에 탄 새카만 손에 입맞추고는, 자기 짐마차쪽으로 달려갔다. 그리지 기병은 발랄한 목소리로 소리쳤다.

"길을 비켜요! 사령관에게 보고서를 가져가는 길입니다. 물러서요!"

기병의 말은 흥분해서 뒷다리로 빙빙 돌며 미친 듯 날뛰었다. 사람들은 마지못해 물러 나고, 기병은 자못 유유히 뽐내면서 달려갔다. 이윽고 기병의 모습은 길마차와 소와 말들의 등 너머로 사라지고 오직 창만이 수많은 군중 위로 흔들리며 돈 쪽으로 다가갔다.

61

반란군과 피난민 무리는 그날중에 모두들 돈 왼쪽 강가로 이송되었다. 그리고리 멜레호프의 제1사단 뵤센스키 연대의 기병 부대는 맨 마지막으로 강을 건넜다.

그리고리는 정예 12개 중대를 끌고 해질녘까지 적위군 33쿠반 사단의 맹렬한 공격을 저지했다. 5시경 전투 부대와 피난민이 모두 강을 건넜다는 연락을 쿠지노프로부터 받고는 그제서야 비로소 철수 명령을 내렸다.

미리 세워놓았던 작전에 의하면, 돈 연안의 반란 카자흐 중대는 강을 건너서 각각 자기 부락을 포진하기로 되어 있었다. 점심때쯤 되자 본부에 각 중대로부터 보고가 들어오기 시작했다. 대부분의 중대는 이미 자기 부락에 인접한 왼쪽에 대치를 끝냈다.

부락 사이의 간격이 꽤 뜬 곳에는, 사령부가 연안의 광야지대에 있던 카자흐들로 구성된 기병 중대를 투입했다. 크루지린스카야, 마크사에보 싱긴스크, 카르민스카야의 보병부대, 라투이게프스카야, 리호비도프, 그라쵸프의 각 카자흐 중대는 페가레프카, 뵤센스카야, 레비야진스키, 크라스노야르스키의 각 중간 지대에 진을 치고, 나머지 부대는 후방—외(外) 돈의 두브로프카, 쵸르누이, 고로호프카의 각 부락 쪽으로 후퇴했다. 사포노프의 견해로는, 그것은 전선을 돌파당할 경우에 사령부가 필요로 하는 예비군이 된다는 것이었다.

반란군 전선은 돈의 왼쪽 강가를 따라, 카잔스카야 마을 서쪽 끝에 있는 여러 부락에서부터 우스치 호표르스카야에 이르기까지 약 105킬로미터에 뻗쳐 있었다.

강을 다 건넌 카자흐들은 진지전(陳地戰)에 대비하여 서둘러 참호를 파고 포플라, 버드나무, 떡갈나무를 베어서 끌어다가 엄개(掩蓋)와 기관총좌를 구축했다. 피난민들에게서 거둔 모든 빈 자루에 모래를 담아서 죽 이어진 참호선 앞에 가슴 높이로 담처럼 쌓아올렸다.

해질 무렵에는 참호 파기가 어느 곳에서나 거의 다 끝났다. 뵤센스카야 뒤

켠의 어린 소나무 숲에서는 반란군의 제1, 제3포병 중대가 위장을 하고 있었다. 8문의 포에—모두 합쳐야 탄약이 5발 있을 뿐이었다. 소총의 탄알도 조금밖에 없었다. 쿠지노프는 각 부대에 말탄 전령을 보내 응사(應射)를 엄중히 금하도록 했다. 명령은 각 중대에서 한두 명씩 가장 우수한 사수를 뽑고, 그 가장 우수한 사수들이 오른쪽 강가 부락에 있는 한길에 나타나는 적군 기관총 사수는 물론이고 병졸 1명 이라도 남김 없이 해치우도록 충분한 탄약을 그들에게 공급할 것을 지령하고 있었다. 다른 자들은 적군이 강을 건널 의도를 보일 경우에만 사격을 하도록 했다.

그리고리 멜레호프는 이미 저녁 어둠을 타고 돈 강기슭에 포진한 자신의 사단 소속 각 부대를 시찰한 다음, 잠을 자려고 뵤센스카야로 되돌아갔다.

강기슭의 풀밭에서 모닥불을 피우는 것은 금지되어 있었다. 뵤센스카야에는 등불 하나도 보이지 않았다. 외(外) 돈 지방 일대는 엷은 자주빛 저녁 안개에 싸여 있었다.

이른 아침, 적위군 첫번째 기병 척후가 바즈키 구릉에 나타났다. 뒤이어 우스치 호표로스카야에서 카잔스카야에 이르는 오른쪽 높은 평원에 그들의 모습이 멀리서도 보이기 시작했다. 적위군 전선이 강력한 눈사태가 되어 돈에 밀어닥친 것이었다. 얼마 있자 기병 척후는 보이지 않았다. 그리고 점심 때까지 구릉은 황량하고 갑갑한 고요 속에 죽은듯 조용했다.

게트만스키 가도에는 바람이 하얗게 빛 바랜 모래먼지의 기둥을 말아올렸다. 남쪽에서는 아직도 남은 재의 탄내 나는 적갈색 연무가 솟아올랐다. 바람에 불려서 흩어지는 비구름이 다시 떼를 지어 밀려들었다. 밝은 한낮에 흰 번갯불이 번뜩였다. 그 순간 번갯불은 꼬불꼬불 구부러진 은실로 거무스름한 구름이 테두리를 드러내 주고, 번쩍이는 창처럼 떨어져내려서 두텁게 솟아오른 흙 무더기에 쑤셔박혔다. 마치 낮게 드리운 비구름의 거대한 덩어리를 우뢰가 찢어발기기라도 한 듯이, 그 품속에서 억수 같은 비를 쏟아부었다. 바람은 비를 비스듬히 잘라서 미친 듯 날뛰는 흰 물결과도 같이 돈 구릉의 산허리와, 엄얼에 밀라죽은 해바라기와, 휘늘어진 보리를 몰아붙였다.

비는 먼지에 뒤덮여 뽀얗게 오므라들었던 어린 잎들을 소생시켰다. 봄에 씨 뿌린 보리싹은 성성하게 빛나고, 해바라기는 열매에 씌워진 둥근 머리를 쳐들고, 채소밭에서는 꽃봉오리가 달린 호박의 달콤한 냄새가 풍겼다. 갈증을 푼 대지는 오랫동안 아지랑이의 한숨을 토하고 있었다.

점심때쯤, 돈강을 따라 아조프해(海) 근처까지 뻗은 돈 구릉 위에 띄엄띄엄 이어진 파수꾼의 흙 무더기에 다시 적군 기병 척후가 나타났다.

흙 무더기 위에서는 녹색 숲에 에워싸인 호수와 늪이 여기저기 흩어져 있는 황갈색의 평탄한 외(外) 돈 지방이 10킬로미터 밖까지 멀리 내다보였다. 적군 기병 척후는 경계를 하면서 부락으로 내려갔다. 구릉에서 보병부대가 줄을 지어 달려내려왔다. 예전에 포로베즈인이나 용감한 유목 민족의 파수꾼들이 적의 내습을 감시하던 바로 그 흙 무더기 그늘에서 적군의 포병 부대는 포열(砲列)을 전개시켰다.

베로고르스카야산에 포진한 포병 중대는 뵤셴스카야를 포격하기 시작했다. 첫 유탄은 광장에서 터졌다. 곧이어 그 터진 포탄의 회색 연기와 바람에 불려서 흩날리는 유산탄의 유백색 초연(哨煙)이 마을을 뒤덮었다. 다시 3개 중대 포병이 뵤셴스카야와, 강둑에 있는 카자흐들의 참호를 포격해 왔다.

볼쇼이 그로모크에서는 기관총이 맹렬하게 짖어댔다. 2대의 '호치키스'는 띄엄띄엄 단속(斷續)사격으로, 또한 저음의 '막심'은 그칠 줄 모르는 싸락눈 같은 총탄을 퍼부어, 돈의 맞은편에 도피해 있던 반란군의 산병호(散兵壕)들을 차례차례로 두들겨 나갔다. 구릉에는 탄약차가 끌려 올라가 있었다. 가시나무들이 무성한 산비탈에서는 점차 산병호들이 파여졌다. 게트만스키 가도에서는 치중차와 탄약차의 바퀴들이 요란스레 울리고, 옷자락을 나부끼듯이 모래먼지가 길게 뒤로 따라붙었다.

포성은 은은하게 온 전선에 울려 퍼졌다. 돈 구릉의 유리한 지점을 차지한 적군 포병 부대는 저녁 늦게까지 외(外) 돈 지방을 포격했다. 반란군의 참호들이 종횡으로 달리는 강기슭의 풀밭은 카잔스카야에서 우스치 호표로스카야에 이르는 전선 전체에 걸쳐 조용했다. 말을 담당한 병사들은 사초(莎草)와 갈대와 골풀이 지나다니지 못할 정도로 빽빽이 자라는 강기슭의 숲 그늘로 말들을 끌고 대피했다. 그곳은 말들도 파리떼에게 시달리지 않고, 또한 야생 홉이 뒤얽혀서 자라는 덤불 속은 꽤 서늘했다. 나무 숲과 키큰 비단버드나무 숲은 적위군 관측병들에게서 안전하게 몸을 가려 주었다.

녹색 광야의 습지에는 아무도 보이지 않았다. 어쩌다 공포에 떨며 몸을 구부린 피난민이 돈에서 조금이라도 더 먼 곳으로 달아나려고 풀밭에 모습을 보일 뿐이었다. 적군의 기관총은 따따, 따따, 따, 따! 띄엄띄엄 그러나 끊이지 않고 그들을 쏘아댔다. 총탄의 길게 꼬리를 끄는 울림에 놀라서 피난민들은 허둥지둥하며 땅에 납작 엎드렸다. 그들은 무더기로 꼼짝 않고 엎드려서 저녁 어둠이 오기를 기다렸다가 달음박질쳐 숲속으로 도망쳐 들어가기도 하고, 옆도 쳐다보지 않고 곧장 북쪽을 향해 달려가기도 하고, 오리나무와 자작나무들이 울창하게 자라서 마치 사람을 기다리는 듯한 숲속으로 달려들어가기도 했다.

 이틀 동안 뵤센스카야는 맹렬한 포격을 당했다. 주민은 움막이며 지하실에서 한 발짝도 바깥으로 나가지 못했다. 다만 밤이 되어야 포탄에 의해 벌집같이 된 마을의 큰길이 비로소 되살아났다.
 사령부는 이런 정도의 맹렬한 포격이야말로 공격, 즉 강을 건널 준비임에 틀림이 없다고 예상했다. 적군이 뵤센스카야를 점령하려고 그 정면에서 강을 건너 곧게 뻗친 전선에 쐐기를 박아서 그것을 분단시키고, 카라치 및 우스치 메도베지차에서 측면 부대로써 결정적인 타격을 가해 오지 않을까 하는 우려가 있었다.
 쿠지노프의 명령으로 뵤센스카야의 돈강 언덕에는 충분히 탄약을 지급받은 20정 이상의 기관총이 집결되었다. 포병 중대의 지휘관은 적군이 강을 건널 의도를 분명하게 드러낼 경우에만 나머지 탄약을 다 써도 좋다는 명령을 받았다. 나룻배와 모든 거룻배는 뵤센스카야의 약간 상류 쪽 후미에 매어놓고 엄중히 지키게 했다.
 그리고리 멜레호프는 본부의 우려가 기우(杞憂)인 듯이 생각되었다. 5월 24일에 행해진 회의에서 그는 일리아 사포노프와 그 동조자들의 예상을 비웃었다.
 "어떻게 놈들이 뵤시키로 강을 건넌단 말이오? 도대체 그곳이 강을 건널 만한 지점이오? 건너편 기슭에서 보면 어떻소? 민둥산이나 마찬가지인 빤히 느러난 기슭인데나가 평탄한 모래밭으로 되어 있지 않소? 돈의 물기에는 숲 하나, 아니 덤불 하나도 없소. 어떤 바보도 그런 곳에서 무턱대고 강을 건널 리가 없잖소? 일리아 사포노프라면 어쩜 그의 훌륭한 수완으로 그런 위험을 무릎쓸지도 모르지만……그렇게 빤히 드러난 강기슭에서는 기관총 두세정으로 하나도 남기지 않고 죄다 갈겨 쓰러뜨릴 것이오! 쿠지노프, 당신도 적군의 지휘관이 당신이나 나보다 더 어리석다고는 생각지 않을 것이오. 놈들에게는 우리보다 더 영리한 녀석이 있을 것이오! 놈들은 뵤시키로 곧장 건너오지 않을 것이고, 따라서 우리도 그런 곳에서 대기하고 있을 필요는 없을 것이오. 문제는 얕은 곳, 아주 적당한 지점으로 골짜기나 숲이 있는 곳일 거요. 이런 위험한 지점을 엄중히 경계해야 하오. 특히 밤이 중요하니, 카자흐들에게 멍하니 있거나 잠들지 말라고 엄명을 내려야 하오. 그밖에 위험한 지점에는 만일의 경우에 곧바로 투입할 수 있도록 예비군을 알맞게 배치해 두어야 하오."

"뵤센스카야에는 오지 않을 것이라는 말씀이십니까? 그렇다면 어째서 놈들이 밤늦게까지 마을을 포격하는 걸까요?"

사포노프의 부관이 질문했다.

"그건 적위군놈들에게나 물어보게. 대체 놈들이 뵤시키만을 포격하고 있는 줄 아나? 카잔스카야와 에란스키도 포격했어. 세묘노프스카야산에서 말이네. 그것도 상당히 많은 대포를 동원했다구. 놈들은 가는 곳마다 포격하고 있네. 놈들은 우리보다 탄약을 조금 더 많이 가진 듯하네. 우리의⋯⋯포병은 5발밖에 탄환이 없는데, 그나마 그 탄두(彈頭)통과 다리가 합판으로 만든 것인라네."

쿠지노프는 크게 소리내어 웃었다.

"저런, 어지간히 아픈 곳을 찌르는군!"

"비판하는 것밖에 다른 뜻은 아닙니다!"

회의에 나와 있던 제3포병 중대의 중대장이 화가 나서 반박했다.

"좀더 이 문제를 의논해야 합니다."

"의논하게. 아무도 자네의 혀를 잡아매지는 않을 테니까."

쿠지노프는 얼굴을 찡그리고 때로 손을 가져가 만지작거렸다.

"자네에게 입이 아프도록 말했잖는가. '탄약을 함부로 써선 안 된다, 큰일이 일어날 경우에 대비하라!'고. 그런데 어떤가? 눈에 띄는 대로 무작정 쏘지 않나. 적의 치중에게까지도 쏘았을 걸세. 그러니 이제는 이렇게 궁지에 몰려도 응전도 할 수 없는 형편이 아닌가? 이러니저러니 말하며 성낼 이유가 어디 있단 말인가? 자네의 등신 같은 포병들을 멜레호프가 조롱한 건 당연한 일이야. 자네가 탄약에 대해서 취해 온 태도는 확실히 조롱받아 마땅해!"

쿠지노프는 그리고리 의견에 찬성해서, 강을 건너기에 가장 적합한 지점의 방비를 강화하고, 예비 부대를 위험한 곳 가까이에 집견시켜야 한다는 그리고리의 제안을 강하게 지지했다. 뵤센스카야 중대가 가진 기관총 몇 정을, 강 건널 가능성이 가장 높은 곳들에 있는 베로고르카, 메르쿨로프, 그로모크의 각 중대에 인도하기로 결정했다.

적위군은 뵤센스카야로 강을 건너지 않고 더 유리한 지점을 택할 것이라고 한 그리고리의 예상은 그 이튿날에 가서 사실로 밝혀졌다. 아침에 그로모크의 카자흐 중대 중대장이 적위군이 강건널 준비를 하고 있다는 보고를 해왔다. 돈의 대안(對岸)에서 밤새도록 소란한 사람 목소리와 망치 소리와 수레바퀴들의 삐걱거리는 소리가 들려 왔다. 어디선가 수많은 짐마차로 그로모크에 널빤지를 실어와서는 그것을 쌓고, 곧 톱으로 켜는 소리를 낸 것이었다. 도끼와 망치 소리도 들렸다. 모든 점에서 적위군이 뭔가 준비하고 있는 듯 보였다. 카자흐들은 처음에 적위군이 부교(浮橋)를 가설하고 있는 줄로 생각했다. 밤중에 물불을 가리지 않는 카자흐 2명이 목공일들을 하는 시끄러운 소리가 들려 오는 지점에서 500미터 정도 상류로 올라갔다. 강물에 들어가 따로따로 헤어져서는, 머리를 풀로 덮어 위장하고 물결을 따라 하류로 조용히 헤엄쳐갔다. 그들은 물가에 닿았다. 그들에게서 별로 멀지 않은 기관총 초소 버드나무 밑에서 적위군 병사들이 이야기하고 있었다. 부락 속의 사람 목소리며 도끼 소리는 분명히 들려 오지만, 수면에는 아무것도 보이지 않았다. 적위군이 무엇인가 만들고는 있으나 그것은 틀림없이 다리는 아니었다.

그로모크의 카자흐 중대장은 적군 측에 대한 감시를 강화했다. 감시병들은 잠시도 쌍안경을 떼지 않은 채 지켜보았지만 새벽녘이 되어도 아무것도 보이지 않았다. 그러나 곧 대독전(對獨戰)에서 가장 우수한 사수로 인정받았던 그들 가운데 하나가 동트기 전의 어스름 속에 적위병이 안장을 얹은 말 2필을 끌고 돈으로 내려오는 것을 발견했다.

"빨갱이놈이 강으로 들어왔어."

카자흐는 동료들에게 소곤거리고, 쌍안경을 옆에 내려 놓았다.

말은 무릎까지 강물에 잠겨 물을 마시기 시작했다.
카자흐는 왼팔 팔꿈치 위에다 벗겨낸 가죽끈을 느슨히 걸고 가늠쇠를 세우고는 오랫동안 신중하게 겨냥했다……
총성이 울려 퍼지더니 말 1필이 옆으로 느릿하게 쓰러졌다. 다른 말 1필은 언덕으로 뛰어 달아나버렸다. 적위병은 사살된 말에서 안장을 벗어내려고 몸을 구부렸다. 카자흐는 2발째를 쏘고 득의의 미소를 지었다—적위병은 벌떡 일어나서 도망치려 했으나 이내 쓰러지고 말았다. 반듯이 쓰러진 채로 다시는 일어서지 못했다.
그리고리 멜레호프는 적군의 강 건널 준비에 대한 보고를 받자, 즉시 말에 안장을 얹고 그로모크 카자흐 중대의 수비 지역으로 갔다. 마을을 나서자 그는 돈에서 지류(支流)처럼 흘러나와 마을 근처까지 뻗친 호수 좁은 부분의 얕은 여울을 건너 숲속을 달렸다.
스텝에도 길이 있기는 했지만, 그곳으로 말을 타고 가는 것은 위험했다. 하여 그리고리는 서너 군데 돌아가는 길을 택했다. 라스소호프 호수 끝까지 숲속을 지나가자 떨기나무 지대와 비단버드나무 숲속을 누비고 카르므이츠키 여울—보도스트이리차 호수와 광야의 늪을 연결하는 좁은 수로로 수련과 미나리와 갈대가 빽빽이 자라고 있다—에 간신히 닿았다. 그리고 늪이나 거의 다름이 없는 카르므이츠키 여울을 어떻게든 건너려고 말을 세우고 4,5분 동안 쉬었다.
돈까지 직선 거리로는 약 2킬로미터였다. 광야를 달려 참호까지 간다는 것은 집중사격을 받는 것을 의미할 뿐이었다. 밤중에 광야의 평탄한 곳을 횡단하기로 하고, 해가 지기를 기다릴 수도 있었다. 그러나 언제나 '어떻든 해선 안 될 것은, 헛되이 기다리는 것과 뒤늦게 나서는 것이다' 입버릇처럼 말했으며, 기다리는 것을 몹시 싫어하는 그리고리는 당장 말을 달리게 하기로 결정했다. '홱 달려서 날아가면 탄환 따위는 맞지 않을 거다!' 덤불에서 나서며 그는 그렇게 생각했다.
돈강 언덕의 숲에서 지맥처럼 뻗친 조그만 버드나무 숲을 향하여 채찍을 높이 휘둘렀다. 불로 지지는 듯이 엉덩이에 가해지는 일격과 격렬한 질타에 말은 온 몸을 부르르 떨고 귀를 덮더니 차츰 속도를 더해서 새들을 돈 쪽으로 쫓아올리며 달렸다. 그리고리가 100미터를 채 달려가기도 전에 왼쪽 강가 언덕에서 기관총이 길게 계속 쏘아댔다. "피잉! 핑! 피잉! 피잉! 피잉!" 새앙쥐처럼 탄환들이 울려댔다. '겨냥이 너무 높았어, 아저씨!' 말 옆구리를 발로 단단히 죄고 고삐를 늦추고는, 정면에서 불어닥치는 바람으로 소용돌이치듯 하는 말갈기에 뺨을 대면서 그리고리는 문득 그렇게 생각했다. 그러자 마치 그의 마음을 꿰뚫어보고 있던 것처럼 흰 곳의 언덕 위쪽에서 증기관총의 녹색 방패 그늘에 엎드려 있던 적군 기관총 사수가 앞질러 겨냥을 하고, 조금 낮은 곳을 총화(銃火)의 줄기로 얼른 끊어버렸다. 그러자 말 앞다리 밑으로 불꼬리를 끌고 탄환이 날아와 뱀이 기어갈 때와도 같이 슉, 슉! 소리를 내기 시작했다. 총탄이 채 마르지 않은 봄물로 눅눅한 땅에 쑤셔박히며 뜨거운 진흙을 튀겨 올렸다. "피익! 슈웅! 피익! 피익!" 그리고 다시 머리 위와 말의 몸을 스칠 듯 소리내며 날았다. "피잉! 슛!"

그리고리는 등자 위에 가볍게 허리를 펴고, 쭉 늘어선 말 목에 거의 엎드리다시피 붙었다. 녹색 버드나무 가로수들을 무시무시한 빠르기로 지나쳤다. 그가 겨우 중간쯤에 이르렀을 때 세묘노프스키 구릉에서 대포가 요란한 소리를 내며 불을 토했다. 포탄의 쇳소리가 천지를 진동했다. 가까이서 요란하게 일어나는 작렬음(作裂音)에 그리고리는 안장 위에서 휘청했다. 파편의 신음소리와도 비슷한 금속성과 포효가 채 사라지기도 전에, 그리고 사나운 폭풍에 불려 쓰러졌다가 술렁거리던 근처 늪의 갈대가 미처 다 일어 서기도 전에 다시 산 위로 포성이 울려 퍼지고, 날아온 포탄의 신음 소리는 다시금 그리고리를 옥죄어 안장에 눌러붙게 했다.

압박의 절정에 달한 그 숨막힐 듯한 금속성은 시간을 100분의 1초로 잘게 끊어놓는 것 같았다. 그리고 그 한순간 갑자기 밀려닥친 검은 연기가 눈앞을 가로막고, 강렬한 충격으로 대지가 흔들리고, 말 앞다리가 어딘가에 빠져들어간 것 같았다······

그리고리는 말에서 내동댕이쳐진 순간에 제정신을 차렸다. 호되게 땅바닥에 내던져졌기 때문에 카키색 나사바지의 무릎이 찢기고 띠가 뚝 끊어졌다. 포탄이 터지는 바람에 뒤흔들린 내기의 흔들림이 밑에서 그를 멀리 튀어나가게 한 것이었다. 그러나 쓰러져서도 아직 그는 타는 듯한 대지에 손바닥과 뺨을 문질러대면서 몇 미터를 기어 풀밭 위로 나아갔다.

말에서 떨어지며 정신을 잃었던 그리고리는 간신히 몸을 일으켜세웠다.

공중에서 흙덩어리와 흙모래, 뽑혀 나갔던 풀뿌리 따위가 검은 비처럼 흩어져 내려왔다……말은 깔때기 모양으로 팬 탄흔에서 20보쯤 떨어진 곳에 쓰러져 있었다. 머리는 까딱도 하지 않았지만, 흙모래에 묻힌 뒷다리와 땀투성이의 엉덩이, 그리고 완만하게 동그라미를 그린 꼬리가 이따금 부르르 떨고 있었다.

대안(對岸)의 기관총은 소리를 죽였다. 5분쯤 정적이 흘렀다. 늪의 상공에서 회색 갈매기가 불안한 듯이 울어댔다. 그리고리는 현기증을 이겨내며 말 옆으로 걸어갔다. 두 다리가 떨리고 무거웠다. 혈액 순환이 질서를 잃어 부어오른 다리가 남의 것같이 생각되고, 한 걸음 한 걸음이 온몸을 흔들리게 하는 느낌—부자연스러운 자세로 오랫동안 앉았다가 걸으려고 할 때 흔히 느껴지는 느낌이 들었다.

그리고리가 쓰러진 말의 안장을 벗겨내고서 포탄 파편으로 끊겨 나간 근처 늪의 갈대 속으로 들어서자 곧 일정한 간격을 두고 기관총이 울렸다. 총탄이 날아오는 것 같지는 않았다—어쩌면 언덕 위에서는 벌써 다른 새로운 목표를 겨냥하고 있음이 틀림없었다.

1시간쯤 걸려서 그는 중대장의 호사(壕舍)에 닿았다.

중대장이 말했다.

"이제 적은 목공일을 멈추었습니다. 그러나 밤이 되면 틀림없이 계속 할 것이라고 생각합니다. 탄약을 보급해 주셔야 합니다. 그렇지 않으면 아무리 소리쳐 보았자……한 사람당 5발에서 10발 정도이니……"

"탄약은 해질녘까지 올 거다. 건너편 기슭에서 눈을 떼지 말도록!"

"철저히 살피고 있습니다. 오늘 밤에 놈들이 무엇을 만드는지 저편으로 헤엄쳐 건너가서 탐색할 지원자를 모을까 합니다."

"어째서 어젯밤에 그렇게 하지 않았나?"

"했습니다, 그리고리 판테레에비치. 2명이나 보냈습니다. 그런데 둘 다 부락까지 들어가지 못했습니다. 강가를 헤엄쳐 가기는 했습니다만 부락에 잠입하는 것을……두려워했던 겁니다……게다가 요즘 세상에는 어디 강요할 수 있습니까? 어쨌든 대단히 위험한 일이고, 놈들의 초소에서 발견하기라도 하는 날에는 그야말로 단번에 작살나고 마는 겁니다. 자기 집에 가까운 곳이어서인지 아무래도 카자흐들은 모험을 하지 않습니다……독일과 싸울 때에는 십자훈장을 타겠다고 무모한 짓을 하는 자들이 꽤 많이 있었지만요, 이제는 원거리 탐색은커녕……엎드려 빌다시피 애걸을 해도 초소에 가기도 꺼립니다. 더욱더 곤란한 것은 아낙네들입니다. 막무가내로 남편들이 있는 곳에 몰려들어 참호 속에서까지 잠을 자고 있습니다. 내쫓을 수도 없습니다. 어제 내쫓으려 했더니 카자흐들과 함께 저를 위협하는데, '대장에게 이제는 좀 얌전하게 있도록 일러 주는 게 어때, 아니면 당장 놈을 해치워 없앨 테니까!' 이런 말을 하는 판국입니다."

그리고리는 중대장의 호사에서 산병호로 들어갔다. 참호는 돈에서 40미터쯤 떨어진 숲을 따라 지그재그로 뻗어 있었다. 떡갈나무 숲과 쑥 덤불, 포플라의 어린 나무들이며, 울창한 숲 등이 가슴 높이로 쌓은 황색의 흙담을 적군의 눈에 띄지 않게 숨겨 주었다. 연락호(連絡壕)가 참호와 호사를 연결시키고, 카자흐들은 그곳에서 쉬고 있었다. 호사주위에는 말린 생선의 회청색 비늘과 양뼈, 해바라기 씨, 담배 꽁초, 천 조각 따위가 흩어져 있고 나무 가지에는 세탁한 양말, 무명 속옷, 각반, 여자들의 셔츠와 스커트 같은 것들이 걸려 있었다……

맨 앞쪽에 있는 호사에선 아직도 잠이 덜 깬 게슴츠레한 눈의 젊은 여자가 프라토프도 쓰지 않은 머리를 불쑥 내밀었다. 그 여자는 눈을 비비고 뻔뻔스럽게 그리고리를 쳐다보더니, 마치 구멍 속의 두더지같이 출입구의 캄캄한 틈새로 들어갔다. 이웃 호사에서는 낮은 노랫소리가 들려 왔다. 남자 목소리에 들릴까말까하게 높고 맑은 여자 목소리가 섞였다. 세 번째 호사 입구 바로 옆에 산뜻한 옷차림의 중년 카자흐 여자가 앉아 있었다. 그 적자의 무릎을 베고 앞머리카락을 늘적뜨린 희끗희끗한 카자흐가 누워 있었다. 그는 기분 좋은 듯이 옆으로 누워서 꾸벅꾸벅 졸았는데, 그의 아내는 늙은 '반려자'의 얼굴에 앉는 파리를 쫓아버리고 있었다. 만일 돈의 건너편 기슭에서 들려 오는 끈질긴 기관총의 높은 울림이나, 상류의 미그린스카야 마을, 아니면 카잔스카야 마을 근처에서 물 위를 거쳐 들려오는 대포의 둔한 울림이 없었더라면, 돈 강기에서 풀을 베는 사람들이 야영하는 모습인 것처럼 여겨질는지도 모른다—화선(火線)에 놓인 그로모크 반란 카자흐 중대의 모습은 그토록 화평스러웠다.

5년 동안의 전쟁에서 그리고리는 이토록 기묘한 진중(陣中) 풍경은 처음

보았다. 그는 엷은 미소를 띠고 호사 옆을 지나갔다. 곳곳에서 여러가지로 남편에게 봉사하는 여자, 카자흐의 옷을 꿰매는 여자, 병사의 속옷을 빠는 여자, 식사를 준비하는 여자, 보잘 것 없는 점심식사를 마치고 그릇을 씻는 여자…… 이런저런 여자들이 눈에 들어왔다.

"그럭저럭 여기서 세월을 보내는군! 생활을 즐기고 있어……"

중대장의 호사로 돌아오자 그리고리가 말했다.

중대장은 소리내어 웃었다.

"시간을 보내고 있지요……어느 곳보다도 괜찮은 방식으로 말이죠."

"지나칠 정도야!"

그리고리는 눈썹을 찌푸렸다.

"당장 여자들을 쫓아버려! 싸움터에서 이게 무슨 꼴들인가? 적군이 돈을 건너와도 멍청하게 있을 거야. 알아챌 틈이 없을 거라구. 여자들 때문에 호되게 당하고 말아……어두워지면 곧 치마 두른 것들을 모조리 쫓아내버려! 내일 다시 와서 만일 계집을 끼고 있는 녀석이 눈에 띄면 네 모가지를 맨 먼저 자를 테니까!"

"그건 정말 옳은 말씀입니다만……"

중대장은 끄덕였다.

"저 자신도 여자들을 끼고 있는 건 반대합니다. 그렇다고 카자흐들을 어떻게 합니까? 군기가 문란해지고 말았습니다만……아낙네들은 남편이 그리웠던 겁니다. 어쨌든 3개월이나 줄곧 전투가 계속되고 있으니 말입니다."

이렇게 말하면서 중대장은 얼굴을 붉히고, 침상 위에 내던져져 있던 여자용 붉은 앞치마를 제 몸으로 가리려고 호사의 마루청에 앉아 그리고리에게서 얼굴을 돌리며 거친 천으로 칸막이를 한 호사의 한쪽 구석을 곁눈질로 힐끗 쏘아보았다—거기에는 바로 그의 아내의 웃음 띤 갈색 눈이 엿보고 있었다.

62

아크시냐 아스타호프는 뵤셴스카야의 새 교회에서 별로 떨어지지 않은 마을 변두리에 사는 대백모(大伯母)의 집에 머물렀다. 그녀는 그리고리를 찾아다녔으나, 그는 아직 뵤셴스카야에 와 있지 않았다. 그리고 다음날은 한밤중까지 큰길이며 작은 길에 총탄이 날고 포탄이 터져 아크시냐는 한 발짝도 집밖으로 나서지 못했다.

'뵤센스카야로 와 함께 지내자는 약속을 해놓고, 본인은 어디서 우물쭈물 거리는 거지!' 그녀는 객실의 궤짝 위에 누워 산뜻하긴 해도 이미 윤기를 잃은 입술을 깨물면서 잔뜩 골을 냈다— 늙은 백모는 창가에 앉아서 양말을 짜다가 포성이 울릴 때마다 성호를 긋곤 했다.

"아, 하느님, 예수님! 이 얼마나 무서운 일입니까! 어째서 전쟁 같은 걸 한단 말입니까! 왜 서로들 싸운단 말입니까?"

집에서 30미터쯤 떨어진 길에서 포탄이 터졌다. 슬픈 소리를 내지르며 오두막의 창유리가 깨어져 흩어졌다.

"백모님! 창문에서 물러서세요. 맞겠어요!"

아크시냐는 거의 애걸하듯 말했다.

노파는 무시하듯 안경 너머로 그녀를 바라보고 화난 투로 대답했다.

"뭐라구, 아크슈트카! 너도 어지간히 어리석구나! 내가 저놈의 적이라도 된단 말이냐? 저놈들이 어째서 나를 쏘겠니?"

"잘못해서 돌아가시게 할는지도 모르잖아요? 놈들에게는 탄환이 어디로 날아가는지, 그런 것 저런 것 다 보이지가 않는단 말예요."

"설마 죽게 할라구? 보이지를 않는다구, 그럴 리 있겠냐? 저놈들은 카자흐를 노리는 거야. 카자흐는 저놈들의 적이거든. 그런데 나 같은……다 늙은 과부에게 저놈들이 무슨 짓을 하겠니? 저놈들은 철포(鐵砲)나 대포로 누구를 쏴야 한다는 것쯤 잘들 알 거다!"

점심 때쯤 앞길을, 말의 목에 찰싹 몸을 붙인 그리고리가 하류의 구부러진 곳 쪽으로 쏜살같이 달려갔다. 야크시냐는 창 너머로 그의 모습을 보고는, 들포도가 뒤얽힌 현관 복도로 달려나가 소리쳤다.

"그리샤! ……"

하지만 그리고리는 이미 모퉁이 저쪽으로 사라지고, 말발굽이 말아올렸던 보얀먼지만이 조용하게 내려있었다. 뒤쫓아가 봐야 소용이 없었다. 아크시냐는 현관 계단에 붙어서서 원망스러운 듯이 울음을 터뜨렸다.

"지금 달려간 것이 스쵸파였냐? 어쩐지 네가 미친 듯 뛰쳐나가더라니."
백모가 물었다.

"아니오……그 사람은……우리 부락 사람……"

흐느껴 울면서 아크시냐는 대답했다.

"그렇다면 어째서 네가 눈물을 흘리는 게냐?"

파고들듯이 백모가 캐물었다.

"백모님은 별걸 다 물으세요! 백모님이 아실 일이 아니에요!"

"어째서 내가 알 일이 아니란 말이냐……흠, 좋아하는 사람이 달려갔을 게 뻔해. 아무렴! 까닭 없이 울리는 없을 테니까……이래뵈도 난 말이다. 별별 세상일을 다 겪어와서 뻔히 안단다!"

거의 해질 무렵 프로호르 즈이코프가 찾아왔다.

"안녕하세요? 아주머니, 저, 여기에 타타르스키 부락에서 온 사람 없습니까?"

"프로호르!"

아크시냐는 거의 펄쩍 뛸 듯이 일어나 소리치며 객실에서 뛰어나왔다.

"어떻게 된 겁니까? 당신 너무도 내 속을 썩히는군! 다리가 막대기처럼 굳어질 정도로 당신을 찾아다녔단 말예요! 우리 대장 성격이 어떤데요? 성미 급하기가 아버님을 그대로 닮았잖아요? 엉망진창으로 포격을 당해서 산 사람들은 죄다 숨어버린 판인데도 그저 '그녀를 찾아와, 찾아오지 못하면 죽여버릴 테다!' 그러더라구요."

아크시냐는 프로호르의 웃저고리 소매를 당겨서 마루 입구에 있는 방으로 데리고 들어갔다.

"정말 화가나겠지만, 그분은 지금 어디 있어요?"

"글쎄요……어디에 계시다고 말씀드려야 하나? 그분은 말이죠, 진지에서 터덜터덜 걸어서 돌아오셨어요. 타던 말이 오늘 죽었거든요. 사슬에 묶인 수캐처럼 말이죠. 몹시 언짢은 얼굴로 돌아와서는 불쑥 '찾았나?' 물어 '대체 어디서 찾아냅니까? 제가 그 여자를 만들어낼 수도 없구요!' 말씀드렸단 말입니다. 그랬더니 그 양반, '사람은 바늘이 아냐!' 어쩌구 하며 나를 막 몰아치더라구요……그야말로 사람의 가죽을 쓴 이리야!"

"그 밖에 다른 말씀은 없었어요?"

"어서 준비하고 떠납시다. 다른 말씀은 하나도 없으셨으니까!"

아크시냐는 서둘러 보퉁이를 싸고, 황급히 백모에게 작별 인사를 했다.

"스테판이 데려오라고 보내온 사람이냐?"

"예, 백모님!"

"그러냐? 잘 지낸다고 전해라. 어째서 자기가 직접 오지 않았을까? 우유라도 드려라. 찐빵도 좀 있을 거다……"

아크시냐는 다 듣지도 않고 집에서 뛰쳐나갔다.

그리고리의 숙사에 닿을 때까지 그녀가 숨을 헐떡이며 얼굴이 새파랗게 될 정도로 빠른 걸음으로 걷자, 프로호르가 끝내 불평을 터뜨렸다.

"좀 들어 보십시오! 나도 젊어서는 꽤나 아가씨들의 엉덩이를 쫓아다녀 보았지만 말이죠, 당신처럼 빠르게 걷는 여자는 생전 처음입니다. 좀 참을 수 없습니까? 뭐 불이라도 난 겁니까? 숨이 끊어지면 어쩝니까? 정말이지 이런 모래땅을 누가 이렇게 빨리 간단 말입니까! 당신의 동작은 보통 사람들과는 영 다릅니다……"

그러나 그는 마음속으로 이렇게 생각했다. '또 합쳐지는군…… 흠, 악마도 갈라놓을 수는 없겠어! 두 사람은 자기네 마음내키는 대로 하고, 나는 적탄 속을 헤치며 이 암캐를 찾으러 돌아다녀야 했으니…… 아, 세상에, 하느님 맙소사. 나탈리아에게 알려졌다가는 내가 단단히 혼날걸……코르슈노프의 친척들은 나하고 다들 아는 사이가 아닌가! 아니, 그때 내가 몹시 취해서 말과 총을 잃어버리지 않았다라면, 제기랄, 너를 찾으러 온 마을을 헤매지는 않았을 거야! 내가 뿌린 씨를 내가 거두는 셈이지!'

빈틈없이 미늘창을 내려놓은 객실에는 수유(獸油) 램프가 연기를 내며 타올랐다. 그리고리는 테이블을 향해 앉아 있었다. 그가 소총 소제를 마치고 곧이어 모젤 권총의 총신을 문질러 닦고 있을 때 삐걱 하고 문이 열렸다. 문턱에 아크시냐가 서 있었다. 그녀의 좁고 흰 이마는 땀에 젖고, 타오르는 듯한 격정을 띤 창백한 얼굴에 험하게 부릅뜬 눈이 번쩍번쩍 빛나고 있어 얼핏 보고서도 그리고리의 가슴은 기쁨으로 심하게 파도쳤다.

"불러내고는…… 자기는……어디에도 없었으니……"

피로운 듯 힐떡이며 그녀는 말했다.

이제 이미 그녀에게는 언젠가—훨씬 전에 그들이 처음 맺어졌던 그날처럼, 그리고리 이외에는 다른 아무것도 존재하지 않았다. 그리고리 없이는 그녀에게 있어 이 세상은 죽은 것이나 마찬가지였다. 그러나 곁에 그가 나타나자마자 모든 게 되살아났다. 프로호르의 눈앞이라는 것도 꺼리지 않고 그녀는 그리고리에게 몸을 내던지고는 야생마처럼 엉겨붙어 흐느껴 울며 수염에 덮인 애인의 뺨에 입술을 대고 이빨, 이마, 눈, 입술에 살같이 빠르게 잇따라 키스를 퍼붓고 뭐라고 속삭이며 흑흑 흐느꼈다.
"괴로웠어요……정말이지 괴로웠어요! 그리셴카! 당신!"
"자…… 이젠 만났으니까 됐어, 아크시냐! 이젠 그쳐요……"
프로호르에게로 얼굴을 돌리며 그리고리는 두서없이 말했다.
그는 그녀를 의자에 앉히고 목덜미에 흘러 떨어진 숄을 집어올리고는 흐트러진 머리칼을 쓰다듬었다.
"당신은 어떠셨어요?"
"나는 언제나 이렇잖아……그런데 당신은 참……"
"글쎄, 정말 당신은 어떠셨어요?"
아크시냐는 두 손을 그리고리의 어깨 위에 얹고, 글썽이는 눈으로 미소지으며 빠르게 소곤댔다.
"세상에 이런 일도 있어요? 부르길래 터벅터벅 걸어서 왔잖아요, 다 팽개치고. 그런데 자기는 없더란 말예요……옆으로 말을 타고 달려가길래 뛰어나가서 큰 소리로 불렀더니, 당신은 글쎄 벌써 모퉁이를 돌아가버렸더라구요……만일 당신이 전사하기라도 했더라면 다시는 만나지 못했을는지도 몰라요……"
그녀는 무어라고 형언할 수 없을 만큼 상냥하고 부드럽게 여자다운 턱도 없는 이야기들을 계속하고, 끊임없이 두 손으로 그리고리의 앞으로 구부러진 어깨를 어루만지며, 모든 것을 다 바친 자의 시선으로 뚫어지게 그의 눈동자를 들여다보았다.
그녀의 시선에서 뭔가 슬픈, 동시에 쫓기는 야수(野獸)에게서 볼 수 있는 것과도 같은 필사(必死)의 격렬함이 느껴져 그리고리는 그녀를 보고 있기가 괴롭고 고통스러울 정도였다.
그는 볕에 타서 바랜 속눈썹을 좁히고 어색한 미소를 지으며 말없이 있었으나, 그녀의 뺨에는 홍조가 차츰 격렬하게 타오르면서 퍼지고 눈동자는 마치 자연(紫煙)에 휩싸이는 듯했다.
프로호르는 인사도 없이 방을 나와 현관에서 침을 뱉고는 발로 비벼 뭉갰다.
"당신 어떠셨어요, 라니. 나 참!"
계단을 내려가면서 투덜투덜 말하고, 일부러 큰 소리가 나도록 나무 문짝을 쾅 닫았다.

63

이틀 밤낮을 두 사람은 주위의 모든 것을 다 잊어버리고 꿈처럼 보냈다. 그리고리는 종잡을 수 없는 짤막한 꿈을 꾸다가 눈을 뜨고는 어두컴컴한 가운데 마치 모든 것을 알아내려는 듯이 뚫어지게 자신을 쳐다보고 있는 아크시냐의 진지한 시선을 발견하곤 했다. 그녀는 언제나 한쪽 팔꿈치를 바닥에 대고는 손바닥을 방에 붙이고 모로 누워서 거의 눈을 깜박이지 않고 쳐다보았다.
"어째서 그렇게 쳐다보지?"
그리고리가 물었다.
"싫증이 날 때까지 보고 싶어요 ……당신이 전사할 것 같은 예감이 들어서요."
"흠, 그런 느낌이 든다면…… 잘 보아 둬."
그리고리는 쓴웃음을 지었다.
사흘째에야 그는 비로소 바깥으로 나섰다. 쿠지노프가 아침부터 수차례 전령을 띄워서 회의에 나오라는 전갈을 보내온 것이었다. 그리고리가 외출할 준비를 하고 있는 것을 보고 아크시냐는 놀라서 물었다.
"어디로 가는 거죠?"
"타타르스키까지 곧장 달려가서 그 부락에 있는 녀석들의 수비 상황을 살펴보고, 다음에는 내 자식놈들이 어디에 있는지 알아보고 올까 해."
"애들이 보고 싶어졌군요?"
아크시냐는 추운 듯 숄로 날씬하고 거무잡잡한 빛깔의 어깨를 감쌌다.
"까닭없이 만나고 싶지는 군."
"꼭 가야 해요?"
"응, 갔다올게."
"가지 말아요!"

아크시냐는 애원했다. 꺼멓게 움푹 팬 눈 안쪽에서 눈동자가 뜨겁게 빛났다.
"나보다도 아내 쪽이 더 중요하다는 말이군요? 그래요, 더 중요하겠지요! 양쪽에 다 걸칠 셈이군요? 그럼, 나를 당신의 집에 들여보내줘요. 나탈리야하구 무슨 일이든 다 잘해 나갈게요······어서 가세요, 가시란 말예요! 그리고 나에게는 다시 오지 말아요! 상대하지 않을 테니까요. 난 그런 거 싫어요! ······정말 싫어해요!"
그리고리는 잠자코 뜰로 나가서 말에 올라탔다.

타타르스키의 보병 중대는 참호를 허술히 파 놓았다.
"당치도 않군!"
프리스토냐가 뚝배기 깨지는 소리를 질러댔다.
"도대체 우리가 독일 전선에라도 와 있단 말이냐? 자, 모두들 무릎까지 호(壕)를 파라. 도대체 이런 단단한 땅을 1미터 반 가까이 파라니, 말이나 되는 일이야? 삽은커녕 쇠막대기로도 구멍이 뚫리지 않을 거야."
그의 주장이 받아들여져서 왼쪽 강가의 험하게 깎아지른 연한 바위의 낭떠러지 위에는 복사식(伏射式) 산병호를 파게 되었고, 숲속에 호사(壕舍)를 세웠다.
"맙소사, 이젠 우리도 두더지 생활을 하게 되었군!"
세상에 태어난 뒤로 이제껏 녹초가 되어 본 적이 없던 아니쿠시카가 익살을 떨었다.
"당분간 구멍 속에서 지내는 거야, 그럭저럭 풀로 배를 채우게 될 테니까. 뭐 1년 내내 실컷 크림 바른 튀김과자며 고기며 용철갑상어를 넣은 실국수 국물을 먹지는 못했어도······어쩌다가 전등싸리 좀 먹기로 어때?"
적위군이 타타르스키에 있는 카자흐들을 위협할 기미는 보이지 않았다. 그 부락을 겨냥한 포병 부대가 배치되지 않았던 것이다. 이따금 참호에서 머리를 내놓은 감시병을 겨누어 오른쪽 강가의 기관총이 단속적(斷續的)인 사격을 가해 올 뿐이고, 그 뒤로는 다시 오랫동안 쥐죽은 듯 조용해졌다.
적군의 참호는 산 위에 있었다. 그곳에서도 아주 이따금씩밖에는 쏘지 않고, 적위병들은 한밤중에야 부락에 내려왔으나 그나마도 오래 머물러 있지 않았다.

그리고리는 해가 지기 전에 부락의 목초지로 말을 타고 들어갔다.
거기에 있는 모든 것이 눈에 익고 어떤 나무를 보더라도 추억이 되살아났다……길은 소녀의 들을 달리고 있었다……해마다 성(聖) 베드로제(祭) 날에는 초원을 '흩뿌린(분배한)' 다음에 카자흐들이 그곳에서 보드카를 마셨다. 알료시카의 숲은 곶처럼 초원으로 쑥 나와 있다. 훨씬 이전, 그 무렵은 아직 이름도 없던 그 숲에서 이리가 타타르스키 부락 주민이던 알렉세이 아무개의 암소를 잡아먹은 적이 있었다. 알렉세이는 죽고, 그의 추억도 묘석(墓石)의 명(銘)이 사라져가듯이 희미해지고 지금은 그의 이름마저도 그 이웃 연고자들에게서 잊혀지고 말았으나, 그의 이름이 붙여진 숲은 여전히 살아 남아서 떡갈나무와 상수리나무들이 짙은 녹색 나뭇가지 끝을 하늘로 뻗치고 있었다. 타타르스키 사람들은 잠시도 없어선 안 되는 가재도구를 만들기 위해 그 나무들을 잘라 쓰러뜨리기는 하지만, 봄이 되면 힘차게 뿌리를 뻗은 그루터기에서 어린 싹이 왕성하게 돋아나고, 얼마간은 성장이 눈에 띄지 않다가도 어느 해 여름이 되면 다시 알료시카의 숲은 가득히 뻗어난 나뭇가지들의 공작석(孔雀石)같은 녹색으로 휩싸이고, 가을에는 황금 미늘옷(옛 무사들의 갑옷 속에 받쳐 입던 것)을 걸친 듯이 아침이슬에 젖어 타는 듯이 번쩍이는 떡갈나무의 붉은 잎새들로 빛나곤 했다.
여름이 되면 알료시카의 숲에서는 가시투성이의 검은 딸기가 축축한 대지에 빽빽이 뻗어 나가 얽히고, 눈이 번쩍 뜨일 것처럼 산뜻한 것을 두른 산까마귀와 까치들이 늙은 떡갈나무 가지 끝에 둥우리를 틀었다. 떡갈나무의 열매나 낙엽이 숨막힐 듯이 시큼한 냄새를 풍기는 가을이 되면 철새인 산도요새들이 잠시 날개를 쉬고, 겨울에는 도장으로 누른 것처럼 둥근 여우의 발자국만이 새하얗게 뻗어 나간 눈밭에 진주의 실오라기처럼 쭉 찍힌다……그리고리는 어릴 때 여러 번 여우덫을 놓으러 알료시카의 숲에 갔었다.
그는 풀이 부성해진 옛길에 남은 오랜 바퀴사국을 너듬으며, 서늘한 나무그늘을 지나갔다. 소녀의 들을 지나서 검은 연못으로 나아갔다. 그러자 추억이 술기운처럼 머리를 들쑤셨다. 어린 시절 언젠가 세 그루의 포플라 옆에서 아직 보금자리를 만들지도 못한 들오리새끼를 쫓아 작은 늪 언저리를 뛰어 돌아다닌 적이 있었다. 둥근 연못에서는 아침 일찍부터 해질녘까지 황어를 낚았다……별로 멀지 않은 곳에는 텐트를 연상하게 하는 노간주나무가…… 한 그루만이 떨어져 외롭고 슬프게 서 있었다. 그 나무는 멜레호프의 길에서도 보이는데, 그리고리는 해마다 가을이 되면 자기네 집 현관 계단에 나가, 멀리에서 보면 진홍색 불길에 싸인 듯이 보이는 그 노간주나무의 무성한 모습을 넋을 잃고 바라보곤 했다. 죽은 페트로는 떫고도 쓴 노간주나무의 열매를 넣은 피로시키(찐빵을 튀긴 것)를 무척 좋아했었다……

그리고리는 조용한 애수를 씹으면서, 어릴적부터 눈에 익은 곳을 바라보았다. 말은 중천(中天)에서 가뭇가뭇 떼지어 날고 있는 파리떼와 끈질긴 갈색 모기들을 여유 있게 꼬리로 쫓아내며 앞으로 나아갔다. 녹색 갯보리와 질경이가 바람에 흔들거리며 부드럽게 휘어졌다. 풀은 녹색의 잔물결에 일렁였다.

타타르스키의 산병호에 닿자마자 그리고리는 아버지를 맞이했다. 어디선가 왼쪽 멀리에서 프리스토냐가 소리쳤다.

"프로코피치? 얼른 가봐, 그리고리가 왔어!"

그리고리는 말에서 내려 뛰어 다가온 아니쿠시카에게 고삐를 넘겨 주며 멀리서 절룩절룩 급히 오고 있는 아버지의 모습을 보았다.

"야, 대장님, 건강하신가!"

"오래 못 뵈었습니다, 아버님!"

"마침내 돌아왔구나!"

"간신히 빠져 나왔습니다! 그건 그렇고, 식구들은요? 어머님과 나탈리야는 어디에 있지요?"

판테레이 프로코피에비치는 손을 내저으며 얼굴을 찡그렸다. 그의 검은 뺨에 눈물이 흘러내렸다.

"모두들 건너지 못했다."

"뭐라구요?"

"나탈리야가 말이다. 이틀 전쯤에 누워버렸단다. 티푸스일 거다. 틀림없이……그래서 할멈은 그녀를 놔두고 올 수 없다고……하지만 말이다, 너무 걱정하지 않아도 된다. 다들 그쪽에서 그럭저럭 잘 지내고 있으니까."

"그러면 애들은요? 미샤토카는? 포류시카는?"

"역시 저쪽에 남아 있다. 하지만 두냐시카는 건너왔다. 남아 있기가 무서웠을 거야……처녀이니까. 그렇겠지? 지금 아니쿠시카의 처와 함께 보로호프로 가고 있을 거다. 그래도 나는 벌써 두 번이나 집에 갔다가 왔다. 밤중에 조그만 배로 슬쩍 건너갔지. 어떤가 보고 왔다. 나탈리야는 상당히 나빠졌더라만, 다행히 애들에게는 아무 일도 없더라. 나탈류시카는 의식을 잃고 높은 열로 입술이고 뭐고 바싹 말라버렸어."

"어째서 아버님은 모두 데리고 이쪽으로 건너오지 않으셨습니까?"

그리고리는 몹시 화내며 소리쳤다.

노인은 짜증을 냈다. 떨리는 목소리에는 분노와 질책이 담겨 있었다.

"그럼, 너는 뭘 했냐? 강 건너는 때를 맞춰서 네가 모두 데려올 수는 없었냐?"

"저는 사단을 거느리고 있잖습니까! 저는 사단을 거느리고 강을 건너야 했잖습니까!"

그리고리는 거칠게 대꾸했다.

"우린 말이다, 네가 보시키에서 어떻게 지내고 있는지 다 들었어……가족이야 어떻게 되든 괜찮단 말이냐? 그래, 그리고리! 사람의 일이야 어떻든지 괜찮다치고, 하느님을 잊어선 안 된다……나는 어쩔 수가 없었다. 그렇지 않았더라면 어째서 식구들을 데려오지 않았겠냐? 내 소대는 에린에 있었단 말이야. 이리로 오기 전에 적위군이 이미 부락에 들어가 있었다."

"저는 브시키에 있지만요, 그건 전혀 아버님과 관계없는 일입니다……그런데 아버님은 저에게……"

그리고리는 목이 막혀 말을 멈추었다.

"아니, 난 뭐 다른 뜻은 없다!"

노인은 옆에 몰려든 카자흐들을 불쾌하게 쳐다보며 황급히 말했다.

"내가 말한 것은 그런 게 아냐……너 말이다, 좀더 낮추어 말해라. 글쎄, 남들이 듣잖느냐……"

어느새 그는 속삭이는 목소리로 변했다.

"어린애는 아니니 스스로 분별하지 못할 리 없겠지만 말이다, 그래도 가족 걱정은 해야 한다. 나탈리야도 어쩌면 좋아지지 못할 테고, 적위군 놈들도 거기 식구들을 괴롭힐지도 모른다. 게다가 여름에 새끼를 낳을 암소 한 마리가 죽었다만, 뭐 그런 거야 대단하지 않다. 딱하게 여겼는지 별로 손을 대지 않더라……보리는 40되 가량 빼앗아갔더라. 하지만 전쟁에는 으레 피해가 따르게 마련이잖나!"

"어떨까요, 지금 모두 데려오면?"

"내 생각으로는 아무래도 안 될 것같다. 환자를 어디로 데려온단 말이냐? 목숨을 건 위험한 일이다. 안식구들은 저쪽에 있어도 괜찮다. 할멈이 집안일을 챙길 테니 그런 대로 나는 위안삼고 있는 거다. 그리고 부락에 불도 났지."

"누가 불을 놓았습니까?"

"광장은 깡그리 타버렸어 상인들 집이 거의 탔지. 코르슈노프와 그 근처도 깨끗이 타버렸다. 루키니치나 할머니는 지금 안드로포프에 있지만, 그리샤카 할아버지는 역시 집을 지킨다고 그냥 머물러 있었단다. 네 어미 얘기로는, 그리샤카 할아버지가 말이다, '난 말이야, 내 집에서 꼼짝도 안 할 테다. 이교도(異敎徒) 놈들은 내 집에 들어오지 못해. 십자 표지가 두려울 테니까' 하더란다. 할아버진 말이다, 생각이 미치지 못한 거야. 글쎄 빨갱이놈들이야 십자가 같은 것을 두려워하지 않거든. 그러니 안채에서 헛간까지 깡그리 연기에 싸이고 말았지. 그뒤 할아버지에 대한 소문은 아무것도 듣지 못했다……하기야 이젠 돌아가셔도 될 나이지. 20년 전쯤에 자기의 관(棺)을 만드셨는데, 너무 오래 사셨어……그건 그렇고, 부락에 불을 질렀던 것은 네 친구 놈이다, 망할놈!"

"누구지요?"

"미시카 코셰보이란 놈이야. 그런 놈은 갈기갈기 찢어 죽여야 해."

"아니, 정말입니까?"

"그놈이야. 정말이고말고! 우리 집에도 와서 너에 대해 꼬치꼬치 캐묻더란다. 네 어머니에게 이런 말도 했다더군. '우리가 저쪽 기슭으로 건너가면 그리고리의 목을 맨 먼저 매달거요. 가장 높은 떡갈나무에 매달아 일부러 우리의 칼을 더럽히지 않게 할 테니까!'라고. 다음에는 나에 대해서도 묻더니 코웃음을 치더란다. '그 절름발이 늙은이가 어디로 갔어? 집에서 페치카에 가만히 앉아 있지……만일 붙들리면 단숨에 내리치지 않고, 숨통이 멎을 때까지 채찍질을 해줄테다!' 하더란다. 그야말로 악마 아니냐! 온 부락을 두루 돌아다니며 장사꾼과 신부들의 집에 불을 지르고는 '이반 알렉세에비치와 슈토크만의 원수를 갚기 위해서 뵤셴스카야를 모두 태워 없앨 거다!' 지껄이더란다. 넌 어떻게 생각하느냐?"

그리고리는 그 뒤로도 30분쯤 아버지와 이야기하고 나서 말 쪽으로 갔다. 노인은 이야기하는 동안에 더 이상 아크시냐에 대해서 빈정대는 듯한 말은 한 마디도 하지 않았다. 그럼에도 불구하고 그리고리는 몹시 침울해졌다. '아버지가 아시는 이상, 다른 사람들의 귀에도 들어갔을지 모른다. 지껄이고 다닌 게 누구일까? 프로호르 말고 누군가 우리가 함께 지내는 것을 보았을까? 스테판도 알고 있을까?'

그는 수치스러움과 자기 자신에 대한 혐오에 이를 갈기까지 했다.

그는 카자흐들과 잠시 이야기를 했다. 아니쿠시카는 끊임없이 농담을 하며, 중대로 탁주를 대여섯 통 보내달라고 졸랐다.

"우리에게는 말이죠, 술만 있으면 탄약 같은 건 필요 없다구요!"

눈을 찡끗 하고 껄껄 웃고, 좀 꾀죄죄해 보이는 셔츠 깃을 엇비스듬히 손톱으로 두들기면서 그는 말했다.

프리스토냐와 그 밖의 다른 부락 사람들에게 그리고리는 소중히 지니고 있던 담배를 나눠 주었다. 그리고 막 출발하려고 할 때에야 스테판 아스타호프가 있음을 깨달았다. 스테판은 천천히 다가와 인사했으나 손은 내밀지 않았다.

그리고리는 반란이 일어난 이후에 처음 그를 만났을 때 가슴이 설랬던 것이 기억나 살피듯이 상대를 쳐다보았다. '알고 있을까.' 그러나 스테판의 아름다운 수척해진 얼굴에서 온화하고 즐거워하는 기색이 보여 그리고리는 후유 하고 안도의 한숨을 내쉬었다. '그래, 모르고 있구나!'

64

이틀이 지나서야 그리고리는 자기 사단의 전선을 시찰하고 돌아왔다. 사령부는 쵸트두이 부락으로 옮겨가 있었다. 그리고리는 뵤셴스키야 근처에서 30분쯤 쉬며 말에게 물을 충분히 마시게 한 뒤에 마을에는 들르지 않고 쵸르누이로 곧장 향했다.

쿠지노프는 그를 맞아들여, 기다리고 있었다는 말을 할 듯이 비아냥대는 미소를 띠며 힐긋 쳐다보았다.
"어땠나, 그리고리 판베레에비치? 보고 왔지? 말해 보게나."
"카자흐들을 보기도 하고, 언덕 위의 적위군을 살피기도 했네."
"이런 저런 것들을 충분히 다 보았겠지! 그 사이 우리에게 비행기 3대가 와서 탄약과 편지 몇 통을 전해 주고 갔네……"
"자네 친구 시드린 장군인가 하는 자가 뭐라고 보내 왔나?"
"내 전우 말인가?"
역시 농담투로 일단 시작된 이야기를 이어나가면서 쿠지노프는 여느 때와 다른 분위기로 대답했다.
"전력을 다해 버텨 적군이 강을 건널 수 없게 하겠다고 했네. 그리고 곧 돈군이 결정적인 공세를 취할 것이라고도 썼지."
"기분 좋은 얘기들을 써 보냈군."
쿠지노프는 약간 얼굴이 붉어졌다.
"전선을 돌파하러 갈 거야. 이건 자네에게만 하는 극비일세! 1주일 뒤에는 제8적군의 전선이 돌파될 거야. 그때까지는 버텨야 해."
"그래서 버티고 있는 게 아닌가?"
"그로모크에선 적군이 강 건널 준비를 하고 있네."
"지금도 도끼질 소리가 들리나?"
그리고리는 깜짝 놀라 물었다.
"들리고말고……도대체 자네는 뭘 보고 왔나? 어디에 있었나? 혹시 뵤센스카야에서 어물쩡하고 있었던 건 아닌가? 아니면 어디에도 가지 않았던 게로군! 그저껜가 마을 안을 온통 쑤시고 다녔지. 자네를 찾으러 말이야. 그런데 마침 전령 하나가 와서 '멜레호프는 속사에 계시지 않았습니다. 그러나 안쪽 방에서 대단한 미인이 나오더니, 그리고리 판테레에비치는 가버리셨어요라고 말했습니다. 게다가 그 여자는 울어서 눈이 퉁퉁 부어 있었습니다' 말하는 게 아닌가. 그래서 나도, '그래, 우리 사단장은 좋은 여자가 생겨 자취를 감추고 만 건가?' 생각한거야."
그리고리는 눈살을 찌푸렸다.
쿠지노프의 농담이 듣기 거북했다.
"자네는 이런저런 시시한 헛소리에 너무 예민한 게 아닌가! 좀 입이 무거운 전령을 택하는 게 어때! 또다시 나 있는 곳에 터무니없이 수다스러운 녀석을 보내면, 그 자리에서 놈의 혓바닥을 군도로 잘라버릴 걸세……앞뒤를 가리지 않고 제멋대로 지껄이지 못하게 할 테니까……”

쿠지노프는 호쾌하게 웃으며 그리고리의 어깨를 두들겼다.

"자네도 때로 우스갯소리를 알아듣지 못하는군. 자, 농담은 이제 그만해 두세! 사실은 자네에게 할 중대한 얘기가 있네. 적의 상황을 알아내기 위해 포로를 잡아야겠단 말이야. —이것이 그 한 가지이고, 또 한 가지—밤의 어둠을 타고 어딘가, 카잔스카야 마을 경계에서 하류 쪽으로 기병을 2개 중대쯤 건너편 강기슭으로 건너가게 해서 적군을 교란해야겠거든. 뭣하면 적을 혼란에 빠뜨리기 위해 그로모크로 강을 건너게 해도 좋겠지, 안 그런가? 자넨 어떻게 생각하나?”

그리고리는 잠시 말이 없다가 이윽고 입을 열었다.

"나쁘진 않지.”

"그러면 자네가……”

쿠지노프는 마지막 말에 힘을 주었다.

"그 중대를 인솔해 주지 않겠나?”

"아아니, 내가 직접?”

"내담한 지휘관이 필요하단 말이야! 어설프게 할 일이 아닌만큼 간이 큰 사람이 아니면 곤란하거든. 강 건너는 데 실패해서는 한 명도 살아 돌아오지 못하게 될 거란 말이야!”

한껏 치켜올려진 그리고리는 흔쾌하게 승낙했다.

"좋아, 하겠네!”

"이 일로 작전을 세워 보았는데 말야, 이렇게 하기로 했네.”

쿠지노프는 의자에서 일어나 삐걱삐걱 울리는 거실 바닥 위를 이리저리 거닐며 생기가 도는 어조로 이야기를 꺼냈다.

"적의 배후에 깊숙이 우회할 필요는 없네. 단 탄약과 포탄을 탈취하고 포로를 잡은 뒤에 들어왔던 그 길로 돌아와도 괜찮을 것이네. 하지만 동틀 때까지 여울을 건너서 도망쳐 올 수 있도록, 그 모든 일을 하룻밤 사이에 해내야 하네, 알겠지? 그러면 충분히 생각해 보고, 내일은 누구든 간에 마음에 드는 카자흐를 뽑아서 보내 주게. 멜레호프 말고는 이런 일을 해낼 사람이 없어 결정한 걸세. 그러나 무사히 해내는 날에는 돈군도 자네 공로를 잊지 않을 거야. 아군과 합류하게 되면 바로 나는 직접 아타만 대리에게 보고서를 써서 자네의 공로를 낱낱이 알릴 거야. 그러면 승진도……"

쿠지노프는 그리고리를 잠시 쳐다보더니 말을 중간에서 끊었다. 조금 전까지도 평온하던 그리고리의 얼굴이 금새 분노로 거무스름해지고 경련을 일으키고 있었다.

"나를 어떤 사람으로 생각하는 건가? ……"

그리고리는 얼른 뒷짐을 지고 일어섰다.

"내가 위계(位階)를 탐내어 위험을 무릅쓰는건가? ……나를 고용인으로 생각하는가? ……승진을 약속하다니? ……좋아, 나는……"

"자, 잠깐 자네!"

"자네가 주는 위계 따위는 손톱의 때만큼도 못하게 생각한단 말이야!"

"잠깐! 자네는 나를 오해하고 있어……"

"때만도 못하게 생각한다니까!"

"자네, 오해야, 멜레호프!"

"다 알았네!"

그리고리는 크게 숨을 내쉬고 다시 의자에 앉았다.

"다른 녀석을 찾아보게. 나는 돈 건너편으로 카자흐를 인솔해 가는 일 따위는 하지 않을 테니!"

"자네 별일 아닌 걸로 화를 다 내네그려."

"아냐, 하지 않겠어! 이번 일에 대해서는 더이상 말할 필요가 없네."

"그럼, 나는 자네에게 강요도 간청하지도 않겠어. 하고 싶으면 하고, 싫으면 그만두든지 자네 좋도록 하면 되네. 지금 우리 쪽 상황은 대단히 위태하네. 그래서 놈들을 동요시켜 강 건널 준비를 하지 못하게 하기로 한걸세. 승진 이야기야 그저 농담으로 했던 걸세! 어째서 자네는 우스갯 소리를 알아듣지 못하는 건가? 여자에 대한 것도 반은 재미삼아 자네를 놀리려고 말해 본 것에 지나지 않아. 그러다 보니 이상하게 자네의 신경이 날카로워져버린 것이겠지. 좋아, 또 한 가지, 자네가 형편없는 볼셰비키나 모든 지위 있는 자를 몹시 싫어한다는 것쯤은 나도 훤히 다 알고 있네. 자네는 내가 그런 말을 진심으로 한 걸로 생각했나?"

쿠지노프는 교묘하게 그 자리를 얼버무리고 아주 자연스럽게 웃음을 지어 보였으므로, 그리고리는 얼핏 이런 생각까지 했다. '이 친구, 정말로 농담을 했던 건가?'

"어이가 없군, 자네……허, 허, 허헛! 굉장히 화를 내더군, 자네! 정말이지 농담으로 말했던 걸세! 잠깐 놀린 것뿐이야! ……"

"어쨌든 건너편으로 가는 건 거절하네. 생각이 변했어."

쿠지노프는 띠의 끄트머리를 만지작거리며 한참 태연하게 잠자코 있다가 이윽고 말을 꺼냈다.

"어떤가, 생각을 고쳐 주게. 혹시 두려워하게 됐는지도 모르지만. 문제는 말이지, 우리 작전을 자네가 일단 좌절시킨다는 데 있어! 하기야 두말할 나위도 없이 다른 누군가를 보낼 거야. 지금이야말로 자네가 활약할 때이네마는……그러나 우리 상황은 매우 중대하단 말이야……생각해 보게. 오늘도 슈미린스카야에서 콘드라트 메드베제프가 적의 새로운 지령을 보내왔네. 적위군은 우리 쪽에 부대를 집중시키고 있어……자, 직접 읽어 보게. 아니, 당장은 제정신이 아닐테니까……"

쿠지노프는 가방에서 검붉은 핏자국이 흰 공간에 점점이 적힌 누런 종이쪽지를 꺼내어 주었다.

"인터네셔널 중대라는 중대의 코밋살이 지니고 있던 거야. 라트이시인(人)도 그렇지만 그 코밋살은 마지막 한 발까지 다 쏘고, 그러고도 또 그놈은 1개 소대나 되는 카자흐를 향해 총을 겨누고 돌격해 왔던 모양이야……놈들에게도 역시 그런 자가 있단 말이야. 그런 주의자(主義者)들 속에도 말이지……그 코밋살은 콘드작트가 직접 베어 죽였다더군. 이 지령서는 그녀석 가슴에 달린 주머니에서 발견된 걸세."

피가 솟아나와 배어든 그 누런 종이쪽지에는 굵고 작은 활자로 이렇게 인쇄되어 있었다.

시령
파견군 부대에 알림
제100호의 8

1919년 5월 25일

보그챠르

보병 부대, 기병 부대, 포병 부대 및 코만도(특공) 부대의 모든 중대에서 낭독해야 한다.

비열한 돈의 반란을 종결시키자!

이제 마지막 가을은 왔다!

필요한 모든 준비는 끝났다. 배반자와 변절자들을 궤멸시키는 데 충분한 병력이 집결되었다. 남부 전선에서 작전 행동중인 우리 군의 배후를 2개월 여에 걸쳐 타격을 가해 온 카인의 무리에게 이제야말로 보복해야 할 가을이 온 것이다. 전체 노농(勞農) 러시아는 거짓된 적기(赤旗)를 내건 극우(極右) 반동 지주 데니킨 및 카자흐로부터 지원받고 있는 미그린스카야, 뵤센스카야, 에란스카야, 슈미린스카야의 반역 무리들을 증오와 혐오로 주시하고 있다.

징벌군 병사, 지휘관 및 코밋살 여러분!

준비 공작은 끝났다. 필요한 모든 병력과 물자가 집결되었다. 여러분의 대오(隊伍)는 편성되었다.

지금이야말로 명령에 따라 다 같이 일어나 전진하라!

뻔뻔스러운 배반자와 변절자들의 소굴을 파괴해야 한다. 카인의 족속은 박멸되어야 한다. 저항을 시도하는 마을에 대해서는 어떠한 용서도 필요없다. 자진해서 무기를 인도하고 우리 쪽에 투항해오는 자들에 대해서만 동정을 베풀자. 카자흐와 데니킨의 협력자들에 대해서는 납을, 강철을, 총칼을 들이밀 뿐이다.

동지 그리고 병사 여러분, 소비에트 러시아는 여러분에게 기대하고 있다. 며칠 안에 우리는 돈에서 배반의 얼룩을 빼버려야 한다. 최후의 가을은 온 것이다.

모두가 한데 뭉쳐—전진하라!

65

5월 19일, 미시카 코셰보이는 제9군 파견여단 참모장 그마노프스키의 전령으로서, 그마노프스키 쪽에 들어와 있던 보고로 미루어 현재 고르바쵸프 부락에 있을 제32연대 본부로 급히 전달해야 할 봉서(封書)를 가지고 그리로 달려갔다.

코셰보이는 그날 해질녘에 고르바쵸프 부락을 향해 말을 달렸으나 제32연대 본부는 그곳에 없었다. 부락은 제23사단의 제2종 치중대(輜重隊)의 엄청난 짐수레가 들어차 북적거렸다. 그들은 보병 2개 중대의 호위를 받으며 도네츠에서 우스치 메도베지차로 가고 있는 중이었다.

미시카는 본부의 소재를 이 사람 저 사람에게 물으며 몇 시간 동안 부락 안을 걸어다녔다. 이윽고 말을 탄 한 적위병이, 제32연대 본부는 어제 보고프스카야 마을 근처의 에브란체프스키 부락에 있었다고 가르쳐 주었다.

말에게 여물을 주고, 미시카는 밤늦게 에브란체프스키에 닿았다. 하지만 그곳에도 본부는 없었다. 이제 한밤중이었다. 코셰보이는 곧 고르바쵸프로 돌아가다가 도중에 스텝에서 적위군 기병 척후대와 마주쳤다.

"누구냐, 거기 가는 자는?"

멀리서 코셰보이는 누구냐는 질문을 받았다.

"우군이오."

"뭐, 어느 쪽 우군이야?"

흰 쿠반모자를 쓰고 푸른 체르케스 옷을 입은 초소의 조장은 말을 옆으로 바싹 대면서 낮은 콧소리로 물었다.

"어느 부대야?"

"제9군 파견 여단이오."

"군대 수첩을 보여라!"

코셰보이는 증명서를 보였다. 초소쪽 조장은 그것을 달빛에 비추어 보고 여전히 의심하는 듯이 심문했다.

"너희 여단장이 누구냐?"

"로조프스키 동지."

"그러면 여단은 지금 어디에 있는가?"

"돈 건너편입니다. 그런데 동무, 당신은 어느 부대입니까? 제32연대가 아닙니까?"

"아냐, 우리는 제33쿠반 사단이야. 그런데 자네는 어디에서 왔는가?"

"에브란체프스키에서 오는 길입니다."

"그래, 어디로 가는 길인가?"

"고르바쵸프로 갑니다."
"뭐라구! 고르바쵸프에는 지금 카자흐가 있다."
"설마!"
코셰보이는 놀랐다.
"내가 분명히 책임진다. 거기에는 반란군의 카자흐가 있다. 우리는 지금 막 도망쳐 오는 길이다."
"보브로프스키로 가려는데, 어떻게 하면 좋겠습니까?"
어쩔 줄 모르는 듯이 미시카는 물었다.
"자네가 더 잘 알 거야."
초소의 조장은 엉덩이가 느즈러진 검정 말에 박차를 대고 앞으로 나아가 곧 안장 위에서 몸을 돌려 주의시켰다.
"우리를 따라오지 않겠나? 그대로 가다가 '목을 싹둑' 잘리게 될지도 모르네."
미시카는 기꺼이 척후대에 끼기로 했다. 적위병들과 함께 그는 그날 밤중에 제294 타간로그 연대와 함께 주둔하고 있던 크루지린 부락에 도착해서 연대장에게 봉서를 전하고, 명령대로 봉서를 가져가지 못한 이유를 설명한 뒤, 연대의 기병 척후대 소속으로 머물라는 허락을 받았다.
타만군의 여러 부대와 쿠반의 지원병들로 최근에 편성된 제33쿠반 사단은 아스트라한 부근에서 보로네지—리스키 방면으로 옮겨갔다. 그중 타간로그, 데르벤트, 바실리코프의 각 연대를 포함한 여단 하나가 반란 진압에 투입되었다. 멜레호프의 제1사단을 공격하여 돈 맞은편으로 쫓아낸 것이 바로 이 여단이었다.
여단은 카잔스카야 마을의 유목민 부락에서 우스치 호표르스카야 마을의 서쪽 끝 부락까지 돈의 오른쪽 강가를 따라 교전을 하면서 강행군으로 돌파해, 치르강 부근의 여러 부락을 오른쪽에서 포위하여 탈취하고 2주일 정도쯤 돈 연안 지방에 머문 뒤 차차 철수했다.
미시카는 카르긴스카야 마을과 치르강 부근의 많은 부락을 공략하는 데 참가했다. 5월 27일 아침 니지네 그루신스키 부락 뒤에 펼쳐진 광야에서 제294 타간로그 연대의 제3중대장은 적위병들을 길가에 정렬시키고, 방금 접수한 지령을 읽어 주었다. 그 가운데 미시카 코셰보이의 머리에는 다음 문구가 강하게 새겨졌다. '……뻔뻔스러운 배반자와 변절자들의 소굴은 파괴되어야 한다. 카인 족속은 박멸되어야 한다……'

그리고 '카자흐와 데니킨의 협력자들을 대해서는 납을, 강철을, 총칼을!'
슈토크만이 죽은 뒤로, 그리고 이반 알렉세에비치와 에란스카야 마을의 공산주의자들이 무참하게 살해된 데 대한 소문이 전해진 뒤로 미시카의 마음은 카자흐들에 대한 타오르는 듯한 증오에 휩싸여 있었다. 반란 카자흐 포로가 그의 손에 떨어진 때에도 그는 전혀 망설이지도, 희미한 연민의 목소리에도 귀를 기울이지 않았다. 그때 이후로 그는 카자흐들 중 그 누구도 관대하게 보아넘기지 않았다. 얼음처럼 차가운 눈으로 같은 마을의 카자흐를 쳐다보거나 추궁했다. "소비에트 정권에 칼을 겨누었을 테지?" 그리고는 대답도 기다리지 않고, 순식간에 핏기를 잃어가는 포로의 얼굴도 보지 않고 목을 베었다. 가차없이 베어 죽였다. 그렇게 죽였을 뿐만이 아니라, 반란군이 내버리고 간 부락들의 집집의 처마에다 불을 질렀다. 또한 공포에 사로잡혀 미친 듯이 날뛰는 수소와 암소들이 불타는 외양간 울타리를 밟아 부수고 울부짖으며 길에 뛰쳐나오면, 코셰보이는 정면에서 소총으로 쏘아죽였다.

그는 카자흐의 풍족한 생활이며 카자흐의 배신에 대해서, 그리고 오래된 집의 지붕 밑에 수백 년에 걸쳐 깃들인 모든 인습에 대해서 타협도 용서도 없는 싸움을 걸었다. 슈토크만과 이반 알렉세에비치의 죽음으로 증오는 가열되었다. 그리고 지령의 문구는 코셰보이의 뚜렷하지 않던 기분을 또렷이 구체화시켜 보여 준 데 지나지 않았다……그날도 그는 3명의 동지와 함께 카르긴스카야 마을에서 150채 가량의 가옥에 불을 질렀다. 어느 상인의 가게에서 등유 1통을 가져다가는 새카만 손바닥에 성냥곽을 꽉 움켜쥐고 광장을 돌아다녔다. 그러자 나뭇결이 곱고 얇은 널빤지에 페인트를 칠한 고급 상인의 가게, 신부의 저택, 부유한 카자흐의 집, 혹은 '무지한 카자흐 대중을 선동하여 반란에 가담시킨' 자들의 집들이 온통 매운 연기와 불길에 휩싸여 버렸다.

석이 내버린 재 날아난 부탁에 낸 먼저 달려들어가는 깃은 기병 척후대였다. 그래서 코셰보이는 보병 부대가 도착하기 전에 얼른 바람의 방향을 살피고, 가장 부유하게 보이는 집에 불을 질렀다. 그는 이반 알렉세에비치와 에란스카야 마을의 공산주의자들이 죽은 데 대한 댓가로 부락 사람들에게 복수하고, 부락의 절반 이상을 태워 없애기 위해 무슨 수를 쓰든 타타르스키에 달려들어가고 싶다는 생각을 품었다. 그는 벌써 태워 없애야 할 집들의 목록을 머릿속에 작성해 놓고서는 만일 그의 부대가 치르에서 뵤셴스카야의 왼쪽으로 나아가는 경우에는 밤중에 혼자 탈출해서 고향의 부락에 들르기로 결심했다. 그가 어떻게 해서든지 타타르스키로 가려는 생각을 한 이유는 또 한 가지 있었다……지난 2년 동안 두냐시카 멜레호프와 이따금 만나는 사이에 아직 말로는 나타내지 못했지만 한 가지 생각이 두 사람을 연결시켜 놓았던 것이다. 두냐시카는 거무스름한 손가락으로 훌륭한 담배 케이스를 짜서 미시카에게 선물로 주었다. 지난 겨울에 그녀는 식구들 몰래 갈색을 띤 산양 솜털 장갑을 그에게 선물했다. 코셰보이의 군복 가슴에 달린 주머니 속에 소중히 간직된 수놓은 손수건은 두냐시카의 것이었다. 그리고 3개월 동안 주름 속에 마른풀 냄새같이 아련한 처녀의 체취를 간직한 그 조그마한 손수건은 그에게 무엇보다 소중한 것이었다. 그가 혼자 있을 때 그 손수건을 꺼내면 언제나 가슴 설레게 하는 추억이 생생히 되살아났다……방아두레박 우물 한쪽 옆 서리가 덮인 포플라나무, 먹을 묽게 풀어놓은 듯한 하늘에서 조각조각 흩어져 날리는 눈보라, 요염하게 떨리던 부드러운 두냐시카의 입술, 젖혀진 눈썹 위에서 녹던 눈(雪)의 유리 같은 번뜩임……

  그는 귀향하게 되는 날에 대비해서 빈틈없이 준비를 갖추었다. 카르긴스카야 마을에서는 상가(商家)의 벽에서 천연색 무늬 벽걸이를 떼어내 말에게 입혔다. 그 말 옷은 훌륭한 색깔의 무늬로 꽤나 멋져 보여, 멀리서 보는 사람도 재미있어했다. 한 집의 궤짝에서는 가로무늬가 있는 새것이나 다름없는 바지를 얻었다. 6개의 여자용 목도리는 3개씩 포르챤카(다리에 감는 천)로 삼아서 다리에 감았다. 역시 여자용 레이스 장갑은 전쟁으로 밤낮 온통 잿빛 투성이인 지금은 쓰지 않고, 타타르스키에 들어가기 전에 언덕 위에서 끼기로 하고는 안장주머니에 넣어 간직했다.

  예로부터 병사가 자기 부락에 들어갈 때에는 흔히 잘 차려입었다. 그러므로 카자흐의 이런 관습에서 아직 완전히 벗어나지 못한 미시카는 적위군에 들어 있으면서도 오랜 관습에 철저하게 배어 그 준비를 늘 갖추고 있었다.

  그의 말은 코가 희고 짙은 밤색 털의 훌륭한 말이었다. 먼젓번 임자이던 우스치 호표르스카야 마을의 카자흐 코셰보이가 공격때 베어 죽였다. 빼앗은 말이었으나, 모양이 좋고 꽤 민첩하며 걸음걸이가 좋은데다 또한 대열 훈련 정도도 좋아서 자랑삼을 만했다. 그런데 코셰보이가 뽐내는 안장은 그럭저럭 안장이라고 말할 수 있을 정도로 생겨먹은 물건이었다. 안장 깔개는 너덜너덜하니 기운자국 투성이고, 배띠는 무두질한 가죽띠로 되어 있고, 등자는 알록달록하니 오래 전부터 녹이 슬어 있었다. 말머리에 맨 끈 또한 장식 하나 없이 볼품없는 것이었으므로 코셰보이는 말 머리끈만이라도 장식하고 싶었다. 미시카는 오랫동안 이 문제로 고민했다. 그러자 간신히 그럴싸한 생각이 머리에 떠올랐다. 광장 앞의 상가(商家) 옆에 그곳 사환들이 타오르는 집 안에서 옮겨놓은 흰 니켈 침대가 놓여 있었다. 침대 네 귀퉁이에서는 흰 공이 햇볕을 받아 현기증이 날 정도로 빛나고 있었다. 그 공을 떼어내든가 비틀어 뜯어내어 말 머리끈에 매달면 전혀 다른 느낌이 들 것이 틀림없었다. 미시카는 재빨리 해보았다. 침대 네 귀퉁이에서 속이 텅 빈 공들을 비틀어 떼어내고 비단끈으로 말 머리끈에 매달았다—2개는 재갈에, 나머지 2개는 코 끈 양쪽에……공은 말의 머리에서 한낮의 태양처럼 희게 빛났다. 햇빛을 반사하여 정면에서는 쳐다볼 수도 없을 정도로 빛났다. 너무도 눈이 부셔 말이 태양을 향해 서면 눈을 가느다랗게 뜨고 헛발을 내딛어 걸음걸이도 위태로울 정도였다. 하지만 말의 시각(視覺)이 공의 빛남으로 고통을 겪고 있음에도 불구하고, 또한 빛으로 아픔을 느낀 말의 눈에서 눈물이 흘러나오는 것도 아랑곳없이 미시카는 말 머리끈에서 1개의 공도 떼어내지 않았다. 이윽고 거의 다 타버려서 그을린 벽돌과 재 냄새가 꽉 차 있는 카르긴스카야 마을을 떠나게 되었다.

연대는 돈의 뵤셴스카야 방면으로 이동했다. 때문에 미시카는 쉽게 가족을 찾아보기 위해 하루의 휴가를 조장(組長)에게서 얻었다.

지휘관은 짧은 기간의 휴가뿐 아니라, 좀더 근사한 허락도 해주었다.

"자네 마누라가 있나?"

그는 미시카에게 물었다.

"없습니다."

"좋은 게 있잖아?"

"무슨 말씀이십니까? ……뭘 말씀하시는건지, 좋은 거라니?"

미시카는 깜짝 놀라 물었다.

"정부(情婦) 말이야."

"아하……그런 거 없습니다. 숫처녀 애인은 있지만요."

"사슬이 달린 시계는 가지고 있나?"

"없는데요, 동무."

"뭐라구, 이 친구!"

스타브로폴리 출신으로서 본디 현역 하사관이던 기병 초소 조장은 자기도 구(舊) 군대에서 몇 번인가 휴가를 얻어 고향에 간 적이 있고, 빈손으로 부대에서 고향에 돌아가기가 얼마나 괴로운지 오랜 경험에 의해서 잘 알고 있었다. 그는 딱 벌어진 가슴에서 시계와, 놀랄 정도로 무거운 사슬을 꺼내며 말했다.

"자네는 훌륭한 병사가 될 거야! 자, 이걸 집으로 가져가서 처녀들을 감쪽같이 속여 보게. 하지만 내가 제3소대에 있다는 건 기억해야 해. 나도 젊어서는 말이지, 어쨌거나 잘 안다구……이 사슬은 미국제 신품(新品) 금사슬이지. 만일 누가 묻거든 그렇게 대답하라구. 하지만 만일 배짱 좋은 녀석이 나서서 품위(品位) 부호가 어디에 있느냐고 치근치근하게 물으면 정통으로 콧대를 갈겨주게. 그런 뻔뻔스러운 녀석은 그저 콧대를 갈겨서 꺾어놓는 게 좋단 말이야. 언젠가 이런 일이 있었네. 대폿집이었는지 색시집이었는지, 남의 집 관리인 아니면 서기 출신인 듯한 서푼짜리 문사(文士) 같은 녀석이 나에게 오더니만 여러 사람 앞에서 망신을 주려 하더란 말이야. '마치 진짜 금붙이나 되듯이 배에다 사슬 같은 걸 자랑삼아 차셨군요……어디에 품위 번호가 있지요?' 하더란 말이야. 나는 그놈을 두 번이나 제정신을 차리지 못하게 해줬어. '품위 번호라고! 그래, 이거다!' 하고 말이야."

사람 좋은 코셰보이의 지휘관은 어린이 머리만한 거무스름한 주먹을 꽉 쥐고 무시무시한 힘을 다해서 맹렬히 홱 휘둘렀다.

미시카는 시계를 몸에 차고, 밤에 모닥불 불빛으로 수염을 깎은 뒤 안장을 얹고는 말을 달렸다. 새벽녘에 그는 타타르스키에 들어갔다.

부락은 예전과 다름이 없었다―벽돌로 지은 교회의 나지막한 종루(鐘樓)는 빛깔 바랜 금박의 십자가를 푸른 하늘에 뻗치고 있었다. 듬직한 신부와 상인의 집들은 변함없이 부락 광장에 당당하게 서 있었다. 반쯤 허물어진 코셰보이의 낡아빠진 오두막 위에서는 포플라 나무가 한결같이 정겨운 말을 소곤거리고 있었다……

단 한 가지 그를 놀라게 한 것은 거리를 거미줄처럼 뒤덮은 다른 부락들과 다른 숨막히는 정적이었다. 길에는 어린애 하나도 보이지 않았다. 집집마다 미늘창을 단단히 내려놓았고, 문에 자물쇠를 채워놓은 집들도 여기저기 눈에 띄었으나, 대개의 문은 활짝 열어젖혀져 있었다. 마치 전염병이 집집의 길에서 사람 자취를 빼앗아 가고 집들을 공허와 적막으로 채우고, 불길한 걸음걸이로 부락을 지나간 것 같았다.

사람 목소리도, 가축 울음소리도, 명랑한 닭 울음소리도 들리지 않았다. 오직 참새들만이 비를 예고하듯이 헛간의 차양 밑이며 땔감 위에서 시끄럽게 우짖고 있었다.

미시카는 자기 집 뜰로 들어갔다. 아무도 맞이하러 나오지 않았다. 현관문은 열어 젖혀져 있고, 문지방 옆에는 찢어진 적군의 게토르와 피가 엉켜붙은 거무스름한 붕대, 파리들이 달라붙어 있거나 썩어가는 닭의 머리, 깃털 따위가 흩어져 있었다. 적위병들이 얼마 전에 이 낡아빠진 집에서 식사를 한 것 같았다. 마루에는 깨어진 항아리 조각들과 살점을 다 발라먹은 닭뼈, 담배꽁초, 밟아 짓뭉갠 신문지 조각 따위가 떨어져 있었다……무거운 한숨을 죽이고 미시카는 거실로 들어갔다. 그곳은 모든 것이 예전과 마찬가지였다. 다만 언제나 가을이 되면 수박을 저장하던 움의 마루 널빤지가 약간 솟아 있을 뿐이었다.

미시카의 어머니는 어린이들의 눈을 피해 그곳에 말린 사과를 숨겨 두곤 했다.

그 일을 기억해 내고 미시카는 마루 널빤지로 다가갔다. '어머니는 나를 기다리고 계시지 않았을까? 어쩌면 여기에 뭔가를 저장해 두었을는지도 몰라?' 이렇게 그는 생각했다. 그리고 군도를 뽑아내 그 끄트머리로 마루 널빤지를 치켜들자 삐걱 소리를 내며 마루 널빤지가 들어 올려졌다. 움속에서 습기와 썩은 내가 풍겨 나왔다. 미시카는 무릎을 꿇었다. 어둠에 익지 않아 잠시 아무것도 기려 볼 수 없었다. 그러니 곧 보이게 되었다. 땅바닥에 낄린 낡은 테이블 덮개 위에 작은 보드카병과, 곰팡이 핀 달걀구이가 담긴 프라이팬이 놓여 있고, 반쯤 쥐가 먹은 빵조각들이 나뒹굴고 있었다. 항아리는 둥근 널빤지로 잘 덮여 있었다……늙은 어머니는 아들이 돌아오기를 기다리다가 지친 것이었다. 가장 중요한 손님으로 여겨, 지치도록 기다리고 있었던 것이다! 움 속에 내려가 섰을 때, 미시카의 가슴은 애정과 기쁨으로 떨렸다. 낡기는 했어도 깨끗한 테이블 덮개 위에 똑바로 놓인 모든 것이 바로 사오 일 전 바지런한 어머니의 손이 닿았던 것들이다! ……움 속 서까래에 걸린 돛베자루가 한결 하얗게 보였다. 미시카는 얼른 자루를 떼어내고 그 안에서 낡아빠지긴 했으나 훌륭하게 바대를 대어 깁고 세탁한 뒤 다림질까지 해놓은 속옷 한 벌을 꺼냈다.

음식물은 쥐들이 엉망으로 만들어 놓았다. 우유와 보드카만이 그대로 남아 있었다. 미시카는 보드카를 다 마신 뒤, 움 속에서 차가워진 우유도 마시고는 속옷을 손에 쥐고 그곳에서 기어나왔다.

어머니는 돈의 맞은편으로 갔음이 분명했다. '남기가 두려우셨을 테지. 하지만 그러신 편이 좋다. 어차피 카자흐들의 손에 걸려드실 테니까. 지금까지도 틀림없이 나 대신 심한 고통을 당하셨을 거야……' 이렇게 생각하고 잠시 어물쩡거리다가 바깥으로 나왔다. 말을 풀어놓기는 했지만, 멜레호프의 집으로 갈 결심은 서지 않았다. 멜레호프의 집은 바로 돈 기슭 가까이에 있어 재능이 있는 사수(射手)라면 건너편 기슭에서 껍데기가 없는 탄환으로도 간단히 미시카를 쓰러뜨릴 수 있었다. 그래서 미시카는 우선 코르슈노프의 집에 갔다가, 어두워지면 광장으로 돌아와 어둠을 타고 모호프와 다른 상인과 신부들의 집을 태워버리기로 작정했다.

뒷길을 따라 코르슈노프의 굉장한 저택으로 달려가서 열어젖혀진 문으로 들어가서는 말을 현관 계단 난간에 매놓고 막 집 안으로 들어가려 했다. 그때 계단에 그리샤카 할아버지가 나왔다. 흰 머리를 떨고, 여느 노인네들처럼 빛을 잃은 눈은 근시처럼 가늘게 뜨고 있었다. 기름이 밴 옷깃의 되접어 꺾은 부분에 붉은 바느질 자국이 있는, 오래된 쥐색 카자흐 군복에 단추들이 단정하게 채워져 있었다. 할아버지는 헐렁헐렁하게 늘어진 다 낡은 바지를 계속해서 두 손으로 붙잡고 있었다.

"건강하시군요, 할아버지!"

미시카는 계단 옆에 멈춰 서서 채찍을 흔들었다.

그리샤카 할아버지는 물끄러미 쳐다보았다. 그의 험상궂은 눈초리 속에는 적의(敵意)와 증오가 들끓었다.

"건강하시냐고 말씀드렸습니다!"

미시카는 목소리를 높였다.

"덕분에……"

노인은 마지못해 대답했다.

그는 적의가 담긴 경계의 빛을 조금도 늦추지 않고 미시카를 빤히 쳐다보았다. 한편 미시카는 편안한 자세로 한쪽 다리를 당겨 세워 채찍을 만지작거리며 눈썹을 모으고는, 처녀처럼 불룩한 입술을 움츠렸다.

"그리고리 할아버지, 왜 돈강 건너편으로 피난하지 않으셨어요?"

"내 이름을 어떻게 알았나?"

"이곳 출신이니까요."

"네가 대체 누구더라?"

"코셰보이입니다."

"아키무카의 자식놈인가? 우리 집에서 머슴살이를 했었지?"

"그건 저의 아버님입니다."

"그러면 너는 젊은 주인이라는 게냐? 아마 네가 세례 때 미시카라는 이름을 받았지? 당당한 젊은이가 되었군! 아버지를 그대로 닮았어! 그 사람은 배은망덕한 짓을 많이 했었는데, 그래, 너도 그러냐?"

코셰보이는 장갑을 흔들며 험악하게 얼굴을 찌푸렸다.

"그런 건 당신이 알 바 아닙니다. 어째서 돈강 건너편으로 피난하지 않으셨느냐고 물었습니다."

"가고 싶지 않아 가지 않았을 뿐이야. 네가 왜 그런 걸 묻느냐? 반(反)그리스도 패거리에 끼였느냐? 모자에 붉은 별을 달았구나! 이 천벌을 받을 망할 놈, 그래, 우리 카자흐를 적으로 여겨? 자기 부락에 반역을 해?"

그리샤카 할아버지는 흔들리는 걸음걸이로 계단을 내려왔다. 코르슈노프 집안 사람들이 모두 돈 건너로 피난한 뒤로 노인은 제대로 음식도 먹지 못하고 있었다. 가족들에게서 버림받고 몹시 여윈데다가 늙은이 특유의 몹시 불결해 보이는 차림새를 한 그는 미시카 앞에 멈추어 서서는 놀라움과 분노의 눈길로 뚫어지게 쳐다보았다.

"그래요, 반역했습니다. 당장 놈들에게 혼찌검을 내 보일겁니다!"

"성서에 뭐라고 써 있지? 만일에 네가 남에게 재(災)를 입힌다면 그 응보가 있을 것이다. 이 말을 어떻게 생각하냐?"

"할아버지, 성경 같은 걸로 제 머리를 어지럽히는 짓은 그만둬 주십시오. 저는 그런 말씀을 들으려고 온 게 아닙니다. 자, 당장 집안에서 나가 주십시오."

미시카는 퉁명스레 말했다.

"그게 뭔 소리냐?"

"뭔 소리이건 간에 나가 주십시오."

"도대체 너, 그게 무슨 소리냐?"

"무슨 소리건 간에 상관없어요. 어쨌든 물러나시라고 말씀드렸습니다!……"

"나는 내 집에서 꼼짝 않을 테다. 네가 무엇을 어떻게 할 것인가 하는 것쯤 난 알고 있다……너는 반그리스도 패거리의 앞잡이지? 그 표시가 네 모자에 붙어 있는걸! 예언자 에레미야서(書)에 씌어 있는 게 네 얘기야. '그가 나로 하여금 쓴 것에 물리게 하고 인진(사철쑥)을 마시게 하며, 작은 돌로 내 이빨을 바수고, 재로써 나의 어리석음을 깨닫게 해주시니라.' 아들놈이 아비에게 칼을 겨누고, 아우가 형에게 맞서서 겨루게 되었단 말이다……"

"저를 속이려는 짓은 그만두십시오! 이런 경우에 문제는 형제에 관한 것 따위가 아닙니다. 간단합니다. 저의 아버지는 숨이 끊어지는 순간까지 당신네를 위해 일하셨고, 저도 전쟁이 일어나기 전에는 당신네 보리를 타작하느라고 보리를 짠 무거운 부대를 메고는 근육통을 앓은 적도 있었습니다. 이제 그런 일은 끝났습니다. 집에서 나가십쇼, 당장 불을 지를 겁니다! 이제껏 당신네는 좋은 집에서 살았지만, 앞으로는 우리처럼 토막 볏짚의 판자집에서 살아야 합니다. 아셨지요, 할아버지?"

"허, 그래! 이사야서(書)에는 이렇게 씌어져 있어. '그가 나와서 우리에게 거역해온 자의 시체를 보더라. 그 구더기 죽지 않고, 그 불 꺼지지 아니하고, 수많은 사람들에게 몹시 미움받고 있더라'라고 말이다."

"여기에서 할아버지와 문답(問答)하고 있을 한가할 틈이 없습니다!"

분노에 달아올라 미시카는 차갑게 내뱉었다.

"어서 집에서 나가시지요!"

"아니, 안 나간다! 냉큼 꺼져라, 이놈!"

"당신 같은 벽창호 때문에 전쟁이 계속되는 겁니다! 당신네가 인민을 괴롭히고 인민으로 하여금 혁명에 반란을 일으키게 하는 겁니다……"

미시카는 성급하게 기병총을 벗겨 들었다.

총소리가 울리자 그리샤카 할아버지는 뒤로 벌렁 자빠져 희미한 목소리로 말했다.

"아……하느님의 은총은 아니지마는……그러나 이것도 하느님의 뜻이시니라……오, 하느님, 당신의 종을……이 세상에서 불러 가시옵소서……"

이렇게 말하고는 목소리가 끊어지고, 흰 콧수염 밑에서 피가 솟구쳐 나왔다.

"소원이 이루어졌군! 당신같이 망령든 노인은 진작 저세상으로 보내버렸어야 해!"

미시카는 계단 옆에 축 늘어진 노인을 진저리치며 피해서 얼른 뛰어올라갔다.

현관에 쌓인 마른 대패밥이 바람에 실려 붉은 불꽃을 내며 타오르고, 현관과 헛간을 갈라놓은 널빤지 벽이 맹렬한 속도로 타올랐다. 연기는 천장으로 날아올라갔다가 틈새로 새어드는 바람에 불려 요동치며 이 방 저 방으로 흘러들어 갔다.

코셰보이가 바깥으로 나와서 곡식 창고에 불을 지르고 있는 사이에, 안채의 불이 이미 바깥으로 뿜어져 나와 거세게 소리를 내면서 소나무 창문을 싫증내지도 않고 죄다 핥고는 그 여세를 지붕으로 몰아 나갔다……

미시카는 땅거미가 지기 시작할 무렵까지 이웃 정원에 있는 나무의 흙이 달라붙은 가시나무덤불 그늘에서 낮잠을 잤다. 안장이 내려지고 다리가 묶였던 그의 말도 역시 그곳에서 물기 많은 잡초 줄기를 즐겁게 물이 뜯어 먹고 있었다. 밤이 되기 전에 목이 마른 말은 울음을 터뜨려 주인을 깨웠다.

코셰보이는 일어나자 안장에 외투를 동여매고, 그곳의 우물물을 길어 말에게 먹이고, 그런 뒤에 안장을 얹고는 작은 길 쪽으로 말을 타고 나갔다.

다 타버린 코르슈노프의 서택에서는 여전히 시커멓게 타다 남은 기둥이 맴돌고, 맵싸한 연기가 바닥을 기고 있었다. 넓은 안채에 겨우 남은 것이라고는 돌로 만든 높은 토대와, 그을린 굴뚝을 하늘로 향해서 내뻗치고 있는 반쯤 부서진 페치카뿐이었다.

코셰보이는 곧장 멜레호프의 집으로 갔다.
미시카는 말에서 내리지도 않고 그냥 쪽문을 열고 뜰로 들어갔다. 일리니치나는 헛간 옆에서 불쏘시개를 앞치마에 주워담고 있었다.
"오랜만이에요, 아주머니!"
그는 노파에게 상냥하게 인사했다.
노파는 깜짝 놀라서 대답도 못하고 두 손을 늘어뜨렸으므로, 앞치마에서 나뭇조각들이 주르르 쏟아져내렸다.
"안녕하셨어요, 아주머니?"
"그래……덕분에 그럭저럭……"
일리니치나는 어물쩡거리며 대답했다.
"몸은 건강하세요?"
"그래, 건강하긴 하지만, 별로 말을 듣지 않아서……"
"이 댁의 남자들은 다들 어디에 있지요?"
미시카는 말에서 내려 헛간 옆으로 다가갔다.
"돈 건너편으로 갔소."
"카데트들을 기다리는 건가요?"
"난 여자라서……그런 건 통 모르오……"
"그런데 에브도키야 판테레에브나는 집에 있나요?"
"그애도 돈 건너편으로 갔소."
"모두들 변변치도 않은 곳으로 가버렸군!"
미시카의 목소리는 떨리고 분노로 착 가라앉았다.
"당신에게 말해 두겠는데요, 아주머니, 당신의 아들 그리고리는 소비에트 정권에 대한 가장 못된 적이에요. 우리가 건너편으로 옮겨가게 되면 맨 먼저 그를 목매달아 죽일 겁니다. 그리고 판테레이 프로코피에비치가 달아난 것도 어리석은 짓입니다. 나이도 많고 다리도 불편하니 집에 가만히 있었다면 좋았을 텐데……"
"죽을 것을 각오하라는 말이오?"
일리니치나는 험악한 어조로 묻고, 다시 앞치마에다 나무토막들을 주워 담기 시작했다.
"그렇지만 영감님은 뭐, 죽게 되지 않을 거예요. 판테레이 영감님은 매를 맞으실지 모르지만, 죽게 되지는 않으실 거예요. 하지만 제가 일부러 여기에 온 건, 물론 그런 일로 온 건 아닙니다."

미시카는 가슴의 시계줄을 바로잡고 눈을 내리깔았다.

"제가 온 건 말이죠, 에브도키야 판테레에브나를 만나려고 해서입니다. 그녀도 피난을 했으니, 저로서는 몹시 유감이군요. 그녀를 낳은 어머니인 당신에게 말씀드려 둡니다만, 저는 그 아가씨로 해서 오래 전부터 말이죠, 아주머니, 가슴에 아픔을 느껴 왔습니다. 그러나 요즘 와서 저희는 여자 문제로 가슴아파할 틈 같은게 전혀 없습니다. 저희는 반혁명 분자들과 싸우고 있고, 그놈들을 용서 없이 해치우고 있는 중입니다. 놈들의 숨통을 끊어놓으면 곧 바로 평화로운 소비에트 권력이 전국에 세워질 겁니다. 그렇게 되면요, 아주머니, 저는 댁의 에브도키야에게 장가들려고 중매쟁이를 보낼 작정입니다."

"지금은 그런 얘기를 하고 있을 때가 아니오!"

"아녜요, 알맞을 때예요!"

미하일은 얼굴을 일그러뜨렸다. 두 눈썹 사이에 고집스러운 주름이 잡혔다.

"그렇죠, 식(式)을 올릴 때는 아니지만 얘기하는 거야 뭐 괜찮지요. 그리고 저로서는 말이죠, 이런 얘기를 할 기회를 다시 잡을 수가 없습니다. 지금은 여기에 있어도 내일은 도네츠 건너편으로 가버리게 될지도 모르니까요. 그래서 미리 양해를 얻으려는 겁니다. 에브도키야를 절대로 다른 사람에게 시집보내시거나 하면 안 됩니다. 그런 일이 있게 되면 당신에게도 좋지 못할 겁니다. 저희 부대에서 제가 전사라도 했다는 편지가 오면 그때 다른 데로 시집보내서도 좋지만 지금은 안 됩니다. 그 이유를 말씀드리면, 우리 두 사람은 잘 어울리는 사이이기 때문입니다. 예물은 가져오지 않았어요. 가져올 수가 없었기 때문입니다, 예물 같은 건요. 그러나 만일 당신이 저 부르주아, 혹시 상인들 집에 있는 물건 가운데 뭔가 필요한 게 있다면 말씀하십시오. 당장 가서 가져올 테니까요."

"당치도 않은 소리! 세상에 태어나서 여태껏 남의 물건에 손댄 적이 없다오!"

"그럼 좋을 대로 하시죠. 당신이 저보다 먼저 에브도키야 판테레에브나를 만나시게 되면 제가 안부 전하더라고 말씀해 주십시오. 그럼, 실례하겠습니다. 자, 아주머니, 부디 제가 말씀드린 것을 잊지 마십시오."

일리니치나는 대답을 하지 않고 집 안으로 걸어갔다. 한편 미시카는 말을 타고 부락 광장을 향해서 나아갔다.

한밤중이 되자 적위병들이 산속에서 부락으로 내려왔다. 생기에 찬 그들의 애깃소리가 이 길 저 길에 소란스레 울렸다. 돈의 초소로 수류탄을 가져가던 3명의 병사들이 미시카를 심문하고 증명서를 조사했다. 세묜츄군의 판자집 앞쪽에서도 다시 4명의 병사들과 만났다. 그들 가운데 2명은 짐수레로 귀리를 실어나르고 있었다. 나머지 2명은—츄군의 폐병 걸린 아내와 함께—재봉틀과 밀가루가 담긴 부대를 나르고 있었다.

츄군의 아내는 미시카를 알아보고 인사를 했다.

"도대체 무얼 옮기고 있는 거죠, 아주머니?"

코셰보이는 약간 흥미가 당겨 물어보았다.

"뭐, 가난뱅이 여자의 집에 놔두려고 부르주아 집의 재봉틀과 밀가루를 나르는 거요."

적위군 병사 하나가 당당하게 빠른 어조로 말했다.

코셰보이는 도네츠로 피난한 상인들—모호프, 아테핀 차차, 빗사리온 신부, 관구(管區)의 신부 판크라치, 그리고 부자 카자흐들 소유의 집 3채에 불을 지르고는 마침내 부락을 떠났다.

언덕 위로 접어들자 그는 말을 돌려세웠다. 눈 밑의 타타르스키 부락에서는 몸이 오싹할 만큼 어두운 하늘을 배경으로 시뻘건 불길이 여우의 꼬리 같은 불꽃을 흩뜨리고 있었다. 불은 확 타오르는 듯싶더니, 그 반사에 의해서 흔들리는 돈의 급류를 그물코처럼 비춰내고 다시 약해지면서 건물을 활활 태우며 서쪽으로 기울어졌다.

동쪽에서 광야의 실바람이 불어왔다. 실바람은 불길을 불어 **끄고는, 타버**린 집더미에서 새카맣고 석탄처럼 번쩍번쩍 **빛나는 잿가루를 멀리 실어갔**다.

제7부

1

　엄청난 수효의 적위군 부대를 남부 전선에서 내몰아버렸던 돈 상류 지대의 반란은 돈군(軍) 사령부로 하여금 노보체르카스크 엄호(掩護) 전선에 있던 그들 병력의 배치 변경을 자유로이 행하게 해주었다. 또 그뿐 아니라 매우 완강한 백전연마(百戰練磨)의 여러 백위군(白衛軍) 연대, 그것도 주로 돈 하류쪽 카자흐와, 카르므이크인(人) 연대로 이루어진 강력한 돌격 병단(突擊兵團)을 카멘스카야 마을과 우스치 베로카리트벤스카야 마을 지구로 집결하게 했다. 이 돌격병단의 임무는 적당한 시기에 피츠하라우로프 장군의 부대와 공동으로 제8적위군 소속 제12사단을 격파한 뒤 제13사단 및 우랄 사단의 측면이나 후방에서 행동을 계속하며, 반란을 일으킨 상류 돈 카자흐들과 합류하기 위해 북쪽으로 돌파해 나갈 작정이었다.
　돈군 사령관 데니소프 장군과 참모장 폴리야코프 장군이 당시에 작성했던 돌격병단 집결 계획은 5월 말경에 거의 완전히 실현되었다. 포 36문과 기관총 140정을 가진 약 16000의 장병이 카멘스카야 방면에 투입되었다. 마지막으로 장악하고 있던 기병 부대들과, 1918년 여름에 징병 적령기의 젊은 카자흐들로 편성된 이른바 청년군(靑年軍) 정예 연대들이 집결되었다.
　그 무렵 곳곳에서 포위된 반란 카자흐군은 적위군 징벌(懲罰) 부대의 공격을 계속 격퇴하고 있었다. 남쪽 지방 돈 좌안(左岸)에서 반란군 2개 사단은, 머릿수를 뽐내는 적위군 포병 부대가 전선 전체에 걸쳐 거의 쉴새없이 격렬하게 포화를 퍼부어 왔음에도 불구하고 완강히 참호 안에서 굳게 버티어 적에게 강 건너는 일을 허용하지 않았다. 다른 반란군 3개 사단은 반란 지역을 서쪽, 북쪽, 동쪽 세 방면에서 지키고 있었다. 특히 북동부에서는 막대한 손해를 입었으나 조금도 퇴각하지 않고 그대로 줄곧 우스치 호표르스키 관구(管區) 안에 머물고 있었다.

자기네 부락의 돈강 대안(對岸)에 배치된채 전혀 손쓸 일이 없어서 몹시 무료하던 타타르스키 기병 중대는 어느날 적위군을 크게 낭패시켰다. 재미 삼아서 자발적으로 지원한 카자흐들이 야음(夜陰)을 틈타 소리 없이 슬쩍 작은 배에 올라타고 우안(右岸)으로 건너가서 적위병 초소를 습격하여 적위 병 4명을 죽이고, 기관총 1정을 빼앗아온 것이다. 이튿날이 되자 적위군은 뵤셴스카야 우근에 있던 포병 중대를 이곳으로 불러다가 카자흐들의 참호를 향해 맹렬한 포격을 가해 왔다. 숲 속 여기저기에 유산탄(榴散彈)이 떨어지 는 소리를 듣자 중대는 급히 참호를 버리고, 돈 강에서 뚝 떨어진 숲 안쪽으 로 냉큼 도망쳐 들어갔다. 하루 낮과 밤이 지난 뒤 포병 중대가 물러가자, 타타르스키의 카자흐들은 내버렸던 진지로 다시 돌아갔다. 그러나 그 포격 으로 중대는 손해를 보았다. 바로 최근에 보충병으로 들어왔던 젊은이 2명 이 포탄 파편에 맞아서 죽었고, 이 사건이 일어나기 직전에 뵤셴스카야에서 왔던 중대장 직속의 전령이 부상당했다.

그 뒤에는 비교적 평온해져서 이전과 같은 참호 생활이 시작되었다. 밤에 여자들이 자주 찾아와 빵이며 탁주를 가져다주었지만, 카자흐들은 음식물이 그다지 부자유스럽지는 않았다. 그들은 헤매고 다니던 송아지 두 마리를 잡 아 먹었고, 그 밖에도 거의 매일 호수에서 물고기를 잡았다. 프리스토냐는 고기잡이에 솜씨가 뛰어나 제1인자로 인정받았다. 그는 소개(疏開)되어 나 간 사람들이 버려두고 간 것으로 중대에서 입수하게 된 20미터 길이의 후릿 그물을 익숙하게 다루었다. 프리스토냐는 고기를 잡을 때 언제나 '깊은 곳에 서부터' 했는데, 자기가 후릿그물을 던져 보지 않은 초원의 호수라곤 하나도 없다고 뽐내었다. 1주일 동안이나 끈질기게 고기잡이를 하는 사이에 그의 셔츠와 바지에는 비릿한 물고기 냄새가 강하게 배어들어서, 아니쿠시카는 마침내 머리를 흔들며 호사(壕舍)에서 그와 함께 자기를 거절했다.

"네 몸에서 마치 죽은 메기같이 고약한 냄새가 풍겨! 너하고 함께 하룻밤 더 자다가는 평생 물고기를 먹을 생각이 다 없어지고 말겠다……"

대체로 그때부터 아니쿠시카는 모기들에게 뜯기는 것도 아랑곳하지 않고 호사 바깥에서 잤다. 그는 잠자기 전에 언짢은 듯이 얼굴을 찌푸리고는 모래 밭 위에 흩어진 물고기의 껍질과 비늘과 악취 풍기는 내장 따위를 비로 쓸어 내 버리지만, 아침이 되면 고기잡이를 하고 돌아온 프리스토냐가 태연한 얼굴로 의젓하게 호사 입구에 앉아서 새로이 잡아온 붕어의 비늘을 벗기고 내장을 뽑아내 버렸다. 그의 주위에는 쉬파리들이 몰려 있고, 광포한 황개미들이 잔뜩 떼를 지어서 기어들었다. 그러고 있는데 아니쿠시카가 헐떡이며 기어오다가 아직 멀찍이 떨어진 곳에서 소리쳤다.

"야, 다른 장소는 없냐? 너 같은 놈은 목구멍에 생선 뼈다귀라도 걸렸으면 좋겠다! 자, 비키든지, 옆으로 물러나든지 해라! 여기서 자려고 하는데 네놈은 생선 내장을 어질러서 관구 전체의 개미들을 끌어모으고, 마치 아스트라한 시내(카스피해의 볼가강 어구에 있는 어항, 항구)에 있는 것처럼 고약한 냄새를 폭폭 풍길 테냐?"

프리스토냐는 수제(手製) 나이프를 바지에 닦고 생각에 잠긴 채로 한참 동안 아니쿠시카의 수염 없는 성난 얼굴을 빤히 바라보더니 이윽고 태연히 말했다.

"그렇게 생선 냄새를 정 견딜 수가 없다면 말이다, 그건 네 뱃속에 벌레들이 들끓고 있는 증거거든. 그러니 아침식사 전에 마늘을 먹는 게 어떠냐?"

아니쿠시카는 침을 내뱉고 욕설을 퍼부으며 돌아가버렸다.

거의 매일 이런 입씨름이 두 사람 사이에 계속되었다. 그러나 대체로 중대원들은 모두가 사이좋게 지냈다. 음식물이 충분했기 때문에 스테판 아스타호프 이외에는 모두 명랑했다.

부락의 카자흐들에게 들어서 알았는지, 아니면 그저 짐작으로 알았는지, 스테판은 아크시냐가 뵤센스카야에서 그리고리와 함께 지내고 있음을 알아챘다. 그 뒤로 그는 우울해지고 뚜렷한 이유도 없이 소대장과 큰 소리로 다투고 초소 근무를 완강히 거부했다.

스테판은 호사 안에 틀어박혀서 낙인(烙印)이 찍힌 무릎 덮개 위에 누워 한숨을 내쉬며, 손으로 만 담배를 잇따라 피웠다. 그러던중 중대장이 약포(藥包)를 인수해 오도록 아니쿠시카를 뵤센스카야에 파견한다는 말을 듣고는 이틀만에 틀어박혀 있던 호사 바깥으로 나왔다. 잠을 이루지 못해 부석부석 붓고 눈곱이 낀 눈을 가늘게 뜨고는 흔들흔들 움직이는 나무들의, 어지러울 정도로 선명한 색깔을 띤 머리칼을 풀어헤친 듯한 나뭇잎과, 바람으로 거꾸로 세워진 말갈기 같은 흰구름을 퍽이나 의아한 듯이 둘러보고 중얼중얼하는 듯한 숲의 속삭임에 귀를 기울이더니 아니쿠시카를 찾으러 호사 옆으로 걸어갔다.
 카자흐들이 있는 곳을 피해 옆 쪽으로 아니쿠시카를 데리고 가서 당부했다.
 "뵤시키에서 아크시냐를 찾아봐 줘. 그리고 그녀에게 내가 찾아와 달란다고 하더라고 전해 주면 좋겠네. 온통 내 몸이 이(蝨)투성이인데도 셔츠건 속바지건 세탁할 수 없단다고 전하고, 그리고 또 이 말도 전해 줘."
 스테판은 순간 입을 다물고 콧수염 밑에 당혹한 듯이 엷은 웃음을 띠더니 뒤이어 말했다.
 "너무 쓸쓸해서 견딜 수 없으니 급히 와 달란다고 전해 달라구."
 밤이 되어서야 아니쿠시카는 뵤센스카야에 도착했다. 도착하자 그는 아크시냐의 거처를 알아냈다. 그리고리와의 사이가 틀어진 뒤로 그녀는 다시 백모의 집에 머물러 있었다. 아니쿠시카는 스테판의 말을 그대로 충실히 전하고 거기에 한층 깊은 감명을 주기 위해서, 만일 아크시냐가 중대에 오지 않는다면 스테판 자신이 뵤센스카야로 달려오려 한다더라고 자신의 말을 덧붙였다.
 그녀는 전해 주는 말을 다 듣더니 곧 준비를 서둘렀다. 백모는 급히 밀가루를 반죽해서 빵을 구웠다. 2시간 뒤에 아크시냐는 고분고분한 아내로서, 아니쿠시카와 함께 타타르스키 중대가 주둔하고 있는 곳을 향해 출발했다.
 스테판은 흥분을 억누르고 아내를 맞이했다. 그는 살피듯 여윈 아내의 얼굴을 쳐다보면서 조심스럽게 여러 가지를 물었지만, 그녀가 그리고리와 만났는가 어쨌는가에 대해서는 일언반구도 하지 않았다. 이야기를 하는 동안에 단 한 번 눈을 내리깐 채 약간 몸을 옆으로 돌리고 말했다.
 "어째서 우안을 통해 뵤시키로 갔소? 왜 부락 근처에서 강을 건너지 않았던 거요?"
 아크시냐는 남들과 함께 강을 건널 기회가 없었으며, 또 멜레호프 집안 사람들에게 의지하기는 싫었기 때문이라고 쌀쌀맞게 대꾸했다. 그런 뒤에야 그런 표현을 쓰면 멜레호프 집안 사람들은 그녀에게 있어 남이 아닌 한집안 사람들이란 말이 됨을 퍼뜩 알아차렸다. 그리고 스테판이 자신의 말을 바로 그런 것으로 받아들이지 않았나 싶어서 조바심을 냈다. 어쩌면 스테판은 그렇게 해석했을 것이다. 어쩐지 그의 눈썹 밑이 가늘게 떨리고, 얼굴에 의혹의 그림자가 가로질러가는 것 같았다.
 그는 뭔가를 묻듯이 아크시냐를 향해서 눈을 들었다. 그녀는 그 말없는 물음을 이해하자, 곤혹과 자기 자신에 대한 분노로 얼굴이 화끈 달아올랐다.
 스테판은 그녀를 용서할 생각으로 아무것도 눈치채지 못한 척 화제를 집에 관한 것으로 바꿔서, 집을 나오기 전에 어떤 가재도구를 정리하고 나왔느냐 따위의 질문을 했다.
 아크시냐는 마음속으로 남편의 너그러움을 눈치채고는 그의 물음에 대답했다. 그러나 끊임없이 가슴을 옥죄이는 듯한 찜찜한 기분이었다. 그리고 그들 사이에 일어났던 일들은 별거 아니라는 듯이 남편이 생각하도록, 또한 자기의 흥분을 감추기 위해서 일부러 느릿하게 사무적으로 간결하고 태연한 어조로 말했다.
 두 사람은 호사 안에 앉아서 이야기했다. 두 사람의 이야기에 줄곧 카자흐들이 방해를 놓았다. 번갈아 카자흐가 들어왔다. 프리스토냐도 돌아와서는 곧바로 그 자리에서 잠잘 준비를 했다. 스테판은 남들이 없는 자리에서 두 사람만이 이야기한다는 게 도저히 불가능한 일임을 깨닫고, 할 수 없이 이야기를 중단했다.
 아크시냐는 기쁜 듯이 몸을 일으켜 재빨리 보통이를 풀더니 마을에서 가져온 건빵을 남편에게 먹이고, 스테판의 더블백에서 더러워진 속옷을 꺼내어 그것을 빨러 근처 늪으로 나갔다.
 새벽녘의 정적과 옥색의 안개가 숲 위를 휘감쌌다. 이슬을 흠뻑 머금어서 무거워진 풀이 땅바닥으로 기울어져 고개를 숙이고 있었다. 늪에서는 개구리들이 제각기 개굴개굴 울어대고, 어딘가 호사에서 아주 가까운 곳의 보기 좋게 자라난 단풍나무 숲 그늘에서 흰눈썹뜸부기가 삐걱삐걱 소리내어 울부짖고 있었다.
 아크시냐는 숲 곁을 지나갔다. 숲에서는 나뭇가지들의 끝에서부터 빽빽이 자라난 풀 숲 속에 모습을 감추고 있는 줄기에 이르기까지 가득히 거미집이 쳐져 있었다. 아주 조그미한 알갱이의 이슬로 온통 장식 된 거미줄은 진주처럼 반짝반짝 빛나고 있었다. 흰눈썹뜸부기는 잠깐 멈추더니 아크시냐의 맨발에 밟혔던 풀이 미처 몸을 똑바로 일으켜 세우기도 전에 다시 울음소리를 냈고, 그 울음소리에 응대하듯 늪에서 날아오른 댕기물떼새가 외마디 슬픈 울음소리를 냈다.
　아크시냐는 코프타와 몸놀림을 거북하게 만드는 겉옷을 벗고는, 수증기를 올리고 있는 미지근한 늪 속에 무릎 언저리까지 담그고 빨래를 시작했다. 머리 위에 파리떼가 떼지어 오고 모기들이 왱왱거렸다. 살집이 좋은 거무스름한 팔을 굽히고 그녀는 모기들을 쫓아버려 얼굴의 앞쪽이 트이게 했다. 그리고리에 대한 것, 그리고리가 중대에 들어가기 직전에 일어났던 마지막 두 사람의 말다툼에 대한 것이 끊임없이 끈질기게 생각났다. '그리고리는 어쩌면 지금쯤 나를 찾고 있을는지도 모른다. 오늘밤에 아무래도 마을로 돌아가야겠어!' 아크시냐는 마음 속으로 굳게 결정하고, 그리고리와의 재회(再會)에 대한 것과, 또한 이렇게 빨리 사이가 좋아질 수 있구나 하는 생각을 하며 곧 미소가 떠올랐다.
　이상하게도 최근에 그녀가 그리고리에 대해 생각할 때에는 어쩐된 영문인지 현실의 그리고리 모습은 떠오르지 않았다. 눈앞에 떠오르는 그리고리는 지친 듯 눈을 가늘게 뜨고 검은 콧수염 끝이 적갈색이며 나이에 비해 일찍 나타난 옆머리의 흰 머리칼과 이마에 새겨진 깊은 주름—그것은 모두가 몇 해 동안의 전쟁에서 겪은 쓰라림을 말해주는 좀처럼 없어지지 않을 흔적이지만—그런 특징을 가진 큰 키에 남자다운 갖가지 인생 경험을 겪어 온 상당한 연령의, 지금의 그리고리 모습은 아니었다. 그것은 과거의 그리시카 멜레호프, 젊은이답게 거칠고 애무하는 방법도 잘 모르며, 새파랗게 젊고 포동포동하며 보기 좋은 목과 언제나 미소를 머금은 입가에 무심한 주름이 잡히던 그 그리고리의 모습이었다.
　그러므로 아크시냐는 그리고리에 대해서 자못 큰 애정, 거의 모성애에 가까운 고상한 애정을 느꼈다.
　지금도 그렇다. 한없이 사랑하고 있는 그 사람의 모습을 매우 뚜렷하고 생생하게 기억해내고는 괴로운 듯이 한숨을 내쉬다가 미소를 떠올리고, 구부리고 있던 몸을 일으켰다. 그리고 아직껏 빨아 놓지 않은 남편의 셔츠를 발치에 내팽개쳐 두고는, 갑자기 뜨겁게 확 치밀어오른 감미로운 느낌을 목구멍에 느끼며 소곤거렸다.
　"당신이야말로 평생 제 마음속에 들어와 버렸어요!"
　눈물은 그녀의 기분을 즐겁게 해주었지만, 그 뒤에 그녀를 에워싼 옥색 아침의 세계는 색깔이 바래고 시든 것같이 생각되었다. 그녀는 손등으로 뺨을 닦고 젖은 이마에 흘러내린 머리칼을 치켜올린 뒤, 흐릿해진 눈으로 자그마한 회색 들오리가 수면을 스치면서 미끄러지듯이 날아서 바람 때문에 피어오른 듯한 안개의 장미빛 레이스 속으로 사라져가는 모습을 한동안 멍하니 지켜보고 있었다.

속옷을 다 빨자 그것을 덤불에 널어 놓은 뒤, 그녀는 호사로 돌아갔다.

잠을 깬 프리스토냐는 출구 근처에 앉아서 울퉁불퉁하고 찌그러진 발가락을 움직이며 끈기있게 스테판한테 말을 걸고 있었으나, 무릎 덮개를 밑에 깔고 누워 있던 스테판은 프리스토냐의 물음에 대해 완고하게 대답하려 하지 않고 말 없이 담배를 피우고 있었다.

"넌 말이다, 적위군이 이쪽으로 강을 건너올 리 없다는 거지? 왜 잠자코 있는 거냐? 싫으면 잠자코 있어도 좋아. 하지만 말이다, 적위군은 틀림없이 얕은 여울을 건너올 게 분명하다고 나는 생각해……반드시 얕은 여울을 노릴 것이 틀림없다 이거야! 얕은 여울 이외에는 건널 만한 곳이 없기 때문이야. 아니면 너는 기병대가 헤엄쳐서 건너올 것이라고 생각하냐? 야, 어째서 잠자코 있는 거냐, 스테판? 바야흐로 마지막 판국이 닥쳐오고 있는데, 그런데도 네 놈은 멍청이처럼 자빠져 있기만 하는 거냐?"

스테판은 튀어오르듯이 몸을 일으키더니 화를 내어 대답했다.

"왜 이렇게 귀찮게 구냐? 에잇, 지겨운 자식! 마누라가 모처럼 찾아왔는데도 네놈들은 그저 귀찮게 구는 것밖에 모르는구나. 껄렁한 얘기만 자꾸 걸어 오고, 마누라와 제대로 얘기도 하게 해주지 않는단 말이냐!"

"달리 얘기 상대가 있어야지……"

마지못해 프리스토냐는 일어나서 맨발에 찌그러진 단화를 끼고는 문의 가로대에 호되게 머리를 부딪히고 바깥으로 나갔다.

"여기선 얘기도 할 수 없으니 숲으로 가자구."

스테판은 승낙의 대답도 채 듣지 않고 훌쩍 출구 쪽으로 나갔다. 아크시냐는 순순히 그의 뒤를 따라갔다.

두 사람은 점심때쯤 호사로 돌아왔다. 제2중대의 카자흐들은 오리나무 숲 밑의 서늘한 곳에 누워 있었는데, 두 사람의 모습을 보자 트럼프를 옆에 놓고 입을 다물더니 다 안다는 듯이 서로 눈짓을 하고 웃음소리를 내며 공연히 한숨을 내쉬기도 했다.
  아크시냐는 깔보듯이 입가를 일그러뜨리고 걸으며, 주름이 잡히고 가장자리에는 레이스가 달린 흰 프라토크를 고쳐쓰면서 카자흐들의 옆을 지나갔다. 그들은 아크시냐를 말없이 보냈지만, 곧바로 그녀의 뒤를 따라오고 있던 스테판이 그들 앞으로 지나가려 하자 아니쿠시카가 벌떡 일어나더니 누워 있는 동료들로부터 떨어졌다. 그는 짐짓 경의를 표하는 체 스테판에게 깍듯이 경례를 하더니 큰 소리로 말했다.
  "아주 즐거우셨겠습니다······오랜 만의 성찬(盛饌)이셨으니!"
  스테판은 멋적게 미소지었다.
  그가 아내와 함께 숲속에서 돌아오는 모습을 카자흐들이 본 것은, 그에게 있어 유쾌한 일이었다. 그것은 아내와의 사이가 원만하지 못하다고 갖가지 소문이 떠돌던 것을 가라앉히는 데에 조금이나마 도움이 되겠기 때문이었다······그래서 그는 젊은이처럼 어깨를 으쓱 움츠리기까지 했다.
  그가 그렇게 해보이자 우울해진 카자흐들은 큰 소리로 웃으면서 떠들썩하게 지껄여댔다.
  "그 여자 참 대단하구나! 스쵸푸카의 셔츠가 흠뻑 젖었다구요······어깨뼈에 찰싹 달라붙어 있잖나 말이다!"
  "그 여자한테 꽤나 시달린 모양이야, 땀을 흠뻑 흘린 걸 보니······"
  아크시냐의 모습을 줄곧 지켜보고 있던 아주 젊은 친구가 기가 찬 듯 멍청한 눈으로 바라보다가 맥빠진 듯이 중얼거렸다.
  "온 세상을 다 찾아다녀도 저런 미녀는 없겠다, 젠장!"
  아니쿠시카가 그 말꼬리를 잡아서 따지고 들었다.
  "야, 임마, 찾아다녀 본 적이나 있냐?"
  아크시냐는 그들의 야비한 말들을 듣더니 좀 머쓱해 했다. 방금 경험하고 온 남편과의 그 접촉과 남편의 동료들이 지껄인 음탕한 말들을 생각하니 불쾌한 기분이 되어 얼굴을 찌푸리고 호사 안으로 들어갔다. 스테판은 그 표정을 얼핏 보자 그녀의 기분을 알아채고 달래듯이 말했다.
  "크슈샤, 저런 종마(種馬) 같은 녀석들이 하는 말에 신경쓰지 마. 너무 따분해서 지껄인 말들이니까."
  "성내 보았자 소용 없지요"

아크시냐는 아무렇게나 대답하더니, 즈크자루 속을 뒤져서 남편한테 주려고 가져온 것을 재빨리 모두 꺼냈다. 그리고 한층 목소리를 낮추어 말했다.
"내가 화를 내자면 나 자신에 대해서 화를 내야 할 거예요."
두 사람의 대화에는 어쩐지 활기가 없었다. 10분쯤 지나자 아크시냐는 일어섰다. '뵤시키로 돌아가겠다고 당장 말하자' 그녀는 생각했지만, 그 순간에 널어말린 스테판의 속옷을 아직 걷어 오지 않은 것이 생각났다.
그녀는 호사 입구에 앉아서 한낮을 지나 기울어진 해에 줄곧 신경을 쓰며, 땀 때문에 너덜너덜해진 남편의 속옷을 깁고 있었다.
……그녀는 그날 그렇게 되어 끝내 돌아가지 못했다. 결심이 모자랐던 것이다. 하지만 다음날 아침에 해가 솟아오르자 곧 준비를 시작했다. 스테판은 그녀를 만류하다가 하루 더 묵어가라고 간청했지만, 그녀는 그 이상 그가 더 설득하지 못할 정도로 완강히 거부했고, 그는 작별하기 전에 이렇게 물었을 따름이다.
"뵤시키에서 지낼 생각이오?"
"당분간은 뵤시키에서요."
"정말 내가 있는 곳에 남아 있어 주지 않으려오?"
"여기에서 카자흐들과 같이 지내기에는 사정이 나빠요."
"그것도 그렇군……"
스테판도 동의하기는 했지만, 그러나 그의 작별 태도는 냉랭했다.
남동풍이 세게 불고 있었다. 바람은 머나먼 곳에서 불어왔다. 바람은 밤사이에 조금 약해졌지만, 아침에는 변함없이 카스피해 건너편 사막의 열풍(熱風)을 실어 왔다. 열풍은 돈 좌안(左岸)에 있는 초원의 고지에 불어 닥치시 이슬을 순식간에 마르게 하고, 안개가 불러 흩어지게 하고, 돈 연안에 있는 여러 산들의 백악(白堊) 봉우리들을 찌는 듯 무더운 장미빛 아지랑이로 휩쌌다.
아크시냐는 단화를 벗었다. 왼손으로 스커트 자락을 움켜쥐고—숲속 풀 위에는 아직도 이슬이 남아 있었다—숲속의 버림받은 길을 가볍게 걸어갔다. 축축한 대지가 맨발을 상쾌하게 식혀 주었으나, 드러내놓은 풍만한 장딴지와 목덜미에는 열풍이 빌붙듯이 뜨거운 입술로 키스를 해왔다.
숲속에 쫙 펼쳐져 있는 초원의 꽃이 피어 있는 찔레나무 덤불 곁에서 그녀는 잠시 쉬려고 주저앉았다. 어디선가 별로 멀지 않은, 아직 말라붙지 않은 늪에서 들오리가 갈대밭 속을 버스럭버스럭 소리내며 다니고, 수오리가 애인인 암오리를 쉰 목소리로 부르고 있었다. 돈 건너편에서는 별로 빈번하지는 않지만, 거의 쉴새없이 기관총 소리가 타, 타, 탓 울렸으며 이따금 대포 소리가 울렸다. 포탄이 터지는 소리가 이쪽 기슭에서 메아리처럼 길게 구르듯이 울리고 있었다.

얼마 뒤 포성이 잠시 멎더니 아크시냐 앞에 신비로운 소리를 내고 있는 세계가 나타났다. 물푸레나무 뒤의 흰 잎새, 능직(綾織)무늬의 조각이 되어 있는 떡갈나무 잎새가 바람에 불리어 부들부들 떨면서 살랑살랑 소리를 내고 있었다. 백양나무숲에서는 갖가지 소리가 뒤섞인 우웅 하는 소리가 들리고, 훨씬 먼 곳에서 두견이 음울하게 남의 나머지 수명(壽命)을 꾸욱꾸욱 헤아리고 있었다. 늪 위를 날아다니고 있는 벼슬 달린 댕기물떼새가 '치이 비이, 치이 비이(당신은 누구의 것입니까라는 뜻)?' 끈질기게 물어대고 있었다. 조그마한 잿빛 새는 아크시냐한테서 겨우 두 발짝 떨어진 곳에서 머리를 뒤로 젖히고는 조그만 눈을 가늘게 뜨고 길바닥의 바퀴자국에 괸 물을 맛있게 마시고 있었다. 먼지를 뒤집어쓴 매끈한 호박벌이 윙윙거리고 있었다. 들꽃의 꽃술 위에서는 거무스름한 야생 꿀벌이 흔들흔들 움직이고 있었다. 꿀벌은 들꽃에서 휙 떠나더니, 그늘이 많고 서늘한 빈 굴 안으로 그 향기 높은 '벌의 꽃가루'를 가져갔다. 포플라 가지에서는 수액(樹液)이 뚝뚝 떨어지고 있었으나, 산사나무 덤불 밑에서는 다 썩은 지난해 나뭇잎들의 시큼하고 지르퉁한 냄새가 풍겨 나오고 있었다.

아크시냐는 꼼짝 않고 앉은 채 숲속의 갖가지 냄새를 탐내듯이 들이마시고 있었다. 갖가지 훌륭한 소리와 울림으로 가득 찬 숲은 힘차게 원시적인 생활을 영위하고 있었다. 범람 때 침수되어 봄의 습기를 충분히 흡수한 초원의 흙은 아주 풍성하게 갖가지 풀과 꽃을 발아시켜 키우고 있었다. 아크시냐의 눈이 그 훌륭한 꽃과 화초들이 빚어내는 교착(交錯) 속에 당혹하고 말았을 정도였다.

그녀는 방긋 웃고 소리 없이 입술을 움직이며 이름 모를 옥색의 가련한 꽃가지를 살짝 꺾어 모았다. 그러곤 꽃 냄새를 맡으려고 살집 좋은 상반신을 구부렸다. 그러자 순간 은방울꽃의 자극적인 달콤한 향기가 풍겨왔다. 그녀는 두 손으로 풀을 헤치고 은방울꽃을 찾았다. 은방울꽃은 햇살이 비쳐들지 않을 만큼 그늘이 짙어져 있는 풀숲 속에 나 있었다. 폭이 넓고 전에는 녹색이던 은방울꽃의 잎사귀들이, 눈처럼 희고 고개를 숙인 꽃잎으로 장식된 키 작은 고양이 등을 이룬 줄기에 햇살이 비치는 것을 지금도 질투하듯이 방해하고 있었다. 그러나 이슬에 황색 반점(斑點)이 가득 돋아난 그 잎사귀는 이미 죽어가고 있고, 게다가 은방울꽃 자체에도 이미 죽음의 썩은 내 나는 손이 뻗쳐 있었다. 아래쪽 2장의 꽃받침은 주름이 잡히고 거무스름해져 있었지만, 위의 1장만은 이슬이 반짝반짝 빛나는 그늘 속에 싸여 있다가 갑자기 햇살을 받자 눈부실 정도의 매혹적인 흰빛으로 타올랐다.

눈물어린 눈으로 그 가련한 작은 꽃을 바라보고 슬픈 냄새를 맡은 그 짧은 순간에 웬지 아크시냐는 자기의 청춘과, 기나긴 그러나 기쁨이 없었던 생애를 생각했다. 어쩌다 아크시냐도 나이를 먹게 된 것일까.……여자란 전혀 뜻하지도 않았던 생각이 문득 마음속에 떠오르기 때문에 어릴 적부터 울게 되는 것일까?

이제 그녀는 두 손바닥 안에 눈물에 젖은 얼굴을 묻었다가 부어오른 젖은 발을 심하게 구겨진 손수건에 대고 엎드린 채 잠이 들었다.

바람은 더욱더 강하게 불어 포플라와 버드나무 가지들을 서쪽으로 휘게 했다. 끓어오르는 흰 회오리바람같이 되어 떠들어대는 나뭇잎들에 싸인 창백한 물푸레나무의 줄기가 흔들리고 있었다. 바람은 낮게 내려와 아크시냐가 그 밑에서 잠들어 있던 찔레나무의 바야흐로 꽃피우기를 끝내려 하고 있는 덤불에 불어닥쳤다. 그러나 옛이야기에 나오는 푸른 새들의 떼가 갑자기 쫓기게 되어 화닥닥 날아오르듯이 나뭇잎들이 불안하게 술렁거림과 동시에 닐아 흩어졌다가 장미빛 꽃잎의 깃털들을 뿔뿔이 떨어뜨렸다. 찔레나무의 시든 꽃잎들이 내리덮이는 가운데 아크시냐는 아직도 자고 있었다. 그녀의 귀에는 음침한 숲의 술렁거림도 돈 건너편에서 다시 시작된 포성도 들리지 않았고, 중천에 떠오른 햇살이 그녀의 아무것도 쓰지 않고 드러내 놓은 머리를 쨍쨍 내리쬐고 있는 것노 느끼지 못했다. 머리 위에서 나는 사람 목소리와 말 울음소리를 듣고서야 비로소 눈을 뜨고 얼른 일어나려 했다.

그녀 앞에 안장이 없힌 콧등이 흰 말의 고삐를 잡고 엷은 갈색 수염을 기른 이가 하얀 젊은 카자흐가 서 있었다. 그는 얼굴에 가득 미소를 띠고 어깨를 흔들흔들 움직이며 춤을 추는 듯이 다리를 움직였는데, 쉰 목소리이기는 해도 툭 트인 테너로 유쾌한 노래의 가사를 읊조렸다.

나는 쓰러져 누운 채
여기 저기를 둘러 보았네.
여기를 보아도
저기를 보아도
일으켜 주는 사람이 없네!
문득 뒤를 돌아다보니
뒤에 사내가 서 있었네……

"난 혼자서 일어날 텐데요!"
아크시냐는 미소를 짓고, 주름 잡힌 스커트를 바로잡으며 얼른 뛰어일어났다.
"허, 반갑습니다! 다리가 생각대로 움직여주지 않던가요, 아니면 조금 게으름을 피운 건가요?"
쾌활한 카자흐는 인사를 했다.
"굉장히 잤어요."
아크시냐는 허둥지둥 대답했다.
"뵤시키에 가십니까?"
"뵤시키에 가요."
"태워다 드릴까요?"
"뭘루 태워다 준단 말씀예요?"
"당신은 이 말에 타면 될 거고, 나는 걸어서 가지요. 문제는 그렇게 하는데 대한 답례입니다마는……"
카자흐는 농담하는 어조로 말하며 의미심장한 눈짓을 했다.
"필요 없어요. 당신 자신이 말을 타고 가는게 좋아요. 난 혼자서 걸어가겠어요."
그러나 카자흐는 이런 정사(情事)에 관한 경험의 깊이와 어거지의 수법을 노골적으로 드러냈다. 아크시냐가 프라토크를 쓰고 있는 틈을 노린 그는 짧으면서도 힘센 팔로 그녀를 껴안더니 홱 자기 쪽으로 끌어당기고 키스하려 했다.

"어리석은 짓 말아요!"

아크시냐는 소리를 지르며, 힘껏 팔꿈치로 상대의 콧등을 탁 갈겼다.

"좋은 녀석이오, 강간하려는 게 아냐! 자, 보시오. 이 근처는 볼 만하다구요······만물은 모두가 짝짓고 있으니······우리도 한번 죄를 지을 만하잖아요?······"

카자흐는 웃음 띤 눈을 가늘게 좁히고 콧수염으로 아크시냐의 목덜미를 간지르며 소곤거렸다.

아크시냐는 두 손을 앞으로 내밀고 부드러우면서도 힘을 준 두 손바닥을 상대의 땀에 젖은 갈색 얼굴에 댔다가 홱 누르며 상대의 팔에서 몸을 빼려고 했으나, 그는 그녀를 꽉 껴안고 놓아 주지 않았다.

"어리석은 짓 말아요! 나는 나쁜 병에 걸려 있단 말예요······놓으란 말예요!"

그녀는 이 순진한 교지(狡智)로 그의 강요를 모면할 수 있을 것으로 생각하여 숨을 헐떡이면서 말했다.

"글쎄······어떤 병이 오래 됐어요?"

카자흐는 중얼거리듯 말하더니 갑자기 가볍게 아크시냐를 안아올렸다.

그 순간 농담은 끝나고 사태가 참으로 악화된 것을 깨닫자, 아크시냐는 상대의 볕에 그을린 적갈색 콧등을 힘껏 주먹으로 두들기고 몹시 세게 껴안고 있는 사내의 팔에서 몸을 흔들어 떼었다.

"난 그리고리 멜레호프의 아내예요! 다시 한번 그런 못된 짓을 하면 용서하지 않을 거예요, 이 정신 나간 아저씨!······죄다 일러 바칠 거예요. 그러면 멜레호프는 당신을······"

아크시냐는 자기가 그렇게 내뱉은 말의 효과가 아직은 믿어지지 않았으므로 굵은 마른 나뭇가지를 움켜쥐었다. 그런데 카자흐는 즉시 냉정을 되찾았다. 가지색 셔츠 자락으로 양쪽 콧구멍에서 퀼퀼 흘러나오는 코피를 닦으며 분하다는 듯이 소리치는 것이었다.

"바보 같으니! 정말 어리석은 여자로군요! 그러면 그렇다고 왜 처음에 말하지 않은 거요? 봐요, 이렇게 피가 나오잖아요?······적과 싸우다가 흘릴

피도 그리 넉넉지 못한데, 게다가 이편 여자까지 피를 흘리게 해 주다니……"

카자흐의 얼굴은 순간 어둡고 무뚝뚝하게 변했다. 그가 길가의 웅덩이에 괸 물을 떠올려서 얼굴을 씻고 있는 동안에 아크시냐는 서둘러 길을 벗어나 빠른 걸음으로 초원을 가로질러갔다. 5분쯤 지나자 카자흐가 벌써 뒤따라왔다. 그는 곁눈질로 그녀를 힐끗 쳐다보고 말없이 미소짓더니 기계적으로 가슴 위의 총끈을 바로잡고는 말을 성큼성큼 내딛는 갤럽으로 바꾸게 하고 달려갔다.

2

그날 밤 마로에그로무첸코 부락 근처에서 적병 1개 연대가 널빤지와 통나무들을 이어만든 뗏목을 타고 돈을 건너왔다.

그로모크 기병 중대는 불의의 급습을 당했다. 그날 밤 대부분의 카자흐들은 노는 데 정신이 팔려 있었기 때문이다. 저녁때 중대가 대치되었던 장소에 군인의 아내들이 찾아왔다. 여자들은 먹을 것과 탁주를 항아리와 통에 담아서 가져왔다. 한밤중에는 모두가 취해서 쓰러져 버렸다. 호(壕) 속에서는 노랫소리며, 취해 버린 여자들의 새된 소리며, 남자들의 큰 웃음소리며 휘파람소리 따위가 울려 퍼지고 있었다. 초소에 있던 20명의 카자흐들도 기관총병 2명과, 탁주가 담긴 말구유를 기관총 옆에 남겨두고 그 나머지는 모두 술판에 끼어들어 있었다.

고요해진 가운데 돈 오른쪽 강변에서 적위병을 태운 뗏목이 떠났다. 강을 건너자 적위군은 산병선(散兵線)을 전개하고, 돈의 기슭에서 100미터쯤 되는 곳에 만들어진 참호를 향해 환성도 올리지 않고 묵묵히 나아갔다.

뗏목을 맡은 공병(工兵)은 차례를 기다리고 있을 새로운 적위병 무리를 맞으려고 급히 노를 저었다.

좌안에서는 종잡을 수 없는 카자흐들의 노랫소리 이외에는 5분쯤 다른 어떤 소리도 나지 않았다. 이윽고 수류탄이 터지는 소리가 강하게 울리고, 기관총이 타, 타, 타, 탓 소리를 내고, 일시에 소총들을 난사(亂射)하는 소리가 끓어올랐다. 먼 곳에서 단속적인 환성이 메아리 쳤다.

"만세! 만세!"

그로모크 중대는 결딴나고 말았다. 그러나 결정적인 괴멸(壞滅)만은 면하였다. 앞이 잘 보이지 않는 어두운 밤이었기에 적위군이 추격할 수 없었기 때문이다.

큰 피해가 없었던 그로모크 중대원들은 얼떨결에 여자들과 함께 보센스카야 쪽 초원으로 도망쳐갔다. 그 사이에 우안에서는 뗏목으로 새로운 적위병 무리가 쭉쭉 옮겨지고, 경기관총 2정을 장비한 제111연대 제1대대 소속의 중대들 중 절반은 이미 반란군의 바즈키 중대 측면을 향해 행동을 개시하고 있었다.

돌파구에는 잇따라 증원군이 몰려들었다. 적위병의 전진은 몹시 곤란했다. 그 이유는 적위병 중 어느 누구도 그 고장 사정에 밝은 자가 없었기 때문인데, 부대는 안내자도 없이 무턱대고 전진을 계속히다 보니 줄곧 밤의 어둠 속에서 호수라든가 봄장마로 가득히 물이 채워졌던 깊은 냇물에 부딪치게 되었다. 냇물을 얕은 여울에서 건너는 문제 따위는 아예 논의해 보지도 못했다.

공격을 지휘하고 있던 적위군 여단장은 적추격을 새벽녘까지 중지하기로 결정했다. 그리고 아침까지 예비군을 집결시켜서 보센스카야 공략에 전력을 집중시키고, 포격 준비를 갖춘 뒤 즉시 진격을 하기로 결정했다.

그러나 보센스카야에서는 이미 돌파구를 회복하기 위한 긴급수단이 강구되고 있었다. 적위군의 강 건너기에 관한 정보를 연락병이 알려오자마자 사령부의 당직(當直)은 즉시 쿠지노프와 멜레호프를 부르러 갔다. 쵸르누이, 고로호프 및 두브로프카의 각 부락에서는 카르긴스키 연대의 기병 중대가 소집되었다. 작전 총지휘는 그리고리 멜레호프가 맡았다. 그는 에린스키 부락에 병책 300을 투입하여 좌익 전선을 강화하고, 또한 만일에 적이 동쪽에서 보센스카야를 우회하여 포위하려 할 경우에는 그 적의 공격을 저지하기 위해서 타타르스키와 레비야진스키의 2개 중대를 거기에 증원시킬 작정이었다. 서부(西部)에서는 돈강을 따라 바즈키 중대를 구원하기 위해 보센스카야의 이노고로드(미가자흐: 가자흐에 속하지 않는 농민) 의용 부대와, 치르의 각 보병 중대 중에서 1개 중대를 뽑아 보냈다. 위험하다고 생각되는 지역에는 기관총 8정을 배치했다. 그리고리 자신은 기병 2개 중대와 함께 밤 2시경 고레르이 숲에 가 있다가 날이 밝기를 기다려서 기병 대형으로 적위병을 공격할 계획이었다.

아직 새끼곰자리의 별들도 사라지지 않았을 무렵, 뵤센스카야의 비카자흐 의용 부대는 숲속을 지나서 바즈키 강의 구부러진 곳을 향해 나아가고 있다가 퇴각해 온 우군인 바즈키 중대와 충돌했다. 바즈키 중대를 적이라고 생각한 의용 부대는 잠깐 사격을 한 뒤에 도망쳤다. 뵤센스카야와 강의 구부러진 곳 사이에 있는 넓은 호수를 의용병들은 급히 물가에 구두와 의복을 벗어 내던지고 헤엄쳐 건너갔다. 그 오인(誤認)은 곧 판명되었지만, 그러나 적위군이 뵤센스카야에 육박하고 있다는 정보는 놀랄 만한 속도로 퍼져나갔다. 지하 움 속에 숨어 있던 피난민은, 적위병이 돈을 건너 전선을 돌파하고 뵤센스카야를 향해 진격을 계속하고 있다는 소문을 가는 곳마다 퍼뜨리며 뵤센스카야에서 북쪽을 향해 와르르 흘러갔다.

날이 샐 무렵에, 그리고리는 비카자흐 부대가 흩어져 달아났다는 정보를 받자 돈을 향해서 말을 달렸다. 의용병들은 갑작스러웠던 오인 사건이 판명되었기 때문에 큰 소리로 이야기를 하며 참호로 되돌아가는 참이었다. 그리고리는 그들 가운데 한 패거리를 만나자 비웃듯이 물었다.

"호수를 헤엄쳐 건널 때 빠져죽은 자들이 꽤 많았을 테지?"

걸으면서 셔츠를 쥐어짜고 있던, 흠뻑 젖은 저격병이 얼떨결에 대답했다.

"모두들 물고기처럼 헤엄쳤습니다. 익사할뻔하지는 않았습니다……"

"누구에게나 쩔쩔매기도 하고 몹시 당황하게 되기도 하는 때가 있게 마련입니다."

두 사람째의, 속옷 한 벌만으로 걷고 있던 사내가 사려깊게 말했다.

"예를 들어 우리 소대장인가 하는 사람은 하마터면 익사할 뻔했습니다. 신을 벗으려 하지 않았던 겁니다. 말하자면 오래 걸려서 게토르를 풀기가 싫으므로 그냥 헤엄쳤는데, 그 게토르가 갑자기 물속에서 풀려나갔습니다. 그러고는 다리에 휘감기고 말았습니다……정말이지 그때 소리치던 거라니! 에란에 있었어도 들릴 정도였습니다!"

그리고리는 의용대장 크라무스코프를 찾아내어, 그가 저격병을 숲 끝에까지 데리고 가되 필요한 경우에는 측면에서 적위병 산병선을 사격할 수 있도록 병사들을 배치하라고 명령해 놓은 뒤, 자신은 휘하의 중대 쪽으로 향했다.

바로 그 길 중간쯤에서 사령부 전령과 만났다. 전령은 괴로운 듯이 옆구리를 심하게 들먹이고 있는 말을 갑자기 세우더니 안심하게 되었다는 듯이 후유! 한숨을 내쉬었다.
"간신히 당신을 찾았습니다!"
"무슨 일인가? 말할 것은?"
"타타르스키 중대가 참호를 포기했다는 것을 전해드리라는 사령부의 명령입니다. 타타르스키 중대가 포위당하지나 않았는지 우려되고 있습니다. 지금 모래톱으로 퇴각중입니다……당신은 곧장 그곳으로 급히 가시도록 하라는 것이, 구두(口頭)에 의한 쿠지노프의 명령입니다."
비상하게 빠른 다리를 자랑하는 말을 가지고 있는 카자흐 반 개(半個) 소대와 함께 그리고리는 숲속을 지나 큰 길로 나갔다. 빠르게 달린 지 20분 뒤에는 벌써 고르이이리멘 호숫가에 가 있었다. 그들이 있는 좌측 초원 속을 타타르스키의 카자흐들이 공포에 싸여서 뿔뿔이 흩어져 도망치고 있었다. 전열(戰列)을 이룬 병사들이나 경험을 쌓은 카자흐들은 당황하지 않고 살그머니 걸어서 강가의 사초(莎草) 덤불에 몸을 숨기듯하고는 호수 곁으로 가고 있었으나, 그 밖의 대부분은 어떻게 해서든지 일각이라도 빨리 숲까지 도달하려고 하는 단 한 가지 희망에 쫓겨 때때로 일어나는 기관총화(機關銃火)도 아랑곳없이 무턱대고 곧장 달려갔다.
"저놈들을 따라가 잡아라! 채찍으로 갈겨라!"
성난 눈을 부릅뜨고 그리고리는 그렇게 외치며 맨 앞에 서서 부락민을 쫓아 말을 달렸다.
일행의 맨 끝에서 프리스토냐가 조금씩 절룩거리는 다리를 끌며 기묘하게 춤이라도 추는 것 같은 걸음걸이로 조심조심 달려갔다. 그는 전날 고기를 잡으러 갔을 때 갈대에 심하게 뒤꿈치를 찔렸기 때문에 그 특유의 긴 다리에 의한 빠른 걸음걸이로 갈 수 없었던 것이다. 그리고리는 프리스토냐를 따라잡자 머리 위로 높이 채찍을 들어 휘둘렀다. 말굽소리를 듣고 프리스토냐는 뒤를 돌아다보더니 갑자기 속도를 빨리했다.
"어디로 가는 거야? 기다려! 기다리란 말이야! ……"
그리고리는 헛된 외침을 계속했다.
프리스토냐는 멈추어 서려는 생각은 전혀 하지 않았다. 그는 더욱 더 속도를 빨리하여 마치 자유로워진 낙타가 취하는 갤럽과 같은 속도로 바꾸어갔다.

그때 격노한 그리고리는 목이 쉬도록 심한 욕설을 퍼부으며 말을 훨씬 더 빨리 달리게 하여, 프리스토냐와 나란히 서게 되자 땀에 흠뻑 젖은 프리스토냐의 등허리를 가슴이 후련해질 만큼 채찍으로 한 차례 갈겼다. 프리스토냐는 그 일격(一擊)에 뛰어올라서 마치 토끼가 '옆으로 뛰는' 것처럼 옆쪽으로 이상한 뜀질을 하는 듯하더니 땅바닥에 주저앉아 천천히 조심스럽게 등허리를 쓰다듬기 시작했다.

그리고리와 함께 달려간 카자흐들은 달아나는 카자흐들 앞을 달려가 앞질러서 멈춰서게 하기는 했지만 채찍은 사용하지 않았다.

"그놈들을 갈겨 줘라! ……막 갈겨 줘!"

그리고리는 자신의 멋진 채찍을 휘두르며 목이 쉬도록 외쳤다.

그의 말은 한 군데를 빙글빙글 돌다가 우뚝 서기도 하며 도무지 앞으로 나아가려 하지 않았다. 그리고리는 겨우 그 말을 다루어 앞쪽으로 도망쳐가는 자들 쪽으로 달려갔다. 쏜살같이 달리던 그는 덤불 옆에 멈춰서서 묵묵히 미소짓고 있는 스테판 아스타호프의 모습을 언뜻 보았다. 또한 자꾸 웃음이 나오는 것을 견디어내지 못하여 쪼그리고 앉아서 두 손을 메가폰 모양으로 입에 대고 새된 여자 같은 목소리를 질러대고 있는 아니쿠시카의 모습도 보았다.

"어이 형제들, 될 수 있는 대로 도망쳐! 적위군이 온다아! ……"

그리고리는 또 한 사람, 솜 넣은 저고리를 입고 꾸준히 엄청나게 빠른 걸음으로 도망쳐 가는 부락 사람을 쫓아갔다. 새우등처럼 몸을 앞으로 잔뜩 구부린 그가 누구인지 잘 알고 있었을 리도 없지만 생각해 보고 있을 틈도 없었다. 그러므로 그리고리는 아직 먼 곳에서 소리 쳤다.

"서라, 병신 같은 놈아! ……서라, 목을 칠 테다!"

그러자 갑자기 그 솜저고리의 사내는 속도를 늦추고 멈춰 섰다. 그리고 그 사내가 방향을 바꾸려 했을 때, 어린 시절부터 눈에 익은 몹시 성난 때에 보이는 그 특징 있는 동작을 보자 그리고리는 총탄에 탁 맞은 것같이 놀랐다. 얼굴을 아직 보기도 전에 그가 아버지임을 알아챘던 것이다.

판테레이 프로코피에비치의 뺨은 실룩실룩 경련을 일으키고 있었다.

"저를 낳아 준 애비가 병신 같은 놈이란 말이냐? 애비를 베어 죽인다고 위협하는 거냐!"

그는 언성을 높여서 꾸며낸 가성(假聲)으로 소리쳤다.

그의 눈은 흔히 보아서 알고 있는 그 억누르기 어려운 격노 때문에 흐려져 있었으므로 그리고리의 분노도 대번에 식어 버릴 정도였다. 그리고리는 힘껏 말을 눌러 세우고 말했다.

"등허리만 보였기 때문에 알아뵙지 못했던 겁니다! 왜 그렇게 성내고 계십니까, 아버지?"

"뭐, 알아보지 못했다고? 애비를 알아보지 못했단 말이냐?"

이 노인의 분노를 표현하는 방식이 너무도 우습고 또한 그 장소와 어울리지도 않았기 때문에 그리고리는 웃으면서 아버지와 나란히 서게 되는 위치에 가자 타협하듯이 말했다.

"아버지, 그렇게 화내지 마십시오! 아버지는 제가 본 적 없는 옷을 입고 계신데다가, 마치 준마처럼 굉장한 기세로 달려가셨고, 그 절름거리던 걸음걸이도 어디로 날아가 없어졌잖습니까! 그래서 아버지인 줄 전혀 알아채지 못했던 겁니다!"

다시 이전에, 즉 집에서 생활할 때에 언제나 그랬던 것처럼 판테레이 프로코피에비치는 도로 온화해졌다. 여전히 괴로운 듯한 한숨을 쉬고는 있었지만 그래도 한결 부드러운 어조로 고개를 끄덕였다.

"내가 입은 이 옷은 네가 말한 대로 새 것이다. 나는 말이다, 슈바(모피 외투)를 이것과 바꾸었는데 슈바는 입기에 무거워서 그랬다······ 그 다음으로 절름거리던 거 말인데······ 이런 경우에 절름거릴 수가 있냐! 이런 때에는 결코 절름거리지 않는 거야! ······사신(死神)이 눈 앞에 다가오고 있는데 다리가 다 뭐냐! ······"

"죽는 것은 아직도 훨씬 뒤의 일입니다. 아버지, 돌아가셔야 합니다! 탄환을 내버리지는 않으셨을 테지요?"

"어디로 돌아가란 말이냐?"

노인은 화를 냈다.

그러나 이때 그리고리는 한층 목소리를 높여 한 마디 한 마디 분명하게 끊어서 호령하듯이 말했다.

"돌아가실 것을 명령합니다! 싸움터에서 지휘관의 명령에 따르지 않을 경우는 군법에 의해 어떤 처벌을 받는지 아실 테지요?"

이 말은 즉각적인 효과를 나타냈다. 판테레이 프로코피에비치는 등허리의 총을 바로 잡고 마지못해 뒤로 돌아섰다. 한층 느릿느릿 뒤로 되돌아가는 노인 한 사람과 나란히 서게 되자 한숨을 쉬며 말했다.

"요새 녀석들은 도무지 어찌할 도리가 없게 됐어! 애비를 귀중하게 여기거나 공경하는 대신에, 예를 들자면 전투에서 애비를 지켜주지는 않고 애비한테까지 눈독을 들이다가 전투에 내몰려 한단 말이야……그야말로……아니, 죽은 녀석 페트로가 훨씬 나았어. 페트로는 상냥한 마음씨를 가지고 있었고 이 그리시카란 녀석은 강직한데, 하기야 그리시카는 사단장으로 공로도 있고 그 밖에 여러 가지를 하고 있지만 마음씨가 그렇지 않단 말이야. 딱딱하고 강직해서 손가락 하나 건드릴 수가 없거든. 페치카 위에 누워 있어야 할 나이가 된 나더러 바늘방석에나 앉으라고 한단 말이야!"

별로 애쓰지도 않았는데 타타르스키 부락 사람들은 이야기를 알아들어 주었다……

잠시 뒤에 그리고리는 중대원 전부를 모아서 엄호물 뒤로 중대를 끌어냈다. 그리고리는 말 위에 앉은 채로 간단히 설명했다.

"적위군은 강을 건너왔다. 그리고 현재 뵤시키를 점령하려 하고 있다. 돈 강 주위에서 현재 전투가 시작되고 있다. 사태는 용이하지 않을 듯하다. 함부로 도망치거나 하지 않도록 하라. 다시 한번 도망치려는 짓 따위를 하면 에린스키 부락에 주둔하고 있는 기병대에 명해서 배반자로 몰아 베어 죽이겠다!"

그리고리는 가지각색의 모피를 착용한 부락민을 둘러보고 업신여기는 기분을 드러내며 마지막 말을 했다.

"이 중대에는 많은 건달들이 들어와 있는데, 그런 자들이 놀라서 당황하고 있다. 도망치며 바지에 오줌을 싸기도 하는 기막힌 병사도 있다. 그런데도 카자흐라고 말할 수 있는가? 특히 영감님들이 그렇다. 나를 잘 봐라! 한번 싸우기로 마음 먹은 이상은 다리 사이에 머리를 숨기는 짓 따위를 할 수 없을 것이다! 지금부터 곧 각 소대는 구보(驅步)로 저쪽 경계선까지 가서 덤불이 있는 데서부터 돈으로 간다. 돈 연안을 따라 세묘노프 중대가 있는 곳까지 간다. 그리고 세묘노프 중대와 협력해서 측면을 공격해야 한다. 자, 전진하라! 서둘러야 한다!"

타타르스키 부락민은 묵묵히 이야기를 듣고 또한 묵묵히 덤불 쪽으로 향했다. 나이 많은 사람들은 낙담한 듯이 탄식하며, 기세 좋게 말을 달려가는 그리고리와 그를 따라가는 카자흐 기병대를 둘러보고 있었다. 판테레이 프로코피에비치와 보조를 맞추어 걷고 있던 오브니조프 노인은 감동하여 말했다.

"정말 당신은 훌륭한 아드님을 두셨구료! 진짜 사나운 독수리요! 잘도 프리스토냐의 등허리를 철썩 갈겨 줍디다! 그러고는 금세 모두를 한데 모아 놓던걸요!"

아버지로서의 정(情)에 빠져서 기분이 좋아진 판테레이 프로코피에비치는 기꺼이 맞장구를 쳤다.

"암, 그런 거야 말할 나위가 없지! 글쎄 저런 녀석은 온 세상을 다 뒤져 봐도 좀체로 없을 거요! 가슴에 십자훈장을 쭈욱 이건 농담이지만—말이오—받게 될 거요. 죽은 페트로, 그녀석은 내 장남이지만 말이오, 저녀석과는 달랐다구요! 페트로는 아주 온순한 녀석이었지만 어째선지 미처 제 구실을 못했다오. 여자 같은 마음씨였는데! 그런데 이녀석은 나를 닮았소! 하지만 나보다는 용기가 없다오!"

그리고리는 자신의 반개 소대와 함께 카르므이츠키의 얕은 여울 쪽으로 살그머니 나갔다. 그들은 숲이 있는 곳까지 도달했으므로 이젠 안전하다는 생각을 하고 있었다. 그런데 돈 건너편 감시 초소에서 그들의 모습을 발견했다. 포병 소대가 사격을 개시해 왔다. 제1탄은 버드나무 위를 날아서 질퍽질퍽한 늪의 덤불 근처에 떨어졌지만 터지지는 않았다. 그러나 제2탄은 길에서 가까이 있는 오래된 수양버들의 드러나 있던 뿌리 쪽에 맞아서 확 불길을 흩뿌리고 굉음(轟音)과 기름진 흙덩어리와 다 썩은 나무조각을 카자흐들에게 뒤집어씌웠다.

굉음에 귀가 먹먹해진 그리고리는 본능적으로 눈을 손으로 가리고는 둔덕하고 축축한 타격이 말의 엉덩이 쪽에 가해지는 것을 느끼며 안장 테두리에 몸을 찰싹 붙였다.

대지를 뒤흔드는 작렬음에 놀란 카자흐의 말들은 마치 호령이 내려지기라도 한 듯이 한순간 웅크리는가 싶더니 재빠르게 앞으로 돌진해 나갔다. 그리고리의 말은 괴로운 듯이 뒷다리로 곤추서서 뒷걸음질치다가 차츰 옆으로 쓰러졌다. 그리고리는 재빨리 말에서 뛰어내려 말의 입에 달린 끈을 잡아챘다. 다시 포탄 2개가 머리 위로 날아가고는 다시 이 숲 가장자리에 쾌적한 정적이 찾아왔다. 초연(硝煙)이 풀 위에 내리깔렸다. 막 파내어 진흙 냄새와 나뭇조각들과 거의 썩다시피한 나무 냄새가 자욱이 맴돌았다. 먼 곳 덤불 속에서 까치가 불안하게 짖어댔다.

그리고리의 말은 코를 울리며 부들부들 떨리는 뒷다리를 접어서 굽혔다. 싯누런 이빨을 괴로운 듯이 드러내 놓고 목을 늘인 채 빌로도 같은 잿빛 콧등에서 장미빛 거품이 일고 있었다. 극심한 전율이 말의 몸을 사로잡아 밤색 털 속에서 경련이 물결치듯 일었다.

"틀렸습니까?"

옆으로 달려온 카자흐가 물었다.

그리고리는 그 물음에는 대답하지 않고 점차 흐려져가는 말의 눈을 지켜보았다. 그리고리는 말의 상처는 아예 보지도 않았다. 다만 말이 왠지 맥없이 앞발을 내젓고 한 번 몸을 쭉 펴는 듯싶더니 갑자기 무릎을 꺾고 풀썩 주저앉아 머리를 숙여서 마치 주인에게 뭔가 허락을 받으려는 듯한 자세를 취하는 것을 보았을 때에야 비로소 그리고리는 조금 말 옆에서 물러섰다. 말은 헛소리를 뿜으며 옆으로 쓰러지더니 머리를 쳐들려고 안간힘을 쓰다가는 마지막 힘도 이제 그를 내버렸는지 떨림이 차차로 적어지고 눈이 감기며 목에서 땀이 솟아나왔다.

이제는 며느리발톱의 털 속과 발굽의 팬 곳 언저리에만 가늘게 최후의 맥박이 뛰었다. 닳아 없어진 안장 날개가 희미하게 떨렸다.

그리고리는 말의 왼편 샅 쪽을 곁눈질로 보았다. 살이 도려진 깊은 상처와 그 상처의 아가리에서 샘처럼 뿜어져 나오는 뜨뜻미지근한 검은 피를 보자 그는 흐르는 눈물을 닦지도 않고 말에서 내려 다가온 카자흐를 향해 더듬더듬 말했다.

"한 방으로 해치우게!"

그러고는 카자흐에게 자기의 모젤 총을 건네었다.

그리고리는 카자흐의 말로 바꾸어 타고 자기 중대를 남겨두고 왔던 곳으로 달려갔다. 그곳에서는 이미 전투가 한창 극에 달해 있었다.

 날이 새는 것과 때를 같이해 적위군은 공격으로 옮겨 갔다. 층(層)을 이룬 깊은 안개 속에서 적위군 산병선이 행동을 개시하여 뵤센스카야 방면을 향해 묵묵히 앞으로 다가왔다. 우익(右翼)에서는 물이 가득 차 넘치고 있는 움푹한 곳을 만나서 한때 망설이며 시간을 끌었으나, 얼마 뒤 가슴 언저리까지 물에 잠겨 탄약합(彈藥盒)과 총을 머리 위로 높이 치켜올렸다. 잠시 지나자 돈 강가의 구릉에서 포병 4개 중대가 일제히 어머어마하게 포문을 열었다. 포탄이 부채꼴의 숲속에 떨어지기 시작하자마자 반란군도 총화(銃火)를 폈다. 적위군은 이미 걷는 게 아니라 사격 자세로 달리고 있었다. 그들 전방(前方) 약 500미터 지점에 있는 숲속에 유산탄이 기분 나쁘게 터지고, 포탄으로 나무가 발기발기 찢겨 쓰러지고, 초연(哨煙)이 흰 소용돌이가 되어 솟아올랐다. 카자흐의 기관총 2정은 짧은 연속사격으로 맹렬히 기세를 올렸다. 첫 줄의 적위병들이 퍽퍽 쓰러졌다. 더욱더 맹렬히 여기저기서 총탄은 외투의 허리를 띠로 감아서 댄 적위병들을 쓰러뜨려 엎어놓기도 하고 뒤로 젖혀놓기도 했다. 그래도 뒤이은 적병들은 엎드리지도 않고 계속 나아와 숲과 그들 사이의 거리는 차차로 좁혀졌다.

 두 번째 열의 산병선 선두에서 키가 크고 머리에 아무것도 쓰지 않은 지휘관이 몸을 약간 앞으로 구부리고 군용 외투자락을 펄럭이며 경쾌하게 돌진해 왔다. 산병선의 전진은 한순간 움칫하고 늦추어졌지만, 지휘관이 계속해 달리며 뒤를 돌아보고 뭐라고 큰 소리로 외치자 적위병들은 나아왔고, 다시 쉰 목소리로 무섭게 "우라아!" 하는 환성이 더욱더 죽음에 광기의 울림을 띠게 했다.

 그때 카자흐군이 가진 모든 기관총이 일제히 불을 토했다. 숲 언저리에서는 소총 사격이 잠시도 멈추지 않고 더더욱 맹렬해졌다……숲 입구에 있는 중대들을 이끌고 진을 치고 있던 그리고리의 배후 언저리에서 바즈키 중대의 중기관총이 긴 연속사격을 개시했다. 산병선은 움칫하더니, 엎드려서 마주 쏘기 시작했다. 전투는 1시간 만쯤 계속되었는데, 반란군의 총화는 계속 맹렬한 평사(平射)였으므로 꽤 대단하던 제2진의 적군 산병선도 견디어내지 못하게 되자 바로 일어나서 뒤에 육박해 온 제3진의 산병과 뒤섞였다. ……이어 초원에는 정신없이 도망치는 적위병들 모습이 가득하게 흩어졌다. 그때 그리고리는 자기 휘하의 각 중대를 구보로 숲속에서 뛰어나가게 하고 정렬시켜 즉시 추격하게 했다. 매우 빠르게 달려나간 치르의 기병 중대는 퇴각하는 적이 뗏목으로 가는 길을 차단했다. 돈 강가의 숲 옆, 바로 기슭 옆 쪽에서 백병전(白兵戰)이 벌어졌다. 뗏목 있는 곳까지 돌파해 갈 수 있던 자는 적위병 중 극소수에 지나지 않았다. 그 적위병들은 물이 가득 넘치는 뗏목을 타고 기슭을 떠났다. 나머지 적위병들은 돈강 기슭 끝까지 밀려나면서 싸웠다.

그리고리는 휘하의 중대를 말에서 내리게 하고, 말을 맡은 병사들에게는 숲에서 나오지 말라고 명령한 뒤, 카자흐들을 기슭으로 인솔해 갔다. 나무에서 나무로 옮겨 달리며 카자흐들은 더욱더 돈으로 다가갔다. 150명 쯤의 적위병들은 수류탄과 기관총의 총화를 육박해 가는 반란군 보병들에게 퍼부었다. 뗏목은 다시 왼쪽 강가를 향해서 돌아오려 했으나, 바즈키 중대의 카자흐들은 소총으로 적위군 뗏목을 젓고 있던 자들을 거의 다 쏘아 쓰러뜨렸다. 이쪽 기슭에 남겨진 적위병들 운명은 이미 정해진 거나 다름없었다. 의기가 푹 꺾인 자들은 소총을 내던지고 강을 헤엄쳐 건너려 했다. 그 적위병들에게 돌파구 언저리에 숨어 있던 반란군 병사들이 사격을 가했다. 돈의 급류를 헤엄쳐 건널 수 없던 많은 적위병들이 익사했다. 무사히 헤엄쳐 건넌 것은 겨우 2명이었다. 그중 1명은 줄무늬의 수병(水兵) 셔츠를 입고 겉보기에 수영에 능해 보였는데 낭떠러지에 머리를 아래로 숙이고 뛰어들어서는 그대로 물 속에 잠겼다. 그가 머리를 드러낸 곳은 돈강 거의 한가운데쯤 되는 곳이었다.

버드나무의 넓은 가지 그늘에 몸을 숨기고 있던 그리고리는 그 수병이 크게 두 손을 번갈아 내밀며 헤엄을 쳐서 건너편 기슭에 닿는 것을 보았다. 또 다른 1명이 무사히 헤엄쳐 건넜다. 그는 가슴까지 물에 잠기면서 탄환을 모조리 쏘아버렸다. 주먹을 카자흐들 쪽으로 내밀어 위협하듯 뭐라고 소리를 지르더니 강물을 엇비스듬히 단숨에 헤엄쳐 갔다. 그의 주위로 첨벙첨벙 탄환들이 튀었지만 1개의 탄환도 그 행운아에게는 명중되지 않았다. 아래쪽 가축우리 언저리에서 그는 뭍으로 나가 몸을 후루룩 떨더니 절벽을 따라 인가(人家)가 있는 쪽으로 천천히 올라갔다.

돈 기슭에 남은 적위병들은 모래언덕 뒤에 엎드렸다. 그들은 한 자루 있는 기관총의 냉각장치 속 물이 끓어 넘칠 때까지 끊임없이 쏘아댔다.
"나를 따라오라!"
그리고리는 기관총이 잠잠해지자마자 군도를 뽑아들고서 낮게 명령을 내리고 모래언덕으로 돌진했다.
그 뒤에서 괴로운 듯이 헉헉 숨을 쉬며 카자흐들이 어기적거리며 따라갔다.
적위병들이 있는 곳까지 이제 300미터밖에 안 남았다. 모래언덕 뒤에서 세 번 일제사격을 가해 왔는데, 그것이 끝나자 갑자기 거무스름한 얼굴에 시커먼 콧수염을 기른 키 큰 지휘관이 벌떡 일어나서 온몸을 드러냈다. 가죽상의를 입은 여자가 그 지휘관을 부축하고 있었다. 지휘관은 부상당한 것이었다. 그는 총검을 댄 소총을 고쳐 쥐고 쉰 목소리로 호령했다.
"타바리시치! 전진! 백위군놈들을 모조리 죽여 버려라!"
용감한 적위군 한 떼가 〈인터내셔널〉 노래를 소리쳐 부르며 반격에 나섰다. 죽음의 반격이었다.
돈 부근에서 마지막까지 싸우다 쓰러진 116명은 모두가 '인터내셔널' 중대의 공산당원들이었다.

3

그리고리는 밤이 깊어서야 사령부에서 숙사로 돌아왔다. 프로호르 즈이코프가 쪽문에서 그리고리를 기다리다가 마중을 나왔다.
"아크시냐에 대해 아무 소식도 듣지 못했나?"
그리고리가 태연히 물었다.
"듣지 못했습니다. 어디론가 모습을 감추었는가 봅니다."
프로호르는 하품을 하면서 대답했다. 그리고 몸을 떨며 생각했다. '다시 그녀를 찾아오라고 시키면 정말 곤란해.……돌이킬 수 없는 관계가 맺어질 테니!'
"세숫물을 가져오게. 띰두성이야. 이시!"
그리고리는 꽤나 성급하게 말했다.
프로호르는 집 안에 들어가서 물을 길어 왔다. 두 손바닥을 펴 물을 받는 그리고리에게 손잡이가 달린 컵으로 수십 번 물을 부어 주었다. 그리고리는 기분 좋게 얼굴을 씼었다. 그러고는 땀내나는 작업복을 벗고 부탁했다.
"등허리에 끼얹어 줘."
땀이 밴 등골이 오싹해지는 차가운 물에 그리고리는 아이쿠 소리를 지르며 거칠게 콧숨을 내쉬었다. 그 다음에는 가죽 멜빵에 쓸려 아프던 어깨와 털이 많은 가슴 언저리를 한동안 북북 문질렀다. 깨끗한 말옷(馬衣)으로 몸을 닦고 이번에는 한결 산뜻한 목소리로 프로호르에게 말했다.
"내일 아침에 내 말을 가져오기로 되어 있으니 그것을 인수해서 깨끗하게 씻기고 사료를 많이 먹여 주게. 내가 일어날 때까지는 깨우지 말게. 사령부에서 전령이 온 때에만 깨워. 알았지?"
그는 헛간 차양 밑으로 갔다. 짐마차 위에 누워서 금새 푹 깊은 잠이 들었다. 날이 샐 녘에는 쌀쌀해져서 다리를 오그리고 이슬에 젖은 군용외투를 뒤집어썼다. 해가 솟아오른 뒤에도 더 잤다. 7시경 은은한 포성에 잠을 깼다. 마을 뒤쪽 맑은 물빛 하늘에 희미하게 빛을 내는 비행기 1대가 선회했다. 그 비행기를 향해 돈 건너편 기슭에서 대포와 기관총을 맹렬히 쏘아댔다.
"저걸 쏘아서 떨어뜨리고 말지도 모르지!"
프로호르가 말뚝에 매인 키큰 붉은 털의 수말에다 심하게 솔질을 하며 중얼거렸다.
"좀 보십시오, 판테레에비치, 참 대단한 말을 당신에게 보내왔습니다!"
그리고리는 쓰윽 말을 돌아보고 만족스러운 듯이 말했다.
"몇 살인지 잘 모르겠는걸. 대략 6살 정도일까?"
"6살입니다."
"그래, 좋은 놈이야! 다리는 날씬하고, 다리 끝이 전부 하얗군. 훌륭한 말이야……자, 안장을 얹어 줘. 가서 저 비행기로 누가 날아왔는지 보고 올 테니까."
"어디 한 군데 나무랄 데가 없는 훌륭한 말입니다. 하지만 달리는 건 어떨까요? 여러 가지 조건으로 보아 반드시 다리가 무섭게 빠를 것이 틀림없습니다."
프로호르는 말의 배 띠를 꽉 죄며 중얼거리듯 말했다.
다시 유산탄이 터져 흰 연기와도 같은 작은 구름이 비행기 주위에 확 피어올랐다.

착륙할 장소를 발견했는지 비행사는 재빨리 고도를 낮추었다. 그리고리는 쪽문을 나서자 마을의 공동 마구간을 향해서 쏜살같이 말을 달렸다. 비행기가 그 마구간 건너편에 착륙한 것이었다.

마을 변두리에 서 있는 길쭉한 석조 건물—마을의 종마(種馬) 마구간—에는 800명 넘는 적위군 포로로 꽉 차 있었다. 감시병은 그 건물 안에 변소가 없는데도 그들이 대소변을 보도록 바깥에 내보내 주지를 않았다. 마구간 주위로 고약하고 답답한 냄새가 풍겨 나왔다. 문 밑으로는 확확 냄새 나는 소변이 줄줄 흘러나오고, 그 위를 쉬파리들이 떼지어 날고 있었다……

밤낮으로 이 감옥 속에서는 죽을 운명을 짊어진 사람들이 신음하고 있었다. 수백 명이나 되는 포로들이 쇠약해지거나 또는 그들 사이에서 생겨나 퍼진 티푸스나 이질로 죽어 갔다. 시체가 며칠씩 그대로 치워지지 않는 경우도 있었다.

그리고리가 마구간을 한 바퀴 돌고 말에서 막 내리려 할 때 돈 건너편 기슭에서 쏘아대는 대포가 쿵 하고 둔한 소리를 냈다. 다가오는 포탄 소리가 차차 커지더니 이윽고 무거운 작렬음과 뒤섞였다.

조종사와 함께 타고 온 장교가 비행기의 몸체에서 나왔다. 카자흐 병사들이 그 두 사람을 둘러쌌다. 그 순간 돈 건너편 기슭의 산 허리에서 포병대의 포문 전부가 울려 퍼졌다. 포탄들이 마구간 언저리에 떨어지기 시작했다.

조종사는 급히 몸체로 기어올라갔으나 엔진이 말을 듣지 않았다.

"손으로들 밀어!"

도네츠에서 비행기로 온 장교는 우렁찬 목소리로 카자흐 병사들에게 호령하더니 자신이 먼저 날개에 달라붙었다.

흔들거리며 비행기는 가볍게 소나무 숲 쪽으로 움직였다. 포병대는 비행기를 향해 일제히 포격을 가해 왔다. 1발이 포로들로 꽉 차 있는 마구간에 명중했다. 자욱한 연기와, 날아오른 석회암의 모래먼지가 소용돌이치는 가운데 마구간 한쪽 모서리가 무너져내렸다. 마구간은 공포에 떠는 적위군 포로들의 쨍틸한 부트짖음으로 순간 흔들렸다. 뻥 하니 입을 벌린 무너진 틈으로 포로 3명이 뛰쳐나왔다. 달려온 카자흐 병사들이 아주 가까이에서 그들을 마구 쏘아갈겼다.

그리고리는 옆쪽으로 말을 달렸다.

"위험합니다! 소나무 숲속으로 피하십시오!"

겁먹은 얼굴로 풋내기 티가 나는 두 눈을 동그랗게 뜬 한 카자흐가 옆으로 지나가며 소리쳤다.

'글쎄, 정말로 위험할는지도 몰라. 농담이 아니지.'

이렇게 그리고리는 생각하고 천천히 말머리를 돌렸다.

그날 쿠지노프는 멜레호프를 부르지 않은 채 사령부에서 극비(極秘) 회의를 열었다. 비행기로 날아온 돈군 장교가 하루 이틀 사이 적위군 전선은 카멘스카야 마을에 집결된 돌격 병단의 여러 부대에 의해 돌파된다는 것, 돈군의 기병 사단은 세크레테프 장군의 지휘하에 반란군과 합류하기 위해 행동을 개시하리란 사실을 간단하게 보고했다. 그 장교는 세크레테프 사단과 합류하면 곧 반란군의 기병 연대를 돈의 우안(右岸)에 투입할 것, 따라서 즉시 강을 건널 수단을 강구하라고 제의하고 또한 예비군을 돈 부근에 집결시켜 두라고 권고했다. 강 건널 계획과 부대의 추격 계획을 마련한 뒤 회의가 끝날 무렵에 그 장교가 물었다.

"그런데 어떤 이유로 포로들을 뵤센스카야에 놔두는 겁니까?"

"달리 데려다 둘 곳이 없습니다. 작은 부락에는 가둬 둘 장소가 없기 때문입니다."

참모 장교 한 사람이 대답했다.

장교는 반들반들하게 깎은, 땀이 밴 이마를 훔치고 카키색 하복 칼라의 단추를 풀더니 한숨을 쉬고 말했다.

"포로들을 카잔스카야 마을로 보내면 어떨까요?"

쿠지노프는 놀란 듯 눈썹을 치켜올렸다.

"그러면 그 다음에는?"

"거기서……뵤센스카야로 보내는 겁니다……"

장교는 차가운 푸른 눈을 가늘게 좁혀 건방진 태도로 말했다. 그러고는 입술을 꽉 다물었다가 거칠게 말했다.

"여러분이 어째서 포로들에 대해 조심하는지 나로서는 이해가 안 갑니다. 지금은 그런 시기가 아닙니다. 육체적으로나 사회적으로나 모든 해악(害惡)의 근원이 된 자들을 없애버려야 합니다. 놈들을 내버려두어서는 안 됩니다! 내가 여러분의 입장이라면 틀림없이 그런 식으로 처치할 겁니다."

다음날 200명의 포로들로 구성된 제1단(第一團)이 모래밭으로 끌려나갔다. 몹시 초췌하고 창백해진 적위병들은 유령처럼 겨우 다리를 끌어 옮겼다. 말을 탄 호송병들이 제각기 다른 걸음걸이로 걸어가는 포로 무리의 주위를 빈틈없이 에워쌌다……보센스카야에서 두브로프카 사이의 약 10킬로미터 되는 길에서 200명의 포로들은 마지막 한 사람까지 깡그리 목이 베여 죽었다. 제2단은 해가 지기 전에 달려나가야 했다. 낙오자는 참살 하기로 하고 총으로 쏘아 죽이는 것은 특별한 경우만이라는 엄명이 호송병들에게 내려졌다. 그러나 150명 중에서 카잔스카야까지 간 것은 18명뿐이었다. ……그들 중에서 집시처럼 붉은 얼굴의 젊은 아르메니아인은 도중에 미쳐날뛰었다. 가는 도중에 그는 줄곧 노래를 부르거나 춤을 추거나 향기 강한 박하 다발을 꺾어 가슴에 대고 울었다. 또한 몇 번이나 뜨겁게 단 모래 속에 얼굴을 파묻고 쓰러졌다. 더럽고 너덜너덜해진 셔츠를 바람이 펄럭이자 느즈러진 피부와 뼈 앙상한 등 허리와 쫙 편 두 발의 금이 간 시커먼 발바닥이 호송병들에게 보였다. 그는 일으켜세워져 물통의 물을 뒤집어썼다. 그는 까맣고 광기로 빛나는 눈을 뜨고 낮게 웃음소리를 내며 흔들흔들 다시 걸어갔다.

어떤 부락에서는 여자들이 호송대를 에워쌌다. 그중 당당하고 뚱뚱하게 살이 찐 한 노파가 호송대장을 향해서 엄숙한 어조로 말했다.

"여봐요, 지 거무스름한 남자를 석방해 주시오. 머리가 돌아서 이미 신(神)같이 되었소. 저런 사람을 죽이면 큰 벌을 받아요."

붉은 수염을 기른 날쌔고 용감한 상사(上士)인 호송대장은 싱긋 웃었다.

"우리는 말이죠, 할머니, 덤으로 또 한 번 죄짓는 것쯤 아무렇지도 않습니다. 우리 가운데 신앙심 갖고 계율을 지킬 인간이라곤 하나도 없습니다!"

"그건 그렇다치고 놔 주시오. 거스르지 마시오."

노파는 끈질기게 애걸했다.

"이봐요, 당신네 머리 위에서도 죽음의 신이 날개치고 있음을 아시오……"

여자들이 일제히 노파에게 가세했으므로 상사는 억지로 승낙했다.

"뭐 별로 섭섭하지도 않습니다. 자, 놔 줄 테니까 데려가십시오. 이놈은 별로 특별한 짓은 하지 않을 겁니다. 그러니 착한 일을 한 댓가로 우유나 한 컵씩 저희 모두에게 내주십시오."

노파는 그 미친 사내를 자기 농가로 데리고 가서 식사를 주고 안방에 잠자리를 깔아 주었다. 그는 꼬박 하루를 계속해서 잤다. 그러고 나서 잠을 깨서는 창에 등을 돌리고 앉아 낮은 목소리로 노래를 불렀다. 노파는 그 안방으로 들어가서 궤짝 위에 걸터앉아 손으로 턱을 괴고는 몹시 여윈 젊은이의 얼굴을 한참 동안 날카로운 시선으로 뚫어지게 보다가 이윽고 낮은 목소리로 말했다.

"자네네 적위군인가가 이 근처에 있다는 말이 있소……"

미치광이는 잠시 가만 있다가 다시 노래를 부르기 시작했다. 그러나 얼마 안 가서 목소리를 바꾸어 전보다 낮게 노래했다.

그때 노파는 표정을 바꾸어 말했다.

"병든 사람아, 노래 좀 그만 부르게. 엉뚱한 짓으로 나를 속이려 해봤자 소용없네. 나는 이 세상에 모르는 게 없다네. 나를 속이진 못해. 난 바보가 아니란 말이야. 자네 머리는 멀쩡하다는 걸 분명히 알고 있다네. ……자네가 잠들어 있는 동안에 얘기하는 걸 들었는데 아주 조리있게 얘기하더군!"

적위병은 여전히 노래 불렀으나 그 노랫소리는 점점 작아졌다.

"나를 두려워하지 말게. 나는 자네가 고통 당하는 걸 보고 싶지 않아. 내 아들 둘은 독일 전쟁에서 죽었고 막내아들도 이번 전쟁으로 체르카스크에서 전사했어. 셋 다 이 내 가슴에 안아 길렀는데 말이야……젊을 때에는 기르느라고 밤잠도 제대로 자지 못했는데 말이지……그래서 나는 군 복무를 하느라고 싸움터에서 싸우는 젊은이들 모두가 가엾어서 견딜 수가 없어……"

그녀는 잠시 입을 다물었다.

적위병도 가만 있었다. 그는 눈을 감았다. 옅은 붉은 빛이 거무스름한 광대뼈 위에 나타나고, 여위어서 가늘어진 목덜미에서는 푸른 정맥이 실룩실룩 고동쳤다.

그는 무엇인가를 기다리듯이 가만히 꼼짝않고 우뚝 서 있더니, 이윽고 검은 눈을 살며시 벌렸다. 그의 시선이 의미 있게 몹시 강렬한 기대로 타오르고 있었으므로 노파는 그것을 보자 얼결에 또렷이 미소를 짓기까지 했다.

"슈미린스카야로 가는 길 아나?"

"모릅니다, 할머니."

적위병은 조금 입술을 움직여서 대답했다.

"그러면 어떻게 갈 작정이지?"

"글쎄요."

"그거 곤란한걸! 그럼, 이제 자네에게 어떻게 해주는 게 좋을까?"

노파는 한참 대답을 기다리다가 이윽고 물었다.

"자네, 걸어갈 텐가?"

"어쨌든 나가야지요."

"지금 바로 나가선 안돼. 밤중까지 기다려야 해. 그리고 빠르게, 아무렴, 아주 빠르게 걸어가야 돼! 하루를 더 쉬게나. 그 사이에 먹을 것도 준비하고, 손자에게 안내인으로 따라가도록 말을 해볼께! 자네네 적위군은 슈미린스카야 건너편에 있어. 내가 잘 알고 있지. 자네는 그곳으로 가면 될 거야. 그래도 큰길을 걸어가서는 안 되지. 스텝이나 들판이나 숲속의 길이 없는 곳으로 가야 해. 카자흐를 만나면 큰일이니까······ 알았나, 자네!"

다음날 어두컴컴해지자마자 노파는 길 떠날 준비를 한 12살짜리 손자와 카자흐 지푼(덧옷)을 입은 적위병을 보고 성호를 그어 축복하고는 진지하게 말했다.

"자, 조심해서 가게. 카자흐 군인들에게 들키지 않도록 조심하라고! ······ 자, 인사 같은 건 할 필요 없네! 인사를 하려면 내게 하지 말고 하느님에게나 하게! 나만이 이런 건 아냐. 우리, 어머니란 사람들은 모두가 따뜻하고 친절하게 마련이야······ 자네들같이 신앙심이 없는 사람들은 참으로 불쌍해! 자, 어서 가게. 부디 하느님께서 지켜주시길 바라네!"

노파는 누런 진흙이 잔뜩 발린 기울어진 농가의 문을 쾅 소리나게 닫았다.

4

일리니치나는 매일 날이 샐 무렵에 잠을 깨어 우유를 짜고 아침식사 준비를 했다. 집 안의 페치카에는 불을 지피지 않고 여름철에나 쓰는 부엌에서 불을 피웠다. 식사 준비를 마치면 다시 집 안에 들어와서 아이들 곁에 있었다.

나탈리야는 티푸스를 앓고 나서 서서히 회복되고 있었다. 트로이차(성령강림절) 2일 째에 그녀는 비로소 이부자리에서 일어섰다. 가늘게 여윈 바싹 마른 다리를 간신히 움직여서 방 안을 걸었다. 한동안 아이들의 머리 칼에서 이를 찾아내고, 의자에 앉은 채로 아이들 옷을 빨려고도 해보았다.

그녀의 까칠해진 얼굴에서는 완전히 미소가 사라지고, 움푹 팬 뺨에는 붉은 기가 돌고, 병으로 휑하니 커진 두 눈은 마치 산후(産後)에 흔히 빛을 내며 떨게 하는 온기 같은 것을 뿜고 있었다.

"포류시카, 우리 착한 아이! 엄마가 병든 뒤에 미샤토카가 짓궂게 굴지나 않았니?"

그녀는 한 마디 한 마디를 길게 늘여서 맥없이 발음하고, 딸의 검은 머리칼을 쓰다듬으며 여리디여린 목소리로 말했다.

"아니야, 엄마! 미쉬카는 단 한 번밖에 나를 때리지 않았어. 대개는 사이좋게 놀았어."

어린 딸은 낮은 목소리로 대답하고 어머니의 무릎에 세게 얼굴을 비볐다.

"할머니가 귀여워해 주시든?"

미소지으면서 나탈리야는 캐물었다.

"응, 귀여워해 줬어!"

"다른 집 사람이나 적위군 병사들이 너희를 놀리지는 않았니?"

"그놈들, 우리 송아지를 쏴죽였어. 나쁜 놈들이야!"

아버지를 쏙 빼닮은 미샤토카가 귀엽게 낮은 소리로 대답했다.

"그런 욕을 하면 못써, 미셴카! 너는 우리 집안의 대장 같구나! 어른들을 욕하면 안 된다!"

나탈리야는 미소를 누르며 타이르듯 말했다.

"할머니가 그놈들에게 그렇게 말하던걸. 포리카에게도 물어 봐."

어린 멜레호프가 강하게 자기의 정당성을 고집했다.

"정말이야, 엄마, 그 사람들 우리 닭을 모두 죽여버렸어!"

포류시카는 검은 눈을 반짝이며 적위병들이 집에 왔던 때 일과 그들이 닭과 집오리를 잡던 일, 일리니치나 할머니가 벼슬에 동상이 걸린 누런 수탉은 씨받을 닭으로 남겨놓아 달라고 애걸한 일, 한 시끄런 적위병이 수탉을 휘두르면서 "할머니, 이 수탉은 소비에트 정권에 반대해서 꼬꼬댁 꼬꼬 하고 울었습니다. 그래서 우리는 그 죄에 대해 사형을 선고했습니다! 할머니가 아무리 애원해도 우리는 이 닭으로 국수에 넣을 스튜를 만들어 먹겠습니다. 할머니에게는 그 대신 펠트로 된 헌 구두를 두고 가죠"라고 대답한 것 등등을 이야기했다.
 포류시카는 두 팔을 벌려 보였다.
 "이만큼 큰 펠트 구두를 두고 갔어! 굉장히 큰 구두인데, 구멍투성이야!"
 나탈리야는 웃기도 울기도 하며 아이들을 어루만졌다. 감탄의 시선을 쭉 딸한테서 떼지 않고 기쁜 듯이 속삭였다.
 "아, 내 그리고리에브나! 거짓말을 할 줄 모르는 그리고리에브나야, 너는 정말이지 아빠를 꼭 닮았구나."
 "나도 닮았지?"
 미샤토카가 샘을 내고 말했다. 그리고 조심스럽게 어머니 쪽으로 바싹 다가갔다.
 "너도 닮았고말고. 하지만 주의해야 돼. 어른이 되어 네 아버지처럼 나쁜 사람이 되지 않도록 해야 돼……"
 "아빠가 나쁘다고? 뭐가 나쁘지?"
 포류시카가 흥미를 띠고 물었다.
 나탈리야의 얼굴에 근심스러운 기색이 스쳤다. 나탈리야는 잠자코 있었다. 그러더니 간신히 의자에서 일어섰다.
 아이들과 그런 이야기를 주고받는 곳에 함께 있던 일리니치나는 불만스러운 듯이 얼굴을 돌렸다. 그러나 나탈리야는 더이상 아이들의 이야기에는 귀를 기울이지 않고 창가에서서 오랫동안 미늘창이 닫힌 아스타호프 집의 창을 꼼짝 않고 쳐다보았다. 그러더니 한숨을 여러 번 쉬고, 낡고 퇴색한 윗옷 가장 자리 장식을 흥분으로 무심결에 자꾸만 쭉쭉 잡아당겼다……
 그 다음날 그녀는 날이 밝자마자 잠을 깨어 아이들이 깨지 않도록 살그머니 일어났다. 얼굴을 씻고 궤짝 속에서 말쑥한 스커트와 윗옷, 흰 차양이 달린 프라토크를 꺼냈다. 그녀는 몹시 흥분해 있었다. 나탈리야가 옷을 갈아입고, 울적하게 줄곧 침묵을 지키고 있는 것을 보고 일리니치나는 며느리가 그리샤카 할아버지 묘소에 참배하러 가는 것으로 생각했다.
 "어딜 가니?"
 일리니치나는 자기의 짐작이 맞는지 확인하기 위해서 일부러 물어 보았다.
 "할아버지 묘소에 갔다 오려구요."

울음이 나올 듯이 나탈리야는 머리를 숙인 채 입속으로 우물거렸다.
그녀는 이미 그리샤카 할아버지가 죽은 것도, 코세보이가 그 할아버지의 집과 대지(垈地) 안에 있던 것들을 깡그리 태워버렸다는 것도 알고 있었다.
"몸이 약해져 가지 못할 텐데."
"쉬엄쉬엄 갈 거예요. 아이들에게 먹을 것 좀 주세요. 어머니, 시간이 좀 걸릴는지도 몰라요."
"무슨 소리를 하는 거냐, 시간이 걸릴 리가 없잖냐! 어쩌다 운이 나쁘면 저 귀신 같은 녀석들에게 걸려들는지도 모른다. 정말이지 가지 않는 게 낫겠다, 나탈류시카!"
"아네요, 갔다오겠어요."
나탈리야는 얼굴을 일그러뜨리고 문 손잡이를 돌렸다.
"얘, 잠깐 기다려라. 어째서 아무것도 먹지 않고 가는 거냐? 크바스(산유)라도 가져다 주련?"
"아뇨, 어머니, 고마워요. 생각이 없어요……돌아와서 먹을게요."
며느리의 결심이 굳음을 알자 일리니치나는 주의를 시켰다.
"돈강을 따라 채소밭 안으로 가는 게 좋겠다. 그런 곳에서는 남의 눈에 잘 띄지 않을 거다."
돈 위에는 안개가 잔뜩 끼어 있었다. 아직 해뜨기 전이지만, 포플러나무들로 가려진 동쪽 하늘 한 모서리는 진홍색의 아침빛으로 타오르고, 검은 구름 밑그늘에서는 새벽녘의 쌀쌀한 바람이 불고 있었다.
나탈리야는 메꽃이 얽혀붙은, 옆으로 쓰러진 울타리를 넘어 친정집 뜰로 들어갔다. 갓 쌓아올린 봉분(封墳) 옆에서 걸음을 멈추어 두 손을 가슴에 댔다.
뜰에는 애기풀과 키큰 잡초가 제멋대로 자라 무성했다. 이슬에 젖은 지느러미엉겅퀴와 축축한 흙과 안개에서 냄새가 풍겼다. 화재로 말라버린 늙은 사과나무에는 털을 치켜세운 찌르레기 한 마리가 외롭게 앉아 있었다. 무덤에 쌓아올렸던 흙은 푹 꺼져들어가 있었다. 마른 진흙의 작은 덩어리들 틈에서는 싹이 튼 잡초의 녹색바늘이 여기저기 솟아 있었다.
가슴 속에 끓어오르는 갖가지의 추억에 넋을 빼앗긴 나탈리야는 묵묵히 무릎을 꿇고 그 참혹한, 영원히 죽음의 냄새를 뿜는 흙에 얼굴을 묻었다.

1시간쯤 지나 그녀는 조용히 뜰을 나서서 마지막으로 다시 한번 아픔으로 옥죄어진 가슴을 안고, 전에 그녀의 청춘이 꽃피던 장소를 되돌아보았다. 그곳에는 이제 인기척이 없는 황량한 가옥의 흔적이, 시커멓게 타다 만 창고의 기둥들과 페치카의 벽돌과 주춧돌들이 타버린 폐허가 되어 침울하게 검은 색깔을 띠고 있었다. 그녀는 조용히 뒷골목으로 걸어갔다.

나탈리야는 날이 갈수록 두드러지게 회복되었다. 다리가 튼튼해지고 어깨도 둥글어지고 몸은 탄탄하게 건강해졌다. 얼마 안 가서 그녀는 시어머니를 거들어 부엌일을 하게 되었다. 화덕 언저리에서서 일하면서 두 사람은 한참씩 이야기를 했다.
어느 날 아침, 나탈리야는 화가 난 투로 말했다.
"도대체 언제나 끝장이 나지요? 정말이지, 지겨워 못 살겠어요!"
"글쎄, 두고보려무나. 곧 우리편 군대가 돈을 건너서 돌아올 게다."
일리니치나가 확신 있는 어조로 대답했다.
"어머님이 어떻게 아세요?"
"짐작이야."
"그저 우리 카자흐들이 무사하면 좋겠어요. 죽거나 부상을 입지 않고 말예요. 그리샤는 무분별한 사람이라……"
나탈리야는 탄식했다.
"괜찮을 게다. 하느님의 은총이 없으실 리 없으니까……아버지는 또 강을 건너서 우리를 찾아오겠다고 약속했지만 몹시 걱정이구나. 만일 온다면 너도 아버지를 따라 강을 건너서 우리 편 카자흐들이 있는 곳으로 가 보는 게 좋겠다. 이 부락 카자흐들은 바로 건너편 기슭에서 지키고 있을 거다. 네가 정신을 잃고 누워 있던 무렵에 아침 일찍 내가 돈에 가서 물을 긷고 있자니까 돈 건너편 기슭에서 '할머니, 안녕하세요? 할아버지에게서 무사하시다는 소식이 왔어요.' 하고 아니쿠시카가 소리치는 게 들렸단다."
"그긴 그렇고, 그리샤는 어디에 있을까요?"
나탈리야는 조심스럽게 물어보았다.
"그애는 먼 곳에 있는데, 전체를 지휘한다더라."
일리니치나는 태연하게 대답했다.

"멀다니, 그게 어디쯤일까요?"

"틀림없이 뵤시키일 거야. 그럴 게다."

나탈리야는 한동안 생각에 잠겨 있었다. 일리니치나는 나탈리야를 쳐다보더니 놀라서 물었다.

"아니, 너 왜 그러냐? 왜 우는 거냐?"

그 말에는 대답하지 않고, 나탈리야는 지저분한 앞치마를 얼굴에 문지르며 조용히 흐느껴 울었다.

"울지 마라, 나탈류시카. 울어야 아무 소용 없다. 틀림없이 건강하고 튼튼한 모습으로 돌아올 거야. 그러니 네 몸이나 잘 지키도록 해라. 함부로 외출하거나 하지 않도록 해. 저 천벌받을 놈들에게 걸려들기라도 했다가는……"

갑자기 부엌이 어두워졌다. 누군가의 모습이 창 밖을 휙 질러갔다. 일리니치나는 창 쪽을 돌아다보고 소리쳤다.

"놈들이야! 빨갱이야! 나탈류시카! 어서 침상에 들어가 환자인 척해라……봉변을 당할라……자, 이 천으로 몸을 싸라!"

나탈리야가 공포에 떨며 침대에 쓰러지는 것과 동시에 자물쇠가 덜컹 울리며 몸을 구부린 키 큰 적위병이 부엌으로 들어섰다. 아이들은 창백해진 일리니치나의 옷자락에 달라붙었다. 난로 옆에서 있던 일리니치나는 얼결에 따뜻한 우유가 담긴 컵을 엎지르며 의자에 앉았다.

적위병은 재빨리 부엌을 둘러보고 큰 목소리로 말했다.

"떨 거 없어요. 잡아먹지 않을 테니까, 걱정하지 마세요!"

나탈리야는 일부러 신음하면서 머리끝까지 거친 천을 뒤집어썼다. 미샤토카는 슬슬 손님의 모습을 살피고 있더니 기쁜 듯이 말했다.

"할머니! 우리 닭을 죽였던 사람이야! 할머니, 생각나지?"

적위병은 카키색 군모를 벗고 혀를 차며 빙긋 웃었다.

"조녀석, 잘도 맞히는군! 그 수탉에 대한 걸 생각해 내다니, 넌 무엇이 그리 재미있냐? 그건 그렇고, 마나님, 한 가지 부탁이 있는데요. 저희에게 빵 좀 구워 줄 수 없으실까요? 밀가루는 가져오겠습니다."

"해주고말고요……얼마든지……구워 주고 말고요……"

일리니치나는 손님 쪽은 쳐다보지도 않고 엎지른 우유를 의자에서 훔치며 황급히 말했다.

적위병은 문 옆에 앉아 주머니에서 담배갑을 꺼냈다. 그는 담배를 말면서 말했다.

"저녁 때까지 구워 주시겠어요?"

"서둘러 보죠."

"전시(戰時)에는 말이죠, 할머니, 언제나 급하게 해야 하는 겁니다. 수탉 일로 화내지 마십시오."

"난 아무런 생각도 안 한다오. 이 애가 철이 없어서……부질없이 떠든 거라오!"

일리니치나는 놀라서 말했다.

"보아하니 넌 아주 노랭이구나……"

수다장이 손님은 미샤토카를 향해서 선량하게 미소지었다.

"뭘 그렇게 계집애 같은 얼굴로 쏘아보냐! 자, 이리 와라. 네 수탉 얘기를 한 바탕 떠들어 보지 않을래?"

"그래, 저리로 가려무나!"

일리니치나가 무릎에서 손자를 밀어내듯 하며 낮은 목소리로 말했다.

그러나 미샤토카는 할머니의 옷자락에서 떨어지자 옆걸음질을 해서 문간 쪽으로 슬슬 다가가며 부엌에서 빠져 나갈 기회를 엿보았다. 적위병은 긴 팔을 뻗어 미샤토카를 끌어 당기고 물었다.

"화났냐?"

"아아니."

미샤토카가 낮은 목소리로 대답했다.

"그럼, 됐어. 수탉이 행복을 가져올 리는 없잖아. 네 아버지는 어디 있니? 돈 건너편이냐?"

"예."

"그러면 우리와 싸우고 있는 셈이구나?"

상냥한 응대에 완전히 말려든 미샤토카는 우쭐해서 말했다.

"아빠는 카자흐 진부를 지휘하고 있대요."

"허, 거짓말 마라, 이녀석!"

"거짓말 아녜요. 할머니에게 물어봐요."

그러나 할머니는 두 손을 마주쳐 철썩 소리만 내고, 수다장이 손자에게 아주 정나미가 떨어져서 신음 소리를 냈다.
"전군(全軍)을 지휘하고 있단 말인가?"
당황한 적위병이 되물었다.
"전부는 아닐 테죠."
할머니의 필사적인 시선에 부딪히자 어리둥절해진 미샤토카는 이제 모호하게 대답했다.
적위병은 잠시 입을 다물었다가 곁눈질로 힐끗 나탈리야 쪽을 보고는 물었다.
"젊은 마님은 병에 걸리셨나요?"
"티푸스라오."
일리니치나가 괴로운 표정으로 대답했다.
2명의 적위병이 밀가루 담긴 부대를 부엌으로 들고 들어와 문턱 옆에 놓았다.
"마나님, 화덕에 불 지필께요. 저녁에 빵을 가지러 오겠습니다. 잘 구워 주십시오."
적위병 하나가 말했다.
"될 수 있는 대로 잘 구워 보죠."
일리니치나는 새로 들어온 적위병들이 위험한 얘기가 이어지는 것을 방해하여 더할 나위 없이 기뻐하면서 대답했다.
한 사람이 나탈리야 쪽을 머리로 가리키며 물었다.
"티푸스인가요?"
"그렇다오."
적위병들은 뭐라고 낮은 목소리로 말하며 부엌에서 나갔다. 마지막 세 사람째 적위병이 모퉁이를 돌아가자마자 돈 건너편에서 총소리가 들렸다. 적위병들은 몸을 구부리고 반쯤 무너져내린 돌담에 뛰어가 그늘에 엎드려서 안전장치를 풀고 마주 쏘아대기 시작했다.
놀란 일리니치나는 미샤토카를 찾으러 뜰로 뛰어나갔다. 돌담 그늘에서 그녀를 향해 외치는 소리가 들려 왔다.
"이봐요, 할머니! 안으로 들어가요! 맞아요!"
"어린애가 바깥으로 나왔어요! 미샤토카! 아가야!"

떨리는 목소리로 노파는 외쳤다.

그녀가 바깥뜰 한가운데로 달려나가자 곧 돈 건너편에서 사격이 멈추었다. 건너편의 카자흐들이 그녀를 알아보았음에 틀림없었다. 그녀가 달려온 미샤토카의 팔을 잡고 함께 부엌으로 뛰어들어가자마자 사격은 다시 이어져 적위병들이 멜레호프 집을 떠날 때까지 사격이 계속되었다.

일리니치나는 나탈리야와 소곤거리며 밀가루 반죽을 했으나, 끝내 빵은 굽지 않아도 괜찮게 되었다.

부락에 주둔하고 있던 기관총 소대 적위병들은 거의 점심때쯤 황급히 민가들을 등지고 기관총을 끌며 절벽을 따라 산 위로 올라 갔다.

산 위 참호에 자리잡고 있던 보병 중대는 정렬해서 빠른 걸음으로 게트만스키 가도로 갔다.

깊은 정적이 돈강을 따라 그 언저리 일대에 퍼져 있었다. 대포도 기관총도 침묵했다. 각 부락에서 게트만스키 가도로 나오는 모든 길, 잡초가 무성한 여름철의 모든 길에는 치중대와 포병대 행렬이 끝없이 기다랗게 이어지고, 보병대는 기병대와 종대로 맞추어 나아갔다.

일리니치나는 뒤처져 백악질(白堊質)의 곳을 거쳐 산으로 기어올라가는 적위병들 모습을 창 너머로 보며, 앞치마에 손을 닦고 마음을 가다듬어 성호를 그었다.

"하느님이 도우신 거야, 나탈류시카! 빨갱이들이 가버렸다!"

"아, 어머니, 저건요, 적위군이 부락에서 산 위의 참호로 간 거예요. 저녁에는 다시 돌아올 거예요."

"그러면 왜 저렇게 허둥지둥 달려가는 게냐? 우리 카자흐들이 적위군을 몰아내고 있는 게다! 악당놈들이 물러가고 있는 게야! 처벌받을 놈들이 달아나는 거야! ……"

일리니치나는 몹시 기뻐하면서도 다시 밀가루를 반죽했다.

나탈리야는 현관으로 나가 문턱 가에서서 손으로 이마를 가리고 햇살이 가득히 비친 백악질의 산과 터버린 갈색 산비탈을 오랫동안 바라보았다.

황혼이 다가오기 전의 웅대한 정적 속에서 소용돌이치는 흰구름 봉오리가 산 너머에서 솟아올라왔다. 한낮의 태양에 내뿜는 푹푹 찌는 더운 기운이 대지를 태우고 있었다. 목장에서는 들다람쥐가 찍찍 울어댔다. 그 외롭고 작은 울음소리는 기쁨에 차 있는 종달새의 노랫소리와 기묘하게 조화되고 있었다. 은은한 포성 뒤에 찾아온 정적은 나탈리야의 마음에 뭐라 형언할 수 없는 안정감을 주었다. 그래서 그녀는 꼼짝 않고 종달새의 티없는 지저귐이며, 우물 두레박에 달린 장대의 삐걱거림이며, 쑥의 씁쓰레한 향기를 가득히 품은 바람이 살랑대는 소리를 퍽은 고대했던 듯이 열심히 들었다.

날아오르는 자유로운 광야의 동풍은 씁쓰레하고 향기 짙었다. 바람은 달아오른 검은 흙의 열기와 태양 아래 엎드린 잡초의 취할 듯한 강한 냄새를 품고 있었으나, 동시에 비가 다가오고 있음도 느끼게 했다. 돈에서는 소금기 없는 습기를 바람이 실어오고, 제비가 두 갈래의 뾰족한 꼬리 끝으로 지면을 살짝살짝 스치며 공기를 가르고, 훨씬 먼 높고 푸른 하늘에서는 다가오는 뇌우(雷雨)를 피해 광야의 작은 독수리가 높이 날고 있었다.

나탈리야는 뜰을 한 바퀴 돌았다. 돌담 그늘의 쭈글쭈글해진 풀 위로는 소총 탄환의 약협(藥莢)이 산더미처럼 쌓여 금빛으로 빛났다. 집의 창유리와 흰 칠한 벽에는 총탄 구멍이 나 있었다. 무사히 살아남은 암탉 한 마리가 나탈리야의 모습을 보고 소리를 지르며 곡물 창고 지붕 위로 날아 올라갔다.

이렇게 온화한 정적은 그다지 오랜 시간 부락 위에 머물지 못했다. 바람이 불기 시작하여 주민을 잃은 집집의 열린 미늘창이며 문짝들을 덜컹덜컹 울렸다. 눈처럼 흰 싸라기구름이 유유히 태양을 가리고 서쪽으로 흘러갔다.

나탈리야는 바람에 흩어지는 머리칼을 누른 채 여름 취사터 쪽으로 다가가 그곳에서 다시 산 쪽을 바라보았다. 지평선에 라일락 색깔의 모래티끌에 싸여 이륜마차가 달리고, 말을 탄 사람들이 제각기 빠른 속도로 달리는 모습이 보였다. '분명 저건 피난민들일 거야' 나탈리야는 한숨을 쉬며 짐작했다.

그녀가 현관에 들어서려 할 때, 산 저편 어디에선가 대포소리가 어렴풋이 울려 왔다. 그러자 마치 거기에 호응하듯 뵤센스카야에 있는 두 교회에서 반기는 듯한 3연타(三連打)의 종울림이 돈강 위로 흘러왔다.

돈 건너편 숲속에서 카자흐들이 와르르 쏟아져 나왔다. 그들은 강으로 거룻배들을 질질 끌어내기도 하고 손으로 들어 옮기기도 해서, 그것들을 강물에 띄웠다. 노를 젓는 사람들은 선 채로 다같이 빠르게 노를 저었다. 30척 남짓한 거룻배들이 앞을 다투어 부락으로 급히 들어왔다.

"나탈류시카! 우리 부락 사람들이 돌아오는구나! ……"

일리니치나가 엉엉 소리내어 울며 부엌에서 뛰쳐나왔다.
나탈리야는 미샤토카를 안아서 높이 치켜올렸다. 그녀의 눈은 뜨겁게 빛났으나, 숨을 헐떡이며 말을 할 때에는 목이 막혀 말이 자꾸만 끊겼다.
"잘 봐라, 네가 눈이 밝을 테니까……카자흐들과 아빠가 함께 계시지 않나……잘 모르겠니? 저 앞에 오는 배에 탄 사람이 아빠 아니냐? 이런, 애야, 어딜 보는 거냐!……"
나루터에서 맞이한 것은 무척 여윈 판테레이 프로코피에비치 한 사람뿐이었다. 노인은 무엇보다도 먼저 소와 가재도구와 곡물이 무사히 남아 있는가를 묻고, 다음에는 손자들을 끌어안고 소리 죽여 울었다. 그러고는 절룩거리며 다리를 이끌고 서둘러 자기 집에 들어오더니 갑자기 표정을 바꾸어 무릎을 꿇고 크게 성호를 그으며 동쪽을 향해 머리를 숙였다. 그리고 뜨겁게 탄 바닥에 백발의 머리를 꽤 오랫동안 처박고 있었다.

5

세크레테프 장군 휘하의 기병포(騎兵砲) 6문과 중기관총 18정을 가진 병력 3천의 돈군 기병 군단은 6월 10일 우스치 베로카리트벤스카야 마을 언저리에서 적위군에게 치명적 타격을 주고 전선을 돌파해 철도선을 따라 카잔스카야 방면으로 향했다.
그 이틀 전의 이른 아침에 제9 돈 연대 장교 척후대는 돈 언저리에서 반란군의 하사 척후대와 우연히 마주쳤다. 카자흐 병사들은 기병대의 모습을 보자마자 강가의 단애 쪽으로 도망쳤다. 장교 척후대의 지휘관이던 카자흐 일등대위는 복장으로 반란군 병사들임을 알아채고 군도 끝에 손수건을 묶어 흔들면서 큰 목소리로 외쳤다.
"우군이다!……달아날 필요 없다, 카자흐 친구들아!"
척후대는 그다지 위험스럽지도 않게 단애 끝으로 달려갔다. 반란군의 하사 척후대장은 나이 많은 백발의 상사였다. 그는 이슬에 젖은 외투의 단추를 끼우면서 앞으로 걸어나왔다. 상교 8명이 말에서 내렸다. 카자흐 대위는 상사 옆으로 다가가 모자 테두리에 하얗게 매달린 장교 휘장이 달린 군모를 벗고 미소를 지으면서 말했다.
"여, 잘들 있었나. 카자흐 친구들! 어떨까, 옛 카자흐 관습에 따라 우리

키스하자구."

 대위는 열십자꼴로 상사에게 키스한 뒤 손수건으로 입술과 콧수염을 닦더니, 동료들의 재촉하는 듯한 시선을 등허리에 느끼며 의미 있게 빙긋 웃었다. 그러고는 토막토막 끊어 말했다.
 "어떤가, 알겠나? 우리 편 사람이 볼셰비키보다 낫다는 걸 말이야."
 "그렇습니다, 대위님!"
 "자네 부대는 돈 건너편에 있나?"
 "그렇습니다."
 "적위군은 돈에서 어느 방면으로 갔나?"
 "돈 상류로 갔습니다. 도네츠카야 마을로 간 듯합니다."
 "자네 부대는 아직 강을 건너오지 않았나?"
 "예, 건너오지 않았습니다."
 "어째서?"
 "모르겠습니다, 대위님. 저희가 맨 먼저 우안(右岸)으로 건너 왔습니다."
 "적에게는 포병대가 있었는가?"
 "포병 2개 중대가 있었습니다."
 "적은 언제 철수했는가?"
 "어젯밤입니다."
 "추격했어야 하는데! 아, 어째서 자네들은 멍청하니 보고만 있었나." 대위는 나무라듯 말했다. 그리고 말 쪽으로 가더니 더블백 속에서 수첩과 지도를 꺼내 왔다.
 상사는 두 손을 재봉선에 대고 똑바로 부동자세를 취하고 있었다. 그의 두 발짝 뒤에서는 카자흐들이 기쁨과 무의식적인 불안이 뒤섞인 기분으로 장교들과, 그리고 좋은 종자이긴 하지만 강행군으로 몹시 쇠약해진 말들의 안장을 둘러보며 무리져 있었다.
 몸에 꼭 맞는 견장(肩章)붙인 영국제 군복을 입고 폭이 넓은 승마용 바지를 입은 장교들은 다리를 문질러 근육을 풀고 말 옆을 왔다갔다하기도 하며, 곁눈으로 힐끔힐끔 카자흐들을 쳐다보았다. 이젠 어느 누구의 어깨에도 1918년 가을과 같이 색연필로 그린 수제(手製) 견장 같은 것은 붙어 있지 않았다. 구두, 안장, 탄약합, 쌍안경, 안장에 매어놓은 기병총―그런 것들은 모두 다 새것이지만 러시아 제품이 아니었다. 단 한 사람, 가장 나이가 많은 듯이 보이는 장교만이 얇은 청색 나사(羅紗)로 지은 체르케스복(服)을 입고, 프라하산(産) 금색 아스트라한 쿠반모자를 쓰고, 뒤꿈치가 없는 산악용 장화를 신고 있었다. 맨 먼저 그가 가볍게 걸어 카자흐들에게로 오더니 작은 가죽가방 속에서 벨기에 국왕 알베르트의 초상이 붙은 고운 궐련상자를 꺼내어 모두에게 권했다.

"피우게, 친구들!"

카자흐들은 걸신 들린 듯 궐련에 손을 내밀었다. 다른 장교들도 그곳으로 왔다.

"어떻던가, 소비에트 정권 밑에서의 생활은?"

머리 크고 어깨가 떡 벌어진 소위가 물었다.

"별로 좋지 않았습니다……"

헌 농민용 덧옷을 입은 카자흐가 조심스럽게 대답했다. 그는 걸신 들린 듯이 궐련을 빨아대며, 소위의 살찐 장딴지를 단단히 감고 무릎께에서 끈으로 묶인 커다란 게토르를 뚫어지게 바라 보았다.

그 카자흐의 발에는 너덜너덜하게 찢어진 구두가 겨우 들러붙어 있었다. 바지 끝을 안에 접어넣은 흰 털양말은 꿰맨 자국투성이고 낡아빠져 다 닳아 있었다. 그러니 그 카사흐는 좀처럼 닳아 떨어질 것 같지 않은 두툼한 밑창에 구리 뇌관(雷管)처럼 번쩍번쩍 빛나고 있는 영국제 단화에서 눈을 떼지 못하는 것도 당연했다. 그는 참지 못해 감탄하는 소리를 입 밖에 내고 말았다.

"당신 구두는 정말 훌륭합니다!"

그러나 소위는 그런 일상적인 얘기 같은 것을 할 기분이 아니었다. 소위는 적의를 품고 도전하듯이 말했다.

"자네는 외국제 구두를 모스크바제 짚신과 바꾸고 싶은 모양이네만 이제 와서 남의 것을 부러워해야 소용이 없네!"

"잘못했습니다. 죄송합니다."

카자흐는 시원을 얻으려고 동료들을 되돌아보며 허둥지둥 대꾸했다.

소위는 비웃는 어조로 계속 훈계했다.

"자네 머리 수준은 소 정도야. 소라는 놈은 언제나 이런 상태거든—처음에는 걸어 가지만 조금 지나면 멈춰서서 생각에 잠기네. 잘못했다는 건 말도 안 돼! 가을에 전선을 내주었던 때에는 도대체 무슨 생각을 하고 있었나? 코밋살이라도 되려고 했었나? 아, 자네들이 그래서야 어디 조국의 방패라고 하겠는가!"

아직 젊은 중위가 몹시 성난 소위의 귀에 대고 소곤거렸다.

"그만해, 이젠 됐어!"

그러자 소위는 궐련을 밟아 짓뭉개고 침을 탁 뱉더니 말 쪽으로 성큼성큼 걸어갔다.

대위가 소위에게 메모지를 주며, 뭐라고 낮은 목소리로 말했다.

몸이 무거워 보이는 소위는 뜻밖에도 몸을 가뿐히 날려 말에 올라타고 빙그르르 말머리를 돌리더니 서쪽으로 쏜살같이 달려갔다.

카자흐들은 당혹한 표정으로 잠자코 있었다. 옆으로 다가간 대위는 성량 좋은 바리톤의 낮은 음조로 쾌활하게 물었다.

"여기서 바르바린스키 부락까지 몇 킬로미터나 되는가?"

"35킬로미터입니다."

카자흐들 여럿이 동시에 대답했다.

"좋아, 그러면 카자흐 제군, 이제부터 자네 대장에게 가서 이렇게 전하게—기병 부대는 일 초도 머뭇거리지 말고 강을 건너 이쪽으로 오도록 하라고……자네들하고 함께 우리 쪽 장교 한 사람이 나루터까지 간다. 그 장교가 기병대를 지휘한다. 그 다음에 보병은 도보대형으로 카잔스카야를 향하도록 한다, 알았나? 그러면 자, 구령을 내리겠다—좌향 좌, 앞으로 갓!"

카자흐들은 한덩어리가 되어 산기슭을 향했다. 200미터 정도는 마치 약속이나 한 듯이 묵묵히 걷고 있었는데, 아까 성내던 소위에게 호되게 당했던 덧옷을 입은 꾀죄죄한 카자흐가 머리를 내저으며 어이없는 듯이 한숨을 내쉬며 말했다.

"아, 엉뚱한 놈들을 만났던 거야. 동지들……"

그러자 다른 한 카자흐가 그 말에 재빨리 덧붙여 내뱉듯이 말했다.

"어딜 가도 신통한 일은 없군!"

6

적위군 부대들이 급히 퇴각한 사실이 밝혀지자마자 그리고리 멜레호프는 즉시 기병 2개 연대를 이끌고 말을 타고 헤엄쳐 강을 건넌 뒤 강력한 척후대를 내보내고 남쪽으로 향했다.

돈 강가에 있는 구릉 건너편에서는 전투가 벌어졌다. 수많은 대포들이 쏘아대는 은은하고 긴 울림 소리가 하나로 모아져서 마치 땅 속에서 울리고 있는 듯했다.

"카데트 놈들은 대포의 탄환을 아낌없이 써대는 모양입니다! 급사격(急射擊)을 하고 있습니다!"

지휘관 하나가 그리고리 쪽으로 말을 몰아 다가서며 몹시 감탄한 듯이 말했다.

그리고리는 잠자코 있었다. 그는 기병 중대의 맨앞에 서서 말을 전진시키며 언저리를 샅샅이 둘러보았다. 돈에서 바즈키 부락까지의 약 3킬로미터 거리에는 반란민(反亂民)이 버려두고 간 포장마차와 짐수레가 몇 천 대나 나뒹굴었다. 부서진 궤짝, 의자, 의류, 식기, 재봉틀, 곡식 낟알들이 담긴 부대 등 모두가 돈으로 퇴각할 때 그 주인들이 그냥 집에 두기 아까워서 긁어모아 들고 나온 것들이었다. 길가에는 여기저기 무릎 높이까지 황금빛 보리가 수북수북 쌓인 채 버려져 있었다. 그 옆에는 부어오르며 썩어서 형태가 흐트러진, 고약한 냄새가 나는 소와 말의 시체들이 나뒹굴었다.

"이토록 가재도구들을 가져가려 했는가!"

자못 감동한 그리고리는 모자를 벗고는 숨을 쉬지 않고 높이 쌓인 곡식 낟알더미와, 그 위에서 카자흐 모자를 쓴 채 피에 젖은 농민 외투를 입고 팔다리를 쭉 펴고 기다랗게 뻗은 노인의 시체를 조심스럽게 피해 지나갔다.

"저 영감, 죽을 때까지도 자기의 재산을 움켜쥐고 있었군! 엉뚱한 곳에다 남기고 말았어. 틀림없이 보리도 버리기가 아까웠을 거야."

카자흐 하나가 동정해서 말했다.

"자, 좀더 빠르게 가세나! 저 영감 냄새로 견딜 수 없다구⋯⋯정말 딱 질색이야. 이봐, 달리자구!⋯⋯"

뒤쪽 줄에서 누군가 화를 내듯 외쳤다.

―기병 중대는 행진 속도를 조금 빠르게 했다. 이야깃소리는 딱 멈추었다. 많은 말굽소리와, 카자흐 병사들의 장비가 달리는 데 따라 울리는 소리가 어우러져 숲속에 울려 퍼졌다.

……전투는 리스트니츠키의 장원(莊園)에서 그리 멀지 않은 곳에서 행해졌다. 야고드노에에서부터 메마른 골짜기를 따라 적위병은 밀치락달치락 뒤엉켜 달아났다. 적위병 머리 위에서 유산탄이 터지고 뒤쪽에서는 기관총화가 퍼부어졌다. 한편 구릉 위에서는 카르므이크 연대가 그들이 도망가는 길을 막고 라바(눈사태) 전법을 폈다.

전투가 막 끝날 무렵에 그리고리와 그의 연대들이 도착했다. 뿔뿔이 흩어진 제14사단의 여러 부대와 치중대가 뵤셴스키 고개로 퇴각하는 것을 엄호하던 적군 보병 2개 중대는 제3 카르므이크 연대에 의해서 완전히 섬멸되었다. 그리고리는 아직 구릉 위에서 여전히 지휘를 에르마코프에게 맡긴 채로 말했다.

"이곳 전투는 우리가 참가하기 전에 끝나버렸어. 합류하기 위해서 가 주게. 나는 잠깐 장원에 갔다올 테니까."

"무슨 볼일이 있으십니까?"

에르마코프가 의아하다는 듯이 물었다.

"글쎄, 뭐라 말하면 좋을까. 사실은 젊었을 때 그 장원에서 일한 적이 있는데, 옛날의 그곳을 왠지 가보고 싶어졌네……"

프로호르에게 소리치고 그리고리는 야고드노에 방면으로 말머리를 돌렸다. 500미터쯤 떨어졌을 때 앞쪽에 선 중대위에서 카자흐들 가운데 누군가가 미리 챙겨온 흰 천이 바람에 나부껴 펄럭이는 것이 그리고리의 눈에 띄었다.

"마치 포로가 되어 가기라도 하는 것 같구나!"

그리고리는 메마른 골짜기 쪽으로 아주 마지못해 느릿느릿 내려가는 종대와, 그 종대를 맞이하러 세크레테프의 백위군 기병 일단(一團)이 곧장 초원을 빠른 속도로 기세 좋게 달려오는 것을 보고 불안과 알 수 없는 우수를 느꼈다.

그리고리가 부서진 문을 통해 명아주가 무성한 장원의 뜰에 들어서자 애수(哀愁)와 황폐의 냄새가 일시에 밀어닥쳤다. 야고드노에는 알아볼 수 없을 만큼 다른 모습으로 바뀌어 있었다. 온통 내버려지고 파괴당한 참담한 흔적이 널려 있었다. 예전 호화롭던 집은 잿빛으로 색이 바래고 왠지 건물들도 낮게 보였다. 아주 오랫동안 칠을 새로 하지 않은 지붕은 둥그스름한 반점이 있는 녹으로 누렇게 되고, 부서진 홈통이 현관 계단 주위에 나뒹굴고, 경첩이 어긋난 미늘창이 비스듬히 늘어지고, 부서진 유리창에서는 바람이 휙휙 소리를 내며 불어들고, 또한 그 창으로는 이제 폐가(廢家)의 씁쓰레한 곰팡내 같은 냄새가 번져 나오고 있었다.

집의 동쪽 모서리와 현관 계단은 3인치 포탄에 맞아 파괴되어 있었다. 복도의 부서진 베네치아풍(風) 창문 안으로 포탄에 맞아 쓰러진 단풍나무 끝가지들이 머리를 쑤셔박고 있었다. 단풍나무는 집의 토대에서 굴러나간 벽돌 쌓인 곳에 그 뿌리께를 박고 옆으로 쓰러넘어져 있었다. 그 마른 가지에는 어느새 굉장한 성장력을 지닌 야생의 홉이 기어올라 서로 얽혀붙고, 그대로 남아 있는 창유리에도 유난스럽게 감겨붙고는, 또 그보다 위의 튀어나온 장식물 쪽까지 뻗쳐 있었다.

세월과 비바람 또한 그들 나름의 작업을 하고 있었다. 대지(垈地) 안의 건물도 낡고 퇴색하여 오랫동안 부지런한 인간의 손이 닿은 흔적이 전혀 없었다. 마구간 안에는 봄비에 씻겨 무너진 돌벽이 뒹굴고, 마차를 두던 창고 지붕은 태풍에 불려 날아가고, 죽은 듯이 하얗게 바랜 서까래와 대들보 위에는 군데군데 썩은 짚다발이 남아 있었다.

머슴들이 살던 오두막 입구 계단에는 밥을 줄 사람을 잃은 보르조이 개 세 마리가 누워 있었다. 사람을 보더니 벌떡 뛰어 일어나서 둔하게 몇 번 짖고는 현관 쪽으로 사라졌다. 그리고리는 곁채의 열어젖혀진 창에 다가서 안장 위에 앉은 채 몸을 구부리고 큰 소리로 외쳤다.

"아무도 없습니까?"

곁채 안은 한동안 잠잠했다. 그러더니 이윽고 떨리는 여자 목소리가 들려왔다.

"잠깐 기다리세요. 죄송합니다! 곧 나가겠습니다."

다 늙어빠진 루케리야가 맨발을 문지르는 소리를 내며 바깥 계단으로 나왔다. 햇살에 눈이 부신 듯 눈살을 가늘게 좁힌 그녀는 잠시 그리고리의 얼굴을 물끄러미 쳐다보았다.

"알아보지 못하십니까, 루케리야 아주머니?"

그리고리는 말에서 내리며 물었다. 그러자 그때 비로소 루케리야의 곰보진 얼굴이 옅게 뭔가 꿈틀 움직이더니, 그 둔한 무관심이 격렬한 흥분으로 바뀌었다. 그녀는 울음을 터뜨리고 잠시 동안 한 마디도 하지 못했다.

그리고리는 말을 매놓고 가만히 기다렸다.

"무서운 일들만을 겪어 왔다오. 이젠 몸서리 나오……"

루케리야는 거친 천의 지저분한 앞치마로 뺨을 훔치며 훌쩍훌쩍 울었다.

"또 그 사람들이 왔나 했어요……아, 그리셴카, 여기서 어떤 일이 있었는지 도저히 다 얘기할 수가 없구료! ……난 외토리가 되고 말았다오……"

"사시카 할아버지는 어디에 계십니까, 판(주인, 가장) 어른과 함께 피난했나요?"

"피난이라도 가셨다면야 살아계실 테지만……"

"돌아가셨습니까?"

"살해되셨어요……이틀째나 움 속에 눕혀져 있어요……흙을 파내야 할 텐데, 나도 병이 들어서……간신히 일어나긴 했지만……게다가 그분 계신 곳인데도 시체를 대하기가 여간 무섭지 않아서……"

"어쩌다 살해되셨습니까?"

그리고리는 땅 바닥으로 고개를 숙인 채 맥빠진 목소리로 물었다.

"암말 때문에 살해되셨다오……우리 주인 어른은 서둘러 피난했지요. 현금만 가져가고 다른 재산은 거의 다 나에게 맡겼어요."

루케리야는 비로소 목소리를 낮추어 말했다.

"실토막까지도 소중하게 간직했다오. 고스란히 지금도 묻혀 있지만 주인 어른은 말도 오료산(産) 3필을 데려가고, 나머지는 모두 사시카 할아버지에게 맡겨 놓고 가셨어요. 반란이 일어나자 그 남겨졌던 말들도 카자흐와 적위병들이 서로 다투듯 가져가버렸지요. 검은 털의 종마 비호르……기억나오? 그것도 이번 초봄 적위병이 채가고 말았다오. 강제로 안장을 얹고요. 그 말은 이 세상에 태어난 뒤로 안장을 얹은 적이 없었거든요. 그러니 적위병도 그 말을 타고 돌아다니며 재미를 볼 리 없겠지요. 1주일쯤 지난 뒤 카르긴스카야의 카자흐가 여기에 들러서 한 얘기인데, 그 카자흐들이 언덕 위에서 적위병과 마주치자 사격을 시작했다나요. 그때 카자흐 쪽에 어리석은 암말이 있었는데, 갑자기 크게 우니까 비호르가 적병을 카자흐 쪽으로 끌고 오려 했다나요? 비호르는 암말 소리를 들으면 막무가내로 암말 쪽으로 달려가지요. 비호르를 타고 있던 적위병은 그걸 막지 못했지요. 도저히 제어할 수 없다는 걸 깨달은 그는 정신없이 달리는 말에서 뛰어내렸지요. 그러나 한쪽 발이 등자에 걸려 있었어요. 비호르는 그 병사를 매단 채 달려와서 카자흐들에게 넘겨 주었답니다."

"잘했군요!"

이야기에 감동되어 프로호르가 소리쳤다.

"지금은 그 종마를 카르긴스카야의 특무상사가 타고 다닌다오."

루케리야는 담담하게 말했다.

"그 특무상사는 판이 돌아오시면 곧바로 비호르를 마구간에 다시 들여 보내 주겠다고 약속했다오. 그럭저럭 말들을 다들 끌어가버리고, 프리메르와 스제냐야 사이에서 태어난 잡종 스트레르카만 남았지요. 스트레르카가 새끼를 배고 있어 아무도 손을 대지 않았던 거요. 그것이 얼마 전 새끼를 낳았는데, 사시카 할아버지가 얼마나 애지중지 하셨는지 이루 말할 수 없을 정도였다오! 두 팔로 안기도 하시고, 젖병으로 우유를 먹이기도 하시고, 다리 튼튼해지라고 무슨 풀인가를 삶은 약을 먹이기도 하셨지요. 그랬는데 뜻밖의 재난이 닥쳐와버렸어요……그저께 해지기 전쯤에 적위병 셋이 들이닥칩디다. 할아버지는 뜰에서 풀을 깎고 계셨는데, 적위병이 '이봐, 할아범. 잠깐 이리 와요!' 소리 치더군요. 할아버지는 낫을 내던지고 다가가서 인사를 했지만, 놈들은 쳐다보지도 않고 우유를 마시며, '말이 있소?' 물었어요. 할아버지는 '한 마리가 있기는 있는데, 그 말은 군마(軍馬)가 못 될 겁니다. 암말이고, 게다가 새끼를 낳은 지 얼마 안 돼서 젖을 먹이고 있어요' 대답했지요. 그러자 세 녀석 중 가장 거친 녀석이, '그런 거야 상관 있나? 암말을 끌어와, 이 늙은이야! 내 말이 등허리를 다쳤으니, 내 말하고 바꾸잔 말이야!' 하는데 아주 누기등등하더라구요. 할아버지가 고분고분하게 그 암말을 내주었더라면 좋았을 텐데, 그분은 당신도 알다시피 고집장이셨거든요……판에게든 누구에게든 잠자코 있지 않으니까요. 당신도 알 거예요."

"그래 결국은 말을 내주지 않았습니까?"

프로호르기 끼이들었다.

"내주지 않고 배겨요? 할아버지는 적위병들에게 이렇게 말씀하셨지요. '당신네가 오기 전에 기병들이 수도 없이 왔었지만, 그들이 다른 말은 모두 가져갔지만 저 암말에게는 인정을 베풀어 주었는데, 당신네들은……' 하자

3명이 들고 일어나서, '시끄러워, 이 형편없는 늙은이야. 그 말을 판에게 주려고 소중히 지니고 있는 거지?' 소리칩디다. 그러고 나서 할아버지를 질질 끌어내고……한 녀석은 암말을 끌고 나와서 안장을 얹었는데, 새끼가 에미의 유방 밑으로 기어들어갔다오. 할아버지는 '제발 끌어가지 마십시오! 새끼는 대체 어떻게 합니까!' 애걸하셨지요. 그러자 다른 사람이 '옳지, 여기로 보내라구!' 하데요. 그러면서 어미 말에게서 새끼말을 몰아내고는 어깨에서 총을 내려 잔인하게 새끼말을 쏘아죽이고 말았어요. 난 울고 또 울고……나는 달려가서 그 사람들에게 애걸하며 할아버지를 잡아당겨 나쁜 일이 일어나지 않도록 할아버지를 딴 데로 모시고 가려 했지요. 그런데 할아버지는 안색이 창백해져서는, '그래, 나까지도 쏴죽여라, 이 불량배 놈들아!' 하시며 그놈들에게 덤벼들어 붙들고 늘어져서 안장을 얹지 못하게 하셨어요. 그러자 놈들은 미친듯이 성이 나서 앞뒤도 없이 살해했어요. 놈들이 할아버지를 쏠 때는 나도 제정신이 아니었고, 지금도 돌아가신 할아버지를 어떻게 해야 하는지 몰라 쩔쩔매고 있다오. 관까지 짤 필요는 없겠지만, 그런 일은 이 할망구 손으로 해낼 수 없는 일이잖아요?"

"삽 2개와 두껍고 거친 마포(麻布)를 1장 꺼내 주십시오."

그리고리가 말했다.

"할아버지를 묻어 드릴 생각이십니까?"

프로호르가 물었다.

"그렇다네."

"당신이 직접 그런 수고까지 하실 거야 없습니다, 그리고리 판테레에비치! 지금 제가 얼른 달려가서 카자흐들을 불러오겠습니다. 카자흐들이 관도 짜고, 적당한 무덤 구덩이도 팔 겁니다……"

프로호르는 아무래도 알지 못하는 노인을 매장하는 수고를 하고 싶지가 않은 기색이었다. 그러나 그리고리는 굳게 프로호르의 제의를 물리쳤다.

"둘이 무덤을 파고 묻어 드리자구. 할아버지는 좋은 분이셨네. 뜰에 있는 못 옆에서 기다리게. 내가 가서 죽은 할아버지를 보고올 테니까."

좀개구리밥이 가득 돋아난 연못 언저리의, 나뭇가지들이 넓은 그늘을 이루는 늙은 포플라나무 밑에, 일찍이 사시카 할아버지가 그리고리와 아크시냐 사이에 태어난 어린 딸을 묻었던 바로 그 장소에, 할아버지는 최후의 영원한 휴식 장소를 찾았다. 홉열매 냄새가 나는 깨끗한 천에 싼 할아버지의 바싹 마른 몸을 묘혈(墓穴)에 넣고 흙을 덮었다. 조그마한 무덤의 봉분(封墳)과 나란히, 장화로 정성껏 밟아서 다진 신선하고 축축한 모래질의 점토를 상쾌하게 빛내고 있는 또 하나의 분묘가 생겼다.

 그리고리는 그의 마음속에 자못 소중한 추억이 담긴 작은 묘소에서 조금 떨어진 풀 위에 누워, 오랫동안 머리 위에 넓고 웅대하게 펼쳐진 푸른 하늘을 바라보았다. 어딘가 저편의 높고 무한한 공간 속에는 바람이 불고, 햇살을 받아 아름답게 빛나는 차가운 구름이 떠돌고 있었다. 하지만 바로 지금 쾌활한 말지기 주정뱅이 사시카 할아버지를 넘겨받은 지상에서는 여전히 생활이 어지럽게 펼쳐지고 있었다. 그 돌의 바로 옆까지 녹색이 번져 가까이 밀어닥친 광야 속에서도, 오래된 탈곡장의 울타리 주위에 있는 야생 대마(大麻) 풀숲 속에서도 메추라기들이 서로 싸우는 시끄러운 울음소리가 울리고, 들다람쥐가 삐이—삐이—피리 같은 소리를 내고, 산벌(山蜂)이 붕붕거리고, 바람에 쓸리는 잡초가 살랑살랑거리고, 빠르게 흐르는 아지랑이 속에서는 종다리가 지저귀고 있었다. 그리고 자연계 속에서 인간의 위대함을 증명하듯이 어디선가 멀고먼 메마른 골짜기 언저리에서 집요하고 심술궂게 둔한 기관총 소리가 들려 왔다.

7

 몇 명의 참모 장교들과 카자흐 1개 중대의 호위를 받으며 뵤센스카야에 도착한 세크레테프 장군을 종을 울리고 빵과 소금을 바치며 맞이했다. 교회는 두 곳이 다 부활제 때처럼 종일 종을 울렸다. 행군에 지친 껑충한 돈산(産) 말에 타고 하류 지방 카자흐들이 한길 이곳저곳을 어슬렁거렸다. 그들의 어깨에서는 이것 보라는 듯이 견장이 파랗게 빛나고 있었다. 세크레테프 장군의 숙소로 정해진 광장 가까이 호상(豪商)의 집 언저리에는 전령들이 떼지어 있었다. 해바라기 씨를 내뱉으며 그들은 곁으로 지나가는 모양낸 마을 처녀들에게 수작을 걸었다.

 정오쯤 카르므이크인 기병 셋이 적위군 포로 열 대여섯 명을 장군의 숙소로 데리고 왔다. 그 뒤로 관악기를 가득 실은, 말 두 마리가 끄는 짐마차가 따라왔다. 적위군 병사들은 붉은 줄이 쳐진 회색 짧은 웃옷에 같은 색깔의 모직바지를 입어 좀 우스꽝스러워 보였다. 중년의 카르므이크인이 태평하게 문 옆에 서 있던 전령들 쪽으로 다가가 말에서 내리더니 도자기 파이프를 주머니 속에 밀어넣었다.

"우리 편이 적위군 나팔수들을 데리고 왔네. 알았나?"

"뭘 알아?"

얼굴이 커다란 전령이 해바라기 껍질을 먼지투성이인 카르므이크인 장화에 뱉아버리며 툭 쏘듯이 대꾸했다.

"잔소리 말고 포로나 인수해. 너무 처먹어서 살찐 낯짝을 해가지고 이러니저러니 떠들지 말고!"

"뭐라구! 잘도 아가리를 놀리는군, 이 망할 자식!"

전령은 화를 냈다. 그러나 포로에 대해 보고하러 걸어나갔다.

문 안쪽에서 허리를 꽉 쥔 갈색 베시메토(반코트)를 입은 당당한 체격의 카자흐 일등대위가 나왔다. 굵은 다리를 벌리고, 그림으로 그린 듯이 모양 좋게 두 손을 허리에 대고, 무리져 있는 적위병들을 둘러보더니 낮은 목소리로 말했다.

"코밋살들을 음악으로 위안해 줬단 말이냐, 탐보프의 쓰레기 같은 놈들아! 회색 군복은 어디서 났나? 독일군에게서 벗겨낸 건가?"

"아닙니다, 그렇지 않습니다."

맨앞에 서 있던 적위병이 당황해 눈을 깜박이며 대답했다. 그리고 빠른 말씨로 설명했다.

"전에 케렌스키 정부 때 우리 군악대가 입었던 제복입니다. 6월 공세 뒤 일입니다……그런 관계로 그때부터 늘 착용하고 있습니다……"

"여기서도 입어라! 입으란 말이야! 여기서도 입고 있어!"

대위는 위를 낮게 잘라낸 쿠반모자를 뒤로 제치고, 다듬은 머리 위의 아직 아물지 않은 새빨간 칼자국을 내보이더니, 신은 지 꽤 오래된 높은 구두 뒤꿈치를 축(軸)으로 해서 카르므이츠인 쪽으로 휙 돌아섰다.

"어째서 이놈들을 데리고 온 거냐? 똥싸개 같으니라구. 도대체 무슨 짓거리야? 중간에 왜 깨끗이 싹 없애버리지 못했는가?"

카르므이크인은 무슨 뜻인지 몰라 눈을 껌벅이며 차분하게 구부렸던 두 다리를 재빨리 맞붙이고, 한 손을 카키색 군모의 차양에 댄 채 대답했다.

"중대장님이 여기로 보내라는 명령을 받으셨습니다."
"'여기로 보내라는 명령을 받으셨습니다' 라고!"
꽤나 위세를 부리는 일등대위는 업신여기듯 얇은 입술을 일그러뜨리며 흥내를 냈다.
그리고 부어오른 발을 무겁게 옮기고 살찐 엉덩이를 흔들면서 석위병들 주위를 돌았다. 마치 거간꾼이 말을 살피듯이 오랫동안 주의 깊게 그들을 살펴보았다.
전령들은 이따금 슬쩍슬쩍 웃음 소리를 냈다. 호송해온 카르므이크인들의 얼굴은 여전히 여느 때처럼 무표정이었다.
"문을 열어! 이놈들을 뜰에 처넣으란 말이야!"
일등대위가 명령했다.
적위군 병사들과 어수선하게 악기가 쌓아 올려진 짐마차는 현관 계단 옆에 멈추었다.
"악장(樂長)이 누구지?"
담배에 불을 붙이면서 일등대위가 물었다.
"없습니다."
몇 사람이 한꺼번에 소리쳤다.
"대체 어디 간 거야? 도망친 거냐?"
"그렇지 않습니다. 전사했습니다."
"제놈 잘못이지. 악장 없이 그냥 연주해. 각자 악기를 들어!"
적위병들은 마차에 다가갔다. 이렇게 해서 얼마 뒤에는 계속 울리던 종소리에 뒤섞여 관악기들의 구리(銅) 음색이 질서도 없이 슬슬 뜰에 울리기 시작했다.
"준비해! 〈하느님이여, 짜르를 지켜 주옵소서!〉를 연주해라!"
나팔수들은 말없이 서로 눈길을 마주 보았다. 아무도 시작하려 하지 않았다. 무거운 침묵이 가라앉았다. 그러나 이윽고 맨발이지만 제대로 각반을 감은 흰 나팔수가 땅바닥에 시신을 떨어뜨린 채 밀렸다.
"저희들은 아무도 옛 국가(國歌)를 알지 못합니다."
"다들 그러냐? 거 재미있군……어이, 전령 반 개(半個) 소대, 총을 들고 집합!"

대위는 소리는 내지 않고 장화 끝으로 박자를 맞추고 있었다. 복도에서는 기병총을 덜렁거리며 전령들이 정렬했다. 울타리 너머 울창하게 자란 아카시아 숲속에서 참새들의 지저귀는 소리가 들려 왔다. 뜰에는 달아 오른 창고의 함석지붕 냄새와 코를 찌르는 듯한 사람 땀냄새가 숨막히게 가라앉아 있었다. 일등대위는 양달에서 응달로 물러났다. 그러자마자 맨발의 나팔수가 우울한 얼굴로 동료들을 쳐다보고는 낮은 목소리로 말했다.

"대위님! 여기에 있는 사람들은 모두가 젊은 나팔수들입니다. 옛것을 연주할 일이 없었습니다……언제든 대개 혁명가를 연주 했었습니다……대위님!"

일등대위는 아예 못들은 척 장식이 달린 가죽띠의 끝을 만지작거리며 잠자코 있었다.

전령들은 입구 옆에 정렬해 명령을 기다리고 있었다. 적위병들을 밀어제치며 한쪽 눈이 내장(內障)으로 못쓰게 된 중년의 나팔수가 뒷줄에서 급히 걸어나왔다.

그리고 기침을 하면서 물었다.

"허락해 주시겠습니까? 저는 하겠습니다."

그러고는 상대의 승낙도 기다리지 않고 햇빛에 뜨거워진 파곳을 떨리는 입술에 대고 연주했다.

널찍한 호상의 저택 위로 오직 홀로 쓸쓸하게 울려 퍼지는, 우수와 번민을 갖게 하는 코먹은 소리 울림을 듣자 일등대위는 화가 치밀어 얼굴을 일그러뜨렸다. 한 손을 한 번 내흔들고 그는 소리쳤다.

"그만둬! 거지가 구걸하는 것 같구나……질질 끌기만 하니, 도대체 그게 음악인가?"

이쪽저쪽 창문으로 참모 장교들과 부관들이 미소를 머금고 얼굴을 들이밀었다.

"이봐, 그놈들에게 장송행진곡을 청해 보게!"

창문으로 상반신을 내민 아직 젊은 기병 중위가 패기에 찬 소리로 외쳤다.

무거운 종소리가 잠깐 멈추었다. 그리고 일등대위는 눈썹을 실룩실룩거리며 비위를 맞추듯이 물었다.

"〈인터내셔널〉같은 건 연주할 테지? 자, 해봐! 무서워할 거 없어! 명령이니까 해 봐!"

그리하여 깊숙이 가라앉은 정적을 깨뜨리고 한낮의 염천(炎天)에 마치 싸움터에 불려 나온 듯이 〈인터내셔널〉을 연주하는, 노기를 머금은 악기의 울림이 갑자기 가락을 이루어 당당하게 울려 퍼지기 시작했다.

일등대위는 장애물에 부딪친 소처럼 머리를 늘어뜨리고 두 다리를 벌려 딱 버티고 서 있었다. 붙박은 채로 귀를 기울이고 있었.

근육이 드러난 그의 목덜미와, 찌푸린 두 눈의 푸르스름한 흰자위가 시뻘개져갔다.

"그만! ……"

더 견딜 수 없게 되자 날카롭게 외쳤다.

오케스트라는 일제히 침묵했다. 프렌치혼 만이 조금 늦었다. 그리고 달아오른 대기 속에 그 정열적인 미완성의 호소가 오랫동안 여운을 남겼다.

나팔수들은 바싹 마른 입술들을 핥고는 또 소매며 진흙투성이의 손바닥으로 훔쳤다. 그들의 얼굴은 지쳐 있었으나 평온해 보였다. 오직 한 사람 나팔수의 먼지투성이 뺨에 배신(背信)의 눈물 한 방울이 흘러 차분한 흔적을 남기고 있을 뿐이었다.

그 무렵, 세크레테프 장군은 러일전쟁 때 동료의 친척 집에서 식사를 마치고 몹시 취한 부관의 부축을 받으며 광장으로 나왔다.

더위와 술로 장군은 화끈 달아올랐다. 몹시 정신이 헷갈린 장군은 벽돌로 지은 중학교 건물에 잇닿은 모퉁이에서 발을 헛디뎌서 타오르는 듯한 모래 위에 엎어지듯이 넘어지고 말았다. 몹시 당황한 부관은 장군을 도와 일으키려고 헛된 노력을 했다. 그때 근처에 서 있던 군중 속에서 몇 사람이 쫓아와 도와 주려고 달려갔다. 꽤 나이먹은 카자흐 둘이 많은 사람들이 보고 있는 자리에서 뱃속의 것을 모조리 토해 놓는 장군을 싫은 표정 없이 공손하게 거들어서 일으켰다. 그러나 구역질을 하는 사이사이에 그는 사납게 주먹을 휘두르며 자꾸 뭐라고 소리쳤다. 간신히 그를 달래어 숙소로 데려갔다.

소금 떨어신 곳에 서 있던 카사흐들은 장군을 한동안 바라보면서 서로 쑤군거렸다.

"저런, 딱하게도 반쯤 죽어가는군! 장군 치고는 칠칠치 못한걸."

"술이란 계급이나 훈장과 맞아떨어지는 건 아니거든."

"내놓는다고 해서 무턱대고 마시지 않았다면 좋았을걸……"

"어허, 그렇잖다구. 아무나 참을 수 있는 게 아냐! 몹시 취해서 되게 창피를 당하고선 다시는 마시지 않겠다고 맹세했던 녀석들이야 얼마든지 있어……그래서 흔히들 말하지 않나, '끊겠다고 맹세한 자리에서 곧바로 또 한 잔'이라고……"

"그래그래, 그대로야. 저쪽으로 가서 저 망나니들에게 함께 꼭 붙어서 걸으라구 소리 지르게. 마치 태어날 때부터 주정뱅이 같은 건 본 적도 없다는 듯이 눈알을 되록되록 굴리고 있잖아."

어두워질 때까지 끊임없이 종이 울리고, 마을의 여기저기서 술잔들이 오갔다. 그리고 밤에는 장교 집회소로 할당된 집에서 반란군 사령부가 갓 도착한 사람들을 위해 축연(祝宴)을 베풀었다.

키 크고 날씬한 세크레테프는 크라스노쿠츠카야 마을의 한 부락에서 태어난 유서 깊은 카자흐로, 승마에 매우 뛰어난 훌륭한 기수며 용감한 기병 출신이었다. 하지만 그는 웅변가는 아니었다. 축연 자리에서 그가 행한 연설은 술기운으로 허풍에 가득 차 있었다. 그리고 끝에 가서는 상류 돈 카자흐들을 겨눈 노골적인 비난과 위협을 드러냈다.

축연에 참석해 있던 그리고리는 긴장된 증오를 품고 세크레테프의 말을 귀기울여 듣고 있었다. 미처 술 깰 틈이 없었던 장군은 간신히 손가락으로 테이블에 의지하고, 냄새가 강한 술을 주위에 온통 흘리며 서 있었다. 그리고 한 마디 한 마디 지나치게 힘을 주어 말했다.

"……아닙니다, 우리가 여러분의 원조에 감사해야 할 것이 아니라, 여러분이 우리에게 감사해야 할 것입니다! 확실히 여러분입니다―이것을 분명히 말해 두어야겠습니다. 우리가 없었다면 적위군은 여러분을 짓밟았을 것입니다. 여러분은 그것을 스스로도 다들 잘 알 것입니다. 그러나 우리는 여러분 없이도 저 불량배놈들을 무찔렀을 것입니다. 지금 우리는 그들을 압박하고 있으며, 또한 온 러시아를 완전 소탕할 때까지 계속해서 압박할 것입니다. 이것을 명심하시기 바랍니다. 여러분은 가을에 전선을 내팽개치고, 볼셰비키놈들로 하여금 카자흐의 땅에 침입하게 했습니다……여러분은 그들과의 평화로운 생활을 희망했습니다. 그러나 그렇게 되지는 못했던 것입니다. 그리고 그때 여러분은 자기의 재산, 자기의 생명을 구해 내려고 일어섰습니다.

좀 지나치게 말하자면, 자기의 재산과 소를 구하기 위해서였습니다. 내가 과거를 되살리는 것은 여러분의 죄를 나무라기 위해서가 아닙니다……이것은 여러분에 대한 비난의 말이 아닙니다. 그러나 진실을 분명하게 밝히는 것은 결코 해로운 일이 아닙니다. 여러분의 배신은 이미 우리에게 용서받았습니다. 형제로서 우리는 여러분에게 있어 더할 나위 없이 괴로운 시기에 여러분에게로 왔습니다―도우려고 온 것입니다. 그러나 여러분의 부끄러운 과거는 앞으로 보상되어야 합니다. 알겠습니까, 장교 여러분? 여러분은 자기의 공적에 의해서, 고요한 돈에의 오점 없는 헌신으로 그 과거를 보상해야만 하는 것입니다―그것을 알겠습니까?"

"자, 죄의 보상을 위해서!"

어떤 사람을 가리켜서가 아니라, 거의 눈에 띄지 않을 정도의 미소를 띠고 그리고리의 바로 건너편에 앉아 있던 중년 카자흐 중령이 말했다. 그는 다른 사람들이 잔을 들 때를 기다리지도 않고 맨 먼저 잔을 비웠다. 그 사내는― 희미하게 마마 자국이 난 사내다운 얼굴과, 비웃음 품은 갈색 눈을 하고 있었다. 세크레테프의 연설을 들으면서 그의 입술은 몇 번인가 한 군데 정착하지 못하고 헤매는 듯한 비웃음의 그림자를 떠올렸다. 그때의 눈은 짙은 색깔을 띠어 몹시 검게 보였다. 그 카자흐 중령을 관찰하는 동안에 그리고리는 그 사내가 세크레테프와 '너, 나'로 통하며 그에 대해서는 극단으로 활달한 태도를 취하고 있으면서 다른 장교들에게는 눈에 띄게 냉담하고 서먹서먹한 모습을 보이고 있는 것에 관심이 끌렸다. 축연에 참석한 자들 가운데 그 혼자만이 카키색 여름옷에 같은 색깔의 견장을 꿰매 달고 소매에는 코르니로프군의 휘장을 달고 있었다. '사상(思想)을 위해 자기 몸을 바친 사내 같군. 의용병 출신임에 틀림없어.' 그리고리는 이렇게 생각했다. 카자흐 중령은 말처럼 마셨다. 안주도 먹지 않고 별로 취하지도 않았고, 이따금 폭넓은 영국식 가죽띠를 늦출 뿐이었다.

"도대체 누구야, 바로 내 앞쪽의 약간 곰보진 녀석이?"

그리고리는 옆에 있아 있는 보가투일료프에게 낮은 목소리로 물었다.

"모르겠는데."

거나한 기분이던 보가투일료프는 냉담하게 말했다.

쿠지노프는 손님들을 위해서 술을 아끼지 않았다. 어디서 생겼는지, 테이블에 알콜이 나타났다. 그리고 세크레테프는 가까스로 연설을 마치더니, 카키색 군복을 풀어헤치고 의자에 털썩 주저앉았다. 얼핏 보기에도 분명할 만큼 몽고인의 얼굴을 한 젊은 중위가 그에게로 몸을 구부리고 소곤거렸다.

"제멋대로군!"

자주색만큼이나 새빨개져서 세크레테프는 대답하더니, 쿠지노프가 부어준 알콜 잔을 재빨리 단숨에 마셔서 비웠다.

"그럼, 저 사팔뜨기는 누군가? 부관인가?"

그리고리는 보가투일료프에게 물었다.

"아냐, 저건 양자(養子)야. 세크레테프가 러일전쟁 때 아직 철부지던 녀석을 만주에서 데려왔지. 다 길러내서 사관학교에 들여보냈네. 중국인 철부지이던 것이 아주 사람꼴이 된 셈이야! 혈기(血氣)가 대단한 녀석이지! 어저께는 마케에프카 부근에서 적군에게서 금(金) 상자를 노획했는데, 2백만이나 됐었어. 나중에 보니까 저 친구의 주머니란 주머니에는 금이 여러 다발로 나뉘어 비어져 나와 있더군. 빌어먹게도 엄청난 복덩어리가 굴러든 거야! 그야말로 현금이라구! 그건 그렇고, 자, 드세. 어째서 녀석들을 그렇게 관심 있게 쳐다보는 건가!"

세크레테프의 연설에 대한 답사를 쿠지노프가 하고 있었다. 하지만, 이젠 거의 아무도 그 소리에 귀기울이지 않았다. 연회는 차차로 흥겨워져 그 도가 지나칠 정도였다. 세크레테프는 저고리를 벗어던지고 셔츠바람으로 앉아 있었다. 반들반들하게 밀어낸 그의 머리는 땀에 젖어 번쩍였다. 그리고 조금도 흠 잡을 데가 없을 만큼 청결한 삼베 셔츠는 새빨간 얼굴과, 햇빛에 그을려 올리브 색깔을 띠는 목을 한층 뚜렷이 돋보이게 해주었다. 쿠지노프가 작은 목소리로 그에게 소곤거렸다. 그러나 세크레테프는 그를 쳐다보지 않고 완고하게 되풀이했다.

"그럴 것 없어, 용서해 주지. 이제 그런 건 말이야, 자네, 용서해 주지. 우리는 자네를 믿네. 그러나 앞으로 더 잘 해야지……자네들의 배신은 금새 잊혀질 리가 없네. 작년 가을 빨갱이놈들한테 붙었던 놈들은 모두 이걸 단단히 명심해야 해……"

'흥, 우리도 그만 못지않게 너희에게 봉사했다구!' 술기운이 확 오른 그리고리는 차가운 분노를 품고 이렇게 생각하며 자리를 떴다.

모자를 쓰지 않은 채 현관 계단으로 나가 후욱 한숨을 내쉬었다가 시원한 밤공기를 가슴 가득히 들이마셨다.

돈 언저리에서는 비오기 전처럼 개구리들이 개굴개굴 울고, 좀 음침한 가락을 띠는 알락해오라기가 낮은 소리를 내고, 모래톱 위에서는 산도요새들이 슬프게 울고 있었다. 어느 먼 곳의 목초지에서는 어미말에게서 떨어진 새끼말이 잘 퍼지는 가느다란 소리로 울어댔다. '이 쓰라린 고난의 상태가 우리와 너희의 인연을 맺어 준 거다. 그렇지 않았더라면 우리에게 있어 너희는 코담배 한 움큼만큼도 필요하지 않았을 것이다. 천 벌을 받을 놈들. 지금이니까 우리를 싸구려 과자마냥 우습게 보고 설교를 하지만, 1주일 쯤 지나면 그때는 노골적으로 아우성치기 시작할 거다……드디어 최후의 때가 다가왔다! 어느 쪽으로 가든 간에 어쩔 도리가 없다. 그래, 나는 그렇게 될 것으로 생각한다……그렇게 되는 것이 당연하다. 바야흐로 카자흐들은 방향을 바꾸고 있다. 상관 앞에서 경례를 한다든가 부동자세를 취하는 버릇 같은 건 이미 사라져버렸으니까……' 그리고리는 현관 계단을 내려가 손으로 더듬어서 쪽문 쪽으로 나아가며 그런 생각했다.

그의 몸에도 알콜이 효력을 드러냈다—머리가 흔들흔들하고, 동작은 불안정했다. 쪽문을 나서자 그는 군모를 깊이 눌러쓰고 다리를 질질 끌며 비틀비틀 길을 걷기 시작했다.

아크시냐의 백모네 집 근처에서 잠시 망설이다가, 이윽고 과감하게 현관 계단 쪽으로 발을 내디뎠다. 현관 문에는 자물쇠가 채워져 있지 않았다. 그리고리는 노크도 하지 않고 거실로 들어갔다. 그러자 그의 바로 앞에서 테이블에 앉아 있는 스테판 아스타호프의 모습이 눈에 띄었다. 페치카 옆에서는 아크시냐의 백모가 부지런히 일을 하고 있었다. 청결한 덮개가 덮인 테이블에는 아직 다 마시지 않은 술병이 놓여 있었다. 접시 위에서는 말린 생선 몇 토막이 장미빛 피부를 보이고 있었다.

스테판은 잔을 비우고는 안주를 집으려 하던 참이었는데 그리고리를 보더니 접시를 옆으로 밀어놓고 벽에 등을 기대었다.

몹시 취했어도 그리고리도 역시 죽은 사람처럼 새파래진 스테판의 얼굴도, 이리처럼 타오르는 눈도 확실하게 알아보았다. 이 부딪침에 어리둥절했으면서도 그리고리는 기운을 쥐어짜서 쉰 목소리로 말했다.

"별일 없으셨어요?"

"덕택에 그럭저럭 지냈네."

그리고리와 자기 조카의 관계를 잘 알고 있고, 남편과 정부(情夫)의 뜻하지 않은 마주침에 무엇 하나든 좋은 결과가 없으리라는 걸 아는 여주인은 놀라서 대답했다.

스테판은 잠자코 왼손으로 콧수염을 어루만지고 타오르는 두 눈을 그리고리에게서 떼지 않았다.

그리고리는 두 다리를 쩍 벌리고 문턱 옆에 우뚝 서서 일그러진 미소를 띠며 말했다.

"보시는 바와 같이 인사를 하러 잠시 들러본 겁니다……이만 실례하겠습니다."

스테판은 아무 말 없이 있었다. 백모가 간신히 용기를 내어 그리고리를 불러들이기까지 어색한 정적이 흘렀다.

"자, 좀 들어오게나. 꺼리지 말고."

이제 와서 그리고리는 더이상 숨길 것도 없었다. 그가 아크시냐의 집에 모습을 나타낸 것이 스테판에게 모든 것을 설명해 준 것이었다. 그래서 그리고리는 못이기는 듯이 떠밀려 갔다.

"그런데 부인은 어디 계신가?"

"그래, 자네는……그 사람을 만나러 왔나?"

낮기는 하나 또렷한 목소리로 스테판이 물었다. 그리고 떨리는 속눈썹을 아래로 깔았다.

"그렇다네."

한숨을 쉬며 그리고리는 자백했다.

그는 그 순간 스테판이 어떻게 하건 모든 걸 각오했다. 그리고 평소의 얼굴로 바꾸면서 몸을 지킬 준비를 했다. 그러나 상대는 눈을 희미하게 뜨고—그 속에서는 이미 좀전의 열기가 사라져 있었다—이렇게 말했다.

"보드카를 사러 갔는데 곧 돌아올 거야. 앉아서 기다리게."

그는 일어섰다. 키가 크면서도 균형이 잡힌 몸이었다. 그는 그리고리에게 의자를 권하고 백모를 보지 않고 말했다.

"백모님, 깨끗한 잔을 하나 주십쇼."

그리고 이번에는 그리고리에게 물었다.
"마실 테야?"
"조금은 마시지."
"자, 앉게나."
그리고리는 테이블을 향해서 앉았다. ……병에 남은 것을 스테판은 두 잔에 똑같이 나누어 따르고, 안개가 덮인 듯한 눈을 그리고리 쪽으로 들었다.
"행운을 빌며!"
"다같이 건강하세!"
잔을 마주쳤다. 그리고 단숨에 잔을 비웠다. 잠시 잠자코 있었다. 다람쥐처럼 재빠른 여주인은 손님에게 접시와 자루가 부러진 포크를 내밀었다.
"생선을 들라구! 살짝 절인 거야."
"고맙습니다."
"접시에 덜고서, 자, 어서 먹으라구."
기분이 좋아진 여주인이 권했다. 그녀는 두 사람이 맞붙잡고 싸우지도, 접시나 잔을 깨뜨리지도, 떠들썩하게 마음속들을 털어놓지도 않은 채 매사가 다 잘 원만하게 풀려나가는 듯 하자 몹시 기뻐했다. 불길처럼 타오를 것을 예시하던 대화는 끝났다. 남편과 아내의 정부가 같은 테이블에 사이좋게 앉아 있는 것이었다. 이제 두 사람은 묵묵히 먹으면서 눈길은 서로 딴 데로 돌리고 있었다. 눈치가 빠른 여주인은 궤짝에서 깨끗한 수건을 꺼내어, 마치 그리고리와 스테판을 이어놓듯이 그 양끝을 두 사람의 무릎 위에 놓았다.
"자네, 어째서 중대에 있지 않나?"
황어를 덥석 물며 그리고리는 물었다.
"역시 인사를 하러 왔던 거야."
잠시 묵묵히 있더니 스테판이 대답했다. 그리고 그 어조로서는 그가 진심인지, 남을 비웃어 하는 말인지 전혀 짐작이 가지 않았다.
"중대는 타타르스키에 있지?"
"모두기 부락에서 손님 노릇들만 하고 있네. 어때, 들자구!"
"그러지."
"다같이 건강하세."
"행운을 비네."

현관에서 자물쇠 소리가 울렸다. 취기가 싹 가신 그리고리는 눈을 치떠서 스테판을 쳐다보고, 창백한 빛이 다시 파도처럼 그의 얼굴을 흔들고 있음을 알아챘다.

두꺼운 무명 프라토크로 얼굴을 감싼 아크시냐는 그리고리가 와 있는 줄을 알아채지 못하고 테이블에 다가서서 곁눈질을 했다. 그러자 크게 열어진 눈에 공포의 빛이 치솟았다. 숨을 제대로 못쉬며 그녀는 간신히 입술을 떼었다.

"안녕하세요, 그리고리 판테레에비치!"

테이블 위에 가로놓여 있던 스테판의 힘줄이 불거진 큰 손이 잡자기 가늘게 떨렸다. 그리고리는 그 모습을 보며 한 마디도 하지 않고 머리를 숙였다.

테이블에 술병 2개를 놓으며 그녀는 다시 한번 그리고리에게로 불안과 은근한 기쁨이 뒤섞인 시선을 힐끗 던지고 뒤꿈치를 돌리더니, 어두운 부엌 구석으로 들어가서 궤짝에 앉아 떨리는 손으로 머리칼을 매만졌다. 스테판은 동요를 억제하기 위해 갑갑한 셔츠 소매의 단추를 풀고 2개의 잔에 넘치도록 술을 붓더니 아내 쪽을 돌아다보았다.

"잔을 들고 테이블로 와 앉아."

"마시고 싶지 않아요."

"앉으라니까!"

"저는요, 술은 마시지 않을래요, 스쵸파!"

"몇 번 말해야 하나?"

스테판의 목소리는 떨렸다.

"앉는 게 어떻겠소, 부인?"

그리고리는 용기를 주듯이 미소를 띠었다.

그녀는 호소하듯이 그를 쳐다보더니, 빠른 걸음으로 찬장 쪽으로 걸어갔다. 선반에서 접시가 하나 떨어져 소리를 내며 깨졌다.

"저런, 큰일을 저질렀군!"

여주인은 안타까워서 두 손을 딱 맞부딪쳐 소리냈다.

아크시냐는 무표정하게 조각들을 주워모았다.

스테판은 그녀의 잔에도 넘치도록 부어 주었다. 그리고 그의 눈은 다시 우수와 증오로 이글거렸다.

"자, 건배……"

그는 이렇게 말을 꺼내고는 다시 아무 말이 없었다.

테이블을 향해서 앉은 아크시냐의 숨가쁘고 띄엄띄엄 끊기는 호흡이 정적 속에 뚜렷이 들렸다.

"자, 자네, 오랜 이별을 위한 건배야. 어때? 싫은가? 마시지 않을 텐가?"

"당신 아시잖아요……"

"나는 지금 모두 다 알고 있어……자, 이별을 위해서가 아냐! 소중한 손님 그리고리 판테레에비치의 건강을 위해서."

"그럼, 이분의 건강을 위해서 건배하지요."

높은 목소리로 아크시냐는 이렇게 말하고 단숨에 잔을 비웠다.

"불쌍한 계집이야!"

여주인은 부엌으로 피해 나가며 중얼거렸다.

그녀는 한구석에 몸을 가리고 두 손을 가슴에 대더니, 당장이라도 요란한 소리를 내며 테이블이 뒤집히고 귀가 먹먹해지도록 총성이 울리기를 기다렸다……그러나 거실은 죽은 듯한 정적으로 가라앉아 있었다. 다만 천장에서 불빛에 놀란 파리가 소리를 내고, 또한 창 바깥에서는 한밤중의 어둠 속에서 마을의 닭들이 빈갈아 울고 있을 뿐이었다.

8

돈강 위에 걸친 6월의 밤은 어두웠다. 석판(石板)처럼 시꺼먼 하늘은 고통스러운 침묵 속에서 돈의 빠른 물결에 그림자를 비추며 먼 번개가 금빛으로 번쩍이고 별이 떨어졌다. 스텝에서 메마른 따뜻한 바람이 인가(人家) 쪽으로 흐드러지게 핀 사향초의 꿀같은 향내를 실어왔다. 그리고 목초지에서는 축축한 풀, 찰흙, 습기의 무미한 냄새가 떠돌고, 잠시도 쉬지 않고 뭍뜸부기가 울어대고, 물가 숲은 마치 옛이야기에 나오는 것처럼 은빛 안개의 비난에 폭 싸여 있있다.

프로호르는 한밤중에 잠을 깨어 집주인에게 물었다.

"우리 대장은 아직 안 돌아오셨습니까?"

"응, 장군님들하고 즐기신다네."

"흠, 거기서 틀림없이 보드카를 잔뜩 드시겠군."

부러운 듯이 프로호르는 한숨을 내쉬었다. 그리고 하품을 하며 옷을 입었다.

"당신, 어디로 갈 건가?"

"말에게 물을 먹이고, 그 다음에는 꼴을 베어 올 겁니다. 날이 밝거든 타타르스키로 갈거라고 판테레에비치가 말했었거든요. 거기서 하룻밤 지내고 저희 부대를 뒤쫓아가야 합니다."

"날이 밝기까지는 아직 시간이 있어. 좀더 자도 될 텐데."

프로호르는 못마땅한 듯이 대답했다.

"할아버지가 젊을 적에 군인이 아니었다는 걸 금새 알겠습니다! 저희는 말이죠, 군무(軍務)로 근무중인 때는 말에게 꼴을 주고 그 뒷바라지를 해주는 것이 목숨과 맞바꾸는 일일 정도라구요. 너절한 말로야 잘 달릴 수가 있나요? 타고 있는 말이 좋으면 좋을수록 적에게서 빨리 도망치게 되거든요. 저는 말이죠, 이런 인간입니다—말하자면 저는 그놈들을 쫓아가는 끈덕진 기질은 없지만, 형세가 안 좋아 이편이 틀렸구나 하는 생각이 들면 맨 먼저 쏜살같이 내뺍니다! 어느새 총알에다 이마를 내놓고 몇 해 지내다 보니 아주 진저리가 났어요! 불을 켜주세요, 할아버지, 각반이 안 보이니까요. 예, 감사합니다! 정말이지, 저희 그리고리 판테레에비치야 훈장도 높은 계급도 여러 번씩 따고, 싸움터에서라면 물불을 가리지 않고 한복판으로 마구 뛰어들어가지만 말입니다, 저는요, 그런 어리석은 짓은 안 합니다. 저는 그런 거 절대 안 해요. 젠장, 아무래도 대장이 어디선가 콱 틀어박혀 놀다가 곤드레만드레 취해버린 모양인데요."

조용히 문 두드리는 소리가 났다.

"들어오십시오."

프로호르가 소리쳤다.

하사 견장을 단 카키색 군복을 입고, 장식용 쇳조각을 댄 군모를 쓴 낯선 카자흐가 들어왔다.

"저는 세크레테프 장군의 병단(兵團) 사령부 전령인데, 멜레호프 사단장님을 뵙고 싶습니다."

그는 문턱 옆에서 부동자세를 취하고 경례를 하고 물었다.

"지금 안 계시네."

그 전령의 훌륭한 자세와 잘 배운 태도에 멈칫하며 프로호르가 대답했다.

"하지만 이봐, 그렇게 폼을 잡지 말게. 나도 젊어서부터 자네와 마찬가지로 바보였다네. 나는 멜레호프의 전령이야. 그런데 무슨 일인가?"

"세크레테프 장군의 명령으로 멜레호프 사단장님을 모셔가려고 온 겁니다. 즉시 장교 집회소에 출두하시기 바란다고 말씀하셨습니다."

"멜레호프는 벌써 저녁때부터 그쪽에 가 있네."

"계셨다가 그 뒤 거기서 돌아가셨습니다."

프로호르는 휘파람을 한 번 휙 불더니, 침대에 앉아 있는 주인에게 눈짓을 했다.

"아시겠어요, 할아버지? 말하자면 좋은 사람 있는 데로 가신 겁니다. 이봐, 자네는 돌아가게. 내가 찾아서 곧 그쪽으로 가게 할 테니까……"

프로호르는 말에게 물 먹이고 꼴을 주는 일까지 노인에게 맡기고는 아크시냐의 백모 집으로 갔다.

마을은 한 발짝 앞도 알아볼 수 없는 어둠 속에 묻혀 있었다. 돈 건너편 기슭의 숲속에서는 서로 다투듯이 휘파람새들이 우짖어댔다. 프로호르는 느릿느릿한 걸음걸이로 눈에 익은 그 집에 다가가 현관으로 들어갔다. 그리고 문 손잡이에 손을 댄 순간, 낮은 스테판의 음성을 들었다. '이거 정말 엄청난 때 왔구나!' 프로호르는 생각했다. '뭣하러 왔느냐고 물을 테지. 그런데 전혀 핑계 댈 말이 없는걸. 까짓것 될 대로 되라지! 엉뚱한 때 와서 맞닥뜨린 거야! 술을 사러 왔다고 말하자. 근처 사람들이 이 집에 가 보라 하더라고.'

그리고 용기를 내어 거실에 들어갔는데, 어안이 벙벙하여 입을 벌리고 한마디도 하지 못했다. 그리고리가 아스타호프 부부와 한 테이블에 마주 보고 앉아서, 마치 아무 일도 없었던 듯이 탁한 녹색 술이 든 잔을 들고 있는 것이었다.

스테판은 프로호르를 쳐다보고 억지로 미소지으며 말했다.

"어째서 입을 멍하니 인사도 없나? 무슨 희귀한 거라도 보았나, 자네?"

"원 별말씀을……"

아직 놀란 상태에서 제 정신을 차리지도 못하고, 프로호르는 다리를 머뭇

머뭇 옮기며 대답했다.
"자, 그렇게 주춤거리지 말고 이쪽으로 와서 앉게나."
스테판이 권했다.
"저야 앉아 있을 틈이 없습니다……당신을 모시러 왔습니다, 그리고리 판테레에비치. 세크레테프 장군에게로 곧 출두하시라는 명령입니다."
그리고리는 프로호르가 오기 전에도 몇 번인가 돌아가려 했었다. 그는 잔을 밀어놓고 일어섰으나, 지금 돌아가면 스테판에게 공연히 겁장이로 보이게 되지나 않을까 염려되어 이내 다시 앉았다. 스테판에게 아크시냐를 맡긴 채 일어서기에는 그의 자존심이 허락치 않았다. 그는 술을 계속해서 마셨다. 그러나 술은 이제 그에게 아무런 효력도 없었다. 그리고 자기의 이도 저도 아닌 입장을 말짱한 머리로 재며 그리고리는 막판을 기다렸다. 아크시냐가 그리고리의 건강을 위해서 건배 했을 때, 한순간 그는 스테판이 그녀를 후려갈기지 않을까 생각했다. 그러나 그의 생각은 빗나갔다. 스테판은 한 손을 올려서 꺼칠꺼칠한 손바닥으로 볕에 그을린 이마를 닦았다. 그리고 짧은 침묵 뒤에 멍하니 아크시냐를 쳐다보면서 말했다.
"대단해, 당신! 겁내지 않는 모습이 아주 좋아!"
그 뒤에 프로호르가 들어온 것이었다.
잠시 생각하고 나서, 그리고리는 스테판으로 하여금 마음속을 탁 털어놓도록 장교 집회소에 가지 않기로 결심했다.
"자네가 가서 나를 찾지 못했다고 말하게, 알았지?"
그는 프로호르에게 말했다.
"알겠습니다만 판테레에비치, 당신이 가시는 게 좋겠습니다."
"자네가 알 일이 아냐! 어서 가게."
프로호르는 문 쪽으로 가려 했다. 그러나 그때 뜻밖에도 아크시냐가 입을 열었다. 그리고리 쪽은 쳐다보지도 않고 그녀가 쌀쌀하게 말했다.
"아녜요, 괜찮아요. 함께 가세요, 그리고리 판테레에비치! 손님으로 오셔서 저희들과 함께 시간을 보내 주셔서 감사합니다……뭐 별로 이르지도 않아요. 벌써 두 번째, 닭들이 울었으니까요. 이제 곧 날이 샐 텐데, 저와 스쵸파는 아침 일찍 집으로 돌아가야 해요……게다가 벌써 충분히 마셨어요. 됐어요!"

스테판은 말리지 않았다. 그래서 그리고리는 일어섰다. 작별 인사를 하면서 스테판은 마지막으로 뭔가를 말하고 싶은 듯 차갑고 딱딱한 손 안에 그리고리의 손을 잠시 동안 쥐었다. 그러나 그렇게 했을 뿐이지 아무 말도 하지 않고, 눈으로 그리고리를 문까지 전송하고는 마시다 둔 술병에 천천히 손을 뻗었다⋯⋯

심한 피로가 그리고리를 휘감쌌다. 간신히 그는 한길로 나섰다. 겨우 발을 옮겨서 첫번째 네거리에 닿자 바싹 그의 뒤를 따라오던 프로호르에게 부탁했다.

"돌아가서 말을 준비해 이리로 데려 오게. 나는 못 갈 것 같네⋯⋯"

"가지 않으신다는 걸 보고하지 않아도 괜찮습니까?"

"괜찮아."

"그럼, 잠깐 기다리십시오. 제가 얼른 갔다올 테니까요!"

그러더니 늘 둔하던 프로호르가 그때만은 재빠른 걸음으로 숙사를 향해서 달려갔다.

그리고리는 울타리 옆에 앉아서 담배에 불을 붙였다. 스테판과의 만남을 머릿속에 떠올리고는 냉정하게 생각해 보았다. '흥, 신경쓸 거 있나. 그 친구는 벌써 알고 있었는걸. 그저 아크시냐를 두들겨패지나 않으면 좋겠군⋯⋯' 이윽고 피로와 계속된 흥분으로 자신도 모르게 꾸벅꾸벅 졸다가 쓰러져 누워버렸다.

얼마 안 가서 프로호르가 말을 타고 돌아왔다.

나룻배로 돈 건너편 기슭에 닿자 속보로 말을 달리게 했다.

날이 새는 것과 동시에 타타르스키로 말을 탄 채 들어갔다. 그리고리는 자기 집의 가축 두던 곳 입구에서 말을 내려 고삐를 프로호르에게 던져 주고, 흥분해서 집 쪽으로 빠르게 걷기 시작했다.

아직 옷을 갈아 입지도 않은 나탈리야가 뭔가를 가지러 현관에 나왔다. 그리고리를 보더니 방금 잠을 깬 그녀의 눈은 눈시울이 뜨거워졌을 만큼 밝게 내뿜는 기쁨의 빛으로 타올랐다. 나탈리야는 말없이 자기의 단 하나뿐인 사내를 끌어안고 온몸을 그에게 다가붙였다. 그리고리는 어깨가 떨리고 있는 것으로 보아 그녀가 울고 있음을 알아챘다.

그는 집 안으로 들어가서 노인들과 거실에서 자고 있는 아이들과 차례로 키스한 다음, 부엌 한가운데 멈춰 섰다.
"어떻게 지내셨어요? 별일 없으셨어요?"
흥분으로 숨을 제대로 못 쉬며 그리고리는 물었다.
"괜찮았다. 애야. 아주 끔찍한 일도 당했지만, 뭐 별로 심하게 화를 낼 일은 없이 지냈다."
일리니치나가 빠르게 대답했다. 그리고 울고 있는 나탈리야를 곁눈으로 보고는 거칠게 호통쳤다.
"기뻐해야지 왜 우는 거야? 어리석기는! 자, 그렇게 우두커니 서 있지만 마라! 땔감을 가져와, 페치카에 불을 지펴야겠으니……"
두 사람이 부랴부랴 아침식사를 준비하고 있는 동안에 판테레이 프로코피에비치는 아들에게 깨끗한 수건을 내밀었다.
"얘, 세수해라. 내가 물을 떠주마. 머리가 깨끗해질 거다……술냄새가 물씬물씬 나는구나. 틀림없이 어제는 기분이 좋아서 마셨을 테지?"
"대단했지요. 하지만 지금은 어땠는지 모르겠습니다. 기뻤는지 슬펐는지도 모르겠고요……"
"어째서 그렇게 됐느냐?"
노인은 깜짝 놀라 물었다.
"글쎄 세크레데프가 우리에게 꽤나 원한을 품고 있던걸요."
"뭐, 그런 건 별 게 아니다. 그 사람이 너하고 같이 마셨단 말이냐?"
"글쎄 그랬습니다."
"그게 정말이냐! 너야말로 대단하구나, 그리시카! 진짜배기 장군 나으리와 한 테이블에 앉았었다니! 굉장하다!"
판테레이 프로코피에비치는 너무도 감동해서 아들을 바라보며 몹시 기뻐하는 표정으로 혀를 찼다.
그리고리는 미소를 지었다. 그로서는 도저히 노인의 한없이 천진한 기쁨을 나눌 수가 없었다.
가축과 재산은 무사한지, 곡물은 어느 정도나 망가졌는지, 하나하나 자세히 묻고 있는 사이에 그리고리는 농사 이야기가 이전처럼 아버지의 흥미를 끌지 못한다는 것을 알아챘다. 노인의 머릿속에는 훨씬 중요한 무엇인가가 있었다. 무엇인가가 그를 사로잡고 있었다.

그리고 그가 자기의 마음속을 터놓는 데에는 별로 시간이 걸리지 않았다.

"도대체 이번에는 어떻겠냐, 그리셴카? 또다시 봉사해야 하는 건 아니겠지?"

"어떤 사람들 말씀입니까?"

"늙은이들 말이다. 예를 들자면 나 같은 사람 말이다."

"아직은 모릅니다."

"그럼, 또 나가야 된단 말이냐?"

"아버님은 남아 계셔도 괜찮습니다."

"정말이냐?"

몹시 기뻐서 판테레이 프로코피에비치는 외쳤다. 그리고 흥분해서 절룩거리는 다리를 끌며 부엌으로 갔다.

"앉아 있어요, 절름발이 악마 같으니라구! 집 안 먼지를 긁어모으고 다니지 않아도 괜찮다구요! 글쎄 기쁘거들랑 강아지같이 달려나가구료!"

가시돋친 목소리로 일리니치나가 나무랐다.

그러나 노인은 그 꾸지람은 들은 척도 하지 않았다. 미소를 띠고 두 손을 마주 비비면서 몇 번이나 테이블과 페치카 사이를 절룩거리며 오갔다. 이윽고 그는 의문에 사로잡혔다.

"그래, 네 손으로 면제시켜 줄 수 있단 말이냐?"

"물론이죠, 할 수 있습니다."

"서류를 써주겠냐?"

"그러지요!"

노인은 우물쭈물 혼잣말을 하더니 제법 과감히 물었다.

"글쎄, 서류라 …… 도장이 없지 않느냐? 혹시 너 도장도 있느냐?"

"도장 없이도 통용됩니다!"

그리고리는 미소지었다.

"그러냐? 그러면 더 말할 게 없구나!"

노인은 다시 밝은 얼굴이 되었다.

"네가 건강하게 지내 주기를 빈다! 그런데 넌 언제 떠날 작정이냐?"

"내일 떠날 겁니다."

"너희 부대는 먼저 떠났을 테지? 우스치메도베지차로 갔느냐?

"예. 그런데 아버지, 아버지 걱정은 안하셔도 좋습니다. 어쨌든 아버지같이 나이 많은 분들은 곧 집으로 돌아가게 됩니다. 나이 많은 분들은 벌써 자기네 몫만큼은 다 봉사 했으니까요."

"제발 그렇게 되기를 빈다."

판테레이 프로코피에비치는 성호를 그었다. 그리고 겨우 안심을 한 것 같았다.

아이들이 잠에서 깼다. 그리고리는 두 아이를 끌어올려서 자기 무릎 위에 앉히고는 미소를 짓고 번갈아 키스하며, 한동안 명랑한 지껄임에 귀를 기울였다.

이 아이들의 머리칼에서 무슨 냄새가 폭폭 풍기는 걸까! 그것은 태양과 풀과 따뜻한 베개와, 그리고 또한 한없이 친근한 무언가의 냄새였다. 그리고 아이들, 자신의 육체에서 생겨난 이들의 육체는 마치 조그마한 들새 같았다. 그들을 안고 있는 크고 검은 아버지의 손은 꽤나 볼품이 없을 것이었다. 그리하여 그는—코를 찌르는 듯한 군대냄새와 말의 땀냄새 그리고 행군과 가죽 장비의 숨막히게 하는 냄새가 온몸에 배어 있고, 단 하루 낮과 한 밤만 말을 버린 기병 장교인 그는—이 평화로운 환경 속에서는 그다지 어울리지 않는 존재로 보일 것이다……

그리고리의 눈은 눈물로 안개와 같은 장막에 싸였다. 콧수염 밑에서는 입술이 떨리고 있었다……두 번 세 번, 그는 아버지의 물음에 대답하지 않았다. 그리고 나탈리야가 그의 군복소매를 잡아끌었을 때에야 비로소 테이블 옆으로 걸어갔다.

그렇다, 그리고리는 완전히 옛날의 그와는 딴 사람이 되었다!

그는 결코 다정한 사람이 아니었으며, 어린 시절에도 좀처럼 운 적이 없었다. 그런데 현재의 흐르는 눈물과, 텅 빈 가슴의 격렬한 고동, 그리고 목구멍 속에서 목젖이 흔들리고 있는 듯한 감각……하기야 그것은 전날 밤에 그가 많은 술을 마시고 한잠도 자지 않은 탓인지도 모른다……

소를 몰고 목장으로 갔던 다리야가 돌아왔다. 그녀는 웃음 띤 입술을 그리고리 쪽으로 내밀어 키스했다. 그리고 그가 익살맞게 콧수염을 훑고 그녀에게 얼굴을 가까이 가져가자 눈을 감았다. 그리고리는 마치 바람에 흔들리듯이 그녀의 속눈썹이 떨리는 것을 보았으며, 그 순간 아직도 색향(色香)을 잃지 않은 그녀의 뺨에서 풍기는 짜릿한 향내를 느꼈다.
 다리야는 변함없이 전과 마찬가지였다. 어떤 슬픔도 그녀를 짓이기지 못했을 뿐만 아니라 몸을 웅크리게 하지도 못했다. 그녀는 버드나무의 작은 가지처럼 이 세상에 살아 있었던 것이다—부드럽게, 아름답게, 그리고 누구의 손도 거부하지 않고.
 "건강하게 지내셨어요!"
 그리고리가 물었다.
 "뭐 길가의 잡초 같지요!"
 반짝이는 눈을 가늘게 뜨고 다리야는 눈부신 미소를 띠었다. 그리고 곧 거울 앞으로 가서 프라토크 밑으로 비어져 나온 머리칼을 매만지고 몸매무새를 고쳤다.
 다리야는 그런 여자였다. 그야말로 도저히 어떻게도 할 수 없는 일이었다. 페트로의 죽음은 마치 그녀를 채찍으로 갈긴 것과도 같았다. 하지만 자신의 몸에 가해진 슬픔에서 헤어나자마자 그녀는 한층 더 인생에 대해서 탐욕스러워지고, 자기의 옷차림에 대해서도 더욱 신경을 썼다……
 헛간에서 자고 있던 두냐시카를 깨워 데리고 왔다. 기도를 마치고 가족이 다함께 식탁에 앉았다.
 "어머나, 정말로 나이가 드셨네요, 오빠! 이리같이 머리칼이 하얗게 세었어요."
 안됐다는 듯이 두냐시카가 말했다.
 그리고리는 테이블 너머로 무표정하게 그녀를 쳐다보고 있다가 잠시 뒤에 말했다.
 "당연한 일이지. 나는 나이를 먹고, 너도 시집갈 나이가 되어 신랑감을 구해야 하니……한 가지 너에게 말하고 싶은 게 있는데……미시카 코셰보이는 이제 더 생각하지 말고 잊어버려라. 만일 네가 그래도 그녀석을 생각하느라고 여위어간다는 소리를 듣게 되면, 한쪽 다리를 짓이기고 다른 한쪽 다리를 움켜들고선 개구리처럼 찢어버릴 테다! 알았지?"
 두냐시카는 겨자꽃처럼 빨개지며 눈물이 글썽해서 그리고리를 쳐다보았다.
 그는 증오가 담긴 시선을 그녀에게서 떼지 않았다. 그리고 거칠거칠해진 그의 얼굴에는—콧수염 밑에 드러난 이빨에도, 가늘게 뜬 눈에도—선천적으로 멜레호프 집안 사람들이 가진 야수적 기질이 더욱 뚜렷하게 드러나 있었다.

그러나 두냐시카도 역시 그 집안 태생의 처녀였다. 낭패와 모욕에서 헤어나자, 그녀는 낮지만 딱 잘라 말했다.

"오빠, 아시지요? 마음의 끌림은 어쩔 수 없다는 것을!"

"자신이 말하는 것을 듣지 않는 마음이거들랑 싹 뽑아버려야 해."

그는 차갑게 충고했다.

'애야, 너는 그런 일에 대해서 입을 열지 않는 게 좋겠구나……' 일리니치나는 마음속으로 생각했다. 그러나 그때 판테레이 프로코피에비치가 이야기에 끼어들었다. 주먹으로 테이블을 쾅 두들기고 고함을 질렀다.

"이 병신 같은 년, 닥치지 못하냐! 안 그러면 너의 그 마음이란 걸 꼭 따르게 하고 머리칼도 많지 않게 해주마! 정말 너는 어쩔 수 없는 년이야! 기다려라, 당장 고삐를 가지고 와서……"

"아버님! 고삐는 집에 한 개도 안 남았어요. 모두들 가져가버렸어요!"

온화한 몸짓으로 다리야가 그를 가로막았다.

판테레이 프로코피에비치는 사납게 그녀에게로 눈을 돌렸다. 그리고 목소리를 낮추지도 않고 흥분이 절정에 달해 쌓이고 쌓인 울화를 계속 터뜨렸다.

"말의 배띠를 가지고 와서……너를 실컷……"

"배띠도 역시 빨갱이들이 가져가버렸어요."

여전히 천진스레 그를 쳐다보면서, 이번에는 아까보다 더 큰 목소리로 다리야가 참견했다.

그렇다고 그냥 넘어가고 말 판테레이 프로코피에비치는 아니었다. 말도 못할 정도의 증오감으로 빨개져서는 입을 딱 벌리고—그순간 그는 물에서 끌어올려진 큰 가시고기와 비슷했다—한순간 며느리를 쳐다보더니 쉰 목소리로 호통쳤다.

"잠자코 있어, 이 날벼락 맞을 것아! 입도 쩍 벌리지 못하게 해주랴? 아예 입을 틀어 막아버릴까! 도대체 무슨 소리냐? 애, 두냐시카, 속에 담고 있어. 결단코 그 따위 짓을 해선 안 된다! 애비로서 너에게 말하는 거다! 그리고리가 말한 대로야. 그런 껄렁한 녀석을 생각하거나 하면 너를 때려 죽여도 시원치 않아! 기막힌 정부(情夫)를 만난 거야! 웬 망나니 같은 녀석에게 잘도 걸려든 거지. 도대체 그게 인간이냐? 그렇게 그리스도를 파는 놈이 사위가 되다니 말도 안 돼! 그놈이 지금 내 눈에 보이기만 해라—이 손으로 단단히 정신을 차리게 해 줄 테다! 다시 조금이라도 종알거리면— 마른 나무작대기를 들고 와서 너를……"

"그럴 작대기 하나도, 한낮에 불을 켜고 온 마당을 다 찾아다녀도 좀처럼 없을 거요. 뜰이 텅텅 비어서요. 불쏘시개로 쓸 섶나무 가지 하나도 없다고요. 다 굶어 죽게 생겼어요."

한숨을 쉬며 일리니치나가 말했다.

판테레이 프로코피에비치는 이런 맥없는 말 속에서도 그 담긴 뜻이 불순한 의도임을 눈치챘다. 그는 유심히 아내를 쏘아보고 나서, 미친 사람처럼 마당으로 홱 뛰쳐나갔다.

그리고리는 숟가락을 딱 놓고 얼굴을 수건에 묻고는 몸을 흔들며 소리를 죽여 웃었다. 그의 증오감은 사라졌다. 그는 오랜만에 큰 웃음을 웃었다. 두냐시카 말고는 모두 웃었다. 식탁에는 생기 있고 명랑한 공기가 넘쳤다. 그러나 현관 계단에서 판테레이 프로코피에비치의 발소리가 들리자 또다시 금새 한결같이 진지한 표정으로 바뀌었다. 노인은 긴 오리나무 막대기를 뒤로 질질 끌며 질풍 같이 뛰어들어 왔다.

"봐라! 이건 뭐냐! 벌 받을 것들, 수다스러운 것들, 네놈들을 모조리 때려 줄 테다! 아무 쓸잘 데 없는 계집들! ……막대기가 없다고? 그래, 이걸 봐라! 당신도 맞아 봐, 늙어빠진 할망구야! 당신에게 막대기 맛을 보여 주지! ……."

부엌에는 막대기를 둘 만한 장소가 없었다. 노인은 손을 뒤집어엎고, 쿵 소리가 나게 막대기를 현관으로 내던지고는 괴로운 듯 헐떡거리며 테이블에 앉았다.

노인은 썩 기분이 좋지 않았다. 그는 가쁘게 코로 숨을 쉬면서, 말없이 식사를 계속했다. 다리아는 웃음을 티뜨렸다가는 욕먹는 게 싫었는지 테이블에서 고개를 푹 숙이고 있었다. 일리니치나는 한숨을 쉬고, 거의 들리지 않을 정도의 조그마한 목소리로 중얼거렸다. '아, 하느님, 하느님! 저희들의 무거운 죄를! ……' 단지 두냐시카만은 웃을 수 없었다. 또한 노인이 없는 동안에는 왠지 어거지로 짓는 듯한 미소를 띠고 있던 나탈리야도 무슨 생각을 하는지 다시 슬픈 표정을 띠었다.
"소금 좀 줘! 빵도!"
때때로 번쩍번쩍 빛나는 눈으로 가족을 쏘아보면서 판테레이 프로코피에비치는 거칠게 으르렁댔다.
이 집안 싸움은 참으로 엉뚱하게 막을 내렸다. 모두들 잠자코 있을 때 미샤토카가 새로운 모욕으로 할아버지를 때려눕힌 것이었다. 미샤토카는 할아버지와 할머니의 말다툼이 벌어졌을 때 별별 욕설로 할머니가 할아버지를 매도하는 것을 여러 번 들었다. 그리고 할아버지가 식구들을 매질할 준비를 하고 온 집안이 떠들썩할 정도로 소리지르는 것을 듣자, 어린애답게 몹시 흥분해서 작은 코를 벌름거리며 갑자기 악을 쓰며 말했다.
"잔뜩 골이 났군요, 절름발이 악마! 우린요, 할아버지가 소리치지 못하도록 통나무 몽둥이로 할아버지 머리를 쳐 쪼갤 테에요!"
"아니, 너, 나를 그래……다른 사람도 아닌 이 할애비를 그래……그렇게 하겠단 말이냐?"
"할아버지를 그렇게 할 거야!"
용감하게 미샤토카는 끄덕였다.
"아니, 핏줄을 갈라 준 할애비에게 그런 말을……한단 말이냐?"
"그러면 왜 그렇게 떠드는 거예요?"
"저런 망할 녀석 봤나!"
턱수염을 쓸며 판테레이 프로코피에비치는 아연실색해서 식구들을 쳐다보았다.
"옳지, 모두 너에게 배운 소리들이야, 마귀 할멈아! 네가 잘못 가르친 탓이란 말이야!"
"누가 가르쳤다고요? 당신하고 지 애비를 그대로 닮았다고요, 저 버릇 없는 애는요!"
다시 뿌루퉁해져서 일리니치나는 변명을 했다.
나탈리야가 일어나서 미샤토카를 손바닥으로 때리며 말했다.
"할아버님께 그런 소리를 하는 거 아냐! 그러면 안 돼!"
미샤토카는 소리를 내어 울며 그리고리에게 달려와 얼굴을 무릎에 파묻었다. 그러자 손자에게 맥을 못 추는 판테레이 프로코피에비치는 벌떡 몸을 일으켰다. 그리고 턱수염을 타고 흘러내리는 눈물을 훔치지도 않고는 기쁜 듯이 소리쳤다.

"그리샤! 애야! 맞다! 할망구가 말한 게 사실이다! 과연 내 손자다! 멜레호프 집안 혈통을 이었구나! ……전에는 그 피가 조금밖에는 보이지 않았었지! ……이 아이는 누구든간에 용서하지 않는다! ……과연 내 핏줄을 이은 내 손자다! ……자, 이 못난 할애비를 때려라, 무엇으로 때리든지 좋으니까! 수염을 쥐고 뺑뺑이를 쳐 봐라! ……"

노인은 그리고리의 품에서 미샤토카를 안아들더니, 머리 위로 높이 쳐들어올렸다.

아침식사를 마치고, 식구들은 모두 식탁에서 일어섰다. 여자들은 설겆이를 하러 부엌으로 갔다. 판테레이 프로코피에비치는 담배에 불을 붙이고 그리고리에게 말했다.

"너에게 부탁하기가 왠지 좀 거북하구나. 너는 우리 집 손님 같아. 하지만 어쩔 수 없다……곡물 창고에 울타리 치는 걸 도와 다오. 그렇게 하지 않으면 어디고 할 것 없이 모조리 망가지고 말겠다. 그렇다고 요즘은 남의 손을 빌릴 수도 없구나. 누구네나 할 것 없이 죄다 엉망이 됐거든."

그리고리는 기꺼이 승낙했다. 그리하여 아버지와 아들은 둘이서 점심때까지 울타리를 고치느라고 뜰에서 일했다.

채소밭에 말뚝을 박으면서 노인이 물었다.

"풀베기를 해야 될 텐데, 풀을 미리 사두는 게 좋을지 어떨지 도무지 갈피를 못 잡겠구나. 밭일에 대해서 넌 어떻게 생각하느냐? 땀흘려 할 만한 가치가 있을까? 만일 1개월 뒤에 빨갱이놈들이 또 오게 되면 몽땅 또다시 그 악마 놈들에게 바치게 될 게 아니냐?"

"모르겠습니다, 아버지."

그리고리는 솔직이 말했다.

"상황이 어떻게 될지, 어느 쪽이 어느 쪽을 점령할는지 모르겠습니다. 창고 안에도 집 안에도 남는 게 없도록 생활하십시오. 이런 때 남기는 건 아무 소용이 없습니다. 글쎄, 나탈리야의 아버지를 보십시오. 허리를 구부리고 애써 모으려고 자신과 남들의 피땀을 짜냈지만, 그렇게 해서 대체 남은 게 무엇입니까? 가축우리가 타버린 나무 그루터기가 될 뿐이지 않습니까?"
"나도 그렇게 생각한다."
한숨을 쉬고 노인은 맞장구를 쳤다.
그리고 그 뒤로는 집안 일에 대해서 이야기를 꺼내지 않았다. 다만 정오가 조금 지났을 때쯤 해서 그리고리가 특별히 정성들여 곡물 창고의 문을 다는 걸 보더니 분한 듯이 더 누를 수 없는 슬픔을 드러내고 말했다.
"적당히 해둬라. 뭐 그리 열심히 한단 말이냐. 언제까지고 서 있을 리도 없는데!"
이제 와서야 겨우 노인은 생활을 옛날처럼 바로잡으려 하는 자신의 노력이 부질없음을 마음 깊이 깨달은 듯했다.
해가 질 무렵에 그리고리는 일을 마치고 집으로 돌아왔다. 나탈리야 혼자 거실에 있었다. 그녀는 축제 때처럼 몸단장을 하고 있었다. 옥색의 모직 스커트와, 레이스로 된 커프스가 달리고 앞가슴 부분에는 수놓은 무늬가 있는 푸른 포플린 상의가 알맞게 그녀의 몸을 싸고 있었다. 방금 비누로 씻어 그녀의 얼굴은 엷게 장미빛으로 빛나고 아련한 향기를 풍겼다. 그녀는 궤짝 속을 뒤지고 있었으나, 그리고리를 보더니 뚜껑을 덮고 허리를 세우고 미소를 지었다.
그리고리는 궤짝에 앉아서 말했다.
"잠시 여기에 앉겠소? 지금 아니면 내일은 떠나야 하니 얘기할 틈이 없을 거요."
그녀는 다소곳이 그의 옆에 앉아서 겁먹은 듯한 눈으로 곁눈질로 그를 보았다. 그는 뜻밖에도 그녀의 손을 잡고 다정하게 굴었다.
"아니, 당신 아주 혈색이 좋잖아. 전혀 앓은 사람 같지 않군."
"이젠 좋아졌어요……우리 여자들은 불사신(不死身)인걸요……"
그녀는 조심스런 태도로 미소짓고 머리를 숙이며 말했다.
그리고리는 묶은 머리칼 사이로 들여다보이는 누르스름한 목덜미와, 엷은 장미빛으로 물든 솜털 덮인 귓볼을 보며 물었다.
"머리칼이 빠졌소?"
"많이 빠졌어요. 싹 다 빠져서 곧 대머리가 될 거예요."
"그럼, 지금 내가 깎아 줄까?"

불쑥 그리고리가 제의했다.
"무슨 말씀이에요! 무슨 꼴이 되라구요?"
깜짝 놀라서 그녀는 소리를 질렀다.
"깎아야 해, 깎지 않으면 새로 나오지 않아."
"어머니가 가위로 깎아 주겠다고 하셨어요."
 수줍은 듯 미소를 지으며 나탈리야는 그렇게 말하고 표백제에 담가 눈같이 하얘진 프라토크를 머리에 썼다.
 그녀는 그와 나란히 앉았다. 그녀는 그의 아내요, 미샤토카와 포류시카의 어머니였다. 그를 위해서 그녀는 단장을 하고 얼굴을 씻었다. 병을 앓고 난 뒤 흉하게 변해버린 머리를 보이지 않으려고 서둘러 프라토크를 썼다. 그녀는 보기에도 애처롭게 까칠해졌다. 그러나 여전히 아름다운 모습으로, 청아한 내면적인 아름다움을 빛내며 앉아 있었다. 그녀는 언제나 높은 깃을 달고 있었다. 몇 년 전 그녀의 목에 흉하게 남은 상처자국을 남편 눈에 띄지 않도록 하기 위해서였다. 그 상처를 입은 것도 다 그리고리 때문이었다……정겨움이 힘찬 물결이 되어 그리고리의 마음을 흠뻑 적셨다. 그는 뭔가 따뜻하고 친근한 말을 그녀에게 들려 주고 싶었다. 그러나 아무 생각이 나지 않았다. 그래서 말없이 그녀를 자기 가슴에 끌어당기고는 희고 평평한 이마와 슬픔에 찬 눈에 키스했다.
 그는 이제껏 만족할 만한 애무로 그녀를 기쁘게 해준 적이 결코 없었다. 아크시냐가 그녀의 생활 구석구석에까지 가로막아 서 있던 것이다.
 남편의 그와 같은 감정의 표현을 받자 그녀는 격렬한 충격으로 흥분해 온몸을 태우며 그리고리의 손을 잡아 입술에 가져다울였다.
 잠시 동안 두 사람은 한 마디도 없이 앉아 있었다. 저무는 태양이 거실에 불그스름한 빛을 떨어뜨렸다. 현관 계단에서 아이들이 떠들었다. 다리야가 몹시 달구어진 질남비를 화덕에서 꺼내는 소리며, 불만스러운 듯이 시어머니에게 말하는 소리가 들렸다.
"이미니, 제발 소젖은 매일 짜지 마세요. 어쩐지 나이 먹은 소에게서 젖이 조금밖에 나오지 않았어요."
 목장에서 가축떼가 집으로 돌아왔다. 소들이 울음소리를 내고, 아이들이 털로 짠 채찍을 내리쳐 탁탁 소리를 울렸다. 쉰 목소리로 띄엄띄엄 부락의 종우(種牛)가 울고 있었다. 그 비단 같은 목구멍의 수육(垂肉)과, 녹여서 빚은 듯한 둥그스름한 등어리는 피가 번질 만큼 등에에게 온통 찔려 있었다. 종우는 버럭 화를 내어 머리를 흔들었다. 걸으면서 간격이 넓은 짧은 뿔에 아스타호프네의 울타리가 걸렸다. 그러자 종우는 그것을 당겨서 뒤집고는 앞으로 걸어갔다. 나탈리야는 창밖을 보며 말했다.

"종우도 역시 돈 건너편 기슭으로 피난했어요. 어머니가 그러시더군요. 부락에서 총을 쏘아대면 저 종우는 재빨리 외양간을 나와 강을 헤엄쳐 구부러진 연못의 숲으로 가 피하곤 했대요. 그래서 이제껏 살아남은 거래요."

그리고리는 생각에 잠겨서 잠자코 있었다. 어째서 저토록 슬픈 눈을 하고 있는 걸까? 뭔가 이해하기 어려운 신비한 것이 그 눈 속에 나타났다가는 사라졌다. 그녀는 기쁨 가운데서도 슬픔을 품고 있어 도무지 이해할 수 없었다……혹시나 그녀가 뵤센스카야에서 아크시냐와 만나고 있다는 것을 소문으로 들은 걸까? 마침내 그는 물어보았다.

"어째서 당신 오늘 그렇게 얼굴이 어둡소? 무슨 생각을 하고 있는 거요, 나타샤? 내게 말할 수 없겠소?"

그러고는 눈물과 원한의 말을 기다렸다……그러나 나탈리야는 놀란 듯이 대답했다.

"아뇨, 그렇지 않아요. 왜 당신 그렇게 생각하시죠. 나는 아무렇지 않아요……아직 완전히 좋아지지 않은 건 확실하지만요. 머리가 흔들거리고, 또 몸을 구부리거나 뭘 들어올리면 현기증이 나요."

그리고리는 살피는 시선으로 그녀에게 다시 한번 물었다.

"내가 없는 동안에 당신에게 별일 없었소? ……누구에게 시달리지는 않았소?"

"무슨 말씀예요, 그게? 나는 줄곧 앓고 있었는걸요."

그러더니 빤히 그리고리의 눈을 쳐다보고 옅게 웃음을 띠기까지 했다. 잠시 잠자코 있다가 그녀는 물었다.

"내일은 일찍 떠날 건가요?"

"날이 밝으면 곧 떠날 거요."

"하루 늦추면 안 돼요?"

나탈리야의 목소리에는 뭔가 어색하고 겁내는 기미가 담겨 있었다.

그리고리는 머리를 옆으로 흔들었다. 그러자 나탈리야는 후유 한숨을 내쉬고 말했다.
"그러면 오늘 어떻게 해드려야 한담……견장을 달아야겠지요?"
"응."
"자, 웃저고리를 벗어요. 밝을 때 꿰매 달아야겠어요."
그리고리는 짧게 신음소리를 내고 군복을 벗었다. 여전히 땀도 채 마르지 않았다. 허리와 어깨, 그리고 반들반들하게 문질러진 군장(軍裝)의 가죽끈 뒤쪽이 줄무늬로 되어 남은 곳에서 시꺼멓게 축축한 얼룩이 배어 있었다. 나탈리야는 궤짝에서 햇빛에 그을린 엷은 녹색 견장을 꺼내어 물었다.
"이거 맞죠?"
"맞아. 그거야. 소중히 간직해 두었군?"
"우린 궤짝을 묻어 두었어요."
바늘구멍에 실을 꿰며 나탈리야는 낮은 목소로 말했다. 그리고 혼자 슬그머니 먼지로 더럽혀진 군복을 얼굴에 가까이 대고는, 그립고 친숙한 땀냄새를 걸신들린듯 들이마셨다……
"어째서 그러오? ……"
이상하게 여긴 그리고리가 물었다.
"당신 냄새가 나는길요……"
눈을 반짝이며 나탈리야는 그렇게 말하더니, 갑자기 뺨이 붉어져 부끄러운 듯 얼굴을 숙이고 재빠르게 바늘을 움직였다.
그리고리는 군복을 입고 어두운 표정을 띠며 약간 어깨를 움츠렸다.
"그걸 붙이면 당신 더 멋있어요!"
나탈리야는 한껏 반한 표정을 드러내고 남편을 쳐다보며 말했다.
하지만 그는 곁눈질로 자기의 왼쪽 어깨를 보고는 한숨을 내쉬었다.
"이런 것은 평생 보이고 싶지 않소. 당신은 아무것도 알지 못할 테지만……"
두 사람은 그런 뒤 오랫동안 손을 맞잡고 말없이 각각 다른 생각을 하며 거실 궤짝 위에 앉아 있었다.
얼마 지나 황혼이 가라앉고 창고와 마구간의 투박한 엷은 자주색 그림자가 서늘해진 대지 위에 가로누웠을 때, 그들은 저녁식사를 하러 부엌으로 갔다.
 이윽고 하룻밤이 밝았다. 날이 밝을 때까지 멀리 하늘에는 때때로 번개가 빛나고, 새하얗게 아침놀이 비칠 때까지 벚나무 동산에서는 휘파람새들이 줄곧 지저귀고 있었다. 그리고리는 잠을 깨고도 오랫동안 눈을 감은 채로 노래하는 듯이 기분 좋은 휘파람새들의 소리를 들으며 누워 있었으나, 이윽고 나탈리야가 잠을 깨지 않도록 조심해서 살며시 일어나 옷을 입고 뜰로 나갔다.
 판테레이 프로코피에비치는 군마에게 꼴을 주며 친절하게 말했다.
 "어떨까, 떠나기 전에 이놈에게 물을 끼얹어 줄까?"
 "그거 좋습니다."
 그리고리는 쌀쌀한 새벽 공기에 몸을 움츠리며 말했다.
 "잠은 잘 잤느냐?"
 노인이 물었다.
 "예, 잘 잤습니다! 그런데 저 휘파람새들 때문에 깨었습니다. 밤새도록 울어대는 통에 질렸습니다!"
 판테레이 프로코피에비치는 말에게서 꼴 자루를 벗겨내고 미소를 떠올렸다.
 "녀석들은 그게 일이거든. 어떤 때는 저 하느님의 작은 새들이 부럽더라……녀석들에게는 전쟁도 없고 파면도 없으니까……"
 문 쪽으로 프로호르가 말을 탄 채로 다가 왔다. 그는 단정하게 수염을 밀어냈고, 여느 때처럼 명랑하고 잘 지껄였다. 고삐를 말뚝에 잡아매고 그리고리 쪽으로 걸어왔다. 그의 즈크 셔츠는 주름 하나 없이 다리미질이 되어 있었다. 어깨에는 아주 새것인 견장이 달려 있었다.
 그는 걸어오면서 소리쳤다.
 "당신도 견장을 다셨군요, 그리고리 판테레에비치? 전에 달던 게 너덜너덜해졌습니다! 이번에는 좀처럼 떨어지지 않을 겁니다. 죽을 때까지 달고 다닐 수 있을 겁니다! 저는요, 마누라에게 이렇게 말했습니다—'멍청아, 너무 꼼꼼히 꿰매달지마! 적당히 붙여놓으라고. 그저 바람에 뜯겨지지 않을 정도면 돼!'라고요. 그렇잖으면 오히려 걱정거리이니까요. 만약 포로가 되기라도 한다면 금방 견장을 줄 때문에 저는—장교는 아니지만 어쨌든 상사 계급을 가지고 있었다는 게 대번에 밝혀질 테니까요. '흠, 대단한 녀석이군. 요령 좋게 승진했어. 그러면 모가지도 요령 좋게 내놔 봐라!' 할 겁니다. 보십시오, 어떤 식으로 이놈이 달려 있는지요. 웃으실 겁니다!"

실제로 프로호르의 견장은 형식적으로만 꿰매달아 놓아서 겨우 붙어 있었다.

판테레이 프로코피에비치는 웃음을 터뜨렸다. 하얗게 센 그의 턱수염 속에서 오랫동안 드러나지 않던 흰 이가 번뜩였다.

"대단한 군인이야! 조금이라도 위태하다 싶으면 견장을 떼어내버릴 셈인가?"

"당신은 어쩔 셈이세요?"

프로호르는 벙긋 웃었다.

그리고리는 미소를 띠며 아버지에게 말했다.

"보세요, 아버지. 제가 어떤 전령을 데리고 있는지⋯⋯이 녀석과 같이 있으면 어떤 일이 있어도 실수는 없을 겁니다!"

"그렇지만 말이죠. 흔히 말하듯이, 그리고리 판테레에비치⋯⋯당신이 오늘 죽으면 저는 그 다음날 아침입니다."

변명하듯 프로호르는 이렇게 말하더니 까닭없이 견장을 잡아 떼어 아무렇게나 주머니 속에 쑤셔넣었다.

"전방(前方)까지 가서 꿰매달 수도 있습니다."

그리고리는 서둘러 아침식사를 마치고 식구들에게 작별인사를 했다.

"성모 마리아께서 지켜 주시기를 빈다!"

아들에게 키스하며 일리니치나는 정신 나간 듯이 중얼거렸다.

"정말이지 우리 집엔 너 하나밖에 안 남았구나⋯⋯"

"자, 오래 전송하다 보면 눈물만 더 흘리게 돼요. 안녕히 계십시오!"

그리고리가 떨리는 목소리로 말하고는 말에게 다가갔다.

나탈리야는 머리에 시어머니의 검은 목도리를 쓰고 문 밖으로 나왔다. 그녀의 스커트 자락에 아이들이 매달려 있었다. 포류시카는 달랠 수 없을 정도로 울어대고 눈물을 흘리면서 어머니에게 애걸했다.

"아빠를 보내지 마! 보내지 마, 엄마! 전쟁터에 가면 죽을 거야! 아빠 가면 안 돼!"

미샤토카는 입술을 떨고 있었다. 하지만 그는 울지 않았다. 그는 사내녀석답게 견디면서 누이동생에게 화를 내며 말했다.
"어리석은 소리 마, 이 바보야! 전쟁하러 간다고 모두 죽는 건 아니란 말이야!"
그는 카자흐는 우는 게 아니다, 카자흐가 눈물을 보이는 건 큰 수치다, 하던 할아버지의 말을 분명하게 기억하고 있었다. 그러나 아버지가 이미 말에 올라타고서 그를 안장 위로 안아올렸을 때, 그는 아버지 속눈썹이 젖어 있는 걸 보았다. 놀란 미샤토카는 시련을 견뎌낼 수 없게 되었다—그의 눈에서는 눈물이 용솟음치듯 넘쳐흘렀다! 그는 겹겹이 가죽끈으로 죄어진 아버지의 가슴에 얼굴을 묻고 부르짖었다.
"할아버지를 전쟁하러 가게 하면 되잖아! 할아버지는 우리에게 아무것도 아니란 말이야! 싫어, 아빠가……"
그리고리는 조심스럽게 아들을 땅에 내려 놓고 손등으로 눈물을 훔치고는 말없이 나아갔다.
지금까지 몇 번이나 이렇게 군마가 빙그르르 몸을 돌려 자기 집 입구 옆의 흙을 발굽으로 파내 던지고, 뒤이어 길가와 광야의 길 없는 길을 거쳐서 그를 전선으로—시커먼 죽음이 카자흐들을 노리고 있고, 카자흐들의 노래 구절에 의하면 '밝으나 어두우나 24시간 내내 두려움과 슬픔만'이 가로놓인 그 전선으로—태워간 것일까. 그러나 유독 이 화창한 아침 만큼, 무거운 마음으로 고향집을 나선 적은 한 번도 없었다.
막연한 예감과 꽉 죄어드는 듯한 불안과 우수에 견딜 수 없어 하며, 그는 고삐를 안장 테 위에 놓아둔 채 뒤도 돌아다보지 않고 언덕 가까이까지 나아갔다. 먼지투성이 길을 풍차집 쪽으로 꺾인 모퉁이에서 돌아다보았다. 문 옆에는 나탈리야 혼자만이 서 있었다. 상쾌한 새벽 미풍이 그녀의 손에서 검은 상장(喪章)과도 같은 목도리를 떼어내리려 하고 있었다.
푸르디푸른 심연(深淵)과도 같은 하늘에 바람에 불려 끓어오른 구름이 끝없이 헤엄쳐 갔다. 파도처럼 구비치는 지평선 위에는 안개가 가로놓여 있었다. 말은 느린 걸음으로 나아갔다. 프로호르는 안장 위에서 몸을 흔들며 꾸벅꾸벅 졸았다. 그리고리는 이를 악물고 자꾸만 뒤를 돌아다보았다. 그는 녹색 버드나무숲이며, 변덕스럽게 꾸불꾸불 구부러진 은빛의 돈 강줄기며, 돌아가고 있는 풍차 날개를 보았다. 이윽고 길은 남쪽으로 빗나갔다. 밟혀서 망가진 곡물 그늘의 습지도, 돈도, 풍차도 보이지 않게 되었다……그리고리는 휘파람으로 뭔가를 불면서, 조그마한 장식용 구슬 같은 땀에 덮인, 금빛으로 빛나는 붉은 털 말의 목을 열심히 쳐다보았다. 그리고 다시는 안장 위에서 몸을 돌리지 않았다. '전쟁 같은 건 없어져야 해! 몇 차례의 전투가 치르 연안에서 벌어졌고, 돈 근처를 지나갔다. 나중에는 호표르 근처에서, 메도베지차 근처에서, 부즈르크 근처에서 포성이 울릴 것이다. 하지만 어느 곳에서 적의 탄환이 결국 나를 땅바닥에 내동댕이치건 마찬가지 아닐까?' 그는 생각했다.

9

전투는 우스치 메도베지차 마을로 통하는 여러 길에서 일어났다. 여러 길에서 게트만스키 가도로 나갔을 때 그리고리는 쿵쿵 울리는 포성을 들었다.

길에는 곳곳마다 적위군 부대가 허둥지둥 철수해 간 자취가 보였다. 내버려진 2륜마차며 4륜마차가 여기저기에 널려 있었다. 마트베에프스키 부락 끝의 움푹 팬 곳에는 포탄에 포축(砲軸)이 맞아 부서지고 포신(砲身)이 심하게 뒤틀어진 대포가 놓여 있었다.

전차(前車)의 부목(副木)에 했던 당김줄은 비스듬히 잘려 있었다. 움푹 팬 곳에서 반 킬로미터쯤 나아가자 점점이 흩어진 염소지(鹽沼地)와 햇볕에 타버린 키 작은 풀 위에, 카키색 윗옷과 바지를 입고 게토르와 징이 박힌 무거운 편상화를 신은 시체들이 널려 있었다. 그것은 카자흐 기병대에게 쫓기다가 목이 베여 죽임당한 적위병들이었다.

그리고리는 옆으로 지나가면서 셔츠 위에 굳어져 엉킨 엄청난 피와 시체가 쓰러진 상태를 미루어 쉽게 그것을 알아챘다. 그들은 가로 후려쳐서 베어넘긴 풀들처럼 쓰러져 있었다. 카자흐들은 적위군이 몸에 지닌 것을 빼앗을 틈도 없었겠지만, 공격 속도를 늦출 수 없어 그냥 둔 것뿐이었다.

신시니무 덤불 근처에서는 전사한 키지흐기 반듯하게 누워 있었다. 그의 좌우로 쭉 펴 내던져진 두 다리 위에서 바지에 수놓인 무늬가 빨갛게 변해 있었다. 그 근처에는 붉은 칠을 한 낡은 안장을 등허리에 댄 엷은 밤색 말이 시체가 되어 뒹굴어 있었다.

그리고리와 프로호르의 말은 몹시 지쳐 있었다. 꼴을 먹여야 했다. 하지만 그리고리는 전투가 행해진 지 얼마 안 된 곳에 지체하는 것이 마음내키지 않았다. 그는 거기서 1킬로미터쯤 더 간 골짜기에 내려가 말을 세웠다. 아주 가까운 곳에 둑을 거의 밑바닥까지 물로 씻어낸 연못이 보였다. 프로호르는 물가의 흙이 굳어져서 군데군데 금이 간 웅덩이 가까이 다가가더니 금새 돌아왔다.

"왜 그러나?"

그리고리가 물었다.

"가보십시오."

그리고리는 둑 쪽으로 말을 몰았다. 물의 흐름에 의해서 움푹 팬 곳에 여자의 시체가 가로누워 있었다. 그 얼굴은 푸른 스커트 자락으로 덮여 있었다.

장딴지는 볕에 그을리고, 무릎께에 보조개 같이 우묵한 데가 있는 살찐 하얀 두 다리는 민망하게도 쫙 벌려져 있었다. 왼손은 등허리 밑에 놓여 있었다.

그리고리는 재빨리 말에서 내려 모자를 벗고 몸을 구부려서 죽은 여자의 스커트를 바로잡아 주었다. 한창 때의 거무스름하고 젊은 얼굴이 죽은 뒤에도 아름다웠다. 고통스러운 듯 비뚤어진 검은 눈썹 밑에서는 반쯤 벌린 눈이 어렴풋하게 빛나고 있었다. 부드러운 윤곽의 입술이 반쯤 벌려지고, 악물었던 튼튼한 이빨은 진주처럼 빛나고 있었다. 가느다란 머리다발이 풀에 닿은 뺨을 덮고 있었다. 그리고 죽음이 이미 샤프란같이 누렇고 생기가 없는 그늘을 던져 놓은 그 뺨 위를 개미 몇 마리가 바삐 기어 돌아다니고 있었다.

"이런 미인을 망가뜨리다니, 망할 놈들!"

낮은 목소리로 프로호르가 말했다.

잠시 동안 그는 입을 다물었다. 그러더니 흥분해서 침을 내뱉었다.

"나 같으면 이런……짓을 저지른 사기꾼들을 총살할 텐데! 저리 가십시오, 제발! 저는 차마 볼 수가 없습니다. 속이 뒤집힐 것 같습니다!"

"어때, 묻어 주겠나?"

그리고리가 물었다.

"아니, 우리는 어째서 죽은 사람들을 하나하나 묻어 주는 일을 시작하게 됐습니까?"

프로호르는 불만스레 말했다.

"야고드노에에선 웬 늙은이를 묻고 오늘은 이 여자군요……이런 사람들을 죄다 묻어 주려면 말이죠, 두 손이 물집투성이가 되어도 다 못해 낼 겁니다! 게다가 뭘로 구덩이를 팝니까? 칼밖에 없는데, 이 더위에 흙은 70센티미터 아래까지 딱딱합니다."

프로호르는 구두 끝이 제대로 등자에 걸리지 않을 정도로 흥분했다.

그들은 다시 언덕 위로 나왔다. 그러더니 뭔가를 골똘히 생각하던 프로호르가 물었다.

"어떻게 생각하세요, 판테레에비치. 이만하면 충분히 이 대지에 피를 흘리지 않았습니까?"

"아주 충분하지."

"당신이 생각하시기엔 어떻습니까, 이젠 곧 끝장이 날까요?"

"우리가 손을 들면 끝장이 날 테지."

"즐거운 생활을 기대하는 건 악마뿐입니다. 굳이 빨리 손을 들어도 좋지는 않겠지요. 대독전쟁 때는 말이죠, 너절한 총에 손가락 하나만 다쳐도 제대해서 고향으로 돌아왔거든요. 하지만 지금은 팔 하나가 통째로 잘려도 그대로 봉사해야 되고, 손이 비틀어진 녀석도, 절름발이도, 애꾸눈도, 모주꾼도, 어쨌든 두 다리로 걷기만 하면 어떤 쓰레기들도 동원되는 판이거든요. 이래서야 이 전쟁이 결말이 나겠습니까? 이놈 저놈 할 것 없이 뒈져버리는 게 낫습니다!"

자포자기가 되어 프로호르는 이렇게 말하더니, 길에서 벗어나 말에서 내리고는 혼잣말로 중얼거리며 말의 배띠를 늦추었다.

그리고리는 우스치 메도베지차에서 그리 멀지 않은 곳에 자리잡은 호반스키 부락에 밤늦게 도착했다. 부락 변두리에 나와 있던 제3연대 수색대가 그들 사로잡았다. 그러나 목소리로 말비암아 사시네 사난상임을 알고 그리고리의 물음에 대답해서, 사단 사령부가 바로 이 부락에 주둔하고 있다는 것, 그리고 참모장 코프이로프 기병 중위가 이제나저제나 그를 몹시 기다리고 있다고 알렸다. 이야기하기를 좋아하는 수색 대장은 한 카자흐를 그리고리에게 딸려서 그를 사령부까지 안내해 줄 임무를 맡기고 마지막으로 말했다.
 "녀석들은 엄청나게 단단해졌습니다, 그리고리 판테레에비치. 그러니 당장은 우스치 메도베지차를 탈취할 수가 없을 거라 확신합니다. 게다가 건너편 상황 또한 알 수가 없고⋯⋯그야 우리측 병력도 충분하지만요. 소문에 의하면 영국군이 모로조프스카야에서 온다고 하던데요. 듣지 못하셨습니까?"
 "듣지 못했네."
 말을 나아가면서 그리고리는 대답했다.
 사령부로 쓰이는 집은 미늘창을 모두 내리고 있었다. 그리고리는 그 안에 아무도 없는 것으로 생각했다. 그러나 복도에 들어가자마자 활기 있는 이야깃소리가 떠들썩하게 들렸다. 밤의 어둠 속에서 방 안 천장에 매단 커다란 램프의 불빛이 그의 눈을 부시게 했다. 싸구려 담배의 독하고 강렬한 냄새가 확 풍겼다.
 "드디어 돌아오셨군요, 당신도!"
 코프이로프가 테이블 위에 맴돌고 있는 회색 담배 연기의 구름 속에서 불쑥 모습을 나타내고 몹시 기뻐하며 말했다. "기다리다 지쳤습니다!"
 그리고리는 모여 있던 자들과 인사를 나눈 뒤 외투와 군모를 벗고 테이블 가로 다가갔다.
 "아주 연기로 가득 차 있군! 숨도 쉴 수 없네. 작은 창 하나라도 열게. 어째서 꼭꼭 닫아 놓았나!"
 얼굴을 찌푸리고 그는 말했다.
 코프이로프의 옆에 앉아 있던 하르람피 에르마코프가 미소지었다.
 "그래도 저희는 버릇이 되어 아무렇지 않습니다."
 그러고는 창의 틈새를 팔꿈치로 찔러서 크게 찢더니, 힘들여 미늘창을 억지로 열었다.
 방 안에 신선한 밤 공기가 일시에 스며들었다. 램프의 불이 밝게 타오르다가 꺼져버렸다.
 "이것이 주인도 몰라보고! 어째서 이 모양이지?"
 테이블 위를 두 손으로 더듬으며 코프이로프는 못마땅한 듯이 말했다.
 "누가 성냥 있나? 주의해, 지도 옆에 잉크가 있다네."

램프에 불이 켜지고, 창이 절반쯤 닫혔다. 그러자 코프이로프가 빠르게 입을 열었다.

"전선 상황은, 타바리시치(동지) 멜레호프, 오늘은 다음과 같습니다―즉 적위군은 약 4천의 병력으로 세 방면에 방어진을 펴고 우스치 데도베치차를 수비하고 있습니다. 그들은 충분한 양의 화포와 기관총 등을 가지고 있습니다. 교회 부근과 그 밖의 여러 곳에 참호를 파놓았습니다. 돈 주변의 고지들은 적이 장악하고 있습니다. 게다가 적의 진지들도 난공불락이랄 수는 없지만, 제압하기에는 꽤 곤란합니다. 우군 측은 피츠하라우 로프 장군의 사단과 장교 돌격대 2개 이외에 보가투일뢰프의 제6여단 전부와 우리의 제1사단이 도착했습니다. 그러나 우리 사단은 전 부대가 아니고 보병 연대가 빠져 있습니다. 어쩌면 아직 우스치 메도베치차 부근에 있을 겁니다 하지만 기병대는 전부가 도착했는데, 그렇다고 해서 각 중대의 병력에 결원이 없다고 말할 수는 없겠습니다."

"예를 들면 우리 연대의 제3중대는 겨우 38명입니다."
제4연대장 두다레프 준위가 말했다.
"그럼, 전에는?"
에르마코프가 물었다.
"91명이었지요."
"어째서 자네는 중대의 해산을 허용했는가? 자네가 사령관이란 말인가?" 눈썹을 좁히고 손가락으로 테이블을 두들기며 그리고리는 물었다.
"명령에 따르지 않았습니다. 부락마다 거쳐 오는 동안에 조금씩 빠져 나갔습니다. 집 형편을 보러들 간 겁니다. 하지만 이젠 슬슬 모여들고 있습니다. 오늘은 3명이 돌아왔습니다."

코프이로프는 그리고리 쪽으로 지도를 밀어놓고, 각 부대의 위치를 새끼손가락으로 가리키면서 계속 말했다.
"우리는 아직 공세를 취하고 있지 않습니다. 우리 쪽에서는 제2연대만이 이저께 도보대형으로, 그렇습니다, 이 방면을 공격했었지만 성공하지 못했습니다."
"피해가 컸나?"
"연대장의 보고에 의하면 어저께 하루 사상자 합계가 26명이었다고 합니다. 서로의 힘관계에 대해서 말씀드리면, 우리가 숫자 상으로는 우세합니다. 그러나 보병의 공격을 엄호하기 위해서는 기관총이 부족합니다. 탄약은 더 한심한 상태입니다. 보병 수송 대장이 곧 포탄 400발과 탄약 15만 발을 가져다 주겠다고 약속했습니다. 그러나 도대체 언제 도착할는지도 모르는 상태에서 공격을 해야만 합니다. 피츠하라우로프 장군의 명령이기 때문입니다. 장군은 돌격대 엄호를 위해 1개 연대를 차출하라고 저희에게 말해 왔습니다. 돌격대는 어저께 네 차례 공격을 했으나 막대한 피해를 입었습니다. 그야말로 아주 완강하게 싸웠습니다! 그런데 피츠하라우로프는 우익(右翼)을 보강하고 공격의 짐을 이쪽으로 옮기라는 제안을 했습니다. 아시지요? 이쪽에서는 지형(地形)을 이용해서 적의 참호에 200이나 300미터밖에 안 되는 곳까지 다가갈 수 있습니다. 미리 말씀드려 둡니다만, 바로 조금 전에 장군의 부관이 돌아갔습니다. 당신과 저에게 전달할 구두명령을 가져왔습니다. 내일 6시까지 행동 조정을 협의할 회의에 출석하라는 겁니다. 피츠하라우로프 장군과 그의 사단 사령부는 지금 볼쇼이 세니누이 부락에 주둔해 있습니다. 대강 말씀드리자면 우리의 임무는 요컨대—세브랴코보 마을에서 증원 부대가 올 때까지 꾸물대지 말고 적을 격퇴하라는 겁니다. 돈 건너편 기슭 일대에서 아군은 아주 활발하다고 말할 수는 없고……제 4사단은 호표르를 건넜지만, 적위군도 강력한 엄호 부대를 배치해 철도로 통하는 길들을 완강히 방어하고 있습니다. 게다가 놈들은 돈에 조그만 배로 만든 다리가 걸려 있는 동안 우스치 메도베지차에서 재빨리 무기와 식량을 운반해내고 있습니다.”

"카자흐들은 동맹군이 온다는 말을 하던데 그게 사실인가?”

"체르누이셰프스카야에서 영국의 포병 몇 개 중대와 탱크 몇 대가 오고 있다는 소문이 있습니다. 그러나 문제는, 녀석들이 그 탱크를 어떻게 돈강 이쪽 기슭으로 건너오게 하느냐 하는 겁니다. 제 생각으론 탱크가 온다는 건 그야말로 터무니없는 얘길 겁니다. 벌써 오래 전부터 그런 얘기는 있었습니다……"

방 안에는 한동안 정적이 가라앉아 있었다.

코프이로프는 장교용 갈색 프렌치복(服)의 단추를 풀어헤치고 단단한 밤색 수염에 싸인 둥근 뺨을 손바닥으로 괴고는 생각에 잠겨 오랫동안 불꺼진 담배를 씹고 있었다. 둥글고 어두운 눈은 피로한 듯 쑥 들어가고, 아름다운 얼굴은 여러 날째의 밤샘으로 까칠해져 있었다.

　전쟁 전에 그는 관구 교회 학교에서 교편을 잡고 있었다. 일요일마다 마을 상인들이 모이는 곳에 손님으로 가서 상인의 아내들과 스투카르카(우연에 의해 승부가 결정되는 간단한 카르타놀이의 일종)를 하고, 주인 남자들과는 작은 돈을 걸고 프레페란스를 했으며, 전문가 뺨칠 정도로 기타를 치는 쾌활하며 사교성 좋은 젊은이였다. 얼마 뒤에 젊디 젊은 여교사와 결혼했다. 그 뒤로도 계속해서 마을에서 살고, 어쩌면 퇴직하고서 연금(年金)을 받게 될 때까지 장기 근속을 했을는지도 몰랐다. 그러나 세계대전 때 그는 군대에 동원되었다. 사관학교를 졸업하고 나서 곧 그는 서부(西部) 전선의 한 카자흐 연대에 배속되었다. 전쟁도 코프이로프의 성격과 용모를 바꿔놓지는 않았다. 둥글둥글하고 키가 작은 그의 몸매, 선량하게 보이는 얼굴, 칼을 흔드는 모습, 하층계급 사람들에 대한 태도 따위에는 진심으로 문관적(文官的)인 순한 태도가 들어 있었다. 그의 목소리에는 쨍쨍 울리는 호령의 날카로움이 없었다. 그의 말투에는 군인에게 따르게 마련인 무뚝뚝하고 간소화된 표현이 없었다. 장교의 제복은 자루처럼 그의 몸을 둘렀고, 전선에서 보낸 지난 3년 동안에도 실전(實戰)부대 군인 특유의 부동 자세와 팔팔한 동작을 전혀 몸에 배게 하지 못했다. 그의 내부에 있는 것은 무엇이든 우연히 전쟁에 맞닥뜨린 인간을 드러내 보이고 있었다. 그는 진짜 장교라기보다도, 장교로 가장(假裝)한 뚱뚱보 민간인 같았다. 하지만 그럼에도 불구하고 카자흐들은 그를 존경했고, 참모회의에서는 그의 말에 귀를 기울였고, 반란군의 간부들은 냉철한 두뇌와 솔직한 기질과 여러 차례 실전에서 보인 겉보기와 다른 용기로 그를 높이 평가하고 있었다.

　코프이로프보다 앞서 그리고리 사단의 참모장이었던 사람은 글을 읽지도 쓰지도 못하고 멍청하던 카자흐 소위 크루지린이었다. 그는 치르에서 벌어졌던 어느 전투에서 전사 했다. 그 뒤로 코프이로프가 참모부를 인수하자 교묘하고 세심하게 그리고 사리에 맞게 업무를 처리하기 시작했다. 그는 과거 학생들의 노트를 바로잡아 주던 때와 마찬가지로 양심적으로 차분히 끈질기게 참모부에 눌러 붙어 앉아서 작전을 검토하곤 했다. 그러다가도 꼭 필요한 때에는 그리고리가 딱 한 마디만 해도 본부를 내버리고 말에 올라앉아 연대의 지휘를 맡고, 앞장서 싸움터로 나가는 것이었다.
　그리고리는 처음 얼마 동안 그 새로운 참모에 대해서 어느 정도 선입견을 가지고 있었다. 그러나 2개월 동안에 점차 친근하게 그와 함께 지내본 끝에 어느 전투가 끝난 뒤 탁 털어놓고 말했다.
　"난 말이야, 코프이로프, 자네에게 선입견을 가지고 있었는데, 이제는 그게 잘못이었음을 깨달았네. 그 점, 용서해 주기 바라네."
　코프이로프는 미소를 띠고 그저 잠자코 있었다. 그러나 다소 무례한 그 고백을 듣고는 분명 기분이 좋아진 듯했다.
　야심과 뚜렷한 정치적 견해 같은 것이 없었기 때문에 코프이로프는 다만 불가피한 악(惡)으로서 전쟁을 생각하고 있었다. 따라서 전쟁의 종결만을 기대하고 있었다. 바로 지금도 그는 우스치 메도베지차 제압(制壓)작전이 어떻게 전개될 것인가 하는 문제 따위에 대해서는 전혀 머리를 썩히려 하지 않고, 가족이나 고향 마을을 떠올리고는 '휴가로 한 달 반 정도 집에 다녀오면 좋을 텐데' 생각하고 있었다……
　그리고리는 잠시 코프이로프를 쳐다보고 있다가, 이윽고 몸을 일으켰다.
　"자, 모두들 돌아가서 자도록 해. 우리가 우스치 메도베지차를 어떻게 빼앗을 것인가 머리를 쥐어짤 필요는 없네. 우리 대신에 이번에는 장군 측이 궁리해서 결정해줄 테니까. 내일은 피츠하라우로프가 있는 데로 가서 가엾은 우리에게 지혜를 빌려 달라고 해야지……그리고 제2연대에 대해서는 이렇게 생각하네. 지금은 우리에게 권한이 있으니까, 오늘이라도 연대장 두다레프의 지위를 낮추어 위계(位階)도 훈장도 모두 몰수해야 해……"
　"그런 뒤에는 죽도 제대로 먹이지 말지요."
　에르마코프가 한 마디했다.
　"농담이 아냐."
　그리고리는 말을 이었다.
　"오늘이라도 녀석을 중대장으로 낮추고, 연대장으로는 하르람피를 보내도록. 에르마코프, 곧 그리로 달려가서 연대 지휘를 맡게. 그리고 아침에 명령이 있을 때까지 기다리도록 해. 두다레프를 경질하는 명령은 곧 코프이로프가 쓰고, 그것을 아예 가져가도록 하게. 나는 확실히 알고 있어―두다레프에게 지휘를 맡길 수는 없단 말이야. 도무지 뭣 하나 아는 게 없으니, 녀석이 또다시 카자흐들을 적에게 쓰러지게 해서는 안 돼. 보병의 전투는 아주 중요해……대장이 분별 없는 녀석이어서는 어이없게 병사들만 죽이고 말아."

"맞습니다. 두다레프를 경질하시는 데 찬성입니다."

코프이로프가 지지했다.

"자네는 어떤가, 에르마코프, 반대하는가?"

그리고리는 에르마코프의 얼굴에 불만의 빛이 스치는 것을 보고 물었다.

"아뇨, 그렇지 않습니다. 저는 전혀 신경 쓰지 않습니다. 뭐 저는 눈썹 하나도 움직이면 안 됩니까?"

"그러면 됐어. 에르마코프도 반대하지 않는군. 에르마코프 기병 연대는 당분간 리야프치코프가 맡도록. 미하일 그리고리치, 명령을 쓰고 자리에 들게. 그리고 6시에 일어나도록. 그 장군이 있는 데로 갈 테다. 전령을 4명 데려갈 거야."

코프이로프는 놀라서 눈썹을 치켜올렸다.

"무엇 때문에 그렇게 많이 데려갑니까?"

"그래 보는 거야! 우리도 얼뜨기는 아니라는 걸 보이는 거지. 사단을 지휘하고 있으니."

그리고리는 소리내 웃으면서 어깨를 들썩하고 외투를 걸치고는 문 쪽으로 걸어 갔다.

그는 말옷을 깔고 구두도 외투도 입은 채 창고의 차양 밑에 누웠다. 오랫동안 전령들 이야깃소리로 밖이 떠들썩했다. 어딘가 아주 가까운 곳에서 말이 코를 울리며 일정하게 꼴을 먹고 있었다. 말린 똥(乾糞 : 연료용) 냄새와 헌닛의 더위로 이직 식지 않은 대지의 냄새가 풍겨 왔다. 잠결에 그리고리는 전령들의 이야깃소리와 웃음소리를 들었다. 그들 가운데 한 사람이—목소리로 판단하건대 아직 젊은 남자 같았는데 말에 안장을 얹으면서 한숨을 내쉬고는 말했다.

"그만둬 그만둬, 농지들. 밤중에 변시들 들고 가나니 아주 목소리지네. 이래서야 잠을 잘 수도 쉴 수도 없잖아……가만히 좀 있어. 이런 망할 자식! 발을 움직이지 마! 발로 말하는 건 아니잖나! ……"

그러자 다른 사내가 감기로 코가 막힌 듯한 목소리로 낮게 지껄였다.

"지긋지긋합니다. 군대 생활은 정말이지 싫어졌습니다. 사랑스럽고 훌륭하던 우리 말들도 완전히 자네에게 고통을 당해서……"

그러고는 애걸하듯 사무적인 빠른 말씨로 바꾸었다.

"담뱃잎 한 대분만 주게, 프로시카! 정말이지 자네 욕심이 많군! 내가 베라빈 근처에서 적위군 편상화를 주었던 것을 잊었는가! 치사하군! 그런 신을 준 나를 다른 녀석 같으면 평생 잊지 않을 텐데, 네놈에게서는 한 번 말아 피울 정도의 담배도 거저 얻을 수 없으니!"

말의 이빨에 부딪친 재갈이 쩔그렁 울려 큰 소리를 냈다. 말은 가슴에 가득히 숨을 들이마시더니 부싯돌처럼 단단하고 메마른 땅 바닥을 편자로 가볍게 치며 걸어나갔다. '모두들 저런 소리를 하겠군……지긋지긋합니다. 군대 생활은 정말이지 싫어졌습니다.' 그리고리는 미소를 띠며 마음속으로 이 말을 되풀이하다가 금새 잠들어버렸다. 그리고 잠이 들자마자 꿈을 꾸었다. 그것은 언젠가도 꾼 적이 있는 꿈이었다. 높은 그루터기가 남은 갈색 밭으로 적위군 산병선이 전진해 온다. 눈길이 닿는 곳 어디나 선두의 산병선이 뻗쳐 있다. 그 뒤에 6개 정도의 산병선이 잇닿아 있다. 무섭게 가라앉은 정적 속에서 공격의 무리가 다가온다. 꺼먼 모습이 차차로 늘어나서 커다랗게 된다. 그러더니 귀가리개가 붙은 방한모를 쓰고 말도 없이 입을 벌린 인간들이 넘어질 듯 비틀대는 빠른 걸음걸이로 쭉쭉 육박하여 사정거리까지 다가서며 돌격자세로 총을 메고 달려오는 것이 보인다. 그리고리는 야트막한 조그마한 참호 속에 엎드려서 쥐가 난 듯이 총의 방아쇠를 움직여 계속해 쏘고 있다. 그 탄환을 맞고 몸을 젖히며 적위병들이 쓰러진다. 다시 탄을 채워 넣고 잠시 근처를 둘러보니 주위 참호에서 카자흐들이 뛰쳐나가는 모습이 눈에 들어온다. 카자흐들은 몸을 돌려서 도망친다. 그들의 얼굴은 공포로 일그러져 있다. 그리고리는 자기 심장의 격심한 고동을 듣고 외쳐댄다.

"쏴라! 어쩔 도리가 없는 놈들이군! 어디로 가는 거냐? 서라, 달아나지 말고!"

그는 힘을 다해 소리친다. 그러나 그의 목소리는 놀라울 만큼 약해져서 거의 들리지를 않는다. 두려움이 그를 사로잡아 그도 뛰쳐나가 선 채로 마지막 1발을 말없이 똑바로 그쪽으로 달려오는 거무스름한 중년 적위병을 향해 발사한다. 그리고 맞았는지를 본다. 적위병은 흥분되고 진지한 그리고 두려움이 없는 표정을 하고서 거의 땅바닥에 발을 대지 않고 가볍게 달려온다. 눈썹은 치켜올라가 있고 모자는 목덜미 쪽으로 처져 있고 외투자락은 걷혀올라가 있다. 잠시 그리고리는 달려오는 적을 움직이지 않고 바라본다. 그의 반짝이는 눈과 곱슬곱슬한 구레나룻으로 뒤덮인 젊디젊은 창백한 뺨이 보인다. 짧은 단화의 겉가죽이 보인다. 약간 아래를 향한 소총의 조그맣고 검은 총구멍과 그 위쪽에서 달리는 상태에 맞춰 흔들리는 검은 대검(帶劍)의 뾰족한 끝이 보인다. 영문모를 공포가 그리고리를 휘감싼다. 그는 소총의 방아쇠를 당긴다. 그러나 방아쇠는 말을 듣지 않는다. 걸린 것이다. 그리고리는 필사적으로 방아쇠를 무릎에 두들겨 댄다. 아무 소용 없다! 하지만 적위병은 이미 다섯걸음 앞쯤 와 있다. 그리고리는 몸을 돌려서 달아난다. 펼쳐진 텅 빈 갈색 밭 가득히 퇴각하는 카자흐들이 여기저기 보인다. 그리고리는 뒤로 쫓아 오는 적의 가쁜 호흡 소리와, 높다랗게 울리는 그의 발소리도 듣고 있다. 하지만 걸음을 빨리할 수가 없다. 맥없이 오므라든 발을 한층 빨리 달리게 하기 위해서 안간힘을 쓴다. 겨우 그는 폐허가 다 된 음울한 어떤 묘지에 이르러 무너진 담을 뛰어넘어서 땅바닥에 쭉 내려앉은 묘와 기울어진 십자가와 사당(祠堂) 사이를 달려간다. 앞으로 1분만 지나면 그는 살아날 수 있다. 하지만 그때 뒤쪽 발소리가 크게 울려 온다. 추격자의 뜨거운 숨결이 그리고리의 목을 태운다. 그리고 그 순간에 그는 자기 외투의 띠와 옷자락이 붙잡힌 것을 느낀다. 그리고리는 헛된 외침 소리를 지르며 눈을 떴다. 그는 반듯이 누워 있었다. 그의 두 발은 갑갑한 장화에 꽉 죄어져 저릿저릿하고 이마에는 식은땀이 배어나와 있고 얻어맞은 것처럼 온몸이 쑤신다.

"망할! …… 방금 경험했던 것이 모두 꿈이라고는 아직 믿어지지 않는군"

그는 만족스럽게 자기의 목소리를 들으면서 쉰 목소리로 중얼거렸다. 다음에는 돌아누워서 옆구리를 밑으로 대고 머리까지 외투를 푹 뒤집어쓰고는 생각했다.—'그놈이 바싹 다가 서게 하고 치려고 덤벼들 때 개머리판으로 후려갈겨서 쓰러뜨린 뒤 도망칠걸……' 잠시 그는 그것이 개운치 않은 꿈에 지나지 않았다는 것, 현실적으로는 지금 자신을 위협하는 것은 아무것도 없다는 것에 대해 가벼운 흥분을 느끼면서 두 번이나 되풀이해서 꾼 꿈에 대해 여러 모로 생각해 보았다.—'이상하다. 꿈속의 일이 어째서 깨어 있을 때 보다도 훨씬 더 무서웠을까? 몇 차례 끔찍한 일을 겪긴 했어도, 세상에 태어난 뒤로 그렇게 두려운 생각을 한 적은 없었단 말이야!'—아련히 잠이 들면서 그리고 저릿저릿한 발들을 기분 좋게 뻗으면서 그는 생각했다.

10

동이 틀 무렵, 그는 코프이로프가 흔들어 잠을 깨웠다.
"일어나시지요. 준비하고 떠나실 시간입니다. 6시까지라는 명령이었습니다."

참모장은 면도를 하고 장화를 반들반들하게 닦고 약간 주름이 잡히긴 했어도 산뜻한 프렌치복을 입었다. 그는 틀림없이 서둘렀을 것이었다—살찐 뺨에 두 군데나 벤 자국이 생겨나 있었다. 하지만 그의 용모에는 전체적으로 이제까지 그에게서 보이지 않던 일종의 긴장된 멋이 깃들여 있었다.

그리고리는 그를 발끝에서부터 머리 꼭대기까지 뜯어보며 생각했다. '허, 한 꺼풀 벗겨낸 것 같군! 꾀죄죄한 꼬락서니로 장군에게 가고 싶지 않았던 게로군! ……'

그 생각을 뚫어보듯 코프이로프는 말했다.
"너무 보기 흉한 모습으로 가면 재미 없거든요. 당신도 단정히 입는 게 좋겠습니다."

"이대로 닳아서 다 떨어지게 할 작정이네!"
그리고리는 기지개를 켜면서 중얼거렸다.
"6시에 오라는 명령이었다고? 당장 우리에게 명령했단 말인가?"
코프이로프는 쓴웃음을 지으며 어깨를 움츠렸다.
"새 술은 새 부대에 담게 마련입니다. 고참 서열에 의해 우리는 복종할 의무가 있습니다. 피츠하라우로프는 장군이니까 우리 쪽으로 오기를 바랄 수는 없습니다."

"그거야 그렇지. 벼르고 벼르던 곳에 닿은 셈이야."
그러고 나서 그리고리는 얼굴을 씻으러 우물 쪽으로 걸어갔다.

안주인은 집안으로 뛰어들어가서 수가 놓인 깨끗한 수건을 들고 나와 인사를 하며 그리고리에게 내밀었다. 그는 찬 물에 담가 구워진 벽돌처럼 새빨개진 얼굴을 씻고 수건 끝으로 거칠게 훔친 뒤 옆에 다가온 코프이로프에게 말했다.

"그거야 그렇지만 장군 나으리는 이런 것도 생각해 주지 않으면 안 돼. 즉 혁명 이래로 민중이 싹 변했다는 거야. 말하자면 아주 새로와졌다는 걸세! 그런데 장군들은 여전히 낡은 자로 사물을 재고 있네. 두고 보게, 그자는 형편없이 되고 말 테니까……하지만 그들은 고치기가 어려울 거야. 삐걱삐걱 하는 소리가 나지 않도록 그 친구들의 대갈통에 수레바퀴 기름이라도 치는 게 좋을 거야!"

"그러면 당신은 도대체 어떤 편인가요?"

코프이로프는 소맷부리에 붙은 먼지를 털어 내며 멍청하게 물었다.

"말하자면 그녀석들이 하는 짓은 모두가 케케묵은 냄새가 난단 말이야. 나도 독일전쟁 이래로 사관(士官)자리를 가지고 있네. 피로써 이걸 얻은 거야. 그런데 장교 사회에 들어와 보니까 아랫도리 하나만 입고 오두막 안에서 추운 바깥으로 나온 것 같다네. 녀석들에게서 느껴지는 냉랭한 기운에 오싹오싹 등골에 소름이 끼칠 정도일세!"

그리고리는 분노로 이글거리는 눈을 번쩍이며 자기도 모르게 목청을 높였다.

코프이로프는 못마땅한 듯이 주위를 둘러 보고 소곤거렸다.

"좀 작은 목소리로 말씀하십시오. 전령이 듣겠습니다."

"뭐, 그게 대수인가."

목소리를 낮추고 그리고리는 계속했다.

"그건 말이네, 녀석들에게 있어서 나는 백로에 섞인 까마귀이기 때문이네. 녀석들의 손이 보통 손이라면, 내 손은 어릴 적부터 비뚤어졌다고 하겠네! 녀석들은 경의를 드러내려고 애를 쓰네만 나는 어딜 가건 덤벼들려고 한단 말이야. 녀석들은 화장비누나 여자들이 바르는 화장품 냄새를 풍기고 있지만 내게서 풍기는 냄새란 것은 말의 오줌과 땀냄새야. 녀석들은 모두 배운 게 있네. 그런데 나는 겨우 초등학교를 나왔을 뿐이니, 녀석들에게 있어 나는 완전한 남인 거야. 이런게 모두 원인이란 말이야. 그래서 나는 녀석들이 있는 곳에서 나오면 얼굴에 거미줄이 쳐진 것 같은 기분이 든다네. 기럽다고 기분이 나쁠 것까진 없네. 모조리 싹 씻어내버리고 싶은 기분이 든다네."

그리고리는 우물 울타리에 수건을 던져서 걸고, 뼈다귀로 만든 이 빠진 빗으로 머리를 빗었다. 거무스름한 그의 얼굴 가운데 햇볕에 그을리지 않은 이마만이 또렷이 하얗게 빛났다.

"그녀석들은 낡은 것들이 모조리 지옥의 귀신할망구에게로 불려 날아가 버린 것을 이해 하지 않는다네!"

이제는 먼저보다 가라앉은 목소리로 그리고리는 말했다.

"그들은 자기네를 우리와 다른 질의 밀가루로 반죽된 인간이라고 생각하고 평민 출신의 배우지 못한 자들을 가축 따위로 생각하고 있네. 또한 군사상으로도 우리와 같은 인간은 자기들 만큼 알지 못한다고 생각하고 있네. 그런데 적위군 지휘관들은 대체 어떤 인간들인가? 브존누이는 장교였던 자인가? 구(舊) 군대의 기병대 상사였지만, 그래도 참모본부 장교들에게 가슴 아픈 기억을 갖게 한 것은 바로 그가 아니었는가? 많은 장교들이 혼쭐이 난 것도 그 때문이 아니었나? 그세리시치코프는 카자흐의 장군들 중에서도 가장 용감하고 훌륭하지만, 지난 겨울 속옷바람으로 우스치 호표르스카야에서 도망쳐 나오지 않았는가? 아니 자네, 그를 몰아냈던 것이 어떤 사내인가? 다름아닌 대장장이 출신인 적위군 연대장이었네. 나중에 포로들이 그 사내에 대해서 여러 가지로 얘기하더군. 이런 일을 알아야 해. 우리처럼 교육을 받지 못한 장교들이 카자흐들을 반란에 가담시키는 수법이 좋지 못했다고들 말하지? 장군들이 우리에게 무슨 도움을 그렇게 주었나?"

"그야 도움은 적지 않았습니다."

코프이로프는 의미 있게 말했다.

"그야 틀림없이 쿠지노프에게는 도움을 주었을 거야. 하지만 나는 남의 도움말 같은 것엔 귀를 기울이지 않고, 누구의 도움도 없이 나가서 적위군을 해치웠어."

"그러니까 당신은 군사학(軍事學)을 부정한다는 말씀이십니까?"

"그렇지 않아, 학문을 부정하는 건 아니네. 그러나 이봐 자네, 전쟁에서 중요한 것은 학문이 아니네."

"그러면 도대체 무엇이 중요합니까, 판테레에비치?"

"중요한 것은 도대체 무엇 때문에 싸우러 나가느냐 하는 것이네……"

"그건 또 다른 문제입니다……"

코프이로프는 조심스럽게 미소를 띠고 말했다.

"물론 훤히 다 아시겠지만……그런 이념이라는 것은—그야말로 중요합니다. 무엇 때문에 싸우고 있는가를 알아야 자신이 하는 일에 대해서 신념을 가질 수 있고 또 그런 인간만이 승리를 얻는 겁니다. 이 진리는 세계와 더불어 오래 된 겁니다. 그러므로 그것을 당신 만의 발견이라고 생각해 보셨자 소용이 없습니다. 저는 옛 시대, 옛날의 좋은 시대를 지키고 있습니다. 그렇지 않았더라면 싸우기 위해 어디론가 나가서 어떤 목적으로든 손가락 하나 까딱하지 않았을 겁니다. 우리와 뜻을 함께 하는 자들은 모두 예부터의 자기 특권을 무력으로 지키고, 폭동을 일으킨 민중을 진압하려 하고 있는 인간들입니다. 저도 당신도 그중 하나입니다. 그런데 그리고리 판테레에비치, 꽤 오래 전부터 당신을 보아 오면서도 당신은 도무지 납득이 가지 않습니다……"

"차차로 알게 될 거야. 자, 가세!"

그리고리는 그렇게 말하고 창고 쪽으로 향했다.

그리고리의 일거일동을 지켜보고 있던 안 주인은 그를 기쁘게 해주고 싶어져서 권했다.

"우유를 좀 드시겠어요?"

"고맙습니다, 아주머니. 우유를 마실 틈이 없군요. 다음에 먹겠습니다."

프로호르 즈이코프는 창고 근처에서 찻잔으로 크바스를 정신없이 마시고 있었다. 그리고리가 말을 푸는 것을 보면서도 그는 눈썹 하나 움직이지 않았다. 그는 셔츠의 소맷 부리로 입술을 훔치고 물었다.

"멀리 가실 겁니까? 저희도 함께 갑니까?"

그리고리는 울컥 회가 치밀어서 냉랭하게 말했다.

"혼 좀 내 줄까? 근무중이란 걸 모르나? 어째서 재갈 물린 말을 그냥 놔두었나? 말을 끌어오는 게 도대체 누가 해야 하는 일이냐? 야, 숟가락을 던져버려! 군규(軍規)를 모르는가? ……망할 자식!"

안상 위에 사리삽사 프로호르는 화가 울컥 치밀어서 중일거렸다.

"어째서 그렇게 화를 내십니까? 큰소리치셔야 아무 소용 없습니다. 이제 막 날개가 돋은 판이니 좋지도 못할 겁니다. 떠나기 전에 배 좀 채우는데 뭘 그렇게 야단치십니까?"

"너는 내 모가지를 달아나게 할 놈이야, 돼지 곱창 같은 자식! 네가 나를 대하는 그 태도가 도대체 뭐냐? 이제부터 장군에게 갈텐데, 잘 배워 둬라! ……꼭 친구들에게 말하듯 하다니! ……내가 도대체 너의 무엇이냐? 다섯 발짝 떨어져서 뒤따라오도록 해!" 문을 나가면서 그리고리는 명령했다.

프로호르와 다른 3명의 전령들은 약간 뒤처졌다. 코프이로프와 나란히 말을 나아가던 그리고리는 좀전의 대화를 계속하며 비웃는 듯한 어조로 물었다.

"그런데 자네가 알 수 없다는 건 도대체 뭔가? 뭐든 설명해 줘도 좋아."

그 어조와 질문의 형식에 담긴 비웃음을 알아채지 못한 채 코프이로프는 대답했다.

"말하자면 그 문제에 있어 당신의 입장을 저는 잘 이해할 수 없는 겁니다! 그 한 가지를 말씀드리자면 당신은 옛것을 옹호하지만 다른 한편으론, 이건 좀 신랄한 표현입니다만, 어딘가 볼셰비키적인 데가 있다고 하겠습니다."

"아니, 도대체 어떤 점에서 내가 볼셰비키란 말인가?"

그리고리는 눈썹을 찌푸리고 안장 위에서 홱 몸을 비틀었다.

"당신이 볼셰비키라고 말씀드린 게 아니라, 어딘지 볼셰비키 같은 데가 있다고 말씀 드렸을 뿐입니다."

"마찬가지야. 어떤 점에서 그러냐고 물었네."

"장교 사회에 대한 말씀도 그렇고, 또 당신에 대한 그들의 태도에 대해서 말하시던 것도 그렇습니다. 그런 사람들에게 당신은 도대체 무얼 바라고 계십니까? 다시 말해서, 당신은 무엇을 바라고 계십니까?"

선량해 보이는 미소를 머금고 채찍으로 장난질하며 코프이로프는 또 물었다. 그는 뭔가를 활발하게 논의하고 있는 전령들 쪽을 돌아다보더니 전보다 목소리를 높여 말했다.

"당신이 불만스러워 하는 것은, 그들이 당신을 대등한 인간으로서 자기네 사회에 받아들이지를 않고 당신을 내려다보는 듯한 태도를 취하고 있다는 것이겠지요? 하지만 그들 처지에서 보자면 그들 잘못은 아닙니다. 그 점은 이해해야 합니다. 확실히 당신은 장교임에 틀림없습니다. 하지만 장교 사회에서 보자면 어디까지나 풍운아일 수밖에 없습니다. 그야 장교의 견장은 달고 계십니다만 그러나 당신은, 역시 이거 실례 입니다만, 천하고 상스러운 한 카자흐에 지나지 않으십니다. 당신은 예의를 차릴 줄 모르시고, 말씨도 바르지 않으시고, 게다가 몹시 난폭하십니다. 말하자면 교육을 충분히 받은 인간이 가지고 있는 모든 자질이 결여 되어 있습니다. 예를 들면, 모든 교양 있는 인간이 손수건을 쓸 때 당신은 두 손가락으로 코를 풀 겁니다. 또한 식사 때 장화나 머리칼에 손을 닦고도 태연하십니다. 손톱을 깨물어서 자르시거나 아니면 군도 끄트머리 같은 것으로도 깎으십니다. 더 좋은 예를 들자면, 기억하고 계실지 모르겠지만, 겨울에 카르긴스카야 마을에서 남편이 카자흐에게 잡혀갔다는 어떤 인텔리 부인과 제가 보는 앞에서 말씀을 하신 적이 있었습니다. 그때 당신은 그 부인 앞에서 바지의 단추를 채우기도 하셨습니다……"

"그렇다면 오히려 바지 단추를 끼우지 않은 채 그대로 놔두는 편이 더 나았단 말인가?"

쓴웃음을 지으면서 그리고리는 물었다.

두 사람의 말은 나란히 나아갔다. 그리고리는 코프이로프의 악의 없는 얼굴을 곁눈질로 힐끗힐끗 보면서 꽤 열에 들떠 그의 말에 귀를 기울였다.

"문제는 그게 아닙니다!"

화가 치미는 듯 얼굴을 찡그리고 코프이로프는 소리쳤다.

"글쎄, 도대체 당신은 어떻게 바지바람으로 양말도 신지 않은 채 부인을 대할 수 있습니까? 제가 분명히 기억하고 있는데, 당신은 아랫도리조차도 몸에 걸치고 있지 않으셨습니다! 물론 그런 것은 다 사소한 일입니다. 그러나 그런 것들이 인간으로서의 당신을 특징짓는 겁니다……뭐라면 좋을까……"

"아니, 좀더 툭 털어놓고 말해 주게나!"

"그러니까 말하자면, 그러한 것이 당신을 매우 배우지 못한 인간으로 보이게 하는 겁니다. 다음으로 당신의 말씨는 어떻습니까? 들어 줄 수가 없습니다! 배우지 못한 인간은 모두들 그렇습니다만, 외국어에 대해서 실명하기 어려울 정도의 집착을 가지고 있어서 그때그때 딱 맞건 맞지 않건 개의치 않고 그것을 써서 의미를 왜곡시킵니다. 사령부 회의에 출석하시는 때에도 특수한 전술 용어 가운데서 전개니 강행이니 작전 명령이니 집결이니 하는 말들이 튀어나오면 당신은 그런 말을 하는 상대의 얼굴을 멍하니 넋을 잃고 쳐다보시더군요. 아니, 오히려 선망의 시선이라고 말하고 싶을 정도였습니다."

"이봐, 엉터리 얘기 좀 작작하게!"

그리고리는 소리치듯이 말했으나 그의 얼굴에는 잠시 밝은 빛이 생생하게 떠올랐다. 그는 말의 양쪽 귀 사이를 쓰다듬고 갈기털 밑의 비단같이 부드럽고 따뜻한 피부를 긁어 주면서 당부하듯이 말했다.

"그래서 어떻단 말인가? 자기의 대장을 헐뜯는 소리를 그렇게 해도 괜찮은가!"

"뭘 헐뜯었다는 말씀이십니까? 당신이 그러한 태도 탓으로 호감을 사지 못한다는 것은 당신도 확실히 알고 계실 겁니다. 그래도 아직 장교들이 당신을 평등하게 대해 주지 않는 것에 불만이십니까? 예의나 학문 면에서 당신은 아주 돼먹지 않았다고 할 수 있습니다."

코프이로프는 무심결에 내뱉은 모욕적인 말에 깜짝 놀랐다. 그는 그리고리가 화를 내면 자제심을 잃어버리는 일이 흔히 있음을 알고 있었으므로 그것이 폭발할까 두려워했다. 그러나 그리고리의 얼굴을 재빨리 힐끗 쳐다보고는 곧 후유 하고 안도의 한숨을 내쉬었다. 그리고리는 안장에 의지한 채 콧수염 속으로 눈부실 만큼 흰 이빨을 내보이며 소리없이 웃었다. 코프이로프로서도 자기가 한 말의 결과가 너무도 뜻밖이었으므로 다시 그리고리의 웃음에 무심코 끌린 듯이 마찬가지로 웃으면서 말했다.

"지금도 보십시오, 다른 이성적인 사내였더라면 그런 하찮은 말에도 눈물을 흘렸을 텐데 당신은 웃고 계시잖습니까……정말로 유별나지 않습니까?"

"그래서 나를 돼먹지 않은 사내라고 말한 건가? 뭐 그것도 괜찮아!"

그리고리는 그 대목을 웃어넘기고 말했다.

"나는 자네의 범절이나 예의를 배우려는 생각 따위는 없네. 그런 것은 소 옆에 붙어서 살 나에게 아무 짝에도 소용이 없거든. 글쎄 앞으로도 어떻게 건강하게 살아남는다면 나는 소의 시중을 들어야 할 텐데, 그런 때에 '자, 조금 움직여 주십시오, 소 어르신네. 허락해 주시지요, 얼룩소 어른! 당신의 멍에에 조금 손대도 괜찮으시겠습니까? 자비로우신 소나으리, 밭두렁을 망가뜨리지 말아 주시기 비옵나이다!' 이렇게 굽신거리며 말할 필요는 없을 거란 말야. 놈들을 다루려면, 이랴 이랴! 이런 식으로 해야 한다네. 그것이

소를 정계시키는 비결이라는 걸세."

"정계가 아니라, 전개입니다!" 코프이로프가 바로잡았다.

"그런가? 그럼, 전개라도 좋네. 하지만 나는 자네와 한 가지만은 동의할 수 없네."

"어떤 겁니까?"

"다름 아니라, 내가 돼먹지 않은 사내라는 점이네, 뭐 어쩜 자네들 사이에서는 내가 돼먹지 않은 사내일 수도 있지. 하지만 당분간 기다려 보게, 빨갱이들 쪽으로 옮겨가면 그때 그놈들 사이에서 나는 천 근 무게가 있는 존재가 될 걸세. 그렇게 되면 예의범절을 들추는 교양있는 기생충들과 마주치지 않고 살게 될 거란 말이야! 그때야말로 녀석들의 내장과 함께 넋까지도 몽땅 뽑아내 보일 작정이네!"

그리고리는 농담도 진담도 아닌 어조로 그렇게 말하더니 말을 홱 내몰아서 대번에 빠른 트롯으로 옮겨 가게 했다.

돈강 연안 일대를 덮은 아침은 교묘하게 이루어진 정적 속에 밝아왔다. 그리하여 한 가지 한 가지 별로 크지 않은 소리도 그 정적을 깨뜨리고 메아리를 불러 일으켰다. 광야를 지배하고 있는 것은 오직 종달새와 메추라기의 울음소리뿐이었다. 하지만 근처 각 부락에는 큰 부대의 이동에 으례 따르는, 크지는 않지만 끊임없이 이어지는 율동적인 소음(騷音)이 떠돌았다. 포차(砲車)와 탄약차의 바퀴들이 울퉁불퉁한 길에서 덜컹덜컹 울리고, 여기저기의 우물가에서는 말들이 울고, 통과해 가는 카자흐 보병 중대의 발소리가 보조를 맞추어 낮고 부드럽게 울리고, 반개차(半蓋車)라든가 전선으로 탄약과 장비를 운반하는 주민들의 짐마차 행렬이 덜컹덜컹 소리를 냈다. 야전 주방차(廚房車) 근처에는 비짝 구운 수수떡 고기만두며 향료인 월계수 잎사귀며 구워낸 구수한 빵 냄새가 자욱히 끼어 있었다.

우스치 메도베지차 마을 바로 근처에서는 빈번히 총을 쏘아대는 소리가 나고, 때때로 포성이 느릿하게 은은히 울렸다. 전투가 방금 시작된 것이다.

피츠하라우로프 상군은 식사를 하고 있었는데, 그보다 약간 나이 많고 몹시 지친 모습의 부관이 다가와서 보고했다.

"반란군 제1사단장 멜레호프와 사단 참모장 코프이로프가 왔습니다."

"내 방으로 들여보내!" 피츠하라우로프 장군은 혈관이 툭 불거진 커다란 손으로 달걀껍질을 쌓아올린 접시를 밀어내고 금방 짜낸 우유를 한 컵 천천히 다 비우고는 꼼꼼히 냅킨을 접어놓은 뒤 식탁에서 일어났다.

노인답게 무게 있고 살이 푸들푸들하며 키가 2미터나 되어, 문 옆기둥이 기울고 창문이 작은 어둠컴컴한 이 조그만 카자흐의 거실에서는 어울리지 않게 커 보였다. 무엇 하나 나무랄 데 없을 만큼 훌륭한 군복의 곧추선 깃을 걸으면서 바로잡고 큰기침하며 옆방으로 가자 장군은 일어선 코프이로프와 그리고리에게 가벼운 인사를 하고는 손을 내밀지 않고 몸짓으로 두 사람에게 탁자에 앉으라고 일렀다.

그리고리는 군도를 누르며 주의해서 의자 끝에 앉아 곁눈질로 코프이로프를 힐끗 쳐다 보았다.

피즈하라우로프는 끼익 하고 삐걱거리는 위너풍(風)의 의자에 의젓하게 앉아서 긴 다리를 곧추세우고 커다란 손을 무릎 위에 놓더니 굵고 낮은 목소리로 입을 열었다.

"내가 당신네들, 두 장교를 이곳으로 부른 것은 두세 가지 문제를 의논하고 싶었기 때문이다……반란군의 빨치산 작전은 이미 끝났다. 당신네 부대는 1개의 독립된 부대로 존재하지 않게 되었다. 종전에도 본질적으로는 당신네 부대가 하나의 완전한 부대로 존재했던 것은 아니었다. 그것은 임시였다. 그러므로 당신네 부대는 앞으로 돈군에 통합되게 된다. 우리는 앞으로 계획적인 공격을 펼칠 것인데, 지금은 그러한 사정을 다 이해하여 최고 통수부(統帥部)의 명령에 절대 복종해야 할 시기이기 때문이다. 도대체 어떤 이유로 어저께 당신네 보병 연대는 돌격 대대의 공격을 지원하지 않았는가? 대답해 주기 바란다. 도대체 어떤 이유로 연대는 내 명령에도 불구하고 공격에 나서기를 거부한 것인가? 당신네 이른바 사단의 지휘자는 누구인가?"

"접니다." 별로 크지 않은 목소리로 그리고리는 대답했다.

"그러면 방금 질문한 것에 대답해 주기 바란다."

"저는 어저께야 사단에 돌아왔습니다."

"어디에 가 있었는가?"

"집에 돌아가 있었습니다."

"사단 지휘자라는 작자가 한창 작전중인 때 집에 가 있었다니! 사단 안이 사창굴이나 다름이 없잖은가! 어째서 그리도 행동이 단정치들 못한가! 어째서 그리도 군규가 문란한가!"

 장군의 음성은 옹색한 방 안에서 한층 크게 울렸다. 문 바깥에서는 부관들이 발끝으로 걸으며 소곤거리기도 하고 웃기도 했다. 코프이로프의 뺨은 차츰 핏기를 잃고 있었다. 한편 그리고리는 장군의 빨개진 얼굴과 근육이 부푼 주먹을 보면서 억제하기 어려운 분노가 마음속에 번지는 것을 느꼈다.
 피츠하라우로프는 의외로 가볍게 일어나서 의자등을 잡으며 소리쳤다.
 "자네 사단은 군대라고 할 수 없는, 적위군의 부스러기 부대 같은 거야! ……넝마 부스러기지, 카자흐 부대가 아냐! 멜레호프군, 자네는 사단을 지휘할 자격이 없고, 졸병으로 근무하는 게 좋겠어! ……장화나 닦고 있어야 마땅하단 말이다! 알아듣겠나, 자네? ……도대체 어째서 명령을 이행하지 않는가? 집회를 갖지 않았었나? 심의해 보지 않았는가? 잘 기억해 두는 게 좋아—여기에 있는 것은 자네의 타바리시치가 아냐. 볼셰비키의 질서 따위는 허용하지 않네! ……허용하지 않고말고……"
 "나에게 그렇게 호통치지 마십시오."
 그리고리는 맥없는 목소리로 그렇게 말하고는 한 쪽 발로 의자를 홱 밀어내고 일어섰다.
 "뭐라고!"
 탁자 너머로 쑥 몸을 내밀다시피하고 흥분으로 숨을 헐떡이며 피츠하라우로프는 분명하지 않은 목소리로 말했다.
 "나에게 그렇게 호통치지 말라고 했습니다."
 그리고리는 언성을 높여 다시 말했다.
 "당신이 우리 둘을 이곳으로 부른 것은, 저, 말하자면 해결을……"
 한순간 입을 다물고 눈을 떨어뜨렸으나 피츠하라우로프의 손에서 시선을 떼지 않은 채 거의 소곤거리는 듯한 낮은 목소리로 바꾸어 말했다.
 "각하, 만일 당신이 손가락 하나라도 나에게 댄다면 그 즉시로 베어 자를 겁니다!"
 방 안은 피츠하라우로프의 가쁜 숨소리가 똑똑히 들릴 정도로 조용해졌다. 잠시 정적이 흘렀다. 그때 여리게 문이 삐걱거리는 소리가 났다. 깜짝 놀란 부관이 틈새로 안을 엿보았다. 문은 다시 살그머니 닫혔다. 그리고리는 군도 자루에서 손을 떼지 않은 채 우뚝 서 있었다. 코프이로프는 가늘게 무릎을 오들오들 떨었는데 그의 시선은 벽의 어딘가를 헤매고 있었다. 피츠하라우로프는 귀찮은 듯이 의자에 앉으며 노인답게 신음 소리를 내더니 혼자 중얼거렸다.

"좋아!"

그리고 벌써 완전히 침착성을 되찾고 있었지만 그리고리 쪽으로는 눈을 돌리지 않고 말을 이었다.

"자, 앉게. 흥분한 모양인데, 이젠 됐네. 자, 들어 보게. 전(全) 기병 부대를 즉시 움직일 것을 자네에게 명령하네⋯⋯자, 앉게나!"

그리고리는 앉아서 갑자기 얼굴에 돋은 엄청난 땀을 소매로 훔쳤다.

"⋯⋯다시 말하면 기병 부대 전체를 즉시 동남(東南)지구에 투입해서 곧장 출격할 것, 또한 그 우익(右翼)은 츄바코프 대장이 이끄는 제2대대와 접촉할 것⋯⋯"

"나는 사단을 거기로 끌고 가지 않겠습니다."

맥이 풀린 듯이 그리고리는 말하고, 바지주머니에서 손수건을 꺼냈다. 나탈리야가 짜준 레이스 달린 손수건으로 이마의 땀을 닦고 되풀이해 말했다.

"사단을 거기로 끌고 가지 않을 겁니다."

"그 이유는 뭔가?"

"배치를 변경하는 데 시간이 많이 걸리기 때문입니다⋯⋯"

"그건 자네와 상관없어. 작전 결과는 내가 책임을 진다."

"아니죠, 상관 있습니다. 책임은 당신만 질게 아니고⋯⋯"

"자네는 내 명령을 거부하는 건가?"

자신을 억제하려는 노력을 분명히 드러내며 피츠하라우로프는 쉰 목소리로 물었다.

"그렇습니다."

"그렇다면 지금 곧 사단 지휘권을 양도해 주기 바란다. 이젠 알았다, 어째서 어저께의 내 명령이 이행되지 않았는지를⋯⋯"

"그거야 당신이 어떻게 생각하건 상관없지만, 사단은 양도하지 못하겠습니다."

"자네의 말을 어떻게 받아들이는 게 좋을까?"

"내가 말한 그대로입니다."

그리고리는 겨우 알아볼 정도로 미소지었다.

"나는 자네의 지휘권을 박탈한다!"

피츠하라우로프는 목소리를 높였다. 그러자 곧 그리고리는 일어섰다.

"각하, 나는 당신에게는 복종하지 않습니다."

"그럼, 자네도 누구에게인가는 복종한단 말인가?"

"그렇습니다, 반란군 사령관 쿠지노프에게는 복종합니다. 하지만 당신에게선 그런 말을 듣는다는 것조차 우스운 얘기입니다……지금은 말이죠, 당신과 나는 대등한 자격입니다. 당신도 사단을 지휘하고 있고 나도 역시 그렇기 때문입니다. 그러니 지금은 나에게 호통치지 말아 주십시오……내가 중대장으로라도 낮춰지거든 그때는 부디 그렇게 해 주십시오. 하지만 때리거나 하는 건……"

그리고리는 지저분한 집게손가락을 세우고 미소짓고 있기는 했으나 동시에 분노로 타오르는 눈을 번뜩이며 말을 맺었다.

"아시겠습니까, 그렇게 된 때라도 때리는 짓 따위는 받아들이지 않을 겁니다!"

피츠하라우로프는 일어서더니 목을 심하게 죄어 대고 있는 것을 고치고 가볍게 끄덕이며 말했다.

"더이상 얘기할 것은 아무것도 없네. 자네 좋을 대로 행동하게. 단 자네의 행동에 대해서 나는 즉시 군사령부에 보고하겠네. 결과가 즉시 나타나리란 것은 보증해도 좋아. 우리 군의 야전 군법회의는 지금 지장 없이 활동하고 있으니까."

그리고리는 코프이로프의 필사적인 시선에는 아랑곳하지 않고 모자를 푹 눌러쓰더니 문쪽으로 돌아섰다. 그리고 문턱께에서 걸음을 멈추고 말했다.

"어디에 보고해도 좋습니다. 하지만 말이죠, 나를 협박하진 마십시오. 나는 겁장이가 아니니까요……당분간 나에게는 손을 대지 말고 놔두도록 하십시오."

그는 잠깐 생각하고 덧붙였다.

"그렇잖으면 내 부하 카자흐들이 당신을 혼내 줄는지도 모릅니다……"

그러고는 발로 차서 문을 열고 군도를 철거덕 거리며 현관을 향해 쾅쾅 걸어나갔다.

현관 계단에 이르렀을 때 코프이로프가 흥분해서 쫓아왔다.
"정신 나갔습니까, 판테레에비치!"
필사적으로 팔을 잡아당기며 그는 낮게 말했다.
"말을 끌어와!"
그리고리는 채찍을 손 안에서 구겨 말아쥐며, 잘 울려 퍼지는 목소리로 외쳤다.
프로호르가 획 날듯이 현관 계단 쪽으로 달려왔다.
문을 나서자 그리고리는 뒤를 돌아보았다. 멋진 안장을 얹은 키큰 말에 피츠하라우로프 장군이 올라타는 것을 전령 셋이 부지런히 거들고 있었다.
반 킬로미터 가량을 말없이 달렸다. 코프이로프는 그리고리가 이야기할 기분이 아니므로 지금 의논을 하다가는 위험하리라는 것을 알고 줄곧 잠자코 있었다. 하지만 결국은 그리고리가 견디지 못하고 입을 열었다.
거친 어조로 그는 물었다.
"이봐, 어째서 잠자코 있나? 무엇 때문에 여기 왔던 건가? 증인이 되었던 건가? 아주 입을 막고 있을 작정인가?"
"아니, 이 연극을 벌인 건 당신이십니다!"
"그자가 벌인 게 아닌가?"
"하긴 그 양반도 그래서 좋은 결과는 없을 겁니다. 그 양반이 우리에게 말하던 어조는 참 거슬리더군요!"
"그 사람이 우리에게 뭘 제대로 얘기했는가? 보자마자 호통을 치지 않던가? 말해 보게, 마치 엉덩이에 송곳이라도 박힌 듯한 말투더군."
"하지만 당신도 상당하시더군요. 전시에 말이죠……상관의 명령에 복종하지 않으시니, 그야말로 당신은……"
"그런 게 아냐! 그 사람이 나에게 달려들지 않았던 게 유감이네! 그랬더라면 대갈통에 쐐기를 처박아서 두개골을 쪼개 놨을 텐데 말이야!"
"그렇게 하지 않더라도 어차피 속시원한 일이야 없을 테니까요."
불만인 듯이 코프이로프는 말하고 말을 보통 속도로 바꾸었다.
"이렇게 되면 말이죠, 그 양반이 군규를 잡으려 할게 뻔합니다. 정신 차리십시오!"
두 사람의 말은 거센 콧김을 뿜고 꼬리로 등에를 털어 쫓으며 나란히 나아갔다. 그리고리는 경멸하는 시선으로 돌아다보고 물었다.
"자네는 어째서 그렇게 잔뜩 모양을 내고 왔나? 틀림없이 차라도 한 잔 대접해 줄 것이라고 생각했었나? 흰 손에 끌려 식탁으로 가 앉게 될 줄로 생각했던 거 아냐? 말끔히 머리를 깎고, 프렌치복에 솔질을 하고, 장화는 번쩍번쩍 빛이 나게 닦고…… 자네가 손수건에 침을 묻혀서 무릎 근처의 얼룩을 닦는 것도 봤네!"
"그만두세요, 제발!"
얼굴을 붉히며 코프이로프는 자기를 방어했다.
"자네의 모처럼의 수고도 보람 없이 끝난 셈이군."
그리고리는 비웃었다.
"그뿐아니라, 그 사람은 자네하고 손도 잡지 않았잖은가?"
"당신과 함께 그런 일을 당하다니, 전혀 예상할 수 없는 일 아닙니까?"
코프이로프는 빠른 말씨로 중얼거렸다. 그리고 눈을 가늘게 뜨더니 놀라움과 기쁨을 함께 드러내고 외쳤다.
"저기 보십시오! 저건 우리 군대가 아니고 연합군입니다!"
좁은 길에서 두 사람 쪽으로 6필의 역마(驛馬)가 영국군의 대포를 끌고 왔다. 그 옆으로는 꼬리가 짧은 붉은 말을 탄 영국군 장교 한 사람이 오고 있었다. 앞쪽의 말을 탄 사람도 역시 영국군 군복을 입고 있었으나 군모 테두리에는 러시아 장교의 휘장을 달고 또한 중위의 견장을 달고 있었다.
그리고리에게서 겨우 몇 미터밖에 안 되는 곳까지 오자 장교는 코르크제 투구형 군모의 차양에 손가락 2개를 대더니 머리를 움직여서 길을 비켜 줄 것을 요청했다. 길이 너무 좁아서 서로 비켜가기 위해서는 타고 있는 말을 바싹 돌담에 붙여야 했다.
그리고리의 광대뼈가 움찔움찔 떨렸다. 그는 이를 악물고 곧장 장교를 향해 말을 내몰았다. 상대는 의아해하는 표정으로 눈썹을 치켜올리고 약간 옆으로 피했다. 그들은 간신히 스쳐 지나갈 수는 있었지만 그나마 영국군 장교가 결 좋은 자기 암말의 빈들빈들 윤이 나는 엉덩이 위에 기죽 각반으로 단단히 쥔 오른쪽 다리를 얹었기 때문이었다.
포병대 소속의 한 사람으로서 그도 똑같이 러시아 사관으로 보였는데, 몹시 못마땅한 듯이 그리고리를 돌아보았다.

"당신이 피했으면 좋았을걸! 이런 곳에서 무례한 짓을 하다니!"
"잠자코 얼른 가라, 이놈아, 아니면 피해 줘 볼까!……"
낮은 목소리로 그리고리는 말했다.
장교는 앞마차 위에서 몸을 일으키고 뒤를 돌아다보며 소리쳤다.
"모두들 저 무례한 녀석을 붙잡아라!"
그리고리는 보라는 듯이 채찍을 휘두르며 보통 속도로 그 작은 길을 빠져 나갔다. 먼지 투성이가 되고 지칠 대로 지쳐 있는 포병들과 모두가 한결같이 콧수염을 기르지 않은 아직 젊은 사관들은 적의를 품은 눈으로 힐끗힐끗 그를 쳐다보긴 했으나 아무도 그를 붙잡으려 하지는 않았다. 6문의 포를 끌고 가는 포병대 일행이 문 저쪽으로 모두 사라지자 코프이로프는 입술을 씹으면서 그리고리 옆으로 바싹 다가갔다.
"당신은 지나치게 심술궂으십니다, 그리고리 판테레에비치! 마치 어린애 같으시군요!"
"그럼, 자네는 내 보모란 말인가?"
그리고리는 내뱉듯이 대답했다.
"당신이 피츠하라우로프에게 화를 내실 때는 어떤 기분에서였는지 저도 압니다."
어깨를 움츠리고 코프이로프는 말했다.
"그러나 저 영국군 장교와 그것이 무슨 관계가 있습니까? 아니면 녀석의 헬멧이 당신 마음에 들지 않았던 겁니까?"
"나는 말이네, 그 사람이 우스치 메도베지차로 가라고 한 게 영 내키지 않았던 거야……. 다른 데로 가라고 했다면 괜찮을 건데……. 개 두 마리가 서로 물어뜯고 있을 때는 다른 개가 참견하지 않는걸세. 알겠나?"
"그래요? 그러면 당신은 외국의 개입을 반대하신단 말씀입니까? 하지만 제 생각으론 목구멍이 막혀 있을 때는 어떤 원조도 반갑기 마련인데요."
"자네는 기뻐해도 괜찮아, 하지만 나는 우리 땅에 녀석들이 한 발짝이라도 발을 내딛는 것을 허용하고 싶지 않아."
"적위군 속에 중국인들이 끼어 있는 것을 당신은 보셨습니까?"
"뭐라구?"
"그것과 마찬가지 아닙니까? 역시 외국인의 원조를 받는 셈이 아닙니까?"

"그거와는 다르네! 중국인들은 적위군에 의용군으로 들어와 있는 것이거든!"

"그러면 말이죠, 당신 생각으로는 아까 그자들은 여기에 강제로 끌려왔단 말씀입니까?"

그리고리는 어떻게 대답해야 좋을지 몰라서 잠시 아무 말 없이 앞으로 가기만 했다.

마음을 괴롭히며 생각해 본 끝에 말했지만, 그의 목소리에는 숨길 수 없는 분노가 드러나 있었다.

"자네처럼 학문이 있는 자들은 늘 그렇지……늘 위를 달리는 토끼처럼 금방 옆으로 벗어나 모습을 감춰버린단 말야! 나는 말이네, 자네의 말이 잘못임을 느끼고는 있지만 설득시킬 수는 없네……이제 그 얘기는 그만하자구. 더 이상 내 머리를 복잡하게 만들지 말게. 자네 얘기를 듣지 않아도 복잡하니까 말이야."

코프이로프는 화가 치민 듯 잠자코 있었고, 두 사람은 숙사에 닿을 때까지 그 이상은 얘기를 나누지 않았다. 단, 프로호르가 호기심에 끌려서 두 사람에게 돌아와 물었다.

"그리고리 판테레에비치, 저, 제발 꼭 좀 말씀해 주십시오. 대포를 끌고 가던 카데트의 그 동물은 도대체 뭡니까? 귀는 당나귀 같은데 다른 부분은 말하구 똑같더군요. 그런 가축을 보는 건 어쩐지 기분이 좋지 않던데요……도대체 뭡니까? 무슨 종류입니까? 제발 알려 주십시오. 글쎄 저희가 말이죠, 돈을 걸고 내기를 했거든요……"

그는 5분쯤 뒤따라갔지만 대답을 듣지 못하고 말을 늦췄다. 그리고 다른 전령들에게 돌아가 소곤대는 목소리로 전했다.

"이봐, 두 사람 다 잠자코 가더군. 저 양반들도 그런 언짢은 것이 이 세상에 어떻게 나왔는지 도무지 알 수가 없어 그저 놀라움을 느끼고 있는 모양이더라구."

키지흐 부대의 병사들은 그다지 깊지 않은 참호에서 네 번 일어섰으나, 석위군의 맹렬한 기관총화를 받고서는 다시 엎드렸다. 적위군의 포병 부대는 좌안의 숲에 숨어 새벽부터 카자흐의 진지와 벼랑 일대에 집결해 있던 예비대 쪽으로 잠시도 쉴 새 없이 포격을 가해왔다.

돈강 연안의 고지에는 차차 엷어져가는 유산탄의 유백색 작렬연(炸裂煙)이 확확 솟아올랐다. 파괴된 참호선(塹壕線)의 앞뒤로는 총탄이 갈색 흙연기를 올렸다.

정오경 전투는 절정에 달하고 서풍이 포격의 울림음을 돈강을 따라 꽤 먼 곳까지 실어갔다.

그리고리는 반란군 포병 부대의 관측 지점에서 전황을 쌍안경으로 지켜보았다. 그에게는 장교 중대가 피해를 입고 있음에도 불구하고 약진(躍進)을 거듭해서 완강하게 계속 나아가고 있는 모습이 잘 분간되었다. 철화(鐵火)가 격렬해지자 그들은 몸을 눕히고 구덩이를 팠다. 그 다음에 또다시 약진해서 새로운 지점으로 옮겨갔다. 좌익(左翼)에 해당하는 수도원(修道院) 방향에서는 반란군 보병 부대가 도무지 몸을 일으키지 못하고 있었다. 그리고리는 에르마코프에게 속필(速筆)로 명령을 써서 연락병에게 주어 보냈다.

30분쯤 지나자 에르마코프가 몹시 화가 나 달려왔다. 그는 포병대의 말들을 매어 두는 곳에 이르러 말에서 내려 숨이 찬 듯 헐떡이며 감시대로 올라왔다.

"카자흐들을 일으켜 세우는 일은 저는 못하겠습니다! 도무지 일어서지 들을 않습니다!"

아직 먼 곳에서 손을 휘두르며 그는 소리쳤다.

"벌써 23명이나 죽었습니다! 적위군 기관총에 마구 쓰러지는 걸 보셨지요?"

"장교 중대원들은 나아가고 있는데, 자네는 부하들을 일어서게 할 수 없단 말인가?"

이빨 사이로 내뱉듯이 그리고리는 외쳤다.

"하지만 보십시오, 저놈들에게는 1개 소대마다 경기관총 1정과 약포가 얼마든지 있는데, 우리는 대체 뭐가 있습니까?"

"나에게 이러니저러니 말해 보았자 소용없어! 곧 전진하도록 해! 전진하지 않으면 목을 칠 테다!"

에르마코프는 욕지거리를 내뱉으며 높은 곳에서 뛰어 내려갔다. 그의 뒤를 쫓아 그리고리도 내려갔다. 그 자신의 제2보병 연대를 돌격시키려는 결심을 한 것이었다.

산사나무 가지들로 훌륭하게 위장된 맨 끝 쪽의 대포 근처에서 포병 대장이 그를 세웠다.

"그리고리 판테레예비치, 영국군의 역할을 좀 보십시오. 지금 다리를 파괴하려 하는데, 높은 곳에 올라가 보지 않으시겠습니까?"

쌍안경으로 적위군 공병에 의해서 가설된 배다리의 아주 작은 줄기가 희미하게 보였다. 그 배다리를 타고 짐마차 행렬이 끊임없는 흐름을 이루어 움직이고 있었다.

10분쯤 지나자 움푹 팬 곳의 암석(岩石) 지대 뒤에 배치되어 있던 영국군 포병대가 포문을 열었다. 4발 째의 포탄이 다리 거의 가운데 부분에 명중되었다. 짐마차의 흐름은 멈췄다. 적위병들이 분주하게 움직여 부서진 두 바퀴의 짐마차와 말들의 시체를 돈강에 처넣는 모습이 보였다.

그와 동시에 또 공병을 태운 거룻배 4척이 오른쪽 강가를 떠났다. 하지만 그들이 다리의 파괴된 바닥판을 보수하는 작업을 채 마치기 전에 영국군 포병대는 포탄을 빗발같이 퍼부었다. 그중 한 발은 좌안의 승선대(乘船臺)인 둑을 부숴 무너뜨리고, 또 다른 한발은 다리 바로 옆에다 녹색 물기둥을 솟아오르게 하여 다시 시작되고 있던 다리의 움직임은 또 중단되고 말았다.

"새끼들, 아주 정확하게 쏘는군!"

포병 대장은 감탄한 듯 말했다.

"저런 식이면 밤중까지 건너지 못합니다! 저 다리는 이제 완전히 소용이 없습니다!"

그리고리는 눈에서 쌍안경을 떼지 않고 물었다.

"그런데 자네 쪽은 어째서 소리를 죽이고 있나? 보병을 엄호하게나! 보게, 저곳의 기관총 진지를 날려버리는 게 좋겠어."

"기꺼이 해치우고 싶습니다만, 포탄이 1발도 없습니다! 30분쯤 전에 마지막 1발을 쏜 뒤로는 구경만 하고 있는 판입니다."

"그럼, 여기에 우뚝 서 있느니 앞차에 달고 다른 데로 가는 게 낫잖나?"

"기데트 부대로 단환을 얻으러 갔습니다."

"줄까?"

그리고리는 강한 부정의 뜻을 담아 말했다.

"한 번 거절당하고 나서 다시 한 번 더 사람을 보내 본 겁니다. 어쩌면 동정해서 보내 줄는지도 모르지요. 저 기관총 진지를 쳐부술 수 있을 정도로 20발만 생겨도 좋겠습니다. 웃을 일이 아닙니다. 23명이나 죽었습니다. 앞으로 얼마나 더 죽을지 알 수 없습니다! 보십시오, 막 쓰러뜨리고 있습니다! ……"

그리고리는 시선을 카자흐의 참호로 돌렸다. 총탄은 여전히 비탈진 곳의 참호 일대에서 메마른 흙을 파 뒤집고 있었다. 기관총의 연사(連射)를 당한 곳 일대는 마치 눈에 보이지 않는 무엇인가가 참호를 따라 사라져가는 회색의 한 선(線)을 전광(電光) 같은 속도로 그려 나가고 있는 것과도 같았다. 카자흐들의 참호가 있는 곳 전체에 흙먼지가 여러 줄기 무럭무럭 피어올랐다.

그리고리는 이제 영국군 포병대의 탄환이 명중하는 모습을 더 지켜보지 않았다. 한순간 그는 끊임없이 이어지는 포성과 기관총의 울림에 귀를 기울였으나, 곧 높은 곳에서 내려가 에르마코프를 뒤쫓아 갔다.

"내 명령이 있을 때까지 진격하지 마라. 포병의 엄호 사격이 없으면 도저히 저놈들을 해치우는 건 불가능할 테니까!"

"그래서 제가 그렇게 말씀드렸던 게 아닙니까?"

에르마코프는 빨리 달린데다 포성에 흥분한 말에 올라앉으며 나무라는 듯한 어조로 대꾸했다.

그리고리는 탄환이 날아오는 곳 아래를 두려워하는 기색도 없이 말을 달려가는 에르마코프를 바라보며 불안한 기분으로 생각했다. '어째서 곧장 쏜살같이 나아가는 건가? 기관총에 맞겠어! 골짜기로 내려가는 게 좋은데. 그렇게 하면 골짜기 밑의 길을 따라 위로 올라가서 언덕 위로 안전하게 아군 쪽으로 갈 수 있는데……' 에르마코프는 맹렬한 갤럽으로 골짜기에 가자 그곳에 가려지더니, 그 건너편으로는 모습을 나타내지 않았다. '결국은 알아차린 모양이군! 이젠 무사히 가게 될 테지.' 그리고리는 안심하여 그렇게 생각하고 무덤 옆에 눕더니 천천히 담배를 말았다.

이상한 냉담(冷淡)한 기분이 그를 사로잡았다. 그렇다, 이제 기관총화가 쏟아지는 곳 속으로 카자흐들을 들여보내지는 않을 것이다. 그런 일을 해봐야 의미가 없다. 장교들의 돌격 중대를 돌격시키면 그것으로 좋다. 그들이 우스치 메도베지차를 점령하게 하면 그것으로 좋다. 지금 이 무덤 옆에 몸을 눕힌 채 그리고리는 이곳에서 처음으로 몸으로써 전투에 가담하는 것을 스스로 이끌어 넣은 것은 두려움이 아니었다. 또한 죽음의 공포도, 의미 없는 피해에의 두려움도 아니었다. 바로 얼마 전까지도 그는 자기 생명을 아까워하지 않았었다. 그의 지휘를 신뢰하는 카자흐들의 생명도 아까워하지 않았었다. 하지만 그 순간은, 마치 무엇인가 무너져버린 것 같았다…… 아직껏 한 번도 그는 이렇게까지 분명하게 주위의 일들이 깡그리 아무소용 없다는 것을 느낀 적이 없었다. 코프이로프와의 대화, 아니면 피츠하라우로프와의 충돌, 아니, 어쩌면 그 두 가지가 함께 갑자기 그의 마음속에 끓어오른 이 기분의 원인이었을 것이었다. 하지만 어쨌든 그는 포화 밑에 몸을 드러내면서까지 빨리 전진하지는 않겠다고 생각을 굳히고 있었다. 그는 카자흐로 하여금 적위병들과 화해하게 하는 일은 자기로서는 할 수 없다고 어렴풋이 생각했다. 또한 그 자신도 마음속으로는 그들과 화해할 수 없었다. 또 기분 상으로도 빨갱이들은 남이며 그들에 대해 적의를 품고 경멸했다. 또한 그들 쪽에서도 몹시 경멸하는 저 피츠하라우로프 같은 자들 전부를 지켜주고 싶은 기분은 그에게 없었으며 또 지켜줄 수도 없었다. 그러자 다시 그의 앞에는 이전의 모순된 기분이 아주 가혹한 형태로 나타났다. '멋대로 싸우는 거야! 나는 옆에서 구경이나 하자! 나에게서 사단을 빼앗아 가면, 전열(戰列)에서 제외시켜 후방으로 보내 달라고 해야지. 나는 이제 그만이다!' 그는 이렇게 생각하고, 다시 머릿속에서 피츠하라우로프와의 말다툼을 떠올리며 적위군에 대한 변명을 찾고 있는 자신을 깨닫게 되었다. '중국인들은 빈손으로 적위군에 참가해 적군과 함께 얼마 안 되는 병사 급료를 받고도 매일 생명을 걸고 싸운다. 이런 경우에 대체 급료가 무슨 쓸모가 있는가? 대체 그걸로 무엇을 산단 말인가? 카드놀이로 써버릴 만한 것도 아니잖은가? …… 말하자면 그건 이기심(利己心)이 아닌 것이다. 뭔가 다른 것이다…… 그런데 연합군은 장교들이며 탱크며 대포며 그 밖에 당나귀까지도 보내오고 있다! 하지만 녀석들은 그 댓가로서 거액의 돈을 뒤에 요구할 것이다. 이런 점에 차이기 있는 것이다! 그렇다, 이 문제로 다시 저녁에 논의를 하사! 사령부에 돌아가면 녀석을 곁에 불러놓고 이렇게 말해 줘야지. '코프이로프, 아니네, 내 생각을 뒤집어놓으려 해도 소용없네!''

그러나 논의는 벌일 수 없었다. 오후 1시 반에 코프이로프는 예비대로 되어 있던 제4연대가 배치된 곳으로 나갔는데, 그 도중에 유탄에 맞아서 전사한 것이었다. 그리고리는 그로부터 2시간 뒤에 그 사실을 알았다.
  그 이튿날 아침, 피츠하라우로프 장군이 이끄는 제5사단 부대가 격전 끝에 우스치 메도베지차를 점령했다.

12

  그리고리가 떠난 지 3일쯤 지났을 때 타타르스키 부락에 미치카 코르슈노프가 모습을 드러냈다. 그는 혼자가 아니라 징벌대 두 동료를 데리고 돌아왔다. 한 사람은 좀 나이 든 카르므이크인으로 마누이치 근처 출신이고, 다른 한 사람은 라스포핀스카야 마을의 가난한 카자흐였다. 미치카는 카르므이크인을 업신여겨 '말다리'란 별명으로 불렀지만, 라스포핀스카야의 주정뱅이 악당은 시란치 페트로비치라고 부칭(父稱)을 붙여 불렀다.
  미치카는 징벌대에서 돈군을 위해 상당한 활약을 해 온 듯했다. 겨울 동안에 상사로 승진했고 뒤이어 준위(准尉)가 되어서 새 장교복 차림으로 부락에 돌아온 것이었다. 도네츠 건너편으로 퇴각해 있는 동안에도 그는 꽤 괜찮은 생활을 한 듯이 보였다. 얇은 카키색 군복은 폭넓은 미치카의 어깨 언저리에서 팽팽하게 부풀고, 바짝 세운 깃에는 장밋빛 피부의 기름진 주름살이 드러나고, 옆줄이 쳐진 딱 맞게 지어진 청색 능직(綾織) 바지는 엉덩이 부분이 당장이라도 터질 것만 같았다…… 겉에 드러나는 위엄으로 말하면, 미치카는 근위(近衛)의 아타만 병사라 할만 했다. 혁명이 일어나지 않았더라면 그는 궁전에서 살며 황제 폐하의 경호를 맡았을 것이 틀림없었다. 하지만 미치카는 그렇게 되지 못했다 하여 유난히 인생을 푸념한 적은 없었다. 그도 장교 지위를 얻은 것이다. 게다가 그리고리 멜레호프처럼 생명을 위험한데에 드러내놓고 앞뒤 없이 분전하지도 않았다. 징벌대에서 승진하기 위해서는 좀 더 다른 인간의 여러 성질이 요구되었다…… 미치카는 그러한 성질들을 스스로 버리고 싶어 할 정도로 몸에 지니고 있었다. 그는 카자흐들을 신용하지 않았고, 자진해서 볼셰비즘 용의자들의 총살을 맡았다. 스스로 채찍이나 총의 탄약을 재는 데 쓰는 꼬챙이로 탈주병들을 벌주는 일도 거절하지 않았다. 또한 체포된 자들을 심문하는 데는 부대 전체에서 그를 당할 자가 없어, 프랴니시니코프 중령도 어깨를 으쓱하며, "그래, 너희들 마음껏 해봐

라. 하지만 코르슈노프를 능가하기는 불가능해! 그 녀석은 용(龍)이지 인간이 아니다!" 말했을 정도였다. 또 다른 하나의 뚜렷한 성질에 의해서 미치카는 다른 자들보다 한결 돋보였다. 징벌대라고 해서 총살이 다 허용된 것은 아니었다. 그렇다고 해서 그냥 살려서 석방하기도 개운치 않은 체포된 자에게는 체형(體刑)으로서 태형(笞刑)이 언도되는데, 그런 경우에 형 집행은 미치카에게 맡겨졌다. 따라서 그는 형 집행을 도맡은 셈이었다. 그의 집행 방법은 50대인 경우에 형을 받는 자는 쉴 새 없이 핏덩이를 토하고 백 대를 넘으면 본인의 말처럼 곧바로 멍석에 말려들어가 버렸다…… 미치카의 손에 걸려들어 살아 일어나 걸을 수 있었던 피고는 아직 한 사람도 없었다. 그 자신이 엷은 미소를 지으며, "만일 내가 내 손에 걸려들었던 모든 적위병들에게서 바지와 스커트를 벗겨냈다면 타타르스키 부락 사람들 모두에게 입혀 줄 수 있었을 것이다!" 자주 말하곤 했다.

 어릴 적부터 미치카의 타고난 잔인성은 징벌대라는 안성맞춤의 발휘 장소를 찾아냈을 뿐만이 아니라, 그것은 어떤 구속도 받지 않고 무시무시할 정도로 쭉쭉 뻗어나갔다. 직무상으로 이 부대에 흘러들어와 있던 장교사회의 부스러기, 즉 코카인 중독자, 폭행자, 약탈자 그 밖에 인텔리 출신 불량배들과 접촉하면서, 미치카는 빨갱이들에 대한 증오로 불타는 그러한 무리들이 가르쳐 준 모든 것을 농민의 끈기로 익혀 크게 수고하지도 않고 그 교사(教師)들을 능가하게 되었다. 피와 다른 사람들의 고뇌로 몹시 지쳐빠지고 만 신경쇠약의 장교가 더 이상 견디어내지 못하게 된 경우에도 미치카는 반짝반짝 불꽃들을 내뿜는 자신의 노란 눈을 아주 가늘게 떴을 뿐 마지막까지 일을 다 해내는 것이다.

 카자흐 부대에서 편하게 밥을 먹이는 프랴니시니코프 중령의 징벌대에 들어가서 미치카는 그러한 인간이 된 것이다.

 부락에 들어서서 그는 거드름을 부리며 나아갔다. 그는 만나는 여자들의 인사에 가볍게 고개를 끄덕여 응대하고, 보통 속도로 자기 집 쪽으로 말을 몰아갔다. 반쯤 타고 연기에 그을린 문 옆에서 말을 내려 가브릴으기인에게 고삐를 맡기고 서슴없이 큰 걸음으로 뜰 안으로 들어갔다. 시라치를 거느리고 말없이 토대 주위를 한 번 돌더니, 화재 때 녹아서 터키옥(玉)처럼 빛나는 유리 덩어리를 채찍 끝으로 조금 찌르고 흥분된 쉰 목소리로 말했다.

"싹 타버렸군…… 훌륭한 집이었는데! …… 부락에서 최고였다네. 이 부락 녀석이 불을 지른 거야—미시카 코셰보이란 놈이야. 놈은 내 할아버지까지 살해했어. 시란치 페트로프, 제기랄, 내가 태어났던 집의 불탄 자취를 보는 처지가 되고 말았구먼……"

"그러면 그 코셰보이란 놈의 집에 말이죠, 누군가 아직 남아 있을까요?"

상대는 생기에 찬 어조로 물었다.

"틀림없이 있을 거야. 그렇지, 그것들을 만나보자…… 하지만 먼저 친척집에 가봐야지."

멜레호프가로 가는 길에서 보가튜일료프네 며느리를 만나자 미치카는 물었다.

"저의 어머님이 돈 쪽에서 돌아오셨습니까?"

"아직 돌아오지 않으신 것 같던데요, 미트리 미로누이치."

"멜레호프가의 주인 양반은 댁에 계신가요?"

"노인네 말씀예요?"

"노인네는 계셔요. 그리고리 말고는 다들 계시지요. 페트로는 지난겨울에 죽었는데, 소식 듣지 못하셨어요?"

미치카는 고개를 끄덕이고 말을 조금 빠르게 몰았다.

그는 인기척이 없는 길을 나아갔다. 하지만 흡족한 듯한 냉랭한 그 황색의 고양이 같은 눈에서 방금 전의 흥분된 활달한 기색이 사라졌다. 멜레호프의 집으로 가는 도중에 동행중 어느 누구에게라도 할 것도 없이 낮은 목소리로 말했다.

"글쎄, 이게 내가 태어났던 부락이야. 점심식사를 못 했으니 친척에게 들를 필요가 있지…… 자, 좀 더 가보자구! ……"

판테레이 프로코피에비치는 창고 옆에서 수확기를 손질하고 있었다. 그는 말 탄 사람들에게로 눈을 돌렸다. 그들 가운데 코르니로프가 눈에 띄자 문쪽으로 다가왔다.

"이거 참 반갑네."

그는 쪽문을 열며 기쁜 표정으로 말했다.

"손님들도 이리로 들어와요! 잘 돌아왔네!"

"사돈어른, 안녕하십니까! 건강은 괜찮으십니까?"

"그저 덕분에 그럭저럭 지내네. 그래, 자네는 장교가 됐구먼?"
"댁의 아드님들만 하얀 견장을 다는 줄로 아셨습니까?"
 길고 힘줄이 불거진 손을 노인에게 내밀며 미치카는 의기양양하게 말했다.
"내 자식들이야 뭐 대단히 출세하진 못했지."
 판테레이 프로코피에비치는 싱글벙글하며 대답하고, 말을 매어 둘 장소를 일러 주려고 앞으로 나섰다.
 손님 대접을 잘하는 일리니치나는 손님들에게 점심식사를 내놓았다. 식사를 마친 뒤에 이야기가 활기를 띠기 시작했다. 미치카는 자기 가족과 관계가 있는 것은 남김없이 꼬치꼬치 캐물었는데, 그는 별말 없이 노여움도 슬픔도 얼굴에 나타내지 않았다. 이야기가 나온 김에 코셰보이의 가족 중에서 아직 부락에 남아 있는 사람이 있는가를 묻고, 미시카의 어머니가 어린애와 함께 남아 있다고 하자 힐끗 딴 사람들 눈치 채지 않게 시란치한테 눈짓을 했다.
 손님들은 얼마 안 가서 떠날 준비를 서둘렀다. 그들을 전송하면서 판테레이 프로코피에비치는 물었다.
"당분간 부락에 머물 생각인가?"
"그렇습니다—이삼 일쯤."
"어머니를 만날 건가?"
"그럴 겁니다."
"그런데, 지금 멀리 갈 건가?"
"그렇습니다…… 부락 사람들을 두셋 만나야겠습니다…… 곧 다시 이리로 돌아오겠습니다."
 미치카와 그의 동료들이 아직 멜레호프의 집으로 돌아오기 전에 이미 온 부락에 이런 소문이 퍼졌다. '코르슈노프 카르므이크인들을 데리고 돌아와서 코셰보이 일가를 모조리 죽였다!'
 아무 말도 듣지 못한 판테레이 프로코피에비치가 대장간에서 큰 낫의 칼날을 들고 돌아와서 다시 수확기를 수리하려고 했을 때 일리니치나가 그를 소리쳐 불렀다.
"잠깐 이리 오세요, 프로코피에비치! 어서요!"
 노파의 목소리에서 숨길 수 없는 낭패의 어조가 울렸으므로 놀란 판테레이 프로코피에비치는 곧 안채로 갔다. 몹시 울어서 눈이 퉁퉁 부어오르고 안색이 매우 창백해진 나탈리야가 페치카 옆에 서 있었다. 일리니치나가 눈짓으로 아니쿠시카의 아내를 가리키고, 가라앉은 목소리로 물었다.

"영감, 무슨 소문 듣지 못했어요?"

'허, 이거 참, 그리고리에게 무슨 일이 생겼구나…… 이거 딱하게 되었는걸!' 추측이 판테레이 프로코피에비치를 몸 달게 했다. 그는 안색을 바꾸더니, 아무도 입을 열지 않는데 두려움을 느껴 벌컥 화내며 소리쳤다.

"어서 말해 봐, 아무 쓸모없는 것들 같으니라구! …… 그래, 도대체 무슨 일이 생긴 거야? 그리고리 일이냐? ……"

그렇게 말하고는 호통친 나머지 쭉 힘이 빠진 듯이 떨리는 다리를 주무르면서 의자에 앉았다.

두냐시카는 아버지가 그리고리의 신상에 관한 불길한 소식을 두려워하고 있음을 처음으로 알아채고 황급히 말했다.

"아버지, 그게 아녜요. 그리샤 얘기가 아니란 말씀예요. 미치카가 코셰보이의 가족을 죽였다구요."

"뭐라고, 죽였다고?"

판테레이 프로코피에비치는 일단 마음을 놓았으나, 아직 두냐시카의 말뜻을 파악하지 못해 되물었다.

"코셰보이의 가족을 죽였단 말이냐? 미치카가?"

소식을 전하러 달려와 있던 아니쿠시카의 아내는 두서없이 이야기했다.

"제가요, 할아버지, 송아지를 찾아다니다가 코셰보이의 집 옆으로 지나가려 하는데, 미치카와 다른 두 명의 말탄 병정이 뜰을 거쳐 집 안으로 들어가더라구요. 저는요, 그때 이렇게 생각했어요. 송아지 녀석이 틀림없이 풍차집에서 더 멀리 가지는 않았을 거라고. 벌써 먹일 시간이었거든요……"

"너의 집 송아지 따위가 뭐 어떻단 말이냐!"

판테레이 프로코피에비치는 성을 내며 말을 가로막았다.

"예, 세 사람은 집안으로 들어갔는데요……"

아니쿠시카의 아내는 흐느끼면서 말을 이었다.

"저는요, 멈춰 서서 기다렸는데, 아무래도 그 사람이 좋은 일을 하러 온 건 아닐 거야 하는 생각이 들었어요. 그러자니까 집안에서 비명이 오르고,

냅다 때리는 소리가 들리더라구요. 저는 깜짝 놀라서 얼른 달아나려고 울타리께에서 막 떠나는데 뒤쪽에서 발소리가 들리더군요. 뒤돌아보았더니 미치카가 할머니의 목에 밧줄을 매어 마치 강아지처럼 땅바닥으로 질질 끌고 돌아다니는데, 이만저만하지 않았어요! 그렇게 해서 창고 쪽으로 끌고 가는데, 가엾게도 할머니는 소리도 지르지 못하는 채 이미 정신을 잃으신 듯했어요. 그런 동안에 그 일행의 카르므이크인이 숨을 끊어 놓으려고 올라탔어요…… 보니까, 미치카가 밧줄을 그 사람에게 휙 던져두고, 이렇게 말했어요. '꽉 졸라서 단단히 묶어라.' 아, 저는요, 용케도 참고 지켜본 거예요. 눈앞에서 가엾게도 할머니는 목이 졸려 죽으신 거예요. 그 뒤에 그들은 말을 타고 작은 길 쪽으로 갔는데, 틀림없이 관가(官家)로 갔을 거예요. 저는 집 안에 들어가기가 무서웠어요…… 그래도 보고 왔어요. 현관 문 밑에서부터 계단 위로 피가 줄줄 흘러내리고 있었어요. 제발 하느님, 두 번 다시는 이런 끔찍한 일이 일어나지 않게 해주십시오!"

"정말이지 기가 막힌 손님들이 날아들어 온 거로군!"

살피는 듯한 시선으로 노인을 쳐다보며 일리니치나가 말했다.

판테레이 프로코피에비치는 몹시 열에 들떠 이야기를 다 듣고는 한 마디도 말하지 않고 성큼성큼 현관으로 나갔다.

얼마 안 가서 문 옆에 미치카와 그의 부하들이 모습을 나타냈다. 판테레이 프로코피에비치는 절룩거리며 급히 그들 쪽으로 갔다.

"서라! 말을 뜰에 끌어들이지 마!"

아직 떨어진 데에서 그는 소리쳤다.

"왜요, 사돈어른?"

미치카는 의아한 듯이 물었다.

"돌아가게나!"

판테레이 프로코피에비치는 바싹 옆으로 다가가더니 번쩍이는 미치카의 노란 눈을 들여다보며 잘라 말했다.

"화내진 말게. 어쨌든 나는 자네를 내 집에 들어오게 하고 싶지 않네. 다른 데로 가주는 게 좋겠어."

"하하아……"

미치카는 알았다는 듯이 길게 끌듯 말하고는 재빨리 표정을 바꾸었다.

"이를테면 돌아가 달라는 말씀이십니까?"

"그래, 이 집을 더럽히고 싶지 않네!"

엄한 어조로 노인은 되풀이 했다. "앞으로 다시는 내 집에 발을 들여놓지 않도록 해주게. 우리 멜레호프네 식구들에게는 사람 목이나 치는 망나니 같은 친척은 없으니, 알았나?"

"알았습니다! 당신은 매우 자비심이 많은 분이시군요, 사돈어른!"

"아니, 자네에게야말로 자비심이 요만큼이라도 있어야 하지 않나. 여자까지 처형하게 되었나! 미치카, 자넨 변변치도 않은 짓을 해버린 거야…… 오늘의 자네를 보고 돌아가신 자네 아버님도 좋은 표정을 짓지는 않을 걸세!"

"아니, 이 늙어빠진 노인 봐라, 나더러 지금 그것들에게 알랑거리는 말이라도 하라는 거요? 아버님이 살해되고 할아버님도 살해됐는데, 그래도 그것들을 그냥 보고만 있으란 말입니까? 당신이야말로 어디로든 꺼져 버리시오!"

미치카는 성을 내고 고삐를 홱 당기더니 말을 문 바깥으로 끌고 나갔다.

"그렇게 욕지거리하지 말게, 미치카. 자네는 내가 보기에 마치 어린애나 다름이 없네. 나와 자네는 생각이 아주 다르다네. 어서 가게!"

미치카는 더욱더 얼굴빛이 달라져 채찍으로 으르면서 큰 목소리로 외쳤다.

"당신 말이야, 나에게 더 이상 죄가 될 일을 시키지 말라구, 알겠지? 나탈리야가 가엾어서 참지 그렇잖으면 이 똥싸개 영감, 당신 혼을 좀 내줄 텐데…… 당신 일이나 잘 알아서 해! 당신이 어떻게 살아남았는가 하는 것까지 죄다 알고 있어! 도네츠 건너로 피난하지 않았었지? 빨갱이 놈들에게 붙었었지? 그렇지?…… 망할 것들, 당신네를 코셰보이네 것들처럼 모조리 목졸라 죽여 버릴까? 이봐, 모두들 나와! 흥, 절름발이 수캐, 내 눈에 띄지 않도록 해! 걸려 들었다하면 빠져나가려 해도 꼼짝 못할 거야! 당신에게서 받은 대접은 당장 꼭 갚아줄 테니까! 친척관계는 이제 끝장이야……"

판테레이 프로코피에비치는 손을 떨며 작은 문의 빗장을 내리고 절룩거리는 다리를 끌며 집 안으로 들어왔다.

"네 오라비를 쫓아버렸다."

나탈리야 쪽은 보지 않고 그가 말했다.

나탈리야는 마음속으로 시아버지의 처사에 동의했으나 그냥 잠자코 있었다. 일리니치나는 재빨리 성호를 긋더니 기쁜 듯이 말했다.
"그거 아주 고맙군, 역귀(疫鬼)가 나가 주었으니! 지나친 말을 해도 용서해라, 나탈류시카. 하지만 너희 미시카는 알고 보니 진짜 적(敵)이로구나! 다른 일거리도 많을 텐데, 어쩌면 그따위 짓을 하고 다닌단 말이야. 다른 카자흐들처럼 착실한 부대에 근무하지 않고, 어째서 그럴까! 징벌대 같은 데에 들어가다니! 사람의 목을, 죄도 없는 아이들을 칼로 쳐서 죽이다니. 그게 어디 카자흐가 할 일이겠냐? 게다가 그 사람들이 어째서 미시카의 죄를 뒤집어써야 한단 말이냐? 그런 식이라면 그리시카의 죄를 뒤집어쓰고 나와 너, 미샤토카와 포류시카까지 적위군 칼에 죽어야 마땅하겠다. 그런데도 그 사람들은 쳐 죽이기는커녕 상냥하게 대해 주지 않더냐! 정말이지 끔찍하다. 난 그런 거 용서할 수 없구나!"
"제 오라비를 두둔할 생각은 없어요, 어머니……"
나탈리야는 그저 이렇게만 말하고 흐르는 눈을 손수건으로 닦았다.

미치카는 그날 중에 부락을 떠났다. 카르긴스카야 마을 부근 어디선가 자기가 소속된 징벌대를 만나, 징벌대와 함께 도네츠 관구에 있는 우크라이나인의 마을들을 숙청하러 갔다는 소문이었다. 그 지방 마을들의 주민은 상류 돈 관구의 반란 진압에 참가한 죄로 문제되어 있었던 것이다.

그가 부락을 떠난 뒤로 1주일가량 부락 전체에 갖가지 말들이 떠돌았다. 코셰보이 일가(一家)에 대한 무참한 징벌을 대개는 비난하였다. 죽은 사람들은 부락의 비용으로 매장되었다. 코셰보이의 집을 팔려고 내놓았으나 사려는 사람이 없었다. 부락 아타만의 명령에 따라서 미늘창 위에 널빤지가 십자로 못 박히게 되었다. 그 뒤로 아이들도 얼마 동안은 그 무시무시한 장소 주위에서 놀기를 두려워했고 또한 노인들은 아무도 상속할 사람이 없는 그 집 옆을 지나갈 때에는 성호를 긋고 고인(故人)들의 명복을 빌었다.

얼마 뒤 광야의 풀을 베는 계절에 들어서자 그리 오래되지 않은 그 사건도 잊히겠다.

부락 생활은 다시 전과 같이 일과 전선의 소문으로 하루하루 흘렀다. 아직 소나 말이 그나마 남아 있는 집에선 그 마을에 할당된 짐수레 운반을 책임져야 했기 때문에 하루도 한숨이 그칠 날이 없었다. 거의 매일 소와 말을 일터에서 떼어내어 읍내로 나가야 했다. 풀 베는 기계에서 말을 떼어내며 한없이 질질 끄는 전쟁을 노인들이 입정 사납게 욕하는 것도 한두 번이 아니었다. 그렇다고 해서 포탄이며 약포며 가시철사 다발이며 양식 따위를 전선으로 운반하지 않을 수도 없었다. 그들은 계속 운반했다. 그런데 약을 올리기라도 하듯 이즈음의 날씨가 평온하여, 드물게 좋은 사료용 풀을 마침 베어들이기에 알맞은 날들이 계속되었다.

판테레이 프로코피에비치는 풀을 벨 준비를 하면서도 다리야의 일로 화가 치밀어 견딜 수가 없었다. 그녀는 소 두 마리를 끌고 약포를 운반하러 갔는데, 짐을 부리고 돌아와야 할 곳에서 벌써 돌아왔어야 하는데도 1주일이 지난 지금까지 아무 소식이 없었다. 가장 의지가 되던 그 소 두 마리가 없으니 들에 나갔댔자 도무지 일을 할 수가 없었다.

사실은—다리야를 그곳에 보내지 않아도 괜찮았었다. 판테레이 프로코피에비치는 그녀가 빈둥빈둥 놀면서 재미있고도 우스운 심심풀이 짓이나 좋아하고 가축의 시중 따위는 달가워하지 않는다는 것을 잘 알고 있었지만, 그녀 말고는 달리 마땅한 사람이 없었으므로 마지못해 그녀에게 소들을 맡긴 것이었다. 두냐시카를 보낼 수는 없었다. 왜냐하면 다른 사내들 틈에 섞여서 먼 길을 가는 것은 처녀의 할 일이 아니기 때문이었다. 또한 나탈리야에게는 어린아이들이 있었다. 그렇다고 해서 늙은 자기가 그 지긋지긋한 약포를 운반해 갈 수는 없었다. 그런데 다리야는 자신이 갈 것을 기꺼이 승낙했던 것이다. 그녀는 전에도 아주 기꺼이 어디에든 나갔다. 물방앗간에도, 맷돌로 수수를 가는 곳에도, 혹은 어떤 집안일로도 자진해서 나갔는데, 집에서 나가면 아주 자유로운 기분이 되기 때문이었다. 어디로 나가든 간에 그녀에게는 위안과 기쁨이 있었다. 시아버지의 눈을 피해서 그녀는 실컷 다른 여자들과 수다를 떨고—그녀가 흔히 말하고 있었듯이—누군가 자기 마음에 드는 민첩한 젊은이와 '잠시 동안의 불장난을 하는' 수도 있었다. 한편 집에 있으면 페트로가 죽은 뒤에도 까다로운 일리니치나는 그녀를 자유롭게 해주지 않고, 남편이 살아 있는 동안에 부정(不貞)을 저지를 만큼 저질렀으니까 이제는 죽은 남편에 대해서 정절을 지킬 의무가 그녀에게 있다는 듯한 눈치를 주는 것이었다.

판테레이 프로코피에비치는 그녀가 제대로 소의 시중을 들지 않으리라는 것을 잘 알고 있었다. 그러나 어찌할 도리가 없었다. 그래서 그 며느리를 내보낸 것이었다. 내보내기는 했지만 꼬박 1주일 동안 큰 불안과 걱정으로 지냈다. '내 소가 못쓰게 되었겠구나!'—밤중에 눈을 떠도 그는 괴롭게 숨을 쉬며 그렇게 생각한 게 한두 번이 아니었다.

다리야는 11일째 아침에 돌아왔다. 판테레이 프로코피에비치가 밭에서 막 돌아온 참이었다. 그는 아니쿠시카의 아내와 한 조가 되어 풀 베는 일을 하고 있었는데, 그녀와 두냐시카를 들에 남겨 두고 물과 도시락을 가지러 돌아온 것이었다. 노인 부부와 나탈리야가 아침식사를 하고 있으려니까 창가 쪽에서 귀에 익은 소리를 내며 짐마차의 바퀴가 울렸다. 나탈리야가 성큼 창가로 다가갔다. 눈언저리까지 프라토크를 뒤집어쓴 다리야가 몹시 지치고 바싹 마른 소들을 끌고 들어오는 모습이 눈에 띄었다.

"그 애 아니냐?"

아직 다 씹지도 않은 음식 덩어리를 목구멍으로 삼키며 노인이 물었다.

"다리야예요!"

"소들을 다시 보게 되리라곤 생각지도 못했다! 정말 고맙구나! 저 칠칠치도 못한 녀석! 이제야 집에 돌아왔구나!"

노인은 성호를 긋고 흡족해서 트림을 하며 중얼거렸다.

소들을 단단히 매놓고 다리야는 집 안으로 들어왔다. 큰 천을 네 번 접어서 문턱 옆에 놓고 식수들에게 인사를 했다.

"아니, 너 대체 어떻게 된 거냐? 1주일이나 할 일 없이 지냈으면 그걸로도 됐을 텐데……"

판테레이 프로코피에비치는 이마 너머로 다리야를 힐끗 쳐다보며 인사에는 대꾸도 않고 성을 내며 말했다.

"그러시면요, 아버님이 직접 가셨더라면 좋았을 거예요!"

먼지투성이의 프라토크를 머리에서 벗겨내며 다리야는 통명스럽게 대답했다.

"이제서 이렇게 여러 날 걸렸냐?"

일리니치나가 이 자리의 어색함을 없애려고 끼어들었다.

"돌려보내 주지를 않았어요, 꽤 오랫동안."

판테레이 프로코피에비치는 믿을 수 없다는 듯 머리를 흔들며 물었다.

"프리스토냐의 아내는 물건을 옮겨 싣는 곳에서 바로 돌려보내더라는 데 너는 그렇지 않았단 말이냐?"

"저는 돌려보내지를 않았어요!"

다리야는 심술부리듯 눈을 반짝이며 덧붙였다.

"믿지 못하시겠거든, 치중을 인솔하고 갔던 대장님에게 가서 물어보셔요."

"그런 거 알아봐야 아무 소용도 없다. 하지만 앞으로는 집에서 나가지 말고 가만히 들어앉아 있거라. 하기야 죽어서는 내보내지 않을 리 없다마는."

"저를 위협하시는 거예요? 그런 위협적인 말씀을 하시다니! 좋아요, 제 쪽에서 나가는 걸 거절하겠어요! 보내려 하셔도 가지 않겠어요!"

"소들은 괜찮으냐?"

노인은 조금 전보다 부드러운 어조로 물었다.

"괜찮아요. 소들은 별다른 일이 없었으니까요······"

다리야는 불쾌한 듯이 대답했는데, 얼굴이 밤보다도 더 어둡게 보였다.

'여행에서 누군가 좋은 사람과 헤어져 와서 그 탓으로 저렇게 심술을 부리는 것일 게야'라고 나탈리야는 생각했다.

그녀는 평소부터 다리야에 대해서, 또한 그녀의 방종한 사랑의 열락(悅樂)에 대해 동정과 동시에 불쾌감을 느끼고 있었다.

아침식사가 끝나고 판테레이 프로코피에비치가 나갈 준비를 하고 있는데 부락 아타만이 찾아왔다.

"얘기할 게 있는데 마침 잘 되었습니다. 잠깐, 판테레이 프로코피에비치, 저 좀 보십시오."

"또 짐마차를 내놓으란 말씀을 하러 오신 게 아니오?" 노인은 공손한 태도로 물었지만, 사실은 분노로 목구멍이 옥죄일 정도였다.

"아니, 오늘은 다른 얘기입니다. 오늘 이 부락에 전(全) 돈군 사령관 시드린 장군이 오시게 된다는데, 아시는지요? 방금 마을 아타만에게서 급사(急使)가 편지를 들고 왔는데, 노인과 여자들은 한 사람도 빠지지 말고 다 모이라는 겁니다."

"아니, 제정신들이오?"

판테레이 프로코피에비치는 소리를 질렀다.

"도대체 누가 이렇게 날씨 좋은 날 집회를 갖기로 했단 말이오? 당신이 말한 시드린 장군이 한 해 겨울치 마른풀을 베어다 준답디까?"
"그거야 당신이나 나나 마찬가지죠."
아타만은 공손하게 대답했다.
"나는 명령을 받은 그대로 전할 뿐입니다. 소를 풀어 주십시오. 정중히 맞이해야 합니다. 게다가 어쩌면 그와 함께 연합군 장군들도 올 것이란 말이 있습니다."
판테레이 프로코피에비치는 묵묵히 짐마차 옆에 서 있었는데, 잠시 생각한 뒤에 소를 풀어놓았다. 자기의 말이 효과를 발휘한 것을 보고 아타만은 기분 좋아하며 물었다.
"어느 쪽 암말을 쓰게 해주시겠습니까?"
"저걸 어떻게 하려는 거요?"
"만일 잘 구할 수가 있다면 삼두(三頭) 짜리를 2대 동원해서 두르노이 골짜기까지 출영하라는 명령입니다. 그러나 여행마차며 말들을 도대체 어디서 구하면 좋은지, 도무지 좋은 생각이 떠오르지를 않아요. 날이 밝기도 전에 일어나서 여기저기 뛰어다니고, 다섯 번이나 셔츠를 흠뻑 적시며 간신히 4필은 모았지요. 마을 사람들이 죄다 일하러 나가고 없으니, 아무리 떠들어 보았자 도대체 될 일이 없군요!"
기분을 누그러뜨린 판테레이 프로코피에비치는 암말을 내놓은 김에 자기의 용수철 달린 소형 여행마차까지 제공했다. 어쨌든 군사령관이 온다는 것이다—게다가 외국의 장군들과 함께. 본래 판테레이 프로코피에비치는 장군들에 대해서 언제나 가슴이 두근두근할 만큼 존경의 뜻을 품었던 것이다…
…
아타만의 노력으로 삼두마차 2대가 그러저러 모아져 빈객을 마중하러 두르노이 골짜기로 나갔다. 광장에는 사람들이 모였다. 대개가 풀베기를 중단하고 들에서 부락으로 급히 달려온 것이었다.
판테레이 프로코피에비치는 일을 단념하고 나들이옷을 입었다. 산뜻한 셔츠를 입고 옆줄이 달린 나사(羅紗)바지를 입고 인젠가 그리고리가 신물로 가져다 준 둥근 모자를 쓰고는, 노파더러 다리야와 함께 두냐시카에게 물과 도시락을 가져다주라고 말한 뒤 아주 의젓한 표정으로 집회장을 향해 절름거리며 갔다.

얼마 안 되어 진한 흙연기가 한길 위에 솟아오르더니 그것이 줄기를 이루어 부락 쪽으로 휘익 다가왔다. 그 흙먼지를 통해서 뭔가 금속 같은 것이 번쩍번쩍 빛났다. 그러자 멀리서 자동차 경적 소리 같은 것이 울려 왔다. 손님들은 암청색으로 번쩍번쩍 빛나는 2대의 새 자동차를 타고 왔다. 그보다 훨씬 뒤쪽에서, 풀베기를 하다가 돌아오는 사람들을 앞지르며 텅 빈 삼두마차들이 달려왔는데, 그 말들의 목걸이 밑에서는 아타만이 이번 경사(慶事)를 위해 긁어모은 우편마차의 방울들이 여유 있게 울렸다. 광장의 군중은 눈에 띄게 활기를 띠었다. 이야깃소리가 울려 퍼지고 아이들이 즐거워하는 외침 소리가 들려왔다. 이성을 잃은 아타만은 환영의 응대(應對)를 해줄 장로(長老)를 물색하면서 군중 사이를 이리저리 서성이고 있었다. 판테레이 프로코피에비치의 모습이 보이자 아타만은 몹시 기쁜 표정으로 그에게 달라붙었다.

"제발 맡아 주십시오, 부탁입니다! 당신은 세상일에 익숙한 분이니, 어떻게 대해야 할지 아실 겁니다…… 어떻게 저분들에게 인사하면 좋은가를 잘 아실 겁니다…… 게다가 당신은 카자흐 총회(總會)의 일원이시기도 하고, 또한 아드님도 훌륭한…… 부디 환영의 응대를 맡아 주십시오, 부탁합니다. 저는 왠지 기가 죽어버려서 가만있어도 무릎께가 부들부들 떨리는군요."

판테레이 프로코피에비치는 그런 명예로운 일을 맡게 되어 기분이 썩 좋았으나, 예의를 갖추느라고 일단 사양했다가 곧 머리를 어깨 쪽으로 쑥 움츠리며 재빨리 성호를 긋고는 수가 놓여진 수건으로 덮인 진수성찬이 담긴 접시를 받자 팔꿈치로 군중을 헤치고 앞쪽으로 나아갔다. 자동차는 너무 짖어대느라고 목소리가 쉰 갖가지 빛깔의 털을 한 개들을 뒤에 거느리고 광장으로 다가왔다.

"당신…… 어떠십니까? 기가 죽지는 않겠습니까?"

표정을 바꾸고 아타만이 판테레이 프로코피에비치에게 물었다. 그는 처음으로 이런 대관(大官)을 보게 된 것이었다. 판테레이 프로코피에비치는 푸른빛이 도는 차가운 시선으로 그를 흘끗 흘겨보고, 흥분으로 쉰 목소리로 말했다.

"이봐요, 내가 턱수염을 다듬는 동안 잠시 들어 주시오. 자, 받으시오!"

아타만은 허겁지겁 접시를 받아들었다. 판테레이 프로코피에비치는 콧수염과 구레나룻을 매만지더니 젊은이처럼 가슴을 꼿꼿이 펴고 절룩거리는 게 눈에 띄지 않도록 부자유스러운 쪽의 다리를 발끝으로 세우며 다시 접시를 받아들었다. 그런데 그의 손에 들려지자 접시가 흔들렸으므로 아타만은 깜짝 놀라서 물었다.

"떨어지지 않겠습니까? 이봐요, 정신차리세요!"

판테레이 프로코피에비치는 경멸하듯이 한쪽 어깨를 으쓱 치켜 올랐다. '떨어뜨리다니? 그런 어리석은 짓은 안 한다구! 카자흐 총회의 일원이고, 카자흐 총사령관의 관저에서 여러 사람들과 인사를 하며 악수를 나누었던 내가 장군 정도에게 갑자기 놀라다니, 어찌 그럴 수 있는가? 가엾게도 아타만 녀석, 완전히 제정신이 아닌 모양이야!'

"이보소, 나는 말이오, 돈군 총회에 갔을 때 카자흐 총사령관과 마주 보고 차를……"

말을 꺼내다가 판테레이 프로코피에비치는 입을 다물었다.

자동차가 그의 이삼십 보 앞에서 섰다. 큰 차양이 달린 모자를 쓰고 프렌치복에다 러시아 것과 다른 조그마한 견장을 붙인 운전기사가 뛰어내려서 문을 열었다. 자동차에서는 카키색 군복을 입은 군인이 근엄하게 나와서 군중 쪽으로 걸어왔다. 두 사람이 곧장 판테레이 프로코피에비치 쪽으로 오자, 그는 부동자세가 되어 그대로 움직이지 못하게 되고 말았다. 그는 이 검소한 복장을 한 사람들이야말로 장군들이고, 그 뒤에 따라오는 겉보기에 조금 더 복장이 좋은 사람들은 단지 그들의 수행원에 지나지 않을 것이라고 짐작했다. 노인은 눈도 깜박이지 않고 가까이 오는 손님들을 뚫어지게 쳐다보았는데, 그 시선에는 숨길 수 없는 놀라움이 강렬하게 드러났다. '도대체 어디에 장군의 견장이 달려 있을까? 훈장은 또 어디에 있을까? 근처 어디에나 굴러다니는 군대 서기 따위들과 겉보기로 조금도 다르지가 않다면, 도대체 어떤 장군이란 말인가?' 판테레이 프로코피에비치는 즉시 깊은 실망에 빠졌다. 자신이 환영을 위해서 야단스럽게 준비했던 것이, 또한 장군이라는 호칭을 욕뇌게 하고 있는 이 상군들이 왠시 몹시 싸증스러웠다. '밋대모들 하라지, 만일 이런 장군들이 오리라는 것을 알고 있었더라면 이렇게 정성들여서 옷차장까지는 하지 않았을 거야. 또한 어찌되든 간에 이렇게 두 손으로 접시를 받쳐 들고, 이 접시에다 어느 집의 코를 훌쩍거리는 할망구가 서투르게 구워

낸 빵을 수북이 담아서 바보처럼 우뚝 서 있지도 않았을 텐데.' 더욱이 판테레이 프로코피에비치는 사람들의 웃음거리가 된 적은 아직껏 없었는데 지금 처음으로 그런 꼴을 당하게 된 것이었다. 바로 조금 전에 그는 뒤쪽에서 장난꾸러기들이 큰 소리로 하하하! 웃는 것을 들었다. 더구나 그들 중의 식충이는 목청껏 목소리를 높여서 외쳐댔다.

"애들아, 봐라, 절름발이 멜레호프가 한쪽 다리로 서 있다! 마치 큰 못을 박아 놓은 것같이 딱 뻗대고 있다!"

'도대체 무엇 때문에 비웃음을 견디고 아픈 다리에 힘을 주어 몸을 지탱해야 하는가……' 판테레이 프로코피에비치의 가슴 속은 분노로 심하게 들끓었다. '이렇게 된 것은 다 저 아무 짝에 쓸모없는 소심한 아타만 녀석 때문이다! 기껏 찾아와서 그럴싸한 수작을 하여 암말과 여행마차를 빼앗고, 헉헉대며 부락을 죄다 뛰어다녀서 삼두마차에 쓸 큰방울, 작은 방울을 찾아 주었던 것이다. 진짜 훌륭한 것을 본 적이 없는 녀석은 넝마를 보고도 기뻐한다더니, 그 말이 딱 맞군. 판테레이 프로코피에비치는 자신이 지금까지 살아오는 동안에 이따위 장군은 본 적이 없었다! 관병식(觀兵式) 때에도 장군에 따라서는 가슴 가득히 십자훈장이며 기장(記章)이며 황금 자수로 장식되어 있어서, 보기만 해도 가슴이 두근거렸고 장군이라기보다는 성상(聖像)이라고 말하고 싶을 정도였다. 그런데 이 녀석들은 짙은 남색 까마귀들처럼 모든 게 녹색투성이다. 그중 하나가 쓰고 있는 모자는 아무리 봐도 모자가 아니라 모슬린천을 입힌 솥 같은 것이고, 얼굴은 반들반들하게 면도질을 해서 불을 들이대고 찾아도 수염 한 가닥 찾아볼 수 없을 정도다……' 판테레이 프로코피에비치는 불쾌한 표정을 띤 채 언짢아 막 퉤하고 침을 뱉어내려는 참인데 누가 힘껏 그의 등허리를 쿡쿡 찌르고는 소리 내어 속삭이듯 말했다.

"자, 가세요. 들고 가세요! ……"

판테레이 프로코피에비치는 앞으로 나아갔다. 시드린 장군은 그의 너머로 군중을 쓱 둘러보더니 잘 울려 퍼지는 목소리로 말했다.

"안녕하십니까, 노인 여러분!"

"안녕하십니까, 각하!"

부락 사람들은 제각기 소리 질렀다.

장군은 판테레이 프로코피에비치의 손에서 빵과 소금을 엄숙한 표정으로 집어 들고 "고맙습니다!" 하고 접시를 부관에게 건넸다.
　시드린과 나란히 서 있던 키 크고 여윈 영국군 대령은 깊숙이 내려쓴 철모 밑에서 차갑고 호기심에 찬 눈을 빛내며 카자흐들을 살폈다. 카프카즈 주재(駐在) 영국군 사절단장 브릭스 장군의 명령으로 그는 돈 군관구 적위군 소탕 지구 시찰 여행을 위해 시드린 장군을 수행하며, 통역을 받아 카자흐들의 기분을 세심히 연구하고 동시에 전황을 알려고 했던 것이다.
　대령은 여행 중의 부자유스러움, 단조로운 스텝의 풍경, 싫증나는 대화 및 강대국 대표자로서의 갖가지 성가신 의무 일체에 아주 지쳐 있었다. 그러나 왕실에 대한 봉사라는 게 우선 중요했다! 그래서 그는 주의 깊게 마을의 촌로들이 하는 말에 귀를 기울이고, 또한 그 대부분을 이해했다. 왜냐하면 다른 사람들에게는 숨겼지만 러시아어를 알고 있기 때문이었다. 그는 갖가지로 잡다한 특징을 가진 이들 스텝 전사(戰士)들의 거무스름한 이마를 거만한 태도로 빤히 쳐다보았는데, 카자흐 군중을 볼 때 언제나 눈에 띄는 인종의 혼합 상태에 놀라움을 느끼는 것이었다. 엷은 머리칼 빛의 슬라브계(系) 카자흐와 나란히 전형적인 몽고르가 서 있었다. 또한 그 옆에서는 까마귀 날개처럼 머리칼이 새까만 카자흐 젊은이가 지저분한 어깨의 가죽 띠에 한 손을 걸고 백발의 사제(司祭)와 낮은 목소리로 이야기하고 있었는데, 이 구식의 카자흐 상의를 입고 지팡이에 기댄 사제의 혈관에는 카프카즈 산민(山民)의 순수한 피가 흐르고 있다는 것이 아주 뚜렷했다.
　대령은 역사도 어지간히 알고 있었다. 그는 카자흐들을 바라보면서, 이 야인(野人)들은 새삼 들출 필요도 없이 그들의 손자의 대에 가서도 그들이 어떤 새로운 '프라토프'에 이끌려 인도로 진출하게 되는 날은 오지 않을 것이라고 생각했다. 볼셰비키에게 승리를 거둔 순간에도 국내 진에서 피를 흘린 러시아는 당분간 강대국의 지위에서 미끄러져 내려와 앞으로 10년간 대영제국의 동양지배는 어떤 국가에서도 위협받지 않을 터였다. 또한 대령은 볼셰비키가 패배할 것을 굳게 믿고 있었다. 그는 냉전한 두뇌를 가진 인간이고, 전전(戰前:제1차 세계대전 이전)에는 러시아에 오래 머문 적이 있었으므로 이 반미개국(半未開國)에서 공산주의의 유토피아적인 이념이 승리하리라고는 점칠 수가 없었다.
　목소리를 높여서 쑤군쑤군 이야기하는 여자들에게 대령은 주의를 기울였다. 그는 고개를 돌리지 않고 여자들의 광대뼈가 붉어지고 살결이 거친 얼굴들을 둘러보았는데, 그의 꽉 다문 입술 위에는 눈에 띌 정도의 냉랭함이 떠올랐다.

판테레이 프로코피에비치는 빵과 소금을 내준 뒤 군중 속에 섞였다. 그는 보센스카야 마을 카자흐 주민을 대표해서 웅변가 한 사람이 이곳을 찾아온 손님들에게 인사말을 하고 있는 것을 듣다 말고 군중의 뒤쪽을 둘러보고는 조금 떨어진 곳에 세워진 삼두마차 쪽으로 걸어갔다.

말들은 모두가 흠뻑 땀에 젖어 괴로운 듯이 배를 불룩거렸다. 노인은 한가운데에 매인 자기의 암말 옆으로 다가가서 소매로 콧구멍을 닦아 주고 후유 한숨을 내쉬었다. 그는 욕설을 내뱉으며 곧바로 말을 풀어내어 곧장 끌고 돌아가 버리고 싶다는 생각을 했다—그만큼 그의 실망은 컸던 것이다.

그때 시드린 장군은 타타르스키 부락민에게 한바탕 연설하고 있었다. 그는 적위군과의 싸움에서 후방에 있는 촌민(村民)들이 보여 준 용감한 행동을 찬양하며 말했다.

"여러분은 우리 공동의 적에 대항해 용감하게 싸워오셨습니다. 여러분의 공적은 볼셰비키로부터, 그리고 또한 그 가공할 멍에로부터 점차로 해방되어 가고 있는 조국에 의하여 잊혀 지지 않을 것입니다. 여러분 부락 군인들이 적위군에 대한 무력 투쟁에서 특히 뛰어났다는 것은 우리도 잘 알고 있습니다. 그 한 분 한 분을 저는 표창하고 싶습니다. 지금 성명을 불러드릴 테니까, 우리의 영웅 카자흐 부인들은 앞으로 나와 주시기 바랍니다!"

장교 하나가 간단한 명부를 낭독했다. 맨 먼저 호명된 사람은 다리야 멜레호프였다. 그 다음은 반란 초기에 죽은 카자흐들의 과부인데, 다리야와 마찬가지로 세르도브스키 연대가 항복한 뒤 타타르스키 부락에 끌려왔던 공산당원 포로들에 대한 징벌에 참가했던 여자들이었다.

다리야는 판테레이 프로코피에비치가 신신 당부했었는데도 들에 나가지 않았다. 그녀는 부락 여자들 틈에 섞여서 마치 축제 때처럼 곱게 옷차림을 하고 이 자리에 나와 있었다.

그녀는 자기의 이름이 불려진 것을 듣자마자 여자들을 밀어제치다시피하고 대담하게 앞으로 나갔다. 레이스로 테두리를 두른 하얀 프라토크를 걸으면서 매만지고 눈을 가늘게 뜨고는 다소 난처해하는 듯한 미소를 띠었다. 여행에서 정사(情事)를 치른 뒤의 피로에도 불구하고 그녀는 대단히 아름다웠다. 볕에 그을리지 않은 창백한 뺨은 무엇인가를 찾고 있는 듯이 가늘게 뜬 눈의 열정적인 빛을 한층 날카롭게 해주고, 그린 눈썹의 분방한 넘실거림과 미소를 머금은 입술의 잔주름 속에는 일종의 도발적인 불순함이 깃들여 있었다.

군중에게 등을 돌리고 서 있던 한 장교가 그녀의 길을 막고 있었다. 그녀는 살짝 그를 찌르며 말했다.

"서방님, 당신의 집사람이 지나가게 해주세요!"

그녀는 이렇게 말하고 시드린 쪽으로 나아갔다.

그는 부관의 손에서 게오르그 수장(綬章)을 받아들자 서투른 솜씨로 그것을 다리야의 윗옷 왼쪽 가슴 쪽에 달아 주고, 미소를 지으며 다리야의 눈을 보았다.

"당신이 3월에 전사한 멜레호프 소위의 미망인이십니까?"

"예."

"지금 당신에게 500루블리의 돈을 드립니다. 저 장교가 드릴 겁니다. 카자흐군 아타만 아프리칸 페트로비치 보가에프스키 및 돈 정청(政廳)은 당신이 보여 준 위대한 용기에 감사함과 동시에 뜻하시는 일을 이루게 되시기를 빌고 있습니다…… 그들은 다 같이 당신의 슬픔에 깊이 동정하고 있습니다."

다리야는 장군이 한 말을 모두 이해하지는 못했다. 그녀는 감사 인사를 하고 부관에게서 돈을 받아들자 역시 말없이 미소 짓고 아직 젊은 장군의 눈을 빤히 쳐다보았다. 두 사람의 키가 거의 비슷했으므로 다리야는 별 어려움 없이 장군의 여윈 얼굴에 눈길을 박고 쳐다보았다. '나의 페트로를 너무 값싸게 치는군. 소 두 마리 값도 되지 않지 않은가…… 장군도 별로 대단하지 않군. 상대로 삼기에 아주 좋을 정도인걸'—그 순간 그녀는 타고난 냉소주의자로서 그렇게 생각했다. 시드린은 그녀가 금세 물러갈 것으로 예상했으나, 다리야는 왠지 우물쭈물 거렸다. 시드린의 뒤에 서 있던 부관과 장교들은 서로 눈썹을 꿈틀꿈틀 거리며 그 쾌활한 과부를 손가락질했다. 그들의 눈에서는 즐거운 불꽃이 튀었다. 영국군 대령도 생기를 띠고 허리띠를 매만지기도 하고 발을 바꾸어 딛기도 하며 그 무표정하던 얼굴에 미소와도 비슷한 표정을 떠올렸을 정도였다.

"이젠 물러가도 됩니까?"

다리야가 물었다.

"좋습니다, 좋습니다. 물론!"

시드린은 황급히 허락했다.

다리야는 딱딱한 손놀림으로 윗옷 주머니 속에 돈을 넣고는 군중 쪽으로 걸어갔다. 연설과 의식에 몹시 싫증이 나 있던 장교들은 그녀가 가볍게 미끄러지듯 걸어가는 걸음걸이를 주의 깊게 지켜보았다.

시드린 쪽으로 이미 죽은 마르친 샤밀리의 아내가 불안한 걸음걸이로 다가갔다. 낡은 상의에 기장이 붙여지자 샤밀리의 아내는 갑자기 울음을 터뜨렸다. 그 우는 태도가 너무도 여자다운 탄식으로 가득 차고 퍽 외롭게 보였으므로 둘러선 장교들의 얼굴은 대번에 즐거워하던 표정에서 진지하고 동정하는 듯한 떠름한 표정으로 바뀌었다.

"당신의 남편도 역시 전사했습니까?"

시드린은 어두운 표정으로 물었다.

흐느끼던 그녀는 두 손으로 얼굴을 가리고 묵묵히 고개를 끄덕였다.

"그 여자에겐 어린애들이 짐수레에 다 태울 수 없을 정도로 많습니다!"

카자흐들 중 누군가가 낮은 음성으로 외쳤다.

시드린은 영국인을 돌아다보고 큰 소리로 말했다.

"우리는 지금 볼셰비키와의 전투에서 뛰어난 용감성을 보여 준 부인들을 표창하고 있습니다. 그 대부분은 볼셰비키에 대한 반란의 초기에 그 남편들의 복수를 위한 싸움에서 지방 공산군의 대부대를 전멸시켰습니다. 방금 내가 표창했던 첫 번째 부인은 사관(士官)의 부인으로 잔인하기 이를 데 없는 당원 중 정치 위원을 자신의 손으로 해치웠던 것입니다."

통역 장교는 급히 영어로 옮겼다. 대령은 다 듣고 나서 고개를 끄덕이고 말했다.

"저는 이 부인들의 용감한 행위에 감격했습니다. 장군, 그럼 그 부인들이 남자들과 함께 전투에 참가했었습니까?"

"그렇습니다."

시드린은 간단하게 대답하고, 더 기다릴 수 없는 듯 재빠른 손놀림으로 세 사람 째 과부를 불러내었다.

표창이 끝나자마자 손님들은 읍내로 물러갔다. 마을 사람들은 서둘러 풀을 베러 가려고 총총히 광장에서 흩어졌다. 그로부터 몇 분 지나서 개들이 짖는 소리와 함께 자동차가 완전히 사라진 뒤 교회의 구내 언저리에는 노인 셋만이 남아 있게 되었다.

"이상한 시대가 왔는걸!"

그들 중 한 사람이 크게 팔을 벌리고 말했다. "옛날 전쟁 때에는 큰 공적을 세우거나 용감한 행동을 해내면 에고르 십자훈장이나 기장이 수여되었지. 그들은 대개 물불 가리지 않고 생명을 걸고 싸웠던 자들이었다구! '십자훈장을 달고 집으로 돌아가느냐, 아니면 시체가 되어 풀에 덮여 누워 있을 것이냐!' 이런 말들을 흔히 했을 만큼 무의미하게 달았던 건 아니었어. 그런데 요즘은 말이야, 여자의 가슴에 기장이 달리다니…… 그야 받을 만한 이유가 있으면야 또 별문제이지만…… 남자들이 부락으로 몰고 들어온 놈을 때려죽인 것뿐이잖나? 그게 어떻게 용감한 건가? 아무래도 이해가 잘 안 되네 그려!"

또 한 사람, 귀가 어둡고 쇠약한 노인이 한쪽 다리를 옆으로 벌리고는 통같이 말았던 헝겊 담배쌈지를 주머니에서 천천히 꺼내며 말했다.

"그 대관들은 체르카스코보에서 온 것 같더군. 말하자면 그쪽에서들은 이렇게 생각한 거야—모두가 한꺼번에 들고 일어나서 크게 싸우려면 여자들에게 낚시밥을 던져야 한다는 거지. 기장을 주고 돈을 500루불이나 주어 보게—그런 명예에 감탄하지 않을 여자가 대체 어디에 있겠나? 카자흐들 중에 전선으로 나갈 생각이 없어져서 전쟁을 피해 숨어 있을 생각을 가진 자가 있어도 이렇게 되면 그냥 가만히 틀어박혀 있을 수가 없지 않겠나! 여편네들이 줄창 너석들의 거에다 대고 짱알거리면 어찌할 도리가 없는 거지! 밤의 뻐꾸기가 줄창 뻐꾹뻐꾹 울어 대봐! …… 이렇게 되면 어떤 여자든지 '나도 기장을 받을 수 있을는지 모른다' 생각할 거야."

"어리석은 소리 좀 작작하지, 표도르 영감!"

나머지 한 사람이 반대했나. "글쎄 충분히 포싱을 힐 민하니끼 포상한 거라구. 여자들은 과부가 되었으니 생활을 해나가는 데 돈이 아쉽네. 그리고 기장은 여자들의 용기에 대해서 주었던 거야. 멜레호프네 다시카는 맨 먼저 코트랴로프에게 심판을 내렸는데, 그건 잘못이 아니었다구! 하느님이 그놈들에게 공평한 심판을 내리셨던 것이지. 그 여자들을 나무라서는 안 된다네. 여자의 피가 한번 발끈하면 다 그렇다네……"

노인들은 저녁기도 종이 울릴 때까지 이야기하며 떠들었다. 그러나 종지기가 종을 치자마자 세 사람은 다 같이 일어나서 모자를 벗고 성호를 긋고는 의젓한 표정으로 구내로 들어갔다.

13

멜레호프가의 생활이 바뀌어가는 양상은 놀라울 정도였다!

판테레이 프로코피에비치는 바로 얼마 전까지 자신이 일가를 다스리는 주인임을 느끼고 있었고, 가족 모두는 무조건 그의 말에 복종해서 일을 해나가고, 기쁨이건 슬픔이건 다 같이 나누고, 일상생활의 모든 것이 오랜 세월에 걸쳐서 술술 원만하게 영위되었던 것이다. 이를테면 똘똘 잘 뭉쳐진 일가였던 셈이다. 그런데 이번 봄 뒤로 모든 것이 싹 달라져 버렸다. 맨 먼저 두냐시카가 떨어져 나갔다. 그녀는 아버지에 대해서 드러나게 거역하지는 않았지만, 자기가 해야만 할 일조차도 별로 마음 내키지 않는 듯한 기색을 보여서, 마치 자신을 위해서가 아니라 고용되어 일하고 있는 것같이 보였다. 그리고 왠지 자꾸 집 안에만 틀어박혀 있으려 하고 사람을 피하는 듯했다. 이제 두냐시카의 태평한 웃음소리가 들리는 일은 거의 드물었다.

그리고리가 전선으로 떠난 뒤로는 나탈리야도 노인들에게서 떨어져 나갔다. 거의 모든 시간들을 아이들과 함께 지내고, 오직 아이들하고만 즐겁게 이야기를 하고 일도 하며, 남모르게 깊은 슬픔을 안고 있는 것 같았다. 하지만 가족 중 누구에게도 자기의 슬픔에 대해서 단 한 마디도 말하지 않고, 또한 다른 누구에게도 호소하지 않고, 마음속 무거운 짐을 애써 감추려 했다.

다리야에 대해서는 새삼스러울 것도 없었다. 부락에서 징발된 짐마차 대열을 따라 갔다 온 뒤로 완전히 이전의 다리야와 달라져버렸다. 그녀는 더더욱 시아버지에게 거역하고, 일리니치나쯤은 아예 안중에 없고, 별로 이렇다 할 이유도 없는데 무슨 일에든 마구 화풀이를 하고, 몸이 좋지 않다면서 풀도 베러 나가지 않고, 그야말로 멜레호프네 집에서 지내는 것은 앞으로 며칠 안 남았다는 투였다.

판테레이 프로코피에비치의 손아귀에서 일가족은 제각기 떨어져나갔다.

그와 노파, 두 사람만이 달랑 남게 되었다. 의외로 또한 급속히 육친의 관계가 파괴되고, 서로간의 따뜻한 정이 사라지고, 대화에 있어서도 더더욱 빈번하게 안타까움과 엇갈리는 사태가 나타나게 되었다. ……식탁을 같이 쓰면서도 이전과 같이 한 덩어리로 뭉쳐진 사이좋은 가정이 못 되고 우연히 모여든 사람들 같았다.

전쟁이 그 모든 것의 원인이었다. 판테레이 프로코피에비치는 그것을 잘 알고 있었다. 두냐시카가 부모를 원망하는 것은, 그녀의 소중한 숫처녀의 헌신적인 정열을 다 기울여 사랑했던 미시카 코셰보이에게로 언젠가는 시집가게 된다는 희망을 그들에 의해서 빼앗긴 때문이었다. 나탈리야는 타고난 내향성 기질 탓으로 그리고리의 아크시냐에 대한 새로운 바람을 묵묵히 가슴속에서 괴로워하고 있었다.

판테레이 프로코피에비치는 그런 것을 다 잘 알고 있었으나, 이전의 질서대로 가정을 회복시키려 해도 도무지 어떻게 해볼 힘이 없었다. 그렇다고 자기의 딸과 미치광이 같은 볼셰비키의 결혼에 동의하는 것은 그로서는 도저히 불가능한 이야기였다. 게다가 또 그렇게 어찌할 도리가 없는 사윗감이 전선의 어디선가, 하필이면 적위군 부대에 들어가 건들건들하고 있어서야 그의 동의 같은 게 무슨 의미가 있을 것인가? 그리고리에 대해서도 마찬가지로 어찔 수 없었다. 그가 장교가 아니라면 판테레이 프로코피에비치는 거침없이 그에게 내뱉었을 것이다. 그리고리더러 앞으로는 아스타호프의 집으로 눈을 돌리지 말라고 호통 쳤을 것이다. 그런데 전쟁은 모든 것을 뒤 엉클어놓아서 노인이 자기가 원하는 대로의 생활도 또한 자기 가족을 지배하지도 못하게 해놓았다. 전쟁은 그를 맥 못 추게 만들고, 이전과 같은 일에 대한 열성을 그에게서 빼앗아가고, 장남을 잃게 하고, 그의 가정에 불화와 혼란을 가져다주었다. 폭풍이 가냘픈 보리밭 위를 지나가는 것과도 같이 전쟁이 그의 생활 위로 지나갔다. 하지만 보리는 폭풍이 지나간 뒤에도 일어서고 햇살을 받아 그 아름다움을 자랑하지만, 노인은 이제 다시 일어설 수가 없었다. 그는 마음속으로 모든 것을 체념해버렸다. —될 대로 되려무나!

다리야는 시드린 장군에게서 포상 받고는 기분이 밝아졌다. 그녀는 그날 생기에 차고 행복한 표정으로 광장에서 돌아왔다. 눈을 빛내며 나탈리야에게 기장을 보였다.

"어떻게 그걸 받았지요?"

나탈리야는 깜짝 놀랐다.

"이건 대부 이반 알렉세에비치 것인데, 글쎄, 천국이라고! 다음에 이건 페챠 것인데……"

이렇게 말하며 자랑스레 손이 베어질 것 같은 돈군의 군표(軍票) 다발을 펴보였다.

다리야는 그런 까닭으로 들에는 가지 않았다. 판테레이 프로코피에비치는 그녀에게 도시락을 내가게 하려 했으나, 다리야는 잘라 말했다.

"미안해요, 아버님, 저는 긴 여행을 하고 와서 피곤해요!"

노인은 언짢은 표정을 지었다. 그러자 다리야는 너무 박정한 듯싶은 거절을 얼버무리려고 반 농담조로 말했다.

"이런 날 저를 들에 보내시다니, 안쓰럽지 않으세요? 오늘은 저에게 있어 축제일이거든요!"

"그럼, 내가 들고 가마."

노인은 동의했다.

"그런데 돈은 어떻게 했냐?"

"무슨 말씀이죠, 돈이라뇨?"

다리야는 의아한 듯이 눈썹을 치켜 올렸다.

"돈은 어쨌느냐고 물어보았다."

"아, 그거야 제 마음대로죠. 제가 좋아하는 곳에 두었어요!"

"아니, 그걸 어떻게 할 셈이냐? 페트로 때문에 받은 돈이니 네 것이라는 말이냐?"

"제가 받았다는 건 당신도 아시는 일이잖아요?"

"그래, 너는 이 집 식구의 하나가 아니냐?"

"도대체 이 집 식구의 하나여서 어떻게 하란 말씀이에요, 아버님이 돈을 빼앗으시겠단 말씀이에요?"

"몽땅 내놓으란 건 아니다. 하지만 페트로는 내 아들이잖냐? 너는 어떻게 생각하느냐? 나와 할미가 나눠받아도 괜찮지 않느냐?"

시아버지의 강요하는 듯한 말에는 자신이 없어 보이는 기색이 분명 나타나 있었다. 그래서 다리야는 더욱 과감하게 아주 태연스레 반 조롱투로 말했다.

"저는요, 당신에게는 드리지 않겠어요. 1루블리도 드리지 않을 테에요! 당신 몫은 이 안에 없어요. 그것은 당신에게 직접 주어질 거라고요! 이 안에 당신 몫까지 들어 있다고 하시다니, 어째서 그런 생각을 하셨지요? 그런 얘긴 없었어요. 그러니 제 것을 넘보지 말아 주세요. 드리지 않을 테니까!"

판테레이 프로코피에비치는 그때 마지막 카드를 내놓았다.

"너는 이 집에서 살고 있으며 한솥밥을 먹고 있다. 그러니 이 집의 것은 무엇이든 다 같이 나눠야 하는 거야. 각자가 제각기 딴 생각으로 행동하면 질서고 뭐고 어떻게 되겠니? 그런 건 용서하지 못한다!"

하지만 다리야는 그녀의 것인 돈을 빼앗으려는 시도를 거부했다. 뻔뻔스럽게 웃으면서 그녀는 말했다.

"저는요, 아버님, 당신의 아내가 아니거든요. 그러니 지금은 댁에 폐를 끼치고 있지만, 내일은 어디로 시집가게 되는지 모르는 거예요. 그렇게 되면 당신 눈앞에 보이지 않게 될 거예요! 그래도 밥값이든 뭐든 지불할 의무는 제게 없어요. 저는요, 당신 가족을 위해 10년간이나 몸을 혹사당해 왔거든요."

"너는 너 자신을 위해서 일한 거야, 이 암내 나는 더러운 개 같으니!"

판테레이 프로코피에비치는 분개해서 소리 질렀다. 그는 더 뭐라고 소리쳤으나, 다리야는 들으려고도 않고 그의 코끝에서 등을 돌리며 옷자락을 펄럭이더니 자기 방으로 가버렸다.

"겨냥이 아주 빗나가셨을걸."

그녀는 비웃는 미소를 지으며 중얼거렸다.

그것으로 이야기는 끝났다. 사실 다리야는 노인의 분노가 두려워 자기 고집을 굽힐 여자가 아니었다.

판테레이 프로코피에비치는 들에 갈 준비를 하면서 나가기 전에 일리니치나에게 일렀다.

"당신 말이오, 나리야를 조심하오……"

그는 당부했다.

"뭘 조심하라는 말씀예요?"

일리니치나는 의아한 듯이 물었다.

"그애는 집에서 뭔가 들고 나가 도망쳐버릴지도 모르오. 그 애가 철없이 날뛰지 않을까 염려가 되는구려…… 상대를 찾으면 당장이라도 그놈에게 가서 같이 살려고 달아나버릴 것 같구료."

"그럴지도 모르지요."

일리니치나는 한숨을 내쉬며 동의했다.

"그 애는 살아가는 방식이 마치 갈보짓하던 소(小) 러시아 여자 같아요. 그 애에게는 무엇 하나 만족한 게 없고, 마음에 들지 않는 것뿐이에요. 지금 그 애는 마치 물 같아요. 한번 엎질러진 물은 아무리 애써야 다시 담을 수 없는 거예요."

"우리가 지금 그 애를 붙잡아 둬야 소용이 없소! 그러니까 할멈, 그런 얘기가 나와도 그 애를 만류하려 들어선 안 되오. 제멋대로 나가게 하는 게 낫소. 나는 이제 그 애를 억누르는 데 진저리가 나오."

판테레이 프로코피에비치는 짐수레 위에 올라가 소들을 몰면서 이야기를 매듭지었다.

"그 애가 일을 피하는 건 마치 개가 파리를 피하는 것과도 같소. 그러면서도 맛있는 걸 먹고, 놀러 다닐 생각만 하고 있거든. 페트로가, 아, 그녀석이야말로 천국에 갔으면…… 페트로가 죽었으니 그런 애를 집에 둘 필요가 없소. 그 애는 여자도 아냐, 악착같은 세균이야!"

그러나 노인들의 짐작은 어긋났다. 다리야는 시집 같은 것은 생각하고 있지 않았다. 결혼을 생각하고 있던 것이 아니라, 다른 문제로 그녀에게는 걱정이 있었던 것이다……

그날 하루 내내 다리야는 붙임성도 좋고 명랑했다. 돈 문제로 충돌했던 것도 그녀의 기분에는 영향을 미치지 않았다. 그녀는 오래 거울 앞에 서서 방향을 바꿔가며 기장을 여러 각도에서 바라보고, 줄무늬가 있는 게오르그 수장이 어떤 옷에 가장 잘 어울리는지 이리저리 시험해 보느라고 다섯 차례나 옷을 갈아입어 보고는, "아직도 몇 개 십자훈장을 더 받고 싶은데!" 따위의 농담을 했다. 그 뒤 그녀는 일리니치나를 거실로 불러서 소매 안에 20루블리짜리 지폐를 2장 밀어 넣어 주고, 일리니치나의 마디투성이인 손을 뜨겁게 두 손으로 감싸 가슴에 꽉 안으면서 소곤거렸다.

"이건요, 페챠를 위해 내놓는 거예요…… 어머님, 크게 재(齋)를 올리고,

쿠챠(蜜飯: 쪼갠 보리와 꿀, 또는 쌀과 건포도로 지은 밥, 제를 올리는데 씀)라도 마련했으면 싶어요······"

이렇게 말하고는 울었다······ 그러나 1분쯤 지나자, 아직 눈물로 번쩍이는 눈으로 벌써 미샤토카와 장난치고 자기가 나들이할 때 쓰는 비단 숄을 그 애에게 뒤집어씌우며 마치 한 번도 운 적이 없는, 찝찔한 눈물 맛을 전혀 모르는 듯이 웃는 얼굴로 보이는 것이었다.

두냐시카가 들에서 돌아오자 그녀는 아주 엄청나게 들떠서 떠들어댔다. 기장이 수여되던 때의 상황을 이야기해주고, 장군이 엄숙한 어조로 훈화(訓話)를 하던 것이며 영국 사관이 허수아비처럼 우뚝 서서 그녀를 쳐다보던 것 따위를 재미있고도 우습게 이야기했다. 그런 뒤에는 교활하게도 무슨 꿍꿍이속인지 나탈리야 쪽을 눈짓하고는 진지한 표정을 짓고, 멀지 않아서 그녀 즉 다리야는 게오르그 기장을 받은 장교 미망인으로서 장교의 계급이 주어지고 노인 카자흐들의 중대를 지휘하라는 명령을 받게 될 것이라고 두냐시카에게 말했다.

나탈리야는 아이들의 셔츠를 기우면서 웃음을 억누르고, 다리야가 말하는 것을 한 귀로 듣고 다른 한 귀로 흘려보냈다. 한편 도대체 영문을 모르는 두냐시카는 제발 부탁한다는 듯이 두 손을 맞잡고 물었다.

"다류시카! 언니! 제발 거짓말 좀 하지 말아요! 나는 언니가 터무니없는 말을 하는 건지 사실을 말하는 건지 종잡을 수가 없어요. 사실대로 말해요!"

"사실대로 말해 주지 않니? 그건 네가 바보이기 때문이야! 난 거짓이 아닌 엄연한 사실을 말하고 있는 거야. 장교들은 모두가 전선으로 갈 거야. 그러면 도대체 누가 행진이라든가, 그 밖에 필요한 군사 교련을 노인들에게 가르쳐 주겠니? 노인들이 내 부하가 되고, 내가 그것들, 그 무지랭이 영감들을 지휘하게 되는 거야! 그렇지, 이렇게 호령을 할 거야!"

다리야는 시어머니에게 보이지 않도록 부엌으로 통하는 문을 꽉 닫고, 재빠른 동작으로 스커트 자락을 두 다리 사이에 끼우고는 두 손을 뒤로 돌려서 잡더니, 반지르르한 장딴지를 드러내 보이면서 방 안을 걸어 두냐시카 옆으로 가 서서는 굵은 목소리로 호령을 했다.

"늙은이들아, 정신 차렷! 턱수염을 위로 올렷! 좌향 앞으로 가앗!"

두냐시카는 참다못해 손바닥으로 얼굴을 가리고 웃음을 터뜨렸다. 나탈리야는 웃는 목소리로 말했다.
"아이구, 이제 그만해 둬요! 당신은 기뻐서 떠드는 게 아닌 것 같아요!"
"그래, 행복해서 떠드는 게 아니야! 그런데 당신들은 행복이라는 걸 알고 있어? 이렇게 떠들어대지도 않으면 쓸쓸하여 입 안에 곰팡이가 피고 말 거야!"

다리야의 떠들어대는 발작은 시작하던 때와 마찬가지로 갑자기 끝났다. 30분쯤 지나자 그녀는 자기 방으로 돌아갔다. 그리고 화가 치미는 듯 그 불길한 기장을 가슴에서 떼어내 궤짝 속에 집어넣었다. 그녀는 손으로 턱을 받치고 오래 창가에 앉아 있다가 밤이 이슥해지자 어디론가 사라져 첫 닭이 운 뒤에야 돌아왔다.

그날부터 나흘 동안 그녀는 열심히 들일을 하러 나갔다.

풀베기는 순조롭게 진척되지 않았다. 일손이 딸렸다. 하루에 2제샤찌나 이상은 베지 못했다. 베어놓은 마른풀이 비에 젖어서 일에 더욱 품이 들었다. 죄다 펴 널어 볕에 쬐어 말려야 했는데 미처 쌓아올리기도 전에 또 심한 비가 내렸으며, 끈질기게 내리는 가을비는 해질녘부터 새벽녘까지 계속해서 내렸다. 그 뒤 날씨가 좋아지고 동풍이 불자 초원에서는 또다시 풀 베는 기계가 덜컥덜컥 소리를 내기 시작하고, 거무스름한 풀더미에서 달콤하고도 씁쓰레한 곰팡이 냄새가 풍기고, 초원은 증기(蒸氣)로 휩싸이고, 그 엷은 푸른빛 연기를 통해서 감시용 흙더미의 어렴풋한 윤곽이며, 산골짜기의 푸르스름한 냇물 줄기며 멀리 여기저기 연못 근처에 있는 버드나무들의 녹색 모자 따위가 희미하게 보였다.

닷새째에 다리야는 들에서 곧장 읍내로 갈 생각을 굳혔다. 임시로 세운 오두막에서 점심식사를 하려고 앉아 그녀는 이야기를 꺼냈다.

판테레이 프로코피에비치는 못마땅한 듯이 비웃으며 말했다.
"도대체 무슨 볼일이 있단 말이냐? 쉬는 날까지 기다릴 수 없겠느냐?"
"글쎄, 볼일이 있어서 못 기다리겠어요."
"그럼, 하루쯤 미루지 못하니?"
다리야는 입 속으로 대답했다.
"안돼요!"
"한번 마음먹으면 굽히지를 못하는 성질이니 갔다 오려무나. 그런데 급한 일이 생겼다니, 대체 그게 뭐냐, 말 좀 해줄래?"
"차차 아시게 되겠지만…… 그 전에 아버님은 돌아가시고 말 거예요."
다리야는 여느 때처럼 툭 터놓고 말했다. 판테레이 프로코피에비치는 울컥 화가 치밀어서 침을 내뱉고는 그 이상 묻지 않았다.
다음날 읍내에서 돌아오는 길에 다리야는 집에 들렀다. 집에는 일리니치나와 아이들뿐이었다. 미샤토카는 백모에게로 뛰어갔다. 하지만 그녀는 그를 차갑게 손으로 밀어내고 시어머니에게 물었다.
"나탈리야는 어디 있어요, 어머님?"
"밭에 있다. 감자를 캐고 있을 거다. 왜 그러냐? 아버지가 그 애를 데려오라고 하시든? 무슨 일이냐 도대체, 시원하게 말 좀 해라!"
"누가 시켜서 온 게 아니구요, 제가 잠깐 얘기하고 싶은 게 있어서요."
"너 걸어서 왔니?"
"예, 걸어서 왔어요."
"우리 일이 벌써 끝났니?"
"아마 내일은 끝나게 될 거예요."
"잠깐 기다려라. 너 어디로 갈 거냐? 마른 풀이 비에 흠뻑 젖었지?"
노파는 현관 계단을 내려가려는 다리야의 뒤를 쫓아가며 귀찮게 물었다.
"아뇨, 대단치 않아요. 그럼, 저 나갈께요. 쉴 필요는 없으니까요."
"밭으로 갈 때 들러라. 아버지 셔츠를 가져다드려야 하니까, 알았니?"
다리야는 듣지 못한 척하고, 서둘러 가축 두는 곳 쪽으로 갔다. 배를 대는 곳 근처에서 멈춰 서서 눈을 가늘게 뜨고, 엷은 안개로 흐려 보이는 널따란 푸른 돈강을 둘러보고 천천히 밭쪽으로 걸어갔다.
돈강 위를 바람이 불고 갈매기들이 날개를 반짝이며 날고 있었다. 안만한 물가에는 물결이 춤을 추듯 밀려들고 있었다. 백악(白堊)의 산맥은 투명한 푸른 빛 안개에 싸여 햇볕을 받자 어렴풋이 빛나고 돈 건너편 숲은 비에 씻겨서 이른 봄처럼 싱싱하고 산뜻한 녹색으로 타오르고 있었다.
다리야는 지쳐빠진 발에서 된화를 벗겨내어 발을 씻고는 볕에 달아 뜨거워진 물가 자갈 위에 잠시 앉아서 햇빛에 부신 눈을 손바닥으로 가리고 갈매기들의 구슬프게 우짓는 소리와 단조로운 물결 소리에 가만히 귀를 기울였다. 그녀에게는 이 고요함과 뼈에 사무치는 듯한 갈매기들의 울음소리가 눈물이 나올 만큼 서글펐다. 그리고 뜻밖에도 몸을 덮쳐 온 재난이 새삼 괴롭고 슬프게 생각되었다.

나탈리야는 겨우 등허리를 펴고 울타리에 삽을 기대 세우고는 다리야가 온 걸 보고 곧 그녀 옆으로 다가왔다.

"나를 부르러 왔어요, 다샤?"

"내 슬픔을 들어 주면 좋겠어……"

두 사람은 나란히 앉았다. 나탈리야는 프라토크를 벗고 머리를 매만지며 다리야에게 재촉하듯이 눈을 돌렸다. 다리야의 얼굴이 지난 며칠 사이에 몹시 달라진 것을 보고 그녀는 깜짝 놀랐다. 뺨이 여위고 거무스름하며 이마에는 비스듬히 깊은 주름이 새겨지고 눈에서 뜨거운 불안의 광채가 빛났다.

"어찌된 일이에요? 안색이 몹시 안 좋아요."

나탈리야는 동정하며 물었다.

"나쁘기도 할 거야……"

다리야는 억지로 웃는 표정을 짓더니, 잠시 잠자코 있었다.

"아직 할 일이 많이 남았지?"

"해질녘까지는 끝나요. 하지만 웬일이에요?"

다리야는 꿀꺽 침을 삼키더니, 몹시 빠른 말씨로 말했다.

"나 말이야, 병에 걸렸어…… 몹쓸 병에…… 얼마 전 짐마차를 끌고 갔을 때에 걸렸어…… 그 밉살맞은 장교에게서 옮은 거야!"

"한심한 애기군요!"

나탈리야는 어이없고 슬픈 듯이 손뼉을 쳤다.

"정말로 한심한 짓을 했어…… 확실히 누구를 원망할 수도 없는 일이지…… 알고 있었던 거니까…… 그런 못된 놈, 달콤한 수작을 하더니만 그걸 옮겨 줄 줄이야. 이빨은 하얘도 몸속은 썩어 문드러진 거야. 이번에야 말로 난 아주 신세를 망치고 말았어."

"정말 딱하시네! 그래서 어떡할 작정예요? 앞으로 어쩌실래요?"

나탈리야는 눈을 크게 뜨고 다리야를 쳐다보았는데, 다리야는 마음을 가라앉히고 땅바닥을 보면서 다소 가라앉은 목소리로 말을 계속했다.

"글쎄, 여행 도중에 내 몸에 대해 알아챘어…… 처음에는 말이지, 어쩌면 그게 아닐까 생각했지. ……글쎄 우리 여자들의 몸에는 별별 일이 다 생기니까. 언젠가 봄에는 보리를 삶던 솥을 땅바닥에서 들어 올린 적이 있었는데 그러자 월경이 3주일 동안이나 계속되더라구. 그런데 이번에는 왠지 그때와 상태가 달랐어. 병에 걸린 징후가 나타나더군…… 어저께 읍내 의사에게 가서 보였지. 부끄러워서 견딜 수가 없었지만…… 이젠 끝장났어. 사람 구실은 이제 다한 거야!"

"얘기해야 해요. 아무리 부끄러워도! 어쨌든 병을 치료해야 하잖아요?"

"아냐, 내 병은 치료가 안 돼."

다리야는 일그러진 웃음을 보이더니, 이번 이야기를 꺼낸 뒤 처음으로 반짝반짝 타오르는 눈을 위로 쳐들었다.

"매독이래. 이 병은 어떤 의사에게 가도 낫지 못해. 코가 없어지게 되는 병이야. ……참, 저 안드로니하 할머니를 본 적이 있지?"

"그러면, 이제부터 어떻게 할 작정이에요?"

나탈리야는 우는 듯한 목소리로 물었다. 그녀의 눈에는 눈물이 가득 차 있었다.

다리야는 잠시 입을 꾹 다물고 있었다. 옥수수 줄기에 휘감긴 메꽃을 쥐어뜯어서 눈 가까이 가져갔다. 비쳐 보일 듯이 가볍고 거의 무게가 느껴지지 않는 장밋빛 테가 쳐진, 더할 나위 없이 우아하고 작은 그 꽃은 햇볕을 받아 따뜻해진 흙의 답답하고 관능적인 냄새가 풍겼다. 다리야는 이 소박하고 초라한 꽃을 처음 본 것 마냥 놀란 시선으로 탐내듯이 쳐다보았다. 떨리는 콧구멍을 벌름거리고 냄새를 맡아 보더니, 바람에 바싹 마른 땅바닥에 그것을 살짝 놓고 말했다.

"이제부터 어떻게 할 거냐고? 읍내에서 돌아오는 길에 여러 가지로 생각해 보았는데…… 자살해야겠어. 그길 밖에 달리 없을 거야! 참혹하겠지만, 어쩔 수가 없어. 치료해도 어차피 마찬가지야. 마을 사람들에게 알려져서 손가락질 받고 외면당하고 웃음거리가 될 거야…… 누가 나를 상대해 주겠어? 내 얼굴은 흉하게 말라빠지고 산 채로 썩어갈 거야…… 그런 건 정말 질색이야!"

그녀는 혼자 이야기하고 스스로 판단하고 있는 말투로 나탈리야의 항의하는 듯한 동작에는 주의를 기울이지도 않았다.

"그래도 읍내에 가기 전에는, 만일 좋지 않은 병이면 치료해야지 생각했어. 그래서 돈을 아버님에게 드리지 않았었지. 의사들에게 지불하는데 쓰려는 생각이었어…… 하지만 이젠 생각을 싹 바꾸었어. 모든 게 싫어졌어! 그렇게 해볼 생각이 없어져버렸어."

다리야는 나이 든 남자처럼 거친 목소리로 크게 지껄이더니 퉤! 침을 뱉고는, 손등으로 오래 속눈썹에 맺혀 있던 눈물방울을 훔쳐냈다.

"그게 무슨 말이에요? ……하느님을 두려워하셔야죠!"

나탈리야는 조용히 말했다.

"하느님도 이제는 아무 짝에도 소용없어. 하느님은 이제까지 내 삶을 계속해서 훼방 놓기만 해온 것 같은걸."

다리야는 그렇게 말하고 히죽 미소 지었는데, 그 심술궂고 교활해 보이는 미소 속에서 한순간 나탈리야는 이전의 다리야를 발견했다.

"그렇게는 도저히 안돼. 다 틀렸어. 늘 죄와 무서운 심판에 겁을 먹고 지내왔었는데…… 내가 이제부터 자신에게 가하려는 심판보다 더 무서운 건 도저히 생각나지 않아. 나타시카, 나는 이제 모든 게 다 싫어졌어! 인간이란 것이 아주 싫어진 거야…… 나는 분별없이 나 자신에게 상처를 입힌 것 같아. 나에게는 이전에도 이후에도 아무도 없었단 말야. 가슴 아프게 한 사람은 아무도 없었어…… 그래!"

나탈리야는 생각을 돌이켜 자살 같은 것은 생각지 말라고 열심히 설득했다. 하지만 다리야는 처음에는 멍하니 듣는 둥 마는 둥 하고 있다가 정신이 들자 성난 듯이 도중에 그녀의 말을 가로챘다.

"그만둬, 나타시카! 충고를 듣거나 생각을 바꾸라는 말 따위를 들으러 온 게 아냐. 내 슬픔을 털어놓아서 오늘부터는 아이들이 나에게 오지 않도록 주의하라고 온 거야. 의사가 그러는데 내 병은 전염된다더군. 나도 그런 말을 들은 적이 있어. 아이들에게 전염되면 나쁠 거라구. 알겠지, 바보야? 어머님에게도 말씀드려 줘. 내 양심이 용서하지 않거든. 하지만 목을 매어 죽을지언정 지금 당장 내 입으론 말 못해. 그럴 수 있을 것 같지가 않아…… 조금 더 살면서 이 세상을 즐기고, 그 뒤에 작별할 테야. 이제껏 살아 봤지만 지금 도대체 무엇을 안단 말이야? 마음이 아플 정도로 돌아다녔어도 우리 주위의 아무것도 아는 게 없어…… 내가 해온 생활도 그런 생활이었어. 꼭 눈뜬장님 같았던 거지. 그래도 읍내에서 돌아와 가지고 돈 기슭을 바라보며,

이제는 이런 경치와도 영영 작별해야 하는가 문득 생각하자니 왠지 눈시울이 뜨거워지더군. 돈에 잔물결이 일어 그것이 햇살을 받으니까 은빛을 띠고 반짝반짝 빛나더군. 쳐다보고 있으려니까 눈이 아픈 듯 부시고, 주위를 둘러보니 정말 말할 수 없이 아름다웠어. 그런데 나는 지금껏 그것을 깨닫지 못하고 있었던 거야……"

다리야는 부끄러운 듯 빙긋 웃더니 입을 다물고 손을 꽉 쥐고는 목구멍까지 더욱 높고 긴장된 억양으로 말했다. "나는 오면서 몇 번이나 소리 내어 울었어. ……부락 근처까지 와서 보니까 어린아이들이 돈에서 물장난을 하더군…… 그 아이들을 보자마자 가슴이 꽉 미어져 바보처럼 울음을 터뜨렸어. 2시간쯤 모래 위에 누워 있었지. 그러다가 문득, 그렇게 하고 있어도 즐겁지가 않다는 생각이 들었어."

다리야는 땅바닥에서 일어나 스커트를 털고 익숙한 손놀림으로 머리에 쓰고 있던 프라토크를 매만졌다.

"죽음을 생각하는 것만이 지금의 내 기쁨이야. 저승에 가서 페트로를 만나야지…… '자, 나의 소중한 페트로 판테레에비치, 당신의 변변찮은 아내를 떠맡아 주세요!' 이렇게 말할 거야."

그러고는 그녀의 버릇인 냉소적인 익살로 덧붙였다.

"하지만 저승에선 그이도 싸울 수 없을 거야. 싸움꾼은 아예 천국에 들어가지 못한다더군, 그렇다지? 자, 난 갈게, 나타시카! 나의 재난에 대해 어머님에게 잊지 말고 말씀드려줘요."

나탈리야는 더러워진 작은 손으로 얼굴을 가리고 앉아 있었다. 그 손가락 사이에서 소나무의 터진 곳에 맺힌 송진처럼 눈물이 빛났다. 다리야는 울타리의 사립문까지 가서는 거기에서 뒤를 돌아다보고, 빠른 어주로 말했다.

"난 오늘부터 식구들과 다른 식기로 식사할 테야. 그 이유도 어머님에게 말씀드려줘. 그리고 또 한 가지, 아버님에게는 말씀드리지 마시라고 해줘. 아버님이 아시면 화를 내고 나를 집에서 쫓아내실 거거든. 그렇게 되면 아직은 곤란해. 그럼, 나는 풀을 베러 갈게. 이따 만나요!"

14

그 다음날, 풀을 베러 나갔던 사람들이 들에서 돌아왔다. 판테레이 프로코피에비치는 점심식사를 한 뒤에 마른풀을 거둬들이기로 작정했다. 두냐시카는 돈으로 소를 몰고 갔다. 일리니치나와 나탈리야는 서둘러 식탁을 차렸다.

다리야는 맨 나중에 식탁으로 와서 끝에 앉았다. 일리니치나는 그녀 앞에 국이 담긴 조그만 접시를 놓고, 그 다음에 숟가락과 빵조각을 놓았다. 다른 사람들에게는 여느 때처럼 커다란 공용(共用) 그릇에 부어 주었다.

판테레이 프로코피에비치는 의아한 표정으로 아내를 쳐다보고는 다리야의 접시를 눈으로 가리키고 물었다.

"웬일이오? 어째서 저애에게는 따로 부어 주는 거요? 저애는 우리와 다른 종교라도 갖게 되었다는 말이오?"

"뭐 그런 것까지 당신이 아실 필요가 있어요? 어서 식사나 하세요!"

노인은 비아냥거리는 눈빛으로 다리야를 힐끔 보고 히죽 웃었다.

"옳지, 알았다! 기장을 받더니 이제는 함께 쓰는 그릇에서 떠먹기가 싫어졌다는 말이구나. 얘, 다시카, 모두 함께 쓰는 그릇에서 떠먹는 게 싫어졌냐?"

"싫지는 않지만, 그럴 수가 없어요."

다리야는 쉰 목소리로 대답했다.

"어째서?"

"목구멍이 아파요."

"왜 그렇지?"

"읍내에 가서 진찰을 받았더니 의사가 그릇을 따로 쓰는 게 좋겠다고 했어요."

"나도 목구멍을 앓은 적이 있다만 그릇을 따로 쓰진 않았다. 그래도 다행히 다른 사람들에게 옮기지 않았어. 네 감기는 도대체 어떤 감기냐?"

다리야는 안색이 변해 손바닥으로 입술을 닦더니 숟가락을 놓았다. 노인의 질문에 당황한 일리니치나가 그에게 나무랐다.

"당신은 어째서 며느리를 붙잡고 성가시게 캐물으시는 거요? 당신 때문에 식사 중에도 도무지 마음이 편치 않잖아요? 당신은 엉겅퀴마냥 한번 휘감기면 좀처럼 떨어질 줄 모르신단 말예요!"

"내가 어떻다구!"

판테레이 프로코피에비치는 짜증스레 중얼거렸다.

"그냥 저냥 끝 쪽에서라도 떠다 먹게 했더라면 좋았을 거 아뇨?"

성난 김에 그는 숟가락 가득히 뜨거운 수프를 떠서 입에 넣었다. 그러자 곧 그것에 덴 듯 턱수염에 토해 내고, 분해하는 목소리로 외쳤다.

"빌어먹을, 음식도 변변히 내놓을 줄 모르는군! 이런 불덩어리 같은 스프를 어떻게 먹으란 말인가?"

"식사 때는 좀 점잖게 구시면 어때요? 그러면 데지도 않을걸."

일리니치나가 달랬다.

두냐시카는 시뻘게진 아버지가 턱수염에서 양배추와 감자 부스러기들을 떨어뜨리는 것을 보고 하마터면 웃음을 터뜨릴 뻔했다. 그러나 다른 사람들이 모두 진지한 표정으로 있어 터져 나오려는 것을 꾹 누르며, 자칫 잘못하면 큰일이다 싶어 겁을 먹고 아버지에게서 시선을 돌렸다.

식사 뒤에 노인과 두 며느리는 마차 2대로 마른풀을 운반하러 나갔다. 판테레이 프로코피에비치가 긴 갈퀴로 짐마차 위로 끌어 올리고 나탈리야는 썩은 내가 나는 마른풀더미를 받아서 발로 밟아 눌렀다. 들에서 돌아올 때 그녀는 다리야와 둘이서 따로 돌아왔다. 판테레이 프로코피에비치는 다리가 튼튼한 늙은 소들이 끄는 수레에 타고 훨씬 앞서 갔다.

흙더미 뒤로 해가 지고 있었다. 풀을 베어낸 들의 씁쓰레한 쑥 냄새가 해질녘이 되자 한결 더 짙어졌으나, 낮에 숨 막히게 하는 듯한 날카로움을 잃어서 부드럽고 좋은 냄새로 여겨졌다. 염열(炎熱)은 수그러들었다. 소들은 기분 좋은 듯이 발을 옮겼다. 소들이 발굽으로 차 올린 엷은 흙먼지가 여름철 길 위에 솟아올랐다가는 길가 지느러미엉겅퀴 위에 내려앉았다. 새빨간 꽃을 피운 엉겅퀴의 머리 쪽은 불꽃처럼 빛났다. 그 위를 산벌들이 빙빙 돌고, 저 편 들의 여못을 향해서 댕기물떼새들이 우짖으며 날아갔다.

다리야는 흔들흔들 움직이는 짐마차 위에서 얼굴을 파묻고 엎드려 있다가 팔꿈치를 세우고는 가끔 나탈리야 쪽을 쳐다보았다. 나탈리야는 곰곰 생각에 잠겨 저녁놀을 바라보았다. 온화하고 맑은 그녀의 얼굴에는 붉은색으로 빛이 반사되어 어른거렸다. '나탈리야는 행복하구나. 이 어지에게는 남편도 있고, 아이들도 있고, 무엇 하나 아쉬운 게 없으며 집에서는 온 가족에게서 사랑받고 있어. 그런데 나는 이제 곧 죽을 인간이건만, 슬퍼해 줄 사람조차 아무도 없구나.' 이런 생각을 하고 있는 동안에 다리야는 갑자기 어떻게든 나탈리야에게 슬픔과 고통을 안겨주고 싶다는 생각이 일어났다. 어째서 자기 혼자만이 절망의 구렁텅이에서 시들어가는 자신의 생명을 붙들고 이다지도 심하게 괴로워해야 한다는 말인가? 그녀는 다시 한번 나탈리야를 힐끗 쳐다보더니, 애써 목소리에 진정을 담아서 말했다.

"이봐, 나탈리야, 사과하고 싶은 게 있는데……"

나탈리야는 그 말에 곧바로 대꾸하지 않았다. 그녀는 지는 해를 바라보면서 까마득히 먼 옛날 그녀가 그리고리의 약혼녀이던 무렵, 그리고리가 만나러 와 문 바깥으로 마중나간 때도 이렇게 해질녘이어서 서쪽 하늘에 붉은 저녁놀이 타고 버드나무에는 흰부리까마귀가 앉아서 울고 있던 때를 회상했다…… 그리고리는 안장 위에서 반쯤 몸을 돌린 채 떠나갔다. 그때 그녀는 울컥 치솟는 기쁨의 눈물에 젖어서 그의 뒷모습을 지그시 바라보며, 두근두근하는 민감한 처녀의 가슴을 팔로 싸안고 있었다…… 그녀는 다리야가 갑자기 침묵을 깨뜨리는 것이 짜증스러워 못마땅한 투로 물었다.

"뭘 사죄하고 싶단 말예요?"

"미안한 짓을 했거든…… 기억하고 있을 거야. 봄에 그리고리가 휴가를 얻어 전선에서 돌아온 적이 있었지? 그날 밤 내가 소젖을 짜고 막 안채로 들어가려는데 아크시냐가 부르는 소리가 들리더군. 그 뒤에 나를 자기 집으로 데리고 가더니, 글쎄 이 반지를 끼워 주었지."

다리야는 넷째 손가락의 금반지를 돌렸다.

"그러고는 나에게 그리고리를 불러 달라고 부탁했어…… 나는 그러마 했지. 그렇게 해놓고 말하지 않을 수도 없어서, 그 사람에게 말해 주었어. 그게 화가 되어 그 사람은 그날 밤 밤새도록…… 생각날 거야. 쿠지노프가 와 밤새 그와 같이 지냈다고 핑계 댔었지? 다 거짓말이었어! 아크시냐와 함께 있었던 거야!"

나탈리야는 놀라 얼굴이 새파래져서 잠자코 전동싸리의 마른 가지를 손가락으로 찢어냈다.

"나에게 성내지 말아요, 나타샤. 이런 자백을 해서 나도 전혀 재미는 없으니까……"

나탈리야의 눈을 얼핏 쳐다보고 눈치를 살피는 듯한 어조로 다리야는 덧붙였다.

나탈리야는 묵묵히 눈물을 삼켰다. 그녀를 새로이 놀라게 한 슬픔은 너무도 뜻밖이고 또한 너무도 깊었으므로 다리야에게 뭐라고 대꾸할 만한 기력도 찾지 못했다. 그녀는 그저 얼굴을 돌려서 고뇌에 찬 자신의 얼굴을 보이지 않게만 했다.

이미 부락 입구에 거의 다다랐을 때쯤 다리야는 자기 자신에 대해 화가 치밀어서 문득 이렇게 생각했다. '어쩌자구 저 사람을 낙담시키는 짓을 했담! 앞으로 한 달 동안은 눈물을 흘릴 것이다! 아무것도 모르고 살게 놔두는 게 좋았을걸. 이런 암소마냥 양순한 여자는 그저 장님처럼 살게 해두면 되는데……' 자기의 말로 빚어진 인상(印象)을 어떻게든 씻어버리고 싶은 기분으로 그녀는 말했다.

"그래도 그렇게 괴로워할 거 없어. 대단한 일은 아니잖아! 내 괴로움에 비하면 정말 아무것도 아니야. 그래도 나는 가슴을 펴고 다니잖아. 그리고 어쩜 그 여자를 만나지 않고 쿠지노프에게 가 있었는지도 몰라. 내가 뒤를 따라가 본 건 아니니까. 현장을 덮치지 않고서는 자신 있게 말할 수 없으니까."

"나도 알고 있었어요."

프라토크 끝으로 눈물을 닦으며 나탈리야는 조용히 말했다.

"알고 있었다면 어째서 그 사람한테 물어보지 않았지? 딱한 사람 같으니라구! 나 같으면 아예 핑계대지 못하게 했을 거야! 쩔쩔맬 정도로 호되게 몰아붙였을 텐데!"

"사실이 밝혀지는 게 두려웠던 거예요…… 대단한 일은 아니라고 생각해요!"

눈을 반짝 빛내며 흥분으로 목이 메어 우물거리는 투로 나탈리야는 말했다.

"형님도 그럴 거예요…… 페트로와 함께 살면…… 그러나 지금까지 별별 일들을 다 겪어 온 것을 돌이켜보면…… 소름이 오싹 끼쳐요!"

"그런 긴 잊이비리는 게 좋아."

다리야는 솔직한 마음으로 충고했다.

"어떻게 그런 일이 잊혀지겠어요?"

나탈리야는 자신의 목소리라고는 생각할 수 없는 쉰 목소리로 말했다.

"나 같으면 잊어버릴 거야. 대단한 일이 아니니까!"
"당신의 병도 잊어버리시는 게 어떨까요?"
다리야는 소리 내어 웃었다.
"그럴 수 있다면 얼마나 좋을까. 이 병은 정말로 어찌할 도리가 없어. 저절로 생각나게 하거든! 이봐, 나타시카, 뭣하면 내가 아크시냐에게서 죄다 알아봐 줄까. 그 여자는 나에게는 말할 거야! 틀림없이! 누가 어떻게 사랑해 주었는가—그런 것을 말하지 않을 여자란 없으니까. 나도 경험한 적이 있거든!"
"그렇게까지 해주지 않아도 괜찮아요. 지금까지도 여러 가지로 친절히 해주신걸요."
나탈리야는 쌀쌀하게 대답했다.
"나도 벽창호는 아니에요. 그런 얘기를 지금 왜 꺼냈는가 하는 것쯤은 알고 있어요. 그 사람의 밀회(密會)를 중개해 주었다는 이야기—그걸 당신이 털어놓는 것은 나를 가엾게 생각해서가 아니라 더욱더 괴로워하라는 거지요……"
"그래!"
후유 한숨을 내쉬며 다리야는 동의했다.
"그래 생각해 보라구—어째서 나 혼자만 괴로워해야 하는 거지?"
다리야는 짐수레에서 내려가 고삐를 잡더니, 나른한 듯이 다리를 꼬고 있는 소들을 끌고 언덕을 내려갔다. 작은 길 어귀에서 그녀는 짐수레 옆으로 다가섰다.
"이봐, 나타시카! 물어보고 싶은 게 있는데…… 정말로 남편을 그렇게 사랑하고 있어?"
"그야 할 수 있는 만큼은……"
나탈리야는 입속으로 중얼거리듯 말했다.
"말하자면, 아주 강렬하다는 말이군."
다리야는 한숨을 내쉬었다.
"나는 말이야, 누구 한 사람도 그렇게 깊이 사랑할 수는 없었어. 강아지처럼 그때그때 되어가는 대로 사랑해 왔어…… 다시 한번 생활을 시작할 수 있다면…… 그때는 좀 다른 여자가 될 테지?"

짧은 여름의 황혼은 이내 캄캄한 밤으로 바뀌었다. 어둠 속에서 뜰에 마른 풀을 내렸다. 여자들은 아무 말 없이 일했다. 다리야는 판테레이 프로코피에비치가 부르는 데도 입도 뻥긋 하지 않았다.

15

우스치 메도베지차에서 퇴각한 적의 뒤를 바싹 뒤쫓아서 백위(白衛) 돈군과 상류 지구 반란군의 연합 부대는 북진을 계속했다. 메도베지츠카야 마을의 샤시킨 부락 언저리에서 적위병 제9군단의 패잔 부대는 카자흐 부대를 저지하려다가 또다시 타격을 받아 결정적인 저항도 하지 못하고 거의 그랴제 츠아리친 철도 지선(支線) 근처까지 물러갔다.

그리고리는 자신의 사단을 이끌고 샤시킨 부근의 전투에 참가해서 측면 공격을 받고 있던 스투로프 장군의 보병 여단을 확고히 엄호했다. 에르마코프 기병 연대는 그리고리의 명령을 받고 공격하여 적위병 약 200명을 생포하고 중기관총 4대와 탄약차 12대를 파괴했다.

해질녘에 그리고리는 제1연대의 카자흐들을 이끌고 샤시킨 부락에 들어갔다. 사단 본부로 정한 집 부근에서는 반개(半個) 중대의 감시하에 많은 포로들이 무명 셔츠를 아래 속옷 바람으로 희끄무레하게 떼 지어 있었다. 그들 대부분은 구두가 벗겨지고 속옷 한 벌 이외에는 다 벗겨졌다. 그 희끄무레한 떼거리 속에서 어쩌다 꾀죄죄한 카키색 군복이 녹색을 띠고 있을 뿐이었다.

"희끄무레하니 꼭 거위 떼 같군요!"

프로호르 즈이코프가 포로들을 손가락질하며 놀리듯 말했다.

그리고리는 고삐를 당겨서 말을 옆으로 돌리고, 카자흐들 무리에서 에르마코프를 찾아내자 손가락으로 다가오라는 신호를 했다.

"잠깐 이리 오게. 어째서 사람들 틈에 숨어 있나?"

움켜쥔 주먹을 입에 대고 기침을 하며 에르마코프는 말을 가까이 댔다. 별로 진하지 않은 검은 콧수염 밑의 찢어진 입술에 피가 들러붙어 있고, 부어오른 오른쪽 뺨에는 생생한 상처가 꺼멓게 보였다.

돌격 때 타고 있던 말이 전속력으로 달리다가 발이 걸려 쓰러지는 바람에 에르마코프는 안장 위에서 돌멩이처럼 내던져져 초원의 딱딱한 지면을 4미터 가량이나 데구루루 구른 것이었다. 하지만 그도 말도 곧 일어섰다. 그리고 1분 뒤에 에르마코프는 심한 피투성이 몸으로 모자를 쓰지 않은 채 안장에 올라앉아서 군도를 뽑아들고는, 언덕 비탈을 달려 내려가는 카자흐들의 라바대형을 따라갔다……

"왜 내가 숨겠습니까?"

그리고리와 말을 나란히 세우자 일부러 놀란 체하고 물었다. 그러나 그는 다소 당황한 기색으로 전투 때의 흥분이 아직 가시지 않은 핏발 선 악마같이 번쩍이는 눈을 앞으로 돌렸다.

"고양이는 무슨 고기를 먹으려 할 때 코를 들이대고 찾아낸다네! 왜 뒤에서 따라왔나?"

그리고리는 화를 내듯이 물었다.

에르마코프는 부어오른 입술에 어색한 웃음을 띠며 포로들 쪽을 곁눈질로 쳐다보았다.

"무슨 고기 말씀입니까? 지금은 나에게 수수께끼 같은 거 내놓지 마십시오. 도저히 풀지 못합니다. 조금 아까 말에서 굴러 떨어졌더니……"

"자네가 보냈는가?"

그리고리는 채찍으로 적위병들을 가리켰다.

에르마코프는 그제서야 포로들을 알아본 것 같은 시늉을 하고 깜짝 놀라는 표정을 지었다.

"망할 자식들! 정말 어찌할 수 없는 놈들입니다! 벗겨놓았지요? 어느새 보낸 걸까? …… 놀랍습니다! 손을 대지 말라고 그토록 엄중히 이르고 조금 전에 떠났었는데! 보십시오, 가엾게 모조리 벗겨 놓다니! ……"

"이봐, 시치미 떼지 말게! 어째 모른 체하나? 자네가 벗기라고 명령했을 텐데?"

"천만에요! 당신, 제정신이십니까, 그리고리 판테레에비치?"

"지시를 기억하나?"

"그럼요, 그거였는데요……"

"그렇지, 그거지!"

"기억하고말고요. 다 외고 있습니다! 학교에서 흔히 시를 외게 했었는데, 그 정도로 암기하고 있습니다."

그리고리는 얼결에 미소를 지었다. 안장위에서 쑥 몸을 꺾고는 에르마코프의 대검 가죽 띠를 움켜쥐었다. 그는 이 대담하고 생명을 아끼지 않는 지휘관을 사랑했다.

"하르람피! 농담은 이제 그만하고, 대체 왜 허락했는가? 코프이로프의 후임으로 사령부에 온 새 연대장이 보고라도 해보게. 책임 추궁을 당하게 되네. 질질 책임을 추궁당하거나 심문이 시작되면 재미없어."

"참을 수가 없었습니다, 판테레에비치!"

진지한 표정으로 에르마코프는 솔직하게 대답했다.

"저들이 입고 있던 것은 모두가 새로 맞춘 것이었습니다. 우스치 메도베지차에서 지급된 것뿐이었습니다. 그런데 우리 쪽은 너무 입어서 너덜너덜해진 낡은 옷이고, 또한 집에 있을 때도 그런 새 옷을 입지 못합니다. 그리고 또 어차피 후방에서 벗길 거거든요! 말하자면 우리가 빼앗느냐, 후방에서 빈들거리는 녀석들이 빼앗느냐, 그 문제입니다. 기왕이면 우리가 이용하는 편이 낫지 않습니까? 책임을 지겠습니다만, 그러나 나에게서 빼앗을 것이라곤 아무것도 없습니다! 그러니 제발 너무 잔소리하지 마십시오. 나는 아무것도 몰랐습니다. 이런 일에 대해 전혀 몰랐단 말입니다!"

두 사람은 포로들이 떼 지어 있는 곳으로 다가갔다. 군중이 쑤군쑤군 이야기하던 소리가 딱 멈췄다. 끝에 서 있던 자들은 말을 피하며, 어두운 경계심과 긴장된 기대를 품고 두 사람을 쳐다보았다. 한 적위병은 그리고리가 지휘관임을 알자, 옆에 바싹 다가와 등자에 손을 대고 말했다.

"부대장님! 외투만이라도 돌려주시고 당신의 부하들에게 말씀해 주십시오. 소원입니다! 밤이 되면 쌀쌀할 텐데 저희는 이렇게 알몸입니다. 제발 봐주십시오!"

"한여름인데 얼어 죽는단 말이냐, 이 들다람쥐 같은 놈아!"

거칠게 말하며 에르마코프는 말로 적위병을 밀어내고 그리고리를 돌아보았다.

"걱정 마십시오. 이놈들에게 헌옷이라도 주도록 할 테니까요. 야, 비켜, 옆으로 물러나지 않을래, 즐병! 마지의 이니 갑는 게 니올 기디. 기지흐를 상대로 싸우는 건 네놈들이 할 일이 아니야!"

본부에서는 포로의 중대장이 심문을 받고 있었다. 낡은 밀랍적인 천이 덮인 테이블에 새로 부임한 안드레야노프 대령이 다가앉아 있었다. 나이 먹은 매부리코의 장교로 관자놀이 언저리에 잔뜩 흰 터럭이 나 있고, 어린애들처럼 발딱 일어선 큰 귀를 하고 있었다. 테이블에서 두 발짝 떨어진 곳에는 적위군 대장이 그와 마주 보고 서 있었다. 사단에 안드레야노프와 함께 부임한 카자흐 중위 스린이 심문받고 있는 사내의 진술을 받아쓰고 있었다.

적위군 대장은 키가 크고 붉은 콧수염을 기른 사내로 본디 엷은 갈색이던 것이 회색으로 바랜 오부(五分) 길이의 머리칼에, 주황색으로 칠해진 바닥에 어색하게 맨발을 번갈아 디디고 서서 가끔 대령 쪽으로 시선을 보내고 있었다. 카자흐들은 이 포로에게 말짱한 황색 무명의 군대용 속옷 한 벌만을 남겨 놓고는, 벗겨 낸 바지 대신에 옆줄의 색깔이 바래고 형편없이 기워진 너덜너덜한 카자흐 바지를 입혀 놓았다. 테이블 쪽으로 가려던 그리고리는 그 포로가 드러난 육체를 가리려고 허둥지둥 빠른 동작으로 누더기 바지를 여미는 것을 보았다.

"자네는 오료르현(縣) 군사 위원이란 말이지?"

안경 너머로 포로를 잠깐 쳐다보고 대령은 간단히 이렇게 묻고는, 다시 눈을 떨어 뜨려 가늘게 뜨고 서류로 생각되는 무슨 종잇조각을 손 안에 넣고 돌렸다.

"그렇습니다."

"지난해 가을부터인가?"

"늦가을부터입니다."

"거짓말을 하는군!"

"저는 사실대로 말씀드리는 겁니다."

"거짓말을 하는 것으로 본다! ……"

포로는 말없이 어깨를 움츠렸다. 대령은 그리고리를 힐끗 쳐다보더니 깔보듯이 피심문자(被尋問者) 쪽을 턱으로 가리키고 말했다.

"잘 좀 보십시오. 제국(帝國) 육군의 전(前) 사관, 지금은 보시는 바와 같이 볼셰비키 포로가 되자, 우연히 적위군에 있었다느니 동원되어 들어간 것이니 하는 따위의 말을 하고 있습니다. 어린 학생처럼 두서없이 어리숙한 거짓을 해대고 그걸 남이 믿을 줄로 생각하고 있습니다. 조국을 배반한 것을 시인할 공민(公民)으로서의 용기가 모자란 자입니다…… 벌벌 떠는군, 비겁한 자식!"

괴로운 듯 결후를 움직이며 포로는 입을 열었다.

"대령님, 당신에게 포로를 창피주기 위한 공민적 용기가 충분히 있음을 저는 인정합니다······"

"비겁한 자와는 아예 말하고 싶지 않다!"

"그래도 저는 지금 애기해야겠습니다."

"좀 주의하는 게 좋을 거야! 나의 성을 돋구지 말란 말이야. 나는 실력으로 자네에게 창피를 줄 수 있으니까!"

"당신과 같은 처지라면 그다지 어려운 일도 아니고 또한 무엇보다도 위험이 따르지 않겠지요!"

그리고리는 한 마디도 말하지 않고 테이블에 앉아, 분노로 얼굴빛이 파래져서 두려워하는 기색도 없이 맞서는 포로를 동정의 미소를 띠고 쳐다보았다. '이 친구, 꽤 대령의 아픈 데를 찌르는군!' 그리고리는 만족스러운 듯, 안면 신경통으로 경련을 일으킨 안드레야노프의 살집 좋은 뺨을 고소하게 여기며 쳐다보았다.

그리고리는 자기의 참모장이 처음 대면하던 때부터 마음에 들지 않았다. 안드레야노프는 세계대전 중 몇 년간이나 전선에 나가지 않고 교묘히 후방에 눌러앉아서 근무상의 연줄이며 연고(緣故) 관계를 이용하여 안전하게 근무한 장교들 중의 하나였다. 안드레야노프 대령은 국내전(國內戰)에 있어서도 노보체르카스크에 머물며 방위군으로 근무하려 애썼으나, 군(軍) 아타만 크라스노프가 실각한 뒤로 전선에 나오지 않을 수 없게 된 것이었다.

안드레야노프와 같은 숙사에서 지낸 이틀 밤 사이에 그리고리는 그가 매우 신앙이 깊고, 눈물 없이는 교회의 의식(儀式)에 대해 말을 못하고, 또한 그의 아내는 대단히 모범적이며 이름은 소피아 알렉산드르브나이고, 일찍이 부(副) 아타만이던 폰 그라베 남작(男爵)이 그녀에게 청혼했다가 실패한 일이 있다는 것 등등을 그의 애기를 통해 알게 되었다. 그 밖에도 그의 죽은 아버지가 어떤 영지(領地)를 가지고 있었으며, 또 안드레야노프가 어떻게 해서 대령의 지위에까지 올랐으며, 1916년에는 어떤 고귀한 사람들과 함께 사냥을 할 기회를 가졌던가를 대령은 스스로 상세히 이야기했다. 그 다음에는 가장 좋아하는 놀이는 휘스트이고, 가장 좋아하는 음료는 회향풀을 담갔던 코냑이고, 가장 원하는 근무는 군대의 경리부(經理部) 일이라고 말해 주었다.
 안드레야노프 대령은 가까운 곳에서 포성이 들리면 부들부들 떨며 간장병(肝臟病)을 구실로 말타기를 꺼려했다. 끈질기게 본부의 경비를 강화할 것에 대해 걱정하고, 카자흐들에 대해서는 적의(敵意)를 드러냈는데, 그 이유는 그의 말에 의하면 그들이 모두 1917년 때의 배신자들이고, 그 뒤로 그는 이 '형편없는 자들'을 모조리 증오하고 있기 때문이었다. "귀족 계급만이 러시아를 구출할 것이다!"라고 대령은 말했는데, 자기가 귀족 출신이고, 또한 안드레야노프 집안은 돈에서 매우 오래된 명가(名家)임을 암시했다.
 말할 나위도 없이 안드레야노프의 중요한 결점은 말이 많다는 것이었다. 나잇살이나 먹어서도 젊어서부터 몸에 밴, 만사를 경솔하게 가벼이 판단해 버리는 수다쟁이, 즉 그다지 머리가 좋지 않은 사람들 특유의 늙은 체하며, 그칠 줄을 모르는 대단한 요설벽(饒舌癖)을 가지고 있는 것이었다.
 그리고리는 이런 재재대는 자들과 전에도 자주 만났는데, 그때마다 깊은 혐오감을 느껴왔다. 안드레야노프와 알게 된 지 이틀째에 그리고리는 그와 얼굴을 마주치는 것을 피하기 시작했다. 낮에는 부딪치지 않았으나, 밤이 되어 숙사에 돌아오면 곧 안드레야노프는 그를 찾아내어 빠른 말씨로 물었다.
 "같이 주무시지 않겠습니까?"
 그리고 대답을 기다리지도 않고 입을 여는 것이었다.
 "글쎄 말이죠, 카자흐들이 도보(徒步) 전투에서는 꽤 완강하다고 당신이 말씀하시지만, 총사령관 부관으로서의 제 경험으로 말씀드리자면…… 어이, 누구 거기 없나? 내 트렁크와 침대를 이리 가져다 줘!"
 그리고리는 반듯이 누워 눈을 감고는 이를 악 물고 듣다가 얼마 안 가서 그 성가신 상대에게 아무 거리낌 없이 등을 돌려 머리끝까지 외투를 뒤집어 쓰고는 잔뜩 화를 내며 생각했다. '전속(轉屬) 명령을 받으면 뭔가 묵직한 걸로 녀석의 대갈통을 쾅 갈겨 줄 테다. 그렇게 하면 분명히 1주일 정도는 혀를 놀리지 못하겠지!'
 "주무십니까, 중위님?"
 안드레야노프가 물었다.
 "막 잠들려는 참이네"
 흐릿한 목소리로 그리고리는 대답했다.

"실례입니다만, 아직 얘기가 끝나지 않았는데요!"

그는 이야기를 계속했다. 잠결에 그리고리는 생각했다. '일부러 수다쟁이 녀석을 나에게 붙여 주었구나. 틀림없이 피츠하라우로프 짓이야. 제기랄, 이런 녀석하고, 이런 등신 같은 녀석하고 함께 근무해야 한단 말인가?' 그러고는 잠이 들면서, 함석지붕을 때리는 빗방울 같이 울리는 대령의 새된 지껄임을 들어야 했다.

그런 일들로 그리고리는 포로의 대장이 수다쟁이 참모장을 교묘하게 곯리는 것을 보고 아주 고소한 생각이 든 것이었다.

한순간 안드레야노프는 잠자코 눈을 가늘게 치뜨고 있었다. 쑥 튀어나온 기다란 귓불이 확 붉어지고, 테이블 위에 놓인 집게손가락에 커다란 반지를 낀 희고 포동포동한 손이 떨렸다.

"자네는 돌대가리군. 잘 들어라!"

흥분으로 목소리가 쉬어 그는 말했다.

"내가 자네를 여기로 부른 것은 무슨 야유를 하기 위해서가 아니야. 그걸 잊어버려선 곤란해! 발뺌을 할 수 없다는 건 자네도 잘 알잖아?"

"잘 압니다."

"또 그 편이 자네에게도 이로울 거야. 말하자면 자네가 자발적으로 적군에 들어갔느냐, 아니면 동원된 것이냐, 그런 것은 말이지 나에게 상관없다 이거야. 그런 건 중요한 게 아니야. 중대한 점은 명예를 중요시할 것을 잘못 생각하여 자네가 말하기를 거부하고 있는 점이야……"

"당신과 저는 명예의 문제를 이해하는 방식이 다른 듯합니다."

"그거야말로 자네에게는 그 명예라는 것이 이젠 거의 남아 있지 않다는 얘기일 따름이야."

"당신의 경우는 말이죠, 대령님. 저를 대하시는 태도로 판단하건대, 도대체 명예라는 것이 당신에게 이제까지 있었는지조차 저는 의심스럽습니다!"

"자네는 되도록 빨리 매듭을 짓고 싶은가?"

"질질 늘이는 편이 지에게 이익이 될 거라고 생각하십니까? 저를 위협하셔야 소용없습니다. 아무 소용이 없습니다!"

안드레야노프는 담배 케이스를 열고 담배에 불을 붙여서 연거푸 두 번 걸신들린 것처럼 빨고는 다시 포로 쪽으로 시선을 돌렸다.

"그러면 자네는 심문에 답변하기를 거부하겠다는 말인가?"
"저 자신에 관한 것에는 진술하겠습니다."
"좋도록 해! 시시한 자네 개인에 관한 것은 조금도 흥미가 없어. 자, 이런 질문에 대답해 봐! 세브랴코보역(驛)에서 어떤 부대가 자네 있던 곳으로 왔었나?"
"모른다고 대답했을 텐데요."
"자네는 알고 있어!"
"좋습니다, 당신이 만족하시도록 해드리겠습니다. 그렇습니다, 알고 있습니다. 그러나 대답은 할 수 없습니다."
"탄약 재는 막대로 때리라고 명령해 줄까? 그렇게 하면 입을 열 테지!"
"글쎄요!"
포로는 왼손으로 잠깐 콧수염을 만지고, 자신 있는 듯이 미소 지었다.
"카므이신스키 연대는 이번 전투에 참가했었나?"
"하지 않았습니다."
"자네 중대의 좌익을 기병 부대가 엄호하고 있었는데, 그건 대체 어떤 부대인가?"
"그만두십시오! 다시 한번 되풀이해서 말씀드리겠는데, 그런 질문에는 대답하지 않겠습니다."
"자, 어느 쪽을 택할 텐가, 이 개자식아, 지금 입을 열 텐가, 아니면 10분 뒤에 총살당하는 쪽을 택할 텐가! 어느 쪽이야?"
그러자 뜻밖에도 높고 원기 있고 잘 울려 퍼지는 목소리로 포로는 말했다.
"당신에게는 이제 진저리가 납니다. 망령난 영감태기! 이 돌대가리! 만일 당신이 저의 포로가 되었다면 저는 그렇게 심문하지 않을 겁니다!"
안드레야노프는 확 얼굴빛이 달라져 나강 권총 주머니에 손을 댔다. 그때 그리고리가 침착하게 일어나서 손을 들어 가로막았다.
"이봐! 이젠 됐어! 얘기는 끝났으니까, 그걸로 좋아. 보아 하니 두 사람 다 너무 흥분한 것 같네…… 자, 의견은 일치하지 않았지만, 그걸로 이러니저러니 말할 필요는 없지 않나? 자기 편을 팔아먹지 않겠다는 이 친구의 행위를 뭐랄 순 없는 거야. 아주 훌륭해! 뜻밖이야!"
"아닙니다, 없애버리도록 해주십시오!"

안드레야노프는 권총의 주머니를 열려고 부질없는 시도를 하며 날뛰었다.
"그럴 수 없어!"
그리고리는 테이블에 바싹 몸을 붙여 포로를 물러서게 하면서 밝고 생기 있는 어조로 말했다.
"무익한 짓이야. 포로를 죽이다니. 이 사내를, 이런 인간을 해치우려 하다니, 양심이 쓰리지도 않나! 무기도 없고, 이미 자유도 빼앗긴 인간이 아닌가? 게다가 입고 있던 것마저 빼앗긴데다가 또 당하게 되어서야……"
"비키십시오! 이 악당은 나를 모욕했습니다!"
안드레야노프는 그리고리를 홱 밀치고 나강 권총에 손을 댔다.
포로는 창 쪽으로 얼굴을 돌리고 오싹 소름이 끼치는 듯 어깨를 움츠렸다. 그리고리는 미소를 띤 채 안드레야노프의 모습을 지켜보았다. 그러자 그는 손바닥에 권총의 깔끄러운 자루가 닿자 좀 묘한 동작으로 그것을 치켜들더니, 곧 총구를 아래로 숙이고는 쓰윽 등을 돌렸다.
"손을 더럽히고 싶지 않아……"
후유 숨을 가라앉히고 마른 입술을 열더니 그는 쉰 목소리로 말했다.
웃음을 누르지 못하고 콧수염 사이의 흰 이를 드러내 보이며 그리고리는 말했다.
"그런 걱정은 필요 없네! 보라구, 당신 권총은 장전이 되지 않았잖은가. 아침에 일어났을 때, 나는 의자에서 그것을 들어 살펴봤었네…… 탄환은 1발도 들어 있지 않고, 틀림없이 2개월째 손질을 하지 않은 것 같더군! 당신은 자신의 무기도 확인하고 있지 않은 거야!"
안드레야노프는 눈을 내리깔고 큰 손가락으로 권총의 탄창을 돌려보더니 빙긋 웃었다.
"제기랄! 그렇군……"
말없이 재미있다는 듯이 그 광경을 보고 있던 스린 중위는 조서(調書)를 덮고 장난기 섞인 유쾌한 목소리로 말했다.
"나는 당신에게 여러 번 말했습니다. 세분 뽀리갈뽀비치, 당신은 아무래도 무기 취급에는 시원찮다고요. 오늘 일이 그 좋은 증거이지요."
안드레야노프는 얼굴을 찡그리고 소리쳤다.
"이봐, 누구든 졸병 없나? 잠깐 이리 와봐!"

대기실에서 전령 2명과 위병장(衛兵長)이 들어왔다.
"데려가!"
안드레야노프는 턱짓으로 포로를 가리켰다.
포로는 그리고리 쪽으로 얼굴을 도려 묵묵히 인사를 하더니 문 쪽으로 걸어갔다. 포로의 분홍 콧수염 밑에서 입술이 겨우 눈에 띌 정도로 미소를 짓는 것처럼 보였다……
발소리가 사라지자 안드레야노프는 아주 느긋해진 모습으로 안경을 벗어 무두질한 사슴가죽 조각으로 정성들여 닦더니, 몹시 불쾌한 어조로 말했다.
"당신은 그 악당을 훌륭히 지켜 주셨습니다. 그것은 당신의 신념에서이겠지요. 그렇지만 그놈 앞에서 권총 얘기를 꺼내어 나를 거북한 처지에 놓이게 하셔도 됩니까? 그게 대체 뭡니까?"
"대단한 일은 아니네."
그리고리는 달래듯 말했다.
"아닙니다, 역시 그러실 필요가 없는 일입니다. 그렇습니다. 그놈은 죽였어도 마땅했을 겁니다. 괘씸한 놈입니다. 당신 오기 전에 30분쯤 그와 얘기했거든요. 그놈이 얼마나 거짓말을 하고, 당치 않은 소리를 하고, 발뺌을 하고, 거짓 정보를 제공했는지—참을 수 없을 정도였습니다! 게다가 내가 증거를 들이대면 금세 진술을 거부해버렸습니다. 장교로서의 명예가 군(軍)의 기밀을 적에게 팔아먹는 것을 허용하지 않는다는 것입니다. 그러면 볼셰비키에게 고용된 때에는 빌어먹을 놈, 장교로서의 명예를 생각하지 않았단 말입니까? …… 그놈하고 또 다른 두 간부놈들은 무조건 총살시켜야 합니다. 우리가 관심을 거지고 있는 정보를 놈들에게서 입수하기는 전혀 기대할 수가 없습니다. 근성이 아주 나쁘고, 나아질 가망이 없는 악당들입니다. 용서할 이유라곤 눈곱만큼도 없습니다. 어떻게 생각하십니까, 당신은?"
"그자가 중대장이었다는 것을 당신은 어떻게 알았나?"
대답 대신에 그리고리는 질문을 했다.
"그놈 부하 적위병 하나가 밀고했습니다."
"그 부하 적위병 놈을 총살시키고, 간부 장교들에게는 손을 대지 않아야 한다고 생각하네!"
그리고리는 기다리는 듯한 눈길로 안드레야노프를 쳐다보았다.

그러자 그는 어깨를 움츠리고, 이야기 상대가 재미없는 농담을 했을 때에 웃는 식으로 피식 웃었다.
"아니, 진정입니다. 어떻게 생각하십니까?"
"방금 말한 대로야."
"실례입니다만, 그건 어째서입니까?"
"어째서냐고? 말하자면 이런 거야. 러시아 육군을 위해서 군규(軍規)와 질서를 지키는 입장이기 때문이지. 어젯밤 침대에 들어갔을 때 대령, 당신은 볼셰비키를 해치운 뒤 청년층에게서 빨갱이 병을 몰아내기 위해 군대에 어떤 질서를 세워야 한다는 것을 아주 조리 있게 말했었는데, 나도 전적으로 똑같은 의견이었네. 기억하고 있겠지?"

그리고리는 변해가는 대령의 얼굴 표정을 지켜보며 콧수염을 쓰다듬고 신중하게 말했다.

"그런데 지금 당신이 그런 처지에 빠졌다면 어떻게 하겠는가? 자, 실례이지만, 나라면 이런 경우에 어디까지나 내 의견을 주장하네! 나는 반대일세."
"당신 뜻대로 하십시오."

안드레야노프는 쌀쌀맞게 말하고, 흘낏 그리고리를 쳐다보았다. 그는 반란군 사단장이 고집 세고 엉뚱하다는 말을 들었으나, 이 정도이리라곤 전혀 생각지 못했었다. 다만 그는 이렇게 덧붙였다.

"우리는 적위군 지휘관들 중에서 포로가 된 자, 특히 과거에 장교였던 자에 대해서는 아직껏 대개 그런 태도로 대해 왔습니다. 당신 태도에는 뭔가 새로운 것이 보입니다…… 그리고 이렇게 논의의 여지가 없는 문제에 대한 당신 태도가 저로서는 이해가 되지 않습니다."

"우리는 싸움터에서 서로 싸울 때는 대개 그들을 죽였네, 그러나 이유 없이 포로들을 총살하거나 하지는 않았어."

그리고리는 얼굴이 붉어져서 대답했다.

"좋습니다. 놈들을 후방으로 보내도록 하겠습니다."

안드레아노프는 동의하였다.

"다음으로 이런 문제가 있습니다. 포로의 일부는 동원을 당한 사라토프현의 농사꾼들인데, 우리 군에 들어와서 싸우고 싶다는 희망을 가지고들 있습니다. 우리 보병 제3연대는 300명 정도의 인원이 부족합니다. 신중히 골라서 포로들 가운데 지망자 일부를 그 연대에 편입시켜도 괜찮겠습니까? 이에 대해서는 군사령부로부터 어떤 지시를 받긴 했습니다만……"

"나는 그들을 단 1명도 내 군대에는 들여놓지 않을 생각이야. 결원(缺員)은 카자흐로 보충할 것이네."

그리고리는 딱 잘라 말했다.

안드레야노프는 그를 설득시키려고 했다.

"들어 보십시오! 논의는 그만두겠습니다. 사단을 카자흐만으로 편성해서 튼튼하게 하고 싶어하는 당신의 생각은 잘 알겠습니다. 그러나 우리는 포로라고 해서 꺼릴 수는 없을 정도로 곤란한 지경에 처해 있습니다. 의용군들도 몇몇 연대는 포로로 보충되고 있으니까요."

"그야 그런 것들은 아무렇게나 하도록 버려두는 게 좋을 거야. 그러나 나는 농사꾼들을 받아들이는 걸 거절하네. 이미 끝난 얘기 아닌가?"

그리고리는 잘라 말했다.

잠시 뒤 그는 포로 송환 준비를 명령하러 나갔다. 그러고 나서 점심식사 때 안드레야노프는 열에 들떠 말했다.

"아무래도 저는 당신과 함께 일할 수가 없겠습니다……"

"나도 그렇게 생각하네."

그리고리는 냉정하게 대답했다. 스린이 미소 짓는 것을 알아채지 못하고, 그는 손가락으로 접시에서 구운 양고기를 한 조각 집어 들어 마치 이리처럼 우두둑우두둑 단단한 연골(軟骨)을 이빨로 부수기 시작했다. 그러자 스린은 심한 아픔을 느낀 듯이 얼굴을 찌푸리고 잠시 눈을 감아버렸다.

그로부터 이틀 뒤 사리니코프 장군의 병단은 퇴각중인 적위군 부대를 추격했는데, 그리고리는 병단 사령부로 긴급 호출을 받았다. 나이깨나 먹고 제법 품위가 있는 참모장은 반란군의 해체에 관한 돈군 사령관의 명령을 그에게 툭 털어놓고 솔직하게 말했다.

"적군 부대를 상대로 빨치산전(戰)을 행하던 당시 당신은 훌륭히 사단의 지휘를 해냈네. 그러나 지금 우리는 당신에게 사단은커녕 연대도 맡길 수가 없네. 왜냐하면 당신은 올바른 군사적 소양이 없어, 광범위한 전선의 여러 조건에 따라 근대전(近代戰)의 전투 방법을 실시할 경우 당신은 팽대한 군의 단위를 지휘할 수 없겠기 때문이야. 어떻게 생각하나?"

"좋습니다. 나 스스로 사단 지휘를 그만둘 작정이었습니다."

그리고리는 대답했다.

"자신의 능력을 가당찮게 높이 평가하고 있지 않는 것은 아주 좋네. 요즘 젊은 장교들에게는 그런 기질이 좀처럼 보이지 않거든. 그건 그렇고, 전선 사령관의 명령에 의해서 당신을 제19연대 제4중대장으로 임명하게 되었네. 연대는 지금 여기서 20킬로미터쯤 떨어진 보즈니보 부락 근처를 진격하고 있네. 오늘 바로 출발하든가, 늦어도 내일 중으로는 출발하게. 뭐든 말하고 싶은 게 있는가?"

"저는 제대해서 집안일에 종사하게 해주셨으면 합니다만."

"그렇게는 할 수 없어. 당신은 앞으로도 전선에 필요한 사람이니까."

"저는 두 차례의 전쟁 중에 14회나 부상을 입고 타박상도 입었습니다."

"그런 것은 대단치 않아. 당신은 젊고, 건강해 보이니 아직도 충분히 싸울 수 있어. 그리고 장교치고 부상당하지 않았던 자가 어디 있는가? 자, 가도 좋아. 그럼, 잘 해주게!"

반란군을 해체시키는 데에 당연히 생겨나게 될 상류 돈 카자흐들의 불만에 대해 미리 손을 써 두기 위해선지 반란 때 전공(戰功)이 있었던 많은 카자흐 병졸들이 우스치 메도베지차 점령 뒤 곧 견장에 금줄을 붙이게 되고, 또한 대부분의 상사들이 준위로 승진되고, 반란에 참가했던 장교들은 승진과 동시에 포장(襃章)을 받았다.

그리고리도 그 예외는 아니었다. 그는 중위로 승진되고, 군(軍)의 포고(布告)에는 적위군과의 싸움에서 그가 보인 뛰어난 전공이 특기되고 감사의 뜻이 표명되었다.

해체는 며칠 동안에 걸쳐 행해졌다. 사단이나 각 연대의 대장으로 읽지도 쓰지도 못하는 자들 대신에 장군이나 대령이 취임하고, 경험을 쌓은 중위들이 중대장에 임명되었다. 포병 대대와 사령부원들도 깡그리 교체되었다. 카자흐 병사들은 도네츠 전투에서 피해를 입은 돈군의 정규 연대들을 보충시키는데 할당되었다.

그리고리는 해지기 전에 카자흐들을 집합 시켜 사단의 해체에 대해 말해 준 뒤, 이별을 앞두고 말했다.

"언짢게 생각지들 말아 주시오, 여러분! 지금까지는 함께 근무해 왔지만 어쩔 수 없이 오늘부터는 슬픔도 따로따로 겪게 되오. 무엇보다 중요한 것은—적위군 병사들에게 구멍을 뚫리지 않도록 머리를 소중히 지키는 것이오. 우리 머리가 아무리 둔한 머리라 해도 함부로 탄환 밑에 들이밀지 말아야 하오. 머리로 생각해야 할 일들이 앞으로도 얼마든지 있고, 당장 잘 생각해 보아야 할 것은 이제부터 어떻게 되느냐는 것이오……"

카자흐들은 몹시 풀이 죽어 잠자코 있었으나, 얼마 안 가서 일제히 술렁였다.

"도로 옛날같이 되는 건가?"

"오늘부터 우리는 어디로 가야 하지?"

"우리를 제멋대로 가지고 놀다니, 죽일 놈들!"

"해체는 싫다구! 새로운 질서란 게 도대체 뭔가?"

"지금까지는 모두들 각자의 우두머리 밑에 함께 뭉쳐 있었는데!……"

"또다시 귀족이란 놈들이 우리를 괴롭히는군!"

"자, 정신들 차려라! 관절(關節)을 또다시 꼿꼿이 펴야 해……"

그리고리는 술렁임이 가라앉기 기다렸다가 말했다.

"큰 소리를 내봤자 소용없는 일이오. 명령을 비판하거나 상관의 말에 반대할 수도 있었던 속 편한 시대는 이미 끝났소. 숙사로 돌아가되, 혀를 너무 움직이지 말도록 하오. 그렇게 하지 않으면 이번의 이동 중에 키에프로 끌려가지는 않더라도 바로 군법 회의에 회부되었다가 징벌(懲罰) 중대로 넘겨지게 될 것이오."

카자흐들은 소대별로 옆에 다가와서 그리고리의 손을 잡고 작별인사를 했다.

"안녕히 계십시오, 판테레에비치! 당신도 우리에 대해 언짢게 생각지 말아 주십시오."

"우리도 앞으로 다른 녀석들하고 근무하는 건 즐겁지 않을 겁니다!"

"당신은 공연히 우리를 내줬습니다! 사단의 양도를 승낙하지 않으셨더라면 좋았을 건데!"

"당신이 딱합니다, 멜레호프, 다른 지휘관들은 당신보다 학문은 더 있을는지 모르지만, 우리는 그 덕택에 즐겁지 못할 겁니다. 훨씬 괴로울 겁니다.

정말 난처합니다!"

그중 나포로프스키 부락 출신으로 중대에서 으뜸가는 수다쟁이 익살꾼이던 카자흐만은 이렇게 말했다.

"이봐요, 그리고리 판테레에비치, 저놈들의 말을 믿지 마십시오. 자기들 동료건 아니건 일이 마음에 맞지 않으면 괴롭기는 마찬가지입니다."

그날 밤 그리고리는 에르마코프 및 그 밖의 다른 대장들과 함께 탁주를 마셨고, 이튿날 아침에는 프로호르 즈이코프를 데리고 제19연대를 뒤쫓아 출발했다.

중대를 인수하고, 부하들과 미처 제대로 얼굴을 익힐 사이도 없이 연대장에게서 호출을 받았다. 이른 아침이었다. 그리고리는 말의 상태를 살피는 데 시간이 지체되어 30분 뒤에 겨우 출두했다. 그는 엄격하고 장교들에게 까다롭다는 연대장에게 잔소리를 들을 각오를 하였으나, 연대장은 아주 상냥하게 그를 맞이하고 물었다.

"그래, 중대는 어떤가? 꽤 쓸 만한 녀석들인가?"

그러고는 대답을 기다리지도 않고, 왠지 그리고리의 옆쪽으로 시선을 보내며 말했다.

"그런데 중위, 자네에게 아주 슬픈 소식을 전해야겠네…… 자네 집에 큰 불행이 있었네. 어젯밤 늦게 뵤센스카야에서 전보를 받았거든. 가사(家事)를 정리하도록 자네에게 한 달 휴가를 주겠네. 다녀오게."

"전보를 보여 주십시오."

안색이 변해서 그리고리는 중얼중얼 말했다.

그는 네 번 접힌 종잇조각을 받아서 펴보았다. 한 번 읽고는, 순간적으로 땀투성이가 된 손에 그것을 움켜쥐었다. 자신을 억제하느라고 퍽이나 애썼다. 그리고 겨우 우물우물 말했다.

"정말 꿈에도 생각지 못했던 일입니다. 그러면 저는 출발하도록 하겠습니다. 실례합니다."

"휴가증명서를 잊지 말고 받아 가게."

"알았습니다. 고맙습니다. 잊지 않도록 하겠습니다."

그는 확고한 보조로 여느 때와 같이 모자를 들고 현관으로 나왔다. 그러나 높은 입구의 계단에서 내려서기 시작했을 때 갑자기 자기의 발소리가 들리지 않게 된 듯하더니 날카로운 아픔이 깊숙이 심장에 파고드는 것을 느꼈다.
 맨 밑의 계단에서 그는 휘청거리며 비틀대다가 간신히 왼손으로 흔들리는 난간을 붙잡았다. 오른손으로 재빨리 군복의 깃을 풀어헤쳤다. 1분쯤 깊고 빠르게 숨 쉬며 서 있었다. 그러나 그 1분 동안에 그는 고뇌에서 깨어난 듯이 난간을 놓고, 문께에 매두었던 말 옆으로 갈 때에는 여전히 조금 몸이 흔들리긴 했지만 꽤 침착한 걸음걸이로 바뀌어 있었다.

16

다리야와 이야기를 나눈 뒤 며칠 동안, 나탈리야는 마치 악몽에 괴롭게 눌리면서도 거기서 깨어날 만한 힘이 없는 그런 꿈속에 있는 느낌을 맛보면서 지냈다. 그녀는 프로호르 즈이코프의 아내에게서 남편이 퇴각 때 뵤센스카야에서 어떤 생활을 하고 있었는가, 또한 거기서 아크시냐와 만나고 있었는가 어땠는가를 알아내기 위해 그럴싸한 구실을 생각해 보았다. 그녀는 남편의 죄를 스스로 분명하게 확인하고 싶었는데, 다리야의 말이 사실인 것도 같고, 아직은 믿어지지 않는 점도 있었다.
 저녁 늦게 그녀는 자연스럽게 마른 나뭇가지를 휘두르며 즈이코프의 집으로 갔다. 프로호르의 아내는 일을 끝내고 문 근처에 앉아 있었다.
 "안녕하세요, 아주머니! 우리 송아지를 보지 못하셨어요?"
 나탈리야가 물었다.
 "어머나, 댁이시군요! 글쎄, 보지 못했는데요."
 "어디론지 막 싸돌아다녀서 정말 어찌할 수가 없어요. 집에서 먹이는 것만 못해요! 어디로 가야 찾을지 알 수가 없군요."
 "여기서 잠시 쉬고 가세요. 그러다 보면 눈에 띌 거예요. 수박씨라도 드시겠어요?"
 나탈리야는 옆으로 다가가 앉았다. 여자들끼리의 두서없는 이야기가 벌어졌다.
 "댁의 바깥양반에게서 무슨 소식 없으세요?"
 나탈리야가 이야기를 꺼냈다.
 "아무 소식도 없어요. 꼭 도망쳐 숨은 듯이 소식이 없어요. 어찌할 도리가 없는 사람이에요! 그런데 댁의 바깥양반에게서는 무슨 소식이라도 있었나요?"

"없어요. 그리샤는 편지하겠다고 철석같이 약속하긴 했지만, 도무지 아무 연락도 없어요. 사람들의 얘기를 들어 보니, 우리 남편의 부대는 우스치 메도베지차 근처인가 어딘가로 나갔다는 소문뿐이고, 그 밖의 다른 얘기는 아무것도 듣지 못했어요."

나탈리야는 앞서 돈 건너편 기슭으로 퇴각한 때에 대한 이야기로 옮기고, 뵤센스카야에서 남편들은 도대체 어떤 생활을 하고 있었는가, 부락 사람들 중에서 남편들과 함께 있었던 사람들은 누구누구였는가를 주의 깊게 물었다. 빈틈이 없는 프로호르의 아내는 나탈리야가 무슨 꿍꿍이속으로 자기네 집에 왔는가를 알아채고 소극적으로 쌀쌀하게 대답했다.

남편에게 이야기를 듣긴 했으나 프로호르에게서 이런 이야기를 들은 뒤에 단단히 입막음을 당한 적이 있는 것을 생각해 내자 혀가 근질근질한데도 말하기가 두려워졌다.

"알겠지, 정신차리라구. 이 얘기를 누구에게든 한 마디라도 말해 봐, 도끼로 대갈통을 빠개놓고 혓바닥을 1미터 반쯤은 끌어당겨 싹둑싹둑 자를 테니까. 이 말이 그리고리의 귀에 들어가기만 해봐, 그 사람에게 나는 아무 때고 간단히 죽고 만단 말이야! 나에게는 너의 일만이 걱정이지만, 당분간은 같이 지낼 수가 없단 말이야, 알았지? 그러니까 송장같이 지내면서 쓸데없이 입을 놀리지 않도록 해야 돼!"

"댁의 남편 프로호르가 아크시냐 아스타호프를 뵤센스카야에서 본 적이 없었대요?"

더 참을 수 없게 된 나탈리야는 이제 드러내놓고 물었다.

"웬걸요, 저의 남편이 그녀를 보았을 리가 있나요! 정말이지 저는 몰라요, 미로노브나. 이젠 그런 걸 저에게 묻지 말아 주세요. 저의 남편에게는 확실한 얘기를 전혀 듣지 못했거든요. 아는 거라고는 별것 아닌 것뿐이에요."

이렇게 해서 무엇 한 가지도 얻어듣지 못하고 초조와 흥분을 돋구기만 한 채로 나탈리야는 돌아왔다. 그러나 그대로 모르고 넘어가는 것도 이제 그녀로서는 불가능한 일이었다. 그리고 그 단념하지 못하는 마음이 그녀로 하여금 아크시냐를 찾아가게 했다.

이웃인 탓으로 두 사람은 지난 몇 해 동안 얼굴을 마주치면 서로 말 없이 인사를 나누고, 어쩌다가 두세 마디 서로 말을 하는 수도 있었다. 만나도 인사를 하지 않고 서로 증오의 시선으로 쳐다보던 시대는 벌써 지나가버렸다. 서로간의 날카롭던 적의(敵意)도 이미 무디어져 있었으므로, 나탈리야는 아크시냐를 방문하면서도 상대방이 자기를 쫓아내지를 않을 것이며 또한 이런 저런 소문 끝에 그녀에게서 그리고리의 얘기도 나올 것이다. 이렇게 기대한 것이었다. 그리고 그녀의 이런 예상은 틀리지 않았다.

놀라는 표정을 감추지도 않고 아크시냐는 그녀를 거실로 맞아들여 창의 커튼을 내리고 불을 켜놓은 뒤에 물었다.

"무슨 좋은 소식이라도 있나요?"

"당신에게 좋은 소식 같은 건 가져올 수가 없는걸요……"

"나쁜 소식이라도 괜찮아요. 말해 주세요. 그리고리 판테레에비치가 어떻게 됐나요?"

아크시냐의 물음에는 감추려야 감출 수 없는 깊은 근심의 울림이 담겨 있었으므로, 나탈리야는 비로소 모든 것을 파악했다. 그 한마디 속에 아크시냐의 모든 것이 들어 있었다. 그녀의 삶의 의지와, 또한 그녀가 두려워하는 것이 무엇인가를 드러내고 있었다. 사실이지, 그 한 마디 다음에는 이미 그리고리와 그녀의 관계를 물어볼 필요가 없었다. 그러나 나탈리야는 곧 나오지 않았다. 잠시 대답을 망설이다가 그녀는 말했다.

"아뇨, 저의 남편은 건강하게 살아 있으니까 걱정하지 마세요."

"저는 별로 걱정 같은 거 하지 않아요. 왜 그런 말씀을 하세요? 그분에 대해 걱정할 사람은 당신이잖아요? 저는 제 걱정으로 꽉 차 있는걸요."

아크시냐는 거침없이 말했으나, 얼굴이 확 달아오르는 것을 느끼자 황급히 테이블 옆으로 가서 손님에게 등을 돌리고 선 채 그냥 두어도 잘 타오르고 있던 램프의 등을 한참이나 만지작거렸다.

"당신의 남편 스테판에 대해서는 무슨 소식이 없어요?"

"얼마 전에 편지가 인편에 왔어요."

"건강하시지요, 그분?"

"그런 듯해요."

아크시냐는 어깨를 움츠렸다.

그런 경우에도 그녀는 본심을 속여서 자기의 기분을 감출 수가 없었다. 남편의 신상에 대해 냉담함이 그 대답 속에 분명히 드러나 있었으므로 나탈리야는 자기도 모르게 미소를 지었다.

"그분에 대해서 당신은 별로 걱정하지 않는 듯하군요…… 그야 뭐 당신 맘대로죠. 그런데 내가 여기에 온 것은…… 그리고리가 또 당신하고 전과 같은 관계로 되돌아갔느니 하는 시시한 소문이 부락에 퍼져 있던데, 그게 사실인가요?"

"흔히들 저에게 그런 걸 묻더군요."

아크시냐는 비웃는 어조로 말했다.

"당신은 그게 사실이냐는 걸 저에게서 듣고 싶으신가요?"

"왜 말하기가 두려워요?"

"아뇨, 두려울 거 없어요."

"그러면 말해 줘요. 정확히 알아 괴로워하지 않도록 해줘요. 어째서 나를 또 이렇게 괴롭히는 거죠?"

아크시냐는 검은 눈썹을 떨며 눈을 가늘게 떴다.

"저는 어느 면에서든 당신을 가엾게는 생각하지 않아요."

그녀는 격렬하게 말했다.

"저와 당신은 말이죠, 제가 괴로우면 당신에게 좋고, 당신이 괴로우면 제가 좋은—그런 사이예요. 그런데 우리의 기분을 합칠 수 있다고 생각하세요? 자, 사실을 말씀드리죠. 말씀드리기 좋은 때인 듯하니까요. 그 소문은 모두가 사실이에요. 터무니없는 게 아니에요. 제가 또다시 그리고리를 붙잡았어요. 이번에야말로 더 단단히 잡고서 놓지 않을 생각이에요. 그렇다고 당신이 도대체 어떻게 하시겠어요? 저의 집 유리를 깨뜨리거나 아니면 저를 칼로 찌르시겠어요?"

나탈리야는 일어나서 부드러운 마루 나뭇가지를 말아 페치카 쪽으로 내던지고, 그녀에게 어울리지 않는 야무진 목소리로 대답했다.

"지금은 나, 당신에게 어떻게도 하지 않을래요. 그리고리가 돌아오기를 기다려서 그이와 얘기해 본 뒤에, 나와 당신 둘이 어떻게 하면 좋을지 결정하도록 해요. 나에게는 두 아이가 있으니, 그 아이들을 위해서나 나 자신을 위해서나 나는 완강히 버틸 수가 있어요!"

아크시냐는 웃음을 떠올렸다.

"말하자면 당분간은 제가 벌벌 떨지 않고 살게 해주시겠다는 것이군요?"

비웃음은 무시해버리고 나탈리야는 아크시냐의 옆으로 다가가서 그녀의 소매를 잡았다.

"아크시냐! 당신은 평생 나의 적으로 살겠다는 말예요? 들어 봐요, 이번에는 그 언젠가처럼 당신에게 부탁하지 않을 거예요. 기억하고 있죠, 그때의 일! 당신은 그이를 사랑하고 있는 게 아니라 그저 타성(惰性)으로 그이에게 끌리고 있는 거예요. 그것만은 분명히 내가 알고 있어요. 내가 그이를 사랑하듯이 당신도 그이를 사랑했던 적이 있나요? 절대로 없다고 생각해요. 당신은 리스트니츠키와도 사이좋게 지냈고, 바람기가 있어 당신은 누구와도 관계했던 게 아닌가요? 정말로 사랑하고 있었다면 그런 짓을 하지 않았을 거예요."

아크시냐의 얼굴빛이 홱 바뀌었다. 그녀는 나탈리야를 손으로 밀어젖히고 궤짝에서 일어섰다.

"그이는 그런 일들로 저를 나무라지 않으셨는데 당신은 뭐예요? 당신은 그런 일들과 무슨관계가 있어요? 좋아요! 저는 나쁜 년이고 당신은 훌륭한 여자예요. 그러니 어떻다는 거예요?"

"그것뿐이에요. 화내지 마요. 이젠 돌아갈게요. 사실을 밝혀줘서 고마워요."

"조금도 감사할 거 없어요. 저에게 듣지 않으셔도 아시게 될 일인걸요. 잠깐 기다리세요, 미늘창을 닫으러 저도 나갈 테니까요."

현관 계단 근처에서 아크시냐는 옆에 다가서서 말했다.

"우리가 마구 붙잡고서 싸우지 않고 이렇게 헤어지게 돼서 기뻐요. 그래도 말이죠, 저는 마지막으로 한 마디, 당신에게 말씀드리겠어요. 당신에게 힘이 있으면 그이를 빼앗아가시되, 그럴 힘이 없다고 해도 화내지는 마세요. 저도 그이가 행복해 하시는데 끼어들 생각은 없어요. 저는 이제 나이가 젊지도 않고, 또 당신은 저더러 바람기 있는 여자라고 말씀하셨지만, 당신네의 다시카와는 달라요. 생전에 한 번도 그녀와 같은 짓을 한 적이 없어요…… 당신에게는 어린애들이 있지만 저에게 있어서 그이는……"

아크시냐의 목소리는 몹시 떨리면서 낮아졌다.
"이 세상에 단 한 사람뿐이란 말예요. 최초의, 그리고 최후의 한 사람이에요. 알아주시겠어요? 이제부터는 그분 얘기를 하지 않기로 해요. 하느님이 그분을 죽게 하지 않고 지켜 주셔서 살아 돌아오시면 그분이 스스로 선택하실 거예요……"

그날 밤 나탈리야는 잠을 이루지 못했다. 그러고서 다음날 아침, 그녀는 일리니치나와 함께 외밭의 풀을 뽑으러 나갔다. 일을 하고 있자니까 다소 마음이 편안해졌다. 볕을 받아 말라서 바삭바삭한 모래흙에 규칙적으로 삽을 디밀다가 이따금 허리를 펴고 한숨 돌리기도 하고, 얼굴의 땀을 훔치기도 하고, 물을 마시기도 하면서 잠시 잊고 지내게 되었다.

바람에 불려 잘게 찢어진 흰 구름이 푸른 하늘을 떠돌다가 아주 풀려 없어졌다. 태양광선이 대지를 따갑게 내리쬐었다. 동쪽에서 비가 몰려오고 있었다. 나탈리야는 머리를 들지 않고서도 몰려든 구름이 태양을 가로막는 것을 등허리에 느꼈다. 한순간 휙 몰려와서 열기로 허덕이는 갈색 대지에, 덩굴을 뻗은 수박 위에, 키 큰 해바라기 줄기에 휘익 회색 그림자가 비쳤다. 그 그림자는 구릉 비탈에 점점이 흩어져 있는 외밭들이며, 더위에 녹초가 되어 납작 엎드린 잡초들이며, 산사나무 덤불이며, 작은 새들의 똥을 뒤집어써서 풀이 죽은 잎새들이 달린 가시나무 덤불을 덮어나갔다. 까라진 듯한 메추라기들의 울음소리는 전보다 더욱 높이 울려 퍼지고, 종달새들의 귀여운 노랫소리도 또렷하게 들려 왔다. 그리고 달아오른 잡초를 가볍게 흔드는 바람도 전보다 더 뜨거워진 듯했다. 하지만 태양이 서쪽으로 흘러가는 구름의 눈부시게 흰 가장자리를 비스듬히 꿰뚫더니 자유를 되찾고, 금빛으로 빛나는 광선의 흐름을 다시 대지에 내리쏟는 것이었다. 어딘가 머나먼 돈강 연안에 있는 산의 옥색 지맥(支脈)에서는 구름을 전송하는 그림자가 지상을 더듬어 얼룩을 그리고 있었으나, 외밭은 이미 호박색으로 노란 한 가지 빛깔의 세계이고, 지평선에는 아지랑이가 떨며 아물거리고 대지와 그 대지에서 자란 풀들이 숨 막힐 것 같은 냄새를 풍겨냈다.

정오가 되자 나탈리야는 벼랑 밑에 팬 우물로 내려가서 얼음처럼 차가운, 솟아나는 샘물을 길어왔다. 그녀는 일리니치나와 함께 물을 마신 뒤 손을 씻고, 뙤약볕 속에 점심을 먹으려고 앉았다. 일리니치나는 앞치마를 깔고, 차

근차근 빵을 자르고, 자루에서 숟가락과 찻잔을 꺼내고 뜨거운 열을 받지 않도록 가려 두었던 크바스(酸乳)가 담긴 목이 가는 단지를 코프타 그늘에서 집어 내놓았다.
 나탈리야에게 식욕이 없어 보이므로 시어머니는 물었다.
 "전부터 눈치 채고 있었다만, 네가 어쩐 달라 보이는구나…… 그리시카하고 무슨 일이 있었던 게 아니냐?"
 나탈리야의 꺼칠한 입술이 애처롭게 떨렸다.
 "어머니, 그이 말이죠, 또 아크시냐하고 들러붙었어요."
 "그런 건…… 어디서 알아냈니?"
 "제가 어저께 아크시냐에게 갔었는걸요."
 "그래 그것이, 그 계집년이 제 입으로 말했단 말이냐?"
 "예."
 일리니치나는 생각에 잠겨서 잠자코 있었다. 주름투성이인 얼굴의 입술 귀퉁이에 야무진 주름이 꽉 몰렸다.
 "그년은 틀림없이 자랑스레 떠들었겠구나. 어찌할 수 없는 계집년이야."
 "아녜요, 어머니, 그쪽 잘못이 아니에요. 어쩌서 그쪽이……"
 "네 감시가 충분하지를 못했던 탓이야…… 그런 남편에게서 눈을 떼면 안 되는 법이야."
 노파는 조심스레 말했다.
 "하지만 감시할 수가 있나요? ……그이의 양심을 저는 믿어 왔던 거예요 …… 저의 스커트에 붙들어 매어 두어야 했던 걸까요?"
 나탈리야는 서글픈 미소를 짓더니, 겨우 들릴 정도의 목소리로 덧붙였다.
 "미샤토카가 아닌걸요, 그이는 붙들 수 없어요. 머리가 온통 허옇게 되어도 옛날 일을 잊지 않을 거예요……"
 일리니치나는 숟가락을 씻어서 닦고 찻잔을 행구어 식기 자루 속에 넣은 다음에 물었다.
 "너의 불행이란 건 그것뿐이냐?"
 "어머니…… 온 세상이 싫어지는 데에는 이 불행만으로도 충분해요!"
 "그래서 어떻게 하기로 작정했냐?"
 "달리 무슨 생각이 있겠어요? 저는 아이들을 데리고 친정으로 돌아가겠어요. 이젠 그이와 갈라서겠어요. 그 여자를 집에 데려다가 같이 살도록 하라지요. 저는 이미 충분하게 괴로워해 왔어요."

"젊어서는 나도 그런 생각을 한 적이 있었다."

일리니치나는 한숨을 내쉬고 말했다.

"내 남편도 누구 못지않은 수캐였단다. 그이 때문에 얼마나 괴로웠던지, 도저히 입으로는 다 말할 수 없을 정도다. 하지만 말이다, 한 번 부부가 되어 살던 사내 곁을 떠난다는 것은 좀처럼 손쉬운 일이 아니고, 또 떠난다고 해서 어떻게 되는 것도 아니다. 그러니 지혜를 짜내어 곰곰 생각해 보도록 해라—저절로 알게 될 테니까. 그리고 아이들을 애비에게서 빼앗아가겠다니, 어떻게 그런 짓을 한단 말이냐? 그거야 그저 네 말뿐이겠지? 그런 건 생각지도 마라. 내가 허락하지 않을 게다!"

"안 돼요, 어머니, 저는 그이하고 더 이상 살지 않겠어요. 무슨 말씀을 하시건 소용없어요."

"뭐라고, 내가 말해도 소용이 없다고?"

일리니치나는 벌컥 화를 내면서 말했다.

"그럼, 너는 내게 뭐란 말이냐? 넌 우리 식구가 아니냐? 내가 보기에 네가 가엾지 않은 줄 아느냐? 웬일이냐? 너 나에게, 이 에미에게, 늙은이에게, 어찌 그런 말을 할 수 있단 말이냐? 아서라, 죄다 싹 잊어버려라. 그래서야 어쩔 도리가 없지 않겠느냐? 너 참 잘도 생각해 냈다. '집을 나가겠다'고 하니, 도대체 어디로 돌아갈 생각이냐? 가족 가운데 누가 너를 받아줄 거란 말이냐? 아버지는 안 계시고, 집은 타버렸고, 어머니도 남의 신세를 지며 살아가시는 판이 아니냐? 네가 거기로 기어들어가면서 내 손자들까지 데리고 가겠다 말이냐? 안 된다. 네가, 네가 할 짓이 아니야! 그리시카가 돌아오거든, 어떻게 하는 게 좋은지 결정해라. 하지만 지금은 또다시 그런 얘길 꺼내지 마라. 용서하지 않겠다. 듣지도 않을 게고!"

오랫동안 나탈리야의 가슴 속에 괴어 있던 모든 것이 불연듯 격렬한 통곡의 발작이 되어서 터져 나왔다. 그녀는 신음하며 머리에서 프라도크를 베어 내더니, 메마른 딱딱한 땅바닥에 엎어져 가슴을 바닥에 눌러대며 눈물도 없이 통곡했다.

일리니치나, 이 어질고 어느 남자보다도 나은 노파는 그 자리에서 꼼짝도 않았다. 그녀는 남의 우유가 든 단지를 꼼꼼히 코프타로 싸더니 그것을 서늘한 곳에 두고, 다음에는 찻잔에 물을 부어 들고 나탈리야 옆으로 다가가서 나란히 앉았다. 그녀는 이러한 슬픔에 말 따위는 아무 소용이 없다는 것을 알고 있었다. 또한 메마른 눈과 단단히 악문 입술보다는 눈물 쪽이 낫다는 것도 알고 있었다. 나탈리야가 마음 내킬 때까지 울게 한 뒤 일리니치나는 일로 거칠어진 자기 손을 며느리 머리 위에 얹고, 윤이 나는 검은 머리 칼을 쓰다듬으며 준엄한 어조로 말했다.

"자, 이젠 됐다! 눈물을 죄다 흘려버리지 말고 좀 남겨 둬라. 자, 물을 좀 마셔 봐라."

나탈리야는 울음을 그쳤다. 하지만 때때로 어깨가 물결치듯 하고, 여전히 몸이 잘게 떨렸다. 갑자기 그녀는 일어나서, 물이 담긴 찻잔을 내민 일리니치나를 밀어젖히고 얼굴을 동쪽으로 돌리더니, 눈물에 젖은 두 손바닥을 기도할 때처럼 마주 잡고 흐느끼며 빠르게 큰 목소리로 말했다.

"오, 하느님! 그이는 저의 마음을 완전히 무너뜨렸습니다. 더는 이런 생활을 계속해 나갈 힘이 없습니다! 하느님, 그이를, 저 나쁜 사람을 벌하여 주십시오! 차라리 전쟁터에서 죽여주세요. 이 이상 더 살아서 저를 괴롭히지 못하게 해주십시오! ……"

동쪽 하늘에서 검은 구름이 소용돌이치며 다가왔다. 우레가 둔하게 울렸다. 구름이 둥글게 모인 꼭대기에 지그재그를 그리면서 백열(白熱)된 번개가 미끄러졌다. 바람이 풀을 술렁술렁 서쪽으로 불어 쓰러뜨리고, 길에서 씁쓰레한 모래먼지를 일으키고, 씨가 빼곡히 들어차 무겁게 휘늘어진 해바라기꽃을 땅바닥에 스치도록 구부러뜨렸다.

바람은 나탈리야의 흐트러진 머리칼을 흔들어 어지럽히고, 젖은 얼굴을 말리고, 작업복인 회색 스커트의 넓은 자락으로 다리를 휘감았다.

일리니치나는 몇 초 동안 미신(迷信)에서 오는 공포심에 싸여 꼼짝 안하고 며느리를 쳐다보았다. 중천에 걸렸던 새까만 소나기구름을 등진 며느리가 일리니치나에게는 정떨어지게 무시무시한 존재로 생각되었다.

비는 쭉쭉 이쪽으로 다가왔다. 소나기를 앞둔 정적은 아주 잠깐이었다. 비스듬히 내려온 매가 불안한 듯이 끼익끼익 울어대고, 들다람쥐가 구멍 주위에서 마지막으로 한 번 삐이 하고 울었다. 한 차례의 강풍은 일리니치나의 얼굴에 조그만 모래먼지를 씌우고는 웅웅 소리를 내며 스텝 위를 달려갔다. 노파는 간신히 일어섰다. 다가온 폭풍의 윙윙 소리를 뚫고 공허한 울림으로 부르짖는 그녀의 얼굴은 송장처럼 새파래져 있었다.

"정신 좀 차려라! 무슨 소리를 하는 거냐? 너 도대체 누가 죽기를 비는 거냐?"

"하느님, 그이를 벌해 주십시오! 그이를 내리쳐 주십시오!"

회오리바람에 불려 흩어지며 어지러운 번개의 번쩍이는 빛을 받아 빛나던 검은 구름이 장엄하면서도 거칠게 겹쳐 포개어지는 모습을 분별 잃은 시선으로 집중시킨 채, 나탈리야는 소리를 내어 자꾸 외치는 것이었다.

스텝 위 어딘가를 메마른 쪼개지는 듯한 소리로 벼락이 쳤다. 공포에 사로잡혀서 일리니치나는 성호를 그었다. 불안정한 걸음걸이로 나탈리야 옆에 다가가더니 그녀의 어깨를 꽉 잡아 쥐었다.

"무릎을 꿇어라! 알아듣니, 나타시카?"

나탈리야는 좀 공허한 시선으로 시어머니를 힐끗 보더니 힘없이 무릎을 꿇었다.

"하느님께 용서를 빌어야 돼!"

일리니치나는 힘주어 명했다.

"너의 기도를 들어 주지 마십사고 빌어야 돼. 너 도대체 누가 죽기를 원하는 거냐? 네 자식들의 생부(生父) 아니냐? 아, 그건 큰 죄야…… 자, 성호를 그어라! 땅바닥에 머리를 대고 이렇게 말해야 돼―'하느님, 저를 용서해 주십시오. 이 죄 많은 저를, 저의 큰 죄를' 하고 말이다."

나탈리야는 성호를 긋고, 핏기 없는 입술로 뭐라고 중얼거린 뒤 꽉 이를 악문 채로 맥없이 털썩 주저앉았다.

호우(豪雨)에 씻긴 스텝은 산뜻한 녹색으로 물들었다. 먼 연못 근처에서부터 바로 돈강 옆에까지 눈이 번쩍 뜨일 듯싶은 무지개 다리가 놓였다. 서쪽 하늘에서 수레가 둔한 소리로 울렸다. 구릉에서 내려오는 흐린물이 독수리의 외침과도 같은 울림으로 벼랑 밑에 흘러 떨어졌다. 거품을 일으킨 작은 물줄기가 아래쪽 돈강으로, 구릉의 비탈이며 외밭을 타고 여러 줄기로 나뉘어 흘렀다. 그 물줄기들은 비를 맞아 떨어진 나뭇잎들이며, 흙에서 씻겨나간 풀뿌리며, 꺾인 호밀의 이삭 따위를 실어 갔다. 외밭에서는 수박이나 참외의 넝쿨을 묻으며 진한 흙탕물이 맴돌았다. 여름철 길에서는 수레바퀴 자국을 깊이 파내며 춤추듯 물이 흘렀다. 먼 산골짜기의 한 골에서는 마른풀더미에 벼락이 쳐 연기가 타올랐다. 자주색 연기 기둥이 높이 솟아올라서, 하늘로 뻗친 무지개 꼭대기에 거의 닿으려 하고 있었다.

일리니치나와 나탈리야는 스커트를 높이 걷어 올리고, 진창이 된 미끈미끈한 길을 맨 발로 조심스럽게 디디며 부락 쪽으로 내려갔다. 일리니치나가 말했다.

"너희 젊은 것들에게는 아주 좋지 않은 버릇이 있어, 정말! 사소한 일로도 금세 미치광이 같아진단 말이야. 내가 젊어서 살던 것처럼 살게 되면 대체 넌 어떻게 할 테냐? 그리시카는 아직껏 네게 손가락 하나 댄 적이 없잖느냐? 그런데도 너는 그 애에게 불만이고, 별의별 생각을 다하고, 그 애를 내버리려 하는가 하면, 제정신을 잃고는 그걸로도 모자라서 하느님을 너의 죄 많은 행실에 끌어들이려 하니……애야, 말해 봐라, 이 제정신이 아닌 애야, 그래도 괜찮은 거냐? 난 말이다, 저 절름발이 맹추 영감에게 젊어서부터 죽을 지경으로 고통을 당하고 살아왔다만, 그렇다고 무슨 뚜렷한 이유가 있어서도 아니다. 나는 그이에게 미안한 짓이라곤 조금도 하지 않았어. 자기가 못된 짓을 해놓고는 나에게 마구 화풀이를 하는 거야. 툭하면 새벽녘에나 돌아오고는 했는데, 내가 울고불고 하면서 따지기라도 하면 주먹을 휘두르더라…… 그래서 꼬박 한 달이나 쇳덩이마냥 퍼런 멍투성이로 지낸 적도 있었어. 그래도 착실하게 살면서 애들을 길러냈던 거야. 그리고 집에서 나가느니 어쩌느니 하는 생각은 한 번도 해보지 않았다. 난 그리샤를 좋게 말할 생각은 없다만, 저렇다고는 해도 함께 살아가는 거야. 저 뱀 같은 계집만 없었다면, 그 녀석은 부락 카자흐 중 제일 나은데 말이다. 그 계집년이 그 애에게 꼬리친 거야. 확실히 그렇고말고."

나탈리야는 한참 뭔가를 생각하면서 걷다가 이윽고 말했다.

"어머니, 이젠 그 얘기는 하고 싶지 않아요. 그리고리가 돌아오면 제가 어디로 가는 게 좋은지 확실하게 할게요. 앞으로 제 발로 나가게 되든, 그이에게 쫓겨나가게 되든간에, 지금은 이 집에 있겠어요."

"진작 그렇게 말했더라면 좋았을걸!"

일리니치나는 기뻐했다.

"틀림없이 잘 될 게다. 그 애는 절대로 너를 쫓아내는 짓은 하지 않는다. 이젠 그런 생각일랑 마라! 그 애는 너도 자식들도 다 사랑하고 있는데 그런 짓을 어떻게 생각하겠느냐? 암, 그럴 리 없지! 그 애는 너를 버리고 아크시냐를 택하는 짓 따위는 하지 않는다. 그런 짓을 그 애가 할 성 싶으냐? 하기야 한집에서 살다 보면 별별 일이 다 생기게 마련이야. 그저 그 애가 무사히 돌아와 주기나 하면 좋겠다만……"

"저는 정말로 그이가 죽기를 바라고 있었던 게 아녜요…… 그만 너무 흥분해서 그런 소릴 했던 건데…… 그런 소릴 한 거 나무라지 마세요…… 그이의 일이 마음에서 떠나지를 않으니, 이렇게 살아가는 게 참 괴로워요!……"

"애야! 아무려면 내가 그것도 모르는 줄로 생각하나? 그저 무슨 일에나 발끈발끈 성을 내선 안 된다. 약속하자, 이제 이런 얘기는 다시 꺼내지 말자! 그리고 제발 영감에게는 아무 말도 하지 마라. 그 양반이 알아야 할 일도 아니니까."

"저는요, 어머니에게 한 가지 말씀드리고 싶은 게 있어요…… 앞으로도 제가 그리고리와 함께 살게 될지 어떨지 지금은 알 수 없지만요, 하지만 그이의 자식은 더 낳지 않을 생각예요. 앞으로 어떻게 될는지, 아직 분명히 알 수는 없지만요…… 그런데 지금 전 임신 중이에요, 어머니……"

"언제부터냐?"

"석 달째예요."

"그래, 어떻게 하려는 거냐? 어쨌든 낳아야지."

"낳지 않겠어요."

나탈리야는 굳은 어조로 말했다.

"오늘 카비트노브나 할머니에게 가보겠어요. 그녀가 어떻게 해줄 거예요…… 누군가 그녀의 도움을 받은 사람이 있다는 말을 들었어요."

"아니, 어린애를 지우겠단 말이냐? 흔히 그런 소리들을 하더라만, 애야, 부끄럽지 않느냐?"

일리니치나는 성이 나서 길의 한복판에 멈춰 서더니 두 손을 맞잡았다. 그녀는 막 입을 열려 했는데, 그때 뒤쪽에서 수레바퀴 소리가 났다. 이어 진창에서 말발굽이 내는 철버덩철버덩 소리와, 누군가 말을 재촉하는 소리가 들렸다.

일리니치나와 나탈리야는 길을 피해 걸으면서 치켜 올렸던 스커트를 내렸다. 들판 쪽에서 베스프레브노프 필리프 아게에비치 노인이 오고 있었다. 그는 그녀들과 나란히 서자 힘껏 암말의 고삐를 당겼다.

"자, 타시지요, 아주머니들. 태워다 드릴게요. 이런 친창 길에 질퍽대는 건 재미없어요."

"그래요, 고맙습니다, 아게에비치. 미끄러워서 걷는 데 기운이 싹 다 빠져 버렸는걸요."

반가운 듯이 일리니치나는 말하고, 자신이 먼저 텅 빈 짐마차에 올라가 앉았다.

점심식사 뒤에 일리니치나는 나탈리야와 이야기하여 낙태시켜선 안 된다고 설득시켜보려는 생각을 했다. 그리고 설거지를 하며, 머릿속으로 가장 그럴싸하게 상대를 설득시킬 수 있는 구실을 이것저것 생각해 보았다. 나탈리야의 결심을 영감에게 알려 그의 도움을 빌어서 슬픔으로 마음이 어지러워진 며느리의 어리석은 행위를 그만두게 하려는 생각도 했다. 그런데 그녀가 설거지를 하고 있는 사이에 나탈리야는 서둘러 준비를 갖추고 나가버렸다.

"나탈리야는 어디 있지?"

일리니치나는 두냐시카에게 물었다.

"무슨 보퉁이 같은 걸 싸들고 나갔어요."

"어디로? 아무 말 않더냐? 보퉁이라니, 무슨 보퉁이더냐?"

"그런 걸 제가 어떻게 알아요, 어머니? 고운 스커트하고 또 무엇인가를 프라토크에 싸서 들고 나갔어요. 한 마디도 하지 않았어요."

"참 딱하군, 그 애도!"

일리니치나는 두냐시카가 놀라도록 그렇게 말하고 맥없이 눈물을 흘리며 의자에 주저앉았다.

"웬일이세요, 어머니? 정신 차려요. 왜 우시는 거예요?"

"놔둬라, 괜찮다! 네가 알 일이 아냐! 언니가 뭐라고 말하든? 언니가 나갈 때 왜 나에게 말해 주지를 않았니?"

두냐시카는 분하다는 투로 대꾸했다.

"무슨 말씀이세요, 정말! 그런 걸 제가 어머니에게 말씀드려야 한다는 걸 제가 어떻게 알았겠어요? 집을 나가버린 거 아녜요? 저쪽의 친정어머니에게 불려갔나보지요. 그런데 왜 우시는 거예요? 도무지 알 수 없네요!"

일리니치나는 아주 안절부절 못하며 나탈리야가 돌아오기만을 기다렸다. 꾸짖거나 주먹이 올라갈까봐 영감에게는 말하지 않았다.

해가 질 무렵, 스텝에서 말떼가 돌아왔다. 여름철 짧은 황혼이 번졌다. 부락에는 여기저기 불이 켜졌다. 그러나 나탈리야는 여전히 돌아오지 않았다. 멜레호프 집안 식구들은 저녁 식탁에 앉았다. 걱정으로 얼굴이 창백해진 채로 일리니치나는 식물성 기름으로 볶은 파를 넣은 국수 국물을 식탁에 내놓았다. 영감은 숟가락을 들어 바삭바삭한 빵조각을 국물 속에 떨어뜨리더니, 수염으로 덮인 입 속에 그것을 떠 넣고 식탁에 앉은 사람들의 얼굴을 무심히 둘러보며 말했다.

"나탈리야는 어디 있느냐? 식사를 하는데 어째서 불러오지 않았느냐?"

"지금 없어요."

일리니치나는 낮은 목소리로 대답했다.

"아니, 어딜 갔는데?"

"틀림없이 친정에 갔어요. 불려서 갔나 봐요."

"어지간히 밑이 질기구나. 이젠 그만 돌아올 시간인데······"

판테레이 프로코피에비치는 불만스러운 듯이 중얼거렸다.

그는 으레 그렇듯이 맹렬한 기세로 부지런히 먹어댔다. 이따금 테이블 위에 숟가락을 거꾸로 세우고는, 나란히 앉아 있는 미샤토카 쪽을 넋 잃은 표정으로 곁눈질하며 거친 어조로 말했다.

"이 녀석, 조금 저쪽으로 돌리고 입을 닦아라. 네 어미는 싸돌아 다니느라고 네놈 시중도 들지 않는구나······" 이렇게 말하고 못이 박힌 시커멓고 커다란 손바닥으로 손자의 부드러운 조그만 장밋빛 입술을 닦아주었다.

모두가 말없이 식사를 마치고는 식당을 떠났다. 판테레이 프로코피에비치는 지시했다.

"불을 꺼라. 석유가 얼마 없는데 부질없는 짓들 않도록 해."

"문을 잠글까요?"

일리니치나가 물었다.

"닫아걸어요."

"그래도 나탈리야가……?"

"돌아오면 두들길 테지. 아침까지 어슬렁거리다가 올 게 아닌가? 그 애도 결국은 요즘의 유행병이 든 거야…… 당신 말이야, 그 애한테는 이런 말 하지 말라구. 알았지, 수다쟁이 할망구! 어째서 그 애가 밤에 놀러 다닐 생각을 다 하게 된 걸까…… 내일 아침에 혼 좀 내줘야겠다. 다시카 흉내를 내다니……"

일리니치나는 옷을 벗지 않고 누웠다. 30분쯤 말없이 이리 뒤척 저리 뒤척하며 한숨을 연거푸 내쉬고 누워 있다가, 일어나서 카비트노브나의 집에 가볼까 하는 생각을 했을 때, 창문 아래쪽에서 어렴풋하게 발을 질질 끄는 소리가 들려왔다. 노파는 그 나이에 걸맞지 않게 재빨리 일어나더니 얼른 현관으로 달려 나가서 문을 열었다.

나탈리야는 마치 송장과도 같이 창백한 얼굴로 난간을 붙잡고 현관 계단을 힘겹게 올라왔다. 둥근 달이 그녀의 까칠해진 얼굴, 움푹 꺼진 눈, 괴롭게 일그러진 눈썹을 또렷이 비춰 주었다. 그녀는 깊은 상처를 입은 짐승과도 같이 비틀비틀 걸었는데, 그녀의 발자국이 난 곳에는 거무스름한 핏자국이 묻어 있었다. 일리니치나는 말없이 그녀를 안아서 현관방으로 데리고 들어갔다. 나탈리야는 문에 등을 대고 기대 서서는 갈라지는 목소리로 소곤거렸다.

"다들 자요? 어머니, 제가 흘린 피를 지워주세요…… 글쎄 핏자국을 남기고 왔어요……"

"도대체 어떻게 된 거냐, 너?"

엉엉 소리쳐 울고 싶은 것을 누르면서 일리니치나는 소리를 죽이고 말했다.

나탈리야는 웃으려 했으나, 미소 대신 차마 보기에도 딱하게 괴로워하는 표정이 그녀의 얼굴을 일그러뜨렸다.

"그렇게 큰 소리 내지 마세요, 어머니…… 모두 잠을 깨겠어요…… 저, 애를 떼고 왔어요. 이제 안심이에요…… 하지만 출혈이 심했어요…… 마치 칼에 잘린 것 같았어요…… 좀 잡아 주세요, 어머니…… 현기증이 나요."

일리니치나는 문에 빗장을 질렀는데, 마치 낯선 집에 들어와 있기라도 한 것같이 어둠속에서 떨리는 손으로 더듬어 문 손잡이를 한참만에야 찾아냈다. 그녀는 발끝으로 걸어서 나탈리야를 큰 쪽 거실로 데리고 들어갔다. 두냐시카를 깨워서 다리야를 불러오게 하고 램프를 켰다.

활짝 열어젖혀진 부엌문 쪽에서 판테레이 프로코피에비치가 리드미컬하게 몹시 코를 고는 소리가 들려 왔다. 어린 포류시카가 꿈을 꾸며 맛있는 듯이 입을 짭짭 소리 내고, 뭐라고 잠꼬대를 하고 있었다. 무엇으로 어지럽힐 수 없는 어린이의 잠은 얼마나 깊은 것일까?

일리니치나가 베개를 두들겨서 부풀어 오르게 하고 침대를 정돈하는 동안에 나탈리야는 의자에 앉아서 힘없이 머리를 테이블 끝에 대고 있었다. 두냐시카가 방 안에 들어서려 하자, 일리니치나는 준엄한 어조로 말했다.

"저리 가거라, 철부지 같으니라구. 이리로 오지 마라! 여길 치우는 건 네가 할 일이 아니야."

다리야는 눈썹을 찌푸리고 젖은 걸레를 집더니 현관의 방 쪽으로 갔다. 나탈리야는 간신히 머리를 쳐들고 말했다.

"침대에서 깨끗한 덮개를 벗겨내고…… 헌걸 펴세요…… 어차피 더러워질 테니까……"

"잠자코 있거라! 옷을 벗고 누워 있어라. 기분이 안 좋지? 물을 가져다 주마!"

"저는 기운이 다 빠져서…… 깨끗한 속옷도 물도 가져오실 거 없어요."

나탈리야는 억지로 일어나 위태한 걸음걸이로 침대 옆으로 다가갔다. 일리니치나는 그때 비로소 나탈리야의 스커트가 흠뻑 피에 젖어 무겁게 축 늘어져 다리에 휘감긴 것을 알았다. 그녀는 나탈리야가 빗속을 걸어오기라도 한 듯이 몸을 웅크리고 옷자락을 짜낸 뒤 옷을 벗는 모습을 잔뜩 겁내며 쳐다보았다.

"어이구, 너, 출혈이 심해 몹시 힘이 빠졌구나!"

일리니치나는 놀란 목소리로 말했다.

나탈리야는 눈을 감고 가쁘게 숨을 헐떡이며 옷을 벗었다. 일리니치나는 그 모습을 힐끗 보고는 결심을 한 듯이 부엌으로 나갔다. 그녀는 드디어 판테레이 프로코피에비치를 흔들어 깨우고 말했다.

"나탈리야가 병이 들었어요…… 너무 심해서 저러다가 죽을까봐 걱정이에요…… 곧 말을 준비해서 읍내 의사를 부르러 가셔야겠어요!"

"무슨 소리야? 그 애가 어떻다고? 병이 들다니? 밤나들이를 못 나가게 하는 건데……"

노파는 이런 일의 자초지종을 간단히 설명해 주었다. 벌컥 성이 난 판테레이 프로코피에비치는 걸으면서 바지 단추를 끼우고 방으로 뛰쳐들어갔다.

"이런 못된 계집!…… 망할 년 같으니라구! 어떻게 생각한 거냐, 엉? 다급해져서야 입을 열다니!……당장 혼쭐이 나야겠다!……"

"큰일 났네, 머리가 이상해지신 거 아니에요? 어디로 가시려는 거예요? 거기가 아녜요. 그 애는 지금 당신을 상대할 형편이 못 된단 말예요!…… 애들이 잠을 깨겠어요! 뜰로 나가서 빨리 말이나 타세요!"

일리니치나는 영감을 말리려 했으나, 그는 막무가내로 발로 차서 방문을 열었다.

"돼먹지 않은 짓을 하다니, 이런 망할 것아!"

문턱 옆에 서서 그는 호통 쳤다.

"안 돼요! 아버님, 들어오시면 안돼요! 제발 들어오지 마세요!"

나탈리야는 벗은 옷을 가슴에 대고 날카로운 목소리로 외쳤다.

판테레이 프로코피에비치는 덧옷과 모자와 마구(馬具)를 찾기 시작했다. 그가 너무 오래 꾸물거리고 있으므로, 두냐시카는 견디다 못해 얼른 부엌으로 들어와서 눈물을 글썽거리며 아버지에게 대들었다.

"얼른 가세요! 거름 속의 투구벌레처럼 뭘 부스럭부스럭 찾아다니시는 거예요! 나타시카가 다 죽어가고 있는데 언제나 준비를 하실 거예요? 가기 싫다면 그렇다고 말씀하세요. 제가 말을 타고 갈게요!"

"이런, 정신 나갔느냐? 어떻게 그따위 주제넘은 소릴 하는 거냐? 아직은 너 같은 것에게서 이래라저래라 소린 듣지 않을 테다, 이런 고약한 년! 너까지 애비에게 대들기냐, 저리 비켜라!"

판테레이 프로코피에비치는 딸에게 덧옷을 흔들며 낮은 목소리로 욕설을 퍼부으면서 뜰로 나갔다.

그가 말을 타고 나가자, 식구들은 모두가 한숨 놓인 듯한 기분이 들었다. 다리야는 아무렇게나 의자와 걸상들을 움직이며 바닥을 씻어냈다. 두냐시카는 노인이 나간 뒤에 일리니치나에게서 거실에 들어가도 괜찮다는 허락을 받고, 나탈리야의 머리맡에 앉아서 베개를 바로놓고, 물을 먹여 주기도 했다. 일리니치나는 곁방에서 자고 있는 아이들의 모습을 가끔 들여다보러 갔다가, 거실로 돌아와서는 손으로 턱을 괴고 슬픈 듯이 머리를 흔들며 눈길을 돌려 한동안 나탈리야를 쳐다보곤 했다.

나탈리야는 땀에 푹 젖은 머리털을 어수선하게 흩뜨리고 머리를 베개 위에서 이리저리 굴리며 말없이 누워 있었다. 30분마다 일리니치나는 조심스럽게 그녀의 몸을 들어 올려서 흠뻑 젖은 깔개를 끌어내고 새것을 깔아 주었다.

시간이 흐름에 따라 나탈리야의 쇠약한 상태는 더욱더 악화되었다. 한밤중이 되었을 때 그녀는 눈을 뜨고 물었다.

"이젠 곧 밝아질 테지요?"

"아직 멀었을 게다."

노파는 안심시키려고 그렇게 말했으나, 마음속으로는 이렇게 생각했다. '이거 정말 걱정이구나! 의식을 잃고 아이들을 알아보지 못하게 될까봐 겁을 먹고 있군……'

그녀는 추측을 뒷받침해 주듯이, 나탈리야는 낮은 목소리로 부탁했다.

"어머니, 미샤토카와 포류시카를 깨워다가……"

"무슨 말이냐, 너? 어쩌자구 이 밤중에 깨우란 말이냐? 너를 보면 그 애들은 놀라서 울고 난리가 날 게다…… 어째서 깨우란 말이냐?"

"그 애들이 보고 싶어요…… 저는 이제 틀렸어요."

"당치도 않게 무슨 소릴 하는 거냐, 너? 이제 곧 아버지가 의사를 데리고 올 거다. 그러면 치료해 줄 거야. 환자는 푹 잠이 드는 게 좋은데!"

"잘 수 없어요!"

나탈리야는 목소리에 약간 노기를 띠고 대꾸했다. 그렇게 말하고는, 그 뒤로 잠시 입을 다물고 있었다. 호흡이 다소 평상시처럼 되었다.

일리니치나는 슬그머니 현관 계단으로 나가서 하염없이 울었다. 울어서 부은 붉어진 얼굴로 그녀가 거실에 돌아온 때에는 동녘 하늘이 희끄무레해져 있었다. 문이 삐걱거리는 소리에 나탈리야가 눈을 뜨고 다시 한번 물었다.

"이제 곧 날이 새겠지요?"

"그래, 새고 있다."

"발에 슈바를 덮어 주세요……"

두냐시카가 그녀에게 양피(羊皮) 슈바를 덮어주고, 따뜻한 이불로 양쪽 옆을 여며주었다. 나탈리야는 눈으로 인사를 하고는, 일리니치나를 옆으로 불러서 말했다.

"어머니, 제 옆에 앉으세요. 그리고 두냐시카와 다리야는 잠시 저쪽으로 가 줘요. 어머니에게만 잠시 하고 싶은 얘기가 있어요…… 두 사람이 나갔나요?"

나탈리야는 눈을 뜨지 않고 물었다.

"그래."

"아직 아버님은 돌아오지 않으셨죠?"

"곧 돌아오실 게다. 어떠냐, 더 나빠졌냐?"

"아뇨, 마찬가지예요…… 저, 이런 말씀을 드리고 싶어요…… 어머니, 저는 곧 죽을 거예요…… 그런 느낌이 들어요…… 꽤 많이 출혈을 했거든요— 무서울 정도였어요! 다시카에게 이르세요. 화덕에 불을 지피고 물을 더 들여놓으라고요…… 어머니가 씻어 주시면 좋겠어요. 다른 사람은 싫어요……"

"나탈리야! 자, 성호를 그어라, 멍청한 녀석 같으니라구! 어째서 죽는다니 하는 말을 한단 말이냐! 하느님의 은총으로 꼭 나을 게다."

나탈리야는 가냘픈 손놀림으로 시어머니에게 잠자코 있어 달라는 부탁을 하고 말했다.

"제 얘기를 가로막지 마세요…… 저는 벌써 말하기가 괴로워요. 하지만 꼭 말씀드리고 싶은 게 있어요…… 또다시 현기증이 나요…… 물에 대해선 제가 말씀드렸지요? 그거 다시 단단히 이르세요…… 카비트노브나가 퍽 오래 걸렸어요. 점심때쯤 가서 금방 시작을 했지만…… 그분, 딱하게도 자기도 놀라더라구요…… 엄청나게 출혈이 심했거든요…… 아침까지 살면 좋겠는데…… 물을 뜨듯하게 해주세요…… 죽을 때는 스커트를 입히세요. 저, 옷자락에 누빈 장식이 달린 걸로요…… 그걸 입는 걸 그리샤가 좋아했거든요…… 그리고 포플린 코프타를 입혀주세요…… 궤짝 위쪽에 있을 거예요.

오른쪽 구석의 솥 밑에 있어요…… 제가 죽거든 아이들을 친정에 보내도록 하세요…… 친정어머니를 모셔와 주세요. 곧 오시도록 하시고…… 이젠 작별인사를 드려야겠는데…… 깔린 걸 치워 주세요. 흠뻑 젖었어요……"

일리니치나는 나탈리야의 등허리를 안고 요를 끌어낸 뒤 간신히 새 것을 디밀어넣을 수 있었다.

나탈리야는 "저를 옆으로…… 방향을 바꿔 주세요!" 작게 말하고는 바로 의식을 잃었다.

옥색 아침 햇살이 창으로 비쳐 들어왔다. 두냐시카는 양동이를 닦아 들고 가축우리로 소 젖을 짜러 나갔다. 일리니치나가 창을 열었다. 그러자 선혈(鮮血)의 갑갑한 공기를 머금은 데다가 태운 석유냄새가 자욱히 낀 거실 속에 시원하고 상쾌한 여름 아침의 냉기가 좌악 흘러들어왔다. 바람이 창틀의 앵두나무 잎새에서 눈물방울 같은 이슬방울을 털어서 떨어뜨렸다. 이른 아침의 작은 새들 소리, 소 울음소리, 목동들이 채찍을 휘두르는 굵은 울림이 이따금 들려 왔다.

나탈리야는 의식을 되찾아 눈을 뜨고, 혀끝으로 바싹 마르고 핏기도 없이 누렇게 된 입술을 이리저리 훑더니 물을 마시고 싶어 했다. 그녀는 이제 아이들에 대해서도, 친정어머니에 대해서도 말하지 않았다. 그녀에게서는 모든 것이 사라진 듯했다―아니, 영원히 사라져가고 있는 듯했다.

일리니치나는 창을 닫고 침대 옆으로 다가갔다. 나탈리야는 어쩌면 하룻밤 사이에 이다지도 무섭게 변하고 만 것일까! 하루 전에 그녀는 활짝 핀 어린 사과나무처럼 아름답고 튼튼하고 정신이 말짱했었는데, 지금 그녀의 뺨은 돈 강기슭에 있는 구릉의 백악(白堊)보다도 하얗고, 코는 뾰족하고, 입술은 이전의 밝고 싱싱하던 빛을 잃고 얇아져서 드러난 잇몸을 겨우 가리고 있다시피 했다. 그저 그녀의 눈만이 이전과 같은 빛을 간직하고 있었으나, 그 표정도 이미 그녀의 것은 아니었다. 뭔가 설명하기 어려운 요구에 의해서 가끔 그녀는 푸르스름한 눈꺼풀을 올리고 방 안을 둘러보다가 한 순간 눈길을 일리니치나에게 넘주였는데, 그 눈길 속에는 일종의 새로운 일 수 없는 소름끼치게 하는 것이 어른거렸다……

해가 뜰 때쯤 판테레이 프로코피에비치는 돌아왔다. 수면부족과 티푸스 환자며 전상자(戰傷者) 등을 그칠 새 없이 치료하느라고 지쳐서 졸리는 듯한 눈으로 의사는 기지개를 켜며 마차에서 내려 좌석에서 가방을 꺼내들고 안채를 향해 걸어왔다. 그는 현관 계단 위에서 비옷을 벗고 난간 너머로 몸을 쑥 내밀고는 한참 동안 털이 많은 손을 씻으며, 단지의 물을 손에 떠서 그에게 붓고 있는 두냐시카를 치켜뜬 눈으로 힐끔힐끔 쳐다보고, 두 번이나 윙크하기까지 했다. 그 다음에 거실로 들어가서 사람들을 다 방에서 내보내고는 나탈리야 옆에 10분쯤 있었다.

판테레이 프로코피에비치와 일리니치나는 부엌에서 가만히 기다렸다.

"그래, 어떤 상태요?"

거실에서 나오기가 무섭게 노인은 소곤소곤 물었다.

"나빠요……"

"자신이 저지른 일이오?"

"자신이 생각을 한 거예요."

일리니치나는 직접적인 대답을 피했다.

"뜨거운 물을, 빨리!"

의사가 흐트러진 머리를 문으로 내밀고 일렀다.

물을 끓이는 동안에 의사는 부엌으로 나왔다. 노인이 눈짓으로 묻자, 의사는 이미 틀렸다는 듯이 손을 내저었다.

"점심때까지 버티면 좋겠는데. 출혈이 너무 심했어요. 치료할 도리가 없어요! 그리고리 판테레에비치에게는 알렸습니까?"

판테레이 프로코피에비치는 그 물음에는 대답하지 않고, 서둘러 현관방으로 절룩거리며 나갔다. 다리야는 노인이 창고 처마 밑에 놓인 풀 깎는 기계 뒤로 가서, 지난해의 키작크(연료의 말린 똥) 더미에 머리를 대고 소리 내어 우는 것을 보았다……

의사는 그 뒤 30분쯤 지나서 현관 계단 언저리에 앉아 떠오르는 햇살 아래서 잠시 졸더니, 이윽고 물주전자가 부글부글 끓자 거실로 들어가서 나탈리야에게 캠퍼(강심제의 일종, 장뇌액)를 주사하고 나와서 우유를 청했다. 하품을 삼키며 컵으로 우유를 거푸 두잔 마신 뒤에 의사는 말했다.

"곧 저를 읍내로 데려다 주시겠습니까? 환자와 부상자들이 있거든요. 그리고 제가 여기에 있어 봤자 어찌 할 수가 없습니다. 손을 쓰기엔 너무 늦었습니다. 그리고리 판테레에비치를 위해서라면 성의껏 해드리고 싶습니다만,

솔직히 말해서 살려 낼 수가 없습니다. 저희가 하는 일은 하찮은 겁니다. 단지 환자를 치료할 뿐이지, 죽은 사람을 살려 내는 일은 해내지 못합니다. 댁의 며느님은 도저히 살아날 가망이 없을 정도로 지나친 수술을 받으셨습니다…… 도무지 살아나실 기미가 없으십니다. 어쩌자구, 노파가 쇠갈쿠리를 써서 수술한 것 같습니다. 저희들의 빈약한 지식으로는 도저히 손을 쓸 수가 없습니다!"

판테레이 프로코피에비치는 마차에 마른풀을 깔고는 다리아에게 말했다.

"네가 모셔다 드려라. 돈으로 내려가서 암말에게 물을 먹이는 걸 잊지 마라."

그가 의사에게 돈을 내려고 하자 의사는 굳게 그것을 거절하며 노인을 무안하게 했다.

"판테레이 프로코피에비치, 그런 말씀을 하다니 너무하십니다. 서로가 같은 처지이잖습니까? 그런데도 돈을 내려 하시다니요. 안 받습니다, 안 받아요. 그런 걸 들고 옆에 오셔선 안 됩니다! 댁의 며느님을 제대로 치료해 드렸다면야 얘기가 다르겠지만요."

아침 6시경 나탈리야는 꽤 기분이 좋아졌다. 그녀는 얼굴을 씻겨 달라고 하고, 두냐시카가 받쳐 주는 거울 앞에서 머리를 빗고, 새롭고 빛나는 눈으로 식구들을 둘러보며, 괴로운 듯이 웃음을 떠올렸다.

"자, 이제는 좋아졌어요! 그런데도 저는 놀랐어요…… 이제는 만사가 다 끝장이다 싶더라구요…… 애들은 어때요? 아직도 그냥 자고 있어요? 두냐시카, 잠깐 가서 보고 와요. 그애들이 일어나지 않았을까요?"

루키니치나가 그리파시카를 데리고 왔다. 노파는 딸을 보고 울었으나, 나탈리야는 흥부해서 빠른 어조로 말했다.

"어머니, 왜 우시는 거예요? 이제 저는 별로 아프지 않아요…… 어머니는 저를 파묻으러 오신 건 아니지요? 아이, 왜 그러세요, 우시다니?"

그리파시카가 슬그머니 눈치 채이지 않게 어머니를 쿡쿡 찌르자, 어머니는 알아차리고 얼른 눈물을 닦고 안심시키듯이 말했다.

"너 무슨 소릴 하는 거냐? 얘야, 나는 머리가 어떻게 돼버렸는지 생각지도 않게 눈물을 흘리곤 한다. 너를 얼핏 보고는 금세 가슴이 미어져서…… 정말 넌 아주 달라졌구나……"

미샤토카의 목소리와 표류시카의 웃음소리가 들리자 나탈리야의 뺨이 엷게 붉어졌다.
"저 애들을 불러 주세요! 빨리요! …… 옷은 나중에 갈아입혀도 괜찮아요! ……"
그녀는 부탁했다.
포류시카가 먼저 와서 잠이 덜 깬 눈을 주먹으로 문지르며 문턱 근처에 멈춰 섰다.
"네 엄마가 병이 들었단다. 이리 다가온, 불쌍한 것!"
나탈리야는 미소 짓고 말했다.
포류시카는 단정히 의자에 앉아 있는 어른들을 이상한 듯이 쳐다보다가 어머니 곁으로 다가가 슬픈 목소리로 물었다.
"왜 나를 깨우지 않았어? 왜 모두들 모인 거야?"
"나를 보러 오신 거야…… 왜 깨워 주었으면 했니?"
"물 가져 와서 엄마 옆에 앉아 있으면 좋잖아……"
"자, 가서 세수하고 머리도 곱게 빗고, 하느님께 기도드린 뒤에 이리 와서 함께 있자꾸나."
"아침 먹을 때 일어나서 올 거야?"
"모르겠다. 꼭 갈 것 같지는 않아."
"그러면 이리로 가져다줄까, 엄마, 괜찮지?"
"정말이지, 넌 아빠를 닮았구나. 단지 마음씨만은 닮지를 않아서 훨씬 상냥하구나……"
나탈리야는 머리를 돌리고, 추운 듯 다리에 이불을 덮으며 기운 없이 미소를 띠고 말했다.
1시간쯤 지나자 나탈리야의 용태는 악화되었다. 그녀는 손짓으로 아이들을 가까이 불러 포옹하고 성호를 긋더니 키스한 뒤, 어머니더러 두 아이들을 자기네 방으로 데려가 달라고 부탁했다. 루키니치나는 그리파시카에게 애들을 데려가게 하고 자신은 딸 옆에 남았다.
나탈리야는 눈을 감고 이미 의식을 잃은 듯한 모습으로 말했다.
"앞으로 저는 그이를 보지 않을 거예요……"
그러더니 문득 무엇인가 떠오른 듯이 후딱 침대 위에서 몸을 일으켰다.

"미샤토카를 데리고 오세요!"

울어서 얼굴이 부은 그리파시카는 미샤토카를 거실 안으로 밀어 넣고 자신은 부엌에 남아서 간신히 들릴 정도의 여린 목소리로 기도를 올렸다.

상냥한 구석이 없는 멜레호프 집안 특유의 눈을 가진 미샤토카는 언짢은 표정을 짓고 머뭇머뭇 침대로 다가갔다. 어머니의 얼굴에 생긴 심한 변화는, 어머니를 거의 낯선 타인같이 느끼게 했다. 나탈리야는 아들을 자기 쪽으로 끌어당기자, 미샤토카의 심장이 마치 사로잡힌 참새처럼 심하게 울렁거리고 있음을 느꼈다.

"이쪽으로 와봐라, 착한 녀석! 더 옆으로 다가서!"

나탈리야는 당부했다.

그녀는 미샤토카의 귀에 대고 무슨 말인가를 소곤거리더니, 얼마 뒤 그를 밀어내고 살피듯이 그의 눈을 들여다보며, 떨리는 입술을 꼭 깨물었다가 애써 몹시 아프고 괴로운 미소를 지으며 물었다.

"잊지 마라! 말해 줄 거지?"

"잊지 않을 거야……"

미샤토카는 어머니의 집게손가락을 잡아서, 뜨거운 주먹 속에 꽉 쥐고 잠시 그대로 있다가 놓았다. 그는 어째선지 발끝으로 서서 두 팔로 균형을 잡으며 침대에서 떠났다……

나탈리야는 눈으로 문께까지 그를 전송하고는 잠자코 벽 쪽으로 등을 돌렸다.

정오에 그녀는 숨을 거두었다.

17

전선에서 고향의 부락으로 오는 도중의 이틀 동안에 그리고리는 이런저런 감개에 젖어서, 갖가지 일들을 돌이켰다…… 그는 홀로 자기 자신의 슬픔과 나탈리야에 대한 추억에 사로잡혀 스텝으로 가다가 해가 저물게 될 것을 두려워해 프로호르 스이꼬프를 따라오게 했다. 중대의 숙영지를 나서자마자 그리고리는 전쟁에 대한 이야기를 꺼냈다. 오스트리아 전선에서 제12연대에 근무하고 있던 무렵의 일이라든가, 루마니아로 가던 때의 일, 또는 독일군과 싸우던 일 등등이 기억났다. 그는 쉴 새 없이 입을 열어 전우들이 저지른 갖가지의 '걸작(傑作)'을 생각해 내고는 웃었다……

좀 무딘 프로호르도 처음에는 그리고리의 여느 때와 다른 요설(饒舌)에 놀라 이상한 듯이 옆에서 그리고리를 힐끗힐끗 훔쳐보더니, 그도 이윽고 그리고리가 괴로운 생각을 지난날의 추억으로 얼버무리려하고 있음을 눈치 챘다. 그런 뒤에 그는 지나치게 애를 써 이야기가 중단되지 않도록 했다. 언젠가 체르니고프의 야전병원에 입원하게 된 경위를 자세하게 이야기하면서 프로호르는 문득 그리고리를 보았다. 그의 거무스름한 뺨을 타고 눈물이 그칠 새 없이 흘러내리고 있었다…… 프로호르는 일부러 몇 미터쯤 말을 늦춰 30분가량 그의 뒤에서 따라가다가, 이윽고 또다시 말을 나란히 세우고는 그저 어련무던한 이야기를 해보려고 했다. 그러나 그리고리는 이제 이야기를 들으려 하지 않았다. 그리하여 그들은 점심때까지 아무 말 없이 어깨를 나란히 하여 등자를 서로 부딪쳐 가면서 갤럽으로 말들을 달리게 했다.

그리고리는 자포자기가 되어 길을 서둘렀다. 날이 몹시 더운데도 불구하고 그는 자기의 말을 전점 더 빠른 속도로 나아가게 하고, 아주 이따금씩 보통 걸음으로 가게 했다. 태양이 바로 머리 위에서 견딜 수 없을 만큼 격렬하게 타오르는 정오경이 되었다. 비로소 그리고리는 골짜기에 말을 세우고 안장을 내려서 풀을 먹도록 놓아 준 뒤 자신은 그늘로 들어가 엎드려 누웠다. 그는 그런 상태로 더위가 좀 수그러질 때까지 누워있었다. 그러나 그리고리는 꼴을 줄 규정 시간 따위는 지키지 않았다. 그러므로—먼 길을 달리는 데 익숙해져 있는—그들의 말들도 첫날의 행정(行程)이 끝날 무렵에는 몹시 휑해지고, 처음처럼 피로를 모르던 경쾌한 걸음걸이는 이제 보이지 않았다. '이거, 말들을 엉망으로 만드는 것도 순식간이군. 어느 누가 이렇게 멋대로 달리는가 말이야. 제기랄, 자기야 그래도 괜찮지. 자기 말이 엉망이 되어도 적당한 때 다른 말로 바꾸면 그걸로 그만이니까. 그런데 나는 도대체 어디서 말을 얻는단 말인가? 제기랄, 말이 뻗어 봐라, 그때야말로 이런 먼 곳에서 타타르스키까지 다리가 뻣뻣해지게 걸어가든가, 아니면 남의 말에 신세지는 수밖에 없지!' 프로호르는 몸이 달아 생각했다.

다음날 아침, 페드세에프스카야 마을 어떤 부락 근처에서 마침내 그는 더 견딜 수 없어 그리고리에게 말했다.

"당신은 지금까지 한 번도 말을 기른 적이 없으신 것 같습니다…… 도대체 누가 이렇게 밤낮으로 쉬지 않고 달립니까? 말들이 아주 지쳐빠졌습니다. 그런대로 해질녘이라도 제대로 꼴을 주었더라면 괜찮았을 겁니다."

"달리게, 늦어선 안 돼."

그리고리는 무심하게 대꾸했다.

"저는요, 당신을 따라가지 못합니다. 제 말은 아주 지쳐 있습니다. 도대체 쉬지 않으실 겁니까?"

그리고리는 잠자코 있기만 했다. 30분쯤 두 사람은 말 한 마디 나누지 않고 갤럽으로 말을 달렸다. 이윽고 프로호르는 딱 잘라 말했다.

"말들을 잠시 쉬게 하는 게 어떻겠습니까? 이대로는, 저는 이 이상 가지 못합니다! 어떻게 하시겠습니까?"

"달리게 해. 상관 말고 달리게 하란 말이야!"

"도대체 언제까지 달리게 할 작정이십니까? 말발굽이 다 벗겨질 때까지 이러실 겁니까?"

"그렇게 투덜대지 말게!"

"용서하십시오, 그리고리 판테레에비치! 제 말을 망치고 싶지 않기 때문입니다. 말이 못 쓰게 되면 어떻다는 걸 잘 아시지 않습니까?……"

"그럼, 세우게, 젠장! 풀이 좋은 곳을 찾게."

그리고리를 찾아서 호표르스키 관구의 이 마을 저 마을로 헤매 다니던 전보는 너무도 늦게야 닿았었다…… 그리고리는 나탈리야가 매장된 지 3일 뒤에야 집에 돌아왔다. 문 근처에서 그는 말에서 내렸다. 흐느끼며 집에서 달려 나온 두냐시카를 껴안고 얼굴을 일그러뜨리고 말했다.

"말을 끌어다 잘 좀 숨을 돌리게 해줘리…… 지, 울지 마라."

그 다음에 프로호르를 돌아보고 말했다.

"집에 가도 좋아. 무슨 일이 생기면 그때 알려 줄 테니까."

일리니치나가 미샤토카와 포류시카의 손을 잡아끌고, 아들을 마중하러 입구 계단으로 나왔다.

그리고리는 아이들을 두 팔로 껴안고 떨리는 목소리로 말했다.

"울지 마! 눈물 같은 거 보이는 게 아냐! 착한 어린이니까! 그래, 고아가 되고 만 건가? 응…… 그래…… 엄마가 아이들을 이렇게 만들다니……"

그는 자신도 소리쳐 울고 싶은 것을 간신히 참으며 집 안으로 들어가 아버지에게 인사했다.

"끝내 죽고 말았다……"

판테레이 프로코피에비치는 그렇게 말하고는 절룩거리며 현관방으로 가버렸다.

일리니치나는 그리고리를 거실로 데리고 가서 나탈리야에 대해 길게 이야기해 주었다. 노파는 발단을 이야기하는 것은 피하려 했으나, 그리고리가 물었다.

"어째서 살지 않겠다는 생각을 그녀가 하게 됐는지 어머님은 아세요?"

"안다."

"왜죠?"

"그녀는 이렇게 되기 전에 너의…… 그 애한테 갔었어…… 아크시냐가 그녀에게 죄다 얘기했던 거야……"

"흠……그랬군요!……" 그리고리는 거무스름해질 만큼 얼굴이 붉어져서 눈을 내리깔았다.

그는 거실에서 창백하고 몹시 늙어버린 듯한 모습으로 나갔다. 부들부들 떨리는 파란 입술을 소리 없이 움직이며 식탁 앞에 앉았다. 아이들을 자기의 무릎에 앉히고, 오랫동안 애무했다. 얼마 뒤 탄약합(彈藥盒)에서 먼지로 회색이 된 설탕덩어리를 꺼내어 손바닥에 놓고 작은 칼로 쪼개더니 멋쩍은 듯이 웃었다.

"선물은 이것뿐이다…… 너희 아빠는 정말 한심하구나…… 자, 뜰에 가서 할아버지를 모시고 와라."

"무덤에 가보지 않을래?"

일리니치나가 물었다.

"뭐 아무 때나 가지요…… 죽은 사람이 원망하지는 않을 테니까요…… 미샤토카와 포류시카는 좀 어떻지요? 아무렇지도 않은가요?"

"처음에는 몹시들 울더라. 특히 포류시카가…… 하지만 이제는 둘이서 약속이라도 한 듯이 우리 곁에 있을 때는 어미를 떠올리지도 않는 것 같다. 하지만 어젯밤에 미샤토카가 남몰래 우는 소리를 들었다…… 남에게 들리지 않게 하려고 베개 속에 머리를 쑤셔 박고 있더라…… 내가 가서, '왜 그러냐, 애야? 할미랑 같이 잘까?' 물었더니, '아무렇지도 않아요, 할머니 그냥 꿈을 꾸었어요'하겠지. 그 애들과 놀아도 주고 구슬러 주기도 해라…… 어제 아침엔가, 현관에서 둘이 얘기하는 걸 들었는데, 포류시카가 '엄마는 우리에게로 돌아올 거야. 엄마는 젊거든. 젊은 사람은 진짜로 죽지는 않는 거래'하더라. 아직은 영문을 잘 알지 못하지만, 어른들과 마찬가지로 마음은 괴로울 거야. ……참 너 속이 비었겠다. 간단한 걸로 뭘 만들까? 어째서 가만있느냐?"

그리고리는 거실로 들어갔다. 이 방을 처음 보는 것 마냥 그는 가만히 둘레의 벽을 둘러보고, 두들겨서 퉁퉁하게 부풀게 한 베개가 놓인 잘 정돈된 침대에 시선을 멈추었다. 거기서 나탈리야가 죽은 것이었다. 거기서 그녀의 이승에서의 마지막 말을 한 것이었다. ……그리고리는 나탈리야가 아이들에게 작별을 고하고 키스해 주며 어쩌면 성호를 긋기도 했을 광경을 상상하고, 또한 자기가 그녀가 죽음을 알리는 전보를 읽고 질리는 듯이 심한 고통과 공허한 울림을 느끼던 때의 일들을 기억했다.

집 안의 어느 것 하나도 나탈리야를 생각나게 하지 않는 것이 없었다. 그녀의 추억은 발길이 닿는 어디에나 따라다니며 그를 괴롭히고 책망했다. 그리고리는 까닭 없이 이 방 저 방을 돌아다니다가 갑자기 뛰다시피해서 입구 계단 쪽으로 달려 나갔다. 가슴의 아픔은 자꾸 더 심해질 따름이었다. 그의 이마에는 땀이 내배었다. 그는 계단을 내려갔다. 무서운 듯이 왼쪽 가슴에 손바닥을 대면서 문득 생각했다. '나락(奈落)에 떨어진다는 것은 틀림없이 이런 것일 게다.'

두냐시카가 뜰에서 말을 천천히 끌고 돌아다녔다. 말은 창고 옆에서 발을 버티고 멈춰 섰다. 목을 길게 늘이고, 윗입술을 말아 올리듯하고, 누런 이빨들을 드러내고는 흙냄새를 맡았다. 그런 뒤 코를 벌름거리고, 앞다리를 부자연스럽게 구부렸다. 두냐시카는 고삐를 세게 잡아당겼다. 그러나 말은 말을 듣지 않고 길게 가로누웠다.

"재우질 잃있구나."

판테레이 프로코피에비치가 마구간에서 소리쳤다. "잘 봐라. 안장이 그대로 얹혀 있지 않느냐? 먼저 안장부터 벗겨야지, 맹추 같은 년!"

가슴에 솟아오르는 것에 여전히 귀를 기울이며 그리고리는 천천히 말에게로 다가가 안장을 내렸다. 그리고 괴로움을 누르며 두냐시카에게 웃어 보였다.

"아버님이 좀 잔소리가 많아지신 게 아니냐?"

"언제나 그러세요." 두냐시카도 웃어 보였다.

"조금 더 끌고 돌아다녀 줄래?"

"이젠 많이 가라앉았어요. 그래도 좀 더 하죠."

"재우라고 하셔도 상관 마라. 좀 못 자게 하는 편이 좋을 게다."

"이상하군요, 오빠는…… 슬프지 않으세요?"

"그렇게 생각하니?"

숨을 몰아쉬며 그리고리는 대꾸했다.

연민의 정에 사로잡힌 두냐시카는 그의 어깨에 키스하고 왠지 눈물을 흘릴 듯이 마음이 흔들려서 홱 몸을 돌려 말을 가축우리 쪽으로 끌고 갔다.

그리고리는 아버지에게로 갔다. 아버지는 마구간에서 부지런히 말똥을 긁어내고 있었다.

"너의 애마(愛馬)에게 방을 마련해 줄 생각이다."

"어째서 직접 하십니까? 제 손으로 정리할 텐데요."

"너까지 그런 걱정을 하는구나! 왜 내 몸이 어디 나쁘기라도 하냐? 난 말이다, 화승총(火繩銃)같이 튼튼하다. 좀처럼 부서지지 않아! 아직은 젊은 애들 못지않게 뛸 수 있다. 내일은 호밀을 베러 가려고 한다. 너는 당분간 있을 거냐!"

"한 달쯤입니다."

"그거 잘 됐다! 밭에 나가 보지 않을래? 일을 하면 슬픔도 다 잊혀진다……"

"저도 그렇게 생각합니다."

노인은 갈퀴를 내던지고 소매로 이마의 땀을 훔치고는 위로하듯이 말했다.

"집에 들어가서 점심식사라도 해라. 이…… 슬픔에서는 어디로도 도망칠 수가 없어…… 도망칠 수가 없는 거야…… 반드시 그렇지……"

일리니치나는 식탁을 차려 놓고, 깨끗한 냅킨을 내주었다. 그리고리는 또 생각을 떠올렸다…… '전에는 나탈리야가 시중을 들어 주었었는데……' 가슴 속의 격렬한 동요를 드러내지 않으려고 그는 급히 먹어댔다. 아버지가 볏짚으로 마개를 한 탁주가 담긴 단지를 헛간에서 들고 나오자, 그리고리는 그것을 받을 생각으로 아버지에게 시선을 보냈다.

"그녀의 명복을 빌어 줘라."

완강한 말투로 판테레이 프로코피에비치는 말했다.

그들은 한 잔씩 마셨다. 노인은 거푸 찰랑찰랑 넘치도록 따르고 한숨을 내쉬었다.

"1년 사이에 우리 집에서 두 사람이나 없어졌구나…… 죽음의 신이 우리 집에 달라붙었나 보다."

"이젠 그런 얘기는 그만 하시기로 해요, 아버지!"

그리고리는 당부했다.

그는 연거푸 두 번째 잔을 비우고는 술기운이 몸에 붙어 다니는 추억을 내몰아주기를 바라며, 마른 생선을 질겅질겅 씹어댔다.

"귀리가 올해는 풍년일 게다! 다른 것에 비해 썩 잘 됐어!"

판테레이 프로코피에비치는 자랑스러운 듯이 말했다. 그러나 그 자신만만한 어조 속에서 그리고리는 뭔가 꾸민 듯한 부자연스러움을 느꼈다.

"그러면 밀은요?"

"밀? 그게 적다. 서리에 녹았어. 하지만 뭐 걱정할 정도까지는 아니야. 35푸드 내지 40푸드는 된다. 올해 완두가 풍년이었다만, 우리 집엔 그만 올해는 씨를 뿌리지 않았어. 하지만 뭐 그리 안타깝게 생각지는 않는다. 이런 전쟁 통에 곡물을 어디로 보낸단 말이냐? 파라몬의 창고로는 도저히 실어갈 수도 없고, 그렇다고 해서 움 속에 넣어둘 수도 없으니까. 전선이 가까워지면 타바리시치(군대)들이 핥듯이 싹 쓸어 가져가고 마니까. 하지만 너 말이다, 올해 수확이 없다고는 해도 2년치 곡물 걱정은 없다. 우리집에서는 다행히 움 속에서도 가득 쌓여 있고, 바깥에도 웬만한 곳에는 아직 놔두었다……"

노인은 교활하게 눈을 껌빅거리고 말했다.

"다시카에게 물어봐라. 만일의 경우를 위해 얼마나 숨겨 두었는가! 구덩이가 네 키만큼은 깊고, 너비는 두 팔을 쫙 펴도 닿지 않을 정도야. 그 구덩이의 아가리까지 꽉꽉 채워져 있단다! 이 고약하고 재미없는 요즘 세상이 우리를 조금 가난해지게 했다만, 전쟁만 없었더라면 나는 꽤 부자로 살게다……"

노인은 취한 듯이 자신의 농담에 빙긋 웃었으나, 조금 뒤에는 아주 의젓하게 수염을 훑으며 사무적인 진지한 어조로 말했다.

"너는 그녀의 어머니를 어떻게 생각하는지 모르겠다만, 이것만은 너에게 말해야겠다. 나는 그분을 생각해서 생활을 보살펴 왔다. 그분이 직접 말하지는 못하더라만, 나는 다음날 곡물을 달아 보지도 않고 수레에 가득 실어 주었다. 죽은 나탈리야도 이 일을 알면 눈물을 흘리며 기뻐할 게다…… 자, 세 번째 잔을 들자! 내게는 단 하나의 즐거움인 네가 있지 않느냐!"

"무슨 말씀이세요? 마시고말고요."

그리고리는 동의하고 잔을 내놓았다.

그때 식탁에 몸을 옆으로 대고 미샤토카가 머뭇머뭇 다가왔다. 그는 아버지 무릎 위에 올라앉아서 턱을 쑥스러운 듯이 만지고 입술에 세게 키스했다.

"웬일이냐, 애야?"

그리고리는 눈물로 흐려진 아이의 눈을 들여다보고, 고약한 탁주 냄새가 아들의 얼굴에 닿지 않도록 애쓰면서, 놀라서 물었다.

미샤토카는 작은 목소리로 대답했다.

"엄마가 아직 살아 있어서…… 침대에 누워 있었을 때, 나를 부르더니, 아빠에게 이렇게 말해 달라고 했어. '아빠가 돌아오시면—엄마 대신에 키스하고, 저를 귀여워해 주세요라고 말해라' 그랬어. 그것 말고도 엄마는 또 뭐라고 했는데, 난 벌써 잊어버렸어."

그리고리는 잔을 놓고, 창 쪽으로 얼굴을 돌렸다. 방 안에는 한동안 무겁고 답답한 침묵이 흘렀다.

"그만 마시겠어요."

그리고리는 아들을 무릎에서 내려놓고 일어서더니 급히 현관 방쪽으로 갔다.

"잠깐 기다려라. 너 고기 좀 들지 그러느냐? 닭고기를 볶은 것하구 푸딩이 있을 텐데!"

일리니치나는 페치카 쪽으로 뛰어갔으나, 그리고리는 벌써 문을 쾅 소리나게 닫았다.

갈 곳도 없이 뜰을 서성이면서 그는 가축우리와 마구간을 들여다보았다. 말을 보고는 '씻어 주어야 되겠구나' 생각했다. 그런 뒤에는 창고 처마 밑으로 다가갔다. 풀을 베는 데 쓰는 풀 베는 기계 옆에 소나무 토막과 대팻밥, 구부러진 널빤지 조각 따위가 흩어져 있었다. '아버님이 나탈리야의 무덤을 만드셨구나' 그러고서 그리고리는 재빨리 입구 계단을 올라갔다.

이들의 뜻에 양보해서 판테레이 프로코피에비치는 준비를 서둘러 말들을 타작 기계에 매고, 물을 담은 통을 싣고 그리고리와 함께 한밤중에 밭으로 향했다.

18

그리고리가 괴로워한 것은 그가 나탈리야와 살았던 6년이란 세월 동안에 자기 나름으로 나탈리야에게 애정을 기울이고, 어느 샌가 그녀에게 정이 든 탓만은 아니었다. 그녀를 죽게 한 책임이 자신에게 있음을 그는 뼈저리게 느끼고 있었다. 만일 나탈리야가 생전에 못마땅한 짓을 하고 애들을 데리고 친정에 돌아가 있었거나, 혹은 그녀가 믿음을 저버린 남편에 대한 증오를 불태우며 조금도 화해할 기미를 보이지 않고 죽게 된 것이었다면, 그리고리도 틀림없이 이토록 강하게 안타까운 마음을 가지게 되지는 않았을 것이고, 후회스런 마음으로 이렇게까지 괴롭지는 않았을 것이었다. 그런데 일리니치나의 이야기에 의해서 나탈리야가 자신의 이제까지의 모든 것을 용서했다는 것, 임종 무렵까지 자신을 사랑하고 자신에 대한 것을 생각하고 있었다는 것을 알게 된 것이었다. 그 모든 게 그의 괴로움을 한층 더 깊게 하고, 그의 양심에 끊임없이 비난의 화살을 퍼부었으며, 지나온 세월과 그 무렵 자신의 행위를 싫든 좋든 간에 돌이키게 했다……

그리고리는 아내에 대해서 차가운 무관심, 때로는 적의마저 느낀 시기가 있었다. 하지만 지난 한 두 해 동안에 그는 다른 태도로 아내를 대해 왔다. 나탈리야에 대한 그의 태도가 달라진 주된 원인은 아이들에게 있었다.

처음에 아이들에 대해서 그리고리는 요즘과 같은 아버지로서의 애틋한 정을 가지고 있지 않았다. 전선에서 돌아와 있던 짧은 기간에만 그는 어쩔 수 없이, 그리고 어머니에게 어느 정도의 기쁨을 주기 위해서 그들을 어르기도 하고 귀여워하기도 했다. 자신은 그런 것의 필요성을 조금도 느끼지 않았을 뿐 아니라, 나탈리야가 보여 주는 강렬한 모성(母性)의 정(情)까지도 믿어지지 않는 듯 놀라움으로 볼 때도 있었다. 그리고 밤마다 오래토록 어린애에게 젖을 먹이는 아내에게 분노와 비웃음이 섞인 말을 한 것도 한두 번이 아니었다.

"어째서 그렇게 미치광이같이 난리를 치오? 아이가 잠깐만 울어도 곧 벌떡 일어나잖아? 괜찮으니까, 실컷 울게 내버려 둬요. 그야말로 금덩어리 눈물이 떨어지는 것도 아니니까!"

아이들도 그에 대해서는 대체로 무관심했다. 하지만 자람에 따라서 아버지에 대한 애착이 늘었다. 아이들의 애정은 즉시 그리고리에게 그 애정에 걸맞는 감정을 불러일으키고, 그 감정은 불길처럼 나탈리야에게 옮겨졌다.

아크시냐와의 사이가 틀어진 뒤, 그리고리는 한 번도 아내와 헤어진다는 따위를 진지하게 생각한 적이 없었다. 다시 아크시냐와 가까워진 뒤에도 그는 그녀가 언젠가는 아이들의 어머니가 되리라는 생각은 하지 않았다. 그는 그 두 여자를 각각 다른 방식으로 사랑해도 좋다는 생각은 있었다. 그러나 아내를 잃자, 갑자기 아크시냐에 대해서 왠지 싫은 느낌이 일었다. 그럴 수밖에 없는 것이, 그녀가 두 사람의 관계를 다 털어놓는 바람에 나탈리야를 죽음으로 치닫게 했으므로 그녀에게 얼마쯤 적의마저 품게 된 것이다.

밭에 나가서 일로 자신의 슬픔을 잊으려고 제아무리 애써도, 그리고리의 머릿속에는 그 일만이 꽉 들어차 있었다. 그는 여러 시간을 타작 기계에 달라붙어서 녹초가 되도록 자신을 혹사(酷使)했지만, 그래도 역시 나탈리야 생각이 떠오르는 것이었다. 기억은 훨씬 전에 지나가버린, 대개는 결혼 생활에서의 대수롭지 않은 일들과 주고받은 갖가지 말들을 끈덕지게 되살렸다. 차례차례 잇따라 떠오르는 추억의 고삐를 늦추자마자, 그의 눈앞에는 방긋 웃음 짓는 살아 있을 적의 나탈리야가 나타났다. 그는 그녀의 모습과, 걸음걸이와, 머리를 매만지던 손놀림과, 웃음과, 목소리의 억양을 생각해 냈다……

사흘째에 보리 거두기가 시작되었다. 막 한낮이 지났을 무렵 판테레이 프로코피에비치가 말을 세웠을 때, 그리고리는 타작 기계의 뒤쪽 받침에서 내려 짧은 갈퀴를 손수레 위에 놓고 말했다.

"아버지, 잠시 집에 좀 다녀오렵니다."

"무슨 일이냐, 또?"
"갑자기 애들 얼굴을 보고 싶어서 견딜 수가 없군요……"
"그럼 다녀오너라. 우리는 그동안에 쌓아올리고 있겠다."
노인은 선뜻 동의했다.
그리고리는 재빨리 타작 기계에서 자기 말을 떼어내 올라타더니, 재빨리 억센 털처럼 그루터기들이 서 촘촘히 박혀 있는, 보리를 베어낸 누런 밭 위를 보통 속도로 달려 길 쪽으로 나아갔다.
"아빠에게 말이야, 저희를 귀여워해 주세요 라고 말씀드려라!"
그의 귓가에는 나탈리야의 목소리가 울렸다. 그리고리는 눈을 감고 고삐를 놓았다. 그리고 추억에 잠기면서 말이 제멋대로 가도록 그냥 놔두었다.
감청색 하늘에는 바람에 불려 흩어진 성긴 구름이 흔들림 없이 떠 있었다. 곡물을 거둔 밭 위를 흰부리까마귀들이 비척비척 걸어 다니고 있었다. 까마귀들은 떼를 이루어 볏가리 위에 둥우리를 틀어놓고 있었다. 최근에야 막 깃털이 돋아나서 날아오르는 날갯짓이 아직 미덥지 못한 어린 새들에게 어미 새가 부리로 먹이를 주고 있었다. 곡물을 다 거둔 밭 위에 까마귀들의 까악까악 우는 소리들이 떠돌고 있었다.
그리고리의 말은 걸핏하면 도로 옆으로 가려고 했다. 때로는 걸으면서 전동싸리의 가지를 물어뜯고는, 재갈을 철거덕철거덕 소리 내며 씹었다. 먼 곳에 다른 말이 보이자 말은 한두 번 멈춰 서서 크게 울었다. 그런 때에 그리고리는 퍼뜩 제정신이 들어 말을 내몰고는 공허한 시선을 멍하니 들 위에, 먼지투성이 길에, 여기저기 드문드문 보이는 누런 볏가리에, 또는 무르익은 수수밭으로 옮기었다.
그리고리가 집에 돌아오자마자 프리스토냐의 모습이 띄었다. 꾀까다로워 보이는 모습으로 그 더위에 영국군의 나사(螺絲) 윗옷과 폭넓은 바지를 입고 있었다. 그는 깎아낸 자국이 아직 생생한 물푸레나무로 만든 긴 지팡이를 짚고 와서 인사를 했다.
"문안드리러 왔습니다. 댁의 불행을 이미 전해 들었습니다. 그런데 나탈리야 미로노브나의 장례는 치르셨습니까?"
"자넨 어떻게 전선에서 돌아왔나?"
그리고리는 상대의 질문은 듣지 못한 체하며 먼저 물었다. 그러고는 보기

훙하게 거의 고양이 등처럼 흰 프리스토냐의 모습을 만족스러운 듯이 빤히 훑어보았다.

"부상당해 치료하러 와 있었습니다. 한꺼번에 배때기를 뚫고 탄환이 2발이나 날아들었답니다. 아직도 이 창자 옆에 들어 있어서 아주 꼼짝도 안 합니다. 그래서 이렇게 소나무 지팡이 신세를 지고 있지요."

"어디서 그렇게 당했나?"

"바라쇼프 근처입니다."

"바라쇼프는 점령되었나? 어쩌다가 그렇게 된 건가?"

"공격 하러 나갔었지요. 그리고 그 바라쇼프도 포보리노도 함께 떨어졌는데, 나는 반대로 당하게 된 겁니다."

"이봐, 자세히 얘기해 주게. 누구와 함께 어느 부대에 있었고, 자네와 함께 있었던 부락 사람은 누구누구였나? 어쨌든 좀 앉자구. 자, 담배 피우게."

그리고리는 새로운 사람이 나타나 준 것이, 또한 자신이 겪은 일들과는 뭔가 다른 것을 듣게 된 것이 반가웠다. 프리스토냐는 그리고리가 자신의 위로를 필요로 하고 있지 않음을 알아채자, 어느 정도 거기에 맞춘 태도로 바꾸어 기꺼이 그러나 더듬더듬 소랴쇼프 탈환이며 자신의 부상에 대해서 이야기하기 시작했다. 커다란 잎담배를 빨면서 그는 굵은 목소리로 말했다.

"우리는 도보대형(徒步隊形)으로 해바라기 밭을 전진하고 있었습니다. 그때 그놈들이 뭡니까, 기관총에서, 대포에서, 그리고 소총에서는 말할 것도 없이 펑펑 날아오더군요. 저는 사실 가만히 있어도 눈에 띄기 쉬운 인간입니다. 산병선(散兵線)에 끼여 나갔지만, 닭들 속의 거위 같아서요, 아무리 구부리고 구부려도 역시 저만은 훤히 다 보입니다. 그러니 망할 것들, 바로 그 탄환놈들이 저를 붙든 것입니다. 제가 키가 컸으니까 망정이지, 조금만 더 작았더라면 분명 머리에 얻어맞았을 겁니다! 망할 것들, 하기야 날 만큼은 날아서 이미 맥없이 비슬거리던 놈들이었지요. 그래도 꽤 호되게 쳤어요. 뱃속이 철렁했을 정도였습니다. 게다가 어느 놈 할 것 없이 죄다 바싹 닳아서, 말하자면 페치카에서 날아온 것 같은 놈들이었습니다…… 손으로 그 자리를 만져 보니까 잡히더라구요—뱃속에 의젓이 있었는데, 혹처럼 가죽 밑으로 둥글둥글하게 만져졌습니다. 한 개는 다른 한 개의 4분의 1정도였습니다. 그런 뒤 저는 그놈들을 손가락으로 문지르며 쓰러졌던 겁니다. 그다지 재미

없는 장난이다, 이런 장난은 딱 질색이다, 생각했습니다. 누워 있는 편이 나았지요. 그렇게 하지 않으면 또 다른 놈이, 그것도 터무니없는 개망나니가 날아와서 뚫고 나갈 것이 틀림없거든요. 그래서 누워 있었습니다. 아니, 아닙니다, 그놈들을, 그 탄환들을 만져 보려 했던 겁니다. 그랬더니, 망할 것들, 역시 거기에 있었습니다. 1개는 다른 1개의 바로 옆에 있었지요. 저는 깜짝 놀랐습니다. 이놈들, 비겁한 놈들이 뱃속으로 기어들어 왔으니, 도대체 어떻게 될 것인가? 창자들 사이에서 데굴데굴 굴러다니게 되면 의사가 어떻게 찾아낼 것인가? 그런 생각을 하니, 조금도 달갑지 않았습니다. 인간의 몸이란 건 말입니다, 저도 그렇지만요, 말랑말랑합니다. 탄환이란 놈이 소중한 창자에까지 슬슬 발을 뻗으면, 그때는 어디로 가건 우편마차의 방울처럼 달랑달랑 울리고, 만사 끝장입니다. 몸이 엉망으로 되고 말 겁니다. 저는 누워 있었습니다. 그다음에 해바라기의 모가지를 비틀어서 씨를 따 먹고 있었습니다. 하지만 사실 속으로는 두려워 견딜 수가 없었습니다. 우군의 산병선은 멀어져 그 바라쇼프가 점령되었던 건데, 저는 거기로 보내져 티샨스카야의 야전 병원에 들어가 있었습니다. 그런데 군의(軍醫)란 녀석이 정말 참새처럼 입이 싼 녀석이었습니다. 끊임없이 투덜거렸습니다. '어떻게든 탄환을 꺼내야 하잖나?' 사실, 저도 좀 마음이 놓이질 않더군요…… '이놈들 말이죠, 군의관님, 창자로 들어갔습니까?' 물어보았지요. 그랬더니 그 군의는 '아냐, 들어가진 않았네' 했습니다. 과연 그런가 하고 그때는 생각했지요. 그러나 곧 녀석들을 꺼내게 해선 안 된다고 생각했지요. 저는 그 수법에 속지 않습니다. 끄집어내고 상처 아가리에 가죽이 붙건 붙지 않건 간에 다시 부대로 돌아가게 될 거거든요. '아닙니다' 저는 말했습니다. '군의관님 그만두십시오. 저는 녀석들하고 같이 지내는 편이 더 즐겁습니다. 녀석들을 집에 가지고 돌아가서 아내에게 보여 주고 싶습니다. 녀석들은 말이죠, 저에게 방해도, 별로 성가실 것도 없습니다.' 군의는 냅다 저를 욕했지만요, 결국은 1주일 동안 휴가를 주었습니다."

입이 크게 벌어져 웃으며 그리고리는 그의 천진한 이야기에 귀를 기울였다. 그리고 마지막으로 물었다.

"자넨 어디에, 어느 연대에 있었나?"

"제4 혼성 부대입니다."

"부락 사람 가운데 누가 자네와 함께 있었나?"
"여럿 있었습니다—아니쿠시카, 스코페츠, 베스프레브노프, 코로베이진 아킴, 미로슈니코프 쇼므카, 고르바쵸프 치혼……"
"그래, 카자흐들은 어땠는가? 별 불평 없었나?"
"모두들 사관에게 화를 냈지요. 형편없는 악당들이 배속되니, 살아 있는 게 싫어지더군요. 게다가 거의 다 러시아인들이고, 카자흐 사관은 하나도 없었습니다."
프리스토냐는 이야기하면서 윗옷의 짧은 소매를 자꾸 잡아당겼다. 그리고 자기의 눈이 믿어지지 않다는 듯이, 이상하다는 듯이 영국제 바지 무릎의 보풀이 인 썩 고급인 나사(螺絲) 천을 찬찬히 쳐다보다가 매만지고는 했다.
"게다가 발에 딱 맞는 구두를 끝내 찾지 못하고 말았습니다."
생각에 잠긴 듯이 그는 말했다.
"영국이란 나라의 인간들에게는 이런 훌륭한 발이 생기지 않나 봅니다…… 우리는 밀을 심어서 먹고 있지만, 거기선 이미 러시아와 마찬가지로 호밀에만 눌러 붙어 있나 봅니다. 이런 발은 녀석들에게 생기지 못합니다. 중대원 전체에게 의복과 구두, 그뿐 아니라 냄새 좋은 담배가 배급되지만, 역시 아무래도…… 별로더군요……"
"뭐가 별로더란 말인가?"
그리고리는 다소 흥미를 느끼며 되물었다.
프리스토냐는 빙긋 웃고 말했다.
"겉모양은 좋은데, 질이 좋지 않더군요. 게다가 카자흐에게 전투할 의욕은 없었습니다. 그러니 이런 전쟁은 아무 이득이 없을 겁니다. 카자흐들은 호표르스키 관구에서 그 이상은 한 발짝도 더 가지 않겠다며 떠들고 있었습니다……"
프리스토냐를 보낸 뒤, 잠시 생각을 다져 그리고리는 뜻을 굳혔다. '1주일쯤 있다가 전선으로 돌아가자. 여기에 있다가는 다들 기분만 더 울적해질 거다.' 저녁때까지 그는 집에 있었다. 어린 시절을 생각해 내며 그는 미샤토카에게 갈대로 풍차를 만들어 주고, 말갈기로 참새 잡는 덫을 만들어 주었다. 딸에게는 빙글빙글 도는 수레바퀴와, 기묘하게 장식된 채가 달린 마차를 솜씨 좋게 만들어 주었다. 또한 조각천으로 인형도 만들려고 했으나, 이것은 끝내 그의 손으로 완성하지 못하고 두냐시카의 도움을 빌려야 했다.

아이들은 태어난 뒤로 단 한 번도 아버지에게서 이런 배려를 받은 적이 없었으므로, 처음에는 그의 말을 믿으려고 하지 않았다. 그러나 나중에는 잠시도 그의 곁을 떠나려 하지 않았다. 밤이 되어 그리고리가 밭에 갈 준비를 하자, 미샤토카는 눈물을 억지로 참으려 강하게 말했다.

"아빠는 언제든지 이래! 잠깐 들렀다가는 금세 우리를 내버리고 간단 말이야…… 덫도, 풍차도, 딸랑이도 가져가. 죄다 가져가! 난 다 싫어!"

그리고리는 커다란 손으로 아들의 귀여운 손을 꼭 잡고 말했다.

"그러면 이렇게 하자. 너는 남자니까, 아빠하고 같이 밭으로 가자. 밭에 가서 보리도 베고, 쌓아올리기도 하자. 타작 기계 위에 할아버지하고 같이 올라앉아서 말을 몰아라. 거기에 가면 메뚜기들이 많단다! 숲속에는 여러 가지 새들도 가득하지! 표류시카는 할머니하고 같이 집에 남아서 집안일을 해라. 포류시카는 서운하게 생각지 마라. 포류시카는 여자니까 마루도 훔치고 할머니에게 작은 양동이로 돈에서 물을 길어다 드리기도 해라. 여자가 할 일은 집에 얼마든지 있거든. 알겠지?"

"예!"

몹시 기뻐서 미샤토카는 소리 질렀다. 그의 눈은 벌써부터 만족감으로 반짝거렸다.

일리니치나가 반대하려 했다.

"어디로 데리고 간다구? 당치도 않구나! 대체 그 애를 어디에다 재운단 말이냐? 그리고 거기서 누가 그 애를 돌봐 준단 말이냐? 농담이 아니야─말 옆에 갔다가 발을 밟히거나 뱀에 물릴 게 뻔해. 애비하구 같이 가지 마라, 애야. 집에 남아 있거라!"

그녀는 손자에게로 얼굴을 돌렸다.

그러자 미샤토카는 갑자기 두 눈을 무섭도록 가늘게 뜨고─그것은 조부 판테레이가 흥분해서 고함칠 때와 꼭 같았다─주먹을 움켜쥐고는 울음 섞인 새된 목소리로 외쳤다.

"할머니, 말리지 마! …… 어쨌든 나는 갈거야! 아빠, 할머니가 말하는 거 듣지 마! ……"

웃으면서 그리고리는 아들의 손을 잡고는 어머니를 설득했다.

"제가 데리고 갈게요. 그리고 보통 속도로 갈 텐데 제가 아이를 떨어뜨릴 거라고 생각하세요? 이 애가 입을 것이나 어서 좀 준비해 주세요. 어머니, 걱정하실 거 없어요. 잘 데리고 있다가 내일 밤까지는 데리고 돌아올 테니까요."

이렇게 해서 그리고리와 미샤토카 사이의 우정은 싹트게 되었다.

타타르스키 부락에서 보낸 2주일 동안에 그리고리는 딱 세 번, 그것도 언뜻 아크시냐를 보았다. 그녀는 그녀 자신에게 있는 재지(才知)와 기지(機智)로, 지금은 그리고리의 눈앞에 모습을 드러내지 않는 편이 낫다고 판단하고 그와 마주치는 일을 피하고 있었다. 여자의 민감함으로 그녀는 그의 기분을 알아챘다. 따라서 그에 대한 자기의 감정을 조금이라도 조심성 없이 때를 가리지 않고 겉으로 드러내면, 오히려 그의 반감을 사게 되어 두 사람의 관계에 어떤 오점(汚點)을 남기게 될 수도 있음을 알고 있었다. 그녀는 그리고리 쪽에서 이야기를 걸어올 때를 기다렸다. 그 기회는 그가 전선으로 출발하기 전날 밤에 기어이 찾아왔다. 그는 밭에서 곡물을 실은 짐마차에 타고 집으로 오고 있었다. 돌아오는 것이 좀 늦어져 있었다. 짙은 저녁 어스름 속에 들 맨 끝의 작은 길에서 그는 아크시냐와 마주쳤다. 그녀는 아직 먼 곳에서 인사를 하고, 겨우 알아볼 정도로 미소를 띠었다. 그녀의 미소는 기대와 더불어 불안에 찬 것이었다. 그리고리는 인사를 받고, 그냥 묵묵히 지나칠 수가 없었다.

"별일 없었소?"

그는 고삐를 약간 당겨서 말의 가벼운 걸음걸이를 억제하며 물었다.

"그래요, 고마워요. 그리고리 판테레에비치."

"어째서 전혀 보이지 않았소?"

"밭에 나가 있었어요…… 혼자서 일을 다해내고 있는 걸요."

짐마차 위에는 그리고리를 따라 미샤토카가 타고 있었다. 그래선지 그리고리는 말을 세우지 않고, 또한 그 이상은 아크시냐와 말을 주고받지도 않았다. 그는 몇 미터쯤 지나오다가 뒤에서 쫓아오는 목소리를 듣고 돌아다보았다. 아크시냐는 울타리 옆에 서서 말했다.

"부락에 오래 계실 거예요?"

손으로 꺾은 카밀레의 꽃잎을 흥분한 손놀림으로 쥐어뜯으며 그녀는 물었다.

"이삼 일 있다 떠날 거요."

아크시냐가 그 순간 입을 다문 모습으로 미루어, 그녀가 아직도 뭔가를 더 물으려 하고 있음은 분명했다. 그러나 왠지 더 묻지 않고 아무렇지도 않다는 듯이 손을 홱 흔들더니, 급한 걸음으로 목장 쪽으로 걸어갔다—한 번도 뒤돌아보지 않고.

19

하늘은 짙은 구름에 휩싸였다. 채에 걸러진 듯한 가는 비가 살살 내렸다. 보리를 베어낸 곳에 돋아난 어린 풀들과, 키 큰 잡초들과 들 여기저기에 흩어져 있는 찔레나무 덤불들이 빛나고 있었다.

일정보다 빨리 부락에서 출발하게 되자 프로호르는 몹시 화를 냈다. 그는 말도 하지 않고 말을 몰며, 도중에 그리고리에게 한 마디도 하지 않았다. 세바스챠노프스키 부락을 막 지났을 때쯤 말 탄 카자흐 셋을 만났다. 그들은 말머리를 서로 나란히하고 뒤꿈치로 말의 배를 가볍게 차면서 떠들썩하게 이야기들을 하고 있었다. 그중 손으로 짠 회색 덧옷을 입고 붉은 턱수염을 기른 중년의 한 사내가 멀리서 그리고리를 알아보고는 큰 소리로 일행에게 말했다.

"야, 저건 멜레호프 아닌가. 이봐요!"

그러고는 그리고리와 나란히 서게 되자 커다란 밤색 털의 말을 세우고 말했다.

"안녕하십니까, 그리고리 판테레에비치!"

"네, 안녕하시오?"

그리고리는 음침한 표정을 가진 붉은 수염의 카자흐를 어디서 만난 적이 있는가를 기억해 내려고 부질없이 애쓰면서 대꾸했다.

그가 최근에 소위로 갓 승진했음을 금방 알 수 있었다. 그는 동료 카자흐 병사들과 혼동되지 않도록 덧옷 위에 아주 새것인 견장을 달고 있었다.

"저를 알아보지 못하시겠어요?"

그는 바싹 옆으로 말을 가까이 대고 불빛처럼 붉은 털이 가득 난 큰 손을 내밀고 술냄새를 푹푹 풍기면서 말했다. 강렬한 자기만족이 풋내기 소위의 얼굴에서 엿보이고 조그마한 옥색 눈은 불꽃을 뿜고 붉은 콧수염 밑의 입술이 미소 짓느라고 풀려 있었다. 농민용 덧옷을 입은 장교의 우스꽝스러운 모습이 그리고리를 유쾌하게 했다. 그는 거리낌 없이 비웃으며 대답했다.

"알아보지 못하겠는걸. 아무래도 나는 당신이 일반 병사였을 때 만났던 것 같은데…… 당신은 최근에 소위가 되었지, 아마!"

"그렇습니다! 된 지 겨우 1주일쯤 지났습니다. 제가 당신과 만났던 곳은 쿠지노프 사령부로, 성모(聖母) 수태고지제(受胎告知祭)의 전날 밤이었습니다. 그때 당신은 어떤 재난에서 저를 구해 주셨습니다. 생각나십니까? 이봐, 트리폰! 먼저 슬슬 가고 있으라구. 바로 뒤쫓아 갈 테니까!"

턱수염의 사내는 조금 앞쪽에서 말을 세워 놓고 기다리는 카자흐들을 향해 소리쳤다.

그리고리는 어떤 상황 속에서 이 붉은 털의 소위를 만나게 되었던가를 겨우 생각해냈다. 그리고 세마크라는 이 사내의 별명과, "그놈 같으면 정말이지 백발백중일 거야. 달려가는 토끼를 소총으로 쏘아서 죽이니까. 전투에서는 무모하게 대단한 척후일 테지만, 지능은 어린애나 다름없다구" 이렇게 쿠지노프가 그에 대해 평가하던 것도 생각났다. 세마크는 반란 때 중대를 지휘해서 어떤 죄를 범했다. 그 죄에 대해서 쿠지노프는 처벌을 하려고 했는데, 그때 그리고리가 가로막았다. 그래서 세마크는 용서받아서, 중대장 자리에 머물러 있을 수 있었던 것이다.

"전선에서 오는 길인가?"

그리고리가 물었다.

"그렇습니다. 휴가를 얻어서 노보호포르스크에서 돌아오는 길입니다. 젠장, 160킬로미터나 멀리 돌아 스라시쵸프스카야에 들렀다가 왔습니다. …… 거기에 친척집이 있거든요. 저는 은혜를 잊지 않습니다. 그리고리 판테레에비치! 부디 사양하지 말아 주십시오, 당신에게 대접하고 싶습니다, 네? 진짜배기 스피르토(술의 일종) 2병이 자루에 있는데, 이걸 같이 드시지 않으시렵니까?"

그리고리는 강하게 그 청을 거절했으나, 선물로 내민 스피트로 1병은 받아 두기로 했다.

"저쪽의 소동이야말로 엄청납니다! 카자흐들도 장교들도 보물더미에 묻혔을 정도이니까!"

세마크가 득의양양하게 말했다.

"저는 바라쇼프에도 갔었는데요. 거기를 점령하자마자 곧 바로 철도로 달려갔습니다. 거기에는 짐을 가득 실은 화물차들이 있었는데, 어떤 선로에나 화물들이 가득 있었습니다. 첫 번째 화물차에는 설탕, 다음 화물차에는 군장품(軍裝品), 세 번째 화물차에는 갖가지 재물이 있었지요. 카자흐 병사들 가운데에는 옷을 40벌이나 움켜쥔 녀석도 있었어요. 그 다음에 유대인들을 뒤지러 갔는데 정말 웃겼습니다! 저의 반 개(半個) 중에 끈질긴 놈들은 말이죠, 혼자 유대인들에게서 회중시계를 18개나 빼앗아 왔는데, 그중 10개는 금시계였습니다. 그놈은 그것들을 가슴에 죄다 매달았지요. 그야말로 꼭 돈 많은 상인 같았습니다! 그놈이 빼앗아 왔던 반지며 보석반지 같은 건 이루 다 헤아릴 수가 없을 정도였습니다! 어떤 손가락에는 두세 개씩 반지를 끼었으니까요……"

그리고리는 세마크가 어깨에 앞뒤로 걸쳐 멘 불룩한 자루를 가리키며 말했다.

"여보게, 그건 뭔가?"

"이거 말씀예요?…… 여러 가지가 들어 있습니다."

"역시 약탈한 것들인가?"

"약탈이라뇨? 그런 말씀 마십시오…… 약탈한 게 아니고, 분명히 규정에 따라 손에 넣은 겁니다. 우리 연대장은 '시가를 점령하라, 앞으로 이틀 동안은 너희 마음대로 해도 좋다' 말했거든요. 저도 남에게 뒤질 수야 없지 않습니까? 손에 닿는 대로 적위군 것을 가로챘습니다…… 다른 녀석들은 더 지독한 짓들을 했지요."

"대단한 군인들이군!"

그리고리는 혐오감을 품고 야비한 소위를 쳐다보며 말했다.

"자네 같은 것들은 도로의 다리 밑에 숨어서 강도짓이나 하는 게 낫겠어! 전쟁 같은 걸 할 주제가 못 돼! 전쟁을 약탈로 여기다니! 이 니절한 놈들! 엉뚱하게 새로운 장사 수단을 궁리해 낸 거로군! 자네들도, 자네 연대장도 따끔하게 벌을 받게 될 거라고 자넨 생각하지 않는가?"

"어째서 그렇습니까?"

"그런 짓들을 저질렀기 때문이지!"

"도대체 누가 벌을 준단 말씀이십니까?"

"물론 계급이 더 높은 사람이 준다."

세마크는 얄궂게 벙긋 웃고 말했다.

"그 상관들 자신이 죄다 그런 판인걸요! 저희는 자루나 짐수레 정도로 운반했지만, 그 상관들은 말이죠, 치중대를 동원해서 실어갔습니다."

"자네가 그것을 보았나?"

"보기만 한 게 아닙니다! 저 자신이 그런 치중대를 야르이젠스카야까지 호송해 갔었습니다. 은제(銀製) 식기, 찻잔, 숟가락만도 마차 한 대에 가득했습니다! 장교들 중에는 뛰어와서, '무엇들을 실은 거냐? 좀 보자!' 말을 한 자도 있었지만, 이건 아무개 장군의 사재(私財)라고 말하면 더 말하지 않고 가버렸습니다."

"그 장군이란 게 누구인가?"

그리고리는 눈썹을 찌푸리고 신경질적으로 고삐를 고쳐 쥐며 말했다.

"이름을 잊었는데…… 뭐라고 했더라! 잊어버렸습니다. 도무지 생각나지 않습니다! 글쎄, 그런 형편인데 그리고리 판테레에비치, 당신은 성을 내십니다. 성내실 이유가 없습니다. 정말로 모두들 그렇게 하고 있단 말씀입니다! 저야 다른 녀석들과 비교하면 새 발의 피입니다! 저는 너그럽게 빼앗았지만, 다른 놈들은 한길 한복판에서 사람을 발가벗기기도 하고, 여자들에게 함부로 폭행을 하기도 했습니다! 저는 그런 짓은 하지 않았습니다. 제게는 착실한 마누라가 있거든요. 아주 대단한 마누라이지요─그야말로 종마(種馬)입니다. 보통 여자가 아닙니다! 글쎄, 당신이 성내실 이유가 없습니다. 이보십쇼, 잠깐, 당신은 어디로 가시는 길입니까?"

그리고리는 냉랭하게 머리만 끄덕여 보이고 세마크와 헤어져서는 프로호르에게 말했다.

"자, 따라오게!"

그러고는 말을 보통 속도에서 갤럽으로 바꾸어 달리게 했다.

도중에 더더욱 자주, 휴가를 얻어 혼자 돌아가는 카자흐라든가 떼 지어 돌아가는 카자흐들을 만났다. 2필의 말이 끄는 짐마차들과도 심심찮게 만났다. 그들의 짐에는 방수(防水) 시트라든가 거친 천으로 덮개가 덮이고, 꼼꼼히 매어져 있었다. 짐마차 뒤에선 아주 새것인 여름 작업복과 카키색 적군용(赤軍用) 바지를 입은 카자흐들이 등자에 힘을 주고 갤럽으로 말을 몰고 있었다. 먼지투성이가 된, 볕에 그을린 카자흐들의 얼굴은 생기가 넘치고 즐거운 듯했다. 그러나 그리고리와 마주칠라치면 병사들은 얼른 스쳐지나가려 애쓰고, 구령이라도 내려진 듯이 모자의 차양에 손을 대고 경례를 하며 묵묵히 지나가 상당한 거리까지 멀어지게 되면 또다시 저희끼리 와자지껄 시끄럽게 떠들어댔다.

"장사꾼들이 가는군요!"

약탈한 재산을 실은 짐마차를 호위해 가는 기마병들의 모습을 멀리서 보며 프로호르는 비웃었다.

그러나 노획물을 지고 휴가차 돌아가는 자들 뿐만은 아니었다. 어떤 부락에서 말에게 물을 먹이기 위해 공동우물 옆에서 쉬고 있을 때 이웃집에서 노랫소리가 흘러나왔다. 어린아이처럼 맑고 고운 목소리로 미루어 젊은 카자흐가 노래하는 것임이 틀림없었다.

"분명히 군인의 송별회를 하고 있음에 틀림없습니다."

프로호르가 통으로 물을 길으면서 말했다. 전날 밤에 스피르토 1병을 다 마신 그로서는 해장술을 하는 것도 그다지 나쁠 것은 없었다. 그래서 그는 서둘러 말에게 물을 먹이고는 싱글벙글하며 이렇게 말을 꺼냈다.

"어떠세요! 판테레에비치, 저기에 가보지 않으시렵니까? 송별회로 술판을 벌인 모양이니, 우리도 한 잔 얻어마시게 될지 압니까? 집은 갈대지붕이지만 꽤 잘사는 듯합니다."

그리고리는 '젊은 카자흐' 환송잔치를 보러 가자는 데 동의했다. 울타리에 말을 매고 두 사람은 마당으로 들어갔다. 헛간 처마 밑의 둥근 여물통 옆에 안장이 얹힌 말 4필이 서 있었다. 곡물 창고 안에서 귀리를 수북하게 담은 철제(鐵製) 그릇을 든 소년이 나왔다. 소년은 흘끗 그리고리 쪽을 쳐다보더니 그대로 스쳐 울어대는 말 쪽으로 걸어갔다. 농가 저편에서 노랫소리가 들려왔다. 떨리는 높은 테너가 노래했다.

아무도 지나가지 않은
  그 길을……

굵고 은근한 베이스가 그 마지막 한 절을 되풀이해서 테너와 합창하고, 다음으로 또 다른 조화된 목소리가 거기에 끼어들었다. 그 가락은 장중하게, 천천히, 슬프게 흘렀다. 그리고리는 자기네들이 나타남으로써 그 가수들의 노래를 끊기게 하고 싶지는 않았다. 프로호르의 옷소매를 끌어당기고 소곤거렸다.

"잠시 기다리게. 얼굴을 들이밀면 안 돼. 아직 노래가 다 끝나지 않았네."

"이건 환송회가 아니군요. 에란스카야 마을 사람들은 저런 식으로 노래합니다. 이건 분명히 그 마을 출신들이 하는 노래입니다. 어떻습니까, 저렇게 노래를 길게 끄는 식으로 하지요!"

프로호르는 그리고리의 말에 찬성하듯이 대답하고 분한 듯이 퉤! 침을 튀겼다. 아무래도 한 잔 얻어 마시기는 틀린 듯했다.

우아한 테너는 싸움터에서 과오를 범한 한 카자흐의 운명을 노래했다.

사람의 발길도 말의 발길도 끊어진 길
그 길을 지금 카자흐 부대가 지나간다.
부대 뒤를 쫓아서 말이 한 마리 달려간다.
말의 체르케스 안장은 옆으로 어긋나고
끊어진 끈은 오른쪽 귀에 걸리고
비단 고삐는 다리에 얽혀 있다.
젊은 돈 카자흐는 뒤쫓아 가서
자기의 사랑하는 말을 소리쳐 부른다.
멈춰라, 기다려라, 귀여운 나의 애마(愛馬)야
나를 버리고 가지 마라.
네가 없으면 나는
첸첸의 악한들에게서 달아나지 못한단다……

노랫소리에 끌려서 그리고리는 농가의 흰 칠이 된 기둥에 등허리를 기댄 채 서 있었다. 말 울음소리도, 길을 지나가는 짐마차의 삐걱거리는 소리도 귀에 들어오지 않았다.

농가 저편에서 노래하던 사람들 중 하나가 한 곡을 다 마치고는 기침을 하며 말했다.
"끝 쪽에 비하면 앞쪽은 잘 부르지 못했소! 그래도 하는 수 없지요. 어차피 재주만큼 밖에 할 수 없는 거니까. 그런데 여러분, 이 병사들이 길을 가는데 필요한 것들을 뭣이든 좀 주지 않으시려오? 덕분에 충분히 먹기는 했지만, 이제부터 가는 길에 우리에게는 먹을 것이 하나도 없어서요……"

그리고리는 명상(冥想)에서 번뜩 깨어 집모퉁이에서 나갔다. 입구 계단 아래 층계에 젊은 카자흐 넷이 앉아 있었다. 그 4명을 둘러싸고 근처 농가에서 몰려온 아낙네, 노파, 어린이들이 두꺼운 사람 울타리를 이루었다. 노래를 듣던 여자들은 흐느껴 울며 프라토크 끝으로 눈물을 훔쳤다. 키가 크고 눈이 검으며 쭈글쭈글한 얼굴에 엄숙한 성상(聖像畵) 같은 아름다운 윤곽을 지닌 노파가 막 그리고리가 계단 쪽으로 다가갔을 때 말을 길게 끄는 이야기 투로 이렇게 말했다.

"여러분이야말로 정말 훌륭히 슬프게 노래를 하셨소! 여러분에게도 각각 어머님이 계실 텐데, 그 어머님들은 전쟁에서 죽어가는 아들들을 생각하고 날마다 눈물로 지내고 계시오……"

그때 나가서 인사를 한 그리고리 쪽을 보고 노란빛 도는 흰 눈을 반짝 빛내며 노파는 갑자기 증오하듯 말했다.

"이런 귀여운 꽃 같은 사람들도 말이오, 장교님 당신이 죽음으로 몰아넣고 있지요? 전쟁에서 죽이는 거지요?"

"그러한 우리 장교들도 죽는답니다."

그리고리는 눈썹을 찌푸리고 대답했다.

낯선 장교가 나타나자 낭패한 젊은 카자흐들은 얼른 일어나서 계단 위에 놓인 음식이 남은 접시들을 발로 밀어내기도 하고, 작업복이며 소총의 가죽 끈이며 칼의 가죽 끈을 매만지고 했다. 그들은 총을 어깨에서 풀어 놓지도 않은 채로 노래했던 것이었다. 그들 중 가장 나이 많은 자도 겉보기에 25살이 채 안 되는 듯했다.

"이디서 왔니?"

그리고리는 병사들의 젊고 싱싱한 얼굴들을 둘러보며 물었다.

"부대에서 오는 길입니다……"

그들 가운데 웃음을 머금은 듯한 눈을 가진 들창코의 카자흐가 애매하게 대답했다.
 "나는 어느 곳 출신들인가, 즉 어느 촌 출신들인가를 물었네. 이 고장 출신들은 아닐 게고……"
 "에란스카야 출신들입니다. 휴가로 돌아가는 길입니다, 사관님."
 그리고리는 그 목소리로 바로 그 사내가 합창의 선창자였음을 알아채고 미소를 지으며 말했다.
 "자네가 노래를 선창했지?"
 "그렇습니다."
 "그래, 자넨 썩 좋은 목소리를 가지고 있더군! 웬일로 자네들은 노래를 부른 건가? 무슨 기쁜 일이라도 있나? 취한 것 같아 보이지는 않는데……"
 먼지로 허옇게 된 앞머리를 뒤로 휙 쓸어 올리고, 거무스름한 뺨 위가 불그스름한 키 큰 아마빛 머리칼의 젊은이가 좀 전에 이야기 하던 노파를 곁눈질로 쳐다보고 당혹한 듯이 엷은 웃음을 떠올리면서 마지못해 입을 열었다.
 "뭐 나쁜 일은 없습니다…… 궁지에 몰려서 노래했던 겁니다. 이 고장에서는 음식을 잘 주지 않습니다. 준다고 해야 빵 한 조각 정도입니다. 그래서 저희는 노래라도 들려주기로 했던 겁니다. 노래를 부르기 시작하면 사람들이 듣고 몰려옵니다. 저희가 슬픈 노래를 부르면 모두 그것에 감동해서 비곗덩어리나 우유나 그 밖에 이런저런 음식을 들고와 주기 때문입니다……"
 "중위님, 저는 신부처럼 노래를 부르고 음식을 기부 받은 겁니다!" 선창자가 동료들에게 눈을 껌벅이고는 장난기 있어 보이는 눈을 가늘게 뜨고 웃으며 말했다.
 그들 중 하나가 가슴께 호주머니에서 기름으로 더러워진 종이조각을 꺼내어 그리고리에게 내밀었다.
 "이것이 제 휴가증명서입니다."
 "왜 그걸 나에게 보이지?"
 "의심하고 계시는가 해서요…… 저는 도망병이 아닙니다."
 "그런 건 징벌대(懲罰隊)를 만났을 때나 보여 주도록 해."
 그리고리는 못마땅한 듯이 말하고, 그래도 그들과 헤어지기 전에 한마디 주의시켰다.
 "밤중에만 길을 가는 게 좋을 거야. 낮에는 어디서 자도록 해. 자네들이 어떻게 그 증명서를 구했든 그 증명서는 별로 의존할 게 못돼…… 도장이 없잖아?"

"저희 중대에는 도장 같은 게 없습니다."

"어쨌든 징벌대 카르므이크인들에게 탄약 재는 쇠막대로 얻어맞고 쓰러지기 싫거든 내 충고에 따르도록 해!"

부락에서 30킬로미터쯤 떨어진 곳의 도로 바로 언저리에 있는 조그마한 숲을 300미터쯤 앞둔 곳에서 반대편에서 오던 2명의 말탄자들과 마주쳤다. 그들은 말 고삐를 당겨 늦추고 이쪽의 모습을 살피더니 곧 빙그르르 말머리를 돌려서 숲속으로 들어갔다.

"저건 증명서가 없는 놈들일 겁니다."

프로호르가 판단하여 말했다.

"보셨지요, 그놈들이 숲속으로 꽁무니를 빼는 모습을 말입니다. 이런 대낮에 돌아다니다니 배짱 좋은 녀석들입니다!"

또 다른 여러 명이 그리고리와 프로호르의 모습을 발견하자 발길을 돌려 급히 사라졌다. 슬그머니 집으로 도망쳐 걸어 돌아가는 중년의 카자흐는 해바라기밭 속으로 얼른 뛰어 들어가서 숨었는데, 그 모습은 마치 토끼가 밭 속으로 몸을 숨기는 것과도 같았다. 그 옆을 지나갈 때 프로호르는 등자를 꽉 밟고 일어서서 소리쳤다.

"어이, 어째서 그렇게도 서투르게 숨는 거냐? 머리만 숨겼지, 다 잘 보인다!"

그리고 일부러 성난 시늉으로 갑자기 거칠게 소리쳤다.

"자, 기어나와라! 증명서를 좀 보자!"

카자흐가 일어나서 등허리를 구부리고 해바라기밭 반대편으로 달려가자 프로호르는 큰 소리로 웃으면서 그 사내를 뒤쫓아 말을 달려가려고 했다. 그리고리가 소리쳐 프로호르를 말렸다.

"어리석은 짓 좀 하지 말라구. 내버려둬. 저 놈은 저렇게 지칠 때까지 뛰이기디기 공포에 말라죽고 말 기야……"

"어림없습니다! 보르조이 개도 저런 놈은 쫓아가지 못합니다! 10킬로미터 정도는 단숨에 뛰어갈 겁니다. 해바라기밭 속을 냅다 달려가는 꼴이라니! 어떻게 인간이 그다지도 재빠를 수 있나 저도 질릴 정도입니다!"

도망병을 힐끗으며 프로호르가 말했다.

"놈들이 아주 패거리를 져서 도망쳐 돌아가는 판이군요. 마치 자루에서 우르르 쏟아져 내리는 것 같습니다! 이런 상태라면, 어디 두고 보십시오, 장차 당신하고 저하고 둘이서만 전선을 지키게 될 겁니다……"

그리고리가 전선에 다가가면 다가갈수록 돈군(軍)의 부패를 드러내는 꺼림칙한 정경이 더욱더 눈앞에 광범하게 펼쳐졌다. 그 부패는 반란 카자흐 병사들을 보충해서 강화된 돈군이 북부 전선에서 최대의 전과(戰果)를 거둔 바로 그 순간부터 시작된 것이었다. 이미 그때 각 부대는 결정적인 공세로 옮겨서 적의 저항력을 분쇄할 힘뿐만 아니라, 적의 결사적인 급습(急襲)을 저지할 수도 없었다.

전선 가까이에 배치된 예비대가 주둔하고 있던 마을이나 부락의 장교들은 밤낮으로 술독에 빠져 있었다. 갖가지 큰 궤짝에는 아직 후방으로 보내 놓지 못한 약탈한 재물이 꽉꽉 채워져 있었다. 부대는 편성 인원의 60퍼센트밖에 남아 있지 않았다. 카자흐들은 자기네들 멋대로 휴가를 택했다. 카르므이크 인 들로 편성된, 들판을 온통 쑤시고 다니는 징벌대도 집단 탈주병의 물결을 저지할 수가 없었다. 카자흐 병사들이 점령했던 사라토프 여러 마을에서 카자흐들은 마치 외국 땅이라도 점령한 승리자들처럼 행동했다. 주민을 약탈하고 여자들을 강간하고 예비식량을 망가뜨리고 가축을 죽였다. 군을 보충하는 데에는 새파란 청년들에서 50세의 노인들이 동원되었다. 후방에서 전선으로 보내어진 보충 중대에서는 공공연히 전투를 거부하자는 말들을 하고, 보로네지 방면으로 이동된 각 부대에서는 카자흐 병사들이 사관에 대한 절대복종을 거부했다. 소문에 의하면 전방의 진지에서 사관이 살해되는 사건들도 빈번하다는 것이었다.

바라쇼프시에서 별로 멀지 않은 곳에 닿았을 때 이미 해질녘이 되었으므로, 그리고리는 조그마한 부락에서 숙박하기 위해 말을 세웠다. 장년(壯年)의 소집된 카자흐 병사들로 구성된 제4독립 예비 중대와 타간로그 연대의 공병 중대가 이 작은 마을 집들을 깡그리 차지하고 있었다. 그리고리는 오랜 시간 숙박 장소를 찾아다녀야 했다. 여느 때처럼 야숙(野宿)을 할 수도 있었지만, 그날은 밤이 되자 비가 내리기 시작한데다 프로호르가 말라리아의 주기적인 발작으로 덜덜 떨었으므로, 어느 지붕 밑에서든 하룻밤을 보내야 했던 것이다. 마을 변두리 포플라가 심어진 큰 집 옆에 탄환에 맞아 부서진 장갑차 1대가 서 있었다. 그 옆을 지나면서 그리고리는 장갑차의 녹색 몸통에 '백군(白軍) 악당놈들에게 죽음을!' 이라고 아직 칠이 지워지지 않은 글자들과 '분격한 자'라는 서명을 보았다. 저택 안, 말을 매둔 곳에서 말이 코를 푸르릉거리는 소리와 사람 목소리가 들렸다. 안채 저쪽 안뜰에서는 모닥불이 타고, 나무들의 푸른 가지 위로는 연기가 길게 뻗쳐 있었다. 모닥불 주위에서는 붉은 불빛을 받은 카자흐들의 모습이 꿈틀거리고 있었다. 모닥불에 타는 짚냄새와 돼지의 뻣뻣한 털을 태우는 냄새가 바람에 실려 왔다.

그리고리는 말에서 내려 집 안으로 들어갔다.

"주인 계십니까?"

그는 사람들로 가득 찬 천장이 낮은 방에 들어서서 물었다.

"무슨 볼일이 있으십니까?"

페치카에 몸을 기댄, 키가 별로 크지 않은 농민이 그 자세 그대로 그리고리를 돌아다보았다.

"자고 가게 해주시겠습니까? 두 사람입니다만."

"지금 저희 집은 마치 수박 속의 씨앗처럼 꽉 채워져 있습니다."

긴 의자에 누워 있던 중년의 카자흐가 못마땅한 듯이 중얼거렸다.

"저는 괜찮습니다만, 워낙 많아서요."

변명을 하듯이 주인이 말했다.

"어쨌든 좀 끼워 주십시오. 이 빗속에서는 도저히 밤을 새울 수가 없겠습니다. 병든 전령이 있습니다."

긴의자에 누워 있던 카자흐는 털썩 두 다리를 내리더니, 그리고리의 얼굴을 빤히 들여다보듯이 올려다보고 이번에는 다른 어조로 말했다.

"저희는 이 집 식구들과 합쳐서 14명이 작은 방 2개에서 잤지요. 다른 방 1개에도 부하 2명을 거느린 영국군 장교가 있습니다. 그렇지, 그 밖에 우리 장교가 또 한 사람 들어 있습니다."

"그 사람들에게로 가 물어보시고 들어가시는 게 어떠실까요?"

수염에 짙은 흰 터럭이 섞이고 상사의 견장을 단 다른 카자흐가 호의를 띠고 말했다.

"아뇨, 나는 여기가 좋습니다. 한 사람 몫의 장소만 있으면 됩니다. 나는 바닥에서 자고, 여러분을 방해하지는 않겠습니다."

그리고리는 군용 외투를 벗고 손바닥으로 머리칼을 매만지고는 테이블로 가서 앉았다.

프로호르는 말이 있는 곳으로 나갔다.

옆방에서 이쪽 이야기를 듣고 있었는지 5분쯤 지나자 몸집이 작고 멋진 복장을 한 보병 중위가 들어왔다.

"잠잘 장소를 찾고 계셨습니까?"

그는 그리고리에게 묻고, 그리고리의 견장을 힐끗 보고 나서 호의적인 미소를 띠고 제의했다.

"우리 방으로 옮기십시오. 반쯤 비어 있습니다, 중위님. 저와 영국군 대위 켐벨 씨는 상관없습니다. 저쪽 방이 더 좋으실 겁니다. 저의 이름은 시체그로프입니다. 당신은?"

그는 그리고리와 악수하고 물었다.

"당신은 전선에서 돌아오시는 길입니까? 아, 휴가를 마치고 귀대하십니까? 자, 저쪽으로 가십시오. 어서! 당신을 환대할 수 있어 기쁩니다. 시장하실 텐데, 대접할 것도 좀 있습니다."

품질이 썩 좋고 얇은 녹색인 중위의 군복에서는 사관용 게오르그 훈장이 흔들리고, 작은 몸의 머리칼은 조금도 나무랄 데 없이 깨끗하며, 장화는 정성스럽게 닦여 있었다. 깨끗이 면도질한 광택 없는 거무스름한 얼굴과 날씬한 몸에서는 청결한 느낌과 무슨 꽃의 오드콜로뉴(향수 비슷한 화장품) 냄새가 풍겼다. 현관의 방에서 그는 그리고리더러 먼저 방으로 들어가라고 권했다.

"주의하시오. 상자가 놓여 있습니다. 걸려 넘어지지 않도록 하십시오."

그리고리를 맞이하느라고 비스듬히 상처자국이 있는 윗입술을 덮어 가린 듯한 검고 부드러운 콧수염을 기르고 아주 가까이 다가붙은 잿빛의 눈을 한 젊고 키 큰 탄탄한 체구의 대위가 일어나서 다가왔다. 중위는 그에게 그리고리를 소개하고 영어로 뭐라고 얘기했다. 대위는 손님의 손을 잡아 흔들고 그리고리와 중위를 번갈아 쳐다보며 두세 마디 묻더니 몸짓으로 자리에 앉으라고 권했다. 방 한가운데 행군용(行軍用) 침대 4개가 한 줄로 놓여 있고, 구석에는 무슨 상자, 행낭(行囊), 가죽 트렁크 따위가 높다랗게 쌓여 있었다. 여행용 큰 트렁크 위에 그리고리가 알지 못하는 구조의 경기관총, 쌍안경 케이스, 아연 탄약통, 어두운 색깔의 총대와 새것으로 때 묻지 않은 어두운 남빛의 총신(銃身)이 달린 기병총(騎兵銃) 따위가 얹혀 있었다.

대위는 다정스레 그리고리를 쳐다보며 시원하고 둔한 저음으로 뭐라고 말했다. 그리고리로서는 그 타국의 언어를 알아들을 수 없었지만, 자기에 대해 이야기하고 있는 것이라고 생각하니 다소 거북한 느낌이 들었다. 중위는 한 트렁크 속을 뒤지며 미소를 띤 얼굴로 듣더니 이윽고 말했다.

"미스터 켐벨은 카자흐를 매우 존경하고 있답니다. 그의 의견으로는, 카자흐는 탁월한 기병이고 군인이라고 합니다. 뭔가 잡숫고 싶지 않으십니까? 마실 걸 드릴까요? 그는 위기가 다가오고 있다고 말하고 있습니다…… 헛참, 고약한 녀석, 돼먹잖은 소리를 함부로 지껄이고 있습니다."

중위는 트렁크 속에서 통조림 몇 개와 코냑 2병을 꺼내더니, 또다시 영어로 말하고 트렁크 위로 몸을 굽혔다.

"그는 이렇게 말하고 있습니다. 우스치 메도베지차에서는 카자흐 장교가 매우 친절하게 그를 접대해 주었는데, 그들은 돈의 포도주가 담긴 큰 통을 다 비우고는 모두가 엉망으로 취해서 매우 유쾌하게 어느 곳 여학생들과 시간을 보냈다고 합니다. 그런 것은 그의 나라 관습입니다! 그는 자기가 받은 환대에 대해서는 그것에 못지않은 보답을 하는 것을 즐거운 의무로 알고 있답니다. 그래서 당신은 지금 그 환대를 받아들이지 않으시면 안 되게 되신 겁니다. 당신에게는 미안합니다만…… 술을 드시겠습니까?"

"고맙습니다, 마시겠습니다."

그리고리는 고삐와 여행 중의 먼지로 더럽혀진 자신의 손을 슬쩍 보면서 대꾸했다.

중위는 통조림을 테이블 위에 놓고는 한숨을 내쉬고 말했다.

"아시겠습니다만, 중위님, 이 영국 돼지에게 사실이지 저는 손을 들고 말았습니다. 좌우간 아침부터 밤늦게까지 계속해서 마시는데, 마시기는 잘 해도 이런 긴 좀처럼 먹지 않습니다! 저도 마시는 걸 결코 싫어하는 편은 아니지만요, 그래도 끝없이는 도저히 마시지 못합니다. 그런데 이 사내는 말이죠……"

중위는 대위의 얼굴을 미소 지으며 힐끗 쳐다보더니, 그리고리에게는 참으로 뜻밖일 만큼 아주 심한 욕지거리를 내뱉고 말했다.
"들이붓고 들이붓고 하는데 아침식사 전부터 마구 들이붓는 겁니다!"
대위는 미소 지으며 머리를 흔들다가 끄덕이고는 서툰 러시아어로 말했다.
"그렇습니다, 그렇습니다…… 좋습니다…… 당신의 건강 위해 마실 필요가 있습니다!"
그리고리는 소리 내어 웃고 머리칼을 닦았다. 그들 두 젊은이는 그의 마음에 들었지만 특히 의미가 없는데도 미소 짓고, 들어 주기 거북할 정도로 우스운 러시아어를 지껄여대는 대위가 더욱 마음에 들었다.
잔을 닦으면서 중위가 말했다.
"저는 이 사내와 2주일 동안을 같이 지내고 있는데요, 글쎄 어떤 줄 아십니까? 그는 우리 제2군단에 배속되어 탱크 조작법 교관(敎官)으로 근무하고 있고, 저는 그의 통역입니다. 저는 유창하게 영어를 해서, 때문에 신세를 망쳐버리게 된 겁니다. ……세상천지에 사내치고 술 못 먹는 치들이 몇이나 된답니까? 그래도 이건 해도 너무 해요. 이 사내 같은 자는 없습니다. 이 사내는 정말이지 기가 막힙니다! 이 사내가 어느 정도의 술꾼인지 곧 아시게 될 겁니다! 이 사내는 혼자서 하루에 적어도 코냑 네댓 병은 깝니다. 좀 쉬긴 하지만 결국은 죄다 마셔 버립니다. 그래도 결코 주정을 하지는 않고, 그만한 분량을 마신 뒤에도 일을 해냅니다. 이 사내 덕분에 저는 아주 맥을 못 추게 되었지요. 위장이 따끔따끔 아프고, 기분이 아주 나쁩니다. 전 완전히 알코올로 찌들어서 타고 있는 램프 옆에 앉았다간 불이 붙지 않을까 걱정할 정도입니다…… 정말 고민입니다."
그는 이야기를 하면서 2개의 잔에는 코냑을 찰랑찰랑 넘치도록 따르고, 자신의 잔에는 아주 조금만 따랐다.
대위는 잔을 향해 눈을 껌벅껌벅하고 웃으면서 뭐라고 힘주어 말했다. 중위는 간청하듯이 한 손을 가슴에 대고, 사양하듯이 미소 지으며 그에게 대답했다. 그러나 때때로 그의 거무스름한 선량해 보이는 눈에는 증오의 불꽃이 타올랐다. 그리고리는 잔을 들고 붙임성 있는 주인들과 잔을 찰칵 맞댄 뒤 꿀꺽 단숨에 마셨다.
"오!"

영국인은 만족스럽다는 듯이 말하더니, 자기의 잔을 비우고 눈길을 돌려 멸시하는 표정을 담아 중위를 쳐다보았다.
 대위의 크고 거무스름한 노동자 같은 손이 테이블 위에 놓여 있었다. 손등의 털구멍에는 기계기름이 꺼멓게 배어 있고, 손가락은 휘발유에 닿아 껍질이 벗겨지고 오래된 상처 자국이 얼룩얼룩했으나, 얼굴은 말쑥하고 둥글둥글하며 붉은 빛을 띠었다. 손과 얼굴의 대조가 너무도 현저하므로 대위가 가면을 쓰고 있는 게 아닌가 그리고리는 의심스럽기까지 했다.
 "당신 덕분에 저는 살았습니다."
 중위는 2개의 잔에 가득히 술을 따르며 말했다.
 "왜 혼자서는 마시지 않나요?"
 "바로, 그게 문제입니다! 아침에는 혼자 마시다가, 저녁이 되면 혼자서는 마시지 않습니다. 자, 건배하십시다."
 "독한 술이군요."
 그리고리는 잔의 술을 약간만 마셨으나, 대위의 어이없어 하는 듯한 시선과 마주치자 나머지 술을 죄다 입 안에 흘려 넣었다.
 "그는 당신이 훌륭하시다고 말하고 있습니다. 당신이 척척 드시는 모습이 마음에 든답니다."
 "당신의 역할을 대신 해드리고 싶어서요."
 그리고리는 미소 지으며 말했다.
 "지금은 그렇게 말씀하시지만, 2주일쯤 지나면 당신도 달아나고 싶어지실 겁니다. 절대로 틀림없습니다!"
 "이런 행운을 버리고 달아난단 말씀입니까?"
 "저는 어쨌든 이런 행운에서는 달아날 겁니다."
 "전선 쪽이 훨씬 나쁩니다."
 "여기도 전선과 다름없습니다. 전선에선 탄환이나 파편이 날지만 그렇다고 반드시 맞는 건 아닙니다. 그런데 여기서 제가 주독(酒毒)에 걸리는 것, 이건 틀림이 없는 일이란 말씀입니다. 자, 이 깡통의 과일을 들어 보십시오. 햄은 어떠신가요?"
 "고맙습니다. 먹겠습니다."
 "영국인은…… 이런 일을 맡고 싶어 했습니다. 영국인은 우리와 같은 급여(給與)를 받고 있지 않답니다."

"우리의 경우는 급여라고 할 수가 없지요. 우리 군대는 목초(牧草)를 먹고 있는 겁니다."

"유감이지만, 그건 사실입니다. 그러나 이런 식의 군대 급여는 아무래도 오래 계속되지 못할 겁니다. 더구나 이런 군대에선 멋대로 주민을 약탈하도록 허용하고 있는 형편이니 말입니다……"

그리고리는 주의 깊게 중위의 얼굴을 보고 말했다.

"당신네는 멀리 가시게 됩니까?"

"지금 가는 도중인데, 당신이 묻는 건 무엇입니까?"

중위는 대위가 코냑 병을 슬쩍 집어 중위의 잔에 넘치도록 붓는 것을 알아채지 못했다.

"당신도 이번에는 건배하지 않을 수 없게 되셨습니다."

그리고리는 미소 지었다.

"시작했군요!"

중위는 잔을 보고 신음하듯이 말했다. 그의 뺨은 온통 불그스름해졌다.

세 사람은 묵묵히 잔을 마주치고 건배했다.

"우리의 길은 하나이지만 가는 방향은 각각 다릅니다……"

그리고리가 얼굴을 찌푸리고 접시 속을 구르는 살구를 포크로 집으려고 헛된 노력을 하며 말했다.

"기차를 타고 갈 때처럼 어떤 사람은 가까운 곳에서 내리고 어떤 사람은 훨씬 더 멀리 가는 겁니다……"

"당신은 종점까지 가지는 않으실 테지요?"

그리고리는 차츰 취해 오는 것을 느끼기는 했지만 아직 취기에 주저앉지는 않았다. 웃으면서 그는 대답했다.

"종점까지 가려면 제가 가진 차비가 모자랄 겁니다. 그런데 당신은요?"

"저의 입장은 다릅니다. 설령 기차에서 내린다 해도 침목(枕木)을 따라 걸어서라도 어쨌든 종점까지 갈 겁니다!"

"그러면 무사히 여행하시기를 빌겠습니다! 자, 건배하십시다!"

"하고말고요. 술도 처음에는 어렵지만 몇 잔 들고 나면 그 다음은 아무렇지 않습니다……"

대위는 그리고리와 중위에게 잔을 마주치고는 안주는 거의 먹지 않고 묵묵히 마셔댔다. 그의 얼굴빛은 붉은 벽돌색이 되고 눈은 번쩍이고 그 동작에는 꾸며낸 듯한 흐리멍덩한 기색이 보였다. 두 병째를 다 비우기도 전에 그는 벌써 둔중하게 일어나서 바른 걸음 걸이로 트렁크 쪽에 가더니 코냑 3병을 꺼내어 들고 왔다. 그것들을 테이블 위에 탁 놓고 입술 끝으로 미소 짓더니 뭐라고 낮은 목소리로 말했다.

"미스터 켐벨은 이 즐거움을 연장시켜야 한다고 말했습니다. 이 미스터인지 뭔지는 제멋대로 지껄여댑니다! 당신은 어떠십니까?"

"예, 연장시켜도 좋습니다."

그리고리는 찬성했다.

"당신도 꽤 질리셨을 겁니다. 이 영국인의 몸속에는 러시아 상인의 혼이 들어 있기 때문입니다. 저는 두 손 번쩍 들었습니다……"

"전혀 그래 보이지는 않는데요."

그리고리는 능청스럽게 말했다.

"아닙니다! 저는 지금 말이죠, 숫처녀처럼 약해졌습니다…… 그래도 아직은 더 들 수 있습니다. 더 들 수 있고말고요, 얼마든지!"

중위는 그 한 잔을 다 마시고는 눈에 띄게 취했다. 검은 눈은 생기가 없이 흐릿하며 다소 사팔뜨기 같아지고, 얼굴 근육이 풀리고, 입술은 거의 말도 하지 못하게 되고, 무딘 빛을 띤 광대뼈 밑에서 혈관이 팔딱팔딱 리드미컬하게 경련하기 시작했다. 맨 나중에 마신 코냑 한 잔이 정신이 아득해질 정도의 효력을 나타낸 것이었다. 중위의 표정은 도살당하기 직전에 10폰드의 철퇴로 두 눈썹 사이를 냅다 얻어맞은 소의 표정과 비슷해 보였다.

"당신은 아직 말짱합니다. 꽤 많이 드셨는데 아주 태연하시군요."

그리고리는 보증했다. 그렇게 말하는 그리고리 자신도 꽤 취했지만 아직도 얼마든지 더 마실 것 같은 기분이었다.

"정말이십니까?"

중위는 쾌활해졌다.

"예, 처음에는 좀 맥을 추지 못했지만 이렇게 되면야 얼마든지 마실 수 있습니다! 정말이지 얼마든지 마십니다! 저는 당신이 좋아졌습니다. 기병 중위. 당신에게선 힘과 성실함이 느껴집니다. 그 점이 제 마음에 듭니다. 자,

이 어리석은 주정뱅이 녀석의 조국을 위해서 건배! 이 사내는 가축 같은 인간이지만 이 사내의 조국은 참으로 훌륭합니다. '대영제국, 세계의 바다를 제압하라!' 드십시다! 단 단숨에 발칵 마시는 건 안 됩니다! 당신의 조국을 위해서, 미스터 켐벨!”

중위는 자포자기가 된 찌푸린 얼굴로 마시고는 햄을 먹었다.

“영국은 대단한 나라입니다, 기병 중위! 당신은 상상하지 못하실 테지만 저는 영국에서 살았습니다…… 자아 건배하십시요!”

“아무리 좋은 나라라 해도 그건 어차피 남의 나라입니다.”

“논의는 그만두시고, 자, 건배!”

“건배.”

“우리 조국은 칼과 총으로 부패를 없애야만 하는데 우리는 무력합니다. 말하자면 우리에게는 조국이라는 것이 없단 말입니다. 조국 같은 건 아무려면 어떻습니까! 켐벨은 우리 힘으로 적위군을 해치우리라고는 믿지 않는답니다.”

“믿지 않는다고요?”

“그렇습니다, 믿고 있지 않습니다. 그는 우리 군대를 나쁘게 말하고 오히려 적위군을 칭찬하고 있습니다.”

“그는 전투에 참가했었습니까?”

“참가한 적 없습니다. 그러나 적위군에게 잡혀갈 뻔 한 적은 있었답니다. 이 코냑이야 말로 아주 몸서리칩니다!”

“독한 술입니다! 그야말로 알코올처럼 독하군요!”

“알코올보다는 조금 약하지요. 켐벨은 기병대에서 구조를 받았지요. 그렇지 않았더라면 잡혀가고 말았을 겁니다. 쥬코프 부락 부근에서 있었던 일로, 당시 적위군에게 우리 쪽 탱크 1대가 파괴되었습니다…… 그런데 꽤 당신은 우울해 보이시는데 무슨 일이 있었습니까?”

“아내가 최근에 죽었습니다.”

“그거 참 안되셨습니다! 아이들이 있으십니까?”

“예.”

“당신 자녀들의 건강을 위해! 저에게는 애들이 없습니다. 아니, 있을는지도 모릅니다. 만일 있다고 해도 지금쯤은 틀림없이 신문팔이가 되어 이리저리로 뛰고 있을 것입니다. ……켐벨에게는 영국에…… 약혼자가 있습니다. 1주일에 두 번씩 꼭꼭 편지를 보내고 있지요. 반드시 쓰잘데 없는 말들을 가득 써 보내고 있을 겁니다. 저는 이 사내를 미워할 정도입니다. 예, 뭐라고 하셨습니까?"

"아뇨, 저는 아무 말도 하지 않았습니다. 무슨 이유로 그는 적위군에게 경의를 품고 있는 겁니까?"

"누가 '경의를 품고' 있지요?"

"당신이 그렇게 말씀하셨는데요."

"제가 그랬단 말입니까! 그는 적위군에게 경의를 품고 있지 않습니다. 경의를 품을 리가 없습니다. 당신이 잘못 들으신 겁니다! 그럼, 어디 그의 의견을 들어 봅시다."

켐벨은 취해 창백해진 중위의 이야기를 주의 깊게 다 듣더니 한참 뭐라고 이야기했다. 그 이야기가 채 끝나기도 전에 그리고리가 물었다.

"뭐라고 말하는 겁니까?"

"그는 짚신을 신고 도보대형으로 탱크를 공격하러 다가오는 적위병들을 보았답니다. 이것으로 충분합니까? 그는 민중을 정복할 수는 없답니다. 어리석은 말입니다! 당신은 이런 사내의 말을 믿어서는 안 됩니다."

"어떤 것을 믿어서는 안 된단 말씀입니까?"

"거의 다입니다."

"그건 또 어째서죠?"

"이 사내는 취해서 시시한 소리를 지껄이기 때문입니다. 민중을 정복할 수는 없다…… 아니, 그게 무슨 말입니까? 민중의 일부는 멸망시키고, 그 나머지는 집행을 하도록 하면 됩니다…… 뭐라고 제가 말씀드렸습니까? 아니, 아니, 집행하도록 하는 게 아니라, 복종하게 하는 겁니다. 이런 얘기는 이제 그만두십시다!"

중위는 머리를 두 팔 속에 털썩 묻고 팔꿈치로 통조림통을 쓰러뜨리고는 헉헉 가쁘게 숨을 몰아쉬며 10분쯤 테이블에 엎드려 있었다.

창 밖에는 어두운 밤이 깔려 있었다. 비가 심하게 미늘창을 두들겼다. 어디선가 멀리서 우르릉! 소리가 들려 왔다. 그리고리는 그것이 천둥소리인지 대포 소리인지 잘 알 수 없었다. 켐벨은 잎담배의 푸른 연기에 싸인 채 코냑을 따랐다. 그리고리는 중위를 쿡 찔러서 일으키고 자신도 비틀거리며 일어서서 말했다.

"이봐요, 당신, 그에게 한번 물어봐 주십시오. 무슨 이유로 적위군이 우리에게 이길 거란 말입니까?"

"그런 건 어떻게 되든 좋습니다!"

중위는 투덜거렸다.

"아닙니다, 꼭 좀 물어봐주십시오."

"그런 건 어떻게 되든 좋지 않습니까? 상관없지 않습니까?"

"물어봐 주십시오!"

중위는 잠시 정신이 나간 듯이 그리고리를 쳐다보더니 이윽고 더듬거리면서 멍하니 귀 기울이고 있는 켐벨에게 뭐라고 말하고는 또다시 국자처럼 맞잡은 두 손 위에 머리를 떨어뜨렸다. 켐벨은 무시하는 것 같은 미소를 지으며 중위를 쳐다보고 나서 그리고리의 소매를 당겼다. 그리고는 시늉으로 설명하기 시작했다. 테이블 한복판에 살구씨 1개를 놓고 마치 그것과 대립시키는 듯이 자신의 큰 손바닥을 세로로 세웠다. 그리고 혀를 쯔쯔 차더니 그 살구씨 위에 손바닥을 덮어씌웠다.

"대단한 생각이군! 하지만 그런 것쯤은 당신에게서 듣지 않아도 다 알고 있네……"

그리고리는 생각에 잠기며 중얼거렸다. 그는 비틀거리면서 자기를 환대해 준 대위를 끌어안고 큰 몸놀림으로 테이블 위를 가리키며 절을 했다.

"잘 먹었습니다! 자, 안녕. 말을 알아들으십니까? 그리고 당신은 속히 당신네 나라로 돌아가십시오. 당신의 목이 여기서 비틀리기 전에…… 이건 제가 진심으로 당신에게 말씀드리는 겁니다. 아시겠습니까? 우리 일에 당신네가 간섭할 필요가 없습니다. 아시겠습니까? 자, 돌아가십시오. 그렇잖으면 당신은 여기서 맞아죽을 겁니다!"

대위는 몸을 일으켜 절을 하고 힘주어 말했다. 때때로 난처한 듯이 곯아떨어진 중위를 쳐다보기도 하고 친근하게 그리고리의 등을 툭툭 치기도 했다.

그리고리는 간신히 문 손잡이를 더듬어 찾아 비틀거리며 입구 계단으로 나갔다. 빗발치는 보슬비가 그의 얼굴에 닿았다. 번개의 섬광이 넓은 저택 안쪽과 젖은 울타리와 뜰 안의 번들번들 빛나는 나뭇잎들을 훤히 비추었다.

입구의 계단을 내려가다 그리고리는 미끄러져 굴렀다. 일어나려고 할 때 사람 목소리가 들려 왔다.
"장교들은 여전히 마시는군!"
누군가 성냥을 그으며 말했다.
울리는 듯한 코 먹은 목소리가 소리를 죽이고는 겁내듯이 대꾸했다.
"그러다마다…… 정신을 잃을 때까지 마셔대는 거라구!"

20

돈군은 호표르스키 관내(管內)의 경계를 넘자 또다시 1918년 당시와 마찬가지로 그 공격력을 상실하고 말았다. 상류 돈 카자흐 반란병들과 호표르스키의 일부 카자흐들은 전과 마찬가지로 돈주(州) 구역 밖에서의 싸움을 싫어했다. 반면에 새로이 보충받은 데다가 주민이 적위군들을 지지하는 태도를 취하고 있는 지역이므로 이윽고 태세를 갖춘 여러 적위군 부대 저항은 강화되었다. 카자흐들은 다시 방어전으로 옮기는 데 대해서 불평은 없었다. 그리고 돈군 사령관은 어떤 수를 써도 얼마 전에 카자흐들이 그들 주(州) 안에서 싸우던 때와 같이 완강하게 카자흐들로 하여금 싸우게 하지 못했다. 게다가 이 지역에 있어서의 전력(戰力)의 상호 관계는 오히려 백군(白軍)에게 유리했다. 여러 차례의 전투에서 손상을 입어 보병 11000명, 기병 5000명, 포 52문이 된 적위군 제9군에 대해 카자흐 군단은 보병 14400명, 기병 10600명, 포 53문이라는 총병력을 가지고 전진하고 있었던 것이다.
가장 적극적인 작전은 양익(兩翼) 방면, 바로 쿠반의 남방 의용군 부대들이 움직이던 장소에서 행해지고 있었다. 우란게리 장군 휘하의 의용군 일부는 우크라이나 깊숙이 진공(進攻)하는 데 성공하는 한편 적위군 제10군에 강렬한 압력을 가하고 이를 더 바짝 죄면서 계속 격렬한 전투를 치르며 사라토프 방면으로 진격하고 있었다. 쿠반 기병대는 카무이신에 육박하여 카무이신을 방어하던 부대의 대부분을 사로잡았다. 적위군 제10군 여러 부대가 시도했던 반격은 격퇴되었다. 과감히게 기동(機動) 직진을 행한 쿠반 테레크의 혼성 기병 사단은 좌익(左翼) 우회(迂廻) 작전에 의해서 위협을 주고, 그 결과로 제10군 사령부는 여러 부대를 보르젠코보―라투이셰보―크라스누이 야르―카멘카―반노에의 선(線)까지 퇴각시켰다. 그때 적위군 병력은 보병 28000, 기병 8000, 포 132문이었는데, 이에 대해 쿠반 의용군은 보병 7600, 기병 10750, 포 60문이었다. 그 밖에 백군은 탱크 부대가 있었고, 또한 정찰 임무를 수행하며 전투 작전에 참가하는 상당수의 비행기가 있었다. 그러나 프랑스의 비행기도 영국의 탱크와 포병대도 우란게리를 원조하지 않았다. 그래서 우란게리는 카무이신에서 더 나아가지 못했다. 그 지구에서 전선에서의 자잘한 혼란만이 계속되는 가운데 끈질긴 장기전(長期戰)이 시작되었다.

7월 말경 남부 전선의 중심 지구 전체에서, 대공세로 옮기는 적위군 준비 행동이 개시됐다. 이를 목적으로 해서 제9군과 제10군은 쇼린 휘하의 돌격 병단에 합류되었다. 이 돌격 병단의 예비군으로서 전(前) 카잔 설보(設堡) 지구의 여단(旅團)을 데리고 동부 전선에서 이동되어 오는 제28사단과 사라토프 설보 지구의 여단을 포함한 제25사단이 지정될 예정이었다. 이 밖에 남부 전선 총사령부는 전선 예비군으로 정해 놓았던 여러 부대와 제56저격 부대를 여기에 포함시켜서 돌격 병단을 한층 강화시켰다. 또한 그 엄호(掩護) 공격이 동부 전선에서 벗어난 제31저격 사단과 제7저격 사단을 합친 제8군의 병력에 의해 보로네지 방면에서 행해지기로 예정되었다.

대공세로 옮기는 것은 8월 1일에서 10일 중으로 예정되었다. 적군 총사령부의 계획에 의한 제8 및 제9군의 공격은 양익(兩翼)군의 포위 작전을 곁들여야 했다. 그 사이 특히 중요하고도 복잡한 임무는 제10군이 담당하게 되었는데, 돈의 좌안(左岸)으로 이동하여 적의 주력(主力)을 카프카즈에서 단절시키는 임무가 맡겨졌다. 서부에서는 제14군단의 일부 병력에 의해 챠프리노—로조바야의 선(線)에서 활동적인 양동(陽動) 작전을 행하게 되었다.

이렇게 제9 및 제10군에 필요한 배치 변경이 행해지던 무렵, 백군 사령부는 적위군이 준비하는 공세를 격파할 목적으로 마몬토프 군단의 편성을 막 끝내고 있었다. 마몬토프 군단의 계획은 전선을 돌파하고 적위군 배후에 깊이 돌입한다는 것이었다. 츠아리친 방면에서의 우란게리군의 성공은 그들의 전선을 좌익 방면으로 확대시키게 되었다. 이에 의해 돈군의 전선을 단축시키고, 돈군에게서 기병 사단 몇 개를 쪼갤 수가 있었다. 8월 7일, 우류핀스카야 마을에 기병 6000, 보병 2800 및 포 4문을 장비한 포병 3개 중대의 병력이 집결되었다. 10일에는 새로이 편성된 마몬토프 장군 휘하 군단이 적위군 제8군과 제9군의 매듭을 돌파해서 노보호표르스크로부터 탐보프 방면으로 향했다.

　백군 사령부의 당초 계획에 의하면 적위군은 마몬토프 군단 이외에도 코노바로프 장군의 기병 군단까지 적위군 배후에 함께 돌입시킬 것으로 예정되어 있었으나, 코노바로프 군단이 배치된 지구에서 전투가 시작되었기 때문에 그 군단을 전선에서 빼낼 수가 없었다. 이런 상황은 마몬토프에게 부과된 임무가 제약받게 된 이유를 설명해 주었다. 마몬토프의 당초의 임무, 즉 전선을 돌파하여 모스크바 원정(遠征)을 시도한다는 것은 변경되고, 적의 후방과 적의 교통연락을 파괴한 뒤에 코노바로프와 합류하고, 합류가 이루어지면 그때 마몬토프와 코노바로프는 처음에 명령받은 대로 기병 병력 전부를 내세워 양익과 배후를 공격해서 적군 중앙부에 치명적인 타격을 주고, 그 뒤 강행군하여 러시아 내부에 깊숙이 진격하여 반(反)소비에트적 경향의 주민 각층의 지지를 얻고 병력을 더욱 증대시켜 모스크바까지 진격해 나간다는 것이었다.

　제8군은 예비군을 투입함으로써 좌익의 상황을 바로잡을 수 있었다. 제9군 우익의 피해는 예상외로 상당히 컸다. 주력 돌격 병단의 사령관 쇼린은 온갖 수단을 동원해서 양군(兩軍)의 내익(內翼)을 연결시킬 수 있었지만, 마몬토프의 기병단을 제지할 수는 없었다. 쇼린의 명령에 의해 제56예비군이 마몬토프를 맞아 싸우려고 키르사노프 지구에서 출동했다. 짐마차를 타고 잔푸르역으로 간 그 대대는 마몬토프 병단의 한 측면 부대와 우연히 부딪쳐서 싸우다가 격파당하고 말았다. 탐보트—바라쇼프 철도 지구를 엄호하기 위해 출동했던 제36저격 사단의 기병 여단도 마찬가지 운명에 놓이고 말았다. 기병 여단은 마몬토프 기병단의 주력과 정면으로 충돌해서 잠시 전투하다 패하고 꽁무니를 뺐다.

　8월 18일, 마몬토프는 급습(急襲)을 가해 탐보프를 점령했다. 그러나 그와 같은 상황 즉, 마몬토프와의 싸움을 위해 쇼린 돌격 병단 중의 보병 2개 사단에 가까운 병력을 힐애해야만 했다고는 해도, 돌격 병단의 주력이 공격 개시에 방해가 되지는 못했다. 그와 동시에 남부 전선의 우크라이나 지구에서도 공격이 펼쳐졌다.

　북부와 북동부에서는 스타르이 오스코르에서 바라쇼프까지 거의 일직선으로 이어지고, 거기서 츠아리친을 향해서 줄곧 후퇴하던 전선을 일직선으로 뻗기 시작했다. 카자흐의 여러 연대는 적의 우세한 병력에 압도되어 이따금씩 반격을 하며 각 경계에서는 완강히 저지도 하면서 점차 남방으로 후퇴해 갔다. 돈 땅에 들어섬에 따라 카자흐들은 다시 잃었던 전투력을 회복해 갔다. 탈주자들의 수는 급격히 줄어드는 한편 중류 돈의 각 마을에서 보충병들이 잇따라 들어왔다. 쇼린 돌격 병단의 여러 부대가 돈군 관하의 지역 안으로 깊이 들어가면 갈수록 그들에 대한 저항은 더욱더 강하고 치열해졌다. 상류 돈 관구 안의 각 반란 마을 카자흐들은 자발적으로 집회를 열고, 누구 하나 남김없이 철저한 동원을 포고하고, 기도를 한 뒤 곧장 전선으로 나섰다.

끊임없이 전투를 치르면서 호표르와 돈 방면으로 진격하고, 백군의 치열한 저항을 분쇄하면서, 대부분의 주민이 적위군 부대에게 드러나게 적의를 나타내는 지역 안에서 쇼린 병단은 차츰 그 공격력이 약해졌다. 그 사이에 백군 사령부는 당시 큰 전과를 거두며 전진해 나가던 적위군 제10군을 격파하기 위해 카차린스카야 마을로 가 코토르반역 지역에서 쿠반의 3개 군단과 제6사단으로 구성된 강력한 기동 병단의 편성을 이미 끝냈다.

21

멜레호프 일가의 가족 수는 1년 동안에 절반으로 줄었다. 판테레이 프로코피에비치가 언젠가 집에 죽음의 신이 들러붙었다고 말한 적이 있는데 마치 그 말을 증명하기라도 하는 듯했다. 나탈리야의 장례식을 치른 지 얼마 안 되어 널따란 멜레호프가의 집 안에는 또다시 새로운 선향(線香)과 수레국화 냄새로 가득 찼다. 그리고리가 전선으로 떠난 지 열흘쯤 지났을 때 다리야가 돈강에 빠져 죽은 것이었다.

다리야는 토요일 낮에 밭에서 집으로 돌아와 두냐시카와 함께 미역을 감으러 갔었다. 두 사람은 오랫동안 사람들 발에 밟혀서 뭉개진, 채소밭 옆 부드러운 풀 위에 옷을 벗은 채 앉아 있었다. 다리야는 아침부터 얼굴빛이 안 좋고 두통이 나며 불쾌하다는 말을 하면서 몇 번이나 남몰래 울었다. …… 물에 들어가기 바로 전에 두냐시카는 머리칼을 묶고 프라토크를 쓰고는 곁눈으로 다리야를 쳐다보면서 동정하듯 말했다.

"어머나, 다시카 언니, 어쩜 그렇게 여위었지요? 혈관이 온통 불거져 있잖아요?"

"곧 좋아질 거야."

"머리가 아픈 건 나았어요?"

"응. 자, 미역을 감자구. 그다지 이른 시간은 아니니까."

그녀는 먼저 뛰어가서 갑자기 풍덩 하고 물 속에 머리를 담갔다. 그리고 쑥 떠오르자 얼굴을 후르르 털고 강 한가운데를 향해 헤엄쳐 나갔다. 급류가 그녀를 붙잡아서 밀려 보내기 시작했다. 두냐시카는 남자처럼 크게 손을 번갈아 빼 올려 헤엄치는 다리야를 쳐다보며 허리께까지 물에 들어와 얼굴을 씻고 가슴과 볕에 그을린 튼튼한, 그러면서도 여자답게 통통한 팔에 물을 끼얹었다. 근처 채소밭에서는 오브니조프가(家)의 두 며느리가 양배추에 물을 주고 있었다. 그 여자들은 두냐시카가 웃으면서 다리야를 향해 소리치는 것을 들었다.

"돌아와요, 언니! 메기에게 잡혀가요!"

다리야는 이쪽으로 방향을 바꿔서 6미터쯤 헤엄치더니 다음 순간 허리 위까지 물에서 솟구쳐 올라 두 손을 머리 위에서 맞잡고는 "안녕히 계세요, 여러분!" 이렇게 소리치고는 곧장 돌멩이처럼 물속으로 가라앉아 버렸다.

15분 뒤 새파래진 두냐시카가 속치마바람으로 집으로 뛰어 들어왔다.

"다리야 언니가 물에 빠졌어요, 어머니!"

그녀는 숨을 헐떡이며 간신히 말했다. 다음날 아침에야 겨우 용철갑상어를 잡는 어구(漁具)의 갈고랑이에 다리야가 걸렸다. 타타르스키에서 가장 노련한 어부 아르히프 페스고바츠코프가 새벽에 다리야가 빠져 죽은 장소의 하류로 가서 나사 달린 어구 다리를 6개 세워 두었다가 얼마 지나 판테레이 프로쿠피에비치와 함께 살피러 나갔다. 강가에는 여자들이 잔뜩 모여 있었다. 두냐시카도 그 가운데 끼어 있었다. 아르히프가 노 손잡이에 네 번째 밧줄을 걸고 기슭에서 20미터쯤 걸어갔을 때 "어쩜 걸렸을 법한데" 아르히프의 낮은 목소리를 두냐시카는 분명히 들었다. 그는 깊은 곳에 수직으로 가라앉던 밧줄을 매우 긴지회게 당기면서 어구를 신중히 살폈다. 잠시 뒤 우안(右岸) 쪽에 뭔가 허연 것이 보였다. 두 노인은 물 위로 몸을 구부렸다. 작은 배가 기울어져 뱃전으로 물이 넘어 들어왔다. 그 작은 배에 묵직이 끌어올려진 시체가 내는 둔한 소리가 조용해진 군중에게도 들렸다. 군중 속에서 저런 저런 하는 탄식소리가 났다. 여자 하나가 소리 죽여 흐느꼈다. 가까이 서 있던 프리스토냐가 아이들을 향해서 거칠게 소리 질렀다.
"자, 저리들 가라!"
아르히프가 고물에 서서 소리 없이 교묘히 노를 내려서 물가로 저어가는 것을 두냐시카는 글썽이며 보았다. 배가 철썩철썩 소리를 내며 살며시 물가의 흰 모래를 밀어젖히고 바닥에 닿았다. 다리야는 힘없이 다리를 구부리고 한쪽 뺨을 젖은 뱃바닥에 대고 누워 있었다. 엷게 푸른빛이 돌고 하늘색 어두운 음영을 띤 그 흰 육체에는 깊이 찔린 상처, 즉 갈고랑이 자국이 나 있었다. 여위어서 홀쭉해진 거무스름한 장딴지, 무릎보다 조금 아래쪽, 다리야가 물에 들어가기 전에 잊고 벗지 않은 비단 양말대님 언저리, 새로이 긁힌 상처 자국이 장밋빛으로 되어 피가 얼룩져 있었다. 뾰족한 갈고랑이의 끝이 다리야의 좀 더 몸통 위쪽을 긁고 미끄러져서 찢긴 곡선이 새겨져 있었다. 부들부들 떨리는 손으로 앞치마를 문지르며 두냐시카는 곧장 다가가서, 꿰매어진 부분을 뜯어 펼친 부대자루 헝겊으로 다리야의 시체를 덮었다. 판테레이 프로코피에비치는 척척 재빠르게 바지자락을 말아 올리고서 작은 배를 끌어올렸다. 곧 짐마차가 와서 다리야를 멜레호프네 집으로 옮겨갔다.
공포와 혐오의 기분을 억누르고 두냐시카는 어머니를 거들어서 깊은 돈 강물의 냉기에 젖어 있는 차가운 시체의 몸을 깨끗이 씻었다. 다리야의 약간 부푼 얼굴과 물로 색깔이 바랜 눈의 둔한 빛에는 어쩐지 서먹서먹하고 엄숙한 무엇이 느껴졌다. 머리칼 속에서는 강모래가 반짝반짝 은빛으로 빛나고 뺨에 찰싹 달라붙은 강바닥 물풀의 올이 녹색을 띠고 있었다. 벌어진 채 긴 의자에서 늘어뜨려진 두 팔은 섬뜩할 정도로 편안해 보였다. 두냐시카는 그것을 보자 이 죽은 다리야가 바로 얼마 전까지도 그렇게 농담을 하고 웃고 그토록 생활을 사랑하던 그 다리야인가 하고 놀라서 급히 다리야에게서 물러서기도 했다. 그런 뒤에 오랫동안 두냐시카는 다리야의 가슴과 배의 돌과도 같은 차가움과, 오히려 경직된 팔다리에 남아 있던 탄력성을 떠올리면 몸이 떨릴 만큼 무서워져서 빨리 모든 것을 잊어버리려고 애써야 했다. 그녀는 밤마다 죽은 다리야가 꿈에 나타날까 두려워하여 1주일 동안이나 일리니치나와 한 침대에서 자고, 자기 전에는 마음속으로 하느님에게 기도를 올리며 "하느님! 다리야의 꿈을 꾸지 않게 해주옵소서! 부디 지켜 주시옵소서!"

빌었다.

오브니조프 집안의 며느리들이 "안녕히들 계세요, 여러분!" 하던 다리야의 외침을 들었다는 이야기가 없었더라면 이 익사자는 아무 소동도 없이 조용히 매장될 수 있었을 것이다. 그러나 다리야가 일부러 자신의 생명을 끊었다는 것을 분명히 말해 주는 그 죽음 직전의 절규가 알려지자, 빗사리온 신부는 자살한 사람의 장례식을 거행할 수는 없다고 굳게 거부했다. 판테레이 프로코피에비치는 성을 냈다.

"어째서 장례를 치르지 못한단 말씀입니까? 그녀는 그리스도교인이 아니란 말씀입니까?"

"자살한 사람을 장례지낼 수는 없습니다. 규율에 의해서 못하게 되어 있습니다."

"아니, 그럼, 당신은 그녀를 강아지처럼 묻어버리라는 말씀입니까?"

"좋으실 대로 어느 곳에든 묻어 주십시다. 단 성스러운 교도들이 매장되어 있는 묘지에 만은 안 됩니다."

"그러지 마시고 불쌍하게 여겨 주십시오. 부탁드립니다! 저희 집에는 이런 수치스러운 일이 선조 대대로 없었습니다."

판테레이 프로코피에비치는 통사정을 해서라도 승낙을 얻으려 했다.

"안 됩니다, 판테레이 프로코피에비치. 저는 당신을 훌륭한 신자로 존경하지만 그것만은 할 수 없습니다. 관장(管長)에게 알려져 보십시오, 제가 크게 혼납니다."

신부는 고집스레 거부했다.

그것은 집안의 수치였다. 그래서 판테레이 프로코피에비치는 어떻게든 이 완고한 신부를 설득하려고 했다. 숫양 한 마리를 바치겠다고도 말해 보았다. 그러나 끝내 설득할 수 없음을 알자 이번에는 협박조로 나왔다.

"저는 묘지 이외의 다른 곳에는 그녀를 매장하지 않겠습니다. 그녀는 남이 아니라 내 아들의 아내입니다. 그녀 남편은 적위군과 싸우다가 죽었습니다. 더구나 장교의 지위에 있었습니다. 그녀 자신도 에고르 훈장을 받았습니다. 그런데도 당신은 저에게 그런 치욕을 안기시려는 겁니까? 예, 신부님, 당신의 말씀대로는 못합니다. 저의 명예를 위해 장례식만은 해주셔야겠습니다! 우리 집 안쪽에 그녀를 그대로 눕혀 두고, 저는 지금 곧 마을의 아타만에게로 가서 얘기하고 오겠습니다. 아타만이 당신에게 얘기를 하게 될 겁니다!"

판테레이 프로코피에비치는 작별인사도 하지 않고 신부의 집에서 뛰쳐나갔다. 그는 문을 쾅 소리 나게 크게 닫았다. 이 위협은 효과를 나타냈다. 30분 뒤 신부의 심부름꾼이 와서는, 곧 빗사리온 신부가 교회 사람들을 데리고 집으로 찾아올 것이라고 전했다.

다리야는 관례대로 묘지에 페트로와 나란히 매장되었다. 묘혈(墓穴)을 파면서 판테레이 프로코피에비치는 자신이 장차 들어갈 장소도 스스로 택했다. 삽으로 흙을 파내며 주위를 둘러보고, 이보다 더 좋은 장소는 없다고 확신했다. 페트로의 무덤 위에서 최근에 심은 포플라의 어린 가지들이 살랑거렸다. 포플라 꼭대기에서는 차츰 다가오는 가을이 잎새들을 누렇게 애처로운 조각의 색깔로 이미 물들이고 있었다. 부서진 담을 넘어서 무덤과 무덤 사이로 송아지들이 작은 길을 만들어 놓았다. 담 주위에는 물레방앗간으로 가는 길이 나 있었다. 동정을 하여 죽은 사람들의 연고자들이 심은 나무들—단풍나무, 포플라, 아카시아, 그리고 야생의 찔레나무 등의 친근한 싱그러운 녹색을 띠고 있었다. 그 나무들 언저리에서는 메가 기세 좋게 얽혀 있고, 제 철이 지난 유채 씨가 누렇고, 보리이삭 같은 것이 달린 풀들과 큰 알맹이가 맺힌 빨리 자라는 풀들이 이삭을 내밀었다. 십자가는 밑에서 위까지 푸른 나팔꽃에 귀엽게 휘감겨 있었다. 그 장소는 참으로 편할 듯하고 잘 말라 있었다……

노인은 묘혈을 파다가 가끔 삽을 내던지고는 습한 기운이 있는 점토질 땅바닥에 앉아 잠시 쉬면서 죽음에 대해 생각했다. 예전엔, 급작스레 횡사를 하는 게 아니라면 대개는 살던 집에서 조용히 세상을 마감했었다. 그러나 지금은 아버지나 할아버지가 해왔던 데로 똑같이 영면(永眠)할 수 있는 시대는 아닌 듯 싶었다……

다리야를 장사지낸 뒤 멜레호프가는 한층 적막해졌다. 식구들은 곡물을 나르고 타작마당에서 일하고 수박밭의 풍성한 수확을 모아들였다. 그리고리에게서 무슨 소식이 있기를 기다렸으나 그가 전선에 나간 뒤로 그에 대한 소식은 아무것도 없었다. 일리니치나는 가끔 이런 말을 했다.

"아이들에게도 잘 있느냐는 말이 없군, 한심한 녀석이야! 제 여편네가 죽으니 우리야 어떻게 되건 저 하고는 상관없다는 건가……"

얼마 뒤 타타르스키에는 자주 군대에 나가있던 카자흐들이 각각 자기의 집을 찾아왔다. 카자흐들은 바라쇼프 전선에서 패한 뒤 강에 배수진을 치고 겨울이 올 때까지 방어하기 위해 돈을 향해서 퇴각하고 있다는 소문이 퍼졌다. 그리고 겨울이 되면 어떻게 될 것인가 하는 데 대해서, 전선에 있던 병사들은 다 같이 드러내놓고 이렇게 말했다.

"돈이 얼어붙으면 우리는 적위군에게 바닷가까지 쫓겨나게 될 거야!"

판테레이 프로코피에비치는 타작마당에서 열심히 일했다. 돈 지방에 퍼져 있는 소문에는 그다지 신경을 쓰는 것 같이 보이지 않았으나, 실제로 일어날 사태에 대해서는 그도 무관심할 수 없었다. 전선이 차차 다가옴을 알자, 그는 더욱더 일리니치나와 두냐시카를 마구 호통치고 더욱더 자주 성을 내었다. 그는 걸핏하면 무슨 농기구를 만들다가도 그것이 자기의 손으로 잘 되지 않으면 갑자기 화를 내며 일감을 내던지고 침을 뱉고 소리소리 지르면서 타작 마당에 들어와 흥분을 가라앉혔다. 두냐시카는 몇 번이나 그러한 아버지의 발작을 보았다. 그는 멍에를 손질하려 한 적도 있는데 그때도 일이 잘 되어 나가지 않았다. 그러자 아무 이유도 없이 별안간 미친 듯이 화를 내며 노인은 도끼를 움켜쥐더니 나중에는 나무 조각 따위밖에 남지 않을 만큼 멍에를 엉망으로 두들겨 부숴버렸다. 목걸이를 고치려던 경우에도 같은 결과를 빚었다. 저녁때 등불 밑에서 판테레이 프로코피에비치는 밀랍 먹인 실을 꼬아 합쳐서 틈이 벌어진 목걸이를 이어 붙이려 했다. 그런데 실이 썩어 있었는지, 노인이 너무 성급한 탓인지, 밀랍 먹인 실은 두 번이나 연거푸 툭툭 끊어졌다—이젠 그것만으로도 충분했다. 판테레이 프로코피에비치는 무섭게 소리 지르더니 갑자기 일어나 의자를 뒤엎고, 이어 그 의자를 페치카 쪽으로 차 던졌다. 마치 개처럼 웅웅 소리를 내면서 이빨로 목걸이의 가죽 껍데기를 물어뜯고, 그런 뒤에는 목걸이를 마구 바닥에 내동댕이치고 그 위를 수탉처럼 뛰면서 밟아 짓뭉갰다. 조금 일찍 잠자리에 들어 있던 일리니치나는 그 소란을 듣고 놀라 일어나 영위를 알고는 도저히 잠을 수가 없게 되어 엉김을 나무랐다.

"여보, 제정신이우? 늙어가지고도 정말 딱하시우. 목걸이에게 무슨 죄가 있단 말이우?"

판테레이 프로코피에비치는 미친 사람 같은 눈으로 아내를 노려보다가 소리쳤다.

"시끄러워! 이 망할 놈의 할망구!"

그러고는 부서진 목걸이의 조각들을 집어 노파에게 내던졌다.

두냐시카가 웃음을 참으며 총알같이 빠르게 현관으로 뛰어나갔다. 노인은 좀 더 날뛰다가 겨우 가라앉았다. 화를 내고 욕설을 퍼부은 데 대해 아내에게 사과하고, 망가진 목걸이의 조각들을 보면서 어떻게 써먹을 수 없을까 궁리를 하며 뒤통수를 긁었다. 이런 광란의 발작은 여러 번 일어났는데, 괴로운 경험에 의해서 요령을 얻은 일리니치나는 간섭하는 전술을 달리 쓰게 되었다. 판테레이 프로코피에비치가 소리 지르며 가재도구를 마구 부수면, 노파는 온화하면서도 큰 목소리로 이렇게 말하는 것이었다.

"더 부숴요, 프로코피에비치, 부숴버리는 게 좋아요. 다시 당신하고 우리 둘이 벌면 될 걸요, 뭐!"

그러면서 그녀는 파괴행위를 거들려고까지 했다. 그러면 판테레이 프로코피에비치는 갑자기 냉정해져서 잠시 멍청한 눈으로 아내를 보다가 이윽고 떨리는 손을 주머니에 찌르고는 잘게 썬 담배쌈지를 꺼내고, 멋쩍은 듯이 불끈 솟은 신경을 가라앉히고 담배를 한 대 피우기 위해 어디든 가까운 곳에 앉았다. 그리고 마음속으로 자기의 급한 성질을 원망하고, 피해는 어느 정도였는가를 따져 보았다. 이렇게 제정신을 읽은 노인의 격노에 앞뜰에 들어왔던 3개월짜리 새끼돼지가 희생되었다. 판테레이 프로코피에비치가 그 새끼돼지의 등뼈를 작대기로 갈겨서 부러뜨려 놓았다. 그러나 5분 뒤에는 그 죽은 새끼돼지의 껍질을 못으로 벗기면서 미안한 양, 빌붙는 양, 무표정하게 앉아 있는 토라진 듯이 보이는 일리니치나를 쳐다보며 말했다.

"이 새끼돼지는 말이오, 정말 곤란한 놈이었소…… 이런 놈은 진작 뒈졌어야 했소. 새끼돼지들 사이에는 지금 전염병이 퍼져 있다오. 아직 전염병에 걸리지 않은 놈은 이렇게 잡아먹을 수도 있지만, 병들면 아무 짝에도 소용이 없소. 안 그러오, 할멈? 그런데 어째서 당신은 그렇게 소나기구름처럼 우두커니 서 있소? 이 새끼돼지는 정말이지 손을 쓸 수가 없는 놈이었다오! 새끼돼지는 새끼돼지다와야 하는 건데 말이오, 이놈은 새끼돼지 악마였다오! 이런 놈은 작대기로 죽여 없앨 필요도 없고 코로 불어서 날릴 수 있을 정도로 약했소! 아주 형편없이 나쁜 짐승이었다오! 감자를 둔 움을 40개나 파 뒤집었단 말이오!"

"우리 집 앞뜰의 감자 둔 움은 다 합쳐도 30개 이상 안 된다구요." 일리니치나가 낮은 목소리로 바로잡았다.

"아니, 40개 있었더라면 그 40개를 모조리 파 뒤집었을 그런 놈이란 말이오! 이 못된 녀석은 해치우길 잘한 거요!"

판테레이 프로코피에비치는 깊이 생각하지도 않고 대꾸했다.

아버지를 보낸 뒤 아이들은 쓸쓸했다. 집안일에 쫓겨 일리니치나는 아이들을 제대로 보살필 겨를이 없었다. 제멋대로 내버려진 아이들은 하루 내내 뜰 안이며 타작마당에서 놀았다. 어느 날 미샤토카는 점심식사 뒤에 없어져 해질녘에야 겨우 돌아왔다. 어디에 가 있었느냐고 일리니치나가 묻자, 미샤토카는 돈에 가서 아이들과 함께 놀았다고 대답했는데, 그때 포류시카가 그것이 거짓말 임을 폭로했다.

"거짓말이야, 할머니! 오빠는 아크시냐 아주머니네 갔었단 말이야!"

"어떻게 네가 그런 걸 알고 있니?"

일리니치나는 그 말에 불쾌한 놀라움을 느끼고 물었다.

"응, 난 오빠가 이웃집 뜰에서 울타리를 기어올라서 우리 집에 돌아오는 걸 봤다구."

"이웃집에 가 있었니? 어서 말해봐, 장난꾸러기 같으니라구. 왜 얼굴을 붉히는 거냐?"

미샤토카는 할머니의 얼굴을 똑바로 쳐다보고 대답했다.

"난 거짓말했던 거야, 할머니…… 사실은 돈에 갔었던 게 아니라 아크시냐 아주머니네 있었어."

"어째서 그런 델 갔었니?"

"아주머니가 불러서 갔었어."

"그러면 왜 친구들하고 놀았다고 거짓말을 했니?"

미샤토카는 잠시 눈을 감고 있더니 이윽고 거짓이 없는 눈빛으로 소곤대듯 말했다.

"할머니가 화낼까봐 그랬어……"

"그런 일로 왜 내가 화를 낸단 말이냐? 화내지 않는다…… 그 아주머니가 왜 너를 불렀니? 그 아주머니네 집에서 무엇을 했지?”

"아무것도 하지 않았어. 아주머니가 나를 보더니, 우리 집에 와라! 했어. 그래서 내가 가니까, 집에 데리고 가 의자에 앉게 했어……"

"그래서?"

일리니치나는 그녀를 사로잡은 마음의 동요를 누르고 안달 나는 듯 다그쳐 물었다.

"차가운 푸딩을 주었어. 그 다음에는, 이렇게, 이걸 주었어."

미샤토카는 주머니에서 설탕덩어리를 꺼내고, 득의양양하게 그것을 보여준 뒤에 다시 주머니에 넣었다.

"아주머니가 너에게 무슨 말을 했니? 뭘 물어봤지?"

"이제부터 가끔 놀러오라고 말했어. 혼자서 쓸쓸하다구. 좋은 걸 준다고 했어…… 그리고 내가 아주머니네 갔던 거 말하지 말랬어. 안 그러면 할머니가 화낼 거라고……"

"그래, 그런 말을 하던?"

일리니치나는 노여움을 참고 숨을 가쁘게 쉬며 중얼거리듯이 말했다.

"또 어떤 걸 너에게 물어봤니? 자, 모두 얘기해 봐. 착하지 조금도 무서워할 거 없어."

"아빠가 없어서 쓸쓸하지 않느냐고 물었어. 그래서 나는 그렇다고 대답했어. 그 다음에는 언제 아빠가 돌아오나, 아빠에 대해서 무슨 말을 듣지 못했느냐고 물었어. 나는 모른다고, 아빠는 전쟁하러 갔다고 말했어. 그런 뒤 나를 무릎 위에 올려놓고 옛날이야기를 해줬어."

미샤토카는 원기 있게 눈을 빛내고 미소 지었다.

"재미있는 옛날 이야기였어. 바뉴시카라는 사람을 백조가 날개에 태우고 데려갔대. 그 다음에 요술쟁이 할머니 얘기도 해줬어."

일리니치나는 입술을 꽉 물고 미샤토카의 고백을 다 듣더니 준엄한 어조로 말했다.

"앞으로 다시는 그 여자네 집에 가지 마라. 가면 안 돼. 그 여자에게서 과자 같은 거 절대로 받으면 안 돼. 할아버지가 아시면 야단치실 테니까. 다신 가지 마라, 아가야!"

그러나 그런 엄명에도 불구하고 그 뒤 이틀이 지나자 미샤토카는 다시 아스타호프네 집에 갔다. 그것을 일리니치나는 미샤토카의 셔츠를 보고 알았다. 그날 아침에 꿰매어 줄 틈이 없어 그대로 입힌 소매의 터진 데가 말쑥하게 꿰매어져 있고, 깃에서는 새 단추들이 진주처럼 하얗게 빛나고 있었다. 두냐시카 역시 낮에 타작하느라고 바빠서 아이의 옷을 꿰매 줄 수 없었음을 알고 있던 일리니치나는 나무라듯 말했다.
"또 이웃집에 갔었구나?"
"응, 갔었어……"
미샤토카는 당황해서 중얼거리듯이 말했다. 그리고 곧이어 이렇게 덧붙였다.
"앞으로 가지 않을 거야. 할머니, 화내지 마……"
그때 일리니치나는 직접 아크시냐를 만나서 미샤토카에게 개의하지 말고 가만히 놔둬라. 과자를 준다든가 옛날이야기를 해줘 가며 아이의 넋을 빼앗지 말라고 분명히 말해 주기로 결심했다. '나탈리야를 이 세상에서 없어지게 하더니, 이번에는 아이를 꼬드겨 이 아이를 꾀어내려 하는군. 무서운 계집이야. 아이를 통해 그리샤를 농락하려는 속셈일 거야. 정말 뱀 같은 계집이야! 제 남편을 두고도 또 남의 아내가 되려 하다니…… 하지만 그럴 수야 없지! 그런 죄 될 짓을 저지른 계집을 그리샤가 아내로 삼을 리 없지!'
하기야 그리고리가 집에 있을 때 아크시냐와 만나기를 피했던 것을, 이 눈치 빠르고 질투 심한 어머니가 모를 리 없었다. 그리고리가 그렇게 했던 것은 세상 사람들의 비난을 두려워해서가 아니라, 아내의 죽음을 아크시냐 탓이라고 생각했기 때문임에 틀림이 없다고 일리니치나는 믿었다. 나탈리야의 죽음은 그것을 영원히 그리고리와 아크시냐의 사이를 갈라놓았으나 아크시냐가 결코 자기네 집에는 앞으로 발을 들여놓을 수 없을 것이라고 그녀는 미음속으로 생각했던 것이다.
마침 그날 저녁 일리니치나는 돈의 나루터 근처에서 아크시냐와 마주쳤다. 일리니치나는 아크시냐를 불러서 말했다.
"나 좀 보게. 얘기하고 싶은 게 있으니……"
아크시냐는 물통을 내려놓고 조용히 다가와 인사했다.
"얘기하고 싶다는 건 말이야……"
일리니치나는 비록 아름답긴 해도 그녀에게는 밉살스러운 그 이웃 여자의 얼굴을 살피듯 쳐다보며 말을 꺼냈다.

"당신은 어째서 남의 어린 애를 유혹하는 거야? 어째서 아이를 불러다가 꾀는 거지? 누구에게 부탁을 받아서 아이의 셔츠를 기워 주고 갖가지 물건을 주는 거야? 제 어미가 없다고 생각하는 건가? 당신더러 꼭 그러지 말라, 그래선 안 된다 말을 해야 하나? 당신이란 사람은 도대체 양심이란 게 있어? 정말이지, 남부끄러운 줄 모르는 사람이야, 당신!"

"제가 무슨 나쁜 짓이라도 저질렀나요, 할머니? 왜 그렇게 화를 내세요?"
아크시냐는 갑자기 성을 내며 되물었다.

"뭐가 나쁜 짓이냐고? 당신은 애 어미 나탈리야를 무덤으로 쫓아 보내놓고도 또 그 애에게 손을 댈 권리가 있다고 생각하나?"

"무슨 말씀을 하세요, 할머니? 성호를 그으세요! 그런 무서운 상상일랑 하지 말아 주세요! 누가 죽게 했단 말씀예요? 그녀가 자살한 거예요!"

"당신 때문이야!"

"저는 그런 거 몰라요."

"그렇지만 나는 잘 알고 있어!"
일리니치나는 흥분해서 큰 소리를 질렀다.

"할머니, 큰 소리 내지 말아 주세요. 저는 당신 며느리가 아니에요. 그러니 호통 치지 마시란 말씀예요. 저에게 호통 칠 수 있는 사람은 제 남편밖에 없어요."

"당신에 대해서는 잘 알고 있어! 당신의 뱃속을 빤히 다 알고 있단 말이야! 지금은 며느리가 아니지만, 며느리가 되려고 잔뜩 노리고 있는 거야! 그래서 먼저 아이를 꾀어 가까이하는 거야. 그런 뒤에 그리샤에게 달라붙을 셈이지?"

"당신 며느리가 된다는 건 꿈에도 생각지 않았어요. 할머니, 머리가 어떻게 되신 거 아녜요? 저에게는 멀쩡히 살아 있는 남편이 있단 말씀예요."

"그건 그렇지, 당신은 남편이 두 눈 뜨고 있는데도 남의 남자를 낚으려 한단 말이야!"

아크시냐의 얼굴이 금세 새파래졌다.

"어째서 그렇게 저를 욕하고 창피를 주시는지 영문을 모르겠어요…… 저는 아직껏 한 번도 남의 남자에게 들러붙은 적도, 들러붙으려는 생각을 한 적도 없어요. 당신 손자를 귀여워한 게 뭐 그렇게 나쁘단 말씀이세요? 당신도 아시다시피 저에게는 어린애가 없어요. 그래서 남의 어린애를 봐도 즐겁단 말씀예요. 기분이 상쾌해지는 거예요. 그래서 그 애를 불렀던 거예요······ 아이에게 이것저것 주었다고 말씀하셨지만, 설탕덩어리 한 개를 아이에게 준 것뿐이에요. 그게 선물의 전부였어요! 그런데도 왜 별별 것을 다 아이에게 주느냐고, 어떻게 그런 말씀을 하세요? 당신은 정말 영문 모를 말씀을 하시는 거예요······"

"그 애 어미가 살아 있을 적에는 어쨌든 한 번도 당신은 그 애를 불러 가지 않았어. 그러더니 나탈리야가 죽으니까 갑자기 친절해졌단 말이야!"

"그 애는 나탈리야가 살아 있을 적부터 저희 집에 놀러왔었어요."

살짝 입가에 미소를 띠고 아크시냐가 말했다.

"거짓말을 하는군, 철면피 같으니!"

"아이에게 물어보시고 나서 거짓말이니 뭐니 하시죠?"

"그런 건 어쨌든 좋으니까, 앞으로는 아이를 불러가거나 하지. 그렇게 하면 그리고리가 당신을 좋아하게 될 거라곤 생각하지 마. 당신은 그 애 아내가 되지 않을 거니까. 그렇게 생각하고 있는 게 좋아!"

아크시냐는 심한 노여움으로 얼굴을 일그러뜨리고 갈라진 목소리로 말했다.

"잠자코 계세요! 그이는 당신과 의논 같은 거 하지 않을 거예요! 괜히 끼어들지 마세요!"

일리니치나는 좀 더 말을 하려 했으나, 아크시냐가 등을 휙 돌려 재빨리 물통 옆으로 가서 힘을 다해 물지게를 지고 물을 철썩철썩 튀기면서 집 쪽으로 좁은 길을 걸어가 버렸다.

그 뒤로 그녀는 멜레호프네 사람들에게는 누구와 만나게 되건 인사를 하지 않았다. 악마와 같은 오만한 표정으로 콧방울을 부풀어 올리고 옆을 지나가 버리는 것이었다. 그러나 어디서든 미샤토카를 발견하면 먼저 주위를 둘러보고 근처에 아무도 없으면 옆에 나가서 몸을 굽히고 아이를 가슴에 껴안고는 볕을 그을린 작은 이마와, 좀 음울하고 검은, 멜레호프가의 혈통을 닮은 눈에 키스하고 울었다 웃었다 하면서 두서없이 소곤대었다.

"귀여운 내 그리고리에비치! 내 착한 아들! 나는 아가를 많이 생각하고 있단다! 바보야, 이 아크시냐 아줌마는…… 아, 정말로 한심한 바보야!"
 이렇게 말하며 오랫동안 그녀의 입술은 잘게 떨리는 미소를 머금고, 눈물이 글썽한 눈은 행복감으로 빛났다.
 8월 말에 판테레이 프로코피에비치는 동원되었다. 그와 동시에 총을 맬 수 있는 카자흐들은 모조리 타타르스키에서 전선으로 떠나갔다. 부락에 남은 남자라고는 불구자, 미성년자, 그리고 몸을 잘 가누지 못하는 늙은이들뿐이었다. 동원은 매우 철저했다. 군(軍) 의료 위원회에서는 외관상의 불구자 이외에는 단 1명도 면제해 주지 않았다.
 판테레이 프로코피에비치는 부락의 아타만에게서 집합 장소에 출두하라는 명령을 받자, 서둘러 노파와 손자들과 딸에게 작별인사를 했다. 한숨을 내쉬며 무릎을 꿇고 정중하게 절을 했다…… 다음에는 성상(聖像)을 향해 성호를 그으며 식구들에게 말했다.
 "자, 작별이다 모두들! 다시는 만나게 되지 못할 것 같은 느낌이 든다. 마지막 때가 왔음에 틀림없어. 내가 식구들에게 하고픈 말은 이거다…… 밤낮을 가리지 말고 타작을 해서 장마철이 되기 전에 다 거둬들일 것. 손이 필요하면 거들어 줄 사람을 고용하고, 만일 가을까지 내가 돌아오지 않으면 내가 없더라도 적당히 처리해 두도록 해라. 봄에 씨를 뿌릴 밭은 되도록 갈고, 호밀은 꼭 1제샤찌나는 뿌려 놓아라. 할멈은 실수 없이 요령 있게 일을 해야 하오, 알겠소? 나도 그리고리도 돌아오지 않을 테지만 곡식은 식구들에게 더욱더 필요할 거요. 전쟁도 전쟁이지만, 곡식이 없으면 살기가 곤란해지니 말이오. 그러면 식구들에게 하느님 가호가 있기를 빌겠소!"
 일리니치나는 노인을 광장까지 전송했다. 노인이 프리스토냐와 나란히 절룩거리면서 짐마차 뒤를 급히 따라가는 것을 눈길로 쫓으면서 앞치마로 부석부석 부어오른 눈을 닦더니 몸을 돌려 집으로 향했다. 타작마당에서는 아직 타작이 끝나지 않은 밀 더미가 그녀를 기다리고 있고, 난로 위에는 우유가 아직도 얹혀 있고, 아이들에게는 아침부터 아무것도 먹인 게 없었다. 노파가 할 일은 산더미 같았다. 그녀는 이따금 만나는 여자들을 보고도 멈춰서 말을 나누려 하지 않고 눈짓으로 인사하고는 집으로 서둘러 갔다. 아는 사람들 중 누가 동정하듯이, "병정을 전송하셨소?" 물었을 때에만 고개를 끄덕였다.

며칠 뒤, 일리니치나가 아침 일찍 우유를 짜고 그 젖소를 뒷길로 내보낸 뒤 집 안으로 막 들어오려는 참에 갑자기 땅 속 좀 먼 어느 곳에서 우르릉 울리는 소리가 들렸다. 그녀는 주위를 둘러보았으나 하늘에는 구름 한 점도 없었다. 잠시 지나자 그 울림이 다시 들렸다.
　"할머니, 음악이 들리지요?"
　말들을 모으고 있던 늙은 목자가 물었다.
　"무슨 음악이에요?"
　"그건 베이스로만 연주되는 음악이지요."
　"들리기는 들리는데 무슨 음악인지 모르겠어요."
　"곧 알게 될 거예요. 건너편에서 이 부락으로 보내오게 되면 금방 알 거예요! 저건 대포를 쏘는 소리예요. 동원되어 나간 부락 늙은이들이 죽고 있을 거예요……"
　일리니치나는 성호를 긋고, 묵묵히 쪽문으로 걸어갔다.
　그날부터 대포의 울림은 나흘 동안 밤낮으로 끊임없이 계속되었다. 새벽에는 특히 크게 잘 들렸다. 하지만 북동풍이 불 때에는 먼 곳에서의 전투의 울림이 대낮에도 들려 왔다. 그러면 타작마당에서의 일은 잠시 멈추고, 여자들은 가족의 신변을 걱정하여 기도의 말을 중얼거리며 성호를 긋고, 무거운 한숨을 내쉬었다. 그러나 곧이어 탈곡기에 돌절굿공이가 울리는 듯한 소리를 내고, 소몰이 아이가 말과 소를 몰아내고, 체로 거르는 틀이 덜컹덜컹 울리고, 근로의 하루가 멈출 수 없는 궤도에 들어갔다. 8월 말에는 좋은 날씨가 계속되어 잘 건조되고 있었다. 바람이 부락 안으로 겉겨 먼지를 실어들이고, 탈곡된 호밀의 짚이 달콤한 냄새를 풍기고, 태양은 무자비하게 내리쬐고 있기는 했지만, 그래두 땅 위의 모든 것에 멀지 않은 가을이 다가오고 있음이 느껴졌다. 방목장(放牧場)에서는 시들기 시작한 어두운 남빛의 쑥이 희멀겋고, 돈 건너편의 포플라 나뭇가지 끝은 누르스름해지고, 집 안의 사과냄새가 짙어지고, 먼 지평선은 가을답게 또렷이 맑아지고, 인기척이 사라진 밭에는 철새들 중 첫 번째 두루미 떼기 니더났다.
　게트만스키 가도(街道)에는 매일같이 돈강을 건너는 군수품을 실은 치중(輜重)의 행렬이 서쪽에서 동쪽으로 꾸불꾸불 이어지고 돈 연안의 모든 부락에는 피난민의 모습이 나타났다. 피난민의 말에 의하면, 카자흐군은 전투를 계속하면서 퇴각하고 있다는 것이었다. 그들 중 어떤 사람은 이 퇴각에 대해서, 적위군을 유인해서 빙 포위하여 섬멸하기 위한 예정된 것이라고 말했다. 타타르스키 부락 사람들도 슬슬 피난 준비를 시작했다. 소와 말에게 사료를 충분히 먹여 튼튼해지게 하고, 곡식이라든가 귀중품을 넣은 궤짝들을 밭으로 끌고 가 깊숙이 묻었다. 한때 그쳤던 대포 소리는 10월 5일 새로이 격렬하게 울려 퍼졌는데, 그 대포 소리는 이번에는 한결 위협하듯 또렷이 울려 왔다. 전투는 돈에서 40킬로미터 떨어진 타타르스키로부터 북동쪽 방면에서 행해지고 있었다. 하루가 지나자 서쪽 상류에서도 울리기 시작했다. 전선은 돈을 향해서 곧장 다가왔다.

대부분의 부락민이 피난을 준비하고 있음을 알게 된 일리니치나는 자기네도 피난하려고 두냐시카와 의논했다. 일리니치나는 곤혹(困惑)과 주저를 느끼고, 농사와 집안 일들을 어떻게 해야 좋을지 갈피를 잡지 못했다. 모든 것을 내버리고 다른 사람들과 함께 피난해야 하는가, 아니면 집에 남아야 하는가 망설였다. 판테레이 프로코피에비치는 타작에 관한 것, 봄에 씨를 뿌릴 밭에 관한 것, 가축에 관한 것 따위는 일러 주고 떠났으나, 전선이 가까워진 때 어떻게 해야 하는지에 대해서는 한 마디도 남기지 않았다. 일리니치나는 만일의 경우에 대비해서 아이들과 가장 귀중한 재산을 두냐시카에게 맡겨 마을 사람과 함께 출발하게 하고, 자신은 비록 적위군이 부락을 점령할 경우에도 집에 남아 있기로 결심했다.

9월 17일 밤, 뜻밖에도 판테레이 프로코피에비치가 집에 나타났다. 그는 카잔스카야 마을에서 걸어 돌아왔기 때문에 몹시 지치고 초췌해 보였다. 반 시간쯤 쉰 뒤 식탁에 앉더니, 일리니치나가 아직껏 한 번도 본 적이 없을 정도로 많이 먹었다. 반 베도르 들이 냄비의 야채수프를 단숨에 먹어치우고, 다음에는 밀 카샤(죽)를 끌어당겼다. 일리니치나는 너무도 기가 막혀 두 손을 탁 마주쳤다.

"어머나, 어쩌 그렇게 드세요, 프로코피에비치! 마치 사흘은 먹지 못한 것 같으세요!"

"내가 뭘 입에 넣은 줄로 아오. 바보 할망구 같으니! 꼬박 사흘 동안 나는 아무것도 먹지 못했소!"

"아니, 도대체 저쪽에서는 당신네들에게 아무것도 먹이지 않는단 말이오?"
"아무것도 먹게 해주지 않는걸!"
판테레이 프로코피에비치는 입 속 가득히 음식을 넣고, 고양이처럼 목을 꿀떡꿀떡 울리며 대답했다.
"모두들 머리를 짜내 얻어먹는데, 나는 아직 도둑질하는 건 배우지 않았단 말이야. 젊은 놈들은 괜찮아. 젊은 놈들에겐 양심이란 게 손톱의 때만큼도 남아 있지 않으니까…… 녀석들은 이 지긋지긋한 전쟁 중에 도둑질이 몸에 익어 내가 벌벌 떨고 놀랐을 정도야. 나중에는 눈도 깜짝하지 않게 되었지만 말이오. 녀석들은 그저 눈에 띄기만 하면 무엇이든지 싹 쓸어 들고 가고 끌고 가거든…… 전쟁이니 뭐니들 하지만, 전쟁보다도 그것들이 훨씬 더 나빠!"
"한꺼번에 그렇게 많이 드시는 건 좋지 않아요! 나쁜 일이 없어야 하는데. 보세요, 마치 당신 배가 거미 배처럼 불룩해졌어요!"
"시끄럽소. 우유를 줘요. 큰 단지에 넣어서 가득 줘요!"
일리니치나는 굶어 죽을 지경으로 굶주린 자기 남편을 보고는 울고 싶을 정도였다.
"당신은 앞으로 집에 쭉 계실 작정이에요?"
그녀는 판테레이 프로코피에비치가 겨우 카샤를 물린 뒤에 물었다.
"차차 알게 되오."
그는 피하듯이 대답했다.
"그러면 당신 같은 늙은이들은 집으로 돌아오게 된 게 아니에요?"
"누구 하나 돌아오지 않았어. 적위군이 이미 돈 옆에 쫓아와 있으니 돌아올 때가 아니라구. 나는 혼자 빠져 돌아온 거야."
"그랬다가 문책 당하지는 않겠어요?"
일리니치나는 염려가 되어 물었다.
"잡아갈지도, 문책 당하게 되는지도 알 수 없지."
"그럼 당신은 숨어 있을 작정이에요?"
"당신은 또 내가 그 놀이터로 가거나 손님에게 갈 줄로 생각하오? 쳇, 도무지 꽉 막힌 사람이군!"
"아니, 어떻게 죄가 될 일을 하시려는 거예요? 또다시 재난이 닥치겠어요. 당신에게 엄청난 재난이……"

"까짓거, 여기서 잡혀 감옥에 틀어박히는 편이 오히려 총을 들고 들판을 헤매며 다니는 것보다 훨씬 낫소."

판테레이 프로코피에비치는 지친 듯이 말했다.

"나는 말이오, 다른 사람들처럼 하루에 40킬로미터나 뛰고, 참호를 파고, 돌격을 하고, 땅바닥을 기고, 탄환을 피하는 건 해내지 못하오. 늙은 탓이야. 탄환 같은 건 피해서 되는 게 아니더라고! 그리바야강 근처에서 내 전우의 왼쪽 어깨 밑에 탄환 1발이 맞아서 박히자…… 그는 다리 하나 까딱 못하고 그대로 죽었소. 그런 일은 달갑지 않단 말이오!"

노인은 소총과 탄약합을 들고 가서 겉겨 속에 숨겼다. 일리니치나가 입고 갔던 덧옷을 어쨌느냐고 묻자, 노인은 얼굴을 찌푸리고 마지못해 대답했다.

"다 떨어졌소. 아니, 사실대로 말하면 내버린 거요. 우리는 슈미린스카야 마을 맞은편에서 몹시 쫓기게 되자, 모든 것을 다 내동댕이치고 미친 듯이 달아났소. 덧옷 같은 건 문제도 아니오…… 슈바(반코트)를 입은 사람도 있었는데, 그런 것도 죄다 내버리고 도망쳤소…… 그런데 덧옷이 어떻다는 거요? 어째서 덧옷 따위를 생각해 냈소? 아무리 고급 덧옷이더라도 그런 것은 아무 짝에도 소용이 없소……"

실제로 덧옷은 질이 좋은 새것이었지만, 노인이 없앤 물건들은 모두가 그의 말에 따르면 아무 짝에도 소용없는 것이었다. 이것이 자신을 위로하는 그의 상투적인 수단이 되어 있었다. 일리니치나는 그런 줄을 알고 있었으므로 덧옷의 품질 같은 것에 대해 들추려고 하지 않았다.

그날 밤 가족회의에서 다음과 같이 정해졌다. 즉 일리니치나와 판테레이 프로코피에비치는 아이들과 함께 마지막까지 집에 남아 재산을 지키고 타작을 끝낸 곡물을 묻는다, 한편 두냐시카는 소 두 마리가 끄는 수레에 궤짝들을 싣고 치르의 라투이셰프 부락에 있는 친척집으로 출발한다는 것이었다.

그러나 그 계획은 예정대로 완전히 실행되지는 못했다. 다음날 아침 두냐시카를 출발시키기는 했으나, 정오에 사르 지방의 카자흐와 카르므이크인들로 구성된 징벌대가 타타르스키 부락에 들어왔다. 부락민 가운데 집으로 도망쳐 돌아온 판테레이 프로코피에비치의 모습을 본 자가 있었음에 틀림없었다. 징벌대가 부락에 들어온 지 1시간쯤 지나자 4명의 카르므이크인이 멜레호프의 집으로 말을 타고 몰려왔다. 기마병들의 모습을 보자 판테레이 프로코피에비치는 놀라울 정도로 재빠르고 날쌔게 다락방으로 기어 올라갔다. 일리니치나가 곧 들이닥친 자들을 맞이하러 나갔다.
"이 집 늙은이는 어디에 있나?"
상사 견장을 붙인 날씬한 중년의 카르므이크인이 말에서 내려 일리니치나 앞을 지나서 쪽문 쪽으로 들어서며 물었다.
"전선에요. 전선 말고 어디에 있겠어요?"
일리니치나는 퉁명스레 대답했다.
"집 안으로 안내해. 가택 수색을 할 테니까."
"뭘 찾으시려구요?"
"당신의 영감을 찾을 거야. 아, 찔리지도 않는가! 아주 뻔뻔스러운 할망구로군…… 거짓말을 하다니!"
비난하듯이 머리를 흔들고 키 큰 상사는 중얼거리듯 말하더니, 빽빽이 박힌 흰 이를 드러내고 성을 냈다.
"꼴사납게 이빨을 그렇게 드러내지 말아요. 얼굴도 제대로 닦지 않은 주제에! 없다면 없으니까!"
"시끄러워. 어서 집 안으로 안내해! 아냐, 우리 마음대로 들어가지." 화가 난 카르므이크인은 이렇게 말하고 안짱다리를 크게 벌려서 뚜벅뚜벅 입구 계단 쪽으로 걸어갔다.
그들은 방마다 샅샅이 살피더니, 카르므이크 말로 소곤소곤 뭐라고 주고받았다. 그 뒤에 두 사람은 뜰 안을 뒤지러 가고, 또 한 사람인 키가 작고 몹시 꺼멓고 코가 낮은 곰보 얼굴의 사내는 세로로 넓게 솔기를 댄 헐렁헐렁한 바지를 끌어올리다시피 하고 현관으로 나갔다. 열어젖혀진 문으로 들어오는 투명한 햇살 속에서 그 카르므이크인이 쑥 뛰어오르더니, 두 손으로 가로대를 붙잡고는 가볍게 위로 기어 올라가는 것을 일리니치나는 보았다. 5분쯤 지나자 그 사내는 또다시 가볍게 그곳에서 뛰어내렸다. 그 뒤에서 온몸이 흙투성이가 되고 턱수염에는 거미줄을 얼기설기 건 판테레이 프로코피에비치가 한숨을 내쉬며 조심스럽게 기어 내려왔다. 노파의 분한 듯이 굳게 다문 입을 보며 그는 말했다.
"망할 녀석들에게 들키고 말았어! 틀림없이 누군가가 밀고한 거야……"

판테레이 프로코피에비치는 야전 재판소가 있는 카르긴스카야 마을로 호송되었다. 일리니치나는 잠시 울고 있었으나, 또다시 들리는 대포 소리와, 돈의 건너편에서 또렷하게 들려오는 튀는 것 같은 뭔가의 소리에 귀를 기울이더니, 다만 얼마라도 곡물을 숨겨 둬야겠다 싶어서 곡물 창고로 달려갔다.

22

체포된 탈주병 14명이 재판을 기다리고 있었다. 재판은 매우 빠르게 진행되었으며 모든 피고인에 대해서 한 치의 용서도 없었다. 재판 의장인 나이 많은 카자흐 일등대위가 피고에게 성명, 부칭(父稱), 계급, 소속 부대명을 묻고, 피고가 얼마 동안의 기간을 도망가 있었는지를 조사했다. 그리고 다른 재판관들—팔 한쪽이 없는 소위와, 폭신한 빵처럼 뒤룩뒤룩 살이 찌고 콧수염을 기른 얼굴이 포동포동하고 부드러워 보이는 기병상사(騎兵上士)들과 두세 마디 주고받고는 곧 판결을 선고했다. 탈주자의 대부분은 태형(笞刑)을 선고받았다. 태형은 이를 목적으로 특별히 마련된 빈 집에서 카르므이크 인이 집행했다. 그 용감한 돈군에서의 탈주병들이 너무도 많은 탓으로 1919년처럼 민중 공개태형을 집행할 수는 없었다……

판테레이 프로코피에비치는 다섯 번째로 불려나갔다. 몹시 흥분해서 얼굴 빛이 파랗게 질린 노인은 재판관의 탁자 위에 직립 부동자세로 섰다.
"성씨는?"
일등대위는 고개도 들지 않고 물었다.
"멜레호프입니다, 상관님."
"이름과 부칭은?"
"판테레이 프로코피에비치입니다, 상관님."
그때 대위는 서류를 보던 눈을 들고 노인을 빤히 쳐다보았다.
"당신은 어느 곳 출신인가?"
"뵤셴스카야 마을 타타르스키 부락입니다, 상관님."
"당신은 멜레호프 그리고리의 부친이 아닌가?"
"맞습니다, 그의 애비입니다, 상관님."
판테레이 프로코피에비치는 자신의 늙은 몸에서 태형이 점차로 멀어져 가는 듯한 느낌이 들어 갑자기 기운이 났다.

"그런데 당신은 부끄러워하지도 않는구먼?"

대위는 날카로운 눈길로 판테레이 프로코피에비치의 다소 득의양양해 하는 얼굴을 뚫어지게 바라보며 말했다.

그때 판테레이 프로코피에비치는 규칙을 어겨 왼손을 가슴에 대고 우는 시늉을 했다.

"상관님, 대위님! 제발 소원입니다, 태형만은 면하게 해주십시오! 저에게는 장가든 아들이 둘 있었는데, 장남은 적위군에게 죽고 말았습니다…… 손자도 있습니다. 이런 늙은이가 태형을 당해야만 된다는 말씀입니까?"

"우리는 늙은이에게도 군무(軍務) 방식을 가르치고 있소. 당신은 부대에서 도망쳤는데, 그러고도 십자훈장이라도 수여될 것으로 생각했소?"

이때 한쪽 팔이 없는 소위가 끼어들었다.

"십자훈장 같은 건 말도 안 되구요…… 부대로 돌려보내 주십시오. 열심히 근무하겠습니다…… 어째서 도망쳐 나왔는지 저도 잘 모르겠습니다. 깜박 마귀가 씌웠던 것임에 틀림없습니다……"

판테레이 프로코피에비치는 그런 뒤에도 아직 타작을 마치지 못한 곡물과, 자신의 절룩거리는 다리와, 내버려 두고 온 농사에 관한 것 등등 두서없이 이것저것을 말했는데, 대위는 손으로 가로막아서 침묵하게 한 다음 소위 쪽으로 몸을 굽혀 소위의 귀에 대고 오랫동안 소곤댔다. 소위는 승낙하는 듯이 고개를 끄덕였다. 대위는 판테레이 프로코피에비치 쪽으로 다시 몸을 돌렸다.

"좋아, 이제 변명은 완전히 다 한 셈이지? 나는 당신의 아드님을 알고 있는데, 그에게 이런 부친이 있다는 게 놀랍군. 언제 당신은 부대에서 탈주했는가? 1주일 전인가? 당신은 적위군이 당신 부락을 점령하고, 당신의 몸에서 껍데기를 벗겨내도 좋다고 생각하는가? 이런 본을 젊은 카자흐들에게 보여 주려는가? 군의 법규에 의거해 우리는 당신을 재판하고 체형(體刑)을 선고해야 하지만, 장교인 당신 아드님에게 경의를 표하여 그 굴욕을 당신에게는 면제하여 준다. 당신은 사병이었는가?"

"그렇습니다, 상관님."

"계급은?"

"하사였습니다, 상관님."

"오늘로서 하사관 계급을 박탈한다!"

대위는 지금까지의 정중한 '당신'이란 호칭을 '너'로 고쳐 말하고 목소리를 높여서 거칠게 명령했다.

"지금 바로 부대로 돌아가라! 야전 군법회의 결정에 의하여 하사 계급을 박탈당했음을 중대장에게 보고해야 한다. 이번 전쟁 중이나 앞서서의 전쟁 때에 포상(褒賞) 받은 적이 있는가? ……자, 돌아가도 좋다!"

판테레이 프로코피에비치는 기쁨에 넘쳐 밖으로 나왔다. 교회의 둥근 지붕을 향해 성호를 그었다…… 구릉을 넘고, 길도 없는 곳을 거쳐 집으로 향했다. '자, 이제는 그렇게 숨지는 않을 거다! 카르므이크 병사들을 3개 중대 보내도 이젠 찾아내지 못할 거다!' 곡물을 거둔 뒤 잡초가 돋아난 밭길을 절룩절룩 걸으며 그는 생각했다.

스텝에 닿자 그는 오가는 사람들의 주의를 끌지 않도록 오히려 도로로 걷는 편이 낫겠다고 생각했다. '길 없는 곳을 살금살금 걸어 나가면 나를 꼭 탈주병으로 생각할 게 틀림없지. 꽉 막힌 관리들과 마주치게 되면 재판도 없이 태형을 가할 게 틀림없어.' 혼잣말로 중얼거리며 그는 밭길에서 질경이가 많이 돋은 여름철 길로 나갔다. 그리고 왠지 그는 이제 자신을 탈주병으로는 생각지 않았다.

돈에 가까워지면 가까워질수록 더 빈번히 피난민의 짐마차와 부딪쳤다. 지난봄에 반란군이 돈 왼쪽 강가로 철퇴하던 때와 똑같은 일들이 되풀이되었다. 스텝 안에는 각 방면으로 가재도구를 산더미처럼 실은 사륜(四輪) 짐마차의 반개(半蓋) 마차가 줄을 잇고, 시끄럽게 소리를 질러대는 가축 떼가 기병대의 행진처럼 전진하고, 양떼가 자욱이 먼지를 일으켰다…… 수레바퀴들이 삐걱거리는 소리, 말들의 울음소리, 사람들이 부르짖는 소리, 수많은 발굽소리, 양들의 울음소리, 어린애들의 울음소리—이런 모든 것이 끊일 새 없는 불안한 소음이 되어 고요하던 스텝의 공간을 가득 메웠다.

"할아버지, 어디로 가십니까? 돌아가세요. 우리 뒤에 적위군이 따라오고 있습니다!"

지나가던 짐마차 위에서 머리에 붕대를 감은 낯선 카자흐가 소리쳤다.

"거짓말 마오! 적위군이 대체 어디에 있단 말이오?"

판테레이 프로코피에비치는 당혹해서 걸음을 멈추었다.

"돈 건너편입니다. 뵤시키에 다가오고 있다고요. 지금 뵤시키로 가는 길이세요?"

판테레이 프로코피에비치는 그 말을 듣자 다소 안심하고 쉬지 않고 길을 걸어 해질녘에 타타르스키에 닿았다. 산을 내려가면서 그는 언저리를 주의 깊게 둘러보았다. 부락이 인기척 없이 쓸쓸해서 그는 몹시 놀랐다. 길에는 지나가는 사람이 하나도 보이지 않았다. 미늘창이 닫히고 내버려진 집들이 우두커니 서 있었다. 사람 목소리도 가축 울음소리도 들리지 않았다. 돈 강 기슭에서만 사람들의 오고가는 술렁거림으로 떠들썩한 소리가 들려왔다. 판테레이 프로코피에비치는 가까이 다가가 그것이 거룻배를 끌어올려 부락으로 옮기고 있는 무장 카자흐들임을 얼른 알아보았다. 타타르스키는 이미 주민들로부터 버림받은 곳이 되어 있었다. 판테레이 프로코피에비치는 그것을 분명히 알 것 같았다. 그는 슬며시 자기 집 뒷길로 해서 집안으로 들어갔다. 일리니치나와 아이들이 부엌에 있었다.

"할아버지다!"

미샤토카가 기쁜 듯 소리 지르며 목에 달라붙었다.

일리니치나는 너무나 기뻐서 울고 또 울면서 중얼거리듯 말했다.

"당신을 다시 보게 되다니, 꿈만 같아요! 여보, 프로코피에비치, 당신이 어떻게 생각하든 이젠 당신도 여기에 남아 있어서는 안돼요! 죄다 타버리면 어찌할 도리가 없는 것이니까, 빈 집을 지켜야 소용이 없다구요. 부락 사람들은 거의 다 피난해버렸는데, 당신은 아이들과 바보처럼 여기에 들어앉아 있을 작정이에요? 자, 어서 말을 수레에 달고 어디로든 나가서야 해요! 당신은 풀려난 거예요?"

"그렇소."

"완전히?"

"완전히지, 다시 붙잡힐 때까지는……"

"그래도 여기서는 당신 끝까지 숨어 지내지 못해요! 오늘 아침에 건너편에서 적위군이 이쪽으로 막 쏘아냈어요. 정말 무시무시했어요! 포격히는 동안 줄곧 나는 아이들을 데리고 움막에 들어 앉아 있었어요. 이제 적위군은 쫓겨 갔나 봐요. 카자흐 병사가 우유를 달라고 와서는, 여기를 떠나는 게 좋다고 했어요."

"그래 그자는 이 부락 출신 카자흐 병사는 아니던가?"

판테레이 프로코피에비치는 창틀에 생긴 생생한 탄흔을 주의 깊게 살피면서 약간 흥미를 느끼고 물었다.

"아네요. 다른 데 카자흐예요. 호표르 근처 사람 같았어요."

"그렇다면 떠나지 않을 수 없군."

판테레이 프로코피에비치는 크게 한 번 한숨을 내쉬고 말했다.

밤까지 걸려서 그는 키작크(연료용으로 말린 똥)를 두는 광에 움을 파고는 그 속에 밀을 일곱 자루 넣은 뒤 잘 다지고, 그 위에 키작크를 쌓아올렸다. 그리고 날이 새자마자 사륜 짐마차에 암말을 매고 슈바 두 벌, 밀가루 한 자루, 타작해 놓았던 수수 한 자루, 암 양 한 마리를 다리를 묶어 짐마차에 싣고, 암소를 두 마리 수레 뒤의 가로대에 매놓았다. 그런 뒤 일리니치나와 아이들을 수레에 태우고 말했다.

"자, 무사하기를 빌고 출발하자!"

집을 나서자 노인은 노파에게 고삐를 맡기고 문을 닫은 뒤 언덕에 닿을 때까지 짐마차와 나란히 걸으며 코를 훌쩍거리며 카자흐 윗옷 소매로 눈물을 훔쳤다.

23

9월 17일 쇼린 돌격 병단의 여러 부대는 30킬로미터를 전진해서 돈 강기슭 가까이에 다다랐다. 18일 이른 아침부터 적위군 포병부대는 우스치 메도베지차에서 카잔스카야 마을에 이르기까지 포격했다. 짧은 준비 포격이 행해진 뒤 보병 부대는 돈 연안의 여러 부락들과 부카노프스카야, 에란스카야, 뵤센스카야 등의 3개 마을을 점령했다. 하루 동안에 돈 왼쪽 강가 150킬로미터 이상에 걸친 구간의 백군(白軍)이 손을 들었다. 카자흐의 각 중대는 일제히 돈을 건너서 미리 마련해 둔 진지로 후퇴했다. 강 건너는 수단은 모두 그들의 수중에 있으나 하마터면 뵤센스카야 다리를 적위군에게 점령당할 뻔했다. 카자흐는 퇴각할 때 다리를 태워 없애기 위해서 미리 다리의 끝에 짚더미를 쌓아올리고, 나무다리의 횡목(橫木)에는 등유(燈油)를 발라 두었다. 막 불을 붙이려고 할 때, 제37연대 소속의 한 기병 중대가 페레보즈누이 부락에서 뵤센스카야의 강 건너는 지점을 향해 오고 있다는 보고를 가지고 전령이 달려왔다. 적위군 보병 부대가 이미 뵤셴스카야 마을에 들어선 그 순간, 최후로 남겨졌던 이 기병 중대는 전속력으로 다리로 달려왔다. 기관총의 총화를 뚫고 카자흐 중대가 아슬아슬하게 다리를 건넌 뒤 곧 불을 지를 수는 있었으나, 그래도 10명 이상의 부상자들과 그만큼의 말들을 잃었다.

적위군 제9군 소속 제22와 제23 두 개 사단의 여러 연대는 9월 말까지 그들이 점령한 돈좌안의 여러 촌락을 유지하고 있었다. 적(敵)과 우군은 돈을 사이에 두고 대치해 있었는데, 그때 돈의 강폭은 가장 넓은 곳도 160미터 이상은 안 되고 곳에 따라서는 60미터밖에 안 되는 곳도 있었다. 그러나 적위군은 적극적으로 강을 건너려 하지 않았다. 근처 얕은 여울에서 돈강을 건너려고 시도하기는 했으나, 그럴 때마다 격퇴 당했다. 그 지역의 전선 전체에는 2주일 동안 대포와 소총의 사격전이 활발하게 벌어졌다. 카자흐 병사들은 그 근처에 치솟은 우안의 고지에 자리 잡고 돈의 공격로(攻擊路)로 떼지어 오는 적에게 집중 사격을 퍼부어 낮에는 강가에 다가서는 것을 허용하지 않았다. 그러나 이 지대의 카자흐 중대들은 전투 능력이 가장 없는 새로이 편성된 부대들이었으므로(노인들과 19살까지의 청소년뿐이었다), 스스로 나서 강 건너 적위군을 압박하고 좌안으로 공격해 나가려 하지는 않았다.

돈의 우안으로 퇴각하자 카자흐들은 그 첫째날 적위군에 점령된 여러 부락의 집들이 바로 불태워져서 불길이 치솟을 것으로 생각했다. 그러나 놀랍게도 좌안에서는 한 줄기의 연기도 솟지 않았다. 그뿐만 아니라 밤에 좌안에서 몰래 건너온 부락민의 말에 의해 적위군은 가재도구에 전혀 손을 대지 않고 자기네가 가져가는 식료품에 대해서는, 하다못해 수박이나 우유에 대해서도 선뜻 소비에트 지폐로 지불하고 간다는 것이었다. 이런 말은 카자흐들 사이에 당혹과 깊은 의혹을 불러 일으켰다. 카자흐들은 자기네가 반란을 일으킨 뒤로, 적위군은 반란에 가담한 부락을 철저히 불태워 잿더미로 만들리라고 여기고 있었다. 또한 피난하지 않고 부락에 남은 사람들 가운데 적어도 남자의 절반을 용서 없이 해치워버릴 것으로 생각하고 있었다. 그런데 믿을 만한 정보에 따르면, 적위군은 평온히 지내고 있는 주민에게는 그야말로 손가락 하나도 대지 않는다는 것이었다. 모든 점에서 판단하건대, 적위군은 복수하려는 생각은 하고 있지 않은 듯했다.

19일 밤, 뵤셴스카야의 건너편 기슭에서 초계(哨戒) 근무를 하고 있던 호표르스카야의 카자흐 병사들은 너무도 뜻밖의 적의 행동에 대해 그 속을 떠보기로 했다. 잘 울리는 목소리의 카자흐가 입에 손을 대어 확성기처럼 만들어 소리 질렀다.

"어이, 빨갱이 올챙이 배때기들아! 네놈들은 어째서 집들을 태우지 않는 거냐? 성냥이 없느냐? 이쪽으로 헤엄쳐 와라, 성냥을 줄 테니!"

어둠 속에서 잘 울리는 목소리가 대답했다.

"네놈들이 부락에 있을 때 붙잡지 못했기 때문이다. 그렇지 않았으면 네놈들을 집과 함께 태웠을 것이다!"

"알거지들이 됐느냐? 불을 붙일 것도 없구나?"

호포르스카야의 카자흐는 자포자기에 빠진 채 다시 소리쳤다.

침착하고 쾌활한 목소리가 이에 대꾸했다.

"이리 헤엄쳐 와라, 흰 남창(男娼) 녀석들아! 네놈들의 엉덩이를 실컷 패 주겠다. 앞으로 다시는 간지러워지지 않게 해주마!"

쌍방의 초소에서는 오랫동안 서로 욕하며 서로가 별별 욕지거리를 다 퍼부었는데, 그것이 끝난 뒤 잠시 동안 사격전이 벌어지고 이내 다시 조용해졌다.

10월 초, 2개 군단으로 이루어진 돈군의 주력은 카잔스카야—파블로프스크 지역에 집결돼 공세로 옮겨갔다. 그 편서에서 보병 8천, 기병 6천 이상을 거느린 돈 제3군은 파블로프스크에 가까운 곳에서 강행군으로 돈 강을 건너 제56적위군 사단을 격퇴하고 동쪽을 향하여 순조롭게 전진을 시작했다. 다음으로 코노바로프의 제2군단도 돈을 건넜다. 코노바로프 군단은 그 편성에 있어 기병 부대가 많았기 때문에 적의 지배 아래에 있던 지역에 깊숙이 파고 들어 치명적인 타격을 줄 수가 있었다. 그때까지 전선 예비군으로 되어 있던 적위군 제21 저격 사단이 출격해 돈 제3군단의 전진을 약간 저지하기는 했지만, 합류해 온 두 군단의 압력으로 후퇴해야만 했다. 10월 14일, 카자흐 제2군단은 격전 끝에 적위군 제14저격 사단을 격파해 거의 전멸시켰다. 1주일 동안에 돈의 좌안에서 뵤센스카야에 이르기까지의 적위군은 격퇴됐다. 넓은 범위의 작전 기지를 점령한 카자흐의 여러 군단은 루제보—시린킨—보로비에프카 사이의 전선에서 적군 제9군의 여러 부대를 격퇴하여 제9군 소속의 제23사단으로 이르기까지의 서방(西方)에 급히 전선을 재형성하지 않을 수 없도록 했다.

코노바로프 장군의 제2군단과 거의 때를 같이해서 크레즈카야 마을 지구에 있던 돈 제1군단 또한 그 진지 전면에서 돈강을 강행하여 건넜다.

좌익에 있던 적위군 제22・제23사단은 포위당할 위기에 놓였다. 이를 고려해서 남동 전선 사령부는 제9군에 대해 이코레즈 하구(河口)—브투르리노프카—우스펜스카야—치샨스카야—쿠므일젠스카야의 선(線)으로 퇴각할 것을 명령했다. 그러나 제9군은 이 전선도 유지할 수 없었다. 총동원에 의해서 긁어모은 다수의 잡군(雜軍) 카자흐 중대들은 오른쪽 강가에서 강을 건너 카자흐군 제2군단의 정규군과 합류하고, 급히 북부로 적위군을 쫓아갔다. 10월 24일부터 29일에 걸쳐 피로노보와 포보리노와 노보호표르스키 시(市)가 백군에게 점령되었다. 그러나 돈군이 10월에 거둔 성공의 성과에 관계없이 카자흐 병사들에게는 지난 봄 주(州)의 북쪽 경계까지 승리의 진격을 계속하던 당시에 그들을 고무하고 사기를 높여주던 확신과 신념이 이제는 없었다. 제1선의 전열병(戰列兵) 대부분은 이 성공은 일시적인 것이고, 겨울에 들어서면 도저히 더 유지하지 못할 것이 뻔하다고 여겼다.

남부 전선의 정황은 곧 크게 변했다. 오를로프—크로무스크 방면에서 벌어진 대회전(大會戰)에서의 의용군의 패배와 보로네지 지구에 있어서의 브죵누이 기병군의 눈부신 활동은 전쟁의 귀추를 결정짓는 요인이 되었다. 11월, 의용군은 돈군의 좌익을 텅 비우고 돈군과 함께 남쪽으로 패주했다.

24

판테레이 프로코피에비치는 그의 가족과 함께 라투이셰프 부락에서 2주일 반 동안 탈 없이 지냈다. 그는 적위군이 돈에서 철수했다는 소식이 전해지자 서둘러 집으로 돌아갈 준비를 했다. 자기네 부락까지 5킬로미터쯤 남은 곳에 오자 그는 결연한 표정으로 짐마차에서 내리며 말했다.

"보통 걸음으로 느릿느릿 가는 건 견딜 수가 없군. 이 시시한 소들은 갤럽으로 나아가질 못하니. 어째서 이런 소들을 끌고 왔담? 두냐시키! 소들을 세워라! 이 소들은 네 쪽 짐마차에 달고, 나는 속보로 날아서 집으로 갈 테다. 집이 다 타버려 재만 남아 있을는지도 모르겠다만……"

그는 초조하여 아이들을 자기의 작은 짐마차에서 두냐시카의 큰 짐마차에 옮겨 태우고 중요하지 않은 짐들을 옮겨 실어서 홀가분하게 되자, 몹시 울퉁불퉁한 길로 수레바퀴를 덜컹덜컹 울리며 속보로 달려갔다. 암말은 1킬로미터쯤 달리자 벌써 땀을 흘렸다. 이토록 주인이 무자비하게 암말을 다룬 적은 여태껏 한 번도 없었다. 주인은 채찍을 손에서 놓지 않고 계속해서 암말을 내몰았다.

"가엾어라, 암말을 이렇게 몰아대니 어쩐담! 어째서 이렇게 미친 사람같이 달려갈까?"

일리니치나는 짐마차 가장자리에 달라붙어서 심한 수레와 흔들림에 괴로운 듯이 얼굴을 찌푸렸다.

"말 같은 건 어차피 내 무덤에 와서 울지도 말을 걸지도 않아…… 워, 워, 워, 이 망할 놈! 땀깨나 흘리네! ……집에는 구들 따위 밖에 안 남았을는지도 모르오……"

판테레이 프로코피에비치는 악문 이빨 사이로 잘 알아들을 수 없게 중얼거렸다.

그의 염려는 들어맞지 않았다. 창은 대부분 깨어지고 문은 경첩째 비틀려 떨어졌으며 벽은 총탄투성이가 되어 있었으나, 집은 그대로 남아 있었다. 그러나 울안에 있던 것은 무엇이든 방기(放棄)와 황폐의 모습을 보이고 있었다. 마구간 한 모서리는 포탄에 맞아서 싹 날아갔고, 또 다른 탄환 하나가 우물의 가장자리 틀을 부수고 두레박 장대를 두 토막으로 부러뜨려 놓았으며 우물 옆에 깔때기모양의 얕은 구멍까지 파놓았다. 판테레이 프로코피에비치는 전쟁을 피해 도망쳤으나, 그 전쟁 스스로 이 집에 달려들어서 파괴의 참혹한 흔적을 남기고 갔다. 총탄보다도 오히려 훨씬 더 큰 피해를 끼친 것은 부락에서 숙영(宿營)하고 있던 이편 호표르 출신 카자흐들이었다. 그들은 가축우리의 울타리를 온통 쓰러뜨리고 사람 키만큼이나 깊은 참호를 파고, 일손을 아까워하여 가까이 있는 곡물 창고의 벽을 부수고 통나무들을 끄집어내어 그걸로 참호 가로대를 만들어 놓기도 했다. 또한 돌담을 부수어 기관총의 대좌(臺座)로 삼고, 마른풀더미의 절반 정도를 저희들 멋대로 말에게 먹이고, 울타리를 태워 없애고, 여름철 부엌을 엉망진창으로 더럽혀 놓았다……

판테레이 프로코피에비치는 안채와 울 안의 여러 건물들을 둘러보고 절망했다. 이번만은 손해를 낮게 잡고 과소평가하곤 하던 이전 버릇이 사그라졌다. 그가 평생을 두고 모았던 재산은 아무 가치도 없으니 그런 것은 죄다 두들겨 부수어도 좋을 정도라는 말을, 그도 그때만은 입에 올리지 않았다. 곡물 창고는 지푼(덧옷)과 다르고, 곡물 창고를 다시 세우기는 결코 손쉬운 일이 아니기 때문이었다.

"곡물 창고 같은 건 아예 자취조차 없군요!"

일리니치나는 한숨을 내쉬고 말했다.

"여기가 곡물 창고는 곡물 창고였는데……"

판테레이 프로코피에비치는 얼른 대꾸했으나 말을 맺지는 않고, 어찌 할 수 없다는 듯 한 손을 흔들고 타작마당 쪽으로 절룩거리며 가버렸다.

포탄 파편이나 총탄에 맞아서 온통 작은 구멍투성이가 된 보기 흉한 집의 벽은 서먹서먹하니 낯설게 느껴졌다. 방마다 바람이 휙휙 지나가고, 테이블과 걸상에는 먼지가 두텁게 쌓여 있었다…… 모든 것을 이전처럼 정리하기 위해서는 많은 시간과 노력이 필요했다.

판테레이 프로코피에비치는 다음날 말을 타고 읍내에 가서 꽤 힘을 들여 가까스로 안면 있는 의사에게 부탁해서 카자흐 판테레이 멜레호프는 다리의 병으로 보행이 곤란하여 치료를 요한다는 증명서를 얻었다. 이 증명서 덕분에 판테레이 프로코피에비치는 전선에 나가는 것을 면제받았다. 그는 그 증명서를 부락의 아타만에게 제출했다. 그리고 부락의 사무소에 나갔을 때에는 한 번 더 그것을 확증(確證)시키기 위해 온몸을 지팡이에 의지하고 두 다리를 번갈아 절룩거리며 걸었다.

피난했던 사람들이 모두 돌아온 타타르스키 부락의 생활은 여느 때보다 어수선하고 어이없게 소란했다. 사람들은 이 집에서 저 집으로 돌아다니며 호표르의 카자흐들이 꺼내갔던 자기네 가재도구가 보이지 않나 살피고, 무리를 떠난 암소를 찾으러 들판과 골짜기를 뛰어다녔다. 타타르스키에 처음 포격이 가해진 첫째 날에 300마리의 양들이 부락의 상류 언저리에서 사라져 버렸다. 목동 말로는 탄환 1발이 앞쪽에서 풀을 먹고 있던 한 떼의 양들을 쏘아죽이자, 다른 양떼는 꼬리를 탁탁 치면서 공포에 사로잡혀 들판을 향해 쏜살같이 빨리 달아나 그 뒤로는 보이지 않았다고 했다. 부락민이 일단 떠났던 부락으로 다시 돌아온 지 1주일 만에, 그 양떼는 40킬로미터나 떨어진 에란스카야 마을 구역 안에서 발견되었다. 그러나 양떼를 부락으로 데리고 돌아와 살펴보니, 그 절반은 귀에 그들이 알 수 없는 표시를 해놓은 다른 마을의 것이고, 그들 부락의 양은 50마리 이상이나 부족했다. 또 멜레호프네 채소밭에는 보가투일료프네 재봉틀이 뒹굴고 있었으며, 한편 판테레이 프로코피에비치는 자기네 곡물 창고의 양철판을 아니쿠시카네 집 타작마당에서 찾아내는 판국이었다. 이와 같은 일들이 근처의 다른 부락에서도 일어났다. 그리고 그 뒤로도 오랫동안 돈 연안 지대의 먼 부락민이나 가까운 부락민이나 다 타타르스키 부락에 들렀고, 그 뒤에도 오랫동안 사람들은 만날 때마다 이런 질문을 되풀이했다.

"이마 한쪽에 털이 빠지고, 왼쪽으로 뿔이 구부러진 붉은 털 암소를 보지 못했소?"

"혹시 댁에 갈색 털이 난 송아지가 들어가지 않았습니까?"

아마 카자흐 중대의 솥에서 야전 요리로 푹푹 삶아진 것은 송아지 한 마리만은 아니었을 것이 틀림없다. 그래도 아직 한 가닥 희망을 품고 있는 주민들은, 잃어버린 것들을 완전히 찾아낼 수는 없다는 것을 스스로 인정할 때까지 좀 더 오랫동안 들판을 헤매고 다녔다.

판테레이 프로코피에비치는 병역을 면제받게 되자, 생기에 차 건물과 울타리를 정리하기 시작했다. 타작마당에는 아직도 채 타작을 끝내지 않은 곡물 더미가 있고 그 위로 대식(大食)의 쥐들이 뛰어다니고 있었으나, 노인은 타작에 손을 대지 않았다. 울타리가 부서지고, 타작마당은 아예 자취도 없어지고, 집 곳곳이 파괴의 추악한 모습을 드러내 보이고 있는 판국인데, 어떻게 타작 같은 것을 시작할 수 있었겠는가. 게다가 이번 가을은 날씨가 좋으므로 별로 타작을 서두를 필요도 없었던 것이다.

두냐시카와 일리니치나는 안채의 벽을 하얗게 칠하고, 판테레이 프로코피에비치가 만드는 임시 울타리와 그 밖의 다른 일들을 함께 거들었다. 그럭저럭 유리를 구해서 창에 끼우고 취사장과 우물을 깨끗하게 정리했다. 노인이 직접 우물 속에 내려갔었는데, 우물 바닥의 찬물로 몸이 너무 차가워졌던지 1주일가량 기침과 재채기를 하며 땀으로 셔츠를 적시고 돌아다녔다. 그러나 그는 단숨에 탁주 2병을 꿀꺽 마신 뒤 뜨거울 정도의 페치카 위에 잠시 눕기만 하고도 병이 씻은 듯이 싹 나았다.

그리고리로부터는 여전히 아무 소식도 없었으나, 10월 말에 비로소 판테레이 프로코피에비치는 그리고리가 아주 건강하게 자기 연대와 함께 보로네지 현(縣) 어딘가에 있다는 것을 우연히 알게 되었다. 그것은 그리고리와 같은 연대에 근무하다 부상당해 부락을 거쳐 귀향한 카자흐를 통해 들은 것이었다. 그래서 노인은 몹시 유쾌해지고 자못 기쁜 나머지 소중하게 보관하던 고추를 담근 약효(藥效)가 있는 탁주 1병을 다 마시고, 그 뒤 하루 동안은 젊은 수탉처럼 득의양양해서 수다를 떨고, 지나가는 사람들을 일일이 불러 세우고는 이렇게 말하는 것이었다.
"들었소? 우리 그리고리가 보로네지를 점령했다오! 소문에 의하면 또다시 지위가 높아져서 지금은 또 사단을 지휘하고 있소. 아냐, 어쩌면 군단일는지도 모르오. 내 아들과 같은 군인은 그렇게 흔치 않다오! 당신도 아실 거요……"
자신의 기쁨을 남들과 나누어 누리고 싶다는 억제하기 어려운 욕구에 사로잡혀 노인은 허풍을 섞어가며 자랑했다.
"정말로 당신의 아드님은 영웅이오."
부락 사람들은 노인에게 이렇게 말했다.
판테레이 프로코피에비치는 행복한 듯이 말했다.
"대체 그녀석이 누굴 닮아서 그런 영웅으로 태어났다고 생각하오? 나도 젊을 적에는 말이오, 내 자랑하는 건 아니지만, 그 녀석 못지않았소! 이 발만 거치적거리지 않는다면야 지금도 그 녀석 못지않을 거요! 사단까지는 해내지 못해도 중대 정도의 지휘는 문제없단 말이오! 우리 늙은이가 좀 더 많이 전선에 가 있으면야 벌서 어떻게든 모스크바쯤은 점령했을 거요. 요즘 녀석들은 한 구데 머물러만 있으면서 러시아 백성을 도저히 해치우지 못하고 있으니 참 한심해요……"
판테레이 프로코피에비치가 그날 마지막으로 이야기를 나누게 된 사람은 베스프레브노프 노인이었다. 그가 멜레호프네 집 옆으로 걸어가자, 판테레이 프로코피에비치가 곧바로 그를 불러 세웠다.
"어이, 나 좀 보게, 필리프 아게비치! 이거 오랜만이군! 잠깐 들어가 애기라도 하세."
베스프레브노프는 다가와서 인사했다.

"우리 그리시카가 엄청난 장난을 했다는 이야기, 자네 들었나?"
판테레이 프로코피에비치는 물었다.
"무슨 일인데?"
"그녀석이 또 사단을 맡게 되었다네! 아주 큰 걸 지휘하고 있단 말이네!"
"사단이라고?"
"그렇고말고, 사단이야!"
"어허, 그런가?"
"글쎄, 그렇다니까! 그 녀석에게 맡겨지지 않을 수가 없단 말이지. 그렇잖은가?"
"그렇고말고."
판테레이 프로코피에비치는 득의양양해져서 상대를 쳐다보고 자기에게 기분 좋은 이야기를 계속해서 늘어놓았다.
"내 아들 녀석은 정말로 대단한 놈이야. 가슴의 훈장 거는 줄에는 십자훈장이 줄줄이 걸렸네. 그걸 어떻게 생각하나? 그 녀석은 몇 번이나 부상당했는지 몰라. 다른 녀석들 같으면야 벌써 나자빠졌을지도 모르지만, 그 녀석은 멀쩡하네. 그 녀석에게는 개구리 낯짝에 물 같은 거야. 암, 고요한 돈에 진짜 카자흐가 아직 끊어지지 않은 거지!"
"끊어지지 않은 건 확실할 테지만, 왠지 요즘은 진짜 카자흐 애기를 별로 듣지 못했는걸."
말수가 적은 베스프레브노프는 생각에 잠겨 중얼거렸다.
"무슨 소리야? 별로 듣지 못했다고? 카자흐 병사들은 빨갱이들을 벌써 보로네지 저쪽으로 내몰고, 점점 모스크바에 다가가고 있다네!"
"왠지 너무 오래 걸려 다가가고 있어서……"
"아주 빨리는 안 되는 거야. 필리프 아게비치. 전쟁이란 건 너무 서둘러서도 좋을 게 없다는 걸 모르는군. 황급히 만들면 소경을 낳는다고 하잖아. 전쟁이란 건 말이야. 조용히, 찬찬히, 지도라든가, 여러 사람의 계획에 따라서 해나가야 하는 걸세…… 적의 백성들은 러시아에 먹구름만큼이나 많이 있지만 이편 카자흐는 얼마나 되나? 겨우 한 줌밖에 안 되네!"
"맞아, 그 말대로야. 그러니 카자흐가 견디어내는 것도 다만 시간문제야. 겨울에는 또 다시 손님들이 올 거라고, 모두들 그렇게 말을 하더군."

"만일에 지금 곧 모스크바를 점령하지 못하면, 또 놈들이 이쪽으로 올 차례라는 건, 당신 말대로야."

"지금 곧 모스카바를 빼앗게 될 것이라고 생각하나?"

"빼앗아야만 할 텐데, 실제로는 어떨는지 잘 모르겠네. 하지만 우리 카자흐가 그 정도의 일을 해내지 못할 걸로 생각하나? 12개 카자흐군이 전부 일어서도 해내지 못할까?"

"그거야 알 수 없지. 그런데 당신은 전쟁에 얼마나 기여했나?"

"이런 나더러 군인이 되라는 건가? 이 발만 멀쩡하다면 적과 어떻게 싸우는 건지 본때를 보여줬을 텐데. 우리 늙은이는 정신을 바짝 차리고 있거든."

"정신을 차리고 있다는 그 늙은이들이 돈 건너편에서 적위군에게 패해 허겁지겁 꽁무니를 빼는데, 누구 하나 반코트를 입고 있는 자도 없더래. 오히려 뛰면서 입고 있던 것을 정신 없이 죄다 벗어 내던지고 도망치더란 얘기가 있더군. 그야말로 들판 위에 온통 그 내던지고 온 반코트들이 깔려서, 마치 감색 꽃으로 뒤덮인 것같이 되어 웃음거리가 되었다네!"

판테레이 프로코피에비치는 곁눈질로 베스프레브노프를 힐끗 쳐다보고 쌀쌀하게 말했다.

"내 생각에, 그런 건 터무니없는 소문일세! 하기야 몸을 가볍게 하기 위해서 옷을 벗어버린 자도 있었을 테지만, 사람들이란 백배쯤 과장된 거짓말을 하게 마련이야! 덧옷이나 반코트야 별로 대단한 거라고 말할 수 없지! 생명과 그런 것들을 비교할 때 어느 것이 더 중요하단 말인가? 게다가 어느 늙은이든 옷을 입은 채로는 그리 빠르게 뛸 수가 없게 마련이야. 이번의 지긋지긋한 전쟁엔 말이지, 보르조이 수캐같이 무섭게 빠른 다리가 아니면 안 되는데, 예를 들자면 내 경우에 그런 다리를 가지고 있지 않네. 그런데, 여보게, 필리프 아게비치, 뭘 그렇게 끙끙 앓고 있나? 그런 건 말이야, 그런 반코트같은 건 조금도 욕심낼 게 없다구. 문제는 반코트라든가, 덧옷에 있는 게 아니야. 얼마나 훌륭하게 적을 해치우느냐 하는 데 있는 거지. 이봐, 그렇잖은가? 그럼, 이만 헤어지도록 하세. 당신과 얘기하다 보니 너무 길어졌네. 나는 지금 할 일이 산더미 같다네. 그런데 당신네 송아지는 찾아냈나? 여전히 찾아다니나? 전혀 소문도 듣지 못했나? 그렇다면 말이지, 호표르스카야 놈들이 목구멍이 막힐 정도로 실컷 먹은 모양이네! 전쟁에 대해선 걱정하지 않는 게 좋아. 카자흐들이 러시아 백성을 꼭 이길 테니까!"

판테레이 프로코피에비치는 거드름을 피우며 바깥 계단 쪽으로 절룩거리면서 걸어갔다.

그러나 '백성'을 이기는 건 웬지 그리 쉽지 않았다…… 1시간 뒤에 판테레이 프로코피에비치의 좋던 기분은 불쾌한 뉴스로 인해 몹시 흐려졌다. 우물 울타리의 통나무를 깎고 있으려니까, 여자의 울부짖는 소리와 전사자를 생각하는 탄식 소리가 들렸다. 그 소리들은 가까운 곳에서 들려 왔다. 판테레이 프로코피에비치는 두냐시카를 불러 보냈다.

"얼른 뛰어가서 누가 죽었는지 알아보고 오너라."

그는 도끼를 기둥에 박고 말했다.

두냐시카는 곧 피로노보 전선에서 3명의 전사자가 실려 왔다는 소식을 듣고 돌아왔다. 그들은 아니쿠시카와 프리스토냐와 또 한 사람, 부락의 저쪽 끝에 살던 17세 소년이었다. 그 소식에 몹시 놀란 판테레이 프로코피에비치는 재빨리 모자를 벗고 성호를 그었다.

"그들을 천국으로 인도하소서! 훌륭한 카자흐들이었는데……"

그는 가슴아픈 듯이 말하고, 불과 얼마 전에 함께 타타르스키에서 집결지로 갔던 프리스토냐를 생각해내고 침울해졌다.

그는 일할 생각이 싹 가셨다. 아니쿠시카의 아내는 판테레이 프로코피에비치의 가슴을 에일 듯이 울부짖으며 심하게 넋두리를 했다. 비단을 찢는 듯한 그녀의 울부짖음을 듣고 싶지 않아 그는 집 안으로 들어가 문을 콱 닫았다. 안쪽 방에서는 두냐시카가 흐느끼며 일리니치나에게 이야기하고 있었다.

"어머니, 제가 들여다보았거든요. 글쎄, 아니쿠시카의 머리가 거의 없어져 있더라구요. 머리 대신에 뭔가 뒤범벅이 된 카샤(죽) 같은 게 있었어요. 아, 너무도 끔찍해요! 1킬로미터 앞에서부터 구린내가 풍기던데…… 도대체 왜 그들을 실어왔는지 모르겠어요! 프리스토냐는 짐수레에 반듯하게 누워 있었는데, 두 발이 수레 뒤에서 외투 밑으로 축 늘어져 있었어요…… 프리스토냐는 깨끗하고 마치 거품처럼 새하얗더군요! 오른쪽 눈 밑에만 한 군데, 조그마한 10코페이카 은화(銀貨) 크기의 구멍이 뚫려 있는데, 그 뒤쪽은 피가 엉겨 붙은 것 같았어요."

판테레이 프로코피에비치는 격하게 침을 내뱉더니 뜰에 나가서 도끼와 노를 들고 절룩거리며 돈으로 걸어 나갔다.
"미샤토카, 할아버지는 돈 건너편 기슭으로 나무를 베러 갔다고 할머니에게 그렇게 말하렴, 알았지?"
그는 걸어가면서 여름 취사장 옆에서 노는 미샤토카에게 말했다.
돈 건너편 기슭 숲에는 조용하고 우아한 가을이 들어서 있었다. 포플라나무에서 마른 잎새들이 살랑살랑 떨어졌다. 찔레나무 덤불이 불길에 싸인 듯이 빨갛고, 찔레나무의 성긴 잎새들 사이로 붉은 열매들이 불길의 혀처럼 타올랐다. 썩은 떡갈나무 껍질의 압도하는 듯한 씁쓰레한 강한 냄새가 숲에 가득 차 있었다. 빽빽하게 자라서 뒤얽힌 검은 딸기가 땅바닥에 달라붙어 있었다. 땅바닥을 기는 검은 딸기 덩굴이 서로 엇갈리는 곳 밑에서 칙칙한 어두운 남색으로 다 익은 검은 딸기 열매들이 교묘히 햇볕을 피하고 있었다. 그늘의 죽은 듯한 잡초에는 낮에도 이슬이 맺혀 있고, 거미줄이 이슬을 머금어 은빛으로 빛났다. 숲의 정적을 깨뜨리는 것이라고는 딱따구리가 나무를 쪼는 콕콕 소리와 개똥지빠귀가 지저귀는 소리뿐이었다.
쥐 죽은 듯이 잠잠한, 엄숙한 숲의 아름다움은 판테레이 프로코피에비치의 기분을 다소 누그러뜨리게 해주었다. 그는 덤불 사이로 축축히 쌓인 낙엽을 발로 휘젓다시피 슬슬 걸어가며 이런 생각을 했다. '인생이란 이런 것이다…… 바로 얼마 전까지도 건강하던 자가 이제는 벌써 그의 몸을 깨끗이 씻기우고 있다. 멀쩡한 카자흐를 잃게 된 거야! 바로 얼마 전에 우리 집을 찾아오기도 했고, 다리야를 물에서 끌어올렸을 때는 돈의 물가에 서 있었지 않았던가. 아, 프리스탄, 프리스탄! 하필이면 너의 몸에 적탄이 맞다니…… 그리고 아니쿠시카로 말하면…… 몹시 쾌활하고, 술꾼이고, 잘도 웃더니, 이젠 벌써 고인이 되고 말았구나……' 그때 판테레이 프로코피에비치는 두냐시카의 말을 떠올렸다. 그러자 뜻밖에도 아니쿠시카의 미소 짓고 있는 콧수염 없는 무표정한 얼굴이 또렷하게 뇌리에 떠올랐다. 이미 숨을 쉬지 않는, 머리가 엉망으로 으깨어진 현재의 아니쿠시카 모습은 도저히 상상되지 않았다. '마구 그리고리를 자랑했는데……' 그는 베스프레브노프와 주고받은 말을 생각해 내고는 자신을 꾸짖었다. '그런 그리고리도 지금쯤 총탄에 찢겨 어디엔가 쓰러져 있을는지도 모른다. 아, 제발 그런 일이 없어야 하는데!

그런 일이 생긴다면 우리 늙은이들은 누구를 믿고 살아간단 말인가?'

덤불 뒤에서 홱 날아오른 멧도요새에 놀라서 판테레이 프로코피에비치는 자신도 모르게 부르르 몸서리를 쳤다. 그는 비스듬히 질풍처럼 날아가는 새를 멍하니 쳐다보다가 다시 앞으로 걸어갔다. 그는 작은 늪 언저리에 무성한 딸기나무 덤불 몇을 골라 베기 시작했다. 열심히 일하고 아무것도 생각지 않기로 했다. 1년 동안에 얼마나 많은 육친과 낯익은 사람들에게 죽음의 손길이 닿았던가―그들에 대해 생각하기만 해도 그의 마음은 무거워지고, 온 세상이 어두워지고, 뭔가 검은 죽음의 옷이 뒤집어씌워지는 듯한 느낌이 들었다.

"이 덤불을 베어 쓰러뜨려야 하다니, 꽤 좋은 나무들인데!"

울타리에는 안성맞춤이다―어두운 생각을 털어버리기 위해 그는 소리 내어 자신에게 말했다.

한동안 일을 하다가 판테레이 프로코피에비치는 저고리를 벗고 베어낸 잡목더미에 앉아서 떫은 맛이 있는 마른 나뭇잎들의 냄새를 가슴 깊이 들이마시며, 물빛 안개에 싸인 먼 지평선과 가을에 금칠이 입혀져서 마지막 아름다움으로 빛나는 먼 곳의 숲을 망연히 바라보았다. 가까운 곳에 흑단풍나무 덤불이 있었다. 뭐라 말할 수 없이 훌륭한 그 덤불은 싸늘한 가을볕을 받고 있었다. 자주빛 잎새들을 무거운 듯 얹은 쭉쭉 내뻗은 그 나뭇가지들은 땅 위에서 날아올라가려 하는 옛날이야기 속에 나오는 새의 날개처럼 끝이 말려 올라가 있었다. 판테레이 프로코피에비치는 오랫동안 그 흑단풍나무 덤불에 정신을 빼앗겼다. 그러다가 늪으로 시선을 옮기자, 투명한 고인 물속에 지느러미가 꿈틀꿈틀 움직이는 적자색 꼬리가 보일 정도로 수면 가까이 떠오른 커다란 잉어의 어두운 빛 등허리가 보였다. 잉어는 여덟 마리로, 때때로 녹색의 물풀 밑에 숨어 있다가는, 또다시 맑은 수면 가까이 떠 올라와서는 물에 젖어 가라앉는 백양나무 잎새에 달라붙었다. 초가을의 늪은 물이 거의 다 말라 있었으므로 잉어를 잡는 것은 별로 어렵지 않을 터였다. 판테레이 프로코피에비치는 언저리를 휘 둘러보고 호수주위에서 누가 내버리고 간 바닥없는 바구니를 발견하여 늪으로 돌아와서 바지를 벗었다. 물이 차가워 그는 몸을 오그리고 신음을 하면서 잉어를 잡으려 들었다. 물을 휘저어 흐려지게 한 뒤 무릎까지 진흙에 잠겨 늪 속을 걸었다. 바구니를 물에 담가 늪 바닥에 눌러 붙었다. 커다란 고기가 당장이라도 펄떡펄떡 뛰며 마구 설쳐대지 않을까, 하고 한 손을 바구니 속에 디밀었다. 그의 노력은 성공했다. 10푼트 짜리 잉어를 세 마리나 잡을 수 있었다. 하지만 그는 그 이상 더 잉어잡기를 계속할 수 없었다. 왜냐하면 몸이 차가워져 그의 부자유스러운 발이 경련을 일으킨 것이었다. 그는 그 정도의 어획에 만족하고 늪에서 나와 부들 이삭으로 다리를 닦고 옷을 입자, 모닥불을 피워 몸을 쬐려고 섶나무 가지들을 베었다. 어쨌든 그 정도의 어획이 있다는 것은 놀라운 일이었다. 이렇게 뜻밖에도 합계가 거의 1푸드쯤 되는 고기를 잡는 일은 흔치 않은 일이었다. 고기잡이는 그의 기분을 전환시켜 주고 어두운 생각들을 쫓아내 주었다. 남은 잉어들을 또 다시 잡으러 올 작정으로 바구니를 감춰 놓고는 새끼돼지처럼 둥글둥글 살찐 황금빛 잉어를 물가에 던지고, 언저리에 사람이 있는가를 살폈다. 그 다음에는 베어낸 나무 다발과, 작은 나뭇가지에 꿴 고기들을 짊어지고 천천히 돈 기슭을 향했다.

그는 만족스런 미소를 띠고 그 행운의 고기잡이 이야기를 일리니치나에게 들려준 뒤, 다시 한번 번쩍이는 놋쇠 빛 잉어를 넋을 잃고 쳐다보았다. 하지만 일리니치나는 별로 내키지 않는 듯 기쁜 척할 따름이었다. 그녀는 죽은 사람들을 보러 가서 울고, 슬픔에 잠겨 돌아온 참이었다.

"당신, 아니케이를 보러 가실 거지요?"

그녀는 물었다.

"안 가겠소. 내가 뭐 죽은 사람을 못 봤소? 벌써 나는 죽은 사람을 실컷 보아 왔소. 너무 많이 봤다구."

"그래도 다녀오는 게 좋을 거예요. 안 가시면 거북할 거예요—문상(問喪)도 오지 않았다고 남들이 말할 텐데요."

"그만둬요, 제발! 나는 그 사람하구 무슨 남다른 관계가 있었던 것도 아니고, 반드시 그 사람의 마지막을 보러 가야만 할 이유가 없단 말이오!"

판테레이 프로코피에비치는 퉁명스럽게 대꾸했다.

그는 장례식에도 가지 않았다. 그날은 아침부터 돈강 건너편으로 가더니, 하루 종일 그곳에서 보냈다. 장례식 종소리가 들리자 숲속에서 그는 모자를 벗고 성호를 긋기도 했으나 그렇게 한 뒤는 신부에 대해서 화를 내기까지 했다……이렇게 오랫동안 종을 울릴 필요가 뭐란 말인가? 한 번씩 종을 쳐도 좋을 것을 꼬박 1시간이나 미사 종을 울려대고 있으니. 종을 울려봤자 무슨 득 되는 일이라도 있단 말인가? 사람들의 마음을 아프게 하고, 사람들로 하여금 부질없는 죽음을 생각하게 할 뿐이지 않은가? 그렇잖아도 가을은 사람들로 하여금 죽음을 생각하게 하는데—팔랑팔랑 떨어지는 나뭇잎들, 물빛 하늘로 소리치며 날아가는 기러기 때, 죽음처럼 가로누워 있는 초원……

판테레이 프로코피에비치는 괴로운 경험을 맛보게 되는 것을 아무리 피하려 해도 또다시 곧 새로운 전율을 경험하지 않을 수가 없었다.

어느 날, 두냐시카는 점심식사를 하려고 식탁 앞에 앉아 바깥을 내다보고 있었다.

"어머, 또 죽은 사람을 전선에서 싣고 와요! 짐마차 뒤에 안장이 얹힌 채 군마(軍馬)가 가죽 끈에 매여 끌려오고, 또 짐마차도 함께 오고 있어요…… 한 사람이 말을 몰고, 죽은 사람은 외투에 덮여서 누워 있어요. 저, 이쪽으로 등을 돌리고 말을 모는 사람은 이 부락 사람인지 다른 곳 사람인지 알 수 없지만요……"

두냐시카는 좀 더 살피듯 지켜보다가는 이윽고 그녀의 뺨이 흰 천보다도 더 하얗게 변했다.

"아니, 저건…… 저건……"

영문을 알 수 없는 말을 중얼거리다가 갑자기 찢어지는 듯한 고함을 질렀다.

"그리샤가 실려와요! …… 그리샤의 말이에요!"

그러고는 엉엉 울며 현관으로 뛰어나갔다.

일리니치나는 식탁에서 일어나려 하지도 않고 두 손으로 눈을 가렸다. 판테레이 프로코피에비치는 의자에서 무겁게 몸을 일으키고 장님처럼 손을 앞으로 내밀어 더듬다시피 해서 문간으로 나갔다.

프로호르 즈이코프는 문을 열고 바깥 층계로 뛰어나온 두냐시카를 힐끗 쳐다보더니 음울하게 말했다.

"자, 손님을 모셔 들이십시오. 뜻밖이실 테지요?"

"아, 오빠! 오빠라니!"

두냐시카는 두 팔을 벌리고 신음하듯이 말했다.

프로호르는 눈물에 젖은 두냐시카의 얼굴과 아무 말도 없이 바깥 계단에서 있는 판테레이 프로코피에비치의 모습을 알아보더니, 그제서야 겨우 자신이 입을 열어야 한다는 것을 깨달았다.

"놀라지 마십시오. 놀라실 것 없습니다! 살아 계십니다. 티푸스로 누워 계신 겁니다."

판테레이 프로코피에비치는 문의 옆기둥에 쓰러지듯 등을 기댔다.

"살아 있어요!"

두냐시카는 울다 웃으며 아버지를 향해 소리쳤다.

"살아 있대요, 그리샤가! 들으셨어요? 병이 들어서 실려 온 거래요! 빨리 가서 어머니에게 그렇게 말씀하세요! 왜 멍하니 서 있기만 하세요?"

"놀라지 마십시오, 판테레이 프로코피에비치! 살아 계신 채로 실려 오신 겁니다. 하지만 몸을 자유로이 움직일 수 없는 형편이십니다."

프로호르는 고삐를 당겨서 말을 울안으로 끌어들이며 황급히 말했다.

판테레이 프로코피에비치는 힘없는 걸음걸이로 몇 발 옮기더니, 층계 한 단에 맥없이 주저앉았다. 그 옆으로 두냐시카가 어머니를 안심시키기 위해 질풍같이 안으로 뛰어들면서 판테레이 프로코피에비치를 보고 말했다.

"어째서 주저앉아 계시기만 합니까? 담요를 가져오시고, 함께 옮기셔야죠."

노인은 아직도 멍하니 앉아 있었다. 그의 눈에서 눈물이 샘솟듯이 흘러내리고 있었으나, 얼굴은 조금도 움직이지 않았다. 얼굴의 근육 하나도 꿈쩍하지 않았다. 두 번쯤 성호를 그으려고 한 손을 들어 올렸으나 이마 근처까지 들어 올릴 힘이 없어서 이내 맥없이 손을 떨어뜨렸다. 목구멍에 뭔가 콸콸 흐르고 목구멍이 병적으로 그르릉거렸다.

"아버님께서 너무 놀라서 정신이 없는 모양이시군요."

프로호르가 걱정되는 듯이 말했다.

"누구든 사람을 먼저 보내서 미리 알려드려야 했는데, 정말 제가 어리석었습니다. 제가 너무 어리석었습니다. 자, 일어나십시오, 프로코피치. 환자를 안이 들어가야 합니다. 담요는 어디 있습니까? 아니면 그냥 손으로 옮겨 드릴까요?"

"잠깐 기다리게……"

판테레이 프로코피에비치는 갈라진 목소리로 말했다.

"왠지 나는 발이 저리구먼…… 죽은 줄로 생각했는데…… 거 다행이야…… 참 뜻밖이야……"

그는 자기의 낡은 셔츠 깃의 단추들을 잡아당겨서 열고는 깃을 벌리고 입을 한껏 벌려 걸신들린 듯이 공기를 들이마셨다.

"자, 일어서십시오, 일어서십시오, 프로코피치! 우리 두 사람 말고는 환자를 옮길 사람이 없으니까요."

프로호르가 재촉했다.

판테레이 프로코피에비치는 억지로 일어나 바깥 계단을 내려섰다. 외투를 밀어젖히고는 의식을 잃고 누워 있는 그리고리를 찬찬히 들여다보았다. 그의 목은 다시 심하게 병적으로 울렸으나, 그것을 참고 프로호르를 돌아다보며 말했다.

"다리를 들어 주게. 옮겨야지."

그리고리를 안쪽 방으로 옮겨 장화와 옷을 벗긴 뒤 침대에 눕혔다. 두냐시카가 부엌에서 불안하게 고함을 질렀다.

"아버지! 어머니가 쓰러지셨어요…… 빨리 이리 와 보세요."

부엌 바닥에 일리니치나가 쓰러져 있었다. 두냐시카가 무릎을 꿇고 앉아서 일리니치나의 창백해진 얼굴에 물을 끼얹고 있었다.

"얼른 뛰어가서 카피트노브나 할머니를 불러오너라, 어서! 그 할머니가 피는 잘 뺀다! 어머니의 피를 뽑아 달라고 하고 네가 도구를 들고 오도록 해!"

판테레이 프로코피에비치가 명했다.

아직 시집가지 않은 처녀 두냐시카는 머리에 아무것도 쓰지 않고는 부락 안을 뛰어갈 수 없었다. 그래서 그녀는 프라토크를 집더니 급히 그것으로 머리칼을 싸며 말했다.

"애들도 기절할 정도로 몹시 놀랐어요! 글쎄, 이게 대체 웬일이에요…… 아버지, 애들을 좀 돌봐 주세요. 금방 돌아올 테니까요!"

두냐시카는 한 번쯤 거울을 들여다본 뒤에 가고 싶었는지도 모르지만, 죽었다가 살아난 듯이 원기가 생긴 판테레이 프로코피에비치가 무서운 눈초리로 힐끗 쏘아보았기 때문에 겁을 먹고는 얼른 부엌에서 뛰어나갔다.

쪽문을 달려 나갔을 때 두냐시카는 아크시냐와 부딪쳤다. 아크시냐의 흰 얼굴에는 핏기가 가셔 있었다. 그녀는 울타리에 기대어 서서 두 팔을 힘없이 늘어뜨리고 서 있었다. 그녀의 흐릿해진 검은 눈에서 눈물은 반짝이지 않았지만, 그 눈이 꽤나 깊은 고뇌와 애원을 간직하고 있어 두냐시카도 한순간 걸음을 멈추고는 얼결에 자신에게 말하듯이 이렇게 말했을 정도였다.
"살아 있어요, 살아 있어요! 티푸스에 걸린 거예요!"
그러고는 흔들리는 높이 솟은 가슴을 두 손으로 누르며 급히 뒷길을 달려갔다.
멜레호프네 집에는 호기심 많은 여자들이 여기저기에서 몰려왔다. 그 여자들은 아크시냐가 천천히 멜레호프네 쪽문을 떠나 급하게 걸음을 옮기다가 몸을 구부리고는 두 손으로 얼굴을 감싸는 것을 보았다.

25

한 달쯤 지나자 그리고리는 완쾌되었다. 11월 하순에 그는 처음으로 침대에서 일어났다. 키가 큰데다가 몹시 여위어 홀쭉하고 해골같이 된 그는 더듬거리는 걸음걸이로 부엌을 가로질러 창가에 섰다.
땅 위나 짚으로 이은 창고 지붕 위에서는 첫눈이 눈부시도록 하얗게 빛났다. 골목에나 있는 썰매의 미끄럼대 자국이 보였다. 울타리와 나무에 늘어진 옥색을 띤 고드름들이 반짝반짝 빛나고, 석양 빛을 받아서 일곱 가지 빛깔 무지개를 이루고 있었다.
그리고리는 뼈가 앙상한 손가락으로 콧수염을 쓰다듬으며 생각에 잠겨 미소를 머금은 채 창밖을 오랫동안 바라보았다. 이런 멋진 겨울은 이제까지 본 적이 없는 것 같은 느낌이 들었다. 모든 것이 이상하게 새롭고, 특별한 의미를 지닌 듯이 생각되었다. 앓고 난 뒤 그의 시각은 더욱 민감해진 듯싶었다. 그는 자기를 둘러싸고 있는 모든 것, 자연과 인간의 손길이 스쳐간 모든 것들이 이제까지와는 전혀 다른, 경이로운 것으로 느껴졌다.
그리고리는 부락 내의 모든 사건들에 대한 호기심과 흥미가 갑자기 치솟아 올랐다. 그러나 호기심이나 흥미는 지금까지 그가 가져보지 못했던 것이었다. 인생에 있어서의 모든 것이 그에게 뭔가 새롭고 상큼한 의미를 주었고, 모든 것이 그의 주의를 끌었다. 그에게 있어 새로이 드러난 이 세계를 그는 얼마쯤 놀라움과 곤혹스러움으로 맞아들였다. 그의 입술에는 오랫동안 어린아이 같은 소박한 미소가 머물러 있었다. 그 미소는 그의 준엄한 용모와 짐승 같은 눈의 표정을 새롭게 바꾸었고, 입가에 새겨진 거친 주름을 부드럽게 했다. 이따금 그는 어릴 적부터 보아왔던 그곳의 가정용품들을 긴장으로 눈썹을 움직이며 둘러보기도 했다. 그것은 마치 바로 얼마 전에 머나먼 타향에서 갓 도착한 사람이 처음으로 그런 물건들을 대하는 듯한 모습이었다. 일리니치나는 언젠가 그리고리가 물레를 여러 각도에서 열심히 살피는 것을 보고 뭐라 말할 수 없이 크게 놀란 적이 있었다. 그녀가 방 안에 들어가자, 그리고리는 좀 당황한 기색으로 얼른 물레 옆을 떠났다.

두냐시카는 뼈가 앙상하고 껑충한 그의 모습을 보고는 웃음을 참을 수가 없었다. 그는 흘러내리는 바지를 손으로 잡고, 몸을 앞으로 구부리고, 바싹 마른 정강이가 긴 다리를 조심조심 움직이며 속옷 바람으로 방 안을 걷고 있었다. 앉을 때는 쓰러질까봐 조심조심 반드시 뭔가를 붙잡곤 했다. 앓는 동안에 길게 자란 검은 머리칼은 빠져 떨어지고, 흰 터럭이 늘어난 앞머리 털만이 오그라져 뒤엉켜 있었다.

두냐시카의 도움을 받아서 그는 스스로 머리칼을 잘라냈다. 그런 뒤 얼굴을 누이동생에게로 돌리자, 누이동생은 얼결에 칼을 바닥에 떨어뜨리고는 배를 쥐어 잡고 침대 위에 쓰러져 배꼽이 빠져라 웃어댔다.

그리고리는 그녀의 웃음이 그치기를 참을성 있게 기다렸다가 이윽고 더 견딜 수 없게 되자, 약하고도 높게 떨리는 목소리로 말했다.

"주의해, 그렇게 웃어대다니. 나중에는 부끄러워하게 될 거다. 그게 뭐냐, 시집도 가지 않은 처녀가."

그의 목소리에는 약간 성난 어조가 들어 있었다.

"어머, 오빠두! 난 시집 안 갈 거예요! …… 너무 우스워서 견딜 수가 없는걸요. 정말이지 오빠는 무엇하구 비슷해요! 밭에 세운 허수아비랑 꼭 같단 말이에요!"

자꾸 치밀어 오르는 대로 깔깔거리느라고 그녀는 이렇게만 말했다.

"네가 티푸스를 앓은 뒤에 어떤 모습이 될지, 나도 보고 싶은데. 칼을 집어다오, 애야!"

일리니치나는 그리고리의 어깨를 짚고 분한 듯이 말했다.

"뭐가 그렇게도 우습단 말이냐? 정말이지, 철없는 계집애 같으니라구!"

"어머니, 글쎄, 오빠가 무엇 같은가, 잘 좀 보세요!"

두냐시카가 눈물을 닦으면서 말했다.

"머리를 짧게 깎으니 수박같이 둥그네. 더구나 수박같이 거무스름한 색깔이에요…… 아, 너무 우스워서 견딜 수가 없어요!"

"거울 좀 보자!"

그리고리는 말했다.

그는 조그마한 거울 조각에 자기의 얼굴을 비춰 보고는 그 자신도 한참 동안 소리없이 웃었다.

"넌 왜 깎았냐, 그냥 두는 게 좋았을걸……"

일리니치나는 못마땅한 듯이 말했다.

"오히려 대머리가 낫단 말씀이에요?"

"그래도 글쎄, 너무 보기 흉하구나."

"그런 섭섭한 말씀은 마세요!"

그리고리는 솔로 심하게 비누거품을 일으키면서 떨떠름하게 말했다.

그는 외출을 할 수 없으므로 집에서 오랫동안 아이들과 함께 지냈다. 아이들과 여러 가지 이야기를 했지만, 나탈리야를 생각나게 할 듯싶은 이야기는 피했다. 그러나 언젠가 포류시카가 그에게 응석부리며 물었다.

"아빠, 엄마는 이제 돌아오지 않는 거야?"

"아, 착하지, 저쪽에서는 아무도 돌아오지 않는단다……"

"저쪽에서라니, 어디서 말이야? 무덤에서 말이야?"

"죽은 사람은 다시는 돌아오지 않는 거란다."

"엄마는 정말 죽은 거야?"

"그래…… 물론 죽은 거지!"

"그래도 나는 그동안 엄마가 우리를 생각하고 돌아올 거라 생각했는걸……"

포류시카는 겨우 알아들을 정도의 낮은 목소리로 중얼거렸다.

"지, 착한 애지. 엄마에 대해서는 생각하지 않기로 하자, 생각하는 거 아냐."

그리고리는 쓸쓸하게 말했다.

"왜 엄마에 대해서 생각하면 안 되지? 죽은 사람은 찾아와 주지 않아?

잠깐이라도 좋은데, 안 돼?"

"와주지 않는단다. 자, 가서 미샤토카하고 놀아라."

그리고리는 아이에게서 얼굴을 돌렸다. 질병이 그의 의지력을 약하게 해 놓은 듯싶었다. 눈에 눈물이 핑 돌았다. 그는 눈물을 아이들에게 보이지 않으려고 오랫동안 창가에 서서 창유리에 얼굴을 대고 있었다.

그는 아이들과는 전쟁 이야기를 하고 싶지 않았다. 그러나 미샤토카에게 있어서 전쟁은 이 세상의 그 무엇보다도 가장 흥미 있는 것이었다. 미샤토카는 어떻게들 싸우는 것인가, 적위군이라는 것은 어떤 것인가, 어떻게 해서 죽이는가, 또 그것은 무엇 때문인가, 하고 가끔 끈질기게 아버지에게 질문을 퍼부었다. 그리고리는 얼굴을 찌푸리고 내키지 않는 표정으로 말했다.

"또 똑같은 걸 묻는구나. 어째서 그렇게 전쟁이 재미있지? 그것보다는 여름에 낚싯대로 고기를 어떻게 잡는지 해주마. 낚싯대를 만들어 줄까? 바깥에 나가게 되는 대로 곧 너에게 말의 털로 낚싯줄을 꼬아서 만들어 주마."

미샤토카가 전쟁 이야기를 꺼내면 그는 마음속으로 수치를 느꼈다. 그는 단순하고 악의 없는 아이의 질문에 대해서 도저히 솔직하게 대답해 줄 수가 없었다. 왜 그런가? 그러한 질문에 대해서는 자기 자신도 진지하게 대답할 수 없었기 때문이 아닐까? 그러나 미샤토카의 이야기를 다른 데로 돌리는 것은 그리 쉽지 않았다. 미샤토카는 낚시에 대한 아버지의 계획을 열심히 다 듣더니, 다시 또 물었다.

"아빠도 전쟁터에서 사람을 죽인 적이 있어?"

"그만두지 않으면 귀찮은 아이라고 할 거야."

"사람을 죽이는 거 무서워? 죽이면 피가 나와? 피는 많이 나와? 닭이나 숫양보다도 많이 나오나?"

"그런 얘긴 그만두라고 했잖아!"

미샤토카는 잠시 동안 잠자코 있더니, 또다시 생각이 났는지 말을 꺼냈다.

"얼마 전에 할아버지가 양의 배를 가르는 걸 봤었어. 무섭지 않더라…… 아니, 조금은 무서웠지만 괜찮았어!"

"그 애 좀 내쫓아라!"

꺼림칙한 듯이 일리니치나가 소리쳤다.

"또 하나, 사람 백정이 생기겠다! 정말이지 벌 받겠어! 그 애야말로 전쟁 이야기 말고는 도무지 할 줄 모르는군. 그 지겨운 전쟁 애기가 어째서 넌 재미있단 말이냐. 이리 와서 이 푸린(전 따위)이나 먹고, 입 좀 다물고 있어라."

하지만 그 전쟁이란 것은 거의 매일 생각나지 않을 수가 없었다. 전선에서 돌아온 카자흐들이 그리고리를 찾아와서는 슈크로와 마몬토프군이 브죵누이 기마 병단에 의해 섬멸됐다든가, 오료르 부근 전투에서의 실패, 각 전선에서 일어나고 있는 패주 등에 대해 지껄여대고 갔다. 그리바노프카와 카르다이르 부근의 전투에서는 타타르스키 부락 출신 카자흐가 또 2명 전사했다. 게라심 아프바트킨은 부상을 입어 부락으로 실려 왔고, 티푸스에 걸렸던 드미트리 고로시체코프는 죽고 말았다. 그리고리는 머릿속으로 자기 부락 출신 가운데에서 두 차례의 전쟁 중에 죽은 자들을 꼽아 보았다. 그 결과 이 타타르스키 부락에서는 사망자가 없는 집이 하나도 없었다.

그리고리가 아직 외출할 수 없었을 때, 부락 아타만이 마을 아타만의 지령서를 가져왔다. 그 지령서는 중대장 멜레호프는 곧 의무(醫務) 위원회에 출두하여 재검사를 받아야 한다는 것을 지시하고 있었다.

"걸을 수 있게 되면 그쪽의 지시가 없어도 곧 이쪽에서 출두할 것임—이렇게 답장 써 보내십시오."

그리고리는 화가 난 듯이 말했다.

전선은 차츰 돈 가까이로 다가왔다. 부락에서는 철수 이야기가 나돌았다. 곧 집회에서 전 부락의 성년 카자흐들은 죄다 철수해야 한다는 관구 아타만의 지령이 전달되었다.

판테레이 프로코피에비치는 집회에서 돌아오자 지령에 대해 그리고리에게 이야기하고는 물었다.

"어떻게 해야 하는 거냐?"

그리고리는 어깨를 움츠렸다.

"어떻게 해야 하느냐고요? 철수해야지요. 지령이 없이도 모두들 벌써 철수하기 시작하는대요."

"우리더러 어떻게 하라는 거냐. 네가 우리와 함께 간다는 거냐?"

"함께 갈 수는 없어요. 이틀쯤 지나면 저는 말을 타고 읍내로 가서 어떤 부대가 보시키를 통과하는지 알아보고 적당한 부대에 들어갈 겁니다. 아버지가 하실 일은 피난하시는 거예요. 아니면 아버지도 전투부대에 들어가시겠어요?"

"그건 딱 질색이다!"

판테레이 프로코피에비치는 손을 휘저으며 말했다.

"그럼, 나는 베스프레브노프 영감과 함께 가겠다. 얼마 전에 함께 가자고 얘기했었지. 그 영감은 좋은 사람이고, 말도 좋더라. 우리는 말을 합쳐 두 마리가 짝을 이루어 냅다 달리게 할 거다. 내 말도 몹시 살이 찌고 기운이 좋거든. 그놈은 실컷 먹어서 살이 쪄 요즘 한창 힘이 좋은 상태다!"

"그러면 그 노인과 같이 가시도록 하세요."

그리고리는 기꺼이 찬성했다.

"아예 지금 아버지 일행이 가실 방향을 하나 말씀드려 둘게요. 어쩌면 저도 그쪽 방향으로 가게 되는지 모르거든요."

그리고리는 지도 주머니에서 남(南)러시아 지도를 꺼내어, 어떤 부락을 지나가야 하는가를 아버지에게 자세히 설명하고 종잇조각에다 그 부락의 이름들을 쓰려고 했다. 지도를 들여다보고 있던 노인이 무슨 생각이 떠올랐는지 입을 열었다.

"잠깐 기다려라. 쓰지 않아도 된다. 너는 물론 이런 일에 대해서 나보다 더 잘 알고 있을 테고, 또 그 지도라는 것은 아주 중요한 것임에 틀림없다. 지도는 터무니없는 소리를 하지 않고 쭉 곧은 길도 가르쳐 주지. 하지만 말이다. 그게 나에게 불리한 경우에는 어떻게 그것을 따른단 말이냐? 우선 처음에 카르긴스카야 마을을 거쳐야 한다고 네가 말한 건 나도 알아들었다. 카르긴스카야를 거치는 것이 곧고 가까운 길임에 틀림없지. 그런데 나는 뺑 돌아가야 한다."

"어째서 뺑 돌아가야 합니까?"

"라투이셰프 부락에 내 사촌 여동생이 살고 있기 때문이다. 거기서 식량과 말의 사료를 얻을 수 있단 말이다. 그런데 다른 곳으로 가면 내 것을 써야만 하거든. 그리고 그 다음에는 지도에 따라 아스타호프 마을로 가야한다고 너는 말했는데, 그야 곧게 가는 길임에 틀림없지만, 나는 마라코프스키 부락으로 갈 거다. 거기에도 내게 먼 친척 되는 옛 전우가 있거든. 그러니 역시 내 마른풀을 축내지 않고 남의 것을 이용할 수 있단 말이야. 마른 풀을 많이 가져갈 수도 없고, 낯선 고장에선 사정을 해도 얻기는커녕 돈을 줘도 살 수가 없을 테니 말이다."

"그러면 돈 건너편에는 인척이 없습니까?"

그리고리는 익살맞게 물었다.

"그쪽에도 있지."

"그러면 아버지는 그쪽으로도 가실 겁니까?"

"별 소릴 다 하는구나!"

판테레이 프로코피에비치는 갑자기 성을 내고 말했다.

"너는 할 말만 하면 돼. 익살이나 농담 같은 건 하지 마라! 지금 농담할 정신이 어디 있단 말이냐. 제정신이냐!"

"친척끼리 모일 때가 아니에요. 사육제(謝肉祭)가 아니라구요!"

"네가 갈 길 같은 걸 가르쳐 주지 않아도 된다. 내가 잘 알아서 간다!"

"아신다면 어디로든 마음 내키는 대로 가시면 됩니다!"

"너의 지도대로 가진 않을 테다! 까치나 곧게 날아갈 수 있어. 너는 그걸 모르는구나? 나는 겨울에 눈에 덮여 길이 아주 없어지고 만 곳에서도 잘 찾아간다. 너, 진심으로 그런 형편없는 소리를 하는 거냐? 그래서 사단을 지휘할 수 있단 말이냐?"

그리고리와 노인은 한참 입씨름을 했는데, 이윽고 그리고리는 아버지의 말에도 옳은 점이 많음을 인정하지 않을 수 없게 되어 그는 타협하듯이 말했다.

"그렇게 성내지 마세요, 아버지. 저는 조금도 아버지께 피난 방향을 강요하려는 게 아닙니다. 좋으실 대로 가시면 됩니다. 도네츠 건너편에서 아버지를 찾아내겠습니다."

"옳지, 진작에 그렇게 말을 하잖구!"

판테레이 프로코피에비치는 기뻐했다.

"여러 가지 계획이나 방향을 정해도 결국 계획은 계획에 지나지 않고, 사료가 없으면 말은 꼼짝도 할 수 없다는 것을 너도 잘 알시 않느냐?"

아직 그리고리가 병으로 누워 있던 때부터 노인은 남몰래 언제라도 떠날 수 있도록 준비를 하고 있었다. 특히 정성들여 말에게 사료를 주고, 썰매를 수리하고, 방한용(防寒用) 펠트 장화를 새로 주문해서 습기가 많은 날에도 물기가 배어들지 않도록 그 펠트 구두의 밑창을 손수 꿰매 달았다. 커다란 자루에 미리 골라낸 귀리를 채워 두었다. 그는 사실상 한 집안의 주인으로서 철수에 대비하고 있었던 것이다. 여행에 필요하다고 여겨지는 것은 모두가 그의 손으로 사전에 준비되었다. 도끼, 톱, 끌, 장화 수선 용구, 실, 여분의 구두 밑창, 못, 망치, 가죽끈 다발, 밧줄, 수지(樹脂) 덩어리―이런 것들은 모두가 편자와 못에 이르기까지 방수천에 싸여 언제든지 당장에 썰매에 실릴 수 있게 되어 있었다. 판테레이 프로코피에비치는 저울까지 준비했다. 일리니치나가 저울이 여행에 왜 필요하냐고 묻자 그는 타박하듯이 말했다.

"할망구야말로 나이를 먹으면서 점점 머리가 아둔해지는군. 여보, 이렇게 간단할 걸 모른단 말이오? 철수하는 도중에 마른풀이나 겉겨는 저울로 달아서 사야지, 마른풀을 자로 재서 사오?"

"아니, 저쪽에 저울이 없을까봐요?"

일리니치나가 기가 막혀 물었다.

"아니, 당신은 저쪽에서 어떤 저울들을 쓰는지 알고 있단 말이오?"

판테레이 프로코피에비치는 화를 냈다.

"이쪽 사람들을 속여먹으려고 가짜 저울을 쓸는지도 모르잖아. 바로 그게 중요한 문제지. 저쪽에는 어떤 녀석들이 살고 있는지, 나는 잘 알고 있어! 30푼트 사는데 1푸드 어치의 돈을 낚아채요. 한번 쉴 때마다 그런 손해를 본다면야 내 저울을 가져가는 편이 훨씬 현명하지. 그리고 별로 성가실 것도 없거든! 여기서야 저울 같은 게 없어도 살아. 그런 건 필요하지 않을 거란 말이야. 부대가 오면 저울로 달지도 않고 마른풀을 빼앗아갈 테니…… 놈들은 그저 사료 징발 수레에 싣기만 할 거란 말이오. 그 뿔 없는 도깨비들이 어떤 놈들인지, 나는 수도 없이 보아왔어. 놈들이 하는 짓을 훤히 다 알고 있단 말이야!"

애당초 판테레이 프로코피에비치는 짐수레까지 썰매에 싣고 갈 작정이었다. 그래서 봄이 되었을 때 짐수레 살 돈을 들이지 않고 자신의 수레를 타겠다는 속셈이었지만 나중에 생각을 바꾸어 그 위험한 방법을 보류했다.

그리고리도 출발을 준비하기 시작했다. 그는 모젤 총과 소총을 손질하고 이제까지 충실하게 그를 섬겨 온 군도(軍刀)를 정비했다. 병이 나은 지 1주일째에는 말을 보러 나가서 그 번들번들한 허릿매를 보고는 노인이 자신의 말만을 잘 사육하고 있지는 않았음을 확신했다. 반기는 말을 간신히 타고 말을 살살 몰아 집에 돌아올 때, 누군가가 아스타호프네 집의 창가에서 그를 향해 하얀 손수건을 흔드는 것을 얼핏 본 듯했다―그것은 당연히 그로 하여금 그렇게 생각하게 했을 뿐이었을지도 모르는 일이지만……

집회의 의논 결과, 타타르스키 부락의 남자란 남자는 모두 부락을 곧 떠나기로 되었다. 여자들은 이틀 동안에 걸쳐 카자흐들이 도중에 먹을 음식을 준비했다. 출발은 12월 12일로 정해졌다. 판테레이 프로코피에비치는 전날 밤부터 마른풀과 귀리를 썰매에 싣고, 아침에는 훤해지자마자 옷자락이 긴 모피 외투를 입고 곁에 가죽 띠를 매고는 허리춤에다 커다란 벙어리 가죽장갑을 찔러 넣고서 하느님에게 기도를 올린 뒤 식구들과 작별했다.

얼마 지나 커다란 짐썰매들의 행렬이 부락에서 구릉으로 꾸불꾸불 길게 이어졌다. 그 뒤를 따라 나온 여자들이 오랫동안 떠나가는 남자들에게 손수건을 흔들고 있었는데, 이윽고 스텝에 낮은 눈보라가 일었다. 그 눈보라로 가려져서 이제는 느릿느릿 산으로 기어 올라가는 짐썰매들의 행렬도, 그 썰매들과 나란히 걸어가는 카자흐들의 모습도 보이지 않게 되었다.

그리고리는 뵤센스카야로 출발하기 전에 아크시냐를 만났다. 그는 해질녘 이미 부락에 등불들이 켜졌을 무렵에 그녀에게 들렀다. 아크시냐는 실을 잣고 있었다. 그녀 옆에는 아니쿠시카의 미망인이 앉아 양말을 꿰매면서 무슨 얘기인가를 하고 있었다. 이렇게 다른 여자도 앉아 있고 해서, 그리고리는 아크시냐에게 짤막하게 말했다.

"잠깐 나 좀 보겠소? 할 말이 있는데……"

입구 방에서 그는 한 손을 그녀의 어깨에 얹고 물었다.

"나와 함께 철수하지 않으려오?"

아크시냐는 갈피를 못 잡고 한참 잠자코 있다가, 이윽고 낮은 목소리로 대답했다.

"집은 어떻게 하지요? 집은 어떻게 해요?"

"누구에게 맡기고 가면 돼. 떠나지 않으면 안 되니까."

"언제요?"

"내일, 내가 데리러 올게."

어둠 속에서 미소를 떠올리며 아크시냐는 말했다.

"그래요, 기억하고 계실 거예요—당신과 함께 라면 세상 끝까지라도 가겠다고, 오래 전에 제가 당신에게 말했었지요. 저는 지금도 마찬가지예요. 당신에 대한 저의 애정은 진실한 거예요. 가지요. 다른 거야 어찌되든 상관없어요! 그럼, 언제쯤 오실 거예요?"

"해질녘에 올게. 짐은 너무 챙기지 말도록 하오. 옷과 식량만 좀 넉넉할 정도로 가져가면 돼요. 자, 다시 만나요."

"안녕히 가세요. 좀 더 머물다 가시면 좋겠는데! 저 여자는 곧 돌아갈 거예요. 정말로 꽤 오랫동안 당신과 만나지 못했어요…… 그리셴카! 저는 말이죠, 당신에 대해서 벌써부터…… 이렇게 생각하고 있었어요…… 아녜요. 말하지 않을래요."

"글쎄, 더 있을 수가 없는걸. 지금 나는 뵤시키에 가야 돼. 그럼, 내일 기다려 줘요."

그리고리는 이미 입구 방에서 나와 쪽문 근처까지 왔으나, 아크시냐는 훨씬 저쪽에 서서 미소 지으며 달아오른 뺨을 손바닥으로 문지르고 있었다.

뵤센스카야에서는 관구(管區)의 모든 관청 병참(兵站) 창고의 철수가 시작되고 있었다. 그리고리는 관구 아타만의 본부에 가서 전선 상황을 알아보았다. 부관(副官) 직무를 맡고 있는 풋내기 소위가 말했다.

"적위군은 알렉세에프스카야 마을 부근에 있습니다. 어떤 부대가 뵤센스카야를 지나갈지, 또한 과연 통과할지 어떨지 알 수 없습니다. 보는 바와 같이 아무것도 알지 못하면서 벌써부터 다들 무턱대고 철수를 서두르고 있습니다…… 지금은 당신의 부대를 찾으려 하지 마시고, 밀레로보로 가라고 저는 권유하고 싶습니다. 밀레로보로 가면 당신의 부대가 어디에 있는지 훨씬 빨리 아시게 될 겁니다. 어쨌든 당신의 연대는 철도의 연선을 따라오고 있을 겁니다. 그런데 다들 적은 돈에서 저지될 것이라고 말하지요? 그렇게 생각되지는 않습니다. 제대로 싸움 한 번 하지 않고 뵤센스카야를 내줄 것은 틀림없습니다."

그리고리는 밤늦게 집에 돌아왔다. 밤참을 차리면서 일리니치나가 말했다.

"프로호르가 왔었다. 네가 나간 지 1시간쯤 지나서 말이다. 다시 오겠다고 했는데, 왠지 여태 오지 않는구나."

반갑게 여긴 그리고리는 밤참을 빨리 먹고는 프로호르의 집으로 갔다. 그런데 프로호르는 음울하게 웃으면서 그리고리를 맞아들이고 말했다.

"저는 당신이 뵤시키에서 곧바로 철수하신 줄로만 생각했었습니다."

"자넨 대체 어디에 있다가 돌아왔나?"

그리고리는 웃으면서 그 충실한 전령의 어깨를 두들기며 물었다.

"뻔하지요…… 전선에 있었습니다."

"탈주했나?"

"무슨 말씀이세요? 저 같은 용감한 군인이 탈주를 하다니요? 정확히 법규에 따라 돌아온 겁니다. 당신이 안 계시니 따뜻한 지방으로 간댔자 별 수 없다고 생각했습니다. 함께 가야 하니까요. 그런데 아군은 점점 더 재미없게 되어가고 있습니다. 그런 줄 아십니까?"

"알고 있네. 그런데 자네는 어떻게 부대에서 빠져 나왔나? 말해 보게."

"그 얘기를 하자면 길어집니다. 나중에 말씀드리겠습니다."

프로호르는 피하듯 대답했는데, 표정이 더욱 흐려졌다.

"연대는 어디에 있나?"

"지금은 어디에 있는지 모르겠습니다."

"그러면 자네는 언제 부대에서 나왔나?"

"2주일쯤 전입니다."

"그러면 그동안 어디에 있었지?"

"거 참……"

프로호르는 불만인 듯 말하고, 아내를 곁눈질로 힐끗 쏘아보았다.

"어디서, 어떻게, 무얼 했느냐고요…… 어디에 있었냐 하면요. 전에 있던 곳에는 있지 않았습니다…… 얘기하라고 하시니 얘기하지요. 이봐, 마누라, 술 좀 있나? 대장님과 만났으니 조금은 마셔야지. 있어? 어때? 없다구? 그러면 얼른 뛰어가서 구해 오라구! 남편이 없는 동안에 군규(軍規)를 아주 싹 까먹었구먼! 아무 쓸모없는 수나바 떨었을 테지!"

"왜 그렇게 성을 내요?"

프로호르의 아내는 미소 지으면서 물었다.

"당신은 저에게 그렇게 퉁명스레 굴 입장이 못돼요. 당신은 그다지 남편

제7부 1653

행세를 할 수 없게 됐다고요. 1년에 이틀밖에는 집에 있지 않으셨단 걸 아셔야죠."

"여러 사람이 나에게 이래라저래라 하는 처지이니, 나는 하다못해 당신에게라도 퉁명스레 구는 거야. 그렇게도 못 하면 어떡하나? 그러니 당분간 참으라고. 내가 장군이라도 되면 그때는 다른 녀석들에게나 딱딱거릴 테니까, 그때까지만 좀 참아요. 자, 빨리 군장(軍葬)을 갖추고 냉큼 뛰어갔다 오도록!"

아내가 옷을 입고 나간 뒤, 프로호르는 그리고리를 나무라는 시선으로 힐끗 쳐다보고 이야기하기 시작했다.

"판테레에비치, 당신이야 이해하실 겁니다…… 아내가 있는 데서는 죄다 말할 수 없는 겁니다. 당신이 이런 것 저런 것을 꾸짖으실 테니까요. 그러면 티푸스는 완전히 나으셨습니까?"

"나는 아주 나았네. 그것보다도 자네 얘길 해보게. 자넨 뭔가를 숨기고 있어…… 허튼소리 집어치우고 다 털어놔. 왜 도망쳐 왔나?"

"사실은 탈주보다도 더 나쁩니다…… 병든 당신을 실어다 놓고 부대로 돌아갔지요. 가보니 저는 기병 중대의 제3소대로 편입되었습니다. 저는 본디 싸우는 걸 몹시 좋아하고 있었습니다! 두 번이나 돌격을 했었는데, 그 뒤에 이렇게 생각했습니다. '자, 이쯤에서 도망치지 않으면 안 되겠다! 어떻게든 빠져나갈 구멍을 찾아야 해! 그렇잖으면 프로샤, 너도 틀림없이 뒈질 거야!' 이렇게 생각했던 겁니다. 그런데 불행히도 또다시 굉장한 전투가 벌어져 숨도 제대로 쉬지 못할 정도로 졸렸습니다. 아무리 돌파해도 어느새 다시 제자리로 물러서는 겁니다. 적의 저항력이 약해진 듯하다가도, 또다시 거기서 우리 연대는 마구 압박받았습니다. 1주일 동안에 중대에서 11명의 카자흐들이 소가 혓바닥으로 싹 핥은 듯이 없어져버리는 형편이었습니다. 그러니 저는 외로웠습니다. 너무 울적해서 이(貳)들까지 끓어댈 정도였다니까요."

프로호르는 여기서 담배를 피워 물더니, 그리고리에게 잘게 썬 담배쌈지를 내밀고 천천히 다음 이야기를 이었다.

"그런데 때마침 저는 리스키 부근에서 기병 척후로 나가게 되었습니다. 3명이 나갔는데, 구릉 위를 갤럽으로 달리면서 주위를 살피며 가자니 적위병

하나가 낭떠러지에 기어 올라와 두 손을 쳐들고 있는 것이 보였습니다. 그놈에게 달려갔습니다. 그놈은 '카자흐 마을 여러분! 저는 당신네 편입니다. 죽이지 마십시오. 저는 당신네에게 붙겠습니다' 외치더란 말씀입니다. 그때 저는 머리가 돌아버렸습니다. 이상하게도 왠지 부아가 나서 그놈 옆으로 달려가서 이렇게 말했습니다. '야, 이 쓸개 빠진 놈아, 싸움을 시작한 이상 그렇게 손드는 게 아냐. 정말 비겁한 놈이군. 우리가 간신히 버티고 있는 걸 모르나? 이런 판에 손을 들다니. 우리 방패 노릇이라도 할 셈이냐?' 이렇게 말하고 안장 위에서 군도의 칼집으로 그놈 등허리를 홱 갈겨 주었습니다. 함께 갔던 다른 카자흐들도 그놈에게 이렇게 말했습니다. '모두들 네놈같이 이리 붙었다 저리 붙었다 하니까 전쟁이 길어지는 거야! 정신을 바싹 차리면 전쟁도 끝나게 돼!' 처음에는 그 투항자가 장교인지 뭔지 아무도 몰랐습니다. 나중에야 그가 장교임이 밝혀졌습니다. 제가 화를 내고 칼집으로 그놈을 갈겼더니, 그놈은 새파랗게 질려서 낮은 목소리로 이렇게 말하더군요. '저는 장교입니다. 저를 때리지 마십시오. 저는 과거에 경기병(輕騎兵)으로 근무하고 있다가 동원되어서 적위군에 편입되었습니다. 저를 당신네 대장에게 데려다 주십시오. 대장 앞에서 죄다 말씀드리겠습니다.' '그렇다면 신분증명을 보여라' 저는 말했습니다. 그러자 그놈은 아주 거만하게 이렇게 대답했습니다. '저는 당신들과 얘기하고 싶지 않습니다. 저를 대장에게 데리고 가주십시오!' 라고요……"

"그런 얘길 왜 아내 앞에선 하고 싶지 않단 말인가?"

그리고리는 이상하게 여기고 물었다.

"아직 얘기가 아내 앞에서 말할 수 없는 대목까지 안 됐습니다. 그러니 제발 얘기를 끊지 마십시오. 저희는 그놈을 중대로 데려가기로 했습니다. 성가신 일이었지요. 그 자리에서 쏘아 죽이면 그걸로 만사 끝장이거든요. 그러나 규칙대로 그놈을 중대로 끌고 갔습니다. 그리고 하루가 지나자, 어렵쇼, 그놈이 우리 중대장으로 임명되더란 말입니다. 그러면 어떠냐? 하고 생각했는데, 일이 시작되었습니다. 얼마 안 가서 그놈은 저를 불렀습니다. 그리고 이렇게 물었습니다. '그래, 네놈은 불가분(不可分)의 통일 러시아를 위해 싸우고 있단 말이지? 이 등신 같은 놈아, 나를 생포할 때 네놈이 뭐라고 말했는지 기억해?' 저는 이런저런 말을 했으나 그놈은 저를 용서하지 않았습니다.

그리고 제가 칼집으로 후려갈기던 것을 떠올리고 몸을 부르르 떨며 성을 냈습니다. '내가 경기병 연대의 대위이고 귀족임을 다 알고도 이 등신 같은 놈이 나를 때렸어' 말하더군요. 두 번이나 불렀었는데, 여전히 용서하려 하지 않았습니다. 저를 초소에 보내 경계 임무를 맡게 하라고 소대장에게 말하는가 하면 계속해서 꼭 팬 속의 콩이라도 볶듯이 저를 달달 볶았습니다. 한 마디로 말해서 잔뜩 굶주린 악마에게 질겅질겅 씹히는 꼴이었습니다! 그놈을 생포할 때 저와 같이 척후로 나갔던 다른 두 사람도 마찬가지로 시달렸습니다. 두 사람 다 견딜 수 있는 데까지 참았지요. 그러다가 그 두 사람이 저를 부르더니, '그놈을 죽여버리는게 어떨까? 가만있다가는 우리 숨통이 끊어지고 말겠다'고 하더군요. 저는 잘 생각한 뒤, 연대장에게 죄다 말하기로 작정했습니다. 그놈을 죽인다는 것은 아무래도 제 양심이 허락하지를 않았던 것입니다. 그놈을 생포해서 바로였다면야 죽여 버릴 수도 있었겠지만, 그 뒤에 저의 손은 아무래도 말을 듣지 않았던 겁니다…… 아내가 닭을 가를 때도 저는 눈을 감을 정도인데, 하물며 사람을 죽이는 짓은 어림도 없습니다……"

"그래 죽였나?"

또다시 그리고리가 중간에 말을 가로챘다.

"조금 기다리십시오. 다 아시게 됩니다. 저는 연대장에게 죄다 말했습니다. 상고했던 거지요. 그런데 연대장은 웃으면서 이렇게 말했습니다. '넌, 말야, 즈이코프, 조금도 화낼 게 없어. 네가 그를 때렸으니까 그가 군기를 바로잡고 있는 거야. 그는 훌륭한 지식 있는 장교야.' 연대장에게서 이런 말을 듣고 나오며, 저는 생각했습니다. '연대장, 그 훌륭한 장교를 십자가 대신 당신 가슴에 붙이는 게 좋겠어. 하지만 나는 그 친구와 같은 중대에서 근무하는 건 딱 질색이야!' 라고요. 다른 중대로 옮겨 달라고 부탁해 봤지만 그것도 안 되었습니다. 옮겨 주지 않더란 말입니다. 그래서 부대에서 도망치자고 마음을 굳혔습니다. 하지만 어떻게 도망친단 말입니까? 저희들은 1주일 동안 휴식을 취하기 위해 가까운 후방으로 이동해 있었습니다. 거기서 저는 또다시 악마에게 홀렸습니다…… 고약한 임질에라도 걸리는 수밖에 다른 도리가 없어. 그렇게 되면 위생반에 보내졌다가 후송되겠지—이런 식으로 생각했습니다. 그래서 그런 일이 전에는 한 번도 없었지만, 어쨌든 저는 여자들의 뒤를 쫓아다녔지요. 겉보기에 병든 듯한, 수상쩍은 여자를 찾아다녔지요. 하지만 그런 여자를 알아낼 수가 없었습니다. '나는 병들었소'하고 여자의 이마에 씌어 있을 리 없으니까요. 그렇지 않겠습니까?"

프로호르는 화가 나는 듯이 침을 뱉은 뒤, 아내가 돌아오지는 않았나 해서 잠시 밖으로 주위를 기울였다.

그리고리는 웃음을 감추려고 손바닥을 입에 대었다. 그리고 웃음으로 가늘어진 눈을 반짝이며 물었다.

"그래, 쉽게 병에 걸렸나?"

프로호르는 눈물이 글썽해진 눈으로 그리고리를 쳐다보았다. 그 시선은 마치 늙은, 이미 그 생애를 다 살아버린 개의 시선처럼 풀려 있고 온화했다. 잠시 잠자코 있은 뒤에 그는 입을 열었다.

"어디 그렇게 간단히 병에 걸리게 됩니까? 필요 없을 때는 바람처럼 불어 닥치지만, 필요한 때는 아무리 애써도 심연(深淵) 속을 더듬는 것처럼 걸려들지 않게 마련입니다!"

그리고리는 반쯤 고개를 숙이고는 소리를 내지 않고 웃다가, 곧 얼굴에서 손을 떼고 토막토막 끊기는 듯한 목소리로 물었다.

"제발 좀 웃기지 말게! 걸려들었나, 어떻게 됐나?"

"물론 당신께는 우스운 일일지 모르지만…… 남의 불행에 대해서 웃는 것은 좋지 않은 일이라고 저는 생각합니다."

프로호르는 분한 듯이 중얼거렸다.

"아냐, 웃는 게 아닐세…… 그래서 어떻게 되었나?"

"얼마 지나 저는 한 가족을 부양하고 있는 미혼 여자의 뒤를 쫓아갔습니다. 그 여자는 40살가량 되어 보였는데, 어쩌면 나이가 더 적었을지도 모릅니다. 얼굴이 온통 여드름투성이어서 겉보기에는 한 마디로 도무지 달갑지가 않은 계집이었습니다. 그녀가 근래 병원을 다니고 있었다고, 근처 사람이 슬쩍 말해 주었던 겁니다. '저 여자라면 틀림없이 병에 걸리게 해주겠지' 저는 생각했습니다. 그래서 저는 젊은 수탉처럼 그녀의 주위를 따라다니고 찡긋 웃으면서 알랑댔습니다…… 어떻게 그런 식으로 알랑거릴 수 있는지, 저도 알 수 없을 정도입니다!"

프로호르는 멋쩍은 듯이 엷은 웃음을 지었다. 그리고 뭔가를 생각해 내어 약간은 쾌활해진 듯도 했다.

"어쨌든 결혼을 약속하기로 하고 별별 못된 수작을 다 부렸습니다…… 그래서 그럭저럭 잘 되어 그녀를 맘대로 주무르고, 죄가 될 짓을 저지를 단계에 이르렀습니다. 그러자 여자가 갑자기 소리쳐 울어댔습니다! 저는 이것저것 여러 가지를 물었습니다. '혹시 당신은 병들어 있지 않느냐? 그런 건 아무렇지도 않다. 오히려 병든 편이 나을 정도다' 말했습니다. 그런데 밤중이라 그 울음소리를 듣고서 겉겨 창고에 누가 오지 않을까, 저는 겁을 잔뜩 먹고 움츠렸습니다. '제발 부탁이니 울지 말아요. 당신이 병들어 있어도 걱정할 거 없어요. 당신에 대한 애정으로 무엇이든지 다 용서할 테니까' 이렇게 말했습니다. 그녀는 '사랑하는 프로센카! 저는 병 같은 건 조금도 없어요. 저는 숫처녀예요…… 그래서 무서워 울었던 거예요' 하지 않겠습니까. 그리고리 판테레에비치, 당신은 믿어 주지 않으실 테지만, 저는 그 말을 듣자 정말 온몸에 식은땀이 흘렀습니다. '아, 하느님, 저는 또 엉뚱한 여자를 찾았습니다. 정말 곤란하게 되었습니다! ……' 저는 제 목소리 같지도 않은 목소리로 물었습니다. '그럼, 당신은 왜 의사에게 다녔소? 어째서 남을 속이는 짓을 해왔소?' 그랬더니, '제가 병원에 다닌 것은 얼굴을 깨끗하게 하기 위해 약을 바르러 다녔던 거예요' 말했습니다. 저는 머리를 감싸고 여자에게 말해 주었습니다. '자, 얼른 일어나서 썩 나가 줘요, 이 못된, 벌 받을 여자 같으니라구! 나에게는 당신 같은 숫처녀는 필요 없소. 당신 따위와 결혼하지도 않을 거요!'"

프로호르는 더욱 힘주어 침을 내뱉고 귀찮다는 표정으로 계속해 말했다.

"그렇게 되어 저의 수고가 물거품이 되고 말았던 겁니다. 그래서 안채에 들어가 저의 소지품을 챙기고 그 밤중에 다른 집으로 옮겨 갔습니다. 그 뒤 군인들의 얘기를 듣고는 어떤 과부에게서 제가 찾고 있는 것을 얻었는데, 그녀에게서 아주 직통으로 얻어 걸렸답니다. '병인가?'라고 물으니, '조금만 줘도 된다'라고 말했습니다. '글쎄, 난 뭐 1푸드도 들지 않을 거야'하더라고요. 그 대금으로 케렌스키 지폐를 20루블리 주고 왔습니다. 그리고 다음날 벌써 전 목적을 이루었습니다. 위생반에 들어갈 수 있게 되고 거기서 곧장 집으로 돌아온 겁니다."

"자네는 말을 타지 않고 돌아왔나?"

"어떻게 말을 타지 않고 옵니까? 의젓하게 말을 타고 완전 무장으로 돌아왔지요. 저의 동료들이 말을 제대로 위생반으로 보내줬거든요. 문제는 그런 게 아니구, 어떻게 아내에게 말하느냐 하는 겁니다. 골치가 아픈데 무슨 좋은 수가 없겠습니까? 차라리 당신 댁으로 자러 가는 게 좋지 않을까요?"

"그래선 안 돼! 자기 집에서 자야 해. 부상을 입었다고 말하는 게 좋을 거야. 붕대 좀 있나?"

"붕대 꾸러미가 있습니다."

"그러면 그걸로 하게."

"아내가 믿지 않을 겁니다."

프로호르는 힘없이 말했으나, 비실대며 일어섰다. 더블백 속을 뒤져 붕대를 찾아내고 안쪽 방으로 가더니, 거기서 낮은 목소리로 말했다.

"아내가 돌아오면 아내와 이야기를 하고 계십시오. 저는 한쪽 다리를 다친 척할 테니까요."

그리고리는 담배를 말면서 마음속으로 여행 계획을 여러 가지로 생각했다. '말 두 마리를 수레에 달아서 끌고 가게 하자. 아크슈트카를 데리고 가는 것을 식구들에게 들키지 않으려면 밤에 출발해야 한다. 어차피 나중에는 알게 될 테지만……'

"아까 말씀드렸던 그 중대장에 대한 것을 아직 모두 말씀드리지 않았는데 말이죠……"

프로호르는 절룩거리며 안쪽 방에서 나와 테이블에 앉았다. "제가 위생반에 들어간 지 사흘째 되던 날, 그때의 동료가 그 중대장을 죽이고 말았습니다."

"사실인가?"

"사실이고말고요. 전투 중에 뒤에서 해치운 겁니다. 그것으로 그 사건은 끝났습니다. 제가 이런 병을 얻은 것도 다 부질없는 짓을 한 셈이 되었구요. 그야말로 분통이 터집니다!"

"범인은 발각되지 않았니?"

그리고리는 다가온 여행에 정신을 빼앗긴 채 무심한 표정으로 물었다.

"찾아낼 여유가 없었습니다! 대이동이 시작되어서 중대장쯤은 문제가 아니었던 겁니다. 그런데 이 마누라는 대체 어디로 간 걸까? 한잔 하고 싶어 죽을 지경인데…… 그런데 언제 출발하십니까?"
"내일."
"하루 늦추시면 안 됩니까?"
"왜?"
"이(貳)만이라도 털어내고 싶습니다. 이를 몰고 가는 건 달갑지 않거든요."
"여행지에서 털어내면 돼. 우물쭈물하면 안 되거든. 적위군이 뵤시키에서 이틀밖에 안 걸리는 데까지 와 있다구."
"그럼, 아침 일찍 떠나실 겁니까?"
"아니, 밤에 떠날 거야. 카르긴스카야까지 가면 돼. 거기서 잘 거야."
"적위군에게 생포되진 않을까요?"
"주의해야 되겠지. 그런데 말이야, 나는 아크시냐 아스타호프를 데리고 갈까 하는 생각으로 있다네. 이의는 없을 테지?"
"제게 이의가 있을 리 있나요. 아크시냐 같은 여자라면야 둘을 데리고 가도 괜찮습니다…… 말에게는 좀 무겁겠지만 말이죠."
"별로 무겁지 않을 거야."
"여자를 데리고 여행하는 건 불편할 텐데요…… 하지만 어째서 그녀가 당신에게 그렇게 필요합니까? 필요할 게 없잖겠습니까? 우리끼리 떠난다면 곤란한 일도 없을 텐데요!"
프로호르는 옆으로 얼굴을 돌리고 한숨을 내쉬며 말했다.
"당신이 그녀를 어떻게든 데려가려 하시리란 것을 전부터 알고 있었습니다. 당신은 줄곧 그녀의 남편같이 행동하셨거든요…… 그리고리 판테레에비치, 당신은 오래 전에 채찍으로 맞아야 하셨습니다."
"자네가 상관할 바 아니야. 자네 아내에게는 이런 얘기 하지 말게."
그리고리는 냉정하게 말했다.
"그럼, 언제는 제가 말한 적이 있었다는 말씀입니까? 솔직히 생각하고 계신 것을 말씀해 주십시오! 그래, 그 여자는 집을 누구에게 맡기고 갈 작정이랍니까?"
현관 쪽에서 발소리가 들렸다. 뒤이어 안주인이 들어왔다. 쥐색 털 프라토크에서 흰 눈이 반짝였다.

"눈보라가 치나? 뭘 가져왔지?"

프로호르는 선반에서 작은 잔들을 꺼내고서야 겨우 입을 떼었다.

얼굴이 새빨개진 프로호르의 아내가 품 안에서 땀이 묻은 병 2개를 꺼내 테이블 위에 놓았다.

"자, 무사한 여행되도록 기원하기로 합시다!"

프로호르는 힘을 내어 말했다. 그는 손으로 공기를 저어 탁주냄새를 맡고 술을 품평했다.

"이거 좋은 것인데! 굉장히 센 술입니다!"

그리고리는 작은 잔으로 두 잔 마신 뒤 피곤하다며 집으로 돌아갔다.

26

"전쟁도 이걸로 끝장이군요. 바닷가까지 물러나서 엉덩이까지 소금물에 담그게 될 정도로 적위군에게들 밀려나게 될 겁니다."

프로호르가 언덕 막바지에 올라갔을 때 말했다.

눈 밑에는 푸른 연기에 싸인 타타르스키 부락이 가로누워 있었다. 태양이 엷은 장밋빛으로 눈을 물들이며 지평선 끝으로 가라앉고 있었다. 썰매의 미끄럼대 밑에서 눈이 뿌드득뿌드득 소리를 냈다. 말들은 보통 속도로 나아갔다.

두 마리가 끄는 썰매 뒤쪽에서 등을 안장에 기대고 그리고리가 반쯤 누워 있었다. 그리고리와 나란히 수달피가죽 깃을 댄 돈풍의 방한용 외투로 몸을 싼 아크시냐가 앉아 있었다. 흰 털 프라토크 그늘에서 그녀의 검은 눈이 기쁜 듯이 빛났다. 그리고리는 곁눈질로 가끔 힐끗힐끗 그녀에게 눈길을 돌려 추위로 새빨개진 뺨, 숱이 많은 검은 눈썹, 고드름이 달려 쑥 구부러진 속눈썹 밑에서 파랗게 빛나는 눈 등을 쳐다보았다. 아크시냐는 생생한 호기심에 찬 눈을 빛내며 눈에 덮인 눈 더미가 많이 생긴 들판과, 번쩍번쩍 광택이 날 만큼 미끄럼질로 다듬어진 눈길과, 안개 속에 사라져가는 먼 지평선을 바라보았다. 늘 집 안에 갇혀 지내디 시피힌 그녀에게는 모든 것이 희한하고, 새롭고, 주의를 끌 만한 것이었다. 그러나 때때로 눈을 감고는 상쾌한 차가움을 느끼며, 전부터 자신을 사로잡고 있던 저 공상—타타르스키 부락을 몹시도 괴롭게 떠올리고 자신의 반평생을 사랑할 수 없는 남편을 상대로 괴롭게 지내온 그 고향 마을, 이루 다 말할 수가 없는 무겁고 괴로운 추억으로 가득 차 있는 그 저주스러운 고향을, 언젠가는 그리고리와 함께 떠난다던 공상이 이렇게 뜻밖에도 기묘하게 실현된 데 대해 그녀는 미소를 짓고 있었다.

그녀는 온몸으로 그리고리의 존재를 느끼고 기뻐했다. 그리고 이 행복을 어떤 대가를 치르고 얻었는가 하는 것도, 먼 곳으로 유혹하는 듯한 들판의 지평선과 마찬가지로 어두운 안개에 싸인 미래의 일도 전혀 생각하려 들지 않았다.

프로호르는 문득 아무 생각 없이 돌아다보고는 추위로 빨개진 채 조금 부풀어 오른 듯한 아크시냐의 입가에 가벼운 미소가 떠올라 있는 것을 보고 마음에 걸리는 듯이 물었다.

"왜 그렇게 싱글벙글 이십니까? 그야말로 새색시 같습니다! 집에서 뛰쳐나오니 기쁘신가 보죠?"

"이렇게 된 걸 기뻐할 게 없다고 당신은 생각하세요?"

또렷한 목소리로 아크시냐가 대꾸했다.

"당치도 않은 기쁨을 찾아내게 되신 겁니다…… 당신은 머리가 좀 모자라요! 이 여행이 어떻게 끝장나게 되는지도 모르면서 벙긋벙긋 웃고 계시는데, 입을 좀 가만히 다물고 계시는 편이 좋겠습니다."

"저에게는 지금보다도 더 나쁠 때는 없을 거거든요."

"당신네를 보고 있으면 속이 메슥거려서 견딜 수 없어요."

프로호르는 말들에게 철썩 채찍질했다.

"당신은 저쪽을 보고 입마개를 하시는 게 좋아요."

아크시냐는 웃어대며 충고했다.

"또 다시 당신이야말로 어이없는 바보임을 알았습니다! 제가 그래 입마개를 한 채 해변까지 가야 한단 말씀입니까? 당치 않습니다!"

"어째서 가슴이 메슥거린다는 거예요?"

"차라리 잠자코 계십시오! 도대체 당신 남편은 어디에 있습니까? 다른 남자에게 붙잡혀서 어디로 가시는 겁니까? 지금쯤 스테판이 부락에 나타난다면 어쩌시렵니까?"

"프로샤, 당신은 우리 일에 이래라저래라 하지 말아요. 그렇잖으면 당신이 곱게 보이지 않을 거예요."

아크시냐는 당부하듯이 말했다.

"제가 당신네 일에 참견했다구요? 당신네가 저를 어릿광대로 취급하시는 거지요! 그래, 저도 좀 제 의견을 말합시다. 아니면 저는 마부처럼 말하고만 떠들란 말씀이십니까? 허 참, 놀랐습니다! 아니, 아크시냐, 당신이 성내든 성내지 않든 맘대로이지만, 당신 같은 사람은 말이죠, 튼튼한 마른 나뭇가지로 철썩철썩 맞아야 합니다. 한참 맞아서 끽 소리도 내지 못하게 해야 한단 말씀입니다! 운명이 어떠니 하고, 저를 놀라게 하지 마십시오. 저는 그 운명이란 걸 언제나 제대로 가지고 있습니다. 저의 운수란 건 말이죠, 특별한 겁니다―노래도 부를 수 없고, 잠을 자지도 못하고, 낮이나 밤이나 쉬지도 못하는 겁니다…… 도오, 도오, 도! 이 망할 놈들! 보통 걸음으로만 가려 하는군. 이 늘어진 귀를 가진 짐승 녀석들이!"

그리고리는 미소를 지으며 이야기를 듣고 있다가, 이윽고 타협조로 말했다.

"그렇게 처음부터 욕하지 말게. 길이 머니까 천천히 가는 게 좋을 거야. 자넨 어째서 그렇게 이 여자에게 시비를 거나, 프로호르?"

"제가 이 여자에게 시비를 건다는 말씀이십니까?"

프로호르는 화를 내며 말했다.

"그런 말마시고 그녀가 저에게 대들지나 않게 해주시면 고맙겠습니다. 이 세상에서 여자만큼 성가신 건 없다고 생각합니다! 여자란 건 말이죠, 고약한 궤변장이 같은 겁니다…… 정말이지 하느님이 만드신 것들 중에서 가장 못된 것이 바로 여자란 말씀입니다! 저는요, 이 유해한 악마들을 이 세상에 어른 어른거리지 못하도록 싹 쓸어 없애버리고 싶습니다! 저는 말이죠, 지금 그것들이 미워서 견딜 수가 없습니다! 당신은 어째서 웃으십니까? 남의 불행을 비웃으시다니―좋지 않은 일입니다! 잠깐 고삐를 잡아 주십시오. 잠깐 썰매에서 내려야겠습니다."

프로호르는 잠시 걷다가 다시 썰매에 올라타더니 더는 입을 열지 않았다.

그들은 기르긴스카야에서 잤다. 그 이튿날 아침 식사를 마치자마자 다시 여행길에 올랐다. 밤이 되기까지 60킬로미터를 갔다.

피난민의 엄청난 짐썰매 행렬이 남쪽으로 이어졌다. 그리고리가 뵤센스카야 마을에서 멀어지면 멀어질수록 숙박할 장소가 마땅치 않았다. 모로조프스카야 부근에 가자 비로소 카자흐 부대와 만날 수 있었다. 고작해야 30기(騎) 내지 40기씩의 기병대가 가고, 치중(輜重)의 행렬이 끝없이 이어져 있었다. 어느 부락에서든 해질녘이 되면 방이란 방은 모두 꽉 차고, 사람이 잘 곳뿐만 아니라 말을 둘 만한 데도 없었다. 한 크리미아인 지구에서 그리고리는 무턱대고 쉬어갈 집을 찾아 돌아다니던 끝에 겨우 헛간에서 밤을 보내게 되었다. 아침이 되자 눈보라에 젖었던 옷이 얼어붙어서 몸을 움직일 때마다 꺾여 구부러지며 버스럭버스럭 소리를 냈다. 밤새도록 그리고리도 아크시냐도 프로호르도 거의 잠을 자지 못하다가 날이 밝기도 전에 뜰 앞에 모닥불을 피우고 몸을 녹였다.

아침에 아크시냐가 겁먹은 표정으로 말했다.

"그리샤, 오늘은 여기에서 낮을 지내는 게 어때요? 밤새 추워서 떨며 잠을 자지 못했으니, 좀 쉬는 게 좋잖겠어요?"

그리고리는 동의했다. 그는 간신히 빈 방 한구석을 차지했다. 치중의 행렬은 날이 밝음과 동시에 떠났으나, 백 명 남짓한 부상자들과 티푸스 환자들을 나르는 야전 병원도 그곳에서 낮을 지내기 위해 남아 있었다.

조그마한 방의 지저분한 토방에서 10명가량의 카자흐들이 자고 있었다. 프로호르는 무릎덮개와 식량이 든 자루를 들고 들어와서 문간 바로 옆에 짚을 깔아 자리를 만들고, 정신없이 자고 있는 한 노인의 발을 잡아당겨 옆으로 밀어제치고 비교적 정답게 말했다.

"자, 누워요, 아크시냐. 몹시 괴로운 생각이 드셨나 보던데 그야말로 당신답지 않습니다."

밤이 되자 부락은 다시 사람들로 가득 메워졌다. 새벽녘까지 골목이란 골목에는 온통 모닥불이 타오르고, 사람 목소리며 말 울음소리며 썰매 미끄럼대가 삐걱거리는 소리 따위들이 들려왔다. 날이 밝자마자 그리고리는 프로호르를 흔들어 깨우고 소곤소곤 말했다.

"말을 끌고 오게. 출발해야겠네."

"이렇게 일찍 떠납니까?"

프로호르는 하품을 하면서 물었다.

"좀 들어보란 말이야."

프로호르는 베개로 삼았던 안장에서 머리를 쳐들었다. 먼 곳에서 행해지는 포격 소리가 공허하게 들려왔다.

얼굴을 씻고 비곗덩이로 아침식사를 마치자, 그들은 사람들이 우글거리는 부락을 떠났다. 골목에는 썰매들이 줄지어 늘어서 있고 사람들이 근처를 뛰어다니고 있었다. 동 트기 전의 어스름 속에서 누군가 갈라진 목소리로 외쳐댔다.

"이젠 싫단 말이야. 자기네가 묻어 주게 해! 6명분의 무덤을 파다 보면 한낮이 될 거라구!"

"어째서 우리가 모두 묻어 주어야 할 의무가 있단 말인가?"

두 번째 목소리가 온건하게 물었다.

"파내라니, 웬 말이야! 싫으면 내버려두지. 썩어서 냄새가 난다 해도 우리가 알 바 아니잖아!"

앞서의 갈라진 목소리가 외쳤다.

"군의관님! 죽은 통행인을 일일이 묻어 주자면, 끝이 없습니다. 그러니 자기네가 치우도록 하는 게 어떻습니까?"

"맘대로들 해, 이 멍텅구리 놈아! 네놈 때문에 야전 병원을 적위군에게 넘겨주게 되어도 좋단 말이냐?"

길을 가로막고 있는 짐마차들을 피하여 말을 몰면서 그리고리가 말했다.

"송장은 누구에게도 필요 없는 거로군……"

"여기선 산 사람도 소용이 없는데, 죽은 사람이야 말해 무엇 합니까?" 프로호르가 대꾸했다.

돈 지구의 북부 전체가 남북 지방으로 이동하고 있었다. 물밀듯이 넘쳐나는 피난민의 짐 썰매들이 츠아리친—리하야 사이 철도를 넘어서 마누이치로 차차 다가서고 있었다. 1주일간 여행을 계속하는 동안에 그리고리는 타타르스키 부락민의 행방을 묻고 다녔다. 하지만 그가 통과하는 부락 어디에도 타타르스키 사람은 없었다. 그들은 왼쪽으로 방향을 잡은 듯, 우크라이나인들의 마을을 피해서 카자흐 마을들을 지나 오브리프스카야 방면으로 나아갔을지도 모를 일이었다. 13일에야 비로소 그리고리는 타타르스키 부락 사람들이 지나갔음을 알 수 있었다. 철도 너머의 어떤 부락에서, 이웃집에 뵤센스카야 출신 카자흐가 티푸스에 걸려 누워 있다는 이야기를 우연히 듣게 된 것이었다. 그리고리는 그 환자가 어디에서 온 사람인가를 알아보러 갔다. 지붕이 낮은 농가에 들어서자, 바닥에 누워 있는 오브니조프 영감의 모습이 눈에 띄었다. 그 노인은 타타르스키 사람들은 그저께 이 부락을 떠났다는 것, 부락민들 중에서 티푸스 환자가 많이 생겼다는 것, 그들 중 2명은 도중에 이미 죽었다는 것, 오브니조프는 본인의 희망에 따라 이곳에 남겨졌다는 것 따위를 이야기했다.

"병이 나아도 적위군 동지들이 동정해 나를 죽이지 않는다면 어떻게든 집까지 가겠지만, 그렇지 못하면 여기서 객사하겠지. 어디서 죽든 죽는 거야 마찬가지일 테지만, 아무 데서나 죽어선 안 된단 말이야."

그리고리와 헤어질 때 노인은 그렇게 말했다.

그리고리는 부친의 안부를 물어보았는데, 오브니조프는 뒤쪽의 짐 썰매에 타고 있었다는 것, 마라호프스키 부락을 지난 뒤로 판테레이 프로코피에비치와는 만나지 못했으므로 그 뒤로는 알지 못한다고 대답했다.

다음 숙박지에서 그리고리는 썩 운이 좋았다. 잠자리를 얻고자 들른 첫 번째 집에서 돈 강 상류에 있는 치르스키 부락의 낯익은 카자흐들과 우연히 마주쳤다. 그들이 거북해하면서도 자리를 내주어, 그리고리 일행은 페치카 옆에 자리를 잡을 수 있었다. 방에는 15명 정도의 피난민이 뒤섞여 자고 있었는데, 그 가운데 3명의 티푸스 환자와 1명의 동상(凍傷) 환자가 있었다. 카자흐들은 밤참으로 수지를 넣은 밀죽을 끓여서 그리고리와 그의 동행에게도 기분 좋게 권했다. 프로호르와 그리고리는 왕성한 식욕을 드러냈으나, 아크시냐는 먹고 싶지 않다고 사양했다.

"속이 비어 있잖아요?"

지난 며칠 동안 이렇다 할 뚜렷한 이유는 없었으나 아크시냐에 대한 이전의 태도를 바꾸어, 그녀에게 좀 거칠기는 해도 자못 친절한 태도를 취하게 된 프로호르가 물었다.

"왠지 속이 메슥거려요······"

아크시냐는 프라토크를 쓰고 바깥뜰로 나갔다.

"병이 난 게 아닐까요?"

프로호르가 그리고리를 쳐다보며 물었다.

"글쎄, 모르겠는걸."

그리고리는 죽그릇을 옆에 놓고 그녀의 뒤를 따라 역시 바깥뜰로 나왔다.

아크시냐는 바깥 계단 옆에서 가슴에 손을 대고 서 있었다. 그리고리는 그녀를 끌어안고 걱정스러운 듯이 물었다.

"무슨 일이지, 크슈샤?"

"속이 메슥거리고 머리가 아파요."

"자, 집 안으로 들어가요. 누워 있는 게 좋겠어."

"먼저 들어가세요. 저도 곧 들어갈께요."

그녀의 목소리는 공허하고 생기가 없고, 나른한 듯했다. 그녀가 더울 정도로 난방이 잘 된 방에 들어갔을 때, 그리고리는 살피듯이 그녀를 빤히 들여다보았다. 뺨이 불긋불긋했고 이상한 열기(熱氣)가 눈에 띄었다. 그의 심장은 불안으로 죄어들었다. 아크시냐는 분명히 병이 난 것이었다. 그는 그녀가 어제 오한과 현기증을 호소하던 것, 해가 떠오르기 전에 땀을 몹시 흘려서 마치 머리를 감기라도 한 듯이 목덜미의 오그라든 머리칼들이 젖어 있던 것을 생각해 냈다. 아침에 잠을 깼을 때 그런 것을 알아보고, 그리고리는 자고 있는 아크시냐 얼굴에서 오랫동안 눈을 떼지 않았다. 그녀의 잠을 어지럽힐까 봐 한동안은 일어나려 하지도 않았다.

아크시냐는 그때까지 여행의 곤고(困苦)와 결핍을 무던하게 견디어 왔다. 오히려 프로호르에게 용기를 주려고 격려하기까지 했다. 프로호르는 "이게 전쟁인가. 무슨 놈의 전쟁이 이 모양인가? 누가 이런 전쟁을 시작했단 말인가? 온종일 달려서 겨우 도착하고 보면 잠을 잘 곳도 없고, 어디까지 가야 하는 것인지도 알 수가 없으니!" 이렇게 걸핏하면 투덜거렸다. 그러나 그 날은 무던하던 아크시냐도 견디지 못했다. 그날 밤 모든 사람이 조용해지자, 그리고리는 그녀가 울고 있는 것을 알아챘다.

"어찌 된 일이오? 어디가 아프오?"

그는 소곤대는 목소리로 물었다.

"병이 났어요, 저는……이제부터는 어떻게 되는 거죠? 당신은 저를 버리고 가실 테지요?"

"무슨 어리석은 소리요? 어째서 내가 당신을 버리고 간단 말이오? 울지 마오. 틀림없이 여행 중에 감기에 걸린 거야. 당신은 벌써부터 오들오들 떨던데……"

"그리셴카, 제 병은 틀림없이 티푸스예요."

"공연한 걱정 하지 마요! 티푸스의 아무런 징후도 없지 않소? 이마도 차가우니 티푸스 같은 건 아니오."

그리고리는 위로했지만, 마음속으로는 아크시냐가 발진(發疹) 티푸스에 걸렸음을 확신하고 있었고, 병으로 움직일 수 없게 된다면 그녀를 어떻게 할 것인가 궁리하며 괴로워했다.

"아, 이대로 계속 가는 것은 너무도 괴로워요!"

아크시냐는 그리고리에게 몸을 비벼대며 속삭였다.

"자 보세요, 많은 사람들이 꽉 차서 자고 있어요! 이(貳)들에게 우리는 먹히고 말 거예요. 그리샤! 게다가 저는 제 몸을 살펴볼 만한 곳도 없어요. 어딜 보나 남자들뿐인걸요…… 저는 어제 헛간에 가서 옷을 벗고 보았어요. 그랬더니 속옷에 이들이…… 아, 정말이지 저는 세상에 태어난 뒤로 그런 무서운 경험을 한 적은 없었어요. 이들을 생각하니 속이 메슥거리고, 아무것도 먹고 싶은 생각이 없었어요. 어저께 긴 의자에서 자고 있던 그 노인에게 이들이 우글우글 했는데, 당신은 알아보지 못했어요? 저고리 위로 줄줄 기어 다니고 있었는데요."

"이 따위는 생각할 거 없소. 왜 똑같은 말만 되풀이하는 거요? 이는 이야. 군대에서는 그런 건 아예 문제 삼지도 않소."

그리고리는 못마땅한 듯이 중얼거렸다.

"저는 온몸이 근질거리는걸요."

"누구나 다 근질거릴 거요. 지금은 어쩔 도리가 없잖소! 참아요. 에카테리노다르에 가면 깡그리 씻어내 버리자구."

"아쉬운 대로 깨끗한 속옷이라도 갈아입어야겠어요. 우리는 이 때문에 죽고 말 거예요. 그리샤!"

아크시냐는 한숨을 섞어 말했다.

"자, 푹 자요. 내일은 아침 일찍 출발할 테니까."

그리고리는 오랫동안 잠을 이루지 못했다. 아크시냐도 마찬가지였다. 그녀는 슈바 자락으로 얼굴을 덮고 몇 차례나 흐느껴 울더니, 그런 뒤에는 오래 엎치락뒤치락하며 한숨을 내쉬었다. 그리고리가 그녀 쪽으로 얼굴을 돌리고 포옹해 주자, 겨우 그녀는 잠이 들었다. 밤중에 그리고리는 문을 두들겨 부수는 듯한 소리에 눈을 떴다. 누군가 문에 다가서서 큰 소리로 외쳐댔다.
"빨리 문 열어! 열지 않으면 쳐 부술 테다! 이 잠꾸러기들아!"
집 주인인 중년의 조용한 카자흐가 입구 방으로 나가서 문 쪽에 대고 물었다.
"누구십니까? 무슨 일이십니까? 주무시려 하신다면 제집에는 이제 더 사람이 잘 장소가 없습니다. 빽빽하게 들어차서 꼼짝도 할 수 없을 지경입니다."
"열라고 했잖아!"
뜰 앞에서 외쳤다.
문을 홱 밀어젖히고 5명가량의 무장한 카자흐들이 현관방으로 뛰어 들어왔다.
"여기서 자고 있는 것들은 누구야?"
그들 중 1명이 추위로 주철(鑄鐵)같이 시커메진 얼굴로 얼어붙은 입술을 간신히 열어 말했다.
"피난민들입니다. 당신들은 누구십니까?"
그 물음에 대꾸도 않고, 그들 가운데 하나가 안쪽 방으로 들어와 소리쳤다.
"이봐, 이 잠꾸러기들! 어서 여기서 나가! 여기선 군인들이 숙박할 거야. 자, 일어나, 일어나! 냉큼 일어나란 말이야. 그렇잖으면 두들겨 내쫓을 테다!"
"당신은 누구야? 왜 그렇게 고함치는 거야?"
그리고리는 잠에서 막 깨어 갈라진 목소리로 묻고, 천천히 몸을 일으켰다.
"내가 누구냐 그거지? 당장 보여 주마!"
그 카자흐는 그리고리 쪽으로 다가섰다. 침침한 등유 램프 불빛 속에서 그의 손에 들려 있는 권총의 총부리가 납빛으로 둔하게 빛났다.
"흐음, 제법 재빠른 녀석이구나."
그리고리가 심싯 부드러운 목소리로 중얼거리듯이 말했다.
"치워! 네 장난감 따위를 봐줄 줄 아냐?"
그가 빠른 동작으로 카자흐의 손목을 잡아채어 힘을 주자 카자흐는 아야! 소리 지르며 손을 벌렸다. 권총은 툭 하고 부드러운 소리를 내며 담요 위에 떨어졌다. 그리고리는 카자흐를 밀치고 얼른 몸을 굽혀 권총을 주워 올려서 주머니 속에 찔러 넣은 뒤 온화한 어조로 말했다.

"자, 이제 얘기해 봐라! 어느 부대 녀석이냐? 너 같이 재빠른 녀석들이 여기에 몇 명 있나?"

뜻밖의 일에 멍청해진 카자흐는 퍼뜩 제정신이 들자 소리 질렀다.

"다들 이리 와!"

그리고리는 문간으로 가서는 문턱 위에 서서 옆기둥에 등을 기대고 말했다.

"나는 제19 돈 연대의 기병 중위다. 조용히 해! 소리치지 마! 누구냐, 거기서 떠드는 자가? 카자흐 제군, 왜들 그렇게 소란을 피우나? 네놈들은 누구를 두들겨 팰 작정인가? 그런 권리가 네놈들에게 있는가? 자, 여기서 나가, 어서!"

"무슨 소릴 하는 거야?"

카자흐 하나가 크게 외쳤다.

"우리는 기병 중위 같은 거 얼마든지 보아 왔어! 그래, 우리더러 바깥에서 자라는 거야? 집을 싹 비워 달라구! 피난민은 모조리 집에서 끌어내라는 명령이 내렸단 말이야, 알겠어? 그런데 네가 쓸데없이 소란을 피우는 거란 말이야! 너 같은 놈은 우리가 잘 알고 있어!"

그리고리는 그렇게 말하는 사내의 바로 코끝까지 바싹 다가갔다. 그리고 입을 별로 벌리지 않고 중얼거리듯이 말했다.

"너 나 같은 놈에게 혼이 나본 적이 별로 없었던 모양이구나. 네놈 하나로 바보놈 둘을 만들어 보여 줄까? 나는 한다면 하고 만다! 왜 뒷걸음질을 치지? 이건 내 권총이 아니라, 네놈 친구에게서 빼앗은 거다. 자, 그놈에게 돌려 줘라. 그리고 두들겨 패기 전에 여기서 썩 꺼져. 그렇지 않으면 네놈들의 생가죽을 벗길 테니까!"

그리고리는 그 카자흐를 가볍게 빙그르르 돌려 세우고, 문 쪽으로 홱 밀어냈다.

"저놈을 때려눕혀버릴까?"

낙타 털가죽으로 지은 방한용 두건으로 얼굴을 싼 건장해 보이는 카자흐가 머뭇거리면서 말했다. 그 사내는 그리고리 뒤에 서서 그리고리를 주의 깊게 살피며 구두 밑창이 달린 큰 펠트 방한화 소리를 삐걱삐걱 내면서 제자리 걸음을 하고 있었다.

그리고리가 그 사내 쪽으로 얼굴을 돌렸을 때 그는 이미 분별력을 잃고 주먹을 꽉 움켜쥐었다. 그러자 그 사내가 한 손을 들고, 친근하게 말을 걸었다.

"저, 상관님, 성함은 어떻게 되시는지 모릅니다만, 좀 참으시고 주먹은 휘두르지 마십시오! 저희는 조용히 물러나겠습니다. 하지만 그렇게 과격하게 카자흐들을 대하지 마십시오. 요즘은 말입니다, 17년 무렵과 같은 중대한 시기가 또 닥쳐오고 있는 참입니다. 저 친구들이 앞뒤 없이 덤벼드는 날이면, 당신은 찢어발겨져서 두 조각은커녕 다섯 조각이 나고 맙니다! 당신이 위세 좋은 장교였음은 알 만합니다. 또한 말투로 미루어 보건대 저희들과 같은 출신이신 듯합니다. 그러니까 말씀드리는 건데, 앞으로 좀 더 정신을 차리는 편이 좋으실 겁니다. 어물쩡하다가는 생각지도 않은 재난을 당하실 겁니다……"

그리고리에게 권총을 빼앗겼던 사내는 안달하듯이 말했다.

"그 사람에게 설교는 그만 해줘! 어서 옆집으로 가자구!"

그 사내가 앞장서서 문턱께로 나갔다. 그리고리의 옆을 지날 때, 곁눈질로 노려보며 슬픈 어조로 말했다.

"상관님, 당신과 싸우지 않게 되어서 다행입니다. 그렇지 않았더라면, 우리는 당신의 명복(冥福)을 비는 성호를 그어야 할 뻔했습니다!"

그리고리는 멸시하듯이 입술을 일그러뜨렸다.

"네가 성호를 그어 준단 말이냐? 어서 가라, 가. 내게 바지를 빼앗기기 전에 꺼지란 말이다! 엉뚱한 놈도 다 있군! 네 권총을 돌려주다니, 참 괜한 짓을 했다. 너같이 재빠른 인간은 권총 같은 걸 가지고 다니는 것보다 양털 부스러기나 가지고 다니는 게 좋아!"

"자, 모두들 나가자. 이런 사람은 내버려 두는 게 좋아! 상대하지 마라. 쇠똥도 피해가는 거니까!"

이제까지의 대화에 끼어 들지 않았던 카자흐 하나가 호인(好人)처럼 웃으며 중얼거렸다.

저마다 욕설을 내뱉고 얼어붙은 장화를 쾅쾅 울리면서 카자흐들이 떼 지어 현관으로 나갔다. 그리고리는 집주인에게 준엄하게 명령했다.

"문을 열지 마시오! 문을 두들기다가는 그냥 갈 테니까. 만일 돌아서지 않는 듯하면, 나를 깨워 주시오."

그 소동에 잠이 깬 돈 강 상류에 있는 치르스키 부락 사람들이 낮은 소리로 이야기를 했다.

"어째서 군대 규율이 저렇게까지 땅바닥에 떨어진 걸까."

한 노인이 마음 아픈 듯 한숨을 쉬었다.

"그놈들, 장교에게 그게 무슨 말버릇이람. ……옛날 같으면 어떻게 되었을까? 놈들을 싹 쓸어 영창에 처넣었을 거야!"

"말버릇은 문제도 아니야. 덤비려 했는걸! '이놈을 때려 눕혀버릴까' 하고 방한용 두건을 쓴 녀석이 말하더군. 어처구니없는 악당들이야. 도무지 손을 댈 수 없이 너절해 졌어!"

"놈들을 그냥 내버려 둘 작정이십니까, 그리고리 판테레에비치?"

카자흐 하나가 물었다.

외투를 뒤집어쓰고 악의 없는 미소를 지으며 그들의 이야기를 듣고 있던 그리고리가 대답했다.

"그놈들은 어쩔 도리가 없습니다. 그자들은 어느 누구에게도 매여 있지 않는 놈들입니다. 부대 소속에 들어가지도 않고, 패를 이루어 떠돌아다니는 겁니다. 그놈들에게는 재판관도 대장도 없습니다. 놈들 가운데 주먹 센 자가 대장인 겁니다. 아마 놈들의 부대에는 장교가 한 사람도 살아 있지 않을 게 뻔합니다. 저는 그런 중대를 여럿 알고 있습니다. 가엾은 떠돌이들입니다! 자, 주무십시오."

아크시냐가 낮은 목소리로 소곤소곤 말했다.

"왜 그런 사람들을 상대하세요, 그리샤? 제발 참고 계세요! 그런 형편없는 불량배들은 거의 다 살인자들일 거예요."

"어서 자요, 푹 자요. 내일은 일찍 일어나야 하니까. 어때, 기분이 좋아지지 않았소?"

"그저 그래요."

"머리가 아프오?"

"네, 이젠 일어나지도 못할 거예요……"

그리고리는 아크시냐의 이마에 손을 대보고 한숨을 내쉬었다.
"마치 페치카처럼 뜨뜻하군. 하지만 너무 걱정 마오! 당신은 원래 튼튼한 체질이니까 곧 나을 거야."

아크시냐는 잠자코 있었다. 그녀는 목이 말라서 괴로웠다. 몇 번이나 일어나 부엌으로 가서 께림칙한 미적지근한 물을 마시고 메스꺼움과 어지러움을 참으며 또 다시 무릎 덮개 위에 누웠다.

그날 밤 또다시 네 무리 가량의, 잠자리를 구하는 패거리들이 나타났다. 그들은 총개머리 판으로 문을 두들기고, 미늘창을 밀어올리고, 창을 탁탁 두들겼으나, 집주인이 그리고리가 말해 준 대로 현관방에서 '돌아가시오! 여기는 여단 사령부 숙소로 되어 있소!' 소리 치자 몹시 풀이 죽어 돌아섰다.

동이 틀 때 프로호르와 그리고리는 썰매에 말을 맸다. 아크시냐는 간신히 옷을 입고 바깥으로 나왔다. 태양이 떠올랐다. 굴뚝에서는 어두운 남색 연기가 담청색 하늘로 솟아올랐다. 밑에서 비치는 햇빛에 반사된 붉은 구름이 하늘에 높이 떠 있었다. 울타리와 헛간 지붕에는 두꺼운 고드름이 달려 있었다. 말 몸에서 허연 김이 솟아올랐다.

그리고리는 아크시냐를 부축해 썰매에 태우고 말했다.
"눕는 게 어떨까? 그게 편안할 거요."

아크시냐는 고개를 끄덕였다. 그리고리가 세심하게 다리를 감싸주자, 그녀는 고마움을 담은 눈길로 말없이 그를 빤히 쳐다보다가 눈을 감았다.

정오에 한길에서 2킬로미터쯤 떨어진 곳의 노보미하일로프스코에 마을에서 말에게 사료를 먹이려고 썰매를 세웠다. 그때 아크시냐는 썰매에서 일어날 수조차 없었다. 그리고리는 안다시피해서 그녀를 집 안으로 데리고 들어가 집의 안주인이 친절하게 제공해 준 침대에 눕혔다.

"상태가 나쁘오?"

그리고리는 새파래진 아크시냐의 얼굴을 들여다보고 물었다.

그녀는 겨우 눈꺼풀을 치켜 올리고 생기 없는 흐린 눈으로 빤히 쳐다보더니, 다시 반쯤 실신 상태에 빠졌다. 그리고리는 떨리는 손으로 그녀의 프리토크를 벗겼다. 아크시냐의 뺨은 얼음처럼 차가웠으나, 이마는 화끈화끈 타오르고, 땀이 밴 관자놀이에는 얼어붙은 조그마한 고드름이 달려 있었다. 해질녘에 가까워서 아크시냐는 의식을 잃었다. 의식을 잃기 전에 그녀는 물을 찾으며 나직이 말했다.
"아주 차가운, 눈 녹인 물을 좀……"
그녀는 잠시 말이 없다가 이윽고 또렷하게 말했다.
"그리샤를 불러 줘요."
"나 여기 있소. 무엇을 원하오, 크슈샤?"
그리고리는 그녀의 손을 잡고 수줍어하는 듯이 서투르게 그 손등을 쓰다듬어 주었다.
"저를 버리지 마세요, 그리센카!"
"버리지 않을 거요. 왜 그런 말을 하오?"
"낯선 타향에 혼자 버려두고 가지 마세요…… 저는 여기에서 죽어버릴 거예요."
프로호르가 물을 주었다. 아크시냐는 열 탓으로 굳어진 입술을 구리 컵 끝에 눌러대고 걸신들린 듯 몇 모금 꿀꺽꿀꺽 마시더니, 신음 소리를 내며 베개에 머리를 떨어뜨렸다. 5분쯤 지나자 그녀는 뭐라는지 알 수 없이 불분명하게 정신없이 말하기 시작했다. 머리맡에 앉아 있던 그리고리는 다음과 같은 말을 알아들을 수 있었다.
"세탁하지 않으면…… 표백제를 사와요…… 아직은 일러요……"
종잡을 수 없는 불분명한 말은 이윽고 속삭이는 소리로 바뀌었다. 프로호르는 머리를 흔들고, 책망하듯이 말했다.
"이럴 줄 알고 데려오지 않는 편이 좋다고 제가 말했던 겁니다! 이제 어떻게 합니까? 이게 천벌입니다. 천벌임에 틀림없습니다, 정말! 여기서 숙박하실 겁니까? 귀머거리라도 되셨습니까? 여기서 숙박하실 건지, 아니면 길을 가실 건지 여쭙잖습니까?"
그리고리는 잠자코 있었다. 그는 새파래진 아크시냐의 얼굴에서 눈길을 떼지 않고, 등을 움츠리고 있었다. 안주인은 선량한 여자였는데, 아크시냐를 눈짓으로 가리키며 낮은 목소리로 프로호르에게 물었다.
"저 분의 부인이세요? 아이들이 있나요?"
"아이들도 있고, 뭐나 다 있는데, 우리는 운(運)만 없습니다."
프로호르는 중얼거렸다.
그리고리는 바깥에 나가 썰매에 앉아서 오랫동안 담배를 피웠다. 아크시나를 이 마을에 남겨 두고 가는 수밖에 어쩔 수가 없다고 작정했다. 더 이상의 여행은 그녀에게 있어 파멸을 의미했다. 그는 도로 집 안에 들어가 또다시 침대 옆에 앉았다.
"여기서 숙박하기로 하시죠. 어떻습니까?"
프로호르가 물었다.
"그렇게 하지. 아마 내일도 여기 머물게 될 거야."
얼마 안 있어 남자 주인이 돌아왔다. 작은 키의 여윈 농민으로 교활해 보이는 눈으로 두리번두리번 살폈다. 나무로 만들어진 의족을 몹시 크게 울리면서 힘 있게 식탁 쪽으로 절룩절룩 다가오더니, 외투를 벗고 의아하게 프로호르를 곁눈질로 쳐다보며 말했다.
"이분은 손님이신가? 어디서 오셨습니까?"
그 대답은 기다리지도 않고 그는 아내에게 일렀다.
"자, 빨리 먹을 걸 줘. 꼭 굶은 개처럼 속이 비었는걸!"
그는 한참 동안 걸신들린 것처럼 먹어치웠다. 교활해 보이는 그의 시선이 프로호르와, 꼼짝도 못하고 누워 있는 아크시냐에게서 자주 멎었다. 안쪽 방에서 그리고리가 나와 주인에게 인사를 했다. 주인은 말도 없이 고개를 끄덕이고 나서 물었다.
"퇴각중이십니까?"
"그렇습니다."
"전쟁을 그만두신 겁니까, 상관님?"
"그런 셈입니다."
"저분은 어떻게 되십니까—당신의 부인이십니까?"
주인은 머리로 아크시냐 쪽을 가리켜 보였다.
"그렇습니다."
"어째서 침대에 누워 계십니까? ……우리는 어디서 자야 하오?"
못마땅한 듯이 그는 자기 아내를 향해 말했다.
"병이 나셨어요, 바냐, 너무 딱해서……"
"딱하시다고! 이런 분들을 일일이 딱하게 여기다간 끝이 없다구. 물밀듯이 닥쳐올 거란 말이야! 당신은 저희들이 비좁다는 생각을 하도록 하셨습니다, 상관님……"

그리고리가 한 손을 가슴에 대고 주인에게 말하는 목소리에는 여느 때의 그답지 않게 애원하는 어조가, 마치 기도와도 비슷한 것이 담겨 있었다.

"다정하신 분들! 제발 이 불행한 사람을 도와주십시오. 더 이상 그녀를 데리고 갈 수가 없습니다. 죽고 맙니다. 제발 그녀를 여기에 두도록 해주십시오. 사례금은 얼마든지 드리고, 그 은혜를 평생 잊지 않을 겁니다…… 제발 부탁드립니다!"

주인은 처음에는 환자를 돌볼 틈도 없고 환자 때문에 비좁게 지내는 것은 곤란하다며 굳게 거절했으나, 이윽고 식사를 마치고는 이렇게 말했다.

"물론 누구든지 그냥 환자 시중을 들사람은 없습니다. 병구완해 드리는 데 대해 얼마를 내시렵니까? 저희 수고에 대해서 얼마를 내시건 아깝지 않으시겠습니까?"

그리고리는 가지고 있던 돈을 주머니에서 몽땅 꺼내어 주인에게 내놓았다. 주인은 떨떠름한 표정으로 돈 지폐 다발을 집어 들더니, 손가락에 침을 묻혀 세어 보고 물었다.

"니콜라이 지폐는 없으십니까?"

"가지고 있지 않습니다."

"케렌스키 지폐는 있으십니까? 이런 지폐는 도무지 믿을 수가 없어서요……"

"그것도 없습니다. 원하신다면 저의 말을 두고 가도 좋습니다."

주인은 한동안 생각을 한 뒤 이윽고 망설이면서 대답했다.

"글쎄요, 물론 말을 얻고 싶습니다. 우리 농사꾼이 일을 하는 데에는 크게 쓸모가 있으니 말입니다. 하지만 요즘은 말이 생겨도 소용이 없습니다. 백위군뿐 아니라 적위군도 말이란 말은 모조리 빼앗아 가버리기 때문입니다. 말을 제대로 써먹게 되지를 못합니다. 저의 경우에 저쪽에 절름발이 암말 한 마리를 놔두고 있는데, 그것도 가차 없이 곧 뒤져 저의 집에서 가져가버릴 겁니다."

그는 잠시 묵묵히 생각에 잠겨 있다가 변명이라도 하듯 이렇게 덧붙였다.

"저를 엄청난 욕심쟁이라고 생각하진 마십시오. 그러시면 도와 드리지 못합니다! 어쨌든 당신도 생각해 보십시오, 상관님. 환자가 누워 지내는 것은 한 달, 어쩜 그 이상일는지도 모릅니다. 그 환자에게 말이죠, 약을 주고, 또

빵이며 우유 등을 먹이고, 때로는 달걀이나 고기도 먹여야 합니다. 어느 것이나 다 돈이 드는 일입니다. 그렇잖습니까? 또한 환자의 빨래도 해줘야 하고, 몸도 씻겨 줘야 하고, 그 밖에도 여러 가지로 품이 듭니다…… 우리 집 사람은 그렇잖아도 집 안에서 할 일이 이것저것 많은데, 환자 돌보는 일도 해야 합니다. 게다가 즐거운 일이 못 됩니다! 그러니 돈 내놓으시는 걸 아까워하지 마시고 후하게 내놓으십시오. 저는 보시는 바와 같이 한쪽 다리가 없는 불구자입니다. 돈벌이도 못하고 일도 못하고 있습니다. 그럭저럭 입에 풀칠이나 하는 형편입니다……"

그리고리는 걷잡을 수 없이 분노가 치밀어 오르는 것을 느끼며 말했다.

"나는 인색하게 굴지 않습니다. 가지고 있는 돈을 모조리 내놓은 겁니다. 한 푼 없이 그냥 갈 작정입니다. 나더러 무엇을 더 내놓으란 말입니까?"

"이게 가진 돈의 전부입니까?"

주인은 믿어지지 않는다는 듯이 빙긋 미소 지었다.

"당신과 같은 분의 급료는 더블백에 가득 들어 있을 텐데요."

"분명히 말해 주시오. 환자를 놔두게 할 겁니까, 어떻게 할 겁니까?"

그리고리는 새하얘지면서 말했다.

"아니, 당신이 그런 생각이시라면 저로서는 환자를 두고 가시란 말을 할 수 없습니다."

주인의 목소리에는 분명히 화를 내는 어조가 들어있었다.

"환자를 둔다는 것은 그리 쉬운 일이 아닙니다…… 더구나 장교 부인이니 누구니 하는 게 근처 사람들에게 알려져서, 소문이 퍼질 것이 틀림없습니다. 혹시 적위군 타바리시치(동지)라도 당신 뒤를 쫓아와서 알게 되면, 성가신 일이 일어날지도 모릅니다…… 그러니 차라리 저 여자를 데리고 가십시오. 근처 다른 집에서 승낙하고 받아들일 사람도 있을지 모릅니다."

주인은 몹시 섭섭하게도 그리고리에게 돈을 되돌려 주고 담배를 말기 시작했다.

그리고리는 군용 외투를 걷치고 프로호르에게 밀했다.

"그녀 옆에 있어 줘. 나는 밖에 나가서 다른 집을 찾아보고 올 테니까."

그가 막 문 손잡이에 손을 댔을 때, 주인이 그를 불러 세웠다.

"잠깐 기다리십시오, 상관님. 왜 그렇게 서두르십니까? 당신은 제가 가엾은 여자를 동정하는 마음이 없는 줄 생각하십니까? 저는 몹시 가엾게 여기고 있습니다. 게다가 저도 군대에 나가 있었기 때문에, 당신의 칭호와 지위를 존경하고 있습니다. 그러니 그 돈에 덤으로 뭔가를 덧붙여 주지 않으시겠습니까?"

그때 프로호르는 더 참을 수가 없게 되었다. 그는 몹시 화가 나 시뻘개져서 소리쳤다.

"무슨 덤을 붙이란 거야, 이 절름발이 악당 놈아! 네놈의 그 남은 한쪽 다리도 마저 부러뜨려 놓을 테다. 그게 네놈이 얻을 덤이라는 게다! 그리고 리 판테레에비치! 이놈을 개처럼 두들겨 패버릴 테니까 허락해 주십시오., 그러고는 아크시냐를 썰매에 태우고 출발합시다. 이 악당놈, 여덟 토막을 내줄 테다! ……"

주인은 프로호르가 노해서 씩씩거리며 소리치는 동안 입도 꿈쩍 않고 다 듣고 있더니, 끝날 때쯤에야 비로소 말했다.

"당신은 이유도 없이 저를 모욕하셨습니다. 군인 나으리! 이건 인정(人情)의 문제이고, 욕하거나 싸우거나 할 일이 조금도 아닙니다. 어째서 그렇게 저에게 대드십니까, 카자흐 군인 나으리? 도대체 제가 뭐 돈에 대해서 이러구저러구했습니까? 저는 돈을 더 달라는 말은 한 마디도 하지 않았습니다! 저는 당신네에게 혹시나 불필요한 무기라도 있으시진 않을까, 예를 들면 소총이라든가, 아니면 무슨 피스톨 같은 것의 여분이 있지 않느냐고 여쭙고 싶었습니다…… 당신네야 그런 것이 있든 없든 가지고 계시든 안가지고 계시든 마찬가지일 테지만, 저희에게는 요즘 그런 것이 큰 재산입니다. 집을 지키기 위해서는 아무래도 무기가 없으면 곤란하기 때문입니다. 그래서 그런 말씀을 드리고 싶어 했던 겁니다. 아까 그 돈을 주십시오. 그 돈에 소총을 얹어 주십시오…… 이걸로 얘기는 끝났습니다. 환자는 두고 가십시오. 가족과 마찬가지로 잘 병구완해 드리겠습니다. 이것은 하느님을 두고 맹세합니다!"

그리고리는 프로호르를 쳐다보고 낮은 목소리로 말했다.

"내 소총과 탄환을 가져다 줘. 그러고 나가서 말을 매놓고. 아크시냐를 남겨 두고 가겠네…… 어쩔 수가 없어. 뻔히 알면서 죽이려고 아크시냐를 데리고 갈 수는 없으니까 말이야."

27

　　잿빛의, 기쁨이 없는 나날이 계속되었다. 아크시냐를 남겨 두고 떠나온 뒤로 그리고리는 갑자기 주위의 모든 것에 대해서 흥미를 잃고 말았다. 아침부터 썰매를 타고 끝없이 눈 덮인 스텝을 달려, 해질녘에는 숙박할 은신처를 찾아내어 잠을 잤다. 이런 날들의 연속이었다. 남쪽으로 옮겨 간 전선에서 일어나는 일에도 그는 이제 흥미가 끌리지 않았다. 참으로 중대한 저항은 이미 끝나버렸다는 것, 대다수의 카자흐는 고향 마을을 지키려는 열의가 식고 말았다는 것, 백위군은 어떤 점에서 보더라도 마지막 원정을 끝내려 하고 있고, 카자흐군은 돈에서 저지할 수 없었듯이 쿠반에서도 저지할 수 없으리라는 것 등등을 그는 다 잘 알고 있었다.

　　전쟁은 종말에 가까워지고 있었다. 대단원은 피하기 어려운 내리막길을 치닫고 있었다. 쿠반의 카자흐는 몇 천 명이나 전선을 내버리고 각자의 집들로 흩어져 돌아갔고, 돈의 카자흐는 분쇄되었다. 또한 전투와 티푸스 때문에 아예 통제가 없게 되어 구성원의 4분의 3이 빠진 백위(白衛) 의용군은 승리의 기세에 편승한 적위군 공격 앞에서 이제 단독으로는 맞설 만한 입장이 못되었다.

　　쿠반 라다(반혁명 중앙기관)의 의원들에 대한 데니킨 장군의 잔혹한 징벌 때문에 야기된 쿠반의 동란이 차츰 확대되고 있다는 소문이 피난민들 사이에 오갔다. 쿠반은 의용군에 대한 반란을 기도하고 있고, 소비에트 군대를 카프카즈로 자유로이 통과시키기 위한 교섭을 이미 적위군 대표와 추진하고 있다는 소문도 벌써 나돌았다. 쿠반과 테레크의 여러 카자흐 마을들은 의용군뿐만 아니라 돈의 카자흐에 대해서도 노골적인 적의를 드러내고 있었다. 크레노프스카야 마을 부근에서는 돈군 사단과 쿠반의 전초병(前哨兵) 사이에 이미 가장 큰 전투가 행해지고 있다는 소문이 계속해서 떠돌았다.

　　그리고리는 숙박할 때마다 주의 깊게 그런 이야기에 귀를 기울였는데 날이 갈수록 더욱 강하게 백군의 패배가 결정적이요, 또한 피할 수 없는 것이라는 확신을 굳히게 되었다. 그렇게 생각하면서도 그 위기가 흐지부지 사그라져서, 사기가 떨어진 채 서로 등을 돌린 백군의 여러 세력이 결합돼, 그 힘으로 승리를 뽐내며 진격해 오는 적위군에게 반격을 가해 그들을 아주 결딴내지는 않을까 하는, 막연하고 엷은 희망이 이따금 그의 마음속에서 일어나는 것이었다. 그러나 로스토프가 인도된 뒤에는 그의 이런 기대도 완전히 사라지고 말았다. 그 뒤 바타이스크 부근에서 완강한 전투 끝에 적위군이 퇴각하기 시작했다는 소문도 전했지만, 이제는 그것을 믿을 기분이 들지 않았다. 지루하고 괴로워 그는 어떤 부대에 합류하겠다고 마음먹었다. 그러나 그 생각을 프로호르에게 말하자, 프로호르는 강력하게 반대했다.

"그리고리 판테레에비치, 웬일이십니까? 아주 머리가 도신 게 아닙니까?"
그는 분연히 말했다.

"지금 무엇 때문에 저런 지옥 속으로 뛰어드는 겁니까? 벌써 일이 매듭지어졌다는 거야 당신도 아시지 않습니까. 지금 공연히 몸을 망치면 어쩝니까? 당신은 우리 둘이 끼어들면 그들에게 힘이 되리라고 생각하십니까? 우리는 휘말리기 전에, 즉 강제로 부대에 끌려들어가기 전에 되도록 빨리 이 재난에서 멀어져야 되는데도, 오히려 그런 어리석은 말씀을 하시다니! 그렇게 해선 안 됩니다. 차라리 제발 조용히, 나이든 사람답게 물러서시는 게 어떻습니까? 우리 두 사람은 5년 동안 이미 신물이 날만큼 싸워 왔으니까, 이번에는 다른 녀석들에게 맡겨 두어도 좋을 겁니다. 전선에서 또 다시 부질없는 짓거리를 하기 위해 제가 일부러 임질 같은 걸 얻었단 말씀입니까? 이젠 되었습니다, 충분합니다! 저는 이 전쟁에 질릴 만큼 질려서 전쟁 생각만 해도 울화가 치솟아 오릅니다! 가시고 싶거든 혼자서 가십시오. 저는 싫습니다. 그랬다간 병원으로 들어갈 테니, 정말 진저리나도록 싫습니다!"

그리고리는 오래 잠자코 있다가, 이윽고 말했다.

"자네 말대로 하지. 어쨌든 쿠반으로 가보자구. 그러면 상황도 알게 될 거야."

프로호르는 그의 독특한 방침을 실천했다. 즉, 주민이 많은 곳에 닿을 때마다 의사를 찾아서는 가루약과 물약을 얻어가지고 와서 가루약만 먹고 다른 약은 눈 속에 버리고 잘 밟아 뭉개었다. 그렇다고 해서 각별하게 열심히 다른 치료도 하지 않았다. 그리고리가 그 이유를 묻자, 그는 완전히 낫게 하고 싶지는 않고 그저 병을 현 상태로 두고 싶을 따름인데, 이렇게 하고 있어야 재진(再診) 때 부대 편입을 면하기 쉬울 것 같기 때문이라고 설명했다. 베리코크냐제스카야 마을에서 어떤 경험 있는 카자흐가 집오리의 발 껍질을 삶아 마시면 낫는다고 가르쳐 주었다. 그 뒤로 프로호르는 부락이나 마을에 닿을 때마다 맨 처음 만나는 사람에게 물었다.
 "좀 여쭈어 보고 싶은 게 있는데 혹시 여기서 집오리를 기르는 집이 있습니까?"
 이상하게 생각한 마을 사람이, 이 근처에는 물 있는 곳이 없어 집오리를 기르지 못한다고 부정적인 대답을 하면, 몹시 깔보는 듯한 투로 투덜댔다.
 "이 마을 사람들이야말로 사람답게 살지를 않는군! 아마 당신네는 세상에 태어난 뒤로 집오리의 울음소리를 들은 적도 없을 겁니다! 기막힌 바보들이오!"
 그런 다음에는 그리고리에게 매우 유감스러운 듯이 이렇게 덧붙였다.
 "중놈이 제 앞길을 가로질러갔음에 틀림이 없습니다! 제대로 되는 일이 없으니 말입니다! 집오리만 있다면 제아무리 비싸도 얼른 한 마리를 사든지, 아니면 훔쳐서 제 병이 낫게 될 텐데 말이죠. 요즘은 그 놈의 병이 아주 악화되고 말았습니다! 처음에는 반쯤 장난이었고 그저 이따금 잠을 자지 못할 정도였는데, 요즘은 빌어먹을 것, 진짜 형벌 같아졌습니다! 썰매에 타고 앉을 수도 없을 지경입니다!"
 그리고리가 동정의 기미를 보이지 않자, 프로호르는 오랫동안 입을 다물고 몹시 얼굴을 찡그린 채 한 마디도 입을 열지 않고 계속해서 썰매를 빨리 몰기만 했다.
 그리고리에게는 이동을 위해서 보내고 있는 하루하루가 몹시 길고 고통스러웠다. 특히 겨울철 기나긴 밤은 더욱더 지루했다. 현재를 잘 생각해 보고 과거를 회상할 시간은 아주 충분했다. 그 이상스러운 불행한 인생의 지나가 버린 세월을 오랫동안 차례차례 돌이켰다. 썰매 위에서, 죽음의 적막으로 가리앉은 들의 눈벌판에서, 침침한 머물러 있는 듯한 한낮에, 또는 사람들이 가득 찬 갑갑하고 비좁은 방 속에서 한밤중을 보내면서 이를 악물고 눈을 감은 채, 그는 끊임없이 한 가지 일을 떠올렸다. 그것은 아크시냐에 대한 것이었다. 낯선 조그마한 마을에 버리고 온, 병으로 의식을 잃고 있던 그녀에 대한 것, 그리고 타타르스키에 남아 있을 육친에 대한 것이었다…… 그 돈 일대에는 지금 소비에트 정권이 들어가 있다. 그리고리는 우울한 불안에 싸여서 "나 때문에 어머니나 두냐시카가 고통 받지나 않을까?" 스스로에게 묻는 것이었다. 그러나 바로 그다음에는 적위군이 평화적으로 진주해 오고 점령한 마을의 주민에 대해서는 온건한 태도를 취하고 있다는, 도중에 들은 이야기들을 생각하며 자신을 위로했다. 그러는 사이 불안은 차츰 사라지고, 늙으신 어머니가 아들 때문에 책임을 진다는 건 도대체 있을 수 없고, 막된 아무 근거도 없는 것이라고 생각을 하게 되었다. 자식들을 떠올리면, 그 순간 그의 심장은 토스카(우수와 번민)에 옥죄어들었다. 아이들이 티푸스에 걸리지나 않았을까 걱정되었지만, 동시에 아이들에 대한 그의 애정이 제아무리 깊어도, 나탈리야의 죽음을 경험한 뒤에는 이제 어떤 슬픔도 그만큼 큰 힘으로 그를 크게 뒤흔들 수는 없을 것으로 느껴졌다……

사르 지방의 지모브니크(말을 사육하는 지구 내의 부락)의 한 부락에서 그리고리와 프로호르는 말들을 쉬게 하려고 나흘 동안 머물렀다. 앞으로 취해야 할 방향에 대해서 두 사람은 진지하게 논의를 벌였다. 이 부락에 막 닿은 첫째 날 프로호르가 물었다.

"카자흐군이 쿠반의 전선을 계속 유지할까요, 아니면 카프카즈로 물러날까요? 어떻게 생각하시지요?"

"모르겠는걸. 하지만 그거야 어떻게 되든 자네와는 상관없을 텐데?"

"무슨 말씀이십니까? 어째서 저에게는 그것이 어떻게 되든 상관없다는 말씀이십니까? 이런 일로 해서 회교도의 나라로, 터키인들이 있는 어딘가로 쫓겨나 거기서 언짢은 생활을 하게 될지도 모르는데 그렇게 말씀하십니까?"

"나는 데니킨이 아니니까, 어디로 쫓겨 가게 되느냐고 나에게 물어봤자 소용이 없네."

그리고리는 못마땅한 듯이 대꾸했다.

"쿠반강에 새로이 방위선을 펴고 싸운다는 소문도 있고, 봄에는 모두들 집으로 돌아가게 될 거라는 소문도 들었거든요. 그래서 여쭤보는 겁니다."

"도대체 누가 방어전을 편단 말인가?"

그리고리는 비웃듯이 말했다.

"그거야 카자흐군과 카데트 부대죠. 그 밖에 또 누가 있겠습니까?"

"어리석은 소리 작작하게! 무슨 말인가? 상황이 어떻게 달라지고 있는지 몰라서 하는 말인가? 모두가 조금이라도 빨리 꽁무니를 뺄 궁리만 하는 판인데, 누가 방어전을 한다는 말인가?"

"하기야 우리 편에 불리하다는 건 저도 알고 있지만, 그래도 왠지 그렇게 믿고 싶지 않습니다……"
프로호르는 크게 한숨을 내쉬었다.
"그런데 만일 외국으로 헤엄쳐 가든, 미국가재처럼 뒷걸음질로 가게 되든, 아무튼 가게 된다면 어쩌실 겁니까? 가실 생각입니까?"
"자넨 어떻게 할 텐가?"
"제 생각은 이렇습니다―당신과 같이라면 어디까지든 갈 겁니다. 모두들 가는데 저 혼자 남아 있을 수는 없으니까요."
"나도 그렇게 생각하네. 일단 암양의 처지가 되고만 이상, 숫양의 뒤를 따라가는 수밖에 없지……"
"그런데 그 숫양이라는 놈이 때때로 막무가내로 어디로 밀어내는지도 모른단 말씀입니다…… 아니, 그런 시시한 얘기는 그만두시죠! 좀 진지하게 말씀해 주십시오!"
"귀찮은 얘기는 집어치우게, 제발! 어차피 저절로 알게 될 테니까! 여기서 우리 둘이 미리 점을 쳐보았자 아무 짝에 소용없는 일이야!"
"아이구 맙소사! 더 이상은 당신께 아무것도 묻지 않겠습니다"
프로호르는 수그러들었다.
그러나 다음날 말을 손질하러 나갔을 때, 프로호르는 또다시 그 이야기를 끄집어냈다.
"'파랭이'(당시 남러시아에서 적색 빨치산을 가리켜 백군 측에서 '록(綠)' 또는 '적록(赤綠)'이라 불렀음―원주) 얘기 들으셨습니까?"
프로호르는 세 갈래로 끝이 갈라진 큰 갈퀴의 자루를 살피는 척하면서 조심스럽게 물었다.
"들었네. 그게 어떻단 말인가?"
"그 '파랭이'란 건 도대체 뭡니까? 그놈들은 어느 편입니까?"
"적위군 편이지."
"왜 '파랭이'라고 부르는 겁니까?"
"정확히는 모르지만, 푸른 숲속에 숨어 있어서 그런 이름이 붙었을 거야."
"어떨까요, 우리도 파랭이가 되면?"
잠시 생각에 잠겨 있던 프로호르가 쭈뼛쭈뼛 말했다.
"왠지 마음이 내키지 않네."

"파랭이가 아니고는 집에 빨리 돌아갈 다른 방법이 없잖습니까? 제게는 말이죠, 녹색이든지 청색이든지, 아니면 저 달걀의 노른자위 색깔이든지, 뭐든 다 마찬가지입니다. 귀여운 여자와 함께만 있다면, 어떤 색깔로든 물들 겁니다―단 그 단체가 전쟁에 반대하고, 병사들을 집으로 돌려보내 주기만 한다면요……"

"좀더 참게. 차차 그런 것이 나타날는지도 모르니까……"

그리고리가 충고했다.

1월 말, 안개가 끼고 눈이 살며시 녹는 낮에 그리고리와 프로호르는 베라야그리나 마을에 닿았다. 15000명 정도의 피난민이 이 마을에 모여들어 있었다. 그들의 약 절반가량은 발진티푸스 환자였다. 거리에는 짧은 옷자락의 영국군 외투나 슈바 혹은 동양풍의 짧은 겉옷을 입은 카자흐들이 잠자리와 말먹이를 찾아 돌아다니고, 말탄 사람들과 짐썰매들이 부산하게 오가고 있었다. 수십 필의 말라빠진 말들이 집집의 뜰에 놓인 여물통 언저리에서 천천히 짚을 씹고 있었다. 큰길에도 작은 길에도 타다 버린 썰매와 치중차(輜重車)와 탄약상자 따위가 나뒹굴고 있었다. 큰길을 지나갈 때 프로호르는 울타리에 매인 키 큰 밤색 털의 말을 보고, 그 말을 세심히 뜯어보았다.

"아니, 이건 안드류시카 영감님의 말인데요? 이건 말이죠, 부락 사람들이 이곳에 있다는 얘기입니다." 프로호르는 이렇게 말하고 얼른 썰매에서 내려, 그 집에 물어보러 갔다.

몇 분 지나자 그 집 안에서 프로호르의 이웃 사람으로 대부(代父)이기도 한 안드레이 트포리스코프가 외투 단추를 풀어놓은 채로 뛰어나왔다. 그는 프로호르의 안내로 침착하게 썰매에 다가와서, 말의 땀내가 밴 시커먼 손을 그리고리에게 내밀었다.

"부락의 짐썰매 행렬과 함께 오셨습니까?"

그리고리가 물었다.

"고생을 같이 하고 있다네."

"여행은 어떠셨습니까?"

"뻔 한 여행이지…… 숙박할 때마다 사람이나 말을 놓아두고 왔네……"

"저의 아버지는 건강하십니까?"

트포리스코프는 그리고리 옆쪽으로 시선을 보내며 탄식했다.

"그렇지가 못하다네, 그리고리 판테레에비치. 엉뚱한 일이 생기고 말았어…… 아버님 생각은 하지 말게나. 사실은 지난밤에 돌아가셨다네……"

"매장해 드렸습니까?"

그리고리는 새하얘져서 물었다.

"글쎄…… 오늘 아직 거기 가보지 못했네. 지금 함께 가보겠나? 그 집을 가르쳐 주지…… 오른쪽으로 구부러져서 모퉁이에서 오른쪽으로 네 번째 집이야."

커다란 함석지붕의 집에 가 닿자 프로호르는 말을 담 옆에 세워 두려 했다. 그러자 트포리스코프는 그 집 울 안으로 썰매를 탄 채 들어가라고 권했다.

"여기도 역시 비좁네. 20명이나 있지만, 어떻게 껴들어서 잘 수는 있을 거야."

그는 이렇게 말하고 문을 열려고 썰매에서 뛰어내렸다.

그리고리는 곧장 후끈한 김이 내 풍기는 난방이 잘 된 방으로 들어갔다. 낯익은 부락민들이 바닥에서 뒤섞여 자기도 하고 앉아 있기도 했다. 구두며 마구(馬具)를 수선하는 사람도 있었다. 판테레이 프로코피에비치와 같은 수레에 말을 달고 여행했던 베스프레브노프 노인은 식탁에 앉아서 수프를 마시고 있었다. 카자흐들은 그리고리의 모습을 보자 일어서서 그리고리의 짤막한 인사말에 다들 입을 모아 대꾸했다.

"아버님은 어디에 계십니까?"

그리고리는 털가죽 모자를 벗고 방 안을 둘러보면서 말했다.

"생각지도 않던 불행일세…… 판테레이 프로코피에비치는 돌아가셨네." 베스프레브노프가 낮은 목소리로 대답했다. 그는 지고리 소매로 입가를 훔치고 수프를 내려놓더니 성호를 그었다.

"어제 밤중에 돌아가셨네. 편안히 천국에 가셨을 거야."

"알고 있습니다. 매장해 드렸습니까?"

"아니, 아직 안 했다네. 오늘 매장하려 하고 있었네. 지금은 저쪽 방에 모셔 놓았네. 서늘한 안쪽 방으로 옮겨 모신 거야. 자, 가보게."

베스프레브노프는 옆방 문을 열고, 마치 사과를 하는 듯한 어조로 말했다.

"모두들 죽은 사람과 함께 한 방에서 자는 걸 싫어하더군. 구린내가 나서 이기도 하지만 저쪽 방이 죽은 사람에게도 좋을 듯하더구먼…… 이 집 사람들이 페치카에 불을 지피지 않으니까……"

널찍한 안쪽 방은 삼 씨앗과 쥐 냄새로 꽉 차 있었다. 네 구석에 수수와 삼이 흩어져 있고, 의자 위에는 밀가루와 기름이 담긴 통들이 얹혀 있었다. 방 한가운데에서 판테레이 프로코피에비치는 담요 위에 눕혀져 있었다. 그리고리는 베스프레브노프를 밀어제치고 그 안쪽 방에 들어가서 아버지 옆에 멈추어 섰다.

"2주일간 앓으시다가……"

베스프레브노프가 낮은 목소리로 말했다.

"메체트카 부근에서 티푸스에 걸리셨지. 그러다 이런 곳에서 자네 아버지는 눈을 감으시게 된 걸세…… 우리 생활은 이런 것이라네……"

그리고리는 몸을 앞으로 굽히고 아버지를 들여다보았다. 질병이 아버지의 얼굴 윤곽을 바꾸어, 전혀 비슷하지도 않은 낯선 사람의 모습으로 만들어 놓았다. 판테레이 프로코피에비치의 창백하고 움푹 들어간 뺨에는 뻣뻣한 흰 터럭이 가득 돋고, 콧수염은 움푹 팬 입 위에 살포시 내리덮이고, 눈은 절반쯤 감겼는데, 푸르스름한 망막에서는 이미 생기와 광택이 보이지 않았다. 힘없이 늘어진 턱을 받치듯 감싸고 있는 붉은 목도리 탓인지, 곱슬곱슬한 은빛 턱수염이 더욱 도드라졌다.

그리고리는 아버지의 마지막 얼굴을 잘 보아서 기억에 남겨 두려고 무릎을 꿇고 앉았다. 그 순간 자신도 모르게 공포와 혐오로 몸을 오싹 떨었다. 판테레이 프로코피에비치의 흰 밀랍 같은 얼굴에는 이들이 슬슬 기어 다니고, 눈구멍과 뺨의 주름 속에는 층층이 쌓여 있었다. 이들은 살아서 움직이는 덮개모양 얼굴을 덮고, 턱수염 속에서 꿈틀거리고, 눈썹 속에도 우글우글했다. 청색 저고리의 치켜세운 깃에 때 지어 층을 이루고 있었다.

그리고리와 카자흐 두 사람이 얼어붙어 무쇠처럼 단단해진 흙을 쇠지렛대를 이용해 묘혈을 팠다. 프로호르가 마침 집 안에 있던 널빤지로 그럭저럭 관을 만들었다. 해질녘에 판테레이 프로코피에비치를 옮겨 타향인 스타브로포리 땅에 묻었다. 그로부터 1시간 뒤, 그리고리 일행은 마을에 불들이 켜지기 시작할 무렵에 베라야 그리나 마을을 떠나 노보포크로프스카야 방면으로 향했다.

코레노프스카야 마을에 닿았을 때 그리고리는 기분이 좋지 않았다. 그래서 프로호르는 반나절이나 걸려 의사를 찾아다니다가 겨우 반쯤 취한 군의관을 찾아내어 간신히 설득을 하여 숙소로 끌고 왔다. 군의관은 외투를 입은 채로 그리고리를 진찰하고 맥을 짚어 보더니 확신이 선 것처럼 말했다.
"간헐(間歇)티푸스입니다. 중위님, 여행을 중지하셔야겠습니다. 이대로 여행을 계속하시다가는 도중에 목숨을 잃으실 겁니다."
"적위군이 오기를 기다리고 있으란 말이오?"
그리고리는 입을 일그러뜨린 채 가볍게 웃었다.
"적위군은 아직 훨씬 멀리 있다고 생각하는데요."
"곧 가까이 올 거요."
"저도 그 점은 의심하지 않습니다만, 그래도 당신은 여기에 남는 편이 좋을 겁니다. 두 가지 재난 중, 저 같으면 여기에 남는 쪽을 택할 겁니다. 이쪽이 그래도 가벼운 재난입니다."
"아니오, 나는 어떻든 출발하겠소."
그리고리는 딱 잘라 말하고 작업복을 입었다.
"약은 주겠지요?"
"그럼, 출발하십시오. 그건 당신 자유니까. 저로서는 도움말을 드려야만 됩니다만, 가장 좋은 약은 안정과 간병입니다. 처방전을 써드려도 좋겠지만, 약국도 피난해서 없습니다. 저의 수중에는 클로로포름과 요드와 알코올 이외에는 없습니다."
"그럼, 알코올이라도 좀 주십시오."
"기꺼이 드리겠습니다. 하지만 당신은 어차피 여행 중에 죽으실 겁니다. 알코올은 소용이 없을 겁니다. 당신 부하를 저와 함께 가도록 해주십시오. 1킬로그램을 드리겠습니다. 저는 마음이 좋거든요……"
군의관은 거수경례를 하고 몸을 흔들면서 나갔다.
프로호르는 알코올을 가져왔다. 그리고 어디선가 몹시 빈약한 이두(二頭)마차를 구해와, 거기에 밀을 매고 빙에 들이와시 엉큼한 야유를 섞어 보고했다.
"수레 준비가 되었습니다, 상관님!"
또다시 괴롭고 울적한 하루하루가 계속되었다.

쿠반 지방에는 이미 남국의 거친 봄이 산기슭에 다가와 있었다. 평탄한 스텝에서는 한꺼번에 눈이 녹고, 눈이 녹은 곳에는 비옥하고 반짝이는 검은 흙이 드러나고, 봄의 냇물이 은방울 같은 소리를 내며 흐르고, 도로에는 눈 녹은 물이 흐르고, 먼 물빛의 경치는 이미 봄답게 빛났다. 드넓은 쿠반 하늘은 더없이 깊고 멀리 파란 장막을 드리운 채 따사롭게 빛나고 있었다.

이틀이 지나자, 가을에 씨를 뿌렸던 밀이 태양에 얼굴을 내밀고 흰 안개가 경작지 위에 솟아올랐다. 말은 눈 녹은 진창을 철버덕 철버덕 걷는데, 며느리발톱의 털 위까지 진창에 담그고, 광야의 움푹 팬 곳에 빠져들면 괴로운 듯이 등허리를 둥글게 구부리고 빠져 나가려고 땀의 더운 김을 뿜었다. 프로호르는 말의 꼬리를 묶어 주고 몇 번이나 썰매에서 내려 간신히 진흙 속에서 발을 뽑아 주고 말과 나란히 걸어갔다. 그리고 투덜거렸다.

"이거야 원 진흙이 아니라 끈끈한 타르입니다, 정말! 이래서야 말 등에 땀이 마를 새가 없습니다."

그리고리는 썰매에 누운 채 추위 떨며 솜을 둔 외투에 몸을 싸고 잠자코 있었다. 그러나 프로호르는 이야기 상대가 없으면 곧 지루해했다. 그는 그리고리의 다리나 소매를 쿡쿡 찔러대며 말했다.

"정말이지 끈끈한 진흙입니다! 글쎄, 내려오셔서 좀 시험해 보시지요! 뭐가 재미있다고 병에 걸리신 겁니까?"

"시끄럽네!"

그리고리는 겨우 들릴 정도의 속삭이는 목소리로 말했다.

프로호르는 사람들을 만날 때마다 물었다.

"이 앞에는 진창이 더 심해집니까, 아니면 이 정도입니까?"

웃으면서 반 농담으로 해주는 대꾸를 듣고는 프로호르는 살아 있는 인간과 말을 주고받은 것에 흐뭇해져서 잠시 묵묵히 걷다가 몇 번이나 말을 세우고는 자기의 갈색 이마에 맺힌 굵은 땀방울을 훔쳤다. 말을 탄 사람들이 그들을 앞질러 스쳐갔다. 그러자 프로호르는 참지 못하고, 옆으로 지나가고 있던 말 탄 사람을 불러 세워 인사를 하고 지금 어디로 가느냐, 어느 곳 출신이냐 물은 뒤, 끝으로 이렇게 말했다.

"가도 소용없습니다. 앞쪽에서는 도저히 말이 가지 못합니다. 왜냐면 저쪽은…… 우리가 만났던 사람들 얘기에 의하면 굉장한 진창이라 말 배에까지 잠기고 마차바퀴가 돌아가질 못한답니다. 키 작은 사람들은 걸어가다가 진탕 속에 뒹굴어 빠져죽고 있답니다. 제가 거짓말을 한단 말씀입니까? 여우는 속이지만, 저는 거짓말을 않습니다! 어째서 저희는 가느냔 말씀이지요? 저희는 어쩔 수가 없어서 가는 겁니다. 저는 병든 신부님을 모셔가는 중입니다. 이 신부님은 도저히 적위군과 같이 지내지 못하시겠다는 겁니다……"

대개의 말 탄 사람들은 악의 없는 욕설을 프로호르에게 퍼붓고는 그대로 앞으로 나아갔으나, 떨어지면서 빤히 프로호르를 쳐다본 뒤 아주 못된 소리를 남기고 가는 자도 있었다.

"돈에서 바보가 철수하는구나! 네놈이 살던 마을은 모조리 너 같은 바보들뿐이냐?"

이런 종류의 더욱 모욕적인 욕설을 내뱉고 가는 자도 더러 있었다. 같은 마을 사람들로부터 뒤처진 어떤 쿠반 사람만은 어리석은 이야기를 듣자고 멈춰 선 데 대해서 진심으로 화를 내고는 프로호르의 이마를 채찍으로 갈기려 했다. 그러자 프로호르는 놀라울 만큼 재빠르게 자기 썰매에 올라타고 무릎덮개 밑으로 기병총을 집어내어 무릎 위에 얹었다. 쿠반의 카자흐는 심한 욕설을 퍼붓고 가버렸는데, 프로호르는 큰 입을 벌리고 소리 없이 웃으며 상대의 뒤통수에 대고 소리를 질렀다.

"여긴 츠아리친과 달라 네놈은 옥수수밭 속에라도 숨을 수 없단 말이다! 바보, 얼간이놈아! 야, 도로 와봐라, 쓸개 빠진 놈아! 놀랐을 거다. 그 헐렁헐렁한 옷이나 걷어 올려라. 진흙투성이가 될 거다! 잘난 체하는, 쓸개 빠진 놈아! 계집년 허벅지살 같은 놈아! 네놈을 해치울 부정(不淨)한 탄환을 가지고 있지 않은 게 다행이다. 그렇잖으면 네놈 대갈통이 날아갔을 거다! 채찍을 버려라, 알았냐?"

무료함과 무위(無爲)로 고통스러워서 멍청이같이 된 프로호르는 마음껏 기분풀이를 했다.

그리고리는 병든 날부터 줄곧 제정신이 아니었다. 이따금 의식을 잃었다가는 얼마 지나 또다시 의식을 회복했다. 언젠가 그리고리가 오랜 기억 상실 속에서 깨어나자, 프로호르는 그리고리 쪽으로 몸을 굽히고 물었다.

"아직 살아 계십니까?"

프로호르는 그리고리의 흐려진 눈을 들여다보고 동정하듯이 말했다.
두 사람의 머리 위에서 햇살이 반짝였다. 검은 깃털의 기러기 떼가 휙 소용돌이를 이루기도 하고 빌로도의 검은 선을 이루기도 하며 남빛 하늘 한 모퉁이를 울면서 날아갔다. 태양으로 따스해진 듯 냄새를 풍겨댔다. 그리고리는 숨을 헉헉 몰아쉬며 감미로운 봄의 대기를 걸신들린 것같이 폐부에 채워 넣었다. 프로호르의 목소리가 희미하게 그의 귀에 들려 왔다. 주위에 있는 것들은 모두가 왠지 비현실적이고 거짓말같이 작아져 아련하게 보였다. 멀리 떨어진 뒤쪽에서 약해진 대포 소리가 둔하게 울려왔다. 가까이에서 철제 수레바퀴가 덜커덩덜커덩 리드미컬한 소리를 내고, 말이 푸르르 콧소리를 내며 높은 소리로 울기도 했다. 사람 목소리도 들렸다. 구워진 빵과 마른풀과 말의 땀내가 코를 찔렀다. 그런 모든 것들이 다른 세계의 것인 듯이 그리고리의 몽롱한 의식에 와 닿았다. 모든 의지력을 짜내서 프로호르의 목소리에 귀를 기울이고, 그의 말을 비상한 노력으로 알아들었다.
"우유를 드시겠습니까?"
그리고리는 간신히 혀를 움직여서 바싹 마른 입술을 이리저리 핥았다. 그러자 저 엷은 뒷맛이 느껴지는 진하고 차가운 액체가 입속으로 흘러들어왔다. 몇 모금 애써 마시고는 곧 이를 악물었다. 프로호르는 물통 마개를 막고 또 다시 그리고리 위에 몸을 숙였다. 그리고리는 귀로 듣는 것보다도, 비바람을 맞아 거칠어진 입술의 움직임을 보고 그의 질문을 알아들었다.
"마을에 남는 게 어떠실까요? 괴로우실 텐데요?"
그리고리는 얼굴에 고민과 불안의 표정이 나타났다. 그는 다시 한번 의지력을 다 짜내어 끌어내듯이 말했다.
"옮겨 주게…… 죽을 때까지……"
표정으로 미루어 프로호르가 자기의 말을 알아들었음을 알자, 그리고리는 의식의 불분명을 조절이라도 할 줄 아는 양, 시끄럽고 복잡 대는 세상을 떠나서 망각의 깊고 짙은 어둠 속으로 천천히 가라앉으며 눈을 감았다.

28

아빈스카야 마을에 닿을 때까지 여행을 통해 그리고리에게 남는 기억은 오직 한 가지뿐이었다. 앞이 보이지 않는 캄캄한 밤, 그는 몸을 찢어발기듯이 혹독한 추위에 문득 정신을 차렸다. 짐마차가 무리져 여러 줄로 길을 가고 있었다. 사람들의 목소리와 끊임없이 덜컹대는 둔한 수레바퀴 소리로 미루어 치중(輜重)은 대부대임에 틀림없었다. 그리고리가 타고 있던 마차는 이 치중의 한가운데쯤에서 가고 있었다. 말들은 보통걸음으로 나아갔다. 프로호르는 입술로 소리를 내고 이따금 갈라진 코 먹은 소리로, "이랴, 도오, 도오!" 하며 채찍을 휘둘렀다. 그리고리는 채찍의 날카로운 울림을 듣고, 또한 받침대가 부딪혀 소리를 내고, 말들이 쭉쭉 밧줄을 끌고, 이따금 수레채의 앞쪽 끝이 바로 앞에 가는 마차의 뒷부분에 부딪쳐서 마차가 보다 빨리 움직이는 것을 느꼈다.

그리고리는 모든 일이 다 귀찮은 듯이 가죽 외투를 끌어당겨 몸에 싸고는 반듯이 누웠다. 캄캄한 하늘에서 바람이 짙은 구름을 소용돌이를 일게 하며 남쪽으로 몰아가고 있었다. 어쩌다 조그마한 외로운 별이 황색 불꽃같은 밝기로 확 하며 순식간에 타올랐다. 그리고 다시 한 치 앞도 보이지 않는 어둠이 들판을 휩싸고, 바람이 전깃줄에 부딪쳐 구슬피 울고, 장식용 구슬같이 드문드문 조그마한 빗방울들이 지면에 뚝뚝 떨어졌다.

도로 오른쪽에서 기병이 행군 종대로 천천히 다가왔다. 그리고리는 휘몰린 카자흐들의 여행도구들이 내는 오래 전부터 아주 귀에 익은 말발굽이 진창을 밟는 둔하고 어수선한 철벅철벅하는 소리를 들었다. 지나쳐 가는 것은 2개 중대 이상은 아니었으나, 발굽소리는 아직도 울려 왔다. 분명 도로를 따라서 연대가 나아가고 있었다. 그런데 갑자기 앞쪽의 조용하던 들판 위로, 작은 새처럼 합창을 선창하는 거칠고 씩씩한 목소리가 날아올랐다.

오, 물 맑은 카무이신카,
이름도 드높은 사라토프의 그 초원에……

그러자 수백 명의 목소리가 합쳐져 옛 카자흐의 노래를 소리 높여 불렀다. 그러더니 한결 더 높고, 놀라운 만큼 힘차고, 또한 아름답게 뒤를 이어서 노래하는 테너가 울려 퍼졌다. 사라져가는 베이스의 꼬리를 물듯이 어둠 속에서 가슴을 쥐어뜯는 듯한 금속성의 테너가 여전히 울리고 있는 중에, 선창자는 다음 구절을 이었다.

그곳에 사는 자유로운 백성 카자흐는
모두가 이 돈의, 그레벤의, 또한 야이크의……

그리고리의 몸속에서 마치 무엇인가가 터진 것만 같았다…… 불의에 치밀어 올라온 통곡으로 온몸이 떨렸다. 경련이 목구멍을 옥죄었다. 눈물을 삼키더니 그는 선창이 시작되는 것을 고대하다가 뒤를 따라서 어릴 적에 익힌 노랫말을 중얼거렸다.

그 아타만은 치모페이의 아들 에르마크
그 대장은 라브렌치의 아들 아스타시카

노래가 울려 퍼지자 마차 위 카자흐들의 이야기소리와 말을 재촉하던 소리가 일제히 그치고, 천여 대의 마차는 깊고 날카로운 침묵 속을 나아갔다. 수레바퀴의 울림과 말발굽이 진흙을 이기는 소리가 선창자가 한 절을 다 노래하고, 다음 절로 옮겨 가려 하는 순간에만 들려 왔다. 캄캄한 들판위에는 단 한 가지, 여러 세기를 이어져 내려온 옛 노래만이 살아서 지배하고 있었다. 그 노래는 일찍이 용감무쌍하게도 짜르의 군대를 격파하고, 조그만 해적선을 타고 돈이며 불가 유역을 제멋대로 돌아다니고, 독수리 표시가 붙은 짜르의 어용선(御用船)을 약탈하고, 상인이나 황후나 장군들을 '골탕 먹이고', 먼 시베리아를 정복했던 자유로운 카자흐의 선조들에 대한 것을 꾸밈없는 소박한 말로 읊고 있었다…… 그리고 지금 러시아 민족과의 불명예스러운 싸움에서 격파당해 면목 없이 퇴각하는 자유로운 카자흐의 자손들은 우울하게 소리 없이 이 힘찬 노래에 귀를 기울이고 있는 것이었다……

연대는 지나갔다. 노래하던 사람들은 마차를 앞질러서 멀리 사라졌다. 그러나 그 뒤에도 오랫동안 마차의 행렬은 넋을 잃은 듯이 아무 말 없이 나아갔다. 마차 위에서는 이야기소리도 지친 말을 재촉하는 소리도 들리지 않았다. 아주 멀리 어둠 속에서 봄장마 때의 돈처럼 구김살 없이 풍성한 노랫소리가 떠돌아 퍼져왔다.

그들 생각은 오직 하나

더운 여름이 지나가면
얼마 안 지나 추운 겨울이 온다.
자, 그 겨울을 어디서 넘기나?
야이크로 가자니 너무 멀고
볼가에는 무서운 도적들이 있고
카잔시(市)에는 짜르가 있다
뇌제(雷帝) 이반 바실리에비치가……

이제 그 소리는 잘 알아들을 수 없었지만, 되풀이해 부르는 가락은 울리다 사라지고 또 다시 솟아오르곤 했다.
그리고 또 한 가지, 그리고리는 꿈처럼 기억하고 있었다. 그는 문득 따뜻한 방 안에서 정신이 들었다. 눈을 감고 있었는데 말쑥한 잠옷의 쾌적하고 산뜻함을 온몸에 느꼈다. 무슨 약의 콱 쏘는 냄새가 그의 코를 찔렀다. 그러나 옆방에서 방자한 사내 목소리로 터뜨리는 웃음소리와 식구들 소리가 들리고, 주정뱅이 목소리도 들려 왔다.
"……또 똑똑한 사람이 하나 늘었군! 자기네 부대가 어디에 있는지 찾아내야 할 경우에는 말이지, 그거야 우리도 도와 줘야지. 자, 마시게. 어째서 입을 멍하니 벌리고 있나?"
프로호르가 울먹이는 듯한 취한 목소리로 대답했다.
"글쎄요, 어떻게 내가 그런 걸 알겠습니까? 내가 그 사람을 돌보는 게 즐거운 줄로 아십니까? 마치 어린애 다루듯이 몇 번이고 잘 알아듣도록 타이르기도 하고 우유를 마시게 해주기도 합니다, 정말입니다! 빵을 내입에 물고 부드럽게 만들어 7의 입에 넣어주기까지 합니다, 정말입니다! 입을 억지로 벌려 넣어 준단 말입니다…… 한 번은 우유를 입에 넣어 주려다가 목구멍이 막혀서 하마터면 죽을 뻔했다고요…… 글쎄, 좀 생각을 해 보십시오……"
"어저께 그 사람을 목욕시켰나?"
"목욕시켜 줬지요. 그러고는 바리캉(이발기계)으로 머리도 깎아 주었구요. 그리고 우유 값으로 남은 돈을 털어줬습니다…… 하기야 나는 돈 같은 거 아까워하지 않습니다. 그런 건 재가 되어 훨훨 날아가 버리는 거니까요!

하지만 씹어서 일일이 손을 대서 먹여 준다는 게 대체 어떤 것인 줄 아십니까? 보통 일인 줄 아십니까? 아무도 보통 일이라고는 말하지 못할 겁니다. 만일 그렇다고 하면 당신을 후려갈길 겁니다. 당신의 계급 같은 건 대수롭지 않으니까요!"

 그리고리의 방으로 프로호르와 하르람피 에르마코프와 회색 카라쿠리(고급 양털 가죽 모자)를 뒤로 젖혀 쓴 홍당무처럼 붉은 얼굴의 페트로 보가투일료프와 프라톤 리야프치코프와 그 밖에도 2명의 낯선 카자흐들이 들어왔다.

 "아픈가?" 에르마코프는 불안한 걸음걸이로 그리고리 쪽으로 걸어오면서 거칠게 소리 질렀다.

 위세 좋고 쾌활한 프라톤 리야프치코프가 병을 흔들어대며 우는 듯한 목소리로 말했다.

 "그리샤! 반갑네! 치르에서 해치우던 때의 일을 돌이켜 보게나! 그때 싸우던 모습은 어찌 됐나? 그때의 대담성은 어디로 가버렸나? 장군들이 우리에게 어떤 짓거리를 했나? 놈들이 우리 군대를 어떻게 했지? 놈들을 혈제(血祭)에 올리고 심장을 뚫어 줘야 해! 그래 기운이 좀 나? 자, 마시라구. 그러면 곧 기분이 나아질 거야! 이건 말이야, 진짜 술이라구."

 "간신히 자네를 찾아냈네!"

 정열적인 새까만 눈을 기쁨으로 반짝이며 에르마코프가 말했다. 그리고 그리고리의 침대를 묵직한 무게로 짓누르며 앉았다.

 "도대체 여기가 어딘가?"

 그리고리는 모든 게 성가시다는 듯이 눈을 이리저리 돌려서 낯익은 카자흐들의 얼굴을 둘러보며 들릴락말락한 목소리로 물었다.

 "에카테리노다르는 점령되고 말았네! 곧 또 앞으로 내달릴 걸세! 마시게! 그리고리 판테레에비치! 자, 어서! 일어나라구, 제발. 누워 있는 자네 모습이야말로 볼 수가 없군!"

 리야프치코프는 갑자기 그리고리의 발치에 풀썩 쓰러졌다. 그러나 몹시 취해 있지는 않는지 말없이 웃고 있던 보가투일료프가 그의 가죽띠를 움켜쥐고 끌어 일으켜 어렵지 않게 슬며시 바닥에 내려놓았다.

 "녀석의 술병을 이리 주게! 깨뜨리고 말겠는걸!"

에르마코프는 놀라 이렇게 소리치더니, 호탕하게 주정뱅이 웃음을 웃고 그리고리에게 말했다. "이봐, 어째서 술을 마시는지 아나? 첫째로는 불만스러워서, 둘째로는 카자흐들이 타향에서 살지 않으면 안 되도록 어처구니없게 된 상황 탓이네…… 적위병들 손에 들어가느니 우리가 술 창고를 약탈했다네. 그런 일이 어떻게 일어났는지 생각해 보게…… 예전엔 꿈도 꿀 수 없는 일이네. 커다란 술통에 총구멍을 내면, 거기서 술이 콸콸 흘러나오지. 벌집같이 온통 구멍을 내고는 제각기 구멍 옆에 서서 모자나 물통으로 받는데, 개중에는 그냥 손바닥으로 받는 자도 있다네. 글쎄 그런 식으로 해서 마시는 거야…… 술 창고를 지키고 있던 의용병들을 해치우고는 마구들 날뛰는데, 그야말로 난장판이더군! 한 젊은 카자흐는 술통에 기어 올라가 말의 수통으로 잔뜩 퍼내려가다가 속으로 떨어져서 빠졌다네. 바닥은 시멘트인데, 무릎 언저리까지 술이 온통 쏟아져 나와 있으니 거길 걸어 다니자니까 그야말로 냇물에 들어간 말이나 다름없게 되어 몸을 구부리고 발치의 술을 마시고는, 그 자리에서 나가 떨어졌네. ……재미있는 것 같기도 하고, 너무 심한 것 같기도 하더군! 그곳에서 너무 취해 다 죽게 된 녀석들도 하나 둘이 아니라네. 우리도 거기에서 마시다가 왔지만, 우리는 그다지 많이 필요하진 않거든. 60리터쯤 드는 통을 1개 굴려 왔는데, 그거면 충분해. 자, 들자구! 어째서 고요한 돈은 이 지경으로 망해가는 건가! 프라톤 녀석은 하마터면 술통에 빠져죽을 뻔했다네! 바닥에 쓰러져서 발에 밟혀 두 번쯤 꿀꺽꿀꺽 마시고…… 그러고는 완전히 간 거라네. 우리가 간신히 거기에서 녀석을 끌어내 왔지……"

그들은 모두가 술, 파, 담배 냄새를 푹푹 풍겼다. 그리고리는 구토와 현기증의 가벼운 발작을 느끼고 한없이 쓴웃음을 지으며 눈을 감았다.

1주일 동안 그는 에카테리노다르에 있는 보가투일료프가 아는 의사 집에 누워 있었는데, 앓고 난 뒤 회복이 신통치 못해서 이윽고 프로호르의 말대로 '이전의 몸을 되찾기 위해서 그 집을 나와' 아빈스카야 마을에서 퇴각하게 된 뒤로 처음 말을 탔다.

노보로시스크에서는 철수가 이뤄지고 있었다. 몇 척의 기선에 실려 러시아의 부호, 지주, 장군이며 정부 고관의 가족들은 터키로 갔다. 부두에서는 밤낮으로 짐이 실리고 있었다. 사관후보생들이 짐꾼들과 더불어 군용품(軍

用品)이며 정부 고관 피난자들이 트렁크와 상자 따위를 기선 화물칸에 싣고 있었다.

의용군 부대들은 돈군 및 쿠반군보다 먼저 패주해서 맨 먼저 노보로시스크에 닿아 수송선에 오르기 시작하였다. 의용군 사령부는 잽싸게 정박 중인 영국 노급함(弩級艦) '인도 황제'호에 이미 올라타 있었다. 전투는 톤네리나야 부근에서 벌어지고 있었다. 수만 명의 피난민들이 시내의 거리에 넘치고 있었다. 군부대들은 그 뒤에 도착했다. 부두 부근은 대혼란을 이루고 있었다. 내버려진 말들은 무수히 떼를 지어 노보로시스크 주위에 있는 구릉의 석회암 비탈에서 돌아다녔다. 부두에 이어진 도로에는 카자흐들의 안장, 배낭, 군용품 등이 산더미처럼 쌓여 있었다. 그런 것들은 이제 누구에게도 소용없는 것이었다. 시내에서는 의용군 부대들만이 배를 타고, 돈군이나 쿠반군 병사들은 도보로 그루지아에 가게 될 것이라는 소문이 퍼져 있었다.

3월 25일 아침, 그리고리와 프라톤 리야프치코프는 제2돈군 부대들이 승선하고 있는지를 알아보러 부두에 나갔다. 왜냐하면 그 전날 밤 카자흐들 사이에는 데니킨 장군이 무기 및 말을 가지고 있는 돈군 병사들을 모두 크리미야로 수송하라는 명령을 내렸다는 소문이 나돌았기 때문이었다.

부두는 사리스키 관구의 카르므이크 병사들로 가득 차 있었다. 그들은 마누이치와 사르에서 말과 낙타 떼를 몰고 왔는데, 자기네의 목조 오두막을 이 해안까지 옮겨 온 것이었다. 인파 속에 엷은 양기름 냄새가 역겹게 풍기는 가운데 그리고리와 리야프치코프는 암벽에 매인 큰 수송선의 트랩 옆까지 다가갔다. 트랩은 마르코프 사단 장교들에 의해 엄중히 경계되고 있었다. 부근에는 승선하게 될 때를 기다리는 돈군 포병 부대 병사들이 모여 있었다. 고물에는 카키색 시트르 씌운 대포가 실려 있었다. 그리고리는 사람들을 밀어내다시피 하며 간신히 앞쪽으로 나아가, 젊은 검은 콧수염의 상사에게 물었다.

"이 포병 부대는 어느 부대인가?"

상사는 그리고리를 곁눈질로 쳐다보고 퉁명스레 대답했다.

"제36연대입니다."

"카르긴의 부대인가?"

"그렇습니다."

"승선 책임자는 누구인가?"
"저쪽 난간 옆에 서 있는, 뭐란지 하는 대령입니다."
리야프치코프는 그리고리의 소매를 툭툭 치고 화를 내며 말했다.
"자, 가자구. 멋대로들이군! 저런 녀석에게서 정확한 걸 알 수 있겠나? 싸울 때에는 필요했을 테지만, 지금 저놈들에게 우리는 무용지물이라구."
상사는 싱긋 웃고, 정렬해 있는 포병들에게 눈을 끔벅끔벅해 보였다.
"야, 네놈들 모두 썩 운이 좋았다! 장교님들도 승선할 수 없으신 판인데."
승선을 지휘하고 있는 대령은 트랩을 급한 걸음으로 걷고 있었다. 그 뒤를 따라 비틀거리면서 값비싼 슈바 앞을 풀어헤친 채로 대머리의 관리가 달려갔다. 그는 물개 가죽의 모자를 가슴에 대고 두 손을 마주 대다시피 하고는 뭐라고 지껄이고 있었는데, 땀을 흘리고 있는 그의 얼굴과 근시안에는 꽤나 안타깝게 호소하는 기색이 드러나 있었다. 그러자 대령은 화를 내며 그를 향해서 거칠게 소리를 질렀다.
"난 벌써 당신에게 말했습니다. 귀찮게 하지 마십시오. 그렇잖으면 하선(下船)을 명하겠습니다! 정신이 나갔습니까? 당신의 허드레 물건을 도대체 어디로 실어 가겠다는 겁니까? 당신은 혹 장님이 아닙니까? 이 소동도 보이지 않습니까? 그만 해두고 가십시오! 그러려면 데니킨 장군에게 직접 찾아가 보십시오. 안 된다면 안 됩니다. 당신 러시아어를 알아듣지 못합니까?!"
그가 성가시게 따라붙는 관리를 뿌리치고 그리고리의 옆을 지나가려고 할 때, 그리고리는 그의 앞을 가로막고 서서 경례를 하고 흥분한 기색으로 물었다.
"장교도 승선할 수 있습니까?"
"이 기선에는 안 돼. 여유가 없네."
"그럼, 어느 배에 승선할 수 있습니까?"
"철수 본부에 가서 알아보게."
"거기에도 갔었는데, 아무도 아는 사람이 없었습니다."
"나도 모르네. 자, 비켜나게!"
"아니, 당신은 제36포병대를 승선시키고 계시지 않습니까? 어째서 우리들을 태울 여유가 없다는 겁니까?"

"비키라고 했잖아! 나는 안내 담당자가 아니야!"

대령은 슬쩍 그리고리를 밀어내려 했으나, 그리고리는 다리에 힘을 주어 꼿꼿이 버티고 서 있었다. 그의 눈에서 푸르스름한 불꽃이 타오르다가 사라졌다.

"지금 우리는 당신네에게 소용이 없게 된 겁니까? 전에는 필요했지요? 그 손 좀 접으십시오. 저를 밀어내려 하셔도 그렇게는 못하십니다!"

대령은 그리고리 눈을 보더니 몸을 휙 돌렸다. 트랩에 서 있던 마르코프 사단의 병사들은 총들을 엇걸어 들고는 밀어닥치는 군중을 간신히 막고 있었다. 그리고리의 옆을 보면서 대령은 까라진 어조로 물었다.

"자넨 어느 부대인가?"

"저는 제19 돈연대입니다만, 다른 친구들은 제각기 다릅니다."

"모두 몇 명이지?"

"10명 정도입니다."

"안 돼. 여유가 없어."

그리고리가 낮은 목소리로 다음과 같이 말할 때, 그의 콧구멍이 꿈틀꿈틀 떨리는 것을 리야프치코프는 보고 있었다.

"똑똑하게 굴어, 임마! 후방의 이(貳) 같으니라구! 당장 우리를 통과시켜라. 그렇잖으면……"

'그리샤 녀석, 저놈의 목을 댕강 치겠는걸……' 고소한 기분으로 리야프치코프는 그렇게 생각했다. 마르코프 사단 사람 2명이 군중을 헤치고 길을 트면서 대령을 구하러 급히 오는 것을 보고, 리야프치코프는 그리고리의 소매를 툭툭 치며 경고했다.

"이봐, 그만해 둬. 판테레에비치! 가자구……"

"자넨 어리석구먼. 자신의 행동에 대해 책임을 질 테지?"

대령은 얼굴빛이 변해 그렇게 말하더니, 달려온 마르코프 사단 장교들을 향해 그리고리를 손짓해 보였다.

"자, 이 간질병 환자를 잡아 주게! 여기서는 제대로 군규(軍規)를 지키지 않으면 안 돼! 나는 위수(衛戍) 사령관에게 긴급한 용무가 있다. 여기서 여러 사람들이 제멋대로 떠드는 걸 다 듣고 있을 수는 없단 말이야……"

이렇게 말하고 허둥지둥 그리고리의 옆을 지나가고 말았다.

소매가 긴 청색 외투에 중위 견장을 단 영국풍 콧수염을 단정하게 기른 키가 큰 마르코프 사단의 장교가 그리고리 옆에 바싹 다가섰다.
"당신은 무슨 용무로 왔습니까? 어째서 군규를 어기십니까?"
"수송선의 자리, 그것이 내 용무다!"
"당신의 부대는 어디에 있습니까?"
"모른다."
"군대 수첩은?"
코안경을 낀 또 하나의, 통통한 입술의 아직 젊은 경비 장교가 갈라진 베이스로 말했다.
"위병소로 데려가세! 비소츠키, 시간을 낭비할 거 없다구!"
중위는 주위 깊게 그리고리의 증명서를 다 읽고 돌려주었다.
"당신의 부대를 찾아내시게 될 겁니다. 승선을 방해하지 말고 여기서 떠나시라고 충고해 드립니다. 저희는 군규를 어지럽히고 승선을 방해하는 사람은 계급 여하를 막론하고 모두 체포하라는 명령을 받았습니다."
중위는 입을 꽉 다문 채 몇 초 동안 기다리더니, 리야프치코프를 곁눈질로 보면서 그리고리에게 사정을 봐주듯이 낮은 목소리로 말했다.
"일러드리겠는데, 제36포병대 대장에게 말씀드려 보십시오. 승선하실 수도 있을지 모릅니다."
리야프치코프는 중위의 말을 듣자 기뻐서 말했다.
"카르긴 부대로 가게. 나는 얼른 친구들에게 알릴 테니까. 자네의 짐 가운데 피복이 있는 자루 말고 또 무얼 가져와야 하나?"
"같이 가세."
그리고리는 차갑게 말했다. 도중에 두 사람은 세묘노프 부라 출신인 안면이 있는 카자흐와 만났다. 그는 큰 짐수레에 구운 빵 더미를 시트로 덮어 부두로 싣고 가는 참이었다. 리야프치코프는 그 카자흐를 불렀다.
"어이, 잘 있었나, 표도르! 어디로 실어가는 길인가?"
"아, 프라톤, 그리고리 판테레에비치! 질들 있나? 우리가 중도에 먹을 빵을 실어가는 참이네! 고생해서 구웠다네. 그렇잖으면 중간에 카샤(죽)만 마시게 될 테니까……"
그리고리는 짐수레 옆으로 다가가며 물었다.

제7부 1699

"그 빵은 저울에 달았나, 아니면 숫자로 센 건가?"
"이걸 누가 세어 본단 말인가? 왜, 자네 빵이 필요한가?"
"필요하네."
"가져가게!"
"어느 정도면 되겠나?"
"마음껏 가져가게. 이번에는 남아돌 정도니까!"
리야프치코프는 그리고리가 커다란 빵을 여러 차례 집어내는 것을 놀란 표정으로 쳐다보더니, 참지 못하고 물었다.
"도대체 왜 그렇게 집나?"
"필요하니까."
그리고리는 간단하게 대답했다.
그는 운반인에게서 자루 2개를 얻어 거기에 빵을 채우고는 그의 호의에 대해 사례하고 작별을 고한 뒤 리야프치코프에게 말했다.
"들어줘. 같이 가져가자구."
"자네는 겨울잠이라도 잘 작정인가?"
리야프치코프는 자루를 어깨에 메고 놀리듯이 말했다.
"이건 내가 먹을 게 아니야."
"그럼, 누구에게 줄 건가?"
"말에게 줄 거야."
리야프치코프는 자루를 땅바닥에 풀썩 내던지고 어이없다는 듯이 물었다.
"농담이지?"
"아냐, 진담이야."
"아니, 자네는 어쩔 생각인가, 판테레에비치? 자넨 남을 작정이로군, 그렇지?"
"그렇다네. 자, 자루를 들고 가기나 해. 말에게도 먹여야 해—여물통만 핥고 있거든. 말이 쓸모가 있는 경우엔 보병 부대에 근무할 수 없단 말이네."
숙사에 닿을 때까지 리야프치코프는 어깨의 자루를 자꾸 치켜 올리며 한숨 내쉬고 입을 열지 않았다. 그는 쪽문에 다가가서야 물었다.
"다른 친구들에게 말할 생각인가?"

하더니 대답을 기다리지도 않고 약간 성난 것 같은 어조로 말했다.
"자네 생각은 훌륭하네만…… 우리는 어떻게 하나?"
"좋을 대로 하면 돼."
그리고리는 쌀쌀하게 대답했다.
"승선시킬 수 없느니, 다 태울 자리가 없느니 하는 말을 하더구먼. 소용없네! 그런 녀석들이 우리에게 무슨 필요가 있겠나. 그놈들에게 언제까지나 붙어 다닐 수는 없어! 남을 테야. 어떻게 될지 두고 보는 거지. 자, 가자구. 어서. 왜 문간에 멈춰 서 있나?"
"그런 애길 들으니 꼼짝도 못하겠는걸…… 그 문도 보이지 않을 정도야, 이 친구! 그리샤, 자네는 내 머리를 도끼로 쾅! 갈긴 꼴이야. 내 머리가 이상해졌다구. 나는 또 '왜 빵을 저렇게 많이 얻을까?' 생각했거든. 다른 친구들도 알면 당황할 걸세……"
"그런데 자넨 어떻게 할 텐가? 남지 않을 텐가?"
그리고리는 물었다.
"왜?"
리야프치코프는 황급히 소리쳤다.
"잘 생각해 보게."
"생각해 볼 것까지도 없네. 나는 가겠어. 입도 뻥긋 하지 않고 승선할 거야. 카르긴 부대에 끼여 출발할 테야."
"소용없는 짓일걸."
"그럴지도 모르지만, 가겠네! 나는 내 모가지가 소중하거든. 빨갱이 놈들에게 모가지를 시험 삼아 잘린다는 것은 좀 재미없다는 느낌이 드니까."
"글쎄, 생각해 보게! 사태가……"
"더 이상 말 말게! 나는 곧 떠나겠네."
"그럼, 마음대로 하게. 억지로 권하는 건 아니니까……"
그리고리는 꺼림칙한 듯이 그렇게 말하고는 먼저 현관 돌계단에 발을 올려놓았다.
숙사에는 에르마코프도 프로호르도 보가투일료프도 없었다. 안주인이—늙고 등이 굽은 아르메니아 여인이었는데—카자흐들은 곧 돌아오겠다는 말을 하고 나갔다고 전했다. 그리고리는 큰 빵을 큼직큼직하게 잘라 헛간의 말들에게로 가져갔다. 빵을 똑같이 나눠서 자기 말과 프로호르의 말에게 던져 주고 물을 길어 가려고 통을 들고 나오는데, 입구에 리야프치코프가 서 있었다. 리야프치코프의 말은 주인의 기척을 느끼고 조금 우는 소리를 냈다. 주인은 웃음을 억누르고 있는 그리고리의 옆을 잠자코 지나가더니, 사료 통에 빵 덩어리들을 던져 주고 나서 그리고리를 돌아다보지도 않고 말했다.

"웃지 말게, 제발! 일단 사정이 이렇게 되고 보니 내 말에도 사료를 줘야겠네…… 자넨 내가 퍽 좋아서 떠나는 줄로 생각하나? 자기 목덜미를 제 손으로 움켜쥐고 억지로 그 싫은 배 쪽으로 가려는 거야. 바로 그거지! 어쨌든 살아 있는 공포에 손을 든 거야…… 어깨에 얹힌 모가지는 단 한 개잖나? 이 모가지를 싹둑 날려버리고 싶지가 않네. 한 개를 더 원한다고 해도 죽을 때까지 가야 생겨나지를 않을 거거든."

프로호르와 그 밖의 다른 카자흐들은 거의 해질녘에야 돌아왔다. 에르마코프는 커다란 술병을 들고 돌아왔고, 프로호르는 탁한 황색 액체가 든 주둥이를 밀폐시킨 병을 자루에 여러 개 넣어 들고 돌아왔다.

"벌어 왔네! 이만큼이면 밤새도록 마셔도 남을 거야."

자랑하면서 에르마코프는 병들을 손짓하고 말했다.

"군의관을 만났길래 창고에서 부두로 의료 기구를 운반하는 걸 거들게 해 달라고 부탁했지. 부두 인부들이 일하기를 거부해서 사관후보생들만 창고에서 일하더란 말이야. 그런 판에 우리가 끼어든 거지. 술은 그 품삯으로 군의관이 준 건데, 이쪽 병들은 프로호르 녀석이 슬쩍해 온 거야. 정말이야. 거짓말이 아니라구."

"그럼, 대체 뭐가 든 거야?"

리야프치코프가 흥미를 느끼고 물었다.

"이건 말이죠, 술 이외에 다른 것은 섞이지 않은 거라고요."

프로호르는 병을 흔들어 암갈색 유리병 속에서 진한 액체가 거품을 일으키는 것을 불빛에 비춰 본 뒤에 만족스러운 듯이 덧붙였다.

"이건요, 가장 값비싼 외국제 포도주입니다. 환자에게만 마시게 하는 거지요. 영어를 아는 사관후보생 녀석이 말하더군요. 기선에 타면 기분 좋게 '번영하는 내 고향'이라도 노래하며 크리미아에 갈 때까지 계속 마시며 바닷물 속에 병을 풍덩 던져 넣게 될 거랍니다."

"빨리 가서 타게. 자네 때문에 기선이 출발하지 못할는지도 모르니까. '영웅 중의 영웅 프로호르 즈이코프는 대체 어디에 있는가? 그가 없이 배가 출발해선 안 된다!' 이거지."

리야프치코프는 거의 농담조로 말하고 잠시 입을 다물고 있더니, 담배로 노랗게 된 손가락으로 그리고리를 가리키며 말했다.

"이 친구는 승선하지 않기로 했네. 나도 그렇고……"

"아니, 왜죠?"

프로호르는 너무도 놀라 하마터면 손에 들고 있던 술병을 떨어뜨릴 뻔했다.

"왜 그래? 자넨 뭘 또 생각하는 건가?"

흐려진 표정으로 뚫어지게 그리고리를 쳐다보며 에르마코프가 물었다.

"배를 타지 않기로 결정했네."

"어째서?"

"우리를 태울 자리가 없다니까……"

"오늘은 없어도 내일은 있을 거야."

보가투일료프는 자신 있게 말했다.

"자넨 부두에 가보았나?"

"갔었지. 그게 어떻단 말인가?"

"그곳의 소동을 보았나?"

"암, 보았지?"

"보았다고? 보았다면야 굳이 설명해 줄 것까지 없네."

"나하고 리야프치코프 두 사람만은 태워줄 것 같던데, 그것도 어떤 의용군 장교가 카르긴의 포병대에 들어가면 가능하다고 가르쳐 주어 안 거야. 그 이외의 다른 방법으로는 안 된다네."

"그러면 아직 승선하지 않았겠군, 그 포병대는?"

보가투일료프는 재빨리 물었다. 포병대 병사들이 줄지어 서 있었다고 하자, 그는 승선하게 될 것으로 기대하고 곧 떠날 채비를 시작했다. 피복 자루에 속옷과 여분의 바지와 간단한 옷들을 챙기고 식량을 넣은 뒤 작별 인사를 했다.

"남기로 하세나, 페트로! 뿔뿔이 흩어져야 별수가 없다네."

에르마코프는 권유했다.

보가투일료프는 그 말에 대꾸도 없이 땀이 내밴 손을 그에게 내밀고는 문턱 근처에서 다시 한번 고개를 끄덕이며 말했다.

"자, 굳세게 지내게! 하느님이 잘 인도해 주시길 비네! 다시 만나세!"

그는 이렇게 말하고 뛰쳐나갔다.

그가 나간 뒤 방 안에는 어색한 정적이 감돌았다. 에르마코프는 부엌으로 가서 안주인에게서 잔 4개를 가져와 주전자를 탁자 위에 놓았다. 비곗덩어리를 잘라 놓고 말없이 탁자 옆에 앉아서 팔꿈치를 얹어놓은 채, 잠시 자기의 발치를 내려다보았다. 이윽고 그는 주전자를 들어 물을 따르며 높은 목소리로 말했다.

"이 쿠반에선 말이지, 어딜 가도 물에서 석유냄새가 나거든. 왜 그럴까?"

아무도 대꾸하지 않았다. 리야프치코프는 깨끗한 천 조각으로 축축해진 군도(軍刀)의 양날을 닦았다. 그리고리는 자기의 짐 자루 속을 부스럭부스럭 뒤지고, 프로호르는 창밖으로 멍하니 말들이 이리저리 흩어져 있는 구릉비탈을 바라보았다.

"이리로 와서 한 잔 들게."

에르마코프는 기다리지도 않고 절반쯤 물을 잔에 붓더니 다소 밝아진 눈으로 그리고리를 쳐다보며 물었다.

"빨갱이 놈들 말이야, 우리를 죽이지는 않을까?"

"그렇게 모조리 죽여버리지야 않겠지. 뭐니 뭐니 해도 사는 사람이 더 많을 테니까……"

그리고리는 대답했다.

"다른 사람들의 일은 걱정하지 않네. 나는 내 몸이 걱정일세."

에르마코프는 웃었다.

어느 정도 마시자 이야기는 활기를 띠었다. 얼마 안 지나서 뜻밖에도 보가투일료프가 추위에 새파래지고 기분도 안 좋아 보이는 우울한 표정으로 돌아왔다. 그는 새 영국군 외투가 몇 벌 든 보통이를 내던지고 말없이 옷을 갈아입었다.

"도로 오셨군요!"

경례를 하고 욕하는 듯한 말투로 프로호르가 말했다.

보가투일료프는 적의에 타오르는 시선으로 그를 바라보더니 한숨을 섞어 말했다.

"데니킨 장군과 워낙 여러 사람들이 꽉 차게 부탁해 놔서…… 나는 타지 못했어. 줄을 지어 그 주위에 꽁꽁 언 수캐같이 얼어붙어서 있어 보았으나 소용없더군. 거의 내 차례가 될 때쯤 해서 끝났어. 내 앞에 2명이 있었는데, 1명은 탔으나 다른 1명은 못 타게 되었어. 포병 중대의 절반이 남았던데, 그건 도대체 무슨 까닭일까?"

"글쎄, 자네 같은 자들을 감쪽같이 속였을 테지!"

에르마코프는 소리내 웃으며 병을 들어 술을 흘리며 보가투일료프의 잔에다 술이 넘치도록 부었다.

"자, 술이나 한 잔 들고, 자네의 그 엄청난 탄식을 지우게! 아니면 배에 타라는 말을 해올 때까지 기다릴 셈치고 창밖을 간간이 내다보게나. 혹시 우란게리 장군이 자네를 데리러 올지도 모르니까."

보가투일료프는 잠자코 술을 마셨다. 그는 아직 농담에 대꾸할 만한 기분이 아니었다. 하지만 에르마코프와 리야프치코프는 둘 다 꽤 취해서 나이 많은 안주인에게서 너무들 마셨다는 말을 들을 정도로 마신 끝에 이제는 어디론가 아코디언쟁이를 찾으러 나가려는 이야기로 열을 냈다.

"정거장으로 가보지 그래. 거긴 지금 차량을 수리하고 있는데, 온통 옷만 실린 열차도 있어."

보가투일료프가 권했다.

"자네가 가져온 그 옷들, 도대체 무슨 필요가 있는가?"

에르마코프가 소리를 쳤다. "우리에게는 자네가 슬쩍해 온 그 외투로도 충분해! 어차피 쓸데없는 걸 기저오게 될 거거든. 페트로! 뭐야, 이 망할 자식! 우리는 적위군에 들어갈 궁리를 하고 있어! 알겠나? 우리는 카자흐라구, 그렇지? 적위군이 우리를 살려준다면, 놈들에게로 가서 근무해 보지 않겠나? 우리는 돈의 카자흐 양반들이야! 다른 게 섞이지 않은 순수한 피를 물려받았단 말일세! 우리 일은 마구 사트는 서야. 여보세, 내 솜씨 일지? 부지깽이로 해볼까? 일어서봐. 자네에게 해볼 테니까. 이것 봐, 아예 질리나? 어차피 우리에게는 누구의 목을 베건 마찬가지야. 베기만 하면 되니까. 그렇지, 멜레호프?"

"그만두게!"

그리고리는 나른한 듯이 손을 내저었다.

핏발이 선 눈으로 쏘아보며 에르마코프는 궤짝 위에 놓인 자신의 군도를 집으려 했다. 보가투일료프는 악의 없이 그를 물리치고 물었다.

"이봐, 용사 아니카라고 할 만한 자가 그렇게 흥분하면 어쩌나. 잠자코 있지 않으면, 내가 잠자코 있도록 해주지. 좀 점잖게 마시라구. 자네는 장교 아닌가?"

"웃기지 마, 계급 같은 건 쓰레기더미에나 내던지게! 그런 건 지금 돼지 목에 진주 같은 거야. 생각날 테지! 자네도 그렇단 말이야. 좋아, 내가 자네의 견장을 뜯어낼까? 페챠, 어이, 기다려. 좀 기다려. 당장 내가 그걸……"

"아직은 그럴 때가 아냐. 조급하게 굴지 마."

보가투일료프는 설치는 친구를 말리면서 비웃었다.

그들은 새벽녘까지 마셨다. 해질녘쯤에 웬 낯선 카자흐들이 왔는데, 그 중 하나는 옷자락이 길고 두 줄로 단추가 달리고 소매가 없는 저고리를 입고 있었다. 에르마코프는 지쳐 쓰러질 때까지 '카자흐 춤'을 추었다. 그는 끌려가 옷 궤짝 옆의 아무것도 깔리지 않은 바닥에 두 다리를 쭉 뻗고 어색하게 머리를 꼬고는 그대로 깊이 잠들어버렸다. 기세가 오르지 않는 주연(酒宴)은 아침까지 계속되었다.

"저는 말입니다, 쿰샤츠카야 마을 출신입니다! 카자흐 마을 출신입니다! 우리 고장의 소는 그야말로 뿔로 손을 못 댈 정도였습니다! 또한 말은 꼭 사자 같았습니다! 그런데 지금은 집에 남아 있는 게 하나도 없어요. 털 빠진 수캐 한 마리가 있을까요? 그것도 벌써 뒈졌을 겁니다. 먹어치웠을 거거든요……"

몹시 취해 울면서, 이 술자리에 와서 우연히 알게 된 한 나이 많은 카자흐가 말했다. 갈가리 찢긴 체르케스 옷을 입은 한 쿠반 사람은 아코디언 주자더러 '나우르스카야'를 연주해 달라고 부탁하고는 놀라울 정도로 날쌔게 방 안을 미끄러져 돌았는데, 그리고리가 보기에는 마치 그 쿠반 사람의 구두 밑창이 엉망으로 지저분한 마룻바닥에 거의 닿지 않는 듯이 보였다.

정오에 카자흐 하나가 어디서 훔친 것인지 알 수 없는, 주둥이가 가느다란 애벌구이 술병 2개를 가져왔다. 그 술병의 허리에는 반쯤 썩은 꺼먼 레테르가 붙어 있고, 마개는 봉랍(封蠟)으로 밀봉되어 있고, 앵두빛의 붉은 봉인(封印) 밑으로는 묵직한 연봉(鉛封)이 늘어져 있었다. 프로호르는 12리터들이 병을 손에 들고 레테르의 외국문자를 읽어내려 애쓰면서 한참 고통스레 입술을 떨었다. 조금 전에 눈을 뜬 에르마코프는 그의 손에서 병을 빼앗아 바닥에 내려놓고 칼집에서 군도를 뽑았다. 프로호르가 어찌 할 새도 없이 에르마코프는 그 칼로 병의 목을 4분의 1쯤 되는 곳에서 비스듬히 잘라내고 큰 소리로 외쳤다.

"자, 잔을 놓아라!"

걸쭉하고 놀랍게 좋은 향내가 나는 떫은맛의 술은 순식간에 뱃속으로 흘러들었다. 잠시 동안 쩝쩝 입맛을 다시던 리야프치코프는 혀를 차며 중얼거렸다.

"이건 술이 아니라 성찬(聖餐)이야! 이런 건 죽기 전에만 마시는 거라구. 그것도 아무나 마셔선 안 돼. 평생 카르타 놀이도 하지 않고, 담배도 피우지 않고, 여자에게도 손대지 않았던 자만이 마시는 거야…… 즉 신부님의 음료이지!"

그러자 프로호르는 자기의 자루 속에도 약용(藥用) 포도주가 든 병이 있었던 것을 기억해 냈다.

"잠깐 기다리십시오, 프라톤. 그렇게 너무 치켜세우지 마십시오! 저의 포도주가 이것보다 훨씬 더 고급입니다. 이건 쓰레기 같은 것이지만, 제가 창고에서 손에 넣은 건 그야말로 포도주라고 할 수 있는 겁니다! 꿀이 섞인 듯한 좋은 냄새가 납니다. 아니, 훨씬 더 좋은 냄새일지도 모릅니다. 그건 말이죠, 당신의 신부님 술 정도가 아니라 바로 말하자면, 짜르의 술입니다! 옛날에는 짜르가 마시던 건데, 지금 우리에게도 얻어 걸린 겁니다……" 병 주둥이를 자르면서 그는 뽐냈다.

술에 대해서 몹시도 탐욕스런 리야프치코프는 탁하고 황색을 띤 걸쭉한 색채를 황급히 한 잔쯤 마시고는 얼굴빛이 확 바뀌어 눈을 크게 떴다.

"이건 술이 아니라 석탄산이야!"

그는 갈라진 목소리로 말하고 몹시 성이 나 그 잔에 남은 것을 프로호르의 셔츠에 끼얹고는 비틀비틀 복도로 나갔다.

"별 말씀을 다하시네, 저 양반! 포도주예요, 영국제라고요! 최고급품이라고요! 글쎄, 여러분, 저 양반이 말하는 걸 믿지 마십시오!"

주정뱅이들의 와글와글 떠드는 소리를 가라앉히려고 프로호르는 개가 짖듯이 말했다. 그는 단숨에 한 잔을 다 마시자마자 리야프치코프보다도 더 새파래졌다.

"그래, 어떤가?"

에르마코프는 코를 벌름거리고 프로호르의 충혈된 눈을 쳐다보며 물었다.

"짜르 술의 맛이 어떤가? 독한가? 달콤한가? 자, 말해 보라구, 이 친구. 입을 열지 않으면 이 병으로 자네 대갈통을 갈겨 쪼개버릴 테니까!"

프로호르는 가볍게 머리를 내젓고는 입도 뻥긋 않다가, 딸꾹질을 해대며 벌떡 일어나 리야프치코프의 뒤를 쫓아 뛰쳐나갔다. 에르마코프는 웃음을 누르고 의미 있는 눈짓을 그리고리에게 해보이고는 뜰로 나갔다. 잠시 뒤에 그는 방으로 돌아왔다. 그의 큰 웃음소리가 여러 사람의 목소리를 눌렀다.

"어떻게 됐나?"

그리고리는 나른한 듯이 말했다.

"어째서 말 같은 목소리로 우나, 멍청이 같으니라구! 돈이라도 주웠단 말인가?"

"이봐, 자네 말이야, 좀 가보고 오게. 둘 다 쭉 뻗어서 버둥거리고 있네! 뭘 마신 건지 아나?"

"뭔데?"

"이(貳) 없애는 영국제 약일세."

"정말이야?"

"그렇다마다. 나도 창고에 갔을 때 처음에는 술인 줄로 생각을 했는데, 나중에 군의관에게 '이건 뭡니까, 군의관님?' 물었더니 '약이다' 하더란 말이야. 그래서 나는 '어쩌면 만병통치약이 아닐까요? 술 같은 것 말이죠?' 대꾸했더니, '당치도 않아. 이건 연합군이 이를 예방하게 해주기 위하여, 몸에 바르라고 보내 온 거야. 이건 몸에 쓰는 약이지, 절대로 먹어서는 안 돼!' 하던걸."

"그런 걸 어째서 자네는 그 친구들에게 일러 주지 않았는가?"

그리고리는 성을 내며 나무랐다.

"항복하기 전에 녀석들에게 속죄하도록 해준 거지. 뒈져 버리진 않을 테니까!"

에르마코프는 하도 웃어 비어져 나온 눈물을 닦고, 가슴이 조금 후련해진 양 덧붙였다.

"게다가 녀석들이 마시는 걸 보는 것도 즐겁거든. 녀석들의 잔을 탁자에서 빼앗으려고 해야 헛일이지. 걸신들린 녀석들에게는 그렇게 가르쳐 줘야 하는 거라구! 어때, 자네와 둘이서 한잔 해볼까? 아니면 조금 더 기다릴까? 우리의 파멸을 위해서 건배. 어때?"

동이 트기 전에 그리고리는 현관 계단 근처로 나가 떨리는 손으로 담배를 말아 불을 붙이고, 안개에 젖어 축축해진 벽에 등을 기댄 채 오래 서 있었다.

집 안에서는 주정뱅이들의 지껄이는 소리, 흐느끼는 듯한 아코디언 소리, 기세 좋은 휘파람 소리가 그칠 줄 모르고 들려 왔다. 미친 듯이 춤추는 사람들의 구두 뒤축은 지칠 줄을 모르고 탕, 탕, 탕! 메마른 산탄(霰彈)같은 소리를 내고 있었다…… 바람이 만(灣) 쪽에서 기선이 울리는 기적의 굵고 낮은 소리를 실어왔다. 부두에서는 사람들의 목소리가, 굵은 구령소리와 말 울음소리와 열차 기적소리에 때때로 끊기다가도 죽 이어진 하나의 시끄러운 울림으로 들렸다. 어디선가, 톤네리나야역 방면에서 전투가 벌어지고 있었다. 포성이 둔하게 울리고 그 사이를 누비듯 기관총의 격렬하고 튀는 듯한 발사음이 여리게 들려 왔다. 마르호츠키 고개 저쪽에서는 솟구쳐 오르는 불화살의 불빛이 높이 높이 솟아올랐다. 그러더니 몇 초 동안 투명한 녹색의 섬광을 받아 산들의 둥근 윤곽이 여러 개 보였으나, 곧 또 다시 3월 밤의 끈끈한 어둠이 산들을 뒤덮고 대포들이 사격소리가 일제히 더욱 뚜렷하게 이어지며 거의 한데 어우러져 울리기 시작했다.

29

축축하고 차가운 갯바람이 바다에서 불어왔다. 바람은 그 옅은 깃에 실녀 타향의 냄새를 물가로 몰아왔다. 그러나 돈의 카자흐들에게는 바람뿐만이 아니라 으스스하고 질풍이 거칠게 불어 닥치는 해안 도시의 모든 것이 타향의 것이었다. 그들은 부두에 검은 산처럼 몸을 움직일 수도 없을 정도로 빽빽이 모여들어 웅성대면서 배를 타려고 기다렸다…… 해안의 암벽에는 거품을 문 녹색 물결이 치밀어 올라서는 들끓었다. 비구름을 통해 태양이 흐릿하게 아래를 내려다보았다. 닻을 내리는 곳에서는 영국과 프랑스의 수뢰정(水雷艇)이 연기를 내뿜고, 노급전함이 무거운 회색 괴물처럼 바다 위에 우뚝 솟아 있었다. 그 위로 검은 연기가 구름처럼 퍼져 떠올랐다. 부두는 기분 나쁜 정적으로 휘감싸였다. 얼마 전까지 마지막 수송선이 밧줄에 매여 흔들리던 곳의 수면에는 장교용 안장, 트렁크, 이불, 모피 외투, 붉은 빌로도를 씌운 의자, 그 밖에도 황급히 트랩에서 내던져버린 갖가지 잡동사니가 떠다녔다.

그리고리는 아침 일찍 부두로 나왔다. 말을 프로호르에게 맡겨놓고는 오랫동안 군중 속을 더듬으며 낯익은 얼굴을 찾아내려 애쓰는 한편 간간이 들려오는 불안해하는 대화에 귀를 기울였다. 그가 보는 앞에서 '스바트 스라프호'의 트랩에서 승선을 거부당한 초로(初老)의 퇴역 대령이 피스톨로 자결했다.

그때까지의 몇 분 동안, 뺨에 뻣뻣한 회색털이 돋고 울어서 통통 부은 게슴츠레한 눈의 몸집이 작고 성급한 듯한 대령은 위병장(衛兵長)의 대검(帶劍) 밴드를 움켜쥐고 처량하게 웅얼대며 더러운 손수건으로 코를 풀고, 담뱃진에 노랗게 된 수염과 눈과 부들부들 떨리는 입술을 닦고 있었다. 그런 그가 얼마 뒤에 갑자기 어째선지 단숨에 자결하고 만 것이었다…… 그러자 그때 재빠른 한 카자흐가 죽은 사람의 온기(溫氣)가 채 가시지 않은 손에서 반짝반짝 빛나는 니켈제(製) 브라우닝을 빼내고, 밝은 옥색 장교 외투를 입고 있는 그 시체를 상자들이 뒤엉켜 쌓인 곳으로 마치 통나무처럼 차 던졌다. 트랩 부근의 군중은 소란하게 술렁이고, 들끓고, 대열 속에서도 심하게 들 싸움을 하고, 피난민들의 갈라진 새된 목소리는 더욱더 결렬하게 일었다.

마지막 수송선이 흔들리면서 암벽에 매인 밧줄을 내릴 때, 군중 속에서는 여자들의 웃음소리, 신경질적인 외침소리가 들렸다. 수송선의 짧은 기적의 울림이 채 사라지기도 전에 여우털가죽 모자를 쓴 한 젊은 카르므이크인이 바닷물에 뛰어들어, 수송선을 뒤쫓아 헤엄쳐 갔다.

"견딜 수 없었던 거야!"

카자흐들 중 누군가가 한숨을 토했다.

"저 사람은 도저히 남지 못할 사정이 있었나봐."

그리고리의 바로 옆에 서 있던 카자흐가 불쑥 말했다.

"아마도 저 사람은 빨갱이 놈들에게 몹쓸 짓을 한 모양이지……"

그리고리는 헤엄쳐 가는 카르므이크인을 입술을 악물고 지켜보았다. 물을 헤쳐 나가던 손이 차츰 느려지고, 그의 어깨가 차츰 바닷물에 가라앉아갔다. 젖은 카자흐 옷은 물속으로 이끌려 들어갔다. 카르므이크인의 머리는 파도에 씻겨 지고, 당근 빛깔의 여우털 가죽 모자는 벗겨져서 물 위로 흘러갔다.

"빠져죽겠군, 바보 녀석이군!"

동양풍 베이메트(짧은 겉옷)를 입은 한 노인이 동정하듯이 말했다.

그리고리는 눈길을 떼고 말 옆으로 걸어갔다. 프로호르는 달려온 리야프치코프, 보가투일료프 등과 열이 나서 지껄여대고 있었다. 그리고리를 보더니 리야프치코프는 안장위에서 몸을 홱 움직여 성급하게도 말에 박차를 가하고 소리쳤다.

"서둘러, 판테레에비치!"

그러더니 그리고리가 다가갈 때까지 기다리지 못하고, 멀리서 외쳤다.

"늦기 전에 피해. 반개(半個)중대 정도의 카자흐들과 합류했어. 게렌지크로 갈 작정이야. 그리고 거기서 그루지아로 가려네. 자넨 어쩌겠나?"

그리고리는 두 손을 외투 주머니에 깊이 찔러 넣고 목표도 없이 부두에 모여 있는 카자흐들을 말없이 어깨로 밀치며 다가갔다.

"가겠나? 아니면 가지 않겠나?"

리야프치코프는 바싹 옆에 다가와서 끈질기게 물었다.

"아니, 나는 가지 않겠어."

"가자흐 중령 1명이 우리와 함께 가게 됐어. 그 친구는 '눈을 감고 가도 치프리스까지 간다'고 할 정도로 길에 훤하네. 가자구, 그리샤. 거기서 터키에 가는 게 어떤가? 어쨌든 몸만은 구해야지! 막판이 가까이 다가오고 있다는데도 왜 자네는 썩은 생선같이 축 늘어져 있나?……"

"아냐, 역시 나는 남을 테야."

그리고리는 프로호르의 손에서 고삐를 받고는 모든 게 귀찮은 듯이 늙은이 같은 동작으로 말에 올라탔다.

"안 가겠어. 가봤자 소용도 없어. 게다가 이미 늦었네…… 좀 보게나!"

리야프치코프는 뒤를 돌아다보았다. 그리고 절망과 분노로 군도에 달린 끈을 만지작거렸다. 산 쪽에 적위군 산병선(散兵線)이 내려오고 있었다. 시멘트 공장 부근에서 기관총이 격렬하게 발사되었다. 장갑차들에서 산병선을 향해 포화를 퍼부었다. 아스라니지 제분소 근처에서 첫 포탄이 터졌다.

"숙소로 돌아가자. 자, 모두들 나를 따라와라!"

기분이 밝아지고 왠지 자세가 번듯해져서 그리고리는 명령했다.

그러나 리야프치코프는 그리고리의 말고삐를 움켜쥐고 놀라서 외쳤다.

"그럴 필요 없어! 모두들 여기에 남아 있자구…… 이봐, 알고 있을 테지? 동료와 함께라면 죽는 것도 두렵지 않단 말일세……"

"이봐, 따라와! 죽긴 뭐가 죽는다는 거야? 무슨 어리석은 소린가?"

그리고리는 성을 내고 좀더 뭔가 말하려 했으나, 바다 쪽에서 몰려온 굉음(轟音)에 소리가 묻혀 버렸다. 영국의 노급함 '인도 황제'호는 연합구 러시아의 해안을 떠나자 포문을 열고 20인치 포(砲)로 잇따라 포탄을 날려 보냈다. 만을 나선 수송선을 엄호하면서 영국 군함은 도시의 교외로 달려오는 적록색 산병선을 향해서 쏘는 듯싶더니, 이내 그 포구(砲口)를 적위군 포병 부대가 있는 것이 밝혀진 고개의 꼭대기로 돌렸다. 영국의 포탄은 부두에 모여 있던 카자흐들의 머리 위로 무겁고 괴로운 소리를 내며 웅웅거리는 울림을 가라앉히고 날아갔다.

고삐를 꽉 죄고 몸을 웅크리려는 말을 윽박지르며, 보가투일료프는 웅웅 울리는 사격소리를 통해 소리쳤다.

"어이, 영국 대포는 굉장히 큰 소리로 짖는구먼! 그러나 적위군 병사를 성내게 하는 게 고작이야! 별로 효과도 없이 그저 소리만 대단할 뿐이다……"

"까짓것, 성내봤자야! 이제 우리에게는 어느 쪽이나 같아."

그리고리는 미소 지으면서 말을 몰아 거리를 나아갔다.

길가 한 모퉁이에서 그를 향해 갤럽으로 거칠게 몸을 늘이듯하며 기병 6명이 칼을 뽑아 들고 달려왔다. 선두를 달라고 있던 1명은 가슴께에 부상이라도 당한 듯이 새빨간 능직(綾織) 무늬의 무명 리본을 달고 있었다.

제8부

1

 따뜻한 남풍이 2주일 내내 불었다. 밭의 잔설(殘雪)도 거의 녹았다. 거품이 이는 봄의 시냇물이 졸졸 흐르고, 들판의 움푹 들어간 곳도 강물도 노래를 그쳤다. 사흘째 새벽에 바람은 자고, 들녘에는 짙은 안개가 자욱하게 퍼지고 지난 해 깃히드라의 무더기가 습기를 머금어 은빛으로 빛나고, 무덤과 골짜기와 부락과 종루(鐘樓)의 첨탑과 피라밋 모양의 하늘 높이 치솟은 포플라 꼭대기가 어슴푸레하게 희미한 흰 연무(煙霧) 속에 가라앉았다. 광대한 돈의 초원에 연록의 봄이 찾아온 것이었다.
 안개가 짙은 아침, 아크시냐는 병이 나은 뒤로 처음 현관 계단에 나가서 상쾌한 봄의 달콤한 사과주 같은 공기에 취한 듯, 잠시 멈춰 서 있었다. 구역질과 현기증이 나는 걸 참으며 뜰 우물까지 가서 물통을 옆에 놓고 우물가에 걸터앉았다.
 세상이 아주 색다른, 이상하게도 다시 젊어진 듯이 매혹적인 것이 되어 그녀의 눈앞에 펼쳐졌다. 흥분으로 눈을 빛내고 어린애처럼 옷 주름을 손끝으로 만지작거리면서 주위를 둘러보았다. 안개에 싸인 먼 경치, 눈 녹은 물에 잠긴 뜰의 사과나무, 젖은 채소밭, 그 밭 저편의 깊숙이 씻겨나간 지난해의 깊은 수레바퀴 자국이 있는 길 등등 모든 것이 에전에 본 적이 없을 정도로 아름답게 생각되고, 모든 것이 햇살을 받아 짙고 우아한 색채로 빛나보였다.
 안개 사이로 보이는 맑은 하늘 한 모퉁이는 그 차가운 감청색으로 빛나 그녀의 눈을 어지럽게 했다. 짚이 썩은 냄새와 녹은 시커먼 흙 냄새는 몹시 친숙하고 상쾌했으므로, 아크시냐는 자신도 모르게 깊게 숨을 들이쉬고 입술 끝에 미소를 흘리기까지 했다. 종달새의 소박한 노랫소리가 안개 낀 들녘 어디선가 실려 와서 뭐라 말할 수 없는 우수(憂愁)를 불러일으켰다. 타향에서 듣는 그 노랫소리는 그녀의 심장을 심하게 고동치게 하고, 남모를 눈물을 번지게 했다.

어느덧 되찾은 삶의 기쁨에 잠기면서 아크시냐는 모든 것을 매만지며 둘러보고 싶다는 큰 욕망에 사로잡혔다. 습기를 머금어 거무스름해진 구스베리 무더기에 손을 대보고, 어두운 남색 비로드 껍질에 싸인 사과나무 가지에 불을 비벼 보고 싶었다. 부서진 울타리를 넘어가서 널찍한 분지 저쪽, 안개에 덮여 마치 희뿌연 물 속에 녹아들어 있는 듯한, 꿈결처럼 녹색으로 출렁이는 겨울보리밭 사이에 언뜻언뜻 비치는 황토빛 진창 속을 나뒹굴고 싶기도 했다.

아크시냐는 당장이라도 느닷없이 그리고리가 나타나지 않을까 하는 기대 속에 며칠을 보냈다. 그러나 집주인에게 들렀던 근처 사람들에게서 전쟁은 아직 끝나지 않았고, 수많은 카자흐들은 노보로시스크에서 바다를 거쳐 크리미아 방면으로 갔고, 나머지는 적위군에 투항했거나 광산 쪽으로 갔다는 것을 그녀는 알게 되었다.

2주일쯤 지나서 그녀는 고향으로 돌아가야겠다고 결심을 굳혔다. 때마침 동행할 사람을 찾았다. 해질녘이었는데, 작은 몸집에 등이 굽은 노인 하나가 느닷없이 집 안에 들어왔다. 노인은 아무 말도 없이 절을 하더니 입고 있던 헐렁헐렁한, 이음매가 풀어진 영국제 군용 외투의 단추를 풀기 시작했다.

"뭐요, 당신? 인사도 없이 재워 달란 말을 할 거요?"

주인은 그 무법자를 훑어보면서 놀란 표정으로 물었다.

노인은 날쌔게 외투를 벗어 그것을 문턱 옆에서 한 번 털고는 옷걸이에 바르게 걸었다. 그러고는 짧게 자른 턱수염을 쓰다듬고 미소 지으며 말했다.

"하느님을 생각해서 용서하시오. 이 험난한 세상에서 부대끼다 보니 이런 고약한 버릇이 들었구려. 말하자면 먼저 외투를 벗은 다음에야 재워 주기를 부탁하는 겁니다. 이렇게 하질 않고서는 아무도 들여놓지 않기 때문이지요. 요즘은 사람들이 악해져서 통 손님을 반가워하지 않는군요……"

"어디서 당신이 묵도록 해드리는 게 좋을는지요? 보시는 바와 같이 집이 비좁아서요."

주인은 이제 부드러운 어조로 바꾸어 말했다.

"아주 좁은 곳이라도 괜찮습니다. 저, 저쪽 입구께에서 구부리고 자게 해주시지요."

"도대체 당신은 누구십니까? 피난민인가요?"

주인은 호기심을 느끼고 있었다.

"그렇습니다, 피난민이지요. 도망치고 도망쳐서 바다가 있는 곳까지 정신없이 도망쳤었지요. 거기서 되돌아 슬슬 걸어왔는데, 지금은 도망치다 지쳐 버린 상태입니다."

농담을 즐기는 노인은 문턱 옆에 웅크리고 앉으면서 대답했다.

"그런데 당신은 어떤 분이십니까? 어디 출신이십니까?"

주인은 거듭 물었다.

노인은 주머니에서 커다란 절단용(切斷用) 가위를 꺼내어 그것을 손으로 돌려 보이며, 줄곧 떠나지 않는 미소를 입가에 떠올리고 말했다.

"말하자면 이것이 저의 신분증명서지요. 이 증명서를 지니고 노보로시스크에서 출장을 나와 있는 셈입니다. 하지만 출생지는 여기서 멉니다. 뵤센스카야 마을 출신이거든요. 이젠 바다에서 소금물도 실컷 마셨겄다, 뵤센스카야로 돌아가는 길입니다."

"저도 뵤센스카야 출신이에요, 할아버지."

아크시냐는 반가워 얼굴이 붉어지면 말했다.

"허, 이거 참 반갑군!"

노인은 큰 소리로 말했다.

"허, 이런 곳에서 고향 사람을 다 만나다니! 하기야 요즘 세상에서는 별로 드문 일이 아니지. 마치 유대인처럼 지구 위에 뿔뿔이 흩어져 있으니까. 쿠반에서는 말이오, 막대기를 공중에 내던지면 그 막대기가 돈의 카자흐에게 맞는답니다. 어느 곳이나 카자흐들로 가득 차 넘치고 있지만, 지하에 묻힌 자들은 훨씬 더 많소. 나는 이번 철수 중에 갖가지 인간을 신물 나도록 보아 왔소. 모두 궁해서 얼마나 딱한 형편인지 말을 할 수조차 없소. 그저께 정거장 벤치에 앉아 있으려니까, 옆에 안경을 쓴 훌륭한 부인이 있더라구요. 그 부인은 안경을 끼고 이(貳)를 찾습디다. 이란 놈들이 그 부인의 몸을 기어 놀아다니고 있었거든요. 부인은 그놈들을 손가락으로 움켜쥐긴 했지만, 시큼한 야생 사과라도 깨문 때처럼 얼굴을 찡그리고 그 불쌍한 이를 눌러 죽일 단계가 되자, 더욱 얼굴을 찌푸리며 고개를 돌리고 비스듬히 틀더군요. 그 부인은 얼마나 그게 지겨운 일이었겠소? 그런데 다른 완강한 녀석들은 말이오, 사람을 죽이는 데도 얼굴 한번 찌푸리지 않고 입술조차 일그러뜨리지 않아요. 나는 눈앞에서 그런 억센 녀석들이 카르므이크인 3명을 칼로 쳐서 베고, 그 피 묻은 칼을 말갈기로 씻어 내는 걸 보았소. 그 뒤에는 궐련을 꺼내어 한 모금 빨고 말을 타더니, 나에게로 다가와서 '이봐, 영감, 왜 그렇게 놀라는 거야? 당신 모가지도 베어 줄까?' 하더군요. 그래서 내가 '젊은이, 그게 무슨 말이오? 목을 잘리면 어떻게 빵을 먹으라는 말이오?' 했더니, 녀석은 소리내어 웃고 가버립디다."

"사람 죽이는 일을 이 죽이는 것보다 더 태연스레 하고들 있지요. 혁명 때문에 사람 생명이 아주 하찮아지고 만 겁니다."

주인은 생각이 깊은 척 한 마디 거들었다.

"사실, 그대로지요. 사람은 가축이 아니라, 무엇이든 익숙해져 버려요. 그래, 내가 그 부인에게 '당신은 어떤 분이십니까? 보아하니 이 근처 보통 여자들과는 달리 보이는데요' 물었더니, 부인은 나를 쳐다보며 눈물을 흘렸습니다. '저는 그레치힌 소장의 아내예요.' 하더군요. 아이구, 이 부인이 장군의 부인이시군, 나는 생각했소. 그런 분이 글쎄, 사나운 고양이가 벼룩을 덮치듯이 이를 잡고 계셨던 거요! 그래서 나는 '영부인, 실례입니다만 그렇게 하시다간 그 벌레놈들을 없애시는 데 성모제(聖母祭:이전의 10월 10일)까지 걸리실 겁니다. 손톱만 아프실 뿐입니다. 벌레놈들을 몽땅 한 번에 잡아 죽이셔야 합니다" 말했더니, '어떻게 해야 되지요?' 묻습디다. 그래서 나는 '옷을 벗어 그걸 바닥의 단단한 곳에 펴놓고는 병으로 벌레놈들을 두들겨 으깨십시오' 가르쳐 주었소. 그러자 장군 부인은 옷을 벗고 양수(揚水) 펌프장 쪽으로 가서 그 옷을 녹색병으로 힘 있게 두들겨댑디다! 나는 그 부인을 쳐다보면서 이렇게 생각했소—하느님은 참 다양하게 많이도 만드셨다. 하느님은 저런 고귀한 분에게도 벌레들을 보내 주셨다. 이들이 그 달콤한 피를 빨아먹게 해주신 것이다. 이들도 일하는 사람의 피만 빨아먹을 수는 없으니까…… 하느님은 인간들과는 다르시다. 하느님은 분명하게 알고 계시다. 때로 하느님은 인간에게 은총을 내리신다. 그것은 아주 공평하게 행해지며 도저히 인간들이 생각해 낼 수 없는 것이다……"

재단사는 끊임없이 지껄이면서 주인 부부가 자신의 이야기를 열심히 듣는 걸 알자, 아직도 얼마든지 재미있는 이야기가 있지만 속이 텅 비어서 졸음이

와 견딜 수 없다는 뜻을 교묘하게 슬쩍 내비쳤다.
 저녁식사를 마치고 재단사는 잠잘 준비를 하면서 아크시냐에게 물었다.
 "고향 친구분, 여기에 더 머물 작정이시오?"
 "고향에 돌아가려고 해요, 할아버지."
 "그럼, 어떻소, 나와 함께 떠나지 않으려오? 말이 많아서 좋을 것이오."
 아크시냐는 기꺼이 동의했다. 그리고 다음날 아침 주인 부부에게 작별인사를 하고, 들녘에 묻힌 노보미하일로프스키 마을을 등졌다.

 12일째 밤에 두 사람은 미류친스카야 마을에 닿았다. 커다랗고 부유한 듯싶은 집에서 잠자리를 얻었다. 이튿날 아침, 아크시냐의 동행은 이 마을에 1주일간 머물러 쉬면서 피가 스며 나올 정도로 아픈 발을 치료한 뒤에 떠나기로 했다. 노인은 그 이상 더 걸어갈 수 없었던 것이다. 그 집에는 마침 그가 할 수 있는 재단거리가 있었다. 재단 일을 하지 못해서 따분해하던 노인은 흥이 나서 창가에 자리를 잡고, 가위를 꺼내고, 끈으로 묶인 안경을 끼고, 잽싸게 헌 옷의 이음매를 뜯기 시작했다.
 말 많은 익살장이 노인은 아크시냐와 헤어질 때 그녀를 위해 성호를 긋고, 뜻밖에도 눈물을 글썽였다. 하지만 곧 눈물을 닦고 다시 본래의 그답게 농담조로 말했다.
 "빈핍(貧乏)이나 결핍이란 것은 우리를 낳은 어머니는 아니지만, 우리들을 육친 같이게 하오…… 지금 내게는 당신이 매우 귀여워졌소…… 하지만 도저히 어쩔 도리가 없소. 아가씨, 혼자 떠나시오. 당신의 안내인이던 나는 절름발이가 돼버렸소. 보리빵이라도 들고 잠깐잠깐 쉬어가도록 하시오…… 그럭저럭 둘이시 꽤 먼 길을 왔소. 일흔이란 내 나이를 생각하면 그 여정은 대단한 것이었소. 내 마누라를 만날 기회가 혹 있거든 마누라의 작은 비둘기, 즉 내가 건강하다고 전해 주시오. 절구 속에서 들볶이고 삼을 훑는 틀 속에서 쭈그러들기는 했지만, 그래도 여전히 건강하게 여행을 하면서 남의 바지를 깁고 있다, 가까운 시일 안에 집으로 놀아갈 것이다라고도 전해 수시오. 그리고 또 마누라에게 이렇게 전해 주시오—멍텅구리 영감은 퇴각을 마치고, 집을 향해서 반대로 진격을 개시했다, 그러나 언제 제 집의 페치카까지 닿을지는 알 수 없다라고……"

아크시냐는 그 뒤로 며칠 동안 여행을 계속했다. 보코프스카야 마을에서 타타르스키 부락까지는 때마침 그쪽으로 가는 짐마차를 만나 타고 갔다. 저녁 늦게 그녀는 활짝 열어 젖혀진 쪽문을 거쳐 자기 집 뜰로 들어갔다. 그리고 멜레호프의 집 쪽을 보자, 갑자기 목구멍에 치밀어 오르는 오열로 숨을 헐떡였다…… 텅 빈 인기척 없는 자기 집 부엌에서 오랫동안 쌓이고 쌓였던 여자의 슬픔이 한꺼번에 눈물로 흘러내렸다. 잠시 뒤 돈강에 가서 물을 길어 오고 난로에 불을 지피고 두 손을 무릎 위에 놓고 테이블에 기대어 앉았다. 생각에 잠겨 있어 문이 삐걱거린 소리도 듣지 못했다. 일리니치나가 들어와서 낮은 목소리로 말을 걸었을 때에야 비로소 그녀를 알아보았다.

"어이구, 돌아왔군, 이웃 아낙네! 꽤나 오랫동안 타처에 가 있더니……"

아크시냐는 깜짝 놀라 일리니치나 쪽을 돌아다보며 일어섰다.

"어째 사람을 그렇게 빤히 보고 말이 없소? 무슨 나쁜 소식이라도 가지고 왔소?"

일리니치나는 테이블 쪽으로 천천히 다가와서 긴 의자 끝에 앉더니 불같은 시선을 아크시냐의 얼굴에 못 박았다.

"아녜요, 소식이랄 건 아무것도 없어요. 저는 당신이 오시리라고는 전혀 생각지 않고 다른 생각에 잠겨 있어 당신이 들어오시는 걸 몰랐어요……"

아크시냐는 당황해하며 말했다.

"몹시 여위었구료. 혼(魂)이 들어 있을 자리도 없을 것 같소."

"티푸스에 걸렸었어요."

"그래, 우리 그리고리는…… 어떻게 지내오? ……어디서 그리고리와 헤어졌소? 그 애가 살아 있소?"

아크시냐는 대강 이야기했다. 일리니치나는 한 마디도 놓치지 않으려고 열심히 귀를 기울여 다 듣고 나서는 물었다.

"당신을 남겨 두고 떠날 때 그리고리에게 병은 없었소?"

"아뇨, 병 같은 건 앓고 있지 않았어요."

"그 뒤로는 그 애에 대해서 아무 소식도 듣지 못했수?"

"네."

일리니치나는 후유! 가볍게 숨을 내쉬었다.

"아주 고맙소, 좋은 얘길 들려주어서…… 이 마을에서는 그 애 소문이 여러 가지로 퍼져 있다오……"

"뭐라고요?"

겨우 들릴 정도의 목소리로 아크시냐는 물었다.

"뭐, 별것 아니지만…… 워낙 여러 가지로 말들을 하니까 일일이 다 들을 수는 없다오. 우리 부락 사람들 중엔 바니카 베스프레브노프만 돌아왔다오. 그 사람이 에카테리노다르에서 병든 그리고리와 만났었다는데, 그것 이외는 난 믿지 않는다오."

"다른 사람들은 뭐라고 해요, 할머니?"

"싱긴 부락의 어느 카자흐가, 그리샤가 노보로시스크 시내에서 빨갱이에게 죽었다는 말을 했다는 소문이 있다오. 그래서 내가 급히 싱긴으로 가보았소. 어미 마음으로는 도저히 견딜 수가 없어서 바로 그 카자흐를 찾아갔지. 그 카자흐는 그렇지 않다고만 말합디다. 만난 적도 소문을 들은 적도 없다는 거요. 또 한 가지, 그리샤가 감옥에 갇혔었는데, 거기서 티푸스로 죽었다는 소문도 있소……"

일리니치나는 눈을 떨어뜨려 자기의 옹이투성이인 거친 손을 보며 오랫동안 잠자코 있었다. 노파의 주름이 축 처진 온화한 얼굴은 입을 굳게 다물고 있기는 했으나, 갑자기 그 거무스름한 광대뼈 위에 앵두빛 홍조가 확 스며나오고 눈꺼풀이 가늘게 떨렸다. 그녀는 아크시냐를 메마른, 미친 듯이 타는 눈으로 한 번 쳐다보고 갈라진 목소리로 말했다.

"하지만 나는 그런 소문을 믿지 않소! 하나 남은 아들마저 잃다니, 어떻게 그런 일이 있을 수 있단 말이오! 하느님에게서 그런 벌을 받을 리가 없어요…… 나도 이제 앞으로 얼마 더 살지 못하오…… 얼마 더 살지 못할 테지만, 슬픔과 어떤 고역도 실컷 겪어 왔소…… 그리샤는 살아 있고말고! 내 심장이 조금도 그런 걸 예감하고 있지 않으니 그리샤는, 내 아들은 살아 있다마다!"

아크시냐는 잠자코 등을 돌렸다.

부엌에는 오랫동안 침묵이 감돌았다. 이윽고 바람이 현관문을 탕! 열었다. 돈강 건너편에서 범람한 봄의 물이 포플라숲 사이를 무디게 웅웅 소리내며 흘러가는 소리와 기러기들이 그 범람한 물 위에서 불안한 듯이 우는 소리가 열린 문을 통해 들려 왔다.

제8부 1719

아크시냐는 문을 닫고 페치카에 몸을 기댔다.
"그이, 걱정하실 거 없어요, 할머니."
그녀는 낮게 목소리로 말했다.
"그이는 병 따위에 지지 않으실 거예요. 그인 몸이 강철같이 튼튼하니까요. 그런 사람이 죽을 리 없어요. 심한 추위에도 장갑도 끼지 않고 줄곧 말을 타고 다니던걸요."
"아이들 생각도 합디까?"
일리니치나는 지친 듯이 물었다.
"할머니 생각도 애들 생각도 모두 하고 계셨어요. 모두들 건강할까 하고요!"
"모두 건강하긴 건강한데, 우리 판테레이 프로코피에비치는 퇴각 중에 죽고 말았다오. 우리만 남게 되었으니……"
아크시냐는 노파가 자기 남편의 죽음을 저토록 평온하게 말하는 것을 내심 의아해하며 묵묵히 성호를 그었다.
일리니치나는 탁자에 기대어 무겁게 몸을 일으켰다.
"오래 방해를 했구려. 바깥은 이미 밤이 이슥한데."
"할머니, 더 있다 가세요."
"집에 두냐시카만 혼자 있으니 돌아가야 하오."
노파는 머리의 프라토크를 바로잡으며 부엌을 돌아보더니 얼굴을 찌푸리고 말했다.
"페치카의 연기가 가득 차서 아래로 새어 나오고 있군. 당신이 없는 동안 누구든 이 집에서 있었더라면 좋았을걸. 자, 잘 자오."
그러고는 문 손잡이를 잡으며 돌아다보지도 않고 말했다.
"정리가 되거든 우리 집에도 찾아오구려. 그리고리 소식을 듣거든 전해주고."
그날부터 멜레호프 집안과 아크시냐의 관계는 확 달라졌다. 그리고리의 생명에 대한 불안과 걱정이 그들을 가깝게 하고 서로 협력하게 한 것이었다. 다음날 아침, 두냐시카는 아크시냐를 뜰에서 보고 소리를 치며 담옆으로 다가와서, 아크시냐의 여윈 어깨를 안고 우아하고 소박하게 그녀에게 웃음지어 보였다.

"크슈샤, 아니, 어째서 이렇게 여위셨어요? 뼈만 앙상하게 남았잖아요!"
"그런 생활에는 여윌 수밖에 없어요."
아크시냐도 웃음 지었으나, 성숙한 아름다움으로 빛나는 복숭아빛 처녀의 얼굴을 보고 있으려니까 내심으로는 질투가 일지 않는 것도 아니었다.
"저의 어머니가 어저께 당신에게 찾아 가셨었지요?"
왠지 두냐시카는 낮은 목소리로 살며시 물었다.
"네, 오셨어요."
"틀림없이 당신에게 가셨으리라고 생각했어요. 그리샤의 소식을 물으셨지요?"
"네."
"울지는 않으셨어요?"
"아뇨, 아주 말짱하셨어요."
두냐시카는 아크시냐를 신뢰하는 눈으로 쳐다보며 말했다.
"울부짖으시는 편이 오히려 나을 거예요. 그런 편이 어머니에게는 훨씬 약이 될 거라고 생각해요⋯⋯ 저, 크슈샤, 사실은 이번 겨울부터 어머니는 좀 달라지셨어요. 전과 같지를 않으세요. 아버지 소식을 들었을 때 저는 어머니의 심장이 마비되지나 않을까 몹시 걱정했었거든요. 그런데 어머니는 눈물 한 방울 흘리지 않으셨어요. 다만, '천국으로 올라가시게 됐으니, 이제 그 양반은 괴로워할 일도 없으실 테지' 하시더라고요. 그리고 저녁때까지 아무와도 이야기하지 않으셨어요. 저는 웬일이신가 싶어서 볼일이 있는 양 살짝 어머니에게 가보았지만, 어머니는 손을 흔들어서 저를 가까이하지 않으시고 혼자만 계셨어요. 그날 저는 정말이지 여간 괴롭지 않았지요! 해질녘에 가축들을 우리에 넣고 뜰에서 안으로 들어가 '어머니, 저녁식사로 뭘 준비할까요?' 물었더니, 그제서야 정신을 차리고 말씀하셨어요."
두냐시카는 후유! 한숨을 쉬고, 아크시냐의 어깨 너머로 멀리 눈길을 돌리며 근심스런 빛을 띠고 물었다.
"우리 그리고리가 죽었나요? 사람들이 말하는 게 사실인가요?"
"난 몰라요."
두냐시카는 옆에서 살피듯 아크시냐를 잠깐 쳐다보더니 더욱 깊은 한숨을 내쉬었다.

"어머니는요, 그리고리에 대한 걱정만 하고 계세요. '내 소중한 아들'이라고 하시죠, 그리고 오빠가 죽었을 것이라고는 결코 믿지 않으세요. 크슈샤, 만일 그리고리가 정말로 죽었다면 어머니는 너무 슬픈 나머지 돌아가시고 말 거예요. 어머니의 생명은 이미 사라진 거나 마찬가지예요—단 한 가지, 그것을 잡아 붙들고 있는 것이 그리고리예요. 손자들에 대해서도 왠지 희망을 잃으신 듯하고, 기력을 잃어 일도 거의 못 하세요. 생각해 보세요, 1년 사이에 우리 집에서 네 사람씩이나……"

동정하는 마음이 들어 아크시냐는 담 너머로 몸을 늘여 두냐시카를 꼭 껴안고 그녀의 뺨에 세게 키스했다.

"어머님을 위로해 드려요, 많이 슬퍼하지 않으시도록……"

"어떻게 위로해 드려야 좋지요?"

두냐시카는 프라토크 끝으로 눈을 훔치고 호소했다.

"우리 집에 오셔서 어머니와 이야기를 좀 해주세요. 틀림없이 어머니도 즐거워하실 거예요. 당신이 우리를 피해야 할 이유는 아무것도 없어요!"

"갈게요, 꼭 갈게요!"

"저는 내일 밭에 나가야 돼요. 아니쿠시카의 미망인과 2제샤찌나라도 좋으니까 밀을 갈아놓으려 해요. 당신도 씨앗을 뿌리지 않겠어요?"

"씨앗을 뿌리다뇨! 씨 뿌릴 밭도 없고, 뿌려야 소용도 없어요. 나 혼자니까 아주 조금만 있으면 되는걸요. 그럭저럭 이대로 살아갈래요."

아크시냐는 쓸쓸하게 미소 지었다.

"댁의 스테판에 대한 소문은 뭣 좀 들으셨어요?"

"아무것도 못 들었어요."

아크시냐는 무관심하게 대답했으나, 갑자기 혼잣말하듯이 중얼거렸다.

"나는요, 그이에 대해서는 별로 생각하지 않아요."

해선 안 될 말을 무심결에 내뱉은 걸 깨닫고 그녀는 당황했다. 그 당혹을 감추려고 그녀는 재빨리 덧붙였다.

"그럼, 다시 만나요. 집을 어서 정리해야겠어요."

두냐시카는 아크시냐의 당혹을 눈치 채지 못한 척 옆쪽을 보면서 말했다.

"잠깐 기다리세요. 당신에게 말하고 싶은 게 있어요. 당신, 우리집 일을 좀 거들어 주지 않으시겠어요? 땅이 바싹 말라서 우리만으로는 해낼 수가 없어요. 마을에 있는 남자라고는 둘밖에 없는데, 그나마 불구자들이에요."

아크시냐는 기꺼이 그 제의를 받아들였고, 또한 두냐시카는 만족해서 돌아갔다.

두냐시카는 종일토록 기운차게 내일의 밭일을 준비했다. 아니쿠시카의 미망인 도움으로 씨앗을 채로 걸러내고, 써레를 수리하고, 짐마차 바퀴에 기름을 칠하고, 파종기를 손질하기도 했다. 해질녘에는 깨끗한 밀알들을 두건에 싸서 들고 묘지로 가져갔다. 이튿날 아침 밀알들을 찾아 작은 새들이 무덤 주위로 날아오게 하려고, 페트로와 나탈리야와 다리야의 무덤에 그것들을 뿌렸다. 작은 새들의 즐거운 지저귐을 듣고 죽은 이들이 기뻐하리라고 그녀는 어린애처럼 천진하게 믿었던 것이다.

거의 동이 틀 무렵, 돈강 연안 지방은 조용했다. 푸르스름한 포플러 줄기를 씻어내고 물에 묻힌 떡갈나무 숲과 어린 사시나무의 우듬지를 리드미컬하게 흔들어 움직이면서, 물에 잠긴 숲속의 홍수는 콸콸 소리 내어 공허하게 울렸다. 흐르는 물을 따라 고개를 숙인 갈대들이 작은 빗자루마냥 물이 가득 찬 호수의 수면에서 사각사각 소리를 내었다. 후미진 강기슭, 넘쳐난 물이 비로드를 깔아놓은 듯 넓게 퍼져 있는 낮은 대지 위에, 하늘의 황혼빛이 비친 물은 주문에 걸리기라도 한 듯 조용히 꼼짝도 않고 괴어 있었다. 너새들과 상오리들의 께느른한 소리가 울려 퍼지고 또한 널찍한 장소에는 밤을 밝힌 철새들 중 백조들이 은피리를 부는 것 같은 소리가 간간히 울려 왔다. 물에 넓게 퍼진 곳에서 배를 뒤집는 물고기가 눈에 잘 띄지 않게 홱 뛰어올랐다가는 떨어졌다. 금빛 섬광을 흩뿌리는 수면으로 흔들흔들 흔들리는 물결이 꽤 먼 곳까지 퍼져 나갔다. 불안에 싸인 새들의 다급함을 고하는 듯한 시끄러운 울음소리가 들려 왔다. 그리고 다시 정적이 돈 일대를 휘감았다. 하지만 백악(白岳)의 산봉우리가 희미하게 장밋빛을 띠기 시작한 새벽과 더불어 하류에서 바람이 불어 올라왔다. 그 진하고 세찬 바람은 물의 흐름을 거슬러 불었다. 바람은 돈강에 2미터나 되는 높은 물결을 일으켜서 숲속의 홍수는 미친 듯이 끓어오르고 나무들은 신음하듯 몹시 흔들렸다. 바람은 하루 종일 위잉위잉 소리를 내고, 한밤중이 되어서야 겨우 잦아졌다. 이런 날씨가 4, 5일 동안 계속되었다.

들녘에는 연보랏빛 안개가 자욱이 끼어 있었다. 토지가 메말라서 풀들도 자라지 않았다. 봄에 씨를 뿌릴 곡물을 위해 일구었던 밭도 사막의 모래 이랑같이 되었다. 토양은 자꾸 바람을 쐬고 있는데도 타타르스키 부락의 밭에는 사람 모습이 전혀 보이지 않았다. 부락에는 몇몇 나이 많은 노인들이 남아 있을 뿐이었다. 피난했다가 마을에 돌아온 사람들은 꼼짝 못하게 된 동상(凍傷) 환자와 병든 카자흐들뿐이었다. 밭에서는 여자들과 아이들만이 움직이고 있었다. 바람은 인기척이 없는 마을의 먼지를 소용돌이치고, 농가의 미늘창을 탁탁 두들기고, 헛간의 짚으로 이은 지붕을 마구 휘저었다.

"금년은 보리 수확이 없을 거야. 밭엔 여자들뿐인데, 게다가 세집 중 한 집밖에는 씨조차 뿌리지 않았거든. 죽은 토지에서는 아무것도 생겨나지 않아."

노인들은 말했다.

다음날 밭일을 끝내고 아크시냐는 해지기 전에 소를 연못으로 몰고 갔다. 둑 옆에는 안장을 얹은 말의 고삐를 잡고 10살짜리 소년 오브니조프가 서 있었다. 입을 우물거리고 있는 잿빛의 빌로도 같은 말의 콧등에서 물방울이 뚝뚝 떨어졌다. 말에서 내린 소년은 마른 찰흙덩이를 물속에 던져 넣고는, 수면이 소용돌이쳐 퍼져 나가는 모양을 바라보며 즐거워했다.

"바냐토카, 어디 갔다 왔니?"

아크시냐가 물었다.

"어머니에게 음식을 가져다 드리고 오는 길이에요."

"부락에 별로 달라진 건 없니?"

"아무것도 없어요. 게라심 할아버지가 엊저녁에 굉장히 큰 잉어를 그물로 낚았어요. 그리고 피난 갔던 표도르 메리니코프가 돌아왔어요."

소년은 발끝으로 서서 말에게 재갈을 물리고 말갈기를 쥐었다. 그러고는 악마처럼 교묘하게 안장 위에 뛰어올라 앉았다. 소년은 사려 깊고 당당한 주인의 모습으로 천천히 연못을 떠났다. 잠시 뒤 아크시냐 쪽을 한 번 돌아다보고는 기세 좋게 달려갔다. 빛바랜 옥색 셔츠가 그의 등에서 물거품처럼 부풀어 올랐다.

소가 물을 마시는 동안에 아크시냐는 둑 위에 누워 있다가 갑자기 부락으로 가보기로 결심했다. 메리니코프는 병사였다. 그는 그리고리에 대해서 뭔가 알고 있을게 틀림없으리란 생각이 들었다. 소를 외양간에 몰아넣은 뒤, 아크시냐는 두냐시카에게 말했다.

"부락에 갔다올께요. 내일 일찍 돌아올 거예요."

"볼일로요?"

"네, 볼일이 있어요."

아크시냐는 아침에 돌아왔다. 그녀는 소에 수레를 달고 있는 두냐시카 옆으로 왔다. 두냐시카는 가볍게 기다란 마른 나뭇가지를 휘두르고 있었으나, 눈살이 찌푸려지고 입가에는 고통스러운 주름이 잡혀 있었다.

"표도르 메르니코프가 돌아왔어요. 찾아가서 그리고리에 대해 물어봤지만, 아무것도 모른다더군요."

아크시냐는 간단히 그렇게 말한 뒤 몸을 돌려 재빨리 파종기 쪽으로 가버렸다.

파종이 끝나자 아크시냐는 집안일에 매달렸다. 외밭에 수박씨를 심고, 집에 덧칠을 하고 하얀 칠을 하기도 했다. 남은 짚으로 혼자 할 수 있는 범위 내에서 헛간 지붕을 고쳐 잇기도 했다. 하루하루를 일에 매달려 지냈으나, 그리고리의 안부가 잠시도 아크시냐의 마음에서 떠나지 않았다. 스테판에 대해서는 마지못해 생각을 해보는 정도였다. 그리고 왠지 스테판은 끝끝내 돌아오지 않을 것같이 생각되었다. 그러나 부락에 카자흐가 돌아오면, 맨 먼저 "우리 스테판을 보지 못하셨어요?" 물었다. 그런 뒤에 조심스럽게 천천히 그리고리에 대해 뭔가를 알아내려했다. 두 사람의 관계는 이미 온 부락에 다 알려져 있었다. 남을 헐뜯기 좋아하는 여자들도 이제는 두 사람에 대해 입을 다물 정도였다. 그러나 아크시냐는 자기의 감정을 노골적으로 드러내지 않았다. 다만 가끔 입이 무거운 병사가 그리고리에 대해서 좀처럼 이야기하지 않을 때에는 눈을 깜박이며 얼핏 보기에도 허둥지둥 이렇게 물었다.

"저, 우리 이웃의 그리고리 판테레에비치는 어찌되었는지 모르세요? 그이의 어머니가 걱정으로 몹시 초췌해지셨답니다."

돈군이 노보로시스크에서 항복한 뒤로 이 부락의 카자흐들은 누구 한 사람, 그리고리나 스테판을 보았다는 사람은 없었다. 겨우 7월 말이 되어서야 돈에 살짝 숨어들어온 코르다에프스키 부락 출신의 스테판의 전우가 아크시냐를 찾아와 소식을 알렸다.

"스테판은 크리미아로 갔습니다. 틀림없습니다. 그가 기선에 타는 걸 제가 보았습니다. 이야기는 하지 못했습니다. 어쨌든 사람들의 머리 위를 밟을 정도로 혼잡했지요."

그리고리에 대한 질문에는 애매하게 대꾸했다.

"부두에서 봤는데, 견장을 달았더군요. 그 뒤에는 보지 못했습니다. 많은 사관이 모스크바로 끌려갔는데, 지금 그가 어디에 있는지는 모르겠습니다……"

1주일이 지나자, 부상한 프로호르 즈이코프가 부락에 나타났다. 그는 보통의 짐마차로 실려 왔다. 그것을 알자 아크시냐는 소젖을 짜다 말고 송아지를 어미 소의 젖무덤에 붙여 주고는 프라토크를 쓰면서 뛰다시피해서 급히 프로호르의 집으로 향했다. '프로호르는 분명히 알고 있을 거야. 그 사람이야말로 알고 있을 게 틀림없어! 혹시나 그리샤가 죽었다고 하면? 그럼, 나는 어떻게 하나?' 가면서 그녀는 이렇게 생각했다. 불행한 소식을 듣게 될 것이 두려워 손으로 가슴을 누르며 차츰 속도를 늦추었다.

프로호르는 그녀를 객실로 맞아들였다. 얼굴 가득히 웃음을 머금고 끝이 떨어져나가 나무 그루터기 같은 모양이 된 짧은 왼손을 등 뒤로 숨기며 말했다.

"여, 안녕하십니까, 전우님, 반갑습니다! 건강한 모습을 뵙게 되다니 뜻밖입니다. 당신이 그 마을에서 세상을 떠나지 않으셨나 걱정했었습니다. 너무도 중태이신 것 같았거든요…… 그 티푸스란 놈이 제법 미인으로 만들어 놓았군요! 그런데 보시는 바와 같이 전 폴란드놈에게 혼이 났습니다. 망할 녀석들의 아가리에 수레채라도 쑤셔 넣고 싶을 정도입니다!"

프로호르는 카키색 작업복의, 끈으로 묶은 텅 빈 소매를 보였다.

"마누라가 이걸 보고는 엉엉 울더군요. 그래서 저는 이렇게 말했습니다. '울지 말라구, 바보야. 다른 여자들은 모가지를 잘리고도 견디는데 팔 하나쯤이 뭐 대수로운가! 지금은 나무로 만들어 붙인단 말이야! 그 팔은 추운 것도 전혀 모르고 잘려도 피가 나지 않는다'라고요. 다만 난처하게도, 한 팔로 일하는 데 익숙하지 못하단 말씀입니다. 바지 단추도 푼 채로 집에까지 왔답니다! 그런 형편이니, 단정치 못하더라도 용서하시기 바랍니다…… 자, 들어와 편히 앉으십시오. 손님이신데요. 마누라가 없는 사이에 이런저런 이야기를 합시다. 마누라는 탁주를 받아오라고 보냈습니다. 남편이 팔을 잃고 돌아왔는데도 전혀 축하 준비를 하지 않아서요. 아시겠습니까, 칠칠히 못한 여자들. 당신네들이 남편이 없는 동안 무슨 짓들을 하고 있는지 훤하게 알고 있지요!"

"어서 말씀해 주세요……"

"다 압니다. 이제 애기해 드리죠. 그분은 이렇게 인사를 해달라고 하셨습니다."

프로호르는 장난하듯이 절을 하고 머리를 들더니, 놀란 듯이 눈살을 찌푸렸다.

"그러실 줄 알았습니다! 우습니까? 바보입니다. 여자들은요, 도무지 알 수가 없는 것들입니다! 제멋대로들입니다. 죽었다해도 울부짖고, 살아 있다고 해도 마찬가지로 아우성칩니다. 그 양반은 살아 계십니다. 건강하게 말이죠. 포동포동 살도 찌셨습니다. 노보로시스크에서 저는 그분과 함께 타바리시치(동지) 브죵누이의 기병 병단 제14사단에 들어갔습니다. 우리 그리고리 판테레에비치는 100인의 우두머리, 말하자면 중대장이 되셨습니다. 저는 물론 그분 밑으로 들어갔고 그 뒤 키에프로 행군했습니다. 저 폴란드놈들을 해치우러 간 겁니다. 그때 그리고리 판테레에비치는 이렇게 말했습니다. '오스트리아의 여기저기에서는 독일인을 마구 베어 군도를 쓰는 재미를 맛보았었지. 이번 폴란드인의 머리도 독일인의 머리보다 단단하지는 않을 거야! 어쨌든 내 나라의 러시아인보다야 마음 가볍게 놈들을 뺄 거라고 생각되는데, 자네는 어떤가?' 라고요. 그러고는 저에게 눈짓을 하며 벙글벙글 웃으셨습니다. 그분은 적위군에 들어간 뒤 사람이 달라졌습니다. 쾌활해지고, 거세된 말 미낭 온순해졌습니다. 하기야 저는 그분과 끝내 집안싸움을 벌이고 말았지만요…… 사실은 그때 그분에게 말을 타고가 농담으로 '그럭저럭 휴식 시간이 아닙니까, 상관님—타바리시치, 멜레호프!' 했거든요. '그런 농담은 집어치워. 용서하지 않을 테다!' 해질녘에 무슨 일로 저를 불렀는데, 그때 저는 운이 나쁘게도 또 그 '브라고도시에(상관님)' 소리를 해버렸습니다. 그러자 그분은 권총을 뺐습니다. 얼굴이 새파래져서는 이리처럼 이빨을 드러내는데, 입 안이 온통 이빨투성이로서 100대 이상 되어 보였습니다. 저는 말 배에 몸을 붙이고 쏜살같이 냅다 달아났습니다. 하마터면 그분에게 죽을 뻔했습니다. 정말 무서웠습니다!"
"그러면 그분은 혹시 휴가로……"
아크시냐는 우물우물 말했다.
"생각지도 않으십니다!"
프로호르는 말을 가로막았다.
"지금까지의 죄를 씻을 때까지 착실히 근무하겠다고 말씀하셨습니다. 그분은 끝내 그렇게 하실 겁니다. 고지식하시니까요…… 언젠가 저희에게 공격을 명령하셨는데, 그때 제 앞에서 그분은 적군의 창기병(槍騎兵)을 4명이나 단숨에 베었습니다. 그분은 어릴 적부터 왼손잡이였는데, 왠지 두 손에 칼을 쥐고 마구 베시더군요…… 전투가 끝난 뒤 정렬한 부대 앞에서 브종누이 대장이 직접 그분과 악수를 나누고 감사했습니다. 정말이지 큰일을 하실 분입니다. 당신의 판테레에비치라는 사내는 말이죠!"
아크시냐는 취한 듯이 멍하니 듣고 있었다…… 그녀는 멜레호프네 쪽문 근처에 이르러서야 문득 제정신을 차렸다. 두냐시카는 현관방에서 우유를 거르고 있다가 고개를 들지도 않고 말했다.
"누룩을 가지러 오셨지요? 제가 가져다 드린다고 약속해 놓고는 깜빡 잊어버렸어요."
그러나 눈물에 흐려진 채 행복감으로 빛나는 아크시냐의 눈을 보더니, 두냐시카는 말없이도 모든 것을 이해했다.
두냐시카의 어깨에 달아오른 얼굴을 갖다 대고 기쁨을 억누르며 아크시냐는 소곤거렸다.
"살아 계시대요, 건강하게…… 잘 계시다는 안부를 전해 오셨어요…… 자, 어서 어머님께 말씀드리세요!"

2

퇴각을 계속하고 있던 카자흐들 가운데 30명가량이 여름으로 접어들 무렵에 타타르스키 부락으로 돌아왔다. 그 대부분은 노인이거나 상당히 나이든 병사들이었고, 젊은이나 장년의 카자흐라고는 환자나 부상자들 이외에는 거의 한 사람도 없었다. 청장년층의 일부는 적위군에 들어갔고, 그 나머지는 우란게리 부대에 들어가 돈으로의 새로운 진격을 다지기 위해 크리미아로

간 것이다.
　퇴각한 사람들의 절반 이상은 타향에 묻히고 말았다. 어떤 사람은 티푸스로 쓰러지고, 어떤 사람은 쿠반에서 행해진 적과의 마지막 전투에서 죽었고, 또 몇은 치중(輜重)의 행렬에서 떨어져 마누이치 저편 들판에서 얼어 죽고, 2명은 적록파(赤綠派:적색 빨치산)에게 잡혀간 뒤로 소식이 끊겼다…… 이렇게 해서 타타르스키 부락의 수많은 카자흐들의 자취가 사라지고 말았다. 여자들은 긴장과 불안한 기대 속에 살아가고 있었다. 해질녘에 목장으로 소를 데리러 갈 때는 오랫동안 멈추어 서서 연보랏빛 명아주로 덮인 길에 뒤늦은 도보 행인의 모습이라도 보이지 않나 하고 작은 손을 이마에 대고는 멀리 바라보기도 했다.
　누더기를 입고 이투성이가 되어 말라빠진 사내가—그는 오랫동안 기다리고 기다렸던 그 집의 주인인데—집에 돌아오자, 그 집에서는 너무도 기쁜 나머지 대수롭지도 않은 소동이 벌어졌다. 때와 먼지투성이가 되어 새까매진 병사를 위해 더운 물이 준비되고, 아이들은 앞을 다투어 아버지의 심부름을 하려하고, 아버지의 행동 하나하나를 지켜봤다. 행복해서 망연해진 주부는 서둘러 식탁을 차리고, 사내의 깨끗한 셔츠 한 벌을 꺼내려고 옷궤짝에 달려들기도 했다. 그런데 셔츠는 공교롭게도 기워져 있지 않아 실을 꿰려 하나 주부의 떨리는 손가락 끝으로는 도저히 불가능했다…… 이렇게 행복한 때에는 멀리서부터 주인을 냄새로 알아보고 집의 현관까지 주인을 뒤쫓아 와서 손을 핥아대는 집지키는 개가 집 안에 들어서는 것도 허용된다. 그릇을 깨뜨리거나 우유를 엎질러도 아이들은 야단맞지 않는다. 무슨 짓을 하든 다 용서받는다…… 목욕탕에 들어가 미처 옷을 갈아입기도 전에 근처 여자들이 집안에 가득 차게 된다. 육친의 안부를 알려고 온 것이다. 그리고 두려워하면서 귀 기울여 돌아온 병사의 말 한 마디라도 놓치지 않으려 한다. 하지만 잠시 뒤 어떤 여자는 눈물에 젖은 얼굴을 손으로 가리고 바깥으로 뛰쳐나가 길도 제대로 분간하지 못하고 장님처럼 비틀비틀 길을 간다. 어떤 집에서는 새로 과부가 된 여인의 죽은 이를 위해서 이미 경(經)을 외고 있는데, 아이들이 울면서 새된 소리를 질러 과부의 독경(讀經)을 되풀이하게 한다.
　그 무렵 타타르스키 부락은 그런 형편이었다. 한 집에 찾아든 행복이 어떤 집에는 견디기 어려운 슬픔을 몰아왔다.

이튿날 아침, 깨끗이 면도질을 해서 되젊어진 주인은 일찍 일어나 집 안을 돌아보고 무엇부터 손을 댈 것인가 살핀다. 아침 식사가 끝나자마자 그는 일에 달라붙는다. 대패가 즐겁게 싹싹 소리를 내고, 헛간 차양 밑이나 서늘한 나무 그늘에서 도끼 소리가 울리기도 하여, 그야말로 이 집의 일거리들이 고대하여 마지않던 숙련된 남자가 드디어 나타났음을 알리는 듯싶다. 한편, 전날 밤에 아버지와 남편의 죽음을 전해들은 집에서는 공허한 정적이 그 집 안팎에 깊이 서린다. 슬픔에 젖은 어머니는 아무 말 없이 누워 있고, 그 어머니 주위에는 하룻밤 사이에 고아가 된 아이들이 한데 엉켜 웅크리고 있다.

일리니치나는 마을 사람들 중 누군가가 돌아온 것을 알면 언제나 이렇게 말했다.

"도대체 내 아들은 언제쯤 돌아온단 말이냐! 돌아온 사람도 있는데 내 아들에 대해서는 통 소문도 없구나."

"젊은 카자흐는 돌아오지 않아요. 그것도 모르세요, 어머니는!"

두냐시카는 안타깝다는 듯이 어머니에게 말했다.

"누가 돌아오지를 않는다구? 치혼 게라시모프를 봐라! 그 사람은 그리샤보다도 한 살 더 적단다."

"그 사람은 부상자예요, 어머니!"

"무슨 부상자라는 거냐? 어제 대장간 옆에서 그 사람을 봤는데, 용수철마냥 원기 있게 걸어 다니더라. 그가 부상자란 말이냐."

"부상자였지만, 지금은 나은 거예요."

"내 아들도 부상자가 아니라고는 말할 수 없어! 그 애 몸은 상처투성이야. 그런데도 치료 같은 걸 하지 않아도 괜찮다는 말이냐, 너는?"

두냐시카는 그리고리의 귀환을 지금은 도저히 바랄 수 없다는 것을 갖가지로 어머니에게 알아듣도록 하려고 애썼지만, 일리니치나를 설득하기는 결코 쉽지 않았다.

"잘난 체 하지 마라!"

그녀는 두냐시카를 억눌렀다.

"내가 너보다는 잘 알고 있다. 어미를 가르치기에 너는 아직 너무 어려. 돌아오지 않으면 안 되니까 틀림없이 돌아올 게다. 어서 저리 가거라. 너와 쓸데없는 얘기를 하고 싶지 않다!"

노파는 말할 수 없이 초조하게 아들을 기다리며 무슨 일을 하든 아들 생각을 했다. 미샤토카가 그녀의 말을 안 듣거나 하면 곧 이렇게 말했다.

"두고 봐라, 이 못된 녀석. 당장에라도 애비가 돌아오면 다 이를 테다. 애비에게 혼줄이 나게 할 테다!"

창 옆으로 지나가는 짐마차에 새로 짜 맞춘 나무가 붙은 걸 보면 한숨을 쉬고 으레 이렇게 말했다.

"주인이 집에 돌아온 걸 금방 알겠구나. 누가 대체 방해를 해서 내 아들을 돌려보내지 않는 걸까……" 또한 일리니치나는 담배연기를 싫어해서 언제나 담배 피우는 사람을 부엌에서 쫓아냈을 정도였지만, 이제는 그것마저 달라졌다. 그녀는 이따금 두냐시카에게 말했다.

"가서 프로호르를 불러와라. 오거들랑 담배를 많이 피우게 해라. 왠지 집 안에 송장냄새가 가득 차 견딜 수가 없구나. 그리샤가 군대에서 돌아오면야 생기가 넘치는 카자흐다운 기분이 나겠는데……"

그녀는 식사를 준비할 때마다 으레 뭔가를 여분으로 만들고, 식사를 마친 뒤에도 수프 냄비를 불에 얹어 놓았다. 왜 그러세요, 하는 두냐시카의 질문에 대해서 일리니치나는 오히려 어이가 없다는 투로 대답했다.

"이렇게 하지 않으면, 끓이구 어쩌구 하는 동안 그리고리가 배를 곯게 되거든."

한번은 두냐시카가 밭에서 돌아오자, 부엌 안의 못에 그리고리의 속옷과 색깔이 변한 테가 있는 모자가 걸려 있었다. 두냐시카는 의아한 듯이 어머니를 쳐다보았다. 그러자 어머니는 무슨 나쁜 짓이라도 저지른 듯이 열없게 미소 지으며 말했다.

"이긴 말이야, 두냐시키, 내가 옷궤짝에서 꺼낸 거야. 바깥에서 집 안에 들어서면, 좀 환해진 것 같을 게다. 왠지 그녀석이 집에 와 있는 것같이……"

두냐시카는 그리고리에 대해 한 없이 되풀이되는 어머니의 말에 이제 진저리 나 있었다. 한번은 그녀가 참나못해 어머니에게 덤벼들었다.

"어머니는 똑같은 말씀을 그렇게 하시면서도 용케 질리지도 않으시는군요! 어머니가 말씀을 하시면 모두들 입을 다물고 있어요. 어머니 얘기는 모두 아침부터 밤까지 그리샤, 그리샤뿐이에요……"

"소중한 자식 얘기를 하는데 왜 질린단 말이냐? 너도 네 자식을 가져봐라. 그때는 알 거다……"

이렇게 일리니치나는 나지막하게 웅얼거리며 대꾸했다.

그런 일이 있은 뒤로, 그녀는 부엌에서 그리고리의 속옷과 모자를 자기 방에 가져다놓고 며칠 동안은 아들에 대해 한 마디도 꺼내지 않았다. 그러나 풀베기가 시작되기 조금 전에 두냐시카에게 말했다.

"넌 내가 그리샤 생각을 한다고 화를 낸다마는, 그리샤가 없으면 우리는 앞으로 어떻게 살아가겠느냐? 그런 것을 너도 조금은 생각해 보려무나! 풀베기를 해야 하는데 갈퀴 하나 만들어 줄 사람도 없어…… 봐라, 우리 집은 모든 게 엉망이 되었고, 너와 나뿐이니, 무엇 하나 해낼 수가 없잖느냐. 집에 주인이 없으니 재산도 엉망이구."

두냐시카는 잠자코 있었다. 그녀는 생활문제가 어머니를 그다지 불안하게 하고 있지 않다는 것, 그것은 단지 그리고리 이야기를 하여 기분을 달래기 위한 구실에 지나지 않는다는 것임을 알고 있었다. 일리니치나는 새로운 힘으로 그리고리를 보고 싶어 해 왔고, 또한 그것을 숨기고 있을 수도 없었던 것이다. 일리니치나가 저녁식사 생각이 없다며 식사를 하지 않자, 두냐시카가 물었다. "혹 편찮으신 게 아녜요?"

그녀는 억지로 대답했다.

"나는 아주 늙어버렸어…… 그리고리 때문에 가슴이 아프구나. 가슴이 메고 모든 게 싫어지고, 뭘 보는 것도 괴롭구나……"

그러나 멜레호프가의 생활이 그럭저럭 꾸려나갈 수 있게 된 것은 그리고리 때문이 아니었다. ……풀베기를 하기 바로 전, 전선에서 미시카 코셰보이가 부락으로 돌아왔다. 그는 먼 친척 집에서 밤을 보내고, 이튿날 아침 멜레호프가를 찾아왔다. 그때 일리니치나는 식사를 준비하고 있었다. 손님은 정중하게 문을 두드렸으나 대답이 없자 그냥 부엌으로 들어와 낡은 군대 모자를 벗고는 일리니치나에게 웃음을 지어 보였다.

"안녕하세요, 일리니치나 할머니! 뜻밖이시죠?"

"잘 있었나? 글쎄, 내가 자네를 기다릴 이유가 없지 않나? 자네가 나와 무슨 상관인가? 우리집 판자 울타리이기라도 하단 말인가? 아무 관계도 아니잖아?"

일리니치나는 밉살스럽기만 한 코셰보이의 얼굴을 성난 듯한 표정으로 쳐다보며 매정하게 말했다.
그러한 그녀의 응대에 조금도 당황하는 기색 없이 미하일은 말했다.
"판자 울타리라고 하시니 어이가 없습니다…… 어쨌든 서로 알고 지내는 사이인데요."
"그렇다는 것뿐일세."
"서로 아는 처지이니 찾아뵙는 것쯤이야 괜찮을 겁니다. 이 댁에 폐를 끼치러 온 건 아닙니다."
"그렇게 되면야 참지 않겠네."
일리니치나는 계속 요리를 하면서 손님을 돌아다보지도 않고 말했다.
미시카는 그런 말에 개의하지 않고 부엌을 세심히 둘러보면서 말했다.
"제가 찾아 뵌 것은, 아주머니께서 어떤 생활을 하고 계시는지 보고 싶어서입니다…… 1년 넘도록 소식을 전혀 듣지 못해서……"
"누구도 자네를 만나고 싶어 하지 않았다네."
쇠냄비를 화덕 안쪽으로 냅다 밀어붙이면서 일리니치나는 중얼거렸다.
두냐시카는 방 안을 정리하고 있었다. 미시카의 목소리를 알아듣고는 얼굴빛이 확 바뀌어 아무 말도 하지 않고 놀라 손뼉을 쳤다. 그녀는 부엌에서 벌어지고 있는 대화에 귀를 기울이며 긴 의자에 앉아서 꼼짝도 하지 않았다. 두냐시카의 얼굴은 시뻘겋게 달고 가느다란 콧날에 흰 세로줄이 떠오르며 창백해졌다. 미시카가 침착한 걸음걸이로 부엌 안쪽으로 가서 앉자 의자가 삐걱거렸다. 이어 그녀가 그가 성냥을 긋는 소리를 들었다. 방 쪽으로 담배 연기가 휙 흘러왔다.
"아저씨기 돌이기셨디죠?"
"그렇다네."
"그리고리는요?"
일리니치나는 한동안 잠자코 있다가 이윽고 몹시 불쾌한 듯이 대답했다.
"석위군에 늘어가 복부하고 있네. 자네의 것과 같은 별을 모자에 날고……"
"오래 전에 그걸 달았어야 했던 겁니다."
"그거야…… 그 애 마음이지."

"그러면 에브도케야 판테레에브나는요?"

질문을 하는 그의 목소리에는 분명히 걱정이 담겨 있었다.

"옷을 갈아입고 있네. 아주 꼭두새벽에 손님이 찾아왔으니…… 예의를 아는 사람은 이렇게 꼭두새벽부터 남의 집에 오지 않는 법이네."

"예의를 차리지 못하게 되었습니다. 너무 허전해서 발길이 이리로 닿았습니다. 시간 같은 건 생각하지 않았습니다."

"저런, 어째서 미하일, 자네는 남의 기분을 망치는 건가?"

"아주머니, 어째서 제가 기분을 나쁘게 했단 말입니까?"

"그것 때문이야!"

"그것이라니, 무얼 말씀이십니까?"

"자네 말버릇 말이야!"

두냐시카는 미시카가 괴로운 듯이 한숨 쉬는 소리를 들었다. 이제는 더 이상 견딜 수 없었다. 벌떡 일어나 스커트를 매만지고 부엌으로 나갔다. 미시카라고 알아볼 수 없을 정도로 여위고, 얼굴이 누렇게 된 미시카가 창가에 앉아서 담배를 피우고 있었다. 그는 두냐시카의 모습을 보더니, 그 탁하던 눈이 생생하게 빛나고 얼굴에 살짝 붉은 기가 돌았다. 급히 일어나 갈라진 목소리로 말했다.

"아, 잘 있었소?"

"안녕하셨어요? ……"

겨우 들릴 정도의 목소리로 두냐시카는 대답했다.

"가서 물을 길어 오너라."

일리니치나는 딸을 힐끗 쳐다보고는 재빨리 일을 시켰다.

미시카는 두냐시카가 돌아오기를 가만히 기다렸다. 일리니치나는 잠자코 있었다. 미시카도 잠자코 있다가는, 이윽고 손가락 끝으로 담뱃불을 끄고 물었다.

"왜 그렇게 성내십니까, 아주머니? 제가 아주머니에게 방해되기라도 했습니까?"

일리니치나는 벌에 쏘이기라도 한 양 페치카에서 휙 몸을 돌렸다.

"어떻게 뻔뻔스럽게 우리 집엘 오나. 자넨 부끄러운 줄도 모르나? 게다가 나에게 할 말이 있단 말인가? 자넨 사람 백정이라구……"

"제가 사람 백정이라구요?"
"그래, 진짜 백정이지! 누가 페트로를 죽였지? 자네가 아닌가?"
"접니다."
"그것 봐, 사람을 죽였으니 사람 백정이 아니고 뭔가? 그러고도 남의 집에 버젓이 앉아 있군. 마치……"

일리니치나는 헐떡거리다가 입을 다물었다. 그러나 곧 몸을 가누고 말을 계속했다.

"나는 그 애 어머니네! 자네 눈은 용케도 나를 쳐다보고 있구먼!"

미시카는 금세 새하얘졌다. 그는 이런 이야기가 나오리란 것을 예상했던 것이었다. 흥분으로 약간 더듬거리며 그는 말했다.

"그 문제에 대해서는 저도 할 말이 없습니다! 만일 제가 페트로에게 붙잡혔더라면, 어떻게 됐을 것이라고 생각하십니까? 이 밤송이 같은 대가리에 키스라도 해 주었을 것이라고 생각하십니까? 그도 역시 저를 죽였을 겁니다. 서로 포옹하기 위해 우리가 그 언덕에서 만났던 건 아닙니다. 전쟁을 했던 겁니다!"

"코르슈노프 영감님은 어째서지? 양순한 늙은이를 죽이는 것도 역시 전쟁이란 말이냐?"

"그렇지요!"

미시카는 질린 표정으로 말했다.

"물론 전쟁이지요! 저는 그 양순하다는 사람들에 대해서 잘 알고 있습니다! 그런 양순한 사람들이란 꼼짝 않고 집 안에 들어앉아서 팔짱을 끼고 있는 것처럼 보이지만, 사실은 전쟁터에 나가 있는 자들보다 훨씬 더 나쁜 짓을 하고 있는 겁니다. ……그리시카 영감 같은 사람이 그런 부류로 카자흐들을 부추겨서 우리에게 반항하도록 했던 겁니다. 그 녀석들 때문에 전쟁이 일어난 겁니다. 우리에게 반항하도록 선동했던 게 누구입니까? 그 양순한 무리였습니다. 그런데도 당신은 저더러 '사람 백정'이라시니…… 생각지도 않은 사람 백정입니다! 저는 새끼양이나 새끼돼지도 함부로 죽이지 못했고 지금도 죽이지 못할 거라고 생각합니다. 제 손은 그런 가축도 죽이지 못합니다. 다른 사람들이 가축을 죽일 때 저는 눈을 가리고 보이지도 들리지도 않도록 피해 버리곤 했습니다."

"그러면 그 영감님은……"
"어이없는 인척 늙은이가 당신에게 있었던 겁니다."
미시카는 화가 치미는 듯이 가로채어 말했다.
"영감에게는 눈곱만한 장점도 있었지만, 그러나 너무 해(害)가 많았습니다. 집에서 나가라고 해도 거기에 딱 버티고 누워 꼼짝도 하지 않았습니다. 그런 늙은 악마에게 화가 치밀어서 견딜 수가 없었습니다. 동물도 죽이지 못하는 저는 성이 나서 앞뒤를 가리지 않게 되면, 실례입니다만, 장인이든 다른 악당이든 간에 그런 불결하고 비열한 인간들은 얼마든지 죽일 겁니다! 놈들처럼 이 세상에 쓸데없이 살아 있는 듯한 적에 대해서는 저의 팔이 힘께나 쓸 겁니다!"
"자네의 그 힘께나 쓰는 팔로 자네는 모든 사람들을 다 말려 죽일 거야."
일리니치나는 몹시 밉살스럽다는 듯이 말했다.
"틀림없이 양심은 괴로워할 거야."
"물론입니다!"
미시카는 선량하게 미소 지었다.
"그 영감처럼 아무 가치 없는 사람들 때문에 저의 양심이 괴로워하고 있습니다. 저는 열병에 걸려서 괴로운데, 그 열병으로 아주 몸이 녹초가 되고 말았습니다. 그렇지만 않다면 놈들을 죄다 말이죠, 예, 어머니!"
"난 자네에게 어머니란 소리 들을 생각이 없어! 암캐 같은 거에게나 어머니라고 부르는 게 좋을 거야."
일리니치나는 노기등등했다.
"그런 욕설은 마십시오."
미하일은 공허한 목소리로 말하면서 기분 나쁜 듯 눈을 가늘게 떴다.
"저는 당신의 욕설을 참을성 있게 듣고 있을 필요가 조금도 없습니다, 아주머니. 잘 분별을 해서 말씀하고 계실 테지만, 페트로 일로 저에게 화를 내셔야 소용없는 일입니다. 페트로는 자기가 갈 곳으로 간 것뿐입니다."
"자넨 사람 백정이야! 사람 백정이구말구! 자, 나가라구! 난 자네 꼴도 보기 싫단 말이야!"
일리니치나는 고집스레 우겨댔다.
미시카는 다시 담배에 불을 붙이고 부드럽게 말했다.

"그러면 당신 친척 중 미치카 코르슈노프는 사람 백정이 아닙니까? 그리고리는 어떻습니까? 아주머닌 아드님에 대해서는 아무 말씀도 하지 않으려 하시지만, 그야말로, 그리고리야말로 진짜 에누리 없는 사람 백정입니다!"
"무슨 소리야?"
"저는 원래 거짓말을 하지 않습니다. 그래, 당신은 그 사람이 어떤 인간인 줄 아십니까? 그 사람이 우리 동료들을 얼마나 죽였는지 모르시지요? 그러실 겁니다! 만약에 말이죠, 아주머니, 당신이 전쟁을 하는 사람을 죄다 그런 식으로 부르신다면, 우리 모두가 사람 백정이 되는 겁니다. 무엇 때문에 남을 죽였느냐, 어떤 인간을 죽였느냐, 하는 것이 문제인 겁니다."
코셰보이는 무게 있게 말했다.
일리니치나는 잠자코 있었다. 그러나 손님이 여전히 나가려 하지 않자 거칠게 말했다.
"그만하면 됐네! 자네 같은 사람과 얘기하고 있을 틈이 없으니, 어서 빨리 돌아가 주게."
"저에게는 돌아갈 곳이 없는걸요."
미시카는 싱긋 웃고 일어섰다.
그로서는 단번에 그 하찮은 모욕과 이야기를 중단시킬 수도 있었다. 그러나 미시카는 별 생각 없이 퍼부어대는 노파의 모욕적인 폭언을 깊이 마음에 새길 정도로 그렇게 민감하지는 않았다. 그는 두냐시카가 자기를 사랑하고 있음을 알고 있었다. 그 밖의 것은, 노파든 무엇이든 아무래도 괜찮았던 것이다.
다음날 아침에 그는 다시 와서 아무 일도 없었던 것같이 인사를 하고 창가에 앉아 두냐시카가 하는 양을 지켜보았다.
"흥, 또다시 찾아왔구먼……"
일리니치나는 미시카의 인사에 대꾸하지도 않고 싫은 소리를 했다.
"일리니치나 아주머니, 아주머니를 찾아온 건 아니니 그렇게 성내지 마십시오."
"우리 집으로 오는 길을 잊어먹으면 좋겠구먼."
"그럼, 저는 어디로 가야 합니까?"
조금 진지한 표정으로 미시카가 말했다.

"아주머니의 친척인 미시카 덕분에, 저는 외톨이가 되고 말았습니다. 빈 집에 혼자 틀어박혀 있을 수는 없습니다. 아주머니가 어떻게 생각하시든지, 저는 댁에 올 겁니다."

그는 이렇게 말하고 나서 두 다리를 벌리고 편안한 자세로 바꾸어 앉았다.

일리니치나는 주의 깊게 미시카를 쳐다보았다. 정말이지 그리 간단히 쫓아낼 수는 없을 듯했다. 까딱도 하지 않을 듯한 억센 성미가 조금 기운 머리에서, 꽉 다문 입가에서, 앞으로 굽은 미시카의 몸 전체에서 엿보였다……

그가 겨우 돌아가자 일리니치나는 아이들을 뜰로 데리고 나갔다. 그때 그녀는 두냐시카에게 말했다.

"그녀석 이젠 절대로 우리 집에 오지 못하게 해, 알았지?"

두냐시카는 눈도 깜박이지 않고 어머니를 쳐다보았다. 그녀가 한 마디 한 마디를 씹어 뱉는 듯한 어조로 말했을 때, 멜레호프 일족(一族)의 전통적인 고유한 빛이 심하게 깜박이는 그녀의 눈 속에 순간적으로 나타났다.

"왜요? 그이를 왜 못 오게 해요? 오지 말라고 말할 수 없어요! 오지 말라고 해도 올 거예요!"

그러더니 참을 수 없다는 듯 숙인 얼굴을 홱 쳐들고 현관방으로 뛰어 들어갔다.

일리니치나는 괴로운 숨을 내쉬고 창가에 앉아서 말없이 머리를 내저었다. 어딘가 들판 아주 먼 저편으로, 초점 없는 눈길을 멍하니 못박아놓고 있었다. 그 원경(遠景)에서는, 햇살을 받아 은빛이 된 어린 쑥이 한 줄로 되어 하늘과 대지를 갈라놓고 있었다.

해지기 전에 두냐시카와 어머니는 화해도 하지 않고 서로 말없이, 돈 강가의 쓰러진 채소밭 울타리를 고치고 있었다. 그때 그곳으로 미시카가 왔다. 미시카는 말없이 두냐시카의 손에서 삽을 빼앗고 말했다.

"이렇게 얕게 파서는 안 돼. 바람이 불면 또 울타리가 쓰러지고 말아."

그러고는 말뚝을 세울 구멍을 깊게 파냈다. 그 뒤 울타리를 함께 일으켜 세워 말뚝에 붙들어놓고 돌아갔다.

이튿날 아침, 그는 새로이 깎아서 만든 갈퀴 2개와 큰 갈퀴에 쓸 자루 1개를 들고 와서 멜레호프네 집 문 앞에 세워놓았다. 일리니치나에게 아침 인사를 하고는 이어 사무적으로 말했다.

"풀밭에 가서 풀을 베실 겁니까? 모두들 돈 건너편으로 나갔습니다."
 일리니치나는 입을 다물고 있었다. 어머니를 대신해서 두냐시카가 대답했다.
 "강을 건널 배가 없어요. 지난 해 가을부터 배를 헛간 쪽에 내버려둬서 바싹 말라 물이 새는 걸요."
 "봄이 되기 전에 물에 담가 뒀어야 하는 거요."
 미시카가 나무라듯이 말했다.
 "어쩜 젖꼭지나무 껍질로 틈새를 막아서 고칠 수 있을지도 몰라. 배 없이는 곤란할걸."
 두냐시카는 얌전하게 뭔가를 기다리듯이 어머니를 돌아다보았다. 일리니치나는 자기가 알 바 아니라는 듯 묵묵히 밀가루반죽만 치대고 있었다.
 "젖꼭지나무 껍질은 있나?"
 미하일은 살짝 미소를 떠올리고 물었다. 두냐시카가 헛간에 가서 젖꼭지나무 껍질을 한 아름 안고 왔다.
 미하일은 점심식사 때까지 배를 고치고는 부엌에 들렀다.
 "배는 강물 속에 넣어 두었는데, 당분간 물에 담가 두는 게 좋을 거예요. 단단히 매놓아요. 도둑맞지 않게……"
 그러고 나서 또다시 물었다.
 "풀베기는 어떻게 할까요? 좀 거들어 드리겠습니다. 어차피 지금은 놀고 있으니까……"
 "저 애에게 물어보게."
 일리니치나는 두냐시카를 머리로 가리켰다.
 "저는 이대 안주인에게 여쭌 겁니다."
 "아냐, 난 왠지 이 집 안주인이 아닌 듯 하네……"
 두냐시카는 울면서 방 안으로 들어가 버렸다.
 "그럼, 거들어 드리지요."
 미시카는 한숨을 내쉬고 갈리 말했다.
 "그런데 목공 연장들은 어디 있습니까? 갈퀴를 만들어야겠습니다. 헌 것은 틀림없이 쓸모가 없을 테니까요."
 미시카는 헛간으로 가서 휘파람을 불며 갈퀴 이빨들을 만들었다. 어린 미샤토카가 그 주위를 뛰어다니며 미시카에게 치근거렸다.

"미시카 아저씨, 조그만 갈퀴를 만들어 줘요. 아무도 만들어 주지 않는단 말예요. 할머니도 못 만들고, 고모도 못 만들어요…… 만들 수 있는 사람은 아저씨뿐이라구요. 아저씨는 잘 만들 수 있죠?"

"만들어 주고말고. 정말로 만들어 줄 테니까 저리 가 있어라. 대팻밥이나 나뭇조각이 날아서 눈에 들어가면 안 되니까."

코셰보이는 아이에게 친근하게 말하고, 이따금 놀랍다는 듯이 혼자 웃으며 생각했다. '이 아이는 놀라울 정도로 비슷하구나…… 아주 제 아비를 꼭 닮았어! 눈매니 눈썹이니 말할 때의 윗입술 모습까지…… 그건 그렇고, 어서 서두르자!'

그는 조그마한 어린이용 갈퀴에 손을 대었으나 다 만들지는 못했다. 입술 빛깔이 자주색이 되고, 누런 얼굴은 성난 듯하면서도 온순한 표정이 되어 있었다. 그는 휘파람도 멈추고, 작은 칼을 놓고는 추운 듯이 어깨를 와들와들 떨었다.

"미하일 그리고리치, 뭣이든 몸에 덮을 걸 좀 가져오너라. 잠을 잘 테니까."

그는 부탁했다.

"왜요?"

미샤토카는 재미있다는 듯 물었다.

"병이 났구나!"

"어떻게요?"

"참 끈질긴 녀석이군…… 병이 날 시간이 됐어. 그것뿐이야! 자, 빨리 가서 좀 갖다줘!"

"내 갈퀴는 어떻게 되는 거죠?"

"나중에 만들어 줄께."

코셰보이는 몸이 심하게 떨렸다. 그는 이빨을 딱딱 부딪치며 미샤토카가 가져온 거친 천 위에 누워 모자를 벗고는 그것으로 얼굴을 덮었다.

"벌써 앓기 시작한 거예요?"

미샤토카가 근심스러운 듯이 물었다.

"그래, 앓기 시작했다."

"왜 떨어요?"

"열 때문에 떨리는 거야."

"왜 이빨에서 딱딱 소리가 나지요?"

미시카는 모자 밑에서 한쪽 눈으로 끈기 있게 묻는, 자기와 같은 이름의 조그만 아이를 올려다보고 잠시 웃을 뿐 아이의 질문에는 대답하지 않았다. 미샤토카는 놀라서 그를 쳐다보다가는 집 쪽으로 뛰어갔다.

"할머니! 미하일 아저씨가 헛간에서 자고 있어. 덜덜 떨어. 마치 뛰어오르는 것 같애."

일리니치나는 창 쪽을 바라다본 다음 테이블 쪽으로 다가가 뭔가를 곰곰이 생각하며 오랫동안 가만히 있었다.

"할머니, 왜 잠자코 있어?"

블라우스 소매를 당기며 미샤토카가 참지 못하고 물었다.

일리니치나는 아이를 돌아다보고 시원스럽게 말했다.

"착한 애니까, 담요를 가져다 그 반(反)그리스도주의자에게 덮어 주어라. 아마 열 때문에 떨 게다. 그런 병일 거야. 담요를 가져갈래?"

그녀는 다시 창에 다가서서 뜰 안을 살피는 듯하더니 황급히 말했다.

"잠깐 기다려라! 됐다. 가져가지 마라. 됐다."

두냐시카가 자기의 방한용 양털 외투로 코셰보이를 감싸주고 몸을 구부려 뭐라고 이야기를 하고 있었다.

발작이 멎자, 미시카는 해질녘까지 이런저런 풀베기 준비를 했다. 그의 동작은 께느른하고 불안해 보였으나, 그래도 갈퀴를 다 만들어 놓았다.

저녁때 일리니치나는 모두를 식탁에 불러 아이들을 식탁에 앉혔다. 그리고 두냐시카를 쳐다보지도 않고 이렇게 말했다.

"그 사람을 불러 와라. 저녁은 먹게 해야지……"

미시카는 성호를 긋지도 않고 지친 듯이 등을 구부리고는 식탁에 앉았다. 땀이 마른 자국이 지저분하게 얼룩진 누런 얼굴에 초췌한 기색이 드러나 보이고, 수프를 입으로 가져가는 그의 손이 잘게 떨렸다. 그는 식욕이 없는 듯 조금밖에 먹지 않았다. 그리고 가끔 멍하니 식탁에 앉아 있는 사람들을 둘러보았다. 그러나 일리니치나는 그 '사람 백정'의 탁한 눈이 어린 미샤토카에게 가서 머물다가는, 천천히 따뜻해지면서 생기를 띠는 것을 보고 놀랐다.

그 감탄과 애무의 조그마한 불꽃은 순간적으로 타올랐다가 곧 사라졌지만, 입가에는 희미한 미소가 오랫동안 떠돌았다. 이윽고 그의 시선이 다른 데로 옮겨지자, 그의 얼굴은 다시 둔한 무표정한 그림자로 감싸였다.

일리니치나는 유심히 코셰보이를 살피고 있었는데, 그가 몹시 여윈 것을 보고 놀랐다. 먼지로 잿빛이 된 작업복 속에서 쇄골 선이 날카롭게 비껴 겉으로 드러나 보이고, 넓은 어깨의 여위어서 뾰족해진 끝이 쑥 나와 있고, 어린애같이 가늘어진 목에는 붉은 빛이 도는 뻣뻣한 털이 돋은 결후(結喉)가 흉하게 튀어나와 있었다…… '사람 백정'의 구부정한 등허리와 밀랍을 먹인 것 같은 얼굴을 보면 볼수록 일리니치나는 뭔가 내면적인 벌(罰)의 악함과 서먹한 기분이 더욱더 강하게 느껴졌다. 그러자 문득 미우나 산 인간에 대한 연민의 정이—참으로 강렬한, 여자까지도 정복하고야 마는 그 고통 같은 모성적인 연민의 정이 일리니치나의 마음속에 싹텄다. 이 새로운 감정을 이기지 못하고, 그녀는 그릇에 우유를 가득 따라 미시카에게 주며 말했다.

"자, 들게. 좀 많이! 자넨 하도 말라서 보기에도 기분 나쁠 정도야…… 그런 사위는 원치 않네!"

3

부락에서는 코셰보이와 두냐시카에 대한 이야기가 사람들 입에 자주 오르내렸다. 언젠가 나루터에서 한 부락 여인이 두냐시카를 보자, 노골적으로 비웃는 기색을 보이며 이렇게 물었다.

"당신네 집에서 미하일을 고용했나? 왠지 그 사람은 줄곧 당신네 집에 있더군……"

딸이 제아무리 사정해도 일리니치나는 완고했다.

"아무리 졸라도 너를 그 녀석에겐 주지 못한다! 나는 축복을 할 수가 없단 말이야!"

하지만 마침내 두냐시카가 코셰보이의 집으로 가겠다고 선언하고 곧 자기 옷가지들을 챙기기 시작하자, 일리니치나도 어쩔 수 없이 태도를 바꾸었다.

"농담하지 마라! 나 혼자 아이들을 어떻게 하란 말이냐? 될 대로 되란 말이냐?"

그녀는 놀라서 소리쳤다.

"어머니도 아시듯이 저는 사람들의 웃음거리가 되고 싶진 않다구요."

두냐시카는 여전히 옷궤짝에서 자기 옷가지들을 꺼내며 낮은 목소리로 중얼거렸다.

일리니치나는 한참 동안 말없이 입술을 깨물고 있더니, 이윽고 무겁게 걸음을 옮기면서 성상이 걸린 방 구석 쪽으로 갔다.

"그렇다면 어쩔 수가 없구나……"

방구석의 성상을 손에 들고서 그녀는 중얼거렸다.

"네가 그렇게까지 결심했다면 축복해 주마. 자, 이쪽으로 오너라."

두냐시카는 무릎을 꿇었다. 일리니치나는 두냐시카를 축복하고 떨리는 목소리로 말했다.

"돌아가신 내 어머니가 이 성상으로 나를 축복해 주셨단다…… 아, 아버지가 지금 너를 보신다면…… 아버지가 너를 어떤 집으로 시집보내겠다고 말씀하시던 것을 기억하니? 정말이지 난 괴롭구나……"

그리고 묵묵히 등을 돌려 현관의 토방으로 나갔다.

미시카가 제아무리 애쓰고 설득해도, 두냐시카로 하여금 교회에서의 결혼을 단념하게 할 수는 없었다. 완고한 그 아가씨는 끝끝내 자기주장을 굽히지 않았다. 미시카는 마침내 생각을 굽혀서 승낙하고 말았다. 마음속으로는 끊임없이 교회에서의 결혼을 거부하면서도, 마치 사형을 당하러 가기라도 하는 것처럼 교회에서의 결혼 준비를 했다. 빗사리온 신부는 밤에 인기척이 없는 교회에서 남들 몰래 두 사람을 결혼시켰다. 의식이 끝난 뒤에 그는 젊은 부부를 축복하고 설교를 했다.

"보통들 말하는 젊은 소비에트의 타바리시치, 작년에 당신은 그 손으로 내 집을 불살랐소. 그런데 오늘은 내가 당신들을 결혼시키게 되었소. 우물에 침을 뱉지 말라고들 말하오. 왜냐하면 우물은 유용한 것이기 때문이오. 그래도 나는 기뻐하오. 진심으로 기뻐하오. 당신이 다시 정신이 들면 그리스도 교회에의 길을 다시 걸을 것이기 때문이오."

미시카는 이런 말을 듣고는 더 참을 수가 없었다. 아직껏 그는 사기의 무절조(無節操)를 부끄러워하고 자기 자신에게 화를 내면서도, 교회에서는 잠자코 한 마디도 하지 않았다. 그때 그는 그 집념 깊은 신부를 곁눈질로 거칠게 노려보고 두냐시카에게는 들리지 않도록 소곤거렸다.

"그때 너를 마을에서 놓친 게 분하다. 너같이 꼬리가 긴 악마는 집과 함께 태워 없앴어야 했는데! 알았어?"

뜻밖의 일에 당황한 신부는 눈을 깜박이며 미시카를 쳐다보았으나, 미시카는 신부의 소매를 움켜쥐고 "자, 어서 가!" 준엄하게 말하고는 군화로 소리 높게 바닥을 치면서 얼른 문 쪽으로 나아갔다.

그 쓸쓸한 결혼의 피로연에서는 탁주도 없고 노래도 불려지지 않았다. 친구로서 그 피로연에 간 프로호르 즈이코프는 이튿날 한참이나 침을 퉤퉤 튀기면서 아크시냐에게 투덜댔다.

"거 참, 대단한 결혼식이었습니다! 미하일이란 녀석 말이죠, 교회에서 신부의 입이 벌어져 닫히지 않을 정도로 무슨 말인가를 해서 신부를 놀라게 했습니다! 게다가 만찬에는 무엇이 나온 줄 아십니까? 구운 닭과 크바스였답니다…… 탁주 한 잔쯤 나왔더라면 좋았을 텐데, 나 원! 그리고리 판테레에비치가 자기 누이동생의 그런 결혼식을 보았더라면 어땠겠습니까? 정말 기가 막혀서! 도무지 요즘의 신식 결혼식이란 건 우리에게는 맞질 않아요. 개들의 결혼식도 그보다는 더 떠들썩합니다. 수캐들이 싸우느라고 털을 서로 잡아 뜯고, 대단한 소동이 벌어집니다. 그런데 그 녀석들은 술판도 벌이지 않고 싸움도 하지 않아요. 정말 어이가 없습니다! 그 결혼식 뒤에 나는 기분이 언짢아 밤새껏 잠을 설쳤습니다. 마치 벼룩을 한 움큼 셔츠 속에 넣은 듯해서 밤새 몸을 긁어댔습니다. 정말입니다……"

코셰보이가 멜레호프네 집에 들어가서 살기 시작한 날부터 멜레호프네 집안은 모든 것이 완전히 새로워졌다. 짧은 기간에 그는 울타리를 고치고, 들판의 마른풀을 실어다가 곡물 창고에 마른풀 더미를 보기 좋게 쌓았다. 곡물의 수확에 대비해서 간이 수확기의 날개와 선반 널빤지를 고쳐 달고, 타작마당을 깨끗하게 치우고, 낡은 체를 수선했다. 또 마구(馬具)도 수리했는데, 그것은 소 두 마리를 말 한 마리와 바꿔야겠다고 속으로 생각한 때문이므로, 두냐시카에게 몇 번 이렇게 말했다.

"말을 구해야겠어. 장례 때나 타기 알맞은 소로는 어떻게 할 수가 없단 말이야."

또한 헛간 속에서 우연히 흰색과 감청색 페인트 통을 찾아내, 오래 되어서 회색이 된 미늘창을 새로이 칠했다. 그러자 멜레호프의 집은 밝은 옥색 창문으로 세상을 바라보게끔 아주 말끔하게 단장되었다.

　미시카는 그야말로 일하는 주인이었다. 병에도 굴하지 않고, 그는 잠시도 쉬지 않고 일했다. 두냐시카 또한 무슨 일이든 그를 거들었다.

　결혼 생활을 한 지 며칠 사이에 그녀는 눈에 띄게 아름다워졌다. 어깨도 허리도 포동포동해진 듯했다. 그녀의 눈빛에도, 걸음걸이에도, 머리칼을 매만지는 방법에도 뭔가 새로운 것이 나타났다. 지금까지 그녀의 천성처럼 된 서툰 몸놀림, 어린애 같던 분방함과 발랄함이 사라졌다. 미소를 띠고, 조용해지고, 사랑의 시선으로 남편을 바라보고, 그 밖의 것에는 전혀 눈길을 돌리지 않았다. 젊은이의 행복은 언제나 맹목적인 것이다……

　한편, 일리니치나는 날이 갈수록 그녀의 몸에 스며드는 고독감을 병적으로 더욱더 강하게 느꼈다. 그녀가 일생을 보내 온 이 집에서, 그녀는 이제 군더더기에 지나지 않았다. 두냐시카는 남편과 더불어 마치 빈터에 자기네의 새 보금자리라도 만드는 것같이 부지런히 일했다. 그들은 늙은이와 아무 의논도 하지 않았고, 무슨 새로운 일을 시작하건 늙은이의 승낙을 얻으려 하지도 않았다. 노파를 상대하는 말도 젊은 부부는 꺼내지 않았다. 그저 식탁에 앉을 때에만 그들은 노파와, 그것도 별 의미가 없는 말을 몇 마디 할 뿐이므로, 그 뒤로 일리니치나는 다시 외로운 생각에 혼자 빠져들었다. 딸의 행복은 그녀를 기쁘게 해주지 않았다. 집 안에 남이 들어온 것은—사위는 여전히 그녀에게 있어 남이었다—번거로운 일이었다. 생활 자체가 그녀에게는 번거로운 것이 되었다. 1년 동안 가까운 사람들을 여럿 잃음으로써 고뇌에 찌들고 몹시 늙어버렸으며 슬픔에 젖어 있었던 것이었다. 많은, 이루 말할 수 없이 많은 슬픔을 그녀는 겪어온 것이다. 그녀는 이제 그 슬픔을 지탱할 힘이 없었다. 그토록 여러 번 그들의 가정을 찾아왔던 죽음의 신은 앞으로도 두 번 세 번 낡은 멜레호프가(家)의 문턱을 넘어올 것이 틀림없다는 미신적인 예감으로 그녀는 몹시 두려워했다. 두냐시카의 결혼에 정말 마지못해 응하면서, 일리니치나는 단 한 가지 일에 소망을 걸고 있었다. 그것은 그리고리가 돌아오기를 기다렸다가 손자들을 그에게 넘겨 준 뒤 영원의 잠을 잔다는 것이었다. 길고도 고통스러운 생애를 간신히 다 보낸 뒤 영원한 휴식의 권리를 얻는 일이었다.

　긴긴 여름해가 끝도 없이 계속되었다. 태양은 뜨겁게 내리쬐었다. 그러나 그 찌는 듯한 햇빛도 이제는 일리니치나를 무겁게 하지 않았다. 그녀는 오랫동안 해가 잘 드는 바깥 계단에 앉아서 주위의 모든 것에 전혀 신경을 쓰지도 않고 옴짝달싹도 하지 않았다. 그녀는 이미 과거의 부지런하고 일을 잘 거들던 주부가 아니었다. 모든 게 무의미하고 불필요한, 가치 없는 것으로 생각되었다. 게다가 지난날과 같이 일할 기운도 없어져버렸다. 그녀는 오랜 세월 일로 거칠어진 자기의 손을 수없이 곰곰이 살펴보고 속으로 중얼거렸다. '이제 내 손은 일을 다 했어…… 휴식할 때가 온 거야…… 살 만큼 살았으니 이젠 됐어…… 그리고리가 돌아오기를 기다릴 뿐이야……'

한 번, 전과 같은 삶의 기쁨이 일리니치나에게 되살아난 적이 있었으나, 그나마 오래지는 않았다. 읍내에서 돌아오는 길에 프로호르가 들렀는데, 그는 아직 멀리에서부터 큰 소리로 외쳤다.

"한 턱 내셔야겠습니다, 일리니치나 아주머니! 아드님의 편지를 가져왔습니다!"

노파는 금방 하얗게 질렸다. 편지는 새로운 불행과 관계있을 것이 틀림없다고 그녀는 상상했던 것이다. 그러나 프로호르가, 절반은 육친에 대한 인사말로써 채워지고 끝부분에 가서는 그리고리가 이 해 가을에 휴가를 얻어 집에 돌아오려 생각한다고 덧붙여 써놓은 짧은 편지를 끝까지 읽어 주었을 때, 일리니치나는 너무도 기뻐서 잠시 입을 열지 못했다. 구릿빛 얼굴에서 두 뺨에 새겨진 깊은 주름을 따라 구슬 같은 작은 눈물방울이 흘러내렸다. 고개를 숙이고 코프타 소매와 꺼칠꺼칠한 손바닥으로 눈물을 닦았으나, 솟아나는 눈물은 계속 흘러내려서 따스한 비처럼 앞치마 위에 방울방울 떨어져 얼룩무늬를 그렸다. 프로호르는 그런 것을 좋아하지 않는다기보다도 어쨌든 눈물에는 견디지를 못하는 성질이어서 얼굴을 찌푸린 채로 지겹게 여기는 표정을 드러내며 말했다.

"우실 거 없잖습니까, 할머니! 여자들에게는 그 눈물이란 게 꽤나 많더군요…… 기뻐하십시오. 우실 일이 아닙니다. 그럼, 전 돌아가겠습니다, 안녕히 계십시오! 할머니의 그런 모습을 보는 건 별로 기분 좋은 일이 아니거든요."

일리니치나는 제정신이 들어 그를 붙잡았다.

"이런 좋은 소식을 가져다 줘서 고맙네…… 내가 한 짓이 글쎄…… 잠시 있게, 대접을 해야겠으니……"
 그녀는 두서없이 중얼거리더니 오래 전부터 간직했던 탁주병을 궤짝에서 꺼냈다.
 프로호르는 눌러앉아서 콧수염을 쓰다듬었다.
 "그러면 축하하시는 뜻에서 저와 함께 건배하시겠습니까?"
 그는 이렇게 말하고는 이내 불안해져서 속으로 생각했다. '또다시 혓바닥을 잘못 놀려 어리석은 소릴 지껄였군. 더 이상 실언하면 입에 들어갈 탁주는 겨우 한 방울밖에 안 될 거야.'
 일리니치나는 거절했다. 그녀는 정성들여 편지를 접더니, 성상을 모시는 감실(龕室)위에 얹어놓았다. 그러나 곧 생각이 바뀐 듯 다시 그것을 집어 잠시 손에 들고 있다가 품안에 밀어놓고는 손으로 가슴 위를 단단히 눌렀다.
 밭에서 돌아온 두냐시카는 오랜 시간이 걸려 편지를 읽더니 미소를 짓고는 한숨을 내쉬었다.
 "아, 오빠가 한시라도 빨리 돌아와 주시면 좋겠어! 그렇잖으면 엄마는 아주 딴 사람이 되고 말 거야."
 일리니치나는 질투라도 하듯이 딸에게서 편지를 빼앗아 그것을 다시 품안에 넣고는 웃으면서 반짝이는 눈을 가늘게 뜨고 딸을 쳐다보며 말했다.
 "나를 보고는 개도 짖어대지 않는다. 이젠 내가 그런 꼴이 되고 만 거야. 그러나 이렇게 작은 아들만은 어미를 생각해 주고 있구나! 이런 투로 쓴 거야! 부칭(父稱)까지 써서 일리니치나라고 우러러 받들고…… 친애하는 어머님…… 그 다음에는 귀여운 자식들과 너까지도 잊지 않고 모두에게 최고의 인사를 보낸 거라구. 왜 웃냐? 너는 맹추야, 두냐시카. 정말로 맹추야!"
 "그런 말씀을 하시니, 제가 웃지 않을 수 있어요? 어머니, 대체 어딜 가시려는 거예요?"
 "채소밭에 갈 거다. 감자를 캐오련다."
 "내일 제가 가서 캐올께요. 집에 계세요. 편찮으시다면서 갑자기 왜 일하실 생각을 하세요?"
 "괜찮다, 내가 갈 테다…… 난 너무도 기뻐서 혼자 있고 싶다."
 일리니치나는 자신의 기분을 솔직히 밝혔다. 그리고 갑자기 젊어진 듯 재빠르게 프라토크를 썼다.

채소밭으로 가는 도중에 그녀는 아크시냐의 집에 들렀다. 의례적으로 처음에는 다른 이야기를 하다가 이윽고 편지를 꺼냈다.
"내 아들이 편지를 보내서 이 어미를 기쁘게 해주는구려. 휴가를 얻어서 돌아올 것이라고 했지. 자, 읽어봐 줘요. 한 번 더 듣고 싶구먼."
아크시냐는 그 뒤로 그 편지를 몇 번이고 되풀이해서 읽게 되었다. 일리니치나는 툭하면 저녁때 아크시냐의 집에 와서 소중히 헝겊 조각에 싼 누런 봉투를 꺼내고는 한숨을 내쉬며 부탁하는 것이었다.
"읽어 줘요, 아크시뉴시카. 왠지 오늘은 기분이 몹시 울적해. 그 애 꿈을 꾸었는데 그게 그 애가 학교에 다니던 어릴 적 일이라서……"
날짜가 지남에 따라 잉크로 씌인 글자들이 번져 단어들이 여러 개 전혀 알아볼 수 없이 흐릿하게 되어버렸다. 그러나 아크시냐에게는 그것이 조금도 문제되지 않았다. 왜냐하면 그녀는 하도 여러 번 읽어 지금은 다 외고 있을 정도였다. 얇은 종이가 아주 너덜너덜해진 뒤로도, 아크시냐는 마지막 줄에 이르기까지 편지 내용 전부를 줄줄 다 외어서 들려주었다.
2주일쯤 지났을 무렵부터 일리니치나는 기분이 다시 나빠졌다. 두냐시카는 타작하느라고 정신이 없었다. 일리니치나는 두냐시카로 하여금 그 바쁜 일에서 손을 떼게 하지는 않았지만, 그녀는 이제 식사도 마련할 수 없었다.
"오늘은 어째 못 일어나겠구나. 어떻게 혼자서 해봐라."
어머니는 딸에게 부탁했다.
"어머니, 어디 편찮으세요?"
일리니치나는 자기의 낡은 코프타의 주름을 만지며 눈을 치켜 올리지도 않고 대답했다.
"온몸이 쑤시는구나…… 마치 심장이 뚝 멎어버린 것 같다. 돌아가신 네 아버지는 젊어서 성이 나면 나를 때리곤 했지…… 그 양반 주먹이야말로 쇳덩어리 같았다…… 나는 다 죽은 것같이 되어서 1주일이나 누워 지낸 적도 있었다. 그게 지금 도진 거야. 심하게 얻어맞기라도 한 듯이 온몸이 다 아프구나……"
"미하일더러 의사를 데려오라고 할까요?"
"의사는 필요 없다. 어떻게 일어나게 되겠지."
일리니치나는 다음날 정말로 일어나 뜰을 조금 걸어 다니기도 했으나, 해질녘에는 다시 누워버렸다. 그녀의 얼굴이 좀 부어오르고 눈 밑에는 부증(浮症)이 나타났다. 밤중에 그녀는 몇 번이나 두 손을 뒤로 받쳐 심하게 높인 베개 위로 머리를 쳐들고는 헉헉 가쁘게 숨을 몰아쉬었다. 호흡이 곤란해진 것이었다. 얼마 지나 호흡의 괴로움은 사라졌다. 그녀는 조용히 반듯하게 누워 있을 수 있게 되고, 침대에서 일어나기도 했다. 며칠 동안은 고요한 정적과 안정 속에 보냈다. 그녀는 혼자 있고 싶어 했다. 아크시냐가 문병하러 왔을 때도 물음에 겨우 대답할 정도이더니, 손님이 돌아가자 후유 안도의 숨을 내쉬었다. 아이들은 하루의 대부분을 바깥에서 놀며 지냈고, 두냐시카도 이따금 들어올 뿐이므로 갖가지 질문을 퍼부어 성가시게 하는 사람들이 없는 것을 무엇보다 기뻐했다. 이제는 어떠한 동정도 위로도 필요하지 않게 된 것이다. 자기 생애의 갖가지 일들을 조용히 돌이켜보기 위해서 굳이 혼자 있고 싶은 그런 시기가 온 것이었다. 눈을 반쯤 감고는 몇 시간이건 움쭉달싹도 하지 않고 누워 있었다. 단지 부어오른 손가락으로 담요의 주름을 어루만질 뿐이었다. 그리고 그 여러 시간 동안에 그녀의 온 생애가 눈앞을 스쳐가는 것이었다.

그 생애가 얼마나 짧고 가난한 것이었던가, 그 생애에는 되돌아보고 싶지도 않을 만큼 괴롭고 슬픔에 찬 일이 얼마나 많았던가, 참으로 놀라울 정도였다. 그 추억과 회상 속에서 꽤 자주 떠오르는 것은 그리고리에 대한 일이었다. 왜냐하면 전쟁이 시작된 뒤로 줄곧 그리고리의 운명에 대한 우려가 잠시도 그녀의 마음에서 떠나지 않았기 때문이고, 또한 그녀로 하여금 지금도 목숨을 부지하게 하고 있는 것은 오직 그리고리였기 때문이었다. 장남과 남편에 대한 그리움은 시간이 지남에 따라 둔해지고 풍화(風化)되어 사라졌기 때문이기도 할 것이었다. 그들의 일, 죽은 사람들의 일은 드물게 밖에 생각나지 않았고, 그것도 잿빛 안개를 통해서 보는 것처럼 희미했다. 젊었을 적의 일, 결혼하던 무렵의 생활을 마지못해 생각해 낼 정도였다. 그런 시절의 일들은 이미 하찮은 것들이요, 까마득히 먼 과거로 물러가 버린 것이기에 이제는 아무 기쁨도 편안함도 안겨 주지 않았다. 그리고 먼 과거로부터 바로 최근의 추억으로 되돌아오는 과정에서, 최근의 일들을 생각해 내면 그녀는 엄숙하고 티끌 하나 없이 맑아졌다. 그리하여 '둘째아들'은 만질 수 있을 듯한 매우 생생한 선명성을 지니고 추억 속에 되살아났다. 게다가 심장의 고동이 차츰 거세어짐을 느끼기 시작한 지금도 둘째아들의 일만은 생각할 가치가 있었다. 얼마 뒤 호흡 곤란이 닥쳐와 그녀의 얼굴이 시커멓게 되고 잠시 실신상태에 빠졌다가 호흡이 정상으로 회복되면 그녀는 다시 그리고리를 떠올리는 것이었다. 아무래도 그녀는 마지막 외톨이가 된 아들에 대해 생각지 않을 수 없었던 것이다.

어느 날, 일리니치나는 안쪽 방에서 잠들어 있었다. 창 밖에서 한낮의 태양이 빛나고 있었다. 푸르른 남녘 하늘가에는 바람에 불려 거꾸로 솟은 듯한 흰 구름이 웅대히 떠돌고 있었다. 오직 깊은 정적을 깨뜨리는 것은 단조로운 졸음을 재촉하는 듯한 여치의 울음소리뿐이었다. 바로 창 밑의 가옥 토대에다 몸을 바싹 붙인 반쯤 시든 명아주가 뜨거운 햇살에도 타서 끊어지지 않고 있었다. 여치가 그 풀 속을 자신의 은신처 삼아 노래 부르고 있었다. 일리니치나는 그 그칠 줄 모르는 울음소리를 들으며 방안에 스며들어오는 햇볕에 탄 8월의 스텝과 황금빛 밀밭과 어두운 남색 안개에 싸여 타는 듯한 푸른 하늘을 떠올렸다……

그녀는 쑥이 돋은 두렁에서 풀을 먹는 소들의 모습과 포장을 씌운 짐마차를 또렷하게 보고, 터져 나오는 듯한 여치 울음소리를 듣고, 씁쓸한 쑥 냄새를 맡았다…… 그녀는 자기의 모습을—젊고 키가 크고 아름다운 자기의 모습을—보았다. 그녀는 걷고 있다. 밭의 일터로 급히 가고 있다. 발밑에서 살랑살랑 소리가 나고, 보리가 맨살인 장딴지를 콕콕 찌르고, 뜨거운 바람이 등줄기를 땀으로 끈적거리게 하고, 스커트에 찔러 넣은 셔츠를 말리고, 목덜미를 햇살이 바작바작 태우고 있다. 그녀의 얼굴은 붉게 달고 피가 오르기 때문인지 귓속이 멍하니 어렴풋이 윙윙거리고 있다. 그녀는 무겁고 단단하게 부풀어 오른, 젖으로 그득한 유방을 손으로 누르고 있다. 흐느껴 우는 어린애 울음소리를 듣자, 그녀는 걸음을 빨리해 걸으면서 가슴께의 셔츠 단추들을 미리 풀어놓고 있다.

바람에 거칠어진 입술은 떨리고 있다. 짐수레에 매단 요람에서 조그맣고 거무스름한 그리샤토카를 안아 올리며, 그의 입술은 크게 벌어진다. 가슴에 걸린, 땀에 젖은 십자가 끈을 입에 물고 그녀는 서둘러 젖꼭지를 물리며 이빨을 문 사이로 소곤거린다.

"내 귀여운 아기! 착한 아기야, 착한 아기야! 미안해, 엄마가 너를 너무 배고프게 했구나……"

그리샤토카는 여전히 성이 나서 흐느껴 울며 젖꼭지를 빨고 몇 개뿐인 이빨로 젖꼭지를 아프게 깨물었다. 그 옆에는, 이 빠진 낫의 칼날을 손질하는 검은 콧수염의 그리샤토카의 젊은 아버지가 서 있다. 처진 속눈썹 밑으로 그녀는 그의 미소와, 웃고 있는 하늘색 눈을 본다……

무겁고 가슴이 답답했다. 이마에서 땀이 흘러 뺨을 간질이고 눈앞이 어질어질하며 어두워졌다……

그녀는 문득 제정신이 들었다. 눈물에 젖은 얼굴을 어루만지고 뒤이어 호흡 곤란의 발작이 일어나 오랫동안 거기에 시달리면서, 간간이 실신 상태에 빠져들었다.

밤이 되어 두냐시카가 남편과 함께 잠들었을 무렵, 그녀는 마지막 안간힘을 다하여 일어나서 바깥뜰로 나갔다. 없어졌던 암소를 밤늦게 찾아내 집으로 돌아오던 아크시냐는, 일리니치나가 휘청휘청 몸을 흔들며 곡물 창고 옆으로 지나가는 모습을 보았다. '편찮으시다면서 웬일이실까? 어딜 가시는 걸까?' 아크시냐는 의아해하며, 살그머니 멜레호프가의 경계를 이루는 울타리 쪽으로 가서 곡물 창고 쪽을 엿보았다. 보름달이 휘영청 밝게 비추었다. 들녘에서 바람이 불어왔다. 짚더미에서 마당에 걸쳐 어둠의 그림자가 가로놓여 있었다.

일리니치나는 두 손으로 울타리를 움켜쥐고는 들녘을 바라보았다. 그 들녘에서 풀을 베는 사람들이 태우는 모닥불이 마치 닿을 수 없는 까마득히 먼 별처럼 깜박깜박 빛났다. 아크시냐는 물빛 달빛을 받고 있는 일리니치나의 부어오른 얼굴과, 노파용 검은 셔츠 밑에서 비어져 나와 있는 백발 뭉치를 똑똑히 보았다.

일리니치나는 오랫동안 해진 뒤 들녘의 푸르름을 바라보더니, 이윽고 바로 옆에 그리고리가 있기라도 한 양 소리 내어 불렀다.

"그리셴카! 얘, 그리셴카."

잠시 입을 다물었다가, 이번에는 낮고 공허한 목소리로 말했다.

"내 살을 나눈 내 아들아!"

아크시냐는 뭐랄 수 없는 공포와 우수에 사로잡혀 온몸을 부르르 떨며 울타리에서 얼른 떨어져나와 집으로 돌아갔다.

그날 밤 일리니치나는 이제 곧 죽으며, 죽음이 이미 베갯머리에 와 있음을 깨달았다. 새벽녘에 옷궤짝 속에서 그리고리의 루바시카를 꺼내어 착착 접어 베개 밑에 넣었다. 그런 뒤 그녀는 자기의 마지막 숨이 끊어지고 나서 입혀지게 될 수의를 정리했다.

이튿날 아침 두냐시카가 여느 때와 같이 어머니 방에 들어서자, 일리니치나는 베개 밑에서 착착 접은 그리고리의 셔츠를 꺼내어 아무 말도 하지 않고 두냐시카에게 내밀었다.

"뭐예요, 이게?"

두냐시카는 놀라서 물었다.

"그리샤의 셔츠야…… 저 사람에게 입으라고 해라. 저 사람의 것은 오래되어 너무나 땀에 절은 것 같더라……"

일리니치나는 겨우 알아들을 정도의 낮은 목소리로 중얼거렸다.

두냐시카는 옷궤짝 위에 놓인 어머니의 검은 스커트와 블라우스와 비단 양말—그것은 장례식 때 죽은 사람에게 입히는 것이었다—을 보고 갑자기 새하얘졌다.

"어쩐 일이세요, 어머니? 이런 수의를 다 준비하시다니…… 그냥 챙겨 두세요, 글쎄! 돌아가실 생각을 하시기는 아직 일러요."

"아니다, 이젠 그럴 때야……"

일리니치나는 중얼거렸다.

"내 차례야…… 아이들을 부탁한다. 그리샤가 돌아올 때까지 보살펴 다오 …… 이제 나는 얼마 못 갈 것 같다…… 아, 이제는 얼마 못 갈 거야……"

두냐시카에게 눈물을 보이고 싶지 않아, 일리니치나는 벽 쪽으로 돌아누워 손수건으로 얼굴을 가렸다.

사흘 뒤에 그녀는 죽었다. 그녀와 같은 또래 여자들이 그녀의 몸을 씻기고 수의를 입혀서 안쪽 방 테이블 위에 안치했다. 밤에 아크시냐가 그녀의 마지막 모습을 보러 왔다. 이미 죽은, 몸집 작은 노파의 깨끗해진 엄숙한 얼굴에서 과거의 그 오만하고 당당하던 일리니치나의 모습을 간신히 알아볼 수 있었다. 죽은 이의 누르스름하고 차가운 이마에 입술을 대면서 흰 프라토크 옆으로 비어져 나와 있는, 늘 보아오던 그 뻣뻣한 백발 뭉치와 아주 젊은 사람의 것같이 둥근 작은 귀를 그녀는 알아보았다.

두냐시카의 동의를 얻어 아크시냐는 아이들을 자기 집으로 데리고 갔다. 그녀는 새로운 죽음에 놀라서 거의 말이 사라진 아이들에게 음식을 먹이고 함께 재웠다. 양 옆구리에 하나씩 몸을 바싹 대고 조용히 누워 있는, 자신에게 친숙한 사람의 아이들을 껴안자 그녀는 야릇한 기분을 느꼈다. 그녀는 낮은 목소리로 어릴 적에 들었던 옛이야기를 해주어 잠시라도 아이들을 위안하고 죽은 할머니를 잊어버리도록 했다. 노래하듯 음성을 늘여서, 조용히 슬픈 고아 바니시카 이야기를 들려주었다.

백조야 백조야
너의 흰 깃털 위에
나를 태워 다오.
그리운 고향으로
나를 데려다 다오……

이야기가 거의 끝날 무렵 아이들의 평온하고 규칙적인 숨소리가 들렸다. 미샤토카는 그녀의 어깨에 찰싹 얼굴을 댄 채 잠들었다. 아크시냐는 살그머니 어깨를 움직여 아이의 비틀어진 머리를 바로 놓아 주었는데, 문득 가슴에 격렬한, 쑤셔드는 것 같은 고통을 느껴 목이 꽉 메었다. 통곡으로 몸을 떨며 괴롭고 격렬하게 울기 시작했으나 눈물을 훔칠 수 없었다. 그녀가 안고 있는 그리고리의 잠든 아이들을 깨우고 싶지 않은 것이었다.

4

일리니치나가 죽은 뒤 집안의 단 한 사람 절대적인 주인이 된 코셰보이는 당연히 전보다 훨씬 더 농사나 집안일이며 앞으로의 발전에 힘 기울일 것으로 생각되었으나, 사실은 그렇지 않았다. 미시카는 날이 갈수록 일에 대한 열의를 잃고, 외출이 잦고, 저녁 늦게까지 바깥 계단 쪽에 앉아서 담배를 피우며 무슨 일인가를 골똘히 생각했다. 두냐시코도 남편에게서 일어나는 변화를 눈치 채지 못할 리 없었다. 전에는 완전히 자기를 잊어버릴 정도로 열심히 일하던 미시카가 요즘은 이렇다할 이유도 없이 도끼나 대패를 팽개치고 한옆에 눌러앉아서 쉬는 것을, 그녀는 여러 번이나 놀란 마음으로 지켜보곤 했다. 가을 호밀 씨앗을 뿌리느라고 밭에 나가 있을 때도 마찬가지였다. 두 이랑쯤 갈더니, 미시카는 소를 세우고 츠이가루카(싼 담배)를 신문지 조각으로 말아 오래도록 두렁에 앉아 담배를 피우며 이마에 주름을 잡은 있었다.

아버지로부터 물려받은 실제적인 분별과 총명을 지닌 두냐시카는 불안을 느끼며 생각했다. '저이는 끈기가 모자라…… 병이 들었거나 아니면 그저 게으름을 피우는 걸 거야. 남편이 이래서야 곤란하지! 마치 남의집살이를 하고 있는 것 같은걸. 반나절은 담배를 피우고 반나절은 생각만 하고 있으니, 언제 일을 한다지…… 화내지 않게 슬쩍 말해 줘야지 안 되겠어. 앞으로도 줄곧 이런 식으로 일하지 않는다면, 내가 몹시 곤란해질 거야……'

어느 날 두냐시카는 슬쩍 물어보았다.

"어쩐지 당신 전과 달라지신 것 같아요. 병이 나시지 않았어요?"

"무슨 병이란 말이오? 별로 아픈 데도 없이 그저 속이 메슥거릴 뿐이오."

미시카는 못마땅하다는 투로 대답한 다음 소를 몰고 다시 밭을 갈러 나갔다.

두냐시카는 계속해서 미주알고주알 캐묻는 것은 좋지 않다고 생각했다. 남편에게 가르치려드는 것은 도대체 여자가 할 일이 아니라고 생각한 것이었다. 그래서 그 이야기는 그것으로 끝내었다.

두냐시카의 상상은 들어맞지 않았다. 이전과 같이 열심이었던 미시카의 일을 가로막은 오직 하나의 이유는, 그가 고향에 너무 빨리 눌러 붙고 말았다는 생각이 날이 갈수록 그의 마음 속에 자라나고 있기 때문이었다. '너무 빨리 집안일에 들러붙어버려. 너무 성급했어……' 미시카는 지방신문에서 전선으로 부터의 보도를 읽고 적위군에 복귀한 카자흐들의 이야기를 듣거나 할 때마다 분한 듯이 그렇게 생각하는 것이었다. 특히 부락의 분위기가 그로 하여금 초조와 불안을 느끼게 했다. 부락의 어떤 사람은 소비에트 권력도 이번 겨울에는 끝장나게 된다느니, 우란게리 장군이 타브리야를 나와 마프노와 합류하고 이미 로스토프에 다가와 있다느니, 연합국이 노보로시스크에 대부대의 육군을 상륙시켰다느니 하고 노골적으로 지껄여댔다…… 소문은 차례차례 부락 전체를 떠돌았다. 콘츠라게르(포로 수용소)나 광산에서 돌아온 카자흐들은 여름 동안에 집에서 고기를 실컷 먹어서 살이 피둥피둥 올랐다. 그들은 낮에는 각자의 집에서 지냈지만 밤이 되면 슬슬 모여서 탁주를 마시고 뭔가를 이야기하곤 했다. 그리고 미시카를 만나거나 하면 일부러 태연한 체하고 묻는 것이었다.

"코셰보이, 자네는 신문을 읽고 있겠지. 어떤가, 우란게리는 벌써 결말이 났을 테지? 연합군이 또 밀려온다는 게 사실인가, 아니면 터무니없는 소린가?"

어느 일요일 해질녘, 프로호르 즈이코프가 찾아왔다. 미시카는 밭에서 막 돌아와 계단 옆에 서서 세수를 하고 있었다. 두냐시카는 주전자를 들고 미시카의 손에 물을 부어 주며 볕에 타고 여윈 남편의 목덜미를 미소를 머금은 채 쳐다보고 있었다. 프로호르는 인사를 하고는 계단 아래쪽에 앉으며 물었다.

"그리고리 판테레에비치에게서 무슨 소식이 없나요?"
"아무것도 없어요. 전혀 소식을 보내오지 않는걸요."
두냐시카가 대답했다.
"그리고리가 그리워졌나?"
미시카가 얼굴과 손을 닦은 뒤 무표정하게 프로호르의 눈을 빤히 들여다보며 말했다.
프로호르는 한숨을 한 번 쉬고 루바시카의 빈 소매를 여몄다.
"당연한 일일세. 줄곧 함께 군대에 있었으니."
"그래서 또 해볼 작정이로군?"
"아니, 뭘?"
"그 군대 생활 말이야."
"우리네 군 복무는 이미 끝난걸."
"난 또 자네가 다시 한번 군인이 되고 싶어서 그리고리가 돌아오기를 기다리는 건가 했지."
미시카는 여전히 웃음 한번 보이지 않고 말을 이었다.
"또 다시 소비에트 권력에 맞써 싸울 작정인가, 하고 말이야……"
"흥, 당치 않은 지나친 생각을 했군, 미하일."
프로호르는 화내듯이 말했다.
"뭐가 지나친 생각이란 말인가? 나는 부락 안에 떠도는 소문을 죄다 들어서 알고 있네."

"내가 그런 얘기를 했단 말인가? 도대체 자네는 어디서 그 말을 들었나?"
"자네에게 말할 건 아니지만, 자네와 그리고리의 관계처럼 모두가 '자기 편'을 기다리고 있는 사람들이야."
"나는 그 '자기 편' 같은 건 기다리지 않네. 나에게는 이쪽이나 저쪽이나 다 마찬가지니까."
"글쎄, 그게 안 될 말이라구―어느 쪽이나 다 마찬가지라는 게…… 자, 집 안으로 들어가자고. 그렇게 화내지 말게. 농담이니까."
프로호르는 마지못해 계단을 올라가서 현관 문턱을 넘어서며 말했다.
"자네의 그 농담이란 건 별로 재미가 없군…… 옛일을 잊지 말게. 나는 그 옛일에 대해 분명히 보상을 했으니까……"
"옛일이라고 해서 죄다 잊을 수야 없지."
미시카는 식탁에 앉으며 쌀쌀맞게 말했다.
"자, 앉게. 함께 식사라도 하세."
"고맙네. 물론 죄다 잊을 수는 없겠지. 그래, 나는 이 팔을 잃었네…… 잊어버리면 좋겠는데, 잊어버릴 수가 없으니 매초마다 이걸 생각한다네."
두냐시카는 식탁을 차리면서, 남편을 쳐다보지도 않고 물었다.
"어떠세요, 당신 생각으로는, 일단 백위군에 있었던 사람은 결코 용서받지 못할 거라면서요?"
"자네는 어떻게 생각하나?"
"옛일을 들먹거리는 자는 귀신에게 먹히고 만다는 속담 그대로라고 생각하네."
"하기야 복음서에는 그렇게 씌어 있을 거야. 하지만 내 생각으론 말이지, 인간은 언제나 자기가 한 일에 대해서 책임을 져야 한다고 생각해."
미시카는 차갑게 말을 내뱉었다.
"소비에트 정권은 그 점에 대해 아무런 언급도 하지 않고 있어요."
두냐시카가 낮은 목소리로 말했다.
그녀는 다른 사람이 있는 자리에서 남편과 논쟁을 벌이고 싶지 않았지만 마음속으로는 프로호르에 대한 남편의 적절하지 않은 농담과―그녀에게는 그렇게 생각되었다―오빠에 대해 노골적으로 보인 적의를 못마땅하게 여기고 있었다.

"소비에트 정권은 자네에게 아무 말도 하고 있지 않아. 소비에트 정권은 자네 같은 사람에 대해 할 말이 아무것도 없거든. 하지만, 백위군에 복무했다는 데 대해서는 소비에트의 법률 앞에 반드시 책임을 져야 해."

"그러면 말이지, 이를테면 나도 책임을 져야 한단 말인가?"

프로호르가 흥미를 드러내며 말했다.

"자네의 경우는 대단치 않아. 송아지가 풀을 먹으면 그 길로 외양간으로 데려가면 돼. 졸병이야 문제가 안 되지만, 그리고리는 달라. 그가 집에 돌아오면 문제가 될 거야. 우리는 반란에 대해서 그의 책임을 물을 거야."

"당신이 책임을 물을 작정이에요?"

두냐시카가 눈을 반짝 빛내고 우유가 담긴 우묵한 그릇을 식탁에 놓으면서 물었다.

"내가 심문할 거야."

미시카는 차분히 대답했다.

"당신이 하실 일이 아녜요…… 심문할 사람은 당신이 아니어도 얼마든지 있어요. 그리고리는 적위군에 들어간 뒤로, 지난 과거의 일을 사면 받을 정도의 활약을 했을 거라구요……"

두냐시카의 목소리는 떨렸다. 앞치마 끈을 손가락으로 만지면서 식탁 의자에 앉았다. 미시카는 아내를 덮친 흥분에 대해서는 아랑곳하지 않는 듯 여전히 쌀쌀맞게 말했다.

"나도 심문하고 싶단 말이야. 사면될지 어떨지는 아직 알 수 없지. 그건 앞으로의 일이야…… 그럴 테지, 조사해야만 돼. 그는 우리로 하여금 적지 않은 피를 흘리게 했어. 어느 쪽이 피를 더 많이 흘렸는지 비교해 봐야 할 거야……"

그것은 두냐시카와의 결혼 생활이 시작된 뒤로 맞은 첫 불화였다. 식탁은 어색한 정적에 싸였다. 미시카는 묵묵히 우유를 마시고 이따금 수건으로 입술을 닦았다. 프로호르는 담배를 피우며 두냐시카를 힐끗힐끗 쳐다보았다. 이윽고 그는 화제를 농사와 집안일에 돌렸다. 그렇게 반시간쯤 앉아 있다가 돌아가려고 하면서 이렇게 물었다.

"키리르 그로모프가 돌아왔더군, 알고 있었나?"

"아니, 몰랐어. 어디에 있다가 왔지?"

"적위군에 있다 돌아왔어. 역시 제1기병단에 있었지."
"그러면 마몬토프에 있었던 그 사람인가?"
"맞아, 그 사람이야."
"나쁜 군인이었어."
미시카는 빙긋 웃었다.
"대단했어! 약탈엔 으뜸 이었지. 약탈은 정말 썩 잘했어."
"포로를 아주 무자비하게 쳐 죽였다더군. 군대 편상화(編上靴)를 얻으려고 사람을 죽였던 거야. 죽인 건 구두를 탐내 갖고 싶었기 때문이라는 거야."
"그런 소문이 있었지."
프로호르가 확인했다.
"그런 녀석도 용서받아야 한단 말인가? 신(神)이 원수를 용서하랬지만, 그런 인간도 용서하라고 가르치셨나, 응?"
미시카는 약간 알랑거리는 듯한 어조로 물었다.
"글쎄, 그거야 뭐라고 할지…… 그러면 자네는 녀석을 혼내 줄 생각인가?"
"난 먹살을 움켜쥐고 싶네. 먹살을 움켜쥐고 그런 뒤에 숨을 쉬지 못할 정도로 꽉 조일 거야! 암, 내빼진 못할걸. 어림도 없지. 뵤시키의 돈 체카(비상위원회)가 놈을 혼내 줄 거야."
미시카는 눈을 가늘게 좁혔다.
"세 살 적 버릇이 여든까지 간다고, 타고난 천성은 어쩔 수 없다더니 맞아. 적위군에서 돌아왔는데 약탈한 재물을 가져왔더군. 녀석의 마누라가 내 마누라에게 자랑한 모양인데, 선물로 부인 외투와 옷가지며 갖가지 재물을 잔뜩 가지고 돌아온 모양이야. 그 녀석은 마스라크 여단에 있다가 돌아온 거야. 탈주병임이 틀림없어. 무기도 가져왔다니까……"
프로호르는 미소를 짓고 말했다.
"어떤 무기인가?"
미시카가 관심을 보였다.
"뻔한 것들이지. 기병총에 7연발 권총, 그런 것 이외에도 뭔가 가져왔을 거야."

"녀석은 마을 소비에트에 등록하러 안 갔나?"
프로호르는 웃으며 이따금 손을 흔들었다.
"소비에트 같은 데로 올가미를 씌워서까지 끌고 갈 거 없어! 나는 그녀석이 탈주해 온 것으로 보네. 녀석은 오늘 아니면 내일이라도 당장 집에서 몰래 빠져나가 피할 거야. 자네는 나를 나무라지만, 저 키리르란 녀석이야말로 누가 보기에도 아직 반(反) 소비에트 싸움을 하려는 게 분명하네. 아니, 동지, 나는 내가 싸워야 할 만큼은 충분히 싸웠네. 그만큼 했으면 됐어."
프로호르는 곧 돌아갔다. 잠시 뒤에 미시카는 바깥뜰로 나갔다. 두냐시카가 아이들에게 저녁을 먹인 뒤 막 자려고 하는데, 미시카가 집 안으로 들어왔다. 손에 뭔가 자루 조각으로 싼 것을 들고 있었다.
"어디에 갔다 왔어요?"
두냐시카가 퉁명하게 물었다.
"내 물건들을 꺼내 왔소."
미시카는 악의가 없어 보이는 미소를 지었다.
그는 포장된 소총과, 약포(藥包)로 부풀어 오른 탄약합(彈藥盒)과, 권총과, 수류탄 2개를 조심조심 꺼냈다. 그것을 죄다 긴 의자 위에 늘어놓고 등유를 담은 접시 속에 담가서 석유를 잘 발랐다.
"그런 것들을 어디서 가져왔어요?"
두냐시카가 눈썹을 찡그리며 무기들을 가리켰다.
"내 것이야. 전선에서 가져온 것들이야."
"그런 걸 어디에 숨겨 두었었지요?"
"어디에 숨겨 두더라도 아주 완전하게 해놓았지."
"당신은 감쪽같은 사람이었군요…… 아무 말도 하지 않구요, 아내인 나에게도 숨긴단 말예요?"
미시카는 일부러 기분 좋은 척하며 미소 짓고 비위를 맞추듯이 말했다.
"이런 건 당신에게 일러 줄 일이 아냐, 두냐시카. 이런 건 여자가 알 바가 아니라구. 이런 재산은 말이시, 집에 두는 게 좋아. 이런 것도 집 안에 쓸모가 있거든."
"어째서 그런 걸 집 안에 들여와요? 당신은 법률에 밝아서 뭐든지 알고 있잖아요?…… 그런 짓을 하면 법에 걸리잖아요?"

미시카는 벌컥 화를 내며 말했다.

"당신 참 어리석구먼! 키류시카 그로모프가 무기를 가지고 있는 건 소비에트 정권에 해로워. 내가 가지고 있으면, 소비에트 정권을 위해서 오직 이익이 될 뿐이란 말이야, 알겠소? 내가 누구에게 책임을 추궁 당한단 말이오? 별 시시한 말을 다 듣겠구먼. 자, 잠이나 자요, 어서 자요!"

그는 자기가 생각하기에 단 하나의 정당한 결론을 내렸다. 만일 백계(白系)놈들이 무기를 들고 쳐들어온다면 자신은 그들에 대항해서 싸워야 한다는 것이었다. 그는 소총과 권총을 정성들여 손질하고, 이튿날 새벽에는 걸어서 뵤센스카야로 향했다.

두냐시카는 그의 식량을 배낭에 챙기면서 분한 마음과 애수가 섞인 기분으로 외치듯이 말했다.

"당신은 저와 말하지 않기 내기를 할 작정이군요! 오래 걸릴 것인지, 무슨 일로 가는 건지, 그런 것 정도는 말해 줘야 하지 않아요? 정말 무슨 생활이 이렇담! 길을 떠나면서도 말 한 마디 않다니! ……당신은 내 남편이에요, 아니면 빨갱이 타인이에요?"

"뵤시키의 위원회에 가는 거요. 그 이상 무엇을 당신에게 말해 준단 말이오? 돌아오면 다 알게 될 거요."

배낭을 메고, 미시카는 돈강을 내려가서 거룻배를 타고는 기세 좋게 건너편으로 저어갔다.

뵤센스카야의 의무(醫務)위원회에서 검사를 한 뒤 코셰보이에게 의사는 간단히 선고했다.

"적위군 근무에는 알맞지 않습니다, 동지, 당신은 말라리아에 걸린 게 분명합니다. 치료받아야 됩니다. 그렇잖으면 심해질 겁니다. 이런 사람들은 적위군에 필요하지 않습니다."

"그러면 어떤 사람이 필요하다는 말씀입니까? 2년이나 적위군에 복무했는데, 이제는 필요 없다니요?"

"필요한 것은, 첫째로 건강한 사람입니다. 건강해지십시오. 그러면 필요하게 될 겁니다. 처방전을 가져가십시오. 그리고 약국에서 키니네를 받아 가십시오."

"옳은 말씀이십니다. 예, 잘 알았습니다."

코셰보이는 날뛰는 말에 목걸이를 건 때처럼 머리에 뒤집어쓴 작업복 깃에서 도저히 목을 드러낼 수가 없었다. 바지 단추들도 거리에 나와서야 채웠을 정도였다. 하지만 그 길로 곧장 관구(管區) 당위원회로 뛰어갔다.

……미시카는 부락 혁명위원회 의장이 되어 타타르스키에 돌아왔다. 그는 아내에게 인사를 하고는 간단하게 말했다.

"자, 이제부터 내가 어떻게 하는지 보고 있구려!"

"무슨 말이에요?"

두냐시카는 의아해서 물었다.

"그 일이오."

"그 일이라니, 뭐지요?"

"내가 의장에 임명되었단 말이야. 알겠소?"

두냐시카는 슬프다는 듯이 손을 마주 비볐다. 그녀는 뭔가 말하려 했으나, 미시카는 이야기를 들으려 하지 않았다. 그는 색깔이 바랜 카키색 작업복 위에 졸라맨 가죽 띠를 거울 앞에 서서 고쳐 매고 소비에트로 버젓하게 걸어갔다.

혁명위원회 의장직은 이 해 겨울 초부터 미헤에프 노인이 맡고 있었다. 제대로 앞을 보지도 못하고 잘 듣지도 못하는 미헤에프는 그 임무를 감당하지 못하고 있은 지 오래였으므로, 교체하게 되었다는 말을 코셰보이에게서 듣더니 매우 기뻐했다.

"자, 이게 서류이고 이게 부락의 도장이네. 어서 받게."

그는 두 손을 비비다가 성호를 긋더니, 기쁨을 감추지 않고 말했다.

"나는 이제 여든이 되는데, 세상에 태어난 뒤로 이런 역할을 한 번도 맡은 적 없다가 금년 들어 이런 역할을 맡게 된 걸세…… 이건 자네와 같은 젊은이가 할 일이지. 본래 나 같은 사람이 나설 계제가 아니었어. 게다가 앞도 잘 안 보이고, 귀도 잘 들리지 않는 형편이네…… 하느님에게 기도를 올리거나 할 때인데도 나에게 의장 노릇을 시켰거든……"

코셰보이는 마을 혁명위원회에서 보내온 명령서와 지시서들을 한번 쭉 훑어본 뒤에 말했다.

"서기는 어디 있습니까?"

"뭐라구?"

"허 참, 서기가 어디 있느냐고 여쭈었습니다!"

"서기 말인가? 보리 갈러 갔을 거야. 그 녀석은 소용없어. 1주일에 한 번 여기에 들를 뿐이야. 읍내에서 때때로 서류가 오면 그걸 채 읽지도 않고 내버리는 형편이야! 그리고 내가 글을 읽거나 쓰는 능력이란 건 아예 말도 안 된다네! 글쎄, 쓰는 건 어떻게 그럭저럭 한다지만, 읽는 건 전혀 안 되네. 도장을 찍는 것 정도야 하지만……"

코셰보이는 눈썹을 찌푸리고 몹시 어질러진 레프콤(혁명위원회)의 방 안을 둘러보았다. 방 안을 장식하고 있는 것이라고는 파리 똥투성이가 된 낡은 포스터 한 장뿐이었다.

노인은 뜻밖의 면직(免職)을 몹시 기뻐하여 농담까지 했다. 그는 헝겊 조각으로 싼 도장을 코셰보이에게 주면서 말했다.

"자, 이것이 부락의 전 재산이네—금전 말이네. 그리고 카자흐 아타만 지팡이는 말이지, 소비에트 정권 밑에서는 그것을 쓰지 못하게 되어 있네. 만일 쓰고 싶다면, 나 같은 늙은이가 쓰던 정자형(丁字型) 지팡이라도 좋겠나."

이렇게 말하고 이빨이 없는 입으로 웃으며 손바닥에 닳아 반들반들해진 앗슈 지팡이를 내밀었다.

하지만 코셰보이는 그런 농담에 상대가 되어 줄 기분이 들지 않았다. 다시 한번 그는 지저분하기 짝이 없는 레프콤의 방 안을 휘둘러보고 얼굴을 찡그리고 한숨을 섞어 말했다.

"영감님, 확실히 당신에게서 일은 인계받았습니다. 그러니 이제는 얼른 영감님 댁으로 물러가십시오."

그는 눈으로 의미 있게 출구 쪽을 가리켰다.

그런 뒤 그는 탁자를 향해 앉아서 양쪽 팔꿈치를 널따랗게 탁자 위에 펴고, 이를 악물고 아래턱을 앞으로 쑥 내민 채 오랫동안 꼼짝하지 않았다. '아, 나는 너무도 형편없는 녀석이었어. 주위에서 일어나는 일들에 대해 눈도 뜨지 않고, 귀를 기울이지도 않다니. 이 중요한 시기에 마치 땅 속에 틀어박힌 꼴을 하고 있었던 거야……' 자기 자신과 주위의 모든 것에 대해서 한없는 증오로 타오른 미시카는 의자에서 일어나 작업복 매무새를 고치고는 이를 악문 채로 허공을 향해 소리쳤다.

"들어라, 모두들. 소비에트 정권이 어떤 것임을 보여줄 테다!"

그는 바깥에서 문을 꽉 닫고 걸쇠에 걸고랑이를 채우고는 광장을 가로질러 집으로 향했다. 교회 앞에서 오브니조프의 젊은 신부를 만났다. 젊은이는 그에게 아무렇지도 않게 인사를 하고 옆으로 지나쳤는데, 그 순간 갑자기 뭔가를 생각해내고 코셰보이는 뒤를 돌아다보며 젊은이를 불렀다.

"야, 안드류시카! 잠깐, 잠깐 이리 와봐!"

눈썹이 온통 희고 이리 같은, 그 수줍음 타는 젊은이는 말없이 다가왔다. 미시카는 어른을 대할 때 마냥 악수하려고 손을 내밀며 말했다.

"어딜 가는 거냐? 이쪽 구역에 온 거냐, 산책하는 거냐? 아니면 심부름 가냐? 그런데 한 가지, 너에게 물어보고 싶은 게 있는데 말이야, 너는 초등학교에 다녔니? 다녔지? 아니, 괜찮아. 다름이 아니고, 넌 사무소를 알고 있지?"

"어떤 사무소 말씀예요?"

"뭐, 그냥 일반적인 곳 말이야. 갖가지가 들어가고 나오기도 하는 곳이지."

"무슨 말씀을 하시는 거예요, 타바리시치(동지) 코셰보이?"

"옳지, 서류란 거 말이다, 너 알고 있을 테지? 나가는 것도 있고, 별별 것이 다 있는데······"

미시카는 애매하게 손가락을 움직이다가 이윽고 대답도 기다리지 않고 이번에는 딱 잘라 말했다.

"만약 알지 못하고 있대도 금방 알게 돼. 내가 지금 레프콤 의장인데, 너를 글을 읽을 수도 있고 쓸 수도 있는 청년으로 생각하여 서기로 임명한다. 그러니 레프콤 건물을 지키도록 해라. 서류는 모두 탁자 위에 놓여 있다. 나도 곧 돌아갈 거다. 알았지?"

"타바리시치 코셰보이!"

미시카는 손을 흔들며 성급하게 말했다.

"나중에 다시 얘기하도록 하마. 어쨌든 곧 가서 일을 시작해 다오."

미시카는 보통 걸음으로 천천히 길을 걸어갔다.

그는 집에서 새 바지를 입고 7연발 단총(短銃)을 주머니에 꽂고는 거울 앞에서 차양 달린 둥근 모자를 이리저리 모양내 쓴 다음 아내에게 말했다.
"잠깐 볼일이 있어서 어디 좀 갔다 올 거요. 만일에 누가 와서 저, 의장이 어디 갔느냐고 묻거든, 곧 돌아온다고 말해 주오."
의장쯤 되면 반드시 무엇엔가 속박 받게 마련이다…… 미시카는 느릿느릿 무게 있게 걸어갔다. 그의 걸음걸이는 여느 때와 아주 달랐으므로 도중에 만난 한 부락 사람은 자신도 모르게 멈추어 서서 미소 지으며 그의 뒷모습을 지켜보았다. 골목에서 만난 프로호르 즈이코프는 반쯤 장난기를 섞어 공손한 태도를 보이고 뒷걸음질을 하며 말했다.
"미하일, 이게 어찌 된 영문인가? 평일날 근사하게 정장을 했으니, 열병식에라도 나가는 것 같군…… 아니면 처녀를 꾀러 갈 작정이기라도 한 건가?"
"글쎄, 그런 것 같기도 하군."
미시카는 이렇게 대꾸하고 입술을 꽉 다물었다.
그로모프네 집 문 근처까지 가자 걸음을 멈추지도 않고 주머니에 손을 찔러 넣었다가 썬 담배를 꺼내고, 널찍한 마당 여기저기에 세워진 울안 건물들과 안채 창 따위를 재빠르게 둘러보았다.
그때 키리르 그로모프의 어머니가 바깥문으로 나왔다. 그녀는 몸을 약간 뒤로 젖힌 채 가늘게 썬 사료용 호박이 담긴 그릇을 손에 들고 있었다. 미시카는 그녀에게 정중히 인사하고 바깥문 계단 쪽으로 들어갔다.
"아주머니, 키리르 집에 있나요?"
"집에 있어요. 어서 들어가요."
노파는 길을 비키며 말했다.
미시카는 어두컴컴한 현관에 들어갔다. 어두워서 문 손잡이를 더듬었다.
키리르가 직접 나와서 거실 문을 열고 한 발짝 물러섰다. 깨끗이 면도질한 얼굴에 미소를 띠고 얼근히 취한 듯한 키리르는 눈치를 살피는 듯 힐끔 미시카를 쳐다보더니 거리낌 없는 어조로 말했다.
"허, 군인이 또 한 사람 오셨구먼! 코세보이, 자, 들어와 앉게. 자, 손님, 지금 마침 한 잔 하는 참이네. 조금 말이야……"
"이거 참, 잘 와 줬네."
미하일은 주인의 손을 잡고 식탁에 앉아 있는 손님들을 둘러보았다.

그의 방문은 분명 시기적절한 것은 아니었다. 미시카에게 낯선, 어깨가 넓은 카자흐가 머리 위로 성상이 걸린 방구석에 듬직하게 자리 잡고 앉아 있었는데, 키리르에게 묻는 듯한 시선을 던지더니 술잔을 옆쪽으로 밀어놓았다. 탁자의 반대편에 앉아 있던 아프반토킨 세몬, 이 사람은 코르슈노프가(家)의 먼 친척인데, 미시카를 보더니 얼굴을 찌푸리고 외면했다.

주인은 미시카에게 의자에 앉으라고 권했다.

"청해 줘서 고맙네."

"아냐, 앉게. 언짢게 여기지 말고, 우리와 함께 한 잔 하게."

미시카는 탁자 앞에 앉았다. 주인의 손에서 탁주가 담긴 잔을 받아 들고는 머리를 흔들며 말했다.

"무사히 귀환한 것을 축하하네. 키리르 이바노비치!"

"고맙네. 그런데 자넨 군대에서 나온 지 꽤 오래 되었지?"

"응, 오래 됐지. 이젠 새로운 생활에도 익숙해졌어."

"새로운 생활에도, 결혼에도 익숙해졌다는 말이 아닌가? 허, 그거야말로 양심에 어긋나는 말 아닌가? 자, 쭈욱 들게!"

"마시고 싶지 않군! 그런데 자네에게 좀 볼일이 있네."

"그만두게! 시시한 소리 말게! 오늘은 무슨 일이든 이야기하지 않기로 했네. 오늘 나는 친구들과 한잔하기로 했으니, 볼일이 있거든 내일 와주게."

미시카는 탁자에서 일어섰다. 그리고 조용히 미소를 띠고 말했다.

"볼일이란 건 시시한 일이긴 하네만 급한 거야. 잠깐 바깥으로 나와 주지 않겠나."

키리르는 지성스럽게 틀어 올린 콧수염을 쓰다듬으며 잠시 잠자코 있더니, 이윽고 일어섰다.

"뭣 하면 지금 여기서 얘기하는 게 어떤가? 모처럼의 술자리를 깨고 싶지 않네."

"아냐, 잠깐 나와 주게."

조심스럽게, 그러나 끈질기게 미시카가 요구했다.

"나가 봐, 왜 우물쭈물하나?"

미시카와는 낯선, 어깨가 넓은 카자흐가 말했다.

키리르는 성가신 듯이 부엌으로 나갔다. 난로 옆에 서서 일하고 있는 아내에게 낮은 목소리로 말했다.
"잠깐만 피해 줘, 카테리나!"
그는 긴 의자에 앉아서 쌀쌀맞게 말했다. "그래, 볼일이란 뭐지?"
"자네 집에 있은 지 얼마나 됐지?"
"왜?"
"집에 돌아온 지 며칠이 되었느냐고 물었네."
"나흘쨴가 보네."
"레프콤에 갔었나?"
"아직 가지 않았네."
"뵤시키의 군사위원회에는 갈 생각인가?"
"그런 걸 왜 묻나? 볼일이 있어 왔다면 그 용건이나 말하는 게 어떤가?"
"지금 용건을 얘기하는 거야."
"그러면 마음대로 하게! 도대체 자네는 마치 상관인 것 같은 태도를 취하고 있는데, 내가 자네에게 보고할 의무라도 있단 말인가?"
"나는 레프콤의 의장이야. 군대에서 가져온 증명을 보여 주게."
"허, 그런가!"
키리르는 갑자기 취기에서 깨어난 듯한 날카로운 눈으로 미시카의 눈을 빤히 들여다보더니, 목소리를 길게 늘여 말했다.
"허, 그런 것이 되었나!"
"그렇다네. 자, 증명서를 내주게!"
"오늘 소비에트로 가져가겠네."
"아냐, 당장 내놔!"
"증명서는 집 안 어디엔가 놓아두었네."
"찾아와."
"아니, 지금은 찾을 수 없어. 돌아가 줘, 미하일, 말썽이 생기기 전에 돌아가 줘."
"그 말썽은 간단히 정리될 거야……"
미하일은 오른쪽 주머니에 손을 넣었다.
"자, 옷을 갈아입고 오게!"
"이러지 마, 미하일! 나에게 손을 대지 않는 게 좋아……"

"함께 가지고 했어!"
"어디로 가잔 말이야?"
"레프콤으로 가잔 말이야."
"왠지 가고 싶지 않군."
　키리르는 하얗게 질렸으나, 비웃는 웃음을 띠었다. 미시카는 몸을 왼쪽으로 기울이고 주머니에서 권총을 꺼내어 방아쇠를 철컥 올렸다.
"갈 텐가, 안 갈 텐가?"
미시카가 낮은 목소리로 물었다.
　키리르는 잠자코 거실 쪽으로 걸어가려 했으나, 미시카는 그 앞에 버티고 서서 눈으로 현관으로 나가는 문을 가리켰다.
"잘들 듣게나!"
키리르는 일부러 태연한체하고 소리쳤다.
"나는 여기서 아마 체포되는 모양이다! 내가 없어도 보드카를 실컷들 마시게!"
　거실 문이 활짝 열렸다. 아프반토킨이 문턱을 넘어서 뛰어들려다가 자기에게 겨누어진 권총을 알아채고는, 황급히 문 옆기둥 뒤에 몸을 숨겼다.
"자, 가자구."
미시카가 키리르에게 명령했다.
　키리르는 슬슬 문 쪽으로 가서 우물쭈물 문 손잡이를 잡는 순간에 껑충 뛰어 현관방을 빠져 나가 현관 바깥문을 홱 열고 계단에서 뛰어내렸다. 키리르가 몸을 굽히고 뜰을 거쳐 과수원 쪽으로 달아나는 뒤에서 미시카는 2발을 쏘았으나 맞지 않았다. 왼팔을 앞으로 구부리고 그 팔꿈치 위에 총신(銃身)을 얹고는 두 다리를 넓게 벌리고 서서, 미시카는 여유 있게 겨냥을 했다. 3발째 쏘았을 때, 키리르는 발을 헛디뎌 쓰러질 듯했으나 곧 일어나 가볍게 울타리를 뛰어넘었다. 미시카도 계단을 뛰어 내려갔다. 미시카의 뒤를 겨누고 집 안에서 메마른 단속적(斷續的)인 소총 소리가 울렸다. 그 탄환은 바로 앞 흰 칠한 창고 벽에 퍼! 소리를 내며 박히고, 자갈이 섞인 회반죽을 땅바닥에 산산이 흩뜨렸다.
　키리르는 가볍게 재빨리 달아났다. 몸을 굽힌 그의 모습이 사과나무 숲 녹색 수풀에 가려졌다 나타났다 했다. 미시카는 울타리를 뛰어넘었으나, 그곳에서 쓰러졌다. 누운 채로 여전히 달아나는 키리르를 향해서 그는 2발을 쏘고 얼굴을 집 쪽으로 돌렸다. 바깥문은 넓게 열어젖혀져 있었다. 계단에는 키리르의 어머니가 서서 작은 손을 눈에 대고 과수원 쪽을 바라보았다. '사정없이 그 자리에서 쏴죽였어야 하는 건데……' 미시카는 생각했다. 그는 누운 채로 울타리 밑에 몇 분 동안 있었다. 그는 집 쪽을 엿보면서 다소 균등한 기계적인 동작으로 무릎에 묻은 진흙을 털어내고는 이윽고 일어서서 힘겹게 울타리를 넘어 권총 부리를 밑으로 향한 채 집 쪽으로 걸어갔다.

5

키리르 그로모프와 함께 아프반토킨과 또 한 사람, 코셰보이가 그로모프의 집에서 만난 그 낯선 카자흐가 자취를 감추었다. 그날 밤에 이미 2명의 카자흐가 부락에서 사라졌다. 뵤센스카야에서 타타르스키 부락으로 돈체카(비상위원회)의 소(小)부대가 와서 카자흐 2, 3명을 체포했다. 증명서가 없는 부대에서 이탈한 4명의 카자흐는 뵤센스카야에 있는 징벌대로 보내졌다.

코셰보이는 종일 레프콤에 틀어박혀 있다가 해가 진 뒤 어두워져서야 집에 돌아왔다. 침대 옆에 탄환을 넣은 소총을 놓고 베개 밑에 권총을 숨기고는 옷을 입은 채로 잤다. 키리르 사건이 있은 지 사흘째에 그는 두냐시카에게 말했다.

"현관에서 자야겠어."
"왜요?"
두냐시카가 의아해했다.
"창을 쏘는지도 몰라. 침대가 창가에 있으니까……"
두냐시카는 잠자코 침대를 현관방으로 옮겼으나, 밤에 물었다.
"어떡해요? 언제까지 이렇게 토끼마냥 오들오들 떨면서 살아야 하죠? 겨울이 올 텐데 줄곧 현관방에서 사실 거예요?"
"겨울이 되려면 아직 멀었소. 당분간은 이렇게 지낼 거요."
"당분간이란 게 언제까지예요?"
"카리르를 해치울 때까지요."
"키리르는 당신을 해치지 않을 거예요."
"아냐, 언젠가 반드시 올 거야."

미하일은 확신하는 양 말했다.

하지만 그의 확신은 들어맞지 않았다. 그의 동료와 함께 돈 건너편 어디엔가 몸을 숨기고 있던 키리르 그로모프는 마푸노 도당이 접근해 왔다는 말을 듣고는 돈 오른쪽 기슭으로 건너가서 마푸노 도당의 전위(前衛) 부대가 있는 크라스노쿠츠카야 마을로 향해 가고 있었다. 그런 어느날 밤 키리르는 타타르스키 부락에 들렀다가 우연히 길에서 프로호르 즈이코프와 만났다. 그때 그로모프는 부디 잘 부탁한다, 멀지 않아 찾아갈 테니 기다려 달라고 코셰보이에게 전해 달라며 프로호르에게 당부했다. 이튿날 아침, 프로호르는 키리르를 만났던 것과 그의 당부를 미시카에게 전했다.

"해치워야겠어. 한 번은 도망쳤지만, 이번에는 도망치지 못할 거야. 그런 놈들은 어떻게 하는 게 좋은지, 놈이 내게 가르쳐 줬어. 그걸 고맙게 생각할 정도라네."

미시카는 이야기를 다 듣고 나서 이렇게 말했다.

마푸노는 실제로 상류 돈 관구 구역 내에 나타났다. 코니코프 부락 부근의 소규모 전투에서 마푸노는 그와 싸우기 위해 보센스카야에서 온 보병 대대를 격파했으나, 관구 중심부에 들어오지는 않고 밀레로보 마을로 가서 그 마을 북쪽에서 철도를 가로질러 스타로베리스크 방향으로 갔다. 가장 적극적인 백위군 카자흐 분자들이 마푸노 도당에 합류했으나, 대부분의 카자흐는 집에 남아 대기 상태로 있었다.

코셰보이는 여전히 경계를 게을리 하지 않고 긴장된 나날을 보냈다. 그는 부락에서 일어나는 모든 사태를 눈여겨보았다. 타타르스키의 생활은 결코 즐겁지 않았다. 고난의 시대, 모든 물자가 부족하고 살림이 쪼들리는 것은 불가피한 일이었다. 그러나 카자흐들은 그 모든 것을 소비에트 정권 탓으로 돌려 심하게 욕하기 시작했다. 최근에 생겨난 단일 소비조합이라는 조그마한 가게에는 상품이 별로 없었다. 비누, 설탕, 소금, 등유, 성냥, 마회르카(값싼 담배), 수레바퀴용 기름 등 꼭 필요한 생활 물자를 팔지 않았다. 썰렁한 신반에는 이미 여러 달째 시기는 사람이 없는 값비싼 아스모로프 궐련과 무슨 철물 종류만이 덜렁 놓여 있었다.

밤에는 등유 대신 녹인 쇠기름을 접시에 담아서 태웠다. 마호르카 대신에 손으로 만 사모사드(담배)를 피웠다. 성냥이 없었으므로 부싯돌과, 대장장이가 만든 부싯돌 대용 강철이 유행했다. 빨리 타기 때문에 부싯깃을 타다 남은 해바라기 찌꺼기와 함께 끓는 물속에 넣고 삶기도 했지만, 익숙하지 못해 그리 간단하게 불을 일으키지는 못했다. 아낙네들이 어느 골목에 둥글게 모여서 사이좋게 부싯돌로 불꽃을 일으키며 낮은 목소리로 몹시 천박한 욕설을 내뱉고 "소비에트 정권은 불을 달라!" 덧붙여 말하는 것을, 미시카는 해질녘 레프콤에서 집으로 돌아오는 도중에 흔히 목격했다. 이윽고 불꽃이 메마른 부싯깃에 옮겨 붙어 타오르면, 아낙네들은 연기만 내는 불을 입으로 불어서 일으켜 담뱃불을 붙인 다음 그 자리에 쪼그리고 앉아 서로 뉴스를 나누는 것이었다. 담배를 말 종이도 귀했다. 교회의 파수막에서 교회 호적(戶籍)을 모조리 끄집어내 왔으나, 그것도 다 태워 없애고 나자 어느 집에서나 아이들의 헌 교과서에서부터 노인용 성서에 이르기까지 죄다 피워 없앴다.

프로호르 즈이코프는 이전의 멜레호프 집에 자주 들렀는데, 미시카에게 종이를 구걸하고 한심하다는 투로 말했다.

"내 마누라의 옷궤짝 덮개에 붙은 헌 신문을 다 뜯어내서 피워버렸네. 성서 종류로 신약이라는 게 있었는데, 그것도 피워버렸네. 구약성서도 피워 버렸지. 성자들이 좀 더 많이 성서를 썼더라면 좋았을 텐데, 별로 많이들 쓰지 않았더군…… 내 아내가 과거첩(過去帖)이라는 것을 가지고 있었는데, 이미 죽은 이나 살아 있는 친척들이 다 씌어져 있었지만 그것도 피워버렸지. 지금은 양배추 잎새나 우엉 잎새도 말려서 종이 대신 써야 할 판이야! 미하일, 웬만하면 신문 좀 주게. 담배 없이는 난 견디지 못하네. 나는 독일 전선에서도 가끔 내 몫의 빵을 50그램의 마호르카와 바꾸곤 했다네."

그해 가을 타타르스키 부락의 생활은 몹시 견디기 어려웠다…… 기름칠을 못한 짐마차 바퀴는 삐걱삐걱 소리를 내고, 타르칠이 안 된 가죽 마구(馬具)나 신류는 바싹 말라서 터졌고, 무엇보다 곤란한 것은 소금이 없는 것이었다. 뵤센스카야에 가서 2킬로그램도 못 되는 소금 대신 큰 숫양을 넘겨 준 타타르스키 부락 사람들은 이 파괴와 혼란의 시대를 저주하면서 집으로 돌아왔다. 그 저주스러운 소금은 또한 미하일에게도 많은 고뇌를 안겨 주었다……

어느 날 '소비에트'에 노인들이 찾아왔다. 그들은 의장에게 공손히 인사를 한 뒤 모자를 벗고는 긴 의자에 나란히 앉았다.

"소금이 없습니다, 의장 나으리."
한 노인이 말했다.
"지금은 '나으리'란 건 없습니다."
미시카는 말을 바로잡았다.
"용서하십시오. 아주 오래된 습관이라서…… 나으리는 없어도 괜찮지만요, 소금이 없어서는 안 되겠습니다."
"그러니 어떡합니까, 영감님들?"
"의장님, 소금을 실어오도록 어떻게 힘 좀 써 주십시오. 마누이치에선 소로는 실어 오지 못하거든요."
"이미 관구에 보고해 놓았습니다. 관구에서도 그건 벌써 알고 있습니다. 곧 소금이 올 겁니다."
"소금이 오기를 기다리는 동안에 우린 모두 바싹 말라버릴 겁니다."
한 노인이 바닥을 내려다보며 말했다.
미시카는 성을 내며 탁자에서 벌떡 일어섰다. 분노로 얼굴이 새빨개져서 그는 주머니를 뒤집어 보였다.
"저는 소금을 가지고 있지 않습니다. 보십시오, 이렇습니다! 저도 소금은 없고 또한 어디서 구할 도리도 없습니다. 아시겠습니까?"
"소금이란 게 도대체 어디로 가버린 겁니까?"
잠시 잠자코 있다가 애꾸눈 츄마코프 노인이 의아하다는 듯이 여러 사람을 애꾸눈으로 둘러보면서 말했다.
"이전 구정권 때엔 소금 같은 건 누구도 문제 삼지 않았습니다. 소금은 산더미같이 쌓여서 여기저기 흔했는데, 요즘 와서는 소금 한 숟가락도 구할 수 없는 판입니다……"
"그런 건 우리 정권의 책임이 아닙니다. 우리 정권이 알 바 아닙니다."
미시카는 다시 온건한 어조로 바꾸었다.
"그건 옛 정권이 나빴기 때문입니다. 과거 여러분의 카데트(입헌민주당) 정권이 나빴기 때문입니다. 카데트가 이런 혼란과 파괴를 불러일으킨 겁니다. 소금을 가져오려고 해도 그것을 실어올 수가 없습니다. 철도는 모두 파괴되었고, 차량도 역시 마찬가지입니다……"
미시카는 백군이 퇴각할 때 얼마나 많은 국유 재산을 파괴하고 공장을 폭파했으며 창고를 태워 없앴는가를 노인들에게 한참 동안 떠들어댔다. 전쟁 때 실제로 본 것이며 들은 것, 그리고 이야기하는 동안 그들의 불만을 친애하는 소비에트 정권으로부터 다른 데로 돌리게 하려는 유일한 목적으로 직감적으로 생각해 낸 것도 마구 이야기해 주었다. 소비에트 정권을 그들의 비난으로부터 보호하기 위해 가능한 한 거짓말도 하고 허풍을 떨기는 했지만, 은근히 속으로는 이렇게 생각했다. '이 사람들에게 그래도 별로 나쁠 게 없어. 이 사람들에게는 어차피 마찬가지야. 이 사람들이 그걸로 손해 입을 리도 없고 이쪽에도 이익이 될 테니까……'

"그러면 여러분은 그 부르주아란 놈들이 기겁을 하고 그냥 내뺀 줄 아셨습니까? 놈들은 멍텅구리가 아닙니다! 놈들은 몇 천 푸드나 되는 엄청난 양의 설탕과 소금을 러시아 전역에서 있는 대로 긁어모아 감쪽같이 크리미아로 운반했다가, 크리미아에서 배에 실어 외국에다 팔아먹은 겁니다."

미시카는 눈을 빛내며 이야기했다.

"거 뭔가, 마즈토 머릿기름까지 죄다 가져갔습니까?"

믿어지지 않는다는 듯이 애꾸눈 츄마코프가 물었다.

"영감님, 당신 몫으로 남겨 줄 것으로 생각하셨습니까? 전체 근로 대중과 마찬가지로 당신은 놈들에게는 아무 소용이 없습니다. 놈들은 마즈토도 팔아먹을 곳을 찾아냈습니다! 놈들은 국민은 굶어 죽든 말든, 무엇이나 다 손에 닿는 대로 차례차례 가져갔습니다."

"맞아, 그렇고말구."

노인 하나가 끄덕였다.

"부자란 것들은 다 탐욕스러운 것들입니다. 옛날부터 알고들 있었지만, 인간은 부자가 되면 될수록 비열해지는 겁니다. 뵤시키의 어떤 상인은 말이죠, 저 첫 번째 퇴각 때 실에 이르기까지 모든 재산을 싹 긁어모았습니다. 적위군이 이미 근처까지 들어왔다는데도 집에서 나가지 않고 슈바(모피 외투)를 입은 채 집 안을 뛰어다니며 장도리로 벽의 못들을 빼고 다녔답니다. '못 1개도 저 망할 놈들에게 남겨 줄까 보냐!' 하더란 말입니다. 그러나 마즈토까지 가져간다고 어쩔 건 없지요. 당연한 일입니다."

"그러면 역시 소금 없이 지내야 한다는 거지요?"

이야기가 거의 끝날 무렵 막사에프 노인이 부드럽게 물었다.

"곧 노동자들이 새 소금을 캐낼 거고, 그때는 마누이치로 짐마차를 보낼 겁니다."

미시카가 조심스럽게 말했다.

"아무도 거기에 가고 싶어 하지 않을 겁니다. 거기선 카르므이크인들이 나쁜 짓을 하는 통에 바다 소금도 인수 못하고 소도 약탈당하고 말 겁니다. 거기에 갔던 내 친지는 채찍만 들고 돌아왔습니다. 밤에 베리코크냐 제스카야 마을 앞에서 3명의 무장한 카르므이크인들에게 습격당해 소를 빼앗기고 협박까지 받았답니다. '잠자코 있어, 이 영감탱이야. 떠들면 살려 두지 않을 테야' 하더랍니다. 그런 곳에 갈 사람이 있을라구요!"

"기다리는 수밖에 없군요."

츄마코프가 한숨을 내쉬었다.

미하일은 노인들과 그럭저럭 이야기를 마쳤다. 그러나 집에 돌아가자 다시 소금 때문에 두냐시카와 심한 말다툼을 벌였다. 최근에 대체로 이들 부부의 관계는 왠지 원만하지 않았다……

그 불화는 프로호르가 있는 자리에서 미시카가 그리고리에 대해 이야기했던 저 기억할 만한 날부터 비롯되어 지금껏 사그라들지 않았다. 어느 날 저녁, 미시카가 저녁식사 때 말했다.

"여보, 이 스튜에는 소금이 들어가지 않았군. 아니면 소금이 지나치게 들어간 모양으로, 지나친 건 모자라는 것과 같은 건가?"

"지금과 같은 소비에트 정권 밑에서는요, 소금을 지나치게 쓴다는 건 있을 수가 없는 일이에요. 우리 집에 소금이 얼마나 남아 있는지 당신 아세요?"

"그래시?"

"두 움큼 정도라구요."

"난처한 일이군."

미시카는 한숨을 내쉬었.

"눈치 빠른 사람들은 벌써 여름 동안에 마누이지도 가서 소금을 해 왔나 구요. 당신이야 소금 같은 걸 생각해 볼 틈도 없었겠지만요."

두냐시카는 비난하는 말을 했다.

"소금을 가지러 가려고 해도 타고 갈 것이 없지 않소? 결혼한 지도 얼마 안 되었는데 당신을 말 대신 짐마차에다 맨다는 건 당치 않은 일이고, 그렇다 해서 소를 맬 수도 없는 일이고……"

"그런 농담은 나중에 하세요. 머잖아 전혀 소금이 없는 음식을 먹게 될 테니, 그때 가서나 그런 농담을 하시는 게 좋을 거예요!"

"어째서 나에게 그토록 불평이오? 사실이지, 어디에서 그 소금을 가져오란 말이오? 도무지 여자란 귀찮은 것이로군…… 뭐든지 달라고 한단 말이야. 소금이 없어지니, 소금이야말로 하늘의 별이로군."

"남들은 소로 마우이치에 갔아왔어요. 그래서 다른 집에는 소금도 있고 소금 절임도 할 수가 있는데, 우리는 소금기가 없는 음식을 꾸역꾸역 먹는 판이에요."

"어떻게 해결될 거요, 두냐시카. 소금도 곧 오게 될 거요. 우리에게는 그런 것쯤 얼마든지 생길 거요."

"당신네는 뭐든지 많이 있군요."

"당신네라니, 누굴 말하는 거지?"

"빨갱이들 말예요."

"당신은 어떤 여자요?"

"보시는 바와 같은 여자예요. '우리에게는 무엇이든 풍부해지게 된다. 모두가 평등하게 풍족하게 살 수 있게 된다……' 되게 떠들어대고 있지요? 스튜에 소금도 치지 못하는 형편인데, 이게 당신네가 말하는 풍부하다는 건가요?"

미시카는 질린 표정으로 아내를 쳐다보고 새하얘졌다.

"뭐라고, 두냐하? 무슨 말을 하는 거요? 어떻게 말을 그리 잘도 하오."

그러나 두냐시카는 여전히 제 주장을 고집했다. 그녀 역시 분노와 증오에 타올라 창백해져 목소리를 높이고는 외쳐대는 목소리로 계속 대꾸했다.

"이래도 좋다고 생각해요? 왜 그렇게 눈을 부라리는 거죠? 당신, 의장님, 당신은 남들이 소금이 없어 모조리 잇몸이 부어오른 걸 알고나 있어요? 사람들이 소금 대신에 뭘 먹고 있는지 알고나 있어요? 염택지(鹽澤地)의 흙을 파내고 있어요. 네챠에프 언덕의 흙을 파내고 있단 말예요. 그 흙을 스튜에 넣어 먹고 있단 말예요. ……당신도 들어서 알고 있지요?"

"이봐요, 그렇게 소리치지 말아요. 그런 얘기도 들었소…… 그러니 그게 어떻단 말이오?"

두냐시카는 어이가 없다는 듯이 손뼉을 마주쳤다.

"그러니 어떻단 말이냐고요?"

"좀 참고 지내면 안 되오?"

"그래요, 참으실 수 있으면 참아 보라구요!"

"나는 어떻게든 참지만 당신은 어떻게 된 거요? ……당신도 드디어 멜레호프 집안의 혈통을 그대로 드러내고 마는군."

"어떤 혈통 말예요?"

"반혁명이지."

미시카는 혼잣말하듯 하며, 식탁에서 벌떡 일어섰다. 그는 아래를 뚫어지게 내려다볼 뿐 아내 쪽은 쳐다보지 않았다. 이윽고 그가 입을 열었을 때, 그의 입술은 잘게 떨렸다.

"다시 한번 그런 말을 하면, 더 이상 당신과 살지 않겠소. 그때는 헤어질 테니, 그렇게 하오! 당신의 말은 적(敵)의 말이야……"

두냐시카가 다시 대꾸를 하려고 하자, 미시카는 곁눈질로 노려보며 주먹을 치켜 올렸다.

"잠자코 있어!"

그는 목소리를 낮추어 말했다.

두냐시카는 두려워하는 기색도 없이 호기심을 드러내고 그를 빤히 쳐다보더니, 이윽고 조용히 즐거운 듯이 말했다.

"알았어요, 엉뚱한 얘기를 해버렸는데…… 소금 없이 지내도록 하는 거죠!"

그녀는 잠시 잠자코 있더니, 미시카가 전부디 좋아하는 조용한 미소를 띠고 말했다.

"화내지 말아요, 미샤! 당신네가 말이죠, 여자들의 말에 하나하나 화를 내자면 한이 없을 거예요. 어리석어서 무슨 말을 했는지도 모른다구요…… 국물을 드실래요, 아니면 크바스를 드실래요?"

두냐시카는 젊은 나이에 걸맞지 않게 세상일에 능했다. 세상 살아가는 슬기를 잘 터득했다. 다투는 경우, 집요하게 제 고집을 부려야 할 때와 꺾이고 물러서야 할 때를 잘 가리고 있었다……

이런 일이 있은 지 2주일쯤 지난 뒤, 그리고리에게서 편지가 왔다. 우란게리와의 전투에서 부상을 입었는데, 상처가 낫는 대로 아마 귀향하게 될 것이라고 씌어있었다. 두냐시카는 그 편지 내용을 남편에게 말하고 슬쩍 물어보았다.

"그리고리가 돌아오면 우리는 어떻게 하지요?"

"내 집으로 갑시다. 이 집에서는 그리고리 혼자 살게 하고, 재산은 나누면 되니까."

"함께 살아선 안 돼요. 오빠는 틀림없이 아크시냐를 끌어들일 텐데요."

"설사 괜찮다고 해도, 나는 당신 오빠와 한 지붕 밑에서는 살지 못하오." 미시카는 잘라 말했다.

두냐시카는 놀라서 눈썹을 추켜올렸다.

"무슨 말예요, 미샤?"

"당신도 알고 있지 않소?"

"그건…… 오빠가 백위군에 있었기 때문예요?"

"그렇소."

"당신은 오빠를 싫어하시는군요…… 두 분은 친구였는데!"

"그 친구는 내게 악마가 되었소. 그래도 좋다고 하라는 거요? 친구이긴 했지만, 우리의 친구 관계는 오래 전에 끝나버렸소."

두냐시카는 물레 쪽으로 갔다. 물레의 바퀴가 똑같은 간격을 두고 덜커덕덜커덕 소리를 냈다. 순간, 물레의 실이 끊어졌다. 두냐시카는 한 손으로 바퀴 가장자리를 누르고 실을 이으며 남편을 쳐다보지도 않고 물었다.

"그리고리가 돌아오면, 백위군 카자흐 부대에 있었다고 해서 어떻게 되지요?"

"재판이 있을 거요, 군법회의가……"

"그러면 무슨 죄를 받나요?"

"그건 나도 모르오. 나는 재판관이 아니니까……"

"총살형 같은 게 될까요?"

미시카는 미샤토카와 포류시카가 잠들어 있는 침대 쪽을 보고 고른 숨결을 엿듣더니, 목소리를 낮추어 대답했다.

"아마 그럴 거요."

그 이상 두냐시카는 묻지 않았다. 이튿날 아침 소젖을 짜러 갈 때, 두냐시카는 아크시냐의 집에 들렀다.

"곧 그리샤가 돌아온대요. 기뻐하실 거라고 생각하고 여기 왔어요."

아크시냐는 말없이 물이 담긴 쇠냄비를 화덕 불 위에 얹고 두 손으로 가슴을 눌렀다. 그녀의 들뜬 얼굴을 보고 두냐시카가 말을 이었다.

"하지만 그리 기뻐하지 않으시는 게 좋아요. 제 남편 얘기로는, 그리고리는 틀림없이 재판을 받게 된대요. 어떤 판결이 내릴는지는 알 수 없어요."

눈물이 글썽해져 빛나고 있던 아크시냐의 눈은 그 순간 놀라움에 더욱 커졌다.

"무슨 죄지요?"

그녀는 토막토막 물었는데, 뒤늦게야 보인 미소가 아직 입술에 사라지지 않고 있었다.

"반항했던 것과 그 밖의 여러 가지 일 때문이래요."

"터무니없는 일이에요! 재판 같은 게 있을 리 없어요. 당신네 미하일은 잘 몰라요. 괜히 아는 척하는 데가 있어요!"

"그렇지 않을는지도 몰라요."

두냐시카는 잠시 잠자코 있었다. 그런 뒤에 숨을 숙이고 말했다.

"그이는 오빠에게 악의를 품고 있어요…… 그래서 저는 몹시 괴로워요…… 도무지 견딜 수가 없어요! 또 부상했다니…… 정말로 오빤 불행한 분이셔요……"

"돌아오시기만 하면, 아이들을 데리고 어디론가 숨어버리죠, 뭐."

아크시냐는 흥분해서 말했다.

그녀는 왠지 벗고 있던 프라토크를 다시 썼다. 뚜렷한 목적도 없이 탁자 위의 접시를 이리저리 옮겨놓았지만, 그녀를 사로잡은 격렬한 흥분을 도무지 가라앉힐 수가 없었다.

그녀는 의자에 앉더니 오래 쓴 앞치마를 무릎 위에서 어루만졌는데, 두냐시카는 그 손이 부들부들 떨리는 것을 알아챘다.

두냐시카의 목구멍으로 무엇인가가 치밀어 올라왔다. 그녀는 혼자 실컷 울고 싶었다.

"어머니는 그리고리를 기다리다 못해서 돌아가셨고……"

그녀는 낮게 말했다.
"자, 저는 갈래요. 페치카에 불을 지펴야 해요."
현관방에서 아크시냐는 황급히 서투르게 두냐시카의 목에 키스하고 손을 움켜잡더니 그 손에도 키스했다.
"기쁘세요?"
두냐시카는 토막토막 끊기는 목소리로 물었다.
"아주 조금, 아주 잠깐……"
아크시냐는 농담과 떨리는 미소로 넘쳐흐르는 눈물을 보이지 않으려 하며 대답했다.

6

그리고리는 밀레로보역에서 귀향하는 적위군 지휘관 자격으로 보통의 짐마차를 제공받았다. 집으로 돌아오는 도중에 우크라이나의 각 마을에서 말을 바꾸었으므로, 24시간 동안에 상류 돈 관구의 경계까지 올 수 있었다. 맨 처음 닿은 카자흐 부락에서, 얼마 전에 귀향했다는 적위병 출신의 젊은 레프콤 의장은 그리고리에게 이렇게 말했다.

"타바리시치 부대장, 당신은 우차(牛車)를 타고 가셔야겠습니다. 이 마을에 말은 한 마리밖에 없고, 그나마 세 다리로 다니고 있습니다. 퇴각 때 말들을 모두 쿠반에 놔두고 왔거든요."

"그 말로 어떻게든 갈 수 없을까?"

그리고리는 건강한 의장의 쾌활한 눈을 살피듯이 쳐다보고 탁자 위를 손가락으로 톡톡 두들기며 물었다.

"아뇨, 가실 수 없습니다. 1주일 걸려도 가닿지 못하실 겁니다. 글쎄, 안심하십시오, 이곳의 소는 튼튼하고 다리도 제법 빠릅니다. 게다가 뵤센스카야로 어차피 수레를 보내야 합니다. 전화용 전선을 보내야 해서요. 이번 전쟁 뒤 줄곧 이곳에 내동댕이쳐져 있었던 겁니다. 글쎄, 그런 사정이니, 당신도 수레를 중간에 바꾸실 필요는 없습니다. 직접 댁까지 모셔다 드리겠습니다."

의장은 미소를 짓고 교활하게 눈을 찡긋하더니, 왼쪽 눈을 가늘게 뜨고 말했다.

"가장 좋은 소와, 수레의 마부로 젊은 과부를 제공하겠습니다…… 꿈에도 이 이상 가는 여자는 볼 수 없다 싶으실 여자 하나가 마침 있습니다! 그 여자 같으면, 지루하다 느끼실 겨를 없이 댁까지 갈 겁니다. 저도 군대에 근무했었지요…… 그런 전시적(戰時的) 필요는 아주 잘 알고 있습니다."

그리고리는 속으로 따져 보았다. 끼여 타고 갈 짐마차를 기다리는 것도 어리석은 짓이다, 걸어가기에는 너무 멀다. 우차라도 승낙하는 수밖에 없다고.

1시간쯤 지나자 우차가 왔다. 낡은 짐수레의 바퀴들은 심하게 삐걱삐걱 소리를 내고 뒤쪽 칸막이는 부서져 나가고 없었다. 가득 쌓아올린 마른풀 덩어리 몇 개가 칠칠치 못하게 늘어져 있었다. '전쟁으로 모든 게 엉망이 되었구나' 그 초라한 수레를 언짢은 시선으로 쳐다보며 그리고리는 생각했다. 여자 마부는 소들과 나란히 서서 채찍을 흔들며 걸어왔다. 그녀는 실제로 상당한 미인으로 날씬하기도 했다. 단지 그녀의 키에 어울리지 않게 높은 산같이 큰 가슴이 다소 그녀의 용모를 손상시키고 있고, 둥근 턱에 있는 비스듬한 상처가 좋지 않은 과거가 있음을 얼굴에 나타냈다. 또한 그 상처가 콧마루 주위에 가득 뿌려진 좁쌀알 같은 황금빛 도는 주근깨가 있는 거무스름하고 붉은 얼굴을 나이보다 늙어 보이게 하는 것 같았다.

그녀는 프라토크를 고쳐 쓰고 눈을 가늘게 좁혀 주의 깊게 그리고리를 돌아다보고 말했다.

"당신이세요, 타고 가실 분이?"

그리고리는 계단에서 일어나 외투를 입었다.

"나요. 전선은 실었소?"

"저더러 그걸 실으란 말씀인가요?"

카자흐 여인은 날카롭게 외쳤다.

"매일 저는 수레에 타고 일을 하는 걸요! 그런 저더러 전선까지 실으란 말씀예요? 자기네가 실으면 될 텐데, 싣지 않으면 저는 그냥 빈 수레로 떠날 뿐이에요!"

그렇게 말하기는 했지만 그녀는 전선 더미을 짐수레기 있는 곳으로 끌고 왔다. 큰 목소리이긴 하지만 악의는 없는 목소리로 의장과 다투고 이따금 그리고리 쪽으로 살피는 듯한 시선을 던졌다. 의장은 얼빠진 것 같은 눈으로 젊은 과부를 쳐다보면서 줄곧 싱글벙글 웃었다. 이따금 그리고리에게 눈을 껌벅여 보이기도 했는데, 아마도 이런 뜻인 것 같았다. '어떠십니까, 우리 마을에는 아주 근사한 여자가 있지요? 당신은 그걸 믿지 않으셨을 겁니다!'

부락 앞으로 져가는 갈색 가을 들녘이 쭉 펼쳐졌다. 경작지 쪽에서 길을 건너 어두운 남색 연기가 한 줄기 피어올랐다. 농부가 빽빽이 말라 서 있는 금어초(金魚草)와, 색 바랜 섬유질의 브리얀초 따위를 태우고 있었다. 연기 냄새는 그리고리의 마음속에 까닭 없이 구슬픈 추억을 불러일으켰다. 일찍이 그리고리도 늦가을의 들판에서 밭을 간적이 있었다. 밤마다 별들이 깜박이는 어두운 하늘을 바라보고, 높은 곳을 나는 기러기 떼가 서로 부르는 소리를 들었다…… 그는 쌓인 마른풀더미 위에서 불안정하게 이리저리 뒹굴며 여자 마부의 얼굴을 옆에서 바라보았다.

"당신은 몇 살이오?"
"예순에 가까워요."
여자는 눈으로만 웃으면서 아양을 떨듯이 말했다.
"농담하지 마오."
"사실은 스물 하나예요."
"미망인이라지요?"
"예, 그래요."
"남편은 어떻게 되었소?"
"죽었어요."
"오래 되었소?"
"벌써 2년째가 돼요."
"반란에 가담했었소?"
"반란 뒤, 가을이 되기 전이었어요."
"그럼, 당신은 어떻게 지내고 있소?"
"그럭저럭 살아가고 있지요."
"외롭지 않소?"

여자는 주의 깊게 그리고리를 쳐다보고는 미소를 감추기 위해 프라토크로 입을 가렸다.

"일에 쫓겨서 외로워할 틈도 없어요."

쉰 듯한 목소리가 공허하게 울렸다. 뭔가 새로운 억양이 섞여 있었다.

"남편이 없으면 외롭다고들 말하던데……"
"저는 시어머니와 함께 살고 있는데, 집안일도 엄청나요."
"남편 없이 어떻게 사오?"
그녀는 그리고리 쪽으로 얼굴을 돌렸다. 그녀의 거무스름한 광대뼈 근처에 핏기가 오르고, 눈 속에서는 붉은 불꽃이 확 일었다가 꺼졌다.
"그건 대체 무슨 말씀이지요?"
"뭐, 그런 거요."
여자는 입술을 가렸던 프라토크를 풀더니 말을 길게 늘이듯이 말했다.
"그런 거라면, 그쯤으로 좋습니다! 세상에는 좋은 분이 없는 것도 아니군요."
그녀는 잠시 입을 다물었다가 다시 이어서 말했다.
"전 부부 생활이라는 걸 충분히 맛보지 못했어요. 한 달쯤 남편과 함께 살던 중에, 남편은 바로 군대에 끌려갔어요. 남편이 없어도 그럭저럭 지냈어요. 요즘은 즐거워요. 젊은 카자흐들이 부락에 돌아오기 시작했거든요. 그렇잖으면 괴롭겠지요. 워어, 이 녀석! 워어! 뭐 그런 처지예요, 군인 아저씨! 제 생활은 말이죠!"
그리고리는 잠자코 있었다. 그는 이런 농담조로 이야기하려고 말을 꺼낸 건 아니었다. 그는 그것을 후회했다.
크고 둥글둥글하게 살찐 두 마리 소는 계속해서 똑같은 빠르기로, 뒤얽힌 듯한 걸음걸이로 걸었다. 그중 한 마리의 한쪽 뿔은 전에 부러졌던 것이 새로이 이마에 비스듬히 늘어지듯 돋아나고 있었다. 그리고리는 팔을 베고 눈을 반쯤 감은 채 수레 가운데에 누웠다. 그는 어릴 적에, 그리고 성인이 된 뒤로도 함께 일을 했던 소들을 떠올렸다. 소들은 저마다 다 털 빛깔도 골격도 성격도 달랐다. 뿔들도 각각 다른 형태를 이루고 있었다. 언젠가 멜레호프네 울안에 보기 흉하게 옆으로 낮게 구부러진 뿔을 가진 소가 있었다. 성격이 나쁜 교활한 소인데, 붉게 핏줄이 선 흰 눈자위를 드러내고 언제나 곁눈질을 했다. 뒤에서 다가가면 뒷다리로 치려 했고, 일하고 있을 때나 밤에 가축을 방목하러 나갈 때는 언제나 집에 돌아오려고 했는데, 특히 악질적이었던 것은 숲속이나 먼 골짜기 사이로 모습을 감추어버리는 것이었다. 그리고리는 말을 타고 며칠씩 그 소를 찾아 들판을 헤맸으나 도무지 찾아내지 못하여 차차 눈에 띄게 되겠지 하고 체념을 하면, 갑자기 골짜기 사이의 매우 깊숙한 곳이나 좀처럼 들어갈 수 있을 듯싶지 않은 깊은 가시나무 덤불 속이나 또는 가지들을 가득 뻗은 야생의 늙은 사과나무 그늘에서 불쑥 모습을 나타내는 것이었다. 그 외뿔의 악마는 교묘히 밧줄을 풀고, 밤에는 가축우리 입구에 매인 끈을 뿔로 채서 풀고는 뛰쳐나가 돈을 헤엄쳐 건너서 들판을 싸돌아다니곤 했다. 당시 그 소는 그리고리에게 어지간히 애를 먹여, 불쾌한 생각이나 괴로운 생각을 갖게 했었다……

"뿔이 구부러져 있는 이 소는 어떻소? 온순하오?"

그리고리는 물었다.

"온순해요. 왜 물으시죠?"

"아뇨, 별로 이유가 있는 건 아니고……"

"그 '별로'라는 말은 편리한 말이에요. 그 다음에 아무 말 하지 않아도 괜찮거든요."

여자 마부는 방글방글 웃으며 말했다.

그리고리는 더 말하지 않고 잠자코 있었다. 과거의 일들, 평화롭던 생활, 일에 대한 것 등등 대체로 전쟁과 관계가 없는 일들을 생각하는 것은 기분 좋았다. 지난 7년 동안 계속된 전쟁은 이제 몹시 지겹게 생각되고 전쟁에 관한 어떤 회상도, 군대와 관계있는 어떤 에피소드의 기억도, 마음을 괴롭히는 구역질과 공연한 초조를 느끼게 했다.

그는 이제 전쟁을 그만두었다. 전쟁은 이미 싫도록 했다. 그는 남은 인생을 평화롭게 농사나 지으며 아이들을 데리고 아크시냐와 함께 살기 위해서 집으로 돌아가고 있는 것이었다. 전선에 있던 무렵부터, 그는 아크시냐를 집에 데리고 가서 아이들을 돌보게 하려고 결심을 굳히고 있었다. 이런 문제는 어떻게든 해결해야 하며 빠르면 빠를수록 좋을 것이었다.

집에 돌아가서 군대 외투와 장화를 벗고 헐거운 단화로 바꾸어 신고, 카자흐의 풍습에 따라 헐렁헐렁한 바지의 끄트머리를 흰털 긴 양말 속에 말아 넣고, 따뜻한 윗옷 위에 손으로 지은 덧옷을 걸치고 밭에 나가는 모습을 그리고리는 즐겁게 상상했다. 쟁기 자루를 두 손으로 쥐고, 쟁기를 밀면서 축축한 두렁길을 걷고, 갈아엎은 대지의 축축하고 시큼한 냄새와 쟁기 날에 끊긴 쓸쓸한 풀의 냄새를 걸신들린 양 가슴으로 들이마시는 것은 기분 좋은 일이었다. 타향의 흙이나 풀은 뭔가 다른 냄새가 났다. 폴란드나 우크라이나나 크리미아에서 그는 여러 번 어두운 남색 쑥을 손바닥에 놓고 그 냄새를 맡아 보았지만, 언제나 향수에 젖어 '아냐, 이건 그 냄새가 아냐, 전혀 다른 냄새야' 생각하곤 했다.

여자 마부는 심심했다. 그녀는 이야기를 하고 싶었다. 그녀는 소를 더 몰아대지 않고 한결 편안하게 고쳐 앉더니, 채찍 끝을 휘두르면서 망연히 생각에 잠긴 그리고리의 얼굴과 반쯤 감은 눈을 가만히 쳐다보았다. 그리고 이런 생각을 했다. '나이를 별로 많이 먹지 않은 것 같은데도 흰 머리가 있군. 어딘가 좀 이상한 사내야. 늘 눈만 꿈벅꿈벅하고 있는데, 어째서 그럴까? 왠지 몹시 지치고 고생을 많이 해온 듯해. 하지만 남자다운 용모로는 괜찮은 편이고, 단지 흰 머리가 많은 게 흠이야. 콧수염은 정말 새하얗구나. 그렇지만 않으면 제법 멋있는 사내인데…… 대체 무슨 생각에 잠긴 걸까? 처음에는 농담을 던지나보다 싶더니 금방 입을 다물고, 이번에는 갑자기 소에 대해 물어보기도 하니, 이야깃거리가 없어서일까? 아니면 겁을 내는 걸까? 아냐, 그런 것 같지는 않아. 눈매가 또렷한 걸. 아냐, 훌륭한 카자흐야. 단지 어딘가 좀 이상한 사람인 듯은 하지만…… 흥, 잠자코 있어도 좋아, 이 건방진 사내야! 당신 같은 건 내게 어떻게 하든 상관없다구! 나도 잠자코 있을 테다! 마누라에게 가는 판일 테지만, 어차피 오늘은 도착하지 못한단 말이야. 자, 자, 제발 언제까지나 그렇게 있으라구!'

그녀는 수레 옆에 댄 나무에 등을 기대고 작은 목소리로 노래하기 시작했다.

그리고리는 머리를 쳐들고 해를 보았다. 아직은 시간이 꽤 일렀다. 지난해에 남은, 길을 감시하는 당번인 듯한 엉겅퀴 그림자가 겨우 반걸음밖에 안 떨어진 곳에 드리워져 있었다. 이것으로 보아 오후 2시가 채 안 지난 것 같았다.

죽음의 침묵 속에 들녘이 유혹하듯이 넓게 뻗쳐 있었다. 태양은 여리디여리게 빛났다. 미풍이 볕에 타서 불그스름해진 풀을 소리두 없이 흔들어댔다 언저리에서 새 울음소리도 들다람쥐 소리도 들리지 않았다. 차갑고 창백한 맑게 갠 하늘에는 소리개도 매도 날지 않았다. 꼭 한 번 회색 그림자가 길을 싹 가로질러 스쳐갔다. 그리고리는 머리를 쳐들지 않은 채 커다란 깃이 무겁게 퍼덕이는 소리를 들었다. 흰 깃은 햇살을 받아 잿빛이 도는 어두운 남색으로 빛나 보였다. 커다란 너새 한 머리가 날아가더니 멀리 보이는 무덤 근처에 내려앉았다. 그 무덤 근처에서는 햇살을 받지 않은 타버린 들이 희끄무레한 보랏빛의 먼 경치와 한데 어우러져 있었다. 들녘의 이런 우울하고 깊은 정적을, 그리고리는 어느 늦가을에 경험한 적이 있었다. 그러한 때 바람에 불려 흩어진 대나물이 남쪽의 꽤 먼 곳에서 들판을 가로질러 훌훌 날아서 메마른 잡초 위로 휙휙 내는 소리가 들려오는 듯한 느낌이 들었다.

길은 끝없이 이어진 듯이 생각되었다. 길은 완만한 경사의 비탈을 따라 구부러지더니, 얼마 뒤에는 좁은 골짜기로 내려갔다가 다시 구릉 위로 올라갔다. 그리고 또다시 어디를 둘러보나 역시 쓸쓸하고 공허한 들판이 뻗쳐 있었다.

그리고리는 골짜기 비탈에서 자라고 있는 단풍나무 숲에 흥미가 끌렸다. 첫 서리와 추위에 타버린 단풍나무 잎새들은, 꺼진 모닥불의 재를 온통 뿌려 놓은 듯이 그을은 적자색으로 빛났다.

"저, 아저씨, 이름이 뭐예요?"

여자 마부는 채찍을 살며시 그리고리 어깨에 대며 물었다.

그는 후드득 몸을 떨고, 여자 쪽으로 얼굴을 돌렸다. 여자는 옆을 보고 있었다.

"그리고리요. 당신 이름은?"

"저는요 '무명(無名)'이라 해요."

"무명씨, 잠자코 있어 주시는 게 좋겠소."

"잠자코 있는 데 싫증이 났어요. 반나절을 잠자코 있었더니 입 안이 아주 바싹 말라버렸어요. 어째서 당신은 그렇게 조용하세요, 그리샤 아저씨?"

"도무지 떠들어댈 일이 없지 않소?"

"댁에 돌아가시면 활발해지실 테죠."

"활발하게 굴 나이는 이미 지나가버렸소."

"흥, 대단한 노인이시군요. 하지만 당신은 아직도 젊으신데 이상하군요, 백발이 되셨으니?"

"당신은 뭐든지 알고 싶어하는군…… 너무도 좋은 생활을 하여 백발이 된 것 같소."

"결혼하셨어요, 그리샤 아저씨?"
"암, 결혼했소. '무명'씨, 당신도 빨리 결혼을 하셨더군."
"그건 무슨 말씀예요?"
"당신은 아무래도 바람기가 있는 듯하오."
"그래선 안 되나요?"
"안 될 경우도 있소. 당신처럼 미망인이 된 바람기 있는 여자를 하나 알고 있는데, 바람을 꽤나 피우더니 나중에는 코가 없어지기 시작했소……"
"어머, 무서워라!"
여자는 희롱 하듯이 놀란 소리를 질렀으나, 곧 얼굴빛을 바꾸어 말했다.
"우리 미망인들의 생활은 말이죠, 이를테면 이리가 무서워서 숲속으로 가는…… 그런 식이에요."
그리고리는 그녀의 얼굴을 슬쩍 쳐다보았다. 그녀는 잘고 하얀 이들을 깨물며 소리 없이 웃고 있었다. 위로 향한 윗입술이 조금씩 떨리고 있고 내리깐 속눈썹 밑에서는 눈들이 짓궂게 반짝이고 있었다. 그리고리는 자신도 모르게 미소 짓고 여자의 따뜻하고 둥글둥글한 무릎 위에 손을 얹었다.
"가엾게도 불행해졌구료, 당신은! 아직 20대인데도 고생을 꽤 많이 하셨소."
그는 가여워하며 말했다.
그 순간 여자의 밝은 표정이 갑자기 온데간데없이 사라져버렸다. 여자는 쌀쌀하게 그의 손을 털어내고 얼굴을 찡그렸는데, 코 근처의 깨알 같은 주근깨가 보이지 않게 될 정도로 얼굴을 붉혔다.
"댁에 돌아가셔서 하느님에게나 동정해 주세요. 저에게는 말이죠, 당신이 동정해 주지 않으셔도 동정해 줄 사람들이 얼마든지 있다구요."
"그렇게 성내지 말고, 내 말을 좀 들어 보시오!"
"멋대로 하세요!"
"나는 정말로 딱하게 생각하고 있소."
"그런 당신의 동정 같은 건 개에게나 먹이세요."
여자는 아주 익숙해진 어조로 남자처럼 욕설을 내뱉고 그 흐려진 눈을 번쩍였다.
그리고리는 눈썹을 올리고 당혹한 듯이 한숨을 내쉬었다.

"그렇게 소리를 질러대니, 도무지 대꾸할 말이 없구료! 손을 댈 수가 없는 여자요, 당신은!"

"그렇게 말하는 당신은 뭐죠? 이투성이 외투를 입은 성인이신가요? 저는 당신이란 사람을 알 수 있을 듯하다구요! 시집을 가고도 저렇군, 이렇게 말씀하시는 듯한데, 도대체 당신은 워낙 그렇게 오지랖이 넓은 가요?"

"요즘에 그렇소."

그리고리는 웃으면 대꾸했다.

"그래, 어째서 저에게 설교 같은 걸 하시는 거죠? 그렇잖아도 저에겐 시어머니라는 게 있다구요."

"아, 이젠 됐소. 그만해 두시오. 어째서 그렇게 화를 내오, 여자들이란? 얼결에 몇 마디 말했을 뿐인걸."

그리고리는 타협적으로 말했다.

"좀 봐요. 그런 애길 하고 있는 통에 소들이 길을 벗어나지 않았소?"

그리고리는 편하게 자리를 잡고 힐끗 그 활달한 미망인을 쳐다보았는데, 그때 여자의 눈에 눈물이 글썽이는 것을 알아챘다. '도무지 영문을 알 수 없군! 여자란 건 언제나 이래서 견딜 수가 없거든……' 그는 뭔가 꺼림칙하고 화가 치미는 것을 느끼며 그렇게 생각했다.

잠시 뒤 그는 반듯이 누워서 얼굴을 외투 가장자리로 덮고 잠이 들었다. 해질녘이 되어서야 겨우 깨어났다. 하늘에서는 이미 황혼의 파리한 별이 반짝였다. 마른풀 냄새가 상쾌하고 기분 좋게 떠돌았다.

"소에게 뭘 좀 줘야겠어요."

여자가 말했다.

"그러면 우차를 세우는 게 좋지 않겠소?"

그리고리가 직접 소를 풀어내고, 자루에서 쇠고기 통조림과 빵을 꺼냈다. 돌판의 키큰 시든 풀을 꺾어 우차에서 조금 떨어진 곳에 산더미같이 쌓아놓고, 다음에는 불을 피웠다.

"자, 앉아서 저녁식사를 합시다. 이젠 화내지 마시오."

그녀는 모닥불 옆에 앉아서 아무 말 없이 자루에서 빵과, 오래되어 황갈색을 띤 작은 기름 덩어리를 꺼냈다. 식사하는 동안은 몇 마디 부드럽게 이야기했다. 식사가 끝나자 그녀는 우차 안에 누웠다. 그리고리는 불이 꺼지지

앉도록 건조한 키작크 덩어리 몇 개를 모닥불 속에 던져놓고 행군 때처럼 불 옆에 자리를 잡았다. 한참 동안 자루를 베개 삼아 누워서 별들이 반짝이는 하늘을 바라보며 아이들과 아크시냐에 대한 것을 이것저것 두서없이 생각하다가 잠이 들고 말았다. 하지만 달콤한 여자의 속삭임을 듣고 잠을 깼다.

"군인 아저씨, 주무세요? 주무시는 거예요, 깨어 있으신 거예요?"

그리고리는 머리를 쳐들었다. 동행중인 여자가 팔꿈치를 괴고 수레 안에서 얼굴을 내밀었다. 사그라져가는 모닥불의 약한 불빛 아래에서 비추어진 그녀의 얼굴은 장밋빛으로 신선했다. 더불어 프라토크의 하얀 레이스 테두리가 눈부시게 희었다. 그녀는 지금까지 두 사람 사이에 전혀 아무 일도 없었던 것처럼 미소 지으며 말했다.

"그런 데서 주무시면 얼어붙으셔요. 땅바닥은 차가울 거예요. 몸이 얼 텐데, 이리 오세요. 저의 슈바(모피 외투)가 아주 따뜻해요! 오실래요, 어쩌실래요?"

그리고리는 잠시 있다가 한숨을 내쉬고 대답했다.

"고맙소, 아가씨. 괜찮소. 2년쯤 전이라면 몰라도…… 불 옆이니까 얼어붙지 않을 거요."

그녀도 역시 한숨을 내쉬고 말했다.

"좋도록 하세요."

그녀는 슈바를 머리끝까지 푹 뒤집어썼다.

잠시 뒤 그리고리는 일어나서 자기의 휴대품들을 그러모았다. 그는 동트기 전에 타타르스키에 닿기 위해서 걷기로 결심했다. 귀환하는 지휘관인 그가 대낮에 우차를 타고 귀환한대서야 남 보기에 흉하고 도저히 있을 수도 없는 일로 여겨졌다. 그러한 귀환이야 말로 심한 비웃음과 갓가지 말을 불러일으킬 것이었다……

그는 여자 마부를 불러 깨웠다.

"여기서부터 나는 걸어서 갈 거요. 들판에 혼자 있게 되었으니 무섭지 않겠소?"

"괜찮아요. 전 겁쟁이가 아니거든요. 게다가 근처에 부락도 있는걸요. 웬일이세요, 이제 참을 수 없게 되셨나요?"

"그렇소. 자, 잘 가시오, '무명'씨. 제발 섭섭하게 생각지는 마오!"

그리고리는 큰길로 나갔다. 그는 외투 깃을 세웠다. 첫눈이 떨어져 내려 눈썹에 앉았다. 바람은 방향을 바꾸어 북쪽에서 불어왔다. 차가운 입김 속에 그에게는 정답고 상쾌한 첫눈 냄새가 느껴졌다.

코셰보이는 읍내에 나갔다가 해질녘에 돌아왔다. 두냐시카는 창문으로 그가 다가오는 것을 보고 급히 어깨에 숄을 걸치고 바깥뜰로 나갔다.
"그리샤가 오늘 아침에 돌아왔어요."
그녀는 쪽문 근처에서 남편을 쳐다보며 불안과 기대를 안고 말했다.
"좋겠군. 기쁘겠지."
미하일은 심하지 않게, 그러나 조금 쌀쌀한 어조로 말했다.
그는 입술을 꽉 다물고 부엌으로 들어섰다. 광대뼈 밑의 혹이 실룩실룩 움직였다. 그리고리의 무릎 위에는 고모의 배려로 깨끗한 옷을 입은 포류시카가 올라앉아 있었다. 그리고리는 살짝 아이를 마룻바닥에 내려놓으며 미소짓고 커다란 거무스름한 손을 내밀면서, 매부를 맞이하려고 일어섰다. 그는 미시카를 포옹하려 했으나, 미시카의 웃음기 없는 눈 속에서 냉기와 적의를 보고는 포옹을 단념했다.
"여어, 잘 지냈나, 미샤!"
"별고 없었나?"
"아주 오랜만이군! 그야말로 백 년 만인 듯 한걸."
"그래, 오랜만이야…… 무사히 돌아와서 다행이네."
"고맙네. 우리는 친척이 된 셈인가?"
"그런 셈이야. ……뺨에 피가 나는데, 어찌된 건가?"
"어, 그래? 별것 아냐. 면도질하다가 베었지. 서둘렀거든."
두 사람은 테이블에 앉았으나, 어색하고 서먹서먹한 기분에 싸여 말없이 서로 얼굴을 마주 보았다. 두 사람에게는 앞으로 긴 이야기가 있을 것이지만, 지금은 그런 이야기를 할 수도 없었다. 미시카는 하고 싶은 말을 참고, 집안일과 농사에 대한 일과 부락에서 일어난 갖가지 변화 등에 대해서 조용히 이야기했다.
그리고리는 창 너머로 첫눈에 덮인 하얀 대지와 헐벗은 사과나무 가지들을 둘러보았다. 미시카와의 만남이 이렇게 되리라고는 전혀 상상도 하지 못했던 것이다……

　얼마 안 지나서 미시카는 일어섰다. 현관 토방에서 숫돌로 작은 칼을 정성들여 갈며, 그는 두냐시카에게 말했다.
　"누굴 불러서 양을 한 마리 잡고 싶소. 주인에게 대접을 해야지. 탁주를 받으러 얼른 뛰어갔다와요. 아, 잠깐. 그렇지, 프로호르에게 가서 어떻게든 탁주를 구해 오라고 말해 줘요. 이런 일에 있어서는 그 친구를 따를 자가 없을 테니까. 그리고 그 친구더러도 저녁식사를 하러 오라고 말하오."
　두냐시카의 얼굴은 기쁨으로 빛났다. 무언(無言)의 감사를 하며 남편을 쳐다보았다…… '모든 일들이 잘 되어 나갈는지도 모른다…… 전쟁이 끝난 지금, 더 다툴 일도 없어! 하느님이 매듭을 풀어 주신 거야.' 그녀는 프로호르의 집으로 향하면서 희망을 안고 그렇게 생각했다.
　반시간도 채 못 되어 프로호르가 숨을 헐떡이며 뛰어 들어왔다.
　"그리고리 판테레에비치! 허어, 당신! …… 이렇게 빨리 만나리라곤 생각도 못했는데! ……" 그는 새된 울음소리로 외쳤다. 그러다 그만 문턱에 걸려 하마터면 12리터들이 탁주통을 깨뜨릴 뻔하였다.
　프로호르는 그리고리에게 안겨 코를 훌쩍거리고 주먹으로 눈물을 훔치고 눈물에 젖은 콧수염을 쓰다듬었다. 그리고리도 목구멍에 치밀어 올라오는 것을 억누르면서 감동적으로 약간 거칠게 충실했던 전령의 등허리를 탁탁 두들기며 두서없이 말했다.
　"정말로 만났군…… 정말 기뻐, 프로호르, 몹시 기뻐! 웬일이야, 이 영감, 눈물을 흘리다니? 통 밑이 풀렸나? 나사가 헐렁해지기라도 했나? 어떤가, 팔은? 나머지 한 쪽은 괜찮은가? 마누라에게 떼이지 않았나?"
　프로호르는 큰 소리를 내어 코를 풀고, 반코트를 벗었다.
　"아내와는 요즘 비둘기들 마냥 사이좋게 지낸다오. 한쪽 팔은 보는 바와 같이 완전하고, 폴란드놈에게 떼인 팔이 있던 자리에서는 차츰 새것이 돋아나고 있소. 정말이오! 1년쯤 지나면 거기에 손가락들도 생길 거요."
　그는 빈 셔츠 소매를 흔들어 보이면서 그 특유의 쾌활한 표정으로 말했다.
　전쟁은 미소의 그림자에 참된 감정을 숨기고, 빵에도 대화에도 진한 소금으로 간을 맞추도록 사람들에게 가르쳤다. 그래선지 그리고리도 역시 그 농담하는 투로 이야기를 계속했다.

"어떻게 지내고 있나, 산양 영감? 요즘도 껑충껑충 뛰나?"
"늙은이답게 서두르지 않고 천천히 한다구요."
"나와 헤어진 뒤, 다시는 또 손에 넣지 않았겠지?"
"무슨 말이오, 그게?"
"아따, 지난 가을에 당신은 그 고운 목소리의 여자를 데리고 다녔잖아."
"판테레에비치, 무슨 말이오, 도대체? 지금은 그런 사치는 먼 나라의 꿈 같은 이야기요. 게다가 이 외팔로는 어떤 보물도 차지하려 하지 않소. 그런 것은 당신네들, 젊은 홀아비가 할 일이오. ……우린 이미 집 안의 마누라 기분이나 맞춰 주고 있는 나이오. 프라이팬에 기름을 두르기도 하고……"
두 사람은 한참 동안 서로 얼굴을 마주 보고 있었다. 옛전우들은 재회를 기뻐하며 마냥 웃어댔다.
"아주 돌아온 거요?"
프로호르가 물었다.
"아주 제대했어."
"관등은 뭐요?"
"연대 부관이야."
"어째서 이렇게 빨리 제대하게 되었소?"
그리고리는 어두운 표정을 지었으나 짤막하게 대답했다.
"필요 없게 된 거야."
"무슨 이유로?"
"몰라. 틀림없이 내 과거 때문일 거야."
"당신은 사관특별부 부속 자격심사위원회를 제대로 거쳤으니 과거의 일 따위는 새삼 문제가 되지 않을 텐데요?"
"알 수 없지."
"미하일은 어디에 있소?"
"뒤꼍에 있어. 가축을 잡고 있지."
프로호르는 몸을 바싹 다가붙이고 작게 소곤거렸다.
"프라톤 리야프치코프가 한 달쯤 전에 총살당했소."
"아니, 뭐라고?"
"정말이오, 틀림없어요!"

입구의 토방 문이 삐걱거렸다.

"나중에 얘기하자구."

이렇게 프로호르는 작게 말하고서 큰 목소리로 바꾸었다.

"그러면 타바리시치 부대장, 한 번 이 큰 기쁨을 맞이해서 실컷 마시지 않겠나? 미하일을 불러올까?"

"음, 불러오게."

두냐시카는 식탁을 차렸다. 그녀는 오빠를 어떻게 대접해야 할 바를 몰라 쩔쩔맸다. 오빠의 무릎 위에 깨끗한 수건을 놓아 주고, 소금에 절인 수박 그릇을 내놓고, 다섯 번이나 닦았다…… 그리고리는 미소 지으며 두냐시카가 자기를 부를 때에 은근히 '당신'이라는 정중한 호칭을 쓰는 것을 알아챘다.

식탁에 앉은 뒤, 미하일은 처음에 완고하게 입을 다문 채 그리고리의 말에 주의 깊게 귀 기울였다. 그는 조금밖에 마시지 않았다. 그나마도 억지로 마시는 듯이 보였다. 그와 반대로 프로호르는 찰찰 넘치게 따른 잔을 여러 번이나 비웠지만 얼굴이 붉어질 뿐으로, 오히려 마시면 마실수록 더욱더 희어진 콧수염을 주먹으로 문질러댔다.

두냐시카는 아이들에게 밥을 먹여 재우고는, 찐 양고기를 큰 그릇에 수북이 담아 탁자 위에 내놓은 뒤 그리고리에게 물었다.

"오빠, 우리 아크시냐를 불러올게요. 괜찮겠지요?"

그리고리는 잠자코 고개를 끄덕였다. 그는 그날 밤에 줄곧 긴장된 기대 속에 있었으나, 아무도 그것을 눈치 채지 못할 줄로 생각했다. 그런데 두냐시카는 문이 삐걱거릴 때마다 긴장해서 귀 기울이며 문 쪽을 슬쩍 곁눈질로 쳐다보는 그리고리의 모습을 지켜보았다. 그 이를 바 없는 두냐시카의 직감력은 정말이지 무엇이건 놓쳐버리는 적이 없었다.

"저 쿠반의 테레시첸코는 여전히 소대장으로 복무하고 있소?"

프로호르는 손을 떼면 잔이 없어질까봐 두려워하듯 잔을 움켜쥔 채 물었다.

"리모프 부근에서 당하고 말았지."

"그거 참 안됐군요. 그에게 천국을 주소서. 훌륭한 기병이었는데 말이오!"

프로호르는 재빨리 성호를 긋고 잔의 술을 마셨다. 그때 코셰보이가 가시돋친 엷은 미소를 띤 것을 그는 알아채지 못했다.
 "그러면 그 친구는 어떻게 됐소, 이상한 이름의 친구 말이오. 우익대의 병사였는데, 저, 요상하게 뭐라고 하더라…… 마이 바라다라 했던가? 우크라이나 출신으로 아주 건장하고 활달한 사내인데, 바라두이에서 폴란드 사관을 두 동강 내어 죽였지요. 그 친구는 어떻게 됐소, 잘 지냈소?"
 "팔팔하다네! 기관총 중대로 옮겨 갔지?"
 "그런데 당신 말을 누구에게 주고 왔소?"
 "나는 이미 다른 말을 타고 있었다네."
 "그러면 눈썹이 흰 말은 어떻게 됐소?"
 "탄환의 파편에 맞아서 죽고 말았어."
 "전투 중에?"
 "어디서 숙영하고 있을 때인데, 사격을 받았거든. 매인 채로 쓰러졌지."
 "거 참 아깝게 됐군요. 참 좋은 말이었는데!"
 프로호르는 한숨을 내쉬고 또 잔을 들었다.
 현관에서 문고리가 달그락 소리를 냈다. 그리고리는 잘게 몸을 떨었다. 아크시냐가 문턱을 넘어서며 또렷하지 않은 말소리로 "오랜만이에요" 말했다. 숨을 몰아쉬면서 크게 뜬 반짝이는 눈을 그리고리에게서 떼지 않고 프라토크를 벗었다. 그녀는 거침없이 탁자 쪽으로 다가와서 두냐시카와 나란히 앉았다. 그녀의 눈썹과 창백한 얼굴에는 조금씩 맞은 눈이 녹아 붙어 있었다. 얼굴을 찌푸리고 손으로 얼굴을 훔치더니 후유 하고 깊은 한숨을 내쉬었다. 이윽고 제정신을 가다듬고는 흥분으로 흐려진 깊은 눈으로 그리고리를 힐끗 쳐다보았다.
 "어이, 전우! 크슈샤, 함께 퇴각하며 함께 이(貳)를 잡기도 하다가…… 우린 당신을 쿠반에 팽개쳐 두고 왔지. 그때는 달리 어쩔 수가 없었소!"
 프로호르 즈이코프는 탁자 위에 술을 뚝뚝 흘리면서 잔을 내밀었다.
 "자, 듭시다, 그리고리 판테레에비치를 위해서! 이분의 귀환을 축하합시다. 내가 이미 당신에게 말했을 겁니다—이분은 틀림없이 아무 상처도 없이 꼭 돌아올 거라고요. 자, 여기에 와 있습니다. 20루블리에 팔 테니까, 이 분을 데려가십시오! 아주 다정하게 앉아 있습니다!"
 "이 친구, 벌써 취했구먼. 이웃 아주머니, 이 친구 말에 신경 쓰지 마시오."

그리고리는 웃으면서 눈으로 프로호르를 가리켰다.

아크시냐는 그리고리와 두냐시카에게 고개를 끄덕여 인사하고, 탁자에서 잔을 약간 들어올렸다. 그 손이 잘게 떨고 있는 것을 남들이 눈치 채지 않을까 그녀는 두려워했다.

"돌아오셔서 기뻐요, 그리고리 판테레에비치. 두냐시카, 당신에게도 축하드릴까요?"

"그리고 당신에게는 뭐라고 축하드릴까요? 당신의 슬픔이라도 축하할까요?"

프로호르는 큰 소리로 하하하! 웃으며 미하일의 옆구리를 쿡 찔렀다.

아크시냐는 새빨개졌다. 조그마한 귓불까지도 밝은 장밋빛으로 물들 정도였으나, 밉살스러운 듯이 프로호르를 뚫어지게 쳐다보며 또렷하게 말했다.

"저도 기꺼이 크게 기뻐하며 축복을 받을 거예요!"

그 솔직한 말에는 프로호르도 무색해져서 입을 다물고 말았다. 그리고 잠시 뒤에는 부탁하듯이 말했다.

"자, 근사하게 건배합시다. 아주 거침없이 솔직하게 말씀을 하셨으니 술도 거침없이 단숨에 드십시오! 저는 마치 예리한 칼로 심장을 콱 찔린 듯한 기분입니다!"

아크시냐는 손님으로 별로 오래 머물러 있지 않았다. 그녀의 생각으로 예의라고 생각되는 동안만 손님으로 머물러 있었다. 탁자에 앉아 있는 동안에 겨우 몇 번, 그나마도 힐끗힐끗 자신의 애인을 보았을 뿐이었다. 그녀는 애써 다른 사람들을 쳐다보고, 그리고리의 눈을 피하려 했다. 왜냐하면 그녀는 대연한 척할 수기 없었고, 그렇디고 지기의 기분을 남에게 알리고 싶지도 않기 때문이다. 돌아갈 때 문턱 근처에서 그녀가 보낸 시선, 즉 곧고 연정과 애착이 넘친 시선은 그리고리를 퍼뜩 사로잡았다. 이 시선이야말로 모든 것을 담고 있었다. 그는 아크시냐를 전송하러 나갔다. 그러자 몹시 취한 프로호르가 두 사람 뒤에서 소리쳤다.

"빨리 돌아오십시오! 그렇잖으면 죄다 마셔버릴 겁니다!"

현관방에서 그리고리는 묵묵히 아크시냐의 이마와 입술에 키스한 뒤 말했다.

"그래, 어떻게 지냈소, 크슈샤?"

"아, 도저히 지금 다 말할 수가 없어요…… 내일, 와주시겠어요?"

"가겠오."

그녀는 급히 집으로 돌아갔다. 마치 집에 급한 일이라도 있는 양 서둘러 발을 옮겼다. 자기 집 바깥 계단 근처까지 가서야 겨우 걸음을 늦추고 삐걱거리는 계단을 조심조심 천천히 올라갔다. 그녀는 한시라도 빨리 자기의 깊은 생각과, 이렇게도 뜻밖에 찾아온 행복의 생각에만 잠기고 싶은 것이었다.

그녀는 윗옷과 프라토크를 내던지고 불도 켜지 않은 채 거실로 갔다. 미늘창을 내려놓지 않은 창틈으로 밤의 짙은 보라색 빛이 방안에 비쳐들고 있었다. 페치카의 벽 속에서 여치가 찌르르찌르르 소리높이 울어댔다. 아크시냐는 어두워서 자기의 모습을 알아볼 수는 없었지만, 여느 때의 습관대로 거울을 들여다보고 머리칼을 매만지고 가슴의 모슬린 블라우스 주름을 쓰다듬은 뒤 창가에 다가가서 긴 의자에 털썩 앉았다.

그녀의 이제까지의 인생에 있어서 그녀가 품었던 희망과 기대는, 너무도 자주 꺾이고 실현되지 않았다. 어쩌면 이번 기쁨도 곧 여느 때의 불안과 불행으로 바뀌어질는지도 모른다. 도대체 지금 나의 인생은 어찌 된 걸까? 그녀의 인생은 앞으로 어떤 기대를 하고 있다는 걸까? 슬픈 여자의 행복이 그녀에게 미소 짓고 다가오기에는 이미 너무도 늦은 게 아닐까?

그날 밤에 받은 격렬한 흥분으로 망연해져서, 그녀는 싸늘한 서리에 덮인 유리창에 달아오른 뺨을 비벼대고 조용한 그리고 우수를 띤 시선을 반사되는 눈빛의 어둠 속에 못 박은 채 오랫동안 가만히 앉아 있었다.

그리고리는 탁자에 앉아서 술이 든 주전자로 자기의 잔에 찰랑찰랑 넘치게 따라서 단숨에 마셨다.

"어떻습니까. 괜찮죠?"

프로호르가 유쾌해했다.

"글쎄, 오래 마셔 보지 못한걸."

"니콜라이 황제 시대의 좋은 술이죠. 정말이오!"

프로호르 확신을 가지고 말하더니 몸을 크게 흔들고 미하일에게 달라붙었다.

"미샤, 자네는 술에 대해서는 송아지가 부엌에 있는 물 속에 무엇이 들어 있는지를 전혀 알아내지 못하는 것과 마찬가지로 조금도 알지 못하지만 말이야, 나는 술에 대해서는 대단한 사람이네! 술이라면 과실주든 포도주든 간에 어떤 술이든 마셔 보지 않은 게 없거든! 미친개가 거품을 품 듯 마개를 뽑아낼 새가 없을 정도로 거품이 확 뿜어져 나오는 술도 있다네. 정말이라구. 허풍이 아니네! 폴란드에서, 전선을 돌파하고 세묜 미하일로비치와 함께 백(白) 폴란드 놈들을 격퇴하러 갔을 때, 어느 지주의 장원을 습격한 적이 있었네. 그 장원에는 2층짜리, 아니 2층짜리보다 더 높고 큰 집이 있고, 뒤꼍에는 뿔과 뿔이 서로 부딪칠 정도로 가축이 우글우글하며 갖가지 새들이 가득히 돌아다니고 있어서 침을 뱉을 곳도 없을 지경이었네. 어쨌든 그 지주는 황제 같은 생활을 하고 있었어. 우리 소대가 말을 타고 그 장원에 들어갔을 때 마침 폴란드 장교들과 술판이 벌어져 있더군. 우리가 들이닥치리라고 꿈에도 생각지 않은 모양이었는데, 우린 뜰과 계단에서 그놈들을 모조리 해치우고, 1명만 사로잡았어. 그 사내는 꽤나 잘난 체하는 장교였지만, 그 친구를 붙들었을 때에는 콧수염이 아래로 축 처지고, 무서워서 부들부들 떨며 흐늘흐늘해져 있었지. 그때 말이야, 그리고리 판테레에비치는 사령부에 급한 일로 불려가 있었는데, 우린 그 집 주인이나 된 양 행동하며 아래쪽 방으로 들어갔지. 그랬더니 거기에 무척 큰 탁자가 놓여 있고, 그 탁자에는 그야말로 없는 게 없을 정도로 별별 진수성찬이 다 놓여 있더군. 그래도 우린 모두 점잔을 빼고 있었어. 견딜 수 없을 정도로 모두들 속이 비어 있기는 했지만 선뜻 손을 대기가 겁났던 거야. '이거 죄다 독약이 든 건 아닐까?' 이런 생각에서였지. 포로가 된 놈은 언짢은 표정으로 보고 있었어. 그래서 그놈더러 '지, 이걸 먹어라' 명령을 했겠지. 그랬더니 하는 수 없이 먹더구먼. '마셔라' 하니까 또 마시더라구. 어느 그릇의 것이든 큰 토막을 먹이고, 병에 담긴 것마다 한 잔씩 마시게 했지. 그 녀석은 마시고 먹어 잔뜩 배가 부풀어올랐지만, 그래도 참고 좀 더 지켜보고 있자니, 그 장교가 뒈지지 않을 것이 분명해섰어. 그래서 우리도 먹기 시작했네. 낙지는 대로 막 저넣었네. 서품을 뿜어내는 술은 콧구멍으로 뿜어져 나올 정도로 마구 마셔댔지. 그러다 보니 그 장교가 꽥꽥 토해 내더군. '이것 봐라. 당했구나! 지가 스스로 독약이 든 걸 먹어 보이고, 우리들을 속였어' 생각했지. 모두들 그놈에게 칼을 들이 대고 윽박지르니까, 그놈은 손짓 발짓 다해 가면서 그렇지 않다고 말하더군. '여러분, 저는 너무 많이 먹었기 때문입니다. 결코 잘못이 있는 게 아닙니다. 음식에는 독약 같은 건 없습니다!' 하더란 말이야. 그래서 우린 또 계속 술을 마셔댔지. 그 술은 말이네, 마개를 누르면 마치 소총처럼 펑 소릴 내며 마개가 튀어나오고 거품이 주위에 홱 뿜어져 나와 옆에서 보고 있으면 무섭기도 하다네! 그날 밤에는 그 술 때문에 세 번이나 말에서 떨어졌지. 겨우 말에 올라탔다 싶으면 마치 바람에 날리듯 또 떨어지더군. 그런 술을 매일 아침식사하기 전에 한 잔이나 두 잔씩 마시면 백 살까지는 살겠더군. 하지만 이런 술을 마셔서는 오래 살지 못해! 이런 걸 술이라고 할 수 있나? 술 축에도 못 껴! 이런 시원찮은 걸 마시면 오래 살긴 커녕 오히려 수명이 줄 뿐이야."

프로호르는 탁주가 든 주전자를 머리로 흔들어서 가리키고, 그렇게 말하면서도 또다시 자기 잔에 찰랑찰랑 넘치도록 부었다.

두냐시카는 아이들이 자고 있는 거실로 잠을 자러 갔다. 얼마 뒤 프로호르도 일어섰다. 그는 비틀거리면서 반코트를 어깨에 걸쳤다.

"주전자는 가져가지 않겠어. 빈그릇을 들고 걸어갈 기분이 아니거든…… 또 오겠네. 지금 가면 마누라가 바가지를 긁을 거야. 그 친구는 바가지를 잘 긁어대네! 어디서 그렇게 욕지거리를 배워 왔는지 모르겠어! 취해서 돌아가면 마누라는 이런 식으로 퍼붓는다네. '이 팔 없는 주정뱅이 개놈아!' 소리 질러 대지. 그러면 나는 조용히 부드럽게 그 친구에게 이렇게 교육하네. '이 천치야, 뭐라고 지껄이는 거야. 자넨 주정뱅이 개, 그것도 팔 없는 주정뱅이 개 같은 걸 본 적이 있단 말이야?' 이렇게 말하면 또 다른 욕을 한단 말이야. 그걸 또 공박해 버리면 또 다른 욕을 하네. 밤새도록 그렇게 하다 보면 아침이 되네…… 때로는 그 친구가 지껄이는 게 듣기 싫어서 헛간에 들어가 자기도 하지. 취해서 집에 돌아가도 그 친구가 잠자코 불평 한 마디 하지 않을 때도 있지만, 그런 때는 이상하게 잠이 오질 않네. 정말일세! 뭔가 미진한 느낌이고, 이상하게 근질근질하고, 잠이 오질 않는단 말이야, 도무지! 그래서 마누라에게 슬쩍 시비를 걸면 비로소 마누라는 나를 볶아대기 시작하네. 눈에서 불이 나는 것 같지! 그 친구야말로 악마의 패거리라서 그 친구에게서는 도무지 도망쳐 숨을 수도 없어. 하지만 까짓것 소리치게 내버려 두는 게 좋다구. 그렇게 하면 그 친구는 일을 더 잘 한단 말이야. 정말이야…… 자, 가겠네! 어서 돌아가지 않았다가는 가축우리에서 자게 될 거야. 지금 마누라를 성내게 해봤자 좋을 게 없으니까!"

"집까지 갈 수 있겠나?"

그리고리는 웃으면서 물었다.

"미국가재처럼 기어서라도 돌아갈 거요! 아니, 내가 당당한 카자흐가 못 된다는 소리요, 판테레에비치? 그런 말을 듣는 건 참으로 뜻밖이군요."

"그러면 자, 무사히 돌아가게나!"

그리고리는 그 벗을 쪽문까지 전송해 주고 부엌으로 돌아왔다.

"어때, 이젠 얘기를 좀 해보지 않겠나, 미하일?"

"좋지."

두 사람은 탁자를 사이에 두고 마주 보고 앉았다. 그래도 잠시 잠자코 있다가, 이윽고 그리고리가 입을 열었다.

"왠지 우리는 원만하질 못하군…… 자네 모습을 쳐다보고 있으면 좀 어색하네. 내가 돌아온 게 자네 마음에 들지 않는다는 건가? 아니면 내가 잘못 생각하고 있는 것일까?"

"그래, 자네가 상상한 대로야. 마음에 들지 않네."

"어째서?"

"쓸데없는 걱정거리가 늘어나기 때문이야."

"난 혼자 살아나갈 작정이네."

"그걸 말하는 게 아니야."

"그러면 무슨 말인가?"

"자네와 나는 적대 관계야."

"그랬었군."

"그래, 어쩐지 앞으로도 그렇게 될 것 같네."

"글쎄…… 어째서지?"

"자넨 신뢰할 수 없는 인간이야."

"그건 쓸데없는 걱정이야. 자넨 쓸데없는 걱정을 하고 있군!"

"아냐, 쓸데없지 않아. 어째서 자넨 귀향하게 된 거지? 정직하게 말해 봐."

"모르겠는걸."

"아냐, 알고 있어. 말하고 싶지 않을 뿐이야! 자네는 신용 받지 못했어, 그렇지?"

"신용할 수 없으면야 기병 중대를 맡겼을 리가 없지."

"그건 처음에 있었던 일이야. 하지만 결국은 자네를 군대에 남겨 두지 않았으니 문제는 분명해진 거야. 그렇지, 자네?"

"자네도 나를 신용하지 않는단 말인가?"

그리고리는 상대를 뚫어지게 바라보며 물었다.

"신용하지 않네! 아무리 이리를 길들여 봤자, 이리는 끝내 숲으로 끌리게 마련이야."

"자네 오늘 술을 너무 마신 모양이군, 미하일."

"그러지 마! 난 자네보다 더 취해 있지 않네. 군대가 자네를 신용하지 않았으니, 여기서도 별로 신용하지 않게 될 거야. 그렇게 생각해 두게!"

그리고리는 입을 다물었다. 나른한 듯한 동작으로 그릇 속으로 소금에 절인 오이 조각을 집어 씹고 있다가 뱉었다.

"아내가 자네에게 키류시카 그로모프에 대해 얘기하던가?"

미하일이 물었다.

"들었네."

"그 친구가 돌아온 것도 나는 마음에 들지 않았어. 돌아왔다는 말을 듣는 그날로 나는……"

그리고리는 새하얘졌다. 그의 눈이 광기를 띠고 둥그레졌다.

"아니, 내가 키류시카 그로모프와 같다는 말인가?"

"떠들지 말게. 그럼, 자네 쪽이 낫단 말인가?"

"자네도 알고 있다시피……"

"이제 와선 아무것도 필요가 없네. 훨씬 전부터 알고 있는 거야. 앞으로 미치카 코르슈노프도 모습을 나타낼 텐데, 그것도 내게 기쁠 거란 말인가? 아니야. 자네들은 부락에 나타나지 않는 편이 차라리 나았어."

"자네를 위해서 낫단 말인가?"

"나를 위해서도, 모두를 위해서도 나은 거야. 그 편이 차라리 평온한단 말이야."

"나는 그들과 같은 취급을 받고 싶지 않네!"

"좀 전에 자네에게 말한 그대로야. 그리고리, 조금도 화를 낼 건 없네. 바꾸어 말하네만, 그 친구들보다 자네가 나은 건 없네. 확실히 자네는 한층 더욱 나쁘네. 더 위험하네!"

"어째선가? 무슨 말을 하는 건가?"

"그 녀석들은 일반 병사에 지나지 않았지만, 자네는 반란 전체를 지휘했었거든."

"반란을 지휘하고 있었던 것은 내가 아냐. 나는 사단을 지휘했을 뿐이야."

"그걸로 충분하지 않단 말인가?"

"충분하냐, 충분하지 않느냐, 문제는 그런 게 아냐…… 만일 그때, 그 술잔치 때, 적위병이 나를 죽이려 하지만 않았어도, 아마 나는 반란에 가담하지 않았을 거야."

"자네가 장교가 아니었더라면, 아무도 자네를 문제 삼지 않을 거야."

"군대에 끌려 나가지 않았더라면, 나는 장교 같은 게 되지 않았을 거야…… 이런 얘기를 하자면 한이 없고, 질려서 하기도 싫네!"

"한이 없는 언짢은 얘기지."

"이제와선 그 일을 돌이킬 수도 없으니 이미 때는 늦은 거야."

두 사람은 묵묵히 담배에 불을 붙였다. 싸구려 담배의 재를 손톱으로 털면서 코셰보이가 말했다.

"자네의 용감한 활동에 대해선 들어 알고 있지. 자넨 우리 투사들을 많이 죽였어. 그러니 나는 자네를 편한 마음으로 볼 수 없단 말이네…… 그건 내 기억에서 그리 간단하게 지울 수가 없는 거거든."

그리고리는 씨익 비웃었다.

"자네의 기억력은 대단한 것이로군! 자네는 내 형님 페트로를 죽였지만, 나는 그 일을 생각해 내게 할 만한 말은 전혀 하지 않았어…… 만일에 모든 걸 죄다 기억해야 된다면, 이리 같은 음침한 생활을 해야 될 거야."

"그게 어떻된 말인가? 죽였네. 아니라고는 않네! 만일 그때 자네를 붙잡을 수 있었더라면 자네까지도 그냥 두지 않았을 거야!"

"하지만 나는 이반 알렉세예비치가 우스치호표르에서 포로가 되었을 때, 자네도 거기에 있을 줄로 생각하고, 카자흐들이 죽이진 않을까 걱정하면서 그곳으로 급히 달려갔었다네…… 하긴 결과적으로는 그때 급히 달려갔던 것도 아무 소용이 없었네만……"

"기막힌 은혜를 베풀었군! 만일에 현재 카데트가 천하를 장악하고 자네들이 이겼더라면, 자네가 나에게 어떤 투로 말하는지 좀 보고 싶구면. 등허리를 가죽끈으로 두들겨 맞아서 아마 갈가리 찢겨 있을 거야! 지금이니까 그렇게 선량한 체하지……"

"누군가 다른 사람이 가죽끈으로 자네를 두들길는지는 모르지만, 나는 자네를 때리는 짓 따위는 하지 않을 거야……"

"이를테면 자네와 나는 인간이 다르단 말이야…… 나는 선천적으로 적을 해치우는 데에는 무자비한 성질이야. 지금도 필요하다면 전혀 앞뒤를 가리지 않네."

미하일은 나머지 탁주를 모조리 잔에 부으며 말했다.

"마시겠나?"

"마시겠네. 이런 얘기를 하기에는 너무 술을 마시지 않은 것 같군……"

두 사람은 묵묵히 잔을 맞부딪치고 쭉 들이켰다. 그리고리는 탁자 위에 가슴을 기대고 콧수염을 꼬며 눈을 가늘게 좁혀 미하일을 쳐다보았다.

"이봐, 미하일, 자넨 뭘 두려워하고 있는 건가? 내가 또다시 소비에트 정권에 반항하고 반란을 일으키기라도 할 거라고 생각하는 건가?"

"나는 두려워하는 건 없네. 단지 이렇게 생각하고 있을 뿐이야—어떤 소동이라도 일어나면 자네는 또다시 적 쪽에 붙을 것이라고."

"내가 폴란드 쪽에 붙으려는 생각을 했더라면 이미 이 자리에 없었을 거야. 우리 가운데에는 부대에서 슬쩍 폴란드 쪽에 붙는 자들이 있었으니까……"

"자네는 다행히도 옮겨 붙지를 않았구먼?"

"아냐, 그런 짓은 하고 싶지 않았어. 나는 이미 진저리가 나도록 군대 생활을 해왔어. 이제 더 이상은 어느 편에도 복무하고 싶지 않네. 내 나름으로는 진저리나게 전쟁을 했단 말이야. 전쟁이 정말 싫어졌어. 혁명도 반(反)혁명도 죄다 없어져 버리면 좋겠다는 생각을 하고 있네! 아이들 옆에서 살며 농사를 짓고 싶네—그저 그것뿐이야. 미하일, 믿어주게, 이건 내가 진심으로 말하고 있는 거야!"

그러나 어떤 확약도 보증도 이미 코셰보이를 움직일 수 없었다. 그리고리도 그것을 알자 입을 다물어버렸다. 그는 순간 자기에 대해서 몹시 화가 치미는 것을 느꼈다. 왜 이런 악마를 상대로 자기의 정당함을 입증하고, 증명하려는 걸까? 이렇게 취해서 얘기해 봤자 무슨 소용이 있는가? 미하일은 어리석은 설교를 들어봤자 무슨 소용이 있단 말인가? 멋대로 하라지! 그리고리는 일어섰다.
"이런 쓸데없는 얘기는 이제 그만하자구! 그만큼 했으면 됐어! 끝으로 한 마디만 말해 두고 싶네. 그건 말이야, 정권이 내 목을 죄어대는 짓 따위를 하지 않는 한 나는 그 정권에 대해서 반항은 하지 않으리라는 사실이야. 목을 죄어대면 나는 그걸 막을 거야! 어쨌든 난 프라톤 랴프치코프처럼 반란죄를 지고 목을 내미는 짓 따위는 하지 않을 걸세."
"그러면 어떻게 하겠다는 건가?"
"적위군에게 근무한 것, 그때 당한 부상을 그 보상으로 쳐주면 좋겠다는 거지. 반란죄로 감옥에 갇히게 되어도 어쩔 수 없긴 하네만 만일에 그런 죄로 사형을 당하게 된다는 건 정말 싫은 일이네. 그거야말로 너무 가혹하다고 할 수 있겠지."
미하일은 경멸하는 듯한 엷은 웃음을 흘렸다.
"기막힌 계산 방법을 생각해 냈구먼! 혁명 재판소나 체카(비상위원회)는 이렇게 해주기 바란다든가, 저렇게 해주지 않기를 바란다는 자네의 희망 같은 건 들어 주지 않을 거야. 자네와의 타협 따윈 하지 않을 거란 말이야. 죄를 저질렀다면 그만큼 벌을 받아야지. 과거에 진 빚을 깨끗이 갚아야 한단 말이야."
"그러면 어떻게 되는지 두고 보세."
"두고 봐야 뻔한 일인걸."
그리고리는 가죽띠를 풀고 루바시카를 벗었다. 그리고는 한숨을 내쉬면서 장화를 벗었다.
"재산을 나눌까?"
그는 장화에 새로 댄 가죽 바닥이 터진 곳을 조심스럽게 살펴보면서 말했다.
"재산 나누기는 간단하네. 나는 내 집을 수리하고 그곳으로 옮겨갈 걸세."

"좋아, 갈라지는 편이 나을 거야. 어차피 자네와는 사이좋게 지낼 수 없을 테니."

"그 말대로야. 잘 지낼 수 없어."

미하일도 그것을 인정했다.

"자네가 나에 대해서 그렇게 생각하고 있으리라고는 전혀 생각지도 않았는데…… 그렇다면 어쩔 도리가 없는 일이지……"

"나는 솔직하게 말했을 뿐이야. 생각하고 있는 것을 말했을 따름이네. 뵤센스카야에는 언제 갈 거야?"

"글쎄, 가까운 시일 안에 갈 걸세."

"가까운 시일이라고 할 게 아니라. 내일 바로 가야 해."

"나는 40킬로미터나 걸어왔기 때문에 지쳐 있네. 내일은 쉬고, 모래 등록하러 갔다 오겠네."

"통고가 와 있단 말이야. 그런 자들은 즉시 등록하지 않으면 안 돼. 내일 다녀와."

"하루쯤 쉬어도 괜찮잖나? 나는 도망치지 않네."

"내 알 바가 아냐. 나는 자네를 책임지고 싶지 않다구."

"대단한 악당이 되었군, 자네는, 미하일!"

그리고리는 정말로 놀라서, 옛 친구의 몹시 거칠어진 표정을 다시 쳐다보았다.

"나더러 악당이라니…… 당치도 않은 소리 말게! 나는 그런 말은 별로 듣지 않았다네……"

미하일은 한숨을 내쉬고 목소리를 높여서 말했다.

"그 장교 버릇을 버려야 하네! 내일 갔다 오게. 만약 안 그러면, 호위를 붙여서라도 가게 하겠네, 알겠나?"

"그래, 이젠 다 알겠다……"

이렇게 말하고 방에서 나가는 미하일의 등허리를 증오에 찬 시선으로 바라보다가 그리고리는 옷을 입은 채 그냥 침대에 누웠다.

일어날 만한 일들이 일어났을 뿐 아닌가. 어째서 자기만을 다르게 맞아 줄 것으로 생각했던 것일까? 어째서 적위군에서의 단기간에 걸친 성실한 근무가 과거 죄 전부를 보상하는 것이라고 생각했던 것일까? 모두 용서받지 못하니, 묵은 빚을 깨끗이 갚지 않으면 안 된다고 한 미하일의 말은 옳은 것인지도 모른다.

……그리고리는 광대한 들판에서 공격 태세를 갖추고 산개하는 연대를 꿈에 보고 있었다. 어딘가 먼 곳에서 "중—대—" 길게 끄는 구령소리가 들려왔다. 바로 그때 그는 말의 배띠가 느슨해져 있음을 알았다. 왼쪽의 등자를 힘껏 밟자 안장이 주르르 미끄러져 떨어졌다…… 수치와 공포로 얼른 말의 배띠를 고쳐 매려고 말에서 뛰어내렸다. 그러자마자 말발굽이 울리는 소리가 일고, 그 소리가 급속히 멀어져 갔다. 연대는 그를 남겨 둔 채 돌격하고 있었던 것이다.

그리고리는 몸을 뒤척이며 눈을 뜨고 자신의 쉰 신음소리를 들었다.

창밖은 겨우 희끄무레해져 있었다. 밤사이 바람이 창문의 미늘창을 밀어 올렸던 것이다. 성에가 얼어붙은 유리창을 통해서 이지러진 달의 푸른빛 도는 윤곽이 보였다. 그리고리는 손으로 더듬어서 담뱃갑을 꺼내고 담배에 불을 붙였다. 그는 반듯이 누워 미소 지었다. '이상한 꿈을 꾸었군! 전투를 할 수 없었다니……' 앞으로 꿈에서도 현실에서도 그가 다시 몇 번인가 공격에 나서게 되리란 것은, 그날 새벽 한때에는 생각이 미치지 않은 것이었다.

7

두냐시카는 아침 일찍 일어났다. 소젖을 짜야 했다. 거실에서는 그리고리가 살그머니 걸으며 기침을 했다. 두냐시카는 아이들을 담요로 잘 덮어 준 뒤에 재빨리 옷을 입고 거실로 들어갔다. 그리고리는 외투 단추를 끼우고 있었다.

"이렇게 일찍 어딜 가실 거예요, 오빠?"
"부락을 좀 산책하고 오겠다. 보고 싶구나."
"아침 식사를 하고 나가시는 게 좋을 텐데요."
"먹고 싶지 않다. 두통이 나는 걸."
"아침식사 때까지는 돌아오세요. 곧 페치카에 불을 지필게요."
"기다리지 마라. 금방 돌아오지는 않을 것 같다."

그리고리는 바깥으로 나갔다. 해뜰 무렵이 되자 눈이 조금씩 녹아들었다. 남쪽에서 바람이 축축하고 미적지근하게 불어왔다. 진흙과 섞인 눈이 장화

뒤축에 들러붙었다. 부락 중심부로 천천히 걸어가면서 그리고리는 마치 낯선 타향에라도 온 듯이 주의 깊게 어릴 적부터 눈에 익은 집들과 헛간들 따위를 둘러보았다. 광장에는 지난해에 코셰보이가 태워버린 상인의 집과 상점의 타다 남은 잿더미가 꺼멓게 남아 있고, 반쯤 무너진 교회 담이 벌어진 틈을 드러내 놓고 있었다. '페치카에 쓸 벽돌이 필요해서 가져간 게로군.' 그리고리는 무심히 그런 생각을 했다. 조그마한 교회는 변함없이 땅에서 돋아난 듯이 서 있었다. 오랫동안 다시 칠하지 않은 교회 지붕은 녹이 슬어 부실해 보였고, 벽에는 오려져 나간 갈색 자국이 얼룩무늬를 그리고 있었다. 회반죽이 벗겨져 나간 자리에서는 드러난 벽돌이 또렷하게 붉은 색을 띠고 있었다.

거리에는 인기척이라곤 없었다. 공동 우물 근처에서 두세 명의 잠이 덜 깬 여자들과 만났다. 그 여자들은 낯모르는 사람을 대하듯이 그리고리에게 인사를 했으나, 그리고리가 지나가자 걸음을 멈추고는 그의 뒷모습을 잠시 지켜보았다.

'어머니와 나탈리야의 무덤을 가봐야지.' 그리고리는 이렇게 생각하고 묘지로 가는 길을 향해 골목을 돌았으나, 조금 가다 말고 걸음을 멈추었다. 그렇잖아도 그의 마음은 무겁고 혼란해져 있었다. '나중에 가기로 하자…… 지금은 내가 가건 가지 않건, 어머니나 나탈리야에게는 어차피 마찬가지일 테니까.' 그는 프로호르의 집으로 발길을 돌리면서 생각했다. '어머니나 나탈리야는 지금 무덤 속에서 평온히 자고 있겠지. 모든 게 끝난 것이다. 무덤에는 눈이 내리쌓여 있겠지. 무덤의 땅 속은 차갑고…… 그렇게들 그 생애를 끝내고 말긴 했으나, 참으로 꿈같이 빨리 생애를 끝냈어. 모두가 함께 나란히 자고 있을 거다. 아내와 어머니와 페트로와 다리야가…… 온 가족이 그곳에 옮겨 가서 베개를 나란히 하여 자고 있는 것이다. 그들은 그것으로 좋지만, 아버지만은 혼자 떨어져 다른 곳에 있다. 아버지는 낯선 사람들 사이에 끼여 있어 쓸쓸하실 게다……' 그리고리는 이제 주위를 둘러보지도 않고, 따뜻한 기운에 녹은 축축하고 부드러운 발밑의 흰 눈을 보면서 걸어갔다. 눈은 발에 느껴지지 않을 정도로 폭신하고 뽀드득 소리도 별로 내지 않았다.

그리고리는 이제 아이들을 떠올리고 있었다. 왠지 아이들은 그 나이에 걸맞지 않게 생각이 깊고, 잘 참고, 말수가 적은 편이었다. 어미가 살아 있던 때와는 딴판이었다. 죽음이 너무나도 많은 것을 아이들에게서 빼앗아 간 것이었다. 아이들은 놀라서 두려워하고 있었다. 포류시카는 어째서 어저께 애비인 나를 만났을 때 울었던 것일까? 그 아이는 무엇을 생각했던 것일까? 딸을 안아 올렸을 때, 딸의 눈 속에 놀라는 빛이 언뜻 스쳐간 것은 어째서인가?

그녀는 아버지도 이미 살아 있지 않다, 결코 다시는 돌아와 주지 않을 것이다 생각하고 있다가 갑작스럽게 아버지를 보았으므로 놀랐었는지도 모른다. 어쨌든 아이들에 대해서 그리고리는 아무 죄도 없는 것이다. 앞으로는 아크시냐가 아이들을 귀여워해 주고 아이들의 어머니가 되어 주도록, 아크시냐에게 잘 이야기해야 한다…… 아이들도 틀림없이 계모를 따를 것이다. 그녀는 우아하고 선량한 여자이며, 자신에 대한 애정 때문에 틀림없이 아이들까지도 사랑해 줄 것이다.

그런 생각을 하는 것도 역시 답답하고 괴로운 일이었다. 모든 것이 그렇게 손쉽고 단순하지는 않을 것이었다. 그 생활은 결코 그가 바로 최근까지 예상하고 상상하던 것처럼은 되지 않을 게 뻔했다. 그는 어리석은 아이들 같은 단순한 사고방식으로, 집에 돌아가기만 하면 그것으로 만사가 잘 될 것이라고만 생각하고 있었던 것이다. 군인 외투를 농민 옷으로 갈아입기만 하면 모든 일은 예정대로 되어나가고, 그에게 불평을 할 사람도 없고, 그를 비난하는 일이 없을 거고, 모든 게 저절로 잘 풀려 그는 평화로운 농부가 되어 모범적인 가장이 되어 살아나갈 것이다라고…… 그러나 사실은 겉보기만큼 단순하지는 않은 것이었다.

그리고리는 한 쪽에만 경첩이 걸린 즈이코프네 집 쪽문을 슬쩍 열었다. 프로호르는 낡아빠져 찌그러진 둥근 펠트 장화를 신고, 귀가리개가 달린 모자를 눈썹 근처까지 푹 눌러쓰고, 착유용(搾乳用) 빈 통을 한가히 휘두르면서 집 바깥 계단 쪽으로 걸어가고 있었다. 흰 우유방울이 눈 위로 뚝뚝 떨어졌다.

"어어, 안녕히 주무셨습니까, 타바리시치 부대장!"
"덕분에."
"해장술을 하지 않았더니만, 통처럼 머리가 텅 비어 있는 참이라구요."
"해장술이야 괜찮네만, 어째서 통이 비어 있나? 직접 젖을 짜지 않나?"

프로호르는 고개를 끄덕이고 모자를 뒤통수 쪽으로 젖혔다. 그러자 그리고리는 이상할 만큼 음울하게 흐려진 친구의 얼굴을 보았다.

"나더러 우유를 짜라니! 내가 젖을 짜내면 소란 놈이 복통을 일으킨단 말이오!……"

프로호르는 화가 나는 듯이 통을 밀어놓고 짤막하게 말했다. "자, 안으로 들어가십시다."

"부인은?"

그리고리는 망설이는 기색으로 물었다.

"그런 건 악마에게나 먹히라지요! 날이 새기도 전에 서둘러 인목(燐木) 열매를 따러 크루지린스키로 나갔답니다. 어제 당신네 집에서 돌아오자마자 마누라는 내게 냅다 욕을 퍼붓더군요! 실컷 별별 찬송가를 다 부르고 설교를 해대더니, 갑자기 '인목 열매를 따러 갈 거야! 내일은 막사에프의 며느리들도 간다니까, 나도 갈 거야' 하더군요. 그래서 '배를 따든 뭘 따든 따오라구!' 하고는 나와 버렸지요. 그리고 지금 일어나서 페치카에 불을 지피고 우유를 짜러 갔던 참이오. 그래서 시작하기는 했지요. 하지만 외팔이니, 그런 일을 할 수 있다고 생각하시오?"

"누구든 거들어 줄 여자를 불렀더라면 좋았을걸. 자네도 딱한 사람이군!"

"타고난 멍청이는 아무것도 못 하지만, 나로 말하면 타고난 멍청이는 아니거든요. 무엇이든 다 할 수 있다고 생각했는데, 그만 엉뚱한 일을 당하고 말았단 말이오. 납작 엎드려 젖소 밑으로 기어들어갔더니만 소란 놈이 가만 있질 않고 다리를 턱턱 움직이더란 말이오. 소가 겁을 먹게 해선 안 되겠다 싶어 모자를 벗겼더니, 그래도 마찬가지였소. 젖을 짜고 있는 사이에 내 셔츠는 아주 흠뻑 젖고 말았소. 마침내 소 밑에서 통을 꺼낼 생각으로 손을 디밀자마자 소란 놈이 통을 차버렸소. 통은 저쪽으로 뒤집히고 나는 이쪽으로 나동그라지고 말았지. 그놈이야말로 소가 아니오. 뿔이 돋친 악마요! 난 그놈의 낯짝에다 침을 뱉었소. 까짓, 우유 같은 거 없어도 난 살 수 있다구요. 해장술이나 할까요?"

"있나?"

"한 병 있습니다. 비밀이오."

"한 병이면 충분해."

"자, 안으로 들어갑시다. 손님이신걸요. 달걀구이를 만들까요. 금방 됩니다."

그리고리는 쇠기름을 썰기도 하고, 주인을 거들어 화덕에 불을 피우기도 했다. 두 사람은 묵묵히 프라이팬에 넣은 장밋빛 쇠기름이 지글지글 소리를 내며 조금씩 녹아서 퍼져 나가는 것을 지켜보았다. 이윽고 프로호르는 감실(監室)의 안쪽에서 먼지투성이 술병 1개를 꺼내왔다.

"마누라에게 숨기고 싶은 비밀인 것은 저쪽에 챙겨 둔답니다."

프로호르는 간단히 설명했다.

두 사람은 아주 난방이 잘 된 작은 방에서 안주와 술을 들며 낮은 목소리로 이야기를 했다.

그리고리가 프로호르 말고 도대체 누구에게 자기의 비밀한 생각을 터놓고 말할 수 있겠는가? 프로호르 이외에는 아무도 없었다. 그리고리는 근육이 불거진 긴 두 다리를 넓게 벌리고 탁자에 앉았다. 그의 갈라진 목소리가 둔하고 낮게 울렸다.

"……군대에 있던 때도, 돌아오는 도중에도, 내내 앞으로는 땅을 갈고 살겠다, 지금까지의 영문 모르는 어리석은 일에서 손을 싹 떼고 가정에서 쉬겠다는 생각을 하고 왔다네. 조금도 농담이 아니야…… 8년째 말에서 내린 적이 없었거든! 거의 매일 밤 죽고 죽이는 꿈만 꿔 왔으니까…… 그런데 말이야, 프로호르, 생각대로 될 것 같지 않단 말이야…… 땅을 갈거나 땅을 돌보는 일은 아무래도 하게 될 것 같지를 않구먼……"

"어제 미하일과 얘기를 했겠군요?"

"응, 아주 독한 술을 잔뜩 마시고 취해서 한 얘기였네."

"미하일은 뭐라던가요?"

그리고리는 손가락으로 십자를 만들어 보였다.

"우리 우정은 이제 이거야. 끝장났어. 내가 백군에 있었던 걸 비난하고, 지금도 내가 새 정권에 적의를 품고 새 정권의 가슴에 칼을 들이대고 있다고 녀석은 생각하고 있어. 또한 내가 반란을 일으킬 거라고 생각하고 있는데 당치도 않은 일이야. 지금의 나에게 그런 게 무슨 필요가 있단 말인가?…… 그 녀석은 어리석은 놈이야. 그걸 모른단 말이야."

"나에게도 그런 소릴 하더군요."

그리고리는 음울하게 빙긋 웃고 말했다.
"폴란드에 갈 때의 일인데, 우크라이나에서 어떤 소(小)러시아 사람이 오더니 마을을 지킬 작정이니 무기를 좀 달라고 하더군. 비적(匪賊)이 쳐들어와서 약탈을 하고 가축을 죽인다는 거야. 나도 그 자리에 있었는데, 연대장이 그 소러시아 사람에게 이렇게 말하더군. '당신들에게 무기를 주면 당신들은 곧 비적 떼에 가담하고 말 거요'라고. 그러자 그 소러시아 사람은 웃으면서 이렇게 말하더군. '타바리시치, 당신이 우리를 무장시켜 주면 우리는 비적 패거리뿐만 아니라 당신네도 마을에 들여놓지 않을 거요'라고. 그런데 나도 지금 그 소러시아 사람과 같은 생각이네. 즉 만일 이 타타르스키에 백위군이든 적위군이든 그 어느 쪽이든 들어오지 않는다면 좋겠네. 내가 생각하기엔, 백위군이나 적위군이나 마찬가지야. 이를테면 미치카 코르슈노프도 미하일 코셰보이도, 마찬가지인 거야. 미하일은 내가 백의 신봉자였기 때문에 나는 백의 패거리 없이는 살아가지 못할 거로 생각하고 있네. 내가 백의 신봉자였다니, 당치도 않은 얘기야! 최근의 일이지만, 크리미아를 향해 전진하고 있었을 때 전투에서 코르니로프군의 사관과 맞붙게 되었네. 제법 기민한 대령이었지. 영국풍으로 콧수염을 깎고, 콧물을 두 줄기 늘어뜨린 것같이 코밑에서 수염이 두 갈래로 갈라져 있더군…… 그놈을 내가 심장이 튀어나올 정도로 맹렬하게 내리쳐버렸겠지! 머리 절반이 군모 절반과 함께 그 가엾은 대령의 목에 남아 있었지. 흰 사관 휘장도 날아가 버렸지…… 내 주의(主義)를 말하면, 그런 정도야! 백군놈들도 나를 아주 못마땅하게 생각하고 있었지. 나는 그 사관이라는 저주받을 지위를 피를 흘려 얻었지만, 백위군 사관들 틈에서 나는 검은 까마귀들 속의 한 마리 흰 까마귀 같았던 거야. 그런 이물(異物)이었던 거야, 나는. 그 자식들은 처음부터 나를 사람으로 여기지도 않고 나와는 악수도 하지 않았네. 그 뒤로 나도 생각을 바꿨지. 정말 못된 놈들이었어…… 이런 얘기 하는 것만으로도 화가 치밀어 오르네! 내가 놈들의 정권을 밀어줄 리 있는가? 피츠하라우로프 장군 같은 사람을 왜 불러들였단 말인가? 나도 분명 한 번 그 일을 해봤지만 그러느라고 1년 동안 몹시 혼났네. 정말 정나미가 떨어졌네. 이제 나도 약아졌어. 직접 부딪쳐 고생하면서 별별 일을 다 겪어 왔으니까!"
뜨거운 기름에 빵을 담그면서 프로호르가 말했다.

"이젠 반란 같은 게 일어날 리 없지요. 첫째로, 카자흐들의 수가 아주 줄었고 살아남은 카자흐들도 이젠 약해졌거든요. 형제의 피를 심하게 흘린 나머지 카자흐들은 아주 온순해지고 약게 된 거지요. 이젠 목에 올가미를 씌워도 그들을 반란에 끌어넣지 못합니다. 게다가 인민은 모두가 평화로운 생활을 동경하고 있어요. 이번 여름에 모두들 얼마나 일을 했는지, 당신도 보았더라면 좋았을 거요. 마른풀을 잔뜩 쌓아올리고, 곡물은 한 알도 남김없이 싹 거둬들이고, 땅을 충분히 갈고, 씨앗을 뿌려 두었지요. 마치 모두가 백년이나 오래 살 생각인 듯이 해대니 반란 같은 건 문제가 아니죠. 그런 건 부질없는 얘기입니다. 하기야 다른 곳 카자흐들은 무슨 생각을 하고 무슨 행동을 할지 모르지만……"

"다른 곳 카자흐들은 무슨 행동을 할 거란 말인가? 도대체 그건 무슨 말인가?"

"근처 다른 마을 사람들이 행동을 했단 말입니다……"

"그래서?"

"뭐가 그래서요? 모르고 있소? 보로네지현 내의 보그챠르 쪽에서 반란이 일어났다고요."

"터무니없는 말이야, 그건!"

"뭐가 터무니없는 말이라는 거요? 어제 나와 아는 민경(民警)이 말해 준 것입니다. 어떻든 그곳으로 그 민경 같은 것도 동원되었다고 합니다."

"도대체 어디어디에서인가?"

"모나스투일시치나, 스호이 도네츠, 파쇼크, 스타라야 카리토바, 노바야 카리토바, 그리고 또 어딘가 그 근처요. 반란이 대단한 모양이던걸요."

"왜 자네는 어제 그 이야길 하지 않았나? 어리석은 친구야!"

"미하일 앞에서는 말하고 싶지 않았소. 게다가 그런 얘길 해봤자 재미가 없거든요. 그런 얘기에는 앞으로 죽을 때까지 귀를 틀어막을 생각이니까요." 프로호르는 퉁명스레 대답했다.

그리고리는 음울한 표정이 되었다. 한참 생각에 잠겨 있다가 이윽고 입을 열었다.

"그거 참 재미없는 뉴스로군."

"당신과는 아무 관계도 없소. 소러시아 사람들에게 맡겨 두면 됩니다. 엉덩이를 실컷 두들겨 맞으면 반란을 일으키는 게 어떤 건지 알 거요. 우리와는 아무 관계없는 일이오. 나는 그놈들 일로 우리가 배를 앓는 일은 조금도 없다고 생각합니다."

"나에게는 난처하단 말이야."

"어째서입니까?"

"어째서냐구? 만일 관구 당국이 나에 대해 코셰보이와 같은 생각이라면, 나는 감옥에 처넣어지는 걸 면할 수 없네. 근처에서 반란이 일어났다면, 나는 전에 장교였고 또한 반란에 가담한 적이 있는 녀석으로 찍혀 있을 테니까…… 알겠지?"

프로호르는 마시다 말고 생각에 잠겼다. 그런 생각은 도무지 그의 머리에 떠오르지 않았다. 술에 취해서 머리가 멍해진 그는 꾸물꾸물 생각이 연결되지 않았다.

"글쎄, 당신과는 아무 관계도 책임도 없지 않나요, 판테레에비치?"

그는 자신 없는 투로 말했다.

그리고리는 못마땅한 듯이 얼굴을 찌푸리고 잠자코 있었다. 그 뉴스는 몹시 그를 불안하게 한 것이었다. 프로호르는 잔을 권했으나, 그는 주인의 손을 밀어내고 딱 잘라 거절했다.

"이젠 됐어. 더 마시지 않을 테야."

"다시 한 잔씩 더 들지 않겠소? 그리고리 판테레에비치, 뻘겋게 달아오를 때까지 듭시다. 불유쾌한 그 생활을 잊는 데는 탁주가 제일이라구요."

"그러면 혼자서 마시게. 그렇잖아도 머리가 아픈데, 더 이상 마시면 맥을 못 추게 되네. 오늘 뵤시키에 가서 등록을 해야 하거든."

프로호르는 물끄러미 그리고리의 얼굴을 쳐다보았다. 바람에 시달리고 볕에 그을린 그리고리의 얼굴은 짙은 갈색이 도는 붉은 빛을 띠고 있었다. 뒤로 빗어 넘긴 머리칼 밑의 가려진 피부만이 윤기가 없는 흰 빛이었다. 이 경험이 많은 노병은 조용히 가라앉아 있었다. 전쟁에서의 갖가지 곤고(困苦)가 이 노병과 프로호르를 형제처럼 연결해 준 것이었다. 그리고리의 약간 사이가 뜬 듯한 두 눈이 심한 피로의 기색을 띠며 음울하게 빛났다.

"당신은, 저, 그걸…… 투옥되는 걸 두려워하고 있는 건가요?"

프로호르가 물었다.

그리고리는 긴장한 표정으로 말했다.
"바로 그래, 그걸 두려워하고 있는 걸세! 세상에 태어난 뒤로 감옥에 들어간 적이 없었거든. 감옥에 들어가는 건 죽기보다도 더 싫다네. 그런데 어쩐지 그렇게 될 것 같구먼."
"당신은 돌아오지 않았어야 합니다."
프로호르가 동정해서 말했다.
"집으로 돌아오질 않고 어디로 간단 말인가?"
"도회에 가서 숨어 있다가 이 소란이 가라앉기를 기다려 그 뒤에 돌아오는 게 좋았을 겁니다."
그리고리는 손을 내저으며 웃었다.
"난 그런 짓은 못하네. 기다린다는 건 가장 비겁한 짓이야. 게다가 아이들을 두고 어디로 간단 말인가?"
"잘도 그런 소릴 하는군요! 애들은 지금 당신이 없어도 잘 자랄 게 아닙니까? 애들과 정부(情婦)는 나중에 데려가면 됩니다. 참, 잊어버리고 애길 안하고 있었군요! 전쟁 전에 아크시냐와 같이 산 적이 있는 그 주인들 말이오. 둘이 다 죽었답니다."
"리스트니츠키 말인가?"
"예, 그 사람들 말입니다. 내 대부(代父) 자하르가 퇴각 때 리스트니츠키의 젊은 주인을 따라다니며 심부름했었는데, 그이가 말해 주더군요. 관(나이 많은 주인)은 모로조프스카야에서 티푸스에 걸려 죽었고 젊은 주인은 에카테리노다르까지 피신했는데 그곳에서 젊은 아내가 포크로프스키 장군과 붙어 버렸다나요. 젊은 주인은 번민 끝에 견디다 못해 자살하고 말았답디다."
"그런 자들이야 어떻게 되든 상관없어." 그리고리는 무관심하게 말했다. "좋은 사람들이 죽으면야 아깝게 생각되지만, 그런 사람들의 죽음은 조금도 슬프지 않네."
그는 일어서서 외투를 입었다. 그리고 곧 문 손잡이를 잡으면서 생각에 잠긴 표정으로 말했다.
"어떻게 됐든 괜찮다고 말하긴 했지만, 난 젊은 리스트니츠키나 코셰보이 같은 자들을 전부터 부러워하고 있었네…… 그자들은 처음부터 확신이 있었지만, 나는 아직까지도 모든 게 분명치가 않아…… 그 두 사람에게는 각각 스스로가 나아갈 정해진 곧은길이 있고 그 끝도 있었어. 하지만 나는 17년 이래로 마치 주정뱅이의 갈지(之)자 걸음처럼 이리 왔다 저리 갔다, 지그재그로 길을 걸어온 거야…… 백위군에서 떠나고도 적위군에 딱 붙지 않고 이리저리 헤엄쳐 다니고 있네. 프로호르, 나는 두말할 나위 없이 적위군에 마지막까지 남아 있어야 했어. 그렇게 했다면 나를 위해서 만사가 잘 되어나갔을 걸로 생각하네. 나는 처음에 자네도 알다시피 정말 진심으로 소비에트 정권을 위해 모든 걸 바쳤지만, 뒤에는 엉망이 되고 말았던 거야…… 백위군 사령부에서는, 끝내 나는 남이었네. 나는 언제나 의심을 받고 있었네. 그 밖의 다른 건 하나도 없었어! 농민의 아들, 배운 것 없는 카자흐─이런 자는 그들에게 남이나 다름없었어. 그들은 나를 믿지 않았네! 그러나 적위군에 들어가도 마찬가지였네. 나는 장님이 아냐. 코밋살이나 공산당원이 중대에서 나를 어떤 눈으로 보고 있는지 다 알고 있었네…… 한창 전투중인 때도 나에게서 눈을 떼지 않더군. 언제나 나를 감시하고 있었던 거야. 분명히 이렇게 생각하고 있었음에 틀림없네. '이놈, 흰둥이, 카자흐 장교놈, 이놈은 우리를 배반할는지도 모른다'라고…… 그런 걸 눈치 채자 갑자기 내 마음도 식어버리더군. 그 뒤로 나에 대한 불신에 점점 견딜 수가 없게 됐네. 돌멩이도 열기에는 부스러지게 마련일세. 복원이 된 것은 잘 된 일이라고 생각하네. 하지만 모든 게 종말에 다가선 거야."

그는 헛기침을 하고 입을 다물었다. 그러고 나서 프로호르 쪽을 쳐다보지도 않고 음색을 바꾸어 말했다.

"잘 먹었네. 난 가겠네. 좀 쉬게. 돌아오면 밤에 들르지. 술병을 치우게. 부인이 돌아와서 보면 프라이팬으로 등허리를 두들겨 팰 거야."

프로호르는 바깥 계단까지 그를 전송했다. 그리고 현관 토방에서 슬그머니 소곤거렸다.

"이봐요, 판테레에비치, 거기서 붙잡히지 않도록 주의하십시오."

"주의하지."

그리고리는 작은 소리로 대답했다.

그리고리는 집에도 들르지 않고 곧장 돈으로 내려갔다. 잔교에 매인 거룻배의 밧줄을 풀고, 두 손으로 물을 떠서 퍼내고, 울타리의 말뚝을 꺾어다가 거룻배 언저리의 엷은 얼음을 부수고 건너편으로 저어갔다.
　돈의 수면은 바람을 받아 거품을 일으키고, 암록색의 물결이 서쪽을 향해 달려갔다. 그 물결은 물이 고인 곳이나 물가에 덮인 투명한 살얼음이 가장자리를 두들겨 부수고, 비단실 같은 물풀의 녹색 송이를 흔들어댔다. 물가에서는 얼음 덩어리가 서로 부딪쳐서 일으키는 맑은 소리가 울려 퍼지고 물가의 자갈이 물에 씻기며 자르르자르르 부드러운 소리를 냈으나, 물결이 빠르고 단조로운 강의 중심부에서는 그리고리의 귀에 거룻배의 좌현(左舷)에 떼 지어 몰려드는 물결이 일으키는 물방울의 공허한 소리와 단속적인 물결의 수면을 때리는 소리와 돈강을 따라 숲속을 지나가는 그칠 줄 모르는 낮고 굵고 둔한 바람 소리만이 들려 왔다.
　거룻배의 절반가량을 기슭으로 끌어올린 뒤, 그리고리의 웅크리고 앉아서 장화를 벗고 즐겁게 걸어가려는 것같이 각반을 다시 잘 고쳐 감았다. 그는 점심때쯤 뵤센스카야에 닿았다. 관구 군사위원회에는 많은 사람들이 몰려들어서 몹시 소란스러웠다. 전화벨이 요란하게 울리고, 문이 쾅쾅 소리를 내고 무장한 사람들이 왔다 갔다 하고, 방의 안쪽에서 타자기를 치는 메마른 소리가 울려댔다. 복도에서는 20명쯤의 적위병이 중기관총을 끌고 지나갔다. 중기관총의 작은 바퀴들이 몹시 닳은 나뭇바닥 위에서 구르르구르르 부드러운 소리를 냈다. 둥글둥글 살찐 큰 기관총병 1명이 장난치듯 이렇게 소리쳤다.
　"자, 비켜, 비켜, 징벌대다! 비키지 않으면 작살난다!"
　'제기랄, 반란을 진압하러 나가나 보군!'
　그리고리는 생각했다.
　등록하는 데에는 그다지 시간이 걸리지 않았다. 군사위원회 서기는 얼른 증명서를 보더니 말했다.
　"돈 비상위원회 정치부로 가십시오. 당신은 전에 사관이어서 폴리토뷰로(정치국)에 등록하도록 되어 있답니다."
　"알았습니다."
　그리고리는 마음에 밀려는 동요를 눈치 채이지 않게 하고 서수경례를 했다.
　광장 근처에서 그는 망설이며 걸음을 멈추었다. 정치국으로 가야 되는데, 그의 온몸은 고통스럽게 정치국에 가는 걸 반대하며 저항했다. '투옥될 거다!' 마음속의 소리가 외치자, 그는 경악과 혐오로 떨렸다. 그는 학교의 담 옆에 서서 비료 뿌린 토지를 멍하니 바라보았다. 두 손이 묶인 채 지저분한 계단을 거쳐 지하실로 내려가는 자기의 모습과 뒤따라오는 사내의 모습을 눈앞에 떠올렸다. 그리고리는 주먹을 움켜쥐고 부풀어 오른 푸른 정맥을 보았다. 이 손을 묶일 거란 말인가? 온몸의 피가 일시에 머리로 솟구쳐 올라왔다. '아니, 오늘은 가지 말기로 하자! 내일은 괜찮다. 오늘은 부락으로 돌아가서 아이들과 하루 보내고, 아크시냐도 만나고 내일 아침 뵤셴스카야에 돌아오기로 하자. 그렇게 해도 아픈 이 다리로 걷기에는 무리야. 단 하루만 집에 돌아가 있다가 내일은 꼭 이곳에 돌아오는 거다. 내일은 어떻게 되든 간에, 오늘은 정말 싫다!'

"야, 멜레호프! 오랜만이군……"

그리고리는 몸을 돌렸다. 야코프 포민이 가까이 다가왔다. 그는 형 페트로와 같은 부대에 있던 사람으로, 반기를 들었던 돈군 제28연대의 사관이었다. 그는 그리고리가 전에 알고 있었던 것과 같은 깔끔하지 못한 아타만 복장을 한 꼴사납던 그 포민이 아니었다. 2년 사이에 그는 놀라울 만큼 달라져 있었다. 몸에 딱 맞는 기병 외투를 입고 잘 손질한 아마빛 콧수염을 깨끗이 길러 붙였으며 두드러지게 당당한 걸음걸이와 자만과 득의에 찬 미소와 그의 모습 전체에서 우월감과 남과는 다르다는 의식이 드러나 보였다.

"어떻게 이 고장엘 왔나?"

그는 그리고리는 손을 잡고 사이가 뜬 하늘빛 두 눈으로 그리고리의 눈을 바라다보며 물었다.

"복원했습니다. 군사위원회에 들렀다 오는 길입니다……"

"언제 돌아왔길래?"

"어제입니다."

"자네 형님 페트로 판테레예비치에 대해서는 생생하게 생각이 나네. 훌륭한 카자흐였는데, 아깝게 됐어…… 나는 그와 친구였지. 멜레호프, 지난해 자네들이 반란을 일으켰지. 그런 짓은 하지 말았어야 하는 거야. 자네들은 과오를 저질렀어!"

그리고리도 뭔가 한마디 해야 했다.

"그렇습니다, 카자흐들은 잘못 생각하고 있었습니다……"

"자네는 어느 부대에 있었나?"

"제1기병단에 있었습니다."

"무얼 맡고 있었지?"

"중대장이었습니다."

"그랬던가! 나도 지금 중대장이네. 이 뵤쎈스카야에는 감시대라는 게 있네."

그는 언저리를 휘돌아보고 목소리를 낮추어 말을 이었다.

"자, 함께 가세. 산책하자구. 조금 나를 따라오게. 여기엔 사람들이 있어서 마음 놓고 얘기를 할 수가 없으니."

그는 거리를 걸어갔다. 포민은 곁눈질로 그리고리를 쳐다보며 물었다.

"집에서 지낼 작정인가?"

"달리 지낼 만한 곳이 없습니다! 집밖에요."

"농사를 지을 건가?"

"예."

포민은 유감스럽다는 듯이 머리를 저으며 한숨을 내쉬었다.

"자네는 좋지 않은 때 돌아왔네, 멜레호프…… 아무래도 때가 좋지 않아…… 자네는 한두 해쯤 뒤에나 돌아오는 게 좋았을 거야."

"어째서요?"

포민은 그리고리의 팔꿈치를 잡고 약간 앞으로 숙이고는 소곤거렸다.

"관구는 비상사태에 있네. 카자흐들은 농산물 징발에 대해서 몹시 불만이네. 보그챠르군에서는 반란이 일어났어. 지금 그걸 진압하러 가고들 있네. 자네는 여기서 빨리 도망치는 게 났네. 나는 페트로와 보통 사이가 아니었기 때문에 ㄱ 정의를 생각해서 자네에게 충고하는 것이니, 바삐 떠나도록 하게."

"아무 데도 갈 만한 곳이 없는데요."

"이봐! 내가 이런 말을 하는 것은, 정치국이 요즘 사관들의 체포에 손을 댔기 때문이야. 이번 주일에도 두다레프카에서 3명, 레셰토프카에서 1명, 그리고 카자흐군 특무상사가 끌려와 있고, 또 돈 건너편에서 그런 자들을 무더기로 실어오고 있어. 게다가 계급도 없는 졸병 카자흐들까지 조사하고 있는 판이야. 알겠나, 그리고리 판테레에비치?"

"충고해 주시는 건 고맙습니다만, 저는 어느 곳으로 가지 않겠습니다."
그리고리는 고집스럽게 말했다.
"그거야 자네 맘이지."
포민은 관구의 상태와 관구 사령부 및 관구 군사위원장 샤하에프와 자신의 관계 따위를 이야기했다. 그리고리는 자기 나름의 생각에 잠겨 있어서 포민의 이야기를 흘려보내고 있었다. 두 사람은 시내 네거리를 3개쯤 지났을 때 걸음을 멈추었다.
"나는 어딜 좀 들러야 되네. 자, 잘 가게."
그는 모자에 손을 대고 그리고리와 차갑게 작별인사를 나누더니 아주 새것인 어깨의 가죽을 찍찍 소리 내며, 우스꽝스러울 만큼 잘난 체하며 곧장 샛길로 구부러졌다. 그리고리는 그의 뒷모습을 지켜보다가, 이윽고 방금 왔던 길로 되돌아갔다. 1층짜리 폴리토뷰로의 돌계단을 오르면서 그는 생각했다. '한시라도 빨리 나를 처리하자. 질질 끌 것 없다! 그리고리, 너는 해로운 짓을 했던 것이다. 그러니 책임도 마땅히 훌륭히 져야 할 것이다!'

8

아침 8시경, 아크시냐는 페치카에서 타다 남은 나무들을 긁어 모아놓고 의자에 앉아서 뻘겋게 달아 땀이 내밴 얼굴을 앞치마로 훔쳤다. 그녀는 일찌감치 요리 준비를 마치고 싶다는 생각으로 아직 날이 밝기도 전에 일어났다. 실국수를 넣은 닭고기를 삶고, 부린(얇은 팬케이크)을 만들고, 바레니크(굳은 우유를 넣은 작은 만두)에는 유지(乳脂)를 듬뿍 넣어 맛있게 구웠다. 그녀는 그리고리가 잘 구운 바레니크를 좋아한다는 것을 알고 있었고, 그런 그가 오늘은 그녀의 집에서 식사할 것이라 기대하며 제일용(祭日用) 음식을 준비한 것이었다.
그녀는 무슨 핑계건 대고 멜레호프의 집에 가보고 싶어 조바심이 났다. 잠시 동안이라도 좋으니까 멜레호프의 집에 가서 잠깐이라도 그리고리를 보고 싶었다. 그리고리가 바로 이웃에 있는데도 그와 만나지 못한다는 것은 생각할 수도 없는 일이었다. 하지만 그녀는 그 욕망을 어떻게든 억누르며 기다리고만 있었다. 그녀는 이제 소녀가 아니다. 그녀의 나이쯤 되어서 그렇게 경솔한 짓은 할 수 없었다.

그녀는 여느 때보다 정성들여서 얼굴과 손을 씻고, 깨끗한 셔츠를 입고, 장식 레이스가 달린 새 페티코트를 입었다. 덮개를 활짝 열어젖힌 옷궤짝 옆에서 그녀는 한참 동안 무엇을 입을까 망설였다. 평일에 성장(盛裝)을 한다는 건 남보기에 좋지 않겠고, 그렇다고 해서 여느 때의 허드레옷을 입고 싶지도 않았다. 어떻게 할 것인가를 결정지을 수 없어 아크시냐는 얼굴을 찌푸리고 다리미질을 해둔 몇 벌의 스커트를 그저 둘러보기만 했다. 그녀는 간신히 진한 감색 스커트와, 아직껏 별로 손을 댄 적이 없는 검은 레이스가 달린 하늘색 블라우스를 골랐다. 이것은 그녀가 가지고 있는 옷가지들 중에서 가장 좋은 것이었다. 오늘이 이웃 사람들에게는 평일일 테지만, 그녀에게는 대단히 경사스러운 날이기 때문이었다. 그녀는 재빨리 나들이옷을 입고 거울 앞에 섰다. 놀랐을 때와도 같은 가벼운 미소가 입가에 떠돌았다. 누구의 것인지 섬광을 뿜는 젊디젊은 눈이 살피듯이 즐거운 듯이 그녀를 쳐다보고 있었다. 아크시냐는 자기의 얼굴을 세심하고 엄숙하게 이리저리 보다가, 이윽고 후유 가벼운 한숨을 내쉬었다. 어쩌면, 아직은 괜찮네. 얼굴색은 아직 시들지 않은걸! 길에서 지나치는 카자흐들은 누구나 얼떨결에 걸음을 멈추고 멍청한 눈길로 그녀의 뒷모습을 지켜보곤 하잖는가!

거울 앞에서 스커트를 잘 여미며 그녀는 소리 내어 말했다.

"자, 그리고리 판테레에비치, 어때요, 마음에 드세요?"

이렇게 말하고는 얼굴이 붉어짐을 느끼자, 억제하듯이 엷은 웃음을 띠었다. 마침 귀밑머리에 흰 머리카락이 몇 올 있는 것을 보고 뽑아냈다. 그러면서 그녀는 그 정도의 것은 별로 대단한 것이 아니다, 나이를 생각나게 할 만한 것을 그리고리는 무엇 하나도 보려 하지 않을 것이다. 그러나 그리고리를 위해 7년 전과 같은 젊은 여자이고 싶다고 그녀는 생각했다.

점심때까지는 그럭저럭 참으며 집에 있었으나, 오후가 되자 더 견딜 수가 없었다. 마침내 산양의 부드러운 털로 짠 흰 숄을 어깨에 두르고 멜레호프네 집으로 갔다. 두냐시카만 집에 있었다. 아크시냐는 인사를 하고 말했다.

"섬심식사는 했어요?"

"저런 부랑인 같은 사람들을 상대하자니 때를 맞춰서 식사할 수가 있겠어요? 제 남편은 소비에트에 가 있고, 그리샤는 보시키에 갔걸요. 애들만 먹여 놓고 어른들이 돌아오기를 기다리고 있어요."

아크시냐는 외면을 하고 아주 부드러워져서, 그녀의 환멸을 말에도 동작에도 드러내지 않고 말했다.
"저는 또 다들 모여 계신가 생각했지요. 그리샤는…… 그리고리 판테레에비치는 언제 돌아오시죠? 오늘?"
두냐시카는 성장한 이웃 여인의 모습에 재빨리 시선을 보내더니, 마지못해 입을 열었다.
"등록하러 가셨어요."
"언제쯤 돌아오신다는 말씀은 없으셨나요?"
두냐시카의 눈 속에서 눈물이 빛났다. 그녀는 목이 메어 우물거리면서 비난을 섞어 말했다.
"아니…… 나들이옷을 다 입으시고…… 그럴 때가 아네요. 그리고리는 어쩌면 영영 돌아오지 않을지도 몰라요……"
"도대체 왜 돌아오지 않으신단 말예요?"
"그리고리는 뵤시키에서 체포될 거라고 미하일이 말하던 걸요……"
두냐시카는 분한 마음으로 눈물을 글썽였다. 그녀는 소매로 눈을 훔치면서 울부짖었다.
"정말이지 지겨워 못 살겠어요! 언제나 이런 세상이 끝날까요! 그리고리가 가버렸다 해서 애들이 야단법석이에요. '아빠는 어딜 가셨어요? 언제 돌아오실 거예요?' 저에게 착 달라붙어서 걷지도 못할 지경이에요. 언제 돌아오실지, 저도 알지 못하는걸요. 간신히 아이들을 뜰에 내보내긴 했지만 가슴이 아파 견딜 수가 없어요…… 정말이지 이 무슨 지겨운 세상이란 말예요! 마음 편할 때가 도무지 없고, 엉엉 소리 내어 울고만 싶을 뿐이에요!"
"오늘 밤에 돌아오시지 않으면, 내일은 내가 뵤시키에 가서 알아보고 올게요."
아크시냐는 전혀 흥분할 필요가 없는 아주 평범한 일상 문제에 대해서 이야기하듯이, 아무렇지도 않은 어조로 말했다.
두냐시카는 아크시냐의 침착성에 놀라서 한숨을 내쉬었다.
"틀림없이 이젠 돌아오지 않으실 거예요. 정말이지 그분은 불행해지기 위해서 돌아오신 것 같은걸요!"
"아직은 정확히 모르잖아요! 큰 소리를 내면 안돼요. 아이들이 어떻게 생각할지 모르니까요…… 자, 갈게요!"

그리고리는 그날 밤늦게야 돌아왔다. 자기 집에는 잠깐 들렀을 뿐이고, 곧 아크시냐에게로 달려갔다.

긴 하루를 내내 불안으로 보냈기 때문에 그리고리와 다시 만나는 기쁨은 다소 약해져 있었다. 아크시냐는 그날 밤, 잠시도 쉬지 않고 종일토록 일을 한 기분이었다. 기다리다 지쳐서 아주 녹초가 되어 침대에 누워 꾸벅꾸벅 졸고 있다가 창 밑에서 발소리가 들리자 소녀와도 같이 생기 있게 벌떡 일어났다.

"뵤시키에 간다고 왜 말해 주지 않으셨어요?"

그리고리를 포옹하고 그의 외투 단추를 풀어 주면서 그녀는 말했다.

"얘기할 틈이 없었소. 급히 가느라고."

"저도 두냐시카도 나름대로 생각을 하고 울었어요—이젠 돌아오지 않으실 줄로 생각하고요……"

그리고리는 눈에 띨까말까하게 미소 지었다.

"아니, 그럴 정도는 아니었는데……"

잠시 말이 없다가, 이렇게 덧붙였다.

"이젠 그렇게까지는 안 될 거요."

그는 약간 다리를 절면서 탁자 쪽으로 다가가서 앉았다. 활짝 열어젖혀진 문으로 안쪽 방이 보였다. 방구석에는 폭이 넓은 커다란 목제 침대가 있고 구리가 씌워진 궤짝이 둔하게 빛났다. 그가 젊을 때, 스테판이 없는 동안에 자주 오던 때의 방 안 모습과 여전히 똑같았다. 시간은 곁으로 지나쳐 가고 이 집에는 들어오지 않았던 듯이, 거기에는 거의 아무런 변화도 보이지 않았다. 옛날 냄새가 그대로 배어 있었다. 신선한 홉의 시골 맥주냄새가 떠돌고, 깨끗하고 윤이 나는 바닥과 어렴풋해서 겨우 분간할 수 있을 정도로 시든 박하나무 냄새가 풍기고 있었다. 그리고리가 마지막으로 아침 일찍 이 집에서 나간 것이 바로 요즘의 일처럼 느껴졌지만, 실제로는 오래 전의 일이었다……

그는 숨을 죽이고 천천히 담배를 말기 시작했는데, 왠지 손이 떨려서 담배가루를 무릎 위로 날려 떨어뜨렸다.

아크시냐는 서둘러 식사 준비를 했다. 차가워진 국수가 든 수프를 데워야 했다. 숨을 헐떡이며 약간 창백해져서 헛간으로 땔나무를 가지러 뛰어 갔다오고, 화덕에 불을 피우기 시작했다. 탁탁 불꽃을 튀기며 타는 불을 후후 소리 내어 불면서도, 그리고리가 등허리를 둥글게 구부리고 묵묵히 담배를 피우고 있는 모습에 자주 시선을 보냈다.

"뵤시키에서는 어떻게 됐어요? 모든 게 해결됐어요?"

"다 잘 되었소."

"두냐시카는 말이죠, 당신이 틀림없이 붙잡힌 거라고 했어요. 어째서 그렇게 말했던 거죠? 정말이지 저는 그저 죽을 것만 같았어요."

그리고리는 얼굴을 찌푸리고 언짢은 듯이 궐련을 내버렸다.

"미하일이란 녀석이 누이에게 겁을 주었던 거야. 나에게 재난을 덮어씌우려고, 그놈은 언제나 제멋대로 생각을 하거든."

아크시냐는 탁자 쪽으로 다가왔다. 그리고리는 그녀의 손을 잡았다.

"하지만……"

그는 밑에서 그녀를 올려다보듯하면서 말했다.

"내 문제는 별로 낙관할 수는 없소. 사실은 나도 정치국에 갈 때, 다시는 바깥세상을 보지 못하는 게 아닐까 생각했을 정도였소. 어쨌든 나는 반란 때 사단을 지휘했고, 카자흐 기병 중위였으니까. 그런 사람들을 요즘 속속 잡아들이고 있다는구려."

"그럼, 당신에게는 뭐라던가요?"

"조서를 내주고 거기에다 모든 걸 써넣으라고 하더군. 군력(軍歷)을 죄다 쓰게 되어 있는 서류였소. 나는 쓰는 데에는 그다지 자신이 없소. 세상에 태어난 뒤로 그렇게 많이 쓰기는 처음이오. 2시간이나 웅크리고 앉아서 지금까지 해온 일들을 죄다 쓴 거요. 그 뒤, 다른 사람 둘이 방 안에 들어왔는데, 그 사람들에게 반란에 대한 것을 모조리 질문 받았소. 참 상냥하더구만. 나이 많은 사람이 '차를 들겠소? 사카린을 넣은 것이긴 하지만……' 하고 권하더군. 하지만 차가 다 뭐요. 어떻게든 나는 한시라도 빨리 무사히 그곳을 빠져 나오고 싶다는 생각뿐이었지."

그리고리는 여기까지 말하고 잠시 잠자코 있었다. 다음에는 비웃듯이, 마치 남의 일이라도 이야기하는 것같이 말했다.

"심문 때에는 마음이 약해지더군…… 무서운 생각이 들었던 거야……"
그는 뵤셴스카야에서 몹시 무서워하며 엄습한 공포를 이기지 못하던 자기 자신에 대해 화가 났다. 게다가 그의 걱정이 기우에 지나지 않았음을 알게 되자 이중으로 화가 치밀어 올랐다. 그때까지 괴로워하고 걱정했던 것이 우스꽝스럽기도 하고 창피하기도 했다. 그는 뵤시키에서 돌아오는 길에 줄곧 그 일만을 생각했다. 그러므로 지금은 자조하면서, 또한 자신이 경험한 것을 다소 과장하면서 말하고 있는 것이었다.
아크시냐는 귀기울여 그의 이야기를 듣고 있다가 살며시 그의 손을 놓고 화덕 쪽으로 갔다.
불을 살피면서 그녀는 물었다.
"그러면 앞으로는 어떻게 되시는 거죠?"
"1주일 뒤에 다시 한번 가야 되오. 명부에서 지워지게 해야 하니까……"
"어떻게 될까요? 결국은 잡혀 가실 것 같아요?"
"아무래도 그렇게 될 것 같소. 언젠가는 잡혀갈 거요."
"그럼, 어떻게 하면 좋지요? 어떻게 살면 좋아요, 그리샤?"
"알 수 없구료. 그런 건 좀 더 뒤에 의논하기로 합시다. 세수할 물 있소?"
그들은 식탁에 앉아 저녁을 들었다. 아크시냐는 그날 아침에 경험했던 그 흡족한 행복감이 되살아옴을 느꼈다. 그리고리가 바로 옆에 있는 것이다. 자기와 나란히. 남이 자기의 시선을 살피고 있다는 일에 신경 쓰지 않고 실컷 그를 볼 수 있다. 숨길 것도 없이, 망설일 것도 없이, 생각하고 있는 것을 무엇이나 다 눈으로 말할 수 있다. 아, 생각하면, 그녀는 얼마나 그를 애타게 그리워하고 괴로워해 왔던가. 그녀의 육체는 얼마나 커다랗고 거친 그의 손을 그리워했던가. 그녀는 음식에 별로 입을 대지 않았다. 약간 몸을 앞으로 숙이고, 그녀는 그리고리가 걸신들린 듯이 먹고 있는 모습을 지켜보았다. 그의 얼굴이며, 작업복의 치켜 올려진 깃에 갑갑해 보이도록 죄어져 있는 거무스름한 목덜미며, 넓은 어깨며, 묵직하게 탁자 위로 내던져져 있는 팔을 흐릿해진 시선으로 애무했다. 그녀는 그의 몸에서 내뿜는 상큼한 사내의 땀과 담배가 뒤섞인 냄새를 가슴으로 들이마셨다. 그것은 그만이 가지고 있는 특유의 반갑고 친근감을 주는 냄새였다. 그 냄새만으로, 그녀는 눈이 가리워져도 몇 천 명의 사내들 가운데에서 그를 가려낼 수 있을 것이었다. 그녀의 뺨에는 붉은 빛이 진하게 타오르고 심장은 빠르게 울리는 종처럼 맥박 쳤다. 그날 밤 그녀는 여느 때의 주의 깊고 분별 있는 주부일 수 없었다. 그리고리 이외에는 아무것도 그녀의 눈에 보이지 않았기 때문이다. 또한 그 자신도 그녀의 시중을 받으려 하지 않았다. 그는 손수 빵을 자르고, 눈으로 찾아서 페치카의 덮개에 얹힌 소금 그릇을 집어가고, 스스로 국수 넣은 수프를 더 덜어 먹었다.

"들개처럼 속이 비어 있었다오. 아침부터 아무것도 먹지 않았거든."

변명하듯 그는 웃으면서 말했다.

아크시냐는 그때야 퍼뜩 자기가 해야 할 일을 생각해 내고 재빨리 일어섰다.

"어머나, 이렇게 멍청할 수가 있나! 바레니크(만두)도 부린도 다 잊어버리고 있었으니! 닭고기를 드세요! 많이 드셔야 해요! ……당장 모두 내놓을 테니까요."

그는 한참 동안 열심히 먹어댔다. 마치 1주일 동안이나 아무것도 먹지 못했던 것처럼. 그에게 특별한 음식을 먹이려 한 것은 부질없는 생각이었다. 그녀는 가만히 끈기 있게 기다리고 있었으나, 마침내 참고 기다릴 수가 없었다. 그의 곁에 나란히 앉아서 왼손으로 그의 머리를 끌어당기고 오른손에는 깨끗한 수가 놓여진 수건을 들어 기름으로 지저분해진 애인의 입술과 턱을 닦아 주고, 오렌지색 불꽃이 튀어 흩어지는 자신의 들뜬 모습을 보이지 않으려는 듯 눈을 가늘게 좁히고 숨을 죽여 그의 입술에 세게 입 맞추었다.

사실 인간이 행복하기 위해서는 아주 적은 것만 있어도 된다. 어쨌든 그리고리와 아크시냐는 그날 밤 행복했다.

9

그리고리는 코셰보이와 마주치는 것이 답답하고 괴로웠다. 두 사람의 관계는 두 사람이 만난 첫날에 결정되고 말았다. 그 이상은 이제 아무것도 말할 것이 없고, 말해 봤자 아무 소용도 없었다. 어쩌면 미하일도 그리고리와 만나는 것이 즐겁지 않을 것이었다. 미하일은 목수 2명을 불러서 서둘러 자기 집을 수리하게 했다. 반쯤 썩은 지붕의 서까래를 갈고, 기울어진 벽을 떼어내 새것을 대고, 새로이 문과 창틀을 해 달았다.

보센스카야에서 돌아온 뒤 그리고리는 부락의 레프콤으로 가서 코셰보이에게 보엔콤(군사위원회)에서 기입해 준 자신의 군사 증서를 제시하고 작별 인사도 하지 않은 채 돌아왔다. 그는 아크시냐의 집으로 옮겨 갔다. 아이들과 자신의 소지품이며 재산 중 몇 가지를 가져갔다. 두냐시카는 그를 새로운 주거(住居)로 보내면서 울음을 터뜨렸다.

"오빠, 저에게는 화내지 마세요. 저는 조금도 오빠에게 나쁜 마음이 없어요."

그녀는 오빠를 간절히 애원하는 듯한 시선으로 쳐다보면서 말했다.

"화내지 않아, 두냐. 무슨 말이냐?"

그리고리는 상냥스레 그녀를 달랬다.

"앞으로는 여기에도 찾아오너라…… 너는 지금 나에게 단 하나뿐인 육친이다. 나는 언제나 너를 가엾게 생각하고 있었다. 지금도 가엾게 생각하고 있다…… 네 남편에 대한 건, 그건 별문제야. 너와 나는 사이좋게 지내도록 하자."

"저희도 곧 이사할 거예요. 화내지 마세요."

"화내지 않으마!"

그리고리는 안타까운 듯이 말했다.

"봄이 될 때까지는 집에 있어도 좋을 텐데…… 너희는 내게 조금도 방해되지 않고, 나와 아이들은 아크시냐 집에서 살면 돼."

"아크시냐와 결혼하실 거예요, 그리샤?"

"글쎄, 좀 더 있어 봐야지."

그리고리는 망설이는 투로 말했다.

"오빠, 재혼하세요. 그이는 좋은 분예요."

두냐시카는 분명하게 말했다.

"돌아가신 어머니도, 오빠가 그이와 재혼하면 좋겠다고 말씀하셨어요. 어머니는 나중에 그이를 좋아하게 되셔서 돌아가시기 직전에는 자주 그이의 집에 가 계시곤 했어요."

"너는 마치 나를 설득하려는 듯이 말하는구나. 그 여자 말고 누구와 결혼하겠니? 말이 났으니 말이지 안드로니하 할머니와 결혼할 수야 없지."

그리고리는 미소를 지으며 말했다.

안드로니하는 타타르스키 부락에서 가장 나이 많은 노파였다. 벌써 몇 년 전에 100살을 넘어서 있었다. 두냐시카는 그 노파의 조그맣고 땅에 닿을 듯이 굽은 모습을 생각해 내고 웃음을 터뜨렸다.
"무슨 말씀을 하시는 거예요, 오빠! 나는 여쭤봤을 뿐이에요. 오빠가 아무 말씀도 하지 않으시니까 여쭤보았던 거라구요."
"딴 사람들은 젖혀놔도, 결혼식에 너는 꼭 초대할 테다."
그리고리는 장난하듯 누이의 어깨를 탁 치며 가벼운 기분으로 자신의 생가에서 나왔다.
솔직히 말해서 평온하게 지낼 수만 있다면야 어디에서 살건 그리고리에게는 마찬가지였다. 하지만 그 중요한 평온을 그 집에선 찾아낼 수가 없었다. 그는 강요당한 것 같은 무위(無爲) 속에서 며칠을 보냈다. 아크시냐네 집의 일을 무엇이건 해줄까 하는 생각도 가져 보았지만, 곧 아무 일도 할 수 없을 것 같다는 막막한 기분이 그를 괴롭히고 살아가는 일을 가로막았다. 언제 체포되어 투옥될는지도 모른다. 그건 그래도 괜찮다 치자. 재수 없으면, 총살형에 처해질는지도 모른다. 이런 불안한 생각이 머리에 꽉 차 있어서 한시도 떠나지 않았다.
아크시냐는 자다가 밤중에 눈을 뜰 때, 그가 줄곧 잠못 이루고 있음을 눈치 챘다. 그는 언제나 두 손을 뒷머리에 받치고 반듯이 누워서 어슴푸레한 어둠 속을 물끄러미 쳐다보고 뭔가를 생각하며 괴로워했다. 그의 눈은 차갑게 분노로 가득 차 있었다. 아크시냐는 그가 무엇을 생각하고 있는가를 알고 있었다. 하지만 그녀로서는 그를 도와 줄 길이 전혀 없었다. 그가 괴로워하고 있는 것을 보고 그와의 동거생활에 대한 소망이 아직도 실현되지를 않은 게 아닌가 하는 생각을 하면, 그녀 자신도 괴로웠다. 그녀는 아무것도 그에게 물어보지 않았다. 그 자신이 무엇이든 결정하도록 하는 것이 좋다고 생각했던 것이다. 단 한 번, 밤중에 눈을 떴다가 궐련의 빨간 불을 곁눈으로 보았을 때 말을 붙인 적이 있었다.
"그리샤, 당신, 줄곧 주무시지 않았군요…… 당신, 어쩌면 곧 부락에서 떠나시는 편이 나으신 게 아녜요, 어때요? 아니면 저도 함께 어디로든 달아나서 몸을 숨기는 게 낫지 않을까요?"
그는 꼼꼼히 그녀의 다리를 담요로 싸주고 성가신 듯이 대답했다.

"잘 생각해 보겠소. 그러니 당신은 잠이나 자오."
"아주 가라앉은 뒤에 돌아오면 되잖아요, 네?"
그는 어떤 결심도 서 있지 않은 듯이 다시 애매하게 대답했다.
"글쎄, 앞으로 어떻게 될는지 좀더 형세를 봅시다. 자요, 크슈샤."
그는 슬그머니 그녀의 맨살을 드러낸, 비단같이 서늘한 어깨에 부드럽게 입 맞추었다.

사실 그리고리는 이미 결심을 해놓고 있었다. 다시는 뵤셴스카야에 가지 않기로 결심했다. 앞서 그를 심문했던 그 폴리토뷰로의 사내는 기다리다가 허탕을 칠 것이었다. 그때 그 사내는 책상을 향해 앉아서 군용 외투를 어깨에 걸치고 있었는데, 그리고리부터 반란 이야기를 듣더니 일부러 아아 소리를 내며 기지개를 켜고, 거짓 하품을 했다. 아니, 더 이상 그 사내는 그리고리의 이야기를 듣는 일이 없을 것이었다. 하기야 모든 걸 이미 이야기해 주었다.

폴리토뷰로에 출두해야 하는 날, 그리고리는 부락을 떠날 작정이었다. 필요하다면, 오랫동안 부락에 다시 나타나지 않을 작정이었다. 어디로 가는 게 좋은가, 그것은 그 자신도 아직 모르고 있지만, 떠난다는 것만을 마음속으로 굳게 다짐했다. 죽는 것도 감옥에 갇히는 것도 싫었다. 어떤 길을 택하느냐 하는 것은 정해졌다. 하지만 그 사실을 미리 아크시냐에게 말하고 싶지는 않았다. 그렇잖아도 대단히 즐겁다고는 말할 수 없는 두 사람의 생활인데, 이 마지막 며칠 동안에 그녀를 괴롭힐 필요가 어디 있겠는가? 마지막 날 마지막 시간에 이야기해 주기로 결심했다. 지금은 자기의 겨드랑이 밑에 얼굴을 묻고 편안히 잠을 자게 해주면 되었다. 그녀는 밤에 툭하면 "당신의 깃 속이라서 아주 잠이 잘 와요." 말하지 않았던가. 자, 지금은 잠을 자도록 해야 한다. 이 가엾은 여자가 자기에게 몸을 맡기고 자는 것도, 앞으로 오래 계속되지는 못하리라……

아침에 그리고리는 아이들을 보살피고, 그러고 나서는 아무 목적도 없이 부락을 슬슬 돌아다녔다. 사람들 속에 있는 편이 떠들썩해서 좋았다.
언젠가 프로호르가 니키타 메르니코프의 집에 젊은 카자흐들을 모아놓고 한잔하자고 했으나, 그리고리는 굳이 사양했다. 그는 부락 사람들의 이야기에서 그들이 식량 징발에 대해 불만을 품고 있고, 술판을 벌이면 이야기가 반드시 그 문제에 미치리란 것을 알고 있었다. 그는 자신에게 의혹이 생길 일은 하고 싶지 않았다. 아는 사람과 만나도 정치에 대한 이야기는 아예 외면해버렸다. 이제 정치는 진저리가 났다. 정치 탓으로 호되게 고통을 받아왔던 것이다.

이 주의와 경계는 결코 헛된 것은 아니었다. 식량 징발에 따른 곡물 집결이 잘 되지 않자, 그것과 관련해서 3명의 노인이 인질로 잡혀 2명의 식량 징발대원에게 호위되어 보센스카야로 보내지게 되자 더욱더 주의가 필요했다.

다음날, 단일 소비조합의 점포 부근에서 최근 적위군에서 복원해 온, 이전의 포병 자하르 크람스코프와 만났다. 그는 몹시 취해 있었다. 갈 지(之)자로 걷고 있었는데, 그리고리의 옆으로 오더니 하얀 찰흙으로 더럽혀진 윗옷 단추들을 모두 채우고 쉰 목소리로 말했다.

"오랜만이네, 그리고리 판테레에비치!!"

"야아, 잘 지냈나?"

그리고리는 땅딸막하고 느릅나무같이 튼튼한 포병의 커다란 손을 마주 잡았다.

"나를 알아보겠나?"

"알아보지 못할 리가 있나!"

"작년에 보코프스카야 부근에서 말이야, 우리 포병대가 자네를 도와 준 걸 기억하나? 우리가 없었더라면 자네의 기병대는 아주 혼쭐이 났을 거야. 그때 적위군을 호되게 해치웠지. 굉장했어! 어떤 때는 습격을 하고, 또 어떤 때는 유산탄(榴散彈) 사격으로 해치웠지. ……나는 제1문 조준수였어! 그게 바로 나였단 말이네!"

자하르는 자기의 넓은 가슴을 주먹으로 쾅쾅 두들겼다.

그리고리는 곁눈질로 슬쩍 주위를 둘러보았다. 조금 떨어진 곳에 서 있던 카자흐가 이쪽 두 사람을 쳐다보고 두 사람 이야기에 귀를 기울이고 있었다. 그리고리의 입술 끝이 부르르 떨며 화가 난 듯이 곱고 가지런한 흰 이를 드러냈다.

"자네 취했군. 집에 돌아가 자게. 쓸데없는 얘긴 지껄이지 마."

그는 입을 벌리지 않고 낮은 목소리로 말했다.

"아냐, 난 취하지 않았어!"

취한 포병은 큰 소리로 외쳤다.

"나는 혹시 불행과 슬픔 때문에 취했는지도 모르네! 군대에서 집으로 돌아와 보니 집에는 생활이 형편없더란 말이야. 아주 형편없는 생활이야! ……이미 카자흐들에겐 생활 같은 건 없고, 착실한 카자흐도 없네! 650킬로그램도 더 되는 곡물을 빼앗아갔는데, 이게 대체 어찌된 영문인가? 놈들이 제 손으로 씨앗을 뿌리기라도 했단 말인가? 어째서 가져가는 겐가? 곡물이 어떻게 해야 생기는 겐지, 놈들은 알고나 있나?"

그는 무의미한 충혈된 눈으로 쳐다보았는데, 갑자기 비틀거리는 듯하더니 곰처럼 난폭하게 그리고리에게 안겨서 독한 탁주냄새를 풍기는 입김을 그의 얼굴에 내뿜었다.

"자넨 어째서 군복 바지를 입지 않았나? 다시 농민이 되었단 말인가? 자, 떼놓지 말게, 내가 좋아하고 좋아하는 그리고리 판테레에비치! 싸워야 해! 알겠나, 작년처럼 말이야, 공산주의를 쳐부수자고. 소비에트 권력 만세!"

그리고리는 거칠게 그를 밀어내고 낮은 목소리로 말했다.

"집으로 돌아가게, 이 주정뱅이! 자네는 자기가 무슨 소릴 지껄이는 지나 알고 있나?"

크람스코프는 담뱃진으로 노랗게 물든 손가락들의 간격이 매우 넓은 손을 흔들며 중얼거렸다.

"잘못되었다면 사과하겠네. 제발 용서해 주게. 나는 우리 대장에게 말하듯이 진심으로 진지하게 말한 거야. 친애하는 아버지 같은 대장에게 말한 거야…… 싸워야 한다고 말이야!"

그리고리는 잠자코 등을 돌려서 광장을 지나 집을 향해 걸었다. 해질녘까지 내내 그는 어처구니없는 만남의 인상을 강하게 의식했다. 크람스코프가 취해서 외치던 소리와 곁에 있던 카자흐들의 공감을 드러내는 침묵과 미소가 생각났다. 그리고 '한시라도 빨리 떠나야 한다! 어물거리고 있으면 안 된다……'라며 시둘렀다.

토요일에는 뵤센스카야로 가야만 했다. 사흘 뒤에는 태어난 고향을 떠나야 했는데, 실제로는 그렇게 되지 않았다. 목요일 밤, 그리고리가 막 잠을 자려 할 때였다. 누군가가 거칠게 문을 노크했다. 아크시냐가 현관방으로 나갔다.

"누구세요?"

그녀가 묻는 소리를 그리고리는 안에서 들었다. 그 응답은 들리지 않았으나 왠지 모를 불안한 충동에 싸여서, 그리고리는 침대에서 뛰쳐 일어나 창쪽으로 다가갔다. 문의 빗장을 벗기는 소리가 철거덕 울렸다. 앞서 두냐시카가 들어왔다. 그리고리는 누이의 창백한 얼굴을 보자 아무 소리도 듣지 않고 의자에서 털가죽 모자와 외투를 집어 들었다.

"오빠……"

"웬일이냐?"

그는 외투 소매에 팔을 끼면서 낮은 목소리로 물었다. 두냐시카는 헐떡이면서 급히 말했다.

"오빠, 얼른 도망쳐요! 뵤시키에서 기병 4명이 집에 와 있어요. 지금 객실에 있어요…… 수군거렸지만, 그것을 다 들었어요…… 문께에 서 있다가 죄다 들었어요…… 미하일이 오빠를 체포하라는 말을 하고 있었어요…… 그들에게 당신에 대해서 여러 가지 얘길 했어요…… 어서 달아나세요!"

그리고리는 얼른 누이 옆에 다가가 누이를 안고 목에다 세게 키스를 했다.

"고맙다, 두냐! 자, 돌아가거라. 네가 온 것을 알면 좋지 않다. 자, 잘 있거라."

그는 아크시냐 쪽으로 돌아섰다.

"빵을 주오! 빨리! 새것이 아니어도 좋소. 잘라진 것 한 쪽이라도 좋아요!"

이리하여 그의 짧고 평화로운 생활은 끝이 났다…… 그는 전투 때와도 같이 민첩하고 확실하게 행동했다. 안쪽 방으로 가서 자고 있는 아이들에게 살그머니 키스해 주고 아크시냐를 껴안았다.

"잘 있소! 곧 편지를 하겠소. 프로호르가 편지를 전해 줄 거요. 아이들을 부탁하오. 문을 단단히 닫고, 만약에 묻거든 뵤시키에 갔다고 말해 주오. 그럼, 잘 있소. 슬퍼 마오, 크슈샤!"

그는 그녀에게 키스했는데 입술에 뜨뜻하고 찝찔한 눈물의 물기가 느껴졌다.

그에겐 아크시냐를 달래거나 언짢고 두서없는 말을 되풀이할 틈이 없었다. 그는 자기를 안고 있는 그녀의 팔을 살짝 떼어 놓고 현관 쪽으로 나갔다. 거기서 잠시 귀를 기울이다가 바깥문을 당겨 열었다. 돈에서 불어오는 차가운 바람이 얼굴에 홱 끼쳤다. 그는 어둠에 익숙해지기 위해 잠시 눈을 감았다.

아크시냐는 처음에 그리고리의 발밑에서 뽀드득뽀드득 눈이 내는 소리를 들었다. 그리고 그 한 발 한 발은 그녀의 가슴에 날카로운 아픔을 새겼다. 발소리는 곧 작아져 울타리 근처에서 소리가 나더니 완전히 조용해졌다. 그러자 돈 건너편 숲에서 술렁거리는 바람 소리만이 들려 왔다. 아크시냐는 바람이 술렁거리는 소리를 통해서 뭔가를 들어보려 했으나, 아무 소리도 들려 오지 않았다. 그녀는 쌀쌀함을 느끼고 부엌으로 들어가서 등불을 껐다.

10

1920년 늦가을, 식량 징발령에 의한 곡물 징집이 생각처럼 성과가 없어 식량 징벌대가 편성되었을 때, 돈 카자흐 주민 사이에 막연한 술렁임이 일어나기 시작했다. 돈 주(州) 상류의 도시 슈미린스카야, 카잔스카야, 미그린스카야, 메시코프스카야, 뵤센스카야, 에란스카야, 스라시쵸프스카야를 비롯하여 그 밖의 여러 도시에서 소수의 무장 비적단이 나타났다. 이것은 식량 징발대의 창설과, 식량 징발을 실시해 소비에트 정권이 행한 일련의 강행 방책에 대응하는 카자흐 부농 계급의 궐기였다.

그 비적단의 대부분은 각 집단별 인원이 5명 내지 20명 정도였다─토박이 카자흐로서 전에 백위병이었던 자들 가운데 적극분자들로 구성되어 있었다. 그들 중에는 1918년, 1919년대에 징벌대 병사였던 자, 9월의 동원을 기피했던 옛 돈군의 상사, 기병하사, 특무 상사 등의 하사관 계급이었던 자, 상류 돈 관구에서 작년 반란 때 생포된 적위병을 총살하고 전공을 세워 이름 날렸던 반란 참가자들로, 요컨대 소비에트 권력과는 뜻을 같이할 수 없는 자들이었다.

그들은 각 부락에서 징발대를 습격하고, 곡물을 싣고 곡물 집적소로 가는 짐마차를 탈취하고 공산당원이나 소비에트 정권에 충성스러운 비(非)당원 카자흐들을 살해했다.

비적 소탕의 임무는 뵤센스카야와 비즈키 부락에 주둔하고 있던 상류 돈 관구 감시 대대에 맡겨졌다. 그러나 관구의 넓은 영역에 뿔뿔이 흩어진 이 폭도의 소탕은 성공하지 못했다. 왜냐하면 첫째로는 토박이 주민이 폭도에게 동정적인 태도를 취해 폭도에게 식량을 주고, 적위군 부대 이동에 관한 정보를 제공하고, 또한 추적당한 그들을 숨겨 주기까지 했기 때문이요, 둘째로는 전에 짜르 군대의 이등대위로서 에스 엘(사회혁명당원)이었던 감시 대대장 카파린이 최근에 상류 돈에서 발생한 반(反)혁명 세력을 소탕하려 하지는 않고 오히려 열심히 소탕을 방해했기 때문이었다. 때때로 그것도 관구 당위원회 의장에게서 압력을 받아 그는 짧은 기간 출격을 하긴 했으나, 곧 뵤센스카야로 돌아오는 것이었다. 그 까닭은 관구의 여러 관청과 창고가 있는 뵤센스카야를 충분히 경비시키지 않은 채 내팽개쳐 두고 그 힘을 함부로 소모하거나 무모한 모험은 하지 않겠다는 것이었다. 14대의 기관총을 장비하고 약 400명의 병력을 가진 이 대대가 수비대의 임무를 수행하고 있었던 것이다. 적위병은 체포된 자를 감시하고, 물을 나르고, 숲속의 나무를 잘라냈다. 또한 그 복무규정 속에는 잉크 제조의 원료로 떡갈나무 잎새며 오배자 따위의 채집도 포함되어 있었다. 대대가 관구의 여러 관청이며 사무소에 땔나무와 잉크를 훌륭하게 공급하고 있는 동안, 관구 안에서 작은 비적의 집단 수는 놀라울 정도로 불어났다. 12월, 상류 돈 관구와 맞붙어 있는 보그챠르 군에서 대규모 반란이 일어남에 따라, 대대도 마지못해 제재(製材)와 오배자 채집을 중지했다. 돈 지방군 사령관의 명령에 의해서, 3개 중대와 기관총 소대로 편성된 대대는 감시 기병 중대, 제12식량 징발 연대 소속의 제1대대, 2개의 소(小) 견제(牽制) 부대 등과 합쳐져서 반란을 진압하는 데 동원되었다.

    스호이 도네츠 마을 부근의 전투에서 뵤센스카야의 기병 중대는 야코프 포민의 지휘 하에 반란군을 옆구리에서 공격, 그들을 쫓아 흩뜨려 패주시키고 추격해서 약 150명가량을 베어 죽였다. 이편의 피해는 겨우 전사자 3명뿐이었다. 중대의 성원은 극소수의 예외를 제외하면 거의 전부가 상류 돈 출신 카자흐들이었다. 그런데 이 카자흐 병사들은 여기서도 몇 세기 이래의 카자흐 전통과 습관을 바꾸려 하지 않았다. 전투가 끝나자, 중대의 두 공산당원의 반대도 뿌리치고 거의 절반 정도의 병사들이 낡아빠진 너덜너덜한 자기네의 군용 외투와 방한복을 버리고 참살 당한 반란자들이 입고 있던 품질

좋은 무두질된 가죽 반코트를 벗겨내어 바꾸어 입었다.

 반란 진압 뒤 몇 달이 지나자, 기병 중대는 카잔스카야 마을로 소환되었다. 괴로운 야전 생활에서 한숨 돌린 포민은 카잔스카야에서 뜻밖의 재미를 보았다. 본래 여자를 좋아하고 활달하며 교제에 능한 방탕아였던 그는 매일 밤 어디론가 사라졌다가 날이 밝을 녘에야 돌아왔다. 포민과 사이좋게 지내는 대원들은 해질녘에 번쩍번쩍 윤이 나는 장화를 신은 자기네 대장의 모습을 거리에서 발견하면 서로 고개를 끄덕끄덕하고 눈짓을 해가며 말했다.

 "야, 우리 종마가 군인 미망인에게 달려간다! 아침이 될 때까지 돌아오지 않을 거다!"

 포민은 탁주가 있으니 한 잔 하자는 전갈을 받자 중대 소속의 코밋살(군사 위원)과 풀리토르크(정치 지도원) 틈에 끼어서 잘 아는 카자흐 대원의 집으로 슬그머니 나가버렸다. 그것은 드문 일은 아니었다. 그런데 얼마 안 가서 이 뚝뚝한 중대장은 싫증이 나 표정이 어두워지고 바로 최근의 갖가지 즐거움도 거의 다 잊어버린 것 같았다. 해질녘이 되어도 그는 이제 이전과 같이 열심히 자기의 커다란 멋쟁이 장화를 윤이 나게 닦지도 않고 하루도 거르지 않던 면도질도 그만두었다. 하지만 그의 중대에 근무하고 있는 마을의 카자흐 집에는 가끔 한잔 마시러 갔는데, 말수가 적어져 이전처럼 말을 많이 하지는 않고 과묵하게 있었다.

 이런 포민의 성격 변화는 뵤센스카야에서 그가 입수한 정보와 때를 같이 하고 있었다. 그 정보라는 것은 우스치 메도베지차 관구에 인접한 미하일로프카에서 대대장 바크린을 우두머리로 한 감시 대대가 반기를 들었다는 것인데, 이에 대해서 간단하게 돈 비상위원회의 정치국이 알려 온 것이었다.

 바크린은 포민의 동료이자 친구였다. 이 두 사람은 전에 함께 미노로프 병단에 있었고, 함께 사란스크에서 돈으로 진격도 하고, 반기를 든 미로노프 병단이 브종누이 기병대에게 포위당한 때에는 함께 항복했었다. 포민과 바크린의 사이좋은 친구 관계는 최근까지 이어졌었다. 바로 얼마 전 10월 초에 바그린이 뵤센스카야에 온 적이 있었다. 그때 그는 오래된 친구를 향해서 '식량 징발로써 농민을 빈곤에 빠뜨리고 나라를 파멸로 이끄는 코밋살의 압정(壓政)'에 대해 이를 갈면서 이야기하고, 분한 마음을 하소연했다. 포민은 바크린의 말에 공감했지만 겉으로는 드러내지 않고 능청을 떨었다. 포민은 교활한 사내였다. 우둔함을 천성으로 타고난 이 사내는 단점을 가리기 위해서는 매사에 조심스레 굴어야 한다는 걸 본능적으로 깨닫고 있었다. 그는 결코 결론을 서두르지 않았고, 예스냐 노냐를 단번에 말하는 따위의 짓은 하지 않았다. 그런데 바크린 대대의 반란에 대해서 알고 난 뒤로는, 평소의 주의 깊은 태도가 그에게서 사라졌다. 어느 날 해질녘, 기병 중대가 뵤센스카야로 이동하기 바로 전에 소대장 아르포로프의 집에 대원들이 모였다. 마필용(馬匹用) 커다란 양동이에 탁주가 가득 들어 있었다. 식탁에서는 활발하게 이야기들을 나누었다. 이 주연에 참석한 포민은 묵묵히 남들 이야기에 귀를 기울이며 잠자코 양동이에서 술을 퍼내었다. 그러나 병사들 중 한 사람이 스호이 도네츠를 공격하던 때의 일을 이야기하자, 포민은 깊이 생각하듯이 수염을 틀어 올리면서 상대의 이야기를 끊고 말했다.

"자, 여러분, 우리가 소러시아인들을 꽤 해치웠던 것은 사실이오. 그런 우리가 곧 심한 곤경을 겪게 되지나 않으면 좋겠다 싶소…… 뵤센스카야에 돌아가 보면 식량 징발대가 우리네 집의 곡물을 몽땅 빼앗아가 버리지 않았을까? 카잔스카야 녀석들은 그 징발대에 대해서 몹시 화를 내고 있소. 징발대가 모든 집의 곡물 궤짝을 텅텅 비게 해 놓았으니……"

방 안이 쥐 죽은 듯 잠잠해졌다. 포민은 부하 중대원들을 둘러보았다. 그리고 어색한 웃음을 띠고 말했다.

"그건 말이야…… 농담이고…… 모두들 주의하게. 입은 화를 부르는 걸세. 쓸데없는 농담을 하다가 없는 말이 튀어나가게 될지 모르거든."

뵤센스카야에 도착하자 포민은 반개(半個) 소대 적위병을 데리고 루베지누이 부락에 있는 자기 집으로 향했다. 부락에서 그는 자기 집 울 안으로 말을 탄 채 들어가지 않고 문 근처에서 말을 내려 말고삐를 한 적위병에게 던져 주고 집 안으로 걸어 들어갔다.

그는 아내에게 쌀쌀맞게 고개를 끄덕이고, 늙은 어머니에게는 정중히 머리를 숙이고 그녀의 손에 공손히 키스한 뒤 아이들을 안아 올렸다.

"아버님은 어디 가셨나요?"

그는 의자에 앉아서 두 무릎 사이에 사벨을 끼우며 물었다.

"물방앗간에 나가셨다."

노파가 아들을 쳐다보며 준엄한 어조로 말했다.

"애, 모자라도 벗으려무나, 천벌을 받을 녀석! 성상 밑에서 모자를 쓴 채로 있을 수 있느냐? 오, 야코프, 넌 정말이지 눈에 들지 않는구나……"
포민은 쓴웃음을 짓고 털가죽 모자를 벗었으나 외투는 벗지 않았다.
"어째서 외투를 벗지 않는 게냐?"
"다들 어떻게 지내고 있는지 궁금해서 잠깐 들러 봤어요. 일이 몹시 바빠요."
"우린 너의 그 일이란 게 어떤 건지 훤히 알고 있어."
노파는 뵤셴스카야에서의 여자관계 등 아들의 방탕 생활을 넌지시 꼬집으며 차갑게 말했다.
그에 대한 소문이 이미 오래 전부터 루베지누이에 퍼져 있었던 것이다.
나이보다 훨씬 더 늙고 창백한 겉보기에도 구박깨나 받을 듯한 포민의 아내는 놀라 시어머니를 돌아다보고 페치카 쪽으로 걸어갔다. 어떻게든 남편의 마음에 들도록 하고 남편의 비위를 맞춰 주어서 아주 잠시나마 남편에게서부터 부드러운 시선을 받고 싶어서, 그녀는 페치카 앞의 풍로 밑쪽으로 걸레를 꺼내더니 무릎을 꿇고 몸을 구부려서는 포민의 장화에 잔뜩 붙은 진흙을 닦아내기 시작했다.
"당신 장화는 아주 고급품이군요, 야샤…… 하지만 몹시 더러워요…… 제가 얼른 닦아 드릴게요. 깨끗이 닦아 드릴게요!"
그녀는 머리를 쳐들지도 않고 남편의 발치에 둘러붙은 채로 거의 들리지도 않는 낮은 목소리로 말했다.
그는 이미 훨씬 전부터 이 아내와 육체적인 관계를 갖지 않았다. 젊은 한때 사랑한 적이 있는 이 여자에 대해서, 지금은 희미한 연민의 정 이외의 감정은 깃고 있지 않았다. 하지만 그녀는 계속해서 그를 사랑하고 있고, 언젠가는 다시 그가 그녀의 품으로 돌아올 것을 은근히 기대하며 모든 것을 용서했다. 그녀는 오랜 세월 농사일과 집안일에 종사하며 아이들을 기르고, 까다롭고 완고한 시어머니를 섬겨 왔다. 밭일의 모든 짐은 그녀의 여윈 어깨에 얹혀 있었다. 힘겨운 중노동과 둘째아이를 낳은 뒤 생긴 병은 해마다 그녀의 건강을 좀먹어들었다. 얼굴색은 나빠지고 여위어 주름이 잡혀 쭈글쭈글했다. 조로(早老)는 그녀의 뺨에 거미줄과도 같은 주름을 새겨 놓았다. 그녀의 눈에는 병에 걸린 영리한 짐승에게서 흔히 보는, 놀란 듯한 순종(順從)

의 표정이 나타나 있었다…… 그녀가 얼마나 빨리 늙어가고 있는지, 매일같이 그 건강이 얼마나 사그라져가고 있는지를 그녀 자신은 깨닫지 못했다. 그리고 언제나 무엇인가 희망을 걸고, 어쩌다 남편과 만날 때는 겁먹은 애정과 환희를 품고 헌칠한 남편을 쳐다보는 것이었다……

포민은 블라우스 속에서 뚜렷이 윤곽을 보이는 말라빠진 견갑골의 볼품없는 몸을 구부린 아내의 등허리와, 장화의 진흙을 열심히 닦아 내는 아내의 커다란 떨리는 손을 내려다보면서 생각했다. '참 착한 여자로군. 내가 이런 콜레라 환자 같은 여자와 잠자리를 같이한 적이 있었으니…… 몹시도 늙었군…… 정말이지 몹시도 늙었는걸!'

"이젠 됐소! 어차피 구두약을 칠할 거요."

그는 아내의 손에서 장화를 빼앗다시피 잡아채어 화를 내듯 말했다.

그녀는 겨우 등을 펴고 일어섰다. 그녀의 누런 뺨에는 희미하게 홍조가 떠올랐다. 남편을 쳐다보는 그 움푹 팬 눈 속에 애정과 한없는 순종이 강렬하게 깃들여 있었다…… 그가 얼결에 등을 돌렸을 정도였다. 그러면서 그는 어머니에게 물었다.

"그래, 우리 집 생활은 어떤가요?"

"전과 마찬가지다."

노파는 음울하게 대답했다.

"식량 징벌대가 부락에 왔었지요?"

"바로 어제 니지네 크리프스코이로 떠나갔다."

"우리 집 곡물을 가져갔나요?"

"가져갔다. 도대체 그놈들이 얼마큼을 가져갔지, 다비드시카?"

아버지와 매우 비슷한 14살 소년, 아버지와 마찬가지로 두 눈 사이가 크게 벌어진 하늘색 눈빛의 소년이 대답했다.

"할아버지가 계셨으니까 할아버지가 잘 알고 계실 거예요. 열 자루 정도였어요."

"그래?……"

포민은 일어나서 힐끗 아들을 쳐다보더니 대검용 멜빵을 매만졌다.

"그러면 그때 그놈들에게 그게 대체 어떤 사람의 집 곡물인지 아느냐고 말해 줬나요?"

이렇게 말하는 그의 얼굴은 약간 창백해져 있었다.

노파는 손을 흔들고 고소해하듯이 미소 지었다.

"징발대 사람들은 너를 잘 알지 못하더라! 그들 중 상관인 듯한 녀석이 '누구든 간에 남은 곡물을 모두 내놓지 않으면 안돼요. 포민의 것이든 관구 의장의 것이든 간에 상관없이 남은 곡물은 가져갈 거요' 하더라. 그렇게 말하고 곡물 궤짝을 죄다 뒤졌다."

"알았어요, 어머니. 저는 놈들을 그냥 두지 않을 거예요. 틀림없이 손봐줄 거예요!"

포민은 날카롭게 말하며 서둘러 가족들과 작별하고 집을 나갔다.

집에서 귀대한 뒤에 그는 부하 기병 중대 병사들의 기분을 주의 깊게 살폈다. 그리고 그들 대부분이 식량 징발에 대해 불만이라는 확신을 얻었다. 병사들에게 부락과 읍에서 아내, 가까운 친척, 먼 친척 등이 찾아왔다. 그들은 식량 징발대가 와서 가택 수색을 하고 씨앗으로 쓸 것과 당장 먹을 식량만을 남기고 그 밖의 것은 싹 쓸어갔다는 이야기들을 했다. 이런 사정 때문에 1월 말경 바즈키에서 개최된 수비대 집회에서 관구 군사위원 샤하에프가 연설할 때, 다름 아닌 기병 중대 병사들이 노골적으로 징발대에 대해 분노와 불만을 폭발시켰다. 중대의 대열 속에서 외치는 소리가 났다.

"식량 징발을 중지하라!"

"곡물 문제는 이제 그만둘 때가 됐다!"

"식량 징발대 코밋살을 밟아버려라!"

이런 부르짖음에 대해 감시 중대의 적위병들이 맞서 소리쳤다.

"반(反) 혁명이다!"

"저런 놈들은 군내에서 쓸어내라!"

집회는 오래 끌고 수라장이 되었다. 수비대 소속의 얼마 안 되는 공산당원들 중 한 사람은 흥분해서 포민에게 말했다.

"포민 동지! 자네가 말해야 돼! 보게나, 자네 중대가 어떤 꼴을 하고 있나!"

포민은 슬그머니 콧수염 속에서 웃었다.

"비당원인 내가 말하는 걸 듣겠나?"

이렇게 말한 뒤 그는 잠자코 있다가 집회가 끝나기 훨씬 전에 대대장 카파린과 함께 돌아갔다. 뵤센스카야로 가는 도중에 그 집회에서 새로이 일어난 정세에 대해서 이야기하다가 두 사람은 갑자기 공통된 말을 찾아냈다. 그로부터 1주일 뒤, 카파린은 포민의 집에서 포민과 무릎을 맞대고 이야기를 주고받았는데, 그때 카파린은 이렇게 말했다.

"우리가 일어서야 할 때는 지금이네. 이때를 놓치면, 우리는 끝끝내 일어나지 못하네. 그렇잖나, 야코프 에피모피치. 시기는 무르익고 있네. 카자흐들은 우리를 지지하고 있네. 자네의 권위는 이 관구에서 대단하네! 주민의 분위기는…… 더 이상 생각할 수 없을 정도로 최상이야. 자네, 왜 잠자코 있나? 결심하게!"

"결심 같은 게 필요 있나?"

포민은 말을 길게 끌듯이 하며 상대를 힐끔 쳐다보고 말했다.

"문제는 결정되어 있네. 다만 탈이 나지 않도록, 모기에게 코끝을 찔리지 않도록 빈틈없이 계획을 세우는 것만이 필요하네. 그걸 한 번 의논해 보지 않으려나?"

포민과 카파린의 의심스러운 친교는 비밀리에 지속될 수가 없었다. 대대의 얼마 안 되는 공산당원들은 그들의 뒤를 밟고 그들에 대한 의혹을 돈 비상위원회 정치국장 아르테미에프와 군사위원 샤하에프에게 통보했다.

"겁쟁이 까마귀는 덤불을 봐도 놀란다더군."

아르테미에프는 웃으면서 말했다.

"그 카피란이란 자는 겁쟁이어서, 무슨 일을 저지르리라고는 도저히 생각할 수 없네. 포민은 감시를 하게. 그 사람은 우리가 훨씬 전부터 주목해 왔던 인물이야. 하지만 과연 포민에게 반항하고 나설 용기가 있을지는 의문이지만, 아무튼 죄다 시시하고 어리석은 짓이나 할 거야."

그는 딱 잘라 결론지었다.

그러나 감시하기에는 이미 늦었다. 음모자들은 이미 그 이전에 협의를 끝낸 것이었다. 반란은 3월 12일 오전 8시에 일으킬 예정이었다. 그날 포민은 중대를 완전 무장시켜 아침 교련에 끌고 나가서 시경계에 주둔하고 있던 기관총 소대를 습격하여 기관총을 빼앗고, 그 뒤 감시 중대를 도와 관구의 관청들을 '쓸어버리기'로 되어 있었다.

카파린으로서는 대대원 전부가 자기를 지지하고 있다고는 확신할 수 없었다. 언젠가 카파린은 그 의문과 추측을 포민에게 이야기 했는데, 포민은 주의 깊게 듣고 나서 말했다.

"기관총만 손에 넣으면, 자네의 대대 같은 건 단번에 얌전해지게 할 수 있는데……"

포민과 카파린에 대해서 행해진 엄중한 감시는 아무 효과도 거두지 못했다. 그들은 드물게 밖에 만나지 않았고, 그것도 군무 관계로 만날 따름이었다. 다만 2월 말께의 어느 날 밤, 정찰병이 거리에서 그 두 사람이 같이 걸아 가는 것을 보았다. 포민은 안장을 얹은 말의 고삐를 쥔 채 걷고 있었다. 카파린이 그와 나란히 걷고 있었다. 정찰병이 누구냐고 묻자, 카파린이 "우군이다" 대답했다. 두 사람은 카파린의 집으로 들어갔다. 포민은 말을 바깥 계단의 난간에 매놓았다. 방 안에는 불을 켜지 않았다. 포민은 새벽 3시가 지나서야 그 집에서 나와 말을 타고 귀대했다. 조사할 수 있었던 것은 그것뿐이다.

관구 군사위원 샤하에프는 포민과 카파린에 관한 의혹을 암호 전보로 돈 지방 군사령관에게 알렸다. 며칠이 지나자, 포민과 카파린을 해임하고 그들을 체포하라는 사령관의 회답이 왔다.

관구 당위원회의 회의에서는 다음과 같이 결정되었다. 포민을 노보체르카스크로 소환하여 군사령관 휘하에 놓을 것, 그 중대 지휘권을 부중대장 오프친니코프에게 인계하도록 하라는 관구 군사위원회의 명령을 우선 포민에게 통고할 것, 동시에 그날 중 비적이 나타났다는 구실을 내세워서 중대를 카잔스카야로 파견할 것, 그런 뒤에 그날 밤 음모자를 체포하도록 한다는 것이었다. 중대를 시내에서 끌어내려 한 결정은, 중대가 포민의 체포를 알고 반란을 일으킬까 하는 걱정에서였다. 감시 대대 제2중대장인 당원 토카첸코에 대해서는, 반란이 일어날 우려가 있으므로 그 점을 대대의 당원과 소대장에게 예고하고 시내에 주둔해 있는 중대와 기관총 소대를 전투대형으로 배치할 것을 명령했다.

다음날 아침, 포민은 명령을 받았다.

"할 수 없지. 중대를 인계하겠네. 오프친니코프, 나는 노보체르카스크로 가겠네. 중대 보고서를 살피겠나?"

조용히 그는 말했다.

미리 누구에게도 경고를 받지 않았던 비당원인 소대장 오프친니코프는 아무 의문도 품지 않고, 서류 검사에 몰두해 있었다.
포민은 그 틈을 타서 카파린에게 '오늘 궐기한다. 나는 해임되었다. 준비해 달라' 편지를 썼다. 그는 문앞에서 자신의 전령에게 그 편지를 주고 소곤거렸다.
"이 편지를 입 속에 넣고 가져가라. 보통 속도로 알았지? 말이 보통 걸음으로 가게 해야 한다. 카파린에게 갔다 와. 만약 도중에 누가 불러 세우면, 편지를 삼켜버려야 한다. 카파린에게 준 뒤에는 곧 이리로 돌아와라."
카잔스카야 부락으로 출격하라는 명령을 받은 오프친니코프는 사원 광장에서 중대를 정렬시키고 있었다. 포민이 말을 타고 오프친니코프의 곁으로 다가왔다.
"중대에 작별 인사를 하게 해주겠는가?"
"좋습니다. 단 가능한 간단히, 시간이 걸리지 않도록 해주십시오."
중대 앞에 서서, 이리저리 움직이는 말을 끌어당기며 포민은 중대원들에게 말했다.
"동지 여러분, 여러분은 나에 대해서 잘 알고 있다. 내가 지금까지 무엇을 위해서 싸워 왔는가 하는 것도 여러분은 알고 있다. 나는 언제나 여러분과 함께 지냈다. 그러나 지금 나는 카자흐 사회가 약탈당하고 있는 상태에 타협할 수는 없다. 그래서 나는 해임된 것이다. 나는 어떻게 될 것인지 잘 알고 있다. 그러므로 여러분에게 작별인사를 하려 한다……"
중대에서 일어난 동요와 외침으로 그 순간 포민의 말이 중단되었다. 포민은 등자를 딛고 우뚝 서서 날카롭게 소리를 질렀다.
"만약 여러분이 이 약탈에서 벗어나고 약탈을 중지시킬 생각이라면 지금 일어나 식량 징발대를 쫓아내고, 식량 위원 무르조프, 군사위원 샤하에프 도당을 때려 부숴야 한다! 놈들은 우리의 돈에 와서……"
소음은 포민의 마지막 말을 지워버렸다. 때를 노리다가 포민이 큰 목소리로 구령을 내렸다.
"우측부터 3열 중대, 우향 앞으로 갓!"
중대는 포민의 구령대로 따랐다. 뜻밖의 사태가 발생한 데 대해 당황한 오프친니코프는 포민의 곁으로 달려왔다.

"타바리시치 포민, 어디로 갈 겁니까?"

포민은 얼굴을 돌리지도 않고 비웃듯이 말했다.

"저쪽 사원을 한 바퀴 돌고 올 거다."

그때야 비로소 오프친니코프는 그 짧은 시간에 일어난 사태의 의미를 깨달았다. 그는 대열에서 빠져나왔다. 폴리토루크(정치 지도원)와 중대 소속 부위원과, 그 밖에 단 1명의 적위병만 그를 따랐다. 이들 4인이 200보쯤 대열을 떠났을 때, 포민은 그들이 없어진 것을 알아챘다. 그는 말머리를 돌리고 소리쳤다.

"오프친니코프, 기다려! ……"

말을 탄 포민은 보통 구보에서 더 빠른 구보로 바꾸었다. 말발굽에 채여 녹기 시작한 눈의 작은 덩어리들이 여기저기 튀어 흩어져 갔다. 포민이 명령을 내렸다.

"쏴라! 오프친니코프를 잡아라! ……제1소대! 쫓아가라!"

여기저기서 사격 소리가 울려 퍼졌다. 제1소대의 16기만이 맹렬히 추격했다. 그 사이에 포민은 나머지의 중대 병력을 2대로 나누었다. 1대는 제3소대장의 지휘 하에 기관총 소대의 무장 해제를 맡게 하고, 나머지 1대를 스스로 지휘해서 부락의 북쪽 경계에 있는, 이전의 종마 공동우리에 주둔하고 있는 감시 중대를 처리하러 갔다.

제1대는 허공에 공포를 쏘고 칼을 휘두르면서 번화가를 질주해 갔다. 반란군은 가다가 만난 4명의 공단당원을 베어 죽이고, 부락의 경계에서 급히 대열을 정리한 뒤 소리도 함성도 울리지 않고, 병사(兵舍)에서 달려 나온 기관총 소대 적위병들을 향해 돌격했다.

기관총 소대의 병사는 부락에서 떨어진 외딴 곳에 있었다. 부락 끄트머리 변두리에 있는 농가에서 200미터 이상이나 떨어져 있었다. 근거리에서 기관총의 사격을 당한 반란군은 획 말머리를 돌려서 퇴각했다. 가장 가까운 샛길까지 미처 달아나지 못한 3명은 탄환을 맞고 말에서 떨어졌다. 기습 공격으로 기관총을 탈취하려던 계획은 실패로 끝났다. 반란군도 서둡 공격을 감행하려 하지는 않았다. 제3소대장 츄마코프는 대원들을 엄호물 뒤에 숨긴 채 자신은 말에서 내리지도 않고 살며시 석조창고 구석에서 바깥쪽을 내다보고 말했다.

"다시 2대를 더 끌어내 왔군."

그는 모자로 이마의 땀을 닦은 뒤 병사들 쪽으로 돌아섰다.

"돌아왔나, 모두들! 포민이 직접 기관총을 빼앗는 게 좋겠어. 몇 사람을 눈 위에 남기고 왔지? 3명인가? 포민이 직접 나머지를 맡게 하자."

동쪽의 경계에서 사격이 시작되자마자, 보병 중대장 토카첸코는 집에서 뛰쳐나갔다. 달리면서 옷을 입고, 병영에 뛰어들었다. 30명가량의 적위병이 이미 대오를 짜고 병영 언저리에 서성이고 있었다. 병사들은 의혹에 싸인 얼굴로 중대장에게 질문을 퍼부었다.

"누가 쏘고 있는 겁니까?"

"웬일입니까?"

그 물음에는 대답하지 않고, 그는 병영에서 뛰쳐나온 적위병들을 대오에 편입시켰다. 몇 명의 당원, 관구 관청의 관리들도 거의 그와 때를 같이해 병영으로 달려와서 대열에 끼었다. 산발적인 소총의 사격 소리가 부락 전체에 진동했다. 어딘가 서쪽의 부락 경계 방향에서 수류탄이 작렬하는 소리가 울렸다.

50기 가량의 기병이 칼을 빼들고 병사 쪽을 향해서 질주해 오는 것을 보고, 토카첸코는 황급히 가죽 자루에서 자동 권총을 꺼냈다. 그가 명령을 내리기도 전에 벌써 대열에서 이야기하는 소리가 뚝 그치고, 적위병들은 재빨리 총을 겨누었다.

"이런, 우리 편 병사들이 달려오는 거로군! 봐라, 저쪽에 대대장 동지 카파린이 있잖은가?"

한 적위병이 큰 소리로 말했다.

거리를 달려온 기병대는 명령을 받은 것처럼 일제히 말의 목에 착 달라붙어 병사를 향해 돌진해왔다.

"보내지 마라!"

토카첸코가 크게 소리쳤다.

그 소리를 지우고 뒤이어 일제사격 소리가 울려 퍼졌다. 적위병들이 밀집해 있던 대오에서 100보쯤 되는 곳에서 4명의 기병이 말에서 떨어졌으며, 나머지는 뿔뿔이 말머리를 돌렸다. 패주하는 기마대의 배후에서 산발적으로 탄환들이 작렬하여 울렸다. 경상을 입은 듯한 기병 한 명이 안장에서 떨어졌으나, 손에서 고삐는 놓지 않았다. 그 사내는 뛰어가는 말의 뒤로 20미터 가량 끌려가다가 몸을 솟구쳐서 등자와 안장의 뒤쪽 테를 움켜잡는 듯하더니, 어느새 말에 뛰어올라 있었다. 그리고 아무렇게나 고삐를 당겨 동그라미를 그리며 빙그르르 돈 뒤 근처의 작은 길로 사라져버렸다.

오프친니코프를 추격해서 아무 성과도 거두지 못한 기병 중대의 제소대는 부락으로 돌아왔다. 군사위원 샤하에프에 대한 수색도 헛되이 끝났다. 샤하에프는 텅 빈 군사위원회에도, 자기 집에도 없었다. 사격 소리가 들리자 그는 돈강 쪽으로 달려가서, 얼어붙은 돈강을 달려 건너편 숲속에 숨었다가, 그곳에서 바즈키 부락을 거쳐 이튿날에는 뵤센스카야에서 50킬로미터쯤 떨어진 우스치 호표르스카야에 모습을 나타냈다.

지도적 지위에 있던 사람들의 대다수는 적시(適時)에 몸을 숨겼다. 그들의 수색에는 위험이 따랐다. 왜냐하면 기관총 소대의 적위병들이 잔뜩 경기관총을 들고 부락 중심부에까지 와 있었고, 따라서 중앙 광장에서부터 사방으로 나 있는 도로는 모두가 그들의 사정거리 안에 들어 위험했기 때문이었다.

기병 중대원들은 수색을 단념하고, 돈 쪽으로 내려가서 갤럽으로 사원 광장으로 달려갔다. 그곳은 오프친니코프를 추격하기 시작했던 광장으로, 곧 그곳으로 포민 일당이 모두 모여들었다. 그들은 다시 정렬하고, 포민은 보초를 세울 것과, 그 나머지는 각각 민가에 숙영해도 좋지만 말안장은 풀지 말고 그냥 놓아 둘 것을 명령했다.

포민과 카파린, 그리고 각 소대장이 시내 변두리의 한 집에 모였다.
"모든 게 실패로 끝나고 말았다."
카파린은 힘이 빠져 턱썩 쓰러지듯이 긴 의자에 앉으며, 절망한 어조로 소리쳤다.
"자, 시내를 점령할 수 없게 되었으니, 이대로 버티고 있을 수 없게 되었어."
포민이 낮은 목소리로 말했다.
"야코프 에피모비치, 관구 안을 뛰어다녀 보자구. 겁을 먹고 벌벌 떨 필요는 없다고 생각하네. 어차피 사람은 죽기 전에 미리 죽는 건 아니거든. 카자흐들을 선동해서 궐기하게 해야 돼. 그렇게 하면 시내는 우리 것이 될 거야."

츄마코프가 제안했다.

포민은 말없이 츄마코프를 쳐다보고 있다가 이윽고 카파린 쪽으로 시선을 돌렸다.

"대장, 아주 맥이 풀려버렸나? 콧물이나 닦고 힘을 내보자구! 어차피 올라탄 배란 말야…… 함께 시작해 놓았으니 마지막까지 함께 해야 할 게 아닌가? ……어때, 자네 의견은? 여기서 떠날 것인가, 아니면 다시 한번 해볼 겐가?"

츄마코프가 잘라 말했다.

"할 테면 다른 사람이 하도록 해! 나는 기관총 사격을 정면으로 당하러 가진 않을 테니. 그건 무의미한 짓이야."

"나는 자네에게 물은 게 아냐. 조용히 해!"

포민은 츄마코프를 쏘아보았다. 츄마코프는 눈길을 떨어뜨렸다.

잠시 잠자코 있던 카파린이 말했다.

"두말할 것도 없이 다시 한번 해본다는 건 전혀 의미가 없어. 저편의 장비가 우세하네. 저편에는 기관총이 14대지만, 이편에는 한 대도 없어. 게다가 병력도 저쪽이 더 많아…… 시내에서 외곽으로 나가, 카자흐들이 반란에 가담할 수 있도록 조직해야겠어. 카자흐들을 지지하고, 그들에게 증원시켜 주면…… 온 관구가 반란에 가담할 거야. 이것만이 희망이야. 오직 이것만이!"

한참 입을 다물고 있다가, 포민이 말했다.

"그러면 그렇게 하기로 결정하자구. 소대장! 곧 장비를 조사해서, 각자 수중에 탄약이 얼마나 있는지 알아봐 줘. 엄명해 두겠는데, 탄약을 함부로 써선 절대 안 돼. 명령을 어기기는 자는 내 손으로 베어 죽일 것이다. 이렇게 병사들에게 전하도록."

그는 잠시 잠자코 있다가, 화가 난 것처럼 큰 주먹으로 쾅 탁자를 쳤다.

"빌어먹을…… 기관총이란 놈! 아, 츄마코프, 그런 대로 4개 정도나마 탈취해 왔다면 좋았을걸! 놈들은 눈을 부라리고 우리를 시내에서 내쫓으려 할 거야. 자, 해산! 놈들이 우리를 내쫓으려 하지 않으면 오늘 밤은 시내에서 묵는다. 내일은 새벽에 출발해서 관구 안을 돌아다니기로 한다……"

밤은 정적 속에 지나갔다. 뵤셴스카야의 한쪽 경계에는 반란군 중대가 있고, 다른 한쪽 경계에는 감시 중대와, 이들에게 합류한 공산당원과 청년공산동맹원들이 있었다. 이 적대자(敵對者)들 사이에 가로놓여 있는 것은 겨우 2개의 가구(街區)뿐이었는데, 어느 편에서도 야간 기습을 가하지 않았다.

이튿날 아침, 반란군 중대는 전투 한 번 하지 않고 부락을 떠나서 남동쪽으로 옮겨갔다.

11

그리고리는 집에서 나온 뒤로 처음 3주일 동안은, 에란스카야 부락의 베르프네 크리프스코이 부락에 사는 친지로서 같은 연대에 근무했던 카자흐네 집에서 지냈다. 그 뒤 고르바토프스키 부락으로 가서, 아크시냐의 먼 친척뻘 되는 집에 1개월 남짓 머물렀다.

낮에는 줄곧 집 안에서 뒹굴다가, 밤에만 바깥으로 나갔다. 그것은 마치 감옥 생활과도 같았다. 그리고리는 우울하고, 고통스러운 무위(無爲)에 몸이 타들었다. 견딜 수 없을 정도로 집에—아이들과 아크시냐에게 마음이 끌렸다. 잠을 자지 못하는 밤에는 자주 타타르스키에 돌아갈 굳은 결심으로 외투를 걸치기도 했으나, 으레 그때마다 생각을 고쳐 외투를 벗고 신음소리를 내면서 침대에 얼굴을 묻고 쓰러지곤 했다. 그러나 결국은 그런 생활도 할 수 없게 되었다. 아크시냐에게 아저씨뻘이 되는 그 집의 주인은 그리고리를 동정하기는 했지만 언제까지나 한없이 그런 하숙인을 집에 둘 수는 없었다. 언제가 그리고리는 저녁 식사 뒤 자기 방으로 가려하다가 문득 그 집 부부의 이야기를 듣게 되었다. 증오에 찬 새된 목소리로 주부가 말하고 있었다.

"도대체 언제나 끝장나는 기예요?"

"뭐 말요? 여보, 무슨 말이오?"

주인이 낮은 목소리로 대꾸했다.

"언제나 저 식객을 쫓아낼 거냐구요!"

"잠자코 있어요!"

"잠자코 있을 수가 없어요! 집에는 이제 곡식도 다 떨어져가고 있어요. 그런데도 당신은 저 곱사등이 악마를 안고 날마다 먹여주고 있다구요. 언제까지 이것이 계속될 거냐고 묻는 거잖아요? 그리고 소비에트에 알려지면 어떻게 하실 거예요? 우리 목이 달아나버리고, 애들은 다 고아가 될 거 아녜요?"

"잠자코 있으라니까, 아프도챠!"

"글쎄, 잠자코 있지 못하겠어요! 우리 애들도 생각해야지요! 곡식이 이제 330킬로그램 정도도 안 된단 말예요. 그런데도 당신은 집 안에 식충이를 놔두고 있다구요. 도대체 저 사람은 당신에게 뭐가 되죠? 형제예요? 중매해 준 사람이에요? 대부예요? 저 사람은 당신의 가까운 친척도 아무것도 아니잖아요? 저 사람과 당신과는 아무 혈연도 없단 말예요. 그런데도 집에 두고 먹이고 마시게 하다니. 정말이지, 이 변변찮은 대머리같으니! 입 다물고, 아무 소리도 하지 말라고요? 내일은 내 발로 소비에트에 가서, 당신이 무슨 짓을 하고 있는지를 죄다 일러바치고 올 테예요!"

다음날, 주인은 그리고리의 방에 들어와 바닥을 내려다보면서 말했다.

"그리고리 판테레예비치! 어떻게 생각하건 다른 도리가 없는데, 더 이상 당신을 우리 집에 머물도록 할 수가 없겠소…… 우리는 당신을 존경하고 있소. 돌아가신 당신의 아버님을 잘 알고 있고 존경도 했지만, 이젠 당신을 더 식객으로 머물게 하기가 어렵겠소…… 게다가 당국에 당신에 대한 것이 알려지지 않을까 걱정되오. 어디로든지 마음 내키는 곳으로 가주기 바라오. 내게는 가족이 있소. 당신 문제로 내 목이 날아가게 되면 곤란하오. 부디 용서하고, 나를 도와주오……"

"알겠습니다."

그리고리는 빠르게 말했다.

"여러 가지로 환대해 주셔서 감사합니다. 숨어 있게 해주셔서 고마웠습니다. 모든 게 다 고맙습니다. 저도 당신에게 폐를 끼치고 있다는 건 알고 있었습니다만 아무 데도 갈 수가 없는 형편입니다. 제가 갈 곳은 죄다 막혀 있습니다."

"어디로든, 제발."

"알았습니다. 오늘 떠나겠습니다. 아르타몬 바실리에비치, 정말 여러 가지로 고맙습니다."

"천만의 말씀, 사례의 말은 할 것 없소."

"당신의 호의는 잊지 않을 겁니다. 언젠가 보답할 수 있으리라 생각합니다. 저도 언젠가 쓸모가 있을는지 모릅니다."
　감동한 주인은 그리고리의 어깨를 손바닥으로 두들겼다.
　"그렇게 말하니 난처하오. 나로서는 앞으로 2개월이라도 더 머물게 해주고 싶지만, 내 마누라가 가만있지를 않소. 매일같이 달달 볶는구려. 어쩔 도리가 없는 여자요! 나도 카자흐 당신도 카자흐요, 그리고리 판테레에비치. 나도 당신도 다 같이 소비에트 정권에 대해서는 반대하고 있소. 그래서 나는 당신을 돕고 싶은 거요. 이젠 여고드노에 부락으로 가보오. 그곳에는 나를 중매했던 사람이 살고 있소. 그 사람이라면 당신을 받아 줄 거요. 내가 전하는 말이라 하고, 이렇게 말해 주오. '아르타몬은 당신을 아르타몬의 아들로 여기고, 할 수 있는 한 먹이고 숨겨 주기를 바란다'고요. 뒤에 내가 그곳에 나가서 계산을 할 거요. 어쨌든 오늘은 이곳에서 떠나주기 바라오. 더 이상 당신을 머물게 할 수가 없소. 마누라가 시끄럽게 군다면, 소비에트에서 알아내지 않을까 걱정이오…… 그리고리 판테레에비치, 당신도 여기서 잠시 지낸 걸로 만족해야 하오. 나도 역시 모가지는 소중하니까……"
　그리고리는 밤늦게 부락에서 나섰다. 구릉위에 서 있는 풍차 근처에 갔을 때, 마치 땅에서 갑자기 솟아난 듯이 말을 탄 3명의 사내들이 나타나서 그리고리를 불러 세웠다.
　"서라, 이놈. 넌 누구냐?"
　그리고리의 심장이 부르르 떨었다. 그는 말없이 멈추어 섰다. 도망친다는 것은 무모한 짓이었다. 길 가까이에는 낭떠러지도 없고, 덤불도 없었다. 휑하니 헐벗은 스텝이 펼쳐져 있을 뿐이었다. 그는 두 발로 움직일 수조차 없었다.
　"공산당원이냐? 뒤로 돌아, 개새끼. 꾸물거리지 마."
　두 번째 사내가 그리고리의 눈앞으로 말을 탄 채 다가와 소리 질렀다.
　"손! 손을 주머니에서 빼! 어서 빼지 않으면 목을 칠 테다!"
　그리고리는 순순히 두 손을 외투 주머니에서 꺼냈다. 어떠한 사태가 생길 것인지, 그리고 자기를 불러 세운 자들이 누구인지, 분명히 파악하지 못한 채 막연하게 물었다.
　"어디로 가는 겁니까?"
　"부락으로 갔다가 돌아갈 거다."

부락까지 3명 중 1명이 그를 끌고 가고, 다른 2명은 말을 달려서 큰길 쪽으로 갔다. 그리고리는 묵묵히 걸어갔다. 길에 나서자, 그는 걸음을 늦추고 물었다.

"여보시오, 아저씨, 당신네는 누구요?"

"어서 가, 가잔 말야! 지껄이지 마! 두 손을 뒤로 돌리고 있어, 알았나?"

그리고리는 묵묵히 복종했다. 잠시 뒤에 그는 다시 물었다.

"도대체 당신네는 어떤 사람들이오?"

"정교도다."

"나도 이교도는 아니오."

"그거 반갑군."

"나를 어디로 데려가는 거요?"

"대장에게 데려갈 거다. 빨리 걸어, 임마. 그렇잖으면 네놈을……"

호송자는 칼끝으로 그리고리를 가볍게 찔렀다. 잘 갈아놓은 차가운 강철 끝이 외투 깃과 털가죽 모자 사이의 살이 드러난 목덜미에 닿았다. 그리고리의 마음에 섬광같이 한순간 경악의 감정이 일었지만, 그 경악은 여린 분노로 바뀌었다. 외투 깃을 세운 그는 쓱 윗몸을 세우고는, 호송자를 쳐다보고 작은 목소리로 말했다.

"어리석은 짓은 하지 마라. 그렇잖으면 그 칼을 빼앗을 테니……"

"어서 가, 임마. 지껄이지 말고! 네 놈의 목을 칠 테다! 손을 뒤로……"

그리고리는 두 걸음쯤 묵묵히 걷다가 다시 말했다.

"잠자코 있을 테니, 그렇게 소리치지 맙쇼. 사람을 어떻게 생각하는 거요?"

"힐끗힐끗 눈 돌리지 마."

"아무것도 보지 않소."

"닥쳐. 빨리 걸으란 말야!"

"어째서 이렇게 달려가오?"

그리고리는 속눈썹에 붙은 가루눈을 털어내며 말했다.

호송자는 말없이 말의 배를 가볍게 찼다. 땀과 습기 찬 밤공기로 축축해진 말의 가슴이 그리고리의 등허리에 닿았다. 그리고리의 발치에서 말발굽이 녹은 눈을 철벅철벅 밟아 뭉개며 걸어갔다.
"좀 천천히 갑시다!"
그리고리는 손바닥으로 말의 갈기털을 누르면서 소리쳤다.
호송자는 머리 높이에까지 칼을 치켜 올리고, 목소리를 낮추어 말하였다.
"빨리 가, 임마, 지껄이지 말라는데도 계속 입을 열면 목적지에 닿기도 전에 해치울 테다. 내 솜씨가 대단하다구, 알겠지? 이젠 한 마디도 지껄이지 마!"
부락에 닿을 때까지 두 사람은 그 이상 아무 말도 하지 않았다. 부락 경계에 있는 농가 옆에서 호송자는 말을 세우지 않고 말했다.
"이 문으로 들어가."
그리고리는 활짝 열린 문으로 들어갔다. 바깥뜰의 안쪽에 함석을 댄 큰 집이 보였다. 창고의 차양 밑에서는 몇 마리의 말들이 크르릉크르릉 코를 울리기도 하고, 우물우물 먹이를 씹고 있기도 했다. 집 현관의 계단 주위에 6명 가량의 무장한 사나이들이 서 있었다. 호송자는 칼을 칼집에 넣고, 말에서 내리며 말했다.
"집 안으로 들어가. 문턱에서 곧장 가다가 첫 번째 문을 지나서 왼쪽으로 돌아. 어서 가. 그렇게 살피지 말라고 몇 번이나 말해야 알겠나?"
그리고리는 천천히 바깥 계단을 올라갔다. 난간에 기병 모자와 긴 기병 외투를 입은 사내가 서 있었다.
"잡아 왔나?"
"잡아 왔네."
그리고리의 귀에 익은 호송자의 쉰 목소리가 중얼거렸다.
"풍차 옆에서 잡았어."
"세포의 서기인가, 뭔가, 이놈은?"
"뭔지 모르겠어. 이상한 녀석인데, 어떤 놈인지 곧 알게 되겠지."
'이건 비적 떼인가, 아니면 뵤센스카야의 체키스트(비상위원 회원)가 그럴싸하게 위장하고 있는 긴가. 둘 중 하나다. 끝장났어. 멍청하게 걸려들었는데.' 그리고리는 현관방에서 일부러 꾸물거리며 생각을 정리하듯 혼잣말로 중얼거렸다.
문을 열자, 맨 먼저 그리고리의 눈에 띈 것은 다름 아닌 포민이었다. 포민은 탁자를 향해 앉아 있고, 그의 주위에는 그리고리가 본 적이 없는, 군복을 입은 자들이 여럿 있었다. 침대 위에는 군용 외투와 반코트들이 꽤 높게 쌓여 있었고, 벤치 주위에는 카빈(기총)이 쭉 나란히 세워져 있었다. 벤치 위에는 칼, 탄약합, 배낭, 그리고 안장에 매달아 놓을 사료 푸대 따위가 헝클어져 산더미처럼 쌓아올려져 있었다. 사람들에게 그리고 외투와 장비품으로부터, 온통 강한 말의 땀내가 풍겨 왔다.

그리고리는 털가죽 모자를 벗고 낮은 목소리로 말했다.

"오래간만이네!"

"멜레호프 아닌가! 들판은 넓지만, 길은 좁다고 흔히들 말하더니만 또 만나게 되었군! 어디서 오는 거지? 자, 외투를 벗고 앉게나."

포민은 탁자에서 일어나 손에 내밀면서 그리고리 쪽으로 다가왔다.

"자넨 왜 그런 곳을 어정대고 있었지?"

"볼일이 있어서 왔던 걸세."

"무슨 볼일인데? 꽤나 먼 곳까지 왔구면……"

포민은 살피듯 그리고리를 훑어보았다.

"사실대로 말해 주게나…… 도망쳐 온 게 아닌가?"

"다 사실일세……"

그리고리는 미소 지으면서 중얼중얼 대답했다.

"내 부하에게 어디서 붙잡혔나?"

"부락 근처에서."

"어디로 가는 길이었나?"

"발길 닿는 곳으로……"

포민은 다시 한번 그리고리의 눈을 주의 깊게 보고 나서 미소를 지었다.

"우리가 자네를 잡아서 뵤시키에 보낼 거라고 자네는 생각했던가 보군? 하지만 우리에게는 말야, 뵤시키로 가는 길은 막혀 있네. 가지 못한다네…… 그러니 걱정 말게! 우리는 소비에트 정권에의 봉사를 그만두었네. 소비에트 정권과는 인연을 끊었어……"

"절연한 거지."

페치카 옆에서 담배를 피우고 있던, 별로 젊지 않은 카자흐가 낮은 목소리로 말했다.

1848 고요한 돈강

그러자 탁자를 향해서 앉아 있던 한 사람이 크게 소리 내어 웃었다.

"나에 대한 소문을 전혀 듣지 못했나?"

포민이 물었다.

"아무것도 모르네."

"앉게. 얘기 좀 하세. 손님에게 스튜(야채즙)와 고기를 갖다드려!"

그리고리는 포민이 말하는 것을 한 마디도 믿지 않았다. 창백한 얼굴로 조심스레 그리고리는 외투를 벗고 탁자에 앉았다. 그는 담배를 한 대 피우고 싶다는 생각을 했다. 이미 이틀째나 담배를 피우지 못한 일이 생각난 것이었다.

"담배가 없군."

그는 포민에게 말했다.

포민은 얼른 가죽 담배쌈지를 내놓았다. 포민의 관찰력은, 궐련을 뽑는 그리고리의 손가락이 잘게 떨리고 있음을 놓치지 않았다. 포민은 또 붉은 빛이 도는 굽슬굽슬한 콧수염 속으로 슬그머니 웃었다.

"우리는 소비에트 정권에 반기를 들었네. 인민을 위해 식량 징발 코밋살(인민위원)에게 반대하여 일어선 거야. 놈들은 오랫동안 우리를 바보 취급해 왔는데 이번에는 우리가 놈들을 바보로 취급해 줄 거야. 알았나, 멜레호프?"

그리고리는 잠자코 있었다. 그는 담배에 불을 붙이고, 연거푸 담배 연기를 빨아들였다. 가벼운 현기증이 일고, 목구멍으로 구역질이 치밀어 올라왔다. 그는 1개월 동안 변변히 영양을 섭취하지 못했는데, 그때 비로소 자신이 매우 쇠약해져 있음을 느꼈다. 담뱃불을 끄고, 걸신들린 것처럼 식사에 달라붙었다. 포민은 빈린에 괸한 것, 괸구 안을 처음 헤메던 때의 일 따위를, 간단하게 추려 이야기했다. 그 헤매던 여로를 그는 어마어마하게도 '유격(遊擊)'이라 불렀다. 그리고리는 묵묵히 들었다. 빵과, 기름기가 많은 덜 익힌 양고기를 제대로 씹지도 않고 삼켰다.

"손님으로 가 있었다면서도, 자네는 몹시 여위었구먼."

포민은 상냥하게 웃으면서 말했다.

그리고리는 혼자 중얼거리듯 말했다.

"장모네 집에 손님으로 갔던 건 아니니까."

"아무래도 그랬던 것 같네. 많이 들게나. 들 수 있는 데까지 들라구. 우리는…… 째째한 주인과는 다르네."

"고맙네. 그런데 또 한 대 피우고 싶은걸……"

그리고리는 넘겨받은 궐련을 손에 들고, 벤치 위에 놓인 솥 옆으로 가서는 둥근 나무 뚜껑을 들고서 물을 마셨다. 물은 차갑고, 다소 소금기가 있었다. 손잡이가 달린 큰 컵으로 물을 두 잔이나 걸신들린 것같이 거푸 마셔댔다. 그 뒤에는 즐거운 듯이 담배에 불을 붙였다.

"카자흐들은 별로 우리를 환영하고 있진 않아."

포민은 그리고리 옆에 앉아 이야기를 계속했다.

"지난해 반란 때 몹시 당했었기 때문이야…… 그래도 지원병들은 있어. 40명쯤 들어와 있지. 하지만 우리가 원하고 있는 건 그 정도가 아냐. 온 관구를 궐기시키고, 이웃 호표르스키와 우스치 메도베치차 관구가 응원하고 나서도록 해야 돼. 그런 뒤에야 떳떳이 소비에트 정권과 얘기를 할 작정이야!"

탁자 언저리에서는 높은 목소리로 이야기가 활기를 띠고 있었다. 그리고리는 포민의 이야기를 들으면서, 슬쩍 포민의 패거리들을 둘러보았다. 아는 사람이라곤 하나도 없다! 그러므로 그리고리는 여전히 포민을 믿을 수가 없었다. 포민이 연극을 하며 속이고 있는 게 아닌가 하는 생각이 들어서, 그는 조심스럽게 잠자코 있었다. 그러나 계속해서 잠자코 있을 수도 없었다.

"타바리시치 포민, 자네가 정말로 진지하게 얘기하고 있는 거라면…… 그래, 앞으로 어떻게 할 생각인가? 새로운 전쟁을 일으킬 건가?"

덮어씌우는 듯한 졸음을 내쫓으려 애쓰면서 그는 물었다.

"그건 이미 자네에게 말했잖나?"

"정권을 바꿔야 한단 말인가?"

"그렇지."

"어떤 정권을 세울 작정인가?"

"우리의 것, 카자흐의 것이지!"

"아타만의 것인가?"

"아타만은 잠시 젖혀둬야 해. 인민이 선출하는 정권을 세울 걸세. 하지만 그다지 빨리되지는 않을 거고, 또 나는 정치에 대해서 별로 자신이 없네. 나는 군인이거든. 내가 할 일은 코밋샬과 공산당원을 해치우는 거야. 정권 문제는 카파린이, 즉 나의 참모장이 자네에게 얘기할 걸세. 그는 그 문제에 있어서는 내 브레인(두뇌)이네. 머리가 좋고, 학식도 있는 사람이지."

포민은 그리고리에게로 상반신을 기울이고 소곤거렸다.

"그 자는 짜르 군대에서 전에 이등 대위였어. 매우 지혜로운 사람이지! 지금 객실에서 자고 있는데 좀 약해진 듯하네. 틀림없이 익숙하지 않은 일들 때문일 거야. 어지간히 강행군을 해댔으니까."

현관 방 쪽에서 소음, 발소리, 신음소리 따위가 들려 왔다. 바깥으로 드러나지 않는 소음과 "쳐 죽여 버려라!" 낮게 외치는 소리가 들렸다. 그때 탁자를 에워싸고 있던 이야깃소리가 뚝 그쳤다. 포민이 긴장해서 방 문 쪽을 굳어진 표정으로 돌아보았다. 누군가 홱 문을 잡아제꼈다. 동시에 희게 소용돌이치는 김이 방 안으로 쭉 흘러들어왔다. 카키색 솜 외투에 펠트 방한화를 신은 큰 키의 모자를 쓰지 않은 사내가, 등허리를 몹시 구부리고 무엇에 걸려 넘어지는 것 같은 자세로 몇 발짝 방안에 뛰어 들어오더니 페치카의 쑥 내밀어진 부분에 어깨를 콱 부딪쳤다. 문이 탁 닫히기 직전에, 현관방에서 누군가 쾌활하게 외쳤다.

"또 하나 받으십시오!"

포민은 일어나서, 작업복 위에 맨 가죽띠를 고쳐 맸다.

"누구냐, 너는?"

고압적인 태도로 그가 물었다.

솜 외투의 사내는 헐떡이면서 손으로 머리칼을 매만지고 어깻죽지를 움직이다가 아픈지 얼굴을 찌푸렸다. 등골을 뭔가 무거운 것, 총의 개머리판 같은 것으로 두들겨 맞은 것이었다.

"왜 잠자코 있어? 혀를 뽑아냈나? 누구냐고 물었단 말이다."

"적위병이오."

"부대는?"

"제12식량 징발 언데."

"허, 이건…… 횡재로군!"

탁자에 앉아 있던 한 사람이 웃으면서 말했다.

포민은 신문을 계속했다.

"거기서 뭘 하고 있었나?"

"견제(牽制) 부대로…… 파견되어 와서……"

"좋아. 그러면 부락에는 몇 사람 있었는가?"

"14명."

"다른 놈들은 어디에 있나?"

적위병은 잠시 잠자코 있다가 간신히 입을 떼었다. 뭔가 목구멍으로 치밀어 올라왔다. 입의 왼쪽 구석에서 턱까지 가느다란 핏줄기가 흘렀다. 그는 입술을 손으로 닦은 뒤에 그 손을 물끄러미 쳐다보더니, 그것을 바지에 대고 문질렀다.

"그 자식이…… 당신네 편인 놈이…… 내 폐가 있는 데를 갈겼단 말이오."

피를 삼키는 꾸륵꾸륵 소리를 내며 말했다.

"걱정 마! 치료해 줄 테니까!"

땅딸막한 카자흐가 탁자에서 일어나 다른 사람들에게 눈짓을 하면서, 비웃는 투로 말했다.

"다른 놈들은 어디에 있나?"

포민이 다시 물었다.

"치중대와 함께 에란스카야로 갔소."

"넌 어디서 왔어? 어디 출신이야?"

적위병은 뜨겁게 빛나는 하늘색 눈으로 포민을 쳐다보고, 발치에 핏덩이를 탁 뱉은 뒤 이번에는 좀 더 맑게 울리는 목소리로 대답했다.

"푸스코프현."

"푸스코프현 녀석이라, 모스크바현 녀석…… 그런 건 잘 알고 있어……"

포민은 조롱하듯 말했다.

"젊은이, 꽤나 먼 곳에서 남의 곡물을 빼앗으러 왔군…… 자, 이걸로 얘기는 끝났다! 그런데 어떻게 처리할까?"

"풀어 주시오."

"넌 단순한 젊은이야. ……그래, 정말로 풀어줄까, 여러분? 여러분은 어떻게들 생각하나?"

포민은 콧수염 속에서 웃으며, 탁자 주위에 앉아 있는 동료들을 돌아보았다.

 그 사건 전부를 주의 깊게 관찰하고 있던 그리고리는, 갈색띤 바람을 많이 쐰 여러 사람의 얼굴에 조심스럽고 무엇이나 다 잘 납득하고 있는 듯한 미소가 떠올라 있음을 보았다.
 "2개월쯤 이쪽 부대에서 근무시키고 그 뒤에 집으로, 마누라에게로 돌아가게 해줍시다."
 포민의 패거리 중 하나가 말했다.
 "어때, 정말로 이 부대에서 근무해 보겠나?"
 포민은 공연히 미소를 숨기려 애쓰면서 말했다.
 "너에게 말도 주고, 안장도 주고, 펠트 방한화 대신에 부푼 가죽으로 만든 새 장화도 주마…… 네가 있던 곳의 보급은 좋지 않지. 그런 걸 장화하고 할 수 있나? 바깥에는 눈이 녹고 있는데 아직도 펠트 장화를 신고 있다니…… 어때, 우리 편으로 들어오겠나, 응?"
 "이놈은 본래 농사꾼이오. 세상에 태어나서 말 같은 것을 타 본 적이 없어요."
 카자흐 하나가 일부러 가늘게 새된 소리로 장난치듯이 말했다.
 적위병은 가만있었다. 그는 페치카에 등을 기대고, 빛나는 또렷한 눈으로 사람들을 슬며시 둘러보았다. 이따금 그는 통증으로 얼굴을 찌푸리거나, 숨쉬기가 괴로워지면 약간 입을 벌렸다.
 "이쪽 부대에 남겠나, 어쩌겠나?"
 포민이 다시 물었다.
 "당신네는 도대체 어떤 사람들입니까?"
 "우리 말인가?"
 포민은 어깨를 쓱 올리고, 손으로 수염을 쓰다듬었다.
 "우린 말이야, 일하는 인민을 위한 전사들이야. 우리는 코밋살(인민위원)과 공산당원의 압정에 반대하고 있어. 우린 그런 사람들이야."
 그때 적위병 얼굴에 미소가 떠오른 것을, 그리고리는 재빨리 알아챘다.
 "바로 당신네가 그런 사람들이군요? ……나는 또 어떤 사람들인가 했지."
 포로는 피로 붉게 물든 이빨을 보였다. 뜻밖의 뉴스를 들어 유쾌하게 놀랐다는 듯한 말투였으나, 동시에 그의 목소리에는 왠지 무리를 경계하게 하는 듯한 어조가 섞여 있었다.

"여러분이 곧 인민을 위한 투사란 말이지요? 그럴싸하지만, 우리 쪽에서 보면 단순한 비적이지요. 당신네에게서 근무를 하라니, 농담도 웬만치 해두시지요, 정말!"

"자넨 꽤 재미있는 친구인걸. 자네를 보고 있자니……"

포민은 눈을 가늘게 뜨고 짤막하게 물었다.

"공산당원이지?"

"아뇨, 당치도 않소! 비(非) 당원이오!"

"그런 것 같지 않은데……"

"정말로 비당원이오!"

포민은 헛기침을 하고 탁자 쪽으로 몸을 돌렸다.

"츄마코프! 이놈을 처치하게."

"나를 죽이다니, 당치 않은 일입니다요."

적위병은 낮은 목소리로 말했다.

침묵이 그의 말에 답했다. 영국제 가죽의 소매 없는 윗옷을 입은 땅딸막한 미남자 츄마코프가 마음 내키지 않는 듯이 탁자에서 일어나, 그렇잖아도 단정하게 뒤로 빗어 넘겨 붙인 아마빛 머리칼을 쓰다듬었다.

"이런 역할은 진저리가 나는걸."

그는 벤치 위에 겹쳐 쌓인 칼 다발 속에서 자기 칼을 끄집어내고, 그 예리한 칼날을 엄지손가락으로 살피며 말했다.

"당신이 할 거 없어. 뜰에 있는 부하에게 시켜도 되네."

포민이 권유했다.

츄마코프는 적위병을 발치에서 머리 꼭대기까지 힐끗 차갑게 훑어보고 말했다.

"자, 앞장서서 나가."

적위병은 그곳에서 떠나, 흠뻑 젖은 펠트 장화로 물기를 머금은 발자국을 마룻바닥에 남기면서 등을 구부린 채 슬슬 출구 쪽으로 나갔다.

"여기에 들어올 때 구두를 닦았더라면 좋았을 걸! 들어와서는 이런 발자국을 남겨서 더럽힌단 말야…… 정말 뻔뻔스러운 놈이다, 넌!"

츄마코프는 포로의 뒤를 따라가며 일부러 불만스럽게 말했다.

"뒷길이나 곡물 창고 쪽으로 데려가라고 말하게. 집 주위는 안 돼. 주인이 싫어할 테니까!"

포민이 뒤에서 소리쳤다.

포민은 그리고리의 옆에 와서 나란히 앉아 말했다.

"재판이 간단하지?"

"간단하군."

시선을 마주치지 않으려 하면서 그리고리는 대답했다. 포민이 후유 한숨을 쉬었다.

"어쩔 수 없어. 지금 세상에는 그렇게 하지 않으면 안 되는걸."

그는 좀 더 뭔가를 말하려고 했으나, 그때 현관 계단 쪽에서 쾅 쾅! 큰 발소리가 들리고, 누군가 큰 소리로 한 번 외치는가 싶더니 탕! 한 발의 총성이 울렸다.

"무슨 짓을 한 거야?"

꺼림칙한 듯이 포민이 소리쳤다.

츄마코프가 들어와서 기운차게 말했다.

"굉장히 재빠른 놈이던걸! 형편없는 악당이야! 현관 계단 위에서 홱 뛰어내려 도망치려 했다구. 탄환 한 발을 먹여 주었지. 부하가 지금 치우고 있네."

"집 안에서 뒷길로 내놓으라고 지시해 주게."

"벌써 말해 두었어, 야코프 에피모비치."

방 안은 한순간 잠잠해졌다. 곧 한 사람이 하품을 참으면서 말했다.

"츄마코프, 날씨는 어떤가? 바깥은 맑게 갰는가?"

"구름이 끼이 있네."

"한 번 비가 오면 잔설도 싹 씻겨 내려갈 텐데······"

"그게 자네와 무슨 상관이 있나?"

"아무 상관도 없지만, 어쨌든 진탕 속을 걷고 싶지는 않거든."

그리고리는 짐대로 가서, 자신의 털가죽 모자를 집어 들었나.

"어디로 갈 건가?"

포민이 물었다.

"맑은 공기를 마시러."

그리고리는 현관 계단으로 나갔다. 구름 속에서 얼굴을 내민 달이 어렴풋이 빛나고 있었다. 널찍한 울 안, 창고 지붕, 하늘 높이 치솟은 피라밋형 포플러 정수리의 헐벗은 가지, 말 옷에 싸여서 매인 말…… 이런 것들이 밤의 환상 같은 하늘색 빛을 받아 드러나 보였다. 현관 계단에서 10미터쯤 떨어진 곳에서는 살해된 적위병이 어렴풋이 빛나는 눈 녹은 물이 괸 곳에 머리를 처박고 누워 있었다. 그 시체 주위에는, 카자흐 셋이 낮은 소리로 이야기를 하면서 웅크리고 있었다. 그들은 시체 옆에서 뭔가를 하고 있었다.

"이 친구, 아직도 숨을 쉬고 있네, 정말로!"

한 명이 꺼림칙한 듯 말했다.

"자네 솜씨가 시원치 않아서 아직 죽지 않은 거야. 그래서 내가 모가지를 치겠다고 말했잖아. 한심한 녀석이야, 정말!"

그리고리를 호송해 왔던 그 쉰 목소리의 카자흐가 그 말에 대꾸했다.

"금방 뻗을 거야! 트림을 하고 있으니, 곧 뒈질 거야…… 이봐, 자네가 이 녀석의 머리를 들어 올려줘. 도저히 벗겨지질 않네. 머리칼을 움켜쥐고 들어 올리란 말이야. 옳지, 옳지. 자, 그렇게 떠받치고 있게."

물이 철벅철벅 소리를 냈다. 시체 위에서 내려다보듯이 하고 서 있던 한 사람이 쓱 몸을 뺐쳤다. 쉰 목소리의 사내는 웅크리고 안간힘을 쓰며 시체에서 솜옷을 잡아당겼다.

"내 솜씨는 아주 틀림없네. 솜씨가 틀림없기 때문에 이 친구가 아직도 죽지 않은 거야. 자 집에서 멧돼지를 잡은 적이 있었는데 말야…… 단단히 쥐고 있으라구. 손을 놓지 마! 아이구, 이런 망할 놈! …… 그런데 멧돼지를 잡기 시작했을 때, 목을 움켜쥐고 목덜미의 가죽까지 벗겼는데도 그 놈이 벌떡 일어나서 뒤꼍을 돌아다니더라구. 한참 돌아다녔어! 피투성이가 된 채 걸으면서 쉰 목소리를 내구 말야. 숨을 쉴 수도 없는데 그놈은 살아 있었단 말야. 그건 말이지, 내 솜씨가 틀림없었기 때문이야. 자, 이제 놓아도 돼…… 아직도 숨을 쉬고 있나? 진저리가 나는군. 이 친구의 모가지는 소의 넓적다리뼈만큼이나 부풀어 올라 있네."

세 번째 카자흐가 적위병에게서 벗겨낸 솜옷을 쑥 앞으로 뻗친 손에 들어 축 늘어뜨리고 말했다.

"왼쪽 옆구리에 온통 피가 엉겨 있네…… 피가 손에 끈적끈적 붙어 있어.

젠장, 이런 건 아무 소용이 없네!"

"그러면 비벼서 빨게. 기름이 아니니까."

쉰 목소리의 주인공이 침착하게 말하고, 다시 웅크리고 앉았다.

"비벼서 없애든가, 씻어서 없애게. 번거로울 거 없어."

"아니, 자넨 바지까지 벗길 셈인가?"

첫 번째 카자흐가 불쑥 물었다.

쉰 목소리의 사내가 준엄한 어조로 말했다.

"자네는 급하면 말 쪽으로 가게. 자네가 없어도 할 테니까! 조금도 물건을 헛되이 없앨 필요는 없다구."

그리고리는 몸을 돌려서 집 안으로 들어갔다.

포민은 살피는 듯한 짧은 시선으로 그를 맞이하며 일어섰다.

"객실로 가서 이야기하세. 여긴 너무 시끄러워……"

후텁지근하게 난방이 된 넓은 객실에는 쥐와 삼의 씨앗 냄새가 풍겼다. 침대에는 카키색 목단이의 군복을 입은 별로 크지 않은 사내가 큰 대(大)자로 누워 자고 있었다. 숱이 적은 머리칼이 아무렇게나 엉켜 있고, 거기에 솜털과 작은 깃털이 가득 들러붙어 있었다. 그는 덮개가 없이, 깃털이 비어져 나와 있는 지저분한 베개에 뺨을 눌러대고 자고 있었다. 매달린 램프가 그의 창백하고, 수염을 깎지 않아 수척해 보이는 얼굴을 비춰 주었다.

포민이 그를 흔들어 일으키면서 말했다.

"일어나게, 카파린. 손님이 오셨네. 이 사람은 우리 편 사람으로 멜레호프 그리고리, 전에 카자흐 기병 중위였지. 소개하네."

카파린은 침대에서 다리를 늘어뜨리고 얼굴을 손으로 문지르며 일어섰다. 기볍게 머리를 숙이며 그리고리의 손을 잡았다.

"반갑습니다. 이등대위 카파린입니다."

포민은 친절히 그리고리에게 의자를 권하고 자신도 앉았다. 그는 그리고리의 표정으로, 적위병에 대한 재판이 그에게 언짢고 괴로운 인상을 주었음을 눈치 챘으므로 이렇게 말했다.

"누구에게나 다 그렇게 한다고는 생각지 말게. 그 녀석은 깝죽거리고 게다가 식량 징발대원이었기 때문이네. 그런 놈들은 용서하지 않지만, 다른 녀석들에게는 관대하다네. 어저께도 3명의 민경을 체포했는데, 말과 안장과 무기만을 빼앗고는 풀어 주었었네. 그런 자들을 죄다 죽일 수는 없으니까……"

그리고리는 잠자코 있었다. 두 손을 무릎 위에 놓은 그리고리는 다른 일, 자신의 일을 생각하고 있었으므로 포민의 목소리는 마치 꿈속에서 듣는 듯이 아련하게 들렸다.

"……요즘은 이런 식으로 싸우고 있네만…… 차차 카자흐들을 궐기하게 할 생각이네. 소비에트 정권을 그대로 두지 않을 걸세. 곳곳에서 전쟁이 일어나고 있다는 소문을 이용하고 있네…… 어디에서나 반란이 일어나고 있지—시베리아에서도, 우크라이나에서도, 페트로그라드 같은 곳에서도 일어나고 있네. 요새(要塞)의 모든 함대가 반란을 일으키고 있는 것일세. 음, 뭐라더라, 그 요새는……"

"크론시타트야."

카파린이 곁에서 슬며시 일러 주었다.

그리고리는 머리를 쳐들어 그 공허하고 아무것도 보이지 않는 듯한 시선으로 포민을 쳐다보다가, 그 다음에는 카파린에게로 눈길을 옮겼다.

"자, 한 대 피우게."

포민은 담뱃곽을 내밀었다.

"그래서 페트로그라드를 이미 점령하고, 지금 모스크바로 다가가고 있는 중이네. 어디서나 이런 소동이 일어나고 있네. 우리도 멍청하게 있어선 안 되네. 카자흐들을 궐기하게 하고, 소비에트 정권을 때려 부숴야 하네. 만일 카데트(입헌민주당)가 응원해 주면, 우리 일도 다 잘 풀릴 걸세. 그런 학문이 있는 자들로 정권을 세우게 하면 좋기 때문에 이편에서는 그들을 응원해 줄걸세."

그는 여기서 잠시 끊었다가 다시 말했다.

"멜레호프, 자네는 어떻게 생각하나? …… 만일 카데트가 흑해에서 오면 우리는 그들과 연합할 생각인데, 그때 우리가 맨 처음 배후에서 반란을 일으켰음을 그들이 인정해 줄까? 어떻게 생각하나? 카파린은 반드시 고려해 줄 것이라고 말하네. 예를 들면 나는 1918년에 28연대로 하여금 전선을 버려두게 한 뒤 그 연대를 데리고 돌아갔었는데, 2년쯤 적위군에 근무하고 있었던 것에 대해서는 트집을 잡지 않을 테지?"

'애기가 엉뚱한 데로 왔군! 이 친구는 어리석으면서도, 제법 교활한 녀석이야······' 그리고리는 얼결에 미소를 띠며 그렇게 생각했다. 포민은 대답을 기다렸다. 그것은 농담이 아니라, 심각하게 그의 마음에 걸려 있는 문제인 듯했다. 그리고리는 어쩔 수 없이 입을 열었다.
"그건 간단하지 않은, 어려운 애기일세."
"그렇지, 그렇지"
포민은 스스로 긍정했다.
"그건 그저 애기가 나온 김에 말한 것뿐이야. 나중에 가서 좀 더 잘 알게 될 거야. 그러니 현재 우리로서는 행동이 필요하고, 배후의 공산당원을 분쇄해야 하네. 어쨌든 놈들을 살려 둘 수는 없거든! 놈들은 보병을 짐마차에 태워서 우리를 쫓아오게 할 계산이네만, 뭐 내버려두어도 괜찮네. 놈들도 기병 부대를 멀지 않아 내보낼 테지만, 그 사이에 우리는 온 관구를 뒤집어놓고 말걸세!"

그리고리는 다시 발치를 내려다보며 생각했다. 카파린은 실례한다고 말하고는 다시 침대에 누웠다.
"몹시 피곤한걸. 우리의 이동이야말로 미친 짓 같았다네. 잠이 부족해."
카파린은 나른한 듯한 표정에 미소를 떠올리며 말했다.
"우리도 그만 잘 시간이네."
포민이 일어나서 무거운 손을 그리고리의 어깨에 얹었다.
"잘 했네, 멜레호프. 그때 뵤시키에서의 내 충고를 들었으니 말야! 그때 내 말을 듣지 않았더라면, 자네는 감옥에 들어가 있을 거야. 지금쯤 보센스카야의 감옥 바닥에 엎드려 손톱을 벗기고 있을 뻔했네. 나는 그걸 잘 알고 있었지. 그런데 어떤가. 결심이 섰나? 그걸 말해 주게. 그리고 잠을 자지 않겠는가?"
"뭘 말하라는 건가?"
"우리와 행동을 같이 할 것인가, 어쩔 것인가 하는 걸세. 남에게 폐를 끼치며 식객 노릇을 언제까지나 할 수는 없잖나."
그리고리는 이런 질문이 나올 것을 예상하고 있었다. 어느 한쪽 길을 선택해야만 했다. 이 부락 저 부락으로 방랑하며 집없는 배고픈 생활을 하고, 집 주인이 당국에 고소하지 않는다 하더라도 공허한 우수에 잠겨 죽고 마느냐,

아니면 폴리토뷰로(정치국)에 자수하러 가느냐, 아니면 포민과 행동을 같이 하느냐 하는 것이다. 그리고리는 결국 선택했다. 그는 미소 짓느라 입술을 흔들면서, 그날 밤 처음으로 정면에서 포민의 눈을 쳐다보고 말했다.

"내 입장은 옛 용사 이야기에 있는 것처럼, 왼쪽으로 가면 말을 잃고, 오른쪽으로 가면 죽게 되는 판이네…… 3개의 길이 있는데, 그 어떤 길이나 다 위험이 도사리고 있네."

"옛날이야기고 뭐고, 빨리 선택하여 주게. 옛날이야기는 나중에 하기로 하세."

"어디로 가든 발붙일 곳이 없으니 결심한 거야."

"그래서?"

"자네의 비적단에 들겠네."

포민은 불만스러운 듯 얼굴을 찡그리고 수염을 깨물었다.

"그런 식으로 말하지 말게. 이게 어째서 비적단인가? 그런 이름은 공산당원이 저희 멋대로 붙인 거야. 자네가 그런 말을 쓰는 건 옳지 않네. 단지 봉기한 사람들일 뿐이네. 간단명료한 걸세."

그의 불만은 거의 순간적이었다. 그는 그리고리의 결심에 분명히 만족했다. 그는 그것을 숨길 수 없었다. 기운차게 두 손을 비비면서 말했다.

"우리 부대에 신참이 참가했다! 들었나, 이등대위? 멜레호프, 자네에게는 소대를 맡기겠네. 소대를 지휘하기 싫으면, 참모부 소속으로 카파린과 함께 지내 주게. 말은 내 것을 주겠네. 난 예비 말이 있으니까."

동이 틀 무렵에 가벼운 추위가 닥쳐왔다. 웅덩이 위로 어두운 남색 얼음이 깔렸다. 눈은 단단해지고, 그 위를 걸으면 아드득아드득 소리를 내었다. 입상(粒狀)의 눈이 덮인 처녀지에 말발굽이 무너져 내리는 또렷하지 않은 둥근 발자국을 남겼다. 하지만 어제 눈을 녹이던 좋은 날씨가 눈을 없앴던 장소에는 지면에 몸을 문질러대듯 잔뜩 굽힌 지난해의 죽은 풀이 알몸의 땅바닥에 나타나고, 그곳으로 말발굽이 가볍게 빠져 들어가 꾹 누르기라도 하면 퍽 하고 낮고 둔한 소리를 냈다.

포민의 부대는 부락 바로 앞에서 행군 종대를 짰다. 훨씬 저쪽의 한길에서 미리 파견됐던 6기의 전위척후(前衞斥候)들이 신호를 해왔다.

"어때, 이게 내 군대일세! 이런 군대라면 악마의 뿔도 뽑아버릴 거야!"
포민이 말을 그리고리 쪽으로 가까이 대면서 웃으며 말했다.
그리고리는 종대를 힐끗 돌아보고 우울해져 생각했다. '만일 자네 군대가 전에 내가 지휘했던 저 브죵누이의 기병 부대를 만나서 싸우게 되기라도 하면, 그 부대는 반시간 내에 자네 부대를 산산이 분쇄해버리고 말걸세.'
포민은 채찍으로 종대를 가리키면서 말했다.
"내 군대를 어떻게 생각하나?"
"제법 포로를 잘 참살하고, 죽은 자의 옷도 잘 벗겨내지만, 막상 전투는 어떻게 할지 알 수 없네."
그리고리는 쌀쌀하게 대답했다.
포민은 안장 위에서 바람을 등지고 담배에 불을 붙이고는 말했다.
"그야 전투 광경을 보게 되면 알 거야. 대부분 전에 군인이던 자들인데."
탄약과 식량을 실은 말 2필이 끄는 짐마차 6대가 종대 한가운데 끼여 있었다. 포민은 앞쪽으로 달려가서 행진 구령을 내렸다. 구릉 위에서 포민이 다시 그리고리에게 와서 말했다.
"어때, 내 말은? 마음에 드나?"
"좋은 말일세."
두 사람은 한참 동안 말없이 등자와 등자가 서로 스치는 소리만 내고 나란히 나아갔다. 이윽고 그리고리가 입을 열었다.
"타타르스키 부락에 갈 예정은 없는가?"
"마누라가 그리워졌나?"
"찾아가 보고 싶네."
"들를는지두 모르지만, 지금은 치르에 가서 카자흐들을 동요시켜 일어나게 할 생각이네."
그러나 그 카자흐들은 아주 기꺼이 '일어서지'를 않았다······ 카자흐들이 일어서지 않는 것을, 그리고리는 처음 며칠 동안 이미 분명하게 알았다. 포민은 부락을 점거하고 마을 사람들에게 모이도록 명령했다. 그 집회에서는 주로 포민 자신이 연설을 했으나, 때로는 카파린이 대신해서 했다. 그들은 카자흐들에게 무기를 들고 궐기하라고 호소하며, '소비에트 정권이 농민에게 가한 중압(重壓)'을 말하고 '소비에트 정권을 타도하지 않는다면 반드시 닥쳐올 최종적인 붕괴와 파멸'에 관해서 언급했다. 포민은 카파린만큼 유창하게 학식 있는 연설을 못했다. 그 대신에 좀 더 상세하고 폭넓게, 카자흐들이 잘 알아듣도록 이야기했다. 그는 언제나 한 가지 똑같은 문구로 그 연설의 끝을 맺었다.

"우리는 오늘부터 여러분을 식량 징발에서 해방시킵니다. 앞으로는 더 이상 곡물을 집적소에 가져가지 않도록, 이제는 공산당의 도식자(徒食者)들을 먹여 살리는 짓을 그만두어야 할 때입니다. 놈들은 여러분의 빵 덕분에 기름지게 살찌고 있습니다. 이제 이런 어리석은 짓은 끝나야 합니다. 여러분은…… 자유로운 백성입니다. 일어서시오, 그리고 우리의 정권을 밀어 주시오! 카자흐 만세!"

카자흐 남자들은 땅바닥으로 눈길을 떨어뜨린 채 잠자코 있었으나, 그 대신에 여자들이 활발하게 이에 대꾸하며 야유했다. 빽빽이 들어선 사람들 속에서 독기를 품은 질문이나 외침이 포민의 등 뒤에서 퍼부어졌다.

"당신네 정권은 좋은 정권이라지만, 비누를 한 장 주었소?"
"당신네 그 정권이란 건 어디에 있지요? 안장 띠에 들어 있나요?"
"당신네 스스로가 남의 빵 덕분에 살고 있잖습니까?"
"틀림없이 앞으로는 사람들의 집으로 몰려와 빼앗아갈 테죠?"
"모두 칼을 가지고 있군요. 틀림없이 불평을 못하게 입을 막고 멋대로 닭의 목을 자를 거죠?"
"곡물을 내놓지 않아도 된다고 말하지만, 실제로는 어떻죠? 오늘은 당신네가 이 부락에 있지만, 내일은 정찰견을 내보내도 당신네 행방을 알아낼 수 없을 겁니다. 그렇게 되면 그 책임은 우리가 져야 할 테지요?"
"우리의 남편을 당신들에게 내줄 수 없어요! 당신들끼리 해보세요!"

이미 전쟁 중에 갖가지 고난을 맛보았기에 새로운 전쟁을 두려워하며, 자포자기 상태에서 집요하게 자신들의 남편을 지키려는 여자들은, 그 밖의 갖가지 입에 담기 민망한 말들을 외쳐댔다.

포민은 수월하지 않다는 표정으로 여자들의 영문 모를 외침을 들었다. 조용해지기를 가만히 기다렸다가, 포민은 카자흐 남자들에게 호소했다. 그러자 남자들은 짧지만 신중하게 대답했다.

"타바리시치 포민, 억지로 강요하지 마십시오. 우리는 이미 몸서리가 치도록 싸움을 했습니다."

"반란을 일으킬 필요가 하나도 없습니다! 지금은 그럴 필요가 없습니다."
"19년에 벌써 해봤습니다. 반란을 일으켰었습니다!"
"시기는 와 있지만, 그 시기는 씨앗을 뿌릴 시기이지, 전쟁을 할 시기는 아닙니다."

그러자 뒤쪽에서 누군가 소리쳤다.
"당신은 방금 잘도 떠들었소! 우리가 반란을 일으켰던 19년에 당신은 도대체 어디에 있었소? 포민, 지금 와서 그런 생각을 하다니 우습구려!"

포민의 얼굴빛이 변하는 것을 그리고리는 알아보았다. 포민은 묵묵히 참으면서, 그 외침에는 아무 대답도 하지 않았다.

처음 1주일 동안 포민은 집회 때 카자흐들의 반박이나, 궐기할 것을 호소하는 데 대해 호응하기를 거절하는 짧은 말들을 대체로 침착하게 조용하게 들었다. 여자들의 외침이나 욕설도 그의 마음의 평형을 깨뜨리지 않았다. '차차 설복시켜 보이겠다'라고 그는 콧수염 속으로 미소 지으면서 자신 있게 독백했다. 그러나 카자흐 주민의 주축들이 그에 대해 부정적인 태도를 취하고 있음이 아주 분명히 밝혀지자, 그는 집회에서 발언하는 자들에 대해서 완전히 태도를 바꾸었다. 그는 이제 안장에서 내리지도 않은 채 연설하며, 반쯤은 설득하고 반쯤은 위협했다. 하지만 그 결과는 전과 마찬가지였다. 그가 겨냥하고 있던 카자흐들은 잠자코 그의 연설을 듣고는 그냥 묵묵히 흩어져 가버렸다.

어떤 부락에서 그의 연설이 끝나자, 한 카자흐 여자가 그에게 답변하려고 일어섰다. 키가 크고 뚱뚱하며 골격이 헌걸찬 그 과부는, 거의 남자와도 같은 목소리와 태도로, 손을 심하게 휘두르면서 떠들어댔다. 커다란 그녀의 곰보 얼굴에는 적의에 찬 결의가 넘쳤고, 두툼하게 말려 올라간 큰 입술은 경멸하는 비웃음을 담고 끊임없이 실룩실룩 움직였다. 안장 위에서 마치 돌멩이처럼 얼어붙은 듯 보이는 포민 쪽을 포동포동하게 부푼 붉은 손으로 가리키면서, 침이라도 내뱉을 기세로 독살스러운 말을 퍼부어댔다.

"어째서 당신은 여기서 모반을 일으키는 거요? 당신은 어디로, 어느 함정 속으로, 이곳 카자흐들을 밀어 떨어뜨리려는 거요? 이 제기랄 놈의 전쟁이 얼마나 많은 여자들을 과부로 만들었는지 모르시는 거요? 얼마나 많은 아이들을 고아로 만들었는지 모르시오? 그런데도 또다시 새로운 불행을 우리에게 걸머지게 할 작정이오? 루베지누이 부락에서 왔던 해방 황제란 건 도대체 무슨 놈의 황제요? 당신은 우선 자기 집안의 질서나 제대로 바로잡고, 혼란을 수습하고, 그 뒤에 어떻게 사는 게 좋은가, 어떤 정권을 받아들일 것인가, 어떤 정권이 좋지 않은가를, 우리에게 가르치시오! 당신의 집에선 말이죠, 부인이 목에 멍에를 걸고, 그걸 벗지 못하고 있어요. 훤히 다 아는 일예요! 그런데도 당신은 콧수염이나 기르고, 말을 타고 돌아다니며 인심을 어지럽히는 거예요. 당신들 집의 경제 상태도 말이죠, 만일 바람이 집을 밑에서 떠받쳐 주지를 않는다면, 벌써 오래 전에 나자빠졌을 거예요. 당치도 않은 선생이 있었던 것이죠? 왜 꿀 먹은 벙어리마냥 있어요? 코빨갱이 아저씨, 내가 거짓말을 하는 줄로 생각하세요?"

군중들의 낮은 웃음소리가 술렁였다. 바람처럼 술렁거리다가 다시 조용해졌다. 안장 테에 얹혀 있던 포민의 왼손이 슬슬 고삐를 더듬었다. 안색이 분노를 누르느라고 시커매졌으나, 그는 잠자코 있었다. 이 재미없는 상태에서 어떻게 잘 빠져 나갈 것인가, 하는 생각에 골몰해 있었다.

"당신의 정권이란 건 어떤 정권이지요? 당신이 지지하라는 그 정권은 도대체 뭔가요?"

꽤나 흥분한 과부는 힐책하듯이 말을 이었다.

그녀는 두 손을 허리에 대고, 미소를 감추고, 웃음 띤 눈을 내리깔다시피 하고 굵은 허리를 흔들어대면서 천천히 포민에게 다가갔다. 카자흐들이 그녀가 지나가도록 길을 터 주었다. 모두들 춤을 추기 시작하려는 듯이 둥그렇게 모여 섰다.

"당신의 정권이라는 건, 당신이 없으면 이 지상에 자취도 없을 거요."

과부는 낮은 목소리로 말했다.

"그 정권이라는 건 당신에게 질질 끌려가는 것이므로, 1시간에 한 군데에도 살아남지 않는 거예요! '오늘은 제대로 말을 타고서 나아가고 있지만, 내일은 떨어져서 엉덩방아를 찧는다'하는 게 바로 당신이자, 당신의 정권이란 말예요!"

포민은 꽉 힘을 주어 말의 배를 두 다리로 옥죄고, 말을 군중 속으로 몰았다. 군중이 사방으로 와르르 뒷걸음질 쳤다. 둥근 넓은 바닥에는 과부 혼자 남았다. 그녀는 온갖 세상일을 다 겪어 온 만만치 않은 여자였으므로, 이빨을 드러낸 포민이 탄 말의 얼굴과 격노해서 하얗게 질린 기수의 얼굴을 아주 침착하게 쳐다보았다.

포민은 말을 그녀에게로 몰아붙여 채찍을 높이 쳐들었다.

"닫쳐, 이 곰보 년아! 왜 이런 데서 지껄여대는 거야?"

이빨을 드러낸 말머리가 두려움을 모르는 카자흐 여인의 머리 바로 위에 홱 추켜올려지면서 씌워졌다. 말의 입에서 창백한 거품 덩어리가 흘러나와 여인의 검은 프라토크 위로 떨어졌다가, 거기서 다시 여인의 뺨으로 흘렀다. 과부는 그것을 손으로 닦으며 한 걸음 뒤로 물러섰다.

"자기는 떠들어도 괜찮고, 우리는 떠들면 안 된단 건가?"

여자는 분노에 이글거리는 눈을 부릅뜨고 포민을 쏘아보면서 외쳤다.

포민은 여자를 때리지는 않았다. 다만 채찍을 휘두르며 호통 쳤다.

"볼셰비키의 세균 같으니! 너의 어리석음을 깨우쳐 줄 테다! 자, 옷자락을 말아 올리고 몽둥이질을 하라고 명령해 주마. 그렇게 하면 곧 똑똑해질 거야!"

과부는 다시 뒤로 두 걸음을 물러서다가, 갑자기 홱 포민에게 등을 돌리고 몸을 숙이더니 스커트 자락을 쑥 말아 올렸다.

"이거 본 적 업소, 색한씨?"

여인이 소리쳤다. 그리고 놀라울 만큼 민첩하게 굽혔던 몸을 벌떡 일으킨 뒤 포민 쪽으로 돌아섰다.

"나를 때리겠단 말이오? 당신의 콧구멍은 둥글지 않은가?"

포민은 노기를 띠고 퉤 침을 뱉더니, 뒷걸음질 치는 말을 누르느라고 고삐를 잡아당겼다.

"치맛자락을 내려, 이 늙다리 암캐야! 군살이 붙은 걸 좋아하나?"

그는 큰소리로 말하면서 얼굴에 준엄한 표정을 띠더니, 꽤 애를 써서 말머리를 돌렸다.

억지로 잠는 듯한 둔한 웃음소리가 군숭 속에서 일어났다. 포민 일당 가운데 한 사람이 모욕당한 대장의 체면을 살리려고, 과부에게 다가가서 기총의 개머리판을 들어올렸다. 그러자 그 병사보다 훨씬 더 키가 크고 헌걸찬 카자흐가 불쑥 나와서 넓은 어깨로 여인을 감싸고, 낮은 목소리이긴 하지만 매우 근엄하게 말했다.
 "손대지 마!"
 다른 주민 셋이 급히 나와서 여인을 뒤로 물러서게 했다. 그 중의 2명, 나이 젊고 머리칼이 엉킨 사내가 포민의 부하에게 말했다.
 "뭘 휘두르나, 응? 여자를 때리는 건 어렵지 않아. 자네가 강하다는 건 저쪽 구릉 위에서 전투할 때나 보여 주도록 해. 울안에서야 우리도 모두 용감하다구……"
 포민은 천천히 울타리 쪽으로 말을 대고, 등자를 힘껏 버티고 일어섰다.
 "카자흐, 여러분들, 잘들 생각해 보시오! 오늘은 당신네 좋을 대로 하시오. 1주일 뒤 다시 이곳에 오겠소. 그때는 이야기가 다를 것이오!"
 그는 천천히 흩어져가는 군중을 향해 소리쳤다.
 그는 왠지 유쾌한 기분에 젖어 있었다. 춤을 추는 말을 억제하면서 소리쳤다.
 "우린 이랬다저랬다 하는 인간이 아니오. 저런 여자들을 내보내서…… (이 말 뒤에 추잡한 표현이 몇 마디 이어졌다)…… 우리를 놀라게 해도 소용없소. 우린 곰보 얼굴이고 뭐고 실컷 보았소! 다음번에 올 때도 다들 자발적으로 우리 부대에 자진 입대하지 않으면, 젊은 카자흐는 모조리 강제로 동원해 갈 것이오. 그렇게들 각오하시오! 우린 여러분의 시중을 들어 주거나 비위를 맞추고 있을 틈이 없소."
 그 순간, 멈추어 선 군중 속에서 끓어오르는 웃음소리와 활기찬 이야깃소리가 들려 왔다. 포민은 계속해서 미소를 띠고 구령을 내렸다.
 "승마 준비!"
 웃음을 참느라고 얼굴이 붉어진 그리고리는 자기의 소대 쪽으로 얼른 뛰어갔다.
 포민 부대는 진창을 길게 줄지어 구릉을 향해 나아갔고, 그 무뚝뚝한 부락은 눈앞에서 멀어졌다. 그리고리는 계속해서 이따금 돌이키고 웃음을 띠며 생각했다. '우리 카자흐들이 쾌활한 인간이라는 것은 좋은 점이야. 우리는 비애보다도 농담이나 해학이 뛰어나지. 언제나 진지하다면, 이런 생활 여건 속에서는 진작에 목이라도 매달았을 거야.' 이 유쾌한 기분은 한동안 그에게서 떠나지 않았다. 행군 중 잠시 쉬게 된 때에야 비로소 카자흐들을 궐기시키려는 일이 십중팔구 실패로 끝나고, 포민의 계획은 반드시 붕괴될 운명에 있음을 깨닫고 문득 불안하고 괴로운 기분에 휩싸였다.

13

봄이 다가오고 있었다. 태양은 더욱더 세게 땅을 달아오르게 했다. 구릉의 남쪽 비탈에서는 눈이 녹기 시작하고 지난해의 풀이 말라붙은 갈색 땅은 한낮이면 벌써 아련한 아지랑이에 덮였다. 양지나 옛무덤에는 모래질의 진흙 땅에 박힌 천연석 밑에서 잔디의 파릇파릇하고 끝이 뾰족한 새싹이 얼굴을 내밀었다. 봄파종을 기다리는 밭이 알몸을 드러냈다. 흰부리까마귀가 겨울 동안 살던 곳을 버리고는 탈곡장이나 눈 녹은 물에 잠겨있는, 가을에 씨 뿌린 밭으로 거처를 옮겼다. 응달이나 골짜기는 아직 물기를 머금은 채 푸르스름한 눈에 덮여 있었다. 그곳에는 여전히 차가운 바람이 불어왔지만, 골짜기의 눈 밑에서는 눈에 보이지 않는 봄의 냇물이 이미 가늘게 노래하는 듯한 소리를 내고 있었고, 숲속에서는 포플라 줄기가 벌써 완전한 봄을 뽐내듯이 눈에 뜨일 만큼 부드러운 녹색을 드러내고 있었다.

봄 농번기가 다가왔다. 매일같이 포민의 도당은 조금씩 무너져갔다. 하룻밤이 지날 때마다 한 사람 두 사람 줄어갔다. 한꺼번에 번개 소대 가까운 인원이 사라져버린 일도 있었다. 8명이 말과 장비를 가지고 항복하기 위해 뵤센스카야로 떠난 것이다. 땅을 갈고 씨를 뿌려야 했다. 대지는 사람을 부르고 일로 유혹했다. 많은 포민의 대원이 투쟁의 무익함을 깨닫고는 부대를 팽개치고 빠져 나가 각자의 집으로 흩어져갔다. 대담하거나 또는 뭔가 생각이 있는 자들만이 남았다. 집으로 돌아갈 수 없는 자이거나 소비에트 정권에 대하여 죄가 너무 커서 도저히 용서받을 가망이 없을 만한 자들만 남았다.

4월 상순이 되자 포민의 부하는 86명밖에 안 되었다. 그리고리는 비적단에 남아 있었다. 그에게는 집으로 돌아갈 용기가 없었다. 포민의 거병은 실패했고, 그 비적단은 조만간 분쇄될 것을 그는 굳게 믿고 있었다. 적위군 정규 기병 부대와의 첫 일진에서 비적단은 철저하게 짜늘하리라는 것을 그는 알고 있었다. 그래도 그는 포민의 부하로 남아 있었다. 그는 어떻게든 여름까지는 버티다가 여름이 되면 두 필의 준마를 훔쳐내어 밤중에 타타르스키 마을로 달려가서 아크시냐를 데리고 남쪽 나라로 가버리겠다고 혼자 생각했다. 돈의 벌판은 광대하고 그곳에는 자유로운 땅과 좋은 길이 많았다. 여름이 되면 모든 길이 열려서 어디에선가 숨을 곳을 찾아낼 수 있다…… 어디에선가 말을 버리고 아크시냐와 걸어서 쿠반 방면으로 간 다음 고향에서 멀리 떨어진 산기슭에 들어가 그곳에서 이 혼란의 시기를 보내겠다고 그는 생각했다. 그에게는 그 이외의 방법은 없을 것으로 생각되었다.

포민은 카파린의 충고에 따라 돈의 얼음이 녹아서 떠내려가기 전에 돈의 좌안으로 건널 것을 결심했다. 호표르스키 군관구와의 경계에 삼림이 많이 산재한 곳이라면 필요한 경우에는 추격의 손길을 피할 수 있으리라고 계산한 것이었다.

루이부누이 마을의 위쪽에서 포민 일행은 돈강을 건넜다. 여기저기의 여울에는 벌써 얼음이 떠내려가 버렸다. 4월의 밝은 태양 밑에서 물이 은빛 비늘처럼 반짝였지만, 얼음이 강물 높이보다 70센티미터나 높아 단단히 굳어진 썰매길 언저리로 돈은 여전히 꼼짝하지 않고 얼어붙어 있었다. 그는 강가에 울타리를 쳐서 말을 한 마리씩 고삐를 끌고 건너가 돈 건너편에 정렬시키고, 척후를 전방에 내보내고는 에란스카야 마을 쪽으로 방향을 잡았다.

하루가 지났을 때 그리고리는 고향 사람인 애꾸눈 노인 츄마코프를 우연히 만났다. 노인은 그리야즈노프스키 마을의 친척에게 갔다가, 그 마을에서 그다지 멀지 않은 곳에서 포민 일행과 부딪친 것이었다. 그리고리는 노인을 한쪽으로 데리고 가서 물었다.

"제 아이들은…… 잘 있던가요, 할아버지?"

"그리고리 판테레에비치, 하느님 덕분에 잘 있더라."

"할아버지께 특별히 부탁드릴 일이 있는데 말입니다…… 아이들하고 여동생인 에브도케야 판테레에브나에게 소식을 꼭 좀 전해 주세요. 프로호르 즈이코프에게도 안부 전하고요. 아크시냐 아스타호프에게는 멀지 않아서 내가 갈 테니까 기다려 달라고 얘기해 주세요. 하지만 그 밖의 사람들에게는 누구에게도 나를 만났다는 얘기를 절대로 하지 말아 주세요. 아시겠어요?"

"알았네. 틀림없이 그렇게 하지. 걱정하지 마. 모두 잘 전해 줄께."

"마을에는 별다른 일이 없나요?"

"아무 것도 없어. 모두 옛날 그대로지."

"코셰보이는 여전히 위원장으로 있나요?"

"그 사람이 위원장이지."

"내 가족들이 학대받고 있지는 않나요?"

"그런 얘기는 들은 일이 없으니까, 그런 일은 없는 셈이겠지. 그런데 어째서 자네 가족을 괴롭힐 일이 있겠나? 자네 때문에 책임을 져야 할 일 따위는 없는데 말이야."

"나에 대해서 마을에서는 뭐라고 얘기들을 하고 있나요?"

노인은 코를 풀고는 한참 동안 붉은 목도리로 수염을 닦더니 이윽고 우물쭈물하면서 애매하게 대답했다.

"뻔 하지 않나…… 각기 멋대로 지껄이고 있지. 너희는 오래지 않아 소비에트 정권과 화해할 생각이이겠지?"

그 물음에 대하여 그리고리가 어떤 대답을 할 수 있겠는가? 앞서간 부대를 쫓아가려고 땅을 긁어대는 말을 진정시키면서 그리고리는 미소 짓고 말했다.

"알 수 없어요, 할아버지. 지금으로서는 아무것도 모르죠."

"무얼 모른다는 얘기냐? 체르케스인과 전쟁을 하고 터키인과도 전쟁을 했지만 그래도 모두 화해했는데, 너희는 같은 나라 사람끼리 어째서 얘기를 나누어 보려고 하지 않는 거지? 나쁜 일이야. 그리고리 판테레에비치, 정말로 나쁜 일이야! 하느님은 모두 보고 계신다. 하느님은 그런 일을 용서하시지 않아. 내 말을 잘 기억해 둬라! 같은 러시아인이, 같은 정교도 사람끼리 싸움을, 그것도 끝도 없이 혈투를 벌이다니 정말 안 될 일이야. 조금 싸우다가 그만둔다면 또 모르지만, 벌써 4년이나 싸움을 계속하다니. 나는 늙어선지 모르지만, 이제는 끝을 내야 된다고 생각하고 있지."

그리고리는 노인에게 작별을 고하고, 소대의 뒤를 쫓아 급히 말을 몰았다. 츄마코프는 지팡이에 기대서서 눈물이 괸 눈먼 한쪽 눈을 옷소매로 닦으면서 가만히 바라보았다. 이는 눈으로 그리고리의 뒷모습을 뚫어지게 바라보았다. 그리고 그리고리의 훌륭한 승마솜씨에 감탄하면서 낮게 중얼거렸다.

"훌륭한 카자흐야! 모든 면에 뛰어나고 태도도 거동도 모두 훌륭한데 생각을 잘못하고 말았어. 길을 잘못 들어선 거지. 외국인 체르케스와 싸운다면 또 모르지만, 도대체 무슨 생각에서일까? 도대체 저 젊은 카자흐들은 무슨 생각을 하는 것일까? 그리고리에 대해서는 새삼 까닭을 물어볼 것까지도 없지. 그 혈통은 모두 저런 괴짜여서 생각을 잘못했었으니까…… 죽은 부친인 판테레이도 똑같은 별종이었어. 조부인 프로코피도 기억하고 있지만, 역시 곤란했지. 평범한 사람은 아니었어…… 그런데 그리고리는 그렇다치더라도, 다른 카자흐들은 무슨 생각을 하고 있는지 도무지 모르겠군.”

포민은 마을을 점거하더라도 집회를 열려고 하지 않았다. 그는 그런 선동이 아무런 열매도 맺지 못함을 깨달은 것이었다. 부하들을 잡아두는 것만도 힘겨워서, 이제 새로운 자를 끌어들이려고도 하지 않았다. 그는 두드러지게 음울해지고, 전처럼 지껄이지도 않았다. 그러다가 술에서 위안을 찾기 시작했다. 숙영지에서는 어디에서든지 음산한 술자리가 벌어졌다. 그러한 대장의 모습을 보면서 나머지 패거리들도 술을 마셨다. 규율은 땅에 떨어지고 약탈은 차츰 성해졌다. 포민 비적단이 온다는 것을 알고 도망쳐버린 소비에트 근로자의 집에서는 말 등에 실을 수 있는 물건은 무엇이든지 약탈했다. 대원의 안장에 실은 대부분의 짐은 날로 터무니없이 부풀어갔다. 한번은 그리고리가 자기 소대의 병사 하나가 재봉틀을 갖고 있는 것을 보았을 정도였다. 그 병사는 고삐를 안장에 매어놓고 재봉틀을 왼쪽 겨드랑이에 끼고 있었다. 그리고리는 채찍으로 그 말을 후려쳐서 말이 갑자기 달리는 바람에 병사와 전리품을 간신히 떼어 놓을 수 있었다. 그날 밤 포민과 그리고리 사이에 심한 언쟁이 벌어졌다. 방에 둘이서만 있었을 때의 일이었다. 포민은 취해서 얼굴이 부어오른 채 탁자에 앉아 있고, 그리고리는 방 안을 이리저리 걸어다니고 있었다.
“앉아, 눈앞에서 그렇게 얼쩡거리지 마.”
포민이 화를 내며 신경질적으로 말했다.
그리고리는 포민의 말에 개의하지 않고 한참이나 카자흐식의 좁은 방안을 돌아다니다가, 이윽고 말을 꺼냈다.
“나는 이제 진저리가 난다. 포민! 약탈과 술은 이제 집어치워.”
“너 오늘 몹쓸 꿈이라도 꾼 거냐?”
“농담이 아냐…… 사람들은 우리를 욕하고 있어!”
“너도 알다시피 나로서도 병사들에게 어떻게 해 볼 도리가 없어.”
포민은 귀찮다는 듯이 말했다.

"아냐, 너는 아무것도 하지 않고 있어!"

"흥, 네가 나에게 명령할 까닭은 없어. 그야 사실 놈들을 잘했다고 할 수는 없지. 정말 어쩔 수 없는 놈들이야. 나도 놈들 때문에 여러 가지로 고민을 했지만, 놈들은 정말…… 나는 내 일만 생각하고 있어, 그것만으로도 지겨워."

"그래선 제 일도 생각하지 못해. 그렇게 술에만 취해 있어선 생각할 틈도 없겠지. 너는 나흘씩 곯아떨어졌고, 다른 놈들도 모두 술만 처먹고 있어. 보초까지도 밤중에 술을 마시고 있어. 도대체 어떻게 할 생각이지? 이런 주정뱅이 꼴로 기습을 당해서 어떤 마을 복판에서 몰살이라도 당했으면 시원하겠다고 생각하는 거야?"

"그걸 피할 수 있으리라고 생각하나? 어차피 언젠간 죽는 거야. 나쁜 짓은 언젠가는 파멸을 초래하지…… 그렇잖나?"

포민은 싱긋 웃으면서 말했다.

"그럴 바에야 내일이라도 뵤센스카야로 가서 손을 드는 게 어때. 자, 잡아가십쇼, 항복하겠습니다, 하고 말이야."

"아니야, 좀 더 놀아야겠어……"

그리고리는 탁자 맞은편에 서서 두 다리를 쭉 벌렸다.

"만일 네가 규율을 세워서 약탈과 주정을 그만두게 하지 않는다면 나는 너와 헤어져서 병사의 반을 데리고 가버릴 테다."

그는 낮은 소리로 말했다.

"시험 삼아 한번 해보라구."

포민은 위협하듯이 말꼬리를 길게 끌면서 말했다.

"시험해 보지 않아두 될 게 틀림없어!"

"너, 나를 협박할 작정이냐?"

포민은 권총집에 손을 대었다.

"그 손을 떼! 떼지 않으면 내가 먼저 너를 베어버릴 테다."

그리고리는 빠른 어조로 말하면서 실기 번뜩이는 길을 만큼 뽑았다.

포민은 두 손을 탁자에 얹은 채 미소를 지었다.

"어째서 그렇게 나에게 덤벼드는 거지? 그렇지 않아도 머리가 돌 지경인데, 어째서 그런 바보 같은 얘기를 꺼내난 말야. 칼을 치워! 너에게는 농담도 못하나? 너는 정말 꽉 막힌 녀석이야. 꼭 열 여섯 짜리 계집애 같아."

"나는 지금 내 희망을 얘기한 거야. 그걸 머릿속에 잘 새겨 넣어서 잊지 말아줘. 우리는 모두가 너하고 똑같은 기분은 아니니까 말이야."

"알고 있어."

"잘 알아서 기억해 둬! 내일은 말의 짐을 모두 없애라고 명령하는 거야. 우리는 기병대지 수송대가 아냐. 칼로 베듯이 그 짐들은 모조리 베어 없애는 거야! 그 모양으로 인민을 위해서 싸우는 전사라니, 어처구니가 없지. 약탈한 물건을 잔뜩 싣고는 옛날 행상인들처럼 이 마을 저 마을로 팔러 다니다니…… 무슨 낯 뜨거운 짓이야! 정말 한심한 놈들과 어울렸어."

화가 나고 분해서 시퍼렇게 질려 그리고리는 퉤 침을 뱉고는 창문 쪽으로 홱 돌아섰다.

포민은 소리 내어 웃었다.

"아직 한 번도 적의 기병대에 쫓긴 일은 없었지만…… 배가 부른 이리는 달리면서 먹은 것을 모두 토해 내지. 마찬가지로 우리 부하들도 적 기병대에게라도 쫓긴다면 모두 내버리겠지. 이제 됐어, 멜레호프. 그렇게 흥분하지 마. 그렇게 할 테니까. 요즘은 나도 좀 기가 죽어서 고삐를 늦추었지만, 이제 고삐를 당기도록 하지. 둘로 갈라져서는 안 돼. 고락을 함께 해야 되지 않겠나."

두 사람의 얘기는 매듭을 짓지 못했다. 왜냐하면 그때 이집의 주부가 김이 나는 스튜그릇을 들고 방으로 들어오고, 이어서 츄마코프에게 인도된 한 떼의 카자흐가 몰려왔기 때문이었다.

그러나 그때 한 얘기는 실행으로 옮겨졌다. 이튿날 아침에 포민은 말의 짐을 없애라고 명령하고, 이 명령이 수행되었는지 여부를 직접 점검했다. 소문난 약탈자 중 하나가 짐 검사에 반항하면서 약탈품 내놓기를 거부했다. 그러자 포민은 그 자리에서 권총으로 사내를 쏘아 죽였다.

"이걸 치워!"

그는 시체를 툭 차고는 조용히 말했다. 그리고 대열을 둘러보면서 소리를 높여 말했다.

"너희, 이제 옷궤짝 뒤지는 짓은 그만둬! 소비에트 정권에 대항해서 너희가 궐기한 것은 그런 짓을 하기 위해서가 아냐. 죽인 적의 물건은 만일 함께 매장하지 않는다면 무엇이든 괜찮다. 때 묻은 속옷을 벗겨도 좋아. 하지만 가족에게 손을 대서는 안 돼! 우리는 여자들과 싸우는 게 아니야. 이 명령을 어기는 자는 이놈과 같은 꼴을 당하게 된다!"

대열 속에서 심심찮은 웅성거림이 일어났다가 곧 가라앉았다.

질서는 회복된 듯했다. 3일간 비적단은 지방의 작은 자위대들과 충돌하여 이들을 분쇄하면서 돈 왼쪽 기슭으로 나아갔다.

슈미린스카야 마을에서 카파린은 그곳으로부터 보로네지현 안으로 들어가자고 제의했다. 그 이유로서 그는 최근에 반(反) 소비에트의 행동을 일으킨 그곳 주민에게서 많은 지지를 받을 수 있음에 틀림없다고 내세웠다. 하지만 포민이 이 얘기를 카자흐들에게 하자 카자흐들은 입을 모았다.

"우리 관구 밖으로 나가기 싫다."

결국 비적단은 회의를 열었는데, 그 결과 애초의 결정을 바꾸게 되었다. 4일 간이나 비적단은 잠시도 쉬지 않고 동쪽으로 달려갔다. 마침 카잔스카야 마을 근처에서 포민 부대를 추적해 온 기병대가 수차례 싸움을 걸어 왔지만, 이를 피해서 오로지 동쪽으로 동쪽으로 도망쳐 갔다.

도피 흔적을 없애기는 쉽지 않았다. 밭마다 봄의 경작이 행해지고 아무리 외진 들판 구석에서도 사람이 일하고 있었다. 꽤나 어두운 밤을 틈타 도망가고, 아침이 되면 비로소 말에게 먹이를 주기 위해 어디엔가 멈췄다. 그래도 여전히 멀지 않은 곳에 적 기병의 척후가 나타나서 경기관총을 쏘아댔다. 포민 부대는 그 사격을 받으면서 서둘러 말에 안장을 얹었다. 뵤센스카야의 메리니코프 마을 바로 앞에서 포민은 교묘한 책략으로 적을 유인하여 추격을 피했다. 자기 부대 척후의 보고에 의하여 포민은 적의 기병대 지휘자가 프카누프스카야 출신의 군사에 밝고 고집 센 카자흐인 에고르 쥬라블료프임을 알았다. 또 적 기병대 인원은 비적단의 약 2배나 되고, 6정의 경기관총을 가지고 있으며, 먼 길을 이동해도 지치지 않는 기세 좋고 신선한 군마를 타고 있었다. 이런 사정으로 사람과 말에게 휴식할 틈을 주지 못했다. 게다가 기회기 있으면 정면충돌이 아닌 기습을 가해서 그들을 분쇄하고, 그래서 적의 집요한 추격을 뿌리치려고 했다. 또한 적의 기관총과 소총의 탄약을 손에 넣을 것도 생각했다. 그러나 그의 이러한 계획은 실현되지 않았다. 그리고리가 전부터 두려워하던 일이 4월 18일에 슬라스초프스카야의 숲 근처에서 결국 일어났다. 그 전날 밤에 포민과 대부분의 병사들은 세바스차노프스키 마을에서 실컷 마시다가 새벽녘에 마을을 떠났다. 밤에도 거의 한 사람도 자지 않았었다. 모두들 안장 위에서 마침내 졸게 되었다. 아침 9시경에 오조기나 마을 근처에서 쉬게 되었다. 포민은 보초를 세우고, 말에게 귀리를 먹이라고 명령했다.

동쪽에서 심한 돌풍이 불어왔다. 다갈색 모래먼지 구름이 지평선을 뒤덮었다. 벌판위에는 짙은 안개가 끼어 있었다. 하늘 높이 소용돌이치는 안개에 싸인 태양이 둔하게 비치고 있었다. 바람은 외투자락과 말의 갈기와 꼬리를 펄럭이게 했다. 말은 바람을 등에 받으면서 숲가에 드문드문 흩어져 선 당산사 나무의 덤불로 피해들었다. 찌르는 듯한 모래먼지로 눈에서는 눈물이 나와서, 가까운 거리조차도 눈을 뜨고 자세히 바라보기가 어려울 정도였다.

그리고리는 말의 코끝과 축축한 눈 위를 잘 닦아주고, 먹이주머니를 목에 걸어준 뒤, 카파린 쪽으로 다가갔다. 카파린은 사료를 담은 외투자락을 접어서 말에게 먹이고 있었다.

"이거 아무래도 쉴 장소를 잘못 택했는데."

그리고리는 채찍으로 숲을 가리키면서 말했다.

카파린은 어깨를 으쓱했다.

"나도 저 바보 자식인 대장에게 그렇게 말해 줬지만, 도저히 저 바보를 납득시킬 수가 없었어."

"벌판이나 마을 옆을 잡았어야 했어."

"자네는 숲의 측면에서 공격해 올 거라고 생각하나?"

"그래."

"적은 훨씬 먼 곳에 있어."

"적은 가까운 곳에 있을지도 몰라. 적은 보병이 아니니까."

"숲은 벌거숭이니까 무슨 일이 있으면 금방 발견할 수 있을 듯도 한데."

"누구 하나 파수를 보는 사람도 없어. 모두 자고 있지. 보초도 자고 있을지 걱정이 되는데."

"모두들 엊저녁에 너무 마셔서 나자빠진 거야. 이런 상태면 두들겨 깨워도 헛일이야."

카파린은 통증이라도 느끼는 것처럼 얼굴을 찌푸리고 목소리를 낮추어서 말했다.
"저런 지도자를 따라다니다간 우리는 파멸이야. 저 녀석은 대가리가 텅 빈 형편없는 바보야. 그 멍청함이란 이루 말할 수도 없어! 어째서 자네는 스스로 지휘하려고 하지 않는 거지? 카자흐들은 모두 자네를 존경하고 있어. 자네 뒤라면 모두 기꺼이 따를 거야."
"나에게는 그런 일을 할 이유가 없어. 나는 일시적인 손님에 불과하니까 말이야."
그리고리는 무뚝뚝하게 대답했다. 그리고 조심성 없이 나와 버린 고백을 후회하면서 자기 말에게로 갔다.
카파린은 남은 말먹이를 외투자락에서 땅으로 털어내고는 그리고리의 뒤를 따라왔다.
"그런데 멜레호프."
그는 걸으면서 당산사나무의 가지를 꺾어 딴딴하게 돋은 싹을 쥐어뜯으면서 말했다.
"나는 우리가 좀 더 큰 반 소비에트 부대, 이를테면, 남부 지방을 횡행하고 있다는 마스라크 부대에라도 합류하지 않는 한 이런 상태로는 앞으로 얼마 견디지 못하리라고 생각해. 어떻게 해서든지 그쪽으로 빠져 나가야 해. 그러지 않으면 틀림없이 우리는 여기에서 전멸당하고 말 거야."
"지금은 눈 녹은 물이 불어서 돈을 건널 수 없어."
"당장 그러자는 건 아니지만, 물이 주는 대로 떠나야 해. 자네는 달리 무슨 생각이라도 있나?"
잠시 있다가 그리고리는 대답했다.
"자네 말대로야. 이곳을 떠나야 해. 여기 있다가는 어떻게도 해볼 수가 없으니까 말야."
카파린은 기운이 났다. 그는 카자흐 주민의 지지를 얻을 수 없음이 밝혀진 이상은 목적 없이 이 지역을 떠도는 것을 그만두고 이제 좀더 강력한 단체에 합류해야 되는데, 이것을 어떻게든 보빈에게 납득시켜야 된다고 시나랗게 늘어놓았다.
그리고리는 카파린의 잔소리를 듣기 싫었다. 그는 말의 상태를 주의 깊게 관찰했다. 사료주머니가 비자 곧 주머니를 떼어내고는 굴레를 씌우고 말 배띠를 죄었다.
"지금 곧 출발하지는 않아. 서둘러야 헛일이야."
카파린이 말했다.
"자네도 가서 말을 준비해 두는 게 좋아. 만약의 경우엔 늦어질 테니까."
그리고리는 대답했다.
카파린은 그리고리의 모습을 가만히 바라보다가, 이윽고 대형 짐마차 옆에 있는 자기 말에게로 갔다.
그리고리는 말의 고삐를 잡고 포민에게로 갔다. 포민은 소매 없는 외투를 땅바닥에 깔고 두 다리를 크게 벌리고 반듯하게 누워서 졸인 닭다리를 피곤한 듯이 뜯고 있었다. 그는 몸을 조금 옮겨 그리고리에게 그 옆에 앉으라는 몸짓을 했다.
"앉아서 함께 먹지 않겠나?"
"이곳을 떠나야 돼. 먹고 있을 때가 아니야."
그리고리가 말했다.
"말을 먹인 다음에 출발하지."
"나중에 먹이면 돼."
"왜 그렇게 서두르지?"
포민은 살을 뜯어 먹고 남은 뼈를 내던지고 손을 외투에 닦았다.
"기습을 당할 우려가 있어. 여기는 기습당하기 알맞은 장소니까."
"어느 놈이 기습을 해온다는 거야? 지금 척후가 돌아왔는데, 구릉이 텅 비어 있다는 보고야. 결국 쥬라블료프는 우리를 놓쳤다는 얘기가 되지. 그렇지 않다면 놈은 우리를 쫓아왔을 테니까 말이야. 부카노프스카야 마을에서는 누구도 올 리 없어. 그곳의 군사위원은 미헤이 파블로프인데, 전투적인 젊은이이긴 하나 힘이 모자라지. 놈은 우리를 공격하진 않아. 그러니 잠시 쉬면서 바람이 멎기를 기다렸다가 슬라시초프스카야로 떠나기로 하지. 앉아 닭고기라도 먹는 게 어때. 어째서 그렇게 버티고 서 있나? 웬일이야, 멜레호프, 겁이 나. 이 숲을 빙 돌아서 온다고 하면 그야말로 꽤나 멀리 돌게 될 거야."
포민은 손으로 원을 그려 보이면서 큰 소리로 웃었다.
그리고리는 화가 나서 욕을 퍼붓고는 몸을 돌려 말을 덤불에 매고 바람을 막으려 외투자락으로 얼굴을 싼 채 그 언저리에 누웠다. 그는 팽팽 울리는 바람 소리와 그에게 덮어 씌워오는 키가 크고 마른 잡초의, 마치 여리디 여린 노래처럼 살랑거리는 소리를 들으면서 졸고 있었다.

따르륵! 따르륵! 길게 이어지는 기관총 소리가 그를 벌떡 일어나게 했다. 총소리가 미처 끝나기도 전에 그리고리는 재빨리 말을 풀었다. 포민은 다른 소리를 압도하는 큰소리로 외쳤다. "승마!" 한두 대의 기관총성이 오른쪽 숲 쪽에서 "따따따……" 울려 왔다. 말에 올라타자 그리고리는 순간적으로 정황을 판단했다. 오른쪽 숲 주변에서 먼지 사이로 간신히 모습을 가려볼 수 있는 50기 정도의 적위병이 넓게 산개해 구릉에로의 퇴로를 차단하면서 공격해 왔다. 둔한 태양광선 밑에서 회청색으로 보이는 칼날이 적위병 머리위에서 눈에 익은 차가운 빛을 번쩍번쩍 내뿜었다. 숲 쪽 나무가 무성한 언덕에서는 기관총이 열병처럼 성급하게 탄창을 계속 비우면서 쏘아댔다. 왼쪽에서도 약 반개 중대 적위병이 산개하여 칼을 휘두르고, 포위의 쇠사슬을 죄면서 돌격의 함성도 내지 않고 질주해 왔다. 도망갈 길은 하나밖에 없었다. 왼쪽에서 공격해 오는 적병의 얇은 대열을 돌파하여 돈 쪽으로 도망가야 했다. 그리고리는 "나를 따르라!" 포민에게 소리치고는 칼을 뽑아들고 말을 달렸다.

그리고리는 40미터쯤 달려가다가 뒤돌아보았다. 포민, 츄마코프, 그리고 몇 명의 병사가 20미터쯤 떨어져 미친 듯이 달려왔다. 숲속의 기관총 소리는 그치고, 다만 오른쪽 끝에서 짧고 심술궂은 기관총의 포화가 수송차 언저리에서 허둥대고 있는 포민의 병사들에게 퍼부어댔다. 그 마지막 기관총 소리도 그쳤다. 그리고리는 적위병이 이미 포민 부대가 쉬고 있던 곳에 쇄도해서 그곳에서 칼싸움이 벌어졌음을 알 수 있었다. 그것은 공허하고 둔한 절망적인 비명과 방어자 쪽에서 쏘는 단발의 총소리로 상상할 수 있었다. 주위를 둘러보고 있을 틈이 없었다. 정면에서 산개해 오는 돌격대에 접근하자 그리고리는 목표를 택했다. 바로 정면에는 옷자락이 짧은 가죽 반외투를 입은 적위병이 놀진해 왔다. 그 적위병 말은 회색인데, 그다지 발이 빠른 말이 아니었다. 번개처럼 섬광이 번쩍 비친 순간, 무엇이라고 표현할 수도 없는 그 한순간에 거품 같은 흰 점이 가득 박힌 가슴 띠를 두른 말과 붉게 달아오른 얼굴의 새파랗게 젊은 기수의 모습과 돈 강가에 이어진 벌판과 돈 건너편에 펼쳐진 벌판의 광대하고 흐릿한 빛이 눈에 확 들어왔다…… 하지만 다음 순간에는 적의 공격을 피하면서 자신이 덤벼들어야 했다. 상대 기수로부터 10미터쯤 떨어진 곳에서 그리고리는 몸을 왼쪽으로 확 틀었다. 머리 위로 허공을 가르는 칼소리가 들려왔다. 다시 말 위로 몸을 세운 그리고리는 이미 스쳐 지나가 모습이 보이지 않게 된 적위병에게 칼을 휘둘렀는데 칼끝이 겨우 적위병 머리에 닿았을 뿐이었다. 그리고리의 팔은 타격의 반응을 거의 느끼지 않았으나 뒤돌아보니까 머리가 푹 꺾인 채 천천히 안장에서 미끄러져 떨어지는 적위병 모습과 누런 가죽 외투의 등에 묻은 진한 핏줄기가 눈에 띄었다. 회색 말은 걸음을 늦추고 머리를 묘하게 높이 쳐들어, 마치 자기 그림자에 놀라기라도 한 양 몸을 옆으로 기울였다.

그리고리는 말의 목에 몸을 숙이고 익숙한 솜씨로 칼을 아래로 날쌔게 내렸다. 머리 위를 스쳐가는 총탄이 가늘고 날카롭게 윙윙 울렸다. 찰싹 내려뜨린 말의 귀가 꿈틀꿈틀 떨렸다. 몸에는 유리알과 같은 땀이 매달려 있었다. 그리고리는 뒤에서 쏘아오는 총탄 소리와 말의 가쁘고 격렬한 숨소리를 들을 뿐이었다. 그는 다시 뒤돌아보았다. 포민과 츄마코프가 뒤따르고, 100미터쯤 뒤에 카파린이 달려오고 있었는데, 그 뒤에는 제2소대의 절름발이인 스테를랴드니코프 한 명이 있을 뿐이었다. 그는 달리며 덤비는 적위병 두 사람을 막고 있었다. 포민을 뒤따르고 있던 다른 8, 9명은 칼을 맞아 죽고 말았다. 기수를 잃은 말들이 바람에 고리를 휘날리면서 여기저기 흩어졌는데, 적위병들은 그것을 재빨리 붙잡고 있었다. 포민의 대원인 프리브이트코프의 말이었던 키가 큰 밤샘 말만이 말에서 떨어질 때 발이 등자에 걸려버린 주인의 시체를 질질 끌면서 카파린의 말과 찰싹 붙어서 달렸다.

모래땅인 구릉을 넘어서자 그리고리는 말을 세우고 뛰어내려서는, 칼을 칼집에 넣었다. 몇 초가 걸려 말을 땅바닥에 눕혔다. 그리고리는 말에게 이 재주를 가르치는 데 1주가 걸렸다. 그는 장애물 뒤에 숨어 사격했다. 겨냥을 하기는 했지만 마음이 급하고 흥분해 있어서 탄창의 마지막 탄환으로 겨우 적위병 말을 쓰러뜨릴 수가 있었다. 그러나 이것으로 5명의 포민 대원이 추격의 손길에서 벗어날 수 있었다.

"엎드려! 위험해!"

포민은 그리고리와 어깨를 나란히 하면서 외쳤다.

비참한 전멸이었다. 모든 비적단 중에서 살아남은 사람은 5명뿐이었다. 5명은 안토노프스키 마을까지 추격당했다. 5명의 도망자가 그 마을을 둘러싸고 있는 숲속으로 모습을 숨겼을 때에야 비로소 추격은 멈추었다.

질주하는 동안 내내 5명 중 누구 하나 한마디도 내뱉지 않았다.

냇물 옆에서 카파린의 말이 쓰러졌다. 이미 그 말은 다시 일으켜 세울 수가 없었다. 다른 4명의 말도 완전히 지쳐서 비틀거렸다. 끈끈한 흰 거품을 땅바닥에 줄줄 흘리면서 말들은 간신히 발을 옮겼다.

"너는 부대를 지휘하기보다는 양치기라도 하는 편이 났겠어!"

그리고리는 말에서 내리며 포민을 쳐다보지도 않은 채 말했다.

포민은 말없이 말에서 내려 안장을 풀기 시작하였다. 그러다가 생각이 달라졌는지 안장을 다 풀지 않고 그대로 둔 채 옆으로 가서 고사리가 무성한 약간 높은 땅바닥에 주저앉았다.

"어떤가? 말을 버려야 될 것 같은데."

그는 놀란 양 언저리를 둘러보면서 말했다.

"그래, 앞으로 어떻게 한다는 거지?"

츄마코프가 물었다.

"걸어서 저쪽으로 건너가야 되겠지."

"어디로 말이야?"

"어두워질 때까지 숲속에 있다가 돈을 건너서 되도록 빨리 루베지누이 마을로 들어가는 거야. 그 마을에는 내 친척이 많이 살고 있어."

"또 어리석은 소리를 하는군. 그 마을에선 너를 찾아내지 못할 거라고 생각하는 거냐? 당치도 않아. 이제는 너희 마을에서 너를 기다리고 있을 거야! 어째 그렇게 생각이 바보스런가?"

카파린이 화를 내며 소리쳤다.

"그럼, 도대체 우린 어디로 가야 하지?"

포민은 당황해서 말했다.

그리고리는 안장에서 탄약과 빵을 꺼내면서 말했다.

"언제까지 얘기만 하고 있을 작정인가? 자, 출발하자! 말을 매어놓고 안장을 벗겨놓은 채로 도망치는 거다. 우물쭈물하다가는 여기서 붙잡히고 말아."

츄마코프는 채찍을 내던져서 진흙 속에 처박아 발로 짓밟으면서 떨리는 목소리로 말했다.

"이제 우리도 보병이 되고 말았어…… 다른 대원들을 죄다 잃고…… 이게 도대체 무슨 꼴이야! 이번에는 나도 도저히 살아남으리라고는 생각하지 못했어…… 바로 눈앞에 죽음이 다가와 있었으니까……"

그들은 더 이상 말없이 말의 안장을 벗기고, 4마리의 말을 모두 한 오리나무에 한 줄로 나란히 맸다. 그러고는 안장을 들고 잡초와 덤불이 무성한 곳으로만 피해 들며 돈으로 향했다.

14

봄에 돈이 범람하여 넘쳐난 물로 벌판의 낮은 지대가 모두 잠기면 루베지누이 마을 건너편, 돈 왼쪽 기슭에 약간 높은 그다지 넓지 않은 한 구역만 물에 잠기지 않았다.

돈 언덕 위에서 보면 봄에는 물로 온통 덮인 한가운데 어린 버드나무와 떡갈나무 숲과 검은 버드나무가 가득히 가지를 펴서 어두운 남색 숲을 이룬 섬이 아득히 보였다.

여름이 되면 섬에서는 버드나무 가지 끝까지 야생 딸기덩굴이 감겨 붙고, 가시가 있는 검은 딸기가 지나다니는 길을 막을 정도로 무성히 번져 있으며, 덤불 위로는 담청색 나팔꽃이 가득히 자라 서로 얽혔다. 숲속에 드문드문 있는 빈터의 비옥한 땅에는 마음껏 자란 잡초가 사람 키보다도 높게 솟았다.

여름이면 숲속은 한낮에도 조용하고 어두컴컴하며 서늘했다. 꾀꼬리만이 그 정적을 깨뜨리고, 두견새가 다투어 누군가 앞날이 멀지 않은 사람의 수명을 헤아리고 있었다. 겨울이 되면 숲은 죽음과 같은 정적의 쇠사슬에 묶인 채 빛을 잃고 벌거숭이가 되었다. 희끄무레한 겨울 하늘을 배경으로 벌거숭이 나무들이 톱니처럼 음산하고 검게 떠올랐다. 이리 가족은 그 숲을 확실한 은신처로 삼아, 낮이면 눈으로 덮인 잡초 위에 누워 있었다.

이 섬에 포민과 그리고리 멜레호프와 섬멸을 면한 포민 부대 잔당이 숨어 있었다. 그들은 그럭저럭 나날을 보내고 있었다. 포민의 사촌이 밤마다 보트로 날라다 주는 빈약한 식량으로 목숨을 이어갔다. 먹는 둥 마는 둥 하는 상태이기는 했지만, 그 대신 안장담요를 베개로 삼아 잠은 충분히 잤다. 밤에는 차례로 파수를 보았다. 거처가 발각될 두려움 때문에 그들은 불을 피우지 않았다.

범람한 봄 물은 섬 언저리를 씻어내면서 오로지 남쪽으로 남쪽으로 기세 좋게 흘렀다. 그 흐름의 길에 버티고 선 늙은 포플러나무들 사이를 빠져나갈 때는 물은 콸콸 소리치고 물에 잠긴 덤불 위의 가지를 뒤흔들고는 조용히 노래하듯이 속삭였다.

그리고리는 끊임없이 귓가를 스치는 물의 소음에도 곧 익숙해졌다. 그는 험하게 깎아지른 강가에 잠시 동안 누워서, 끝없이 펼쳐진 강물과 연보라빛 태양의 연기 속으로 사라져가는 돈 강가 산맥의 백악 봉우리를 바라보았다. 저기에, 이 안개 저쪽에 고향이 있고, 아크시냐와 아이들이 있는 것이다…… 그곳으로 그의 음울한 생각은 달려갔다. 그 순간 고뇌가 심장을 뜨겁게 휘저으면서 타올랐다. 다정한 사람들이 생각났을 때 문득 미하일에 대한 공허한 증오가 끓어올랐지만, 그는 이런 감정을 억누른 뒤 두 번 다시 생각하지 않기 위해서 돈의 산들을 보지 말아야겠다고 결심했다. 지겨운 추억에 잠길 필요는 조금도 없었다. 그렇지 않아도 지긋지긋할 정도로 답답한 형편이었다. 마치 심장이 찢겨지고 고동이 멎고 피가 줄줄 흐르는 듯한 느낌이 들 만큼 가슴이 아프고 쑤셨다. 부상과 전쟁의 불행과 티푸스 때문이었겠지만, 그리고리는 언제나 심장의 귀찮고 불쾌한 고동을 들었다. 가끔 왼쪽 젖꼭지 위쪽에 칼로 베는 듯한 통증이 일어나며 금방 입술이 바싹 타올라 견딜 수 없게 심해졌다. 그는 간신히 신음소리를 억눌렀다. 그러다가 그는 이 동통을 없애는 확실한 방법을 발견했다. 그것은 왼쪽 가슴을 축축한 땅바닥에 대고 누워 차가운 찜질 효과를 얻는 것이었다. 그러면 통증은 서서히, 마지못한 듯이 몸에서 빠져 나갔다.

맑게 개고 바람도 없는 나날이 계속되었다. 아주 이따금 높은 하늘에서 부는 바람에 날리는 흰 구름이 하늘을 떠갈 뿐이었다. 백조 무리가 물 표면에 그림자를 드리우고 멀리 강가를 스치면서 날아갔다.

강가에서 확 흩어졌다가는 미친 듯이 늘늟는 급류를 바라보고, 여러 가지 소음을 내는 물소리를 들으면서 마음이 아파올 만한 생각을 누르며 무심하게 있는 것은 왠지 기분이 상쾌했다. 그리고리는 기분 내킬 때까지 한없이 여러 모양으로 변하는 소용돌이 흐름을 언제까지나 바라보았다. 소용돌이는 순식간에 그 모양을 바꾸었다. 갈대의 부러진 줄기, 구겨진 마른 잎, 잡초 뿌리 등을 수면에 띄운 채 평온하게 흐르던 바로 그 자리에서 1분 뒤에는 근처를 흘러가는 온갖 것을 마구 빨아들이는, 묘하게 일그러진 깔때기가 생겼다. 잠시 있으면 그 깔때기 자리에서는 물이 탁하고 둥근 테를 이루어 들끓고 뒤집히면서, 검은 버드나무의 거무스름한 뿌리, 찢겨진 떡갈나무잎, 어디에서 날아왔는지 모를 보리짚단 등을 수면으로 뱉어내는 것이었다.

저녁때가 되면 서쪽에는 붉은 버찌빛의 저녁놀이 타올랐다. 커다란 포플라 그늘에서 달이 떠오른다. 달빛은 하얗고 차가운 불꽃이 되어 돈으로 흩어져 가고, 바람이 잔잔한 물결을 일으키고 있는 곳에서는 반사된 검정빛을 반짝였다. 밤이 되면 물의 웅얼댐과 어울려서 북쪽으로 날아가는 무수한 기러기떼의 울음소리가 섬 위로 끊임없이 울려 퍼졌다. 누구의 위협도 받지 않는 새들은 섬 동쪽 물가에 자주 내려앉았다. 흐름이 고요하게 멈춘 곳이나 물에 잠긴 숲속에서 수오리가 도전하듯이 날개를 퍼덕였다. 들오리가 울고, 기러기가 꾸륵꾸륵 떠들어댔다. 언젠가 그리고리는 발소리도 내지 않고 몰래 물가로 다가가 섬에서 아주 가까운 곳에 큰 백조떼가 있는 것을 발견했다. 태양은 아직 뜨지 않았다. 저 멀리 숲 뒤에 아침놀이 밝게 타올랐다. 그 놀에 반사되어 물은 장밋빛으로 보이고, 그 물 위에서 꼼짝도 하지 않고 도는 해를 향해 자랑스럽게 머리를 쳐든 웅대한 백조의 모습도 장밋빛으로 비쳐 보였다. 순간 물가에서 부스럭거리는 소리를 듣자 백조는 은퉁소를 부는 듯이 맑은 소리를 내면서 날아올랐다. 백조가 숲보다 높게 날아오르자 놀라울 만큼 반짝이는 그 날개의 눈빛 같은 섬광이 그리고리의 눈을 부시게 했다.

포민과 그 동료들은 제각기 멋대로 나날을 보내었다. 부지런한 스테를랴도니코프는 절름발이 다리를 멋지게 포개고 앉아서는 아침부터 밤까지 옷이며 신을 고치거나 공들여 총을 손질했다. 축축한 땅바닥에 누워 밤을 새워 몸이 고장 난 카파린은 하루 종일 반외투를 머리부터 뒤집어쓰고는 양지쪽에 누워서 콜록콜록 마른기침을 했다. 포민과 츄마코프는 종이를 잘라서 만든 카드로 싫증도 내지 않고 카드놀이에 열중했다. 또 그리고리는 섬 안을 돌아다니거나 한참씩 물가에 앉아 있곤 했다. 그들은 서로가 별로 말을 나누지 않았다. 왜냐하면 얘기할 만한 일은 이미 오래 전에 다 해버렸기 때문이었다. 그들이 한자리에 모이는 것은 식사 때와 포민의 사촌이 배를 타고 오기를 기다리는 밤뿐이었다. 모두들 완전히 지쳐 있었다. 어느 날 이 섬에 온 뒤 처음으로 그리고리는 츄마코프와 스테를랴도니코프가 웬일인지 갑자기 왁자지껄 떠들면서 씨름을 하는 것을 보았다. 두 사람은 낑낑대거나 짧은 농담을 나누면서 한 자리에서 씨름하고 있었다. 두 사람의 발은 복사뼈에까지 하얀 모래에 묻혀 있었고 힘은 절름발이인 스테를랴도니코프가 한층 셌지만, 기술은 츄마코프가 더 좋았다. 두 사람은 어깨를 내밀어 서로 허리띠를 잡고는 재빠르게 상대의 다리를 노리면서 카르므이크식 씨름을 했다. 두 사람의 얼굴은 긴장으로 창백해지고, 숨결은 거칠어져 헐떡거렸다. 그리고리는 재미있게 씨름을 구경했다. 츄마코프가 틈을 타 갑자기 뒤로 벌떡 누우면서 상대를 휙 끌어당긴 다음 상대의 몸을 구부린 왼다리에 얹어서 자기 몸 너머로 획 밀쳐냈다. 1초도 지나기 전에 족제비처럼 탄력이 있고 재빠른 츄마코프는 벌써 스테를랴도니코프 위에 엎드려서 그의 어깨뼈를 모래에다 마구 찍어 눌렀다. 숨을 헐떡거리면서 웃음을 터뜨린 스테를랴도니코프가 소리쳤다.

"이 새끼! 이렇게 밀쳐내도 좋다는 약속은 하지 않았어······"

"어린 수탉의 싸움이군. 이제 그만둬. 그러다가는 진짜 싸움이 되겠어." 포민이 말했다.

그러나 두 사람은 절대로 주먹다짐을 하려고 한 게 아니었다. 그들은 사이 좋게 서로 껴안고는 모래 위에 앉았다. 츄마코프는 공허한, 그러나 듣기 좋은 저음으로 템포 빠른 춤곡을 노래 부르기 시작했다.

아, 그대 마로즈(혹한)여!
아, 그대 마로즈여
그대 세례식의 준엄한 포즈
그대는 갈대 속에 잿빛 이리를 얼어붙게 하고,
그대는 아가씨를 다락방에 가둔다······

스테를랴도니코프가 그 노래의 다음 가락을 가느다란 테너로 이었다. 두 사람은 멋지게 가락을 맞추어서 노래 불렀고, 그 합창은 뜻밖에도 일을 생겨나게 했다.

아가씨는 바깥 계단에 나왔다
검은 슈바(모피 외투)를 들고
말을 탄 카자흐 병사에게 입혔다……

스테를랴도니코프는 더 참을 수가 없었다. 그는 벌떡 일어나서, 손가락을 딱딱 꺾으면서 저는 쪽 다리로 모래를 휘젓듯이하고 춤을 추었다. 츄마코프는 노래를 계속하면서 칼을 꺼내 모래땅에 조그마한 구멍을 파놓고는 말했다.

"잠시만 기다려, 절름발이 악마야! 네 다리는 한쪽이 짧으니까 편평한 곳에서 춤추기가 불편하겠지…… 비탈에서 추거나, 아니면 긴 다리를 이 구멍에 넣고 짧은 다리는 밖에 내놓고 춰야 해. 자, 긴 다리를 구멍에 넣고 해봐. 매우 편리할 테니까…… 자, 해봐, 해봐."

스테를랴도니코프는 이마의 땀을 씻고, 얌전하게 성한 쪽 발을 츄마코프가 파놓은 구멍에 넣었다.

"정말인데, 한결 편리하구나."

츄마코프는 웃느라 숨마저 헐떡이며 손뼉을 탁 치고는 빠르게 노래 부르기 시작했다.

떠날 때는—사랑스런 사람이여, 들려줘요
들려만 주면—당신에게 키스해 드리겠어요……

스테를랴도니코프는 춤의 명수에게서 나타나는 특유의 진지한 표정을 얼굴에 띤 채, 노래에 맞추어 경쾌히 춤을 추었다. 그리고 프리샤도카(무릎을 구부리고 앉아 뛰면서 추는 러시아 민속 무용)까지 흉내 내었다.

매일 매일이 꼭 같았다. 어두워지기 시작하면, 모두 견딜 수 없는 기분으로 포민의 사촌이 오기를 기다렸다. 5명이 모두 물가에 모여서 작은 소리로 얘기를 나누고, 외투자락으로 불빛을 가리고는 담배를 피웠다. 앞으로 1주일쯤 더 섬에서 지내고, 그리고는 야음을 틈타 돈 오른쪽 기슭으로 건너가서 말을 입수하여 남부로 가기로 결론이 났다. 소문에 의하면 남부 어디엔가 반도인 마스라크 일당이 배회하고 있다는 것이었다.

1884 고요한 돈강

포민은 이 언저리의 마을 중 어느 마을에 승마에 적합한 말이 있는가를 알아봐 달라고 친척에게 부탁하였다. 동시에 관구 안에서의 사건과 형편을 매일 알려 달라고 했다. 돈 왼쪽 기슭에서는 포민의 수색이 행하여지고 루베지누이 마을에도 적위병이 찾아왔지만 포민의 가택을 수색하고는 곧 바로 물러갔다는 것이었다.

"한시라도 빨리 이곳을 떠나야 돼. 어째서 이런 곳에서 언제까지나 멍청하게 있는단 말인가? 내일 당장 출발하자."

한번은 점심때 츄마코프가 제안했다.

"아냐, 먼저 말부터 알아봐야 돼. 뭐 그렇게 서두를 건 없지 않나? 좀더 좋은 음식을 먹을 수만 있다면 이곳 생활을 겨울까지 계속해도 좋을 정도야. 좀 봐라, 주위의 경치가 얼마나 근사한가! 여기서 좀 쉬다가 다시 거사를 하는 거다. 우리를 잡아 보라고 해. 그렇게 엿장수 마음대론 되지 않을 테니. 나는 분명히 당했지, 내가 미련했던 탓이라고 후회하고 있다. 물론 분하지만 그렇다고 이것으로 모든 게 끝장은 아니야. 또 한번 사람들을 끌어 모으는 거야! 말을 타고 근처 마을을 돌기만 하면 1주 뒤에는 약 50명은 모인다. 그 다음에는 100명이 된다. 인원은 자꾸 늘어난다. 정말이야!"

포민이 말했다.

"헛소리 마! 어리석은 망상이야. 카자흐는 우리를 배신했어. 카자흐는 우리를 거부했고 앞으로도 따르지 않아. 진실을 분명하게 파악해서 힘을 내야 돼. 어리석은 희망을 기대해서는 안 되는 거야."

카파린이 화를 내며 말했다.

"어째서 따르지 않는다는 거지?"

"처음부터 따르지 않았으니까 앞으로도 따르지 않아."

"좋아, 어떻게 되는지, 두고 보자. 나는 무릎 꿇지는 않을 테니까!"

포민이 도전하듯이 말했다.

"모두 쓸데없는 헛소리야."

카파린은 시친 듯이 말했다.

"이 악당놈! 어째서 그렇게 까다롭게 구는 거냐? 네놈의 그 질질 짜는 꼴 정말 딱 질색이야! 그럴 바엔 어째서 시작했지? 무엇 때문에 반란을 일으킨 거야? 그렇게 형편없는 배짱으로 무얼 그렇게 주제넘게 구는 거야? 처음에는 나를 부추겨 놓고 이제 와서 어디로 숨어버리자는 거지? 어이, 왜 잠자코 있어, 임마?"

포민이 화나서 소리쳤다.

"너와 할 얘기는 한 마디도 없어. 멋대로 해, 이 바보 새끼!"

카파린은 신경질적으로 소리치고, 반외투의 깃을 세워 추운 듯이 턱을 묻으면서 일어섰다.

"고상하다는 놈들은 모두 저런 식으로 껍질이 얇은 거야. 조금만 무슨 일이 있으면 금방 움츠러들고……"

포민이 한숨을 내쉬며 중얼거렸다.

얼마 동안 그들은 말없이 규칙적이고 세찬 물소리를 들으면서 앉아 있었다. 머리 위로 한 마리의 암오리가 두 마리의 수오리에 쫓겨서 괴롭게 울면서 날아갔다. 힘차게 지저귀고 있던 찌르레기 떼가 숲속 빈터에 내려앉았다. 그러나 곧 사람들을 발견하고는 상공으로 높이 올라가 날면서 검은 새끼줄과 같은 대형을 지었다.

잠시 있다가 카파린이 다시 다가왔다.

"나는 오늘 마을로 가려고 해."

그는 포민을 보지 않은 채 눈을 깜박이면서 말했다.

"도대체 무엇 때문이지?"

"당연한 걸 다 묻는군. 나는 감기가 몹시 들어 이제는 거의 서 있을 수도 없을 지경인데, 모르고 있었나?"

"그게 어쨌다는 거냐? 마을에 가면 네 감기가 낫기라도 한다는 얘긴가?"

포민은 침착하게 물었다.

"며칠이라도 좋으니까, 따뜻한 곳에서 지내야 할 필요가 있어."

"어디에도 가지 못해."

포민이 잘라 말했다.

"나더러 여기에서 죽으라는 건가?"

"멋대로 해."

"그런데 어째서 내가 가서는 안 된다는 거지? 이렇게 차가운 곳에 마냥 누워 있다가는 나는 뻗어버릴 거야!"

"마을에 가서 잡히면 어떻게 하지? 그걸 생각해 보았나? 그렇게 되면 우리가 다 당하는 거야. 네가 어떤 인간인지 내가 모르고 있을 줄 알아? 너는 맨 처음 심문에서 우릴 팔아넘길 게 틀림없어! 아니, 심문도 받기 전에, 뵤시키로 가는 도중에 배신을 하겠지."

츄마코프는 웃음을 터뜨리며 그렇다는 듯이 머리를 끄덕였다. 그는 완전히 포민과 의견이 같았다. 하지만 카파린은 여전히 고집 세게 버텼다.

"나는 가야 해. 너의 그 재치 있는 예상도 내 신념을 굽히지는 못해."

"얌전히 있어. 쓸데없는 짓은 하지 마."

"하지만 알겠나, 야코프 에피모비치, 나는 이런 들짐승 같은 생활에는 이제 도저히 견딜 수가 없어. 나는 늑막염에 걸렸어. 어쩌면 폐렴이 될지도 모른다구!"

"낫겠지. 양지쪽에 누워 있으면 낫고말고."

카파린이 격렬한 어조로 선언했다.

"나는 무슨 일이 있어도 오늘 떠나겠어. 나를 말릴 권리가 너에게는 없어. 어떤 일이 있더라도 갈 테다!"

포민은 찬찬히 카파린을 바라보고는 의심스럽다는 듯이 눈을 가늘게 좁혀 츄마코프에게 뭔가 눈짓을 하고는 땅바닥에서 일어섰다.

"어이, 카파린, 정말로 병이 난 모양이군…… 틀림없이 열이 높은 거야. 어디 좀 만져 보자…… 열이 있나?"

그는 손을 앞으로 내밀면서 카파린에게로 몇 걸음 다가갔다.

카파린은 포민의 얼굴에서 무엇인가 섬뜩한 것을 보았는지, 뒷걸음질을 치면서 격렬하게 외쳤다.

"가까이 오지 마!"

"띠들지 마! 왜 그렇게 띠드나? 나는 그지 믿져민 보려는 기아. 뭘 그렇게 화를 내나?"

포민은 한 발 앞으로 나서서 카파린의 목을 꽉 잡았다.

"이 새끼, 손을 들겠다는 거지?"

짓누르는 늣한 복소리로 말하고는 카파린을 땅바닥에 메어꽂으려고 온몸의 힘을 짜냈다.

그리고리는 안간힘을 써서 간신히 두 사람을 떼어 놓았다.

점심 뒤에 그리고리가 세탁한 셔츠를 덤불에다 널고 있는데, 카파린이 찾아왔다.

"자네와 둘이서만 하고 싶은 얘기가 있는데…… 좀 앉지 않겠나?"

두 사람은 폭풍에 쓰러져서 썩어가는 포플라 줄기에 걸터앉았다.

카파린은 마른기침을 하면서 말했다.

"저 바보 녀석의 행패를 어떻게 생각하나? 자네가 끼어들어 말려준 것을 진심으로 감사하네. 자네는 장교답게 훌륭하게 행동했어! 하지만 도저히 견딜 수가 없어. 이 이상 더는 참을 수 없네. 우리는 짐승이나 마찬가지야…… 앞으로도 우리는 더운 음식을 먹을 수 없겠지. 그리고 이 축축한 땅바닥에서 자고…… 나는 감기로 옆구리가 보통 아픈 게 아냐. 확실히 폐렴이 생긴 거야…… 나는 청결한 새 셔츠와 시트에 대한 공상에 매일 시달려…… 아니, 이젠 참을 수 없어."

그리고리는 미소를 지었다.

"쾌적한 생활을 적으로 삼아서 싸울 생각이 아니었나?"

"좀 들어보라구, 들어봐. 이게 전쟁이라는 건가? 이건 전쟁이 아니야. 이건 끝없는 방랑이지. 소비에트의 관리 몇을 살해하고는 도망친 그것뿐이거든. 민중이 우리를 지지하는 반란이 일어났다면 전쟁이라 해도 되겠지만 말이야. 이건 전쟁이라고는 할 수 없어. 아니, 전쟁 비슷한 것도 아니야!"

카파린이 기세좋게 말했다.

"우리로서는 달리 갈 길이 없어. 항복이 불가능하다면."

"그래. 그럼, 어떻게 해야 되지?"

그리고리는 어깨를 움찔했다. 그는 이 섬에 온 뒤로 자주 머리에 떠오르던 것을 얘기했다.

"나쁜 자유가 좋은 감옥보다는 그래도 훨씬 낫지. 감옥이 튼튼할수록 악마는 기뻐한다는 속담도 있으니까 말야."

카파린은 지팡이로 모래땅에 무엇인가를 그렸다. 얼마 동안 잠자코 있다가 이윽고 입을 열었다.

"항복이 절대로 필요하다는 얘기는 아니야. 하지만 볼셰비키와의 투쟁에는 무엇인가 새로운 형태를 찾지 않고서는 안 돼. 어쨌든 이 추악한 패거리와는 헤어져야 돼. 자네는 인텔리니까……"

"내가 어째서 인텔리란 말인가. 나는 말도 제대로 못하는 처지인데."

그리고리는 빙그레 미소 지었다.
"자네는 장교야."
"어쩌다 그렇게 됐을 뿐이야."
"아냐, 농담은 그만둬. 자네는 훌륭한 장교야. 장교 사회에 들어가서 교제를 했고, 진정한 인간을 보아 온 거야. 자네는 포민과 같은 소비에트의 벼락출세자가 아니야. 자네는 여기에서 지낸다는 게 무의미하다는 걸 알고 있겠지. 여기에 있는 건 자살이나 마찬가지야. 저놈 덕분에 우리는 그 떡갈나무 숲에서 무참하게 적에게 공격을 받은 거야. 앞으로도 우리의 운명을 놈에게 맡겨 둔다면 또 얼마든지 비참한 꼴을 당하겠지. 요컨대 저놈은 아주 형편없는 자식이야. 게다가 난폭하고, 놈과 함께 있다가는 파멸뿐이라구!"
"결국 항복은 안 하지만 포민에게선 떠난단 얘긴가? 어디로 가지? 마스라크에게라도 찾아가겠나?"
그리고리가 물었다.
"아니, 그자 역시 비슷한 모험주의자에 지나지 않아. 다만 규모가 좀 크다는 것뿐이지. 나는 이제 생각이 달라. 이곳을 떠나는 것은 마스라크에게로 가기 위해서가 아니라구."
"그럼, 어디로 가나?"
"뵤센스카야로 가지."
그리고리는 화가 치밀어서 어깨를 들썩였다.
"그건 말하자면 샀던 물고기에 다시 이중으로 돈을 내는 것이나 마찬가지야. 그런 일은 나에게 맞지 않아."
카파린은 눈을 날카롭게 번쩍이며 그리고리를 뚫어지게 바라보았다.
"자네는 내 얘기를 이해하지 못하는 거야, 멜레호프. 내가 자네를 믿어도 될까?"
"물론."
"장교의 맹세에 걸고?"
"카자흐의 맹세에 걸고."
카파린은 야영지에서 쑥덕거리고 있는 포민과 츄마코프 쪽을 살펴보았다. 그들과의 거리가 상당히 떨어져 이쪽 얘기가 들릴 리 만무한데도 카파린은 목소리를 낮추었다.

"나는 포민 패거리들과 자네와의 관계를 알고 있어. 자네는 저 패거리 사이에서는 나와 마찬가지로 이단자야. 무엇이 자네를 소비에트 정권에 반항하도록 만들었는지, 그 원인에 대해서는 나는 흥미가 없네. 만일 내 판단이 옳았다면, 그건 자네의 과거와 체포될 걱정 때문이겠지. 그렇지 않나?"

"자네는 그 원인에는 흥미가 없다고 말하지 않았나?"

"그래, 그렇지. 그저 무심결에 나온 말이야. 그런데 이번엔 나에 대한 얘기를 좀 들어주게. 나는 전에는 장교이고 사회혁명당 당원이었지. 그런데 나중에 스스로 정치적 신념을 낱낱이 재검토해 봤더니…… 군주제만이 러시아를 구할 수 있단 생각이 들었어. 군주제만이 말이야. 신의 섭리가 우리 조국이 갈 길을 밝히고 있는 거야. 소비에트 권력의 상징은 MOLOT(망치)와 SERP(낫)이지. 그렇지 않아?"

카파린은 모래땅에 'MOLOT, SERP'라고 나뭇가지로 써 보였다. 그러고는 뜨겁게 타오르는 눈빛으로 그리고리의 얼굴을 한참이나 바라보았다.

"자아, 이걸 거꾸로 읽어 보게. 읽었나? 알겠나? PRESTOLOM(제위에 의해서)이 되네. 즉 제위에 의해서만 혁명과 볼셰비키 정권은 종말을 고하는 거야! 이것을 알았을 때 나는 얼마나 신비로운 공포에 휩싸였던지! 난 두려움에 떨었지. 왜냐하면 이것은 즉 우리의 동요에 종말을 지시하는 하늘의 계시이기 때문이야……"

카파린은 흥분해서 숨을 헐떡이면서 입을 다물었다. 온화하고도 광기어린 그의 날카로운 눈은 그리고리를 뚫어지게 보았다. 하지만 그리고리는 이런 하늘의 계시에 전혀 두려움에 떨지도, 신비로운 공포에 휩싸이지도 않았다. 그는 사물을 언제나 맑은 정신으로 상식적으로 보았다. 그래서 그의 대답은 이러했다.

"전혀 하늘의 계시도 무엇도 아니네. 독일과의 전쟁 때 자네는 전선에 갔었나?"

뜻밖의 질문에 당황하여 카파린은 얼른 대답하지 못했다.

"어째서 자네는 갑자기 그런 것을 묻지? 아냐, 전선에 직접 나가지는 않았었지."

"그럼, 전쟁 중에 어디 있었나? 후방인가?"

"그렇지."

"계속?"

"그래. 결국 계속 있은 셈은 아니지만, 대부분이지. 한데 어째서 그런 걸 묻나?"

"나는 1914년부터 오늘에 이르기까지, 중간에 잠깐 쉰 일은 있었지만 계속 전장에 있었지. 그런데 그 하늘의 계시니 신의 가르침이니 하는 것 말이네만…… 신이란 존재하지 않네. 따라서 하늘의 계시 따위도 있을 까닭이 없지 않나? 그런 어리석은 일을 믿는 것을 나는 벌써 옛날에 그만뒀네. 1915년 뒤로 전쟁이라는 걸 지겹도록 보아 왔기 때문에 신 따위는 존재하지 않는다는 것을 분명하게 알았지. 신은 없어. 만일 신이 있다면 인간을 그토록 혼란스럽고 무질서하도록 내버려둘 턱이 없지. 우리 전장의 전투원들은 신을 믿지 않아. 신은 늙은이나 여자들에게만 존재하는 거지. 늙은이나 여자들이 그것으로 위안을 얻는다면 그렇게 해두는 게 좋기 때문이야. 하늘의 계시 따위는 있지도 않고, 군주제도 있을 수 없는 거야. 백성은 그걸 물에 장사지내버린 거야. 게다가 지금 자네가 보여 준 그 여러 문자를 거꾸로 읽는 것은 실례되는 말이지만 아이들 장난일 뿐으로, 그 이상 아무것도 아니야. 그런데 내가 좀 알 수 없는 것은 어째서 자네가 그런 것을 인용해서 얘기하는가 하는 것이야. 좀 더 솔직하고 간단하게 얘기를 해줬으면 좋겠어. 나는 사관학교에도 가지 않았고, 장교는 됐지만 배운 것은 별로 없어. 나에게 좀 더 배운 것이 있었다면 아마 봄 홍수로 섬에 갇힌 이리처럼 섬에 자네들과 함께 나자빠져 있지는 않았을 거야."

그는 그 어조에 분명하게 연민의 정을 담아서 말을 맺었다.

"그런 일은 중요하지 않아. 자네가 신을 믿는가 믿지 않는가 하는 건 중요한 일은 아니지. 그건 자네의 신념, 자네의 양심 문제야. 마찬가지로 자네가 군주제주의자이건 입헌주의자이건, 또 독립을 지지하는 단순한 카자흐이건, 그것도 그다지 대단한 의미는 없어. 중요한 것은 소비에트 정권에 대한 태도가 일치되어 있다는 것, 이 일치가 우리를 결속시키고 있다는 얘기지. 자네는 여기에 찬성하나?"

카파린이 당황해서 말했다.

"그래서?"

"우리는 카자흐의 전체적인 대반란이 일어날 것에 운명을 걸었어. 그렇지? 그런데 이 기대는 깨버렸지. 그래서 지금은 이런 상태에서 어떻게든 빠져 나가지 않으면 안 돼. 볼셰비키와는 나중에 다시 싸울 수가 있어. 다만 포민과 같은 자를 지휘자로 삼아서는 안 되는 거야. 지금 당장에 중요한 것은 자신의 생명을 보전하는 일이야. 그렇기 때문에 나는 자네에게 동맹을 제안하고 있는 거지."

"어떤 동맹이지? 누구에 대한?"

"포민에 대해서야."

"무슨 소린지 모르겠는데."

"아주 간단하고 또 명료해. 나의 공모자가 되어 달라는 거야."

카파린은 몹시 흥분해서 숨을 헐떡이면서 얘기했다.

"둘이서 저 세 사람을 해치우고 뵤셴스카야로 가는 거야. 알겠나? 그럼으로 해서 우리는 구원받는 거지. 소비에트 정권에 대한 공적으로 우리의 형벌은 면제된다. 우리는 살아나는 거야! 알겠지? 살아나는 거야! ……스스로 자신의 생명을 구하는 거야! 이건 말할 것도 없지만, 물론 언젠가는 기회를 보아서 우리는 볼셰비키에 대한 투쟁을 시작하는 거지. 그때는 중대한 일이 벌어지겠지만, 그건 저 형편없는 포민이 벌이는 그런 모험과는 달라. 찬성하겠나? 이것이 지금 우리의 절망적인 상태에서 벗어날 수 있는 유일한 방법이고, 더구나 훌륭한 탈출임을 잘 생각해 보게."

"그래, 그래서 어떻게 한다는 거지?"

그리고리는 분노에 몸이 떨렸지만, 그 엄습해 온 감정을 되도록 숨겼다.

"충분히 생각해 봤는데 말이네, 밤중에 칼로 해치우는 거야. 내일 밤에 우리에게 식량을 공급해 주는 그 카자흐가 오면 그 배로 돈을 건너가는 거지. 단지 그뿐이야. 매우 손쉽고, 아무런 어려운 책략도 필요 없어!"

그리고리는 일부러 사람 좋은 미소를 띠면서 말했다.

"그거 근사한데! 그런데 카파린, 오늘 아침에 자네가 따뜻한 곳으로 가겠다고 했을 때…… 자네는 뵤시키로 갈 생각이었지? 포민이 자네 계획을 뚫어본 게 아닌가?"

카파린은 사람 좋은 미소를 짓고 있는 그리고리의 얼굴을 주의 깊게 바라보았다. 얼마쯤 당혹한 듯이 어색하게 자신도 미소 지었다.

"정직하게 말해서…… 자기 자신의 생명에 관계될 때에는 이것저것 수단을 고르고 있을 수 없잖나."

"우리를 팔아넘기려고 한 거지?"

"그래."

카파린은 정직하게 인정했다.

"하지만 자네만은 어떻게든 불쾌한 일에서 살아남기를 기대하고 있었지. 좋다, 이 섬에서 자네가 붙잡히는 한이 있더라도 하고 말이야."

"한데 어째서 자네는 혼자서 우리를 해치우지 않았던 거지? 밤중이라면 간단히 할 수도 있었을 텐데."

"그건 모험이야. 맨 처음 한 발을 쏘면 다른 사람들이……"

"무기를 버렷!"

그리고리가 권총을 움켜쥐고 자제하는 목소리로 말했다.

"버리지 않으면 이 자리에서 쏴버리겠다! 지금 내가 일어서서 포민이 보지 못하도록 가릴 테니까 내 발밑에 권총을 버려라. 자! 쏘겠다는 생각 따윈 하지 마! 움직이면 쏜다!"

카파린은 송장처럼 창백해져 꼼짝도 하지 않았다.

"죽여주게!"

그는 새파래진 입술을 간신히 움직여 중얼거렸다.

"죽이지는 않는다. 하지만 무기는 압수하겠다."

"자네는 나를 인도하려는 거군……"

수염이 텁수룩하게 난 카파린의 볼에 눈물이 흘러내렸다. 그리고리는 혐오와 연민의 정으로 얼굴을 찌푸린 채 부드럽게 말했다.

"권총을 버려! 인도하지는 않는다. 그럴 필요가 없어. 너는 형편없는 비겁자야. 에이, 비겁한 놈!"

카파린은 권총을 그리고리의 발밑에 던졌다.

"브로닝은 어쨌나? 브로닝도 내놔. 브로닝은 네놈의 저고리 가슴주머니에 들어 있어."

카파린은 번쩍이는 니켈빛의 브로닝을 꺼내 던지고는 두 손으로 얼굴을 가렸다. 그는 통곡을 하면서 몸을 떨었다.

"그만두지 않겠나, 자식!"

그리고리는 이 사내를 때려주고 싶은 충동을 간신히 누르면서 엄하게 말했다.

"자네는 나를 인도하겠지…… 나는 이제 끝장이야."

"그런 짓은 안 한다고 말하지 않았나. 하지만 이 섬에서 모두 떠난 뒤 너도 어디로든 도망쳐라. 너 같은 놈은 누구에게도 쓸모가 없어. 혼자 멋대로 은신처를 구해라."

카파린은 얼굴에서 손을 떼었다. 부어오른 눈과 덜덜 떨리는 아래턱과 젖어서 보랏빛으로 된 얼굴이 무서울 지경으로 참혹했다.

"어째서, 그렇다면…… 어째서 무기를 모두 빼앗는 거지?"

그는 더듬거리면서 말했다.

"그건 말이다…… 네놈이 우리 등을 쏘지 못하도록 하기 위해서이다. 너희 학문이 있다는 놈들이란 무슨 짓을 할지 모르니까…… 까닭도 모르는 하늘의 계시니 황제니 신이니 지껄이면서…… 너는 비굴한 놈이야……"

그리고리는 카파린 쪽은 쳐다보지 않고 자꾸만 나오는 침을 뱉으면서 천천히 야영지를 향해서 걸어갔다.

스테를랴도니코프는 밀랍을 칠한 제화용 실로 안장 가죽끈을 꿰매면서 나직하게 휘파람을 불었다. 포민과 츄마코프는 옷자락을 깔고 누워서 여전히 카드놀이를 하고 있었다.

포민은 그리고리를 힐끔 보면서 물었다.

"저 녀석이 자네에게 뭐라고 말하든가? 무슨 얘기였지?"

"생활에 대해서 투덜거렸어…… 여러 가지로 불평을 하더군……"

그리고리는 약속을 지켰다. 카파린을 인도하지는 않았다. 하지만 밤이 되자 몰래 카파린의 총에서 노리쇠를 빼내어서는 숨겨 버렸다. '밤중에 어떤 짓을 할지 모르니까 말이야……' 밤에 잠자리에 들면서 생각했다.

아침에 포민이 그를 흔들어 깨웠다. 포민이 웅크리고 앉아서 작은 목소리로 물었다.

"카파린의 무기를 빼앗았나?"

"뭐라고? 무슨 무기를?"

그리고리는 몸을 일으켜 간신히 등을 폈다.

그는 새벽녘에야 겨우 잠이 들었는데, 아침에는 몹시 추워 잔뜩 웅크리고 있었다. 그의 외투도 모피 모자도 장화도 모두 해 뜰 무렵에 내린 이슬로 흠뻑 젖어 있었다.
"그놈의 무기가 보이지 않는데, 자네가 빼앗았지? 어이, 일어나봐, 멜레호프."
"응, 내가 빼앗았지. 그런데 그게 어쨌다는 거지?"
포민은 잠자코 있었다. 그리고리는 일어나서 외투를 털었다. 츄마코프가 별로 떨어지지 않은 곳에서 아침 준비를 했다. 그는 이 야영지에 단 하나밖에 없는 수프 접시를 씻고, 둥그런 빵을 가슴에 안고 와서 그것을 정확히 넷으로 자르고, 주전자의 우유를 수프 접시에 따르고, 굳어진 진한 보리죽을 잘게 으깨면서 그리고리를 바라보았다.
"오늘은 몹시 잠꾸러기군. 좀 봐. 해가 어디 있는지!"
"양심이 깨끗한 자는 언제나 잘 잔다고 하지."
스테를랴도니코프가 깨끗하게 씻은 나무 숟가락을 외투자락으로 닦으면서 말했다.
"봐라, 카파린 같은 놈은 밤새도록 자지 못하고 이리저리 몸부림만 치지 않나……"
포민은 말없이 미소 지으면서 그리고리를 보았다.
"자, 아침 식사 자리에 앉게나. 도둑놈 일당들!"
츄마코프가 권했다.
그는 맨 먼저 숟가락으로 우유를 뜨고, 자기 몫인 빵을 반쯤 물어뜯었다. 그리고리는 자기 숟가락을 들고 조심스럽게 모두를 둘러보면서 물었다.
"카파린은 어디 있나?"
포민과 스테를랴도니코프는 말없이 먹고 있었다. 츄마코프는 가만히 그리고리를 바라보았지만, 역시 아무 말도 안했다.
"카파린은 어디 간 거지?"
그리고리는 밤중에 일어난 사건을 희미하게나마 짐작하면서 되물었다.
"카파린은 지금 아주 먼 곳에 있지. 그는 로스토프로 떠나간 거야. 지금쯤은 벌써 우스치 호표르 근처까지 가 있겠지…… 저 봐, 저기에 놈의 바외투가 걸려 있네. 보게."
츄마코프가 조용히 미소 지으면서 대답했다.
"그럼, 정말로 해치워버린 건가?"

그리고리는 카파린의 반외투를 힐끗 쳐다보고 물었다.
새삼 물어볼 것도 없는 일이었다. 모든 것은 명백했다. 그래도 그는 왠지 확인해 보고 싶었다. 한 번으로는 대답해 주지 않자 그는 거듭 물었다.
"뻔한 얘기지. ……해치웠어. 내가 죽여주었지. 살인은 내 담당이야……"
츄마코프는 이렇게 말하고 잿빛의 여성적인 아름다운 눈을 속눈썹으로 덮었다.
그리고리는 주의 깊게 츄마코프의 모습을 보았다. 츄마코프의 가무잡잡하고 붉은 기가 도는 예쁜 얼굴은 침착하고 명랑해 보이기까지 했다. 황금빛을 띤 희끄무레한 콧수염은 검은 눈썹과 뒤로 빗어 넘긴 머리칼을 돋보이게 하면서 볕에 그을린 얼굴을 뚜렷이 떠오르게 했다. 포민 비적단의 뛰어난 이 사형 집행인은 누가 보더라도 미남자로서 겸손해 보이는 사내였다…… 그는 숟가락을 내려놓고, 손등으로 수염을 훔쳤다.
"야코프 에피무이치에게 감사하게나, 멜레호프. 자네 목숨을 구해 준 것은 이 사람이야. 그렇지 않았으면 지금쯤 자네도 카파린과 함께 돈강에 떠다니고 있겠지."
"그건 또 어째서지?"
츄마코프는 띄엄띄엄 얘기하기 시작했다.
"카파린은 아마 항복하려고 생각하고 있었던 모양이야. 어제 자네하고 한참 뭔가 얘기하고 있었지…… 그래서 야코프 에피무이치와 나는 카파린을 처치해야 되겠다고 결심한 거야. 모두 얘기해도 괜찮겠지?"
츄마코프는 물으면서 포민을 쳐다보았다.
포민은 고개를 끄덕였다. 츄마코프는 설익은 기장 알맹이를 뽀드득뽀드득 소리 내어 씹으면서 얘기를 계속했다.
"나는 저녁때 떡갈나무로 곤봉을 만들고는, 야코프 에피무이치에게 말했지. '밤중에 카파린과 멜레호프를 둘 다 처치하겠다.' 그러자 그는 '카파린만 처치해. 멜레호프는 절대 안 돼.' 하는 거야. 그래서 그렇게 하기로 결정된 셈이지. 나는 카파린이 잠들기를 기다렸지. 그러자 놈이 잠들어서 코고는 소리가 들려왔어. 그래서 기어가 떡갈나무 뭉둥이로 머리를 후려쳤지. 우리 이 등대위란 놈 다리 한번 꿈틀거리지 않는 거야. 깨끗하게 뻗어버린 거지. 돼져버린 거야…… 모두 함께 몸을 샅샅이 뒤지고, 그러고는 팔 다리를 들어

물가로 가서 장화와 윗옷과 반외투를 벗기고 물속에 던져버렸지. 그 사이 자네는 계속 잠을 자고 있어서 아무것도 모른 거야…… 멜레호프, 어젯밤에는 사신(死神)이 바로 자네 옆에 서 있었어! 자네 머리맡에 서 있었던 거지. 야코프 에피무이치는 자네에게 손을 대서는 안 된다고 했지만 나는 '도대체 둘이서 무슨 애기를 했을까. 좋은 애기는 아니었을 게 틀림없어. 5명의 동료 중 둘만이 몰래 떨어진 곳에서 비밀 애기를 한다는 건 퍽 수상해……' 생각했지. 그래서 너에게 다가가서 해치워버릴까 했어. 그러나 한편으로 떡갈나무 몽둥이로 때린다 해도 지독하게 힘이 센 놈이니, 단번에 해치우지 못하면 벌떡 일어나서 거꾸로 쏘아올 것 같아서 망설였지…… 그러자 포민이 또 일을 방해한 거야. 옆으로 다가와서 '손을 대선 안 돼. 이자는 우리 동지야. 이 사람은 믿을 수 있어' 속삭였지. 이럭저럭 하는 동안에 까닭을 알 수 없는 일이 생겼어. 카파린의 무기가 도대체 어디로 가버렸느냐 하는 것이었어. 그래서 나도 네 옆을 떠났는데, 정말 자네는 잘 자더군. 아무것도 모르고 말이야."

그리고리는 조용히 말했다.

"죽여야 헛일이야. 어리석은 놈이지! 나는 카파린 따위의 음모에는 끼어들지 않아."

"그럼, 어째서 카파린의 무기가 자네에게 있었지?"

그리고리는 웃으면서 대답했다.

"어제 낮에 그놈의 권총을 빼앗아 버렸지. 그리고 저녁에 노리쇠를 때어내 담요 밑에 숨겨 두었던 거야."

그는 어제 카파린과 한 애기와 그의 제안을 모두 말해 주었다.

포민은 이상하다는 듯이 물었다.

"어째서 어제 그런 애기를 해주지 않았지?"

"그 코흘리개가 좀 불쌍했기 때문이야."

그리고리는 정직하게 고백했다.

"아, 멜레호프, 멜레호프! 동정심 따위는 카파린의 총 노리쇠를 숨겨 둔 그 자리에나 넣어 둬. 동정심을 담요 밑에나 넣어 두라고. 동정심 따위 갖고 있다가는 자네에게 좋을 게 하나도 없어. 혼만 날 뿐이지."

정말 어처구니가 없다는 듯이 포민은 소리쳤다.

"쓸데없는 설교는 마. 내 일은 내가 알아서 한다네."

그리고리는 쌀쌀맞게 대꾸했다.

"자네에게 설교 같은 걸 해봤자 별수 없는 건 알아! 하지만 만일 어젯밤에 너의 그 동정심 덕분에 무턱대고 너를 저 세상으로 보내버렸다면 어땠을까?"

"그래, 이제 됐어."

그리고리는 작은 소리로 대답했다. 그리고 다른 사람들에게 말한다기보다 자기 자신을 위해서 이렇게 덧붙였다.

"눈을 뜨고 있을 때 죽는 건 무섭지만, 잠들어 있을 때라면 분명 편할 거야……"

15

4월 말, 밤을 틈타 그들은 작은 배로 돈을 건넜다. 루베지누이 마을의 강가에서 니지네 크리프스코이 마을에서 온 젊은 카자흐인 알렉산드르 코세료프가 그들을 맞이했다.

"나는 당신을 따라가겠습니다. 야코프 에피무이치, 집에 있기가 싫어져서 말입니다."

그는 포민에게 인사하고 말했다.

포민은 팔꿈치로 그리고리를 툭 치면서 속삭였다.

"어때? 내가 얘기한 대로 아닌가…… 섬에서 건너오자마자 벌써 사람들이 모여들지…… 보게, 이 사람이 오지 않았나! 이 사람은 내 친지인데, 용감한 카자흐야. 징조가 좋아! 바로 일이 잘 풀릴 징조야!"

포민의 어조로 보아 그는 만족스러운 듯 새로운 동조자의 출현에 대해 몹시 기뻐했다. 강을 무사히 건너자마자 바로 한 사람이 그들에게 가담해 왔다는 것—이것이 포민의 기운을 북돋우고, 그에게 새로운 희망을 갖게 했다.

"야, 소총과 권총 외에 칼과 쌍안경도 가지고 왔군! 자네야말로 카자흐다! 티 없는 순수한 카자흐임을 금방 알 수 있어!"

코세료프의 무장을 어둠속에서 손으로 더듬으면서 만족스럽게 외쳤다.

포민의 사촌이 짐수레를 단 조그마한 짐말을 타고 강가로 왔다.

"안장을 수레에 실어 줘요. 자, 빨리 서둘러요. 시간도 별로 없고, 게다가

갈 길도 상당히 머니까……"

그는 목소리를 낮추어 말했다.

그는 애가 타서 포민을 재촉했다. 그러나 정작 포민은 섬에서 금방 건너온 감동에 젖어 오랜 만에 태어난 고향의 단단한 땅을 발밑에 느끼며, 잠시 자기 집에 들러서 마을의 친지들을 몇 사람 찾아보는 것도 괜찮으리라고 생각했다.

동이 트기 전에 야고드노에 마을 근처 말떼들 중에서 쓸 만한 것을 골라서 안장을 얹었다. 말떼를 지키는 노인에게 츄마코프가 말했다.

"할아버지, 말에 대해서는 걱정하지 말아요. 이 말은 그렇게 대단한 말은 아니에요. 게다가 우리는 아주 잠시만 이 말을 탈 뿐이고, 곧 좀 더 좋은 걸 발견하면 이 말을 임자에게 돌려주겠어요. 누가 말을 빼앗아갔느냐고 물으면…… 크라스노쿠츠카야의 경찰이 몰고 갔다고 얘기하세요. 상관없으니까 그 임자가 경찰에 가도록 하는 거지…… 그리고 경찰에게는 비적단을 추적하러 갔다고, 그렇게 말하세요!"

거기에서 포민의 사촌과 헤어진 일행은 길가로 나아가서 가다가, 이윽고 길을 꺾어 전진했다. 5명 모두 시원스러운 속보로 서남쪽을 향했다. 최근에 메시코프스카야 마을 근처에 마스라크 비적단이 나타났었다는 소문이 있었다. 포민은 그 마스라크 비적단과의 합류를 생각하고 그쪽을 향한 것이었다.

마스라크 비적단의 행방을 찾아서 그들은 3주야 동안 큰 마을들을 피하면서 돈 오른쪽 기슭 벌판을 돌아다녔다. 카르긴스카야 마을과 경계에 있는 크리미아인 마을에서 그 대단치 않은 말을 발이 가벼운 크리미아산 말로 바꾸었다.

4주야가 지난 어느 아침에 베이지 마을 근처에서 그리고리는 처음으로 멀리 떨어진 산마루에서 종대로 행군하는 기병대의 모습을 보았다. 2개 중대 이상이 길을 가고 있고, 그 양쪽으로 소수의 척후가 움직이고 있었다.

"마스라크일지도 몰라. 아니면……"

포민은 쌍안경을 눈에 댔다.

"비냐, 눈이냐, 오느냐, 안 오느냐? 야코프 에피무이치, 자세히 봐. 적이면 물러가야지. 그것도 잽싸게 말이야."

츄마코프가 장난치듯이 말했다.

"어이 저것 봐. 저쪽에서 우리를 향해 손짓을 하는데. 척후가 이리로 달려오고 있어!"

스테를랴도니코프가 소리쳤다.

실제로 저쪽에서는 포민들을 발견한 것이었다. 행군 종대의 우측으로 나아가고 있던 한때의 척후가 방향을 홱 틀어서 이쪽을 향해 달려왔다. 포민은 급히 쌍안경을 케이스에 넣었는데, 그리고리는 웃으면서 안장 위에서 몸을 숙여 포민의 말 재갈을 잡았다.

"그렇게 서두르지 마! 좀 더 가까이 가봐야 되지 않겠나. 저쪽은 기껏해야 12명이야. 자세히 보자. 만일의 경우에는 적당히 내뺄 수 있어. 우리말은 기운이 좋으니. 뭘 그렇게 놀라나? 쌍안경으로 자세히 봐!"

12명의 기마병은 차츰 다가왔다. 매분마다 그 모습이 확대되어 왔다. 어린 풀이 무성한 푸른 언덕을 배경으로 그들의 모습은 더욱 뚜렷하게 보였다.

그리고리와 다른 사람들은 초조하게 포민을 바라보았다. 쌍안경을 쥔 포민의 손이 약간 떨렸다. 그는 매우 긴장한 채 쌍안경을 들여다보고 있어 태양 쪽으로 향해진 눈에서 눈물이 스며 나올 정도였다.

"적이닷! 모자에 별이 붙어 있어!"

드디어 포민이 소리치고는 말머리를 돌렸다.

질주가 시작되었다. 등 뒤에서 탕탕, 탕탕…… 산발적인 사격 소리가 들려 왔다. 그리고리는 4킬로미터쯤 포민과 나란히 달리면서 가끔 뒤를 돌아다보았다.

"대단한 놈과 합류할 뻔했군."

그리고리가 장난스럽게 말했다.

포민은 여전히 잠자코 있었다. 츄마코프는 가볍게 고삐를 당기면서 소리쳤다.

"마을 근처에서 떨어져야 해! 뵤센스카야 방목장으로 가자. 그쪽이 인기척이 없거든."

거기서 몇 킬로미터쯤 더 미친 듯 달린다면 말은 뻗어버릴 것이었다. 길게 뽑은 말 목에는 거품 같은 땀이 돌고 주름이 세로로 깊게 새겨졌다.

"조금 천천히 가자! 고삐를 당겨!"

그리고리가 외쳤다.

12기 중에서 계속 추격해 오는 것은 9기 이고, 그 나머지는 훨씬 처져 있었다. 그리고리는 그들과의 거리를 눈으로 재어 보고는 소리쳤다.
"멈춰! 여기서 사격을 가하자!"
5명은 말의 걸음을 속보로 바꾸고는 재빨리 총을 겨누었다.
"고삐를 바싹 당겨! 맨 왼쪽에 조준을 맞춘다…… 쏘앗!"
그들은 5발씩 쏘고 한 적위병 말이 쓰러지자 또 다시 추격의 손길을 피해 달렸다. 그러나 적위병은 그리 맹렬하게 추격해 오지는 않았다. 먼 거리에서 가끔 쏘다가는 일시에 사라져버렸다.
"말에게 물을 좀 먹여야지. 아, 저기에 못이 있다."
스테를랴도니코프가 채찍으로 훨씬 저쪽의 푸르스름한 줄무늬를 띤 벌판의 못을 가리키면서 말했다.
그들은 이제 보통 속도로 가면서 주위의 응달이나 골짜기를 주의 깊게 살피고, 움푹움푹 지형 속으로 모습이 가려지도록 하면서 나아갔다.
못에서 말에 물을 먹이고 또다시 길로 나서서 처음에는 평보로, 얼마쯤 지나서는 속보로 말을 몰았다. 점심 때 벌판을 비스듬하게 횡단하는 깊은 골짜기의 비탈에서 쉬며 말에게 먹이를 주었다. 포민은 코세료프에게 명하여, 근처의 무덤 위에 올라가 엎드려서 망을 보도록 했다. 코세료프는 벌판 어딘가에 말을 탄 사람이 보이면 신호를 하고는 곧장 말을 올라타도록 되어 있었다.
그리고리는 자기 말의 다리 셋을 묶어서 자유롭게 근처 목장의 풀을 뜯도록 놓아 주고, 자신은 그 가까이 비탈의 건조한 장소를 골라서 누웠다.
골짜기의 볕이 잘 드는 양지쪽에 어린 풀이 무성하게 자라 있었다. 태양의 열로 데워진 검은 흙의 새큼한 듯한 냄새도 시들어가는 들제비꽃의 매우 기냘픈 향기를 지우지는 못했다. 제비꽃은 버려진 공한지에 물싸리의 색무늬를 이루고는 옛날의 밭두렁 경계의 끝까지 죽 펼쳐져 있었다. 돌처럼 단단한 땅 위에도 제비꽃은 지난해의 색 바랜 마른 풀에 섞여 어린이처럼 맑은 하늘빛 눈을 들어서 세상을 물러보고 있었나. 제비꽃은 이 쓸쓸하고 넓니넓은 벌판에서 이미 그 수명이 다해가고 있었다. 골짜기의 비탈에서는 제비꽃을 대신해서 꿈처럼 선명한 튤립이 태양을 향해서 진홍빛과 황금빛과 백색의 귀여운 꽃받침을 내민 채 탐스럽게 자라 있었다. 꽃의 갖가지 냄새가 녹아든 바람이 그 향기를 아주 멀리까지 벌판을 날아 퍼뜨렸다.
 절벽이 그늘을 이룬 북쪽 비탈의 험한 충적층에서는 반쯤 녹아 물방울들이 떨어지고 있는 눈의 층이 아직도 가로놓여 있었다. 그곳에서 차가운 바람이 불어왔다. 이 차가움이 시들어가는 제비꽃의 어딘가 소중한, 그러나 아주 오래 전에 지나가버린 추억과 비슷한 희미한 애수에 찬 향기를 오히려 돋보이게 했다……
 그리고리는 팔꿈치를 뒤로 짚고 반듯하게 누워 가랑이를 넓게 벌렸다. 그리고 탐하는 듯한 눈길로 아지랑이에 싸인 벌판을, 저 멀리 산꼭대기에 있는 푸르스름한 망루와 같은 무덤을, 비탈의 능선 위를, 하늘하늘 흘러가는 아지랑이를 바라보았다. 잠시 눈을 감으니까 멀리에서 또 가까이에서 지저귀고 있는 종달새 소리와, 경쾌하게 말이 걷는 소리와, 목초를 씹는 말이 푸르륵거리는 콧소리와, 재갈이 찰칵거리는 소리와, 어린 풀을 쓰다듬는 바람의 비단 스치는 듯한 소리 등이 뒤섞여 들려왔다…… 단단한 땅바닥에 몸을 찰싹 붙이면서 그는 마음 편안함과 졸린 듯한 아련한 느낌이 벅차올랐다. 이런 감각은 이미 전부터 그가 알고 있는 것이었다. 이런 감각은 언제나 몹시 불안한 경험을 한 다음에 일어났다. 그리고리는 주위의 것을 마치 처음으로 보는 양 다시 둘러보았다. 그러자 그의 시각도 청각도 예민해졌다. 전에는 깨닫지 못하고 있었던 일들이 이런 흥분을 일으킨 다음에는 그의 마음을 잡아끌었다. 매가 조그마한 새를 쫓아 둔하고 낮은 소리를 내면서 비스듬히 날아갔다. 검은 갑충이 그리고리의 벌린 두 팔꿈치 사이의 거리를 가로질러 가려고 애를 쓰면서 천천히 나아갔다. 선명한 처녀와 같은 색채로 반짝이고, 미풍에도 움직이는 적자색을 띤 검은 튤립이 산들거렸다. 그런 것들이 모두 그의 흥미를 끌었다. 튤립은 바로 옆의 허물어져가는 다람쥐 구멍 옆에 피어 있었다. 손만 조금 뻗으면 그것을 꺾을 수 있었다. 그리고리는 가만히 누운 채 그 꽃과 줄기에서 나온 단단한 잎이 아침 이슬의 무지개빛 물방울을 그 주름 사이에 아주 소중하게 담고 있는 것을 무언의 감탄으로써 감상하였다. 그러고는 눈길을 옮겨서 주인을 잃은 다람쥐 구멍의 흔적을 쫓고, 하늘 높이 날고 있는 한 마리 매의 뒤를 오래토록 별 생각도 없이 멍한 눈으로 쫓고 있었다.
 2시간쯤 뒤에 그들은 다시 말을 타고, 눈에 익은 에란스카야의 마을에 밤중까지는 닿으려고 말을 달렸다.
 적위병 척후가 전화로 포민의 동정을 알린 것이리라. 카멘카 자유촌으로 들어가는데 갑자기 왼쪽 냇물가에서 그들을 향하여 탄환이 마구 날아왔다. 노래하듯이 바람을 가르는 탄환 소리에 포민은 말머리를 옆으로 돌렸다. 빗발치는 탄환을 피해 5명은 마을 옆을 빠져나가 급히 뵤센스카야의 목초지 안으로 도망쳐 갔다. 토프카야 바르카 마을 저쪽에서 민경대가 그들을 붙잡으려고 했다.
 "왼쪽으로 우회해서 가자."
 포민이 의논했다.
 "공격하는 거다. 상대는 9명이고 우리는 5명이다. 돌파하는 거야!"
 그리고리는 잘라 말했다.
 그리고리의 말에 츄마코프와 스테를랴도니코프도 찬성했다. 칼을 뽑아 들고, 그들은 지친 말을 몰아서 가벼운 속보로 바꾸었다. 민경들은 말에 탄 채 계속 쏘아댔지만, 결국 공격은 해오지 않고 옆쪽으로 달려가 버렸다.
 "저건 약한 부대야. 저놈들은 조서는 잘 쓰지만 전투에는 약하다구."
 코셰료프가 비웃으며 소리쳤다.
 뒤를 집요하게 쫓아오는 민경대가 다가오면 이에 대항해 발포하면서, 포민과 그 일당은 동쪽으로 내뺐다. 마치 보르조이 개에 쫓기는 이리처럼 거의 멈추지 않고, 때로는 이따금 뒤돌아서 덤벼들며 한없이 도망쳐 갔다. 그 싸움에서 스테를랴도니코프가 부상했다. 탄환은 뼈를 스치고 왼쪽 종아리를 관통했다. 스테를랴도니코프는 다리를 찌르는 듯한 통증에 계속 신음소리를 내면서 새파랗게 질려 말했다.
 "다리에 맞았어…… 히필이면 그게 또 이 짧은 쪽 디리야…… 망할!"
 츄마코프는 몸을 젖히고 입을 크게 벌려서 껄껄댔다. 그는 눈에서 눈물이 나올 정도로 웃어댔다. 자기 팔에 기대어 오는 스테를랴도니코프를 말에 바로 앉히고, 츄마코프는 여전히 몸을 흔들고 웃으면서 말했다.
 "정말 용케도 맞았구나! 놈은 일부러 서기를 노렸던 거야…… 이상한 놈이 말을 타고 달려오니까 저 다리를 한번 쏘아 주자고 생각한 거지…… 하하하! 어이, 스테를랴도니코프! 하하하, 우스워서 참을 수가 없군! 다리가 이젠 4분의 1은 짧아졌겠어…… 어이, 다음에는 어떻게 춤을 출래? 다음에는 네 다리를 위해 구멍을 70센티미터쯤 파야겠는데……"
 "가만히 있어, 귀찮은 놈아! 너를 상대하고 있을 형편이 아니야. 잠자코 있어, 제발 부탁이니까!"
 스테를랴도니코프는 아파서 얼굴을 일그러뜨리고 말했다.
 반 시간쯤 지나서 무수한 골짜기 중 한 비탈을 나아가게 되었을 때 스테를랴도니코프가 부탁했다.
 "잠깐 쉬어 가겠나? …… 상처를 잡아매야 겠어. 피가 장화 속에 가득 차 버렸어……"
 모두 멈추어 섰다. 그리고리가 모두의 말을 잡고 있고, 포민과 코세료프가 멀리 얼핏얼핏 보이는 민경대를 향해서 이따금 총을 쏘았다. 츄마코프가 스테를랴도니코프를 도와 장화를 벗겼다.
 "야아, 정말 지독하게 피가 솟아나는군."
 츄마코프는 얼굴을 찌푸리며 장화에서 끈적끈적하고 새빨간 피를 땅바닥으로 쏟았다.
 그는 피에 젖은 속바지의 반쪽을 칼로 잘라내려고 했지만, 스테를랴도니코프가 승낙하지 않았다.
 "이 속바지는 고급이야. 찢어선 안 돼!"
 그는 두 손을 땅에 짚고 부상한 다리를 쳐들었다.
 "속바지를 당겨 올려. 안 아프게 살짝."
 "붕대 같은 게 있을 턱이 없지? 붕대 따위는 없어도 괜찮아."
 스테를랴도니코프는 탄환이 맞은 상처를 자세히 살폈다. 탄약통에서 탄환을 이로 물어 뽑아 화약을 손바닥에 옮긴 뒤, 땅바닥에 침을 뱉어 미리 흙을 적셔 두었다가 한참 동안이나 진흙과 화약을 잘 이겼다. 그리고 관통된 상처의 탄환이 들어간 곳과 탄환이 나온 그곳에 각각 그 진흙을 충분히 바르고는 만족스럽게 말했다.
 "이건 말야. 경험했던 일이야. 이렇게 해서 상처가 마르고 이틀만 지나면 개의 상처처럼 깨끗하게 나아버리거든."
 치르강 근처까지 그들은 잠시도 멈추지 않고 달렸다. 민경대는 일정한 거리를 두고 계속 뒤쫓아 왔다. 때때로 불쑥 불쑥 두 발씩 쏘아댔다. 포민은 끊임없이 주위를 둘러보고 말했다.

"놈들이 보였다 안 보였다 하면서 언제까지나 쫓아오는데…… 원군이 잠복하고 있을지도 몰라. 놈들이 멀리서 쫓아오는 것은 무슨 까닭이 있을 거야."

비스로그조프스키 마을에서 치르강의 여울목을 건너서, 완만한 경사의 언덕을 평보로 올라갔다. 말이 몹시 지쳐 내려갈 때는 그럭저럭 속보로 달렸지만, 비탈에 오를 때는 말에서 내려 젖은 말의 옆구리나 엉덩이에서 뭉개져 흐르는 거품 덩어리를 손바닥으로 닦아내면서 고삐를 잡고 갔다.

포민의 예상은 맞았다. 비스로그조프스키 마을에서 5킬로미터쯤인 곳에서 거칠게 달리는 기운찬 말을 탄 7명의 새로운 기병이 추적해오기 시작했다.

"계속 이런 식으로 다음다음으로 인계를 해가게 되겠지…… 그렇게 해서 우리는 끝장이 나겠지."

코셰료프가 음울한 어조로 말했다.

모두 길이 없는 벌판 가운데로 말을 몰았다. 그리고 차례로 교대교대 응사했다. 풀 속에 엎드려서 두 사람이 쏘고 있는 사이에 다른 3명은 400미터쯤 물러가서는 말에서 내려 적을 사격하고, 그 사이에 먼저의 두 사람은 800미터쯤 후퇴해서 그곳에서 다시 엎드려 사격 준비를 했다. 그들은 민경대원 하나를 사살 아니면 중상을 입혔다. 두 번째로 민경대원의 말을 쏘아 쓰러뜨렸다. 오래지 않아 츄마코프의 말이 당했다. 그는 코셰료프가 탄 말의 등자를 잡고는 코셰료프의 말과 함께 달렸다.

그림자가 길어졌다. 해는 서쪽으로 기울었다.

그리고리가 두 패로 갈라지지 않는 편이 좋다고 하여, 그들은 모여서 평보로 말을 몰았다. 츄마코프는 말과 나란히 걸어서 갔다. 이윽고 그들은 구릉 꼭대기에 두 마리의 말이 끄는 짐수레가 있는 것을 발견하고는 도로 옆으로 꺾어서 들어갔다. 턱수염이 난 늙은 카자흐인 마부가 속보로 말을 몰기 시작하자 공포를 쏘아 수레를 멈추게 했다.

"저놈을 베어버릴 테다! 도망친다는 게 어떤 것인지를 가르쳐 줘야지." 코셰료프가 중얼거리며 힘껏 말에 채찍을 가하여 앞으로 달려 나갔다.

"할아버지한테 손대지 마, 사시카! 알았나?"

포민이 그를 말리고는 멀리서 짐수레의 마부를 향하여 소리쳤다.

"할아버지, 말을 풀어요. 알겠소? 목숨이 아까우면 말을 풀어주시오!"

노인이 눈물을 흘리면서 사정하는데도 불구하고 그들은 직접 밧줄을 끄르고 말의 꼬리띠와 목 띠를 풀어내고 두 마리의 말에 서둘러 안장을 얹었다.

"한 마리라도 남겨 주게."

노인은 울면서 사정했다.

"임마, 맞고 싶어? 이 늙은이야! 우리는 말이 필요해! 목숨을 건진 것만도 고맙게 생각해."

코세료프가 말했다.

포민과 츄마코프가 새 말을 탔다.

그들 뒤를 계속 쫓아오고 있던 6기에 얼마안가 새로 3기가 가세했다.

"서둘러야 되겠다. 자, 모두들 출발하자!" 포민이 말했다.

"저녁때까지 크리프스코이 계곡에 닿으면 우린 살아날 수 있어."

그는 자기 말에 채찍을 가하여 앞으로 나아가 달리기 시작했다. 다음 말이 그 왼쪽으로 고삐를 짧게 잡고 뒤따랐다. 말발굽에 차인 새빨간 튤립 꽃봉오리가 커다란 핏덩어리처럼 여기저기 흩어졌다. 포민의 바로 뒤를 달리고 있던 그리고리는 이 빨간 물보라를 보고 있다가 눈을 감았다. 어째서인지 현기증이 나고, 예의 날카로운 통증이 심장부에 일어났다.

말은 마지막 힘을 다해 달려갔다. 쉼 없이 연속된 질주와 공복으로 사람도 완전히 지쳤다. 스테를랴도니코프는 이제 말 등에서 흔들리면서 백지장처럼 새하얘져 있었다. 갈증과 구역질로 고생스러웠다. 어둠이 깔리기 시작할 무렵에 크리프스코이 마을 근처에서 그들은 벌판에서 돌아오는 중인 말떼를 만났다. 그 복판으로 말을 몰고 들어가 마지막으로 추적자를 향해 몇 발 쏘았다. 거기서 추적이 많이 처져 있는 것을 알았다. 기병 9명은 아주 멀리에서 한 덩어리가 되어 있었는데, 무엇인가 의논이라도 한 듯 이윽고 말머리를 오던 길로 돌렸다.

크리프스코이 마을 포민의 친지인 카자흐네 집에서 그들은 이틀을 지냈다. 부유한 생활을 하던 주인은 그들을 잘 대접해 주었다. 어두운 창고에 들어간 말은 처음에는 귀리도 먹으려고 하지 않았지만, 이틀이 지날 무렵에는 그 미친 듯한 질주의 피로가 풀려 충분히 휴식할 수가 있었다. 교대로 말을 지키며 거미집을 친 싸늘한 왕겨 창고에서 한데 섞여 자고 섬에서 지내면서 굶주리던 몫까지 양껏 배불리 먹었다.

다음날에는 마을을 떠날 수도 있었지만, 스테를랴도니코프 때문에 떠나지 못했다. 아침에는 상처 주위가 벌겋게 달아오르고, 저녁때는 한쪽 다리 전체가 부어올라 환자는 실신 상태에 빠졌다. 그는 자꾸 갈증을 호소했다. 잠 중에 의식이 돌아온 뒤 자꾸 물을 달라고 해서 절도 없이 벌컥벌컥 마셨다. 하룻밤 동안에 그는 물을 거의 한 통이나 마셨는데, 이제는 남의 도움을 받고도 일어나지 못하게 되었다. 조금만 움직여도 심한 통증이 일었다. 그는 소변도 누운 채로 흘리고 끊임없이 신음소리를 냈다. 그 신음소리가 밖으로 새어나가지 않게 하려고 그를 창고 구석으로 옮겼지만 그것도 별 도움이 되지 않았다. 때때로 그는 아주 큰소리를 내었고, 실신 상태에 빠졌을 때도 커다란 소리로 종잡을 수 없는 헛소리를 지껄였다.

돌아가며 그를 옆에서 지켜보기로 하였다. 물을 주고 뜨거운 이마를 물로 식혀 주고, 너무 큰소리로 신음하거나 헛소리를 할 때는 손바닥이나 모자로 입을 틀어막았다.

이틀째가 끝날 무렵에 그는 의식을 차려서 조금 편해졌다고 말했다.

"언제 여기서 출발하나?"

그는 츄마코프를 손짓해 불러서 물었다.

"오늘 밤이야."

"나도 가겠어. 제발 나를 여기에 버리지 말아 줘!"

"어디를 갈 수 있다는 거지? 꼼짝도 할 수 없지 않나."

포민이 작은 소리로 말했다.

"꼼짝도 못한다고? 좋아!"

스테를랴도니고프는 애써서 일어나려고 했지만 금방 풀썩 쓰러졌다.

그의 얼굴은 붉게 타고, 이마에는 땀방울이 솟아나 있었다.

"데리고 갈게. 데리고 갈테니까 걱정하지 마라. 눈물을 닦아, 여자처럼."

츄마코프가 확신을 주었다.

"이건…… 땀이야."

스테를랴도니코프는 낮게 중얼거리면서 모자를 당겨 눈을 가렸다.

"더구나 너를 여기에 두고 갈 수는 없어. 이 집 주인이 허락하지를 않아. 걱정하지 마, 바실리! 네 다리는 낫는다. 다시 둘이서 씨름을 하고 카자흐 춤을 추는 거야. 어째서 그렇게 기가 죽었지, 응? 가령 부상이 심하다고 해도, 그런 건 별 게 아니야!"

언제나 입이 험해서 거칠고 조잡한 투로 말하는 츄마코프의 목소리에 매우 다정하고 부드러운 진심을 담은 어조가 들어 있었다. 그리고리는 자신도 모르게 놀라 츄마코프를 돌아보았을 정도였다.

그들은 동이 트기 전에 마을을 떠났다. 스테를랴도니코프를 간신히 안장에 태우기는 했지만, 그는 혼자서는 제대로 앉아 있지를 못해 이쪽저쪽으로 떨어지려고 했다. 츄마코프가 스테를랴도니코프의 오른팔을 껴안고 나란히 갔다.

"대단한 짐이군……어차피 버리고 가야 할 것 같은데."

포민이 그리고리와 말을 나란히 세우고는 괴로운 듯이 머리를 저으며 속삭였다.

"죽이자는 얘긴가?"

"어쩔 수가 없군. 그를 데리고 다니자는 건가? 그를 데리고는 어디에도 갈 수가 없잖나!"

그들은 오랫동안 평보로 나아가면서 누구도 입을 열지 않았다. 그리고리가 츄마코프와 교대하고, 코셰료프가 그리고리와 교대했다.

해가 떠올랐다. 아래쪽 돈은 아직도 짙은 안개가 끼어 있었지만, 구릉 위에는 멀리 펼쳐진 벌판이 또렷하게 잘 보였다. 그리고 깃털과 같은 구름을 한가운데에 매달아 놓은 하늘은 시시각각으로 푸르고 맑아졌다. 풀잎 위에는 아침 이슬이 은방울처럼 영롱하게 얹혀 있었다. 말이 지나온 곳엔 어두운 냇물이 흐르는 듯한 자국이 생겼다. 벌판 위에 펼쳐진 커다랗고 자비에 넘치는 이 정적을 깨뜨리는 것은 종달새뿐이었다.

스테를랴도니코프는 말이 걸음을 옮길 때마다 머리가 부지중에 덜컹 흔들렸는데, 작은 소리로 말했다.

"아, 괴로워!"

"시끄러웠! 너를 데리고 가는 우리도 예삿일이 아니야!"

포민이 거칠게 소리쳤다.

게트만스키 가도 근처에서 말의 발밑에서 기러기가 한 마리 쫙 날아올랐다. 가늘게 진동하는 기러기의 날갯짓에 꾸벅꾸벅 졸던 스테를랴도니코프는 문득 정신을 차렸다.
"이봐, 말에서 내려주지 않겠나."
그는 부탁했다.
코셰료프와 츄마코프가 그를 안장에서 살짝 내려주어 젖은 풀밭에 앉혔다.
"다리를 좀 보자. 자, 속바지 단추를 끄르고."
츄마코프가 옆에 쭈그리고 앉아서 말했다.
스테를랴도니코프의 다리는 무섭게 부어올라 주름살 하나 없이 단단하게 굳어졌고, 헐렁한 속바지가 팽팽해져 있었다. 넓적다리까지 어두운 황색으로 그늘이 진 피부에는 어두운 빌로도 빛깔의 반점이 생겨났다. 이와 비슷하게, 다만 약간 색이 옅은 반점이 거무스름하고 푹 꺼진 배에도 나타나 있었다. 상처와 속바지에 묻어 있는 마른 갈색의 피는 벌써 고약한 썩는 냄새를 내 풍기고 있었다. 츄마코프는 얼굴을 찌푸리고 코를 쥔 채 목에까지 치미는 구역질을 간신히 참으면서 동료의 다리를 살펴보았다. 그리고 그는 스테를랴도니코프의 감은 눈꺼풀을 주의 깊게 살핀 뒤 포민을 쳐다보면서 말했다.
"꼭 탈저에 걸린 것 같애…… 이거 곤란하게 되었는데. 바실리 스테를랴도니코프…… 이건 정말 큰일이야! 아, 바샤, 바샤, 너, 어떤 악마에게 씌인 거지?"
스테를랴도니코프는 빠르게 혁혁 짧은 숨을 쉬면서 한 마디도 하지 않았다. 포민과 그리고리는 명령이라도 받은 듯이 동시에 얼른 말에서 내려, 바람이 부는 쪽으로부터 부상자에게 다가갔다. 부상자는 잠시 누워 있다가 두 손을 짚고 일어나서 흐려진, 이미 이 세상을 포기한 험한 눈길로 모두를 둘러보았다.
"저, 여보게들, 이제는 죽게 해줘…… 나는 이미 송장이나 다름없어…… 완전히 지쳐버렸어. 이젠 힘이 없어졌어……"
그는 다시 반듯하게 누워서 눈을 감았다. 포민도 다른 사람들도 그런 부탁이 환자의 입에서 노나시 나오리라고 알고 있었으므로 그것을 기다렸다. 포민은 코셰료프에게 약간 눈짓을 하고는 등을 돌렸다. 그는 옆으로 비켜 선 츄마코프의 입가를 보자, '쏘아라' 하는 명령을 귀로 듣기보다 먼저 그 명령을 알아차린 것이었다. 한데 스테를랴도니코프는 다시 눈을 뜨고 또렷하게 말했다.
"여기를 쏘아 줘."
그는 팔을 들어 손가락으로 미간을 가리키며 말했다.
"단번에 저승으로 가도록 말야…… 우리 동네에 가게 되면 말이야, 이러저러했다고 마누라에게 전해 줘…… 이제는 내가 돌아갈 것을 기다리지 말라고 말야."
코셰료프가 어딘가 이상하다는 듯이 한참이나 총의 노리쇠를 만지작거리면서 우물쭈물하고 있었기 때문에 스테를랴도니코프는 눈을 감은 채 덧붙였다.
"나에게는 마누라 하나밖에 없어…… 아이는 없지…… 마누라가 하나를 낳았지만 사산이었어…… 그뿐으로 아이는 생기지 않았지."
코셰료프는 두 번 총을 어깨에 댔지만 두 번 다 총을 그대로 내리고는 새파래져갔다. 츄마코프는 화난 것처럼 어깨로 코셰료프를 밀어내고는 총을 빼앗았다.
"못하겠나? 그럼, 손대지 마, 이 겁쟁이야!"
그는 쉰 목소리로 말하고는 모자를 벗고 머리를 쓸어넘겼다.
"빨리 해."
포민은 한 발을 등장에 얹고 재촉했다.
츄마코프는 이 자리에서 하여야 할 적절한 말을 궁리하면서 천천히 낮은 목소리로 말했다.
"잘 가거라, 바실리! 제발 나도 다른 사람들도 용서해 다오! 저승에서 다시 만나자. 우린 저승에서 심판을 받을 테니까 말야…… 네 마누라에게는 네 부탁을 꼭 전해 주겠다."
그는 잠시 대답을 기다렸지만, 스테를랴도니코프는 아무 말도 하지 않고 창백한 채 죽음을 기다렸다. 다만 볕에 그을린 속눈썹이 바람에 날리는 것처럼 잘게 떨리고, 어째서인지 작업복의 반쯤 부서진 가슴단추를 채우려고 왼쪽 손가락을 조용히 움직였다.
지금까지 그리고리는 수많은 죽음을 보아왔지만, 이 죽음만은 보고 있을 수 없었다. 그는 재빨리 앞 쪽으로 가서 힘껏 고삐를 당겨 말을 끌어당겼다. 그는 자기 늑골에라도 탄환이 박히는 듯한 기분으로 총성을 기다렸다……

그는 총성을 기다렸다. 심장이 1초 1초를 헤아리고 있었다. 하지만 날카롭고 짤막한 소리가 뒤에서 울려 퍼지자 그의 다리는 저절로 움츠러들었다. 그리고 앞발을 번쩍 든 말을 간신히 억눌렀다.

2시간쯤 모두 말없이 말을 몰고 갔다. 쉴 때 츄마코프가 맨 처음 이 침묵을 깨뜨렸다. 그는 손바닥으로 눈을 가리고, 공허한 목소리로 말했다.

"어째서 그를 사살한 걸까? 벌판에 버려두면 됐을 텐데. 쓸데없는 죄를 저지르지 않았어야 했어. 그가 눈앞에 어른거려 견딜 수가 없어."

"아직도 익숙해지지 않았단 말인가? 사람을 그 정도 죽여 왔는데도, 아직도 익숙해지지 않은 거야? 너는 심장 대신 녹슨 쇳덩어리를 갖고 있을 텐데 말이야."

포민이 말했다.

츄마코프는 갑자기 창백해지면서 거칠게 포민을 노려보았다.

"지금 나에게 아무 소리 하지 마, 야코프 에피모비치! 내 속을 긁지 말아 줘. 그러지 않으면 너를 때려눕힐 테다…… 그것도 진짜로 깨끗하게 해줄 거다!"

그는 조용히 말했다.

"내가 무슨 소리를 하겠나? 그렇지 않아도 걱정거리가 잔뜩 있는데 말이야."

포민은 사과하는 듯한 어조로 말하고는 반듯하게 누워서, 눈이 부신 듯 눈을 가늘게 좁히면서 기분 좋게 기지개를 켰다.

16

그리고리이 예상과 달리 1주일 반 사이에 그들에게는 40명 정도의 카자흐가 모여들었다. 그것은 전투에 의해서 흩어진 갖가지 작은 비적단의 잔당이었다. 자기네 두목을 잃고 관구 안을 방랑하던 그들은 자진해서 포민에게로 찾아왔다. 그들에게 있어서는 누구를 따르건 누구를 죽이건 그런 일은 전혀 상관이 없고, 다만 자유로운 방랑생활을 하면서 닥치는대로 약탈을 할 수 있으면 그것으로 충분했다. 그들은 어떻게 해볼 수도 없는 무리였다. 포민도 이들을 둘러보고서 그리고리에게 멸시하듯 말했다.

"이봐, 멜레호프, 봄 홍수 때의 쓰레기 같은 불량배들이 모여들었어. 인간이 아니야…… 형편없는 짐승들이야!"

포민은 속으로는 여전히 자신을 '근로 인민을 위한 투사'로 자부했다. 그리고 전만큼 아주 말하지는 않게 되었지만, 그래도 여전히 '우리는 카자흐의 해방자'라고 말했다. 아주 어리석은 희망이 집요하게 그를 따라다녔던 것이다. 그는 또다시 부하들이 하는 약탈을 보고 못 본 체하기 시작했다. 그것은 타협하지 않을 수 없는 부득이한 악이고, 멀지 않아 이 도적들을 쫓아버릴 것이며, 또 어차피 조만간에 그는 작은 비적단의 두목이 아니라 반란 부대의 참된 지휘관이 될 것이라는 식으로 생각했기 때문이었다.

그러나 츄마코프는 거침없이 포민의 대원을 '도적'이라고 부르고, 포민 자신도 실은 대도적에 불과하다고 포민에게 대놓고 말하면서 목이 쉴 정도로 포민과 언쟁을 일삼았다. 남들이 없으면 두 사람 사이에는 흔히 격론이 벌어지는 것이었다.

"나는 소비에트 정권에 반대해서 일어선 사상의 투사야. 그런 나에게 또 무슨 소리를 하는 거야! 내가 사상을 위해서 싸우고 있다는 걸 몰라? 이 바보 자식아!"

포민은 시뻘겋게 격노하여 소리쳤다.

"입에서 나오는 대로 그런 거짓말을 해야 헛일이야! 그런 속임수는 그만 둬. 나는 어린애가 아니니까 말야! 별난 사상의 투사가 다 있군! 너는 가장 뻔뻔스런 진짜 도적이야. 그 이상 아무것도 아니야. 그렇지 않으면 어째서 이 말을 두려워하는 거지? 너는 그걸 모르겠어?"

츄마코프가 항변했다.

"어째서 그렇게 나를 모욕하는 거냐? 무슨 소리를 지껄이는 거야? 나는 소비에트 정권에 반항해서 일어선 거야. 무기를 들고 그 정권과 싸우고 있단 말야. 그게 어째서 도적이냐?"

"바로 그거야. 네가 정권에 반항하고 있기 때문에 바로 네가 도적이라는 거야. 도적이라는 것은 언제나 정권에 반항하지. 옛날부터 그랬어. 소비에트 정권이 어떤 정권이더라도 어쨌든 정권임에는 틀림없어. 1917년부터 그 정권은 이어져 왔어. 그래서 그 정권에 반항하는 건 결국 도적이라는 얘기가 되는 거야."

"무슨 바보 같은 소리를 하는 거야! 크라스노프 장군이나 데니킨 장군도 역시 도적이었다는 얘기야?"

"그럼, 뭐라는 얘기냐? 단지 어쩌다 견장을 달았다는 것만이 다를 뿐이야 …… 게다가 그 견장이라는 것이 쓸데없는 물건이지. 너도 나도 마음만 먹으면 견장을 달수가 있어."

포민은 주먹으로 탁자를 치고 침을 튀겼지만 그를 설득시킬 만한 적당한 논거를 찾지 못했으므로 결국 끝없는 이 논쟁을 그만두고 말았다. 무슨 얘기를 해도 츄마코프를 설득시키기는 불가능했다.

새로 비적단에 들어온 자의 대다수는 훌륭하게 무장하고 있었다. 거의 모두가 끝없는 유랑에 익숙해 있고, 100킬로미터도 문제없이 달릴 만한 준마를 타고 있었다. 몇 명은 말이 두 마리씩 있었다. 한 마리에는 안장을 얹어서 타고 다니지만 두 번째 말은 예비라는 명목으로 빈 채로 그냥 끌고 다녔다. 필요할 때는 한쪽 말에서 다른 말로 옮겨 타서 교대로 말을 쉬게 할 수가 있고, 이렇게 해서 두 마리를 가진 기수는 24시간에 200킬로미터도 달릴 수 있었다.

포민이 그리고리에게 이렇게 얘기한 적이 있었다.

"우리도 처음부터 두 마리씩 갖고 있었더라면 결코 추적당하지는 않았겠지. 경찰이건 적위군 부대건 주민의 말을 빼앗을 수는 없어. 그들의 처지를 고려해야 하니까. 하지만 우리는 전혀 상관이 없으니까, 모두에게 예비로 한 마리씩 갖도록 해야 되겠어. 그렇게 하면, 절대로 붙잡히지는 않아. 늙은이들이 그러는데 옛날에 타타르인은 두 마리씩, 개중에는 세 마리씩 말을 갖고 습격해 왔다는 거야. 이런 타타르인이라면 누구도 쫓아갈 수가 없어. 우리도 그걸 본떠야 되리라고 생각해. 이 타타르인의 지혜가 몹시 마음에 든단 말이야."

그들은 멀지 않아 말을 꽤 많이 입수했다. 그 결과, 처음에는 실제로 그들은 포착하기 어려운 존재가 되었다. 뵤센스카야에서 재편성된 경찰의 기병대는 그들을 추적하려고 혈안이었다. 하지만 예비말 덕분에 적은 인원인 포민의 비적단은 유유히 석을 따돌리고, 위험한 성년충돌을 피하여 아주 멀리 적의 손길에서 도망쳐버리곤 했다.

그러나 5월 중순에 포민 부대보다 4배나 우세한 병력을 가진 기병대가 우스치 호표르스카야의 브프로프스키 마을 근처에서 포민 부대를 교묘히 유인해서 돈강으로 죄어 왔다. 그러나 포민 비적단은 짧은 전투를 한 뒤에 8명의 사상자를 남기고 다시 탈출에 성공하여 돈강을 따라서 사라졌다. 이런 일이 있고 얼마 되지 않았을 무렵에 포민이 그리고리에게 참모장의 자리를 맡으라고 권했다.

"계획적으로 지도를 살펴 행동하려면 학문이 있는 사람이 필요해. 그렇지 않으면 언젠가는 또 압박을 받아서 혼이 날 거야. 그리고리 판테레에비치, 이 일을 맡아 주게."

"민경대를 잡아서 목을 자르는 데 참모부 따위는 필요 없어."

그리고리는 음울한 표정으로 대답했다.

"어떤 부대라도 참모부는 있어야 되는 거야. 쓸데없는 소리 마."

"꼭 참모부가 있어야 되겠다면, 그 역할을 츄마코프에게 맡기게."

"어째서 자네는 싫다는 거지?"

"참모라는 게 어떤 건지 전혀 모르기 때문이야."

"그럼, 츄마코프는 알고 있다는 말인가?"

"츄마코프도 모르겠지."

"그럼, 어째서 츄마코프에게 맡기라는 거냐? 너는 장교였으니까 전술이라든가, 그밖에 여러 가지를 알고 있을 텐데."

"내가 장교가 된 것은 지금 자네가 대장이 되어 있는 것과 꼭 같애. 우리의 전술은 한 가지밖에 없어. 즉 벌판을 방랑하고, 항상 뒤를 돌아보는 것뿐이지."

그리고리는 비꼬아서 말했다.

포민은 그리고리에게 눈짓을 하면서 집게손가락을 꺾어 위협했다.

"나는 너에 대해서 잘 알고 있어. 언제나 편안한 곳에 숨어 있겠다는 배짱이지? 눈에 뜨이지 않도록 몰래 숨어서 지내겠다는 거야! 하지만 그런 짓을 해봤자 아무런 도움도 되지 않아. 소대장이라도 값은 같으니까. 붙잡혔을 때엔 감형이라도 해줄 거라고 생각하겠지만, 그렇게는 안 돼."

"나는 그런 일을 생각하고 있지는 않아. 쓸데없는 상상이야. 다만 내가 모르는 일을 맡고 싶지 않을 뿐이야."

그리고리는 장검의 끈을 꼼꼼하게 살피면서 말했다.

"싫다면, 그만 됐어. 네가 맡아 주지 않더라도 어떻게든 해나가겠지."

모욕을 느껴 식식거리며 포민이 말했다.

관구 내의 정세는 급격하게 변했다. 전에는 포민을 기꺼이 맞아서 환대하던 부유한 카자흐의 집들도 이제는 어디에서나 문 빗장을 굳게 잠갔고, 집주인들은 비적단이 나타났다는 것을 알면 일제히 도망쳐서 정원이나 저택에 딸린 숲속에 숨어버렸다. 뵤셴스카야에 온 이동 혁명재판소는 앞서 기꺼이 포민을 맞이했던 많은 카자흐를 중벌에 처했다. 이 소문은 순식간에 온 마을에 퍼져 비적단에게 공공연하게 호의를 보이던 자들에게 큰 영향을 주었다.

2주일 동안 돈 상류 지방의 마을들을 크게 한 바퀴 빙 돌고 나자, 비적단 단원은 이미 130명을 헤아리게 되었다. 그러자 이번에는 급편성된 경찰의 기병대가 아니라 남쪽에서 급하게 이동해 온 제13기병 연대 소속의 정규군 몇 개 기병중대가 포민의 뒤를 바짝 쫓아 나섰다.

포민의 부대에 최근에 들어온 비적의 대부분은 먼 지방 출신들이었다. 그들은 갖가지 원인으로 우연히 돈으로 흘러들어온 자들이었다. 각기 단독으로 야영지나 감옥이나 수용소에서 도망쳐온 사람도 있었다. 그 주체를 이루는 것은 처음에는 마스라크 비적단에 속해 있다가 낙오된 채 마스라크와 헤어져버린 수십 명의 일당과 괴멸된 크로치킨 비적단의 잔당이었다. 마스라크에 속했던 자들은 기꺼이 포민의 각 소대에 나뉘어져 배속되었지만, 크로치킨파는 각기 흩어지는 것에 반발했다. 그들은 그대로 별개의 소대를 만들어서 굳게 단결하여 다른 자들과는 얼마쯤 독립된 행동을 취했다. 전투 때도 쉴 때도 그들은 한데 모여서 행동하고, 서로가 전력을 다하여 비호했다. 예페오(단일소비조합)의 가게나 창고를 습격해서 약탈했을 때도 모두들 식량을 소대용인 공동의 냄비에 담고, 노획물을 평등의 원칙을 엄격하게 지켜 평등하게 분배했다.

낡은 체르케스 옷을 입은 테레크와 쿠반에서 온 몇 명의 카자흐, 베리코크냐 제스카야에서 온 두 사람의 카르므이크인, 넓적다리까지 올라오는 기다란 수렵용 장화를 신은 라트비아인, 줄무늬 셔츠에 몹시 볕에 그을린 홑베의 수병복을 입은 아나키스드인 수병 3명, 이런 무리들이 그렇지 않아도 가자가 제멋대로의 복장을 한 잡다한 포민 비적단을 더욱더 이상한 것으로 만들었다.

"자, 이래도 네 부하가 도적이 아니라는 얘긴가? 이 패거리가 그 사상의 투사라는 거야?"

한번은 츄마코프가 길게 이어진 행군 대열을 눈으로 가리키면서 포민에게 물었다.

"파계승과 속바지를 입은 돼지가 없을 뿐이지, 그것만 갖추면 성모님 시종들의 모임이랄 수 있는 형편이야."

포민은 아무 말도 하지 않았다. 그의 유일한 소망은 그의 주위에 되도록 많은 사람을 모으는 것이었다. 그는 지원자는 누구든 모조리 받아들였다. 그의 지휘 하에 있고 싶다고 희망해 오는 자에게는 그가 직접 일일이 심문을 하고는 간단하게 말했다.

"합격, 채용한다. 참모장인 츄마코프에게 가라. 네가 어느 소대에 들어갈지를 얘기해 줄 거다. 그가 너에게 무기를 준다."

미그린스카야에 속한 한 마을에서 훌륭한 옷차림을 한 고수머리의 가무잡잡한 젊은이가 포민을 찾아왔다. 그는 입단을 희망했다. 심문한 결과 그 젊은이는 로스토프의 주민으로 최근에 무기를 약탈했다가 처벌되어 로스토프의 감옥에 갇혀 있다가 탈출한 자로서, 포민의 소문을 듣고 돈 상류로 몰래 잠입해 왔음을 알았다.

"너는 어느 인종이냐? 아르메니아인인가, 아니면 불가리아인인가?"

포민이 물었다.

"아니오, 유대인입니다."

젊은이는 우물쭈물하면서 대답했다.

포민은 이 뜻밖의 대답에 당황하여 한참동안 입을 다물었다. 예상도 하지 못했던 일인지라 이런 경우에 어떻게 대처해야 될지를 몰랐다. 한참 생각하다가 그는 무겁게 한숨을 쉬면서 말했다.

"아니, 아무 일도 아니야. 유대인은…… 뭐 유대인이지. 우리는 인종 차별은 하지 않아…… 인원은 많으면 많을수록 좋다. 그런데 말은 탈 줄 아나? 타지 못한다고? 뭐, 곧 배울 수 있어. 처음에는 너에게 순하고 작은 말을 줄 테니까 그것으로 배우는 거다. 츄마코프에게 가라. 츄마코프가 네 부서를 정해줄 거다."

몇 분이 지나자 노한 츄마코프가 말을 타고 포민에게 달려왔다.

"넌 바보라도 된 거냐? 아니면 장난을 치는 거냐? 어째서 유대인 따위를 보내는 거지? 나는 채용하지 못해. 저 따위는 어디로든 치워버려!"

그는 말을 뒷걸음질시키면서 소리쳤다.

"채용해라. 그놈도 채용해. 그놈도 껴주라고. 인원이 늘면 되는 거야."

포민은 침착하게 말했다.

"아니, 안 돼! 죽인다고 해도 안 돼! 카자흐들이 불평을 한단 말이야. 직접 가서 카자흐들과 얘기를 해봐!"

그들이 언쟁을 하고 있는 사이에 수송차 옆에서 그 젊은 유대인은 수가 놓여진 루바시카와 가랑이가 넓은 비단바지를 빼앗기고 있었다. 카자흐 하나가 그 루바시카를 자기 몸에 대어보면서 유대인에게 말했다.

"이봐, 저쪽을 봐. 마을 저쪽에 키 큰 잡초가 나 있는 곳이 보이지? 그리로 뛰어가 누워 있어. 우리가 이곳을 떠날 때까지 거기에 누워 있으라구. 우리가 떠나면 일어나서 어디에든 마음대로 꺼져. 앞으론 우리에게로 오면 안 돼. 죽여 버릴 테니 말야. 너는 로스토프의 네 어머니에게나 가는 게 좋을 거야. 싸움은 너희 유대인이 할 일이 아니야. 하느님은 너희에게 장사나 하도록 가르쳤지, 싸움 같은 걸 가르치지는 않았어. 너희가 없이도 우리는 잘 해나갈 수 있다구. 밥도 먹을 수 있다구."

유대인은 결국 채용되지 않았지만, 그 대신 바로 그날 뵤셴스카야의 모든 마을에서 유명해져 있는 백치인 바샤를 웃음소리와 농담이 어지러이 떠도는 가운데 제2소대에 넣었다. 그는 벌판 가운데서 붙잡혀서 마을로 끌려왔고, 거기서 단원들은 죽은 적위병에게서 빼앗은 제복을 그에게 당당하게 입히고는 총을 다루는 방법과 칼 쓰는 법을 오랜 시간이 걸려서 가르쳤다.

그리고리는 자기 말을 매어놓은 곳으로 걸어가다가 한쪽에 사람이 모여 웅성거리는 것을 보고는 그쪽으로 걸음을 옮겼다. 왈칵 일어나는 폭소가 그의 걸음을 재촉했다. 그러자 이번에는 조용해진 가운데 누군가가 무엇을 가르치는 가늘고 조심스러운 목소리가 들려왔다.

"그게 아니라니까, 바샤! 누가 그런 식으로 베나! 그런 식으로 해서는 정직은 꼬개지지만, 사람은 베이지지 않아. 이봐, 이렇게 하는 거야. 알았나? 사람을 붙잡으면 말이다, 곧 바로 무릎을 꿇으라고 말하는 거야. 선 채론 베기 어려우니까. 그리고 그놈이 무릎을 꿇으면 너는 뒤에서 이렇게 목을 베어 떨어뜨리는 거다. 베는 것도 그냥 똑바로 해선 안 돼. 칼날 전체로 베는 것처럼 비스듬하게, 이렇게 앞으로 홱 끌어당기는 듯이 베는 거야."

도적들에 둘러싸인 백치는 직립부동 자세로, 뽑아든 칼 자루를 단단히 쥐고 있었다. 그는 미소를 지으며 즐거워서 못 견디겠다는 듯이 튀어나온 잿빛 눈을 가늘게 뜬 채 그 카자흐의 가르침을 듣고 있었다. 종기가 난 입가에는 마치 말의 입처럼 거품이 잔뜩 묻어서 뿌옇게 되어 있었다. 침이 적동색의 턱수염을 타고 가슴으로 줄줄 흘러내렸다. 그는 그 더러운 입술을 핥고는 짧은 혀로 우물우물 지껄였다.

"잘 알았어, 모두…… 그렇게 하겠어…… 무릎을 꿇게 하고는 목을 베어 버리겠어…… 정말로 베어 보일 테야! 바지도 얻고, 셔츠도 장화도 얻었지만…… 그런데 외투가 없어…… 외투만 주면 난 너희에게 도움이 될 거다. 열심히 하겠어."

"위원이라도 죽여야 되겠군. 그렇게 해야 외투가 생기지. 그런데 너, 작년에 마누라를 얻었다고 하던데 그때 얘기를 해봐"

카자흐 하나가 말했다.

멍청하니 흐려지고 커다랗게 열린 백치의 눈 속에 동물적인 공포가 번뜩였다. 그는 기다랗게 욕설을 늘어놓았는데, 이윽고 모두가 큰 소리로 웃어대는 가운데 무엇인가 지껄이기 시작했다. 이런 모든 일이 그리고리에게는 자신도 모르게 몸이 떨릴 정도로 혐오스러웠으므로 재빨리 자리를 떠났다. '이런 무리들과 내 운명을 연결시키다니……' 그는 우수와 통한과 자신에 대한 혐오감에 사로잡혀서 진저리를 쳤다.

그는 말을 매어놓은 근처에 누워서, 백치가 떠드는 소리와 카자흐들의 폭소를 멀리하려고 애썼다. '내일은 떠나자, 이제는 그 시기다!' 실컷 먹어 기운을 회복한 자기의 말을 보면서 그는 그렇게 결심했다. 그는 오래 전부터 신중하게 궁리하여 이 비적단을 떠날 준비를 했다. 그는 죽은 민경대원에게서 우샤코프라는 이름을 빼앗아 그것을 외투자락에 꿰매어 가지고 있었다. 2주일가량 전부터 말들이 짧은 거리이기는 하지만 매우 빠르게 달릴 수 있도록 훈련시켰다. 말에 물을 먹일 때에는 현역이었을 때도 그렇게 하지 않았을 정도로 공들여서 말을 씻어 주고 한 곳에 머물 때는 온갖 방법으로 되도록 많은 곡식을 입수했다. 그 결과로 그의 말 두 마리는 다른 말보다 두드러지게 훌륭해 보였다. 특히 크리미아산인 검고 둥근 반점이 있는 회색 말은 썩

빼어났다. 그 말은 온몸에 윤기가 흐르고, 털은 카프카즈의 금으로 상감을 한 은처럼 햇볕을 받으면 번쩍였다.

이런 말을 타면 어떤 추적이라도 간단히 물리칠 수 있었다. 그리고리는 일어나서 근처 농가로 갔다. 창고 문지방에 앉아 있는 노파에게 공손하게 물었다.

"할머니, 댁에 낫이 있나요?"

"어딘가에 있긴 하지만, 어디 있는지 모르겠어. 어째서 낫이 필요하지?"

"댁의 숲에서 말에게 줄 풀을 좀 벨까 해서요, 괜찮죠?"

노파는 잠시 생각하다가 말했다.

"도대체 언제쯤이나 되면 우리를 애먹이지 않겠나? 이걸 내놔라, 저걸 내놔라 하고 말야…… 곡식을 달라고 하는가 하면 또 다른 놈이 와서 눈이 띄는 것은 무엇이든지 내놓으라고 해서 가져가버리니, 너에게 낫을 빌려 줄 수 없어! 뭐라고 해도 빌려 주지 않겠다."

"뭐요, 풀이 그렇게 아깝나요, 할머니!"

"풀도 그렇지…… 풀이 그냥 난다고 생각하나. 우리 것은 무얼 먹이냐구?"

"벌판에 풀이 없단 말인가요?"

"그럼, 네가 그 벌판으로 가면 되잖나. 벌판에 풀이 잔뜩 있으니까."

그리고리는 짜증스럽게 말했다.

"할머니, 낫을 빌려 주는 게 좋을 거요. 아주 조금만 베고, 나머지는 당신에게 남겨 줄 테니까 말이오. 그러지 않으면 말을 몰아넣어 뜯어먹게 해서 모두 못쓰게 만들어버릴 테니!"

노파는 차갑게 그리고리를 힐끗 보고는 외면을 하고 말했다.

"직접 가서 가져가. 헛간에 걸려 있을 테니."

그리고리는 헛간에 걸려 있는 낡고 부서진 낫을 찾아냈다. 그는 노파 옆을 지나가면서 중얼거리는 소리를 들었다.

"지린 새끼들은 모조리 뒈져비리면 좋을 텐데."

그리고리는 이런 말에는 이미 익숙해 있었다. 그는 마을 사람들이 어떤 기분으로 그들을 맞이하고 있는가를 오래 전부터 알고 있었다. '저들이 그런 식으로 우리를 보는 것은 당연한 일이다' 그는 조심스럽게 낫질을 하고 찌꺼기가 남지 않도록 깨끗이 풀을 베면서 생각했다. '우리가 저들에게 무슨 필요가 있단 말인가! 우리는 누구에게도 필요가 없는 인간이다. 우리는 사람들이 평화롭게 살아가는 것을 방해할 뿐이다. 이런 짓은 이제 그만두어야 한다. 지긋지긋하다!'

상념에 잠긴 채로 그는 말 옆에 서서, 말이 그 검은 빌로도와 같은 입술로 부드러운 어린 풀을 탐하듯이 씹고 있는 모습을 가만히 보았다. 싱싱하고 일그러진 낮은 소리가 그의 상념을 깨뜨렸다.

"굉장히 훌륭한 말이구나. 마치 백조 같애!"

그리고리는 소리가 나는 쪽을 돌아다보았다. 최근 비적단에 들어온, 알렉세에프스카야의 젊은 카자흐가 머리를 끄덕이면서 감탄스레 회색 말을 바라보았다. 그는 말에서 눈을 떼지 않은 채 몇 번이나 말의 주위를 돌면서 혀를 찼다.

"당신 말인가요?"

"그게 무슨 상관이지?"

그리고리는 무뚝뚝하게 대답했다.

"바꾸지 않겠어요? 내 말은 밤색인데 순수한 돈의 혈종이죠. 어떤 장애물이라도 뛰어넘지요. 아주 팔팔해요. 굉장히 빠르다구요. 마치 번개 같아!"

"저쪽으로 가 줘."

그리고리는 차갑게 내뱉었다.

젊은이는 잠시 잠자코 있더니 몹시 괴로운 듯이 한숨을 내쉬고는 조금 떨어진 곳에 앉았다. 그는 오랫동안 회색 말을 보고 있다가 말했다.

"이 말은 활기가 있어요. 숨도 못 쉴 정도예요."

그리고리는 말없이 밀짚으로 이빨을 쑤셨다. 불현듯 이 순진한 젊은이가 좋아졌다.

"아저씨, 바꿔 주지 않겠어요." 젊은이는 애원하는 눈으로 그리고리를 보면서 낮은 소리로 말했다.

"바꿀 수 없어. 부족한 몫으로 너 자신을 준다고 해도 안 돼."

"어디서 이 말을 구했죠?"

"내가 연구해서 만들어 낸 거야."

"아니, 농담이 아니라 진심으로 묻는 거예요."

"모두 저기 저 문에서 나온 거지. 암말이 낳은 거야."

"이런 바보하고 얘기를 하다니!" 젊은이는 화가 나서 중얼거리며 다른 데로 가버렸다.

인기척 없는 마치 죽은 듯한 마을이 그리고리의 눈앞에 가로놓여 있었다. 포민의 대원 말고는 주위에 누구 하나 사람 흔적이 없었다. 골목길에 버려진 짐수레, 당황해서 버려둔 도끼와 여기저기 패다 만 장작이 흩어진 뜰 앞 장작 패는 곳, 거리 한가운데 짧게 나 있는 풀을 피곤한 듯이 뜯고 있는 멍에를 얹은 채로 있는 소, 우물가에 뒤집혀져 있는 물통—이런 모든 것은 마을 생활에 평화로운 흐름이 뜻하지 않게 갑작스레 파괴되어, 주민들이 하던 일을 내던지고 어디론가 숨어 버렸음을 얘기해 주었다.

그리고리는 이렇게 인기척이 없어진 것, 이렇게 주민들이 당황하여 도망쳐버린 흔적을 카자흐 연대가 동프러시아로 진격했을 때 보아 익히 알고 있었다. 이번에는 그런 정경을 자신이 태어난 고향에서 보게 된 것이었다…… 마찬가지로 음울하고 증오에 찬 눈길로 그들을 맞이한 사람은 그때는 독일인이었지만, 지금은 돈 상류의 카자흐인이었다. 그리고리는 노파와의 대화가 생각나자, 셔츠 깃의 단추들을 끄르면서 쓸쓸하게 주위를 둘러보았다. 다시 그 저주스러운 통증이 심장부에서 일었다.

태양이 뜨겁게 땅바닥을 지글지글 태웠다. 골목에서는 시큼한 먼지 냄새, 명아주와 말의 땀냄새가 풍겨왔다. 잡목림속의 버석버석한 새집이 몇 개나 달라붙은 커다란 버드나무 위에서 흰부리까마귀가 울고 있었다. 어딘가 골짜기 위쪽에서 흘러내리는 샘물이 초원 개울까지 와서는 수량이 늘어 마을을 둘로 가르면서 마을 한가운데를 천천히 흐르고 있었다. 그 내를 향해 양쪽으로 널따란 카자흐의 주택지가 펼쳐져 있었다. 어느 집에나 나무가 무성한 뜰이 있고, 집 창문을 가리듯이 벚나무와 태양을 향해서 녹색 잎과 어린 열매를 매단 가지를 가득 뻗고 있는 사과나무 등이 있었다.

그리고리는 침침하게 흐린 눈으로 질경이가 나 있는 멋진 바깥뜰과 노란 덧문이 달린 소가지붕의 집과 높직한 우물을 보고 있었다. 타작마당 옆 낡은 울타리의 말뚝 하나에 비를 맞아 뿌옇고 움푹한 눈구멍만이 거무스름하게 보이는 말의 두개골이 매달려 있었다. 그 같은 말뚝을 녹색의 호박덩굴이 나선형으로 감으면서 기어 올라가 햇볕이 닿는 쪽으로 쭉쭉 뻗어 있었다. 덩굴은 말뚝 꼭대기에 이르러서 부드러운 끝줄기가 두개골의 돌출부와 말 이빨을 감은 뒤 다시 맨 끝은 받침대를 찾아 가까이에 있는 덤불나무 가지에 닿으려 하고 있었다.

똑같은 전경을 꿈속에서인지 혹은 먼 옛날의 어린 시절에선지 그리고리는 본 일이 있었던 것 같았다. 그러자 문득 엄습해온 심한 향수에 사로잡혀 울타리 밑에 엎드려 두 손으로 얼굴을 감쌌다.

"말에 안장을 얹어라!"

멀리에서 꼬리를 길게 빼는 호령이 들렸을 때야 그는 겨우 일어났다.

밤중의 행군 때 그는 대열에서 벗어나, 말을 갈아타려는 것처럼 하면서 말에서 내렸다. 그러고는 차츰 멀어져 조용해져가는 말굽소리에 귀를 기울였다. 그리고 말에 올라타자 길을 벗어나서 다른 방향으로 마구 달렸다. 그는 5킬로미터쯤 쉬지 않고 말을 달리다가 이윽고 평보로 바꾸어 뒤에서 추격자가 오지나 않나 귀를 기울였다. 벌판은 적막했다. 다만 도요새가 물가의 모래밭에서 슬프게 울어대고, 어딘가 멀고먼 곳에서 개 짖는 소리가 어렴풋하게 들려왔다.

17

새벽녘까지는 제법 시간이 남았을 때 그는 타타르스키 마을의 건너편 초원에 닿았다. 마을 아래쪽 돈, 얕은 여울에서 그는 옷을 벗은 뒤 옷과 장화와 무기를 말 목에 묶어 달고는 탄약 주머니를 입에 물고, 말과 함께 물에 들어가서 헤엄을 쳤다. 견디기 어려운 차가움이 그의 몸을 도려내는 것 같았다. 조금이라도 따뜻해지려고 그는 오른손으로 세게 물을 젓고, 묶어놓은 고삐를 왼손에서 떨어뜨리지 않도록 헤엄치면서 코를 푸르륵거리며 신음하는 말을 작은 소리로 격려했다.

강가로 올라서자 서둘러 옷을 입고는 말의 배띠를 단단히 고쳐 매고, 말의 몸을 따뜻하게 해주기 위해 마을을 향해서 굉장한 기세로 말을 몰았다. 젖은 외투, 젖은 안장, 축축한 셔츠가 몸을 싸늘하게 식히었다. 그리고리의 이빨은 덜덜 떨리고, 등에는 한기가 들었다. 온몸이 오싹오싹 떨렸지만 맹렬한 질주 탓으로 얼마 지나자 다소 따뜻해졌다. 마을 근처에서 평보로 바꾼 뒤, 주위를 잘 살피면서 귀를 기울였다. 말은 절벽 근처에 남겨두기로 했다. 절벽 밑을 향해서 자갈이 깔린 모래땅을 내려갔다. 말발굽 밑에서 돌이 달그락거리고 편자와 돌이 부딪쳐서 불꽃이 튀었다.
그리고리는 어릴 때부터 낯익은 죽은 느릅나무에 말을 매어놓고는 마을로 향했다.
바로 저기에 오래 된 멜레호프네 집, 어두운 사과밭, 큰곰자리 밑의 우물 두레박이 있는 것이었다…… 흥분으로 숨을 헐떡이면서 그리고리는 돈 쪽으로 내려가서, 아스타호프네 집 울타리를 살짝 넘어 덧문이 닫혀 있지 않은 창문으로 다가갔다. 그는 자신의 격렬한 심장 고동과 머리로 피가 쾅쾅 솟구치며 올라가는 소리를 들었다. 그는 창살을 두드렸다. 자신에게도 거의 들리지 않을 정도로 살짝 두드렸다. 그러자 그녀가 가슴을 두 손으로 누르는 것이 보였다. 그녀의 입에서 부지중에 새어나온 무엇인가의 분명하지 않은 신음소리를 들었다. 그리고리는 창문을 열어 총을 받아 달라고 신호를 했다. 아크시냐, 창문을 활짝 열어젖혔다.
"조용히 해! 잘 있었어? 바깥문은 열지 마, 창문으로 들어갈 테니까."
그리고리는 속삭이듯이 말했다.
그는 집을 빙 둘러놓은 섬돌로 올라섰다. 아크시냐의 벗은 두 팔이 그의 목에 매달렸다. 그 팔은 몹시 떨려서 그리고리의 어깨를 톡톡 건드렸다. 팔이 떨리는 것이 그리고리에게도 느껴질 정도였다.
"크슈샤…… 잠깐만 기다려 줘…… 총을 받아 줘."
그는 더듬거리면서 간신히 들릴 정도의 목소리로 속삭였다.
그리고리는 칼을 지팡이삼아 문지방을 넘어가서 창문을 닫았다.
아크시냐를 포옹하려고 했지만, 그녀는 축 늘어지면서 그의 앞에 무릎을 꿇고는 그의 다리를 껴안고 얼굴을 젖은 외투에 비비면서 통곡을 참으려고 온몸을 바들바들 떨었다. 그리고리는 그녀를 안아 일으켜서 긴 의자에 앉혔다. 그녀는 그에게 기댄 채 가슴에 얼굴을 묻고는 아무 말도 하지 않지만 여전히 몸을 떨고, 애들이 잠을 깨지 않도록 큰 목소리로 울고 싶은 충동을 꾹 누르면서 그리고리의 외투 깃을 꼭 물었다.
고뇌가 그렇게 굳세었던 그녀를 박살내버린 것으로 보였다. 이 세월을 그녀가 얼마나 괴롭게 지내왔는가를 알 수 있었다…… 그리고리는 그녀의 등에 흐트러진 머리칼과 땀이 밴 이마를 쓰다듬었다. 그녀가 실컷 울도록 두었다가, 이윽고 입을 열었다.
"아이들은 잘 있나?"
"네."
"두냐시카는?"
"두냐시카도…… 잘 있어요."
"미하일은 집에 있나? 어이, 좀 기다려! 이젠 그만 울어. 내 셔츠가 눈물로 완전히 젖어버렸어…… 크슈사! 착하지. 이젠 됐어. 울고 있을 틈이 없어. 시간이 너무 없어…… 그래, 미하일은 집에 있나?"
아크시냐는 얼굴을 닦고 젖은 두 손으로 그리고리의 볼을 감싼 채 울고 웃으면서 애인에게서 눈 떼지 않고 작은 소리로 말했다.
"이젠 울지 않겠어요…… 나, 이젠 울지 않아요…… 미하일은 집에 없어요. 뵤시키에 간지 벌써 두 달째예요. 무슨 부대에 들어갔대요. 잠깐 가서 아이들을 보고 와요! 아, 당신이 오다니, 정말 생각도 못했어요!"
미샤토카와 표류시카는 마구 뒹굴며 침대에 자고 있었다. 그리고리는 몸을 굽혀 아이들의 얼굴을 들여다보고, 그대로 잠시 서 있다가 발끝걸음으로 살짝 그 자리를 떠나서 묵묵히 아크시냐 옆에 앉았다.
"당신, 어떻게 된 거죠?"
그녀는 뜨겁게 속삭이는 소리로 물었다.
"어떻게 여기로 왔죠? 도대체 어디에 가 있었어요? 당신, 붙들리지 않았어요?"
"당신을 데리러 온 거야. 문제없어. 붙잡히지 않아. 가겠지?"
"어디에?"
"나와 함께 가는 거야. 일당에게 도망쳐 왔어. 나는 포민과 있었는데, 그런 얘기 들었나?"
"네. 그런데 당신과 함께 어디로 가죠?"
"남쪽으로야. 쿠반이나, 아니면 더 멀리 그곳에 가서 어떻게든 살아가려 생각하고 있어. 어때? 난 무슨 일이라도 할 수 있어. 내 힘은 일하는 데 알맞지, 전쟁에는 맞지 않아. 내 마음은 이 두세 달 동안에 완전히 녹초가 돼버렸어…… 그건 나중에 다시 얘기하기로 하고."
"아이들은 어떻게 하죠?"

"두냐시카에게 맡기지. 나중에 형편을 봐서 아이들을 데려가는 거야. 어때? 가겠나?"

"그리샤…… 그리셴카……"

"그만해, 울지 말고. 이젠 됐어! 틈이 생기면 나중에 함께 울기로 하자구…… 준비를 해줘. 말을 절벽 밑에 매놨어. 어때? 가겠어?"

"당신, 어떻게 생각해요?"

아크시냐는 갑자기 큰 소리로 말하고는 깜짝 놀라 입을 손으로 막으면서 애들을 힐끗 보았다.

"당신 어떻게 생각해요?"

이번에는 속삭이는 소리로 물었다.

"당신이 혼자 지낼 수 있다고 생각해요? 가겠어요, 난, 그리셴카! 걸어서라도, 기어서라도 당신을 따라가겠어요. 다시 혼자 남아 있을 수는 없어요. 당신 없이 난 살아 있을 수 없어요…… 죽어도 좋으니까, 다시는 버리고 가지 말아요!"

그녀는 힘껏 그리고리의 몸을 끌어당겼다. 그는 그녀에게 키스하고, 곁눈질로 창문 쪽을 살폈다. 여름밤은 짧다. 서둘러야 한다.

"잠시 눕겠어요?"

아크시냐가 물었다.

"당치도 않아."

놀란 듯이 그는 소리를 쳤다.

"이제 곧 날이 밝을 거야. 떠나야 해. 옷을 입고 두냐시카를 불러다 줘. 두냐시카에게 부탁해야지. 날이 새기 전에 스호이 협곡까지 가야만 해. 그곳 숲속에서 낮을 보내고, 밤이 되면 길을 가야 해. 말을 타고 갈 수 있겠어?"

"어떻게든 타고 가겠어요, 말이건 무엇이건! 나는 아까부터 이게 꿈이 아닐까 생각했어요. 나는 여태껏 당신 꿈만 꿔 온걸요. 그것도 여러 가지 꿈을 꾸었죠." 아크시냐는 머리핀을 입에 물고, 급히 머리를 묶으면서 작은 소리로 분명하지 않게 지껄였다. 그녀는 새빨리 옷을 입고 문 쪽으로 갔다.

"아이들을 깨울까요? 한 번 더 자세히 보고 가는 게……"

"아냐, 깨우지 마." 그리고리는 잘라 말했다.

그는 모자 속에서 담배쌈지를 꺼내어 담배를 말기 시작했는데, 아크시냐가 방에서 나오자마자 급히 침대로 가서 오랫동안 아이들에게 키스했다. 그리고 나탈리야를 생각하고, 자신의 답답하고 불행한 생애의 여러 가지 일을 떠올리면서 눈물을 흘렸다.

문지방을 넘어오면서 두냐시카가 말했다.

"아, 오빠, 얼마만이에요! 집에 돌아왔군요! 몹시 벌판을 방랑하고 있었군요."

그리고 그녀는 슬프게 소리 내어 울기 시작했다.

"아이들은 아버지를 몹시 기다렸어요…… 아버지가 살아 있는데도 고아가 된 거죠."

그리고리는 여동생을 포옹하고 엄한 어조로 말했다.

"쉿, 조용히 해! 애들이 깨겠다. 울지는 말아 다오, 애야. 나는 그런 음악은 실컷 들어왔단다. 눈물과 슬픔은 이제 내 것만으로도 지겨워…… 너를 부른 것은 그 우는 소리를 듣기 위해서가 아니야. 아이들을 맡아서 길러 줬으면 좋겠는데, 어떠냐?"

"그래, 오빠는 어디로 갈 생각이죠?"

"떠나는 거다. 이번에는 아크시냐를 데리고 간다. 아이들을 맡아 주겠니? 일자리를 구하면 아이들을 데리러 오겠다."

"네, 어쩔 수 없잖아요? 오빠네 둘이 다 가버리면 맡아야죠. 거리에 아이들을 내버려둘 수는 없고, 남에게 맡길 수도 없을 테니까 말예요."

그리고리는 말없이 두냐시카에게 키스하고는 말했다.

"정말 고맙다, 두냐! 네가 거절하지 않으리라고 알고 있었단다."

두냐시카는 말없이 옷궤짝 위에 앉아 있다가 물었다.

"언제 떠나죠? 지금?"

"그렇단다."

"그럼, 집은 어떻게 하죠? 이 집은 어떻게 해요?"

아크시냐가 애매하게 대답했다.

"아가씨가 봐줘요. 세를 놓든지, 적당히 해줘요. 옷이나 남은 살림은 아가씨 집에 갖다놔요."

"사람들에게 뭐라고 말해야 되지? 언니가 어디로 갔느냐고 물으면 뭐라고 해야 되지?"

두냐시카가 물었다.

"아무것도 모른다고 말하면 돼. 그뿐이야."

그리고리는 그렇게 대답하고 이번에는 아크시냐를 돌아보았다.

"크슈샤, 자, 빨리 준비해 줘. 많이 갖고 갈 건 없어, 따뜻한 셔츠 한 벌과 스커트 두세 개, 속옷 약간, 그리고 당장 먹을 식량만 갖고 가면 돼."

두냐시카에게 작별인사를 하고는 잠들어 있는 아이들에게 살짝 키스하고, 그리고리와 아크시냐가 현관 계단으로 나왔을 때는 동쪽 하늘이 희미하게 밝아오기 시작했다. 두 사람은 돈으로 내려가서 강가를 따라 절벽으로 갔다.

"언제였던가, 역시 지금 이런 식으로 야고드노에로 도망쳐 간 일이 있었지. 다만 그때는 당신이 든 보따리가 지금보다 더 컸었고, 우리는 더 젊었지만……"

그리고리가 말했다.

"난 이게 꿈이 아닌가 아까부터 자꾸 걱정이 돼요. 손 좀 내놔 봐요. 만져보게. 도무지 믿어지지가 않아요."

그녀는 낮게 웃고, 걸으면서 그리고리의 어깨에 몸을 기댔다.

그녀의 눈물로 부어오른 행복에 겨워 반짝이는 눈과, 미명 속에 푸르스름하게 물든 볼을 그는 보았다. 그리고 다정한 웃음을 흘리면서 생각했다. '이 여자는 마치 나들이라도 가는 듯이 차리고 나왔구나……아무것도 두려워하지 않다니, 놀라운 여자야……'

그의 이런 생각에 대답하듯 아크시냐가 말했다.

"내가 어떤 여자인지를 아시겠죠? 당신이 휘파람을 불어서 강아지를 부르는 것처럼 나는 얼른 당신을 따라나섰어요. 모두 당신에 대한 애정과 그리움 때문이에요, 그리샤, 난 당신 말이라면 무엇이든지 듣겠어요…… 아이들이 불쌍하지만, 난, 자신의 일로는 절대로 비명 따위를 지르지 않겠어요. 어디라도 따라가겠어요. 저승으로 가는 길이라도!"

두 사람의 발소리를 듣고 말이 작은 소리로 울었다. 여명은 재빨리 다가왔다. 벌써 동쪽 하늘이 희미하게 장밋빛으로 물들고 있었다. 돈강 위의 수면에서 안개가 피어올랐다.

그리고리는 말을 풀고 아크시냐를 거들어 안장에 태웠다. 등자가 아크시냐의 발밑에 축 늘어졌다. 그리고리는 자신의 아둔함과 세심하지 못했음을 속상하게 생각하면서 말의 배띠를 고쳐 매고, 그러고는 자신도 예비 말에 올라탔다.
"나를 따라오도록 해, 크슈샤! 절벽을 나서면 구보로 갈 거야. 그 말은 별로 흔들리지 않을 거야. 고삐를 늦추지 않도록 해. 그 말은 고삐를 늦추면 싫어하거든. 무릎을 조심해. 그 말은 가끔 장난으로 무릎을 물려고 하니까. 자, 가자!"
스호이 협곡까지 8킬로미터 정도였다. 짧은 시간에 이 거리를 달려 해가 뜰 때는 이미 숲까지 와 있었다. 숲 언저리에서 그리고리가 먼저 말에서 내려 아크시냐를 내려 주었다.
"어땠어? 익숙하지 않아 말을 타는 게 힘들지?"
그는 미소 지으면서 물었다.
질주했기 때문에 얼굴이 빨갛게 물든 아크시냐의 검은 눈이 반짝였다.
"멋있어요! 걷는 것보다 훨씬 좋아요. 이 다리가 좀……"
그녀는 당황해서 미소를 지었다.
"당신, 저쪽으로 좀 가 줘요, 그리샤. 다리를 살펴봐야 되겠어요. 왠지 따가워요. 아마 살갗이 벗겨졌나봐요."
"별거 아니야. 곧 나을 거야."
그리고리는 위로했다.
"팔다리를 뻗어 체조를 해봐. 다리가 어쩐지 떨고 있는 것 같아. 이거 대단한 카자흐 여자가 있었군!"
그는 다정하게 웃으며 눈을 가늘게 떠서 말했다.
마침 골짜기 안에서 조그마한 빈터를 발견하자 그는 말했다.
"자, 여기가 우리 숙소야. 좀 쉬자구, 크슈샤!"
그리고리는 안장을 내리고 말의 세 다리를 묶어놓고는, 안장과 무기를 덤불 속에 넣었다. 풀밭에는 짙은 이슬이 가득 내려 있었다. 풀은 이슬 때문에 짙은 남색으로 보였다. 아직 새벽녘 어둠이 가시지 않은 저쪽 비탈엔 풀잎이 검푸른 빛을 발하고 있었다. 반쯤 핀 꽃의 꽃받침에서는 오렌지색 산벌이 졸고 있었다. 벌판 하늘에서는 종달새가 지저귀고, 가을에 파종한 밭과 향기 높은 벌판의 잡초 속에는 메추라기가, "스바치 파라(잘 자요), 스파치 파라, 스파치 파라!" 북을 잘게 두드리는 듯한 소리를 내고 있었다. 그리고리는 떡갈나무 옆에 있는 풀을 밟아 다져서 안장을 베고 누웠다. 두두둥 두두둥! 북을 두드리는 듯이 울리는 메추라기 울음소리, 어렴풋이 졸음을 재촉하는 듯한 종달새의 노랫소리, 밤에도 열기가 식지 않은 모래밭에서 불어오는 돈의 미지근한 바람—이 모든 것들이 잠을 청해 주었다. 다른 사람이야 어쨌든, 며칠 밤이나 계속해서 자지 못한 그리고리에게는 그야말로 '스바치파라'의 시간이었다. 메추라기의 "잘자요" 인사를 받고, 잠이 쏟아져 내려 그리고리는 눈을 감았다. 아크시냐는 그 옆에 나란히 앉아서 생각에 잠겨 향기 높은 메도비양카(벌꿀풀)의 연보랏빛 꽃잎을 입술로 뜯으면서 가만히 있었다.

"그리샤, 아무도 이곳까지 잡으러 오지는 않겠죠?"

그녀는 꽃줄기로 수염이 잔뜩 난 그리고리의 볼을 간질이면서 속삭였다.

그는 꾸벅꾸벅 졸다가 간신히 정신을 차려서 쉰 목소리로 말했다.

"벌판에는 아무도 없어. 지금은 벌판으론 누구 한 사람 오지 않을 때야. 나는 한숨 잘 테니까 크슈샤, 당신은 말을 지켜봐 줘. 그런 뒤에 교대로 당신이 자는 거야. 잠이 와서 못 견디겠어…… 잘 테야…… 나흘 밤이나…… 나중에 얘기하지……"

"자요. 푹 자요!"

아크시냐는 그리고리에게로 몸을 숙여서, 그 이마를 덮고 있는 머리칼을 쓸어내고는 볼에 살짝 입 맞추었다.

"사랑하는 나의 그리셴카, 흰머리가 많이 늘었군요."

그녀가 속삭였다.

"결국 나이가 든 거죠? 바로 얼마 전까지만 해도 젊었는데."

그녀는 쓸쓸하게 미소를 떠올리면서 그리고리의 얼굴을 들여다보았다.

그는 입술을 약간 벌리고 온화하게 숨소리를 내면서 잠들었다. 끝이 볕에 그을린 검은 속눈썹이 가늘게 떨렸다. 윗입술이 꿈틀꿈틀 움직여서 고르게 난 하얀 이빨이 드러났다. 아크시냐는 가만히 그 얼굴을 들여다보고 있었는데, 그때 비로소 이 몇 달 동안 헤어져 있는 사이에 그가 몹시 변해버렸음을 깨달았다. 애인의 미간에 깊게 파인 주름, 입가의 주름살, 날카로운 선을 그린 광대뼈에는 무엇인가 거칠고 잔인한 듯한 것이 나타나 있었다…… 그리고 그녀는 전투 때 말 위에서 칼을 뽑아든, 무섭고도 처절할 것임이 틀림없을 그의 모습을 비로소 상상해 보았다. 그녀는 눈을 내리깔고, 마디가 굵고 커다란 그의 손을 힐끗 보고는 절로 한숨을 내쉬었다.

조금 있다가 아크시냐는 살짝 일어나서, 풀에 내린 이슬에 젖지 않도록 스커트를 걷어 올리고는 풀밭을 가로질러 갔다. 어딘가 그다지 멀지 않은 곳에서 냇물이 바위에 부딪히는 소리가 들려왔다. 그녀는 이끼가 잔뜩 끼어 연록색으로 된 돌이 가득 깔린 골짜기로 내려가서 차가운 샘물을 마시고 얼굴을 씻고, 붉게 달아오른 얼굴을 손수건으로 깨끗이 닦았다. 그녀의 입술에는 항상 조용한 미소가 사라지지 않고 눈은 기쁜 듯이 반짝였다. 그리고리는 다시 그녀와 함께 있는 것이었다. 또다시 앞날을 알 수 없는 운명이 행복한 꿈에로 그녀를 유혹하는 것이었다. 아크시냐는 최근 몇 달 동안, 잠들지 못하는 밤마다 많은 눈물을 흘리며 많은 슬픔을 참고 견디어온 것이었다. 바로 어제 낮의 일이었다. 채소밭에 나갔더니 여자들이 근처 감자밭에서 김을 매면서 슬픈 노래를 부르고 있었다. 그러자 그녀의 심장이 아프게 죄어지는 느낌이 들어 자신도 모르게 그 노랫소리에 귀를 기울였다.

　　거위야, 거위야, 회색 거위야, 이젠 집으로
　　헤엄쳐 돌아갈 시간이겠지?
　　헤엄쳐 돌아갈 시간이겠지?
　　가엾은 여자인 이 내 몸이
　　한이 풀리도록 울 시간……

여자들의 새된 높은 목소리가 합창하면서 저주받은 운명을 호소하고 있었다. 아크시냐는 견딜 수가 없었다. 눈에서 눈물이 줄줄 흘러나왔다. 그녀는 일에 몰두해서 심장 밑에서 꿈틀거리는 슬픔을 지워버리려고 했지만, 눈물은 넘쳐흘러 푸른 감자 잎과 힘이 빠진 손에 주르륵 떨어졌다. 그녀는 이제 아무것도 보이지 않게 되고 일도 할 수 없었다. 호미를 내던지고 땅바닥에 누워서, 두 손으로 얼굴을 가리고는 한없는 눈물을 흘렸다.

바로 어제까지는 자신의 운명을 저주하고, 주위의 모든 것이 비가 올 듯이 음산한 날처럼 잿빛으로 기쁨이 없어 보였는데, 오늘은 고맙기 짝이 없는 여름 소나기가 온 뒤처럼 온 세계가 기쁨에 넘치고 시원하며 밝은 것으로 생각되었다. '우리의 운명을 극복하자!' 솟아오는 햇빛을 비스듬하게 받아서 밝게 빛나는 높다란 떡갈나무 잎을 멍하니 바라보면서 그녀는 생각했다.

덤불 주위나 햇볕이 많이 닿는 곳에는 향기 짙은 여러 가지 꽃이 피어 있었다. 아크시냐는 그 꽃을 한 아름 꺾어 자고 있는 그리고리 옆에 살짝 앉아서, 젊은 날을 생각하며 화환을 만들기 시작했다. 화환은 근사하고 아름답게 만들어졌다. 아크시냐는 그 화환을 오래토록 감상하다가, 거기에 진분홍빛 들장미 꽃을 몇 개 꽂아서 그리고리의 머리맡에 놓았다.

9시경에 그리고리는 말 울음소리에 잠이 깨어서, 깜짝 놀라 일어나서는 자기 주위를 더듬으면서 총을 찾았다.

"아무도 없어요. 어째서 그렇게 놀라시죠?"

아크시냐는 작은 소리로 말했다.

그리고리는 눈을 비비면서 잠이 덜 깬 모습으로 미소 지었다.

"토끼와 같은 버릇이 든 거야. 자면서도 한쪽 눈은 뜨고 있는 거나 마찬가지야. 조그마한 소리에도 몹시 놀라거든…… 그 버릇은 그렇게 쉽게 없어지지가 않아. 제법 잤나?"

"그렇게 오래 자지는 않았어요. 좀 더 자요."

"모자라는 잠을 제대로 보충하려면 하루 밤낮은 계속해서 자야 될 거야. 그보다도 아침을 먹어야지 않겠나. 빵과 나이프가 내 안장주머니에 들어 있으니까, 그걸 꺼내다 준비해 줘. 그동안 말에게 물을 먹이고 올 테니."

그는 일어서서 외투를 벗고 어깨를 쭉 폈다. 태양이 강하게 내리쬐었다. 바람이 나뭇잎들을 흐트러뜨렸다. 그 바르락거리는 소리가 냇물이 흐르는 소리를 지우고 있었다.

그리고리는 물가로 내려가 돌과 나뭇잎으로 한쪽에 둑을 만들고, 칼로 흙을 파다가 그 흙으로 돌과 돌 사이를 막았다. 그가 만든 둑 안에 물이 괴자 그는 말을 끌고 와서 물을 먹였다. 그리고 나서 말의 멍에를 벗긴 뒤 다시 풀을 뜯어먹도록 놓아 주었다.

아침을 먹으면서 아크시냐가 물었다.

"지금부터 어디로 가죠?"

"모로조프스카야로 가는 거야. 프라토프까지 말을 타고 가고, 거기서부터는 걸어서 가야해."

"말은 어떻게 하죠?"

"버리고 가지."

"아깝잖아요, 그리샤! 둘 다 아주 좋은 말이에요. 특히 회색말은 아무리 보고 있어도 싫증이 안 날 정도예요. 그런데도 버려야 해요? 당신, 어디서 저 말을 구했죠?"

"글쎄, 구하긴 했지……"

그리고리는 쑥스럽다는 듯이 엷게 웃었다.

"아냐, 어느 크리미아인이 갖고 있는 걸 약탈한 거지."

잠시 잠자코 있다가 그는 말했다.

"아까워도 버려야 해. 우리는 말장수가 아니니까."

"어째서 당신은 무기를 갖고 다니죠? 무기를 갖고 있다간 어떻게 되죠? 사람들에게 들키면 엉뚱한 화를 입을지도 몰라요."

"밤이니까 들킬 염려는 없어. 호신용으로서 갖고 있는 거야. 이게 없으면 나는 무서운 생각이 들어…… 말을 버릴 때는 무기도 버리지. 그때는 이미 무기도 필요 없게 될 테니까."

아침을 먹고 두 사람은 외투를 펴 깔고 누웠다. 그리고리는 엄습해 오는 졸음과 싸웠지만 헛일이었다. 아크시냐는 팔꿈치를 짚고, 그가 없었을 때의 생활과 그 사이에 얼마나 괴로웠는가를 여러 가지 얘기했다. 쫓아 버리기 어려운 졸음의 안개 사이로 그녀의 부드러운 얘깃소리를 꿈결처럼 들으면서, 그리고리는 무겁게 내려뜨여지는 속눈썹을 치켜 올릴 수가 없었다. 때때로 그는 아크시냐의 애깃소리를 전혀 듣지 않았다. 그녀의 목소리가 점점 멀어져가고 희미해져가는 사이에 점차 아무것도 들리지 않게 되었다. 그리고리는 몸을 떨면서 눈을 떴다가는 몇 분 지나면 또다시 두 눈을 감았다. 피로가 그의 희망이나 의지력보다 더 강했던 것이다.

"……쓸쓸해하면서 아버지는 어디 있느냐고 묻는 거예요. 난 힘껏 아이들에게 여러 가지로 다정하게 해줬어요. 나에게 완전히 정이 들어서 늘 따라다녔어요. 두냐시카네 집에도 좀처럼 가지 않게 됐어요. 포류시카는 조용하고 온순한 아이예요. 헝겊조각으로 인형을 만들어 주면 탁자 밑에 앉아서 인형과 놀죠. 한번은 미샤토카와 밖에서 뛰어 들어와서는 부들부들 떠는 거예요. '무슨 일이냐?' 물었더니 으앙 하고 크게 울음을 터뜨리면서, '모두들 나하고 놀아 주지 않아. 모두들 네 아버지는 강도다, 말하는 거야. 어머니, 아버지가 강도라니, 정말이야? 강도라는 게 뭐야?' 물었어요. 그래서 내가 미샤토카에게 '아버지는 절대로 강도가 아니란다. 아버지는…… 불행한 사람이야' 말해 줬더니, 그 다음에는 '어째서 불행한 거냐, 불행이라는 게 뭐냐?' 자꾸 묻는 거예요. 그러나 도저히 잘 알아듣게 얘기해 줄 수가 없었어요…… 그리샤, 아이들이 스스로 나를 어머니라고 부르게 된 거지 내가 그렇게 부르라고 시킨 것은 절대로 아니에요. 한데 미하일은 아이들에게는 그렇게 나쁘지만 않았어요. 다정하게 대해준 편이죠. 나하고는 인사도 하지 않고 말도 없이 외면을 하고 지나갔지만, 아이들에게는 두 번인가 읍에서 사탕을 사준 일도 있었어요. 프로호르는 늘 당신 일을 걱정했지요. 사람 하나 못쓰게 만들었다고 하면서요. 지난주에는 당신 애기를 하러 집에 들러서는 눈물을 흘리면서 울었을 정도예요…… 우리 집은 무기를 찾으려고 가택수색을 당했어요. 마루 밑이니 움막 속이니 온 집안을 뒤졌어요……"

그리고리는 애기를 모두 듣기 전에 잠이 들었다. 그의 머리 위에서는 어린 느릅나무 잎이 바람에 날려서 살랑살랑 속삭였다. 얼굴 위를 햇빛의 노란 섬광이 미끄러져 갔다. 아크시냐는 오랫동안 그의 감은 눈에 키스하다가, 이윽고 그리고리의 팔에 볼을 찰싹 붙이고는 아련하게 미소를 머금고 자신도 역시 잠이 들었다.

밤늦게 달이 졌을 무렵에 두 사람은 말을 타고 스호이 협곡을 떠났다. 2시간 뒤에 두 사람은 구릉지대에서 치르로 내려갔다. 풀밭에서 뜸부기가 울어댔다. 갈대가 무성한 개울의 후미에는 개구리가 심하게 울고, 어딘가 멀리서 푸른 해오라기가 닥하게 울고 있었다. 나무를 심은 정원이 물가를 따라서 넓게 깔린 안개 속에 무뚝뚝하고 거무스름하게 뻗쳐 있었다.

작은 다리 앞에서 그리고리는 멈추어 섰다. 마을은 한밤중의 정적에 감싸여 있었다. 그리고리는 구두 뒤꿈치로 말의 배를 가볍게 차서 말머리를 옆으로 돌렸다. 그는 다리를 건너고 싶지 않은 것이었다. 그에게는 이 정적이 의심스러웠다. 정적이 두려웠다. 두 사람이 마을 밖의 여울목을 건너서 좁은 길로 구부러지려고 하는데, 도랑에서 갑자기 사람 하나가 일어서고 이어서 다시 3명이 일어섰다.

"멈춰랏! 거기 가는 게 누구얏?"

그리고리는 그 소리에 마치 세게 얻어맞은 듯이 몸을 휘청 하고는 고삐를 끌어당겼다. 곧 정신을 차린 뒤 큰 소리로 "아군이다!" 대답하고는, 말머리를 홱 돌려서 아크시냐에게 속삭였다…… "돌아간다! 나를 따라와."

최근에 이 마을에 머물고 있는 식량 징발대의 초소에 있던 4명이 서두르지 않고 잠자코 두 사람에게로 다가왔다. 그중 하나는 담배를 피우려고 멈추어 서서 성냥을 켰다. 그리고리는 아크시냐의 말을 채찍으로 힘껏 때렸다. 아크시냐의 말은 벌떡 일어섰다가는 기세 좋게 달리기 시작하였다. 그리고리가 말의 목에 몸을 붙이고 그 뒤를 따랐다. 숨 막힐 듯한 정적이 몇 초 이어졌는데, 곧 고르지 않은 뭔가가 떼굴떼굴 굴러가는 듯한 일제 사격 소리가 둔하게 울려 퍼졌다. 총화의 섬광이 어둠을 꿰뚫었다. 그리고리는 귀를 찢는 듯한 총탄의 울부짖음과 길게 꼬리를 끄는 고함소리를 들었다.

"쏘아라아……"

그리고리는 개울에서 200미터쯤 떨어진 곳에서 날쌔게 달려가는 회색 말에 따라 붙어서 어깨를 나란히 하고 소리쳤다.

"크슈샤! 엎드려! 더 낮게 엎드려야 해!"

아크시냐는 고삐를 당겼다. 그러더니 몸을 뒤로 젖혀서 옆으로 털썩 쓰러질 뻔했다. 그리고리는 가볍게 그녀를 받쳐 주었다. 그렇게 하지 않았더라면 그녀는 쓰러져서 떨어질 뻔하였다.

"당했구나! 어딜 맞았지? 어떻게 된 거야!"

그리고리는 쉰 목소리로 물었다.

그녀는 아무 말도 하지 않고 더욱더 무겁게 그의 팔에 기대어 올 뿐이었다. 계속 달리면서 그리고리는 그녀를 끌어안고 황급하게 속삭였다.

"부탁이야! 한 마디 해 봐! 도대체 어떻게 된 거지?"

그는 입을 다문 그녀에게서 한 마디도, 신음소리조차도 들을 수가 없었다.

그리고리는 마을에서 2킬로쯤 와서, 길에서 벗어나 절벽 쪽으로 내려갔다. 그곳에서 말의 걸음을 세우고 아크시냐를 살며시 땅에 안아 내렸다.

그녀의 따뜻한 자켓을 벗기고, 얇은 사라사 블라우스의 앞가슴을 찢고는 손으로 더듬어서 상처를 찾아냈다. 탄환은 아크시냐의 왼쪽 어깨뼈로 들어가서 뼈를 으스러뜨리고는 비스듬하게 오른쪽 쇄골 밑으로 관통해 있었다.

그리고리는 피투성이가 된 떨리는 손으로 안장주머니에서 자신의 깨끗한 속옷과 붕대 뭉치를 꺼냈다. 아크시냐를 안아 일으켜서 무릎 위에 반듯하게 눕히고, 쇄골 밑쪽에서 콸콸 쏟아지는 피를 멈추게 하기 위해서 상처에 붕대를 대었다. 핏덩어리는 속옷도 붕대도 순식간에 검붉게 물들여 끈적끈적하게 했다. 피는 반쯤 벌린 아크시냐의 입에서도 벌컥벌컥 쏟아져 나오고, 목에서는 끄르륵거리는 소리를 냈다. 그리고리는 공포로 송장처럼 창백해져 모든 것이 끝났음을, 그의 생애에 일어날 수 있는 가장 무서운 일이 드디어 일어났음을 깨달았다.

  절벽의 험한 비탈을 따라서 풀밭 속에 난, 면양의 딱딱하고 작은 똥이 흩어진 오솔길을 걸어서 아크시냐를 안고 아래로 내려갔다. 축 늘어진 그녀의 머리가 그의 어깨에 얹혀 있었다. 그는 아크시냐의 헉헉거리는 흐느끼는 듯한 숨소리와, 따뜻한 피가 그녀의 몸에서 흘러나오고 입에서 그의 가슴으로 쏟아지는 것을 느꼈다. 두 마리의 말은 그를 따라서 절벽 밑으로 내려와서 푸드륵 하고 코를 불고, 찰그락거리는 소리를 내면서 물기가 많은 풀을 어적어적 먹어댔다.

  아크시냐는 그리고리의 팔에 안긴 채 날이 새기 조금 전에 죽었다. 그녀의 의식은 끝내 돌아오지 않았다. 그는 말없이 차갑고 피로 짭짤하게 된 입술에 입을 맞추고, 시체를 풀 위에 살며시 내려놓고는 일어섰다. 정체를 알 수 없는 힘이 그의 가슴을 쾅쾅 두드리는 것 같았다. 그는 비틀비틀 뒷걸음질을 치다가 벌렁 뒤로 넘어졌다. 그러다가 곧 놀란 것처럼 뛰어 일어났다. 그러자 다시 넘어져서, 모자를 쓰지 않은 머리를 세게 돌에 부딪쳤다. 그러고는 그대로 한쪽 무릎을 세워서 칼을 뽑아 구멍을 파기 시작했다. 땅은 축축해서 파기 쉬웠다. 그는 몹시 서둘렀기 때문에 호흡이 곤란해져 목이 옥죄어들었다. 그래서 좀 더 편하게 숨을 쉬기 위해 입고 있던 셔츠를 찢어서 벗어버렸다. 새벽녘의 서늘함이 땀이 밴 가슴을 식혀 주었으므로 움직이는 것이 그다지 힘들지는 않았다. 그는 잠시도 쉬지 않고 손과 칼로 흙을 긁어냈다. 그래도 무덤을 무릎 높이까지 오도록 파는 데에는 상당한 시간이 걸렸다.

  그는 사랑하는 아크시냐를 밝은 아침 햇살 속에서 장사지냈다. 그녀를 무덤 속에 넣고, 뿌옇게 된 가무잡잡한 두 손을 가슴 위에 십자로 포개주었다. 그녀의 반쯤 감은 눈은 꼼짝도 하지 않고 하늘을 보고 있었지만, 차츰 광택을 잃고 흐려져 갔다. 눈에 흙이 들어가지 않도록 얼굴을 프라토크로 감쌌다. 우리 두 사람은 그다지 오래 헤어져 있지 않을 것이다, 머지않아 저 세상에서 만나게 될 것이다, 그는 굳게 믿으면서 그녀에게 마지막 작별인사를 했다.

축축하고 누런 진흙을 손으로 애써 부드럽게 빻아서 무덤을 씌워 주었다. 그리고 오랫동안 머리를 숙이고 몸을 가볍게 흔들면서 무릎을 꿇고 있었다.

그는 지금에 와서는 서두를 일이 아무것도 없었다. 모든 것이 끝나버린 것이었다.

열풍의 연기와 같은 안개 속에서 태양이 절벽 위로 올라왔다. 햇빛이 그리고리의 아무것도 쓰지 않은 머리의 짙은 백발을 은빛으로 반짝이게 하고 꼼짝도 하지 않는 창백한 그 얼굴 위를 미끄러져 갔다. 그는 답답한 꿈에서 깨어난 듯이 머리를 쳐들고는 거무스름한 하늘과 검고 눈부시게 빛나고 있는 태양을 올려다보았다.

18

이른 봄 눈이 사라지고 겨울 동안 옆으로 누워 있던 풀이 말라갈 무렵이면 벌판에서는 봄의 마른풀 태우기가 한창이다. 바람에 번지는 불은 격류처럼 흐르고, 불꽃은 마른 아르자네츠 풀을 탐욕스럽게 핥고, 키가 큰 산엉겅퀴의 줄기로 기어 올라가고, 갈색 큰 쑥의 꼭대기에서 미끄러져 내려와 저지대로 퍼져나간다. 불에 타서 여기저기에 금이 간 땅에서는 그 뒤 오래토록 탄 냄새를 벌판에 풍긴다. 주위의 어린 풀이 즐거운 듯이 녹색으로 되고, 그 위의 푸른 하늘에는 수많은 종달새가 지저귀고, 온통 풀이 무성한 곳에서는 철새인 거위가 먹이를 찾고, 여름을 이곳에서 지내려는 기러기가 집을 짓는다. 하지만 들불에 탄 자리에는 죽은 듯이 숯이 되어 버린 땅이 기분 나쁘게 거무칙칙하다. 그 탄 자리에는 새도 집을 짓지 않고, 짐승도 피해서 지나다닌다. 다만 자유롭게 뛰어다니는 재빠른 바람만이 그 위를 날아다니면서 짙은 남색의 탄 찌꺼기를, 코를 콱 쏘는 냄새가 나는 검은 먼지를 멀리까지 흩뿌리는 것이다.

들불에 타버린 벌판처럼 그리고리의 인생은 온통 검은 것으로 되었다. 그는 자기 마음에 있어서 소중한 것을 모두 잃어버렸다. 혹독하고 무참한 죽음

1936 고요한 돈강

의 손길이 그가 지닌 모든 것을 빼앗고 부수어버린 것이었다. 남은 것은 아이들뿐이었다. 그러나 그 자신은 실제로는 완전히 산산이 바스러져 버린 자신의 생명이, 그를 위해서나 다른 사람들을 위해서나 아직도 어떤 가치가 있는 것으로 생각되기나 하는 듯이 여전히 경련을 일으키며 대지에 달라붙어 있는 것이었다.

아크시냐를 장사지내고 나서 3주야를 그는 정처 없이 말을 타고 벌판을 돌아다녔다. 그러나 그는 집으로도 자수하러 뵤쎈스카야로도 가지 않았다. 4일째에 우스치 호표르스카야의 어느 마을에서 말을 버리고 돈강을 건너서 스라시쵸프의 떡갈나무 숲속으로 걸어서 들어갔다. 이 숲 언저리에서 지난 4월에 처음으로 포민의 비적단이 분쇄되었다. 그 당시 그는 이 숲속에 한 무리의 탈주병이 살고 있다는 얘기를 들은 것이었다. 그리고리는 이제 포민에게로는 돌아가고 싶지 않았으므로 이 탈주병 사이에 끼려고 생각한 것이었다.

며칠 동안 그는 광대한 숲속을 방황하고 다녔다. 굶주림에 지쳐 있었지만, 그래도 인가가 있는 곳에는 가지 않았다. 그는 아크시냐의 죽음과 함께 분별도 지난날의 용기도 잃어버렸다. 나뭇가지가 부러지는 소리, 숲속에서 나뭇잎을 스치는 바람소리, 밤새 울음소리, 그런 것들이 모두 공포와 놀라움의 대상이었다. 그리고리는 덜 익은 산딸기나 이상하게 조그마한 딸기나 호두나무 잎 따위를 먹으며 지내 몹시 여위어갔다. 5일째가 끝날 무렵에 그는 탈주병들을 숲속에서 만나, 그들의 움막으로 따라갔다. 탈주병은 7명이었다. 그들은 모두 인근 마을 사람으로서, 동원이 시작된 작년 가을부터 이 숲에서 살아온 것이었다. 그들은 널찍한 움막에서 제법 넉넉하게 살았다. 무엇 하나 부족한 것이 없었다. 대개 밤이면 가족에게로 갔다가, 돌아올 때는 빵이나 건빵이나 기장이나 밀가루나 감자 등을 가지고 돌아왔다. 수프에 쓸 육류는 가끔 이웃 마을로 가서 가축을 훔쳐와 그다지 힘도 들이지 않고 먹을 수 있었다.

탈주병 중에 제12키지흐 연대에 있었던 사람이 있었다. 그는 그리고리를 알아보았으므로 별다른 말썽 없이 그리고리를 동료로 받아 주었다.

그리고리는 한도 없이 단조롭고 괴롭게 이어져가는 나날을 헤아리지도 못하게 되었다. 10월까지는 그럭저럭 숲속에서 지냈으나 가을비가 내리기 시작하고 날씨가 추워지자 뜻하지 않게 아이들에 대한 애착과 자기 마을에 대한 향수가 새로운 힘으로 가슴에 움터왔다.
 어떻게든 시간을 보내기 위해서 그는 하루 종일 판자 침대에 앉은 채 나무를 파고 깎고 하여 숟가락이나 수프 접시를 만들거나, 연한 나무로 장난감 인간이며 동물 모습을 교묘하게 조각했다. 그는 아무것도 생각하지 않으려고 애쓰고 밉살스러운 향수에 마음의 문을 열지 않으려고 버둥거렸다. 낮 동안은 그런 식으로 그럭저럭 지낼 수 있었지만, 겨울의 밤이 길어지자 추억의 애수를 이겨낼 수가 없었다. 그는 밤새 판자 침대에서 뒤척이며 잠들지 못했다. 낮에는 이 움막 주민 아무도 그가 원망하거나 불평하는 소리를 듣지 못했지만, 밤이 되면 그는 흔히 몸을 떨면서 잠이 깨어서는 얼굴을 쓰다듬었다. 그 불과 반년 동안에 자랄 대로 자란 구레나룻이 눈물에 젖곤 했다.
 그는 자주 애들 또는 아크시냐, 모친이나 그밖에 지금은 이미 이 세상에 없는 다정했던 사람들의 꿈을 꾸었다. 그리고리의 일생은 과거의 것이 되고, 그 과거는 짧고 괴로운 꿈처럼 생각되었다. '다시 한번 고향에 가서 아이들을 만날 수 있다면 당장 죽어도 여한이 없다' 그는 생각하곤 했다.
 이른 봄의 어느 날, 뜻밖에 츄마코프가 나타났다. 허리띠까지 흠뻑 젖어 있었지만, 여전히 건강하고 씩씩했다. 그는 벽난로 옆에서 옷을 말리고 몸을 따뜻하게 한 뒤, 판자 침대의 그리고리 옆에 앉았다.
 "멜레호프, 자네가 도망치고 난 그때부터 우리는 상당히 여러 곳을 돌아 다녔다네. 아스트라한 가까이까지 가서 카르므이크의 벌판에도 있었지…… 마음대로 세상을 구경한 거야. 한데 헤아릴 수 없을 정도로 끔찍하게 피를 흘렸지. 야코프 에피무이치의 마누라가 인질로 잡히고, 재산은 몰수당했다는 거야. 그는 몹시 화가 나서 소비에트 정권에 근무하는 자는 누구든지 닥치는 대로 죽여 버리라고 명령했다네. 그래서 교원이건 의사건 농학자건 닥치는 대로 베어 죽인 거야…… 살아난 사람은 전혀 없을 정도야. 하지만 지금은 모든 게 끝장이야. 우리는 완전히 소탕되어 버린 거지."
 그는 한숨을 쉬고, 여전히 추워서 떨며 말을 이었다.
 "처음에 우리는 치샨스카야 근처에서 당했는데, 1주일 전에 소로누이 부근에서 또 당했어. 밤중에 세 방향으로 포위되고 단 하나 구릉 쪽 출구만 남아 있었는데, 그곳은 눈이 많이 쌓여서 말의 배까지 올라오는 거야…… 날이 샘과 동시에 기관총을 쏘아대기 시작했는데, 그것으로 시작된 셈이지. 기관총은 모조리 부서지고 말았어. 나와 포민의 아들, 둘만이 살아남았어. 포민은 말이야, 아들인 다비드카를 바로 지난 가을부터 데리고 다녔지. 내 눈 앞에서 죽어갔어. 첫발이 다리에 맞아서 무릎이 부서졌는데, 두발 째가 머리에 비스듬하게 맞은 거야. 녀석은 세 번이나 말에서 떨어졌어. 멈춰 서서는 일으켜 세워 말에 태웠지만, 조금 달리다간 다시 떨어지는 거야. 그러다가 세발 째가 옆구리에 맞고 말았지. 그래서 나는 어쩔 수 없이 녀석을 쏘아 주고는 도망친 거야. 200미터쯤 달리다가 돌아다보았더니, 이미 완전히 쓰러져버린 포민을 두 명의 기병이 칼로 베어 죽이더군.”

"어쩔 수 없는 일이지. 그렇게 될 운명이었던 거겠지.”

그리고리는 태연하게 말했다.

츄마코프는 움막에서 하룻밤을 지내고, 이튿날 아침에는 작별인사를 했다.

"어디로 갈 생각이지?”

그리고리가 물었다.

싱글싱글 웃으면서 츄마코프가 대답했다.

"편한 생활을 찾으러 가지. 뭣하면 함께 가겠나?”

"아니, 남겠네.”

"나는 도저히 여기서 자네들과 함께 지낼 수가 없어…… 멜레호프, 자네의 그 숟가락이나 그릇을 만드는 부업은 나에게는 맞지 않아서 말야.”

츄마코프는 비꼬는 어조로 나지막하게 말하고는 모자를 벗고 인사를 했다.

"정말 고맙네, 얌전한 도적 동지들. 대접해 주고 숨겨 준 것을 감사드리네. 하느님, 제발 이 사람들에게도 즐거운 생활을 베풀어 주시기를. 그렇지 않으면 이곳 생활은 상당히 권태로울 테니까 말이야. 숲속에 살면서 부서진 수레바퀴에 기도나 하다니, 이것도 생활인가?”

그리고리는 츄마코프가 떠난 뒤 1주일쯤 더 숲속에서 지내다가 이윽고 떠날 준비를 했다.

"집으로 돌아가는 건가?”

탈영병 하나가 물었다.

그러자 그리고리는 이 숲에서 지내기 시작한 뒤로 처음 희미하게 미소를 지었다.

"집으로 가는 거야."

"봄이 될 때까지 좀 더 기다리는 게 좋을 텐데. 메이데이(5월 1일)에 우리에게 특사가 있다네. 그때 모두 해산하기로 하자구."

"아냐, 기다릴 수 없어."

그리고리는 작별을 고했다.

이튿날 아침에 그는 타타르스키 마을 건너편의 돈에 닿았다. 차오르는 흥분으로 창백해지면서 오랫동안 고향 마을을 바라보았다. 이윽고 소총과 탄약합을 벗어들고는 그 안에서 삼 부스러기와 소총용 기름이 든 작은 병을 끄집어내고 어째서인지 탄약의 수를 세었다. 탄대가 12개, 탄약포가 26개 있었다.

험한 절벽 밑에는 기슭의 얼음이 녹아 떨어져 물 위에 떠있었다. 투명한 녹색 물이 바늘처럼 뾰죽뾰죽한 얼음덩어리 주위에 부딪혀서 그것을 부수고 있었다. 그리고리는 물속에 소총과 권총을 던져버렸다. 그러고 나서 그는 탄약합을 털어서 떨어뜨리고 외투자락에 꼼꼼하게 손을 닦았다.

그는 마을 아래쪽에서 햇살에 녹아 침식당한 3월의 파르스름한 얼음 위로 돈을 건너서 집을 향해 성큼성큼 걸어갔다. 멀리에서 선착장으로 내려가는 비탈에 있는 미샤토카의 모습을 발견했다. 그곳으로 달려가려는 충동을 간신히 자제했다.

미샤토카는 바위에 매어달린 고드름을 떼어서는 던졌다. 그리고 그 물빛 고드름이 아래쪽으로, 비탈 아래로 떼굴떼굴 미끄러져 내려가는 것을 열심히 바라보았다.

그리고리는 비탈로 다가가서, 숨을 죽이고 쉰 목소리로 아들을 불렀다.

"미셴카! ······아가야!"

미샤토카는 놀라서 그를 돌아보고는 눈을 내리깔았다. 아들은 이 수염투성이인 무서워 보이는 사람이 아버지임을 알아본 것이었다.

그 숲에 있었을 때, 아들을 떠올리고는 밤이면 밤마다 속삭이던 다정한 사랑의 말이 지금은 그의 기억에서 하나도 남김없이 없어져 버렸다. 무릎을 꿇고 아들의 장밋빛이 된 차가운 작은 손에 키스하면서, 그는 억누르는 듯한 목소리로 같은 말을 되풀이할 뿐이었다.
"아가야…… 아가야……"
그러면서 그리고리는 아들을 끌어안았다. 건조한, 미쳐버릴 듯이 타오르는 눈으로 아들의 얼굴을 찬찬히 들여다보면서 물었다.
"모두 어떻게 지내니? …… 고모도 포류시카도 잘 있니?"
여전히 아버지의 얼굴을 보지 않으려고 하면서 미샤토카는 작은 소리로 대답했다.
"두냐시카 고모는 잘 있고, 포류시카는 작년 가을에 죽었어요…… 목에 병이 나서요. 미하일 아저씨는 군대에 갔어요."
이렇게 해서 그리고리가 잠들지 못하는 밤마다 몽상하던 일이 드디어 실현되기에 이른 것이었다. 그는 아들을 팔에 안고는 자신이 태어난 집 문 앞에 섰다.
그것이 그의 인생에 남겨진 모두였다. 그것이 지금도 그를 이 대지와 차가운 태양 아래 빛나고 있는 거대한 세계로 이어 주고 닿게 해주는 모두였다.

숄로호프 생애와 문학

생애

  톨스토이, 도스토예프스키 등의 큰 봉우리로 세계문학을 압도한 19세기 러시아문학의 뒤를 이은 20세기 러시아문학은 다소 부진한 상태였다. 그런 가운데 오직 하나 만장의 기염을 토한 대작이 탄생했으니 숄로호프의 대표작 《고요한 돈강》이다.

  미하일 알렉산드로비치 숄로호프는 1905년 5월 24일, 남러시아 우크라이나의 돈 강 유역 뵤센스카야 카자흐 마을 크루질리노에서 태어났다. 아버지는 카자흐인이 아니라 랴잔 지방 러시아인이며, 할아버지 대에 이 지방으로 옮겨 와 살았다. 아버지는 주로 가축 중매업에 종사했지만, 그 밖에도 코작에게서 토지를 매입하여 보리를 재배하기도 하고, 상점 점원, 제분소 관리인 등의 일을 했다. 어머니는 할아버지 대에 숄로호프 집안의 하녀였다. 아버지가 그녀를 사랑하게 되자, 부모가 둘 사이를 떼어 놓고 다른 사람에게 출가시켜 버렸다. 그러나 숄로호프의 아버지는 첫사랑을 잊지 못하고, 그녀를 가정부로서 집으로 데리고 왔다가 몇 년 뒤에 그녀의 남편이 죽자 정식으로 결혼했다고 한다.

  숄로호프는 몇몇 중학교에 재학하였으나 때마침 제1차 세계대전과 러시아혁명 혼란기를 맞아 1918년 학업을 계속할 수 없어서 어쩔 수 없이 중단하게 된다. 이어서 1920~1922년 혁명군의 식량징발 대원으로 돈 지방 여기저기를 떠돌아다녔고, 반란 진압에도 참가하였다.

  내전이 끝난 뒤, 그는 1922년 진학의 꿈을 품고 모스크바로 상경했지만 뜻을 이루지 못하고 생활비를 벌기 위해 하역노동자 등 육체노동에 종사하는 한편, 처음으로 작품을 썼다. 그해 일찍이 처녀작을 신문〈청년의 진리〉에 실었으며 이어서 작품을 계속 발표했고, 1925년에는 단편집《돈강 지방의 이야기》를 발표하여 작가생활의 첫발을 내디뎠다. 그의 나이 스무 살

때의 일이다.

작가를 꿈꾸던 그는 러시아와 유럽의 고전작가 작품을 탐독했으며, 특히 톨스토이를 열심히 공부했다. 그는 혁명 전 시대의 카자흐인 생활을 소재로 삼아 20편 정도 단편을 썼다. 그러는 동안에 이 혁명전쟁을 하나하나의 장면으로서가 아니라, 커다란 흐름으로 그리고 싶다는 욕망이 일어나 고향인 돈 지방으로 돌아갔다.

작품들

그리하여 1925년부터 대하장편 《고요한 돈강》을 쓰기 시작했다.

숄로호프(1905~1984)

제1권이 1928년에 발표되었는데, 이 작품은 큰 반향을 불러일으켰다. 이 작품의 완벽함은 스무세 살 청년 작가의 것으로는 생각할 수 없을 정도였으므로 기성작가의 익명 작품이라고 하는 말까지 듣게 되었다. 그러나 이듬해 제2권이 나오면서 숄로호프는 이제 세계적인 작가로 알려졌다. 제3권은 1933년에, 마지막 제4권은 1940년에 완성했다. 이것을 쓰는 데 15년이란 세월이 걸렸으며 《고요한 돈강》은 그 양에서나 질에서도 혁명 뒤 러시아문학의 최고 걸작이라 일컬어지고 있다.

숄로호프의 이름을 일약 유명하게 한 것은 뭐니뭐니해도 1928년 이후 발표하기 시작한 대작 《고요한 돈강》이다. 《고요한 돈강》의 출현은 사람들 사이에 이상한 반향을 불러일으켰다. 당시 러시아문학계에는 공식주의 문학론이 지배하고 있었으며, 작품도 그것에 준하는 어려운 것들이 많았다. 이러한 가운데 혜성처럼 나타난 《고요한 돈강》을 사람들은 기다리고 있었고 본격적 러시아 문학작품의 탄생으로서 환영하였다. 도리어 비평가들이 그것에 근시안적인 평가를 내려 혁명노선에 맞지 않는 아류문학으로 멸시했지만, 이윽고 독자들의 압도적인 지지 앞에 그들의 입장을 철회할 수밖에 없었다.

숄로호프가 어린 시절을 보낸 카자흐 지방의 칼긴 마을 옛집

이와같이 《고요한 돈강》에 폭발적 인기가 집중된 것은, 이 작품이 오랫동안 기다렸던 본격 작품이었던 것 외에 그 주제가 독자들의 가슴을 강하게 울렸기 때문이다. 작가는 사람들이 말하고 싶어도 말하지 못하고 가슴속에 숨겨 두었던 문제를 감히 주제로 취급했기 때문이다. 한 마디로 이 소설의 주제는 폭력과 인간성의 충돌 문제이다. 이 소설이 러시아 독자는 물론이고, 국경을 넘어 널리 세계에 애독자를 갖게 된 이유도 여기에 있다.

20세기 들어와 세계의 사람들은 수차에 걸친 세계대전과 혁명을 경험했고, 그때마다 무력투쟁의 괴로움을 맛보았으며, 두 진영의 대립이 가져온 참상을 생생히 보아왔다. 그리하여 모든 사람들은 이 비참함에서 어떻게 하면 벗어날 수 있을 것인지 생각하면서도 아직 그 실마리를 제대로 풀지 못하고 있었다. 숄로호프는 《고요한 돈강》을 통해서 20세기 사회의 맹점에 빛을 비춘 것이다. 마땅히 사람들은 이 작품에 주목하게 되었다.

그 밖에도 숄로호프는 장편 《일궈진 처녀지》 제1부를 1932년에 발표했는데, 이것은 1960년에 겨우 완성했다. 이 두 가지 큰 작품 이외에 제2차 세계대전 때 단편 《증오의 가르침》(1942)을 냈으며, 1957년에 중편 《인간의 운명》을 발표했을 뿐이다. 그러나 그는 도리어 작품을 적게 쓰는 것을 자기

돈 강에서 부인과 함께 한때를 보내는 만년의 숄로호프

자랑으로 삼았으며 "러시아에는 일 년에 한 권씩 소설을 발표하는 사람도 있다. 그것은 각자의 자유이겠지만 나는 그런 태도에는 찬성할 수 없다." 말한다. 그는 1954년 러시아작가대회에서 유행작가를 비난하여 물의를 일으킨 적도 있지만, 그에 대한 민중의 압도적 지지는 조금도 흔들리지 않고 여전히 러시아문학계 최고봉의 지위를 차지하고 있다. 그는 문학상 공로를 인정받아 레닌상을 받았고, 1941년《고요한 돈강》으로 제1회 스탈린문학상을 받았다. 그리고 1965년에는 노벨문학상을 받는 영광을 차지했다.

《고요한 돈강》

《고요한 돈강》은 어떤 소설일까. 처음 이 책을 읽을 독자의 편의를 위해 그 줄거리를 소개한다.

'장소는 남러시아 돈 강 유역의 카자흐 부락 타타르스키. 그 상변에 중농층 멜레호프의 집이 있다. 집안은 대체로 평온하지만, 단 한 가지 가장인 판테레이 프로코피에비치의 마음을 괴롭히는 것은 카자흐 청년답게 고집이 센 둘째아들 그리고리가 이웃집 아낙네 아크시냐에게 도리에 어긋난 연정을 품

고골 대로의 모스크바에 있는 숄로호프 새 기념상

고 있는 것이었다. 그는 아들의 못마땅한 사랑을 막기 위해 같은 부락의 부유한 농가의 맏딸 나탈리야를 며느리로 맞아들인다. 어리고 순직한 나탈리야는 시부모 마음에는 들었지만, 아크시냐와의 격정적 사랑을 원하는 그리고리로서는 못마땅하게 여겨졌다.

그리고리의 연인이며 스테판 아스타호프의 아내인 아크시냐는 과거의 어두운 그림자를 지닌 여자였다. 그녀는 소녀 시절 친아버지로부터 능욕당한 잊지 못할 기억이 있다. 때문에 남편 스테판과의 사이도 원만하지 못했다. 남편에게 냉대받은 그녀는 곧 그리고리의 저돌적인 사랑의 노예가 된다.

결국 그리고리는 신부 나탈리야를 버리고 아크시냐와 사랑의 도피행각을 벌인다. 나탈리야는 마음의 상처를 입고 자살을 꾀하지만 미수에 그친다. 그리고리와 아크시냐는 이웃마을 야고드노예의 대지주 리스트니키 집안에 고용되어 거기서 동거생활을 시작한다.

그러나 그것도 잠시, 그리고리는 곧 병역으로 징집되어 제1차 세계대전의 발발과 동시에 서부전선으로 보내진다. 그런데 정의주의자인 그는 만용으로 유명한 카자흐 기풍에 도저히 동화되지 못한다. 최전선과 후방에서 살인·폭행·약탈을 눈으로 생생하게 본 그의 기분은 필연적으로 반전으로 기울어졌

1946 고요한 돈강

다. 그는 이윽고 전쟁을 배후에서 조종하고 있는 자의 정체를 희미하나마 깨닫게 된다. 군대 내에서의 혁명운동도 드디어 활발해졌고, 도처에서 왕당파와 인민파의 분열이 노골화된다. 이윽고 독일의 패배와 함께 제1차 세계대전은 끝나고 그리고리는 몇 번인가 죽을 고비를 넘어 대담한 군인이 되어 돌아온다.

그동안 야고드노예에 남아 있던 아크시냐는 그리고리와의 사이에서 생긴 딸을 병으로 잃은 괴로움과 고독을 참지 못해 주인집 리스트니키 집안의 젊은 주인 에브게니와 정을 통해 버린다. 귀환한 그리고리는 그것을 눈치채고 에브게니와 아크시냐에게 제재

돈 지방의 로스토프에 있는 숄로호프 문학박물관 앞의 동상

를 가한 뒤, 입대 전에 버렸던 타타르스키 부락의 본집과 그에게 배신당해 자살을 시도했던 아내 나탈리야에게 돌아간다.

그리고리의 인생의 재출발은 이렇게 시작되는데, 그 출발은 결코 쉬운 것이 아니었다. 때마침 전후 사회의 혼란과 함께 일어난 러시아혁명과 그로 인해 계속된 내전시대가 닥쳐왔기 때문이었다. 수도인 상트페테르부르크나 모스크바뿐만 아니라 그리고리의 고향인 돈 지방 카자흐에도 내란의 폭풍이 불기 시작했다. 옛부터 무예를 중히 여기는 카자흐 민족은 싸움터에 나갔던 병사들을 중심으로 전투부대를 편성하여 북쪽에서 남하해 오는 혁명군을 맞아 싸우려 했다. 역전의 용사인 그리고리는 타타르스키 부락의 주민들에 의해 반혁명군 부대장으로 추천된다. 그러나 그는 이것을 거절한다. 주민들은

그 대신 그의 형 페트로를 부대장으로 선출한다. 그리고리는 그렇다고 혁명군측으로 가담하지도 않는다. 그는 볼셰비키 혁명군에 대해서도 불신의 감정을 갖고 있었다. 혁명군도 역시 적으로 보는 사람의 생명을 용서없이 빼앗는 것을 군대에 있을 때 보았기 때문이다. 결국 그의 생각은 혁명세력, 반혁명세력의 어느 쪽에도 없었지만, 강요된 채로 카자흐 부대에 가담하여 혁명군에 대항하려고 돈 강 상류를 향해 출발했다. 그러나 계속된 전쟁에 진저리가 난 카자흐 병사들은 대부분 싸울 뜻도 없이 쉽게 전선을 내주고 혁명군의 돈 지방 진출을 허용해 버린다. 혁명군들은 그리고리의 고향 타타르스키 부락에도 진주하게 되었다. 그러나 그들은 카자흐 군사들이 전선을 쉽게 내주었다고 해서 관대한 태도를 취하진 않았다. 그리고리도 옛 군대 장교로서 이때 체포되기 직전 겨우 위기를 벗어나 도망쳤다.

타타르스키 부락에서는 그리고리의 친구 코트랴로프를 의장으로 선출하고 친구인 미시카 코셰보이를 부의장으로 하는 혁명위원회가 조직되어 반혁명분자에 대한 책임추궁을 시작했다. 예전에 이 부락에서 볼셰비키로서 체포되었던 이국적자 슈토크만이 이번에는 제8적군 정치부원으로 모습을 나타내어 주춤거리는 코트랴로프와 코셰보이를 질타하면서 반혁명분자로 주목되는 농민들의 체포를 강행하였다. 그리고리의 장인인 미론 코르슈노프도 러시아 혁명에 반대하는 부농층으로 체포되어 재판도 없이 처형된다. 이러한 사건은 카자흐 사람들의 분노를 유발하였다. 그들은 이윽고 각지에서 의식적인 반혁명 폭동을 일으킨다. 그리하여 양 진영의 대립은 뚜렷하게 타협의 여지가 없는 내란으로 바뀌고 돈 지방은 격렬한 골육상쟁의 싸움터로 변한다.

어느 날, 전투에서 타타르스키 부락의 카자흐 중대병을 이끌고 있던 그리고리의 형 페트로는 적군에게 포위되어 때마침 적군 속에 있던 같은 부락 출신 미시카 코셰보이의 손에 의해 총살된다. 죽은 형의 뒤를 이어 반란군 중대장이 된 그리고리는 점차 적군에 대한 증오에 불타게 된다. 그러나 그 자신은 어디까지나 전투 이외의 상황에서 포로나 무고한 백성들을 죽이는 일은 피하려고 애쓴다. 하지만 현실은 사사건건 그의 뜻을 외면한다. 그가 날마다 목격하는 것은 한 조각의 인간적 감정도 발견할 수 없는, 피로써 피를 씻는 동족상잔의 그림이었다. 그는 모든 인간에게 절망한다. 볼셰비키에 절망하고, 왕당파에 절망하고 중간파에게 절망한다.

이러한 가운데 '사람은 대체 무엇을 믿고 살아가야 하는 것일까, 단 한 가지 믿을 수 있는 것이 있다면 그것은 남자와 여자의 사랑뿐이 아닐까.' 그는 그런 생각을 한다. 그리하여 다시금 애인 아크시냐의 영상이 빈번하게 그의 뇌리에 떠오른다. 화해한 아내 나탈리야도, 둘 사이에서 태어난 남녀 쌍둥이도 그의 마음을 잡아 두지는 못했다. 비참하기 그지없는 동족전쟁에 지칠대로 지친 그리고리의 마음은 몰아의 경지에서 아크시냐의 사랑을 한사코 구한다. 전란의 사이사이에 두 사람은 다시금 만나기 시작한다. 그의 아내 나탈리야는 이 일을 전사한 페트로의 미망인인 다리야의 입으로 듣는다.
　그동안 남부전선 양상은 더욱더 러시아공화국에 위협을 주게 된다. 여기에 대처하여 레닌을 수반으로 하는 러시아정부는 보다 강력한 군대를 투입하여 반란군의 진압을 꾀한다. 그리고리가 반혁명부대 대장으로서 이리저리 옮겨다니며 싸우는 동안 그리고리와 아크시냐의 정사(情事)에 충격을 받은 나탈리야는 그와의 사이에 생긴 세 번째 아이의 낙태를 시도하다가 하룻밤 사이에 죽어 버린다. 아내가 죽은 원인을 알게 된 그리고리는 죄의식 때문에 고민한다. 그의 고민을 조장하듯이 전황도 더욱더 반혁명군에게 불리해진다. 반혁명군의 실패가 어느 누가 보다라도 뚜렷해지자 그리고리는 모든 것을 버리고 아크시냐와 함께 신천지를 얻으려고 한다.
　매서운 추위가 계속되는 어느 날, 그는 아크시냐와 충직한 전령병 프로호르를 데리고 타타르스키 부락을 떠난다. 그러나 불행은 그의 곁에서 떠나지 않는다. 여행을 떠나고 며칠이 지나 어떤 부락에 도착했을 때 아크시냐는 티푸스에 걸려 생사의 고비를 맞게 된다. 쫓기는 몸인 그리고리는 아크시냐의 간호도 하지 못하고 타인에게 그녀를 맡긴 채 홀로 떠날 수밖에 없는 몸이 된다.
　그러는 동안 반혁명군은 적군으로부터 마지막 타격을 받고 아조프 해안에서 섬멸된다. 그리고리는 심기일전하여 다시 싸움터에 나가기로 결심하고, 이번에는 브존니가 이끄는 적군이던 혁명군 기병부대에 들어가 지난날의 과오에서 벗어나려 한다. 그러나 전 반란군 장교의 경력은 지울 수 없었기에 그는 얼마 지나지 않아 강제 제대를 당하고 고향 타타르스키로 돌아온다. 그러나 그가 없는 동안에 부락은 아주 달라져 있었다. 옛 친구인 미시카 코셰보이가 혁명위원회 의장 자리에 앉았으며 게다가 누이동생 두냐시카까지 그의 아내가 되어 있었다. 예전에 친구였던 그리고리와 미시카는 대천지원수로서 고향집에서 얼굴을 맞댄다. 과거의 모든 것을 잊고 한낱 농부로 돌아가려고 하는 그리고리의 한 올의 희망도, 미시카의 "넌 적이야"라는 한 마디에 무너지고 만다. 체포의 위험을 알아차린 그리고리는 다시금 마을을 떠나야만 했다.

이윽고 그는 포민이 인솔하는 반혁명 게릴라부대에 잡혀 그들의 일당으로 가담한다. 물론 그리고리의 마음은 반혁명 게릴라들을 도우려는 생각은 없었다. 그는 어떻게 해서든지 고향을 다시 찾아 병이 나아 돌아온 아크시냐를 데리고 나와 이번에야말로 전쟁의 저쪽에 안주의 땅을 얻는 것만을 꿈꾸고 있었다. 어느 날 그는 마침내 타타르스키에 잠입하는 데 성공한다. 어둠을 이용하여 그리고리와 아크시냐는 말을 타고 마을에서 빠져나간다. 다행히 행복을 찾았다고 생각한 것도 잠시, 그들은 혁명군 측의 식량징발대에 발견되어 사격을 받게 된다. 그 중 탄알 한 발이 아크시냐에게 치명상을 입힌다. 아크시냐는 한 마디 말도 남기지 못한 채 그리고리의 팔 안에서 숨을 거둔다. 그리고리는 결국 천애 고독의 산송장이 되고 만다.'

돈 카자흐 반러시아의 배경

《고요한 돈강》은 러시아혁명의 일대 서사시이다. 이 작품은 사회경제사적으로 러시아의 변혁과정을 통일적으로 그린 것이 아니다. 남러시아의 돈 지방에만 초점을 맞추어 그곳에 사는 카자흐들의 혁명기에 있어서의 파란만장한 생활을 다각적으로 그리면서, 그것에 그들의 모든 모습을 싣고 분류하여 혁명의 대하(大河)를 거꾸로 반영시켰다는 의미에서 러시아혁명의 거울이라고 하겠다. 이를테면 《고요한 돈강》은 모스크바 중앙혁명본부에서 내려다본 혁명의 전형이 아니라, 반대로 러시아혁명에 저항하는 돈 지방 반란군의 용감하고 무지한 행동과 그 불가피한 몰락과정을 생생하게 그린 대서사시이다. 여기서 작가는 반혁명이 도덕적으로 악이기 때문에 멸망해야 한다는 입장이 아니라, 아무리 소박한 선의가 포함되어 있더라도 역사의 필연적인 흐름에 반항하는 자들에 따르는 피하지 못할 운명으로서의 패배를 묘사하고 있다. 말하자면 여기에는 공식주의가 전혀 없다. 이 소설은 존재로 하여금 스스로 이야기하게 한다는 문학의 본궤도를 분명히 걷는 작가의 태도를 나타내고 있다. 그리고 존재의 논리를 언제나 밑바닥에 펼쳐가는 점에 이 대하소설의 위대함이 있다.

용감한 싸움꾼으로서 카자흐인의 이름은 세계에 널리 알려져 있다. 이 소설은 카자흐 지방에서의 혁명과 반혁명 투쟁 역사이기 때문에 그 비참성은 피할 수 없다. 온갖 인간의 눈물에 젖으면서 돈 강은 조용히 낱낱의 작은 흐름을 무시하고 시간과 함께 일정한 방향으로 거대하게 흘러간다. 이 큰 강은 물이 마를 때가 없다. 이것은 일종의 운명관을 내포하면서 동시에 카자흐인의, 또한 러시아인의

《고요한 돈강》 표지

불굴불멸의 민족에너지를 상징하는 것이라고 하겠다. 그런 의미에서 이 작품은 위대한 국민문학이라고 할 수 있다.

이 소설에서 이른바 건설적인 모범 인물은 그다지 표면에 등장하지 않음에도 불구하고 러시아문학의 최고 대표작으로 존경받는 것은, 좁은 윤리를 넘어서서 전편에 넘치는 소박한 인간생명력의 강인함에 기인하는 것이라 하겠다.

카자흐인들이 활약하는 무대로서 자연풍경 묘사의 아름다움 또한 이 장편의 빼어난 특징이다. 다만 주의해 두고 싶은 것은 그 묘사의 아름다움이 풍성비녀하나는 것과는 진히 관계가 없다는 점이다. 이 풍경 속에 도회인이나 지식인은 들어갈 수 없다. 그러나 그것은 엄연히 존재한다. 이 장편에는 20세기 소설로서는 드물게 시적인 풍경묘사가 많다. 그러나 그것들은 결코 첨가물이 아니다. 이를테면 필연이다. 카자흐인은 자연의 자식이며 자기 자신

이 살고 죽을 장소로서 자연에 날카로운 관심을 갖고 있다. 따라서 이 황량한 풍경은 언제나 거친 인간들과 마음이 통하는 것으로 표현된다.

카자흐란 본디 '자유로운 인간' 또는 '파수꾼'이란 뜻이다. 15, 6세기에 러시아 남쪽 끝으로 도망친 농노나 도시 빈민들이 모여서 넓은 땅을 차지하고 살았는데, 그들이 바로 카자흐인이다. 그들은 다음 세기에 터키인이나 타타르인의 침입을 막았다. 러시아정부는 그들에게 무기, 식량, 자금을 주어서 국경 방위를 맡겼다. 그래서 그들은 그곳에 독자적으로 군사적인 자치조직을 만들고 이른바 카자흐 병사의 공급원이 되었다. 그 뒤 우랄, 카프카즈, 시베리아 등지에도 진출하여 러시아 황제정부의 방위병이 되었다. 그러나 중앙정부는 이윽고 카자흐인들로부터 그 자치특권을 점차 빼앗고, 그 지역을 직접 지배하려고 했으므로, 하층 카자흐인는 중앙과 손을 잡은 상층 카자흐인에게 반발했다. 이것이 1670~1671년 스테판 라진(Stepan T. Razin)이나 1773~1775년 푸가초프(Emelyan I. Pugachov)가 반란을 일으킨 원인이 되었다.

《고요한 돈강》의 주인공들도 그런 전통을 물려받은 봉건적인 권위에 대한 숭배성과 반항성을 지닌 농민병으로 등장한다. 그들은 총알을 피할 수 있다는 기도를 진짜로 믿고 그것을 베껴서 몸에 지니고 다니는 미신가인 동시에, 자기들의 자유로운 생활과 선조로부터 물려받은 땅을 지키기 위해서는 목숨을 헌신짝처럼 버리는 사람들이었다. 물론 그들은 무지하고 무식하다. 그러므로 이 소설에서 공산당원의 공부를 빼고 독서 장면은 나탈리야의 할아버지 그리샤가 성경을 읽는 것 외에는 전혀 묘사되지 않았다. 그들은 사회주의 혁명의 흐름 속에 말려들어 일시적으로 또는 성실하게 그것에 협력한다. 카자흐인들은 이 세계사적인 혁명의 뜻을 이성적으로 파악하지 못하고 방황하며 혼란에 빠져서 돈 카자흐 지역의 완전한 자치독립이라는 허망한 꿈에 목숨을 걸다가 결국 패배한 것이다.

《고요한 돈강》 인물들

주인공 그리고리는 이러한 돈 카자흐 지방의 운명을 대표하는 사람으로 등장한다. 그는 타타르스키 부락의 중농층 카자흐인 하사관의 둘째아들로 태어난다. 강인한 육체와 상냥하고 강렬한 성격을 지닌 이 젊은이는 평화 시

《고요한 돈강》 삽화

대였다면 모범적인 카자흐로서 평범한 생애를 보냈을 것이지만, 전쟁과 혁명이 그를 비극의 구렁으로 떨어뜨린다.

제1차 세계대전에 기병으로 소집된 그리고리는 처음으로 사람을 죽인다. 저항 없이 도망치는 적병을 칼로 벤다. 그는 훗날까지 이 첫 경험을 잊지 못하고 '이렇다면 인간보다 이리가 도리어 나은 거야' 하고 괴로워한다. 그는 사람 베기의 명수인 츄바토이가 헝가리 기마병을 베어 죽이는 것을 본 순간 총을 거누어 쏘아 죽이려고 한다. 또한 돈 지방 혁명군인 포드쵸르코프가 왕당파 반혁명군 장교들을 학살하는 것을 보고 느닷없이 권총을 겨눈다. 이것이 그가 혁명군을 떠나는 하나의 동기가 되지만, 이런 충격적인 정의감이 전쟁이나 혁명 중에 지속될 수는 없다. 그도 이윽고 츄바토이로부터 베어 죽이는 요령을 배우고 왼손잡이로서 뛰어난 팔심과 훌륭한 승마술로 독자적인 전법을 만들어 낸다. 그가 만들어 낸 전투기술과 빼어난 지휘능력은 카자흐 부대 중에서 점차로 두각을 나타내어 이윽고는 반란군의 사단장 지위에까지 오른다. 그러나 그는 장군으로서의 그릇은 아니었다. 학식과 지성이 모자랄 뿐만 아니라, 적어도 지식인적인 도회풍의 것에 대해서, 또한 조직의 불가피한 통제나 규칙인 질서에 대해서는 농민 출신인 그로선 본능적인 반감이 너무나 강했던 것이다. 이것이 용감무쌍한 왕당파 반혁명군 사단장 그리고리의 참된 마음이었다. 그리고리가 자기 사령관과 싸우고 갑자기 중대장으로 강등된 것도, 또한 그 뒤 자멸하는 과정도 그로서는 당연한 귀결이라고 하겠다.

그리고리는 소집되기 전, 아직 독신이었을 때 이웃집 부인인 아름다운 카자흐 여인 아크시냐에게 반해서 정을 통한다. 이 숙명적인 연애는 그가 가련한 나탈리야를 아내로 맞아 어린애를 가진 뒤에도 단념하지 못한다. 아니, 도리어 더욱 이상야릇한 불길이 되어 공허한 그의 마음속에 파고들어 불태운다. 그는 싸움터가 옮겨가는 물결을 타고 이동하면서 영원히 고향에 돌아가지 않으리라 생각하고 몇 번이나 고향을 버린다. 그러나 번번이 타타르스키 마을로 돌아오곤 한다. 이것은 카자흐의 야성적인 아름다움의 상징인 아크시냐가 고향에 살아 있기 때문이기도 하지만, 그리고리가 흙과 맺어진 카자흐의 전형적인 인물임을 증명한다.

마지막으로 그는 전쟁에 패배한 몸으로 고향에 돌아와 옛 친구이며 지금은 마을의 혁명위원회 의장인 매부 미시카 코셰보이에게 말한다.

"혁명도 반혁명도 모든 것이 다 없어지면 좋겠다고 생각해! 자식 옆에 살면서 농사꾼이 되고 싶어. 단지 그것뿐이야. 미하일, 믿어주게. 이것은 내 본심으로 하는 말이야!"

그의 말에는 거짓이 없다. 하지만 미시카도, 건설되고 있는 새로운 역사도, 그를 용서하지 않는다. 어떤 마음으로 행동했다 치더라도 그는 역사상에, 그 흐름에 어긋나는 발자취를 남겼던 것이다. 과거의 행동이란 사람의 미래 뒤쫓기를 그치지 않는다.

부모도 형도 아내도 애인도, 모든 것을 잃은 그리고리는 단지 하나 남은 아들을 팔에 안고 집 앞에 선다.

'그것은 그의 인생에 남겨진 모든 것이었다. 그것이 지금도 그를 이 대지와 차가운 태양 아래 빛나고 있는 거대한 세계로 이어주고 닿게 해주는 모든 것이었다.'

이리하여 그리고리 운명의 종말과 함께 이 대하장편은 끝난다.

영화 〈고요한 돈강〉
숄로호프의 원작에 충실한 영화로 만들어졌다. 카자흐 청년 그리고리가 아내를 버리고 이웃집의 정열적인 부인 아크시냐와 집을 떠나는 부분부터 이야기는 시작된다. 세르게이 게라시모프 감독. 1958년. 러시아 영화.

그리고리의 애인인 아크시냐는 다정다감한 미인으로 정열적인 연애 없이는 살아갈 수 없는 여자이다. 그녀는 남편을 사랑하려고 애쓰지만 그리고리를 만나면 곧 그를 열렬히 사랑하고 만다. 게다가 남자가 군대에 소집되어 나간 뒤, 지주귀족 출신 장교가 몸을 요구하자 별로 저항도 하지 않고 내맡긴다. 마지막은 그리고리와 함께 고향에서 떠나려고 하다가 적의 총에 맞아 애인의 팔에 안겨 죽는다. 이러한 여자를 작가는 언제나 아름답게 그리고 있다.

한편 그리고리의 아내인 나탈리야는 다소 성적인 매력은 부족하지만 양순하고 별로 결점이 없는 좋은 아내인데도 남편에게 버림받는다. 그녀는 남편의 사랑을 되찾으려 하다가 아크시냐에게 모욕당하고 자살을 꾀하지만 미수에 그친다. 그렇지만 결국, 남편이 전쟁터에서 난잡한 행동을 하고 있다는 것을 알고 이미 밴 그의 아이조차 낳기를 꺼려하고 자살과 다름없는 방법으로 죽는다. 작가는 이 가련한 여인을 불행으로 냉정히 떨어뜨린다.

그리고리의 아버지는 생생하게 그려져 있다. 그는 농사꾼다운 교활함과 함께 싫어하는 아들이지만 장교가 되자 존경하지 않을 수 없는, 상하의식이 강한 봉건적이고 명랑한 인물로 그려진다. 미시카 코셰보이나 슈토크만은 공산당원으로서는 훌륭하지만 어딘가 관료적인 냉철한 인물로서 동정적으로

숄로호프 생애와 문학 1955

는 묘사하지 않았다. 또한 인물상으로서도 깊이가 모자란다.

숄로호프 문학사상과 카자흐의 힘

작가는 이와 같은 등장인물들을 직접적으로 도덕의 입장에서 취급하지 않고 다만 존재로서 묘사했다. 이것은 분명히 리얼리즘임에는 틀림없으나 사회주의 리얼리즘이라고 할 수 있을지 의심스러운 데가 있다. 다만 숄로호프는 《고요한 돈강》이나 《열려진 처녀지》에서도, 언제나 약한 자, 방황하는 자, 즉 혁명을 이해하지 못하기 때문에 멸망해 가는 자에 대한 동정을 밑바닥에 깔고 있다. 그렇다면 숄로호프는 반혁명을 인정하려는 것일까? 그렇지 않다. 숄로호프는 그리고리와 마찬가지로 '인간이란 무엇인가?' 이런 소박하고 어린이 같은 감정이 마음속에 영원히 자리잡고 있다. 그리고 '인간이란 무엇인가?' 이 의문을 기성 학설이나 교리로서 한꺼번에 해결하려 하지 않고 이것을 언제나 지니고, 어린이처럼 신선한 놀라움의 눈으로 현실적인 인간의 행동을 관찰하면서 해결의 실마리를 하나라도 많이 발견하기 위한 노력을 아끼지 않는 점에 이 작가의 위대함이 있다.

이 소설에는 간통 이외에 아크시냐의 아버지가 자기 딸을 범하고 아내와 아들에게 죽음을 당한다든가, 다리야가 시아버지를 유혹한다든가, 미치카가 여동생 나탈리야를 꼬인다든가 하는 근친상간적인 사건, 혁명군도 반혁명군도 다 같이 포로를 죽이는 잔인한 행위장면 등이 많다. 그런데 그 이유의 하나는 작가의 끝없는 인간성에 대한 추구이며, 정신쇠약에서 스스로 괴기함이나 추악함을 지엽적으로 묘사하려는 근대주의와는 전혀 다르다. 이러한 미개함이나 야만스런 행동을 하는 카자흐인들 속에서 작가가 궁극적으로 발견하는 것은, 그것들을 착한 행위와 함께 지탱해 주는 강렬한 생명력이라고 하겠다. 여기서 우리가 더 강하게 느끼는 것은 분명코 슬라브민족의 힘이다.

숄로호프는 역사주의에 떨어지는 일 없이 기본적으로 혁명의 장래에 확신을 가지면서 전쟁 부정의 태도를 명확하게 하고 있다. 노동자의 나라가 나타날 때야말로 전쟁은 없어질 것이라면서 서로 적끼리의 노동자가 전쟁터에서 악수하는 아름다운 장면도 그리고 있다.

더욱이 숄로호프가 스탕달이나 톨스토이에게 육박할 정도의 묘사력이 나타난 곳은 백병전의 동적인 장면이다. 그리고 우두머리의 명령 한 마디로 죽

작품 《고요한 돈강》의 배경이 되는 돈 강

음을 두려워하지 않고 돌격하는 카자흐 기병, 그들은 죽음까지 포함하여 에너지의 방출 자체를 사랑한다. 그들에게는 지성이 거의 작용하지 않는다. 그러나 혁명이 성공하고 새로운 사회가 형성됨에 따라서 거친 인간들은 새 교육을 받고 조직화되고, 지적이며 생명력이 넘치는 러시아국민으로서 성장해간다. 독자들은 반혁명자들을 그린 이 소설을 읽는 동안에 그런 것을 깊은 인상으로 남기게 된다. 이 소설은 러시아를 이해하는 열쇠를 제공하는 문학이라고도 할 수 있다.

이와 같은 민족에너지에 대한 깊은 자신감 속에 이 《고요한 돈강》이 러시아문학의 최고 작품이라고 불리는 까닭이 있다. 사실 사회주의 리얼리즘의 대표작이라고 하는 것은 러시아적인 칭찬의 말에 불과하다. 우리는 지식인 문화의 특성이 전혀 없는 이 카자흐의 자연인들과 행동을 함께 함으로써 마음이 깨끗이 씻기며, 혁명이라는 오늘날의 문제 속에 영원히 이어지는 그 무엇이 존재함을 깨닫는다. 20세기 러시아의 고전은 바로 이 《고요한 돈강》이라고 하겠다.

대체로 보아 사람이 생각할 수 있는 최대의 비극으로써 《고요한 돈강》의

막을 닫는다. 마지막 장을 덮으면서 독자는 민중의 아들로 살고 민중의 행복을 위해 싸우는 일에 노력을 아끼지 않았던 그리고리가 어떤 운명의 별 아래 태어났기에 그토록 심한 인생의 고배를 마셔야만 했는지 묻지 않을 수 없다.

그러나 작가는 그에 대해 한 마디 대답도 하지 않았다. 그는 오직 폭력으로 대하는 두 진영 간 항쟁의 처절함과 적나라함만을 묘사하고 있을 뿐이다. 어느 쪽이든, 이 대하소설이 우리에게 깊은 감동을 주는 것은 우리가 아직도 이런 대립 사회 속에 살며 때때로 폭력의 악마에 사로잡히기 쉽기 때문일 것이다.

그렇다고 해서 이 작품은 너무 비참해서 더 읽지 못하고 책장을 덮어 버리지도 못하는 소설이다. 왜냐하면 전편을 통하여 곳곳에 때와 장소를 불문하고 인생을 장식하는 남녀의 사랑과 말할 수 없이 낙천적인 농민생활의 묘사와 아름다운 풍물시와 경쾌하고 소탈한 등장인물들의 활동을 뒤섞어 때때로 음울한 분위기를 씻어 주고 있기 때문이다. 도리어 재미로 보자면 이는 러시아문학에서 첫째 가는 작품이라고 할 수 있다.

1958 고요한 돈강

연보

1905년   5월 24일, 옛 돈 군주(軍州) 도네츠 관구(지금의 로스토프 주 바즈키 지구) 뵤센스카야 카자흐 마을 크루질리노에서 태어남. 아버지 알렉산드르 미하일로비치 숄로호프는 랴잔 지방 출신 러시아인으로 마을상점 점원, 어머니 아나스타샤 다닐로브나(체르니코바)는 카자흐 농민의 과부로, 당시에는 숄로호프의 아버지와 정식으로 결혼하고 있지 않았음.

1910(5세)   칼긴 마을로 이주(아버지의 전직으로).

1911(6세)   치모페이 치모페비치 무르이힌을 가정교사로 하고, 읽기 쓰기를 배움.

1912(7세)   아버지 숄로호프의 양자가 되어 숄로호프 성을 씀. 칼긴의 초등학교에 입학.

1914~18(9~13세)   모스크바 보그찰 뵤센스카야의 여러 중학에 재학(칼긴 초등학교 미수료인 채 모스크바의 어느 중학의 예비과에 입학. 2~3년간 재학 후 보그찰의 중학으로 전학. 1918년에 뵤센스카야의 중학에 수개월 재학).

1920~21(15~16세)   칼긴 마을 혁명위원회에 근무, 식량조달 관계일에 종사함.

1922(17세)   짜리찐 지역 브카노프스카야에서 식량조달 관계일에 종사. 10월 공부하기 위하여 모스크바에 가서 노동자를 위한 대학 예비과정을 배움. 운송인부, 석공, 회계, 크라스나야 플라스냐 지구 가옥관리부원 등의 일을 함.

1923(18세)   공산청년동맹작가그룹 및 시인그룹 〈젊은 친위대〉에 가입, 단편을 쓰기 시작함. 9월 단편 《시련》, 공청기관지 〈청년 프라우다〉에 실음. 연말에 돈으로 돌아감.

1924(19세)	1월 브카노프스카야 마을에서 마리야 페트로브나 그로뮤스라프스카야와 결혼. 2월 부인을 데리고 모스크바에 돌아옴. 12월 러시아작가협회에 가입.
1925(20세)	4월 공청기관지 〈젊은 레닌 당원〉(옛 청년 프라우다 신문)의 편집원이 됨. 5월 같은 돈 출신의 선배작가 세라피모비치를 처음 만남. 돈으로 귀향, 장편《돈 시찌나》의 집필을 시작하다. 아버지 미하일로비치 숄로호프 죽음.
1926(21세)	단편집《돈 이야기》(노바야 모스크바사)를 세라피모비치의 서문을 달고 간행. 연말 장편《돈 시찌나》의 집필을 중지하고 새로이 장편《고요한 돈강》의 집필을 시작.
1927(22세)	연말 〈10월〉지에《고요한 돈강》제1권의 원고를 보냄.
1928(23세)	1~4월《고요한 돈강》(제1권), 5~10월 제2권을 게재. 10월 라프(러시아프롤레타리아작가협회) 총회에서 비평가 에르미로프《고요한 돈강》에 관해서 보고. 12월 고리키의《고요한 돈강》에 관한 비평 〈노브이 미르〉지에 실음.
1929(24세)	1월 〈10월〉지에《고요한 돈강》의 제3권 12장까지 발표. 2월 《고요한 돈강》제2권 간행, 4월 고리키와 처음 만남.
1930(25세)	1월 스탈린과 만남. 돈 지방의 코르호즈 운동에 적극적으로 참가.《고요한 돈강》(제6편) 집필. 고리키의 초청으로 솔렌트로 감. 장편《열려진 처녀지》집필.
1931(26세)	5월 고리키에서《고요한 돈강》제3권의 원고를 보냄. 단편집《감색의 광야》간행.
1932(27세)	1월 공산당에 입당.《열려진 처녀지》제1부 〈10월〉지 및 〈노브이 미르〉지상에 발표.
1933(28세)	8월《고요한 돈강》제3권 간행.
1934(29세)	9월 제1회 러시아작가동맹대회에서 간부회원으로 선출됨. 11~12월 스톡홀름으로 여행.
1935(30세)	1월 코펜하겐, 런던, 파리를 방문, 월말에 귀국《고요한 돈강》제4권 집필.
1936(31세)	6월 고리키의 죽음을 맞아 추도문을 〈프라우다〉신문에 보냄.

1937(32세)	11월 《고요한 돈강》 제7편을 〈노브이 미르〉 신문에 발표. 12월 러시아최고회의 대의원에 선출됨.
1938(33세)	1월 제1회 러시아최고회의에 대의원으로 참가.
1939(34세)	1월 러시아연방학사원(아카데미야 나우크) 정회원이 됨. 몇 년 간 문학상 공적에 의하여 레닌훈장을 받음. 12월 《고요한 돈강》(제4권)을 탈고.
1940(35세)	2월 《고요한 돈강》 최종편 (제8편)을 〈노브이미르〉 신문에 발표. 6월 《고요한 돈강》 제4권 간행.
1941(36세)	5월 《고요한 돈강》 제1회 스탈린상(문학작품 부문) 제1석으로 수상됨. 6월 독·소 개전에 즈음하여 뵤센스카야 집회에서 연설. 러시아정보국 〈프라우다〉 신문, 〈크라스나야 즈베즈다〉 신문의 군사통신원이 되고, 스모렌스크 방면의 전선에 나감.
1942(37세)	6월 단편 《증오의 가르침》을 〈프라우다〉 신문에 발표. 스탈린그라드 전선에서 일함.
1943(38세)	장편 《그들은 조국을 위하여 싸웠다》라는 글을 〈프라우다〉 신문에 게재.
1944(39세)	6월 뵤센스카야로 돌아감. 《그들은 조국을 위하여 싸웠다》의 집필을 계속.
1945(40세)	2월 백러시아 전선에 가서 월말 모스크바에 돌아옴. 9월 러시아최고회의 간부회로부터 조국전 제1급 훈장을 받음.
1946(41세)	10월 노벨문학상 후보에 오름.
1948(43세)	8월 폴란드에서 개최된 학자 및 문화인에 의한 평화옹호세계회의 러시아 대표단의 일원이 됨.
1950(46세)	10월 제2회 평화옹호 세계회의의 러시아 대표위원이 됨.
1953(48세)	3월 스탈린의 죽음에 즈음하여 논문 〈아버지여 안녕!〉을 〈프라우다〉 신문에 기고함.
1954(49세)	3월 러시아연방최고회의, 민족회의 대의원으로 선출됨. 4월 〈불〉 신문에 《일궈진 처녀지》(제2부)의 몇 장을 게재.
1955(50세)	5월 12일 제5회 평화옹호회의 러시아 대표의원. 23일 다년의 문학상 공적에 의하여 전러시아최고회의 간부회의에서 재차 레

            닌훈장 수여 결정.
1956(51세)   12월 〈프라우다〉 신문에 단편 《인간의 운명》을 발표.
1957(52세)   5~7월 부인 동반하여 스칸디나비아제국(핀란드, 스웨덴, 노르웨이, 덴마크) 등으로 여행, 7월 스톡홀름에서 미국작가 존 스타인벡을 만남.
1959(54세)   9월 러시아수상 흐루시초프를 수행하여 미국을 방문.
1960(55세)   2월 《일궈진 처녀지》(제2부) 탈고, 그 마지막 장을 〈이즈베스챠〉지에 게재.
1965(60세)   5월 탄생 60주년 기념행사. 러시아작가동맹의 주최로 열려 로스토프 시에 숄로호프 문학박물관 설립. 10월 《고요한 돈강》 등의 문학적 업적을 인정받아 노벨문학상을 수상.
1970(65세)   《그들은 조국을 위하여 싸웠다》 제2부를 완성.
1984(79세)   세상을 떠남.

맹은빈(孟恩彬)

동양외국어학원 러시아어과 수학. 동국대 영문학부를 졸업. 1955년 영남일보에 시 「그림자」로 등단했다. 안톤 체호프 「벚꽃동산」, 사뮈엘 베케트 「고도를 기다리며」 옮겨 연출. 지은책 시집 「인간이 아픔을 알 때」 「꿈의 시」가 있으며, 옮긴책에 토마스 하디 「테스」, 서머셋 몸 「세계문학 100선집」, 솔제니친 「이반 데니소비치 하루」가 있다.

World Book 97
Mikhail Aleksandrovich Sholokhov
TIKHY DON
고요한 돈강 Ⅱ
숄로호프/맹은빈 옮김
1판 1쇄 발행/1987. 7. 1
2판 1쇄 발행/2007. 8. 10
2판 4쇄 발행/2018. 4. 1
발행인 고정일
발행처 동서문화사
창업 1956. 12. 12. 등록 16-3799
시울 중구 다산로 12길 6(신당동 4층)
☎ 546-0331~6 Fax. 545-0331
www.dongsuhbook.com

*

이 책은 저작권법(5015호) 부칙 제4조 회복저작물 이용권에 의해 중판발행합니다.
이 책의 한국어 문장권 의장권 편집권은 저작권 법에 의해 보호받으므로
무단전재 무단복제 무단표절 할 수 없습니다.
이 책의 법적문제는 「하재홍법률사무소 jhha@naralaw.net」에서 전담합니다
사업자등록번호 211-87-75330
ISBN 978-89-497-0414-2 04080
ISBN 978-89-497-0382-4 (세트)